中国社会科学院创新工程学术出版资助项目

中国社会科学权威报告

CHINA PENSION REPORT 2022

中国养老金发展报告2022
——账户养老金与财富积累

郑秉文 主编

经济管理出版社

ECONOMY & MANAGEMENT PUBLISHING HOUSE

图书在版编目（CIP）数据

中国养老金发展报告.2022：账户养老金与财富积累 / 郑秉文主编.—北京：经济管理出版社，2022.12
ISBN 978-7-5096-8886-1

Ⅰ.①中⋯　Ⅱ.①郑⋯　Ⅲ.①退休金—劳动制度—研究报告—中国—2022　Ⅳ.① F249.213.4

中国版本图书馆 CIP 数据核字（2022）第 248254 号

责任编辑：梁植睿
责任印制：黄章平
责任校对：陈　颖

出版发行：经济管理出版社
　　　　　（北京市海淀区北蜂窝 8 号中雅大厦 A 座 11 层　100038）
网　　址：www. E-mp. com. cn
电　　话：（010）51915602
印　　刷：三河市延风印装有限公司
经　　销：新华书店
开　　本：880mm×1230mm/16
印　　张：28.5
字　　数：935 千字
版　　次：2022 年 12 月第 1 版　2022 年 12 月第 1 次印刷
书　　号：ISBN 978-7-5096-8886-1
定　　价：298.00 元

《中国养老金发展报告 2022》编委会

学 术 指 导： 戴相龙

特 邀 专 家： 刘　峰　陈春艳　陈　林　刘建平

主　　　编： 郑秉文

成　　　员：（按姓氏笔画排序）

于　环	马艺方	马　源	王宏涛	王晓远	王雪莹	王德英	毛冰雪
田梁裕	史静欣	刘天天	刘方涛	刘　珍	刘桂莲	刘　智	齐传钧
孙永勇	孙守纪	牟瑾瑾	李亚军	李　冰	李　辰	李雨朋	李　昆
李　荣	李　洁	杨建海	肖　星	吴阳明	吴孝芹	何　伟	沈　澂
宋　纲	宋湘茵	张占力	张罗文	张彦丽	张盈华	张笑丽	张　晨
张敦奎	张　蕊	陈必果	陈宝山	陈　星	岳　磊	周　宵	庞　茜
房连泉	赵秀斋	费　清	徐晓晖	徐斌斌	高庆波	崔悦悦	康　蕊
谌明超	董玉齐	傅沁馨	楚立松	潘思怡	魏子仪		

前言

近些年，我国养老金制度改革步伐明显加快，特别是在个人养老金政策推出后，我国三支柱养老金体系架构已经搭建成型。不难发现，在每一支柱中都存在"个人账户"，我们把建立在"个人账户"基础之上的养老金统称为"账户养老金"，并借此视角来探讨中国养老金制度改革。放眼全球，"账户养老金"已有近半个世纪的快速发展，被越来越多的国家所采用。然而，学界却没有把"账户养老金"归为一类模式看待，更不用说对其展开系统研究了。因此，作为一种尝试，《中国养老金发展报告2022》的主题定为"账户养老金与财富积累"，对其进行了系统研究。本报告包括一篇导读、三篇特稿、一篇主报告和三十九篇分报告。

中国人民银行原行长、天津市原市长、全国社保基金理事会原理事长戴相龙先生在百忙之中为本书撰写了导读。中国银行业协会秘书长刘峰、中国证券投资基金业协会秘书长陈春艳和长江养老保险股份有限公司党委书记、董事长陈林为本报告提供了宝贵意见并专门赐稿。中国社会科学院世界社保研究中心主任郑秉文先生为本书特别撰写了主报告。主报告首先系统梳理了账户养老金的发展路径及其功能演进，在此基础上提出两个法系下养老金的三种模式和四个类型，其次详细分析了大陆法系信托制度的移植与养老金的兴衰，最后指出养老金信托对中国的启示。

全书由理论篇、中国篇和国际篇三部分构成。"理论篇"由七篇分报告组成，不仅从账户养老金的投资管理、运营方式、费用结构和发展历程等几方面做了系统性的理论阐释，而且还对账户养老金在应用上所具有的优势和局限进行了有针对性的理论分析。研究表明，账户养老金的发展历程可以划分为以下五个阶段：第一阶段，始于20世纪50年代初的中央公积金制，由此掀起了第一支柱强制性基本养老保险采取账户制的公积金浪潮并一直延续到20世纪60年代末。第二阶段，20世纪70年代美国建立第二支柱企业养老金401（k）和第三支柱个人退休账户（IRA），由此推动了美国和其他发达国家DB型养老金向DC型账户养老金的转变。第三阶段，1980～1990年拉丁美洲掀起了养老金资本化改革浪潮，传统的DB型现收现付制公共养老金被DC型完全积累的账户养老金所替代。第四阶段，从20世纪90年代公共养老金的改革开始，发达国家和转型国家在公共养老金改革中以不同形式引入个人账户因素。第五阶段，从1994年世界银行倡导三支柱养老金开始，世界各国开始引入和建立第三支柱账户养老金。

　　"中国篇"包括十六篇分报告，可以进一步分为三部分：一是对账户养老金在中国的功能定位以及与资本市场之间的互动关系做了全面论述；二是对中国养老金体系中各种账户养老金分别做了系统梳理，即城镇职工基本养老保险个人账户、城乡居民基本养老保险个人账户、企业年金个人账户，以及职业年金个人账户和个人养老金；三是探讨了银行、保险和基金在账户养老金发展过程中的定位问题。总之，经过近 30 年探索，账户养老金已成为我国养老金体系的重要构成，未来将继续在覆盖人数、积累资产规模和退休后支付金额等方面持续增长，也将在运行模式、产品形式、参数设置等环节不断优化。账户养老金在我国养老金体系中日趋重要，从"多层次"角度促进养老金体系沿多个方向深化发展，满足居民多样化需求；从"多支柱"角度发挥探索和试点的协同作用，为居民提供多样化的养老金选择，从而在养老金的需求和供给层面推动多层次和多支柱养老金体系稳健发展。

　　"国际篇"共计十六篇分报告，为了更具代表性，所选择的国家不仅有盎格鲁－撒克逊的典型国家，即美国、英国、加拿大、澳大利亚和新西兰，而且还有诸如德国、丹麦、瑞典和瑞士等欧洲大陆的"老牌"福利国家，同时还有来自其他地域比较有特点的国家，例如作为东欧代表的波兰，作为东亚或儒家文化圈的日本、韩国和新加坡，以及在拉美地区有影响力的智利和墨西哥。

总目录

下篇　国际篇

分目录

⋮ **中篇　中国篇** ⋮

下篇　国际篇

导读

戴相龙　中国人民银行原行长、天津市原市长、全国社保基金理事会原理事长

2008 年 1 月，我任全国社会保障基金理事会理事长、党组书记，至 2014 年 1 月退休。在此期间，我负责全国社会保障基金的投资管理和保值增值工作；先后到广东省、山东省会见主要领导，开始受托管理省政府一部分基本养老保险基金；出访 20 多个国家，摘编二十国集团中除欧盟以外十九个国家的养老保险基本制度和投资管理方式，将其编入《戴相龙社保基金投资文集》。在此期间，我一直保持与郑秉文教授的交流，聘请他到全国社保基金理事会讲述我国养老保险制度的改革和发展，我也多次参加《中国养老金发展报告》的讨论会和发布会。2022 年度《中国养老金发展报告》即将出版，郑秉文教授邀请我为今年的报告写导读，我愉快接受。

一、研究账户养老金的必要性

我一直注意阅读和收藏《中国养老金发展报告》。这部报告由中国社会科学院世界社保研究中心主任郑秉文教授主编、中国社会科学院内外专家和实际工作者参与编写，是一部中国社会科学的权威报告。从 2011 年开始，至今已发布 12 期。这部报告从以研究基本养老金制度为主，逐步发展为对养老金"三支柱"的全面研究；从研究完善养老保险制度，逐步扩大到研究养老金的投资管理和保值增值；在研究中国养老保险制度发展的同时，介绍全世界养老保险制度的变化。这部报告既保持了研究内容基本结构的稳定性，又根据国内外养老金发展的新课题，在研究养老金第一支柱时，加大了对第二支柱和第三支柱养老金

的研究。2022 年的发展报告把三个支柱的个人账户统称为账户养老金，研究如何促进保值增值、提高财富积累，将养老金的研究带入一个新的视野。这样做有利于调动从业人员参与第二、第三支柱的积极性，有利于提高对个人养老金的投资管理水平，有利于提高账户养老金在养老金体系中的比例。《中国养老金发展报告》系列报告记录了我国历年养老保险制度发展成效，解读了我国养老保险制度改革政策，总结了国外成功经验，对完善我国养老金制度发展提出了很多建议。这部报告为活跃我国养老保险制度理论研究、促进我国养老保险制度的完善发挥了积极作用。

二、我国养老金制度取得的成就与存在的问题

要客观地评价我国养老金发展的成就和问题，就要按照党的二十大精神，进一步完善我国养老金制度。党中央、国务院对我国养老事业一直非常重视，改革开放 40 多年来，我国养老保险事业取得迅速发展。1991 年国务院公布《关于企业职工养老保险制度改革的决定》，提出"逐步建立起基本养老保险与企业补充养老保险和职工个人储蓄性养老保险相结合的制度"。2000 年 8 月，国家设立全国社会保障储备基金。2011 年 2 月，《企业年金基金管理办法》公布。2017 年 12 月，人社部和财政部公布《企业年金办法》，符合我国国情的养老保险制度建设稳步推进。截至 2021 年底，全国参加基本养老保险的人数已达 102871 万人，参保率达

到 93.7%。退休参保人员的养老保障水平逐年提高，各种养老金积累逐步增加。到 2021 年底，全国社会保障基金权益为 2.6 万亿元，全国基本养老保险基金滚存 6.4 万亿元，企业年金 2.6 万亿元，职业年金 1.8 万亿元，合计 13.4 万亿元。

但是，也要看到养老保险制度中存在的问题。对于养老金"三支柱"来说，我国养老金制度基本停留在"一支柱"，养老金的积累远远不适应人口老龄化快速发展的需要。近两年，我指导一位学生对 22 个国家的 28 只主权养老基金的投资管理进行了比较研究。评价模型划分为 3 个一级指标，15 个二级指标，38 个具体指标。评价结果是列入甲组的有 17 只，主要是北欧和美、日、韩的养老基金，我国的 2 只基本养老基金列入乙组，印度等国的养老基金列入丙组。我国主权养老基金的管理，外部监管因素处于劣势，内部治理因素处于平均水平，投资效益和风险控制因素处于优势。对我国基本养老金进行评估后发现，外部监管处于劣势，主要表现为下列几方面：一是基金的法律制度有待完善。基金的立法层级不够高，尚无全国人大制定的专项法律；管理制度更新不够及时，当前全国社会保障基金的投资管理仍采用 2001 年发布的投资管理暂行办法。二是基金筹集规模目标有待进一步通过精算提供科学依据。至今尚未建立通过精算确立全国主权养老基金合理规模目标的机制。三是资金来源和运用，尤其是社会保障储备基金的使用，尚无相应的具体制度。四是将受托管理主权养老基金的社会保障基金理事会定位为"事业单位"，不符合其投资管理机构的性质。

根据党的二十大报告精神，我国要大力发展新时代社会保障事业。要完善基本养老保险全国统筹制度，发展多层次、多支柱养老保险体系；要制定我国主权养老金的专项法律；要对人口老龄化高峰时期基本养老金收支平衡进行精算；要扩大社会保障基金的规模；要较快提高企业年金和职业年金参保企业和参保人员的比例，加快试点和开展延税型个人商业保险和个人养老金制度；要提高养老金三支柱积累在 GDP 中的比例，成功地实现人口老龄化高峰养老金收支的平衡，促进社会稳定发展，更好地为习近平总书记在党的二十大报告中提到的"到 2035 年基本实现社会主义现代化"作出应有贡献。

三、完善我国第一支柱基本养老保险制度与确定全国社保基金的规模

我国于 1991 年建立了统筹基金和个人账户相结合的城镇职工养老制度，企业按工资的 20% 进行缴费并进入国家统筹账户，至 2019 年将 20% 降为 16%。职工按工资的 8% 进行缴费并全部计入个人账户。从 2001 年开始，有十多个省份进行做实个人账户试点，后因统筹账户收不抵支而占用个人账户资金。2013 年提出"完善个人账户"，实际就是当统筹基金收不抵支时，可以动用个人账户基金，个人账户则成为个人缴费部分养老金的记账工具，而不是存有可以动用的实有资金的载体。对这种状况，应早做研究，逐步改进。有的专家建议，把基本养老金中个人按工资 8% 缴费转入企业年金，国家只管理按工资 16% 缴纳的基本养老金；或者将个人 8% 缴费的一半列入统筹基金，不再计入个人账户，剩余的另一半转入企业年金，同时，相应减少国家统筹对退休人员的支出水平，增加从企业年金中支取的养老金，保持参保人支取养老金水平稳定上升。对类似这样的政策建议，我们应该重视和研究。

为了确定主权养老金筹集的目标规模，建议设立主权养老基金收支精算办公室，把其放在人力资源和社会保障部，或全国社会保障基金理事会。2008 年 1 月，我到全国社保基金理事会工作，调查研究后认为，当初设立全国社会保障基金，在人口老龄化高峰时用于弥补基本养老金收支缺口，这是一项重大决策。但是，该项基金如果没有一定规模，就失去了设立该项基金的意义。全国社会保障基金必须要有一定规模，但是，这个规模是多少，又需要考虑各方面条件进行精算。2009 年初，社保基金理事会成立《养老金收支缺口匡算》课题研究组，由我任组长，副理事长孙小系为副组长，人社部社保研究所所长何平为主笔专家，财政部财政科学研究所所长贾康等八人为咨询专家，于年底形成《我国养老金收支缺口匡算及应对措施研究报告》。由于课题内容的复杂性及敏感性，此报告只是对收支缺口进行了"匡算"。2015 年，时任国务院副总理的马凯同志到社保基金理事会调研，布置社保理事会会同有关部门继续测算我国人口老龄化基本养老金收支缺口。

党的十八届三中全会提出，坚持社会统筹与个人账户相结合的基本养老保险制废，要"坚持精算平衡原则"。2019 年 4 月，中国社会科学院世界社保研究中心推出了《中国养老金精算报告 2019-2050》。基本养老保险统筹基金曾在几个省份收不抵支，疫情期间收入端明显减少；个人账户资金长期被占用，照此下去，即使个人账户资金被基本养老保险支出全部占用也难保能够满足当年基本养老保险金的支出。第七次全国人口普查表明，我国 60 岁以上老年人口突破 2.6 亿人，占全国总人口的 18.7%。2021 年，

我国已经进入中度老龄化阶段，至 2035 年左右进入重度老龄化阶段并将持续相当长的时间。因此，要加快完善我国养老保险制度，拓宽全国社会保障基金来源渠道，不断扩大基金规模。务必坚持《全国社会保障基金条例》规定的基金用途，在人口老龄化高峰到来之前，不要动用这项国家特别设立的战略储备基金。我国经济实力和国有企业资本在不断增强，只要早预测、早应对，就可以确保人口老龄化高峰基本养老金的收支平衡。

我建议国务院有关部门对成立人口老龄化高峰基本养老金收支缺口精算办公室若干问题进行研究，尽快报批成立养老金收支精算办公室。最先需要测算的是到 2035 年的收支缺口，采取各种措施，促进收支平衡，包括尽快落实习近平总书记在党的二十大报告中提出的"实施渐进式延迟法定退休年龄"，提出到 2035 年全国社会保障基金筹集的目标规模。

四、第二支柱企业年金和职业年金的发展与改革

我国第二支柱年金制度分为企业年金和职业年金。

2004 年，国务院决定开始实施企业年金制度；2015 年决定在机关事业单位实施职业年金制度。企业年金的规定是：企业缴费每年不超过工资总额的 8%，企业和职工缴费合计不超过 12%。职业年金规定单位缴费比例为本单位工资总额的 8%，个人按本人缴费工资的 4% 缴费。企业年金制度执行了将近 20 年，但是企业和个人参保面较窄，基金积累额较少。

截至 2021 年底，全国设立年金的企业为 11.75 万户，仅占全国 4842 万户企业的 0.24%；参保职工 2875 万人，仅占全国 4.8 亿职工（参加城镇职工基本养老保险人数）的 6.0%；年底投资运营规模 2.6 万亿元；职业年金为 1.8 万亿元。总体来看，我国第二支柱年金制度还处于发育期，还需加大改革力度。

2011 年，新修订的《企业年金基金管理办法》要求维护企业年金各方当事人的合法权益，规范企业年金基金管理。几年下来，效果还是很明显的。目前，企业年金主要由长江养老保险股份有限公司等 20 多家专业机构投资运营。2012～2019 年全国企业年金平均收益率为 5.27%。

为大力发展第二支柱年金制度，可考虑对年金缴费采取规定和自愿相结合的办法，规定企业至少按工资的 4% 进行缴费，个人至少应按工资的 2% 缴费，全部划入个人账户。同时，提倡企业和个人分别再按工资的 4%、2% 自愿提取企业年金，以上两种方式提取的年金全部进入个人账户。

五、大力发展第三支柱个人养老金正当其时

2018 年 4 月，财政部等部门联合发布《关于开展个人税收递延型商业养老保险试点的通知》。2022 年 4 月，《国务院办公厅关于推动个人养老金发展的意见》发布，这是我国三支柱养老金发展史上的一件大事。文件明确个人养老参加人应当指定或开立一个本人唯一的个人养老金账户，用于个人养老金缴费、归集收益、支付和缴纳个人所得税。2022 年 9 月 26 日，国务院常务会议决定，对政策支持、商业化运营的个人养老金实行个人所得税优惠：对缴费者按每年 12000 元的限额予以税前扣除，投资收益暂不征税，领取收入的实际税负由 7.5% 降为 3%，政策实施追溯到 2022 年 1 月 1 日。现在多家银行正在积极抢抓个人养老金账户的开立。对此改革，要在试点后积极推广。建议养老金投资运营机构工作人员到居民小区上门宣传和推销延税养老金储蓄存单。随着居民收入水平提高，个人所得税纳税工资标准提高，也应提高延税养老储蓄的税前扣除限额。

发展养老金融业，促进养老金保值增值。许多专家研究认为，养老金融是各项养老事业对金融服务需求的总称，一般包括养老服务金融、养老产业金融、养老金金融，对此我表示赞同。在这里，我只是讲金融业如何服务于养老金的投资管理，促其保值增值。开展个人账户养老金投资，有利于促进个人账户养老金的保值增值，有利于发展资本市场，把一部分养老金转变为企业资本金，也有利于金融业的自身发展。我国在养老金的投资管理、保值增值方面积累了一定经验，与其他国家主权养老金管理相比，在投资收益率方面具有明显优势。

在 20 世纪 90 年代初，各项养老基金主要存入银行或购买国债，这是因为当时基本养老保险基金数量很少，主要用于近期支付。现在，一年期存款年利率仅有 1.5%，如扣除 2% 左右通胀率，不仅没有增值，甚至可以说存在事实上的贬值。我国在各项养老金投资管理方面已取得一定的经验，应该稳妥地拓宽投资渠道。

六、全国社保基金理事会的作用与贡献

全国社会保障基金理事会从 2001 年开始投资管理全国

社保基金，到 2021 年，累计投资收益 17958 亿元，年均投资收益率 8.30%，比同期年均通货膨胀率 2.25% 高出 6.05 个百分点。

2009 年 7 月，当时讨论基本养老保险基金中个人账户的投资管理办法，由于各项复杂因素，未获通过，我主张把这项基金委托社保基金理事会投资管理。2010 年 4 月 12 日，我到广东省会见时任省委书记汪洋和时任省长黄华华。2013 年 5 月 13 日，我到山东省会见时任省委书记姜异康、省长郭树清。我向他们介绍社保基金理事会投资管理社会保障基金及收益情况，他们分别提出拿出基本养老保险基金 1000 亿元委托社保基金理事会投资。经国务院批准，社保基金理事会开辟出一条受托投资管理省级政府基本养老保险基金的投资管理模式。2012～2017 年，广东省委托投资 1000 亿元，5 年收益 422 亿元，总收益率 42.2%，年化收益率 8.45%。2015～2021 年，山东省委托投资 1000 亿元，6 年收益 441 亿元，总收益率 44.1%，年化收益率 8.81%。

2016 年国务院审定《全国社会保障基金条例》，明确全国社保基金理事会可接受省级人民政府的委托，受托管理省级政府部分基本养老保险基金。后来，全国社保基金理事会内设立养老金投资部和养老金财务部，对地方政府委托投资进行专项管理和分账核算。到 2021 年底，受全国 31 个省级政府和新疆生产建设兵团的委托，社保基金理事会管理基本养老保险基金为 14604 亿元，是 2021 年底城镇职工基本养老保险基金累计结存 52574 亿元的 28%，还有很大委托投资的余地。近五年年均投资收益 6.49%，比五年国债年均利率 3.03% 高出 3.46 个百分点。

全国社会保障基金理事会受托管理的城镇职工基本养老保险基金，实际上可被视为基本养老保险基金中的个人账户基金，这些投资收益为每年全国的个人账户统一计入收益率打下了物质基础，保证了个人账户基金的保值增值。

七、努力提高账户养老金的投资增值

全国社保基金理事会和各类养老金投资管理机构分别在主权养老金和企业（职业）年金的投资管理方面积累了很多经验，主权养老金和年金的投资管理有许多不同之处，但也有相同的原则。我认为对账户个人养老金的投资也要坚持下列原则：

第一，坚持依法投资。2015 年 8 月，国务院发布《基本养老保险基金投资管理办法》。2016 年 3 月，国务院发布《全国社会保障基金条例》。人社部、财政部分别于 2016 年和 2017 年印发《职业年金基金管理暂行办法》和《企业年金办法》，对全国基本养老保险基金、全国社会保障基金、全国企业年金、职业年金投资管理作出明确规定。投资管理的具体规定也需要及时完善。

第二，坚持审慎投资。养老金是退休人员的养命钱，必须确保保值增值。审慎投资体现在基金投资的各个环节，最为突出的是两个方面：一是依照法规，签署合同，明确养老金投资委托方、受托方、托管方、投资方的权益和风险承担责任；二是对基金投资各项资产配置比例进行控制。根据基金规模的稳定性和基金投资的委托期，合理配置各类金融资产。根据长期综合研究，股票投资收益高于固定收益产品，但股票投资的短期风险较大。因此，要根据基金的稳定性和委托投资期限，配置对各类金融产品的投资比例。全国社会保障基金属储备基金，抵御股票市场短期波动风险的能力较强。投资股票和产权投资比例高达 40% 以上，而地方政府委托的社保基金投资期限较短，最长只有五年，对股票类投资比例限制在 20% 以内，因此，近几年投资收益率比社会保障基金投资收益率低 2～3 个百分点。

第三，坚持专业化投资。外国养老金都是规定由专业金融机构进行投资。今后，我国养老金专业投资机构主要包括全国社会保障基金理事会、养老金管理公司、信托投资公司、大型商业银行设立的资产管理公司及各种基金管理公司。而且，要在委托投资方面实行竞争。选择养老金投资机构，不能只看行政级别和工作人员的学历，还要看过去的投资业绩。

第四，要对投资管理人实行激励约束机制。《基本养老保险基金投资管理办法》规定，投资管理机构提取的投资管理费年费率不高于投资管理养老基金资产净值的 0.5%，根据养老基金管理情况，国务院有关监管部门适时对托管费、投资管理费率进行调整。受托投资机构还需按照养老基金年度净收益的 1% 提取风险准备金，专款用于弥补养老基金投资发生的亏损。投资收益率较高的投资机构往往获得较好的回报，这对调动投资管理人的积极性、提高合规性以及促进养老金保值增值来说都是值得的。

特稿一
银行业积蓄力量，积极迎接和推进养老金个人账户制落地实施

刘　峰　中国银行业协会秘书长

党的十八大以来，我国社会保障体系建设进入快车道，实施了积极应对人口老龄化的国家战略，基本建成了功能完备的社会保障体系，推动了老龄事业和产业的协同发展，以及养老服务体系的高质量发展，社会公众广泛受益。《中华人民共和国国民经济和社会发展第十四个五年规划和2035年远景目标纲要》提出，要发展多层次、多支柱养老保险体系，提高企业年金覆盖率，规范发展第三支柱养老保险。2022年4月21日，《国务院办公厅关于推动个人养老金发展的意见》（以下简称《意见》）发布，提出推动个人养老金发展坚持政府引导、市场运作、有序发展的原则，确立了政府政策支持、个人自愿参加、市场化运营的个人养老金制度框架。与基本养老保险不同的是，《意见》规定，个人养老金实行个人账户制度，缴费完全由参加人个人承担，实行完全积累，充分体现了党中央、国务院对养老保险体系建设和群众切身利益的高度重视，建立个人养老金制度并推动发展，是一件利国利民的好事。可以预期，个人养老金以账户制为基础，必将带来养老金融投资产品的日益丰富，不断满足广大群众的多元化需求。

下面，我就商业银行提供个人养老金账户管理服务谈几点看法：

一、银行账户是社会公众享有金融服务的基本载体

银行账户包括个人银行账户和单位银行账户。其中，个人银行账户是个人资产持有、交易、结算的基本载体，

是金融监管部门统计监测和监督管理的重要对象。中国人民银行发布的《2022年第二季度支付体系运行总体情况》显示，截至2022年6月，全国共开立个人银行账户138.86亿户，银行账户数量保持增长。

我国银行账户管理体系主要包括以下几个重要节点和标志性文件：1994年，中国人民银行发布《银行账户管理办法》，规定存款账户分为基本存款账户、一般存款账户、临时存款账户和专用存款账户。2003年，中国人民银行发布《人民币银行结算账户管理办法》，明确银行结算账户按存款人分为单位银行结算账户和个人银行结算账户，其中，单位银行结算账户按用途分为基本存款账户、一般存款账户、专用存款账户、临时存款账户，自然人可根据需要申请开立个人银行结算账户，也可以在已开立的储蓄账户中选择并向开户银行申请确认为个人银行结算账户，自此，个人银行账户融合了"储蓄"与"结算"功能，为居民提供更加便捷的金融服务。2015年12月25日，中国人民银行发布《关于改进个人银行账户服务 加强账户管理的通知》，自2016年12月1日起，我国全面推行个人账户分类管理制度，将个人银行账户划分为Ⅰ类银行账户、Ⅱ类银行账户和Ⅲ类银行账户，其中，Ⅰ类户为存款人提供存款、购买投资理财产品等金融产品、转账、消费和缴费支付、支取现金等服务，而Ⅱ类户和Ⅲ类户没有实体介质，也不能办理存取现金服务，具有有限功能。2016年9月30日，中国人民银行发布《关于加强支付结算管理 防范电信网络新型违法犯罪有关事项的通知》，进一步

明确个人开立Ⅰ类户账户数量限制。可以看出，监管部门一直围绕着明晰监管路径、减少资源浪费、加强风险管控等方面建立我国银行账户体系监管制度。

一直以来，中国银行业全面贯彻"以人民为中心"的理念，以"创新、协调、绿色、开放、共享"的新发展理念为指导思想，以提升服务质效为着力点，紧跟国家战略、时代热点、金融科技发展趋势，优化账户服务，践行"减费让利"政策，积极服务各类型企业单位和个体工商户，不断提升银行账户金融服务的可得性、覆盖面和满意度，为个人和企业客户提供综合金融服务，在保障国家金融安全的同时，拉动了居民消费，支持了实体经济发展。银行卡是广大公众熟悉的基础金融工具，以其为载体，我国个人银行账户也已进一步拓宽便民支付领域，在普惠金融、绿色金融、乡村振兴、支付环境建设等方面着力，建设移动化、线上化的场景生态。中国银行业协会银行卡专业委员会编制的《中国银行卡产业发展蓝皮书（2022）》显示，截至2021年底，全国银行卡累计发卡量92.5亿张，当年新增发卡量2.7亿张，同比增长3.0%；全国银行卡交易金额1060.6万亿元，同比增长33.8%，银行卡产业为满足人民美好生活需要做出了积极贡献。

二、商业银行账户管理优势为个人养老金业务开展提供强有力保障

《意见》对个人养老金账户制、账户唯一性以及商业银行对于该账户的开立和管理予以明确，即"参加人应当指定或者开立一个本人唯一的个人养老金资金账户，用于个人养老金缴费、归集收益、支付和缴纳个人所得税。个人养老金资金账户可以由参加人在符合规定的商业银行指定或者开立，也可以通过其他符合规定的金融产品销售机构指定。个人养老金资金账户实行封闭运行，其权益归参加人所有，除另有规定外不得提前支取"。

《意见》中确定的采用账户制封闭运作模式，银行开立的资金账户作为个人缴费的唯一入口，是个人养老金税优制度的关键一环。商业银行将凭借天然的账户管理优势，积极承担起个人养老金账户管理角色，一方面履行好资金结算、产品托管等基本运营职责，另一方面作为与人社部平台对接的信息中转枢纽，承担起参保人身份校验、税收代扣代缴等服务与管理职能。

作为银行业自律组织，2021年，中国银行业协会养老金业务专业委员会组织成员单位开展养老金第三支柱课题研究，向相关监管部门报送了《商业银行第三支柱业务发展战略研究》《商业银行服务个人养老金制度信息系统建设实施方案》等报告。通过对商业银行参与第三支柱管理的优劣势分析，提出了在养老投资教育、养老金融产品创新、养老综合金融服务等方面的发展方向，为确保第三支柱政策平稳高效落地，从商业银行角度提出了相关思考和建议。同时，紧密围绕商业银行开展个人养老金业务所涉及的业务处理流程与信息系统建设这一主线，在现有政策和指导方向下，通过对个人养老金业务的整体架构分析，研究和探索适用于商业银行参与的个人养老金业务信息系统建设方案。实践方面，已有多家商业银行陆续参与了人社部组织的个人养老金信息管理服务平台系统对接测试，也积极研究部署和启动个人养老金账户管理制度建设、系统建设等相关工作，为贯彻执行个人养老金配套制度做好了准备。

三、商业银行以个人养老金账户管理为基础，不断整合资源开拓养老金融业务

面对人口老龄化趋势，我国基本养老、基本医疗保障覆盖面不断扩大，养老服务体系初步形成。银行的储蓄、理财等业务已成为老年客群的基本金融需求，银行业一直积极落实国家应对人口老龄化的战略，努力倾听和分析老年人更深层次的金融服务需求，创新研发养老金融产品。《意见》确立个人养老金账户制，有利于银行业以账户管理为依托，整合和发挥自身融资、服务、渠道、客户、产品等优势，充分发挥商业银行积累的丰富账户管理经验，进一步优化个人养老金等养老金融产品和服务供给。主要包括：

在产品管理方面，经过十几年的发展和积累，银行理财在投资管理、风险控制、产品销售、投资者教育等方面已形成完整成熟的管理体系，为实体经济平稳、健康运行发挥了重要作用。养老理财产品试点于2021年9月15日正式开启，截至目前，已有11家理财子公司获得发行养老理财产品的资格，共有10个城市纳入试点范围，银行业理财登记托管中心发布的《中国银行业理财市场半年报告（2022年上）》显示，截至2022年6月底，已经有27只养老理财产品顺利发售，23.1万名投资者累计认购超600亿元。而储蓄存款作为大众理财的品种，产品易于理解、收益计算清晰，同时存款本金受存款保险制度保护，兼具安全性、稳定性、收益性。

在产品销售方面，仅投资理财而言，商业银行已实现包含理财、基金、保险、信托、贵金属、外汇、国债等在

内的全品类货架式金融产品销售，是目前支持购买产品种类最为丰富的金融机构，可为居民提供精细化、个性化、一站式的养老金融产品交易服务。此外，商业银行拥有全面丰富的集团牌照（控股的非银子公司包括基金、理财子公司、信托、消费金融公司等），可以充分发挥子公司各自在产品管理和销售领域的差异化优势，合作协同，更好地服务三支柱的发展。

在产品宣传与投教方面，商业银行具有强大、专业的投资顾问团队。第三支柱作为一项储蓄型投资养老制度安排，对个人的资产配置能力提出了一定要求，而从我国的投资普及程度以及国外经验来看，第三支柱的发展势必会带来对专业投资顾问的需求。银行不仅已经在各分支机构拥有大量专业理财经理，而且是市场中销售金融产品最全的金融机构，银行更易成为个人投资者所需要的买方投资顾问，从财富管理而非产品销售的角度，与个人投资者共同成长。

展望未来，银行业将不断加大对养老金融与服务的投入力度，进一步发挥银行业集团化资源充沛、个人客户服务点多面广、养老金管理经验丰富的优势，在养老政策宣导、产融结合、产品研发、金融服务、客户培养、投资者教育等多个方面发挥综合性、系统性作用，为推进实施个人养老金制度、满足人民群众多层次多样化养老保险需求、促进社会保障事业高质量发展做出积极贡献。

特稿二

公募基金行业助力我国账户制个人养老金高质量发展

陈春艳　中国证券投资基金业协会秘书长

老龄化已成为全球性趋势，公共养老金的替代率不断下降，绝大多数国家、地区均建立起三（多）支柱养老保障模式，通过政府、雇主、个人三方责任共担的机制，为国民提供更为稳定的退休生活保障。在各国养老保障体系中，账户制已成为个人养老金的主流模式。我国养老金第一、第二支柱也有账户制的实践，《国务院办公厅关于推动个人养老金发展的意见》（国办发〔2022〕7号）（以下简称《意见》）的发布，明确了我国个人养老金实行个人账户制度。在我国个人养老金建设的关键时期，公募基金行业如何充分发挥专业能力，服务账户制个人养老金高质量发展，是当前行业的重要课题和关键任务。为此，本特稿在探讨境外公募基金行业对账户制养老金发展的积极作用的基础上，针对我国国情市情，提出了引导公募基金行业助力账户制个人养老金发展的建议，以期进一步推动公募基金行业在我国养老事业建设上取得更大作为。

一、境外账户制养老金的发展情况及公募基金行业的作用

（一）账户制已成为全球个人养老金主流模式

截至2021年底，全球主要建立起养老金三支柱的22个国家或地区[①]养老金资产规模已达56.58万亿美元。规模最大的美国养老金资产超过35万亿美元，其中65%的资产采用了账户制的DC（Defined Contribution）计划。规模排名前七的国家（澳大利亚、加拿大、日本、荷兰、

瑞士、英国、美国）养老金资产规模合计52.17万亿美元，其中54%的资产采用了账户制的DC计划。近20年，上述七国的DC计划占比从38%提升到54%（见图1）。近十年，上述七国DC计划的规模年均增长率达9%，DB（Defined Benefit）计划的规模年均增长率仅为4.8%。

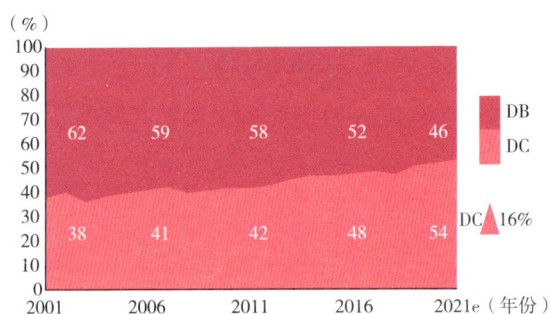

图1　2001～2021年全球主要七个国家DB/DC计划占比

资料来源：Thinking Ahead Institute：《2022全球养老金资产研究报告》。

账户制成为各国个人养老金主流模式的原因，一是将供款及待遇发放具体到个人，规避了类似DB计划可能出现的由于参与者年龄结构变化对整个计划财务稳定性产生的冲击风险；二是能够更好适配个人投资者多元化投资需求及个性化领取要求；三是便于第二支柱雇主养老金和第三支柱个人养老金资产无缝衔接，有利于三支柱养老金体系的统筹协调发展。境外发达国家账户制个人养老金历经

[①]　澳大利亚、巴西、加拿大、智利、中国内地、芬兰、法国、德国、中国香港、印度、爱尔兰、意大利、日本、马来西亚、墨西哥、荷兰、南非、韩国、西班牙、瑞士、英国、美国。

数十年的发展，已经取得了较大成果，不仅极大地减轻了政府潜在的养老财政开支压力，改善了民众的退休生活水平，也为资本市场提供了源源不断的活水，起到了平稳市场的"压舱石"作用。

（二）公募基金行业在境外账户制个人养老金发展中起到积极作用

从境外账户制个人养老金的发展历程中可以看出，随着时间的推移，各国民众不约而同地将公募基金作为个人养老金账户最主要的投资品种之一，助推了公募基金行业的发展壮大，同时公募基金的专业投资能力也支撑了个人养老金资产的长期稳定回报。境外经验显示，公募基金行业主要通过以下几个方面的实践，在账户制个人养老金发展中起到积极作用：

一是不断开发创新基金品种，丰富个人养老金投资可选品类。得益于资本市场各类灵活的金融工具，境外各国的公募基金产品类型丰富、风格突出、定位清晰，为个人养老金提供了良好的配置标的。同时，基金行业还针对个人养老的特点与需求，开发了较低风险或较为省心的目标风险、目标日期等新型公募基金产品。数据显示，美国个人养老金账户制度实施初期，美国民众投资于银行存款、银行理财的资金规模占绝对主导。而随着美国资本市场的发展和新产品的不断涌现，个人养老金账户的投资标的逐渐呈现出多样化的趋势，公募基金逐步成为个人养老金最受欢迎的投资品种之一。据统计，1990 年美国个人养老金投资于公募基金的资产规模占比已达到 22%，截至 2022 年第一季度末该占比已超过 44%（见图 2）。在德国，民众对养老金投资公募基金的接受程度也在不断提升，第三支柱里斯特养老金投资于公募基金的资产占比从 2002 年的 5.2% 提升至 2022 年第一季度的 20.1%（见图 3）。

图 2　美国个人养老金账户的资产分布

资料来源：美国投资公司协会（ICI）官网。

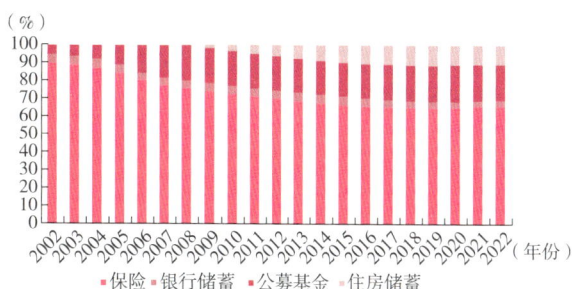

图 3　德国第三支柱里斯特养老金资产配置结构

资料来源：德国劳动与社会事务部官方网站。

二是提供专业可靠的养老投顾服务，提升综合养老服务能力。由于金融理财能力参差不齐，投资者通常会通过专业的投资咨询机构获取养老金投顾服务。第三支柱灵活的账户设计和广泛的投资范围进一步鼓励投资者将个人财富资产留在养老账户内，为投顾业务发展提供充分自由度。根据美国投资公司协会（The Investment Company Institute，ICI）的市场调查统计，在制定退休资产的投资策略时，约有 68% 的个人或家庭通过专业的金融机构获取投资咨询建议。同时，因智能投顾成本低、操作便捷、数据处理高效准确，更多的美国年青一代投资者选择智能投顾管理个人养老资产。在英国，多类型专业机构以及独立财务顾问参与养老投顾市场，为雇主、受托人和个人提供包括方案设计、投资选择以及投资管理人选择等服务，并为客户提供其他服务（会计及审计等）。据调查，32% 的受访者依赖英国财务会计师公会（The Institute of Financial Accountants，IFA）、经纪人和其他顾问的养老金管理指导，69% 的受访者在改变他们的养老金投资分配/策略之前会接受财务建议[①]。伴随养老投顾业务的蓬勃发展，基金公司围绕个人养老金核心需求，为客户提供全生命周期的规划和咨询服务，逐渐成为这一服务重要的提供者之一。同时，基金公司通过大力推行专业可靠的投顾服务，降低了个人养老金的渗透难度，使个人养老金在过去几十年里得到了快速发展。

三是全面加强风险防控，守护个人养老金安全。个人养老金作为养老属性资产，风险容忍程度相对较低，在其发展历程中，也曾经历过全球金融危机等事件带来的风险冲击。为最大限度避免资本市场震荡给个人养老金投资带来过多损失，一方面，基金行业机构不断优化产品设计，使之更加契合养老金投资资产风险收益特征，降低资产波动性。例如，基金公司通过设定不同下滑曲线，在满足个人投资者长期投资目标的同时，将权益仓位与距离退休的

① 　资料来源：MarketResearch.com 平台提供的报告 United Kingdom (UK) Financial Advice in Pensions 2021。

时间段相匹配,可以较大限度地避免风险事件对即将退休人员造成过大冲击。另一方面,基金行业致力于加强金融科技建设,构建灵敏先进的风控系统,持续改进风险应对能力,守护个人养老金投资者的资产安全。

二、我国账户制养老金实践情况

我国在养老金第一、第二支柱方面有着大量的账户制实践经验,如第一支柱基本养老保险缴费分为社会统筹账户和个人账户,第二支柱企业和职业年金则在制度设立之初就明确采用账户制。在此基础上,我国第三支柱个人养老金经历了由"产品制"向"账户制"的探索转变。2018年实施的个人税收递延型商业养老保险试点没有提出建立个人养老金账户,这一时期处于个人养老金"产品制"的试点时期。《意见》则明确我国个人养老金实行个人账户制度,标志着我国正式建立了账户制的个人养老金。账户制个人养老金与我国养老金第一、第二支柱建制理念一脉相承,有利于实现三支柱养老金的协同监管和第二、第三支柱的衔接互通。未来政策设计上,账户制个人养老金可承接第二支柱转移资金,也有助于个人养老金的税收优惠政策、投资管理、缴费、账户记录和基金转移接续方面的衔接。

过往实践显示,公募基金行业在我国第一、第二支柱养老金的受托管理和投资运作方面展现出了较高的专业能力和投资水平,在资产的保值增值上发挥了重要作用。在我国21家基本养老金投资管理机构中基金公司有14家,18家社保基金投资管理机构中基金公司有16家,22家企业年金/职业年金投资管理机构中基金公司有11家,占比均达到或超过50%,可见基金公司是重要参与者。截至2022年8月底,公募基金行业管理境内养老金总规模约4.1万亿元,约占我国养老金委托投资运作规模的一半,并助力各类养老金取得稳定良好的投资回报。截至2021年底,社保基金自成立以来的年均投资收益率为8.30%,基本养老保险基金年均投资收益率为6.49%,全国企业年金近10年大部分年份收益率在5%以上。

三、我国基金行业助力账户制个人养老金发展的建议

从我国账户制个人养老金概念提出到制度成型,以及在养老目标基金规范运作方面,基金行业一直都积极参与其中,发挥专业投资能力与资源禀赋,不断推动个人养老金发展。随着个人养老金制度逐步落地实施,中国证监会发布的《个人养老金投资公开募集证券投资基金业务管理

暂行规定(征求意见稿)》,已经明确将符合要求的养老目标基金产品纳入个人养老金投资范围。截至2022年6月底,市场上成立运作的养老目标基金共178只,规模超过1000亿元,已形成服务第三支柱养老金的专业优势。公募基金作为资本市场成熟的专业机构投资者,服务社会大众理财,助力养老金保值增值,既是行业设立的初心,又是行业发展的使命。为此,本特稿就推动公募基金行业勇担时代责任、更好服务国家养老事业上取得更大作为提出以下建议:

一是不断提升专业能力,为养老金资产长期保值增值提供专业保障。公募基金行业应进一步夯实权益投资专业优势,树立养老金投资管理的专业品牌。结合个人养老金投资需求与特点,培养养老金投资管理专业人才队伍,完善长周期考核与激励约束机制。同时,进一步加大金融科技投入,提高系统建设和风险管理能力。

二是不断丰富产品供给,着力研发适配养老金投资需求的产品谱系。针对不同年龄阶段和收入水平的养老投资群体需求,充分发挥养老目标基金下滑曲线设计与FOF基金运作优势,完善目标日期、目标风险等投资策略。立足国情市情,借鉴国际最佳实践,积极开发各类风格稳定、策略清晰、具有锁定期、合理让利于投资者的基金产品,发展长周期、低波动、低风险的创新品种。

三是持续优化客户服务,探索发挥投顾作用解决养老金投资选择难问题。以账户制为核心,通过互联网平台、移动客户端等方式设立个人养老金业务专区,提供"一站式"资产配置解决方案和全流程客户陪伴服务,提升投资者的投资体验和获得感。发展符合我国市场特征和投资者习惯与需求的养老投资顾问业务,推动低门槛、低成本、个性化、智能化的投顾服务,加强投顾队伍建设,探索成立养老金融服务子公司,精准发力,全面提升养老服务综合能力。

四是大力开展个人养老金国民教育工作。丰富投教工作渠道和方式,在推动个人从储蓄养老转变为投资养老上下功夫,引导大众注重大类资产配置,关注长期权益投资。针对第三支柱重点覆盖人群开展投资者教育,培育养老观念,大力推进养老投教"进企业、进高校、进机关"。

五是加强行业协作,与银行、保险等机构共同助力我国养老保障事业健康发展。个人养老金体系建设涉及业务链条长、服务范围广、参与机构多,行业机构应当从长远的战略视角出发,全面、系统规划个人养老金业务布局与发展,与其他相关行业加强沟通协作,形成合力,共同推动建立健全个人养老的全面综合服务体系。

特稿三
发挥受托人专业价值，助力账户养老金发展

陈　林　长江养老保险股份有限公司党委书记、董事长

一、我国账户养老金发展迈入新征程

随着 2022 年 4 月《国务院办公厅关于推动个人养老金发展的意见》发布，"账户制"的概念更加深入人心。至此，我国已基本搭建起由国家、单位和个人共同参与的多层次、多支柱养老保险体系。

（一）三支柱的账户养老金体系已基本形成

在我国养老保险体系建设的过程中，养老金账户已成为保障制度平稳运行的重要载体，承担了缴费、收益归集、支付和缴税等多种功能。

第一支柱基本养老保险基金实行社会统筹与个人账户相结合的模式。截至 2021 年底，累计结存 6.4 万亿元，其中基金投资运营规模 1.46 万亿元。2021 年当年投资收益率 4.88%，赚取了 632 亿元当年收益。自 2016 年基本养老基金入市以来，年化投资收益率约为 6.49%[①]。

第二支柱年金基金采用个人账户方式管理。截至 2021 年底，企业年金积累基金 2.64 万亿元，其中投资运营规模 2.61 万亿元，2021 年当年加权平均投资收益率为 5.33%，2007 年以来年平均收益率为 7.17%。职业年金投资运营规模 1.79 万亿元，2021 年当年投资收益额 932 亿元[②]。

第三支柱个人养老金同样以个人账户方式管理，采取"两层账户 + 多种金融产品 + 封闭运营"的运作模式，资金缴费进入账户后即享受税收优惠，个人可使用账户内资金自主购买符合条件的养老金融产品。个人养老金产品主要包括个人养老储蓄、个人养老金理财产品、个人养老金保险产品、个人养老金公募基金产品。

整体上看，三支柱的账户养老金体系已基本形成，积累了一定规模并运行良好。

（二）账户养老金的高质量发展仍面临挑战

党的二十大报告强调，高质量发展是全面建设社会主义现代化国家的首要任务，并指出要"健全覆盖全民、统筹城乡、公平统一、安全规范、可持续的多层次社会保障体系"。从建立到健全，是下一阶段账户养老金实现高质量发展的主要任务，并且仍然面临诸多挑战。

1. 养老金的长期资产配置面临考验

党的二十大报告指出，要健全社保基金保值增值和安全监管体系。养老金的管理周期可长达 30 ~ 40 年，需要长期的资产配置来实现保值增值。当前市场利率长期下行，对养老金的投资提出了挑战，养老金投资范围也存在进一步扩大的空间。这一系列因素使养老保障三支柱在加快市场化、居民金融资产逐步由存款转向投资的过程中，与养老金配置需求相匹配的长期优质资产供给不足，养老金资产配置与保值增值的压力较大。

2. 健康养老的相关服务供给仍然不足

尽管市场上金融产品种类丰富，但养老金融产品和服务的供给仍然不足。目前保险、银行、基金都推出了相关养老金融产品，但各类产品基本都是满足部分养老需求，养老功能与长期属性仍然不够突出，与一般理财产品相比，仍然存在一定的同质化。同时，健康养老服务的两极分化

[①]　资料来源：《2021 年度人力资源和社会保障事业发展统计公报》。
[②]　资料来源：人社部官网及《2021 年度人力资源和社会保障事业发展统计公报》。

比较明显，高端与低端市场中间出现了较大的服务供给真空，服务的可触达性有待提升。总体而言，养老金融领域尚未形成体系化、综合化、立体化的服务模式，需要探索更加体系化、覆盖全生命周期的养老金融服务方案。

3. 账户体系建设还有待优化

目前三支柱账户养老金积累已初具规模，但由于制度发展、市场培育等仍处于初级阶段，一二三支柱个人账户虽同属一人，但分散在不同的系统平台上，分属不同管理主体，还无法更好地开展账户间的互联互通，形成有机衔接、优化运行、相互促进的运作模式。对个人而言，更无法清晰了解当期养老金积累的总体情况，从统筹视角开展全生命周期的养老金资产配置和领取规划。

4. 个人消费者的养老金融意识有待提升

各类调查数据显示，我国居民的投资知识、复利意识、分散化投资等金融常识，以及老年人在适应金融数字化等方面都还存在不足。个人养老金制度下，个人被赋予更自主的投资选择权，同时也面临着多元化的产品选择。面对种类繁多的养老金融产品，在没有像美国养老金计划提供默认投资选择的情况下，亟须专业的投资顾问提供专业投资建议。

二、受托人在账户养老金管理中持续发挥作用

养老金管理的本质是"受人之托、代人理财"，而受托人正是以信托关系为基础的养老金治理结构中的关键角色，受托文化始终贯穿国内外的养老金管理。

放眼国外，日本政府养老金投资基金（Government Pension Investment Fund，GPIF）的理事会为日本公共养老金的受托机构，负责设定资产配置目标和开展外部投资管理人绩效评估，目前采取委托投资为主、直接投资为辅的运营模式，外部投资管理人按照合同约定开展市场化投资。美国401（k）计划由企业成立理事会或选择专业金融机构担任受托人，在赋予员工个人投资选择权的制度背景下，受托人除设定资产配置目标，做好投资管理人选择和监督管理外，还需为员工提供至少三种以上投资组合。

纵观国内，各省份收缴的第一支柱基本养老保险基金由全国社保基金理事会担任受托人，制定并组织实施投资运营策略，选择、监督、更换投资管理人。第二支柱企业年金基金由理事会或专业金融机构担任受托人，职业年金基金由专业金融机构担任受托人。

在年金管理中，由专业金融机构担任受托人的法人受托机构长期发挥"大管家"作用。一是方案设计与资产配置的专家，帮助委托人做好受托模式选择、年金缴费测算、权益归属设计等专业方案，同时制定最为关键的战略资产配置策略，做好年金的缴费和待遇支付；二是产品与管理人选择的顾问，包括建立科学的投资管理机构选择评估机制，为年金计划选择优秀的投资管理人，并根据投资管理人的特点，对投资组合实施差异化的投资策略；三是基金投资与风险防控的监理，识别年金基金投资中的主要风险，并梳理和设置各类风控指标，进行全流程、全类别的系统化监控，防止出现重大偏离，尤其控制下行风险。

三、筑优势、促升级，助力账户养老金高质量发展

在第一、第二支柱养老金发展过程中，中国已积极探索形成以"受托"为核心的养老金管理经验，未来值得进一步在多层次、多支柱的养老保险体系建设中持续升级和推广应用。

（一）持续丰富养老金受托人专业价值的应用场景

1. 拓宽业务范围，由第二支柱向第三支柱推广

我国第三支柱个人养老金刚刚起步，并希望覆盖所有参加基本养老保险的劳动者，相较于其他国家的第三支柱养老金，制度的普惠性更强，对资金的安全性要求更高，具有长周期、多目标、个性化等特征。当前来看，个人参与第三支柱的流程较为复杂，需要自行处理账户开立、缴费和待遇领取、产品投资选择及到期转换、税收优惠抵扣等多项内容，预期将会涌现大量一站式全流程的服务需求。

这与年金法人受托机构长期以来的服务模式不谋而合。经过十多年的实践发展，年金受托服务已形成较为成熟的管理模式，受托人可为委托人提供贯穿年金计划筹建到投后的全部环节，保障整个计划运作的安全、平稳、高效。未来，可以探索将年金"受托+"的治理结构应用于个人养老金的全流程服务中，同时建议可从政策层面鼓励具备年金受托资格的机构优先试点开展个人养老金投资顾问咨询业务。

2. 延长管理周期，由积累期管理向领取期服务延伸

缴费、投资和领取构成了账户养老金的全生命周期，其中养老金的领取管理对于资金的可持续性和流动性要求更高。首先，养老金收入需要满足退休生活的支出要求；其次，产生疾病或者需要大额支出时，需要有足够的流动

性资产。因此，养老金融产品产生现金流的方式和养老金额递减的节奏需要相匹配，从而形成更加可持续的长期退休收入。

当前养老金管理主要聚焦于服务缴费和投资环节，对于领取环节关注相对较少。而近年来老年群体遭遇金融诈骗的案件频发，领取期的养老规划逐渐成为重要课题。未来，可探索在领取期继续发挥年金法人受托机构的顾问、管家和监理作用，帮助个人更好地实现三支柱账户养老金的持续保值增值和合理领取使用，尽可能为老年群体规避养老资产损失。

3. 丰富服务内涵，由养老财富管理向健康养老服务转型

当前，养老金融正在从传统的理财或保险产品向"理财／保险＋健康养老服务"的多方位融合的方向转变。具体而言，就是以客户需求为导向，在发挥养老金融产品核心的财富增值功能基础上，延伸提供风险保障和健康养老服务的"一揽子"方案。

年金法人受托机构大多依托大型银行和保险等综合金融集团，能够通过整合集团内部的产品和服务资源优势，多领域、多维度、全方面地服务客户，满足客户在养老金管理领域以外的多样化需求，更好地搭建起财富储备和康养服务供给之间的桥梁。

（二）发挥保险业在账户养老金管理中的差异化优势

1. 充分运用三支柱养老金的管理经验

保险业深耕养老金融领域多年，具备养老金管理的多项能力，并提供了多样化的养老金融产品，包括参与第一支柱基本养老保险的投资管理，在第二支柱企业年金和职业年金基金管理中担当受托和投管的主力军，做好第三支柱个人税收递延型商业养老保险和专属商业养老保险等产品的试点发行和资金投资管理。保险业对于三支柱养老金业务的深刻理解，有利于推动受托人成为三支柱账户养老金的统筹规划者。

一是推动年金受托咨询服务的逐步升级，加强大型金融集团内的客户资源与产品信息共享。通过建设统一的数字化系统、形成统一的养老金融产品池，率先为客户提供综合的个人养老金投资顾问咨询服务。比如，发挥年金受托资产配置团队的专业力量，在个人养老金账户层面给出大类资产配置建议，以及提供符合个人风险偏好的不同类型的产品组合等。

二是依托现有的三支柱养老金客户资源和管理经验，助力探索打通养老金第二、第三支柱账户。加快研发"一站式"养老金管理系统平台，帮助客户真正建立起便于统

管理的养老金融综合账户，助力实现未来税收优惠共享以及资金的顺畅转移。

2. 整合服务 B 端和 C 端客户的综合优势

我国账户养老金的客户类型包括政府、企业和个人。其中，普通个人对市场缺乏了解，主动开设养老金账户的意愿相对较弱，需要机构持续提升主动触达客户的能力。保险业长期积累了服务 B 端和 C 端的渠道能力和服务优势，能够更好地服务不同类型的客户，持续助力账户养老金建设。

一是通过年金受托业务和团体保险业务深化 BBE（Business to Business Employee）模式。探索为企事业单位客户搭建为员工提供养老规划增值服务的统一平台，在该平台上实现统一管理个人的三支柱养老金账户，购买相应的养老金融产品，并获取专业的投资建议和管理服务。

二是持续巩固保险代理人的服务网络优势。保险机构拥有覆盖全国的机构网络和营销员队伍，具备强大的市场覆盖能力和客户直接服务能力。未来可以通过属地化的服务保证在不同区域开拓业务，并做好后续服务与信息反馈，同时借助优质的代理人实地宣传普及养老金融知识，有利于将存量的个人保险客户更加有效地转化为个人养老金客户。

3. 集聚长期资金管理与风控的能力优势

保险业兼具财富增值和风险保障功能优势，通过运用精算技术，做好长寿风险管理和大类资产配置，能够更好地打造覆盖积累期和领取期的养老资产配置和规划方案。例如，保险资管机构在管理保险资金过程中对于长期资金的目标和风险偏好有较为深刻的理解，在 FOF 等投资领域形成了独特优势和长期经验，构建了较为成熟的方法体系支撑目标的稳健达成，这也与养老金融产品的长期稳健管理需求天然契合。

今后，一是可以持续优化投资策略，发挥保险资管机构的大类资产配置能力，运用长期限稳定收益策略、FOF和"固收＋"等多资产组合投资能力，针对账户养老金提供满足不同风险收益目标及不同期限资产配置需求的差异化投资建议。二是强化资产创设能力，探索将养老金投资管理与健康养老产业布局有机结合，积极把握国家战略、民生建设的投资机遇，积极探索股权债权计划、ABS、REITs 等金融工具成为养老金资产配置的新方向。

4. 深化"保险＋健康＋养老"生态圈的布局优势

从个人的生命周期需求来看，将会涵盖养老、健康、医疗、意外、教育等多方面的需求，以全生命周期管理的

思路提供的养老规划建议，才更具备科学性和合理性。保险业集聚了在健康养老产业布局上的先发优势，可进一步探索打通养老金财富积累与健康养老服务之间的联系通道。以中国太平洋保险为例，近年来已持续在全国城市打造"太保家园"系列高品质社区，并持续布局互联网医院、康复医院、护理医院，引进老年照护康复的资源和人才。

保险机构可依托集团综合资源，将商业养老保险的风险保障特点、税延养老保险和专属商业养老保险资金的投资运作经验、养老社区和互联网医院等康养资源进行整合与串联，提供"保险＋投资＋服务"的个人养老金融综合服务方案，实现养老金客户价值的全生命周期管理。

（三）助力账户养老金高质量发展的更多展望

在高质量发展的新征程上，我们期待着第二支柱年金业务在制度的覆盖率和参与率方面取得更多突破，期待着第三支柱个人养老金制度的产品、税收、投资管理等配套政策进一步出台，更期待着国家、单位和个人三方责任共担、均衡发展的多层次、多支柱养老保险体系能够真正健全完善。

同时，我们也希望，保险系的年金法人受托机构能够进一步成为账户养老金的主力参与者。真正为个人消费者提供覆盖三支柱账户养老金的缴费与领取方案测算、税务规划、账户开立、产品选择、健康养老服务引导推荐等"一揽子"服务。而要真正发挥受托人专业价值，助力账户养老金发展，还需进一步加强投研、科技、人才等关键能力的储备。

投研方面。坚持"绝对收益之上的相对收益"的养老金投资价值观，加快打造"体系化、系统化、智能化"的投研体系。坚持策略胜过预测，用产业视角优化研究体系，看大势做大事，在时代大背景下牢牢把握投资方向，加快建设全天候、多资产、多工具、多策略的投资能力。

科技方面。集中资源，优先开发和重点保障与受托和投研等核心能力提升，以及服务体验改善密切相关的系统平台。通过人工智能、大数据分析等来实现三支柱养老金客户画像和标签的确定，搭建统一门户、统一客户入口，为客户提供千人千面的定制化服务即时触达的良好体验。

人才方面。关注当前养老金融涉及业务种类多、业务范围广的特征，深化在个人养老财富规划及健康管理规划方面专业性、复合型人才的培养，加强优秀人才的引进以及内部人才的培养选拔。让市场团队更加专业、投研团队更懂服务，推动个人能力和公司体系化能力的平衡共建、同频共振，在实现专业化分工的同时，也实现对养老金融事业的价值认同。

笃行致远，唯实励新。在积极应对人口老龄化的国家战略指引下，养老金融市场正在迈向高质量发展的新时代，账户养老金也正在迎来更加广阔的机遇期。满足日益多元化的养老投资需求，让更多人"优雅老去、体面生活"，养老金融机构任重道远。长江养老愿与所有的市场参与者共同努力，锚定长期主义，以全生命周期的陪伴，以可持续的价值增长，努力守护好每一位养老金受益人的美好退休生活。

主报告
账户养老金、养老基金与信托制度

郑秉文 中国社会科学院大学政府管理学院教授

　　摆在读者面前的这本《中国养老金发展报告2022》研究报告是中国社会科学院世界社保研究中心组织撰写的第十二部年度研究报告，今年的主题是"账户养老金与财富积累"。很显然，"账户养老金"中的"账户"是指"个人账户"，是相对于"非账户养老金"而言的养老金制度模式。一般来说，就公共养老金而言，非账户养老金是指DB型现收现付制，账户养老金是指DC型完全积累制。就私人养老金而言（第二支柱职业养老金和第三支柱个人养老金），DB型计划一般没有引入个人账户，而DC型计划则必须建立个人账户。随着人口老龄化的深化，有些国家将其DB型现收现付制衍生改革为DC型现收现付制，于是出现了NDC即"名义账户制"。为了予以区分，人们不得不在原来完全积累制计划的"DC"前面加上了一个"F"即"FDC"，相对应地，中文译名只能将之称为"积累账户制"（或"实账积累制"之类）。再后来，为平衡资产和债务的失衡趋势以应对人口老龄化，FDC又演变出其他一些变形的、介于DB和DC之间的混合模式，这些不在本报告的研究范围内。

　　本研究报告聚焦的账户养老金主要是FDC，兼顾NDC。从多层次多支柱养老金制度的角度，本报告关注的账户养老金既包括第一支柱养老金的账户设计，也包括

第二、第三支柱的账户养老金；从账户管理模式的角度，本报告研究的既包括中央公积金（CPF）模式的账户设计，也包括完全积累制的账户养老金（FF DC）；从三支柱理论的角度，本报告将强制性基本养老金制度统一称为第一支柱（尽管有些国家将其称为第二支柱，例如，本报告将加拿大的CPP视为第一支柱），而将来自财政转移支付建立的养老津贴制度视为零支柱，例如，将澳大利亚的AP称为零支柱（尽管澳大利亚自称为第一支柱），将加拿大的OAS称为零支柱（尽管加拿大自称为第一支柱）。

　　2022年发布以"账户养老金"为研究主题的《中国养老金发展报告2022》恰逢两件世界级的大事件：一个大事件是中国共产党第二十次全国代表大会刚刚闭幕，习近平总书记在党的二十大报告中指出："发展多层次、多支柱养老保险体系。"根据我的理解，发展多层次、多支柱养老保险体系就意味着要大力发展以账户制为基础的第二支柱企业年金和第三支柱个人养老金。另一个大事件是英国的DB型养老金或称"非账户养老金"陷入严重危机，对英国来说，这次养老金面临的危机甚至比2008年国际金融危机导致的养老金投资损失都要大，这就给业界和决策者带来很多思考。在上述两个世界级大事件的背景下，《中国养老金发展报告2022》将"账户养老金"作为

研究主题就更显得意义深远。

一、账户养老金的发展路径及其功能演进

无论是 19 世纪 70 年代出现于美国的第二支柱企业养老金，还是 1889 年诞生于德国的第一支柱公共养老金，它们都是 DB 型的[①]，没有个人账户。随后，其他国家建立第一和第二支柱养老金制度，纷纷效法德国和美国，建立的养老金制度均为 DB 型。养老金体系中个人账户的诞生或者说账户养老金的建立在时间顺序上大致可分为五个阶段。

（一）第一阶段是始于 20 世纪 50 年代初的中央公积金制，由此掀起了第一支柱强制性基本养老保险采取账户制的公积金浪潮并一直延续到 20 世纪 60 年代末

20 世纪 50 年代初，英国作为宗主国在其二十几个亚洲和非洲的殖民地建立起公积金制度，比如，亚洲的马来西亚（1951 年）、印度（1952 年）、斯里兰卡（1958 年）、尼泊尔（1962 年）、斐济（1966 年）等，非洲的肯尼亚（1951 年）、乌干达（1951 年）、尼日利亚（1961 年）、坦桑尼亚（1964 年）、赞比亚（1966 年）、冈比亚（1982 年）等。新加坡的中央公积金建立于英国治下的 1955 年，多年后新加坡实现自治并参与组织马来西亚联邦，1965 年建立新加坡共和国。当时这些建立公积金制的前英国殖民地的人口结构非常年轻，除新加坡到 2000 年才进入老龄化社会以外，其他国家至今也未进入老龄化社会。1993 年，新加坡前总理李光耀说，新加坡建立中央公积金制的目的，"主要是基于社会和政局稳定的考虑"，有了个人账户制度，"人们就会对这个国家更忠诚"[②]。

中央公积金是一种强制性储蓄计划，雇主和雇员双方缴费，共同进入个人账户，一般来说，个人账户资产形成的公积金由一个公共管理机构负责投资，包括投资收益在内的全部账户资产以养老金或其他福利待遇形式在大部分国家一次付清。一些国家的公积金还允许账户持有人在退休时购买年金或选择养老金。有些公积金还提供住房、医疗等基金，并为幸存者提供养老金。

20 世纪五六十年代，亚洲和非洲国家建立的公积金制度与新加坡公积金在主要制度特征上大同小异，例如，面向全国劳动者并具有强制性，中央政府实施统一投资决策和统一记账利率，雇主和雇员双方缴费等。但各国间在其他一些制度设计方面略有差别。例如，肯尼亚的公积金也是强制性的，但覆盖的范围仅限于公职人员，而且以县为单位进行委托投资；印度政府对公积金成员的个人账户提供 1.16% 的配比缴费；斐济公积金制度对特殊群体提供一定的补贴；赞比亚和尼日利亚等国的公积金具有医疗保险的功能。

这些国家建立资本化的公积金制度，其主要目的是支持国民秉持自力更生的价值观，让个人更多地体现对家庭的责任，让年轻人和老年人在养老、住房和医疗保障方面享有安全感，在日常家庭生活和退休后都能够实现自我支持。新加坡中央公积金制度演进的历史充分证明了上述建立公积金制度的初衷：公积金制度不仅是养老金制度的载体，而且随着时间的推移，其账户功能逐渐扩大，逐渐引入了住房储蓄、医疗健康保障储蓄、长期护理保险储蓄的"子账户"，包括普通账户（OA）、医疗储蓄账户（MA）、特殊账户（SA）、退休账户（RA）。从 20 世纪 80 年代末开始[③]，中央公积金管理局围绕中央公积金制度逐渐提供最低存款计划、医疗保险计划、重大疾病保险计划、年金计划、工作收入补贴计划等，中央公积金正在成为新加坡的国家社会保障体系。

由于中央公积金是由公共机构管理的储蓄计划，且其功能往往是多重的，因此，美国社会保障总署通常不将公积金账户视为个人账户[④]。考虑到中国城镇职工基本养老保险在做实个人账户试点过程中基金管理始终由地方政府负责，并且至今还有一部分个人账户基金委托给公共机构全国社会保障基金理事会负责投资管理[⑤]，又考虑到中国的企业年金和职业年金个人账户持有人没有投资选择权的事实，再考虑到新加坡中央公积金制对中国引入个人账户和建立统账结合的基本养老保险产生过深刻影响，本报告将公积金纳入账户养老金的研究范畴。

（二）第二阶段是 20 世纪 70 年代美国建立第二支柱企业养老金 401（k）和第三支柱个人退休账户（IRA），由此推动了美国和其他发达国家 DB 型养老金向 DC 型账户养老金的转变

在第二支柱养老金中，公共部门养老金的建立要早

---

① 1889 年，德国建立世界上首个基本养老保险制度，在制度运行的初期，德国试图将其建立为 DC 型制度，但出于种种原因没有成功，10 年后改为 DB 型现收现付制。由于时间很短，本报告对这段历史予以忽略。

② 引自迈克尔·谢若登：《资产与穷人——一项新的美国福利政策》，高鉴国译，商务印书馆 2005 年版。

③ Central Provident Fund Board, https://www.cpf.gov.sg/.

④ Kritzer B E, Individual Accounts in Other Countries, Social Security Bulletin, 2005,66(1): 31–37.

⑤ 目前全国社会保障理事会受托投资运营的城镇职工基本养老保险个人账户基金超过 1000 多亿元。参见《全国社会保障基金理事会社保基金年度报告（2021 年度）》，全国社会保障基金理事会官网，http://www.ssf.gov.cn/portal/index.htm。

于私人部门①，最早的可追溯至 1592 年英格兰建立的军队养老金和 1684 年伦敦港务局建立的文官养老金；美国公共部门养老金可追溯至 1799 年的海军养老金、1832 年独立战争中幸存士兵养老金和 1857 年纽约市建立的警察养老金，私人部门最早建立养老金的是 1875 年美国运通建立的公司养老金和 1882 年美国钢琴和风琴制造商 Alfred Dolge 建立的中小企业以雇主为基础的养老金计划。当时欧美国家建立的公共部门养老金、私人部门养老金或军人养老金无一不是 DB 型的，没有引入个人账户。在 20 世纪之前，各国建立的 DB 型企业养老金不仅没有税收政策支持，而且融资方式存在很大差异性：有的雇员不缴费，雇主也仅做承诺；有的雇主单方面缴费，而雇员不缴费；有的是雇员缴费，雇主给计入一定利息；有的是雇主和雇员双方缴费……不一而足。

DB 型企业补充养老金计划的一个重要特征是如果企业经营不善或倒闭，雇主对工人承诺的养老金给付就将随之化为乌有。DB 型计划从其诞生之日起就存在这个问题，例如，1882 年美国钢琴和风琴制造商 Alfred Dolge 建立世界上首个中小企业雇主计划，该企业每月扣发工人工资的 1% 并将其存入养老基金②，公司每年向该基金计入 6% 的利息，这个资金池同时也成为企业的流动资金，但由于种种因素，1898 年该企业经营出现问题并停产，工人们认为这是一起欺诈案，数十名律师介入这起诉讼，最终法院宣布企业破产，企业对工人作出的所有养老金承诺被解除，已经对退休工人支付的养老金宣布停止。

第二次世界大战之后，越来越多的国家对第二支柱补充养老保险制度赋予税延政策支持，建立企业补充养老金计划的企业越来越多，同时，由于企业倒破产而关闭的 DB 型计划养老金也随之不断增加。1963 年印第安纳州汽车厂倒闭导致 4000 多工人失去养老金，该事件直接促使业界考虑引入养老金保护机制的改革，因此 1974 年国会通过的《雇员退休收入保障法案》（Employee Retirement Income Security Act，ERISA）决定建立养老金福利担保公司（Pension Benefit Guaranty Corporation，PBGC）③，规定对 DB 型计划进行担保，雇主计划须缴纳保费。截至 2020 年，养老金福利担保公司已覆盖 2.5 万个 DB 型计划和 3400 万工人④，在养老金福利担保公司领取养老金的退休工人达 106 万人。根据 ERISA 的要求，养老金福利担保公司是国有企业，自负盈亏，由于破产企业工人越来越多，养老金福利担保公司入不敷出，保费水平逐年提高，例如，单雇主计划从 1974 年每个工人每年的 1 美元，提高到 2021 年的 86 美元。

DB 型养老金计划的主要缺陷是安全性差（企业破产导致养老金承诺消失）、便携性差（工人流动后养老金计划难以随身携带）和雇主负担沉重（雇主缴费比例高并承担运营责任）等，而这三个缺陷恰是 DC 型账户制养老金计划的优势。本来，第二次世界大战之后，DC 型账户养老金在美国已开始出现，例如基奥养老金账户等⑤，但截至 1975 年全美 DC 型养老金账户参与者仅为 1120 万人，而 DB 型计划参与者为 2720 万人，在第二支柱养老金中占主导地位⑥。为大力推动账户养老金的发展，美国在 20 世纪 70 年代建立了两个崭新的个税递延型账户养老金即第三支柱个人退休账户［Individual Retirement Account(s)，即 IRA 或 IRAs］和第二支柱 401（k）。

先看第三支柱账户养老金，它建立于 1974 年通过的《雇员退休收入保障法案》（ERISA）。根据 ERISA 的解释（P.L.93-406），美国建立第三支柱 IRA 的目的有两个：一是鼓励没有参加雇主计划的工人建立第三支柱，增加养老储蓄；二是允许参加雇主计划的工人将他们的账户资产转移出来并保持其税收优惠。通过建立个人账户可实施个税递延至退休时补缴，雇主也可配比缴费，1986 年雇员最高缴费上限是每年 0.7 万美元，雇员和雇主合计缴费最高上限是 3 万美元，2022 年分别提高到 2.05 万美元和 6.1 万美元，年满 50 岁还享受每年 0.65 万美元的"追加缴费额"。

再看第二支柱税延型企业补充养老保险 401（k），它建立于 1978 年通过的《国内税收法》。在几十年后的今天看来，这是一个经典的账户养老金制度。401（k）税延养老储蓄便捷灵活、简单易懂，加之随后的几波牛市极大地

① Iekel J, Retirement: An Historical Perspective, ASPPA, https://www.asppa.org/news/browse-topics/retirement-historical-perspective, 2018-09-21.

② Quadagno J, The Transformation of Old Age Security：Class and Politics in the American Welfare State, The University of Chicago Press, February 1988, pp.79-81.

③ PBGC, https://www.pbgc.gov/about/who-we-are/pg/history-of-pbgc.

④ CRS Report, Pension Benefit Guaranty Corporation(PBGC): A Primer, updated January 8, 2021, Congressional Research Service, Library of Congress, USA, January 2021, pp.1-2, p.20.

⑤ 基奥养老金计划以美国纽约州众议员 Eugene James Keogh 的名字命名，因为他推动国会于 1962 年通过了《个体自营者税收退休法》（SEITRA）。基奥养老金计划既可以采取 DB 型，也可采取 DC 型，从规模上看，DC 型计划的数量多于 DB 型计划。

⑥ CRS Report, A Visual Depiction of the Shift from Defined Benefit(DB) to Defined Contribution (DC) Pension Plans in the Private Sector, December 27, 2021, Congressional Research Service, Library of Congress, USA, December 2021, pp.1-2.

提高了其投资收益率，401（k）养老金脱颖而出，成为美国企业养老金的主流模式，不仅成为 1962 年专为个体经营者建立的带有第三支柱性质的基奥账户养老金的替代性计划，而且也成为第二支柱雇主计划的主要替代性计划，将传统的 DB 型第二支柱推向一个崭新的发展阶段，甚至成为举世瞩目的第二支柱账户养老金的代名词，在养老金领域，美国 401（k）的知名度比智利和拉美其他国家的 AFP 还要高。

个人退休账户（IRA）建立至今，账户持有人已超过 6000 万人，账户中位数余额为 7 万美元，平均账户余额 25.4 万美元[①]，全美账户余额达 13.9 万亿美元[②]，占全美第二、第三支柱 39.4 万亿养老金资产的 35.3%。401（k）计划从诞生之日起就受到雇主的追捧，发展迅速，截至 2021 年底，数量达 60 万个，活跃参与人数 6000 万人，积累资产 6.7 万亿美元，在 9.6 万亿美元的 DC 型养老金资产中，401（k）的资产余额占 70%，成为 DC 型计划的主流。401（k）的出现极大地推动了其他各种 DC 型账户养老金的发展，雇主们纷纷放弃 DB 型计划，转而建立 DC 型计划，到 2019 年底，DB 型计划参与人数降至 1260 万人，包括 401（k）在内的 DC 型计划参与人数量增至 8550 万人。

IRA 和 401（k）在计划数量、资产规模和参与人数等方面的迅猛发展不仅对推动美国养老金的发展做出了巨大贡献，而且对欧洲和其他国家发展账户养老金起到了表率作用。例如，欧洲传统的企业养老金几乎都是 DB 型计划，美国 20 世纪 70 年代账户养老金的发展对欧洲逐渐产生影响，加之欧盟的大力推动，DB 向 DC 转型取得了显著成效。据欧盟官方统计[③]，截至 2014 年，DC 型计划资产占比达 9%，混合型计划资产占 34%，DB 型计划资产占 57%。2021 年欧洲央行的数据显示[④]，欧元区养老金资产中，DB 型占 80.9%，DC 型占 19.1%。这些数据显示，欧洲 DB 型养老金的转型不如北美顺利，还有较长的路要走。展望未来，随着荷兰等养老金大国养老金立法改革的推进，欧元区 DC 型养老金资产份额将从 17% 提高到 2027 年的 77%[⑤]。还有预测认为[⑥]，欧洲 DC 计划的资产规模将从 2020 年的 4.72 万亿美元（4 万亿欧元）提高到 2030 年的 11.8 万亿美元（10 万亿欧元）。

发源于美国的第二波账户养老金改革浪潮的目的是提高养老金计划便携性，扩大私人养老金覆盖面，构建三支柱养老金体系，提高劳动者的养老金福利水平，减轻企业的负担，为雇主福利计划纷纷松绑，实现资源配置效率，提高企业竞争力，替代传统的 DB 型非账户养老金，以适应经济全球化和生产要素的快速流动的需要，满足资本流通和技术传播的要求。

（三）第三阶段是 1980～1990 年拉丁美洲掀起的养老金资本化改革浪潮，传统的 DB 型现收现付制公共养老金被 DC 型完全积累的账户养老金所替代

拉丁美洲国家早在 19 世纪 20 年代就纷纷脱离宗主国宣布独立，但私人养老金发展得很慢，远不如其欧洲宗主国，在 20 世纪 80 年代智利养老金革命之前仅有少量 DB 型养老金，DC 型私人养老金几乎空白。1981 年智利将其传统的 DB 型现收现付制公共养老金改革为 DC 型完全积累制，随后，十几个拉美国家纷纷效法"智利模式"，这些国家包括哥伦比亚（1993 年）、秘鲁（1993 年）、阿根廷（1994 年）、哥斯达黎加（1995 年）、乌拉圭（1996 年）、墨西哥（1997 年）、玻利维亚（1997 年）、萨尔瓦多（1998 年）、多米尼加共和国（2003 年）和巴拿马（2008 年）等。尽管有学者将这十几个拉美国家实施的智利模式再细分为替代型、平行型和混合型，但个人账户在这三个类型的智利模式中的作用均位居核心地位[⑦]：缴费完全进入个人账户，形成账户资产；账户持有人进行资产配置并进行投资

① CRS Report, Individual Retirement Account (IRA) Ownership: Data and Policy Issues, December 9, 2020, Congressional Research Service, Library of Congress, USA, December 2020, p.18.

② ICI, 2021 Investment Company Fact Book, the Investment Company Institute, Washington DC, 2022, p.151.

③ Towards a New Design for Workplace Pensions, PensionEurope, Belgium, June 2017, p.6.

④ Euro Area Pension Fund Statistics: Fourth Quarter of 2021, https://www.ecb.europa.eu/press/pr/stats/pension_fund_statistics/html/ecb.pfs2021q4~81dd3a433c.en.html, 2022-03-23.

⑤ Rousová L F, Ghiselli A, Ghio M, Mosk B, The Structural Impact of the Shift from Defined Benefits to Defined Contributions, https://www.ecb.europa.eu/pub/economic-bulletin/focus/2021/html/ecb.ebbox202105_08~5b846b2f5a.en.html.

⑥ Indefi, The 10 Euro Trillion Question: Defined Contributions in Europe, in Perspectives, Indefi, Paris, 2021, p.1.

⑦ 智利等五个国家是替代型的制度，指传统的 DB 型现收现付完全取消并被账户养老金系统予以替代；平行型的代表是秘鲁和哥伦比亚等国，指传统的制度没有取消，而是进行了改革，新的 DC 型账户养老金也建立起来，新旧制度处于竞争状态，由参保人选择；混合型的代表国家是阿根廷、乌拉圭等国，指传统的旧制度得以保存，但只提供基本保障并与新的 DC 型账户养老金融为一体，后者发挥补充保险的作用。参见：Mesa-Lago C, Structural Reform of Social Security Pensions in Latin America: Models, Characteristics, Results and Conclusions, in International Social Security Review, 2001, 54(4): 67-92.

管理；可"用脚投票"，在持有特许牌照的养老金运营公司中进行选择，形成竞争性市场；投资收益全部留在账户内；达到退休年龄后个人从账户内提取养老金。

拉丁美洲十几个国家养老金进行改革之后，迅速改变了上百年来养老金"蜗牛"式的发展现状：在参保人覆盖数量方面[①]，2003 年智利和墨西哥分别是 700 万人和 3140 万人，到 2022 年 6 月分别增加到 1152 万人和 7141 万人；在养老金资产规模方面，这两个国家从 397 亿美元和 354 亿美元分别提高到 1582 亿美元和 2425 亿美元。拉丁美洲养老金改革的 10 个国家（玻利维亚、哥伦比亚、哥斯达黎加、智利、萨尔瓦多、墨西哥、巴拿马、秘鲁、多米尼加共和国和乌拉圭）参保人覆盖数量在 2003 年仅为 5166 万人，到 2022 年 6 月增加到 1.25 亿人；2003 年这 10 国的账户养老金资产规模仅为 912 亿美元，到 2022 年 6 月提高到 6125 亿美元，提高了 5.7 倍，在拉丁美洲一百年的社保历史上，养老金资产规模达到峰值。

在过去 40 多年里，"智利模式"不仅深刻地影响了拉美地区，还对中国香港地区建立强积金、瑞典和意大利等八九个国家引入名义账户制（Non-financial Defined Contribution，NDC）、中东欧（克罗地亚、匈牙利）和中亚地区十几个转型经济体（哈萨克斯坦、吉尔吉斯斯坦）养老金改革产生了广泛而深远的影响，这些国家或多或少引入了强制性个人账户或账户因素，这些制度运行至今。"智利模式"的诞生还对养老金研究领域产生了极其深远的影响。

以智利为代表的众多拉丁美洲国家公共养老金掀起了私有化改革运动[②]，它是经济私有化和自由化一系列改革的组成部分，是新自由主义思潮的结果，既有世界银行、国际货币基金和美洲开发银行等国际组织的因素，也有拉丁美洲地区右翼领导人实行经济体制改革的因素。拉丁美洲国家长期以来国内储蓄率很低，投资严重不足，经济增长缓慢，长期在"中等收入陷阱"中挣扎与徘徊，贫困率长期居高不下，DB 型现收现付制养老金负担越来越沉重，对财政形成较大压力。正是在这样的大背景下，"智利模式"诞生并一呼百应，形成一个养老金改革潮流。20 世纪 80 年代的数据显示，拉丁美洲国家人口结构离人口老龄化的门槛还有在较大距离。即使在 2020 年，拉丁美洲国家总体上也才刚站在人口老龄化的门槛边缘，而西欧和北美早已进入深度老龄化阶段，甚至中国人口也踏入了深度老龄化阶段（见表 1）。

表 1　1980 年和 2020 年拉美部分国家、西欧、北美和中国 65 岁及以上人口占总人口比例　　单位：%

年份	阿根廷	巴西	玻利维亚	智利	哥伦比亚	秘鲁	西欧	北美	中国
1980	7.7	3.8	3.8	4.6	3.8	4.1	14.7	11.1	4.3
2020	11.7	9.3	4.9	12.3	8.5	8.3	21.0	16.4	14.2*

注：65 岁及以上人口占总人口 7% 为人口老龄化社会，占总人口 14% 为深度老龄化社会，占人口 20% 为超级老龄化社会。

资料来源：根据联合国人口司《世界人口展望 2022》计算，参见 UN 官网，https://population.un.org/wpp/。其中，* 为 2021 年数据，参见《中华人民共和国 2021 年国民经济和社会发展统计公报》，国家统计局官网，http://www.stats.gov.cn/。

（四）第四阶段是从 20 世纪 90 年代公共养老金的改革开始，发达国家和转型国家在公共养老金改革中以不同形式引入个人账户因素

欧洲是最早进入人口老龄化社会的地区，也是公共养老金制度改革最为激进的地区。早在 1973 年 10 月的第四次中东战争中，石油危机导致欧美能源价格飞涨，经济社会发展遭受重创，欧洲社会福利制度面对巨大财政压力，发达国家开始意识到在进入 21 世纪后"婴儿潮"将转变为"退休潮"，人口老龄化必将对养老金制度形成严峻挑战。到 20 世纪 90 年代世界银行提出三支柱理论之时，正是欧美发达国家酝酿第一支柱养老金制度改革之际，彼时，老牌资本主义发达国家的基本养老保险制度实行的无一例外均为传统的 DB 型现收现付制，面对"婴儿潮"即将进入退休年龄的压力，欧美发达国家纷纷寻求各自不同的改革与转型方案。

大部分欧美发达国家在 20 世纪末和 21 世纪初已进入人口老龄化社会，第一支柱养老金向 DC 型账户养老金转型将面临难以承受的巨大成本，例如，秘鲁、萨尔瓦多、智利和多米尼加的隐性债务分别是 GDP 的 34%、37%、53% 和 40%，而加拿大、法国、意大利和英国则分别相

---

①　FIAP, https://www.fiapinternacional.org/en/estadisticas/.

②　Mesa-Lago C, Muller K, The Politics of Pension Reform in Latin America, Journal of Latin American Studies, Vol. 34, No. 3 (Aug., 2002), pp. 687–715.

当于 GDP 的 121%、216%、242% 和 156%[①]。一般来说，人口老龄化程度越严重，引入账户养老金的成本就越大。欧洲国家为避免巨大的转型成本，在借鉴拉美改革的基础上，采取各种"变通"方式将"个人账户"作为应对人口老龄化的一个"因子"引入第一支柱养老保险制度之中。欧洲国家在公共养老金制度中引入账户因素的变通方式主要有两种：一是名义账户制（NDC），二是积分制（points system）。

NDC 的本质是模拟的账户养老金，在其现收现付制融资方式不变的情况下，将其计发方式公式改革为类似 DC 型账户养老金的方式，参保人享有的"终身年金"由账户的名义资产总额与年金系数之比得出，年金系数以退休年龄时的平均预期寿命和内部收益率构成。如果说智利模式的 DC 型完全积累制是完全精算中性的，NDC 则可被认为是"准精算中性"的一种制度创新。引入 NDC 的目的是将参保人的终身缴费与退休后的养老金待遇水平联系起来，降低传统 DB 型养老金的慷慨度，提高参保人的缴费积极性，在参保人的缴费与待遇之间建立起中性联系，进而在整个制度收入和制度支出之间建立起"名义资产"与未来债务的"匹配"关系，让虚拟的个人账户成为应对人口老龄化的一个"引子"，发挥其对制度收支的调节作用。制度设计的基本原理是参保人终身缴费被记录在名义上的个人账户之中，如同储蓄账户，制度统一公布名义利率，计入名义利息，养老金待遇计发根据是个人账户的名义额除以退休年龄的预期寿命，待遇水平随着预期寿命的提高而遵循一定的指数化规则。

经过 20 世纪 90 年代的酝酿和制度设计，一些国家不约而同地先后实施名义账户制并运行至今，它们是拉脱维亚（1996 年）、意大利（1996 年）、瑞典（1999 年）、波兰（1999 年）、挪威（2011 年）等。其中，瑞典的名义账户制在引入"自动平衡机制"的基础上还辅之以一个小型的实账积累账户（FDC），形成一个"NDC+FDC"的统账结合制度，被认为是目前制度设计和运行机制最佳的名义账户制；相比之下，意大利的名义账户制转型期很长，支

出约束作用甚微，被认为是效果较差的名义账户制。此外，从 20 世纪 90 年代到 21 世纪初，还有一些国家试图引入名义账户制，但出于种种原因，这些国家或是在改革过程中夭折，或是最终只保留了某些名义账户制的特征，并未成为真正意义上的名义账户制，包括埃及、希腊、哈萨克斯坦、阿塞拜疆、吉尔吉斯斯坦、蒙古、俄罗斯、塔吉克斯坦、土库曼斯坦等国家[②]。

积分制是欧洲国家尤其是转型国家公共养老金改革引入账户因素的另一个主要"变通"方式。在积分制中，参保人的缴费每年都会获得相对应的个人积分，其分数取决于缴费工资与平均工资之间的关系以及参保人实际缴费的年限。退休时参保人获得的所有积分相加并乘以总积分的值，这个总计分值通常是退休当年平均工资的某个百分比。积分制在启动时与平均工资增长指数挂钩。例如，德国的养老保险总缴费比例为工资的 18.6%（雇主和雇员各占 50%），2021 年平均工资为 4.055 万欧元可获得 1 个积分[③]，如果工资水平是平均的 1.5 倍即可获得 1.5 个积分，如果工资高于 8.10 万欧元可获得 2 个积分（最高限额为平均工资的两倍，即 8.10 万欧元），2021 年退休时每个积分支付每月养老金 36 欧元，如果职业生涯累计积分 40 分的话，每月退休金就是 1440 欧元。

德国传统的 DB 型现收现付制基本养老保险制度在经历了 1992 年、1999 年、2001 年和 2003 年的连续探索和不断完善之后，创建起"积分制"，运行至今，被认为是积分制中具有代表性的制度。跟随德国之后，欧洲实施积分制的国家还有法国、克罗地亚、罗马尼亚、斯洛伐克、波黑（波斯尼亚和黑塞哥维那）、黑山、塞尔维亚等[④]。由于积分制与名义账户制十分相像，其融资方式也是现收现付制，其计发方式也是与参保人职业生涯缴费建立起密切联系，在传统的 DB 型制度中引入 DC 型账户因素，以"积分制"的形式让养老金待遇水平与参保人的工资水平、缴费额度、缴费年限联系在一起，成为应对人口老龄化的一个制度创新。积分制被一些学者认为是一种"类 NDC"，是模仿瑞典名义账户制的结果[⑤]，认为它"从 2005 年开始就

① Holzmann R, Palacios R, Zviniene A, Implicit Pension Debt: Issues, Measurement and Scope in International Perspective, Social Protection Discussion Paper Series No.0403, Social Protection Unit, Human Development Network, the World Bank, March 2004, p.18, table 4, p.24, table 5.

② Holzmann R, Palmer E, Palacios R, Sacchi S, Progress and Challenges of Nonfinancial Defined Contribution Pension Schemes, Volume 1: Addressing Marginalization, Polarization, and the Labor Market, World Bank Group, 2020, p.190, pp.203–204.

③ Pension System in Germany Explained, PerFinEx, https://perfinex.de/pension-system-in-germany-explained/.

④ Schwarz A M, Arias O S, Zviniene A, et al., The Inverting Pyramid : Pension Systems Facing Demographic Challenges in Europe and Central Asia, The World Bank Group, 2014, pp.33–34, table 2.1.

⑤ Gurtovaya V, Nistico S, The Notional Defined Contribution Pension Scheme and the German "Point System" : A Comparison, in German Economic Review, 2018, 19(4): 365–382.

几乎完全模仿名义账户制"，甚至在德国学者眼里，它就是"一个首要和重要的 NDC 方式的因素"[①]。与瑞典表面上不同的是，德国引入的是"可持续因子"，瑞典等国家引入的是"个人账户"，德国的制度显然要比瑞典复杂得多。

名义账户制也好，积分制也罢，它们都是欧洲发达国家和转型国家积极探索的结果，是引入变形的个人账户和应对人口老龄化的一种尝试。其中，对欧洲发达国家来说，这样既可避免支付巨大的转型成本，又可实现提高养老金制度可持续性的目的，对欧洲转型国家而言，他们既可在转型之初就能建立起一个缴费型现代养老保险制度，又能"一步到位"应对未来人口老龄化的压力。这些国家根据各自的条件对基本养老保险实施不同的模块组合。例如，就 NDC 来看，瑞典、波兰和拉脱维亚实行的组合是名义账户制 + 预筹积累的混合型"统账结合"制度即"NDC+FDC"，阿塞拜疆建立的是"NDC+DB"制度，而挪威建立的是一个单纯的 NDC 制度；再看积分制，德国、克罗地亚、黑山等国家建立的是一个单纯的积分制度，而法国是一个积分制与 DB 型现收现付的混合型制度即"积分制 +DB"的制度，而罗马尼亚、斯洛伐克建立的是一个"积分制 +DC"的制度。无论哪种模块的"搭配"，这些国家寻求的是第一支柱养老保险制度的充足性与可持续性、社会共济与激励相容的平衡，既考虑到应对人口老龄化的挑战，又兼顾再分配的需要。

在应对人口老龄化的公共养老金改革中，将个人账户因素引入传统的 DB 型现收现付制正在成为一些发达国家和转型国家的主要可供选项，其中，作为"变形"的账户养老金，NDC 和积分制在十几个国家中已成功运行十几年。还有一些国家试图直接将 DC 型实账积累制账户养老金引入 DB 型公共养老金之中。例如，美国曾于 2001 ～ 2005 年试图引入实账积累的个人账户，从其第一支柱基本养老保险（即 OASDI）12.4% 的总缴费（雇员与雇主）中划出几个百分点进入个人账户，建立一个"DB+DC"的混合型制度，但由于遭到社会的质疑，改革最终流产[②]。

总之，在过去 30 年的公共养老金改革历程中，越来越多的国家将目光集中在个人账户上，个人账户日益被视

为可以植入 DB 型公共养老金的应对人口老龄化的一个因子，真实的、虚拟的、变形的账户养老金或账户因素成为公共养老金结构性改革的一把"钥匙"。

（五）第五阶段是从 1994 年世界银行倡导三支柱养老金开始，世界各国开始引入和建立第三支柱账户养老金

1994 年世界银行发布的《防止老龄危机——保护老年人及促进增长的政策》，正式提出养老金三支柱理论。在这部重要的研究报告面世之前的 20 世纪 80 年代末，缴费型第一支柱养老保险几乎覆盖了所有的发达国家，虽然发展中国家建立第一支柱的时间稍晚，一些国家早在第一次世界大战和第二次世界大战之前建立，但第二次世界大战之后也迅速蔓延到几乎所有发展中国家，其中，发达国家的平均替代率达到了 45%，人口覆盖率在低收入国家平均为 10%，在下中等收入国家是 28%，在上中等收入国家为 51%，在高收入国家达 96%。第二支柱职业养老金在很多国家都已十分普及，覆盖劳动力超过 35% 的国家已有几十个，覆盖率接近或超过 50% 的国家有十几个，包括美国、英国、瑞士、荷兰、爱尔兰、德国、法国、丹麦、澳大利亚、加拿大、南非等，其中，法国、荷兰都超过了 80%。这些职业养老金资产占 GDP 的比重很高，其中，美国、英国、荷兰、丹麦、南非等近 10 个国家和地区已超过 50%[③]。

但相较于第一和第二支柱，第三支柱只有加拿大（1957 年）、美国（1974 年）和瑞士（1972 年入宪，1982 年实施）等少数几个国家建立起来。世界银行发表的这份研究报告提出的三支柱理论相当于为世界各国养老金体系建设目标提供了一个"基准"，而不是一个"蓝图"，受到国际组织和各国政府的支持和追捧，尽管他们对第三支柱养老金功能定位理解不同，甚至存在争议[④]，但总体来看对建立第三支柱养老金是认同的，这对推动各国建立养老金第三支柱、构建三支柱养老金体系发挥了巨大作用。经过近 30 年的努力，40 多个国家建立起第三支柱，覆盖率最高的国家是新西兰，高达 96.4%，有将近 10 个国家的覆盖率超过 30%[⑤]。2021 年欧盟 27 个新老成员国第二和第三支柱覆盖率如表 2 所示。

① Börsch-Supan A H, Wilke C B, The German Public Pension System: How It Will Become an NDC System Look-Alike, Chapter 22 in Holzmann, Robert, Edward Palmer. Pension Reform through NDCs: Issues and Prospects for Non-Financial Defined Contribution（NDC）Schemes, Washington D. C.: World Bank, 2006, p.588.

② 郑秉文：《围绕美国社会保障"私有化"的争论》，《国际经济评论》（双月刊），2003 年第 1 期，第 31-36 页。

③ 世界银行：《防止老龄危机——保护老年人及促进增长的政策》，劳动部社会保险研究所译，中国财政经济出版社 1996 年版，第 65 页，表 4.1；第 66 页，表 4.2；第 67 页；第 109 页。

④ 郑秉文：《养老金三支柱理论嬗变与第三支柱模式选择》，《华中科技大学学报》，2022 年第 2 期，第 20-37 页。

⑤ OECD, Pension Markets in Focus 2022, February 2023, OECD Publishing, Paris, 2022, p.15, figure 1.6.

表 2　2021 年欧盟 27 个新老成员国、中国第二和第三支柱覆盖率　　　　单位：%

13 个新成员国与中国

国家	第二支柱			第三支柱	
波兰	11.0	自愿	1999 年	65.7	1999 年
捷克共和国	无			63.7	1994 年
斯洛伐克	n.a	n.a	2005 年	46.3	2005 年
拉脱维亚	100	强制	2001 年	24.1	1998 年
爱沙尼亚	69.2	强制	2002 年	26.6	1999 年
匈牙利	n.a	n.a	1998 年	18.6	1998 年
保加利亚	88.4	强制	2002 年	14.7	2002 年
克罗地亚	84.8	强制	2002 年	13.5	2002 年
马耳他	0.2	自愿	n.a	8.8	2011 年
罗马尼亚	62.9	强制	2008 年	4.6	2011 年
立陶宛	76.8	自动	2004 年	4.4	2003 年
斯洛文尼亚	43.2	自愿	n.a	1.4	1996 年
塞浦路斯	n.a	n.a	n.a	n.a	n.a
中国	7.0	自愿	2004 年	0.006	2018 年

14 个老成员国

国家	第二支柱		第三支柱	
比利时	55.0	自愿	38.0	n.a
德国	54.0	自愿	30.0	2001 年
荷兰	93.0	强制	28.3	n.a
瑞典	96.4	强制	24.2	n.a
爱尔兰	58.1	自愿	17.9	n.a
芬兰	93.0	强制	18.0	n.a
奥地利	15.2	自愿	16.5	2003 年
丹麦	100	强制	17.1	1997 年
西班牙	28.6	自愿	15.7	2002 年
意大利	11.5	自愿	14.6	2000 年
法国	22.9	自愿	12.3	2004 年
葡萄牙	18.7	自愿	4.5	2007 年
卢森堡	5.2	自愿	n.a	n.a
希腊	n.a	自愿	n.a	n.a

注：各国以第三支柱覆盖率降序排列；覆盖率是指参保人数 / 就业年龄人口（15～64 岁）；"n.a"为没有数据。中国第二支柱企业年金和职业年金的参与人数按估算数据 6000 万，"七普"数据公布的全国就业年龄人口 8.9 亿（15～59 岁）；第三支柱指个税递延型商业养老保险试点，截至 2021 年 10 月底，参保人数超 5 万人。

资料来源：OECD, Pension Markets in Focus 2022, February 2023, OECD Publishing, Paris, 2022, p.15, figure 1.6；其中，荷兰和瑞典的数据引自 OECD, Pension Markets in Focus 2021, November 2021, OECD Publishing, Paris, 2021, p.15, figure 1.6；斯洛文尼亚、比利时、西班牙和葡萄牙四国的第三支柱数据引自 Directorate-General for Employment, Social Affairs and Inclusion, Pension Adequacy Report 2018: Current and Future Income Adequacy in Old Age in the EU, Volume 1, European Commission, Belgium, 2018, p.79, table 6.

　　第三支柱个人账户养老金的建立对推动各国养老金体系改革具有深远意义：将存在一百多年的传统的养老保险体系框架中的三个构成来源予以"支柱化"（pillarization），将各国建立第三支柱养老金的制度目标提升到概念化（conceptualization）的高度，在国际组织和各国政府层面上将建立第三支柱养老金纳入"正统化"（orthodoxization）轨道，将各国是否建立第三支柱纳入到可进行跨国比较的"标准化"（standardization）框架之内，作为完全积累制的第三支柱的建立使养老金体系的金融化（financialization）程度得以提高，在推动第三支柱养老金逐渐走向普及化（popularization）的同时，让账户养老金走向个人化（individualization）的新阶段并让账户养老金成为家庭财富管理的主要工具和家庭财富构成的主要来源。

　　世界银行提出多支柱养老金体系的理念（后来世界银行将三支柱理念扩展到五支柱），不遗余力地推动各国普遍建立第三支柱个人养老金（世界银行曾为 68 个国家的养老金制度改革发放 204 笔贷款）[1]，其初衷和目的是应对人口老龄化，即在人口寿命预期不断提高、生育率逐渐下降的趋势下，在发挥储蓄、再分配、保险这三项功能方面，养老体系不同的养老金支柱应各司其能，第三支柱的"储蓄"功能可使收入在人的一生中平均化[2]，这是养老金体系应该发挥的第一功能。搭建三支柱或五支柱养老金体系是为了同时有效地发挥其三个功能，而这三个功能是通

---

　　① 罗伯特·霍尔兹曼、理查德·欣茨等：《21 世纪的老年收入保障——养老金制度改革国际比较》，郑秉文等译，中国劳动社会保障出版社 2006 年版，第 8 页，第 60–63 页。
　　② 世界银行：《防止老龄危机——保护老年人及促进增长的政策》，劳动部社会保险研究所译，中国财政经济出版社 1996 年版，第 6–7 页。

过 4 个"首要目标"和 1 个"附属目标"来实现的，即确保养老保险制度提供待遇水平的充足性，提高个人和社会的融资能力的可负担性，增强养老金系统的财务可持续性，加强养老金体系抵抗长寿风险、经济风险和政治风险的冲击的稳健性，进而实现促进经济发展这个"附属目标"。

二、两个法系下养老金的三种模式和四个类型

上文对账户养老金演进的五个阶段显示，在"养老金家族"的历史长河中，账户养老金都是"子孙辈"，但已占全球各类养老金的半壁江山，且账户养老金的分布有这样几个特征：第一支柱公共养老金实施账户制或引入账户因素的国家几乎都发生在接受大陆法系的国家和地区，主要集中在第三阶段的拉丁美洲和第四阶段的欧洲等地区；盎格鲁圈六国第一支柱公共养老金没有个人账户[①]，其中，美国是唯一试图为其公共养老金引入个人账户、建立统账结合的盎格鲁圈国家，但最终无果而终[②]；全球绝大部分第二和第三支柱账户制的 DC 型私人养老金集中在盎格鲁圈六国，即使第二和第三支柱非账户制 DB 型私人养老金也主要分布在盎格鲁圈六国，甚至全球的 DB 型现收现付制公共养老金也大多为盎格鲁圈六国所有。

换言之，包括账户养老金在内的各类养老基金主要分布在普通法系国家，而大陆法系国家分享的养老基金规模则很小。

（一）很多非账户制 DB 型私人养老金也是预筹式的，它们积累的大量养老基金主要集中在盎格鲁圈国家

如果从世界上首个公共养老金即 1592 年英格兰建立的军队养老金开始算起，养老金制度诞生至今已 430 年；如果从世界上首个私人养老金即 1875 年美国运通建立的企业养老金开始算起，养老金制度诞生已 147 年；如果从 1889 年德国建立的首个强制性基本养老保险制度算起，公共养老金制度已运行 133 年。但账户养老金的历史则很短，如果从 1951 年马来西亚建立的中央公积金制算起，只有 71

年；如果从 1962 年美国的基奥养老金算起，至今只有 60 年；如果从 20 世纪 70 年代诞生的、把账户养老金浪潮推向各国的美国第三支柱"个人退休账户"（IRA）和第二支柱私人养老金 401（k）算起的话，账户养老金诞生至今只有 40 多年；如果从 20 世纪末、21 世纪初第三支柱在很多国家普及开始算起，至今只有 20 多年。

据统计，截至 2021 年底[③]，账户养老金主要存在于第二、第三支柱，全球第二、第三支柱养老基金资产达 60.6 万亿美元，其中 DC 型账户养老金约 30 万亿美元[④]，重要的是，按比例推算，它们主要存在于讲英语的国家，仅美国、英国、加拿大和澳大利亚四国就占全球的 83%。即使 DB 型非账户养老金也主要集中在实行普通法系的盎格鲁圈六国，而广大的大陆法系国家除个别的几个国家之外，其养老金规模很小。为什么 DB 型非账户的第二支柱养老基金也大多存在于盎格鲁圈国家？因为很多 DB 型私人养老金同样也逐渐产生积累并成为预筹式养老基金，有的 DB 型养老金已有上百年历史，其基金规模越来越庞大，规模越大就越需要长期投资，而普通法系有利于养老基金的长期投资。

规模超过千亿美元量级的 DB 型非账户私人养老金有几十只，他们的投资历史甚至已有上百年。例如，1913 年建立的拥有 1300 名雇员的美国"加州教师退休基金"（California State Teachers' Retirement System，CalSTRS）资产规模为 3121 亿美元[⑤]，1921 年成立的、有 100 万计划成员的纽约州共同退休基金（New York State Common Retirement Fund）的资产规模为 2423 亿美元[⑥]，1929 年建立的"佛罗里达州立退休基金系统"（SBA Florida）投资管理五只退休基金的资产规模为 2280 亿美元[⑦]，成立于 1931 年、覆盖 200 万计划成员的美国"加州公务员养老基金"（California Public Employees' Retirement System，CalPERS）资产规模为 4444 亿美元[⑧]，1937 年建立的覆盖 200 万成员的美国"得克萨斯教师退休系统"（Teacher Retirement System of Taxes，TRS）资产规模为 1842 亿美元[⑨]，即

---

① 盎格鲁圈六国是爱尔兰、澳大利亚、加拿大、新西兰、英国和美国。

② 郑秉文：《美国社保改革：迈向股票市场的一跃》，《改革》，2003 年第 2 期，第 118–127 页。

③ OECD, Pension Markets in Focus 2022, 6 February 2023, OECD Publishing, Paris, 2022, p.7, p.9.

④ 仅美国账户养老金规模就高达 25 万亿美元，由此推算全球约至少 30 万亿美元，参见：ICI, 2022 Investment Company Fact Book, the 61st edition, the Investment Company Institute, Washington DC, 2022, p.139.

⑤ CalSTRS, Sustainability Report: Fiscal year 2020–21, California State Teachers' Retirement System, p.2.

⑥ New York State Common Retirement Fund, https://www.osc.state.ny.us/common–retirement–fund.

⑦ SBA Florida, Annual Investment Report: July 1,2021– June 30, 2022, State Board of Administration, pp.5–6.

⑧ CalPERS, Annual Comprehensive Financial Report 2021–22: Fiscal Year Ended June 30, 2022, California Public Employees' Public Employees' Retirement System, p.7.

⑨ TRS, Popular Annual Financial Report 2022, Teacher Retirement System of Texas, p.1.

使 1990 年才建立的加拿大"安大略省教师退休金计划"（Ontario Teachers' Pension Plan，OTPP）也拥有高达 1800 亿美元的资产，覆盖计划成员 33 万人[①]。

由此我们看到，在过去半个多世纪里，即使 DB 型私人养老基金也存在两个世界，一个世界是盎格鲁圈国家，其基金规模增长和占比都非常可观，而在另一个世界即欧洲大陆法系国家里，其增长速度和 GDP 占比都很低。例如，在法国和德国这两个典型的大陆法系国家里，2001 年、2011 年和 2021 年德国的养老基金资产 GDP 占比分别是 3.5%、5.5% 和 8.0%，法国在 2011 年和 2021 年分别是 8.4% 和 12.1%，而 OECD 成员国在这三个年份的平均占比是 59%、63.9% 和 105.1%[②]。人口规模与法国和德国相差不多的英国在 2021 年的养老基金 GDP 占比为 121%，而人口分别只有法国和德国一半的加拿大养老基金 GDP 占比为 166%，人口大约分别只有法国和德国 40% 的澳大利亚的养老基金 GDP 占比为 147%。由此看来，与 DC 型账户养老金一样，绝大部分第二、第三支柱 DB 型非账户私人养老金也分布在普通法系国家。

（二）第一支柱 DB 型现收现付制公共养老金计划向基金预筹式的 DB 型部分积累制的改革也发生在盎格鲁圈国家

自 1889 年德国首创社会养老保险制度以来，欧美国家和广大发展中国家以及后来的转型国家建立的第一支柱养老保险制度均为 DB 型现收现付制，在传统的思维和制度目标模式下，其基金余额很少，一般仅维持几个月的支付能力。为应对人口老龄化对 DB 型现收现付制带来的冲击，美国率先于 1983 年在社会保障法案修订案中提出新的改革目标，决定在 1990 年开始实施新的改革方案，即创新地将 DB 型现收现付转变为 DB 型部分积累制，其政策含义是在计发方式维持 DB 型不变的前提下运用快速缴费的方式迅速建立起一个资金池，利用复利的原理提高每年的投资回报率，旨在保持缴费率 12.4% 不变的条件下对冲由于人口老龄化和制度赡养率逆转导致的收支缺口。实践证明，美国第一支柱养老金的改革目标基本实现：改革前的 1989 年基金余额仅为 1566 亿美元，到 2020 年达到峰值 2.91 万亿美元，2021 年为 2.85 万亿美元；1989 年的基金率仅为 57%[③]，随之快速提高，到 2008 年达到峰值 358%，2021 年回落到 254%，即改革前的 1989 年基金余额仅够支付半年多一些，2021 年够支付两年半（见图 1）。虽然美国于 1990 年创设了 DB 型部分积累制公共养老金制度，但投资体制并未进行改革，庞大的基金余额依然保持传统的持有国债的保值方式，且快速提高费率水平和预筹的资金池规模也较保守，基金率在 2008 年和基金规模在 2020 年分别达到峰值后逐年下降，根据 2022 年的预测，如没有政策干预，2034 年基金率归零，基金枯竭[④]。

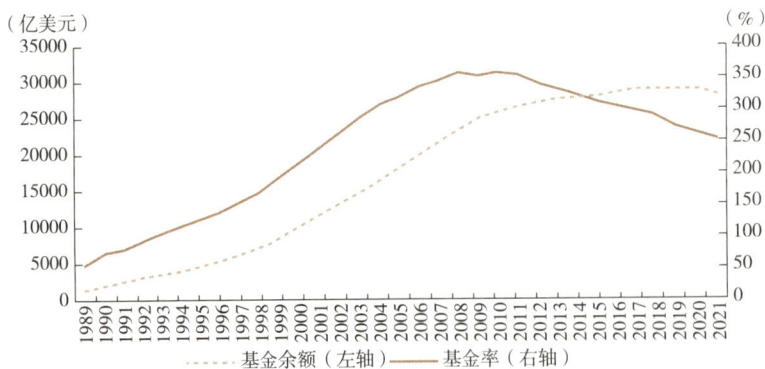

图 1 1980～2021 年美国第一支柱基本养老保险（OASDI）基金规模与基金率

资料来源：Board of Trustees of the Federal Old-Age and Survivors Insurance and Disability Insurance Trust Funds, The 2022 Annual Report of the Board of Trustees of the Federal Old-Age and Survivors Insurance and Disability Insurance Trust Funds, Washington, D.C., June 2,2022, pp.165-166, Table VI.A3.

[①] OTPP, 2022 Annua Report: Investing to Make a Mark, Ontario Teachers' Pension Plan, p.16.

[②] OECD, Pension Markets in Focus 2022, 6 February 2023, OECD Publishing, Paris, 2022, p.11, p.8.

[③] "基金率"为年初资产储备占该年支出的百分比，相当于我国的支付年数，即 100% 相当于 1 年支付年数，50% 相当于 0.5 年的支付年数。

[④] Board of Trustees of the Federal Old-Age and Survivors Insurance and Disability Insurance Trust Funds, The 2022 Annual Report of the Board of Trustees of the Federal Old-Age and Survivors Insurance and Disability Insurance Trust Funds. Washington, D.C. June 2,2022, p.3.

美国开历史先河创设的基金预筹式的"DB 型部分积累制"掀起了公共养老金改革的浪潮，1997 年加拿大步美国后尘将传统的 DB 型现收现付制改革为 DB 型部分积累制，其改革力度更大，主要举措有四个[①]：一是降低养老金待遇水平 1.1%；二是冻结工资"年度基础免缴额"；三是快速提高缴费率，从 1997 年的 5.85% 快速提高到 2003 年的 9.90% 并恒定在 9.90% 百年不变；四是采取激进的投资体制改革，建立"加拿大养老金投资公司"（Canada Pension Plan Investment Board，CPPIB），采取完全的市场化投资策略。这里要着重强调的是，加拿大对其创建的资金池的投资体制所做的改革更为彻底：缴费率水平提高的幅度和速度更快，形成的资金池更大，尤其是 2005 年后将被动投资策略改革为主动投资，并实行完全市场化投资策略和全球资产配置，投资回报率明显高于美

国，成为业界广为传颂的"枫叶革命"。1997 年加拿大养老金计划（Canada Pension Plan，CPP）资产仅为 365 亿加元（270 亿美元），仅够支付 2 年的养老金（资产 / 支出比 =2）[②]，此后一路攀升，2021 年资产净值达 5437 亿加元（4050 亿美元），备付规模可支付 9 年，超出 1997 年改革之初时精算预测的一倍多（见图 2）。根据加拿大最新的官方预测[③]，在保持缴费率 9.9% 恒定不变条件下（2003～2100 年），2026 年开始出现当期收不抵支，且收支缺口每年扩大（2027 年缺口超过 10 亿加元，2040 年超过百亿加元，2070 年超过千亿加元，到 2100 年达 3200 亿加元），但是，基金规模净值依然逐年增加，到 2035 年超过万亿加元，2049 年超过 2 万亿加元，2060 年超过 3 万亿加元，到 2100 年基金余额高达 17 万亿加元（13 万亿美元），支付年数超过 13 年。

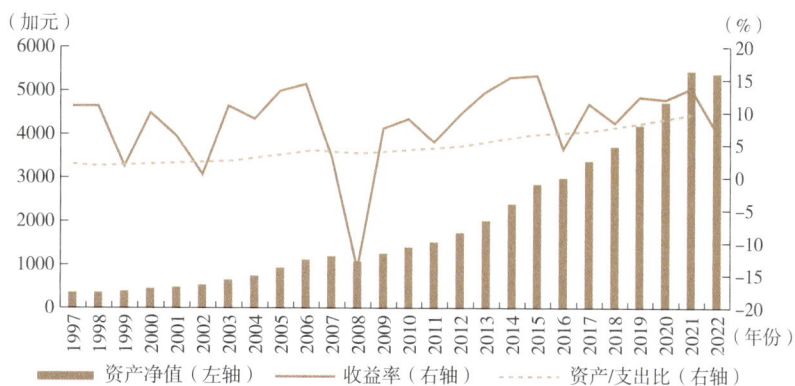

图 2　1997～2022 年加拿大 CPPIB 资产净值、投资收益率、资产 / 支出比

资料来源：Office of the Chief Actuary, 31st Actuarial Report Supplementing the Actuarial Report on the Canada Pension Plan as at 31 December 2021, Office of the Superintendent of Financial Institutions Canada, published by 14 November 2022, p.41, table 10.

由于传统的 DB 型现收现付制公共养老金向"DB 型部分积累制"的新模式首先也出现在盎格鲁圈，由美国首创并在加拿大发挥到极致，因此第一支柱 DB 型非账户制的公共养老基金分布空间也主要在普通法系国家。截至 2020 年[④]，全球公共养老金 6.8 万亿美元，其中，美国、英国、加拿大、澳大利亚和新西兰四国总计达 3.5 万亿美元，占全球的 51%，在余下的大陆法系国家所占的 49% 中，日本（1.71 万亿美元）、韩国（0.77 万亿美元）和瑞典（0.17 万亿美元）占"大头"，其他几十个国家，平均各国只有

几百亿美元。在 20 世纪 90 年代之前，发达国家第一支柱非账户制公共养老金的融资方式为 DB 型现收现付制，其制度目标追求的是当期平衡，立法规定的基金余额仅有几个月的储备用于购买国债。

（三）普通法系是孕育和发展各类养老金的"底图"

目前，全球各类养老金近 70 万亿美元，无论是 DC 型账户养老金还是 DB 型非账户养老金，讲英语的国家占比高达 53 万亿美元，占全球各类养老金的将近 80%，而盎格鲁圈六国人口仅占全球人口的 6%，即人均 11 万美元

---

　　① 郑秉文：《加拿大养老金"DB 型部分积累制"新范式 20 年回望与评估——降低养老保险费率的一个创举》，《经济社会体制比较》，2017 年第 6 期，第 87-117 页。

　　② "资产 / 支出"为年初基金规模与该年养老金支出的比值，相当于美国的基金率和我国的支付年数。

　　③ Office of the Chief Actuary, 31st Actuarial Report supplementing the Actuarial Report on the Canada Pension Plan as at 31 December 2021, Office of the Superintendent of Financial Institutions Canada, published by 14 November 2022, p.41, table 10; p.42, table 11.

　　④ OECD, Pension Markets in Focus 2022, November 2021, OECD Publishing, Paris, 2021, pp.58-59, figure 2.3.

的养老金，而余下 94% 非普通法系国家人均分享的各类养老金仅为 2300 美元。如何从几百年养老金发展史的角度来解释这个社会现象？养老基金资产规模与养老金储蓄工具这两个因素孰因孰果？答案恐怕难以确定。但确定的答案有一个，那就是养老基金资产规模、养老金储蓄工具均与法律体系高度相关，或者说，养老基金资产规模与养老金储蓄工具都是法系的结果，法系是因，养老金是果，法律体系是养老金的"底图"。

一两百年来，世界各国法律体系基本由大陆法系和普通法系占统治地位。凡是养老计划盛行和养老基金发达的国家，几乎无一例外都是普通法系国家。普通法系国家一般是指讲英语的盎格鲁 – 撒克逊国家。与大陆法系不同的是，普通法系由一个独特的制度安排，即它有一个信托概念和信托安排。信托概念源于英国的衡平法，它是通过对受托人施加衡平法上的义务来获取受益人的财产权；在普通法系，尽管管理人是法律上的所有人，但其权利受到另一个财产利益即受益人的财产利益的制约，因为"财产管理人"和"财产受益人"是分离开来的。于是，信托的概念是建立在双重所有权概念基础之上的：受托人享有普通法上的所有权，受益人享有衡平法上的所有权。

普通法系内部还有一个子系统即"衡平法"系统，这个子系统很灵活，允许存在某些财产权利或财产性质的利益，在大陆法系"物权"概念中难以被容纳。其中"受益人权利"就是衡平法所容纳的另一种权利，这就成为与大陆法系单一物权完全不同的"双重或分割的所有权"情况，即所有权可以"分配或共享"的方式交给两个不同的人，一个交给受托人，一个交给受益人，前者源自普通法，后者来自衡平法，由此形成"信托"。由此看来，信托起源于普通法与衡平法的互动，如果没有衡平法保护下的受益人权利，就不可能存在信托。正是从这个意义上看，英美法系下的信托制度为滋养和发展养老基金提供了十分适宜的法律环境[①]。

信托制度是一种法律安排，由委托人、受托人和受益人构成。其中，委托人是信托的创建者、设立者；受托人是法律上有义务根据契约文件行事的信托管理者、处分者；受益人是信托设立的受益者。受托人作为第三方按照委托人的意愿以自己的名义代表受益人持有、管理和处分资产。信托制度的核心特征有四个：一是信托财产可"转移"给受托人，即财产可从委托人转移给受托人，或可单方面宣布建立信托。财产的可转移性是建立信托的前提。委托人基于对受托人的信任将自己的财产以信托的方式"转移"

给受托人，受托人帮助委托人管理财产，而委托人则可将第三方主体设为信托受益人。二是一物双权，一物可以存在双重的物权即委托人与受托人都享有信托财产的所有权，财产的所有权与控制权相分离，所有权通常归属受托人，根据信托文件规定，委托人享有部分或全部控制权，在某些情况下，控制权也可能由受益人行使。三是信托财产以一种独立的性质而存在，委托人和受托人都不能将信托财产与其自有财产相混淆，尤其是信托财产是独立于受托人、与受托人财产相分离的财产。四是受托人对违反其信义义务负有重要责任，包括忠实义务、审慎义务和附属义务。忠实义务要求受托人仅为受益人的利益管理信托，审慎义务要求受托人在管理信托财产时遵守客观谨慎标准，附属义务包括公正义务、不得将信托财产与受托人的个人财产混合的义务，以及通知受益人和向受益人交代的义务。

英美法系的信托制度的精髓及其所依存的法律体系的主要特征就在于上述四个方面，即财产的可转移性、物权的可分性、信托财产的独立性、受托人的信义义务。衡平法信托是一种财产管理的常用方式，在现代金融体系中又是一种资产投资工具，并逐渐成为一种财产制度安排。根据英美法系的信托制度安排，受托人是为他人持有资产并享有所有权的个人，也可以是机构或组织。在信托制度中，受托人处于核心的地位，而受托人的信义义务的履行是信托制度得以正常运行的关键。

在养老金计划中，DC 型账户养老金计划是基金积累制的制度，几十年的缴费形成的养老金资产需要长期的安全投资运营，独立于个人和企业之外的信托制度无疑是最合适与最适宜的，它不影响劳动力市场的自由流动，企业破产也不影响养老基金的安全性和盈利性。即使是 DB 型养老金计划，只要它的资产积累规模越来越大，出于安全性和盈利性的考虑，也需采取信托的制度安排。养老基金或委托给受托人、或由雇主设立专门投资机构对其实施长期投资。以信托作为养老基金的管理方式和投资工具非常适合个人的全生命周期的需要，也可降低因企业生命周期发生意外变化而导致的风险。

在养老金信托中，养老金计划（雇主和雇员）董事会作为委托人将养老基金正式委托给受托人。受托人对信托持有的养老金资产拥有合法所有权，承担管理这些资产和实现信托目的的信托责任，有义务为信托的当前和未来受益人的最大利益行事，并对任何违反信义义务的行为承担责任。在养老金投资管理中，养老金董事会作为委托人运用信托的法律框架，设定的养老金受益人是工人参保人，

---

① 郑秉文：《我国企业年金何去何从？》，《中国人口科学》，2006 年第 2 期，第 2–20 页。

真正发挥专业投资能力的是受托人（寻找投资管理人），依靠信托财产的独立性，使养老金在几十年独立的投资运营中实现增值保值与发放。

养老金受托人的使命是为养老金计划的参加人即信托资产投资受益人的利益而管理信托资产，而信托资产必须和受托人管理的其他信托资产以及自己的资产分开。所有盎格鲁-撒克逊国家几乎都把信托形式作为养老基金的主要或唯一合法形式，甚至在有的国家（如美国），保险公司开立的单独账户也遵循信托法的原则，采用类似养老基金资产相同的法律标准。从资产和财富的管理角度看，受托人在养老基金几十年保值增值的长期投资过程中发挥的作用至关重要，一只卓越的养老基金离不开一名优秀的受托人。

在普通法系下，企业建立养老金计划历史悠久，立法完备，信托法和养老金法都对受托人的功能做出详细规定，养老基金受托人制度非常成熟。受托人是信托的一个重要法律安排。例如，根据立法，英国养老金计划受托人必须保护养老金计划成员的权利，保证受益人的利益最大化，其具体职责是在受益人之间公平行事、谨慎勤勉、保持诚信；必要时寻求专业建议，并对相关外部管理人实行监督；不能在信托中谋取个人利益，要妥善处理各种利益冲突，等等；再如，根据英国于 1990 年建立的养老金法，受托人的职责包括：确保征收缴费并进行投资；安排支付养老金；保存征缴与支付的记录；负责养老金计划在主管政府部门注册并定期更新注册信息；DB 型计划的受托人负责保证满足最低资金标准；向受益人及其家属提供受托人年度报告、年度审计报告、投资报告等信息；对养老金计划的歧视性规则提出更改的要求，等等。

在普通法系国家，作为信托制养老金法律结构中的核心，个人受托人和法人受托人都比较发达，但据英国"专业养老金受托人协会"（The Association of Professional Pension Trustees，APPT）的分析，近年来，出于受托责任识别、处罚困难、税务等原因，法人受托人发展较快，出现逐渐取代个人受托人的趋势。目前，英国有 378 名个人受托人。个人受托人和法人受托人都须经常性地参加监管部门和行业协会举办的各种培训，需要参加考试并经过认证，网上免费提供随时可以进修培训的"学习工具包"。在英美普通法系中，信托精神深入人心，受托人生态体系成熟，滋润养老金的土壤肥沃。另外，信托制养老金计划数量的快速增加又形成对受托人的巨大需求，对受托人的要求越来越高，与发展养老金形成良性循环。

而所有这一切，在大陆民法系国家中则是另外一幅景象。

（四）大陆法系两支法族的传播及其移植普通法系的变异

在大陆法系中，财产权利是受到法律保护的基本权利，而物权主义则是确保财产权利得到保护的基本原则。大陆民法中的物权原则是一物一权。作为大陆民法中的一个原则，一物一权规定每一物品只能归属于一名权利人，即一物只能对应一种权利，且物权是一种具有独立存在价值的权利，即物权本身就是一种价值，不依赖于其所能带来的利益。这个原则保证了权利的清晰和确定，对于物权的交易和转让具有重要意义。在物权主义下，物权人可以对物品行使完全支配权力，即使对他人的利益造成损害也可以行使。

物权主义是大陆法系中财产权利的基础，而财产权利是指对物的支配权利，包括对物的占有、使用、收益和处分等，并且，对物的支配权利是独立的、直接的、绝对的、排他的、不可分的、可转让的、不可抵消的。物权主义作为大陆法系中的基本原则，是大陆法系中物权制度的核心，是确保私人财产权利受到保护的基础。在物权主义下，对物的支配权是被法律保护的个人权利，国家只有在特殊情况下才能干预。

大陆法系中的物权主义和一物一权原则强调的是物权的独立性和确定性。相比之下，普通法中的双重物权则更注重对物品的灵活支配和利用，认为物品可以同时归属于多个权利人，每个权利人都拥有对物品的一部分支配权，这些部分的支配权可以是时间上的分配，也可以是空间上的分配，因此，双重物权允许物品的拥有者在物品使用和交易上有更多自由度，这就是普通法系国家的经济自由度一般来说高于大陆法系国家的重要原因之一。

自 1804 年世界上首部《法国民法典》即《拿破仑法典》面世以来，继受大陆法系的国家就从未间断过移植普通法系的实践，尤其是随着经济社会发展的需要和 19 世纪下半叶企业养老金（私人养老金）计划在各国的逐渐建立，大陆法系国家一轮又一轮移植引入信托制度的努力从未停止过。例如，法国于 1989 年和 1995 年试图两次立法建立信托制度，但均因财政部反对而流产，到 2007 年终于通过了《信托法案》，此后，法国又多次密集对《信托法案》进行修订[①]。为避免英美法系"相对所有权"与法国法律体系中"绝对所有权"的冲突，《信托法案》根据"专项财产"理论化解信托财产权归属难题，即实现特别

---

① 叶朋：《法国信托法近年来的修改及对我国的启示》，《安徽大学学报》（哲学社会科学版），2014 年第 1 期，第 121-127 页。

目的的相关财产不属于委托人、受托人或受益人，从而诞生了"法国式信托"①。

《法国民法典》很快传播到世界很多国家，先是被欧洲大陆一些邻国（意大利、西班牙和葡萄牙等）所接受并实施，然后直接扩散到"法语非洲"（塞内加尔和几内亚等），法国在亚洲（越南和老挝等）、北美（路易斯安那和魁北克等）和中美洲（海地和马提尼克等领地）的殖民地，再次就是通过葡萄牙和西班牙作为宗主国将其传播到（前）殖民地的中美洲（多米尼加和墨西哥等）和广大的南美洲（玻利维亚和巴西等）。据有关学者统计，继受《法国民法典》的国家分布在五大洲48个国家②，实际上，仅"法语非洲"和中南美洲的国家数量就不仅这些，估计受到《法国民法典》影响的国家不少于70个。

1900年实施的《德国民法典》是大陆法系的另一重要法族的巅峰。与《法国民法典》相比，由于《德国民法典》姗姗来迟100年，它被公认为在内容上有了很大的发展、进步和充实③，与现代社会生活更相契合，立法体例上更为合理，立法技术上更为精湛，但由于其语言风格严谨抽象，表达冗长晦涩艰深，且在20世纪初海外殖民地已经很少，向外输出法典的范围已很有限，其影响远不如《法国民法典》那样广泛而持久。但由于《德国民法典》具有独特的优越性和影响力，许多国家在重新修订民法典时都或多或少借鉴或转而参照《德国民法典》，其中，东亚地区受《德国民法典》的影响最大。日本先是继受了《法国民法典》，明治维新之后转而引入《德国民法典》；韩国接受的也是《德国民法典》，但在过去半个世纪里受到美国普通法的影响很大。④中国大陆法律制度自清代末年民国初年以来无论是从日本间接引入《德国民法典》还是直接翻译德国法律，继受的基本是德国式大陆法系。除中国香港地区以外，中国的台湾地区、澳门地区法律体系都深受《德国民法典》的影响。

120多年来，《德国民法典》也同样始终处于不断修订和更新的过程之中，以适应和满足社会发展和欧盟法的持续需求。仅以过去20年为例，《德国民法典》做了如下诸多改革⑤：为适应欧盟颁布的很多保护消费者权利的指令，2002年《欧洲消费者法》成为德国民法体系中不可或缺的一部分；为适应环境保护的需要，《德国民法典》中的租赁法分别于2013年和2015年进行了两次修订；2013年《德国民法典》引入一个新型医疗合同类型即"服务合同"，旨在覆盖理疗师、按摩师等类似主体的需要，而不是仅仅存在于患者与医生之间的"承揽合同"；为适应土地租赁进行担保的提供合同的需要，2008年《德国民法典》引入风险限制法，等等。

大陆法系不仅在法国和德国这两个主要诞生地内部持续演进和完善，而且继受法国式和德国式这两支"法族"的大陆法系国家，由于种种因素也在持续变迁和变异。因为有些殖民地继受的方式是被迫和强制性的，有些国家是主动和自愿的，有些国家是直接"照搬"，有的国家是不同程度"接纳"，且实施大陆法系的时间和时代各有不同，大陆法系的根植深度各异，加之各个国家或地区的历史文化不同，尤其受他们的经济社会开放度等国家政策的影响较大，所以大陆法系在不同国家呈现出"多姿多态"的状态。

移植信托制度是大陆法接受和引入普通法的主要表现之一。为解决由于国际经济交往而面临的法律冲突，以适应时代发展的需求，跟上世界发展的步伐，大陆法系的变化和演化过程在某种程度上就是移植信托制度的过程，于是，大陆法系的信托制就成为一种"混血儿式"的信托制度⑥，也有学者把这些移植的信托制度称为"类似信托的工具"（trust-like devices）或"相似的工具"（analogous devices）⑦，分为英国模式信托（English-model trust）、国际模式信托（international-model trust）和民法模式信托（civil law model trust），认为这是战后以来民法与普通法之间出现的所谓"对话"的结果，因为关于英美和大陆两个法系是否相容存在争议，有学者认为两者在结构上是不相容的，而有学者认为信托制度已经不同程度地存在于大陆法系国家，这就说明两者具有相容性。当然，也有学者认为，在1984年海牙国际私法会议通过《关于信托的法律适用及其承认的公约》之后才真正从法律意义上诞生了第二种信托模式即"国际模式信托"，此前只有

① 吕富强：《论法国式信托——一种对本土资源加以改造的途径》，《比较法研究》，2010年第2期，第67—76页。

② 徐国栋：《〈法国民法典〉模式的传播与变形小史》，《法学家》，2004年第2期，第31—46页。

③ 张羽君：《法、德民法典不同传播力之原因探析》，《云南大学学报（法学版）》，2009年第6期，第18—23页。

④ 米健：《现今中国民法典编撰借鉴德国民法典的几点思考》，《政法论坛》（《中国政法大学学报》），第68—76页。

⑤ 弗洛里安·艾修：《2002年后〈德国民法典〉的主要发展》，孙义义译、张青波校，《私法研究》辑刊，第20卷，法律出版社2016年版，第131—141页。

⑥ 王涌：《论信托法与物权法的关系——信托法在民法法系中的问题》，《北京大学学报》（哲学社会科学版），2008年第6期，第94页。

⑦ Lupoi M, The Civil Law Trusts, Vanderbilt Journal of Transnational Law, 1999, 32(4): 968—969, 977—978.

"英国模式信托"[①]。

（五）全球养老金组织形式的三种模式与大陆法系下的四种类型

在养老保险体系中，普通法系中的信托安排对大陆法系国家最具诱惑力。养老保险制度运行周期长，安全性要求高，基金可独立运营，企业生命周期和个人寿命预期对养老金财产权没有影响，引入信托制度有利于建立和发展第二、第三支柱养老金制度，尤其是信托制度非常契合养老基金超长期投资的特征，能够满足养老金属性的要求。从这个意义上说，养老金计划组织形式和养老基金投资管理方式引入信托制度的程度可被视为判断大陆法系移植普通法系成功与否的一个主要标志。一般说来，养老保险信托基金越发达，意味着该国的民法体系植入信托制度越成功。

OECD 从治理结构的角度将世界各国的养老金法律组织形式分为三种模式[②]：以盎格鲁圈六国为代表的普通法系下的"信托制"，大陆民法国家流行的"基金制"和"契约制"。OECD 认为[③]，基金制养老金的治理基础以信托制为基础（trust-based），而契约制养老金的基础是合同（contract-based）；在制度架构上，基金制养老金有一个法律地位十分明确的受托人，它或多或少地发挥受托人的作用，而契约制的治理主体是不具有受托人地位的金融机构；基金制有一个由养老金计划缴费形成的独立法律实体的养老基金资产池，而契约制也可以有也可以没有独立法人资格的资产池实体，来自计划成员的缴费也可以分离或没有分离出来；基金制养老金由于是一个具有法人资格和行为能力的独立实体，在治理结构上内部有完整的管理委员会，而契约制养老金即使具有有独立法人资格的资产池实体也可以不建立独立的管理委员。

上述养老金法律组织形式的三种模式特征在现实世界中决定了这样一个事实：信托制的养老金储蓄工具以众多的专业性资产管理公司管理的养老基金为主，基金制的养老金则以银行等金融机构或专门建立的协会等机构管理的养老基金为主，契约制的养老金计划储蓄工具则在簿记式供款形式下多以保险公司提供的保险产品为主。因此，由于三种模式下养老金储蓄工具的不同，导致养老基金规模的不同、资本市场内生性的不同以及应对人口老龄化的方式也不同。

作为五大洲覆盖范围最广泛和覆盖人数最多的两种模式，"基金制"和"契约制"养老金是大陆法系植入信托制度的变异和演化的结果，并且仍处于不断变异和演化的过程之中，由此衍生出不同类型的"子模式"。笔者在上述 OECD 划分养老金三种模式的基础上将"基金制"扩展为"机构型"和"行政型"两种类型，将"契约制"细分为"代理型"和"保险型"两种类型（见图3）。"基金制"和"契约制"两种养老金模式及其变异的四种类型日益呈现出具有明显地域性的特征，由于历史文化不同和植入信托制度的阶段不同等因素，在同一地区甚至同一国内，也常常出现两种甚至三种类型并存的现象。例如，在德国等很多欧洲国家同时存在着保险型、代理型和机构型三种类型，而在瑞典和瑞士等国家则四种类型同时并存。

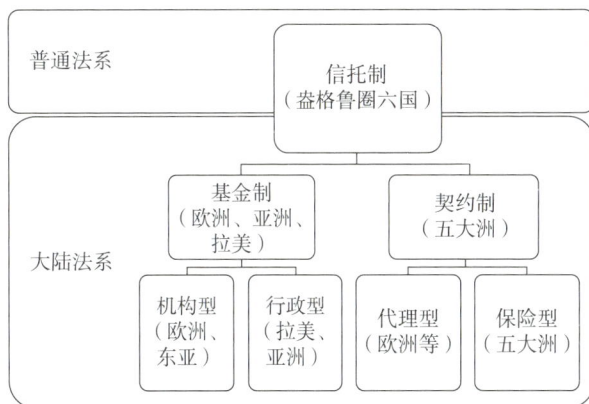

图3　大陆法系国家养老金组织形式植入信托制度的变异
资料来源：笔者自制。

OECD 对基金制和契约制两种养老金法律组织模式的定义描述非常简单，只有几句话。笔者从治理基础、治理结构、治理主体、养老基金、流行地域和适用范围六个维度对这两种模式养老金法律组织特征做了归纳，制作成表3。前四个维度是规范的可比性指标，后两个维度是延伸的补充性特征，引入了地域性特征和养老金三支柱的适用性描述。表3对这两种模式扩展出来的四种类型养老金特征也进行了详细描述，主要包括五个方面：一是养老金计划是否有资金池，如果有，其法律地位如何；二是个人账户是否引入或建立；三是是否有受托人、受托人的法律形式及其主要功能、受托人市场的成熟程度及其对不同养

---

①　Lupoi M, Trusts in Mixed Jurisdictions, Pravovedenie, 2023, 67 (1): 21–55.

②　OECD, Pension Outlook 2022, OECD Publishing, Paris, December, 2022, p.15.

③　Stewart F, Yermo Y, Pension Fund Governance: Challenges and Potential Solutions, OECD Working Papers on Insurance and Private Pensions, No. 18, OECD publishing, 2008, pp.4–6. 这里需要说明的是，2008 年 OECD 这篇文献将基金制养老金称之为机构型养老金，后来，OECD 将其统一改称为基金制。

老金支柱的适用范围；四是主要流行的地区及其代表性国家；五是公共养老金是否引入个人账户或账户因素。

信托制养老金法律组织形式及其主要特征在前文已有详细分析，这里对大陆法系移植信托制度的两种模式特征予以深入分析，并对扩展出来的四种类型主要特征进行梳理归纳和比较分析，旨在对移植信托制度的大陆法系国家养老金体系进行"排队"，建立一个植入信托制度因素从低到高的频谱仪，即从基本没有引入信托因素的保险型，到突破大陆法系和初步引入信托制度的代理型，再到移植信托安排较为完整和成功的，同时，将作为特殊制度安排的行政型养老金模式的曲折发展道路也列入其中，给人们以重要启示。

表 3 大陆法系下养老金法律组织的两种模式与四种类型

基金制	契约制
• 治理基础：基本上以信托制为治理基础	• 治理基础：主要以合同管理为基础
• 治理结构：作为独立法律实体，内部有完整的管理委员会	• 治理结构：可有也可没有管理委员会或董事会
• 治理主体：法人受托人实体较广泛，包括特许受托人、特许协会、银行、保险公司、基金会等	• 治理主体：以单一的银行、保险公司等金融机构为治理主体
• 养老基金：有独立法律实体的养老基金资产池	• 养老基金：可有独立的资金池，但没有独立法人资格，也可没有独立的养老基金资金池
• 流行地域：主要分布于欧洲、亚洲、拉美等地区	• 流行地域：遍布欧洲国家和其他国家
• 适用范围：东亚的公共养老金更强劲，欧洲的私人养老金和部分公共养老金	• 适用范围：以私人养老金为主，少数国家也适用于公共养老金

机构型	行政型	代理型	保险型
• 养老基金有独立法人资格	• 养老基金有独立法人资格	• 有独立的养老基金资金池，但没有独立的法人资格和民事行为能力	• 没有独立的养老基金资金池，更无独立法人资格可言
• 有个人账户	• 有个人账户		• 没有个人账户
• 受托人的法律地位牢固，不易受政策影响	• 受托人的法律地位易受政策影响	• 可有可没有个人账户	• 没有受托人
• 受托人为法人受托形式，受托实体市场竞争制度较为成熟，法人受托市场生态圈成为私人养老金体系不可或缺的组成部分	• 受托人法律地位来自国家的特许权授予，实行有限竞争制度，受托人市场集中度较高	• 受托人常常处于"虚拟"和"变通"的法律地位	• 所谓"退休资产"大多是以持有保单的形式存在的保险产品
• 法人受托在欧洲的荷兰和瑞士等一些国家私人养老金市场十分发达，基金规模占GDP比重在世界名列前茅	• 受托人承担国家社保经办的行政职能，提供捆绑式服务，包括账户管理、投资决策、待遇计发与支付、残疾和遗属保险的计发与支付	• 养老金计划成员缴费在管理机构（例如，银行或保险公司），有的是其表内资产，有的是表外资产	• 一般是以养老保险合同与年金合同这两种保险产品为主
• 东亚的日本、韩国和中国等公共养老金较为发达，公共养老基金规模明显大于私人养老金	• 代表国家为智利等拉美国家和中国香港地区，主要适用于公共养老金并成为主要养老资产，第二和第三支柱很落后	• 缴费的管理机构一般设有内部董事会	• 养老金计划成员缴费进入保险公司成为表内资产
• 个别国家公共养老金引入个人账户或名义账户	• 公共养老金实行完全个人账户制	• 分布在欧洲等实行民法的国家，常常与保险型和机构型养老金计划并存	• 养老金计划成员缴费的管理公司内部不设立专门管理委员会
		• 私人养老金计划较为普遍，私人养老基金规模较大，个别国家公共养老基金规模也较大	• 广泛分布于民法系国家和个别普通法国家。私人养老保险制度覆盖面较小，公共养老金资金池很小
		• 公共养老金基本没有引入个人账户，但个别国家引入账户因素	• 公共养老金没有引入个人账户或个人账户因素

注：依国际惯例，这里的分析不包括中央公积金制；公共养老金指国家建立的强制性第一支柱基本养老保险；私人养老金是对第二支柱企业补充养老保险和第三支柱个人养老金制度的统称。

资料来源：笔者自制。

三、大陆法系信托制度的移植与养老金的兴衰

如上所述,"契约制"和"基金制"两种模式是除大洋洲和南极洲之外的五大洲(亚洲、非洲、北美洲、南美洲、欧洲)民法国家养老金计划组织形式在植入信托制度过程中逐渐变异的结果,前者植入的信托因素少一些,后者多一些。其中,"基金制"又分为"机构型"和"行政型"两种类型,前者更接近信托制模式,后者只发生在第一支柱公共养老金;"契约制"变异为"代理型"和"保险型",后者还处于分化演进之中,后者离"信托制"模式最远。下面对养老金组织管理的两种模式和四种类型予以详述。

(一)大陆民法国家养老金两种主要模式:"契约制"和"基金制"

1. 契约制养老金:保险型的探索与代理型的突破

契约制养老金普遍存在于民法国家之中,在欧洲,意大利是最具代表性的契约制养老金的国家。在植入信托制度的演进过程中,大陆法系国家契约制养老金逐渐分化为代理型和保险型两种模式。代理型养老金计划吸纳了较多的信托安排要件,例如,建立独立的养老基金资金池,但不具有法人资格和独立民事行为能力;计划成员缴费的管理人通常为一个单独的实体,由银行和保险公司等金融机构等管理并没有内部董事会。葡萄牙、捷克共和国、土耳其和墨西哥等民法系国家的很多养老金计划属于代理型模式,养老基金发展情况好于保险型模式。

先看保险型养老金管理形式。保险型养老金计划在五大洲民法国家几乎随处可见,是这些国家养老金的主流模式,即使在向代理型、行政型和机构型模式转变的民法国家也能见到一些传统的保险型模式养老金计划的存在。保险型养老金模式代表国家是希腊,其主要特征是没有独立存在的养老基金资金池,因此,作为管理人的银行或保险公司在内部没有设立专门管理委员会或董事会。顾名思义,保险型养老金模式还有一个主要特征是养老金的"保单化",一般来说分为两种保险合同即养老保险合同(pension insurance contract)和年金合同(annuity contract)。

养老保险合同是一种保险合同,通常由保险公司出售,其合同条款规定提供的养老金产品设计和款式特征可能因养老金计划的目的、缴费公式和年限、投资要求和风险分担方式、领取年龄和领取公式与方式等不同条件而存在差异,保险合同内容可以是"菜单式"的,也可以是"定制式"的(例如,大企业集团养老金计划规定的死亡抚恤金的设计要求等)。

年金合同本来是保险合同的其中一种,但由于年金保险合同司空见惯,即使在盎格鲁圈的美国和英国,尽管信托制养老金计划十分发达,但在第二和第三支柱养老金账户中也常常持有一定比例的年金保险产品,在欧洲和其他大陆法系国家则常常成为企业养老金计划的主流模式,所以,本报告将年金合同视为保险型,作为一个单独的模式与养老保险合同并列。与年金保险合同相比,养老保险合同的一个最大的特征在于退休时提供的养老金现金收入流覆盖全部余生,其产品类型可分为可变年金产品和不变年金产品等。

再看代理型养老金管理模式。所谓代理型养老金的最大特征是拥有一只非法人资格的养老基金,而保险型则不存在独立的资金池,且养老金计划成员缴费是保险公司的表内资产。在契约制养老金中,保险型相较于代理型而言,前者距离信托制养老制度安排最远,分布最为广泛。总而言之,在第二支柱契约制养老金计划中,无论是代理型的,还是保险型的,它们均为 DB 型非账户养老金。有些国家为推动养老基金的发展,为"突破"大陆民法法律框架的局限性,"人为"创建一些替代性制度。21 世纪初德国创设的"契约型信托安排"(Contractual Trust Arrangement, CTA)成为"代理型"养老金改革的一个最佳典型案例。CTA 的核心立法技术是通过社会合作伙伴关系,在雇主、雇员和养老金的"独立托管人"(custodian)之间建立一系列法律承诺,雇主不但被允许建立 DC 型"养老基金",还可将养老金计划的融资行为转移到资产负债表外,这既可摆脱资产配置方面的严格限制,又能减轻雇主的负担,还可化解养老金计划破产的风险(指企业破产)[①]。

虽然近半个世纪以来,采取代理型养老金的国家数量越来越多,养老基金规模越来越大,但总体看,民法国家养老金的"底图"仍是保险型养老金,这就是契约制养老金计划占主导地位的民法国家养老基金规模很小的主要原因。

2. 基金制养老金:机构型的崛起与行政型的曲折

相较于契约制养老金,基金制养老金植入的信托制度较为彻底,虽然受托人以法人受托为主,但受托人实体范围广泛,包括银行、保险公司、养老资产管理公司、基金会和协会等;由于基金资产池具有独立法律实体地位,基金制养老金内部设有管理委员会或董事会。虽然这些国家试图为其法人受托引入"双重物权"的信托概念,但在

---

① OECD, Comments Received on Public Discussion Draft, Treaty Residence of Pension Funds, 1 April 2016, pp.17-20, https://www.oecd.org/ctp/treaties/public-comments-received-discussion-draft-treaty-residence-pension-funds.pdf.

现实中往往出现法律冲突，甚至出现反复。这些国家在发展三支柱养老金体系的过程中不断修订法律，积极推进信托制度的本土化，三支柱养老金的信托安排均有明显进展，有些国家的养老基金规模占 GDP 比重甚至超过了普通法系国家。在过去四五十年里，基金制养老金表现出明显的地域特征，即在欧洲和东亚发展较为迅速，逐渐演变为机构型，而在拉美和亚洲（主要是我国香港地区）则变异为一个特殊的行政型模式。

先看机构型养老金。机构型养老金组织形式是当今民法国家移植信托制度最成功和最接近英美信托制的养老金类型，其中，"东亚机构型"主要表现在对公共养老金的改革上，而"欧洲机构型"主要集中在私人养老金领域，并且基本都存在于欧洲国家，法国和德国等欧洲大国的养老金还以代理型和保险型为主，或正处于向机构型的过渡之中。前述分析的德国在 21 世纪初创设的"契约型信托安排"（CTA）几年前从代理型转向机构型，受到业界的广泛关注。

本来，"德国民法不承认盎格鲁 - 美利坚国家广为人知的信托概念，因为信托涉及委托人、受托人和受益人三方主体……在盎格鲁 - 美利坚信托的国际背景下信托合同（fiduciary contract）使用'契约型信托安排'一词令人感到困惑，尤其当 CTA 被视为一个可能有资格或可能没有资格要求适用于股息和利息的税优条款的实体时"[1]。但是，德国还是积极探索，持续完善立法。根据制度安排，CTA 中"独立托管人"的功能相当于受托人，但只能由委托人专门注册建立的协会来担当此任，而以往只能由银行和保险公司等金融机构才能担任这个供给体系。尽管 CTA 不是一个"纯粹"的盎格鲁 - 撒克逊风格的信托制养老金，但是它仍受到德国大公司的青睐，奔驰汽车、惠普、海德堡印刷等 DAX30 股指覆盖的上市公司基本都已转向 CTA[2]。

经过 20 年的发展，2018 年德国终于通过了《德国公司养老金法》，规定雇主必须为其员工提供公司养老金计划，该计划可以采取 DB 型、DC 型或混合型计划，可选择养老基金形式也可选择保险公司提供这些计划，如果选择养老基金的形式，即使公司破产也不影响职工养老金权益，养老基金具有独立的法人实体地位，这意味着 CTA 基本完成了从代理型向机构型、从契约制向基金制养老金

组织管理模式的过渡。当然，CTA 存在的根本缺陷依然存在，例如，它不完全是一种融资工具，"独立托管人"的作用表面上很像受托人，但实际上并未建立起一个相应的监管制度。德国的案例只是一个缩影，它说明，民法地区的养老金体系植入信托制度的道路是曲折和螺旋上升的，从保险型到代理型也好，从契约制到基金制也罢，它们都是大陆法系试图植入普通法系以突破养老金法律组织形式禁锢的持续性尝试而已。

荷兰、瑞士、丹麦、奥地利、瑞典等这些国家战后加快了植入信托制度的修法进程，养老金法人受托人体系已经非常完备，成为推进私人养老金甚至公共养老金发展的重要法律基础和客观条件，私人养老基金十分发达，甚至在人均和 GDP 占比等方面高于普通法国家。例如，截至 2021 年底，私人养老基金的 GDP 占比超过 100% 的国家有 9 个，其中，普通法国家只有美国（174%）、加拿大（166%）和英国（121%），其余 6 个均为采取机构型养老金模式的欧洲国家，他们是丹麦（233%）、冰岛（219%）、荷兰（213%）、瑞士（171%）、奥地利（147%）、瑞典（117%）[3]。世界各国养老基金 GDP 占比超过 200% 的只有丹麦、冰岛、荷兰这三个欧洲国家，它们全部为机构型养老金组织形式。

在欧洲，之所以机构型养老金在国家之间存在巨大差距，除其他一些原因外，据观察可能还有一个重要原因，即对英语的应用程度。20 世纪 90 年代初，我在法国访学近三年，在游学上述国家时发现，像荷兰、丹麦、瑞典、芬兰等这些国家的人们虽有自己的母语，但英语也非常好，几乎跟母语差不多，他们可能为了生存和发展而不得不扩大对外交流，从小就学英语，电视台和电影院播放的影视片都是英文原版，播放时间与英美国家是同步的，接受英美文化和信托文化更直接、更深入，信托立法更早一些。而德国和法国等国家国民英语普遍很差，看美国电影必须译成母语，印象十分深刻的一件事是我看美国电影《真实的谎言》是在电影院里看的法语片，比美国晚了大约一年。

至于"东亚机构型"，其代表国家是日本、韩国和中国等，与"欧洲机构型"相比，东亚国家的机构型养老金体系有其地域性特征，下文将专门论述。

再来看行政型养老金的情况。20 世纪 80 年代初，智利对基本养老保险进行"私有化"改革，其首创的"DC

---

① OECD, Comments Received on Public Discussion Draft, Treaty Residence of Pension Funds, 1 April 2016, pp.19–20, https://www.oecd.org/ctp/treaties/public–comments–received–discussion–draft–treaty–residence–pension–funds.pdf.

② Norbert Rossler, Germany's CTA Does Pensions the UK Way, in IPE Magazine, https://www.ipe.com/germanys–cta–does–pensions–the–uk–way/13783.article.

③ OECD, Pension Markets in Focus 2022, 6 February 2023, OECD Publishing, Paris, p.11.

型完全积累制"公共养老金对养老金世界产生了深刻影响，不仅拉美有十几个国家将其作为替代性制度改革目标，先后实现了改革，而且还传播到转型国家和发达国家。本报告将智利首创的这种特殊的公共养老金法律组织形式以及私人养老金处于十分落后状态同时存在的养老金体系称为"行政型"模式。虽然 2008 年在国际金融危机的冲击下，拉美地区行政型养老金板块集体面临挑战，甚至开始分道扬镳，阿根廷回归到改革前的原点，但以智利为首的行政型养老金组织形式和体系一方面坚守信托安排，另一方面对其进行"更新换代"。

由于行政型养老金组织形式在过去的 40 多年里在国际学界引发的争议持续不断，2008 年后拉美国家内部出现的反对声音很大，与此后进行的改革大相径庭，下文对拉美地区行政型养老金法律组织形式的变异及其前途进行专门分析。

（二）大陆法系植入信托制度的成功案例："机构型"养老金

在过去 20 多年里，东亚地区的养老金体系发展迅速，引入信托制度推进养老基金制度改革取得了举世瞩目的成就，在大陆法系国家中成为佼佼者，尤其日本、韩国和中国的养老金制度改革发生了前所未有的变革。在五大洲民法国家里，以日本为代表的"东亚机构型"养老金模式之所以能够异军突起并主要集中在第一支柱公共养老金（日本的私人养老金也很发达）是有其特殊原因的。

有学者认为，大陆法系的绝对所有权原则与普通法系的相对所有权原则不是相互排斥的，信托法与物权法定主义不存在根本冲突[1]。积累型的养老金制度的投资体制一般来说离不开信托安排和受托人制度，或者说，养老基金的投资体制天然就需要信托安排。日本人口老龄化不断加剧，引入和制定信托法历史悠久，加之二战以后对英美文化的友好政策，三支柱养老基金的发展在东亚独树一帜，不仅发展均衡，而且速度很快，从这个意义上说，日本在大陆法系国家中是移植信托制度最成功的国家之一，是绝对所有权和相对所有权、信托法与物权法定主义相互借鉴与融合的成功典范。相比之下，东亚其他国家三支柱养老金结构显得失衡，只有第一支柱养老基金相对十分突出。

日本三支柱养老基金的发展与跨越主要是在过去 20 多年完成的，它们以信托制度为基础，在制度设计、投资体制和基金规模上均实现了历史性跨越。20 多年前，日本第一支柱基本养老保险制度尚未改革，市场化和国际化投资体制还未建立，基金规模仅为 2900 亿美元，占 GDP 的 7%，第二支柱 7500 亿美元，占 GDP 的 17%，第三支柱尚在筹建之中，养老基金合计 1 万亿美元，仅占 GDP 的 24%。但是，2021 年三支柱养老基金规模合计高达 3.4 万亿美元，占 GDP 的 68%，其中，第一、第二、第三支柱养老基金分别为 1.7 万亿美元、1.5 万亿美元和 2000 亿美元，分别占 GDP 的 34%、30% 和 4%（见表 4）。

表 4　2001 年和 2021 年日本三支柱养老基金规模及其占 GDP 比重　　单位：万亿美元、%

年份	第一支柱		第二支柱		第三支柱		合计	
	规模	占 GDP	规模	占 GDP	规模	占 GDP	规模	占 GDP
2021	1.7	34	1.5	30	0.20	4	3.4	68
2001	0.29	7	0.75	17	0	0	1.0	24

注：美元对日元汇率换算及其占 GDP 比重由笔者计算得出；第三支柱为 iDeCo 与 NISA 合计。

资料来源：第一支柱的数据引自 GPIF, Annual Report Fiscal Year 2021, Government Pension Investment Fund, Japan, pp.24-25, p.11；第二支柱的数据引自 OECD, Pension Markets in Focus 2022, 6 February 2023, OECD Publishing, Paris, p.11, figure 1.3；第三支柱的数据引自日本"延税个人养老金"官网（https://www.ideco-koushiki.jp/english/）和日本金融厅官网（https://www.fsa.go.jp/en/index.html）。

"东亚机构型"养老金模式崛起的背后可能存在诸多原因，但是，以下四个主要背景是不可忽视的。

一是人口老龄化加剧。1970 年日本在东亚地区率先进入人口老龄化社会，此后老龄化速度不断加快，目前已成为世界人口老龄化程度最为严峻的国家之一。据日本国立社会保障与人口问题研究所的预测，从 2020 年到 2040 年，该国 75 岁及以上人口将增加 20%，而 65 岁及以上人口的增幅将限制在 8% 左右。最显著的增长预计是"高龄老人"：85 岁及以上的人口增长 65%，100 岁及以上的人口增长超过 250%[2]。韩国目前的人口老龄化率虽然低于日

---

① 王涌：《论信托法与物权法的关系——信托法在民法法系中的问题》，《北京大学学报》（哲学社会科学版），2008 年第 6 期，第 93-101 页。

② 资料来源：日本国立社会保障与人口问题研究所。

本，但由于其人口出生率越来越低，预计到 21 世纪 40 年代人口老龄化率将超过日本[①]。中国于 1999 年进入人口老龄化社会，2021 年进入人口深度老龄化阶段，仅用 20 多年就跨越了从人口老龄化到深度老龄化的发展阶段，而欧美发达国家则用了半个世纪甚至一个世纪的时间。

二是受到美国和加拿大的影响。美国在 1990 年、加拿大在 1997 年实施的公共养老金从传统的"DB 型现收现付制"向基金预筹式"DB 型部分积累制"的转变对日本和韩国产生了影响。韩国私人养老金的普及和发达程度远不及日本，但韩国第一支柱公共养老金迅速建立起一个基于信托制的机构型养老基金。韩国于 1988 年建立第一支柱基本养老保险制度（国民养老金计划，National Pension Service，NPS）时，雇员雇主双方缴费率仅为 3%，在 1993 年提高到 6%，为实现 DB 型部分积累制，1998 年实施改革，将缴费率提高到 9%[②]，同时，对公共部门投资进行存款制度停滞，建立韩国国民养老金投资服务管理公司（National Pension Service Investment Management，NPSIM），扩大市场化投资比重，投资范围逐渐扩大到国内 PE、海外基础设施、对冲基金，平均投资收益率为 6.8%[③]，1998 年改革时基金规模仅为 45 万亿韩元（350 亿美元）[④]，仅占 GDP 的 7%，2020 年高达 950 万亿韩元（约 7700 亿美元），其中，累计投资收益约占 56%，相当于 GDP 的 43%，可用于支付四年的养老金。据韩国官方预测，基金规模在 2043 年将达到峰值 2607 万亿韩元（约 2 万亿美元），2060 年将枯竭。

三是移植信托制度的历史悠久。在东亚地区，日本的机构型养老金体系最完善、最发达，日本引入信托制度的历史也最为悠久，甚至"信托"这一汉字术语也是日本最早在法律中使用的[⑤]。1898 年《日本民法典》在《法国民法典》的启发下颁布，后来根据《德国民法典》进行多次修订，但没有关于信托的规定。根据日本法律，财产所有权不能分为法定所有权和衡平法所有权。为了满足商业和战争的需要，日本于 1904～1905 年制定了《附担保的债券信托法》，首次引入信托概念，由此诱发出现大量"信托公司"，到 1912 年数量达 474 家，但这些信托公司的主要业务还是贷款，真正的信托业务没有开展起来。为了规范使用"信托"概念，1922 年制定了《日本信托法》并一直沿用到 2006 年修订时止。

四是信托制度助推资产管理市场快速发展。2006 年的《日本信托法》取代 1922 年《日本信托法》的目的是提高信托的弹性，满足商业信托实践的社会需求。2006 年修订的《日本信托法》的改革范围很宽，力度很大：规定受托人必须履行信义义务与忠实责任；日本不是《海牙信托公约》签署国，但提倡尊重国际信托实践，尤其要像中国香港与新加坡国际金融中心那样提供离岸信托；商业信托和家庭信托的统一处理需根据判例法的发展而进一步考虑；在家庭信托中规定可引入朋友作为受托人；对 1977 年颁布的《慈善信托法》予以完善，强化信托财产的独立性；提高投资理财和证券投资的便利性。2006 年《日本信托法》在很多方面已经很接近普通法的信托制度，例如，信托财产的所有权属于受托人，但不能认为受托人拥有完全的所有权；受益人对信托财产享有权利，该权利具有功能性法定权利[⑥]，等等，这些对后来的 REITs 和土地信托、资产证券化、家庭信托和慈善信托的发展都起到了推动作用，发达的资管市场日益成为信托制度迅速普及的主要形式，对推动"投资信托"（公募和私募基金）向"养老金信托"延伸或同步发展起到了正向作用。

日本共同基金的法律用语叫"投资信托基金"（Toshi Shintaku Fund），简称"投信基金"（Toshin Fund）。1997 年，日本的共同基金市值仅为 0.27 万亿美元（38 万亿日元）[⑦]，截至 2022 年底达到约 2 万亿美元（279 万亿日元），增长了 6 倍，占 GDP 的 40% 左右，其中公募基金 1.22 万亿美元（169 万亿日元），私募基金 0.8 万亿美元（110 万亿日元）；家庭金融资产达 14.3 万亿美元（2000 万亿日元），

①　Katagiri K, Kim J–H, Factors Determining the Social Participation of Older Adults: A Comparison between Japan and Korea Using EASS 2012. https://journals.plos.org/plosone/article/file?type=printable&id=10.1371/journal.pone.0194703, 2018.

②　Kim W, Stewart F, Reform on Pension Fund Governance and Management : The 1998 Reform of Korea National Pension Fund, OECD working Papers on Finance, Insurance and Private Pensions No.7, Financial Affairs Division, Directorate for Financial and Enterprise Affairs, February 2011, pp.3–6.

③　2021 National Pension Fund Annual Report, National Pension Service, p.11, p.19, p.73.

④　Annual Report 2003 on National Pension Fund Management, National Pension Research Center ,National Pension Corporation , Korea, p.6.

⑤　赵廉慧：《日本信托法修改及其信托观念的发展》，《北方法学》，2009 年第 4 期，第 154–160 页。

⑥　Hiroto Dogauchi, Overview of Trust Law in Japan, Group for the Law Concerning International Sales of Goods and International Service Contracts, https://www.law.tohoku.ac.jp/kokusaiB2C/link/dogauchi.html.

⑦　Tamaruya M, The Transformation of Japanese Trust Law and Practice: Historical Contests and Future Challenges, The University of Tokyo, May 2021, p.4.

人均家庭金融资产 11.2 万美元左右（1600 万日元）①。发达的资管市场和受托人市场成为发展养老基金投资市场的重要基础和良好环境。

（三）"机构型"养老金的优等生：日本的主要表现

毫无疑问，日本在大陆法系中是移植信托制度和实施机构型养老金制度的"优等生"，除上述四种历史背景以外，还主要源于日本的三项重要举措：

第一，高度重视投资在提高养老金可持续性中的重要性。作为人口老龄化最为严峻的发达国家，战后以来，日本人口规模呈稳定增长态势，2010 年达到峰值 1.281 亿，自 2011 年开始进入负增长的通道，到 2021 年降至 1.249 亿，预计到 2031 年降至 1.182 亿，2041 年继续降至 1.108 亿，2051 年降至 1.034 亿，2061 年降至 9626 万，到 21 世纪末仅为 7385 万②。在人口红利快速消失的预期下，扩大养老基金规模、实施市场化投资、让资本红利充当养老金财务可持续性的"替代品"是最佳选择。

第二，将信托制度运用到极致。主要表现在两个方面：一是充分运用信托制度安排，强化受托人法律地位，让养老基金投资的长期主义能够得到法律保护。本来，日本制定的《日本信托法》从一开始就将信托视为商业交易的工具，根据《日本信托法》，狭义上的受托人都是信托银行，这样立法的目的是防止普通金融机构破产，以有效保护信托计划和投资者。二是将信托制养老金推向第一、第二和第三支柱。在过去 20 多年里，第一支柱基本养老基金（GPIF）、第三支柱个人养老金 iDeCo（2001年）与 NISA（2014 年）在发达的资管市场中顺利过渡到信托制市场化改革进程之中，第三支柱企业养老金从 DB 型开始向信托制 DC 型转变，公募基金成为其长期投资工具之一。

第三，制定"一揽子"顶层设计。20 世纪末、21 世纪初的千禧年之际，日本国会密集立法，对其养老金三支柱体系进行"一揽子"改革，成为日本养老金改革的重要里程碑。2000 年立法对第一支柱养老保险制度多个参数进行重大调整，次年建立"政府养老金投资基金"（Government Pension Investment Fund，GPIF），对养老基金实行市场化投资改革，2004 年立法将其建立为一个

独立法人实体，由此成为全球最大的公共养老基金之一。2001 年制定两项法规：一是《缴费确定型养老金法案》，规定企业养老金从 DB 型向 DC 型转变，建立第三支柱个人养老金 iDeCo。二是《待遇确定型职业养老金法案》，规定建立基金制 DB 型和契约制 DB 型这两种新型企业养老金计划，传统的"税优养老金计划"（Tax Qualified Pension Plan，TQPP）于 2012 年退出市场。2001 年这两项立法使日本第二支柱企业养老金的发展进入"快车道"，其私人养老金规模在全球名列前茅，第三支柱 iDeCo 的建立使日本成为发达国家中最早建立第三支柱个人养老金的国家之一。日本养老金"千禧年改革"作为百年大计为其应对人口老龄化奠定了重要基础。

总之，以日本为代表的机构型养老金模式日益规范和成熟，资产规模越来越大，成为大陆法系移植普通法系和信托制度的一个典范。日本的机构型养老金模式的重要特征是在引入信托制度的过程中，对第一支柱基本养老保险制度进行了重塑，对第二支柱企业养老金制度进行了扬弃，同时，建立起一个完整的由两种计划构成的第三支柱个人养老金制度。"千禧年改革"开启了日本养老金体系从人口红利型向资本红利型转变的历史进程，从此，日本养老金体系走上了以资产为基础的发展模式。

第一，对第一支柱基本养老保险制度进行重塑和改造。日本第一支柱 DB 型现收现付制基本养老保险建立于 1944年，当时人口只有 7200 万，在 50 年代至 70 年代经济高速增长时期，人口也快速增长，到 1985 年人口规模达 1.21亿③，总和生育率为 1.76④，规模不大的基金余额储备一直委托给大藏省资金运用部（财政部信托基金局），以行政化管理手段用于公共基础设施和福利设施（医院等）的贷款，回报率低，周期长。随着人口老龄化的加剧，1990年总和生育率快速降至 1.54，2000 年再次降至 1.36，人口规模为 1.26 亿。2000 年 3 月，日本通过了《社会保障改革法案》，自 2001 年 4 月起生效实施，日本基本养老保险制度实行六项重要改革：一是将法定退休年龄从 60 岁提高到 65 岁；二是养老金水平下降 5%；三是提高缴费率扩大资产池，从 2000 年之前的 13.58% 逐渐提高到 2017年的 18.3% 并恒定在 18.3% 不变⑤；四是待遇水平与 CPI

---

①　Asset Managers, FinTech Companies Registration Guidebook, 3rd Edition, Tokyo Metropolitan Government, with cooperation of the Financial Services Agency and the Ministry of Economy, Trade and Industry, pp.3–4.

②③　United Nations, Department of Economic and Social Affairs, Population Division, World Population Prospects, https://population.un.org/wpp/.

④　Sakamoto J, Japan's Pension Reform, Social Protection Discussion Paper Series No.0541, Social Protection Unit, Human Development Network, the World Bank, December 2005, pp.20–24, pp.38–39.

⑤　从 2005 年 10 月开始提高，每年提高 0.354%，到 2017 年达到 18.3% 并且恒定费率不变。雇主和雇员各缴纳 50%。

指数挂钩；五是对 65～69 岁老年人实施收入调查制度；六是建立"政府养老金投资基金"（GPIF），并于 2004 年成为一个独立法人，实施全球资产配置的市场化投资策略。经过 20 年的发展，政府养老金投资基金规模从 2001 年的 38.6 万亿日元（2900 亿美元）发展到 2021 年的 197 万亿日元（1.7 万亿美元），年均投资回报率 3.78%[①]。日本发布的精算预测期为 90 年，在五个前景中，"中前景"（即前景三）显示，到 2079 年基金规模达到峰值 479 万亿日元（3.6 万亿美元），到 2110 年将回落至 200 万亿日元左右（1.5 万亿美元），即日本第一支柱基本养老保险财务可持续性在保持 18.3%"永久费率"的基础上将超过 100 年，与加拿大旗鼓相当。

第二，对第二支柱企业养老金制度进行扬弃和规范。在 2001 年制定两项私人养老金法规之前，日本的公司提供的企业年金的形式主要有一次性遣散费和 DB 型养老金计划。根据立法，当时公司提供的企业养老金计划主要分为两种形式，一种是传统的 DB 型养老金计划，它以契约制为主，养老基金规模较小；另一种 DB 计划允许公司选择退出与收入相关联的社会保险计划，很像英国的"协议退出"。2001 年通过的两项立法向雇主和雇员提供了新一代企业养老金计划，即它由 DB 和 DC 两种计划并行构成。在 DB 计划里，雇主建立的 DB 型计划的融资标准得以提高，旨在提高雇员的福利待遇水平，但鼓励企业建立 DC 型计划，其目的既是增加退休储蓄，又是充实日本金融市场的长期资金。立法规定，到 2012 年，新的退休计划设计将取代大多数传统的企业养老金计划。日本"千禧年改革"引入 DC 型企业养老金制度在很大程度上受到了美国 401（k）的影响和启发，他们注意到，在短短的 20 多年时间里，到 2001 年美国 401（k）计划覆盖的人数就达 4200 万员工，积累的养老基金就超过 1.8 万亿美元，"千禧年改革"的目的之一就是打造日本版的 401（k）[②]。在日本政府的引导和金融服务业的支持下，越来越多的日本公司转向新的 DC 型养老金计划，越来越稳定和成熟的信托制度有力地保障了信托制养老基金的投资运营，使日本私人养老基金规模进入全球"养老金七强"（P7），成为大陆法系国家私人养老金规模最大的国家。

第三，建立起"标准"的第三支柱个人养老金。在"千禧年改革""一揽子"方案中推出的 EET 型第三支柱个人养老金"iDeCo"也是模仿美国的"个人退休账户"（IRA）。"iDeCo"的英文全称为"Individual Defined Contribution"，即"个人缴费确定型"，这里转译为"延税个人养老金"。"延税个人养老金"覆盖 20 岁至 65 岁的个人[③]，他们被分为三类群体：第一类是大学生和自雇人员（每年最高缴费限额 81.6 万日元）；第二类是企业雇员（没有任何企业年金的每年最高缴费限额是 27.6 万日元，已有 DB 型企业年金的是 14.4 万日元，已加入 DC 型企业年金的是 24 万日元）和公务员（年最高限额 14.4 万日元）；第三类群体是全职家庭主妇（最高限额 27.6 万日元）。根据日本全国养老金协会的官方统计，截至 2021 年 3 月，税优个人养老金参与人数达 750 万人，资产规模为 2.97 万亿日元。2014 年引入的第三支柱是 TEE 型的"NISA"（Nippon Individual Savings Account），即"日本个人储蓄账户"，自称是模仿英国的"ISA"（个人储蓄账户），在日本的广告宣传中使用的是"NISA 免税账户"，本报告统一转译为"免税个人养老金"，与前面的 EET 型的"延税个人养老金"相对应。免税个人养老金账户每人只能开设一个，分为三种类型[④]：一是普通账户，针对的是 20 岁以上居民，每年可投资最高限额为 120 万日元，免税期 5 年，其投资的金融产品广泛，包括美国股票，没有时间限制；二是储蓄账户，20 岁以上居民均可开设，年度缴费限额仅为 40 万日元，但免税期为 20 年，投资的金融产品选择范围有限；三是少年账户，0 至 20 岁居民均可开设，每年投资上限是 80 万日元，20 岁之前均享受免税政策，不允许提现。虽然免税个人养老金制度比延税个人养老金的建立晚了 13 年，但发展十分迅速，根据日本金融服务厅的统计，截至 2021 年 9 月，全国开设的账户数量达 1713 万个，其中普通账户 1240 万个，储蓄账户 472 万个，少年账户 64 万个（原文如此）；总计投资额为 24.8 万亿日元，其中普通账户 23.5 万亿日元，储蓄账户 1.3 万亿日元，少年账户 0.4 万亿日元（原文如此）。

（四）"行政型"养老金模式的挫折与命运：阿根廷"再国有化"

总体来看，在大陆法系下基金制模式中，机构型养老金是目前移植信托因素最为成功的代表，三支柱养老金发展较为均衡，当然，在东亚地区的几个典型案例国家中，第一支柱公共养老基金的崛起更受世人关注。相比之下，在拉丁美洲崛起的行政型养老金中，信托制度的安排主要体现在第一支柱强制性基本养老保险制度上，第二和第三

---

① GPIF, Annual Report Fiscal Year 2021, Government Pension Investment Fund, Japan, p.11, pp.24–25.
② Rajnes D, The Evolution of Japanese Employer-sponsored Retirement Plans, Social Security Bulletin 2007, 67(3): 89–104.
③ 日本"延税个人养老金"官网，https://www.ideco-koushiki.jp/english/。
④ 日本金融厅官网，https://www.fsa.go.jp/en/index.html。

支柱的私人养老金普遍没有达到设计者的预期。

战后以来，大陆法系植入普通法的国家越来越多，信托制度的使用范围越来越广，建立信托制度的国家立法行动越来越密集，其中拉美国家养老金改革独树一帜，在第一支柱强制性公共养老保险改革中有重要突破①。200多年前拉丁美洲尚未独立时，《拿破仑法典》就由宗主国西班牙和葡萄牙传入该地区，随后不久拉美国家纷纷独立，成为继受以《法国民法典》为代表的大陆法系的历史最悠久（因为《德国民法典》是19世纪末颁布的）、法族最典型（另一个典型法族是德国民法）、国家最集中的大陆板块。与其他大陆法系国家的情况差不多，拉丁美洲国家的私人养老金很少。

1981年，以智利为首的十几个拉美国家将已运行几十年的"俾斯麦式"的第一支柱DB型现收现付制公共养老保险制度改革为DC型完全积累制，作为强制性的养老金制度，以资本化个人账户为基础的投资体系使其产生了一个具有受托人性质的机构"养老基金管理人"（Administradoras de Fondos de Pensiones，AFP）。拉美国家养老基金管理人的西文缩写"AFP"曾风靡业界，甚至有的媒体将其称为"三个字母的革命"。AFP是一个具有特殊法律地位的综合性的公司，它有三个功能：缴费征收与账户管理的功能、养老金投资组合的管理功能、养老金计发与残疾和遗属的DB型待遇支出的保险功能。②

根据立法，养老金资产不属于AFP的资产；AFP须提供A、B、C、D、E五类养老金产品（A类的股票投资上限最高为80%，依次递减，最低为5%的D类，E类无股票）；对大多数AFP来说，投资境内市场的资产由公司自营，投资境外市场的资产委托外部投管人；包括智利在内的十几个国家的AFP都是私营公司，受到国家相关法律和部门的持续监管。我曾在中国社会科学院拉丁美洲研究所工作10年，有幸多次出访拉美国家，也曾参观过AFP，对AFP有一定感性认识。

在过去40多年里，由于大陆法系的拉丁美洲基本养老金制度引入了AFP机制，传统的契约制养老金法律组织方式在引入AFP之后，创设了一个崭新的"DC型积累制"公共养老金，独具拉美特色的行政型养老金模式得以

诞生，智利模式席卷拉美并影响了很多转型经济体养老金改革，从而吸引了全球业界的目光。拉丁美洲在实行AFP革命之后，参保人覆盖数量逐渐提高③。

拉美国家从传统的现收现付制向完全积累制转型之后，基金规模逐年提高。如果没有行政干预引入AFP机制，就不可能获得如此规模的养老金资产，与改革前相比，拉美国家建立的DC型养老金显然更有利于应对未来的人口老龄化。但对没有引入信托制度的私人养老金而言，其基金规模依然微不足道，第二、第三支柱私人养老金资产规模占GDP的比重在智利是2.1%，哥伦比亚是2.0%，哥斯达黎加是0.4%，多米尼加、秘鲁和墨西哥均是0.3%，乌拉圭和萨尔瓦多等国为0。再如，智利、多米尼加、哥斯达黎加、秘鲁和墨西哥的私人养老金仅分别占其第一支柱养老金资产的2.8%、2.8%、2.0%、1.3%和0.6%④。上述数据显示，实施AFP改革的第一支柱养老基金几乎是这些国家的养老金的全部。

虽然拉美国家行政型养老金模式取得了举世瞩目的成就，为推动拉美国家第一支柱账户养老金规模不断扩大做出了巨大贡献，但是从传统的契约制养老金中"脱胎"出来的AFP型的"拉美式信托"在养老金财产权问题上始终面临一些法律困惑，经历过几次震动，其中最大的一次发生于2008年11月的阿根廷⑤。拉美国家养老金实行AFP改革以后带来很多问题：覆盖面缩小、AFP运营成本过高、替代率下降等，由此导致社会不满。在2008年国际金融危机中，资本化的个人账户投资业绩大幅下滑，个人账户资产平均缩水一半左右，当年退休人员表示强烈不满，在工会的支持下，阿根廷政府宣布将运行了14年之久的DC型积累制予以国有化，300亿美元的个人账户养老金资产收归国有，AFP制度予以废除，养老金制度完全退回到1994年改革的原点——DB型现收现付制。

毫无疑问，阿根廷第一支柱基本养老保险制度从行政型信托模式退回到DB型现收现付制的主要原因来自参保人对制度运行绩效低下的诸多不满和抱怨，但从行政型养老金模式来讲，"拉美式信托"与英美的信托制和东亚的基金制养老金制度安排相比存在一些重要缺陷，其主要表现是受托人的功能和地位与普通法意义上的受托人存在很

---

① 学者将智利等十几个拉美国家的DC型完全积累制的制度称为第二支柱，但在我的研究中，我始终将其视为第一支柱，因为它替代的是此前的第一支柱DB型现收现付制基本养老保险制度，其地位自然是第一支柱。

② Iglesias-Palau A, Pension Reform in Chile Revisited: What Has Been Learned?, OECD Social, Employment and Migration Working Papers, No. 86, OECD Publishing, Paris, 2009, pp.12-20.

③④ FIAP, https://www.fiapinternacional.org/.

⑤ 郑秉文、房连泉：《阿根廷私有化社保制度"国有化再改革"的过程、内容与动因》，《拉丁美洲研究》，2009年第2期，第7-24页。

大差距。

一是相当于受托人地位的 AFP 对信托财产不具有所有权、控制权和处分权，只是规定了养老基金的财产权独立于 AFP 的法律地位。例如，1980 年智利确定 AFP 改革的第 3500 法令（DL 3500）第 33 条明确规定："每个养老基金都是独立的财产，不同于管理人（AFP）的财产，管理人对其没有控制权。"[①] 第 33 条规定显示，AFP 与基金的关系一方面是相互独立的，但另一方面 AFP 不享有对基金的所有权和处分权，意味着 AFP 不是普通法意义上的受托人，从而不为参保人（受益人）的利益行事，当外部行政干预时自然也就不必对基金的安全负责任，养老基金少了一层受托人的法律保障。

二是第 3500 法令第 20H 条规定："雇员缴费所产生的资源始终归其所有。同样，雇主缴费产生的资源在满足各自合同规定的条件后也归雇员所有。"这条没有规定雇员和雇主的缴费"本金"的财产权属性，而只规定了其投资收益的财产权归属属性，资本化个人账户的财产权没有全部受到法律的保护。

三是第 3500 法令第 1 条规定："本法令规定管辖的是个人资本化养老、残障和遗属养老基金制度。"这项规定意味着，AFP 承担了残障和遗属的 DB 型待遇支出的保险功能，而且 AFP 还需负责缴费的征收、养老金计发与支付等本来应由 DB 型现收现付制养老金来承担的"行政管理"职能，而"国家的作用"则处于附属的地位。

四是 AFP 服务的对象是强制性第一支柱基本养老保险制度参保人员，提供的服务内容大部分为标准化产品，养老基金不是普通法意义上的信托资产，普通法意义上的受托人功能都明显弱化，比如，必须向委托人（养老金董事会）提供计划设计、政策制定、资产配置、待遇精算、税务筹划、关系协调等个性化的"软性"功能等。

上述分析显示，拉美地区十几个国家的行政型养老金模式的制度设计缺陷在于这些国家的立法对英美信托制度采取排斥和否定的态度，他们没有将 AFP 视为养老基金信托财产的唯一所有人，不承认信托财产的所有权的分离原则，AFP 看上去是受托人的功能等价物，但事实上存在本质的区别，因此，养老基金并未得到普通法意义上受托人的法律保护，受益人（参保人）的账户资产也没有得到受托人和宪法意义上的法律保护。在行政型养老金模式下，

单一所有权与养老金制度的信托设计要求是冲突的，受益人（参保人）与养老基金的关系在链条上是割裂的，事实上，受托人是缺位的，对受益人来说，AFP 作为功能等价物的本质就是一个比普通资管公司法律地位略高一些的资管公司而已，对养老金管理局而言，AFP 只是为参保人缴费提供产品和服务的投资工具的总和，与普通法意义上的受托人存在很大差距。

前述分析显示，信托引入的所有权形式是分割的和双重的形式，它们分别来自普通法和衡平法，换言之，信托制度的基本条件是存在两个所有人，一个是普通法保护下的所有人，另一个是衡平法庇护下的所有人，这就是信托的双重所有权。而大陆法系只存在前者，不承认后者，或者说财产权只能完全持有，但不能"信托"给另一人。但在普通法那里，受托人通常被称为"合法所有人"，受益人是"衡平法所有人"；作为"合法所有人"的受托人享有对信托财产的管理、支配和处分权，而受益人只有在特殊情况下才能通过终止信托获得或行使直接使用这些资产的权利。

换个角度讲，受托人对信托财产享有的是"普通法财产权（所有权）"，受益人具有的是"衡平法财产权（所有权）"。因此，有学者认为，"衡平法既不是针对物的权利，也不是针对人的权利，而是'针对权利的权利'"，正是因为有了这个特征，"信托的本质是将一项权利置于信托之中并不会改变这种权利的性质的制度"，所以，关于"信托不会因缺少受托人而失败"的观点就肯定是站不住脚的 [②]，因为拒绝"双重物权"就不可能构建一个"权利对抗权利"的信托架构，养老基金的安全性就会失去长期的法律保护和制度制衡，这就是拉美地区行政型养老金的"受托人"AFP 在拒绝双重所有权之后成为一个容易改变权利结构的制度安排的主因，于是，阿根廷出现"再国有化"现象也就不是什么奇怪的事情了。

在第一支柱基本养老保险制度中，普通法系国家引入的信托制度都明确其受托人的法律地位，例如，根据《美国法典》的规定，1935 年建立的"联邦老年、遗属保险和联邦残障保险信托基金"理事会"持有信托基金"[③]。加拿大养老金计划投资公司（CPPIB）是加拿大养老金计划（CPP）的受托人，《CPPIB 法案》第 5 条规定，CPPIB 作为受托人要履行对供款人和受益人的义务，管理任何转移

---

① MINISTERIO DEL TRABAJO Y PREVISIÓN SOCIAL, ESTABLECE NUEVO SISTEMA DE PENSIONES (Decreto Ley 3500), https://www.bcn.cl/leychile/navegar?idNorma=7147&idParte=.

② Ernesto Vargas Weil, The Trust Facing Chilean Law: An Approach from the Perspective of the "Rights Against Rights" Theory, Latin American Legal Studies, 2022, 11(1): 5–57.

③ 42 USC 401: Trust Fund, https://uscode.house.gov/view.xhtml?req=(title:42%20section:401%20edition:prelim.

来的资金以及所有权，以符合该法规规定的供款人和受益人的最佳利益[①]。上述北美两个典型普通法国家公共养老金信托安排和受托人规定都要求其以受益人的最佳利益为出发点，在投资决策中要作出审慎决定。

（五）"行政型"养老金模式的"再改革"进程：智利模式的升级迭代

不伦不类的 AFP 版受托人制度在其发源地智利和其他拉美国家也同样遭遇了挑战。阿根廷 DC 型账户养老金的"再国有化改革"波及智利和其他拉美国家，呼吁废除 AFP 的社会运动迅速蔓延。2019 年 10 月，智利首都圣地亚哥公共交通票价上涨受到社会抵制，进而演变成席卷全国的社会改革运动，废除 AFP 的呼声再起。2022 年左翼人士加夫列尔·博里奇（Gabriel Boric）在大选中获胜宣誓就任总统，他竞选时提出的增加税收、提高福利的政策主张与废除 AFP 的呼声一拍即合，他为改革医保、教育和养老金制度提出修改宪法[②]。2022 年 9 月修宪公投失败，博里奇总统发表全国讲话，提出智利养老金全面改革计划，大陆法系的养老金受托人再次面临历史性挑战。

与阿根廷养老金国有化完全不同，智利总统博里奇虽然也是左翼，但提出的养老金改革思路是这样的[③]：将目前 10%（雇员单方缴纳）的缴费率提高到 16%，增加的 6% 由雇主缴纳；建立一个 DB 型现收现付制系统，雇主缴费的 6% 进入该系统；现行的雇员缴费的 10% 依然进入个人账户，但由一家国有公司负责账户管理和资金运营，取消 AFP；具体投资由"私人养老金投资公司"（Investment of Private Pension，IPP）负责，同意担任这种角色的 AFP 可在 24 个月内转为 IPP。

根据博里奇总统的描述，智利新制度的主要特点有：一是资本化账户养老金系统完全保留，但其运营商（受托人）由若干私营的 AFP 改革为一个国有投资公司来承担，旨在降低运营成本；二是增加的缴费收入形成一个新的现收现付系统，未来养老金由账户养老金与统筹养老金两部分组成，相当于在原有的 DC 型制度之上附加一个 DB 型制度，增设了再分配功能；三是新制度是由社会统筹与个人账户构成。很显然，这是一个中国读者非常熟悉的统账

结合的混合型制度，所不同的是，智利的个人账户是资本账户，而中国的账户是名义账户。总之，改革后的智利养老金制度得以优化，待遇水平得以提高，可持续性与公平性得以兼顾，这个改革方案与阿根廷彻底取消个人账户、全面收归国有、完全退回到现收现付具有本质的区别。

智利改革方案目前披露的信息还很有限，也可能正在制定过程当中。值得业界关注和讨论的焦点在于信托安排及其受托人的制度设计，在于信托因素移植的多寡与力度，也就是说，新设立的全国唯一的"公营受托人"的法律地位应该最大限度地接近普通法受托人，从"拉美式信托"的行政型向"东亚机构型"养老金模式过渡与升级，大踏步地移植信托制度，这是发展拉美养老金的百年大计。

2022 年应美国著名养老金专家梅萨-拉戈（Mesa-Lago）教授之邀为其新出版的英文新著《拉美养老金私有化改革 40 年（1980-2020 年）评价：承诺与现实》撰写一篇书评[④]，在写作过程中查阅英文文献时偶尔看到一篇文章，标题是《没有信托的财产：智利养老金制度的兴衰》[⑤]。该文大致的意思可概括为，拉美国家 DC 型积累制养老金改革面临的尴尬在于其账户养老金在法律形式上不属于信托财产，信托法赋予的受托人的财产权保护屏障缺失。我理解，从外表上看，大陆法系下的 AFP 在制度运行链条上发挥的功能很像养老金受托人的"模样"，但在法律组织形式上，AFP 不具有信托法意义上的受托人的实质；在没有信托传统的法律环境下，一旦遇到风浪，受托人"锚"的作用缺位，养老金这只"船"就容易"抛锚"。

在现代法律术语中有"定分止争"之说，意指只要坚持"先占原则"，只要权利得以界定，就可以保护这个物权不被侵犯，无论是外国"无主狐狸"的故事，还是中国"百人逐兔"的寓言，保护权利比保护利益更重要，法律的作用在于"定分止争"。但是，阿根廷的例子说明，对养老金体系而言，"一物一权"的大陆法系显然是不够的，AFP 的财产所有权归属功能未能"定分止争"，甚至受益人账户资产的财产权也未能完全"定分止争"，游离于参保人（受益人）之外几十年的养老金难以成为受到法律保护的信托财产，其命运就有可能是阿根廷式的国有化。相

①　Canada Pension Plan Investment Board Act, https://laws-lois.justice.gc.ca/eng/acts/C-8.3/page-1.html#docCont.

②　Funk R L, Chile's Pension Reform May Decide Boric's Fate, American Quarterly, https://americasquarterly.org/article/chiles-pension-reform-may-decide-borics-fate/, 2022-11-15.

③　Chile's President Announces Reform to Fix Pension Crisis, Bloomberg, https://www.bloomberg.com/news/articles/2022-11-03/chile-s-boric-announces-pension-reform-to-finish-afps.

④　庞茜、郑秉文：《拉美养老金改革 40 年的得与失》，《拉丁美洲研究》，2022 年第 3 期，第 141-153 页。

⑤　Ernesto V W, Property without Trust: Rise and Fall of the Chilean Pension System? https://www.law.ox.ac.uk/research-and-subject-groups/property-law/blog/2020/08/property-without-trust-rise-and-fall-chilean, 2020.

比之下，智利方案有可能代表大陆法系基金制养老金的另一个改革方向，它起码完整保留了"定分止争"的账户养老金体系，将本来就没有"定分止争"的 AFP 转成 IPP 作为外部投管人，在此之上增设一个国有的受托人，即使它并不是信托意义上的受托人，且依然像 AFP 那样没有"定分止争"，但设有"专门"国有受托人相当于多了一层委托代理，"双层"制度架构总比单一的 AFP 系统更接近英美法系受托人的本质。

与 2008 年阿根廷的国有化相比，智利改革方案受到国内外的普遍认可。在人口老龄化不断加剧和各国试图寻找养老金解决方案的背景下，如果说阿根廷的"国有化再改革"是简单的一退了之，是一种倒退，智利的双重改革方案则属于"拉美模式"的优化和升级换代：一是在非缴费型养老金方面，2008 年智利增设的非缴费型"团结养老金"（PBS）在 2021 年底由时任总统塞巴斯蒂安·皮涅拉（Sebastián Piñera）推动"升级"为"全民保障养老金"（PGU），它将覆盖所有 65 岁及以上老年人，每月标准提高到 230 美元；二是在缴费型养老金方面，博里奇总统将单层的 AFP"升级"为"双层信托"和统账结合制度，它们共同成为"智利模式"再创辉煌的"再改革"。其中，智利保留、确认和完善"定分止争"的受托人制度是点睛之笔，它既"保护"了智利 DC 型账户养老金的正常运行，甚至使其可持续性得以强化，又引入了 DB 型现收现付的再分配机制，提高了整个养老金体系的公平性。

对养老金财产权而言，在普通法系意义上的信托制度安排中，受托人和参保人（受益人）属于"双重"的"定分止争"，公权对其有畏惧感，私权增加一层安全感，任何养老金改革就只能在难以撼动的信托法制下进行，"保护养老金"的观念深入人心。基于这种信托精神，普通法系国家采取的养老金改革措施或通过的养老金改革立法往往会冠以"保护养老金"之名。例如，英国于 2004 年通过的《养老金法》决定建立"养老金保护基金"（Pension Protection Fund，PPF），这是一个法定的国有公司，旨在对全英 5200 多个 DB 型养老金计划及其 1000 万参保人的养老金进行"再保险"[1]；美国于 2006 年通过的立法直呼《养老金保护法案》（Pension Protection Act，PPA）[2]，它允许第二支柱养老金的雇主采取"自动加入"机制，引入"合格默认投资选择"（Qualified Default Investment Alternative，QDIA），将 TEE 型罗斯账户永久化，对养老

金的发展起到了重要的保护作用。

（六）普通法意义上私人养老金受托人的最佳实务实践

大陆民法系的养老金受托人应尽量熟悉英美法系养老金受托人的最佳实践，了解养老金受托人的主要功能地位，包括来自其他民法系国家引入信托法和受托人制度的经验和做法。上文中介绍了民法系账户养老金受托人在智利和其他民法国家的不同做法，也介绍了日本、韩国非账户制的 DB 型公共养老金改革的成就和 DB 型部分积累制的发展趋势。归纳起来，普通法意义上信托制度的养老金受托人的主要要求如下[3]：

第一，受托人须协调各种关系。在信托制法律制度下，作为长达几十年的养老基金资产的持有人，受托人既是养老金计划的政策制定人，也是确保政策实施的执行者；既要承担起受托人、雇主、股东三种不同角色，协调和平衡三个角色之间的冲突，还要把部分权利授予别人即选择外部投资管理人等。养老金受托人的重要职责是负责处理好养老金计划的五种代理关系：养老金计划受益人与发起人之间的关系，养老金计划发起人与投资顾问之间的关系，投资顾问与投资管理人的关系，养老金计划发起人与投管人的关系，投管人与投资组合经理个人之间的关系。在这些关系链条中，上述各行为主体可能会发生利益冲突，管理冲突和维护各种关系十分重要，这是受托人的主要职责。

第二，受托人须参与养老金董事会。养老金董事会是养老金计划的核心，其职能主要有两个，一个是"基因职能"，另一个是"基本职能"。所谓"基因职能"是指负责制定和维护该养老基金的宗旨、使命、愿景、战略目标，具体包括确定价值观、社会角色、发展方向、未来抱负、中长期目标、未来实现的结果、行动方案、措施计划。董事会确定养老金计划的基因至关重要且十分必要，每个养老金计划都有自己的 DNA，进而形成自己独特的投资风格和文化传承。"基本职能"具体包括治理结构、监控管理层、缴费水平、投资回报目标、资产配置政策、风险管理。董事会如此重要，受托人就需要参与进来，否则，受托人就不能具体了解该养老金的 DNA 和"企业文化"，就不能扮演好诸多角色，进而就难以承担起众多关系的协调和统筹，难以解决不同主体之间存在的利益冲突，难以居高临下地避免陷入某种矛盾和困境之中。因此，在大多数情况下，养老金受托人依据受托责任须在养老金董事会里任职，据此代表养老金计划的参保人履行受托责任。受托人

---

① Pension Protection Fund, https://www.gov.uk/government/organisations/pension-protection-fund.

② 郑秉文：《扩大参与率：企业年金改革的抉择》，《中国人口科学》，2017 年第 1 期，第 2—20 页。

③ Koedijk K, Slager A, van Dam J, Achieving Investment Excellence: A Practical Guide for Trustees of Pension Funds, Endowments and Foundations，John Wiley & Sons，April, 2019.

加入董事会十分普遍，是一个惯例，否则就不能成为养老金计划组织机构生态系统的一部分，就不能深入了解这个生态系统中各个行为主体的利益诉求和行为动机，进而就不能很好地为实现受益人利益最大化而尽职尽责。

第三，受托人须十分熟悉投资业务。养老基金董事会固然是基金长期投资业绩的关键角色，但董事会并不是具体责任方，而只负责政策制定和长期规划。负责投资的流程设计和具体实施的是受托人，包括主动投资和被动投资组合的构建、实施、反馈、监测和评估等，这就涉及资产配置、投资分散化、风险管理。养老金"治理红利"的核心问题是受托人的专业能力，其主要表现是投资回报率额外增长幅度。一个卓越的受托人，应能制定正确的投资政策和寻找相应的投管人。熟悉投资业务还体现在灵活性上。与其他受托人相比，养老金受托人的授权里有很大的主动管理权的空间，这就决定了外部投管人的收入模式要得到受托人的理解和支持，尤其在主动管理和被动管理的灵活性上，有些主动管理确实存在不成功的，但也确实有些投资顾问倾向于主动管理，这也涉及对贝塔收益和阿尔法收益、基准回报和价值创造之间的态度及其贡献率的掌握，涉及调整投资组合的能力及其对市场波动和附加风险溢价的判断。此外，受托人还要考虑"负责任投资"和ESG投资的政策选择，考虑社会责任和社会声誉等，树立和践行正确的具有独特风格的投资信念，在某种程度上这是受托人的一种宣示，而所有这些将建立在一定的理论基础和理论功底之上，所以，受托人的投资信念是对一整套系统化的投资理论的信仰。

第四，受托人须善于遴选外部投管人。受托人经常面对哪些投资需委托给外部投管人以及基金董事会应该如何做出决策的问题。一般来说，规模小的基金出于成本控制等因素的考虑会把一部分投资活动外包出去，这就需要寻找专业经验丰富和投资能力高超的外部投管人，同时还要更换业绩不佳的外部投管人，而规模较大的基金倾向于组建专门团队，由内部人实施投资。因此，遴选和解聘外部投管人是受托人的一项核心职能。当然，选聘外部投管人的目标必须符合董事会和受托人的信念，问题在于如何评估外部投管人。社会上的投管人数量越来越多，外部投管人的任期趋于缩短，同类外部投管人的数量趋于增加，他们承受的投资业绩压力趋于加大，聘用和解聘投管人的行为有可能趋于更加频繁。国外有一项大型研究报告的数据显示，新聘投管人的业绩过一段时间后就逊色于现任投管人，被解聘的投管人的平均业绩高出新聘投管人的1%，

如果把更替投管人的成本和由此造成的机会成本加在一起，业绩损失高达5%~10%，如果根据以往业绩来决定聘用和解聘投管人，业绩损失将更大。出现这种后果的主要原因在于对收益风险的态度完全不同于对损失风险的态度。越来越多的受托人发现，很多主动投管人甚至都不能跑赢市场，长期内所有投管人都会"均值回归"，没有哪个投管人可以一直做得很好，起起落落是正常的。所以，对外部投管人实施长期考核是非常必要的，应该让时间来解决这个问题。

四、养老金信托法对中国的启示

2001年《中华人民共和国信托法》公布，2004年建立信托制企业补充养老金"企业年金"。从此，中国有了养老金受托人。经过近20年的发展，尤其在2015年建立机关事业单位的"职业年金"以来，信托制养老金已覆盖职工超过6000万人，基金累计余额超4.5万亿元，信托制账户养老金初具规模。

中国继受的是大陆法系，自1911年清朝光绪年间颁布《大清民律草案》以来，经历了1929~1930年国民政府颁布的《中华民国民法典》和1986年中华人民共和国颁布的《中华人民共和国民法通则》，2020年正式颁布《中华人民共和国民法典》。在112年的成文法历史中，只有后22年才"植入"不成文法的信托制度并建立起信托制养老金①，可见，与其他大陆法系的经济体移植信托制度的历史相比（欧洲、拉美和东亚的日本、韩国与中国台湾等），中国移植信托制度的时间最短，建立信托制养老金和养老金受托人制度的时间最短。但总体来看，中国建立的信托制养老金及其受托人制度的效果并不差，至少与拉美国家相比没有遭遇明显的挫折。

发展多层次多支柱养老金是大势所趋，是应对人口老龄化的最佳制度选项，是绝大多数国家和国际组织达成的广泛共识，从这个角度看，大陆法系移植信托制度是必然趋势。一百几十年的国际实践证明，大陆法系不利于发展多层次养老金制度，只有植入信托制度才是发展多层次多支柱养老金的唯一出路。在法学界，与英美法系相比，大陆法系被很多学者认为是落后的法律体系。可能正是由于这个因素，100多年来大陆法系不断从英美法系移植一些规范原则和具体制度，信托制度只是其中之一。大陆法系国家移植信托制度，这是无奈之举，因为大陆法系规定的财产制度主要通过物权法来体现，已无法满足拥有、保护养老金财产的个人需求，无法支持建立、发展多支柱养老

① 张天民：《失去衡平法的信托——信托信念的扩张与中国〈信托法〉的机遇和挑战》，中信出版社2004年版。

金体系的国家意志。

从发展信托制养老金和养老金受托人生态环境来看，大陆法系的诸多变体遍布欧洲、亚洲、北美和南美，在有些国家和地区是成功的，比如日本、荷兰、瑞士、魁北克（加拿大）等；在有些国家是失败的，最典型的案例是阿根廷；在有些国家正处于不断完善和校正的过程之中，比如智利等。在中国，第二支柱需要受托人，第三支柱个人养老金刚刚落地，也需要发挥受托人的作用。实际上，机构对第三支柱的养老金产品负有与第二支柱养老金计划类似的受托责任。就目前来看，信托制养老金和受托人制度在中国取得的这些成就只是万里长征第一步，还存在很多问题，需要不断完善，契约精神也好，信托精神也罢，都是"新生事物"，只要坚持按照习近平总书记讲的"一张蓝图绘到底"，防止出现拉美国家"左右轮替"的政策钟摆效应，中国养老金受托人制度、信托制养老金制度和多层次多支柱养老金制度就一定能够走向成功。

上 篇
理 论 篇

分报告一
基本养老保险个人账户养老金的投资管理

　　国际上基本养老保险制度中引入个人账户的国家主要分为三类：第一类是以新加坡为代表的中央公积金制，个人账户养老基金（以下简称账户基金）由中央政府集中投资；第二类是以智利为代表的"资本化账户"个人分散化投资模式，养老基金投资由个人做出决策，国家进行市场监管；第三类是以瑞典为代表的"名义账户制"，资金收支仍采用现收现付制，不进行投资运作。将名义账户制排除在外，账户做实了的前两类国家对于账户基金都采取了市场化的投资运营策略。

一、基本养老保险个人账户养老金计划的类型划分

　　从现实情况看，世界各国或地区在基本社会养老保险中实行个人账户的情况分为三类：第一类是中央公积金模式，实行该制度的国家以原英国殖民地的 20 多个国家为主，典型代表为新加坡，也可以称为"新加坡模式"。这个模式的特点是个人账户按实际缴费记账，但资金由国家单一机构集中管理，投资决策和资产分布等一切投资业务均由中央政府统一安排，属于政府控制型的"集合"投资。第二类是以分散型资本化账户为特征的完全积累制模式，也可称为"智利模式"，在部分拉美国家和中东欧国家得到广泛应用，其主要特点是：资金完全在个人账户里运转，由账户持有人根据其投资偏好进行分散决策；保险公司、基金投资管理公司和银行等金融机构经审查批准可以进入市场进行竞争，根据市场的需求自行设计多样化的风险与收益匹配的投资品种，账户持有人作为投资者进行选择，投资风险与投资收益完全对等，即前者由账户持有人个人承担，后者由其完全享有；等等。第三类是部分积累制模式，是近 15 年来新出现的一种个人账户管理模式，即不做实的名义账户加上做实的个人账户的部分积累制模式，以瑞典为代表，也可称为"瑞典模式"。表 1-1 列出了世界各国或地区基本养老保险个人账户计划的发展情况，这些国家个人账户计划都是强制性的，在多支柱养老金制度结构中，有些国家个人账户计划作为第一支柱养老金，有些国家个人账户作为第二支柱养老金，还有少数国家个人账户制度采取强制性的职业养老金计划，例如澳大利亚。

表 1-1　世界各国或地区基本养老保险个人账户制度

国家或地区	个人账户的建立日期	第一支柱	第二支柱
一、完全积累制个人账户国家或地区			
智利	1981 年	完全积累制个人账户	
秘鲁	1993 年	现收现付或个人账户（选择性计划）	
哥伦比亚	1993 年	现收现付或个人账户（选择性计划）	

续表

国家或地区	个人账户的建立日期	第一支柱	第二支柱
一、完全积累制个人账户国家或地区			
乌拉圭	1995 年	收入关联型 + 家计调查型	现收现付或个人账户（选择性计划）
墨西哥	1997 年	完全积累制个人账户	
玻利维亚	1997 年	完全积累制个人账户	
萨尔瓦多	1998 年	完全积累制个人账户	
哥斯达黎加	2000 年	收入关联型 + 家计调查型	强制性个人账户
多米尼加	2003 年	完全积累制个人账户	
哈萨克斯坦	1998 年	完全积累制个人账户	
匈牙利	1998 年	收入关联型	强制性个人账户
保加利亚	2000 年	收入关联型 + 家计调查型	强制性个人账户
克罗地亚	2001 年	收入关联型	强制性个人账户
爱沙尼亚	2002 年	收入关联型 + 家计调查型	强制性个人账户
中国	1997 年	社会统筹 + 积累制个人账户	
中国香港	2000 年	完全积累制个人账户	
尼日利亚	2004 年	完全积累制个人账户	
澳大利亚	1992 年	家计调查型	强制性职业年金
丹麦	2002 年	社会养老金	强制性职业年金
科索沃	2002 年	社会养老金	强制性个人账户
二、中央公积金制国家（以新加坡为代表的 23 个亚、非国家）			
	1950～1980 年	中央公积金	
三、部分积累制个人账户的国家			
意大利	1995	名义账户制 + 家计调查型	
吉尔吉斯斯坦	1997	名义账户	
拉脱维亚	1996	名义账户	积累制个人账户
瑞典	1999	名义账户制 + 家计调查型	积累制个人账户
波兰	1999	名义账户	积累制个人账户
蒙古	2000	名义账户	积累个人账户
俄罗斯	2002	社会养老金	名义账户 + 积累制个人账户
斯洛伐克	2005	名义账户	积累制个人账户

注：完全积累制个人账户：基于完全积累制的单一支柱；社会养老金：基于工作年限或居住年限统一支付的养老金待遇，与个人收入无关，来自一般财政预算；家计调查型养老金：基于财产或收入调查的社会救助养老金；收入关联型养老金：与缴费收入相关联的养老金，来自雇主和雇员的社会保险缴费；选择性计划：雇员可自愿选择加入现收现付和个人账户其中的一种计划。

资料来源：Kritzer B E, Individual Accounts in Other Countries, www.socialsecurity.gov/policy/docs/ssb/v66n1/v66n1p31.pdf.

由于欧洲大部分国家采用的是传统现收现付养老金计划，仅有少数几个国家在最近十几年的改革中，引入了积累制个人账户计划。以下主要阐述前两类积累制个人账户投资管理模式，即以新加坡为代表的中央公积金制模式，以拉美和中东欧国家为代表的分散型积累制投资模式。

二、中央公积金投资管理模式

（一）制度基本特征

中央公积金制是一种强制储蓄性退休金制度，雇主和雇员的缴费全部进入个人账户，资金汇集到中央政府管理机构建立的　个养老金资产池，由政府部门进行管理运作，账户基金获得增值利息，工人退休时，一次性领取账户养老金或按月领取年金。采用中央公积金制的国家大部分为亚洲和非洲的前英国殖民地国家。从 20 世纪 50 年代开始，一批前英国殖民地国家逐步得到独立，这些国家保留了英殖民地时期的两个养老金传统：一个是传统的公务员待遇确定型养老金计划；另一个是覆盖正规部门雇员的中央公积金制计划。根据 John Dixon 的统计，1993年全世界共有 23 个国家和地区实行中央公积金制[①]，参见表 1-2。

表 1-2　各国中央公积金制度的基本特点

国家或地区	制度建立年份	覆盖人群	参保人数（万）	雇员缴费率（%）	雇主缴费率（%）	账户基金支取权利	其他社保项目待遇	贷款权利
斐济	1965	雇员（不含公共部门）	12	7	7	年老、残障、死亡、移民	增值年金、丧葬和遗属	医疗
加纳	1965	雇员（不含临时工和少于 5 人企业）	8.6	5	11.5	年老、残障、死亡、移民、疾病和失业	—	—
印度	1952	雇员（不含少于 10 人企业）	931	6.25~8	6.62~10.4	年老、残障、死亡、移民、失业和结婚	家庭养老、丧葬、人寿保险	个人贷款
印度尼西亚	1951	雇员（扣除公共部门）	—	1	1	年老、残障、死亡、移民	人寿保险	—
肯尼亚	1965	雇员（不含公共部门和临时工）	91.6	5	5	年老、残障、死亡、移民	医疗支出	—
马来西亚	1951	雇员（不含公共部门）	—	6	7	年老、残障、死亡、移民和医疗	丧葬	—
蒙特色拉特岛	1972	雇员	—	5	5	年老、残障、死亡、移民	—	—
尼泊尔	1962	公共部门和部分私营部门雇员	11.8	10	10	年老、死亡和终止就业	丧葬	住房和个人贷款
尼日利亚	1961	雇员（扣除公共部门、少于 10 人企业以及临时工）	202.5	6	6	年老、残障、死亡、移民、失业和疾病	人寿保险	—
圣文森特岛	1970	—		5	5	年老、残障、死亡、移民	—	—
新加坡	1953	雇员、自雇者（不含公共部门）	151.9	0~18	20~38	年老、残障、死亡、移民和医疗	人寿保险	购买住房教育支出
所罗门群岛	1976	雇员（不含公务员）	3.7	5	5	年老、残障、死亡、结婚	丧葬	
斯里兰卡	1958	雇员（不含公共部门和自雇者）	225.9	8	12	年老、残障、死亡、移民、结婚和失业	—	—
斯威士兰	1974	雇员（不含临时工和公共部门）	9.7	5		年老、残障、死亡、移民		

---

① 　Dixon J, National Provident Funds: The Challenge of Harmonizing Their Social Security, Social and Economic Objectives, Review of Policy Research, Volume 12, Issue 1-2, 2005.

续表

国家或地区	制度建立年份	覆盖人群	参保人数（万）	雇员缴费率（%）	雇主缴费率（%）	账户基金支取权利	其他社保项目待遇	贷款权利
坦桑尼亚	1964	雇员（不含少于4人企业和公共部门）	4.9	5	5	年老、残障、死亡、移民	—	—
乌干达	1987	雇员（不含少于5人企业和公共部门）	—	5	5	年老、残障、死亡、移民和失业	丧葬	—
西萨摩亚	1972	雇员	4.6	5	5	年老、残障、死亡、移民	丧葬和增值年金	—
赞比亚	1965	雇员（不含临时工和公共部门）	107.4	5	5	年老、残障、死亡、移民、医疗和储蓄	丧葬和生育	购买住房

资料来源：① Dixon J, National Provident Funds: The Challenge of Harmonizing Their Social Security, Social and Economic Objectives, Policy Study Research, 1993. ②Dixon J, Provident Funds in the Third World: A Cross-National Review, Public Administration & Development, Oct-Dec 1982, p.2, p.4.

表 1-2 说明了各国中央公积金制度的基本特点：

（1）覆盖面。公积金制度主要集中于城市工业和商业部门中的工薪阶层。在制度建立初期，临时工、小企业雇工、自雇者以及农业工人等群体通常被排除在制度之外。历史上许多发展中国家的公积金制度存在较为突出的逃漏缴费现象，雇主通常不愿意为雇员提供公积金注册。为此，许多国家政府通常采取一些强制措施来提高遵缴率。

（2）缴费率。缴费有两种主要方式：定额缴费（Flat Rate）或按工资一定比率缴费。大多国家采用统一费率，印度和新加坡实行累进式的差别费率（公、私营部门不同或依企业规模大小制定费率）。除马来西亚和新加坡外，所有国家的缴费都以参保雇员的实际工资为基础。马来西亚的费基分为 24 档，新加坡分为 3 档。在大多数国家，缴费由雇主和雇员平均分摊，大多数国家制定了缴费上限，印度和新加坡对私营部门则规定最低缴费标准。

（3）账户基金的支取权利。中央公积金的一个特点是允许参保成员及其遗属在有特殊社保需要或生活紧急需求情况下可以支取部分账户基金，个人在失去收入能力、年老、残障、工伤、失业或死亡时，可以使用账户资产。这些社保支出项目包括：所有国家允许在特定年龄下（一般为 55 岁）提前领取养老金，并允许成员在永久失业或残障的情况下一次性或部分领取账户基金；部分国家允许个人移居国外时一次性提取账户基金；一些国家（如印度、尼泊尔、斯里兰卡、肯尼亚和坦桑尼亚）允许个人在终止就业时全部或部分支取基金；还有的国家允许在子女结婚（如印度）、购置家产（如新加坡、马来西亚和赞比亚）、储蓄需要（如赞比亚）、购买股份（如新加坡）以及

住院（如肯尼亚）等情况下使用资金。

（4）公积金的支取方式。雇员退休时公积金一般有三种支取方式：一是根据保险精算确定的年金，年金由公积金账户的最终余额和相关精算因素来确定（如肯尼亚、斯威士兰、乌干达和赞比亚）。二是分期提取，加纳等国家允许参保者分期提取账户基金，由个人和公积金管理部门商定分期提款的规模或次数。三是增值年金，在斐济和西萨摩亚两国，政府提供的退休金待遇要高于精算基础之上的年金额，附加待遇融资来自特定缴费或公积金投资收入。例如，斐济于 1975 年实行这种方式，退休金通常高于账户积累年金额的 1/4 左右。为此，雇员缴费的 1/6（工资的 2%）进入一个单独设立的储备基金，为这项待遇融资[①]。

（5）其他社保项目待遇。许多国家的公积金提供社保辅助待遇。例如，印度、斐济、尼泊尔、马来西亚和西萨摩亚等国家为参保雇员的遗属提供免费的丧葬补助，赞比亚还提供免费的生育补助，有些国家还为参保者的家庭成员提供待遇。

（6）雇员的贷款权利。许多国家的公积金计划允许雇员从账户资产中贷款。例如，在尼泊尔，雇员享有多贷款项目：医疗贷款（缴费需满一年，贷款上限为账户存款的 25%，在四年内偿付）；紧急支出（缴费满四年，上限为存款额的 50%，九年内偿付）；房产贷款（上限为 40000 尼泊尔卢比，用来购买土地和房产，缴费满五年，偿付期为 25 年）；社会支出贷款（上限为账户存款的 25%，用于结婚、葬礼等支出）。斐济、新加坡和赞比亚都有房屋支出贷款计划。一般来说，公积金的贷款利率是根据公积金的利息来制定的[②]。

---

①② Dixon J, Provident Funds in the Third World: A Cross-National Review, Public Administration & Development; Oct-Dec 1982, p.2, p.4.

（二）新加坡案例

1.制度基本概况

新加坡中央公积金制度（CPF）始建于 1955 年，所有私营部门雇员都要加入，自雇者可以自愿加入。自 1968 年以来，中央公积金的功能开始逐渐扩大，除养老功能以外，逐渐加进了住房储蓄、医疗储蓄和投资等多项内容。至 2021 年末，参保成员为 418 万，其中 213 万为实际缴费人口[①]。最初，公积金缴费存在一个单独账户中。新加坡在 20 世纪 70 年代引入了"普通账户"（Ordinary Account, OA）和"特别账户"（Special Account, SA），1984 年引入了"医疗储蓄账户"（Medisave Account，MA）。普通账户主要用于住房、教育费用及其他计划，目前缴费率为 18%~22%；退休账户（Retirement Account，RA）是专门用于退休资产积累的账户，缴费率为 5%~7%；医疗储蓄账户用于成员个人或家属的特定医疗费用，进入医疗储蓄账户的缴费率为 6%~8.5%。可以看出，在全部账户缴费中，用于退休金的部分仅占到 1/3 左右，因此公积金制度已不单是一个退休金计划，而是一个全面的社会福利计划。公积金参保成员达到 55 岁以后，可以领取账户退休金资产，但必须保留一笔最低存款，这笔款项可以用来向保险公司购买年金，使成员终身按月领取一笔收入，或存入银行，每月支取一笔款项，期限为 20 年。参保成员也可以选择将最低存款留在公积金局，在退休后约 20 年里每月领取一笔生活费。

在投资方面，在公积金制度成立之初，参保成员不享有基金使用和投资权利，所有基金都由中央公积金局管理。随着时间推移，政府开始逐步允许参保成员使用账户基金用于其他支出。1968 年，新加坡政府引入了"家庭所有权"（HOS）计划，允许工人通过公积金账户借款购买国家住房委员会提供的公共住房；1978 年，允许使用公积金购买新加坡公共汽车服务公司的股份；1981 年，开始允许公积金用于私人家庭购买支出；1986 年，允许公积金用于商业运作；1993 年，公积金制度引入了一个单独的投资计划，参保者首次有了投资自主权，最初只能用一小部分账户储蓄投资于指定资产，但该比重逐步上升，到 2001 年，特别账户（SA）自主投资的比重上升到 100%。图 1-1 说明了中央公积金个人账户的结构情况。

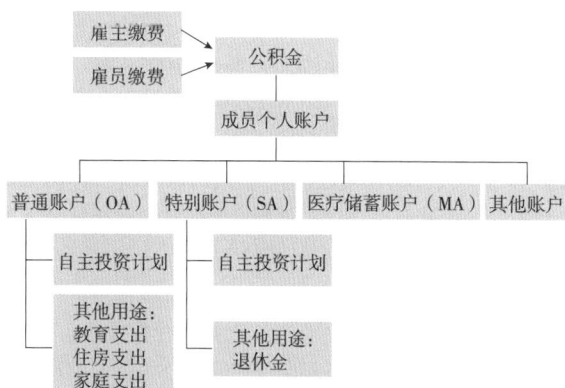

图 1-1　中央公积金个人账户的结构情况

资料来源：Koh B S K, Mitchell O S, Tanuwidjaja T, Fong J. Investment Patterns in Singapore's Central Provident Fund System, University of Pennsylvania – Insurance & Risk Management Department, Pension Research Council WP2006-12,May 2007.

2.投资管理方式

新加坡中央公积金由公积金局管理。公积金局负责缴费征集、执行法规、管理不同种类计划等任务，而公积金投资职能则由新加坡政府投资公司（SGIC）和其他政府投资控股公司（如淡马锡）行使。财政部拥有中央公积金投资决策的管理权。公积金局实行理事会制，理事会成员分别来自业界专家、政府代表、雇主代表和雇员代表。公积金局的上级行政管理部门为人力资源部，局长通常从执政党党员中任命。中央公积金的具体投资运营是由新加坡金融管理局（Monetary Authority of Singapore, MAS）和新加坡政府投资管理公司（Government of Singapore Investment Corp, GIC）负责，MAS 负责中央公积金对国债和银行存款的管理，GIC 负责将基金投资于住房、基础设施建设以及部分国外资产上。国家财政无权动用公积金资产，却负有担保偿还的义务[②]。

在基金的投资管理方面，中央公积金分为三个资产池：

第一是中央公积金局直接运作的基金，它是中央公积金最大的一个资产池，全部投资于非交易性政府债券。公积金局通过出售政府债券获得公积金资金后，再转由新加坡政府投资公司（GIC）和其他政府投资控股公司（如淡马锡）来投资于其他领域。政府债券利率按当地银行一年定期存款利率和储蓄存款利率的加权平均值确定，每季度修订一次。

第二是公积金会员个人自主投资，被称为"公积金投

[①]　新加坡中央公积金局，https://www.cpf.gov.sg/content/dam/web/common/images/cpfstatistics/Sub_CPFMembers.jpg。

[②]　吴銮、张烁：《养老基金投资管理国际比较的启示——以智利、新加坡和中国香港为例》，《价格月刊》，2011 年第 5 期，第 82~86 页。

资计划"（CPFIS）。为了分散投资风险，增加公积金成员个人的投资选择并提高积极性，从 1986 年开始，新加坡政府开始允许参保成员可以从普通账户和特别账户中取出部分公积金资产，到指定的代理银行开户，进行个人自主投资。与中央公积金局进行的直接投资相比，"公积金投资计划"的投资范围很广，可投资于保险、信托基金（即基金）、股票、债券、黄金和其他产品。

第三是保险基金。新加坡中央公积金包含多个保险计划（包括住房保险、家属保险、大病医疗保险等），保险计划基金的投资主要是外包给资产管理公司，可投资于定期存款、可转让存款凭证、股票和债券等。

3. 投资效果

中央公积金不仅是一个退休计划，还包含很多退休前提款计划。截至 2021 年末，中央公积金资产达到 5057 亿新元，其中寄存于普通账户的资产约占 34%，特别账户资产约占 25%，医疗储蓄账户占 23%，其他账户为 18%[1]。中央公积金的投资主要有两部分：一部分是固定利率的模式，以确保资金安全性为主，规定了给付不低于 2.5% 的记账利率。另一部分是中央公积金投资计划（The Central Provident Fund Investment Scheme，CPFIS），该计划面向追求更高收益的公积金参与者，可以将 OA 和 SA 中超过一定比例的公积金投资于资本市场，个人有一定的投资选择自由，但需要自担风险，投资产品的供应商必须经由 CPFB 批准通过[2]。

在固定利率的投资方面，普通账户（OA）获得的利率是按照新加坡四家主要银行一年期定期存款利率（80% 的权重）和活期存款利率（20% 的权重）进行加权求和计算的，OA 账户的法定最低年利率为 2.5%，或者为当地主要银行的三个月平均利率，以较高者为准。SA、MA 和 RA 合并资金（SMRA）获得的利率，选择最低年利率，或十年期新加坡政府证券（10YSGS）的 12 个月平均收益率加上 1%，以两者中较高者为准。在公积金制度刚开始实施时，政府制定的利率较低。从 1955 年到 1962 年，利率一直为 2.5%；至 1963 年上升为 5%，此后升幅比较小；1974 年上升到最高点 6.5%。1986 年 3 月，公积金利率开始与市场利率挂钩，在不同年份利率就会有所起伏。到

90 年代中期，利率下降到 2.5%~3%。鉴于新加坡近年来持续的低利率环境，政府决定 2020 年将 OA 的最低利率保持在 2.5%，SMRA 的最低利率保持在 4% 的水平[3]。

在自主投资方面，CPFIS 投资分为 CPFIS-OA 和 CPFIS-SA 两项计划，按照资金的来源账户类型进行划分。会员分别在 OA 账户和 SA 账户中留出 2 万新元和 4 万新元后，将剩余的账户储蓄投资于定期存款、新加坡政府债券和国库券、法定委员会债券、年金、养老保险、投资联结保险、单位信托和交易所交易基金等投资产品。OA 计划参与者可供使用的投资产品范围是多种多样的，会员可以将储蓄投资于股票、公司债券和房地产基金等产品。由于 SA 余额专用于退休目的，因此针对 CPFIS-SA 的投资产品范围较窄，不包括股票、房地产基金和公司债券，并且不可投资于单位信托和投资连结保险的高风险产品。截至 2019 年底，CPFIS 拥有 237 只基金，包括 88 个单位信托和 149 个投资连结保险产品[4]。

尽管公积金局允许雇员将部分账户基金用于自主投资选择，但公积金参保成员做出自主投资的情况并不多。2015~2019 年参与 CPF 的总会员中大约有 24% 的人选择 CPFIS-OA 投资计划，而只有 8% 的会员选择参与 CPFIS-SA，更多的人选择固定利率的收益模式。这说明绝大多数公积金成员仍将资金保留在公积金账户中，获取国家提供的保障利率。根据新加坡国内分析，其中可能的原因在于：一是雇员具有投资惰性或者不知道如何投资，从而选择政府提供的投资保障；二是雇员具有追求安全性的风险偏好，宁可获取低利率保障，也不愿从事风险投资。从投资产品的选择上看，男性相比于女性、高收入群体较低收入群体、高年龄人群较低年龄人群，风险投资的比重要高一些。与固定的最低收益率相比，CPFIS 投资收益效果也未呈现出足够的优势。中央公积金局（Central Provident Fund Board，CPFB）公布的最新统计报告表明，在 CPFIS-OA 投资计划下，2019 年约有 24.4 万名会员的公积金账户收益超过了固定年利率 2.5% 的水平，占 2019 年 CPFIS-OA 投资者总数的 46%；约 11.9 万名会员账户的回报等于或低于 2.5% 的利率，占比 22%；约 17.1 万名会员投资亏损，占比 32%[5]。

---

[1] 新加坡中央公积金局，https://www.cpf.gov.sg/content/dam/web/common/images/cpfstatistics/Sub_Balances.jpg。

[2] 李志明、邢梓琳：《新加坡的中央公积金制度》，《学习时报》，2014 年 6 月 16 日，第 2 版。

[3] Central Provident Fund: CPF Interest Rates, https://www.cpf.gov.sg/Members/AboutUs/about-us-info/cpf-interest-rates。

[4] Lipper: Fourth Quarter 2019 Performance & Risk-Monitoring Report for CPFIS-Included Unit Trusts & Investment-Linked Insurance Products, 2019, p.2.

[5] Central Provident Fund: CPF Investment Scheme (CPFIS), the Total Profits/Losses for Investments Held under CPFIS-OA for The Period Ended 30 September 2019.

4. 面临的几个问题

第一，利率"管制"问题。公积金局给予公积金资产的回报率是经过"管理"的利率，与资金实际投资没有直接关联，这其中隐含着较高的政治风险。国际货币基金组织的有关资料估计，新加坡政府投资公司在整个 20 世纪 90 年代的年均收益率至少是 10%，而计入中央公积金的名义收益率只有 3.35%，远低于同期资金运作的实际收益。第二，"社会投资"倾向问题。公积金账户的资金可以用于购买或租赁住房。从 20 世纪 60 年代至 80 年代，新加坡中央公积金的"社会投资"日益增加，其中相当一部分用于公共住宅的开发。但新加坡的宪法和不成文法都没有对土地财产权做出规定，当房产被购买以后，房产下面的地产却依然还是属于国家。这样住宅的产权价值在转换成养老基金的收入时就存在许多困难，严重地影响了中央公积金的资产流动性。新加坡大约 85% 的公民居住在这种公共住宅当中，造成的后果是在中央公积金的账面上似乎"价值很高"，却很难变现。这种现象被称为"富资产、穷现钞现象"（Asset Rich Cash Poor Phenomenon）。第三，养老金替代率不足问题。公积金名义收益率远低于经济增长率和工资增长率，导致公积金成员人均账户资产增长率抵不上工资增长率，退休替代率呈下降趋势。在 50~55 岁的成员中，将近 2/3 的个人账户资产不到 10 万新元。相当大一部分人的公积金积累资产都低于最低存款额规定。

三、分散型资本化账户投资管理模式

分散型资本化账户是个人账户管理的典型模式。目前全球共有 20 多个国家在基本养老保险制度中引入了强制性分散型资本化个人账户，这些国家的养老基金采取市场化投资运作方式并由私营金融机构运营管理。在地域分布上，主要集中在拉美地区和中东欧地区，并且在投资管理体制上呈现出不同的特点。

（一）智利案例

拉丁美洲（以下简称拉美）是西半球最早建立养老金制度的地区之一，始于 20 世纪二三十年代。乌拉圭、智利、阿根廷和巴西等南美国家开始实施社会保险政策，之后逐渐向中北美地区扩展，到 80 年代中期，几乎所有的拉美和加勒比地区国家都已建立起社会养老金计划。受欧洲大陆社会保险模式的影响，拉美国家传统养老金制度采用的都是现收现付制的社会统筹保险模式。早期的退休金制度给付条件十分慷慨，随着养老金计划逐步扩展到社会各个阶层，养老金计划的财政状况日益恶化。从 20 世纪下半叶开始，传统现收现付制的种种弊端开始显露出来，许多国家的养老金制度越来越难以维持运营。面对传统公共养老金计划的困境，拉美国家开始寻求养老金制度改革的对策。

改革的先锋国家为智利。1973 年智利皮诺切特军政府上台后，在经济和社会领域积极推行自由市场化政策，一批具有自由主义思想的"芝加哥学派"经济学家提出了一系列经济社会私有化改革方案，养老金制度改革是其中的一个重要方面。1980 年 11 月 4 日，在军政府的强力推动下，智利通过养老金制度改革法案（3500 号法令），引入了完全私有化运营的个人账户养老金体制，其特点：一是为每个雇员建立养老金个人账户，缴费为雇员工资的 10%，全部存入个人账户；二是专门成立单一经营目标的养老金管理公司，由其负责缴费的收集、账户的管理以及基金的投资运作；三是雇员自由选择私营养老金管理公司，退休时账户积累资产转化为年金，支付给参保人；四是成立养老金监管局，负责对私营养老金管理公司的监管，并且由政府提供最低养老金保障；五是对于养老基金投资资本市场，政府采取严格的数量监管模式，防范养老基金的投资风险。

以 1981 年智利的养老金私有化改革为起点，拉美先后有 11 个国家进行了养老金私有化改革，引入个人账户养老金计划，其中部分国家养老金制度的基本特点如表 1-3 所示。可以看出，在个人账户养老基金的管理体制上，拉美国家有着共同的特点，即由单独成立的专业化养老基金管理公司管理养老基金。在智利，这种养老基金管理公司被称为 AFP（Pension Fund Administrator）[①]。根据立法，AFP 是以管理养老基金并提供退休金为唯一目标的私营机构，它负责养老基金的收缴、记录以及投资运营等方面业务的全过程。以下以智利为例，说明拉美国家养老金管理公司的基本特征。

[①] 拉美建立养老金公司的国家只有少数几个将其称为其他名称，例如，墨西哥称之为"退休基金管理公司"（Administration de Fondos para el Retiro，AFORE），其他十几个国家虽然在缩写上存在差别，但都称之为养老金管理公司，例如乌拉圭是 AFAP，哥斯达黎加是 POC，厄瓜多尔是 EDAP，阿根廷是 ASJP，其他六个国家就连西文的缩写也是完全一样的，即"AFP"，是"养老金管理公司"之意，这六个国家是智利、哥伦比亚、秘鲁、玻利维亚、萨尔瓦多、尼加拉瓜。正是由于这个原因，有学者将其称为"三个字的革命"。详见胡安·阿里斯蒂亚：《AFP：三个字的革命——智利社会保障制度改革》，中央编译出版社 2001 年版。

表 1-3 拉美部分国家养老金制度改革的基本特点比较

	智利	秘鲁	哥伦比亚	阿根廷*	乌拉圭	墨西哥	玻利维亚	萨尔瓦多	哥斯达黎加	多米尼加
原现收现付制度	停止	保留	保留	保留	保留	停止	停止	停止	保留	停止
改革前工薪税（%）	33.0	18.0	17.8	42.0	40.0	20.0	19.0	11.8	22.0	9.25
改革后工薪税（%）	20.0	20.5/22	33.8	46.0	40.0	26.0	24.0	13.5	26.0	20.0
新参保成员加入	强制	自愿	自愿	自愿	自愿	强制	强制	强制	强制	强制
自雇人员加入	自愿	自愿	自愿	强制	强制	自愿	自愿	自愿	自愿	强制
为公共部门职员保留养老金计划	不	不	是	不	不	是	不	不	—	是
养老金管理公司	AFP	AFP	AFP	AFJP	AFAP	AFORE	AFP	AFP	OPC	AFP
个人账户缴费（%）	10.00	8.00	10.00	7.72	12.27	12.07	10.00	10.00	4.25	10.00
佣金和保险费占缴费工资比重	2.31	3.73	3.49	3.28	2.68	4.48	2.50	3.00	—	2.0
允许账户在基金公司之间的转换频率（每年次数）	2次	1次	2次	2次	2次	1次	1次	2次	1次	1次
养老金给付形式	年金或计划领取	年金或计划领取	年金或计划领取	年金或计划领取	年金	年金或计划领取	年金	年金或计划领取	年金或计划领取	年金或计划领取
投资回报率上的最低要求	对照行业平均	对照行业平均	对照行业平均	对照行业平均	对照行业平均	无限制	无限制	对照行业平均	无	对照行业平均
最低养老金保障制度	有	有	有	有	有	有	无	有	有	有
社会救助养老金	有	无	无	有	无	有	无	无	有	有

注：在 2008 年的改革中，阿根廷取消基本养老保险个人账户，退回到原现收现付制度。

资料来源：Gill I S, Packard T, Yermo J, Keeping the Promise of Social Security in Latin America, World Bank, 2004.

1. AFP 的组建

AFP 由养老基金监管局（Superintendencey of Pension Fund Administrators，SAFP）批准建立，按照 3500 号法令规定：AFP 是以管理养老基金并提供退休金为唯一目标的私营机构。在性质上 AFP 属于公共有限责任公司，因此，它还要符合智利 18046 号《公司法》的相关要求。在组建一家 AFP 时，发起人首先要向监管当局提交一份可行性研究报告，包括如下内容：第一，业务活动的内容和目标；第二，公司发起人身份及出资证明；第三，业务活动战略分析；第四，项目经济评估；第五，业务活动计划。报告提交后，监管局将根据法律相关要求，对可行性研究报告进行评估，从而做出批准或拒绝的决定。如果申请获得通过，还要对公司进行验资鉴定[①]。

2. 经营活动基本法律要求

第一，最低资本金。AFP 公司的最低注册资本金为 5000UF，随着公司管理的养老金计划成员数量的增加而

增长。当计划成员达到 5000 人时，净资本金最低为 1 万 UF；达到 7500 人时，净资本金最低为 1.5 万 UF；1 万人以上时，净资本金要求为 2 万 UF[②]。如果 AFP 不能满足最低资本金要求，它有 6 个月的期限进行补足。达不到上述规定，AFP 的营业执照就会被吊销，并进入破产清理程序。

第二，资产分离。法律规定 AFP 管理的养老基金资产要独立于公司自身的净资产，账户养老金资产由托管银行保管。这样做是出于安全性的考虑，即使在 AFP 破产的情况下，也不会影响到账户资产的安全性。

第三，佣金结构。AFP 的经营利润来源于对其管理的养老金计划成员收取的佣金，视不同情况，佣金的征收对象为工资收入、账户余额以及账户转移资产等方面。依照法律规定的佣金结构，每家 AFP 可以自行设立各自的佣金收费水平，但对同一家公司内的全部参保成员，征收标准是统一的。表 1-4 说明了佣金的基准和收取方式。

---

① Supnerintendency of Pension Fund Aministrators, The Chilean Pension System (Fourth Edition), 2003, p.106.
② Supnerintendency of Pension Fund Aministrators, The Chilean Pension System (Fourth Edition), 2003, p.101.

表 1-4 AFP 的管理佣金结构

费用项目	养老金计划的缴费成员		领取养老金成员
	账户存款	账户基金转向另一家 AFP	临时支取或按计划领取养老金
费用结构	固定管理费用以及按缴税工资一定比例收取佣金	固定费用或按账户余额一定百分比收费	固定费用

资料来源：Supnerintendency of Pension Fund Aministrators, The Chilean Pension System (Fourth Edition), 2003,p.91.

第四，AFP 的解散。在下列情况下 AFP 会被强制解散：其一，法定期限内达不到最低资本金要求；其二，法定期限内强制储备金无法达到应有水平；其三，出现无法兑现养老基金投资回报达到最低回报率要求的情况；其四，六个月之内，出现两次以上不遵守养老基金安全保管承诺的情况。在 AFP 破产的情况下，由 SAFP 负责公司资产的清算。但这并不会影响该公司管理的养老基金，个人的账户基金会转移到其重新选择的养老基金管理公司中去。如果个人在法定期限内没有选择替代的 AFP，SAFP 会将其账户转移给一家住址或办公地点在这个参保成员工作所处城镇范围之内的公司。如果该范围内有两家这样的公司，则选择一家回报率相对高的公司；如果该范围内一家这样的公司也没有，SAFP 则按照区的范围来划定这样的公司。

3. AFP 公司的主要业务范围

第一，管理个人账户。AFP 负责个人账户基金（包括缴费、自愿储蓄以及补偿储蓄）的收缴和记录工作。收缴方式主要有两种，第一种方式是通过纸质文件和现金支付手段，AFP 可以在自己的办公地点或分支机构收集资金，也可以和银行、家庭津贴赔偿基金（CCAFs）或其他 SAFP 许可的机构签订合同，由这些机构收集缴费。第二种方式是通过互联网收缴，在这种方式下，雇主或自雇者向网站同时发送两个电子指令，一个是支付通知，它会立即传送到 AFP；另一个是向银行发送的资金支付指令，发出后雇员个人账户就会立即产生一笔对银行的负债。

第二，进行养老基金投资。AFP 负责对成员的账户基金进行投资，基金投资的金融工具要在中央银行和 SAFP 限定的范围之内，并且在投资安全性、最低收益保障、风险评级和关联公司等诸多方面要符合养老基金监管总署的相应要求。历史上 AFP 只能设立一只投资基金，从 2002 年开始，AFP 要为雇员设立 A、B、C、D、E 五只风险依次递减的投资基金，个人可以在五只基金中选择其一。

第三，确认和管理养老金给付。在养老金参保成员满足领取退休金的条件后，AFP 需要对参保成员的养老金给付进行确认。为此，AFP 要和保险公司签订合同，为雇员提供退休年金以及伤残和遗属年金，并且还要确认并兑现存入参保成员个人账户的认购债券资金。

第四，提供服务和信息。为方便服务，AFP 在全国各地设立了分支。另外，AFP 聘请了专门培训过的代理业务员（营销人员），他们直接和参保成员联系，负责提供各地的信息，并解决各种社会保障事务问题。在信息服务方面，AFP 需要定期为其成员提供书面信息，例如，每四个月一次的账户管理报告文件，也可以通过互联网传送报告。

第五，境外业务活动。按照法律许可，AFP 还可以在国外进行一些与社会保障事务相关的顾问或投资业务活动，这些属于 AFP 的辅助业务。

4. 投资监管政策

第一，在养老基金投资的渠道和范围上，政府采取了较为严格的数量监管方式。制度建立初期，养老金只允许投资于固定收益类工具，包括国债、金融机构债券和公司债券等。从 1985 年开始智利允许养老基金投资于股票，1990 年允许养老基金投资国外证券。目前政策允许的股票投资比重达 30% 以上，国外证券投资达到 40% 以上。

第二，实行养老金投资产品风险评级制度。法律要求私营机构发行的金融投资产品只有经过政府许可的风险评估公司的风险认定后，才能成为 AFP 的投资对象。

第三，交易市场要求。一般情况下，涉及养老金投资产品的交易都要在正式的二级市场内进行。

第四，禁止 AFP 公司的关联交易，以防止养老金投资产生利益冲突问题。

第五，雇员的投资选择权。历史上 AFP 公司只能设立一只投资基金，2000 年开始设立两只基金，2002 年增加到 A、B、C、D、E 五只投资基金，各只基金具有不同的风险回报组合，其主要区别在于股票投资所占的份额上。在股票投资份额上，基金 A 为 40%~80%，基金 B 为 25%~60%，基金 C 15%~40%，基金 D 为 5%~20%，而基金 E 则不能投资股票。

第六，境外投资数量限制。历史上智利对养老基金投资境外实行了较为严格的限制，2008 年制度改革后放宽了政策。目前从总量上看，单家 AFP 公司投资境外的比例范围为其管理基金总量的 30%~80%，其中：A 基金为 45%~100%；B 基金为 40%~90%；C 基金为 30%~75%；D 基金为 20%~45%；E 基金为 15%~35%。

5. 账户基金的担保机制

AFP 公司规定了最低投资回报率和强制储备金要求。政府对 AFP 的投资回报率有强制性的规定要求，即每家 AFP 每个月都要保障其管理的养老基金在过去 36 个月（2002 年以前为 12 个月）的实际投资回报达到一定的最低标准，即它的最低收益率不能低于该类基金市场平均收益率 2 个百分点或低于市场平均收益率的 50%（采用两个数据中的较低者）。为应对养老金投资波动可能造成无法满足最低回报率要求情况的出现，法律要求每家 AFP 都要建立储备金制度，即公司从自有资金中划出总量为其管理养老基金净值 1% 的资金作为储备金，并将储备金与其管理的养老基金一起进行投资。此外，管理当局还对养老基金的最高投资回报率制定了上限政策，即最高投资回报率超出 AFP 行业平均回报率的部分不能超过 2 个百分点或行业平均值的 50% 以上。超出的部分要作为一项养老基金的"利润储备金"储存起来。在 AFP 的投资回报率下降时，储备金可以用于弥补实际投资回报率与最低投资回报率标准之间的差额[①]。

在智利个人账户养老制度下，政府承担三方面的担保责任：首先是最低养老金保障。对于缴费满 20 年，但由于各种因素达不到领取最低养老金标准的参保成员，由政府补足其账户余额以达到社会最低养老金的标准。其次是保障养老金投资的最低回报率。当 AFP 达不到前述投资回报率标准时，先由 AFP 的储备金和自有资金补足，如此措施仍不满足回报率要求，则政府将对该基金管理公司进行清算并负责保证基金持有人的权益。最后是特殊情况下的担保。在养老基金管理公司停止支付或破产的情况下，政府要保证伤残和遗属保险金的支付。在保险公司破产的情况下，对于选择终身年金支付方式的参保成员，政府为其提供一定的养老金保障。

6. 养老基金投资积累情况

自 1981 年积累制养老金制度实施以来，养老基金积累规模快速增长，图 1-2 显示了智利历年养老基金的资产余额规模。至 2019 年底，养老基金总额积累达到 2153 亿

美元，占当年 GDP 的 72%。在过去近 40 年内养老基金投资累计年化收益率达到 7.58%（剔除通货膨胀因素）。

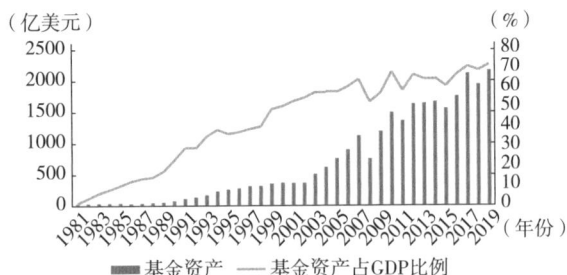

图 1-2 智利历年养老基金资产

资料来源：FIAP，https://www.fiapinternacional.org/en/estadisticas/.

7. 面临的几个问题

（1）投资回报率波动较大。虽然养老基金历史上取得了 10% 的年均回报率，但波动幅度也是很大的，最高的收益率为 1982 年的 28.5%，最低为 2008 年的 −21.9%。从图 1-3 中可以看出，回报率的波动周期大致为 3~5 年。20 世纪 80 年代内养老基金一直保持正向的收益率，波动幅度较小；90 年代证券投资开始后，波动幅度明显加大；2000 年以后，收益率较为稳定，基本保持在 4%~10%。在过去 20 余年中，智利经济处于一个高速增长期，实际利率一直处于比较高的水平，这使养老金投资可以获得较高的回报率。但不少专家预测，进入 21 世纪后，随着智利经济进入到一个稳步发展态势，养老基金长期的投资回报率必然会下降。

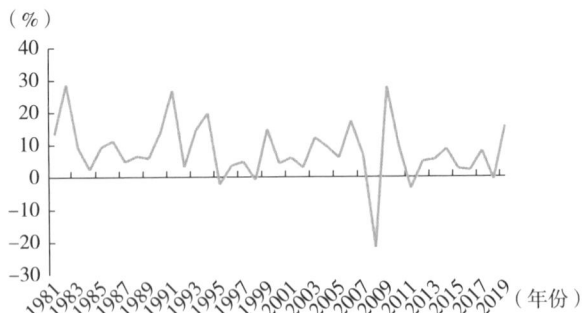

图 1-3 智利历年养老基金投资回报率（扣除通胀率）

资料来源：FIAP，https://www.fiapinternacional.org/en/estadisticas/.

（2）过高的投资成本。高额的投资管理费用一直是私营养老金制度饱受各方批评的主要问题之一。历史上智利养老基金行业的管理成本是相当高的，1982 年制度启动

[①] 例如，如果前三年行业的平均投资回报率为 10%，一家 AFP 的回报率为 17%，那么这家 AFP 的超额回报就为 2%(17%−10%−10%×50%)；如果行业平均回报率为 2%，一家 AFP 的回报率为 4.5%，那么这家 AFP 的超额回报率就为 0.5%(4.5%−2%−2%)。

时，行业佣金平均占缴费工资的比重为 4.8%，至 2004 年时逐步下降到 2.4%，剔除伤残和遗属两项保险费用后的净管理成本为工资的 1.4%，约占养老金缴费总额的 1/8。按照养老基金行业历史上的佣金数据估算，到 2004 年末，账户管理费用累计占养老金资产的比例大约为 23.82%，也就是说，超过 1/5 的养老基金资产会被管理佣金消耗掉[①]。这表明成本负担因素对养老金收入的负面影响是非常显著的。

（3）严格监管带来的市场竞争问题。历史上，智利针对私营养老基金行业发展采取了非常严格的监管方式，历史上养老基金行业出台的监管政策多达 200 多项条款，其中专门针对五只基金的投资限制为 97 项[②]。这些监管政策很大程度上保障了养老基金投资的安全性，但也是有成本的，其带来的问题主要表现在：第一，限制了养老金投资范围的拓展。智利是发展中国家，国内经济总量规模较小，资本市场上发行交易证券的公司数量有限。一系列投资限制政策使养老基金投资仅集中在为数不多的几十家大公司中。第二，市场集聚趋势加强。目前市场上仅有六家基金管理公司，其中三家大型公司占据了市场份额的 70% 以上[③]。在一定程度上，养老基金管理行业是一个高度集中的垄断行业，市场竞争效率受到了明显影响。第三，投资表现为"羊群效应"（Herding Effect）。已有的经验表明，养老基金管理公司之间在投资行为、投资资产组合以及投资绩效等方面存在着很大的雷同和模仿行为，这种现象被称为"羊群效应"，它说明基金管理公司并没有实施"积极的"投资策略，从而影响了投资绩效的提高。

（二）中东欧国家案例

1. 20 世纪 90 年代以来改革的基本情况

传统上，中东欧国家都有着待遇确定型现收现付的社会养老金计划，在 20 世纪 90 年代的经济转型过程中，传统制度面临着人口老龄化、财政负担加重、覆盖面狭窄以及待遇下降等多方面问题。始于 90 年代中后期，该地区开始效仿拉美国家的养老金私有化改革方式，在基本养老保险中引入个人账户制度，该进程基本与拉美"第二代"养老金改革国家同步。1998 年，匈牙利率先引入了个人账户养老金计划。至 2009 年，该地区接近一半的国家已立法引入了强制性的个人账户养老金计划。表 1-5 说明了中东欧国家个人账户养老金制度改革的基本情况。除科索沃外，其他中东欧国家的养老金制度均为部分积累制，大部分国家仍保留了原现收现付制度，少数国家则将原现收现付制度改造为名义账户制（如拉脱维亚、波兰和俄罗斯）。就第二支柱积累制计划的缴费而言，所有国家的费率都低于 10%，低于现收现付计划的缴费比例。在大部分国家，第二支柱的参保人群都为青年劳动力，中年劳动力（通常为 31~50 岁）可选择性加入，而临近退休的参保者大多保留在原现收现付计划中。

表 1-5 中东欧国家基本养老保险个人账户制度的基本特征

国家	改革年份	改革立法	支柱结构（缴费率）	个人账户计划参保人群	基金管理公司	监管机构
匈牙利	1998	强制性私营养老金计划法	现收现付：18.5% 积累制账户：8%	所有就业人口	养老基金管理公司	国家金融监管局（HFSA）
波兰	1999	社会保障法	名义账户：12.22% 积累制账户：7.3%	31 岁以下全部加入	养老基金管理公司	保险和养老基金监管委员会（KNUIFE）
拉脱维亚	2001	缴费确定型养老金计划法	名义账户：18% 积累制账户：4%	30 岁以下强制加入	养老基金管理公司	—
保加利亚	2002	补充强制养老保险法	现收现付：18% 积累制账户：5%	40 岁以下强制加入	养老基金管理公司	金融监管委员会（FSC）
克罗地亚	2002	强制和自愿性养老基金法	现收现付：12% 积累制账户：5%	—	养老基金管理公司	—
爱沙尼亚	2002	—	现收现付：16% 积累制账户：6%	2002 年以来新加入劳动力市场人口	养老基金管理公司	金融监管局
科索沃	2002	—	完全积累制账户：10%	全体参保者	养老基金管理公司	银行和待遇管理局（BPK）

① Soto M, Chilean Pension Reform: The Good, the Bad, and the in Between, Boston College Retirement Research Center, June 2005.

② Berstein S, The Chilean Pension System:Facts and Challenges, March 2006, http://www.iopsweb.org.

③ 智利养老基金监管局网站，参见 http://www.safp.cl。

续表

国家	改革年份	改革立法	支柱结构（缴费率）	个人账户计划参保人群	基金管理公司	监管机构
俄罗斯	2003	非政府养老基金法（NPF）	名义账户：8%~14% 积累制账户：6%	—	国有基金管理公司和私营基金管理公司	联邦金融市场服务局，隶属于俄国务院
立陶宛	2004	养老金积累法	现收现付：34% 积累制账户：5%	工人可以自愿选择加入个人账户或保留在现收现付计划中	人寿保险公司或资产管理公司	—
斯洛伐克	2005	养老储蓄法	现收现付：28.75% 积累制账户：9%	新参保者强制加入	养老金管理公司	—
马其顿	2006	强制性积累制养老金保险法	现收现付：13.78% 积累制账户：7.42%	新就业者强制加入	养老金管理公司	完全积累制养老金监管局（MAPAS）

资料来源：World Bank, Adequacy of Retirement Income after Pension Reforms in Central, Easten, and Southern Europe ,2009.

2. 个人账户养老基金管理体制

在养老基金的管理体制上，中东欧国家与拉美国家有很大相似之处，大部分国家成立了专业养老基金管理公司来管理养老基金，这些公司提供养老金受托、账户管理以及投资运营等方面的"捆绑式"服务，例如，哈萨克斯坦、保加利亚、波兰、罗马尼亚和爱沙尼亚等。但在俄罗斯和匈牙利两国，养老基金则采取"拆分"方式，聘用外部金融机构充当养老基金的受托管理人，再由受托人将投资管理等业务分包出去。在缴费征缴方面，部分国家采用集中征缴方式，由国家养老金行政管理征收缴费，然后再转移给基金管理公司，如波兰和罗马尼亚。在个人账户养老金的账户管理方面，部分国家采用"集中清算"方式。例如，克罗地亚和拉脱维亚建立了养老基金清算所（Clearing House），清算所职能由个人账户养老金管理局执行，清算所与提供养老金投资的基金公司签订合同，集中缴费者的养老基金投资指令，然后由清算所对养老基金进行统一购买。清算所每天集中所有的个人交易指令，并对买卖净额进行转移，每天收集并公布基金投资的信息，提供个人账户的投资记录。

3. 投资监管政策

在中东欧国家，由于金融市场发育落后，资本市场规模小且风险性高，各国政府对个人账户基金都实行了较为严格的管制措施，这些措施体现在投资范围、费用和担保机制等方面。

总体上看，中东欧国家养老基金投资政策要较拉美国家更为宽松一些。股票投资份额最能反映出投资政策的自由性。例如，捷克对养老基金投资股票份额并未设定上限，斯洛伐克股票投资的上限份额为80%，爱沙尼亚、匈牙利和罗马尼亚都为50%。在斯洛伐克和罗马尼亚两国，监管部门对养老基金投资银行存款、公司债券和投资基金采取数量限制。管制最为严格的国家是保加利亚，其养老基金投资股票的份额不得超过20%，投资国债的份额不得少于50%。克罗地亚、斯洛文尼亚和拉脱维亚三国养老基金投资股份不得超过30%。同时，拉脱维亚、匈牙利、克罗地亚和波兰针对公司债券投资也做出相应规定。就海外投资而言，投资份额最高的国家为捷克和斯洛文尼亚两国，其养老基金投资 OECD 国家的份额不设上限。波兰的自由度最低，养老基金投资海外份额仅为5%[1]。

在中东欧国家，养老基金管理公司的佣金征收通常有三种方式：一是按照养老金缴费的一定比例征收；二是按照管理资产的固定比例征收；三是根据基金投资业绩抽取附加费用。中东欧国家个人账户养老基金投资的担保机制有两类做法：一类是对个人账户基金最低投资回报率设定限制。例如，捷克要求养老基金的绝对回报率水平必须大于零；其他国家则实行相对收益保障规定，根据市场平均回报制定养老基金的最低回报率要求。另一类是引入社会最低保障养老金制度，在参保者个人账户积累额低于一定水平时，由国家保障其获得社会最低养老金。

四、对中国的借鉴与启示

（一）基本养老保险基金投资的紧迫性

我国基本养老保险制度自1993年确立了"统账结合"的模式，1997年统一个人账户缴费比例为11%，2006年下调为8%。在此期间，全国大部分地区个人账户为空账。自2001年在辽宁试点，个人账户开始做实，但随后又停止下来。因此，个人账户已演化为类似瑞典式的名义账户

---

① Liberalization of Pension Systems in Central and Eastern Europe, http://www.europeanvalues.net/.../PP_Liberalization_of_pension_systems_in_Central_and_Eastern_Europe_09.pdf.

制。近些年来，各地基本养老保险结余基金陆续开始投资，采取由省级政府与全国社保基金理事签订协议，委托投资理财的做法，当前投资规模已超 1 万亿元。从 2022 年初开始，我国城镇职工基本养老保险开始实行全国统筹制度，在目前情况下采取的是基金调剂制度，各省份基金结余仍由地方管理。从长远看，真正的全国统筹应实现统收统支方式，全国基本养老保险结余形成一个社保基金池，由中央层面进行管理。届时包括账户基金在内的基本养老保险基金，将采取养老储备基金的方式进行投资，该投资模式不同于智利的资本化账户方式，与新加坡式的中央公积制有相似之处，但又不完全相同。以下将结合智利和新加坡两国账户基金投资的经验教训，对我国基本养老保险账户基金投资管理体制的改革展开讨论。

（二）投资管理模式的选择问题

1. 智利模式与新加坡模式的比较

智利模式是一种分散的"资本化账户"投资模式，其主要特点是：账户持有人作为投资者做出基金的投资决策，资金完全在个人账户里运转，私营的养老基金管理公司进入市场进行竞争，根据市场需求自行设计投资产品。国家的作用是制定投资指南，对市场制度进行维护和监管。新加坡投资模式的特点在于中央政府集中投资，虽然个人账户按实际缴费记账，但事实上账户是"空"的，其缴费积累由中央"拿走"统一进行投资运行，投资决策和资产分布等一切投资业务均由中央政府统一安排，属于政府控制型的"集合"投资；投资回报率由中央政府根据情况统一制定。因此，从制度模式上分析，智利和新加坡虽然都采用 DC 型完全积累制，但其投资模式大相径庭，智利模式属于完全市场化的投资运营方式，风险与收益全部由个人承担，而新加坡则是一种政府控制的投资方式，在很大程度上中央政府承担起投资回报的责任。

2. 两种模式的优缺点

从历史上的投资效果看，智利模式在过去 40 多年中回报率平均接近 10%，但回报率的波动性也是非常大的，对参保者个人来说，这意味着较高的市场风险。另外，在私营管理体制下，养老基金的管理成本也是非常高的。在安全性和降低成本方面，中央公积金制度具有优势，它可以形成资金集中征集和投资管理的规模经济，降低账户基金投资管理中的交易成本，也可以避免"资本化账户"下个人分散化投资面临的市场风险，保障账户基金的安全性。它的缺点是采取"管制"利率，中央政府采取财政"暗补"形式对个人账户的收益率进行调节，长期下

去，这个制度会扭曲资本市场的真实回报率，不但对资本市场产生影响，而且对社保制度本身也会产生一定的影响，存在着蜕变为"名义待遇确定型"制度的可能性。为弥补这个制度缺陷，新加坡在公积金中设立了一个"小制度"，即"公积金投资计划"，个人可以自愿另外申请一个新的"资本化账户"，采取完全积累式的投资方式。从历史上看，新加坡中央公积金获得的利率水平是相对较低的，由于退休金账户的缴费率较低，存在着养老金替代率不足的问题。

3. 对中国的适用性

"资本化账户"是典型的完全积累制下养老保健基金投资方式。近年来，新加坡也在其中央公积金计划中引入了个人自主投资决策的账户制度。从长远的发展趋势看，账户做实后"资本化账户"也应该是我国个人账户基金采取的一种投资管理模式。但从目前来看，参保者个人分散投资的模式显然不适合具体国情，原因在于：一是我国资本市场不发达，风险较高，缺乏支持养老基金投资的产品，投资者心理和经济承受能力十分有限；二是账户持有人的素质有待提高，来自智利和新加坡的经验表明，参保者对于养老基金投资的知识知之甚少，说明了对参保人进行金融教育的重要性；三是我国在金融机构、管理水平和经验、人才等诸多方面存在差异性和限制；四是文化观念和传统习惯等"软环境"还不能一步到位，以建立起这样一个完全体现个性化和个人能力的、个体收益差异性如此大的投资制度。

与"资本化账户"模式相比，中央公积金制投资方式相对适合我国国情，政府"集合"投资并承担相应的担保责任，可以在一定程度上保障基金的安全性，也可以避免分散化投资所带来的高额成本。但来自新加坡的教训说明，即使在中央政府的集中投资方式下，账户基金也应采取市场化的投资策略，而不是采取政府控制回报率的方式，同时，避免"社会投资"的倾向。

4. "省级投资"与中央政府投资的选择

从现实情况表面分析，基本养老保险基金采取省级投资模式似乎是合理的。我国基本养老保险基金多为地方统筹，账户资金的收集、记录以及养老金支付等日常行政管理工作由各地社保经办机构负责，账户的缴费标准、管理做法不一。在这种格局下，个人账户基金由省级社保经办机构统一实施投资管理，在技术实现路径上、制度格局与利益格局的重塑与整合上会容易一些，短期内的制度转换成本也相对较低。但从长远来看，省级投资模式只是过渡

状态，待实现全国养老保险基金统收统支后，需要建立中间层级的投资管理机构。鉴于上述分析，笔者认为应借鉴新加坡中央公积金的做法，由中央成立一个类似新加坡中央公积金局的独立法人机构，专门负责全国养老保险基金的营运。该机构隶属于人力资源和社会保障部，统一管理账户资金的征收、投资与待遇支付，并负责基金的投资运营。养老保险资金实行全国范围内的统一征收，利用现行征收渠道负责管理，归集到基金投资机构之中，由基金投资机构既负责投资营运又负责管理支出，实行全国范围内的大收与大支。该基金实行自我循环与自我平衡，独立核算，严格按照国际惯例和法人治理结构，进行市场化投资。在账户基金投资策略上采取类似于企业年金的信托制和全国社保基金理事会的招标制，实施完全的市场化投资策略。

（三）养老保险基金的投资监管

1.严格的市场监管

养老保险基金投资的首要问题是保障养老基金的安全性，避免由制度安排疏漏造成对参保成员养老金权益的损害，防范金融市场风险带来的投资损失。在这一点上，过去20多年智利的做法无疑是富有成效的。在私营养老基金的投资监管上，智利政府采取了非常严格的监管措施，例如，AFP公司的单一经营目标、资产托管要求、投资的风险评级制度以及针对每类投资工具的数量限制等方面的政策，有效地保障了养老基金的安全性。在过去20多年中，智利经历过多次金融危机，但从长期的回报水平来看，养老基金获得的整体回报还是相当可观的。历史上智利养老基金行业有多家AFP公司经历过破产、兼并以及重组过程，但这并没有影响到参保者个人养老金资产的安全性。智利的经验说明：良好的市场竞争机制与严格的政府监管相结合是保障养老基金安全性的必要措施。

新加坡中央公积金制属于一种政府间接控制型的养老基金投资方式，养老基金投资于非交易型的政府债券属于非完全市场化的投资行为，政府"管制"利率带有计划经济的做法之嫌，此外，账户资产投资于住房属于"社会投资"范畴，这些做法都有悖于账户基金市场化投资的基本理念。

我国资本市场发展还比较薄弱，在养老基金的监管上应借鉴智利的做法，在市场发展初期采取严格的数量监管方式。此外，也要避免新加坡政府采取行政管制式的做法，建立市场化的运营机制是预防政治风险的"防火墙"，也是保障基金投资效率的基本条件。

2.投资渠道的选择

从智利私营养老基金投资渠道的发展历程看，在最初五期，养老金投资主要选择风险小的投资工具，包括银行存款、政府债券、金融机构债券以及住房抵押债券；五年之后开始允许投资股票；约十年后允许国外证券投资。目前，智利的养老基金投资渠道已高度分散化，政府债券、企业债券、国内股票和国外证券所占的比例大致相当，从而分散了基金的投资风险。可以看出，智利私营养老基金投资渠道的变化是与国内资本市场的发展相辅相成的，一方面养老基金促进了资本市场的发展；另一方面，资本市场的逐步成熟为养老基金带来了可供选择的投资产品和投资机会。新加坡中央公积金投资计划（CPFIS）的经验也说明，在允许参保成员选择投资组合时，应提供多元化的投资产品供投资者选择。根据我国的现实国情和资本市场发育状况，养老保险基金投资管理应当遵循谨慎、分散风险的原则，在确保个人账户基金财产的安全性、流动性的前提下，追求较高的收益回报。基金投资可以选择的范围可以借鉴全国社保基金和企业年金投资的投资产品管理政策，目前主要为固定收益类证券投资，为提高基金的收益率，可以选择一定比例的实业投资配比。来自智利等国家的经验还表明，养老基金投资国外证券是避免国内金融风险的一个切实途径。

分报告二
账户养老金计划运营方式：国际比较与借鉴

账户养老金的产生与发展，一般离不开两个方面的原因：第一，通过个人账户明确参与者的养老金权益，实现贡献与收益较为紧密的关联，从而产生激励效果；第二，相应的养老基金会被建立起来，并通过市场化运营以获得恰当的投资收益，从而实现保值增值。这两方面实际上是紧密相关的。一方面，个人账户的存在为基金的市场化运营提供了目标载体，也就是说，基金市场化运营的基本目的是使账户所有者能够获得合适的收益，从而为自己的养老做更好的准备。另一方面，基金的市场化运营是个人账户得以存在和发展的必要条件。与传统的现收现付制度相比，如果个人账户基金的收益率低于人口增长率与工资增长率之和，同样的缴费水平下个人账户制度所提供的养老金水平会更低。也就是说，只有通过较好的运营以获取合适的收益率，个人账户制度本身才具有比较优势。因此，账户养老金计划下基金运营是账户养老金计划可持续发展的关键所在。

就目前的情况来看，许多国家都建立了账户养老金计划，它们广泛分布于这些国家的养老金体系的各个支柱之中，很难在一篇报告中把它们都详细地罗列出来并加以详细剖析。鉴于本报告重点关注账户养老金计划的运营方式，因此挑选了美国、澳大利亚、英国、新西兰、智利、德国、瑞典、新加坡等国的相关情况加以比较分析，力图总结出一些比较有价值的规律或经验，来为中国账户养老金计划的发展提供有益的借鉴。

一、引言

在对其运营方式进行分析之前，需要对账户养老金计划的类型有一个初步认识，因为计划的类型与计划的运营方式紧密相关。可以从不同的角度对账户养老金计划进行分类（见表2-1）：

表 2-1　养老金计划分类

分类依据	类型	
按选择自由度划分	强制性养老金计划	
	自愿性养老金计划	
按计划的成员特征划分	封闭型养老金计划	
	开放型养老金计划	
按计划的法律形式划分	机构型养老金计划	公司型
		基金会型
		信托型
	契约型养老金计划	个人契约型
		团体契约型

资料来源：胡峰：《企业年金理论与实务》，中国电力出版社2018年版。

按参与者的选择自由度，账户养老金计划可以被划分为强制性账户养老金计划和自愿性账户养老金计划。强制性账户养老金计划如果属于政府养老金计划的一部分，那么政府在它的运营中就可能发挥较大的作用，如同新加坡的中央公积金制度和我国的城镇职工基本养老保险制度中的账户养老金。但如果强制性账户养老金计划属于私营养老金计划，那么在它的运营中政府往往只发挥监督作用，如同智利的私营养老金制度和澳大利亚的超级年金制度。

按照账户养老金计划的成员特征，账户养老金计划可以被划分为封闭型账户养老金计划和开放型账户养老金计划。封闭型账户养老金计划一般是由一个或几个雇主发起，只允许自己的雇员参加。在封闭型账户养老金计划下，雇员一般只有在更换工作和转移到其他职业养老金计划时才能转移账户中的资金，而雇主往往在有更大的发言权，但雇主可以建立具有不同风险 – 收益特征的投资组合，以供雇员选择。一般认为，封闭型职业养老金计划在很多时候拥有成本优势，而且更容易对雇员形成较好的激励，特别是培育雇员对单位的忠诚，但也面临相关风险。开放型账户养老金计划是一种参与者可以比较自由地加入或退出的养老金计划，包含多种形式，例如保险合同、互助会、单位信托、开放式投资公司等。在这种更为市场化的计划中，参与者往往可以在不同的计划之间自由转换，通过"用脚投票"对管理者产生影响，但转换的频率通常受到限制。

按法律形式，账户养老金计划可分为机构型账户养老金计划和契约型账户养老金计划。法律形式决定了治理主体与计划发起人、计划参与者之间的利益关系以及可能产生的利益冲突，因而是影响计划运营方式的最重要分类依据。机构型账户养老金计划强调的是计划养老基金资产由特定的机构作为运营主体。当然，这些运营主体还可以把一些具体业务再委托给其他机构。按照运营主体的类型，机构型账户养老金计划又可以被划分为公司型、基金会型和信托型。公司型账户养老金计划往往由一家公司负责运营，这家公司有自己的股东、董事会以及相应的决策机构（如执行委员会等），因而，计划的成员通常不参与公司的决策，但对自己的账户资产享有一定的处置权。基金会型账户养老金计划的治理主体通常是基金的执行委员会，而计划的参与者是基金资产投资的受益人，在这种情况下，参与者对计划的养老基金资产没有处置权，除非计划发起人破产。信托型账户养老金计划的治理主体是计划的受托人，受托人必须代表计划参与者的利益去管理信托资产；而计划参与者对自己个人账户中的资产享有一定的处置权[①]。

从上述账户养老金计划分类的视角，可以勾勒出下文将要分析的美国、澳大利亚、英国、新西兰、智利、德国、瑞典、新加坡等国账户养老金计划运营的基本特征（见表 2-2）。

表 2-2 各国账户养老金计划运营的基本特征

国家	类型	法律形式	治理结构	成员（受益人）代表	合规性要求
美国	封闭型，自愿	信托型	受托人（共同基金公司、银行、寿险公司、证券经纪商等）	不相关	任何计划都要符合《美国税收法规》的要求
澳大利亚	开放型、封闭型均有，强制和自愿均有	信托型、契约型（仅对退休储蓄账户）	受托人	标准的雇主发起基金要求在受托人委员会中雇主代表和雇员代表人数相等	受托人不能因不诚实经营而受过惩罚，没有受过监管机构的民事处罚，没有破产或犯罪记录
英国	封闭型，强制和自愿均有	信托型	受托人	至少33%的受托人成员由计划成员提名*	受托人无欺诈或不诚实方面的指控；无破产记录
新西兰	开放型，自愿	信托型	受托人	雇员自主选择缴费	KiwiSaver账户计划主要由新西兰税务局建立，账户资金主要由市场化的资产管理公司负责投资管理，并受到新西兰金融市场管理局（FMA）监管
智利	开放型，强制	信托型	受托人	雇员	需要政府批准，有强制性的公司结构规定
德国	开放型，自愿	公司型、契约型	董事会	成员代表不必达到50%，但必须有防止滥用权力的制度保障	仅有资格的保险专家才能成为储蓄养老保险的计划管理人

---

① 如果是团体契约型账户养老金计划，那么计划参与者通常对养老基金资产没有处置权。

续表

国家	类型	法律形式	治理结构	成员（受益人）代表	合规性要求
瑞典	封闭型，强制	公司型、基金会型	董事会、首席执行官、各委员会	政府任命董事会代表	管理层按年定期审查风险，分析风险驱动因素及发生的概率、影响，明确风险可承受范围，确定解决方案并报告给风险和审计委员会以及可持续发展委员会
新加坡	封闭型，强制	基金会型	董事会（受托人）、总经理、五个委员会	政府官员、雇主代表、雇员代表、行业专家	中央公积金局专门负责统一管理

注：夏华龙、刘喜勤、季晟：《英国基本养老金与国家职业储蓄信托运作与借鉴》，中国证券投资基金业协会，2021年，参见 https://www.amac.org.cn/researchstatistics/publication/cbwxhsy/202201/P020220113711777677839.pdf。

资料来源：胡峰：《企业年金理论与实务》，中国电力出版社 2018 年版。

从选择自由度来看，美国、新西兰和德国的账户养老金都采取自愿方式；在英国和澳大利亚，一部分账户养老金是带有强制性的，另外还有一部分账户养老金是自愿性的；下文将分析的新加坡、瑞典和智利的账户养老金都是强制性的。

从成员特征来看，英国、美国、新加坡、瑞典的账户养老金计划是封闭型的；澳大利亚的账户养老金计划既有开放型的也有封闭型的；德国、智利、新西兰的账户养老金计划是开放型的。对于封闭型养老金计划来说，管理成本可能会更低，而雇主的权利往往比较大。开放型企业养老基金包括保险公司的保险合同、互助会、单位信托基金、开放式投资公司等形式。开放型职业养老金计划通常被认为是市场化程度更高的，但同时也在委托代理等方面面临的风险更大。

从法律形式来看，美国、英国、新西兰和智利的账户养老金主要采用信托模式；澳大利亚的账户养老金主要采用信托型，但退休储蓄账户采用的是契约模式；瑞典、新加坡的账户养老金采用的基金会模式；而德国的账户养老金采用公司模式。企业养老基金的法律形式决定了治理主体与计划发起人、计划参与者之间利益冲突的差异。美国、英国、新西兰、澳大利亚在立法上主要是规定个人养老金账户应当进行受托管理，通过引入受托管理的机制，一是保障养老金账户的资产归个人所有，二是保障账户开立机构资金的安全性，避免资金在领取前被挪用，落实税收递延的安排。养老基金资产的处置权被授予计划受托人，它是基金的治理主体，必须代表参与者利益管理信托资产。新加坡中央公积金包括四个账户，分别是普通、特别、医疗储蓄、退休账户，由中央公积金局负责统一管理，参与者是资产投资的受益人，对养老基金资产没有处置权，治理主体是基金的董事会和执行委员会。在德国的公司型治理方式中，最高权力机构一般是董事会，计划参与者对养老基金资产有处置权，治理主体通常是公司的执行委员会。值得一提的是，德国养老金治理存在"双板结构"，明确了董事会的职责。

二、国外典型账户养老金计划运营方式

在分析典型国家账户养老金计划基本特征的基础上，可以进一步分析在特定的制度背景下一些国家的账户养老金计划的运营方式。

（一）美国个人退休账户（IRAs）及其运营方式

美国的养老金体系大致包含三个层次：第一层次是公共养老金，即 OASDI；第二层次是雇主发起的退休储蓄计划；第三层次为个人退休储蓄。美国允许职业养老金计划与合格的 IRAs 计划互相结转，使二、三支柱的有效联动成为私人养老金运营的重要环节。这样，雇员在转换工作或退休时可以将原单位个人名下的职业养老金资产转移到新单位的养老金计划或 IRAs，而不用支付额外的税收，有利于资产保值增值。

目前，美国的私人养老金在提供养老收入方面发挥着重要作用，占养老金总支出的 43%。超过一半的劳动年龄人口（15~64 岁）参加了自愿性的私人养老金计划，48% 参加了职业养老金计划，20% 的人口参加了个人养老金计划，有些人两者兼有[①]。到 2021 年上半年，37% 的美国家庭拥有 IRAs，28% 的美国家庭拥有传统 IRAs。超过

---

① OECD, Pensions at a Glance 2021: OECD and G20 Indicators, https：//www.oecd.org/els/public-pensions/PAG2021-country-profile-United-States.pdf, 2021.

80% 拥有 IRAs 的家庭还拥有雇主赞助的退休计划积累或固定收益计划覆盖范围，超过 60% 的美国家庭通过工作或 IRAs 制定了退休计划[1]。

2022 年第一季度，美国 IRAs 计划规模已经成为美国全部补充养老金中占比最高的（见表 2-3）。IRAs 能够保持发展的优势之一是投资费用低，IRAs 资产中近一半由共同基金公司管理，共同基金的费用密切影响到 IRAs 所有者的投资行为。共同基金为投资者提供许多与投资有关的服务，而对于这些服务，投资者需要支付持续性费用和销售费用。鉴于此，这里重点分析 IRAs。

表 2-3　2022 年第一季度美国养老金计划规模

计划	规模（万亿美元）	在全部补充养老金中的占比（%）
IRAs	13.2	35.2
DC 计划	10.4	27.7
政府 DB 计划	7.9	21.1
私人 DB 计划	3.6	9.6

资料来源：Investment Company Institute, The US Retirement Market, First Quarter 2022 (June), www.ici.org/statistical-report/ret_22_q1_data.xls, 2022.

IRAs 是一种个人自愿式养老储蓄计划，是完全服务于个人或其受益人利益而设立的满足一定条件的受托管理账户。IRAs 主要面对中等收入者及个体经营者，目的是比较灵活地满足中低收入者的多样化养老保障需求。经过几十年的发展，它已经包括多种类型，其中最常见的是传统的 IRAs，是根据 1974 年《雇员退休收入保障法案》而创建的。美国税法规定，传统的 IRAs 参与者需满足两个条件：年龄在 70.5 岁以下，并且当年有应纳税收入。第二种常见的类型是 1997 年设立的罗斯 IRAs（Roth IRAs），以提供多样化的税收优惠模式，满足不同年龄、收入群体的需求。2021 年，77% 的个人退休账户投资者持有传统个人退休账户，57% 持有罗斯个人退休账户。也就是说，美国家庭通常同时持有传统 IRAs 和罗斯 IRAs——2021年，拥有罗斯 IRAs 的家庭中有 67% 也拥有传统 IRAs。

美国 IRAs 的管理主要采用信托模式。IRAs 一般在美国金融机构开设并托管，可以开设 IRAs 的金融机构包括共同基金公司、商业银行、寿险公司以及证券经纪商等。这样，IRAs 的治理涉及众多的主体，除了基金发起人、董事会、股东，还有基金管理人、承销商、投资顾问、审计师、转让代理等专业机构。在传统 IRAs 投资中，资产配置因投资者年龄和传统 IRAs 余额而异。当将资产从前雇主的退休计划转到传统 IRAs 时，大多数人都会咨询金融专业人士[2]。持有罗斯 IRAs 的家庭的退休计划通常包括多个组成部分，其中大多数在制定退休策略时都会咨询金融专业人士[3]。

IRAs 的资金可以用来购买托管机构允许买卖的金融产品，包括银行定期存款、银行理财产品、基金、股票、债券、常规衍生品、寿险公司的年金产品等。随着金融市场结构的变化、资本市场的发展、共同基金的兴起、投资者教育的普及，IRAs 资产结构发生明显变化，呈现多样化、专业化管理、组合化资产配置趋势。IRAs 刚推出时，大部分民众选择在银行开设 IRAs，主要投资银行存款等低风险收益产品。随着美国资本市场的发展和投资者的成熟，管理 IRAs 的金融机构呈现多样化趋势，共同基金是大部分居民的首选。据美国投资公司协会（ICI）的数据，到 2021 年底，美国 IRAs 中有 13.9 万亿美元的资产（其中罗斯 IRAs 有 1.3 万亿美元），其中 45% 即大约 6.26 万亿美元投资于共同基金（见图 2-1）。

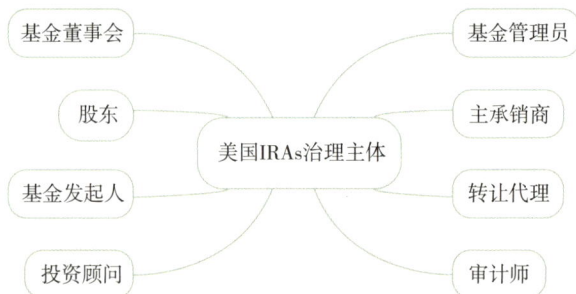

图 2-1　美国 IRAs 治理主体

资料来源：2018 Investment Company Fact Book, 58th edition, Investment Company Institute Research.

（二）澳大利亚超级年金制度及其运营方式

澳大利亚的养老金体系基本上也是包含三个支柱：第一支柱是 1909 年建立的非缴费型国家养老金制度。它最

---

[1]　Investment Company Institute, The Role of IRAs in US Households' Saving for Retirement, 2022, p.4. （https://www.ici.org/system/files/2022-01/per28-01.pdf）.

[2]　Investment Company Institute, Ten Important Facts About IRAs, 2022, p.16.（https://www.ici.org/system/files/2022-07/ten-facts-iras.pdf）.

[3]　Investment Company Institute, Ten Important Facts About Roth IRAs, 2022, p.18.（https://www.ici.org/system/files/2022-07/ten-facts-roth-iras.pdf）.

初是以收入调查为基础，面向全国低收入者①，后来逐步放松了收入调查，到 20 世纪 80 年代初，获取资格的法定条件就只有年龄和住所。目前，它实际上为所有公民（包括在澳大利亚居住 10 年以上的外籍人口）提供了单一的、等同的养老金待遇，待遇水平相当于社会平均工资的 25%（一对夫妇为平均工资的 40%），根据价格指数在 3 月和 9 月进行调整，费用全部来自国家税收。第二支柱是于 1992 年建立的强制性的超级年金制度。第三支柱是个人自愿性养老金制度，其中，超级年金制度是澳大利亚养老金体系的主体和特色部分，所以，下面重点分析超级年金制度。

1992 年 7 月 1 日，澳大利亚开始实施《退休金保障法》，开始推行超级年金制度。该法规要求所有雇主都必须为所有雇员提供此种养老金待遇，并在 10 年内把缴费费率从 1992 年 7 月的 4% 逐步提高到 9%，目标是使替代率逐步提高到 40% 左右。如果雇主不在规定的时间内支付恰当数额的费用，他们不但要补齐欠费，还将遭受严厉的罚款和税收惩罚。法律并没有要求雇员必须缴费，但他们可以自愿决定缴费，不过有最高比例限制（目前雇主和雇员的缴费总额不得超过雇员工资的 15%）。在雇员达到法定退休年龄（男性为 65 岁，女性将从 60 岁逐步提高到 65 岁）之前，缴费被不断地存入个人账户，并交给由某一注册超级年金基金管理。经过 20 多年的发展，澳大利亚超级年金资产从 1996 的不到 0.25 万亿澳元（0.17 万亿美元）发展到 2021 年的 3.3 万亿美元，增长了数十倍②。

超级年金基金一般有四种类型：一是行业基金（Industry Funds），是为了满足某一同行业（如建筑业）内雇主和雇员的需要而建立起来的基金。二是公开报价基金（Public Offer Funds），主要由金融机构建立，可以提供给任何行业的雇主和雇员的基金。三是公司基金，是为单个雇主（雇主联合体）的雇员建立的基金。四是自我管理的超级年金基金，这些基金的成员必须少于 5 个，而且通常是家庭和小企业运用的 1 个人或 2 个人基金。目前，超级年金基金基本上由雇主选择，成员没有把他们的权益从雇主选择的基金转移到他们自己选择的基金的权力。但超级年金基金受托人一般会提供许多投资选项和保险选项供成员选择。等到雇员退休，其可获得的退休待遇总额等于雇主和雇员缴纳的费用与受托人计入的投资回报总和减去对成员账户征收的费用和税收。他可以选择以下三种方式获取待遇：一次性支付、养老金或收入流或者一次性支付与养老金的组合。

澳大利亚超级年金是在受托人结构下进行管理的。为了加强谨慎环境，澳大利亚政府颁布了许多法律以控制受托人的行为。如果受托人违反了法律，将会受到民事和刑事双重制裁。这种谨慎性结构受一系列政府指定的监管者监督，他们对受托人进行监督、监控和审计以确保基金是安全的并且成员的权益受到保护。法律要求注册超级年金基金必须以具有理事会的信托基金的形式建立。受托人是法律实体，具有谨慎管理养老金基金的责任，其主要职责是按照基金成员的利益最大化行动，管理基金资产在可接受的风险水平内使成员的收益最大化。关于基金理事会的构成，澳大利亚对不同类型的基金有不同的规定：行业基金的理事通常是该行业工会的代表和雇主协会的代表，并且双方代表数目相等；公开报价基金的理事必须经过澳大利亚审慎监管局（APRA）专门批准，但不必满足相等代表法则（因为成员之间的差异很大），不过每一个参与的雇主都必须建立一个平等代表委员会，用来就成员问题向理事提供建议；公司基金的理事中发起雇主所提名的人和基金成员所选举的人必须数目相等；自我管理的基金不要求有理事会遵循相等代表法则，但必须按照受托人结构运作。理事会通常由 6 名或者 8 名理事组成，目前对理事还没有受教育水平要求。不过，澳大利亚政府正逐步引入新的规定，将要求理事需要得到特许并证明他们有足够的知识履行其职责。澳大利亚超级年金基金的受托人通常把超级年金基金的运作外包给专业供给者。专业供给者针对他们的服务向受托人收取一定的费用，受托人再把这些费用公平地转嫁给基金成员。管理基金的总成本通常在总资产的 1.5%~2%。尽管计算这些费用的方法有很多种，但市场压力会确保费用是竞争性的。外包的服务通常包括行政管理、基金投资、投资建议、死亡和残废抚恤金保险、保险精算建议和服务、法律建议和服务等。

从监管模式上来看，澳大利亚超级年金实行的是目前国际上比较推崇的"双峰模式"，即审慎监管和行为监管并行的方式。实际上澳大利亚也是最早采用"双峰监管模式"的国家，澳大利亚政府确立了澳大利亚超级年金的三个监管主体：一是 1998 年建立的审慎监管局（APRA），二是 2001 年建立的澳大利亚证券和投资委员会（Australian Securities and Investment Commission，ASIC），负责超级年金的信息披露和市场行为监管，三是 1999 年建立的澳

---

① Pierre M, Methods of Financing Social Security in Industrial Countries: An International Anahysis, Financing Social Security: The Options, An International Analysis (Geneva, ILO), 1984, pp. 3–32.

② 资料来源：Annual Superannuation Bulletin, June 2021。

大利亚税务局，负责自营型超级年金监管，由此形成了澳大利亚超级年金的监管体系，保障了资金的安全。

（三）新西兰 KiwiSaver 计划及其运营方式

新西兰建立了"双层"养老金体系：一是新西兰超级年金，即普惠性非缴费的"国家超级年金"，二是2007年新西兰税务局建立的 DC 型补充养老金计划——KiwiSaver，居民通过自愿性储备以提高退休后的生活标准。随着未来老龄化进一步加剧，超级年金的支出水平势必不断提高，超级年金的可持续性和代际公平性将面临巨大挑战。因此，为了保证养老金的代际公平与可持续发展，新西兰政府于2001年建立超级年金基金，政府每年将一定财政盈余投入该基金进行养老储备，以提高未来政府的养老金支付能力。超级年金基金由新西兰财政部制定有关政策并进行监督，由新西兰养老金监管人（Guardians of New Zealand Superannuation，以下简称监管人）负责统一管理，该基金于2003年开始市场化投资运作以扩大规模，旨在分担新西兰政府未来的养老支付压力，减轻新西兰子孙后代的税收负担。

在新西兰，KiwiSaver 是一项由政府资助的自愿性退休储蓄计划，于2007年7月1日推出，资金来源于雇员、雇主和政府三方面。该计划默认的最低缴费率是收入的6%，由雇员和雇主平均分摊。员工可以选择4%、6%、8%或10%的更高个人缴费率。新西兰政府给予 KiwiSaver 参与者丰厚的政府补贴，其每年为 KiwiSaver 的参与者提供缴费金额50%的补贴（上限为521.43新西兰元），以鼓励人们增加缴费。2015年5月之前，员工在加入时还收到了1000新西兰元的补贴。在税收优惠方面，KiwiSaver 缴费是按照税前工资进行扣减，且在其退休提取资金时不需要缴税。另外，KiwiSaver 设计了灵活的加入与退出机制：KiwiSaver 计划规定只要个人开始工作即自动加入雇员储蓄计划，这使制度覆盖人口迅速增加，自雇者或者没有工作的人，也可以通过联系 KiwiSaver 计划提供商加入计划；雇员加入储蓄计划2~8周内可自愿退出该计划，自愿退出机制启动的前提是雇员自动被加入计划，如果个人主动选择加入该计划，则不能选择自愿退出，但可在12个月以后选择暂停缴费。KiwiSaver 会员在65岁或65岁以上时可以一次性支取，虽然资金通常在65岁之前都是"锁定"的，

但有规定可以提前提取部分资金，以帮助购买第一套住房，或在经济困难、死亡、严重疾病或永久移民的情况下[①]。截至2019年底，KiwiSaver 资产规模为679.91亿新西兰元，参与缴费人数超过301.06万人[②]。不过，在新冠肺炎疫情暴发之后，一些新西兰人陷入了财务困难，新西兰政府允许人们从个人养老账户中例外提取养老金资产，以减轻新冠肺炎疫情的影响，KiwiSaver 提款人数激增[③]。

KiwiSaver 账户的资金主要是以信托的形式由市场化的资产管理公司负责投资管理，并受到新西兰金融市场管理局（Financial Markets Authority，FMA）监管。计划参与者可以根据自身的风险和收益偏好在这些资产管理公司提供的投资组合中进行自由选择。这些组合覆盖了从低风险的保守投资到高风险、高收益的积极投资等多个风格，涉及国内外投资市场，主要包括现金类、保守类、平衡类、成长类和积极类共五个类型。为了降低加入难度，新西兰政府在 KiwiSaver 推出之初指定了六家基金公司来接纳"默认投资策略"的账户，作为"默认提供商"。也就是说，那些没有对自己的储蓄计划账户发出任何指令的参加者将自动选择这些"默认提供商"作为其账户资产的管理者。为了降低投资风险，新西兰政府规定，在"默认提供商"的投资组合中，"成长类"资产（主要投资于股票和物业）部分不得超过20%。

（四）智利私营退休金计划及其运营方式

在1981年开始养老保障私营化改革之后，智利逐渐形成了三支柱的养老保障体系：第一支柱针对贫困人口的再分配作用，包括家庭调查型社会救助养老金（PASIS）和团结养老金（PBS）制度。按照 PASIS 的有关规定，只要是伤残人员及年龄超过65岁的老年人，在收入低于最低养老金的50%以上并且个人没有其他形式的养老金待遇时，就可以享受政府提供的救助养老金，给付标准大约为最低养老金的1/3。智利的团结养老金制度于2008年7月正式实施，包含两个部分：一是向未参保的低收入老年人提供非缴费型养老金，即基础团结养老金，条件为年龄65岁及以上、没有其他养老金、至少在智利生活20年。2010年之前每人每月的待遇标准为6万比索（约合121美元），2010年之后提高到每人每月7.5万比索（约合151美元）[④]。二是向参保者提供最低养老金待遇，即

① OECD, Pensions at a Glance 2021: Country Profiles-New-Zealand, 2021, p.2, https://www.oecd.org/els/public-pensions/PAG2021-country-profile-New-Zealand.pdf.

② 胡兵、崔陈晨、尚倩羽、舒钰瑞：《新西兰超级年金基金运作与借鉴》，中国证券投资基金业协会，https://www.amac.org.cn/researchstatistics/publication/cbwxhsy/202109/P020210928622813852918.pdf，2021年。

③ OECD, Pensions at a Glance 2021, https://www.oecd.org/publications/oecd-pensions-at-a-glance-19991363.htm.

④ 齐传钧：《拉美私有化养老金制度扩面困境、措施与启示》，《拉丁美洲研究》，2011年第4期，第63-68页，第80页。

缴费团结养老金。团结养老金弥补了养老保险制度覆盖的死角，对保障贫困老年人的生活发挥了积极作用。第二支柱是强制性私营养老金制度，是一个 DC 型强制性个人账户养老金计划。第三支柱是自愿性个人储蓄，由财税部门提供一定的税收激励政策，鼓励个人进行补充养老储蓄，参与者必须建立个人账户。智利自愿性个人缴费采用完全个人缴费供款模式，养老保险费完全由个人缴纳，缴费比例为本人工资总额的 10%，另外再按照 2.5% 左右的比例缴纳伤残保险费和私营管理公司的管理费（实际支出管理费约 1%），月收入在 116 万比索（合 2000 美元）以上的部分不缴费[①]。在自愿性个人储蓄中，雇主不缴费但有责任替雇员代扣代缴养老保险费，雇主若不履行这职责，将面临法律处罚。

因为智利养老金制度改革的核心是以强制性私营个人账户养老金制度代替原有的现收现付型养老金制度，上述第二支柱才是智利养老金制度的主要特色，被称为"智利模式"，所以，这里重点探讨第二支柱下的运营模式。智利私营养老金制度及其运营主要包含以下内容：第一，为每个雇员建立养老金账户，雇员每月必须至少将工资的 10% 存入该账户，明确养老金个人账户属于个人的财产，让参保人实现自我积累。同时，由政府提供最低养老金保障。第二，成立以管理养老基金、提供养老待遇为目标的养老保险基金管理公司（AFPs），主要负责个人账户资金的收缴、记录、投资和给付等工作，在政府的相关要求下负责基金投资运作。参保人有权负责个人账户资产的配置与投资决策。自 2002 年起，AFPs 为会员设立风险收益特征不同的 A、B、C、D、E 五只投资基金，供个人进行选择。第三，成立独立的政府机构养老基金监管局（SAFP），作为独立的养老金监管机构，负责对 AFPs 设立的批准、监管和授权，制定和解释相关法规，并对 AFPs 提供的产品进行监管。第四，雇员自由选择 AFPs，并能在任何时间更换 AFPs。退休时由账户积累资产转化的年金或按计划支取养老金，对于向私营专项金计划过渡的转轨成本问题，智利政府采取发行认购债券的方式对原体制下个人历史缴费形成的养老金权益予以确认。第五，退休后，退休人员可选择四种支付方式。积累的资金可以用来购买即期寿险年金，也可以用延期寿险年金获得临时收益，也可以

用程序化提款，也可以用分割的方式购买即期寿险年金，同时进行程序化提款。只有那些能够支付高于 PBS 的养老金的个人才能购买年金[②]。根据智利养老金监管局数据，2019 年 3 月智利退休人员人均领取养老金 25.9 万比索（约合 2590 元人民币），其中每名女性退休人员平均领取 19.1 万比索，男性平均领取 32 万比索。男女养老金差异的原因在于女性法定退休年龄为 60 岁，男性为 65 岁，女性平均缴费年限为 15.7 年，男性平均缴费年限为 19.7 年[③]。

（五）德国企业养老金制度与里斯特养老金计划

德国是近代世界上第一个建立社会保险制度的国家，其养老金体系主要由基本养老保险、补充养老金和个人养老金三大层次构成。德国退休人员总收入中有 85% 来自法定养老金[④]，政府在社会保障体系中承担了大量责任，第一支柱的保障水平较高，对第二、三支柱形成一定"挤出效应"，企业和个人参与养老财务规划的意愿和程度相对较低。德国社保制度虽由政府主导，但其运作的核心却是强大且多样的社会组织。政府监管加上社会运营，形成了良好的运作体系。鉴于德国在传统现收现付型社会保险制度发展历史上的独特地位，而德国又在 21 世纪初开展了公共养老金"替代"改革，实现了从纯粹的"现收现付制"到"多层次、多支柱"的养老保险体制的转变。因此，这里探讨的是第二层次补充养老保险，即具有德国特色的企业养老金和里斯特养老金的运营模式。

根据 2002 年初实施的《德国企业养老法》，德国企业职工有权利要求雇主将自己的部分工资或者节假日奖金转化为企业补充养老保险，雇主不能拒绝；同时，雇主也有义务为企业员工提供企业补充养老保险咨询。企业补充养老保险可以由职工单独缴费，也可以由雇主单独缴费，还可以双方共同缴费，但都存入职工个人账户之中，因而职工对个人账户中的资产具有处置权。这种缴费在规定的额度内可以享受国家补贴退税政策（即免工资税和社会保险费）。等到退休时，职工可以选择一次性取出或者按月终身领取，同时还可以设定最低领取年限以保护自己的利益不受损失。不过，职工在领取时不仅需要全额纳税，还需要全额缴纳医疗保险。但是，由于退休人员收入通常偏低，一般情况下税率都会低于未退休时税率。企业和职工可以自主选择企业补充养老保险的形式，目前主要有五种：

①　《南美智利的养老金高吗？第三支柱、个人账户养老金漫谈（六）》，https://new.qq.com/omn/20211005/20211005A0CGO700.html。

②　OECD, *Pensions at a Glance 2021: Country Profiles-Chile*, 2021, p.1, https://www.oecd.org/els/public-pensions/PAG2021-country-profile-Chile.pdf.

③　中华人民共和国商务部：《2019 年 3 月智利退休人员人均养老金 25.9 万比索》，http://cl.mofcom.gov.cn/article/jmxw/201905/20190502865267.shtml。

④　林义、周娅娜：《德国里斯特养老保险计划及其对我国的启示》，《社会保障研究》，2016 年第 6 期，第 63-70 页。

第一种是直接保险（Direktversicherung，DV），是目前德国采取最多的形式，一般先由雇主和雇员就缴费达成协议，然后以雇主为投保人、雇员为被保险人与保险公司签订保险合同，等雇员退休时从保险公司领取养老金；第二种和第三种分别是职工养老基金–对外投保（Pensionskassen，PK）和职工养老基金–对外基金（Pensionsfonds，PF）；第四种是互济准备金（Unterstützungskasse，UK）；第五种是直接承诺（Direktzusage，DZ）。德国企业养老基金采取公司型方式进行运营，养老基金会、互助养老保险协会、Pensionskassen 和 Pensionsfonds 必须遵循上市公司法律规定的董事会结构。它通常拥有两个层面的治理结构（见图 2-2）：一个是理事会，由雇主和雇员代表构成，主要负责选择董事会成员并对董事会进行监督，还可以在必要的时候提供建议；它还对管理委员会的表现进行评估，但需要制定明确、可衡量的目标。理事会成员一般都需要每年重申他们了解自己的与基金有关的治理义务和其他关键文件。另一个是董事会，是养老基金运作管理的最高权力机构，下设执行委员承担各项具体任务。相关法律规定了董事会的管理和监督的职责，主要包括投资政策的选择，选择和监督基金的主要执行人员和外部服务提供者，以及对基金业绩的监督必须由管理委员会而不是监督机构来完成。德国法规要求养老基金董事会成员具备特定资格和专业经验，使他们能够更有效地履行职责。在他们为养老金实体工作期间，管理委员会的成员还必须遵守全面的竞业禁止义务[1]。

图 2-2　德国企业养老基金的双层治理结构

资料来源：笔者编制。

而里斯特养老金是德国第一个基于个人账户并向所有人开放的私人养老金计划。它定位于补充养老保险，个人可以自愿参加，存入账户中的本金及利息归个人所有。它覆盖的人群主要是那些由于法定养老金支付水平降低而收入受到影响的人，特别是中低收入者和孩子较多的家庭[2]。正因为如此，德国政府不仅对里斯特养老金提供税收优惠，还提供财政补贴。里斯特养老金采用延迟纳税（EET）模式，目前个人缴费的免税金额最高为 2100 欧元，而参保人在养老金领取阶段缴税额会显著小于先前税收优惠额度。个人缴费只要达到年收入的 4% 以上就可以享受国家补贴，基本补贴是每人 154 欧元，另外有子女者还可享受子女补贴（每人 300 欧元）[3]。里斯特养老金没有专门的个人养老金账户，而是通过个人或家庭根据自身偏好自由选择购买里斯特产品时建立的银行账户实现合同转换、接收补贴和退税等功能。里斯特养老产品的供给者是多元化的，几乎囊括所有类型的资产管理机构，包括满足认定资格的保险公司、银行、基金公司或德国住房互助储金信贷社，知名商业养老金机构包括安联保险集团、德意志银行下属的零售资产管理机构、联合投资资产管理公司等，都管理着里斯特产品。它们都遵循同等的产品准入条件，享有相同的税收优惠权利。根据《养老金认证法案》，所有申请发行里斯特养老金产品的机构都必须向联邦中央税务局递交符合标准要求的统一产品信息表（PIB），联邦中央税务局将对此进行严格审查，无一例外。德国联邦财政部（BMF）官网上提供了该产品信息表的标准模板，填写内容包括产品名称、产品类型、风险级别、税收优惠等，体现了"统一"产品信息表的特点[4]。里斯特产品存在不同的形式，包括保险合同、银行储蓄合同、基金储蓄合同和里斯特住房储蓄合同，其中保险合同形式的养老产品最受欢迎，市场份额超过 70%[5]。德国要求里斯特养老金计划投资的名义回报不能为负。这不仅迎合了低收入者风险厌恶的偏好，也可以大大降低政府为投资失败带来的责任[6]。为了加强对里斯特养老金计划的监管，德国将银行监督局（BAKred）、保险监督局（BAV）、证券监督局（BAWe）三家机构合并成立统一监管组织——联邦金融监管局（BaFin）[7]。

---

[1]　Stewart F, Yermo J, Pension Fund Governance: Challenges and Potential Solutions, OECD Working Papers on Insurance and Private Pensions, No. 18, OECD Publishing, Paris, https://doi.org/10.1787/241402256531, 2008.

[2]　林义、周娅娜：《德国里斯特养老保险计划及其对我国的启示》，《社会保障研究》，2016 年第 6 期，第 63–70 页。

[3]　参考资料：《德国老人怎么养老？个人账户、第三支柱养老保险漫谈（三）》，https://baijiahao.baidu.com/s?id=1712760755528013597。

[4]　中国证券投资基金业协会编著：《个人养老金理论基础、国际经验与中国探索》，中国金融出版社 2018 年版，第 406 页。

[5]　白照君、胡尹燕：《德国养老保险制度改革及其对我国的启示》，《人才资源开发》，2019 年第 11 期，第 34–36 页。

[6]　齐传钧：《自愿性个人养老金能填补公共养老金缺口吗？——从理论到实践的反思》，《保险研究》，2020 年第 8 期，第 103–115 页。

[7]　彭维瀚：《他山之石：德国养老金体系的改革与反思》，2018 年。

（六）英国NEST计划及其运营方式

英国的养老金体系也基本上包含三支柱，即基本养老金（属于公共养老金）、职业养老金和个人养老金（后两者为私营养老金）。按照英国《福利改革与养老金法案1999》规定，各种养老金计划都是基于信托关系建立的养老金计划。职业养老金计划主要包括普通DC计划和国家职业储蓄信托（National Employment Savings Trust，NEST）计划。普通DC计划则由一般金融机构作为受托人提供的职业养老金计划，实施市场化运作。国家职业储蓄信托计划是英国政府为配套"自动加入"机制而建立的国家层面职业养老金计划，用于提供简单、收费低廉且高质量的职业养老金管理服务。个人养老金计划也是各类供应商设立的受托计划，由受托人集中管理计划参与者的个人养老金资产。按照英国金融行为监管局规定，个人养老金的提供商包括寿险公司、基金公司、平台和特殊的养老金管理机构。截至2020年底，英国职业养老金的总资产规模约2.9万亿英镑；个人养老金采用DC模式，截至2019年6月底，规模约5000亿英镑[1]。缴纳私人养老金的英国退休人员的替代率接近经合组织的平均水平[2]。

由于国家职业储蓄信托计划是一项有英国特色的职业养老金计划，下面就重点分析该计划。根据英国的"自动加入"机制，从2012年10月开始，雇主就有法律义务把年龄在22岁和基本养老金领取年龄之间、年收入高于1万英镑且从未加入过任何养老金计划的雇员"自动加入"到一个职业养老金计划中，之后雇员进行默认缴费，雇主匹配缴费，国家提供税收减免，雇员可以主动申请退出计划。这个计划就是国家职业储蓄信托计划，它仍然是采用信托结构运作，实行个人账户积累制，是国家层面建立的缴费确定型职业养老金集合计划。其目的是：一方面为参与者提供更恰当的养老投资管理服务，另一方面充分利用市场化投资管理机构的专业能力为养老资产进行长期增值保值。因此，它的基本运行方式是：NEST计划由国家职业储蓄信托（NEST）公司作为计划受托人进行运作管理，该公司由英国就业与养老金部以贷款形式出资成立。NEST公司的日常行政管理及其对于NEST计划的运作情况需向英国就业与养老金部进行汇报，其对NEST计划资产的运营投资则受英国金融行为监管局（Financial Conduct Authority，FCA）监督。NEST公司采用公司式治理结构，具有从董事会到管理层的完整组织架构，同时

遵循严格的公司治理政策和程序，制定了包括《公司治理准则》（Corporate Governance Statement）、《公司计划》（Corporate Plan）等在内的多项规范化管理制度。

英国NEST公司的治理主体有董事会及各委员会，董事会层面成立雇主委员会和雇员委员会，旨在充分了解参加计划的雇主及雇员的需求，董事会是NEST公司的最高决策机构，由1名主席和其他10名委员组成，对公司本身的经营管理和计划的投资管理做出重要决策。董事会下设投资委员会、风险委员会、审计委员会、提名与薪酬委员会和裁决委员会。其中，投资委员会负责NEST计划的投资决策，包括制定投资策略、调整投资方法和投资产品、监督评价投资业绩和投资风险等；风险委员会负责对公司及计划运作过程中面临的风险进行全面管理，并对所采用的风险管理策略做出相应决策；审计委员会负责财务及内控合规的整体管控，包括审计公司和计划的财务报表、监督内部控制、评估财务审计和内控合规的有效性等；提名与薪酬委员会负责公司的人事与薪酬决策，一方面需要制定公司的薪酬安排战略与组织文化以确保员工人尽其才，另一方面还需要监督公司治理过程中人事管理以及考核评价方面的适合性与有效性；裁决委员会则负责处理评判NEST计划运作过程中发生的纠纷与争议（见图2-3）。

图2-3　英国NEST计划董事会结构

资料来源：夏华龙、刘喜勤、季晟：《英国基本养老金与国家职业储蓄信托运作与借鉴》，中国证券投资基金业协会，https://www.amac.org.cn/researchstatistics/publication/cbwxhsy/202201/P020220113711777677839.pdf，2021年。

在管理层方面，首席执行官是NEST运营管理的总负责人，负责执行董事会的相关决议与战略布局。首席执行官下设投资总监、风险总监、财务总监、市场总监、运

---

① 夏华龙、刘喜勤、季晟：《英国基本养老金与国家职业储蓄信托运作与借鉴》，中国证券投资基金业协会，2021年，参见https://www.amac.org.cn/researchstatistics/publication/cbwxhsy/202201/P020220113711777677839.pdf。

② OECD, Pensions at a Glance 2021: HOW DOES THE UNITED KINGDOM COMPARE?, 2021年，参见 https：//www.oecd.org/unitedkingdom/PAG2021-GBR.pdf。

营总监、客户服务总监、广告投放执行董事、NEST 计划研究咨询执行董事和法律总顾问（见图 2-4），具体负责 NEST 的投资管理、风险管理、审计、运营、市场推广、客户服务、研究咨询、法律合规等日常事务。

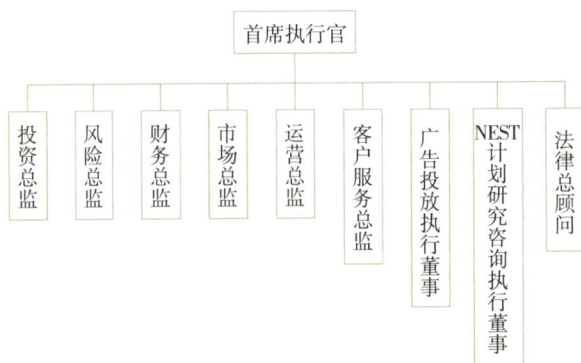

图 2-4　英国 NEST 计划管理层结构

资料来源：夏华龙、刘喜勤、季晟：《英国基本养老金与国家职业储蓄信托运作与借鉴》，中国证券投资基金业协会，2021 年，参见 https://www.amac.org.cn/researchstatistics/publication/cbwxhsy/202201/P020220113711777677839.pdf。

（七）瑞典名义账户制度及其基金运营方式

瑞典的养老金体系包含三个支柱：第一支柱是国民养老金，包括以收入调查为基础的定额保障养老金、现收现付的名义账户制度和强制性积累的个人账户养老金[①]。保障养老金覆盖全民，资金来源为一般税收，领取该养老金的最低年龄为 65 岁。国民年满 25 岁后在瑞典居住满 40 年可获得全额的保障养老金，居住在其他欧盟国家的瑞典居民也可以获得保障养老金。对于有收入关联的补充型养老金的居民，保障养老金领取额度会相应减少。名义账户制度和强制性、私人管理的个人账户计划构成了瑞典新养老社会保险制度，总缴费费率目前是收入的 18.5%（对于完全属于新制度的人，16 个百分点将进入名义账户，2.5 个百分点进入强制性个人账户），雇员和雇主各缴纳一半，不允许自愿进行额外缴费。第二支柱是雇主和雇员在自愿协商的基础上建立的职业养老金计划，缴费费率为 2.0%~4.5%[②]。强制性个人账户养老金由瑞典养老金管理局统一管理并提供多种投资组合供国民选择，养老金待遇取决于国民个人的产品选择和资本市场的投资回报，到目前为止的整体投资收益率高于名义账户制下名义记账利率。这里需要指出的是，它在赋予国民个人投资选择权的同时，

还配套提供默认投资组合，解决了部分参与者由于金融知识缺乏带来的金融产品选择困难问题。第三支柱是个人养老储蓄。在过去 20 年里，瑞典私人养老金（主要是职业养老金）占养老金总支出的比例从 20% 提高到了 30%[③]。根据瑞典养老金管理局 2018 年年报，2017 年瑞典三个支柱的养老金总规模为 5.87 万亿克朗，其中，国民养老金规模 2.59 万亿克朗，占比 44%；第二支柱职业养老金规模 2.79 万亿克朗，占比 48%；第三支柱个人养老储蓄规模 0.48 万亿克朗，占比 8%[④]。由于瑞典是实行名义账户制度的典型国家，所以这里重点分析名义账户制度下的基金运营方式。

瑞典名义账户制度的基本思想来自传统的市场导向、既定供款的保险计划，即按照一个确定的以收入为基础的费率缴费，并计入个人账户，账户的价值代表了对未来养老金的索取权。两者最主要的差别在于，缴费没有被存入个人账户之中，但在个人账户中留下了缴费记录。个人账户选择以缴费收入的实际增长率作为个人账户的"收益率"。这样，在瑞典名义账户制度下，个人账户在任何一年的年末价值等于该年所记载的缴费加上按照缴费收入增长率进行指数化的前一年年末账户价值。个人所应获得的

---

①　OECD, Pensions at a Glance 2021: Country Profiles–Sweden, https://www.oecd.org/els/public–pensions/PAG2021–country–profile–Sweden.pdf, 2021, pp.1–6.

②　对于实账积累制养老金，瑞典政策赋予个人投资选择权，养老金管理局为参与的国民提供多种投资组合，满足不同投资偏好，但个人需要自己承担全部投资风险。此外，为满足未进行主动投资选择的国民的保值增值需求，政府还专门设立了第七国民养老基金管理公司（简称 AP7）来提供默认基金投资选择（https://www.amac.org.cn/researchstatistics/publication/cbwxhsy/202112/P020211230666669150686.pdf）。

③　OECD, Pensions at a Glance 2021: HOW DOES SWEDEN COMPARE?，参见 https://www.oecd.org/sweden/PAG2021–SWE.pdf，2021。

④　朱海扬、徐晓晖、王璐、刘智：《瑞典国民养老金制度运作与借鉴》，中国证券投资基金业协会，https://www.amac.org.cn/researchstatistics/publication/cbwxhsy/202112/P020211230666669150686.pdf，2021 年。

养老金是由其退休时个人账户名义资产余额除以该年男性和女性综合平均生命预期（例如，一个人在特定年龄的生命预期的估计值）计算出来的。当然，为了既保持退休者的购买力又保持制度的长期财务平衡，养老金每年还要根据通货膨胀率、实际经济增长率和缴费收入增长率进行调整。

为了保障制度平稳运行，瑞典政府建立了国民养老基金（即 AP 基金），收入主要来自瑞典基本养老金制度历年来的收支结余及其投资收益积累。瑞典政府作为委托人，将名义账户制养老金收支盈余交由瑞典第一（AP1）、第二（AP2）、第三（AP3）和第四（AP4）国民养老基金作为缴费型主权养老基金进行投资增值。相应地，AP1 至 AP4 每年需要各支出 1/4 的养老金支出，如产生收支盈余则继续进行投资。AP 基金虽然是政府设立的机构，但实行的是公司治理模式。各家基金的董事会是最高权力机构，对基金投资管理政策制定和运营绩效负有最终责任。如制定投资政策、基金内部治理政策和风险管理计划等，每家国民养老基金都有自己的治理规则和投资政策，相互独立且互不干扰。各家基金公司都有各自的治理规则和投资政

策。AP 基金原则上采用以"集中运作"为主、"委托第三方资产管理机构"为辅的运作模式。AP 基金无论在投资上还是管理模式上遵循基本一致的投资运营管理模式，自成立以来也获得了较为相似的投资收益。AP 基金的投资范围广泛，投资于国内外股票和债券的风险收益平衡型资产组合，包括权益类资产、固定收益类资产、房地产和基础设施、货币基金、私募股权、对冲基金等。

另外，瑞典政府设立了第六国民养老基金（AP6），作为名义账户养老金制度的储备型主权养老基金进行资产积累，并采用基金会型的运营方式。AP6 的最高权力机构也是董事会，成员由政府任命，主要职责包括设立业绩目标、投资决策、任命董事总经理等。董事会下设总经理，管辖业务支持部门、管理层、基金委员会、配置委员会及投资部门，风险和审计委员会、可持续发展委员会及报酬委员会直接向董事会汇报（见图 2-5）。风险管理与内部控制方面，AP6 的管理层按年定期审查风险，分析风险驱动因素及发生的概率、影响，明确风险可承受范围，确定解决方案并报告给风险和审计委员会以及可持续发展委员会。

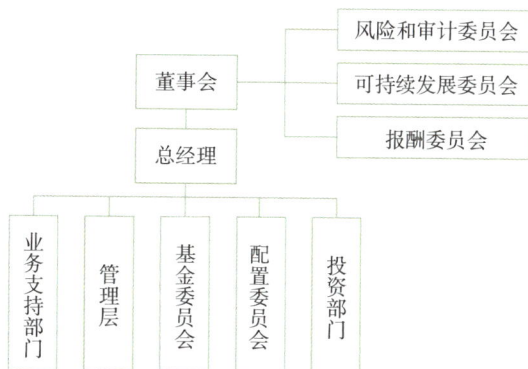

图 2-5 瑞典 AP6 董事会结构

资料来源：朱海扬、徐晓晖、王璐、刘智：《瑞典国民养老金制度运作与借鉴》，中国证券投资基金业协会，https://www.amac.org.cn/researchstatistics/publication/cbwxhsy/202112/P020211230666669150686.pdf，2021 年。

（八）新加坡中央公积金（CPF）计划及其运营方式

新加坡中央公积金是一个综合社会保障储蓄计划，资金来源于雇主和雇员的强制性缴费，年轻时多缴纳。中央公积金缴费并不是一成不变的，政府会根据经济水平、居民消费需求、人口寿命等多种因素进行调整。首先由人力资源部提出建议，经政府同意后，由中央公积金局进行修改并公布。新加坡中央公积金账户包括四个：普通账户（OA）、特别账户（SA）、医疗储蓄账户（MA）和退

休账户（RA）（见图 2-6），不同的账户类型有不同的功能。55 岁以下的新加坡中央公积金会员个人账户主要分为普通账户、特别账户和医疗储蓄账户；年满 55 岁的会员，个人账户则变为退休账户和医疗储蓄账户两种。普通账户中的储蓄金额，可以用于购买住房、政府批准的保险、子女教育支出以及划拨款项填补父母退休使用等。特别账户专门用于养老储蓄或平时应急以及投资相关金融产品。医疗储蓄账户主要用于公积金成员及其家属的住院、门诊、

医药方面的开支。退休账户设立于 1987 年，是一种完全积累型的强制性养老储蓄计划，在成员年满 55 周岁时建立，主要接纳来自普通账户余额和特别账户的转入资金。中央公积金投资计划（CPFIS）是中央公积金的子计划，该计划包括 CPFIS-OA 和 CPFIS-SA 两个计划，会员在 OA 和 SA 分别至少留出 2 万新元和 4 万新元后，剩余款项可以投资[①]。

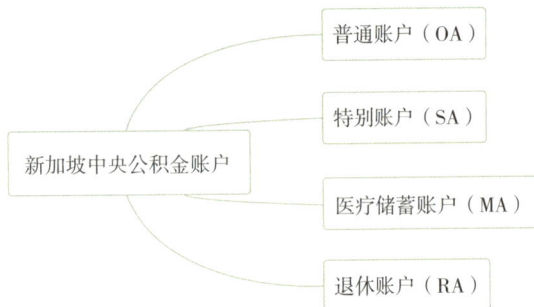

图 2-6 新加坡中央公积金账户类型

资料来源：笔者编制。

新加坡中央公积金的运营方式是基金会型，实行高度集中管理，由中央公积金局（CPFB）专门负责统一管理。它是一个具有独立性的、半官方性质的管理机构，由人力资源部制定有关政策并进行监督。中央公积金局实行董事会领导下的总经理负责制，依法独立工作，其他部门不得干预其日常事务，从资金汇集、运营、储存、结算到雇员利益的获得，都独立于政府财政，单独核算，自负盈亏。

新加坡中央公积金由中央公积金局（CPFB）专门负责统一管理，董事会是中央公积金局的最高权力机构，其成员均由人力资源部部长在得到总理同意后任命，任期一般不超过三年。现任董事会由主席、副主席、首席执行官和其他 12 名成员组成：包括 2 名政府官员、2 名雇主代表、2 名雇员代表和 6 名会计、保险、投资、法律专家。董事会成员的多元构成保证了各项决策综合考虑了相关者利益。董事会是中央公积金的受托人，根据《中央公积金法》监督基金的管理。董事会主要负责审查和批准年度预算和财务报表、监督绩效、确保风险管理政策和系统的有效执行，并向管理层提供建议、重大交易和决定等。董事会由五个委员会支持，分别是审计委员会、投资委员会、医疗保健及保险计划委员会、风险管理委员会及员工委员会（见图 2-7）。总经理直接管理副总经理与总经理助理，

副总经理分管雇主与财务部、服务部、信息技术与数字服务部，总经理助理分管政策与企业发展部（见图 2-8）。

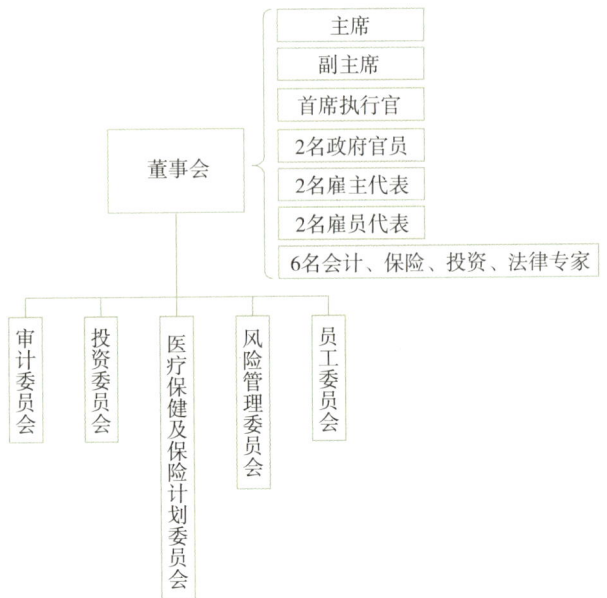

图 2-7 新加坡中央公积金计划董事会结构

资料来源：刘欣、胡俊英：《新加坡养老金制度经验》，https:// www.amac.org.cn/researchstatistics/publication/cbwxhsy/202110/P020 211012634042174806.pdf，2021 年，第 19 页。

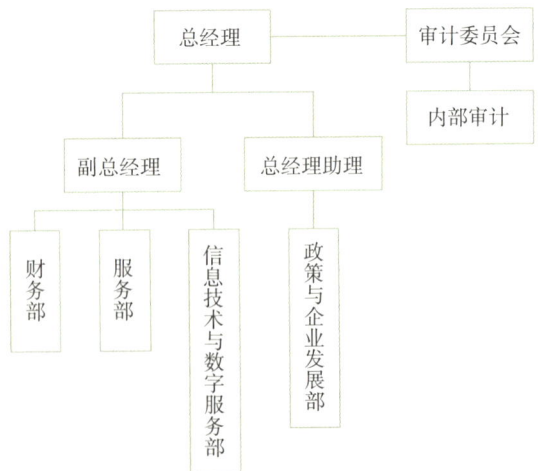

图 2-8 新加坡中央公积金计划管理层结构

资料来源：刘欣、胡俊英：《新加坡养老金制度经验》，https:// www.amac.org.cn/researchstatistics/publication/cbwxhsy/202110/P020 211012634042174806.pdf，2021 年，第 16 页。

[①] 刘欣、胡俊英：《新加坡养老金制度经验》，https://www.amac.org.cn/researchstatistics/publication/cbwxhsy/202110/P02021101263404 2174806.pdf，2021 年，第 7 页。

三、比较分析

（一）政府不直接介入的情况下运营方式的不同选择

通过上文的分析可以发现，在美国、澳大利亚、新西兰、智利、德国等国家，政府都不直接介入账户养老金的管理，而是让市场力量发挥主导作用，但它们具体的运营体系仍然有所不同。

在美国，IRAs 计划中基金管理的治理主体主要包括基金董事会、股东、基金发起人、投资顾问、基金管理员、主承销商、转让代理、审计师。这些治理主体共同发挥作用，形成一个比较严密的架构：第一，基金董事会代表 IRAs 投资者的利益，处于基金管理组织架构的核心位置，监督基金的管理和运营，包括与服务提供商的合同安排。基金董事会还必须保持相当的独立性，独立董事在基金运作的监管中起着至关重要的作用，并负责维护基金股东利益的主要责任，他们充当监督者，独立地监管基金运作。第二，IRAs 投资者也是基金的股东，是基金运作管理的保护对象，对于重要事项的决定具有特定投票权。第三，基金发起人负责设立基金，通常也是基金的投资顾问，基金的设立需经一系列复杂的手续。第四，投资顾问全面负责基金的投资业务，拥有自己的员工，其中包括代表基金股东利益的投资专家，根据基金的投资目标和政策确定基金投资组合。除管理基金的投资组合外，投资顾问还经常担任基金的管理员，对他们所建议的每只基金负有信托义务，这意味着他们有基本的法律义务，根据忠诚和最大的诚信原则，为 IRAs 投资者的最大利益行事。第五，基金管理员处理基金的后台事务，包括文书、会计记账、数据处理和内部审计等活动，帮助维持合规程序和进行内部控制，并接受基金董事会和首席合规官的监督，还需要向美国证券交易委员会、税务局、股东提交相关报告。第六，主承销商担任购买或赎回基金份额的代理人，授权经纪商进行基金销售活动，IRAs 投资者可以直接通过基金的转让代理，也可以通过授权的经纪商间接购买和赎回基金份额。第七，转让代理人主要负责与 IRAs 投资者的沟通交流，基金及其股东依靠转让代理人的服务来维护股东账户的记录，计算分配股息和资本收益，准备好并邮寄相关资料，包括股东账户报表、联邦所得税信息、股东交易确认、账户余额报表和其他的股东通知。此外，转让代理可能还需要维护客服部门，解答股东的疑问。第八，审计师确保基金财务报表的真实性，确保按照公认会计准则编制财务报表，并公正地陈述基金的财务状况和经营成果①。另外，美国职业 DC 系统对投资没有要求选项或默认选项，大多数养老基金提供广泛的投资选择。形式上，受托人只需要提供有效的多元化选择，并告知成员他们面临的选择和风险。

澳大利亚超级年金虽然是一种强制性制度安排，但政府既不参与超级年金基金的管理活动，也不就收益提供任何保证，只提供监管与制度上的保证。因此，它从运营上看实际上与美国个人退休账户制度类似。不过，澳大利亚在制度规范与监管上要比美国更为严格一些。澳大利亚的超级年金受到《退休金保障法》《养老金行业监管法》《超级年金监管条例》等一系列法律法规的约束和规范。根据这些法律法规，澳大利亚超级年金基金的监管机构主要有三个：审慎监管局（Australian Prudential Regulation Authority，APRA）是澳大利亚超级年金基金的最主要的监管机构，它通过有选择性地进行不定期现场检查和一些非现场检查措施（如年度报告、大基金的季度报告）对超级年金基金的受托人和有关经营管理机构进行监管，监管内容包括受托人的机构设置、内部管理、人事安排等方方面面，一旦发现问题，就提出警告并限期改进，甚至可以停止严重违规的受托人的活动，把资金交给其他受托人管理。监管的主要目标是通过对超级年金基金的运作状况进行评估，及时发现和解决问题，降低风险，保证超级年金基金的安全。澳大利亚证券和投资委员会（ASIC）主要对超级年金基金经营和管理过程中的市场行为进行监管，监管内容包括管理情况、经营业绩、信息披露、有无误导行为等。它还建立了投诉举报制度和专门的仲裁机构，调查处理各种投诉与争议。监管的主要目标是保护基金成员的权利，促进市场有效运转。澳大利亚税务局（Australian Taxation Office，ATO）具有监控超级年金基金法定费用缴纳的责任。它对雇主和基金进行定期的有目的的核查以确保他们遵从法律要求，还专门建立了一个十分全面的交叉匹配数据的系统以确保缴费是为了雇员的利益。此外，自我管理的超级年金基金也由澳大利亚税务局监管。

与澳大利亚超级年金计划相比，新西兰 KiwiSaver 计划虽然是自愿性的，但政府却更多地介入了计划的运营，不仅提供了丰厚的补贴和税收优惠，还设计了默认投资策略，指定了"默认提供商"，并对他们的投资组合进行了限制。虽然其目的是降低投资风险，但这一政策同时也可能限制了投资回报能力。越来越多的人希望政府允许提供商根据参加者的年龄来配置投资组合，即采用生命周期策略：参加者越年轻，其投资组合将越"激进"，提供商会根据会员年龄自动调整投资组合的风格。

---

① 卢宇程：《美国个人退休账户的运行机制与支持体系研究》，西南财经大学硕士学位论文，2020 年。

同样是信托模式下的市场化运作，智利私营养老金制度的最大不同在于它是由专门的养老基金管理公司负责投资运营的，而前面的几类账户养老金计划都是由已有的各种金融机构参与。智利的私营养老基金管理公司全面负责参保人所缴资金归集、个人账户管理、基金投资运营以及根据参保人选择的方式向雇员兑现养老金权益，其利润来自参保人缴纳的佣金。参保人可以从多种缴费基数中选择一种用以支付佣金，如个人缴费工资、个人账户余额或个人账户转移资产额度；不同的养老基金管理公司可以规定不同的佣金费率，但同一个养老基金管理公司对所有顾客的佣金标准必须一致①。私营基金管理公司提供多种投资组合供参保人选择，并根据其选择将其个人账户资金用于投资，投资收益直接存入雇员个人账户。参保人根据个人账户所获得的投资收益水平和所缴纳的佣金水平，"用脚投票"自由选择和更换私营养老基金管理公司。虽然私营养老金制度被赋予了相当大的管理权限，但为了保证养老基金投资的安全性，降低和规避投资风险，智利成立了专门的养老基金监管机构，采取了以量化标准为基础的严格监管模式，具体措施包括：一是对投资范围有一定的限制，主要投资于银行存款、政府债券、股票、公司债券或金融债券，允许一定的海外投资，只准许进行少量的风险投资；二是对特定投资对象规定了投资比例限制，特别是对股票和海外投资严格限制投资比例，甚至规定购买同一家公司股票的比重不得超过该公司股票总额的一定比重；三是建立风险评级制度，由养老金监管机构对每一个进入该市场的投资产品进行严格的评级审查。

在上述几种信托型账户养老金计划中，美国的 IRAs 计划和澳大利亚超级年金计划都有数目众多的受托人参与，新西兰的 KiwiSaver 计划和智利的私营养老金制度也同时存在多个受托人，这样，就便于利用竞争机制去提高效率。德国的企业养老金采用公司型运营方式，突出特色是在两个层面的治理结构中理事会发挥了监督作用，而理事会又是由参保单位和职工代表构成。这就避免了政府力量的过度介入而可能带来的问题。同时，它特别强调管理委员会成员必须合格、可靠且适合这项工作，想利用市场力量以提高效率。例如，通常要求经理需要在保险公司或养老金机构担任管理资金职位的情况至少三年。至于德国的里斯特养老金，虽然政府提供了税收优惠和财政补贴，也进行了比较强的监管，但这种监管主要体现在合规性上。它并没有专门的个人养老金账户，只是通过特定的银行账户购买里斯特养老金产品，而里斯特养老金产品则是由众多的各类金融机构依照相关规定提供的，因而市场竞争的力量从理论上讲还是可以比较充分地发挥作用的。但从实际运行的情况看，保险合约占大部分，而保险公司所收取的保费过高，保险产品收益率却过低，导致个人养老金实际参与者能得到的回报率很低。近年来，里斯特合约的增长也十分缓慢，2015 年底至 2017 年 6 月，里斯特合约总数仅增长了 2 万②。

（二）政府强力介入情况下运营方式的不同选择

上文分析了三个政府强力介入账户养老金运营的情况，但三个案例也各有不同：

英国的 NEST 计划虽然也遵循受托模式，但它只有一个受托人（即国家职业储蓄信托公司），而且它还是由政府出资成立的，这就决定了它可能面临垄断机构曾经出现的一些问题。为了防止这类问题，英国在政策设计上强调了四个方面：第一，NEST 公司的日常行政管理及其对于 NEST 计划的运作情况需向英国就业与养老金部进行汇报，其对 NEST 计划资产的运营投资则受到英国金融行为监管局（FCA）监督。第二，NEST 公司建立了比较完善的公司化治理结构。NEST 从建立之初就采用了现代化的公司治理模式进行运作，作为计划的受托管理人，NEST 公司建立了从董事会到管理层，再到职能部门的完整治理结构，形成了覆盖投资、运营、风险、服务、合规、人事薪酬等各方面的规章制度。第三，NEST 公司董事会成员均是养老金管理相关领域的专家，在投资、风险、运营管理、审计、客户服务、人事管理等方面各有所长且具有丰富的从业经验，一般都担任过大型养老金计划、保险公司等金融机构的董事会成员或高级管理人员等重要职务，部分成员还具备政府监督机构等公共部门的任职经历。例如 NEST 的董事会主席奥托·托雷森（Otto Thoresen），既担任过英国保险协会的主席，也出任过荷兰保险集团（英国）的首席执行官；董事会委员之一的海伦·迪安（Helen Dean）（兼任 NEST 的现任首席执行官），更是长期任职于英国就业与养老金部，是职业养老金计划"自动加入"机制的设计者之一。第四，建立了公开透明的信息披露机制。NEST 具有高度公开透明的信息披露机制，每个财年结束后会通过 NEST 公司和 NEST 计划两个年报详细披露公司及计划在过去财年中的运营情况，包括公司治理结构与成效、计划参与情况及资产规模、投资产品策略及表现、投资风险暴露程度、公司及计划财务报表、董事会成员及

---

① 李志明、邢梓琳：《智利私营化的养老保险基金管理》，《学习时报》，2014 年 9 月 29 日，第 2 版。

② 资料来源：德国劳动与社会事务部（BMAS），http://www.bmas.de/DE/Themen/Rente/ZusaetzlicheAltersvorsorge/statistik-zusaetzliche-altersvorsorge.html?nn=67546。

员工的薪酬水平、外部管理机构情况等各方面内容。同时，NEST 公司也会按季度披露各投资产品的资产配置与业绩表现，以便于社会公众及时掌握 NEST 计划的投资运作状况。通过高效的信息披露机制，NEST 计划能够受到社会各界的广泛监督，良好的透明度也提升了社会公众对于 NEST 计划的信任程度，起到了效果显著的宣传作用，推动了 NEST 计划自身的快速发展。

瑞典名义账户制度之下的国民养老基金实际上属于封闭型基金，设有数个基金公司负责具体运作。这些基金公司的董事会成员是瑞典政府通过财政部任命的，但政府不得干预各家基金的日常运作，各家基金也不受政府产业或经济政策的影响。政府基本上放弃了对 AP 基金和 AP6 的监管事务，仅在董事会成员任命、聘请外部审计机构、将年度报告交由瑞典国会审核等方面有相应职责。董事会是基金的最高决策机构，负责基金的组织和管理，如制定投资目标、招募首席执行官并每年对其评估、决定基金的长期风险偏好、战略组合等。首席执行官负责具体经营活动。由于规模效应等因素，加之基金公司能够适时降低管理费用高且业绩表现不佳的组合的比例，配置管理费较低的组合（比如指数型产品），瑞典国民养老基金的运作成本比较低。但是，虽然同时设立了几个基金，但这些基金之间的竞争有效性还有待观察。而且，由于相关政策规定类似，这些基金的投资组合也有可能趋同。如果大规模投资于国际市场，这种趋同可能不一定有多大的危害。但如果集中于国内市场，就有可能产生比较大的"羊群效应"。更重要的是，虽然瑞典设立这些基金的目的是保障名义账户制度的平稳运行，但名义账户的记账利率与基金的投资收益率之间并没有直接关联。这就需要在养老基金运营与名义账户制度财务自动平衡机制之间形成默契：一方面通过国民养老基金为养老金资产和负债之间的缺口提供缓冲资产；另一方面通过计算养老金资产与负债之间的"平衡率"对参与国民的记账名义利率进行调整，弥补采用平均收入指数作为名义利率指数而可能面临的财务失衡问题。该机制为缺口的调整提供了弹性，有助于名义账户制养老金下资产负债长期限内保持平衡。在我国养老运作机制与产品的设计过程中，也可以考虑引入"缓冲基金"或"缓冲账户"概念，平滑资产端或负债端带来的收益波动，提升产品收益的稳定性和投资者体验。

至于新加坡中央公积金制度下的基金运营，与前两者有着类似之处。例如，都是由政府设立专门机构来管理基金，该专门机构同样以各方代表（含专家）组成的董事会作为最高决策机构等。另外，与瑞典名义账户制度类似，基金投资收益与个人账户的记账利率之间并不存在直接联系。但是，新加坡的基金运营具有更为突出的政府干预特征。首先，中央公积金局是一个具有独立性的、半官方性质的管理机构，不仅与人力资源部关系密切，而且将基金运营与监督"一肩挑"，因而是一个更具垄断性的机构。其次，中央公积金的基金运营一直深受新加坡政府的影响。最初的很多年里，它被政府用于投资港口、道路基础设施以及公共房屋等政策设施，为新加坡经济发展做出了重要贡献，因而成为政府的一项重要政策工具。后来，为了促进基金保值增值，新加坡专门针对中央公积金发行了高票息特殊债券。这些年来，新加坡政府越来越重视中央公积金投资的市场化运作，设立了专门的机构 GIC 来负责基金的投资管理，并且大量投资于国外。2020 年，新加坡的资产管理规模达到了 4.7 万亿新元（3.5 万亿美元），其中 78% 源自国外，68% 投资于亚太区[①]。GIC 凭借其比较完善的治理结构、投资框架和资产配置方法等，较好地实现了资产的保值增值。但是，GIC 的投资收益率与个人账户的记账利率之间仍然没有直接联系。这意味着，即使投资收益率再高，也不会对降低费率产生多大影响。而中央公积金制度的费率一直以来都比较高，最高时达到 50%，目前基本稳定在 37% 左右，其中雇主缴 17%，雇员缴 20%。

四、我国账户养老金运营的基本问题与相关政策建议

（一）我国账户养老金运营状况及其基本问题

随着今年个人养老金制度的启动，我国三支柱养老金体系正逐步成形，而在这三个支柱中均有个人账户（见表 2-4）。第一支柱是养老社会保险，包括城镇职工基本养老保险和城乡居民基本养老保险，其中都有个人账户。城镇职工基本养老保险的个人账户在放弃做实之后事实上已经走向了名义账户制度，因而相应的基金也基本上可以被看作类似于瑞典的国民养老基金。城乡居民基本养老保险的个人账户是实账，其记账利率是根据国家政策，结合基金收支结余、委托投资收益和利息收入等因素确定的。基本养老保险基金的运营方式属于信托型。根据国务院 2015 年印发的《基本养老保险基金投资管理办法》，各省、自治区、直辖市基本养老保险基金结余，可预留一定支付费用后，统一委托给全国社会保障基金会理事会开展市场化

① 2022 Singapore Asset Management Survey，https：//www.mas.gov.sg/-/media/MAS-Media-Library/publications/singapore-asset-management-survey/Singapore-Asset-Management-Survey-2020.pdf.

投资运营。自 2016 年底正式启动市场化投资运营开始，根据中央政策，各省份陆续将部分基本养老保险基金资产委托给全国社保基金理事会投资运营。全国社会保障基金理事会坚持长期投资、价值投资和责任投资的理念，按照审慎投资、安全至上、控制风险、提高收益的方针，采取直接投资与委托投资相结合的方式开展投资运作，在确保基金安全的同时实现保值增值。到 2020 年末，受托管理的基本养老保险基金资产总额达到了 13950.85 亿元[①]，风险基金 132.34 亿元[②]；累计投资收益额 1986.46 亿元，年均投资收益率 6.89%[③]。

表 2-4 中国账户养老金运营方式

中国养老金体系中的个人账户		运营方式
第一支柱	城乡职工基本养老保险	信托型
	城镇居民基本养老保险	信托型
第二支柱	企业年金（自愿）	信托型
	职业年金（准强制）	信托型
第三支柱	个人养老金	契约型

资料来源：笔者编制。

第二支柱是职业养老金，包含面向企业部门的企业年金和面向机关事业单位的职业年金。两者都属于实账积累型个人账户制度，在基金运营上都采取受托人模式。根据《企业年金基金管理试行办法》规定，受托人可以由法人受托机构和企业年金理事会担当；对于法人受托机构，除托管人角色外，还可以兼任账户管理人和投资管理人的角色，也可以将账户管理人和投资管理人角色给第三方法人机构担任[④]。我国对参与企业年金运营的各类金融机构都制定了比较详细的准入要求和其他各类规范，特别是对投资管理人，只有经过审核的合格投资管理机构才能参与，这对于保障企业年金基金的安全产生了很好的作用。根据国家政策，所有机关事业单位都必须建立职业年金，缴纳职业年金费用，其中单位按缴费基数的 8% 缴费，个人按缴费基数的 4% 缴费，全部计入个人账户，在职人员退休后按月领取职业年金待遇。职业年金基金的运营同样采取信托模式，主要包含四个方面的参与者：代理人（代表机关事业单位作为委托人，并承担账户管理职责）、受托人、

托管人和投资管理人。央保中心及各省人社部门分别统筹，各地职业年金基金分为若干个计划，一个年金计划对应一个受托人，并分配到一定的资金额度，再选择多个投管人进行投资运作。我国职业年金的受托人主要有养老公司、银行、专业信托机构等。在选择投管人时参照了多年来企业年金管理经验，从投管人的资产管理水平、投资经理风格与能力和历史业绩三个方面选择和管理投管人。此外，在年金资产配置、投资过程以及产品管理等方面也建立了成熟的管理流程。

第三支柱是个人养老金。实际上，2018 年在上海市、福建省和苏州工业园区实施的个人税收递延型商业养老保险试点，可以被看作第三支柱养老金的一个探索。但试点情况远未达到预期，特别是公众参与度并不高，其主要原因是方案的吸引力和灵活性等方面仍然不够。2022 年 4 月《国务院办公厅关于推动个人养老金发展的意见》的发布正式吹响了我国发展个人养老金的号角。个人养老金制度最大的特点就是灵活性与自主性，在缴费、投资运营、待遇领取等方面，个人意愿都可以得到比较大的尊重。个人养老金的另一个突出特点就是便捷性、可及性比较高，只需要按照规定开设两个账户，就可以在规定的额度内享受税收优惠。这些特点决定了个人养老金制度会有比较大的发展潜力。按照制度设计，参加个人养老金需要开设两个账户：一个是在信息平台开设个人养老金账户，用于信息记录、查询和服务等；另一个是在银行开立或指定个人养老金资金账户，用于缴费、购买产品、归集收益等；两个账户相互唯一对应。个人养老金资金账户实行封闭运行，其权益归参加人所有，除另有规定外不得提前支取。从运营方式来看，个人养老金运营显然属于契约型，即用个人账户的资金购买合格的金融机构提供的合格的金融产品，双方基于所购买的金融产品而形成契约关系。

账户养老金存在于我国养老金体系的三个支柱中，但在每个支柱中所扮演的角色不同，所处的发展阶段也不同，因而面临的基本问题也是不一样的：

在第一支柱中，账户养老金面临的基本问题是受托人虚化和管理人单一。按照现行政策，由地方政府出面将基本养老保险基金委托给全国社会保障基金理事会进行投资运营，那么，谁才是全权负责账户养老金运营的受托人呢？

---

① 《全国社会保障基金理事会基本养老保险基金受托运营年度报告（2020 年度）》，http://www.ssf.gov.cn/portal/yljjgl/webinfo/2021/09/1634298253544726.htm。

② 受托管理基本养老保险基金、风险基金是社保基金理事会对于承诺保底收益的委托资金按委托投资合同的约定，对其超额收益的 10% 的分成，用于弥补委托资金到期结算投资收益额与保底收益额不足的部分，不属于委托省份的权益。

③ 考虑到 2016 年基本养老保险基金仅运作 6 天，年均投资收益率不包括 2016 年的收益率情况。

④ 胡峰：《企业年金理论与实务》，中国电力出版社 2018 年版，第 82-129 页。

如果我们把地方政府看作委托人，把全国社会保障基金理事会看作受托人，就可能存在如下问题：全权负责账户养老金运营的受托人应该是能够准确把握各地账户养老金的实际情况以及各相关方的具体关切的，而全国社会保障基金理事会似乎难以做到这一点，它只能把各地的账户养老金基金当作同样的资本运营。而且，地方政府也不是把所有账户养老金基金都委托给全国社会保障基金理事会投资运营，自己还留下了一部分。因此，我们还是只能把地方政府当作受托人，由受托人把一部分账户养老金基金委托给全国社会保障基金理事会进行投资运营。然而，从世界各国的情况看，几乎没有政府直接作为账户养老金受托人的情况存在，哪怕是进行了政府强力干预的新加坡中央公积金，也是由中央公积金局这样一个相对独立的机构作为受托人。这主要是因为政府在人员编制等方面通常受到比较严格的约束，使它在专业性、代表性等方面难以承担起受托人的职能。而我国目前以地方政府为受托人看上去也没因此带来多大的问题，主要是因为他们面对的是更专业、更权威、更强势的唯一的投资管理人——全国社会保障基金理事会，使他们自动放弃了受托人本应承担的一些职能，比如监督等。问题在于，如果地方政府也需要在基本养老保险方面承担相应的责任，特别是，如果基本养老保险基金运营需要与各地基本养老保险具体情况相适应，就需要有机构加强与全国社会保障基金理事会的沟通与协调，而地方政府有关部门在做这件事上可能力不从心。另外，全国社会保障基金理事会本来是管理全国社会保障基金的，其历史业绩也确实相当不错，但接管基本养老保险基金的投资运营还应该只能是一种过渡方案，毕竟全国社会保障基金和基本养老保险基金是两种不同性质的基金，而两者的规模又都十分庞大，都可谓是中国养老保障体系的基石，交给一个机构去管理，风险还是过于集中了。

在第二支柱中，无论是企业年金运营还是职业年金运营，目前面临的一个基本问题都是个人选择权问题。企业年金和职业年金都是实账积累型个人账户制度，账户资金的最终所有权是属于职工的，但目前职工在基金运营中基本上没有发言权，这使职工个人的具体需要基本上无法体现在基金运营中。而每个职工的资产状况、养老准备情况以及养老需要都可能是不同的，基金运营如果不考虑这种差异性，就有可能有损于职工利益。解决这个问题的关键就是给个人一定的选择权。从世界各国的情况看，在实账积累型私营个人账户制度中，职工个人都会被赋予或多或少的个人选择权。我国企业年金和职业年金中的个人选择

权问题又该如何解决呢？

在第三支柱中，个人养老金运营面临的基本问题是如何通过合格的金融机构提供合格的投资组合。尽管我国的个人养老金制度才开始启动，但契约型运营方式意味着个人将在众多金融机构提供的各类金融产品中进行选择。如果没有很好的制度规范，不仅许多人会无所适从，而且容易产生恶性竞争、过度营销等问题。

另外，对于所有的账户养老金运营而言，强化监管都是一个大问题。在目前的国内养老金市场，由国家财政部、人保部、证监会、银监会、保监会等各个部门各司其职，并相互协调，已经形成了一个监管体系。这个监管体系的形成有其历史渊源，目前它也基本上能够较好地完成相关监管任务。但这么多部门之间的协调毕竟不是一件简单的事情，也可能因此产生监管漏洞或不足。

（二）政策建议

我国账户养老金运营面临着许多问题或挑战，从目前的情况看，可以采取以下几个方面的措施：

第一，对于基本养老保险基金运营而言，目前可以考虑做好两件事：一是重建省级社会保障基金理事会。各个省份曾经建立过类似的机构，但后来并没有落到实处，基本上成了一种“摆设”。如前文所述，基本养老保险基金需要一个真正的受托人去承担受托人该承担的各种职责。从各国的情况看，由政府部门代表、雇主代表、职工代表、专家等组成的基金理事会能够较好地充当受托人角色。如果各个省份按照这种模式组建社会保障基金理事会，并在理事会下设专门的执行机构，应该能够更好地承担受托人的一些常态化工作，特别是与投资管理机构等基金运营机构的日常沟通与协调。二是组建国家基本养老保险基金管理公司。全国社会保障基金理事会取得了不错的历史业绩，就应该集中精力管好全国社保基金的有关事务。如果目前将基本养老保险基金委托给它进行投资运作只是暂时性的过渡安排，那也就可以理解了。如果借鉴国际经验以及全国社会保障基金理事会所积累的经验，组建国家基本养老保险基金管理公司，专门负责基本养老保险基金投资运营，就有可能产生更好的效果。

第二，对于职业养老金（包含企业年金和职业年金）运营而言，给予个人适当的选择权是让职业养老金运营适应个人需要的必然选择。一方面，鉴于个人在风险偏好等方面有所不同，给予个人适当的选择权有助于他们将职业养老金运营更好地融入自己的整个养老计划，从而为养老做更好的准备；另一方面，大部分人在金融投资等方面的

知识往往十分有限，不仅难以比较准确地分析自己的风险偏好，而且总是没有较好的养老规划，因而很难在基金投资运营上做出较为恰当的选择。从世界各国的经验来看，解决这种矛盾有两个基本方法：一是提供默认投资组合，主要是为那些根本不愿意做出选择的人准备的；二是提供合格的投资组合，主要是为那些想自己选择却不知道怎么选择的人准备的。

第三，对于正在建立的个人养老金制度，其基金运营关键是做好两件事：一是甄选合格的金融机构。为了充分发挥已有的金融机构的作用，应该允许银行、保险公司、基金公司、财务公司等各类金融机构进入个人养老金市场从事相关业务，但一开始需要设置比较高的准入标准。在国家社保基金、企业年金基金的投资运营中，我们已经积累了比较丰富的经验。将这些经验与个人养老金制度的特点结合起来，应该能够建立一套比较好的标准体系。二是设置合格的投资组合的基本要求。如前文所述，个人养老金制度必然会赋予个人一定的投资选择权。一开始，为了慎重起见，可能只是允许个人根据自己的情况在几种合格的投资组合中进行挑选。在这种情况下，对合格的投资组合设置一些基本要求就显得十分重要。这需要组织专家团队，深入分析投资市场的现状以及人们的不同风险选择、养老金需求等情况，才能够较好地完成。另外，对于那些不愿意做出选择的人，默认金融机构与默认投资组合也是需要考虑的政策选择。

第四，建立更为有效的监管体系。从国外的情况来看，一些国家在发展私营养老金时建立专门的监管机构，例如，智利成立了独立的政府机构养老基金监管局（Superintendencey of Pension Fund Administrators，SAFP），专门负责监管私营养老基金；英国于 1995 年也根据《养老金法》建立了职业养老金监管委员会（Occupational Pensions Regulatory Authority，OPRA）。但是，也有一些国家沿用了已有的监管体系，如美国。将我国养老金市场的发展状况与这些国家相比，可以发现，成立一个专门的养老金监管机构可能有助于提高监管效率。如果暂时无法做到这一点，可以先考虑在国务院层面设立一个能协调参与账户养老金监管的各个机构的委员会，以加强协调与沟通工作。与此同时，可以考虑进一步加强人力资源和社会保障部内的监管力量，比如，增设个人养老金监管部门、增加已有监管部门的人力与相关配置等，也可能有助于提高监管体系的效率。

分报告三
账户养老金管理费用研究
——有效市场和有为政府的视角

一、引言

面对汹涌澎湃的人口老龄化浪潮以及现收现付制公共养老金日益沉重的财务负担，很多国家开始建立账户养老金制度。虽然各个国家账户养老金的制度目标、计划类型和管理模式各不相同，但是理论分析和各国实践都表明，在缴费率和投资收益（风险）既定的情况下，账户养老金制度设计的一个核心目标是降低管理费用、实现低成本运营，扩大覆盖面，帮助参保者积累更加充足的养老金。对于缴费确定型完全积累制账户养老金而言，在给定缴费率和投资收益（风险）的情况下，管理费用是影响参保者退休收入的决定性因素。以40年的投资期限为例，如果管理费用为账户余额的0.5%，那么管理费用占账户余额的比例为11%；如果管理费率提高到1.5%，那么管理费用占比将高达30%（见图3-1）。

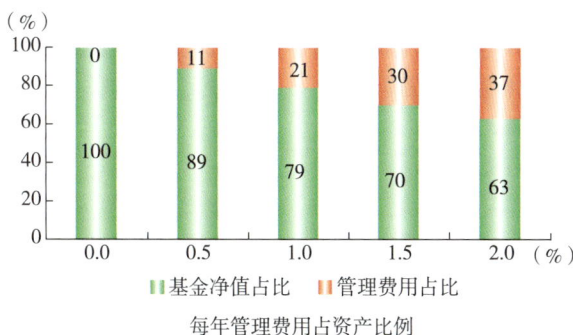

图 3-1　不同管理费率下基金净值与管理费用的比较

资料来源：Minifie J, Cameron T, Savage J. Super Sting: How to Stop Australians Paying Too Much for Superannuation, Grattan Institute Report No. 2014-6.

从账户养老金制度改革的视角来看，高昂的管理费用受到社会各界的广泛批评，影响了账户养老金的制度声誉，阻碍了账户养老金的发展壮大，不利于国家整个养老金体系的完善。可见，如何降低管理费用是账户养老金制度设计中的核心问题之一，决定着参保者能否真正受益于账户养老金制度，决定着账户养老金改革能否实现最初的改革目标，决定着国家整个养老金体系能否实现健康稳健可持续发展。因此，如何降低账户养老金的管理费用或者如何提供低成本的账户养老金制度已经成为很多国家养老金体系改革的重要目标。

养老基金管理费用的组成较为复杂，一般可以分为直接费用和间接费用。例如，大部分的账户管理费用都是直接的，要么是账户管理人直接产生的费用，要么是从外部提供商处购买服务的费用；一些投资管理费用也是直接的，诸如合规费用或者监管费用，这些费用直接从基金净值中扣除。除上述直接费用外，养老基金的管理还涉及很多间接费用，特别是在投资管理过程中。例如，间接费用的一个典型代表是交易费用，诸如支付给经纪人的佣金、支付给托管人的清算结算费用，以及相关的税收。这些费用一般是在交易过程中直接从投资组合的收益中扣除，而不是单独列出一个支付账单，通过一个单独的支付流程支付。

上述间接费用又可以进一步细分为显性费用和隐性费用。例如，股票交易费用都是显性的，经纪人的佣金事前有明确的合同约定，印花税等都是明确而清晰的。但是固定收益产品的交易费用往往是隐性的，诸如佣金和其他交易费用都隐含在买卖差价中。

在不同的制度背景下，养老基金涉及的管理费用的组成也各不相同，中介机构的数量、服务的质量标准以及投资策略的不同都会影响管理费用的组成。表 3-1 列出了养老基金投资管理过程中可能涉及的各种成本。在不同的管理制度下，一些养老基金可能涉及一些费用，一些养老基金可能不需要支付一些费用。但是管理费用无论是直接的还是间接的，无论是显性的还是隐性的，最终都体现在养老基金资产的减少上。因此，如何在给定投资收益（风险）和服务质量的前提下，尽可能降低管理费用是账户养老金制度设计和管理过程中需要关注的重大问题。

表 3-1 养老基金管理成本构成

发生阶段	成本名称	成本类型	基金类型
账户管理费用	基金的监督 / 治理成本	直接	DB, DC
	监管成本	直接	DB, DC
	法律、会计以及精算成本	直接	DB, DC
	运营、IT 成本	直接	DB, DC
	一般商业支出	直接	DB, DC
	交流沟通成本	直接	DB, DC
	销售、营销成本及佣金	直接或间接（显性）	DC
	投资平台成本	直接或间接（显性）	DC
	申购费用	直接或间接（显性）	DC
	附加的服务 / 待遇费用	直接或间接（显性）	DC
投资费用	基金的监督 / 治理成本	直接	DB, DC
	监管成本	直接	DB, DC
	法律、会计成本	直接	DB, DC
	咨询成本	直接	DB, DC
	一般商业支出	直接	DB, DC
	托管费用	间接（显性）	DB, DC
	资产管理内部成本	直接	DB, DC
	资产管理外部成本	间接（显性）	DB, DC
	资产透视成本	间接（隐性）	DB, DC
	绩效费用	间接（显性）	DB, DC
	另类资产的额外成本	间接（隐性）	DB, DC
	交易成本	间接（隐性）	DB, DC
	底层基金的申购 / 赎回成本	间接（隐性）	DC
	平台费用	间接（隐性）	DC
	底层基金的转换费用	间接（显性）	DC
	非现金成本 / 间接成本	间接（隐性）	DB, DC

资料来源：OECD: OECD Pensions Outlook 2018, p.83.

二、理论分析：有效市场和有为政府的视角

如何处理好市场和政府之间的关系是经济学理论的核心议题，不同的理论学派会有不同的答案。具体到如何降低养老基金管理费用问题，新古典经济学和行为经济学也给出了不同的政策建议。理论分析和国际经验表明，完全化市场竞争、分散化管理是降低管理费用的必要条件，但不是充分条件。强制性参保是降低管理费用、实现规模经济的必要条件，但也不是充分条件。虽然每个国家养老金制度不同、养老金改革面临的约束条件也不一样，但是在如何降低账户养老金管理费用方面，核心思想是在充分利用竞争机制的基础上通过科学合理的机制设计来降低管理成本，而不仅是简单地完全依赖市场竞争。通过科学合理的机制设计，（准）强制性参保和集中化管理是降低管理费用的有效手段。

（一）新古典经济学的视角：分散化管理竞争模式

新古典经济学认为消费者选择和市场竞争是降低养老基金管理费用的最有效手段。因此账户养老金的账户管理和投资管理应该尽可能采取分散化管理模式。这一理念可以用"一价定律"来描述，即相同的商品在市场上应该具有相同的价格[1]。对于养老基金而言，如果赋予参保者更多的选择权，让多家金融机构相互竞争，市场上总能够存在以较低费率提供高质量服务的基金管理机构，而理性的投资者面对提供相同收益－风险组合的基金，总会选择那些管理费用最低的机构。

在理论上，分散化市场竞争模式降低管理费用需要一系列条件才能够实现。一是账户养老金参与各方积极参与市场运作与竞争。这就要求账户养老金参与各方，包括雇员、雇主能够有效地选择和监督基金管理机构，通过比价机制和转换管理机构对管理方施加压力来降低管理费用。在现实中，很多雇主和雇员都是具有惰性的，缺乏动力积极参与养老基金监督管理；此外，很多参与者缺乏足够的金融知识做出正确的选择。

二是简洁清晰透明的费率结构。很多养老基金的费率结构不是标准化的、收费信息不透明，参保人很难进行直接比较。有的管理机构根据缴费金额收费，有的根据管理资产规模收费；有的按照一定比例收费，有的收取固定金额；有的在前端申购时收费，有的在后端赎回时收费；有的向雇主收费，有的向雇员收费，还有的在养老金计划层面进行收费。复杂的收费结构导致同样的服务收取的费用可能差别很大。德勤的一份研究报告表明，同样的服务，收费区间在 0.28%~1.38% 变动[2]。

三是有效的治理结构。建立有效的治理结构才能够监督管理机构提供清晰透明的收费，降低管理费用。但是，由于养老基金治理的复杂性，雇主代表、雇员代表、投资顾问、咨询师出于各自利益，并不必然把降低管理费用作为其工作的核心内容。

四是较低的市场进入／退出成本以及基金转换成本。市场竞争的核心是较多的管理机构自由进入／退出市场参与竞争、参保成员具有广泛的选择权。但是由于监管政策限制、牌照审核等因素，以及养老金市场规模可能较小，无法容纳大量的管理机构，导致养老基金管理市场竞争性不够，难以有效降低管理成本。

在实践中，大量的实证研究表明市场竞争并不是完全充分的，违背"一价定律"的现象非常普遍。例如，美国金融市场上各种标准普尔指数基金本质上都是相同的，它们的预期收益率几乎是一样的，因此理论上它们的价格（管理费）也应该是相同的。但是标准普尔指数基金费率跨度很大，从 0% 到 5.75% 不等[3]。很多学者提出了不同的原因来解释这一差异。例如，金融素养不足观点认为由于投资者金融知识不足，他们在选择基金时没有充分认识到管理费用对收益的影响，不知道对于指数基金最优的投资策略就是选择管理费用最低的基金[4]。追逐历史回报率观点认为，虽然历史回报率并不能预测未来投资回报率，但是大多数投资者还是会根据历史回报率选择基金，这导致投资者过度重视历史回报率而较少考虑管理费用[5][6][7]。搜寻成本观点认为，搜索低管理费用基金是需要成本的，当搜索边际成本等于边际收益时，投资者就会停止搜索，由于信息不对称、投资决策需要搜索的信息内容繁多，导致搜索成本高昂；此外投资者在转换基金时，各种显性的

①　Lamont O A, Richard H T, Anomalies: The Law of One Price in Financial Markets, Journal of Economic Perspectives, 2003, 17 (4): 191–202.

②　Deloitte, Inside the Structure of Defined Contribution:401(k) Plan Fees, 2013: A Study Assessing the Mechanics of the "All–In" Fee, Deloitte/ICI, 2014.

③　Choi J, Laibson D, Madrian B, Why Does the Law of One Price Fail? An Experiment on Index Mutual Funds, Review of Financial Studies, 2010(23):1405–1432.

④　Elton E, Gruber M, Busse J, Are Investors Rational: Choices among Index Funds, Journal of Finance, 2004(59):261–288.

⑤　Bailey W, Kumar A, Ng D, Behavioral Biases of Mutual Fund Investors. Journal of Financial Economics, 2011(102):1–27.

⑥　Sapp T, Tiwari A, Does Stock Return Momentum Explain the "Smart Money" Effect?, Journal of Finance, 2004(59):2605–2622.

⑦　Sirri E R, Tufano P, Costly Search and Mutual Fund Flows, Journal of Finance,1998(53):1589–1622.

和隐性的成本也阻碍了投资者更换费用较低的基金①。营销观点认为基金公司的营销行为会吸引新的投资者，有利于增加基金公司份额，基金公司愿意增加营销费用，但是营销费用是管理费用的一部分，最终还是由投资者承担，导致总管理费用居高不下②。分散化偏差理论认为通常情况下采取分散化投资策略是正确的，但对于指数基金而言唯一理性的策略是最小化管理费用，但很多投资者认识不到这个问题，导致现实中很多投资者为了分散化投资而选择了高管理费用的指数基金③。

总之，大量的实证研究表明，由于个人行为偏差和市场不完善，仅依靠投资者个人选择和分散化市场竞争是无法有效降低养老基金管理成本的。为此，行为经济学家建议采取集中化管理模式，通过实现规模经济来降低管理成本④。

（二）行为经济学的视角：集中化管理竞争模式

与新古典经济学假设个体是完全理性的观点不同，行为经济学认为个体是有限理性的⑤、有限的自控能力的⑥、普遍存在惰性和拖延⑦并且厌恶损失⑧。因此，通过分散化市场竞争并不能够最小化管理费用，在适当利用市场机制的基础上采取适度集中化管理模式反而能够有效降低管理费用。集中化管理模式通常具有以下五个特征：自动（强制）加入、有限投资选择权、设置默认投资基金、集中化账户管理和批发式委托投资管理。

首先，自动（强制）加入能够克服参保者惰性，提高

参保率，实现规模经济。Madrian和Shea（2001）研究发现⑨，在不改变401（k）计划制度特征的情况下，只是将参保方式由以前的需要雇员主动选择参保变为自动加入机制，对于新雇员而言，参保率提高了近50个百分点。特别值得一提的是，自动加入机制不仅在总体上提高了参保率，而且对于低收入群体、年轻人、少数族裔以及女性的参保率提高程度更大。该效果在阿富汗等中低收入国家仍然显著⑩。

其次，有限投资选择权能够确保参保者做出高质量投资选择的同时降低管理费用。传统观点认为选项越多，投资者越能够做出最优的选择。但是大量的实证研究表明，选项过多反而不利于投资者做出最佳选择，甚至因为选项过多导致个人采取拖延策略而不做出积极选择⑪⑫。相反，适当减少投资选项反而有助于投资者做出更优的选择⑬。因此，在保证投资者能够获得适当选择的情况下，限制投资选择权能够降低投资管理的复杂性和多样性，有助于降低管理成本。

再次，设置默认投资基金有助于降低管理费用。由于惰性或者金融知识不足，很多投资者不愿意或者不知道如何做出投资选择，这时设置默认投资基金显得非常必要。默认投资基金可以由政府设立机构直接管理，也可以通过招标的形式委托给外部金融机构。由于大部分投资者都会选择默认投资基金，政府直接管理可以实现规模经济，外部管理可以在谈判中获得较低的管理费用，因此无论采取

① Hortacsu A, Syverson C, Product Differentiation, Search Costs, and Competition in the Mutual Fund Industry: A Case Study of S&P 500 Index Funds, Quarterly Journal of Economics, 2004(119):403–456.

② Khorana A, Servaes H, What Drives Market Share in the Mutual Fund Industry?, Review of Finance, 2012,16(1): 81–113.

③ Mauck N, Salzsieder L, Diversification Bias and the Law of One Price: An Experiment on Index Mutual Funds, Journal of Behavioral Finance, 2017,18(1):45–53.

④ Barr N, Diamond P, Refining the Choice Architecture in the Swedish Premium Pension: Response to the Consultation on Ett bättrepremiepensions System SOU, February 2020.

⑤ Simon H A, A Behavioral Model of Rational Choice, Quarterly Journal of Economics, 1955, 69(1):99–118.

⑥ Mullainathan S, Thaler R, Behavioral Economics, NBER Working Paper No. 7948, 2000.

⑦ Thaler R, Some Empirical Evidence on Dynamic Inconsistency, Economics Letters, 1981, 8(3):201–207.

⑧ Tversky A, Kahneman D,Advances in Prospect Theory: Cumulative Representation of Uncertainty, Journal of Risk and Uncertainty, 1992, 5(4):297–323.

⑨ Madrian B, Shea D, The Power of Suggestion: Inertia in 401(k) Participation and Savings Behavior,Quarterly Journal of Economics, 2001,116 (4):1149–1187.

⑩ Blumenstock, J, Callen M, Ghani T, Why Do Defaults Affect Behavior? Experimental Evidence from Afghanistan, American Economic Review, 2018, 108 (10): 2868–2901.

⑪ Choi J, Laibson D, Madrian B, Reducing the Complexity Costs of 401(k) Participation through Quick Enrollment, In Wise D(eds.), Developments in the Economics of Aging, Chicago: University of Chicago Press, 2009: 57–82.

⑫ Beshears J, Choi J, Laibson D, Madrian B, Simplification and Saving, Journal of Economic Behavior and Organizations, 2013,95(C): 130–145.

⑬ Goldreich D, Halaburda H, When Smaller Menus are Better: Variability in Menu–Setting Ability . Management Science,2013,59(11): 2518–2535.

哪种方式，设计良好的默认投资基金总能够提供低成本的投资管理服务[①]。

又次，账户管理采取集中化管理模式有助于实现规模经济和增强委托投资管理的议价权。由于IT技术的不断进步，账户管理系统设计的技术难度不断降低，其管理成本相对固定，只有采取集中管理模式才能够实现规模经济，降低人均管理费。此外，集中式账户管理模式也有助于在委托投资管理的议价过程中获得更强的议价权。

最后，批发式委托投资管理有助于降低管理成本。当账户养老金制度设计中采取自动（强制）加入、有限投资选择权、提供默认投资基金和集中式账户管理模式时，政府成为养老基金委托投资管理的唯一招标方，具有较强的议价能力，可以通过批发式委托投资管理方式获得较低的管理费用。

三、国际经验：典型国家账户养老金管理费用比较分析

在实践中，实行分散化管理模式以澳大利亚超级年金（Superannuation Guarantee，SG）和德国里斯特养老金（Riester-Rente）为典型代表，前者是强制性参保，后者是自愿性参保。实行集中化管理模式的典型代表是瑞典实账积累制养老金（Premium Pension）、英国国家职业储蓄信托计划（NEST）和美国联邦政府公务员储蓄节俭计划（Thrift Savings Plan，TSP），其中瑞典是强制性参保，而英国和美国养老金计划是准强制性参保[②]。本文以澳大利亚、德国和瑞典账户养老金为例，比较其管理费用的高低、探究其背后的原因。

国际经验表明，集中化管理能够有效降低管理成本，而分散化管理相对而言成本较高。强制性参保并不必然会降低成本，主要影响因素还有集中化管理程度高低。例如，澳大利亚超级年金采取强制性参保和分散化管理，其管理成本较高；瑞典积累制养老金是强制性参保，英国NEST采取的是自动加入机制，两国都采取集中化管理，因此管

理成本较低。德国里斯特养老金采取自愿性参保、分散化管理，管理成本也较高；而玻利维亚养老金计划虽然也采取自愿性参保，但是由于采取集中化管理，管理成本相对较低（见图3-2）。

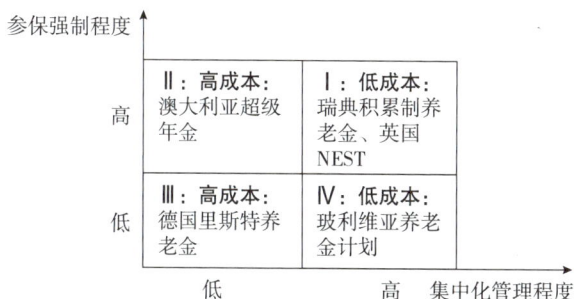

图 3-2　账户养老金不同管理模式与管理费用

资料来源：笔者绘制。

（一）强制性分散化管理模式：澳大利亚超级年金

1. 管理模式及其管理费用

根据管理主体不同，澳大利亚超级年金（SG）分为五类：行业基金、零售基金、雇主基金、公共部门基金和自我管理基金。澳大利亚超级年金采取分散化账户管理和投资管理的初衷是充分利用市场竞争降低管理费用，但是降费效果不佳。例如，2002年澳大利亚超级年金总费用占所管理资产的比例为1.38%，2017年下降到1.20%左右，目前仍然维持在较高水平[③]；费用率是OECD国家平均值的2倍[④]。

高额的管理费侵蚀了超级年金的投资回报。例如，2004年超级年金的初始金额为7000亿美元，从2004年到2013年缴费金额为6510亿美元，投资收益3780亿美元，管理费用1580亿美元，占投资收益的41.8%（见图3-3）。这一期间，澳大利亚超级年金的平均投资回报率为4.24%，扣除管理费后为3.0%，降低了1.24个百分点。具有讽刺意味的是，在此期间超级年金的投资回报率不断波动，而管理机构的收费却相当稳定，大大降低了净收益。

---

①　Barr N, Diamond P, Refining the Choice Architecture in the Swedish Premium Pension:Response to the Consultation on Ett Bättre Premiepensionssystem SOU 2019:44，February 2020.

②　虽然这五类养老金计划在各自国家多支柱养老体系中的定位并不完全相同，诸如瑞典实账积累制养老金通常被划分为第一支柱，澳大利亚超级年金和英国国家职业储蓄信托计划通常被划分为第二支柱，德国里斯特养老金和美国联邦政府公务员职业养老金被划分为第三支柱，但是这五类计划本质上都是缴费确定型（DC）的完全积累制（FF）养老金计划，在具体的管理运营上并没有本质区别，因此在管理费用方面具有可比性，对账户养老金的制度设计特别是对中国个人养老金的制度设计具有借鉴意义。

③　Austrlian Government Productivity Commission, Superannuation: Assessing Efficiency and Competitiveness, Inquiry Report，No.91, December 21th, 2018.

④　Minifie J，Super Sting: How to Stop Australians Paying Too Much for Superannuation，Grattan Institute Report No. 2014-6, April 2014.

（亿美元）

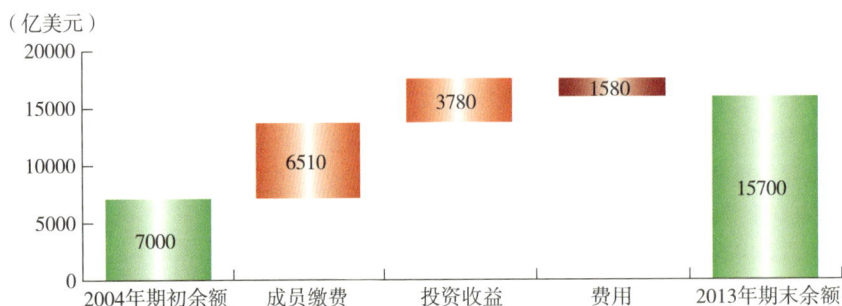

图 3-3　澳大利亚超级年金管理费用对投资收益的侵蚀

资料来源：Minifie J, Cameron T, Savage J, Super Sting: How to Stop Australians Paying Too Much for Superannuation, Grattan Institute Report No. 2014–6.

2. 管理费用较高的原因分析

澳大利亚超级年金制度于 1991 年正式实施。在制度设计过程中，政策制定者深受"撒切尔—里根主义"的影响，坚信竞争性市场能够提高效率，竞争压力和信息披露能够降低管理费用[1]。据此，政策制定者希望参保者和雇主通过自由选择等市场机制向管理机构施压以降低费用，但是管理机构并没有在费率上竞争，而是在市场推广、分销网络、成员服务和投资选择等方面展开竞争。这方面的竞争又转变成管理成本，最终由参保者来承担，具体原因分析如下：

首先，由于惰性和信息不透明，很多参保者并不关心管理费用，也没有意识到管理费用对投资收益的重要影响。据调查，50% 的参保者不知道支付了多少管理费，75% 的参保者不知道投资回报率。当更换雇主后，69% 的参保者没有重新选择基金；70% 的参保者选择的基金是雇主指定的[2]；大约只有 2% 的参保者会主动更换基金[3]。参保者的惰性导致管理机构缺乏动力降低管理费用。

其次，雇主在选择默认基金中发挥着重要作用，但是很多雇主对管理费的关注度不高。据调查，49% 的雇主对所选择的默认基金的长期投资收益了解不多或者没有了解；30% 的雇主比较过默认基金和其他基金的费用；只有 7% 的雇主更换过默认基金[4]。很多雇主选择基金管理机构首先关注的不是管理费用，而是金融机构提供的其他服务，诸如发放信用卡、住房贷款方面的便利，或者为了方便直接选择有合作关系的机构。

再次，基金管理机构提供的繁多的选择和复杂的收费标准也阻碍了进一步降低费率。基金管理机构提供上百个基金，通过各种渠道直接面向参保者。基金管理机构收取管理费的方式也复杂多样，有的在买卖端口收费，有的在持续期间收费，既有固定金额的收费，也有按比例的收费。这些众多的选择对于大多数惰性比较强的参保者而言很难受益。

最后，监管资源不足和监管机构分散也是导致管理费居高不下的原因之一。在自由主义思潮的影响下，政府尽可能减少对超级年金的监管，避免增加管理机构的"合规成本"，因此投入的监管资源有限。此外，超级年金的监管职责又分散在五个监管机构之间，进一步稀释了监管资源、模糊了监管重点。

（二）自愿性分散化管理模式：德国里斯特养老金

1. 管理模式及其管理费用

德国里斯特养老金建立于 2001 年，是德国养老金体系的重要组成部分，是享有财政补贴和税收优惠的积累制养老金。根据德国社会经济追踪调查数据（The German Socio-Economic Panel Study，SOEP），2020 年里斯特养老金参保人数约为 1290 万人，占劳动人口的比例为 25.3%，养老金替代率在 5% 左右。根据收入五等分，收入最低的 20% 人口的参保率为 13%，收入最高的 20% 人口的参保率为 32%。根据德国联邦政府劳动与社会事务部的数据，自从 2011 年参保人数达到 1600 万人以后，里斯特养老金发展已经进入停滞阶段，其中约 20% 的参保者不再缴费。总体而言，德国里斯特养老金发展状况远低于德国各界的

---

①　Morris N, The Cost of Complexity: Australian Superannuation, Doctoral Dissertation of The University of New South Wales, 2014.

②　ABS, Employment Arrangements, Retirement and Superannuation, Australia, Apr to Jul 2007, catalogue number 6361.0, Australian Bureau of Statistics, 2009.

③　Morgan R, On the Money: Australians' Changing Attitudes to Wealth, Debt, Superannuation and Plans for Their Financial Future, 2013.

④　Brunton C, Investigating Superannuation: Quantitative Investigation with Employers Final Quantitative Report, Prepared for Australian Tax office, Colmar Brunton, 2010.

预期，要求进行根本性改革的呼声高涨①。

与澳大利亚类似，德国里斯特养老金也采取分散化管理模式，即分散的账户管理、分散的委托投资，参保者可以自由选择保险公司、银行、基金公司和住房协会等金融机构提供的产品。截至 2020 年，里斯特养老金各类合同总数为 1637 万件，其中保险合同占比 65.3%，银行存款合同占比 3.6%，投资基金合同占比 20.1%，住房年金合同占比 11.0%。有学者②专门对比了德国里斯特养老金和瑞典 AP7 Såfa 基金的管理费用。在高回报率的情况下（假设股票基金收益率为 8%，固收基金收益率为 5%），德国里斯特养老金的管理费占总资产的比例高达 31.28%~40.97%，使年均收益率减少了 0.97~1.36 个百分点。与之形成鲜明对比的是，在高回报率的情况下，瑞典 AP7 Såfa 基金管理费用占总资产的比例为 6.44%，管理费用导致年均收益率减少 0.17 个百分点，远远低于分散化管理的里斯特养老金。在低回报率的情况下（假设股票基金收益率为 5%，固收基金收益率为 2%），里斯特养老金的管理费用占总资产的比例高达 27.85%~34.01%，而瑞典 AP7 Såfa 基金占比不到 5.57%。因此，自建立以来，德国里斯特养老金的高成本受到广泛诟病，一些公司收取的管理费用甚至超过了政府财政补贴的金额（见表 3-2）。

表 3-2　德国里斯特养老金和瑞典实账积累制养老金（PPM）的管理成本比较

提供商	产品	高投资回报率（%）		低投资回报率（%）	
		总成本占比	收益率减少	总成本占比	收益率减少
瑞典养老金管理局	AP7 Såfa	6.44	0.17	5.57	0.15
德国联合投资公司	UniProfiRente	31.28	0.97	27.85	0.83
德国德卡投资基金	Deka-ZukunftsPlan Select	33.74	1.07	30.10	0.91
德国 DWS	DWS RiesterRente Premium	40.97	1.36	34.01	1.06

资料来源：Haupt M, Kluth S, Take a Chance on Me—Can the Swedish Premium Pension Serve as a Role Model for Germany's Riester Scheme? (May 16, 2013). MEA Discussion Paper No. 266-2013.

2. 管理费用较高的原因分析

德国里斯特养老金管理成本居高不下的原因主要包括以下几个方面：一是里斯特养老金产品费率结构复杂，不利于降低管理费。为了具有可比性，这些选取瑞典实账积累制养老金中的 AP7 Såfa 基金与德国三家主流供应商提供的三款产品做比较（见表 3-3）。瑞典实账积累制养老金收费结构清晰，主要包括投资管理费和账户管理费，其中股票基金管理费为账户余额的 0.15%，固收基金为 0.09%，账户管理费为 0.11%，合计不超过 0.3%（具体数据参见图 3-4）。德国里斯特养老金收费结构较为复杂，一般包括至少三种收费。①很多提供商会根据资产规模收取基金管理费，权益基金收费在 1.33%~1.50% 不等，固收基金收费为 0.60%~0.89% 不等。②提供商会根据缴费或者补贴金额收取申购费，收费标准为 3%~5.5% 不等。③每年收取账户管理费，每年 10~18 欧元不等（见表 3-3）。由于里斯特养老金参保者可以选择保险合同、银行储蓄合同、投资基金合同和住房年金合同等不同的产品实现投资积累，即使选择同一种产品，不同的供应商提供的收费结构也不相同。这个种类繁多的产品和复杂的收费结构导致里斯特养老金管理费用较高。

表 3-3　德国里斯特养老金和瑞典实账积累制养老金（PPM）的管理费构成比较

提供商	产品	股票基金收费		固收基金收费		账户管理费
		比例收费	一次性收费	比例收费	一次性收费	
瑞典养老金管理局	AP7 Såfa	0.15%FM	—	0.09%FM	—	0.11%
德国联合投资公司	UniProfiRente	1.33%TER	5% 的申购费	0.69%TER	3% 的申购费	每年每个账户 10 欧元
德国德卡投资基金	Deka-ZukunftsPlan Select	1.45%TER	5.26% 的申购费	0.89%TER	3% 的申购费	每年每个账户 10 欧元
德国 DWS	DWS RiesterRente Premium	1.50%TER	5.5% 的申购费	0.60%TER	5.5% 的申购费	每年每个账户 18 欧元

注：表中 FM 表示根据积累额收费，TER 表示根据缴费额收费。

资料来源：Haupt M, Kluth S, Take a Chance on Me – Can the Swedish Premium Pension Serve as a Role Model for Germany's Riester Scheme? (May 16, 2013). MEA Discussion Paper No. 266-2013.

---

① Geyer J, Grabka M M, Haan P, 20 Years of the Riester Pension-personal Retirement Provision Requires Reform, DIW Weekly Report, No. 2021-40.

② Haupt M, Kluth S, Take a Chance on Me—Can the Swedish Premium Pension Serve as a Role Model for Germany's Riester Scheme? (May 16, 2013), MEA Discussion Paper No. 266-2013.

二是在领取阶段，保险公司使用预期寿命较高的生命表，间接提高了管理费，导致领取的养老金较低。根据2005年通过的法律，在领取阶段，积累金额中的30%可以一次性领取，剩下70%必须购买年金，因此年金产品的定价直接影响领取的养老金待遇。保险公司使用不同来源的生命表来计算养老金待遇，诸如德国保险学会、联邦政府统计局和各家公司都有各自的生命表。最初，德国联邦金融监管局（BaFin）只是推荐保险公司使用合适的生命表，具体使用哪个生命表由保险公司自主决定；2004年之后监管当局推荐德国保险学会生命表。但是德国保险学会的生命表存在夸大长寿风险的问题，通过使用较低的死亡率和较高的预期寿命来为保险产品定价。例如，与德国联邦政府统计局生命表相比，德国精算学会使用的生命表预期高出3.5~11年，这显著增加了购买年金的费用。此外，2005年之后开始使用单一性别生命表，保险公司制定单一性别生命表时在考虑一般长寿风险外，增加了女性权重，使新生命表大大增加了长寿风险（见表3-4）。

表3-4　不同机构使用的生命表对比

	德国统计局	德国数学学会	德国精算学会
年龄35岁在2001年签署保险合同			
女性	87.04	88.68	91.93
男性	81.50	82.47	85.12
年龄35岁在2011年签署保险合同			
女性	88.21	89.87	97.65
男性	82.75	83.73	93.49

注：德国精算学会使用的是DAV04R版本的生命表。

资料来源：Hagen K, Kleinlein A, Ten Years of the Riester Pension Scheme: No Reason to Celebrate, DIW Economic Bulletin, No. 2, 2012.

三是监管政策的改变有利于保险公司获得更多的利润，侵蚀了里斯特养老金的收益。保险公司的利润主要来自利差、费差和死差。在里斯特养老金建立之初，监管机构要求保险公司将上述利润的90%分配给保单持有者。自2005年以后，上述90%分配比例只适用于利差，费差利润保险公司可以获得50%，死差利润保险公司可以获得25%。保险公司利润的增加相应地降低了参保者的待遇水平，间接提高了管理费。

四是产品竞争不充分、信息披露不充分、透明度不高。里斯特养老金限制产品转换，而且更换新的产品后还需要再次缴纳申购费，增加转换产品的成本，不利于不同产品之间的竞争。虽然相关法律要求产品提供商披露相关信息，但是各家提供商披露的信息有限，特别是关于成本的信息披露更少，违法信息披露的行为也没有受到严厉的处罚。

五是担保回报率不断下降，降低了待遇水平，也导致产品供给下降。在2001年建立之初，里斯特养老金的担保回报率为3.25%，2007年降低到2.25%，2012年降低到1.75%。2021~2022年，德国财政部规定的最大精算利率从0.9%下降到0.25%。一些专家担心这一改变将导致里斯特养老金降低10%，甚至有人担心这意味着对里斯特养老金宣判了"死刑"[1]。这一低利率使很多保险公司实现担保回报率也越来越难，很多公司停止接受新的保单。例如，德国DWS公司宣布从2021年7月1日开始不再接受新的里斯特养老金合同。

总之，德国里斯特养老金引入不同金融机构提供的不同产品试图通过相互竞争来降低管理费用，但是这一目标没有实现，里斯特养老金的管理费用仍然居高不下。背后的主要原因是里斯特养老金产品的收费结构复杂、信息不透明，产品之间的竞争机制不充分，保险公司提供的保险合同占比较高，由于制度设计和监管政策不合理，导致保险公司过度追逐利润，降低了里斯特养老金的待遇水平。

（三）强制性集中化管理模式：瑞典实账积累制养老金

1.管理模式及其管理费用

瑞典实账积累制养老金是瑞典基本养老金制度的第三个层次。该制度实行典型的集中化管理模式。第一，由于该制度属于第一支柱基本养老保险，实施强制参保，个人没有退出选择权。第二，有限投资选择权。瑞典第七国民养老基金（AP7）负责其投资管理。如果参保者不做任何投资选择，则其缴费自动进入默认投资基金（AP7 Såfa）。此外，AP7还提供股票基金、固收基金等五类基金供参保者选择。第三，政府机构直接管理默认基金AP7 Såfa，采取目标日期基金的形式有助于降低管理成本。第四，集中化账户管理。账户管理由瑞典养老金管理局统一负责，2020年的账户管理费仅为0.04%[2]。此外，剩下唯一的费用就是投资管理费。第五，批发式委托投资基金管理。上述特征决定了瑞典养老金管理局是养老基金市场上唯一招标方，在和基金公司议价过程中具有非常大的优势。

① Riester-Rente, https://de.wikipedia.org/wiki/Riester-Rente.
② Swedish Pensions Agency, Orange Report 2020, Annual Report of the Swedish Pension System, 2020, p.54.

因此，瑞典实账积累制养老金以低成本运营著称。例如，2015年实账积累制养老金账户管理费用为所管理资产的0.07%，投资管理费用为0.25%，交易费用为0.05%，三项费用合计为0.37%；2020年三项费用合计降到0.27%，自2010年建立以来呈现不断下降的趋势（见图3-4）。

图 3-4　瑞典实账积累制养老金资产规模及其管理费用占比

资料来源：Swedish Pensions Agency, Orange Report 2020, Annual Report of the Swedish Pension System, 2020, p.54.

2. 管理费用较低的原因分析

虽然参保者也意识到在选择养老基金时应该比较管理费用，但是绝大多数参保者无法做到这一点，他们很难判断一个基金的管理费用是高还是低，也不清楚费用高低对账户积累金额的长期影响。即使有投资顾问的帮助，也难以获得最佳的选择，因为投资顾问的收费和基金公司提供的佣金密切相关，他们更有动力推荐费用高昂的基金。在此背景下，瑞典的集中化管理模式为其实施的独特的投资管理费用返还制度（Rebate System）奠定了基础，因此能够有效降低管理费用。

瑞典的管理费用返还制度具有以下四个特征：第一，参保者必须通过瑞典养老金管理局来选择养老基金，基金公司提供的折扣费率仅适用于瑞典养老金管理局，该费率不适用于其他的投资者。第二，返还制度实行累进制，基金公司管理的资产规模越大，返还比例越高。第三，基金公司的营销推广活动可以在瑞典养老金管理局提供的平台内进行，但平台不为这些活动提供费用。第四，返还制度规定的折扣率是不可谈判的，而且基金公司对所有的参保者应该收取相同的管理费。

为了控制管理费和方便计算返还金额，瑞典设置了收费下限（基准费率）和上限。下限是：股票和其他基金为0.15%，固收基金为0.10%；上限是：股票基金为2.25%，其他基金为1.50%，固收基金为1.00%。如果基金公司的收费标准小于下限则不需要返还；如果收费标准超过上限，超过上限的部分要全额返还；如果收费介于上下限之间，根据所管理的资产规模而实行差别返还率，分成四个阶梯。例如，资产规模在10亿克朗以下的返还65%，超过100亿克朗的返还90%（见表3-5）。返还的基数就是实际收费与下限之间的差额。

表 3-5　瑞典养老金投资管理费返还制度

序号	基金公司管理的资产规模（百万克朗）	基金公司的收费	基准收费率（%）	返还率（%）
1	不限	低于下限	下限	0
2	0~1000			65
3	1000~5000	在下限和上限之间	下限 股票基金：0.15　其他基金：0.15　固收基金：0.10	75
4	5000~10000			85
5	>10000			90
6	不限	高于上限	上限 股票基金：2.25　其他基金：1.50　固收基金：1.00	100

资料来源：Swedish Pensions Agency, The Rebate Model in the Swedish Premium Pension System: A Case of the Swedish Pensions Agency, International Social Security Association, Good Practices in Social Security, 2015.

瑞典集中化管理模式及其返还制度极大地降低了投资管理费用。在实施返还机制之后，瑞典要求投资管理费最高不能超过 0.89%，即股票基金不能超过 0.89%，债券基金不能超过 0.42%，其他基金不能超过 0.62%[①]。据统计，2015 年养老基金公司收取的费用约为 62 亿克朗，其中返还给瑞典养老金管理局费用为 42 亿克朗（占比 67%），这些费用最终分配给参保者，使其养老金增加了 15%~20%[②]。

与瑞典集中管理模式类似，英国国家职业储蓄信托计划（NEST）的管理费用也较低。NEST 收取的管理费用为账户余额的 0.3%，此外还根据缴费金额临时收取 1.8% 的费用用于偿还 NEST 建立之初产生的贷款，贷款还清之后不再收费这笔费用。而美国联邦政府公务员储蓄节俭计划（TSP）的管理费用则更低，平均费用为总资产的 0.05% 左右[③]。

四、费用设计：收费方式与投资绩效

上述分析是在给定投资收益和投资风险的情况下，如何通过制度设计降低管理费用。但是降低管理费用并不是账户养老金管理的最终目的，一味追求低管理成本可能降低账户养老金管理服务的质量，最终损害参保者利益。如果较高的管理费用能够带来更高的风险调整后的净收益，那么投入更多的管理费用是值得的。因此，各方普遍较为关注管理费用设计与投资绩效之间的关系，根据投资绩效收费能否提高收益率，基于缴费额收费还是基于积累额收费更有利于基金积累，这些问题都值得深入研究。

（一）是否根据投资绩效支付管理费？

根据投资绩效支付管理费的核心目的是解决养老基金与投资管理人之间的委托代理问题，更好地激励投资管理人投入更多资源有效管理养老基金，在既定风险下获得最佳的回报率。有效的投资绩效管理费合同需要能够最小化养老基金与投资管理人之间的利益冲突，合理分担投资风险。根据 Starks（1987）的研究[④]，这里考虑两类投资绩效管理费合同。第一类是分红式绩效管理费（Bonus Performance Fee）：

$$F_{BP} = \begin{cases} F_0 & \text{if } r \leq r_B \\ F_0 + k(r - r_B) & \text{if } r > r_B \end{cases}$$

其中，r 是投资管理人实现的投资回报率，r_B 是合同约定的基准回报率。F_0 是不考虑投资绩效时投资管理人获得的一个定额的管理费，k 是超额回报率的分成比例，用于对投资管理人获得超额回报率的奖励。这种绩效管理费合同没有实现激励相容，会鼓励投资管理人进行高风险投资，导致收益率波动较大，不利于实现养老基金长期的投资目标。

第二类是对称式绩效管理费（Symmetric Performance Fee）：

$$F_{SP} = F_0 + k(r - r_B)$$

在这种情况下，当实际投资回报率超过基准回报率时，投资管理人可以获得奖励，同时当实际投资回报率低于基准回报率时，投资人会获得一定惩罚。这种对称式的绩效管理费能够较好地抑制投资管理人的高风险投资行为，实现养老基金和投资管理人对称地承担投资风险，实现激励相容。

当然，对称式绩效管理费并不能够完全解决养老基金与投资管理人之间的委托代理问题。对称式绩效管理费对投资管理人的激励程度取决于分成系数 k 的大小。如果该比例过小，投资管理人缺乏足够的动力投入更多的管理资源以获取更高的回报率。当投资管理人投入的管理资源不可观测时，委托代理问题仍然存在。如果分成系数过高，有可能降低养老基金风险调整后的净收益率。

在养老基金的实际管理过程中，不同国家和地区，不同类型的养老基金，对绩效管理费的使用程度是不一样的。相对而言，以对冲基金投资、私募股权投资、不动产投资、商品投资为代表的另类投资中，绩效管理费采用较多。近年来，由于另类投资能够获得更高的投资收益率、更好地分散风险、更好地匹配养老基金负债，另类投资在养老基金投资组合中占比越来越高，养老基金绩效管理费的支出也在不断攀升。

因此，社会各界普遍关注绩效管理费能否提高养老基金净收益、能否给养老基金带来超额收益率。目前，直接研究养老基金绩效管理费与投资收益率之间关系的文献相对较少。在已有的实证研究中，并没有确定性的结论。

① Larsson H, Daniel Gustafsson: On fees and Performance in the Premium Pension System: A Study of the Determinants of Mutual Fund Fee and Risk-adjusted Return within in the Swedish Premium Pension System, Umeå School of Business and Economics, Master Degree Thesis, 2017, p.37.

② Swedish Pensions Agency, The Rebate Model in the Swedish Premium Pension System: A Case of the Swedish Pensions Agency, International Social Security Association, Good Practices in Social Security, 2015.

③ Thrift Savings Plan（TSP）, https://www.tsp.gov/tsp-basics/administrative-and-investment-expenses/.

④ Starks L T, Performance Incentive Fees: An Agency Theoretic Approach, Journal of Financial and Quantitative Analysis, 1987, 22（1）:17-32.

Hamdani 等（2017）[1] 使用以色列养老基金数据研究发现，相对于提高养老基金的竞争程度，绩效管理费能够提高养老基金风险调整后的回报率，提高养老基金之间的竞争程度反而导致更差的投资回报率。目前，以色列主要有三类账户养老金计划。第一类是旧的人寿保险计划（OLI），该计划成立于 1992 年，2004 年之后开始停止接纳新成员，该计划仍然在运行中，收取的是绩效管理费。第二类是新的人寿保险计划（NLI），该计划于 2004 年开始运营，管理模式和旧的人寿保险计划非常类似，但是没有采用绩效管理费，而是根据账户积累金额收费。由于新旧人寿保险计划之间的转换成本较高，新的人寿保险计划面临的市场竞争压力较小。第三类是强积金计划（Provident Fund），该计划同样没有采用绩效管理费，而是根据账户积累金额收费。由于参保成员可以很容易地在不同投资管理人之间转换，因此该计划面临较强的市场竞争压力。

Hamdani 等（2017）[2] 实证研究结果表明，绩效管理费能够显著提高收益率，特别是能够提高风险调整后收益率，风险调整后收益率比基于账户金额收费方式每年高出 1.3 个百分点。在同样采取基于账户金额收费的养老金计划中，面临较大市场竞争压力的基金的收益率低于竞争压力较小的基金，但是竞争能够降低管理费。

而 Brodesrs 等（2019）[3] 使用荷兰养老基金数据研究发现，总体上绩效管理费并没有显著提高养老基金投资回报率，但是在具体投资类别中，绩效管理费能够提高对冲基金的净超额回报率。他们的研究还发现，在另类投资中，在既定超额回报率的情况下，养老基金规模越大以及专业化投资程度越高，支付的绩效管理费越低。

荷兰养老基金业较为发达，Brodesrs 等（2019）[4] 使用 2012~2015 年荷兰 218 家职业养老金的数据，研究绩效管理费对投资收益的影响。作者研究发现，总体而言，支付绩效管理费的养老基金的收益率并没有显著提高，而且资产规模较大、投资专业化程度较高的养老基金较少支付绩效管理费。就不同的投资类别而言，采取绩效管理费的股票基金的净收益率比没有采取绩效管理费的基金低了 0.8 个基点，而固定收益基金、对冲基金投资基金、私募股权投资基金、不动产投资基金、商品投资基金等基金的净收益率并没有显著提高。以净超额回报率来衡量收益，作

者研究发现采取绩效管理费的对冲基金的净超额收益率高出三个基点；而其他几类基金没有显著影响。

对于哪些因素影响是否采取绩效收费合同的问题，作者研究发现，对于股票基金和对冲基金，毛超额回报率和是否采用绩效收费合同密切相关；对于不动产基金、私募股权基金和商品基金而言，毛回报率和是否采用绩效收费合同密切相关。

（二）根据缴费额还是积累额收费？

对于账户养老金而言，通常有两种收费方式，一种是根据缴费额收费，另一种是根据积累额收费。一个自然的问题是哪种收费方式对参保者更有利呢？有观点认为根据积累额收费更有利于激励投资管理人更好地进行投资管理，通过让养老基金积累更多的金额，使投资管理人可以获得更多的投资管理，实现养老基金和投资管理人的利益一致，减少委托代理成本。对于该问题，Chavez-Bedoya（2017）[5] 根据模型推导主要得出以下几个结论：首先，在不考虑参保者风险规避程度的情况下，如果养老基金的增长率越高，采取基于缴费额收费更有利于参保者。其次，如果假设两种收费方式在计划末期能够积累同样的养老金财富，并且积累期缴费密度不变，那么对于风险规避程度较高的参保者而言，根据积累额收费优于根据缴费额收费。最后，如果使用养老基金财富的期望值与养老基金财富标准差比值作为指标来衡量风险调整后的养老金财富，那么在缴费不中断的情况下，根据积累额收费比根据缴费额收费效果更好。但是，如果考虑到缴费密度的变化，只有当养老基金的积累额增长率超过缴费额（工资）增长率时，基于积累额的收费优于基于缴费额的收费。

在实证分析部分，Chavez-Bedoya（2017）[6] 根据秘鲁个人养老金的政策背景和数据研究得出以下几个结论：首先，如果根据积累额收费的费率为 1%，根据缴费额收费的费率为 16.2%，对于一个缴费期限 45 年的具有代表性的参保者而言，如果他是高度的风险规避者，那么基于缴费额收费的政策比基于积累额收费的政策多获得 8% 的最终养老金财富。如果参保者是一个低度的风险规避者，那么两者的差距将缩小到 4%。其次，如果缴费期限只有 15 年，基于积累额的收费政策将比基于缴费额的收费政策多获得 10% 的最终养老金财富，而此时风险规避程度

①② Hamdani A, Kandel E, Yafeh Y, Incentive Fees and Competition in Pension Funds: Evidence from a Regulatory Experiment, Journal of Law Finance and Accounting,2017,2(1):49-86.

③④ Broeders D W G A, van Oord A, Rijsbergen D R, Does It Pay to Pay Performance Fees? Empirical Evidence from Dutch Pension Funds，Journal of International Money and Finance, 2019（93）：299-312.

⑤⑥ Chavez-Bedoya L, The Effects of Risk Aversion and Density of Contribution on Comparisons of Administrative Charges in Individual Account Pension Systems, Journal of Pension Economics and Finance, 2017,16（1）：1-20.

的影响可以忽略不计。最后，如果风险规避程度相同，在上述收费标准保持不变的情况下，28 岁以下的参保者选择基于缴费额收费的政策更加有利于参保者；34 岁以上的参保者选择基于积累额收费的政策更加有利。

2012 年，秘鲁对个人养老金收费模式进行了改革。此前秘鲁个人养老金采取基于缴费额收费的方式，收费比例从 2000 年左右的 2.39% 下降到 2018 年的 1.58% 左右[1]。自 2013 年 6 月 1 日开始，秘鲁个人养老金默认收费模式修改为基于积累额收费。对于已经参保的群体而言，从 2013 年 1 月到 5 月设置了一个过渡期，个人可以自由选择是否仍然采用原来的基于缴费额收费的模式，否则就默认为基于积累额收费。对于 2013 年 1 月开始参保的群体而言，采取既有积累额收费的方式。到 2013 年底，大约 35% 的参保者仍然选择了基于缴费额收费的方式，

65% 的参保者选择了基于积累额收费的方式。自从改革后，基于缴费额收费的费率从 2013 年的 1.51% 下降到 2018 年的 0.63%，下降趋势非常明显；而基于积累额收费的费率稳定在 1.23% 左右。

在这次改革中，在统计的 64588 人中，受益的人口占比为 36.9%，受损的群体为 63.1%。在受益的人口中，3604 人受益于积累额收费政策，20239 人受益于缴费额收费政策，故受益人口占比为 31.3%。这些受益人口选择了正确的收费方式，即收费率更低的收费方式。在受损的群体中，26747 人（占比 41.4%）应该选择基于缴费额收费方式，但是他们选择了积累额收费方式；13998 人（占比 21.7%）应该选择基于缴费额收费方式，但是他们选择了缴费额收费方式（见表 3-6）。

表 3-6　基于缴费额收费和基于积累额收费改革中的受益者和受损者

	采取基于积累额收费人数 （默认选项）	采取基于缴费额收费人数 （主动选择）	合计
根据积累额收费更优	3604 （占比：5.6%）	13998 （占比：21.7%）	17602 （占比：27.3%）
根据缴费额收费更优	26747 （占比：41.4%）	20239 （占比：31.3%）	46986 （72.7%）
合计	30351 （占比：47.0%）	34237 （占比：53.0%）	64588 （100%）

资料来源：Bernal N, Olivera J, Choice of Pension Management Fees and Effects on Pension Wealth, Journal of Economic Behavior and Organization, 2020, 176（C）：539–568.

造成这一不利后果的原因可以归纳为两个方面。一是政府在设置默认选项时没有考虑年龄因素导致大部分选择默认选项的群体受损。根据秘鲁现有的制度背景，基于缴费额收费政策对年龄较低的群体较为有利，而基于积累额收费政策对于年龄较高群体较为有利。Chavez-Bedoya（2017）[2] 研究发现 34 岁以上群体选择积累额收费政策更有利，Bernal 和 Olivera（2020）[3] 研究发现 40 岁以下群体选择基于缴费额政策损失最大。虽然现有的研究无法给出一个具体的年龄点，但是可以大致给出一个年龄区间，即超过 35~40 岁的群体选择积累额收费最有利，该年龄段以下群体选择缴费额收费最有利。由于政府的默认选项没有考虑年龄因素，导致 63.1% 的群体受损。二是参保者的金融素养不足也是导致做出错误选择的重要原因。大部分参保者的金融素养不足，面对选择缴费额收费方式还是积

累额收费方式这一较为复杂的问题，即使在发达国家的参保者也缺乏足够的金融素养做出正确选择。面对这一难题，很多参保者被动接受默认选项（基于积累额收费），或者没有合理根据的随机选择，最终导致 63.1% 的群体受损。

总之，分散化市场竞争和赋予个人更多选择权是降低管理成本的必要条件，但不是充分条件，特别是面对金融素养不高的参保者，更需要在市场竞争的基础上通过更加科学合理的制度设计来降低管理成本。

五、制度设计：实现有效市场和有为政府更好结合

上述账户养老金管理费的研究对中国即将建立的个人养老金具有借鉴意义。建立和完善个人养老金对发展多层次养老保险制度、积极应对人口老龄化具有重要意义。

---

　　[1][3]　Bernal N, Olivera J, Choice of Pension Management Fees and Effects on Pension Wealth, Journal of Economic Behavior and Organization, 2020,176（C）：539–568.

　　[2]　Chavez-Bedoya L, The Effects of Risk Aversion and Density of Contribution on Comparisons of Administrative Charges in Individual Account Pension Systems, Journal of Pension Economics and Finance, 2017,16（1）：1–20.

2021年12月，中央全面深化改革委员会审议通过了《关于推动个人养老金发展的意见》，会议提出要推动发展适合中国国情、政府政策支持、个人自愿参加、市场化运营的个人养老金，要完善制度设计，合理划分国家、单位和个人的养老责任，为个人积累养老金提供制度保障。中国个人养老金发展已经进入制度设计的关键时刻，如何降低管理费用是制度设计中的重要内容之一。理论分析和国外正反两方面的实践经验表明，完全依赖市场竞争的分散化管理模式不利于降低管理费用，在适当利用市场竞争机制的基础上实施集中化管理模式能够实现低成本运营。总体思路就是有效市场和有为政府更好结合。具体而言，中国个人养老金制度设计的核心措施是建立国家级综合性公共管理平台，进而从以下五个方面落实具体的制度设计内容：

（一）自动加入机制

中国个人养老金制度应引入自动加入机制以提高个人养老金参保率，最大限度实现广覆盖的目标。有为政府体现在政府出台政策建立自动加入机制，默认让所有职工和全体居民参保，为其默认开设个人账户。有效市场体现在两个方面，对参保者而言，自动加入机制包含退出选项，在等待期内参保者可以主动选择退出；对雇主而言，自动加入机制采取个人账户制，雇主无须匹配缴费，最大限度降低雇主的缴费负担和管理责任。由于中国基本养老保险缴费率较高，企业缴费负担普遍较重，需要雇主缴费和承担部分管理职责的企业年金不具备引入自动加入机制的条件，因此个人养老金采取自动加入机制较为合适，具体制度设计包括以下三个核心要素：

一是设定动态默认参保，根据企业雇员规模逐步推广。自动加入机制正式实施的第一年要求雇员规模在50人及以上的企业必须将工资的一定比例交至雇员已经默认开设好的个人账户中，第二年要求雇员规模在20人及以上企业参保，第三年要求雇员规模在5人及以上企业必须参保。自雇人员及没有稳定收入的群体可以由社会保险经办机构为其开设个人账户。如果不愿参加，以上参保人员均可主动申请退出，停止缴费。在参保者退出三年后再次设置默认参保，实现动态默认参保，进一步提高参保率、降低退出率。

二是除自动参保机制外，综合使用多种激励措施，诸如提示和提醒、养老规划咨询、宣讲教育以及对特征群体的参保补贴等措施提高参保率。雇员缴费可以由雇主代扣代缴，而居民参保缴费需要充分利用城乡居民养老保险经办机构的行政资源和动员能力，积极鼓励居民参保，代为征收保费。借鉴SMarT计划[①]，在春节等重大节日前或者获得额外收入时（诸如农业丰收季）积极动员居民参保。

三是设定递增的默认缴费率或缴费金额。为减少因"损失厌恶"导致退出率过高的问题，制度实施第一年设定一个较低的缴费率5%，然后每年增加一个百分点，最终提高到8%。经测算，8%的缴费率基本能够实现15%~20%的替代率，能够较好平衡个人当前消费和未来养老金积累。同时，鼓励个人根据自身情况选择更高的缴费率。除按比例月度缴费外，也允许采取年度趸交的方式缴费。对于按照年度趸交的居民，根据各地区经济发展状况制定年度缴费金额，大体上基本相当于工资的8%左右。在缴费中断情况比较常见的居民中，年度趸交具有可行性、稳定性和可持续性。

（二）有限投资选择权

中国个人养老金制度应该提供有限投资选择权，在确保参保者做出高质量投资选择的同时降低管理费用。有效市场体现在给予参保者一定程度的投资选择权，可以根据参保者个人的风险承受能力选择不同风险水平的投资品种；有为政府体现在限定投资选择权的范围，避免参保者暴露在更高投资风险的情况支付更多的管理费用，降低投资回报的净收益。即使在发达国家，普通民众的金融素养也普遍不高、金融知识较为缺乏，赋予投资者充分的选择权并不能提高其投资收益率。借鉴国外经验，结合中国国情，中国个人养老金提供有限投资选择权的主要措施是提供目标风险基金和退休日期基金，采取FOF形式，母基金以主动基金为主，子基金以被动基金为主。

中国个人养老金的目标风险基金可以设置为五类，以满足不同投资者的风险偏好。第一类是固定收益基金，专门投资于国债，以及一定信用等级的债券、信用贷款或资产证券化产品。第二类是谨慎型基金，投资于固定收益类产品占比为75%左右，投资于权益类产品占比为25%左右，该基金通过承担比固收基金更高的风险从而获得更高的投资收益。第三类是平衡基金，投资于固定收益类产品和权益类产品各占50%，以期承担更多风险的同时获得更高的收益。第四类是进取型基金，投资于固定收益类产品占比为25%左右，投资于权益类产品占比为75%左右，该基金为愿意承担一些额外投资风险的投资者提供更高水平的回报。第五类是股票型基金，投资于权益类产品的比例可以超过75%，该基金投资风险较高但是同时投资收益也较为可观。在每类基金下，市场上符合一定标准的基金都可以进入，供投资者选择。在此基础上，通过对上述五类基

---

①　Thaler R, Bernartzi S. Save More Tomorrow: Using Behavioral Economics to Increase Employee Saving, Journal of Political Economy, 2004,112 (1): S164–S187.

金根据参保者的不同年龄进行组合，就自然形成退休日期基金供投资者选择，也可以单独设置专门的退休日期基金。

（三）默认投资基金

中国个人养老金制度应该提供默认投资基金。对于不愿做出投资选择的参保者，可以自动进入默认基金。在很多国家，参保者选择默认基金的比例很高。例如，在瑞典大约 50% 的参保者选择默认投资基金[①]，其资产规模占 AP7 总资产的 30% 左右[②]。默认基金可以设置为低风险的固定收益基金，也可以设置为退休日期基金。不愿意做出积极投资选择的群体往往是风险承受能力相对较低的，因此默认基金为低风险的固定收益基金具有一定的合理性。但是考虑到个人养老基金投资的长期性，低收益会严重影响养老金的积累。因此，根据投资者的年龄设置退休日期基金能够较好地平衡收益性和风险性。默认投资基金可以由政府设立机构直接管理，这是有为政府的体现；也可以通过招标的形式委托给外部金融机构，这是有效市场的体现。无论采取哪种方式，默认投资基金总能够提供低成本的投资管理服务。

这样，在上述五类目标风险基金和默认基金的基础上构建出中国个人养老金的投资选择框架（见图 3-5），可以涵盖不同选择权偏好的参保者。对于不愿意做出投资选择的参保者，可以进入默认基金；对于愿意做出有限投资选择的参保者，可以从五类目标风险基金及其在此基础上构建的退休日期基金中做出选择；对于愿意做出充分投资选择的参保者，可以从市场上选择任意符合一定条件的基金。鉴于当前普通参保者金融素养不高，在个人养老金制度建立初期暂不开放充分选择权，等制度运行一定时间后在充分评估风险的基础上再决定是否开放。

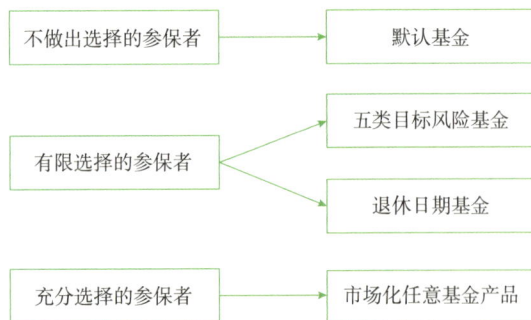

图 3-5　中国个人养老金的投资选择框架

资料来源：笔者绘制。

除默认的目标日期基金外，借鉴国外经验，还可以设立起步基金和退休后基金。起步基金的目标是在保证本金的同时，确保投资收益率能够保持和通货膨胀率同步，并在最大限度上降低发生极端投资波动的可能性，为后续进入目标日期基金奠定基础。起步基金的投资年限可以设置 1~5 年，根据个人风险承受能力和缴费金额不同而变化。退休后基金的功能是向退休的参保者提供平稳的投资过渡，因此投资策略相对保守，以固定收益产品为主，投资期限不长，最终应以购买年金的方式领取。

在目标日期基金到期之后，可以设定默认年金的领取方式。如果退休时个人账户积累额小于一定金额，购买年金的意义不大，可以一次性领取或者分期领取，但是当积累额达到一定金额时，默认选择终生年金领取方式，以应对长寿风险。

（四）集中化账户管理

中国个人养老金制度应该采取集中化账户管理模式，即账户管理由一个机构统一负责，而不是分散在银行、基金公司和保险公司等不同类型机构中。同样地，基于有效市场和有为政府更好结合的原则，统一的账户管理机构可以由政府直接设立（瑞典养老金管理局模式），也可以通过招标形式委托给外部机构（英国 NEST 模式），也可以是非营利机构（日本国家养老基金联合会模式）。集中化账户管理的好处有七点，核心是降低管理成本。一是账户管理采取集中管理模式有助于实现规模经济，这是集中化账户管理最大的好处，是降低管理费用最有效、最容易实现的途径。二是集中式账户管理模式有助于投资管理过程中获得更强的议价权，降低投资管理费用。三是集中化账户管理便于政府监管，有助于税收优惠、财政补贴等支持政策的落地实施。四是集中化账户管理便于打通和第二支柱企业年金的联系，方便参保者的资金在二、三支柱之间转移。五是集中化账户管理有利于协调银行、基金公司、保险公司等不同类型金融机构参与个人养老金投资管理，实现信息兼容，降低机构之间的协调成本。六是集中化账户管理有利于充分利用基本养老保险经办机构的服务能力，降低保费征缴方面的成本。七是无论账户管理功能是通过政府机构直接管理还是政府委托给商业机构，都能够获得政府信用背书，能够增加参保者信心，有助于吸引更多人参保，降低退出率。

①　Böhnke M, Brüggen E, Post T, Appreciated but Complicated Pension Choices? Insights from the Swedish Premium Pension System, June 26, 2019.

②　Öberg M, Swedish Pensions Agency, Europe Calling-Pension Webinar 22 Feb, https://sven-giegold.de/wp-content/uploads/2017/02/Praesentation_MOberg.pdf, 2017.

（五）批发式委托投资管理

中国个人养老金制度应该采取批发式委托投资管理。个人养老金的管理费主要包括账户管理费和投资管理费。集中化账户管理的主要目的是降低账户管理费用，而批发式委托投资管理的主要目标是降低投资管理费用。当个人养老金制度设计中采取自动（强制）加入、有限投资选择权、提供默认投资基金和集中式账户管理模式时，政府成为个人养老金投资管理的唯一招标方，可以通过批发式委托投资管理获得较低的管理费用，这是养老基金管理中有效市场和有为政府更好结合的典型方式。

批发式委托投资管理降费的主要措施是在设定收费上限的基础上通过市场竞争降低投资管理费用。首先，在上述五类目标风险基金中，所有符合一定标准的基金和产品都可以进入个人养老金的投资范围，根据基金类型不同，分别设定不同的投资管理费上限。其次，在收费上限范围内让各个入选基金充分发挥市场竞争机制，为参保者提供低成本、高质量的投资管理服务。要求投资管理机构设置清晰透明的收费标准。除投资管理费外，管理机构不能再收取任何费用，包括更换投资基金、投资咨询等服务都是免费的。在运行过程中，应对标国外养老金管理平台，定期评估管理费用高低，确保投资管理费用维持在较低水平。

（六）落实制度设计的载体：国家级综合性公共管理平台

为实现上述五项制度设计，需要一个执行载体，那就是建立国家级综合性公共管理平台：①该平台是一个账户管理平台，通过该平台实现注册、缴费、查询、记录缴费和计算待遇等集中化账户管理功能。②该平台是一个投资管理平台，通过该平台实现批发式委托投资管理功能。③该平台是一个待遇领取平台，该平台默认的领取方式为终身年金。通过该平台，保险公司可以将各自年金产品在平台上展示，退休人员可以通过该平台比较选择符合自己需求的产品。该平台提供年金产品的关键特点是信息透明、竞争充分、产品丰富、服务完善，这样才能够吸引更多的退休人员购买年金产品，促进年金市场发展，有效管理长寿风险。④该平台还是一个兼容第二支柱企业年金的平台。在平台系统设计中，为企业年金计划特别是集合企业年金计划预留接口，实现对第二支柱的兼容。集合年金计划也可以充分利用该平台低成本的优势实现跨越式发展。⑤该平台是一个加强政策宣传和养老金融教育平台。通过该平台，积极宣传国家养老保险相关政策规定，增强参保者养

老意识。同时该平台积极提供养老金融教育，帮助参保者培养正确的消费、储蓄和投资理财的观念。该平台采取灵活多样的宣传方式，可以使用微信互动小程序、宣传手册、宣传视频、一对一的专家咨询、宣讲会等方式进行。⑥该平台是一个监管平台，方便政府机构实现事前准入审批、事中规范管理行为和事后评估纠正惩处违规行为。

总之，国家级综合性公共管理平台的集成度更高、功能更全、系统性更强，本质上是为养老金行业提供基础设施，是实现低成本管理的有效载体，是落实个人养老金各项制度设计的关键措施，能够真正实现"让老百姓看得明白、搞得懂、好操作，让参与各方有章可循、制度运行可监测可检验"的政策目标。

六、结语

面对人口老龄化程度的不断加深和新就业形态的蓬勃发展，如何提高中低收入群体的养老保险参保率和增加其养老储蓄是一个世界性难题。这之所以成为一个世界性难题，是因为其背后隐藏三个根本性矛盾：个人养老金的非强制性与中低收入群体参保意愿之间的矛盾，个人养老金的缴费要求和中低收入群体缴费能力之间的矛盾，个人养老金多缴多得的精算公平特征与缩小养老金待遇差距之间的矛盾[①]。这三个矛盾分别对应需求端、供给端和制度端，解决第一个矛盾的关键是从需求端入手，如何破除阻碍中低收入群体参保的需求障碍，提高参保率；解决第二个矛盾的关键是从供给端出发，如何实现个人养老金的低成本运营，增加中低收入群体养老储蓄；解决第三个矛盾的关键是从制度端出发，如何构建相互协调的多层次养老金制度，从整体上缩小养老金差距，实现公平与效率的统一。

在中国个人养老金制度设计中，为破解上述难题，关键是处理好有效市场和有为政府的关系。第三支柱个人养老金并不意味着完全依赖市场竞争、完全依赖个人选择，而是在适当发挥市场机制的基础上充分发挥有为政府的作用，特别是在"助推"参保、提供有限投资选择权、设立默认投资基金、建立集中化账户管理和采取批发式委托投资管理等方面积极发挥作用，通过构建国家级综合性公共管理平台落实上述制度设计，建立起低管理费用、低成本运营的个人养老金制度，解决上述三个矛盾，引导和吸引广大职工和居民参保，为其提供更加充足的养老金储备，积极应对人口老龄化高峰的到来。

---

① 孙守纪、王国军：《共同富裕与新就业形态下第三支柱个人养老金高质量发展》，《中国特色社会主义研究》，2022年第3期，第39–49页。

分报告四
账户养老金的发展历程

账户养老金是以个人账户为载体的养老金计划，通常为缴费确定型（Defined Contribution，DC）制度，广泛分布于养老金三支柱体系。早在 19 世纪末公共养老金制度建立之前，多国私人养老金制度已获得一定程度发展，即采用账户制形式。在公共养老金领域，早期的养老金制度大多为现收现付制待遇确定型（Defined Benefit，DB）模式，采取国家集中管理的社会统筹账户。自 20 世纪 50 年代以来，账户养老金的发展历程大致可以划分为以下四个阶段（见图 4-1）：第一阶段，20 世纪 50 年代，少数国家建立了公积金制度，以新加坡为代表。为了不增加政府的财政负担，新加坡建立了独立筹资的基金积累制中央公积金计划，需要企业和个人来承担主要责任。第二阶段，20 世纪 70 年代开始的私人养老金再平衡阶段，以美国为代表。当时美国建立了个人退休账户，并将 DB 型养老金转向 DC 型养老金，这两项制度都以个人账户为载体，自此一些发达国家开始引入账户制养老金。第三阶段，20 世纪 80 年代出现的养老金私有化改革，典型代表是智利（实账积累制）和瑞典（名义账户制）。这次改革浪潮席卷了全球 30 多个国家，将传统 DB 型现收现付养老金转向了以个人账户为载体的 DC 型积累制或非积累制养老金。第四阶段，21 世纪初开启的公共养老金"替代"改革，典型国家是德国（里斯特养老金）和新西兰（雇员储蓄计划）。个人养老金计划的定位从"补充"转变为"替代"，替代公共养老金计划在原先养老金体系中的占比，填补因为公共养老金待遇下降造成的缺口[1]。

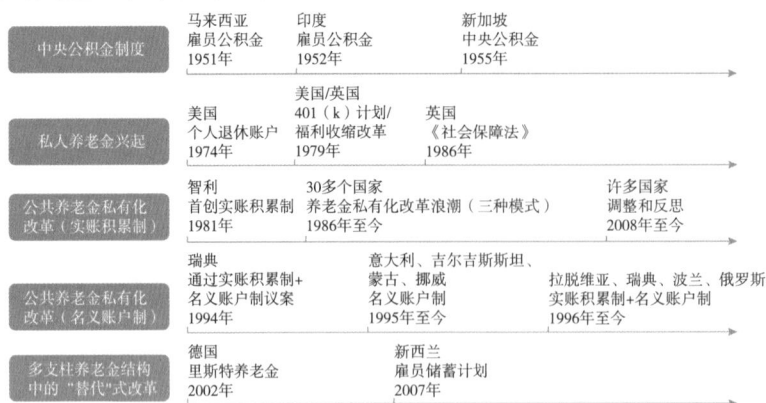

中央公积金制度	马来西亚雇员公积金 1951年	印度雇员公积金 1952年	新加坡中央公积金 1955年
私人养老金兴起	美国个人退休账户 1974年	美国/英国401（k）计划/福利收缩改革 1979年	英国《社会保障法》1986年
公共养老金私有化改革（实账积累制）	智利首创实账积累制 1981年	30多个国家养老金私有化改革浪潮（三种模式）1986年至今	许多国家调整和反思 2008年至今
公共养老金私有化改革（名义账户制）	瑞典通过实账积累制+名义账户制议案 1994年	意大利、吉尔吉斯斯坦、蒙古、挪威名义账户制 1995年至今	拉脱维亚、瑞典、波兰、俄罗斯实账积累制+名义账户制 1996年至今
多支柱养老金结构中的"替代"式改革	德国里斯特养老金 2002年	新西兰雇员储蓄计划 2007年	

图 4-1 账户养老金的发展历程

资料来源：笔者编制。

---

[1] 齐传钧：《拉美私有化养老金制度扩面困境、措施与启示》，《拉丁美洲研究》，2011 年第 4 期，第 63-68 页，第 80 页。

一、20世纪50年代：中央公积金制度

中央公积金制度是由中央政府集中管理的DC型养老基金，是一种由政府间接管控的账户制、强制储蓄型保障模式。采用该制度的国家并不多，主要是英国前殖民地国家。其中，马来西亚的雇员公积金（Employees Provident Fund，EPF）制度始建于1951年，是世界上第一个由中央政府成立的养老公积金计划。随后，印度也于1952年建立了雇员公积金制度，而新加坡于1955年建立的中央公积金制度（Central Provident Fund，CPF）则拥有更高的国际知名度[①]。作为独立筹资的基金积累制个人账户计划，公积金制度要求雇主和雇员每月按收入的一定比例缴费，交由中央政府的相关部门统一管理，缴费金额全部计入雇员的公积金个人账户。

中央公积金制度采用建立在个人账户基础之上的独立筹资方式和DC型给付方式。就责任边界而言，缴费的责任主体是雇主与雇员，政府主要承担监督的责任，由相关的官方机构负责管理公积金。就财务模式而言，采取完全积累模式，雇主与雇员缴纳的公积金全部计入雇员的公积金个人账户。就基金投资而言，社保基金储备的投资由中央政府统一管理，有一部分被用到基础设施建设的投资上（即"社会投资"），并且相当一部分投入进资本市场，然而不稳定的投资收益率导致政府需要进行干预，普遍出现"有管理的"利率。

公积金制度是一种特殊的制度，需要一定的实施条件，有着鲜明的长处和不足之处。以典型国家新加坡为例，该制度能够良好运行需要很多前提，比如高就业率、低税率、亲朋互助的理念等。虽然新加坡中央公积金制度的初衷是为退休人员提供养老金，但后来发展为社会综合保障模式，涵盖养老、住房、医疗、教育等领域，提供养老保障依然是其主要任务之一。中央公积金制度的最大特点是政府负担小，提倡企业和个人责任，激励国民的工作积极性。在进行强制储蓄的同时，崇尚节俭的新加坡国民的自愿储蓄水平并未降低，公共储蓄对私人储蓄没有明显的替代效应[②]。这可能是因为中央公积金的投资收益不高，多年来一直低于新加坡的经济增长率，加上通胀压力，实际上参与者的利益是受损的。此外，中央公积金制度没有社会共济性，没有税收融资的再分配支柱来减贫，缓解长寿、通胀、政治风险的能力有限[③]，并且单一支柱风险大而且替代率较低。

20世纪50年代，在国家干预主义思潮的影响下，国家主导的养老金制度盛行，处于稳定运行状态，因而强调企业和个人责任的公积金制度没有受到广泛关注。然而到了20世纪70年代，受到石油危机、人口老龄化等因素的影响，以个人账户为载体的私人养老金开始获得一些发达国家的青睐。

二、20世纪70年代后半期：私人养老金兴起

从发起人的性质来看，养老金计划可分为公共养老金和私人养老金（包括职业养老金和个人储蓄养老金），公共养老金和私人养老金之间存在替代关系[④]。自20世纪70年代中期开始，一些发达国家面临人口老龄化和养老金财政支出压力，出台相关法律法规、采用税收优惠政策、对弱势群体给予缴费补贴来鼓励私人养老金发展。相较于社会民主主义和保守主义福利模式，强调市场作用的英美自由主义国家，较早地发展了多支柱养老金体系，目前已积累大规模的私人养老金。

20世纪70年代，美国建立雇员个人账户的需求日益迫切，这是因为当时美国的公共养老金待遇相对有限，而雇主发起式养老金计划的参与者结构不均衡，加之雇员的流动性较大。美国于1974年通过《雇员退休收入保障法案》（Employee Retirement Income Security Act，ERISA），创立了影响深远的个人退休账户（Individual Retirement Accounts，IRAs），标志着美国个人养老金制度的建立。IRAs的目标定位是推进税收优惠的公平性和加强退休资产转换的便利性。一方面，IRAs为那些没有被雇主发起式养老金计划覆盖到、从而无法享受税收优惠的群体提供税收优惠储蓄计划，这样可以照顾到小企业雇员的需求。另一方面，IRAs为已参与雇主养老金计划的劳动者提供资产转换的便利性。IRAs和雇主养老金计划形成了良好的互补和衔接，通过转滚存操作实现资产转换，同时还保留了税收优惠。税收优惠政策对私人储蓄具有显著的激励作用，IRAs约占1982~1986年个人储蓄的30%[⑤]。IRAs既

[①]　郑秉文：《中央公积金投资策略的经验教训》，《辽宁大学学报（哲学社会科学版）》，2004年第1期，第107-121页。

[②]　郭林：《公共养老金个人账户制度嬗变研究》，社会科学文献出版社2016年版，第70页。

[③]　尼古拉斯·巴尔、彼特·戴蒙德：《养老金改革：理论精要》，郑秉文等译、齐传钧校译，中国劳动社会保障出版社2013年版，第149页。

[④]　房连泉：《全面建成多层次养老保障体系的路径探讨——基于公共、私人养老金混合发展的国际经验借鉴》，《经济纵横》，2018年第3期，第75-85页。

[⑤]　Gravelle J G, Do Individual Retirement Accounts Increase Savings, Journal of Economic Perspectives, 1991(2): 133-148.

能更好地保留退休储蓄又能灵活选择资产投资，同时也能降低雇主的管理成本[①]。1974 年以后，IRAs 又经过了多次改革和拓展，出现了多种个人退休账户类型，构成了一个丰富的个人账户体系。

建立 IRAs 之后，美国的第二支柱养老金也开始向 DC 型转变。1979 年，美国联邦税法调整后，企业为雇员建立积累制个人账户可享受税收优惠，此后越来越多的雇主养老金计划采取 DC 型，而非之前主流的 DB 型。目前 DC 型已成为主流模式，典型代表是 401(k) 计划，一种由雇员、雇主共同缴费的完全积累制养老金计划，雇员自行选择投资方式并承担相应的投资风险。通过较为严格的取款限制，401(k) 计划有效地提高了国民长期储蓄率，大量的养老金资产与资本市场形成了互动发展的关系。

自由主义福利模式的另一个代表国家英国，在 20 世纪 70 年代末开始着力推动私人养老金发展，从以传统现收现付制国家养老金为主的养老金体系，转向重点发展积累制个人账户的私有养老金。英国于 1975 年就进入了深度老龄化社会，养老金制度经过多次调整后，依然无法应对沉重的政府财政负担。由于凯恩斯主义政策失灵，撒切尔首相于 1979 年执政后，采纳新自由主义政策，对养老金制度进行激进改革。"福利收缩"改革通过税收优惠，大力发展私人养老金，将政府所承担的养老责任分摊给私营部门[②]。其中一个特别的政策是"协议退出"（Contract Out），允许雇主和雇员从国家补充养老金中"协议退出"，给予税收优惠，从而鼓励建立雇主发起的养老金计划和个人账户养老金（对于没有雇主支持者）。1986 年，英国颁布了《社会保障法》，进一步调整了养老金体系中政府、企业与个人的责任比重，降低国家养老金支付水平，允许雇主建立 DC 型职业年金计划，并引入个人养老金计划。

三、20 世纪 80 年代：公共养老金私有化改革

（一）实账积累制改革

20 世纪 70 年代，由于经济滞胀、福利待遇膨胀等原因，福利国家的财政基础不稳，国家干预主义受挫，新自由主义思潮抬头。新自由主义主张"私有化、自由化、市场化"，批评社会养老保险的公共性质引起效率损失[③]，造成诸如"搭便车"等问题。与此同时，世界性的人口老龄化趋势难以逆转，大大增加了占据统治地位的 DB 型现收现付制的制度风险。由于路径依赖，大多数国家进行的是参量式改革，但大部分改革的效果不甚理想，养老金私有化改革在此背景下拉开序幕。

20 世纪 70 年代末，从美国进修归来、深受经济自由主义思想影响的智利经济学家们，回到智利后提出诸多自由化改革的主张[④]。智利于 1981 年进行了最为彻底的公共养老金私有化改革，转向原本仅存在于私人养老金的 DC 型积累制（Funded Defined Contributions，FDC）。智利改革率先将个人账户引入公共养老金计划，首创积累制、强制性的个人退休账户，这是一场社保领域的根本性变革。这种将公共养老金完全私有化的运作模式被称为"智利模式"：养老金的缴费全部来自个人，并由个人选择私营养老基金管理公司（Administradoras de Fondos de Pensiones，AFPs）来负责收集缴费、管理账户以及市场化投资运作基金[⑤]。个人承担一定的风险与责任，同时，政府承担投资监管责任与财政责任（清偿转轨成本和提供养老基金担保）。

如图 4-2 所示，自 1988 年起，以引入强制性个人账户为特征的养老金改革席卷了 30 多个国家，而拉美地区有一半的国家都进行了不同程度的私有化改革。20 世纪 80 年代，拉美国家普遍遭受严重的债务危机和经济危机，对外国资本的依赖凸显其经济脆弱性[⑥]。在拉美国家的私有化改革浪潮中，1990 年"华盛顿共识"的影响力不容忽视，以新自由主义为基础的"华盛顿共识"强调市场机制的功能和作用、放松政府管制[⑦]，国际金融机构为拉美国家的养老金改革提供贷款支持。其中，世界银行尤为积极地推动改革，其理由是公共养老金制度没有实现社会目标、扭曲了市场经济的运作，并且在面对人口老龄化时财政上无法持续，而 DC 型改革是一种财政上负责任的做

---

① 齐传钧：《美国个人退休账户的发展历程与现状分析》，《辽宁大学学报（哲学社会科学版）》，2018 年第 3 期，第 77-87 页。

② 李亚军：《英国养老金金融化改革的经验和启示》，《社会保障研究》，2017 年第 1 期，第 84-94 页。

③ 李珍、周艺梦：《社会养老保障制度的"瑞典模式"——瑞典名义账户制度解决了什么？》，《经济学动态》，2010 年第 8 期，第 125-130 页。

④⑥ 孙静、刘昌平：《拉美国家结构性养老金制度改革与绩效评价》，《拉丁美洲研究》，2008 年第 5 期，第 46-50 页。

⑤ 房连泉：《智利养老金制度研究》，中国社会科学出版社 2014 年版，第 1-2 页，第 52 页。

⑦ Ramachandran S, Kessides I, Privatization and Regulation: A Push Too Far?, Economic Growth in the 1990s: Learning from a Decade of Reform, 2014, p.196.

法 [①]。1994 年，世界银行在《防止老龄危机——保护老年人及促进增长的政策》中，高度肯定智利模式，提出了著名的"三支柱"养老金模式，指出强制性积累制支柱能够提高效率、促进发展、应对人口老龄化问题 [②]。20 世纪末，世界银行推动中欧国家效仿拉美诸国建立个人账户制度，继波兰和匈牙利之后，10 个中欧国家也进行了养老金改革 [③]。

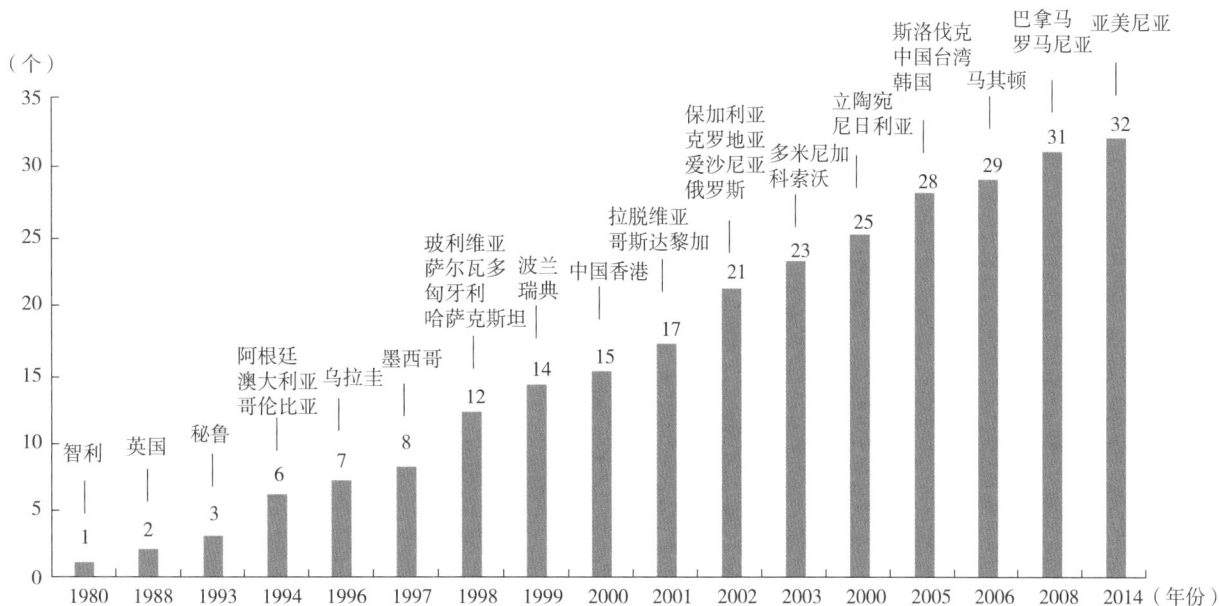

图 4-2　引入强制性个人账户养老金计划的国家和地区

资料来源：根据《智利养老金制度研究》（房连泉）、《世界社会保障报告 2014/2015 年度》（国际劳工组织）等资料整理。

考虑到改革前各个国家具有不同的经济、社会、文化、政治特点，养老金私有化改革的模式不尽相同 [④]，大体可分为三种模式：替代模式、并行模式和混合模式，如表 4-1 所示。智利、玻利维亚、墨西哥和多米尼加等国采用替代模式，私营部门经营管理的养老金制度完全替代原本的公共养老金制度。秘鲁、哥伦比亚等国采用并行模式，即双轨制，公共养老金制度和私营养老金制度共同存在且相互竞争。阿根廷、瑞典、波兰和哥斯达黎加等国采用的是混合模式，公共养老金计划提供基本养老保险，私营养老金计划则提供补充养老保险 [⑤]。此外，中国、加拿大等国进行了制度创新，中国吸取人口老龄化国家财务困难的教训，又借鉴了公积金制度和智利模式的某些经验，确立了"统账结合"的部分积累制度框架；加拿大通过 1997 年混合型改革建立一只主权养老基金，并创建"DB 型部分积累制"新范式 [⑥]。

---

① Buchholz G J, Coustasse A, Silva P, Hilsenrath P, The Chilean Pension System at 25 Years: The Evolution of a Revolution, Journal of Economic Issues, September 2008, 42(3): 633–647.

② 世界银行：《防止老龄危机——保护老年人及促进增长的政策》，劳动部社会保障研究所译，中国财政经济出版社 1996 年版，第 149-156 页。

③ 伊莱恩·富而茨：《个人账户制：向左还是向右》，张占力编译，《中国社会保障》，2015 年第 1 期，第 40-42 页。

④ Ramachandran S, Kessides I, Privatization and Regulation: A Push Too Far?, Economic Growth in the 1990s: Learning from a Decade of Reform, 2014: 196.

⑤ 罗伯特·霍尔茨曼、理查德·欣茨等：《21 世纪的老年收入保障——养老金制度改革国际比较》，郑秉文等译，中国劳动社会保障出版社 2006 年版，第 147-149 页。

⑥ 郑秉文：《加拿大养老金"DB 型部分积累制"新范式 20 年回望与评估——降低养老保险费率的一个创举》，《经济社会体制比较》，2017 年第 6 期，第 87-117 页。

表 4-1 养老金私有化改革的三种模式（以部分国家为例）

改革模式	改革国家	改革年份	FDC 缴费率（%）	
替代模式	智利	1981	雇员 10	
	玻利维亚	1997	雇员 10	
	墨西哥	1997	雇员 1.125	雇主 5.15
	多米尼加	2003	雇员 2.87	雇主 7.1
并行模式	秘鲁	1993	雇员 10	
	哥伦比亚	1994	雇员 4	雇主 12
混合模式	阿根廷	1994	雇员 11	
	瑞典	1999	雇员 + 雇主 2.5	
	波兰	1999	雇员 2.92	
	哥斯达黎加	2001	雇员 1	雇主 3.25

资料来源：罗伯特·霍尔茨曼、理查德·欣茨等：《21 世纪的老年收入保障——养老金制度改革国际比较》，郑秉文等译，中国劳动社会保障出版社 2006 年版。

个人账户改革在一定程度上为长期财政储蓄、资本市场发展和劳动力市场灵活性带来一系列积极结果，这些因素又能进一步刺激经济增长。然而，养老金私有化改革并没有解决原来制度的可持续性、稳定性问题，反而增加了可负担性和充足性问题。一方面，新制度没有减轻政府财政负担，因为公共财政仍然在支付大量的退休金。市场波动造成养老金基金投资的脆弱性，金融危机、通货膨胀等问题会导致个人账户资产贬值，财务状况急剧恶化[1]，雇员个人承担较大风险[2]。另一方面，现收现付制向基金制转轨面临的首要问题是财政负担巨大的转轨成本，包括显性化了的现收现付制下的隐性债务及其他补偿性支出。转轨还面临巨大的政治压力和监管压力，当政府对管理费的收取约束较少时，较高的基金管理费用损害了缴费人的利益。充足性的另一核心要素是制度覆盖率，而私有化改革后难以有效扩大覆盖面[3]，没有达到预期的激励效果，而且就业弱势群体面临更大的风险。

由于 FDC 在发展过程中暴露了一些不足，加上受到 2008 年金融危机对养老金财政基础的影响，一些国家近年来进行了新的改革，包括参量式改革和结构式改革。克罗地亚、匈牙利、波兰等国调整了私人养老金的规模；波兰、立陶宛、俄罗斯等国从强制性转为自愿性养老金；阿根廷、匈牙利、斯洛伐克等国进行了"再国有化"改革，将其重新纳入到第一支柱；智利在原有制度上新增了零支柱养老金，领取条件是年龄、居住时间和收入条件[4]。

（二）名义账户制账户

受制于天量的转轨成本、不成熟的资本市场条件、巨大的政治阻力等内外部因素，许多国家不具备从现有制度向 DC 型完全积累制转型的可行性。当改革条件未形成时，"名义账户制"（Non-financial Defined Contribution，NDC）是转型为真正 FDC 的过渡手段，对金融市场的要求相对较低。20 世纪 90 年代，瑞典提出了 NDC 改革方案，意大利、拉脱维亚、吉尔吉斯斯坦、波兰、蒙古、俄罗斯、挪威等国家随之引入 NDC。

NDC 在本质上是 DC 型现收现付的养老金计划，是现收现付制融资模式与个人生命周期账户制度的组合[5]。"名义"是指个人账户仅用作记账，名义积累额只有在退休时才具有实际意义。缴费收益率由政府设定，不是市场投资收益的真实结果[6]。相对于实账积累的个人账户

① 陈工：《拉丁美洲国家养老保险制度改革研究》，《财经问题研究》，2009 年第 10 期，第 112–118 页。

② 孙静、刘昌平：《拉美国家结构性养老金制度改革与绩效评价》，《拉丁美洲研究》，2008 年第 5 期，第 46–50 页。

③ 齐传钧：《拉美私有化养老金制度扩面困境、措施与启示》，《拉丁美洲研究》，2011 年第 4 期，第 63–68 页，第 80 页。

④ 蔡志静：《养老保险制度中的个人账户：国际经验与借鉴思考》，《预算管理与会计》，2015 年第 10 期，第 8–14 页。

⑤ 罗伯特·霍尔茨曼、爱德华·帕尔默、大卫·罗巴里诺：《养老金世界变化中的名义账户制（上卷：进展、教训与实施）》，郑秉文等译，中国劳动社会保障出版社 2017 年版，第 33 页。

⑥ 董克用、孙博、张栋：《"名义账户制"是我国养老金改革的方向吗——瑞典"名义账户制"改革评估与借鉴》，《社会保障研究》，2016 年第 4 期，第 3–6 页。

（FDC），NDC 是"非积累"的个人账户制度，当期缴费用来支付上一代退休人口的退休金，因此对国民储蓄没有促进作用。NDC 的设计旨在结合微观预筹积累与宏观现收现付融资，在强化个人核算、激励和积累机制的同时，避免巨额隐性成本显性化。由于采取的是 DC 型方式，NDC 的再分配作用受到限制。因此，NDC 需要设立最低保障养老金作为必要的补充，可以是普惠性定额的形式，也可以采取家计调查的形式或者是与任何收入都无关的形式。NDC 强化了缴费和待遇之间的联系，所以当引入 NDC 后，改革国家有条件实行弹性退休制度，激励延迟退休。由于养老金待遇与缴费之间存在精算关系，在达到规定的领取养老金最低年龄后，个人拥有自由选择退休年龄的权利[①]。

瑞典是最早设计 NDC 方案的国家，其制度运行也是 NDC 改革国家中最为成功的。瑞典于 1960 年建立了基本养老金与 DB 型现收现付制的价格指数化制度（ATP 制度）结合的养老金制度，ATP 制度的 DB 型特征决定了其缴费率受到经济发展和人口状况影响。到了 20 世纪 80 年代，受到高失业率、经济衰退和汇率危机的打击，瑞典作为人口老龄化严重的高福利国家，陷入养老金支付困境。1984 年，瑞典开始着手对原本的养老金制度进行改革，成立专门的委员会对养老金改革进行允分论证。改革方案于 1994 年正式通过，瑞典养老金制度将引入 NDC 和 FDC，并于 1999 年正式实施新制度[②]。受益于 ATP 制度的缴费率高于养老金支出所需的费率，收支盈余以养老储备基金的形式得以积累，为本次改革提供了大量的缓冲基金，相当于瑞典五年的养老金支出[③]。

如图 4-3 所示，瑞典的公共养老金制度在改革后包含三个层次，第一层次是保障养老金，融资结构是税收/现收现付制，待遇结构为定额、家计调查型；第二层次是 NDC，融资结构是缴费/现收现付制；第三层次是 FDC，融资结构是缴费/完全积累制，NDC 和 FDC 均为建立在个人账户基础上的收入关联型 DC 型计划[④]。其中，主体部分是 NDC（雇主与雇员的供款率：16.0%），与 FDC（雇主与雇员的供款率：2.5%）和保障养老金是互动配合的关系[⑤]。此外，瑞典引入财务"自动平衡机制"以联系经济发展状况，根据制度资产与负债的平衡率，调节名义账户的记账利率，从而实现资产负债的平衡[⑥]。由于采用记账利率而非实际投资收益率来记录缴费收益率，能够减少养老金支付，例如记账利率 2.6%，低于实际收益率 3.5%，可以增加基金结余[⑦]。

图 4-3 瑞典公共养老金制度的转变

资料来源：笔者编制。

瑞典改革的成效明显，个人账户对缴费、延迟退休具有激励作用，NDC、"自动平衡机制"等制度创新总体上提高了养老金制度的财务可持续性，是一场结构性改革的典范[⑧]。然而瑞典的制度设计仍存在一些问题，比如"自

① 罗伯特·霍尔茨曼、爱德华·帕尔默、大卫·罗巴里诺：《养老金世界变化中的名义账户制（上卷：进展、教训与实施）》，郑秉文等译，中国劳动社会保障出版社 2017 年版，第 34-35 页。

② 李亚军：《个人账户制改革对公共养老金制度财务可持续的影响研究》，经济科学出版社 2018 年版，第 140-143 页。

③ 郭林：《公共养老金个人账户制度嬗变研究》，社会科学文献出版社 2016 年版，第 105-106 页。

④ 郑秉文主编：《中国养老金发展报告 2014》，经济管理出版社 2014 年版，第 222 页。

⑤ 郭林：《公共养老金个人账户制度嬗变研究》，社会科学文献出版社 2016 年版，第 103 页。

⑥ Swedish Social Insurance Agency, The Swedish Pension System Annual Report, 2019, pp. 17-18.

⑦ 董克用、孙博、张栋：《"名义账户制"是我国养老金改革的方向吗——瑞典"名义账户制"改革评估与借鉴》，《社会保障研究》，2016 年第 4 期，第 3-6 页。

⑧ 郭灵凤：《瑞典公共养老金模式的嬗变：结构改革与参数因素》，《欧洲研究》，2017 年第 5 期，第 60-71 页，第 6-7 页。

动平衡机制"下会出现负记账利率,影响人们对养老金制度的信心;受 2008 年国际金融危机影响,瑞典于 2010 年启动了自动平衡缩减程序,降低 NDC 养老金收入指数和缴费收益率。此外,瑞典的保障养老金非常慷慨,当账户养老金(NDC+FDC)超过一定数额时,个人不再获得保障养老金的给付资格,这会降低对中低收入者的激励作用[1]。

如表 4-2 所示,除瑞典外,引入 NDC+FDC 模式的国家还有波兰、拉脱维亚和俄罗斯。在瑞典专家和世界银行的推动下,拉脱维亚于 1996 年、1998 年和 2001 年进行全面的养老金改革,建立了第一支柱(NDC)、第二支柱(FDC)与第三支柱(自愿性私人养老金)的"三支柱"养老保障体系[2]。拉脱维亚的改革成效明显,提高了财务可持续性和缴费积极性,养老金替代率从改革前的 40%~50% 上升到改革后的 63%(65 岁退休)[3]。但是受限于现实条件,仍然存在一些转型问题,例如没有建立储备

基金、中人的养老金待遇转换方式不公等。波兰于 1999 年正式实施养老金改革,在此之前已进行广泛的讨论,获得了社会共识[4]。波兰改革总体上较为成功,替代率随收入增长而增长、实际退休年龄延迟、财务可持续性增加;但仍存在一些问题,例如财务平衡机制未建立、应对经济危机的能力不足、特殊职业的特殊待遇引起人民不满、经办管理准备不充分等[5]。进入 21 世纪,俄罗斯和埃及也引入了 NDC+FDC 模式。俄罗斯在 2002 年建立了"三支柱"养老保障体系,第一支柱为覆盖全体退休人员、定额式基本养老金,第二支柱为 NDC 形式的保险劳动养老金,第三支柱为 FDC 形式的劳动养老金。然而俄罗斯在改革前就已经面临养老金严重赤字的困境(养老基金缺口是 12 亿~13 亿美元[6]),改革后的运行绩效并不理想,替代率持续走低、财务可持续性的问题没有解决、FDC 的积累资本严重贬值[7]。

表 4-2　名义账户制改革概况

改革年份	仅 NDC 国家	FDC+NDC 国家	NDC 记账利率
1995	意大利		前三年平均 GDP 增长率
1997	吉尔吉斯斯坦		上年工资增长的 75%
1999		瑞典	前三年平均缴费工资增长率,根据资产负债比进行自动调整
1999		波兰	缴费工资总额增长率
2000	蒙古		前三年社会平均工资增长率
2001		拉脱维亚	缴费工资总额增长率
2002		俄罗斯	在以下两个指标中取低者:平均工资增长率,养老保险基金总收入除以退休者人数的增长率
2011	挪威		平均工资增长率

资料来源:根据国际劳工组织《世界社会保障报告 2014/2015 年度》、美国社会保障署《全球社会保障》等资料整理。

此外,如表 4-2 所示,还有一些国家仅引入了 NDC。理论上 NDC 能够降低 DB 型现收现付制向 FDC 转变的转轨成本,保障养老金财政的独立性,对就业和缴费具有较好的激励作用,采用计算年金因子的待遇给付方式抵消了

长寿风险[8],还能避免金融市场规模和资本市场的条件约束。但是在实践中,NDC 在发挥作用时会受到诸多条件限制,包括改革初始条件、制度设计、经济发展及劳动力市场状况等因素[9]。以意大利为例,1995 年的改革一步到

① 李亚军:《个人账户制改革对公共养老金制度财务可持续的影响研究》,经济科学出版社 2018 年版,第 164 页。

② 郑秉文主编:《中国养老发展报告 2014》,经济管理出版社 2014 年版,第 212 页。

③ Fultz E, Pension Reform in the Baltic States: Estonia, Latvia and Lithuania, International Labour Office, 2006: 214.

④ 罗伯特·霍尔茨曼、爱德华·帕尔默、大卫·罗巴里诺:《养老金世界变化中的名义账户制(上卷:进展、教训与实施)》,郑秉文等译,中国劳动社会保障出版社 2017 年版,第 439 页。

⑤ 郑秉文主编:《中国养老金发展报告 2014》,经济管理出版社 2014 年版,第 204 页。

⑥ Aron L, Priviatizing Pensions, in Russian Outlook, Summer 2004, AEI (American Enterprise Institute for Public Policy Research).

⑦ 郑秉文主编:《中国养老金发展报告 2014》,经济管理出版社 2014 年版,第 206-208 页。

⑧ 房连泉:《瑞典名义账户养老金制度改革探析》,《欧洲研究》,2008 年第 6 期,第 123-138 页,第 8 页。

⑨ 李亚军:《个人账户制改革对公共养老金制度财务可持续的影响研究》,经济科学出版社 2018 年版,第 163 页。

位地引入了 NDC 账户，但是这场改革仓促开始，准备工作并不充分，改革的技术层面和政治层面都受到了负面影响。由于制度设计的问题，意大利改革的转型期较长，直到 2012 年意大利的 NDC 计划才覆盖所有缴费者[①]。受制于经济增长缓慢，意大利 NDC 在实施过程中养老金债务仍在上升，财政缺乏可持续性[②]。由于意大利公共养老金的替代率过低，灵活就业群体可能面临老年贫困的困境，缺少补充养老金的支持[③]。

像意大利一样，仅引入 NDC 的国家还有吉尔吉斯斯坦、蒙古和挪威。吉尔吉斯斯坦的 NDC 改革面临重重困难，是众多国家改革中最不成功和最不彻底的。在 1997～1998 年 NDC 改革中，吉尔吉斯斯坦没有做好充足的准备，并且选择了在养老金危机已发生的阶段才开始改革，加之遇到了 1998 年俄罗斯金融危机，群众对这场改革的抵触情绪较高[④]。改革后，养老金替代率下降明显，从 1995 年的 66% 下降到 2002 年的 40%[⑤]。就制度安排而言，吉尔吉斯斯坦没有像瑞典、波兰和拉脱维亚一样，将改革前的养老金权益折算进 NDC 体系作为"初始资本"，使这场改革要经历相当长的过渡期；而这场改革最突出的问题是内部收益率这一核心要素的设计，账户资本仅按照工资增长率的 75% 调整，考虑到通胀水平，账户积累实际是贬值的[⑥]。蒙古随后于 1999 年进行了 NDC 改革，由于制度设计不合理，改革同样遇到了诸多挑战：转轨成本大、财务状况没有得到明显改善、覆盖率低、赡养率明显降低等。而挪威虽然较晚才进行 NDC 改革，但是做了大量的准备。挪威于 2001 年成立养老金委员会，经过充分的社会讨论，到了 2009 年才正式通过新养老金制度的改革方案。在挪威的改革中，除了常见的 NDC 改革效果（提高养老金的

财政可持续性、强化就业和养老待遇关联、提高老年人劳动参与）[⑦]，NDC 还融合了再分配目标——个人按照工资收入的 18.1% 累计养老金权益，根据基本额折算后的积分计入个人名义账户，设定缴费上限（基本额的 7.1 倍）增强了挪威养老金制度的再分配作用[⑧]。

四、21 世纪初：多支柱养老金结构中的"替代"式改革

进入 21 世纪后，新一轮的账户养老金改革由德国里斯特改革（Riester Reform）开启。这类改革建立以个人账户为核心载体的个人养老金计划，其定位从"补充"性养老金转变为"替代"性养老金——替代公共养老金计划在原先养老金体系中的占比，填补因为公共养老金待遇下降造成的缺口[⑨]。对于不同类型的国家而言，引入替代性个人养老金的目的不同，有可能是削减公共养老金支出以填补养老金缺口，也有可能是未雨绸缪式实现养老金转型。

由于采用俾斯麦模式的养老保险体系，在 2001 年启动改革前，德国的第一支柱（法定养老保险）占比过高，根据 1999 年数据，退休人员的收入中有 85% 来自法定养老保险[⑩]。由于人口老龄化和经济全球化，德国养老金体系的可持续性面临巨大挑战，2001 年，德国的公共养老金支出占国内生产总值的 11.8%[⑪]。德国自 2001 年起通过数次改革和调整，将原本比例严重失衡的"三支柱"养老金体系改造为"三层次"养老金体系。2001 年，里斯特改革降低法定养老保险替代率（从 70% 下降到 64%），法定养老保险的定位从最强支柱变为基础性养老保障，到 2030 年替代率降至 58.5%[⑫]。为了保障民众的退休收入，政府将推进第二、第三层次养老金的发展，缓解原本养老

---

① 罗伯特·霍尔茨曼、爱德华·帕尔默、大卫·罗巴里诺：《养老金世界变化中的名义账户制（上卷：进展、教训与实施）》，郑秉文等译，中国劳动社会保障出版社 2017 年版，第 40 页。

② 郑秉文主编：《中国养老金发展报告 2014》，经济管理出版社 2014 年版，第 232 页。

③ 李凯旋：《意大利养老金改革及启示》，《欧洲研究》，2017 年第 5 期，第 72-88 页，第 7 页。

④ 郑秉文主编：《中国养老金发展报告 2014》，经济管理出版社 2014 年版，第 211 页。

⑤ Palmer E, Pension Reform and the Development of Pension Systems: An Evaluation of World Bank Assistance, Background Paper Kyrgyz Country Study, IEG, World Bank, Washington, D.C., 2007, pp.4–6.

⑥ 郑秉文、胡云超：《吉尔吉斯斯坦社会保障"名义账户制"运行 10 年经验与教训》，《俄罗斯中亚东欧研究》，2008 年第 5 期，第 39-46 页，第 96 页。

⑦ 迟福林、何冬妮：《挪威"选择性延退"政策安排对我国的启示》，《社会治理》，2020 年第 2 期，第 19-23 页。

⑧ 罗伯特·霍尔茨曼、爱德华·帕尔默、大卫·罗巴里诺：《养老金世界变化中的名义账户制（上卷：进展、教训与实施）》，郑秉文等译，中国劳动社会保障出版社 2017 年版，第 145 页。

⑨⑪ 齐传钧：《自愿性个人养老金能填补公共养老金缺口吗？——从理论到实践的反思》，《保险研究》，2020 年第 8 期，第 103-115 页。

⑩ 尼雪：《德国社会法体系及其养老保险法律制度评述》，《辽宁大学学报（哲学社会科学版）》，2017 年第 6 期，第 116-122 页。

⑫ Berner F, Fakultät für Soziologie, Universität Bielefeld, Riester Pensions in Germany: Do They Substitute or Supplement Public Pensions? Positions in the Debate on the New Public Policy on Private Pensions, German Policy Studies, 2006: 502.

金体系不均衡发展的问题。

通过颁布《老年财产法》（AVmG）及其修正案，德国于 2002 年正式引入延税型个人养老金——里斯特养老金（Riester-Rente）[1]，与原本第二支柱的企业补充养老金共同构成德国新养老体系的第二层次，如图 4-4 所示。国家通过延税、免税、直接补贴等资助方式，用宏观政策调节的模式引导更多的德国居民自愿参加里斯特养老金。例如，参保人将其上一年税前工资的 4%（上限为 2100 欧元）存进个人的里斯特储蓄账户后，可获得国家的全额基础补贴[2]。里斯特养老金本质上是由国家和个人共同缴费的养老金，对民众的激励效果显著，尤其是在改革初期增长迅速。到了 2007 年，里斯特养老金覆盖范围超过了职业年金，成为第二层次养老金的主力军[3]。里斯特养老金计划涵盖不同形式的产品，包括保险合同、银行储蓄合同、基金储蓄合同和里斯特住房储蓄合同。不同于常规的个人账户储蓄积累的模式，里斯特养老金的个人储蓄账户承担着个人储蓄、缴费、获得补贴、提取等多项功能。

然而，鉴于德国国情与民族性格，德国民众偏好保守的投资产品，因此超过 2/3 的合同是保险合同。由于保险产品的保费高、收益率低，加上德国逐渐收紧补贴，里斯特养老金对民众的吸引力下降，其覆盖率远没有达到预期目标，甚至出现了合同数减少的趋势[4]。近年来，德国又开展了新一轮改革，2018 年，在职业养老金中引入了纯 DC 计划，扩大个人养老金的范围，多样化配置资产。值得注意的是，德国进入 21 世纪后的养老金私有化改革，超越了过去的"市场"与"国家"的二元划分，国家力量深深介入了里斯特养老金，标志着一种"调节型"福利国家模式的诞生[5]。

改革前的三支柱模式　　　　　　　改革后的三层次模式

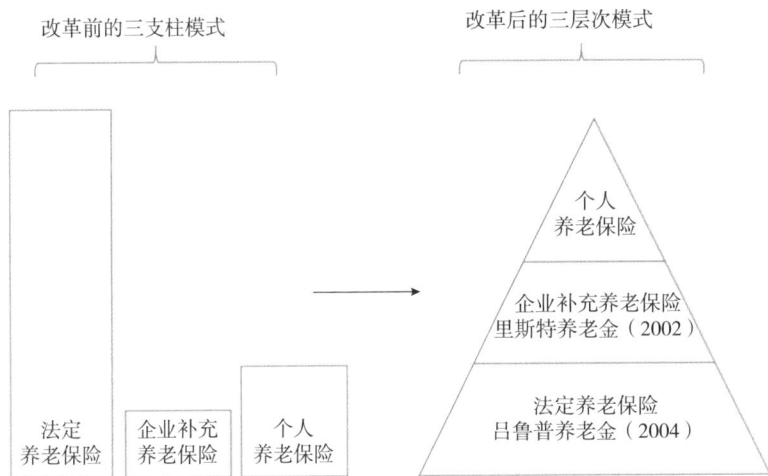

图 4-4　德国养老金体系的转变

资料来源：笔者编制。

面对越发严重的老龄化趋势和不断下降的公共养老金替代率，新西兰在 2007 年建立了半强制性个人养老金以弥补替代率下降的公共养老金，通过提高居民储蓄率来提升养老金替代率和老年人退休生活质量。改革前，新西兰养老金体系只有一个非缴费型公共养老金制度——"新西兰超级年金"（New Zealand Superannuation，NZS）。为了提前储备养老金，以应对未来老龄化高峰时期的财政压力，新西兰建立了新西兰超级年金基金，政府每年投入一部分财政盈余进入该基金（2003~2009 年；2020 年至今），该基金的收益率较高。

为了进一步增强国家养老金体系的可持续性，新西兰在 2007 年建立了 DC 型个人养老金"雇员储蓄计划"（KiwiSaver），构建了"双层"养老金体系，相当于世界银行所说的零支柱与第三支柱。改革前，超级年金的替代

---

[1]　需要说明的是，德国的里斯特养老金是否属于账户养老金目前还存在着一定的争议，而原因就在于如何理解"账户养老金"这个概念，而后者作为首次提出的概念还需要进一步完善。由于里斯特养老金将补贴和税收优惠赋予到账户层面，因此本报告把里斯特养老金纳入账户养老金中进行考察。

[2][5]　刘涛：《德国养老保险制度的改革：重构福利国家的边界》，《公共行政评论》，2014 年第 6 期，第 7-27 页。

[3]　林义、周娅娜：《德国里斯特养老保险计划及其对我国的启示》，《社会保障研究》，2016 年第 6 期，第 63-70 页。

[4]　张盈华：《第三支柱个人养老金发展的制度要素：基于国际比较的分析》，《华中科技大学学报（社会科学版）》，2022 年第 2 期，第 48-57 页。

率在 66% 左右[1]，建立"双层"养老金体系后，超级年金的替代率稳定在 40% 左右，2021 年为 39.8%[2]；而雇员储蓄计划的替代率波动较大，2009 年为 15.9%[3]，2015 年为 12.4%[4]，2021 年上升至 20.8%[5]；总替代率超过 60%，逐渐回到改革前的水平。不同于设定参与条件、机制复杂的里斯特养老金计划，新西兰的个人养老金计划面向所有人，设计简洁且巧妙。"雇员储蓄计划"采用自动加入规则，即使是自雇者或者没有工作的人，也可以联系计划提供商加入计划，因此该制度的覆盖率较高。虽然为了避免民众抵触强制缴费，"雇员储蓄计划"设立了自愿退出机制，但该计划还使用丰厚补贴、雇主配套缴费及税收优惠等政策来吸引民众留在该计划内[6]。此外，"雇员储蓄计划"可投资的产品种类丰富，参与者能够根据自身需求进行自主选择，如果不具备投资知识，可以向计划提供商的财务顾问进行投资咨询，还可以选择默认投资方案。凭借"软强制"机制、简洁设计和多维度激励政策，"雇员储蓄计划"资产规模飞速增长，于 2015 年超过了新西兰超级年金基金的规模[7]。

五、总结

账户养老金的发展历程在一定程度上反映了近半个世纪以来国际养老保障体系的思潮变化，从国家干预主义的衰落、经济自由主义的兴起，再到两者难以调和，直至出现"第三条道路"，主张建立起个人与集体共同的养老责任。小众的公积金制度除外，账户养老金的发展阶段大体分为私人养老金再平衡、养老金私有化改革以及公共养老金"替代"改革这三个阶段。其中，养老金私有化改革将传统的 DB 型公共养老金转向了以个人账户为载体的实账积累制和名义账户制，是养老金制度建设中两次重大的制度创新。

社会化的养老金制度已历经百余年的改革发展，回顾百年历程，我们可以看到养老金"账户"的重要性越发凸显。由于职业养老金和个人养老金大多以个人账户为核心载体，因此随着第二、第三支柱的快速发展，单个就业者有多个养老金个人账户的情况越来越普遍，个人账户在养老金体系中的作用越来越明显，一些国家已经建立起统一的多支柱养老金账户信息平台[8]。此外，就改革效果而言，无论是 FDC 还是 NDC 个人账户，都增强了养老金制度的可持续性，进而减轻了财政压力[9]。但是 FDC 个人账户制在发展过程中暴露出一些问题，包括管理成本较高、扩面效果不明显、缴费情况不理想等，再加之高昂的转型成本和不成熟的资本市场条件，账户养老金的一大趋势是从 FDC 改革转向 NDC 改革。

自养老金私有化改革伊始，关于个人账户改革与 DB 型制度的参量式改革的争论不断，在理想状态下，引入个人账户能够更好地激励储蓄、就业与延迟退休，但是就实际情况而言，影响改革成效的因素有很多，例如宏观经济条件、政府支持、社会文化等。其中，宏观经济不稳定使任何养老金制度都面临风险，自 2008 年国际金融危机和 2010 年欧债危机后，许多福利国家都对其养老金制度进行了一些调整和改革，甚至出现了"再国有化"改革。近年来，加之新冠肺炎疫情冲击，世界经济出现了深度下滑，很多经济体出现了经济负增长、失业率上升、资产价格波动等问题，养老金面临更大的财务支出压力。因此，如何更好地利用账户养老金来促进经济发展，是养老金制度未来改革的重要方面，同时也要考虑到社会保障应有的再分配功能，改革时在财务可持续、经济发展与社会公平之间取得良好的平衡。

① Preston D, Retirement Income in New Zealand: The historical Context, Commissioned by the Retirement Commission, Dec. 2008, p.49.

②⑤ OECD, Pensions at a Glance 2021: OECD and G20 Indicators, 2021, p.141.

③ OECD, Pensions at a Glance 2009: Retirement-income Systems in OECD countries, 2009, p.119.

④ OECD, Pensions at a Glance 2015: OECD and G20 Indicators, 2015, p.141.

⑥ 郑秉文：《养老金三支柱理论嬗变与第三支柱模式选择》，《华中科技大学学报（社会科学版）》，2022 年第 2 期，第 20-37 页。

⑦ 中国证券投资基金业协会编著：《个人养老金：理论基础、国际经验与中国探索》，中国金融出版社 2018 年版，第 428 页。

⑧ 房连泉：《个人养老金公共平台管理的国际经验与政策启示》，《华中科技大学学报（社会科学版）》，2022 年第 2 期，第 38-47 页。

⑨ 蔡志静：《养老保险制度中的个人账户：国际经验与借鉴思考》，《预算管理与会计》，2015 年第 10 期，第 8-14 页。

分报告五

账户养老金：
零工经济下生命周期收入保障的有益探索

进入 21 世纪以来，零工经济（Gig Economy）快速发展，互联网科技催生形式多样的新就业形态，也助推零工队伍日益庞大。与传统正规部门用工形式不同，零工经济就业类似自雇就业（Self-employed），但与用工单位的联系更紧密，介于受雇就业与自雇就业之间。零工经济从业人员与用工单位之间突破了传统的雇员–雇主关系，以劳动合同为基础的社会保险制度随之"动摇"，其中，养老保险制度所受影响最大。

养老保险是城镇就业人员生命周期收入保障的基本社会制度，横贯就业期和退休期，占据职业劳动者一生中3/4 甚至更长的时间。零工经济下，城镇就业人员与用工单位的联系时断时续，忽紧忽疏。在传统经济的养老保险关系中，雇主和雇员分担缴费，但在零工经济下，"雇主"责任很难确定，需要花费大量的谈判成本。因此，零工经济下，需要探索新的养老保险实现形式，以实现职业劳动者生命周期的收入保障。

一、零工经济下基本养老保险制度存在保障空白

零工经济简单划分为两种工作形式：众包就业（Crowdwork）和依托应用程序的按需工作（Work On-demand via APPs）[①]。与传统意义上的工作相比，这些工作形式极度分散，通过互联网技术或外包服务协议，将传统意义上的劳动关系虚化，很多情况下，用工单位并未与工作者"谋面"，仅发生劳动力要素和工作报酬流动，工作者与用工单位之间没有直接的劳动力依附关系。零工经济下，基本养老保险制度很难实现"就业人员全覆盖"。

党的十九大报告提出"全面实施全民参保计划"，到2021 年底基本养老保险参保 102871 万人，其中参保职工 34917 万人，相当于城镇就业人数（46773 万人）的74.7%，考虑到重复参保、一人多户等问题，实际缴费人数占比更低，制度扩面仍有空间。

（一）从发展历程看，"非单位就业人员"参保规模越来越大

1994～2021 年，城镇职工基本养老保险参保人数从8494 万增至 34917 万，增长了 3.11 倍。1994 年，在职参保人数占城镇就业人数的比例是 45.5%，到 2021 年这一比例升至 74.7%。回顾发展历程，推动参保率上升的主要原因是制度覆盖面拓宽，20 世纪末完成由改制型国有企业职工向各类企业和事业单位职工的第一轮"扩面"。进入 21世纪后，原有覆盖面基本实现"应参尽参"，2005 年《国务院关于完善企业职工基本养老保险制度的决定》（国发〔2005〕38 号）明确了个体工商户和零工经济从业人员参保缴费办法，助推城镇职工基本养老保险制度第二轮"扩面"。由图 5-1 可见，2002 年在职参保职工人数超过了城镇单位就业人数，此后两者之间距离越来越大，尤其是从2012 年开始，在城镇单位就业人数下降趋势下，在职参保人数仍持续上升，制度覆盖越来越多的"非单位就业人

[①] De Stefano V, The Rise of the "Just-in-Time Workforce"：On-demand Work, Crowdwork and Labour Protection in the "Gigeconomy", International Labour Office, Inclusive Labour Markets, Labour Relations and Working Conditions Branch, Geneva: ILO, 2016 Conditions of Work and Employment Series, No. 71.

员"，到 2020 年末，城镇单位就业人数达 17039 万人，占在职参保人数的比例（假设全部参保）为 51.9%，"非单

位就业人员"已占在职参保人数的近一半。

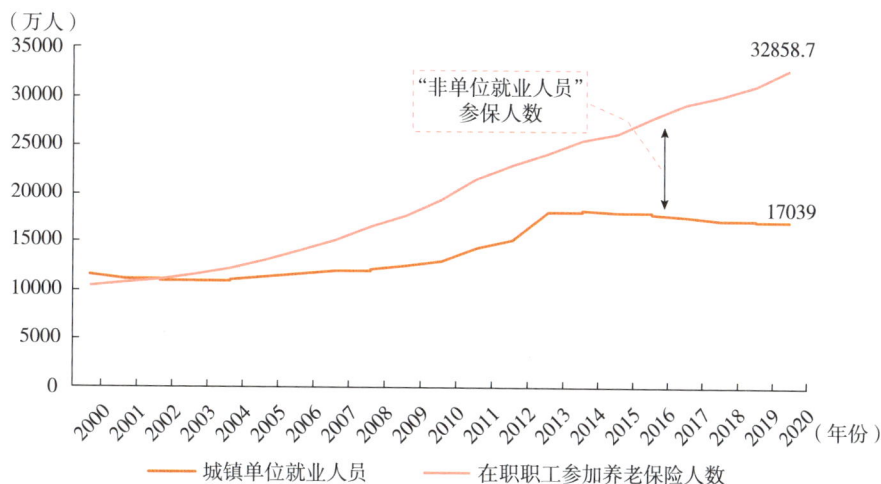

图 5-1 城镇就业和在职参保人数变化（2000~2020 年）

资料来源：国家统计局，年度数据。

按经济性质划分就业人员，从而做进一步分析。在可得数据中（见表 5-1），2012～2019 年在职参保人数变化与城镇个体和私营企业就业人数变化显著相关（p 值小于 0.1），相关系数分别是 0.717 和 0.536，与城镇单位就业人数的变化相关系数很小，只有 0.086，且不显著。其中，个体就业人数比城镇私营企业就业人数对在职参保人数变化的影响更大。

表 5-1 在职参保人数与不同经济性质就业人数变化的相关性分析

	非标准化系数		标准系数	t	Sig.
	B	标准误差			
（常量）	13608.317	2340.269		5.815	0.004
个体城镇就业人数	0.717	0.305	0.516	2.348	0.079
城镇单位就业人数	0.086	0.143	0.029	0.601	0.580
城镇私营企业就业人数	0.536	0.250	0.480	2.141	0.099

资料来源：笔者根据国家统计局的年度数据计算。

（二）从发展趋势看，推进"全民参保计划"步伐加快

在相继建立城镇职工、城乡居民和机关事业单位三

类基本养老保险制度之后，我国基本养老保险参保人数逐年增加。党的十九大报告提出"全面实施全民参保计划"，到 2021 年末，各类基本养老保险制度参保人数总计 102871 万人，扣除中小学生儿童和大学生[1]，仍有数千万人未参加任何类型的基本养老保险制度。

从城镇职工基本养老保险应参保人员看，城镇就业人员中有近 1/4 还未参加职工基本养老保险，这些人主要是个体工商户、零工经济从业人员，以及各类新就业形态从业人员。当前，全国零工经济从业人员超过 2 亿人，占城镇就业人数的 40% 以上，部分灵活就业人员以"个人身份"参加职工基本养老保险，个人承担全部缴费。由于就业流动性大、缴费负担相对重，零工经济从业人员参加城镇职工基本养老保险存在现实困难。

据中国劳动学会 2021 年在一、二线城市的调查，月收入在 5000 元以下的零工经济从业人员占被调查者的 34%，5000~7000 元的占 46%[2]。按照 2021 年城镇单位就业人员平均工资（106837 元）的 60% 计算，零工经济从业人员平均缴费基数在 5000 元以上，月收入在 5000 元以下的零工经济从业人员达不到参保缴费条件，或者须承担高于规定缴费的负担参保，考虑到地区之间工资差别，达不到参保条件的灵活就业人数更多。

2021 年 2 月，习近平总书记在中央政治局第二十八

---

① 根据国家医保局《2021 年全国医疗保障事业发展统计公报》，参加基本医疗保险的中小学生儿童和大学生分别是 24568 万人和 1993 万人。

② 中国劳动学会"灵活就业用工和社会保险"课题组提供。

次集体学习时指出，"随着我国社会主要矛盾发生变化和城镇化、人口老龄化、就业方式多样化加快发展，我国社会保障体系仍存在不足"，强调"要加快发展多层次、多支柱养老保险体系，更好满足人民群众多样化需求""要健全农民工、灵活就业人员、新业态就业人员参加社会保险制度"，明确了当前社会保险面临的新形势，强调深化社会保险制度改革要向各种类型就业人员扩容。

在此背景下，"十四五"规划提出要"放宽灵活就业人员参保条件"。但是，以骑手、外卖送餐员为代表的新就业形态劳动者的权益保障依旧存在空白。2021年7月，人社部等八部门联合发布《关于维护新就业形态劳动者劳动保障权益的指导意见》，首次以劳动三分法的方式界定新就业形态劳动者与用工单位之间的关系，即"符合订立劳动合同""不完全符合确立劳动关系情形""个人依托平台自主经营"三种形式，这为基本养老保险制度创新参保形式提供了契机。

（三）零工经济从业人员纳入社会保险是世界难题

随着网络技术和数字经济、平台经济的发展，越来越多的"新型"就业形式得以产生，自由撰稿人、演员、歌手、律师等自主就业规模扩增，外卖送餐员、网约车司机、快递员等平台从业新形式涌现。这些就业形式以"去雇主化""去劳动关系"为特征，近年来吸引的就业规模越来越大，但纳入社会保险的难题始终未得到有效解决。

大多数国家允许以"自雇就业者"身份自愿参加基本养老保险，部分国家对自雇就业收入达到规定限额之上的要求强制参保；在筹资方式上，以自雇就业者身份参保的，多以个人申报收入为缴费基数、个人须负担全部缴费[①]。这些措施做法须有健全的个人收入统计作为支撑，在收入统计数据不全的情况下很难开展；即使能够做到有效的收入统计，也会因个人负担过重，导致大多数零工经济从业人员被排除在基本养老保险体系之外。零工经济从业人员纳入社会保险的主要困难在于雇主责任的缺失。

1. 各国探索不同方式明确用工单位的"雇主责任"

从各国经验看，多种方式明确"雇主责任"：①自动加入且自主责任。英国于2008年引入第二支柱自动加入机制，目前正在考虑将自动加入主体向自雇就业者扩容，探索在纳税申报单上增设"退出"选项，如果不勾选，则从申报收入中自动扣费并转入个人养老储蓄账户。这种方式虽然没有改变自雇就业者须承担全部缴费的问题，但可有力助推个人增加养老储蓄。②政策规定须强制注册。乌拉圭于2017年引入强制注册政策，要求所有网约车司机

通过手机APP注册为个体工商户，同时在税务部门和社保部门进行登记，平台向已注册的司机分配更多潜在顾客，政府依据个人在平台系统内的收入流征税和征缴社保费。这种方式强制网约车司机参加社会保险，但未明确平台企业应承担的"雇主责任"。③合同约束"雇主责任"。意大利要求平台企业与其从业人员签订"非常规合同"，平台企业依规履行社会保险缴费责任，否则会受到制裁。这种方式是将零工经济就业正规化，平台企业与其从业人员之间的劳动关系明晰，但不适用于更广泛的覆盖面。④通过"使用者付费"间接履行"雇主责任"。匈牙利将平台就业归为"其他与劳动有关的法律关系"，规定"使用者付费"，以艺术作品购买为例，客户除支付艺术作品费用之外，还须按这笔支出的规定比例（10%）缴纳社会保险费。德国也在讨论"使用者付费"，政府向服务购买方提供税收补贴，由其履行"替代雇主"的责任，为服务提供方缴纳社会保险费。⑤按单自动扣缴或与平台企业分担筹资责任。印度尼西亚的出租车平台会在每次乘坐出租车时自动向意外险系统支付费用。新加坡和马来西亚也实行了类似的制度，一些平台在自愿的基础上向社会保障机构转移缴款。⑥实施账户制。拉美国家采用个人账户制，已将各种类型就业人员纳入养老保险，但由于账户之间共济性差，存在保障不充分的问题，法国也引入个人活动账户制度，自雇就业者可向个人账户缴费，此种制度具有便携性强、灵活度高的优点。

从全球范围看，零工经济从业人员的社会保险既是重点也是难题；从我国情况看，还有一些特殊问题，具体包括：零工经济从业人员的"雇主责任"界定尚不清晰的问题，参加社会保险的个人缴费负担较重问题，基本养老保险跨制度转移过程中的权益损失问题，以及相关法律法规不适应劳动力市场新变化的改革滞后问题。

2. 我国零工经济从业人员纳入基本养老保险的主要困难

在我国"十五"规划纲要中首次出现"灵活就业"，但始终未就这一就业形式做出具体的概念界定。目前，我国个体就业约1.2亿人，家政服务从业超过3000万人，依托互联网就业约8000万人，未签订劳动合同或签订1年以下劳动合同的农民工达到数千万人，这些群体有重叠，合并起来大约有2亿多人。除个人承担全部缴费造成负担重以外，零工经济从业人员参加基本养老保险还存在不小的困难。

平台就业规模大，企业责任边界不清。灵活就业是零

---

① 张盈华：《零工经济从业人员社会保险的国际经验》，《中国社会保障》，2022年第4期，第38—39页。

工经济的普遍现象，与平台就业、个体就业、自雇就业、自主就业、非正规就业、非标准化就业等概念重叠交叉，边界模糊难以界定，无法单纯以自雇就业者身份纳入基本养老保险。尤其是近年来平台经济快速发展，从业人数规模扩大，我国依托互联网就业将近8000万人，其中，外卖骑手700多万人，仅滴滴平台从业者就超过1000万人[①]。这些就业者与平台之间既有合作关系，也有劳动时间和劳动强度受平台算法约束的因素，不能简单将其划归为个体工商户或者自主就业者。

根据《中国灵活用工发展报告2022》，企业因业务量波动、产销淡旺季变动、降低用工成本等原因而选择灵活用工。《外卖平台用工模式法律研究报告》指出，外卖平台的认劳率在1%以内，配送商通过外包和个体工商户模式将认劳率分别降至46.89%和58.62%。就业灵活化使用工企业有机会不承担雇主责任，就业人员无法通过用工企业参加基本养老保险。

就业流动性强，社保关系衔接不畅。零工经济从业人员在不同区域间流动性较大，在不同平台间转移频繁，返乡就业人员还会面临不同社保制度之间的转换，这些对社保关系转移接续的经办工作造成较大挑战。调研显示，"收入不稳定，容易断保"是零工经济从业人员未参保的首要原因，选择在就业地参保、在户籍地参保和对参保地没有要求的各占1/3，零工经济从业人员参保最希望得到的服务是社保关系的便携性。

当前政策规定，跨统筹地区转移养老保险关系时，个人缴费全部转出，但单位缴费只能转出一部分，其余仍留在原参保地；从职工养老保险转入居民养老保险时，只转出个人缴费，不转出单位缴费。这些政策障碍挫伤了零工经济从业人员参保积极性。近年来，大批零工经济从业人员选择参加城乡居民医疗保险，除财政补贴占比大、个人缴费比职工基本医疗保险少等以外，也有跨统筹地区或跨制度转移社保关系时权益受损的原因。

二、探索零工经济从业人员生命周期收入保障的新路径

（一）零工经济从业人员生命周期收入保障的必要性

零工经济从业人员规模越来越大，涉及行业越来越广，收入层级越来越多，渗透经济社会各方面也越来越深，已经成为城镇就业的重要群体，未来随着数字经济的进一步发展，有可能成为城镇就业的主要群体。因此，零工经济从业人员生命周期收入保障的缺失，不再仅是个体或家庭的收入风险，正在转向社会风险。建立符合零工经济用工模式的生命周期收入保障机制，明晰用工单位的责任，都将有助于提升劳动者个人和社会的福利水平。

对于个人而言，平滑生命周期消费。莫迪利安尼创立的"生命周期假说"认为，理性消费者不以当前消费效用最大化为目标，而是追求生命周期内消费效用最大化，为此，让渡部分当前消费，按照终身平均消费率进行消费，从而实现生命周期内收入与消费的平衡。按照"生命周期假说"，人们会在生命周期内分配收入，形成个人储蓄的"驼峰分布"。

零工经济形式多样，从业人员的潜在消费力高低有差，但共性特征是收入不稳定，容易产生生命周期内收入流过度集中与时常中断的问题。年轻时创作力强、精力充沛可获得较大收入流，而年老体弱、创作乏力时收入断流，如果没有有效的资产储备工具，年轻时是"月光族"，年老时的消费没有保障。行为经济学用"双曲线贴现"（Hyperbolic Discounting）解释对"来钱快但得钱少"方案的选择，认为人们在对未来收益进行估值时，总习惯于对短期收益采用更低的贴现率，对长期收益采用更高的贴现率，这就造成生命周期内储蓄不足的问题，解决办法就是进行全生命周期的规划。

即使有储蓄习惯的节俭型零工，单纯依靠银行存款的收益不高，理财和投资既需要知识、时间和精力，也存在收入风险，而政策性工具可起到鼓励储蓄、委托投资、终身收入保障的作用。

对于社会而言，避免收入保障风险聚集。我国基本养老保险按职工和居民两类群体划分，职工基本养老保险的筹资来自用人单位和个人的缴费以及财政对基金缺口的补助，居民基本养老保险由个人缴费、财政缴费补贴和财政基础养老金三部分构成。对于"以个人身份参保"的灵活就业人员来说，参加职工基本养老保险的年缴费平均在1万元以上，参加居民基本养老保险的年缴费大致是100~200元，两者相差数十倍，尽管职工基本养老保险的待遇远高于居民基本养老保险，但对于年轻人来说，"落袋为安""即时消费"的效用更大。

2021年我国职工基本养老保险在职参保3.5亿人，考虑到一人多户的问题，实际缴费大约占80%，按照当年城镇就业和全部就业人数计算，职工基本养老保险实际覆盖城镇就业的60%，不到全部就业的40%。如果按年龄组划分，大龄就业者参保意愿明显高于年轻人，年轻就业人员的参保率更低。如果按照现行缴费和给付规则，2035

---

① 国家信息中心：《中国共享经济发展报告2020》。

年前后城镇职工基本养老保险的累计结余将耗尽，为维持制度可持续，养老金待遇保障度必定会下降，这意味着"70后"必须加快退休储备，"80后"增强危机意识，"90后"不能无视趋势，"00后"也得尽早准备。否则，老年收入保障的风险将随"银发浪潮"的到来而不断聚集，养老保障压力不断向后代传导，基本养老保险的代际供养纽带将不堪一击。

对于经济而言，促进经济形态融合。传统正规就业以劳动合同为基础，用人单位和劳动者的主体资格明晰，无劳动关系的被划归为非标准就业或非正规就业，正规就业与非正规就业之间泾渭分明。但在零工经济下，用人单位通过"外包"形式使用劳动者的劳动力，规避劳动合同规定的雇主责任，平台就业人员也多划为"独立合同工""个体工商户"，劳动者即使接受用人单位的规章约束、劳动管理和劳动报酬，仍无法被认定与用工单位之间存在劳动关系，造成劳动权益保障主体责任的模糊化。久而久之，传统正规就业与零工经济下不断涌现的各种形式的非正规就业之间形成鸿沟，前者劳动权益保障充分，主体责任明晰，后者劳动权益保障缺失，主体责任模糊，在工作转换和就业身份变化时，就会出现"职业排斥""身份排斥"等问题，造成不同经济形态就业群体的撕裂。

以出租车和网约车司机为例，同为运营车辆承租人，出租车司机向出租人交纳租金（"份子钱"），出租人履行雇主责任，履行社会保险的单位缴费义务；网约车的出租人不履行雇主责任，不承担社会保险的单位缴费，与网约车司机之间只有运营车辆使用权的交易，无劳动保障责任，由于存在激励竞争，两类劳动群体相互排斥。

建立面向零工经济从业人员的生命周期收入保障机制，有利于促进非正规就业"正规化"，弥合正规就业与非正规就业群体在劳动权益保障方面的罅隙，强化用工单位的"雇主责任"，也能弱化外包用工可能带来的劳动者权益损害。

（二）账户养老金可作为资产型福利政策的实现形式

资产贫困率（Asset Poverty Rate）高于收入贫困率（Income Poverty Rate），且即使收入贫困率下降，资产贫困率也会上升。福利制度的保障并不充分，一方面，救助型的福利制度无法使贫困者完全摆脱"贫困陷阱"，更不能使贫困者向上流动"跻身"中产阶级；另一方面，那些"缺失中间层"（Missing Middle-class）在受到经济波动影响时陷入贫困的风险加大，消费型的福利制度（"保基

本"属性）很难有效抵御这种风险（例如，因收入减少造成社保"断缴"）。

迈克尔·谢诺登在《资产与穷人：一项新的美国福利政策》中提出"个人发展账户"（Individual Development Accounts, IDAs）的想法，认为应为穷人创造机会通过储蓄以积累资产，将账户资金限定用于购买住房、教育培训、做小本买卖等。这种理念与面向中产阶级的"个人退休账户"（Individual Retirement Accounts, IRAs）的作用类似，将消费"节俭"下来形成储蓄，通过"投资"积累资产，用于增强人力资本和平滑消费，迎合了保守派倡导的个人责任、节俭、投资的理念，强调在抵御贫困和创造财富方面发挥"个人责任"。

谢诺登用"消费潜力"替代"收入保障"来衡量福利水平，将"个人发展账户"作为一种有效的资产政策工具，这种账户具有可选择、可投资和税收优惠的特征[①]。政府对资产积累进行补助或激励，使穷人在年纪较轻时也有资产，并通过长期投资积累时间价值，从而使穷人有条件彻底脱贫，斩断贫困代际传递的链条。

消费型经济制度可能使穷人"竭泽而渔"，而收入型福利政策最多只能"授人以鱼"，只有资产型福利政策才能"授人以渔"。这种理念完全可以用于养老资产的积累上，"账户养老金"可以作为资产型福利政策工具。通过账户养老金，可将老年阶段的养老金由消费性资金转化成生命周期内的生产性资本，并获取时间价值或投资以增值，提高生命周期的收入保障水平。

三、实施"账户养老金"的政策建议

为零工经济从业人员建立账户养老金制度，关键要将临时雇主、平台企业、劳务使用者等用工单位的责任明晰化，并创新参保缴费机制，将消费型福利理念转向资产型福利理念。

（一）已有探索

20 世纪 90 年代初，我国已提出建立多层次养老保险体系，个人储蓄性养老保险是该体系的重要构成，采取账户制，由职工自愿选择参加。由于缺少政策激励，个人储蓄型养老保险体系发展长期处于停滞状态，但与此同时，居民储蓄规模却不断扩大。根据国家统计局公布的历年国民经济和社会发展统计公报，1994 年全国城乡居民储蓄存款余额为 2.15 万亿元，到 2021 年达到 103.31 万亿元，增长了 47 倍。央行副行长李波在 2021 年 4 月博鳌亚洲论

---

① 冯希莹：《社会福利政策范式新走向：实施以资产为本的社会福利政策》，《社会学研究》，2009 年第 2 期，第 216-227 页。

坛上提出①，比照 OECD 平均水平，我国养老储备资产应当超过 100 万亿元，银保监会副主席肖远企也指出，我国有 80 多万亿元储蓄和 20 多万亿元理财产品，但 2/3 以上的储蓄是一年期以内的存款，4/5 的理财产品是一年期以内的产品。可见，长期投资性质的养老金资产太少。

2018 年 4 月，财政部发布《关于开展个人税收递延型商业养老保险试点的通知》（财税〔2018〕22 号），提出 EET 模式——即缴费和投资环节免税，领取环节纳税的延税措施，个人养老金制度正式确立。2018 年的试点覆盖面较窄，仅包含上海、福建（含厦门）和苏州工业园区，但暴露出我国个人养老金制度设计短板：税优激励效果不好，因为个人所得税纳税群体规模小，缺乏普惠性；领取时按 7.5% 的税率缴纳个人所得税，对于大多数工薪阶层来说是"增税"；个人所得税产品单一，缺乏个人选择空间，市场吸引力不足；公共养老金保障度高，参保人对个人养老金的补充作用需求不高，产生"挤出"效应。

2022 年 4 月，国务院办公厅发布《关于推动个人养老金发展的意见》（国办发〔2022〕7 号）（以下简称《意见》），对个人养老金的定位是"适合中国国情、政府政策支持、个人自愿参加、市场化运营""与基本养老保险、企业（职业）年金相衔接，实现养老保险补充功能，协调发展其他个人商业养老金融业务，健全多层次、多支柱养老保险体系"。个人养老金制度的核心内容是：采取个人账户制，费用全部由个人承担，享受延税政策的缴费上限是 1.2 万元 / 年，个人可在合规的各类金融产品销售机构开户，覆盖范围限定为已有基本养老保险的劳动者，账户实行封闭管理，参加人可自主选择购买符合规定的银行理财、储蓄存款、商业养老保险、公募基金等金融产品，在达到领取基本养老金年龄、完全丧失劳动能力等情况下提取；等等。2022 年的《意见》较 2018 年有显著扩展，但未对税优激励政策作出具体改变。

（二）建议

1. 界定灵活就业范畴，明确相关企业责任

根据与用工单位关系的紧密度，零工经济从业人员大致可分为三类：符合确立劳动关系（简称"一类人员"），不完全符合确立劳动关系但企业对劳动者进行劳动管理（简称"二类人员"），个人依托平台自主开展经营活动或从事自由职业（简称"三类人员"），传统的零工、季节工、小时工、家庭工等可纳入"三类人员"。

对于"一类人员"，请依法强制参保；对于"二类人员"，鼓励用工单位参保并与就业者合理分担缴费责任；对于"三类人员"，鼓励个人积极参加社会保险或补充保险。此外，对于多雇主或共享员工就业方式的，建议按照"使用者付费"原则，由用工单位分别向零工经济从业人员社保账户匹配缴费。

针对当前规模日益扩大的平台从业人员，可从头部平台和人力资源公司等中介机构入手，分层摸清底数和权益保障情况，包括人数规模、城乡分布、受教育程度、用工类型、行业结构以及与社保相关的劳动关系、劳动权益、劳动时间、劳动报酬、工作场所、就业流动、参保情况、断保原因等。在此基础上，研究探索新就业形态从业人员参加社会保险的精准政策。

2. 降低参保门槛，放松待遇资格限制

第一，在强调待遇与缴费挂钩的基础上，可将缴费基数由社会平均工资的 60% 降至 30%~40%，设立多个缴费档次（或缴费比例），便于不同保障需求零工经济从业人员根据自身情况选择参保，探索个体就业者按经营收入（或申报收入）的一定比例缴费，允许经营收入中断或转换工作期间的灵活就业者跨年缓缴。第二，对于外卖送餐员、骑手、网约车司机等平台从业人员，建议探索社保个人账户管理方式，将个人缴费和用工单位匹配缴费全部进入账户，采用区块链技术，按"个人开户、平台申请、社保扣费"的方式管理，零工经济从业人员开立社保账户，平台按单收入的一定比例（或定额）划转社保账户，社保经办机构定期扣缴社保费，用以养老、医疗、失业和工伤保险缴费，账户有结余的可购买商业补充保险。

3. 创新社保经办机制，增强社保便携性

提升公共服务主动性和便捷性，将符合新就业形态劳动者的职业技能培训纳入社保补贴范围。充分利用互联网技术和 APP 普及率高的条件，充分收集、整理、编纂、递送国家和地方政府关于零工经济从业人员社保权益的政策信息，用线上窗口代替线下窗口，用机器审核代替人工审核，提高社保经办便捷性、及时性、精准性。

对于跨统筹区域、跨城乡社保制度流动就业人员参加职工养老保险的，充分利用国家社会保险公共服务平台，采取"分段记录缴费，综合核算权益，统一计发待遇，基金统筹清算"的方式，保障零工经济从业人员社保权益完整，提升零工经济从业人员参保经办效率。

4. 重视账户养老金的流动性诉求

按照莫迪利安尼的"生命周期假说"，年轻时期收入

---

① 《养老金改革如何走？周小川、李波、肖远企、郑秉文博鳌发声》，《新京报》，http://m.10jqka.com.cn/20210421/c628743406.shtml?share_cnt=2，2021 年 4 月 21 日。

低，消费占收入比重高，甚至会举债消费；中年时期收入增加，消费占比相对下降，为老年时期储蓄的能力增强；老年时期"负储蓄"即消费超过收入。由此可见，中年时期边际消费倾向相对低，边际储蓄倾向相对高，是储蓄养老的关键时期。生命周期各个阶段的消费倾向不同，养老储蓄倾向也会不同：年轻时期，当前消费的效用大，养老储蓄意愿弱，更加重视养老金融产品的流动性；中年时期，远期消费的效用大，养老储蓄意愿强，更加重视养老金融产品的盈利性；老年时期，当期消费效用和远期消费效用同样重要，收入风险意识强，重视养老金融产品的安全性。

为了保障养老金账户缴费的连续性，在退休前支取会受到税收"惩罚"，但有例外规定。例如，新西兰 KiwiSaver 的账户资金可在购买首套住房、重病或死亡、经济困难、移民等情况下提前支取；美国的传统 IRAs 可在首次购房、教育、死亡、残疾、无法报销的医疗费、医疗保险、购买年金等情况下提前支取；加拿大注册退休储蓄计划（Registered Retirement Saving Plan，RRSP）可在购买首套住房或参与终身教育计划等情况下有限额地提前支取。为了不被任意挪用，这些国家对提前支取设置时间和额度限制，并有惩罚性规定。例如美国要求，提前支取时须补缴个人所得税，并处 10% 的罚金；加拿大规定，提前支取的资金须在 10~15 年内返还。这些例外规定增进了参与者的"消费者选择"，提高了账户养老金的资金使用效率。

当前，灵活就业群体正在呈现年轻化和扩大化趋势。为了实现更加充分更高质量就业，促进零工经济从业人员权益保障，为了"全面落实全民参保计划"，促进社会保险法定人群全覆盖，探索零工经济从业人员账户养老金改革措施，争取"十四五"时期零工经济从业人员参保率和保障度得到明显提升。

分报告六
账户养老金：第三支柱养老保险个体效用的探讨

早在 30 年前，《关于企业职工养老保险制度改革的决定》（国发〔1991〕33 号）已提出"逐步建立起基本养老保险与企业补充养老保险和职工个人储蓄性养老保险相结合的制度"，近年来第三支柱养老保险制度更是迎来了历史上最好的外部制度环境。《中共中央关于全面深化改革若干重大问题的决定》提出，"加快发展企业年金、职业年金、商业保险，构建多层次社会保障体系"；《关于加快发展现代保险服务业的若干意见》（国发〔2014〕29 号）将商业养老保险的定位升级为"社会保障体系的重要支柱"；《中华人民共和国国民经济和社会发展第十四个五年规划和 2035 年远景目标纲要》更是明确提出，"发展多层次、多支柱养老保险体系，提高企业年金覆盖率，规范发展第三支柱养老保险"。

30 年来，业内对第三支柱不乏乐观的预期，2018 年在上海市、福建省（含厦门市）和苏州工业园区三地实行的个人税收递延型商业养老保险（第三支柱）试点更是被各界寄予厚望。但在试点两年之际，在理论上可以覆盖 5000 万人的试点城市中，参加第三支柱（投保）人数只有 4.76 万人，实现保费收入只有 3 亿元[①]。不仅应者寥寥，仍处在制度设计阶段的第三支柱养老保险，已经面临着"逆向收入再分配"的拷问，在缺乏税收优惠等制度设计的情况下，第三支柱养老保险至今仍未真正起步。

宽松的政策环境、乐观的预期与现实的反差，引发了一系列的思考。在发展第三支柱的道路上，到底隐藏着什么样的困难？其中，作为养老保险制度体系中唯一明确的基于个人决策基础上的制度安排（是否参与，如何参与），个体又是如何做出参与决策的？为了尝试回答这些问题，报告拟从个体决策目标中至关重要的效用满足角度出发，展开分析和探讨。

一、文献综述与分析框架

1994 年，世界银行总结了三支柱概念[②]，其中第三支柱指的是个人自愿性养老储蓄计划[③]。但是，这一概念存在指向模糊、难以统计与比较的问题。按照该界定，个体为了养老进行的储蓄则属于第三支柱，但个体无明确目标的储蓄行为不属于第三支柱。那么，如果个体遭遇意外冲击时需要使用已积累的养老储蓄时，该如何界定这一储蓄是否还属于第三支柱？

该提法的问题在于模糊了行为和认知的边界——由认知评价行为，往往导致对同一行为评价结果不同。因而，在国际比较中，第三支柱通常指有明确税收优惠的、基于个人自愿基础上的、基于市场行为的养老制度，如经济合作与发展组织（OECD）和美国投资公司协会（The Investment Company Institute，ICI）均按照这一标准来衡

[①]《保费收入和参保人数远低于市场预期——税延养老险为何叫好不叫座》，《中国日报》，https://baijiahao.baidu.com/s?id=167142915 8042061406&wfr=spider&for=pc，2020 年 7 月 6 日。

[②] 与世界银行的多支柱定义相比，中国用词为多层次，两者大体相近，但在细节上存在一定差别。如世界银行的第二支柱强调强制性，而中国的第二层次则没有强制性要求，后文不区分多层次与多支柱。特此说明。

[③] 世界银行：《防止老龄危机——保护老年人及促进增长的政策》，劳动部社会保险研究所译，中国财政经济出版社 1996 年版。

量第三支柱资产规模。

从可比性以及政策分析的角度出发，本报告探讨的第三支柱同样以具备税收优惠政策的、个人自愿的、市场化的养老制度为对象。

（一）文献综述

自中国在 20 世纪 90 年代提出构建多层次养老保险制度体系以来，各界对此目标并无明显分歧[1]，随着中国人口老龄化程度加深以及公共养老金制度财务可持续性问题的日渐显现，第二、第三支柱吸引了越来越多的目光，但各界对于第三支柱的作用与实现路径并未达成共识。

董克用和孙博（2010）认为，零支柱具有一定刚性，第三支柱属于个人自愿性储蓄，因此改革的关键是第一支柱和第二支柱的关系——第二支柱要逐步做大，第一支柱相对缩小。在第三支柱方面，他们建议对进入个人养老储蓄的工资收入减免税收以及对个人养老储蓄账户资金给予利率优惠[2]。董克用和张栋（2017）进一步阐述了以上观点，他们认为合理划分政府和市场的职责边界是完善养老金制度体系的核心问题，其中市场（第三支柱）的主要职责是发展多元化的私人养老金制度，实现养老金待遇补充目标[3]。

庹国柱与段家喜（2018）认为，应当建设"突出保险保障作用兼顾投资"的第三支柱，强调养老金是"长寿风险保障 + 长期储蓄"的本质属性。他们建议：一是采用EET[4]税收优惠政策并直接补贴中低收入人群；二是参考美国 IRA（个人养老账户）经验，打通第一支柱个人账户资金向第二、第三支柱，以及第二支柱向第三支柱的资金流动通道[5]。

郑秉文（2018）认为，应构建"多层次混合型"养老保险制度体系。他从"非商品化"角度出发，建议中国应当学习美国、英国等国家，增加市场化比重的道路[6]；高庆波（2020）认为，基本养老保险制度是养老保障体系最重要的基石，但公共养老金制度的生物收益率将越来越小，未来需要适度降低第一支柱缴费与待遇水平，发展多层次

养老保险制度[7]。

在影响个体决策的因素方面，多数文献强调政策优惠的重要性。如黄雪和王宇熹（2015）利用保险精算模型，得出中国第三支柱实施 EET 方案的乐观结论——EET 减少了个人当期应纳税额，增加了货币的时间价值，并实现了合理避税；徐卫周和张文政（2017）总结了两种政策优惠形式，一是直接的财政补贴，二是税收减免或延征，与众多学者相同，他们认为税优政策的缺位是制约个税递延型商业养老保险发展的瓶颈因素[8]。

总的来看，既有文献对第三支柱的分析主要从三个角度出发：一是聚焦于多支柱制度体系与人口的趋势性变化，从宏观角度阐述发展第三支柱的必要性与可行性；二是聚焦于税收优惠等政策效应；三是探讨影响参保决策的个体特征因素。

不过，现实中第三支柱发展并不顺利，尤其是被寄予厚望的 2018 年个税递延型养老保险试点。而且，现有文献对中国经济和社会发展现实条件下的个体第三支柱决策过程分析仍不充分，并不能回答个体为什么不愿参与试点这个关键问题，更无法进一步回答个体在什么样的情况下有可能参与第三支柱这一问题，导致绝大多数文献的结果只是呼吁引入 EET 模式，但又无法回答为何理论上 EET 有效，但实践中效果不佳的问题。在此，本报告试图在效用分析的基础上，探索发展第三支柱的可能路径。

（二）分析框架

在养老保险制度体系中，第三支柱的直接利益相关者与第一、第二支柱的国家、企业与个人"三方负担"存在明显区别。从形式上看，第三支柱完全基于个人决策。但从系统角度出发，三支柱目标都是保障老年经济收入，其资金均源自参保者年轻时的缴费，参保者当期收入与支出是天然的决策约束条件，从这个角度来看，第三支柱只是形式上具备独立性，实际仍与第一、第二支柱紧密关联。事实上发达国家三支柱发展进程中同样存在路径依赖问题——公共养老保障制度的发展程度是导致二、三支柱路

---

① 高庆波：《多层次养老保险制度发展不平衡探析：约束与选择》，《华中科技大学学报（社会科学版）》，2021 年第 3 期，第 38-47 页。

② 董克用、孙博：《从多层次到多支柱：养老保障体系改革再思考》，《公共管理学报》，2011 年第 1 期，第 1-9 页，第 122 页。

③ 董克用、张栋：《公共养老金和私人养老金：制度分野、国际经验与启示》，《清华金融评论》，2017 年第 S1 期，第 75-79 页。

④ 即在缴费（E）、投资（E）阶段免税，领取（T）阶段征税的方式。其中 E 表示免税，T 表示征税。

⑤ 庹国柱、段家喜：《我国发展税优个人养老金的关键问题、总体框架及政策建议》，《陕西师范大学学报（哲学社会科学版）》，2018 年第 5 期，第 5-14 页。

⑥ 郑秉文：《"多层次混合型"养老保障体系与第三支柱顶层设计》，《社会发展研究》，2018 年第 2 期，第 75-90 页。

⑦ 黄雪、王宇熹：《个人税收递延型商业养老保险优惠政策研究》，《经济与管理》，2015 年第 6 期，第 28-35 页。

⑧ 徐卫周、张文政：《个税递延型商业养老保险的国外经验及我国借鉴探究》，《北京交通大学学报（社会科学版）》，2017 年第 1 期，第 63-69 页。

径差异的关键原因所在（高庆波，2020）[①]。

为了更好地梳理第三支柱涉及的复杂体系，本报告拟从持续时间超过半个世纪的养老金制度模式之争作为分析的起点。原因在于，第三支柱同样基于个人账户制度所构建，模式之争的核心问题——不同模式在特定条件下的相对优劣在微观上可以转化为个体参与哪种制度更为有利。

具体的分析过程从经典理论模型的简化形式开始。在漫长的争论中，养老保险领域形成了两大经典理论模型——动态世代交迭模型和动态生命周期模型[②]。在稳态条件下，基于这两个模型的分析比较将简化为共同的艾伦条件形式——探讨人口增长率、工资增长率与投资回报率三者之间的关系，详情可参考袁志刚和宋铮（2000）所使用的世代交迭模型的证明过程[③]。

因而，本报告初始分析借用了两期世代交叠模型的相关设定[④]。在数十年的探讨中，对模型基本假定虽有扩展，如两期扩展为多期，对每个人在年轻时没有初始财富与老年死后不留遗产与也不欠债等假定进行修正等，但分析逻辑并没有发生实质性变化。文章的分析过程可以简单总结为：首先，利用新古典经济学经典模型，进行初始的典型参保者决策分析；其次，引出不完全信息以及异质参保者的决策差异探讨；最后，探讨构建未来第三支柱制度可供参考的政策选择。

二、第三支柱中的个体决策

在养老保险领域，如果将第三支柱个体参保决策作为一项经济精测进行分析，则其实质分析的是个人账户制度下个体最大效用水平问题，即在个体决策目标明确的情况下，探讨个体在经典模型条件下参与第三支柱养老保险的成本收益问题。

（一）典型个体的参保决策

以企业职工基本养老保险制度为分析对象，令：社会

统筹部分缴费率为 α；个人账户缴费率为 β；参加工作时工资为 S，工作年限 t；个人账户部分计发除数 lf；平均实际投资回报率为 r，个人工资为社会平均工资的 k 倍。在不考虑贴现率的情况下[⑤]，根据国发〔2005〕38 号文件有：

社会统筹部分参保者累计缴费成本可表示为：

$$\alpha kS \sum\nolimits_{i=0}^{t-1}(1+g)^i \qquad (1)$$

个人账户部分参保者缴费总额可表示为：

$$\beta kS \sum\nolimits_{i=0}^{t-1}(1+g)^i \qquad (2)$$

当参保者在第 t 年退休时，当年现收现付部分养老金待遇 $P_{payg}(t)$ 可表示为：

$$P_{payg}(t) = S \times \frac{0.01 \times t \times (1+k)}{2} \times \prod\nolimits_{i=0}^{t-1}(1+g)^i \qquad (3)$$

当参保者在第 t 年退休时，当年个人账户部分养老金待遇 $P_{ff}(t)$ 可表示为：

$$P_{ff}(t) = \frac{\beta kS \sum\nolimits_{i=0}^{t-1}(1+r)^i}{lf} \qquad (4)$$

对个体而言，无论制度待遇确定与调整是否符合精算中性要求，个体是否参加一项制度的决策前提仍然是收益大于等于成本。显然，如果式（3）小于式（4），适合参加第三支柱，反之则适合参加公共养老金制度。在现实中，个体对未来的认知更多的由先验（prior）所确定[⑥]。因而，下文将使用中国进入 21 世纪以来的现实养老金制度运行参数加以模拟探讨。

在过往 20 年间，中国劳动者平均工资的年化增长率高达 11.61%。在投资回报率方面，企业年金制度自 2007 年开始发布运行数据，年化投资回报率为 7.3%；如果剔除 2007 年的回报率（41%），那么年化回报率将降低到 5.07%。显然，根据以上数据计算得到的式（3）将大于式（4），换言之，对于参保者而言，参加公共养老金制度在经济上明显有利。详情如图 6-1 所示。

① 贺菊煌：《带生命周期消费的新古典增长模型》，社会科学文献出版社 2008 年版。

② Alan J, Auerbach A J, Kotlikoff L J, An Examination of Empirical Tests of Social Security and Savings, NBER Working Papers 0730, National Bureau of Economic Research, Inc., 1981.

③ 袁志刚、宋铮：《人口年龄结构、养老保险制度与最优储蓄率》，《经济研究》，2000 年第 11 期，第 24-32 页。

④ 具体设定为：每个人都生存两期——年轻期和年老期，并且每个人都能生存到年老期末；每个人在年轻时没有初始财富，靠劳动力或人力资本获取工资收入，并将收入用于消费和储蓄；每个人在年老时退休，此时无工资收入，依靠自己年轻时的储蓄生活；年老人死后不留遗产，也不欠债；经济在每一时刻都是年轻人和老年人共存的，年轻人所拥有的劳动或人力资本和老年人所拥有的物质资本相结合形成经济中的产出。此外，经典模型还隐含着"人是理性的"这一经济学基本假定，因而在上述模型中，个体的偏好应该具备时间上的一致性以及风险中性特征。

⑤ 由于本报告探讨的是参保决策过程，无论贴现率具体数值是多少，对同一个参保者而言，并不会发生变化，故省略贴现率并不会影响判别的结果，特此说明。

⑥ Casadesus-Masanell R, Klibanoff P, Ozdenoren E, Maxmin Expected Utility over Savage Acts with a Set of Priors, Journal of Economic Theory, 2000, 92(1): 35-65.

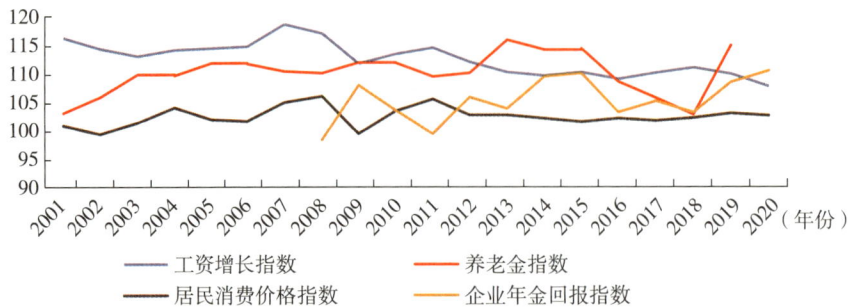

图 6-1　工资增长、养老金待遇、居民消费价格与企业年金回报指数（2001~2020 年）

注：①图中去掉了 2007 年企业年金投资回报率（41%），但计算年化投资回报率时仍保留该数据（与人力资源和社会保障部官方数据保持一致）；②工资增长指数使用的是国家统计局发布的城镇单位就业人员货币工资指数，而没有使用 2018 年之前的城镇单位在岗人员平均工资作为基准。原因在于，2018 年之后缴费基数变革为全口径工资，统计部门也不再统一发布该数据。因而，文中使用了与该数据高度接近的指标加以替代，但这一替代将导致 2019 年与 2020 年计算结果存在偏差。

资料来源：笔者根据国家统计局网站与《全国企业年金基金业务数据摘要（2020 年度）》中相关数据计算并绘制。

（二）收入不同群体的选择性参保决策

由式（3）可知，社会统筹部分养老金待遇水平和相对收入水平关系密切，收入越高福利损失越大；由式（4）可知，个人账户部分计发除数只是起到确定计发基准的作用，预期余命与累计金额都不是发放时间的决定因素。因而，基本养老保险制度两个部分均将产生代际间的再分配问题，存在导致参保者产生选择行为的可能性。在这样的情况下，不同收入的个体将如何做出选择？

基于式（3）和式（4）并引入收入差别因素后，将过往 20 年数据代入，得到不同收入群体基于经典模型的计算结果。计算发现，式（3）待遇水平相对于式（4）水平更具吸引力。该结论对所有中低收入者始终成立；对中高收入者而言，在缴费时间只有 15 年的情况下参加第三支柱更为有利，但随着缴费时间超过 20 年（当年三倍社会平均工资者的比率为 0.97）之后，对中高收入者而言同样是参加第一支柱更为有利。详情如表 6-1 所示。

表 6-1　不同收入群体第一支柱与第三支柱参保决策

t	k	$1+g$	$1+ob$	$1+r$	$1+or$	lf	比值1	比值2	比值3
15	0.60	1.12	1.10	1.07	1.05	12	1.61	1.42	1.62
15	1.00	1.12	1.10	1.07	1.05	12	1.21	1.06	1.21
15	1.50	1.12	1.10	1.07	1.05	12	1.01	0.89	1.01
15	2.00	1.12	1.10	1.07	1.05	12	0.91	0.80	0.91
15	2.50	1.12	1.10	1.07	1.05	12	0.85	0.74	0.85

续表

t	k	$1+g$	$1+ob$	$1+r$	$1+or$	lf	比值1	比值2	比值3
15	3.00	1.12	1.10	1.07	1.05	12	0.81	0.71	0.81
20	0.60	1.12	1.10	1.07	1.05	12	1.94	1.61	1.91
20	1.00	1.12	1.10	1.07	1.05	12	1.45	1.21	1.43
20	1.50	1.12	1.10	1.07	1.05	12	1.21	1.01	1.19
20	2.00	1.12	1.10	1.07	1.05	12	1.09	0.90	1.07
20	2.50	1.12	1.10	1.07	1.05	12	1.02	0.84	1.00
20	3.00	1.12	1.10	1.07	1.05	12	0.97	0.80	0.95
25	0.60	1.12	1.10	1.07	1.05	12	2.22	1.73	2.13
25	1.00	1.12	1.10	1.07	1.05	12	1.66	1.30	1.60
25	1.50	1.12	1.10	1.07	1.05	12	1.39	1.08	1.33
25	2.00	1.12	1.10	1.07	1.05	12	1.25	0.98	1.20
25	2.50	1.12	1.10	1.07	1.05	12	1.16	0.91	1.12
25	3.00	1.12	1.10	1.07	1.05	12	1.11	0.87	1.06
30	0.60	1.12	1.10	1.07	1.05	12	2.47	1.82	2.30
30	1.00	1.12	1.10	1.07	1.05	12	1.86	1.36	1.72
30	1.50	1.12	1.10	1.07	1.05	12	1.55	1.13	1.44
30	2.00	1.12	1.10	1.07	1.05	12	1.39	1.02	1.29
30	2.50	1.12	1.10	1.07	1.05	12	1.30	0.95	1.21
30	3.00	1.12	1.10	1.07	1.05	12	1.24	0.91	1.15

续表

t	k	1+g	1+ob	1+r	1+or	lf	比值1	比值2	比值3
...									
40	3.00	1.12	1.10	1.07	1.05	12	1.48	0.95	1.26

注：①ob 表示观察到的养老金待遇增长率，or 表示观察到的投资回报率。②比值计算方法为，按照式（3）和式（4）代入表中数据，计算各部分待遇水平后，比较而来。其中比值1基于工资增长率与企业年金投资回报率计算得来；比值2使用观察养老金待遇增长率与企业年金回报率计算，比值3使用观察养老金待遇增长率与可获投资回报率计算。③lf 统一使用了12年作为除数，这在数值上接近60岁的个人账户除数。需要说明的是，当式（4）计算存在以下偏差：一是由于个人账户制度长期空账运行，只有记账利率而没有真实的投资回报率，导致式（4）高估实际养老金待遇水平；二是对退休后余命更长的群体尤其是对女性群体而言，式（4）的结果明显偏高。

资料来源：笔者计算并编制。

计算结果显示，当缴费时间长度大于20年时，参保者几乎将只参加基本养老保险制度，而不会参加第三支柱。换言之，从经济角度出发，过往条件下参与第三支柱的对象将仅限于没有第一支柱的群体（非劳动者或者因种种原因不能加入第一支柱者），以及极少数工资在三倍社会平均工资以上且缴费时间短的劳动者[①]。

（三）不完全信息条件下的参保决策

梳理过往文献时发现，经典模型条件下的几个主要关键参数——工资增长率、投资回报率、人口增长以及人均预期寿命变化等，既有文献对上述四个基本参数的假定与20年来真实运行情况偏差很大，由此导致计算结果相去甚远[②]。在学界尚且存在明显偏差的情况下，假定个体具备完全信息显然是不现实的。

有鉴于此，下文构建了一个基于个体在有限预测能力条件下的模拟分析，即通过个体对周边公开信息的收集与反馈，以模拟上述各式的计算结果。在养老金待遇水平方面，个体可以通过国家公布数据以及周边的现实反馈得知（年化增长率为9.88%）；在个体可以获得的投资回报方面，参考五年期存款利率（自2002年到2014年，五年期存款利率均值为4.73%，此后国家不再统一公布五年期定期存款利率），或直接参考保险公司的寿险类产品条款，由此得到了比值2和比值3。

比值2计算的基础是历年社会平均养老金待遇水平与企业年金投资回报率，分析发现：随着缴费时间的增长，参加第三支柱有利的群体将越来越少；当缴费时间在20年以下时，社会平均工资以上者适合参加第三支柱；当缴费时间增长到20年时，工资为1.5倍社会平均工资以上者适合参加第三支柱；当缴费时间延长到25年以上时，工资为社会平均工资两倍及以上的群体适合参加第三支柱；如果时间进一步增长到40年，只有工资达到社会平均工资三倍者适合参加第三支柱有利。

比值3计算的基础是历年社会平均养老金待遇水平与个人可获投资回报率（近似于去掉2007年投资收益率后的企业年金投资回报率），其结果与基准模型分析结果相近，两者均是在缴费时间在15年时，工资为两倍及以上社会平均工资者参加第三支柱更为有利；当缴费时间延长到20年时，只有工资为三倍社会平均工资者参加第三支柱有利；在缴费时间更长的情况下，始终是参加第一支柱更为有利。

比值1、比值2、比值3的分析过程验证了一个经典结论：在个体决策过程中，个体预期的公共养老金制度收益与可获投资回报率之间的差异才是导致行为差异的决定性因素，这也是利用经典模型分析个体效用最大化目标在不同时期进行选择时将产生的自然结果。

三、发展第三支柱的问题、分析与建议

学者们在实地调研中早已发现，我国养老保险参保意愿与年龄明显相关——越接近退休年龄参保意愿越高，这并不符合个体偏好在时间上连续的假定。而且，个体不可能准确预期未来的收益水平，个体决策时必然面临着可预期的不确定效用问题。因而，从以上经典模型分析出发，个体的决策过程还需要进一步的探讨。

（一）当前第三支柱存在的问题

1. 个体不参加第三支柱是理性选择的结果

由式（3）和式（4）可以得出，当 g 和 r 为常数，且缴费率相同时，在仅有两期的情况下，两种制度待遇比值为 $\frac{0.01 \times t \times (1+k)}{2k \times lf} \times \frac{1+g}{1+r}$。这与经典模型推导得来的艾伦条件在形式上存在明显差异。

这一偏差是由当前中国基本养老保险制度中非精算中性因素共同作用所致：一是社会统筹部分的缴费时间与待遇挂钩（每满一年提供1%），二是本人缴费与社会平均

[①] 虽然无从得知整个社会劳动者的工资分布函数与标准差，但按照中心极限定理，可以得出如下判断，落在三倍均值以上的群体，在总量中占比应当很小（毕竟1.96σ的占比就只有5%了）。当高收入叠加上缴费时间短于20年因素后，这一部分群体的数量无疑将会更小。

[②] 高庆波：《城镇职工"新人"养老金缺口探讨》，《社会保障研究》，2019年第2期，第30–39页。

工资共同组成待遇计发基数，三是个人账户按计发除数持续发放，四是现收现付制度待遇计发部分缺失人口因素，四者共同形成了 $\frac{0.01 \times t \times (1+k)}{2k \times lf}$ 的偏差，并缺少人口因素 $(1+n)$。

由于这些非精算中性的制度设计因素存在，一方面实现了参保者群体间的制度内再分配，另一方面也放大了参保者的选择行为。对第三支柱参保决策问题（在中国现实中主要指无税收优惠的寿险业务）而言，基于经典模型及有限信息以及异质个体的扩展的分析表明，在中国经济社会发展参数条件下，无论个体在收入情况以及对未来认知方面存在怎样的差异，个体分析比较的结果将导致相同的结论——在绝大多数情况下个体参加基本养老保险制度更为有利，只有极少数高收入群体和缴费时间极短的劳动者才会选择参加第三支柱。

总的来看，在过去 30 年中，不参加第三支柱养老保险是绝大多数个体的理性选择。

2. 优惠政策的关键并不是 EET

黄雪和王宇熹（2015）曾得出实施 EET 的乐观结论，但仔细观察他们的计算过程却引发了进一步的思考[①]。文中指出，"实施 EET 之后，参保者以 10% 的工资收入购买商业养老保险，在工资增长率为 3%、投资回报率为 4% 时，30 年退休时可以实现 10% 的替代率"。按照这一结果，即使不将第三支柱与公共养老保险制度相比较，只是按照预期余命来看，文中设定的第三支柱也是一项完全不值得参与投资的制度。虽然他们的研究证明了引入税收优惠政策有着积极的意义，但问题的关键在于，在制度本身不经济的情况下，税收优惠是否有效的意义是什么？

中国发展第三支柱的核心问题，从来都不在于税收优惠政策，而是在于制度设计本身。从制度环境来看，中国当前的税收制度环境实质上相当于存在着美国罗斯个人退休账户（Roth IRAs）的税收优惠政策。Roth IRAs 常被简称为"罗斯账户"，该制度依据 1997 年通过的《纳税人救济法》（Taxpayer Relief Act）建立，其税收优惠模式为 TEE[②]；而被普遍呼吁的 EET 模式源自美国个人退休账户

（IRAs），该制度根据 1974 年《雇员退休收入保障法案》（Employee Retirement Income Security Act）建立。

早有文献指出，两种税收优惠模式各自适合不同收入的群体，EET 适用于低收入者，TEE 适用于中高收入者。结合前文中比值 1、比值 2、比值 3 情境下的比较，在中国当前制度条件下适合参与第三支柱养老保险的群体极少，他们的共同特征是高收入（且缴费时间短），这意味着，业界所呼吁的 EET 对当前制度条件下的潜在参保者而言，几乎没有任何意义。王晓军和詹家煊（2019）基于行为经济学中的累积前景理论证明了这一判断，他们发现 2018 年第三支柱试点由于约定了较高的养老保险领取期税率（7.5%）和较低的缴费期免税率，意味着对于应税年收入低于 49 万元的个人来说都将增加终生税负水平[③]。

总的来看，税收优惠政策的关键不是是否引入，而是 E 和 T 的比率设定，这决定了引入到底是税收优惠还是税收负担[④]，这在对于中国当前存在着明显的罗斯账户税收优惠制度环境条件下更是需要关注的问题。

3. 对参保者不了解政策的担忧并不符合事实

长期以来，学界与业界普遍存在对中国金融市场不成熟、国民缺乏相关金融知识的担忧。但在近期一项针对十个大中城市中产以上收入群体（与第三支柱的潜在参保者高度重合）的养老风险专题调查中发现，这一担忧与事实相去甚远。调查问卷中有这样一个问题——您对个人税收递延型商业养老保险政策的了解程度如何[⑤]？

面对一项在三年前颁布、仅在三地实施并且试点时间只有一年的政策，在全部十个城市共计 5050 份有效样本中，受访者认为"非常了解"的比率达到 22.2%，"比较了解"的比率为 38.8%，两者合计占比达 61%，而"完全不了解"和"不太了解"的占比合计只有 11.2%。调查结果表明，未来公众所做出的是否参加第三支柱的决策，是在对政策足够了解的前提下完成的。也就是说，制度的潜在受众们，是因为了解政策基于自身利益的判断而选择不参保，而不是因为不了解政策而不参保，这是发展中国第三支柱养老保险制度需要格外注意的。调查问题详情如表 6-2 所示。

① 黄雪、王宇熹：《个人税收递延型商业养老保险优惠政策研究》，《经济与管理》，2015 年第 6 期，第 28-35 页。

② 与前文相同，E 表示免税，T 表示收税。TEE 表示缴费阶段收税，而在投资和领取阶段免税。

③ 王晓军、詹家煊：《税延政策真能刺激养老保险市场需求吗？——基于累积前景理论的模拟分析》，《保险研究》，2019 年第 7 期，第 94-105 页。

④ 2018 年试点到底是税收优惠还是税收负担问题，使用文中模型并增加税负系数可以求解得出，结果相对王晓军和詹家煊（2019）的结论稍微乐观一点。但笔者认为，当整个制度不具备经济性时，探讨税收优惠政策是否有效问题是没有意义的，可参见前文对黄雪和王宇熹（2015）计算的探讨。特此说明。

⑤ 类似认知问题还包括对健康险、长期护理险、基本养老保险等的了解情况，调查结果相近。

表6-2　对个人税收递延型商业养老保险政策的
了解程度（单选）

	频率	百分比（%）	有效百分比（%）	累积百分比（%）
非常了解	1122	22.2	22.2	22.2
比较了解	1961	38.8	38.8	61.0
听说过	1403	27.8	27.8	88.8
不太了解	463	9.2	9.2	98.0
完全不了解	101	2.0	2.0	100.0
合计	5050	100.0	100.0	

资料来源：友邦保险联合中国社会科学院世界社保研究中心、腾讯新闻发布的《2021大中城市中产人群养老风险蓝皮书》，由原始调查数据整理得来。参见 http://insurance.hexun.com/2021-10-12/204503374.html。

（二）第三支柱的未来发展趋势

在中国养老金制度运行过程中，由于工资增长率长期维持在高位，而且个人账户制度记账利率偏低，导致必然存在着一个高效的社会统筹部分和相对低效的个人账户部分。但两者在共同形成了养老金待遇初值（即第一年的退休金）之后，将作为一个整体进行待遇调整，其结果近似于养老金待遇年度支出情况[①]。

由式（3）和式（4）可知，未来诸多参数变化均将有利于第三支柱的发展。一是在工资增长率方面，当前影响个体参保决策的关键因素是过往长时间的劳动者工资持续增长现象。但是，当中国经济进入新常态之后，工资已不可能继续长期维持高速增长，工资增长率和投资回报率的差异将会缩小，这一变化显然有利于第三支柱的发展。

二是在投资回报率方面，法国学者皮凯蒂引发广泛关注的《21世纪资本论》中指出，过去300年来投资回报平均维持在每年4%~5%，而GDP平均每年增长1%~2%[②]。由于工资通常占GDP的50%~70%，这意味着皮凯蒂的发现可以等价于r大于g。参考这一假定，显然第三支柱更为有利。不过，在全球进入低投资回报率的时代，这一观点是否成立依旧值得探讨。

三是虽然中国基本养老保险制度中个体的理性选择行为并不会受到人口结构因素影响，但对制度整体而言，人口结构是影响代际间平衡的关键要素，这一变化同样有助于发展第三支柱。在第五次人口普查时，中国60岁及以上人口占总人口比重为10.46%，65岁及以上人口比重达到7.10%；20年后60岁及以上人口占总人口比重上升到18.70%，65岁及以上人口比重已达13.5%，距离重度老龄化社会（指65岁及以上人口占总人口的比重达到14%）只有一步之遥。不仅人口快速老龄化，中国人均预期寿命也在快速增长。2000年中国人均预期寿命为71.4岁，2015年中国人均预期寿命已经增长到76.34岁[③]，人口老龄化程度不断加深。人口结构老化使第一支柱整体优势在不断减弱，人均预期寿命的增长使养老压力在不断提升。详情如图6-2所示。

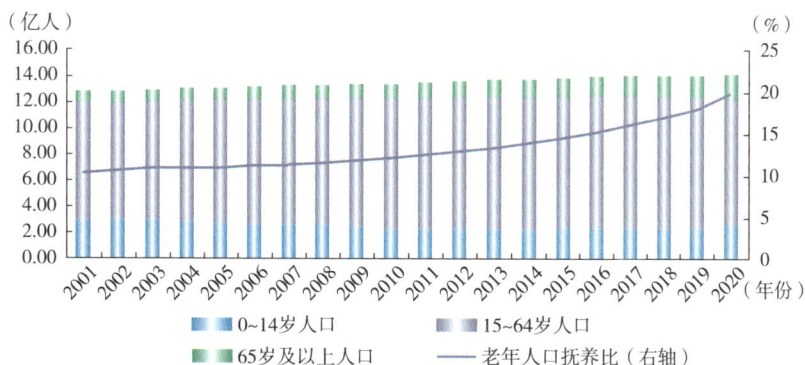

图6-2　最近2001~2020年中国人口年龄结构变化概况

资料来源：笔者根据国家统计局相关数据绘制。

---

① 养老金年度支出内容由三部分组成：一是当年新增退休人口，其按照待遇公式确定初始待遇水平；二是已退休群体的养老金待遇（含调整）；三是还有少量新增死亡人口的一次性丧葬补助金。其中第二部分占绝大多数。总的来看，中国基本养老保险制度在典型条件下的模型比较中的优势需要向下小幅修正。

② 托马斯·皮凯蒂：《21世纪资本论》，巴曙松等译，中信出版社2014年版。

③ 国家统计局：《全国人口普查公报》，http://www.stats.gov.cn/tjsj/tjgb/rkpcgb/qgrkpcgb/。

（三）建议明确第三支柱的目标群体与激励政策

在任何一个养老金制度设计过程中，为哪部分群体解决什么样的问题都是需要首先考虑的问题。具体来看，首先需要回答第三支柱的核心目标到底是提升待遇水平，还是提升制度覆盖水平的问题。

由表 6-1 中数据可知，在任意特定缴费时间长度中，按照下限缴费者相对收益是最高的，这意味着个体可以通过少缴费（欠缴、拒缴、逃费和提前退休）提升效用水平。这解释了为什么当前养老保险制度实际运行中名义缴费率高但实际缴费率低，因为所有参保者均有着降低缴费基数的动力；这一现象同时也意味着，对于中高收入者而言，其在第一支柱的福利损失缺乏弥补的途径，导致他们未来的养老金待遇水平并不乐观。

因而，破解"第三支柱逆向再分配"问题的关键在于从制度整体设计角度出发。当单独探讨第三支柱时，难以避免产生"逆向再分配"的结果，但如果将"逆向再分配"规模限制在制度整体不会导致逆向收入再分配的前提下，并适度考虑财政承受能力，则该问题已不再需要单独展开探讨。

从整体角度出发还有利于构建一个更便携的、更灵活的且收益水平更高的第三支柱。由于第二、第三支柱均是基于个人账户模式，两者的资金天然具备互通的能力。当制度设计中不存在人为限制因素时，既有助于提升养老保险体系的灵活性，也有利于不同状态的群体（就业状况、收入差别等）的福利水平大体相当，还有助于扩大投资规模，以实现更高的收益水平。事实上，自美国引入养老金保护法案（PPA 2006）之后，自动加入与合格默认投资工具（QDIAs）已经成为世界范围内两个最明显的技术变革[1]，第二、第三支柱边界由此日渐模糊。

如果延续 2018 年所构建的基于 EET 模式的第三支柱制度，那么受益人的理论上仅限于那些需要缴纳个人所得税的群体——在 2018 年该数据为 6400 万[2]，在时隔数年之后，可以预期该人数即使有所增加，但总量依旧有限。

不仅如此，这样的制度设计天然与工作相关联（纳税），意味着直接剔除掉了非就业者。此外，如果继续向 2018 年试点那样要求第三支柱需要单位代缴（其实质是要求必须参加第一支柱），那么受益人数还将继续大幅度下调——这相当于进一步剔除了大多数非正规就业者。按照前文的分析可知，如果设计这样的制度，那么在很长一段时间内境况不会有太多改观。

如果构建一个为大多数群体设计的制度，更加需要的是对低收入者的缴费补贴等制度设计要素。需要解决的问题有两个，一是怎样促使中低收入者尤其是低收入者参保，二是解决劳动者终生收入不均衡问题。劳动者刚开始参加工作时收入较低，在此后的时间中收入将逐步上升。如果延续 2018 年试点思路，低收入阶段的劳动者（含大多数年轻劳动者）显然不会参加该制度，当他们收入达到一定程度之后，才具备受益的资格。从长期来看，构建为所有劳动者平滑的缴费机制以及加强对低收入者的补贴可以改善这一问题，甚至可以考虑和现有城乡居民基本养老保险制度进行整体改革，共同构建一个为大多数人提供补充养老待遇的第三支柱。

---

① 高庆波：《QDIAs 的发展与引入可行性探析》，《开发研究》，2017 年第 5 期，第 15-20 页。
② 《目前缴纳个税人数已达 1.87 亿，税改后将降至 6400 万》，新浪网，http://finance.sina.com.cn/china/gncj/2018-09-06/doc-ihitesuz 1084971.shtml。

分报告七
账户养老金：第三支柱养老保险的初衷与定位探析

账户养老金是以个人账户为载体的养老金计划，本质上完全等于 DC 型计划。它是近半个世纪才大量出现的一种制度模式，不仅深深烙上世界范围内养老金制度改革历史的印记，而且也预示着养老金制度未来改革的一个重要方面甚至发展方向。如果不考虑部分英国前殖民地国家所建立的中央公积金制度，那么账户养老金的发展过程大致可以划分为以下三个阶段：第一阶段，20 世纪 70 年代职业养老金计划由 DB 型转向 DC 型以及第三支柱个人账户养老金的出现，美国无疑是典型代表。第二阶段，20 世纪 90 年代大量出现的公共养老金私有化改革或去商品化改革，典型代表是智利（当然该国自 1981 年就开始了私有化改革）和瑞典（引入名义账户制最成功的国家）。第三阶段，21 世纪初，通过引入第三支柱养老金降低或控制公共养老金待遇的改革，比较典型的国家是德国（通过引入里斯特养老金来实现紧缩公共养老金的改革目标）和新西兰（通过引入 KiwiSaver 计划来控制作为非缴费型养老金的超级年金财务风险并增强代际公平）[①]。

时至今日，账户养老金已经广泛分布于各国养老金三支柱体系中。既有第一支柱下的账户制养老金，比如以智利、墨西哥和哥斯达黎加等拉美国家为代表的基本养老保险个人账户制度（有学者把这一类个人账户归为第二支柱）以及瑞典、意大利和波兰等国引入的名义账户制；也有第二支柱下的账户制养老金，比如美国、英国、加拿大、澳大利亚等传统私人养老金强国大量存在的 DC 型养老金计划以及匈牙利、克罗地亚、保加利亚等东欧转型国家

引入强制性个人账户；还有第三支柱下的账户养老金，最为我们熟悉的是美国的 IRAs 和新西兰的 KiwiSaver 计划。此外，我们还应该看到，账户养老金既可以是实账积累的，也可以是名义账户制；既可以是强制的，也可以是自愿的；既可以广泛存在于"贝弗里奇模式"下的养老金体系中，也可以植入"俾斯麦模式"下的养老金体系中。总之，账户养老金具有很大的普遍性和灵活性。因此，把这种建构在个人账户基础上的养老金制度或计划归为一类，即账户养老金，既有理论意义，也有实践意义。

我国也有大量的账户养老金，即第一支柱下的城镇职工基本养老保险个人账户和城乡居民基本养老保险个人账户；第二支柱下的企业年金个人账户和职业年金个人账户；第三支柱下已经出台的个人养老金。这些账户养老金的出现和发展不仅是全球养老金制度演进的一部分，同时也根植于我国的特殊国情和经济社会改革进程之中。因此，对我国账户养老金的初衷和定位进行系统研究不仅可以丰富和发展养老金理论，而且也有望助力我国养老金制度改革。本报告选择第三支柱养老保险作为切入点，对账户养老金的初衷和定位进行诠释：首先，通过回溯历史，探讨第三支柱养老保险在不同国家不同阶段出现的原因也即初衷；其次，阐释我国第三支柱养老保险应该有的初衷；再次，对我国第三支柱养老金的定位问题进行探讨；最后，给出基本结论。

---

① 需要说明的是，德国的里斯特养老金是否属于账户养老金目前还存在着一定的争议，而原因就在于如何理解这个"账户养老金"概念，而后者作为首次提出的概念还需要不断地发展和完善。本报告将里斯特养老金纳入账户养老金中进行考察。

一、历史考察

任何制度的建立都受制于历史继承性和时代局限性。我们虽然可以借鉴他国经验来构建自己的制度，但一味照抄照搬他国模式从来不会成功。新的制度一旦引入还将受制于惯性，其演化路径或改革方向就必然受到制约，这就造成了国与国之间的制度差异。相比之下，养老金制度是跨代运行，改变起来就更为困难。基于不同标准或角度，我们可以对养老金制度进行不同维度的分类，比如从筹资角度分为现收现付制和积累制，根据缴费和待遇之间的相关程度分为"贝弗里奇模式"和"俾斯麦模式"，根据不同相关主体责任分为多支柱模式等。但几乎没有哪个国家采用某种标准模式，而是各国养老金制度都介于相应分类模式的中间地带，即分布在一个制度谱系当中。退一步讲，就算现实中存在某种所谓的标准制度模式，也很难断言哪种模式更优，因为 20 世纪 90 年代以来全球范围内掀起的养老金制度改革浪潮，已经席卷了几乎所有养老金制度模式。因此，对第三支柱养老保险制度初衷的探讨已经不能简单抽象为多支柱模式下某种约定俗成的表述，而是要放在历史进程中进行考察。通过考察发现，从美国的个人退休账户（IRAs）到德国的里斯特养老金，因为建立时间和背景不同，两者之间具有明显的差异，甚至可以说德国里斯特养老金的引入已经颠覆了我们对第三支柱养老保险的传统认识[①]。

（一）美国：通过私人养老金重构与再平衡来降低企业负担并提高市场竞争力

作为社会化大生产最基本的组织形式，企业时刻面临着激烈的市场竞争。从内部管理上来说，不管是早期的工场手工业还是后来的现代公司，企业每天都要面对成本和效率这两个核心问题。在资本主义发展的早期，企业可以无视员工的身心健康，通过延迟工作时间和提高劳动强度来实现成本和效率的统一，从而在市场竞争中求得生存和发展[②]。但随着企业规模不断扩大，生产流程日趋复杂，技术持续进步，企业对员工的管理不能再沿用过去那种简单粗暴的方式，而必须关注人的主观能动性和创造性，因此在加强劳动保护的同时向员工提供企业福利来解决他们的后顾之忧。这虽然会增加一些成本，但效率提升的幅度更大，综合起来看仍然会提高企业的市场竞争力。在这些企业福利中，就包括向因致残或年老而丧失劳动力的员工

提供一次性或定期收入，后来逐渐演化成今天我们所熟知的企业年金计划，当时几乎所有的企业年金计划都是待遇确定型（DB 型）养老金计划，比如 1875 年美国运通公司为其员工建立的养老金计划就是其中的典型代表。

这种 DB 型养老金计划从两个方面增加了企业成本：一是企业向员工提供待遇的直接财务成本；二是企业为了兑现最终养老金承诺必须储备基金并为基金的保值增值负责，因此必须承担资本市场波动（假定这些基金都直接投资于资本市场）而造成的间接财务成本。当然，企业通过引入 DB 型养老金计划，也会大大提升员工的忠诚度和敬业精神，成为人力资源管理中的"金手铐"。显然，在内外部经济环境友好且劳动力市场处于卖方的情况下，DB 型养老金计划给企业带来的效率改善要远远大于为此付出的成本，这也是美国企业在长达几十年具有世界领先优势的一个重要原因。但进入 20 世纪 60 年代以来，随着德国和日本等在"二战"中遭受重创的发达国家开始相继崛起，美国由全球最大的贸易顺差国转变为逆差国，表明企业生存环境急剧恶化。

面临着激烈的竞争，实际上大多数建立 DB 型养老金计划的企业并没有也不可能从资产负债表"独立"出足够的资产来覆盖所承诺的养老金债务，企业破产后根本无法兑现员工的养老金待遇[③]。1963 年斯图特贝克汽车工厂倒闭事件成为美国企业福利改革的转折点。在经过长期的调查研究后，美国政府于 1974 年颁布了《雇员退休收入保障法案》，该法案出于对员工福利权益的保护，对企业在信息披露和基金储备方面做出了更为系统和严格的规定，比如要求计划的未备基金债务要在最长 40 年进行分期偿还，相当于给企业增加了成本，也就削弱了企业的市场竞争力[④]。但 1978 年《国内税收法》颁布后，美国企业有了新的选择，根据其中新增第 401 条 k 项条款，企业可以建立成本相对低廉的 DC 型养老金计划，就是我们熟知的"401（k）计划"，从此美国企业年金计划开始踏上漫长的转型之路。自 2005 年以来，DB 型养老金计划的资产从 2005 年的 43% 下降到了 2015 年的 34%，当时预计到 2021 年会下降到美国退休金总额的 28%。

《雇员退休收入保障法案》同时也给美国引入了个人退休账户（IRAs），表面上为美国民众增加了新的养老储备手段，实现了税收优惠的公平性和退休资产转移的便利性，但实质上却大大有利于降低企业的养老责任。从近半

① 齐传钧：《我国第三支柱养老保险做大做强的可能性分析》，《华中科技大学学报（社会科学版）》，2021 年第 3 期，第 66–74 页。
② 李月娥：《美国企业福利资本主义缘起的历史考察》，《西南师范大学学报（人文社会科学版）》，2005 年第 4 期，第 122–127 页。
③ 郑秉文、黄念：《美国待遇确定型企业年金计划担保机制的困境与前景》，《美国研究》，2006 年第 4 期，第 29–50 页，第 3–4 页。
④ 乐海燕：《美国雇员退休收入保障法案（ERISA）研究》，武汉科技大学博士学位论文，2015 年。

个世纪的运作来看，个人退休账户并没有真正扩大私人养老金覆盖面，而在促进 DB 型计划向 DC 型计划转型上却发挥了很大的作用，因为只有后者的资产才能转移到个人退休账户中。另外，作为第三支柱养老保险，企业没有向个人退休账户缴费的责任，但可以发起个人退休账户，为员工提供参加便利，企业的配比缴费责任可以最小化。当然，这种企业发起的个人退休账户在美国并不普遍，比如 2016 年雇主发起的个人退休账户的资产规模仅为 4950 亿美元，分别为全部退休资产和个人退休账户资产的 2% 和 6%[①]。

20 世纪 70 年代是一个特殊的年代，布雷顿森林体系崩溃，两次石油危机爆发，资本主义经济陷入滞胀，美国传统产业竞争力普遍衰退，相关企业也面临着巨大生存压力。在这种背景下，无论引入个人退休账户，还是企业开启养老金计划的转型之路，都应该与企业降低成本有着直接或间接联系。另外，个人退休账户的出现，也预示着美国福利模式更加趋于自由化，而自由往往会给创新带来更多可能性和机会，近 30 年美国在科技创新和互联网经济方面的领先地位或许是最好的佐证。可以看出，美国引入 IRAs 的初衷既不是为了应对人口老龄化，也不是为了降低公共养老金的负担，而是基于降低企业负担并且增强企业活力的需要，对私人养老金进行了重构和再平衡。

（二）德国：通过对传统 DB 型养老金的替代来降低政府负担并增加国家竞争力

全球化的本质要求是实现人、财、物等经济资源在世界范围内的自由流动，实现高效配置，而这种高效配置则需要不断打破民族国家的界限。但问题是，全球化似乎没有一个亘古不变而又普遍接受的规则，也没有一个享有无上权威和主宰一切的"终极裁判"，参与全球化的利益相关方在解决分歧时，就难以摆脱各自的民族国家。从这一个角度上来说，全球化并没有削弱民族国家的地位和作用，而是强化了民族国家这一历史产物。甚至可以说，当今的全球化，正在演变成民族国家之间的竞争。这就决定了每个国家在这场全球化角力中，都会主动或被动采取措施，来增强自身的竞争力。这正是 21 世纪初德国引入第三支柱养老保险的初衷。回顾历史，我们可以发现德国的养老金改革并非从引入第三支柱养老保险开始，而是在不断缩减公共福利水平过程中的一个手段。

德国公共养老金始建于 19 世纪末俾斯麦执政的第二帝国时期，此后制度在不断完善中逐渐趋于人性化，比如

退休年龄分人群逐渐降低，从 70 岁一直降到 20 世纪 20 年代的 65 岁，甚至部分人群可以到 60 岁（仅限白领老年失业者）。"二战"后，德国（这里仅指联邦德国）从欧洲复兴计划中迅速崛起，到 20 世纪 50 年代国家福利开始进入扩张阶段，领取公共养老金的资格条件和待遇调整基准也越来越宽松，养老金水平也不断攀升。进入 20 世纪 70 年代，德国的养老金制度成为世界上最慷慨的制度之一。但是，养老金福利的快速增长并没有对德国的国际竞争力构成实质性的影响，因为在此期间德国的经济表现突出，到 80 年代末经济总量仅次于美国和日本，稳坐第三把交椅，贸易顺差不断增长，作为全球国际储备货币，德国马克、美元、日元形成了三足鼎立的局面。

但进入 20 世纪 90 年代，德国经济中的结构性问题逐渐暴露出来，叠加内外部周期性因素，再加上东西德合并统一后的德国带来了沉重的经济负担，德国的劳动力费用高昂（比日本高 1/3，差不多比美国高一倍），全部"社会福利费用"在 1992 年达到 1 万亿马克，占国内生产总值的 33.1%（1960 年为 22.8%）。后果是德国成了世界上办企业花费最大的国家之一，外资望而却步；马克声誉受损，币值疲软；国家财政空前吃紧，巨额财政赤字极大地缩小了政府的财政政策活动余地[②]。过于慷慨的养老金制度改革势在必行，因此就有了 1992 年改革和 1999 年改革。但是，1992 年的改革力度非常小，主要有两项：一是把待遇给付固定在净工资而不是毛工资上；二是引入了根据退休年龄对待遇给付的"精算"调整和提高了针对所有养老金类型的"正常"退休年龄，除伤残养老金为 63 岁外，其他均调整到 65 岁[③]。1999 年的改革旨在明显降低公共养老金替代率，但因为政府改组而无疾而终，本质上是各种政治力量对降低公共养老金待遇难以达成共识。

为了解决这个问题，必须找到一个各方都能接受的折中方案，2001 年改革便如期而至，也被称为"里斯特改革"，其核心是引入了多支柱改革思路，把构成单一且体系庞大的德国养老给付制度改变为一个真正的多支柱制度。本次改革最重要的方面是积累制养老金对现收现付制养老金的部分替代，这个积累制养老金就是后来我们所熟知的政府财政进行了大量补贴的"里斯特养老金"。从 2002 年开始，加入里斯特养老金计划的人数前期出现了快速增长，但后来增长趋于停滞，且覆盖的人数并没有最初预想的那么乐观，尤其是对于低收入者来说；投资回报率也长期处于较低水平，几乎难以实现政策实施时所宣

① 齐传钧：《美国个人退休账户的发展历程与现状分析》，《辽宁大学学报（哲学社会科学版）》，2018 年第 3 期，第 77–87 页。
② 裘元伦：《德国目前经济困难之由来》，《世界知识》，1993 年第 19 期，第 26–27 页。
③ Boersch-Supan A，Wilke C B，The German Public Pension System: How it Was, How it Will Be，NBER Working Papers No. 10525, 2004.

传的弥补公共养老金下降缺口的目的[①]。但是另一个隐含的目的却达到了，即公共养老金待遇水平迅速降低，作为曾经世界上最慷慨的养老金制度，德国的替代率目前只有51.9%，显著低于 OECD 国家平均值的57.6%，在主要发达国家中排在中间偏下的位置[②]。事后有人质疑，德国为引入里斯特养老金付出了昂贵成本是否值得，如果从上述隐含目的出发，回答可能是肯定的[③]。

另外，德国公共养老金制度是标准的现收现付制，即累计结余非常少，几乎可以忽略不计，因此历次养老金改革最为关注的缴费率，比如 2001 年改革就提出公共退休保险计划的缴费率直到 2020 年必须稳定在 20% 以下，到2030 年必须稳定在 22% 以下。因为只有控制住缴费率，才能维持企业的成本竞争力。必须强调的是，德国养老金制度在建立的早期就是一个双方缴费加财政补贴的制度，即企业、员工和政府每年分别为养老金待遇发放提供 1/3的融资，因此目前 20% 缴费率只是显性缴费率，如果加上政府的财政补贴，实际缴费率已经在 30% 左右，所以德国必须通过改革严格控制公共养老金增长速度，从而稳定企业和国家的养老负担水平，以此来维护和增强国家竞争力，这几乎是全球化约束下的必然选择。

二、我国第三支柱养老保险的初衷探讨

党和政府历来高度重视社会保障体系建设，党的十九大以来，推进多支柱养老保险体系建设的步伐明显加快。2018 年 5 月，我国启动了个人税收递延型商业养老保险试点；2021 年 3 月，政府工作报告首次提及"规范发展第三支柱养老保险"；2021 年 12 月中央全面深化改革委员会第二十三次会议审议通过了《关于推动个人养老金发展的意见》；2022 年 3 月政府工作报告再次强调"继续规范发展第三支柱养老保险"；2022 年 4 月国务院办公厅发布《关于推动个人养老金发展的意见》。可以说，从个人税收递延型商业养老保险到个人养老金，我们对第三支柱养老保险的认识和理解已经有了质的飞跃，第三支柱养老保险开始步入发展正轨。但是我们还应该清醒地认识到，当前发展第三支柱养老金还面临一些始终无法回避的制约因素，其中就包括我们对引入这一制度初衷（我们为什么要引入第三支柱）的认识偏差。目前比较流行的有三种观点，但都不足以做出逻辑严密且让人信服的解释。本报告在对这三种观点提出质疑的基础上，给出了第四种观点，即我国第三支柱养老保险的初衷应该是提高养老金的覆盖质量，并助力共同富裕。

（一）实现多支柱平衡发展是结果而不是初衷

第一种观点认为，从制度构成上来讲，多支柱养老保险体系发展不平衡，第一支柱养老保险"一支独大"，而第二、第三支柱养老保险发展严重滞后，因此需要补足第二、第三支柱这两个短板[④]。毫无疑问，健全而又均衡的养老金体系才能实现政府、企业和个人之间养老责任的均衡配置，避免人们过于倚重一方进行养老权益积累。但深究起来，什么样的制度体系才算是"平衡"呢，对此似乎并没有基本共识，问题在于对"平衡"的界定和量化非常困难。我们既不可能从理论上获得支持，更难以对标任何一个发达国家。当然，我们潜意识里似乎一直在向美国学习，但是中美之间不仅在历史传统、发展阶段和经济社会等制度方面存在着巨大差异，而且在货币地位、资本市场和科技创新上也有着显著差别。比如，美国股市吸收了大量的海外优质公司，其中不乏来自发展中国家的优秀企业，因此美国私人养老基金可以直接在本土投资这些公司，从而低成本地获得发展中国家的人口红利、制度红利甚至科技红利。当然不可否认，不管宏观环境存在多大差异，无论是美国还是欧洲，几乎所有发达国家养老金体系都在向多支柱方向演化，但绝不是一个简单的"平衡"各支柱养老保险的问题，或许这只是一个结果而不是初衷。

（二）人口老龄化本身并不必然导致养老金制度财务危机

第二种观点认为，从人口结构上来看，人口老龄化进入加快发展阶段，给养老金高效可持续运行带来严峻挑战，因此需要加快构建多层次养老保险体系。这个逻辑不难理解，人口老龄化将导致就业人口的相对甚至绝对减少，而养老金待遇领取人数却迅速增加，基本养老保险制度内赡养率将趋于恶化，很快就会出现收不抵支甚至累计结余基金耗尽的情况[⑤]，最终不得不动用政府财政资金进行无限期的补贴，而且补贴数量会越来越大，这不仅会对政府公

① 齐传钧：《自愿性个人养老金能填补公共养老金缺口吗？——从理论到实践的反思》，《保险研究》，2020 年第 8 期，第 103–115 页。

② 参见 OECD 网站，https://www.oecd-ilibrary.org/finance-and-investment/net-pension-replacement-rates/indicator/english_4b03f028-en?parentId=http%3A%2F%2Ffinance.metastore.ingenta.com%2Fcontent%2Fthematicgrouping%2F80d8284c-en.

③ Casey B H , Dostal J M, Voluntary Pension Saving for Old Age: Are the Objectives of Self-responsibility and Security Compatible?, Social Policy & Administration, 2013, 47(3):287–309.

④ 齐传钧：《我国第三支柱养老保险做大做强的可能性分析》，《华中科技大学学报（社会科学版）》，2021 年第 3 期，第 66–74 页。

⑤ 郑秉文主编：《我国养老金精算报告 2019–2050》，中国劳动社会保障出版社 2019 年版，第 14–18 页。

共开支其他项目预算造成挤压，而且也会对财政承受能力形成巨大考验。但问题是，这仅是理论分析，而具体到每个国家，还取决于其他多种因素，比如基本养老保险的覆盖范围和待遇标准以及经济发展水平等。因此不能简单地说，人口老龄化趋势加快就必然导致财政状况恶化。另外，我们也要看到，国际上一些人口老龄化最为严峻的国家，比如日本、意大利、法国和西班牙等，至今也没有做大做强第二、第三支柱养老保险。显然，人口老龄化和养老金制度可持续运行绝不是一个简单的线性关系，而是有着更为复杂的运行机理和底层逻辑。

（三）通过第三支柱来降低基本养老保险待遇水平是不切实际的

第三种观点认为，从待遇水平上来分析，发展第三支柱养老保险可以有效降低基本养老保险支出压力和政府财政负担，这相当于隐含地指出第三支柱一旦发展起来，就可以降低基本养老保险的待遇水平，或者更为准确地说是替代率水平。但推敲起来，这句话成立还至少取决于三个前提条件。第一，降低基本养老保险待遇水平还有足够的空间。根据最新的官方公开数据，2020年城镇职工基本养老保险（领取待遇人数为12762万人）的平均养老金替代率只有41.3%[①]，而占参保人数最多的城乡居民基本养老保险（领取待遇人数高达16068万人）待遇水平平均每月只有174元[②]，以至于无法使用"替代率"这一概念。其实即使是前者，公共养老金替代率在全球范围内也处于较低水平，何况大部分老年人还要面临较高的医疗费用负担（医保目录之内的自付部分和医保目录之外的医疗费用），因此从总体上降低基本养老保险待遇水平不切实际。第二，降低基本养老待遇水平不至于导致当事人采取选择性规避策略。通常认为，参加第三支柱养老保险的人员都属于中高收入群体，那么是否可以降低这些中高收入阶层的基本养老保险待遇水平呢？答案还是否定的，因为作为一个理性人，如果遭遇或预期到参加第三支柱养老保险就需要放弃第一支柱养老保险部分权益，那么最合理的选择是中断或放弃参加第三支柱养老保险，这岂不是本末倒置。第三，降低基本养老保险待遇水平不会与现有制度存在着本质冲突。根据现有城镇职工基本养老保险缴费上下限、待遇计发办法和待遇调整原则，该制度虽然在一定程度上强调了公平性，但多缴多得和长缴多得的激励性因素仍然突出，

如果降低部分中高收入者的待遇水平，那么所有人的待遇水平将趋于平均值，最终缴费就完全类似于税收。显然，这种改变是否可行以及由此带来的问题是不能回避的（因为篇幅所限而不再展开讨论）。显然，第三种观点也难以自圆其说。

（四）通过第三支柱提高养老金的覆盖质量实现共同富裕才是根本

世界正经历百年未有之大变局，和平与发展仍然是时代主题，同时国际环境日趋复杂，不稳定性和不确定性明显增强，世界进入动荡变革期。在这样一个特殊时点上，国家凝聚力是应对这种复杂局面的关键所在，而增强国家凝聚力就是要提高发展质量，缩小收入分配差距，实现或保障共同富裕。现代养老保险制度从诞生到现在不过百余年，各个国家所采取的制度模式各有千秋，而且历史上每一次重大改革的价值取向也不尽相同。但不可否认，养老保险的一个重要功能或一个初衷就是要实现或保障共同富裕，不断强化国家凝聚力，这已经被历史反复证明。对于当今的我国而言，这种诉求更为迫切，这就为规范发展第三支柱养老保险指明了方向，也是我们应该长期坚守的基本理念。

首先，我国属于发展中国家，而且还将较长时间处于这一发展阶段，因此与发达国家相比，我国养老保险制度所依存的社会背景及其演进方式必然有其自身特点。一方面，各种福利包括养老金待遇水平必将长期处于较低水平，未来几十年也很难成为高福利国家，这就决定了没有空间向欧美国家那样以降低基本养老保险待遇水平来获得包括第三支柱在内的私人养老金的发展空间。另一方面，我国的基本养老保险属于典型的二元结构，即城乡居民和正规就业者分别覆盖在不同制度之下，而且城乡居民基本养老保险的待遇水平非常有限，这当然是发展中国家二元经济结构的必然反映，但也不能无视城乡居民待遇水平较低的现实状况，而是要将这一特点纳入每一次制度变革中进行考量。

其次，我国作为一个追赶型的后发国家，不仅在改革开放后短短几十年取得了举世瞩目的经济成就，而且党的十九大制定了到2035年和本世纪中叶的两大奋斗目标，时间短任务重，这就决定了我国养老保险制度发展进程没有足够时间和资本重复别人的老路。为此，我们需要借鉴他

---

① 《2020年度人力资源和社会保障事业发展统计公报》显示，2020年城镇职工基本养老保险基金支出51301亿元，参保离退休人员12762万人，而全国城镇非私营单位就业人员年平均工资为97379元，可以得到替代率仅为41.3%（不是严格意义上的替代率算法，但影响不大）。上述数据分别来自人力资源和社会保障部网站与国家统计局网站。

② 《2020年度人力资源和社会保障事业发展统计公报》显示，2020年城乡居民基本养老保险基金支出3355亿元，实际领取待遇人数16068万人，不难得到全国城乡居民养老金待遇平均仅为174.0元。上述数据来自人力资源和社会保障部网站。

国的经验和教训，特别是避免发达国家历史上曾犯下的错误。比如，20世纪70年代初德国通过改革进行福利扩张，使养老金制度成为世界上最慷慨的制度之一，仅过了20年就不得不为削减福利而"费尽心机"。又如，美国于1981年出台了《经济复苏税收法案》，在鼓励个人退休储蓄上实施特别激进的措施，虽然使个人退休账户的缴费规模快速上升，但也造成了严重的公平性问题，因此1986年《税收改革法案》的颁布相当于变相取消了上述激励措施。

最后，我国是社会主义国家，贫穷不是社会主义，发展差距过大也不是社会主义，所有制度都要立足于收入差距的缩小，这就要求我们发展第三支柱养老保险需要兼顾低收入群体。对于什么是共同富裕，目前有很多界定方式，也有很多表达形式，但如果没有一个庞大的中产阶级或中间阶层，肯定算不上共同富裕，而做大中间阶层并不是"杀富济贫"，而是要源源不断地将低收入阶层纳入中间阶层。可以说，没有福利上的公平甚至倾斜，低收入者很难实现阶层跨越，中间阶层就会成为无源之水，也不可能做大做强第三支柱养老保险。既然第三支柱养老保险的含义已经发生了深刻变化，做大做强第三支柱养老保险并不意味着要以庞大的中间阶层为前提，而是要在第三支柱养老保险的帮助下，促进低收入阶层人员向中高收入阶层的流动，在这一过程中不断壮大中间阶层，最终实现共同富裕。

总之，站在"两个一百年"的历史交汇点，我国第三支柱养老保险制度初衷只能是在共同富裕目标指引下，既要为中高收入阶层的较高养老标准提供制度安排，也要为低收入者获得福利增加渠道。我们要用几十年时间走完发达国家上百年的发展历程，就必须多目标齐头并进，兼顾各种利益诉求和可能性。换句话说，我们不可能按部就班走完西方发达国家的所有发展历程，也不可能采用超前制度安排而跳过所要承担的义务。

三、我国第三支柱养老保险的制度定位

（一）目标人群定位

根据前文分析，我国第三支柱养老保险应该具有全覆盖的性质，即任何人都有机会加入该制度并从中获益，这就要求在制度设计上更具有包容性和可及性，要想实现这一目的就需要向不同人群提供不同的进入渠道和激励措施。但考虑到人们现有劳动收入和福利水平的差异性，可以分为以下几种情况加以说明：

首先，对于月收入明显超过当前个税起征点的中高收入阶层，这部分人群主要集中在大中城市，每年缴纳的个人所得税数量可观，因此可以采取税收递延的办法来鼓励他们加入第三支柱养老保险，但每年税收优惠最高额度应该设立上限，而且要与企业年金（或职业年金）等其他计划或产品所享受的税收优惠额度合并计算。也就是说，一个人在所有养老保险计划或产品中享受的税收优惠总额是一致的。如果这一额度全部用到企业年金计划上，那么就不能再从第三支柱养老保险缴费中获得税收减免，但仍然可以在规定的最高缴费限额内参加第三支柱养老保险，退休后领取的待遇免征个人所得税，类似美国的罗斯账户。此外，在退休后待遇领取阶段需要将所有在缴费阶段享受税收减免的待遇（包括基本养老保险待遇）进行合并计算后设置一个合理税率，考虑到制度的激励性和社会的接受能力，可以把退休后待遇的纳税起征点设计得更高，比如相当于工薪阶层个税起征点的2~3倍。

其次，对于收入较低或波动较大的低收入阶层，主要以农民和城镇灵活就业人员为主，他们大多数人的收入水平没有超过个税起征点，或者即使超过也比较有限，因此可以采取财政补贴的方式来激励他们加入第三支柱养老保险，但补贴额应该设立一个上限，数量上应该与中高收入阶层的税收减免额度等同或保持一种稳定的比例关系。考虑到这部分人群与城乡居民养老保险（简称"城乡居保"）覆盖人口基本重合，可以将城乡居保中的个人账户独立出来，直接用于第三支柱养老保险个人账户。另外，对于低收入者而言，不能过分夸大财政补贴对缴费的激励作用，而应该在体现公平的基础上适当引入激励性。同样，待遇领取也要采取综合所得税的办法，即对所有享受政府补贴的待遇进行合并计算来确定是否纳税以及纳税多少。当然，对于他们的绝大多数而言，退休后所有待遇加起来也几乎很难达到纳税标准。

再次，对数量最为庞大的中间收入阶层，主要集中在中小城市的正规就业部门，他们虽然收入相对稳定，但收入水平基本徘徊在个税起征点附近，即使缴纳个人所得税也非常有限，因此税收减免方式对他们加入第三支柱养老保险的激励作用极为有限，所以也需要考虑给予一定的财政补贴，把税收减免（对于超过个税起征点需要纳税的人员）和财政补贴合并计算，并设定一个上限，数量上如同低收入阶层一样。

最后，需要强调的是，考虑到我国的人口老龄化趋势和目前的生育率持续下降，我们需要在鼓励生育上及早采取措施，除继续在生育、养育和教育等公共产品上加大投

入并实现均等化外，还应直接提供足够分量的生育补贴。需要强调的是，相对于直接的现金补贴，通过第三支柱养老保险个人账户进行养老储蓄补贴（类似德国里斯特养老金的做法更为可行合理）。这种补贴方式的好处是显而易见的，一方面，收入越低的人群对现金的流动性偏好越强，因此比起现金补贴，养老储蓄补贴更有助于防范人们的道德风险，避免把生育子女视作一种"赚钱"行为；另一方面，通过个人账户将养老储蓄补贴用于市场化投资可以培育人们的投资习惯，普及金融知识，这是最为生动且深刻的金融教育实践，不仅有利于提升人们的福利水平，而且从长远来看甚至是做大做强第三支柱养老保险的必要条件。

（二）待遇水平定位

基于共同富裕的使命，完善发展第三支柱养老保险的初衷已经发生了深刻变化，即不再只是中高收入者退休待遇上的"锦上添花"，也应该给低收入者"雪中送炭"，让他们也有一个相对体面的晚年收入保障。这就要求政策制定者在制度建立之初就要有一个待遇水平定位。需要说明的是，虽然从待遇确定机制上，第三支柱养老保险更类似于 DC 型企业年金计划，而不是 DB 型计划，但也需要一定资产负债管理，在制度建立时以及运行后定期进行预测和检视，并适时调整各参数，从而稳定人们的预期。第三支柱养老保险所能提供的待遇水平受制于以下主要参数：缴费水平、积累期长度、投资回报率和支付期长度（退休后的平均余命）。

根据国际经验，一个合意的养老金替代率至少应当达到 70%，目前城镇职工基本养老保险仅能提供略微超过

40% 替代率，如果假设这一替代率保持不变，那么第二和第三支柱养老保险理论上应该提供 30% 的替代率，但因为制度上的缺陷和未来发展方向，第二支柱养老保险发展空间不会太大，因此剩下 30% 的待遇空间就应该主要由第三支柱养老保险来承担，但考虑到我国具有高储蓄传统和较高的居民住房拥有率，因此可以把第三支柱养老保险的目标替代率暂定为 10%~20%。然后，据此确定国家（财政支持）和个人的负担状况，以此来判断这一替代率标准是否可行。

根据参数假定（见表 7-1），对于目前 25 岁的典型个体（1995 年出生，并以此代表"90 后"，下同）而言，如果从现在开始加入第三支柱养老保险，并不间断地缴费至 64 岁（缴费共计 40 年），从 65 岁开始领取养老金待遇，那么经过计算可以得到的替代率大概为 14.77%，正好位于前文提及的目标替代率中间。假设该典型个体一个月收入为 8115 元（2020 年全国城镇非私营单位就业人员年平均工资），那么每月需要缴费 487 元，个人所得税适用税率为 3%，相当于政府每月只减免了 14.6 元个人所得税，全年也只不过 175.2 元。因此，要想获得目标替代率，不仅上述典型个体的负担较轻，而且财政成本也微乎其微。同样，如果不考虑货币的时间价值，我们可以得到该典型个体的待遇水平为每月 1199 元（不对养老金待遇进行纳税），还是比较可观的。当然，如此低的财政补贴和投资回报率，对于年轻人来说或许很难有足够的激励性，这也正是 2018 年个人税收递延型商业养老保险试点效果不佳的主要原因之一[①]。

表 7-1　主要参数及其说明

参数名称	参数值	说明
缴费率	6%	根据 2018 年 4 月财政部等五部委《关于开展个人税收递延型商业养老保险试点的通知》（财税〔2018〕22 号）中的"个人缴费税前扣除标准"做出该假定
年化名义投资收益率	4%	同上，按照商业保险相关产品的平均回报率进行假定
待遇领取年龄	65 岁	考虑到延迟退休政策出台在即，65 岁可能是调整后的最终结果，且为了简化计算不区分男女
领取待遇后的余命	20 年	根据最近三次全国人口普查数据计算得到，且为了简化计算不区分男女
待遇调整系数	3%	假定待遇年金化发放，且为了保证购买力不下降，每年待遇标准提高 3%，基本可以覆盖通货膨胀率
贴现率	4%	采用人社部"计发月数"公式中隐含的贴现率假定，但不使用该"计发月数"，而是另行计算"年金除数"
名义工资增长率	7.21%→3%	根据国家统计局公布的城镇职工在岗职工工资增长率进行回归分析并设立 3% 的阈值，得到名义工资增长率，即 2020 年假定为 7.21%，然后逐渐降低到 2054 年的 3%，此后保持不变

资料来源：笔者假定。

此外，更重要的是，"80 后"（以 1985 年出生的典型个体为代表，下同）目前已经 30 岁有余，缴费期按平均

30 年计算，那么可以得到第三支柱养老保险的替代率为 7.57%，只有"90 后"的一半左右。同样，我们还可以得

---

① 金凤：《个人税收递延型商业养老保险回顾与展望》，《经济研究导刊》，2020 年第 6 期，第 82~84 页。

到"70后"(以1975年出生的典型个体为代表,下同)的替代率仅为3.36%,只有"90后"的1/5多一点。可以看出,对于"70后"和"80后"而言,他们即使参加了第三支柱养老保险,也无法达到目标替代率。

理论上,可以通过三种方式解决这一问题:一是提高投资回报率(下文将展开论述),二是提高缴费率,三是加大政府补贴力度。首先来看提高缴费率这一措施。假设其他条件不变,如果将"70后"和"80后"的第三支柱养老保险替代率提高到14.77%,那么他们的缴费率将分别增加至27%和12%,对于目前"上有老下有小"的这两代人显然负担沉重。进一步地,如果把替代率降低至10%(目标替代率的下限),这两个缴费率将分别为18%和8%,负担依然较高,特别是对"70后"而言。因此,如果让第三支柱养老保险发挥作用,需要加大财政直接补贴力度,而不是税收减免。

(三)投资取向定位

长期投资的"复利效应"对最后的投资回报贡献非常明显,所以养老基金选择何种投资品种非常关键。一般来说,长期投资收益率越高,短期价格波动风险也越大。考虑到人们的风险接受能力,前文一直采用相对保守的投资收益率进行测算。但是,对于一些风险承受力较高的人群或者随着时间推移,全社会风险偏好得到提升(第三支柱养老保险实施后带来的金融教育结果),可以选择更高风险的投资品,从而获得更好的投资回报。依据前文的测算模型,我们可以得到,如果将投资回报率提高6%,替代率将大幅提高。比如,对于"90后"而言,第三支柱养老保险替代率将提高到22.3%,提高幅度超过50%。同样,"70后"和"80后"要想达到目标替代率的下限10%,那么他们的缴费率将分别下降到15%和6%。可以看出,对于"80后"而言,加入第三支柱养老保险是有意义的且当期负担相对较轻。但对于"70后"而言,就需要承受较高第三支柱的缴费投入,否则意义不大。但有一点是肯定的,第三支柱养老保险的投资品种的选择一定要包括足够比例的权益类产品,比如股票型基金和偏股的混合型基金或者保障功能较弱而投资功能较强的进取型投连险等。

但问题是,第三支柱养老保险是自愿性的,即参保与否和投资选择都是要根据个人意愿确定的,对于风险厌恶的人,他们可能会尽量选择投资功能较弱的产品,那么最后就很难达到目标替代率。而且,一般收入越低的人就越会选择风险较低的产品,最终导致富者愈富而穷者愈穷,

与共同富裕使命背道而驰。因此,需要借助一些外力提升人们的风险偏好,比如加大第三支柱养老保险参保缴费的财政直接补贴力度和生育专项补贴(直接打到个人账户)。那么接下来的问题是,考虑到政府的财政负担,到底采取多大力度的补贴更为合意。

假设只对"70后"和"80后"按照全国平均工资的2%进行参保缴费补贴(对于没有稳定工作的人不以个人缴费为前提),当前每人每年的补贴大概2000元,而这两类人的数量总计大概4亿人,财政需要支出8000亿元左右。对于"90后",只根据2016年(全面放开二孩起始年)后新生子女数量进行补贴,补贴标准为每个子女每年2000元(父母各1000元),2016年以来我国出生人口合计超过1亿人(假定全部由"90后"生育),财政补贴大概2000亿元。上述两项合并,财政补贴共计1万亿元。这一数据看起来比较大,政府财政可能一下难以接受。因此,目前可以减半补贴,每年大概为5000亿元,以后时机成熟可以通过征收遗产税、赠与税等有助于实现共同富裕的税种进行专项融资,届时两项补贴恢复到正常标准。

上述两项财政补贴的好处是显然的。一是可以提升人们的风险偏好,在资产配置上更为积极,不仅有助于提升个人替代率水平,也会大大提升人们参加第三支柱养老保险的积极性。二是可以降低养育子女的心理负担,而又不至于导致补贴资金被非理性使用。三是有助于缩小收入分配差距,并大大消除单纯税收减免对富人有利的局限性。四是解决了大量低收入人群的养老保障问题。五是有利于向股市提供大量新增资金,加快从间接融资向直接融资转变,助力企业创新和经济转型升级。六是对历经计划生育时期的"70后"和"80后"进行了特殊养老补偿,更能体现国家的责任担当,强化国家凝聚力。

四、主要结论

建立并发展壮大第三支柱养老保险越来越成为社会共识,但不跳出固有的思维模式,突破对第三支柱养老保险的传统认识,再好的愿景也会落空,因此关键是基于历史考察和现实需求大胆进行制度创新,首先就是要确定制度初衷和定位,其次才是制度的具体设计。通过梳理历史,我们会发现,第三支柱养老保险的本质含义一直在发展变化,这也就决定了每个国家建立制度初衷是不一样的。美国之所以采用了延税型个人退休账户,不是因为多支柱养老保险体系"失衡"(美国有着强大的私人养老金市场),也不是因为人口老龄化(在发达国家美国人口老龄化程度

和趋势并不严重），更不是为了降低公共养老金的待遇水平，而主要是因循该国私人养老金的长期传统，个人退休账户并没有改变美国养老体系的总体结构，但却大大降低了企业的负担。其他国家历史上没有形成如美国一样强大的 DB 型养老金计划，也就不可能有动力也没有可能建立起美国式的第三支柱养老保险，否则很难解释为什么德国没有采取美国模式，而是采取了高财政补贴且向低收入者倾斜的里斯特养老金，同时对投资工具的选择也极为保守。要知道，如果固守第三支柱养老保险传统概念，那么就不会有里斯特养老金。恰恰相反，里斯特养老金是远离"教条化"经验的一个重大尝试，是符合德国的国家气质的。无疑，"新产生的'福利市场'已经不是盎格鲁·撒克逊文化中理解的那种市场"[①]。当然也只有这样，才能解决德国的现实问题，即借此降低公共养老金待遇水平，减缓缴费率增长速度，维护国家竞争力。

那么我国的现实问题是什么？毫无疑问就是缩小收入分配差距，扩大内需，实现经济双循环，再辅以其他政策实现共同富裕，最终强化国家凝聚力。显然，我们任何政策的设计和出台都不能偏离这一方向，包括第三支柱养老保险。如果我们学习美国，单纯依靠税收减免，那么会有多少人享受到这一福利呢？如果提高税收减免力度，那么会不会加剧目前的收入分配不公呢？如果我们学习德国，我们的基本养老保险待遇还有降低的空间吗？以及人们能否忍受较低的投资回报呢？所以我们不能照搬任何一个国家的模式，当然可以借鉴它们的部分内容，实现两个目的，一个是为高收入者增加养老金待遇提供制度通道，另一个是真正让低收入者受益，尽快把他们的养老金待遇提高到一个相对体面的标准。为此，我们加大财政补贴，对正规就业人群是有条件的，即他们必须先缴费，然后获得补贴，而对于非正规就业人员则是无条件的，即直接将财政补贴打入他们的账户中，培养他们的养老金储备习惯和提升他们的风险偏好，加大权益类资产配置比重。当然，所有这些补贴只限于历史上受到计划生育影响和能在未来促进生育率提升上做出贡献的人群。具体来说，一是对放开二孩以前的计划生育时期两代人（"70 后"和"80 后"）进行补偿，使他们对未来的养老生活更有信心和期盼；二是要对处于生育年龄阶段的年轻人（主要是"90 后"及其后陆续进入生育期的年轻人）进行生育补贴，在激励他们生育的同时也避免财政资金被非理性"浪费"，而第三支柱养老保险正好提供了这样一个机遇和渠道。

---

　① 刘涛：《德国养老保险制度的改革：重构福利国家的边界》，《公共行政评论》，2014 年第 6 期，第 7–27 页。

中篇

中国篇

分报告八
从"多层次"和"多支柱"角度分析账户养老金
在中国养老金体系中的功能定位

我国账户养老金的发展与养老保险市场化改革同步启动。自 1991 年《国务院关于企业职工养老保险制度改革的决定》提出"逐步建立起基本养老保险与企业补充养老保险和职工个人储蓄性养老保险相结合的制度"以来，账户养老金沿着基本养老保险、企业补充养老保险和职工个人储蓄性养老保险三个方向持续探索、改革和试点，已成为我国多层次和多支柱养老金体系的重要构成。

账户养老金的核心特征为构建在个人账户的基础上，种类多样，模式各有特点，涵盖采用"统账结合"模式公共养老金中的个人账户、雇主主导的年金类账户及居民主导的个人养老金，表 8-1 对我国各类账户养老金的特征进行了梳理。目前，我国各类账户养老金覆盖人群超过 10 亿人，发展迅速，运行通畅，优化对我国过度依赖政府进行兜底的养老金体系。

表 8-1 我国各类账户养老金基本特征

账户养老金类型	第一支柱		第二支柱		第三支柱
	城镇职工基本养老保险个人账户	城乡居民基本养老保险个人账户	职业年金	企业年金	个人养老金
针对群体	城镇职工	灵活就业人员、农民等群体	机关事业单位职工	少部分企业员工	全部居民
覆盖人数（2021 年）	4.81 亿	5.48 亿	约 4300 万	2875 万	较少
账户形式	名义账户为主	实账积累	部分实账	实账积累	实账积累
主导力量	政府	政府	政府	企业	个人
参与形式	强制	自愿	强制	自愿	自愿
投资方式	记账	记账	市场化投资 + 记账	市场化投资	市场化投资

资料来源：笔者根据《2021 年度人力资源和社会保障事业发展统计公报》整理。

本报告基于我国养老金体系在过去 30 余年的发展及当前现状，将账户养老金在养老金体系中的功能定位总结为构建多层次养老金体系的载体和构建多支柱养老金体系的试验田。围绕账户养老金的这两个功能定位，本报告对近年文献中具有代表性的观点进行了综述，以期能够将账户养老金的功能定位与实践相结合，更明晰和更细致的定位将有助于账户养老金持续完善。

一、账户养老金的功能定位

《中共中央关于制定国民经济和社会发展第十四个五年规划和二〇三五年远景目标的建议》中提出"发展多层次、多支柱养老保险体系"。多层次和多支柱的思路是对养老金体系在两个维度的规划设计，本报告以此作为分析账户养老金功能定位的框架。笔者认为，"多层次"关注于满足不同群体在不同阶段产生的多样化养老金需求，侧重从需求侧看待养老金体系；而"多支柱"则强调三个养老金支柱各自独立发挥作用、实现差异化的互补，侧重从养老金类型的供给侧进行讨论。

在此框架下，本报告将账户养老金在我国养老金体系的功能定位归纳为两方面：第一，从"多层次"角度看，在我国以现收现付制公共养老金为主的背景下，账户养老金在养老金支付结构、覆盖人群、需求差异等各层次持续延伸，满足多样化养老金需求，是构建多层次养老金体系的载体；第二，从"多支柱"角度看，账户养老金涵盖第一支柱中的个人账户、第二支柱及第三支柱，各类账户养老金不断在养老金品种、政策、运行方式等方面进行创新和优化，充当着我国养老金体系探索的实验田。

（一）构建多层次养老金体系的载体

多层次养老金体系意味着不同类型的养老金地位有主有次、发展有先有后，不同人群的参与金额、方式和节奏也存在差异。郑秉文（2022）认为"'多层次'侧重的是不同制度间的重要性和不同层次之间地位的次第关系"[1]。我国养老金体系从养老金市场化改革之前的政府及单位兜底、养老金仅覆盖少数居民的局面，发展至目前高覆盖比例、差异化覆盖水平、三支柱共存的格局，账户养老金是构建多层次养老金体系的载体，"多层次"体现在养老金支付结构、覆盖群体和养老金储备需求三个方面。

第一，从养老金支付结构角度，账户养老金成为现收现付制公共养老金的重要补充。我国养老金体系市场化改革的核心是由政府兜底转向政府、企业及个人的共同参与，同时使更多居民纳入养老金体系中来。我国以第一支柱为主，二三支柱为辅的养老金结构预计将延续较长时间。虽然采用统账结合模式的第一支柱养老金中包含个人账户，但个人账户"空账"和记账月数以外的支付增加了政府的兜底责任，总体来看也是依靠政府的补贴。从流量的角度看，城镇职工基本养老保险 2021 年支出达 5.65 亿元，而账户养老金中的企业年金和职业年金存量规模为 4.60 万亿元[2]，从流量角度按照 139 个月计发月数分摊算得支付

金额相比公共养老金比例要低于 1/10。但随着账户养老金规模的扩大和投资收益的增厚，账户制养老金在养老金支付中的比例将逐步提升，补充的效果日益明显。以机关事业单位职工的职业年金为例，职业年金支付金额约为其基本养老保险支付金额的一半左右，补充作用显著。

第二，从覆盖群体角度，账户养老金根据不同群体的特点，采用相适应账户形式和规则。差异化的账户养老金在差异化约束条件下能响应不同群体诉求，降低了改革阻碍，推进多层次养老保险体系构建和运行效率。根据养老金的历史沿革，我国居民主要分为普通城镇职工、机关事业单位职工和城乡居民三类，三个群体在雇佣方式、收入水平、养老金缴纳方式、历史养老金待遇等方面差异显著。不同形式的账户养老金实现了各群体通过不同方式进行养老金储备。例如，城镇职工基本养老保险设置为"统账结合"，个人账户的设置起到了明晰各方义务、激励职工缴纳等作用；机关事业单位职工在养老金改革中，既设置了基本养老保险个人账户，还通过职业年金的形式对待遇进行了"补平"，平稳解决了养老金双轨制问题；城乡居民基本养老保险的个人账户是居民加入保险体系的前提，激励居民形成养老储备的习惯，也为其提供了养老基本保障。

第三，从居民养老金储备需求的角度，账户养老金可以满足居民不同层次的需求。城镇职工基本养老保险和城乡居民养老保险的个人账户实现了养老金全覆盖的功能，起到了为居民提供"保基本"的功能。企业年金和职业年金为少部分群体所享有，企业年金成为部分城镇职工的福利，职业年金则是机关事业单位职工养老金双轨制改革中维持其退休待遇的重要工具，2021 年底两者合计覆盖人数约 7200 万人，覆盖比例较低，目前不具有普适性。个人养老金是面向全部居民、由居民主导的账户养老金，运行更为自由，能够满足有意愿和能力进行养老金储备群体的投资需求。从养老金储备需求角度，上述三方面需求呈现层层递进关系，基本养老保险的个人账户为全部居民提供"保基本"功能，企业年金和职业年金目前为部分职工的福利，第三支柱账户则可根据需求自由调整。

（二）构建多支柱养老金体系的试验田

我国账户养老金的发展是一个从无到有、从简至繁的探索过程，这个过程目前也仍在延续。在不同的发展阶段，账户养老金在不同人群、不同区域进行了各类试点，相关的制度、参数和结构不断优化完善，最终形成了当下多支

---

① 郑秉文：《养老金三支柱理论嬗变与第三支柱模式选择》，《华中科技大学学报》，2022 年第 2 期，第 20–37 页。

② 中华人民共和国人力资源和社会保障部：《2021 年度人力资源和社会保障事业发展统计公报》。

柱养老金体系。在账户养老金这块实验田内，我国各类型养老金积累了丰富的经验。本报告梳理了城镇职工基本养老保险个人账户、城乡居民基本养老保险个人账户、企业年金、职业年金和第三支柱个人养老金五类账户养老金代表性的"实验"举措。各类账户养老金发展中的"实验"数量繁多、形式丰富，本部分仅选取了部分特征鲜明、探索成果较为显著的案例。

第一，城镇职工基本养老保险个人账户的"实验"主要包括两方面，一是运行模式从做实个人账户到采用名义账户的探索；二是对计发月数参数的完善。城镇职工基本养老保险个人账户在出现"空账"问题后，在制度上进行了做实账户和实行名义账户的探索，最终形成目前模式。1997年国务院颁布的《关于建立统一的企业职工基本养老保险制度的决定》标志着我国建立了社会统筹和个人账户相结合的养老保险制度。在转型过程中，改革前已退休的"老人"和改革前工作而改革后退休的"中人"产生较大的转轨成本，个人账户资金被迫挪用以弥补社会统筹账户的资金缺口，造成个人账户"空账"问题。面对个人账户"空账"，政府初始尝试通过下调个人账户的比例和各级财政补贴的方式来做实个人账户。个人账户的比例持续下调，1997年前各省份记账比例普遍高于11%，1998年全国统一为11%，2006年全国统一调整为8%。13个省份于2001年开始陆续进行做实个人账户的试点，各级政府对责任进行分工，落实实账积累。但做实个人账户与空账的扩大同时发生，从试点结果看做实个人账户不具备可行性。2013年党的十八届三中全会提出"完善个人账户制度"，取代了2001年以来"继续做实个人账户试点"的表述，将城镇职工基本养老保险个人账户应用名义账户模式，从实账积累制转向了模拟积累。基本养老个人账户的定位更侧重于公共养老金个人积累的记录工具，成为实施多缴多得激励机制的载体。

计发月数是城镇职工基本养老保险个人账户机制中重要的参数。个人账户按国家规定计息，在进行发放时，个人账户每月的发放金额为个人账户储存额除以计发月数，"计发月数根据职工退休时城镇人口平均预期寿命、本人退休年龄、利息等因素确定"[1]。在政策执行初期，以60周岁退休的职工为例，计发月数设定为120个月，自2006年起计发月数调整为139个月。若职工寿命长于计发月数，由于个人账户储存额已发放完毕，之后个人账户金额需要由财政资金进行兜底。因此个人账户计发月数对于养老金

制度的财务平衡至关重要。上述城镇职工基本养老保险个人账户的政策探索和参数"实验"为城乡居民基本养老保险个人账户、职业年金账户等制度设计提供了借鉴经验。

第二，城乡居民基本养老保险个人账户对居民缴费的激励机制进行了"实验"。2009年国务院在全国推广新型农村社会养老保险，2011年面向城镇非就业居民推广相似模式的城镇居民社会养老保险，上述两项制度于2014年统一为城乡居民基本养老保险制度。城乡居民基本养老保险的结构与城镇职工基本养老保险相同，也采取社会统筹和个人账户相结合的方式。城乡居民基本养老保险个人账户由个人、集体和政府共同筹资建设。参保人的缴费标准设为每年100元至2000元12个档次，各省份可根据情况增设缴费档次，参保人自主选择档次缴费。地方政府按照不同缴费金额进行差异化补贴，政策初衷为建立多缴多得的激励机制，也能够满足不同收入居民的养老储备需求。从制度的实际运行情况看，多缴多得激励机制发挥的作用较为有限。董克用和施文凯（2019）发现在制度运行过程中，城乡居民基本养老保险人均缴费200元左右，绝大多数参保人员选择最低缴费档次，认为制度的激励性不足，养老金待遇过度依赖财政补贴，弱化了个人责任，加剧了制度福利化的倾向[2]。

第三，企业年金账户对市场化投资进行了"实验"。在账户养老金中，企业年金率先进行了市场化投资的"实验"，主要包括各环节参与者的职责分工与产品投资两方面。养老金市场化投资流程烦琐，涉及多类主体和不同机构，2004年发布的《企业年金基金管理机构资格认定暂行办法》对参与机构的资格进行了规定，参与的市场机构主要包括托管行、受托人和投管人，在资金筹集与发放、账户记录、投资管理、投资监督等方面发挥作用。

企业年金作为基本养老保险的重要补充部分，采用完全积累制，通过市场化投资获取更高的投资回报将提升其补充作用。人力资源和社会保障部针对企业年金的投资制定了《关于企业年金养老金产品有关问题的通知》（2013年）《关于扩大企业年金基金投资范围的通知》（2013年）、《企业年金基金管理办法》（2015年）、《关于调整年金基金投资范围的通知》（2020年）等一系列重要文件，对投资品种、资产比例、资产估值等进行规定，使企业年金投资同资本市场发展与时俱进。相关制度提升了投资流程标准化和透明度，有助于在确保资产安全性的前提下增厚投资收益率。参与企业年金投资的资产管理机构也设置了专

---

[1]　《国务院关于完善企业职工基本养老保险制度的决定》（国发〔2005〕38号）。

[2]　董克用、施文凯：《从个人账户到个人养老金：城乡居民基本养老保险结构性改革再思考》，《社会保障研究》，2019年第1期，第3-12页。

业投资部门，在资产配置、风险控制、细分品种投资等环节持续优化。企业年金在市场化投资的"实验"中形成成熟的角色定位和投资流程，为 2018 年启动的职业年金市场化投资提供了重要支持。

第四，职业年金进行了制度转型中补足待遇的"实验"。由于历史原因，机关事业单位职工和城镇职工的养老金待遇存在"养老金双轨制"问题。为提升养老金制度的公平性，国务院于 2015 年 1 月发布《关于机关事业单位工作人员养老保险制度改革的决定》，机关事业单位职工基本养老保险的规则与企业职工相同，解决了双轨制问题。但机关事业单位职工基本养老保险的替代率相较于改革前平均下降了 20%~30%。为提高其参加改革的积极性，兑现退休待遇水平不下降的承诺，我国建立了职业年金制度，作为补足替代率的来源。"机关事业单位在参加基本养老保险的基础上，应当为其工作人员建立职业年金。单位按本单位工资总额的 8% 缴费，个人按本人缴费工资的4% 缴费"①。

职业年金的"实验"有三方面的经验，第一，设置职业年金实现了机关事业单位职工的待遇补足，降低了改革的阻力；第二，职业年金更侧重于待遇差距的补足，员工不参与利益受损较大，故使制度的强制属性增强；第三，职业年金账户在不同省份采用差异化积累方式，部分省份财政全额供款单位采用"虚账"模式记账，根据财政和老龄化情况规划做实路径，分摊了转型期的财政压力。

第五，第三支柱个人养老金持续进行定位与产品形式的"实验"。我国的第三支柱个人养老金尚处于发展初期，覆盖群体、运行模式、产品形式等均在持续摸索过程中，制度和产品层面的"实验"推动第三支柱不断成形。

制度层面，2018 年 4 月，财政部、税务总局、人社部、中国银保监会、证监会联合发布《关于开展个人税收递延型商业养老保险试点的通知》，标志着我国第三支柱养老保险体系的建设正式启动。试点在上海、福建和苏州工业园三个地区进行，个人通过商业养老资金账户购买符合规定的商业养老保险允许在一定标准内进行税前扣除，计入个人商业养老资金账户的投资收益暂不征收个人所得税，在领取商业养老金时再征收个人所得税。从试点情况看，税收递延型商业养老保险的试点发展缓慢，推广不及预期，主要原因有我国缴纳个税的群体规模有限、税收优惠力度偏小、税收递延流程较为复杂等。2021 年 12 月中央全面深化改革委员会第二十三次会议审议通过《关于推动个人养老金发展的意见》，并于 2022 年 4 月以国办发〔2022〕

7 号文件下发。文件将第三支柱命名为个人养老金，定位为适合中国国情、政府政策支持、个人自愿参加和市场化运营，与基本养老保险、企业（职业）年金相衔接，实现养老保险补充功能。个人养老金缴费完全由参加人个人承担，国家制定税收优惠政策；实行完全积累，资金用于购买符合规定的银行理财、储蓄存款、商业养老保险、公募基金等金融产品。2022 年 9 月国务院常务会议决定对政策支持、商业化运行的个人养老金给予每人每年 12000 元的税收优惠限额，投资收益暂不征税，领取收入实际税负由 7.5% 降为 3%。

第三支柱产品层面，监管部门先后出台针对第三支柱产品设计的规定，金融机构也对各类产品进行持续探索，养老目标基金、专属商业养老保险、养老理财等个人养老金产品相继创设。证监会于 2018 年 3 月发布《养老目标证券投资基金指引（试行）》，将养老目标基金定义为"以追求养老资产的长期稳健增值为目的，鼓励投资人长期持有，采用成熟的资产配置策略，合理控制投资组合波动风险的公开募集证券投资基金"。银保监会于 2021 年 5 月发布《中国银保监会办公厅关于开展专属商业养老保险试点的通知》，鼓励试点保险公司"创新开发投保简便、交费灵活、收益稳健的专属商业养老保险产品"，保险公司也对服务形式、内部管理机制等进行探索。2022 年 3 月 1 日起专属商业养老保险试点区域扩大到全国范围，全部养老保险公司均可参与。银保监会于 2021 年 8 月发布《关于开展养老理财产品试点的通知》，鼓励银行理财子公司"创设符合长期养老需求和生命周期特点的养老理财产品"，"建立与养老理财相适应的治理架构、管理模式、投研能力和考核体系等"。2022 年 3 月 1 日起，养老理财产品试点范围由"四地四机构"扩展为"十地十机构"。

二、围绕账户养老金功能定位的研究综述

对账户养老金功能定位的梳理展现出账户养老金具有品种多样、特点各异、群体差异明显、流程细节复杂等特点。账户养老金的功能定位也随着经济发展、人口结构变化、居民养老储备需求、资本市场发展等不断调整和完善。账户养老金的功能定位是连接养老金政策和实践的桥梁，逻辑完善、基于现状、具备前瞻性的功能定位将能够推进养老金体系稳健发展。学界围绕账户养老金功能定位的相关问题持续进行研究。本报告在养老金功能定位框架内对具备代表性的观点进行了综述，以期能够更清晰地将账户养老金功能定位的理论探讨与实际运行相联系。

---

① 国务院：《关于机关事业单位工作人员养老保险制度改革的决定》。

(一)围绕"构建多层次养老金体系的载体"的讨论

第一,养老金支付结构角度,研究问题主要有不同类型账户的保障程度和基本养老保险个人账户的大小。学者们对我国养老金体系中第一支柱独大、二三支柱发展不均衡的问题具备共识,如何文炯(2022)指出第二层次和第三层次构成的补充性养老保险发展缓慢是我国养老金体系存在的结构缺陷①。为解决发展不均衡的局面,郑秉文(2022)认为可替代模式第三支柱和哑铃型三支柱结构是历史的必然选择,第一支柱替代率将面临长期的趋势性下降压力,第二支柱不能覆盖庞大的灵活就业群体,而高储蓄率、增长的中等收入群体、居民的储备需求等因素将使可替代模式的第三支柱具备成为"大众养老金"的潜力②。

针对基本养老保险个人账户大小的问题,郑秉文(2015)、郑秉文等(2018)比较了城镇职工基本养老保险的个人账户和统筹账户不同比例搭配的情形,认为个人账户规模越大,财务可持续性越好,在替代率、财政支出负担、职工激励性等方面能够显著改善。扩大个人账户是完善个人账户和健全多缴多得机制的必然选择,从参保人的角度,可以让参保人吃上"定心丸"、增强参保人的获得感及稳定参保人养老金替代率;在宏观层面有助于社保制度向高质量发展转型,体现在实现制度的长期财务平衡、环节公共财政负担、优化人力资产市场配置等五个方面③④。部分学者持相反观点,认为应该淡化个人账户,郑功成(2019)认为基本养老保险个人账户使参保人之间丧失互助共济功能,不仅强化了利己主义倾向,而且衍生出发展障碍,导致个体风险与群体风险同步增长,违背了社会保障制度的基本规律,是重大的制度性缺陷;主张淡化基本养老保险个人账户的概念,仅将其作为参保记账的一个符号和退休时计算养老金待遇的依据,从法律上改变其私有属性,不再视为个人所有,也不能作为遗产来继承⑤。

第二,覆盖群体角度,研究侧重于企业年金覆盖面窄和未来个人养老金如何扩大覆盖面。梅兴文(2018)指出建立企业年金的企业数量较少,覆盖面窄,主要集中在能

源、金融等垄断型、资源型或盈利较好的行业⑥。针对企业年金被诟病为"富人俱乐部"的情况,郑秉文(2016)认为第三支柱需要扩大覆盖面,最大限度放大第三支柱的可替代性功能,将覆盖人数能否达到最大化作为第三支柱养老金成功与否的关键;如果第三支柱的覆盖面及发展速度与企业年金相差无几,两个福利制度重复的发生在同一个群体身上,他们第二次享受养老金税收优惠的好处,这样的第三支柱将加剧社会不平等⑦。

第三,居民养老储备需求角度,较为关注的研究问题是城乡居民基本养老保险规模偏小,保障作用有限。何文炯(2022)指出基本养老金待遇在群体之间差距过大,老年农民的基本养老金难以保障其基本生活需要,是我国养老金体系的结构缺陷⑧。董克用和施文凯(2019)统计2013~2016年个人账户养老金占我国农村居民人均可支配收入的比例仅为1/23,制度的保障功能很弱⑨。

(二)围绕"构建多支柱养老金体系的试验田"的讨论

本部分从三个支柱的角度,整理了围绕账户养老金不同"实验"的代表性观点。

第一支柱方面,讨论较多的问题是个人账户的激励机制和财务持续性等。学界普遍认为城镇职工基本养老保险和城乡居民基本养老保险个人账户的激励作用不足,董克用和施文凯(2019)认为城乡居民个人账户存在产权不清晰和投资收益率低的情况,破坏了个人缴费激励机制的前提和核心,进而使"参加深度"很浅。产权不清晰主要由于个人账户与统筹资金捆绑,模糊了个人账户产权的边界。个人账户投资收益率低主要由于投资渠道单一、投资运营主体"错位"、制度设计"泛行政化"、基金统筹层次过低等原因,个人账户在积累期计息率低,导致个人账户收益水平低,难以实现保值增值⑩。杨良初和史静远(2015)认为城镇职工基本养老保险个人账户投资策略较为保守,增值能力较弱,使个人账户所设计的多缴多得和长缴多得激励机制不能实现;激励机制出现问题的原因主要有两方面:国家上位政策缺失导致地方归集基金管理效率低,记

①⑧ 何文炯:《个人养老金:明晰定位,稳步推进》,《经济研究参考》,2022年第7期,第9–12页。

② 郑秉文:《养老金三支柱理论嬗变与第三支柱模式选择》,《华中科技大学学报》,2022年第2期,第20–37页。

③ 郑秉文:《从做实账户到名义账户——可持续性与激励性》,《开发研究》,2015年第3期,第1–6页。

④ 郑秉文、周晓波、谭洪荣:《坚持统账结合与扩大个人账户:养老保险改革的十字路口》,《财政研究》,2018年第10期,第55–65页。

⑤ 郑功成:《多层次社会保障体系建设:现状评估与政策思路》,《社会保障评论》,2019年第1期,第3–29页。

⑥ 梅兴文:《银行养老金融业务策略》,《中国金融》,2018年第7期,第72–73页。

⑦ 郑秉文:《第三支柱商业养老保险顶层设计:税收的作用及其深远意义》,《中国人民大学学报》,2016年第1期,第2–11页。

⑨⑩ 董克用、施文凯:《从个人账户到个人养老金:城乡居民基本养老保险结构性改革再思考》,《社会保障研究》,2019年第1期,第3–12页。

账利率偏低而未建立起投资收益共享机制。建议在个人账户转为名义积累制后重点关注名义个人账户到期债务补偿机制的建设，资金来源可以包括养老保险基金投资运营增值、财政支出、国有资产出售、特定消费税、发行国债等[1]。

第一支柱养老金个人账户财务持续性的研究涉及账户缺口、记账利率、计发月数、兜底政策等问题。王增文和李晓琳（2022）测算了预期寿命增长背景下城镇职工基本养老保险个人账户潜在支付缺口，模拟了计发月数调整和延迟退休年龄的参数改革对缺口的影响；无政策干预下，个人账户年度缺口于 2021 年至 2050 年从 896 亿元扩大至 44071 亿元，2021~2050 年个人账户养老金财政补贴现值之和约为 25.6 万亿元；若每十年以预期剩余寿命动态调整计发月数，能够显著降低累积缺口，建议计发月数与人口预期寿命挂钩，进行动态调整[2]。张翔等（2021）对城镇职工基本养老保险个人账户记账利率进行了统计，发现公开文件数据公布的记账利率并不稳定，不同地区存在差异，部分记账利率远高于基金实际投资收益率[3]。郑秉文（2015）认为第一支柱个人账户采用 DC 型积累制的个人账户存在两方面问题，一是没有采用动态计发月数，静态的计发月数是账户养老金财务可持续性的重大隐患；二是个人账户设计模式保输不保赢，参保人提前死亡的个人账户资产能够继承而长寿者则可持续领取，由此产生的潜在缺口将由财政间接兜底[4]。

第二支柱方面，学界对近年快速发展的职业年金关注较多，主要涉及职业年金"虚账"运行、计发月数等问题。薛惠元和曹思远（2019）认为在职业年金运行中，财政全额供款单位缴费采用"虚账"运行的模式存在四方面问题：一是容易造成职业年金向第一支柱的趋同，发挥不了补充作用；二是"虚账"方式在记账利率、缴费金额等方面引发新的不公平；三是制度中后期将产生巨额财政负担；四是"虚账"导致职业年金账户转移接续困难[5]。张盈华和卢昱昕（2021）指出职业年金在筹资方式和投资体制上选择了特有的"混合账户制"管理模式，当前具备现实

性和优越性，但存在代内矛盾、代际冲突和不符合精算公平的三个"公平悖论"，在中长期看隐藏风险；认为职业年金的"实账化"应以"适度实账"为宜，在代际公平、制度效率与财政负担之间取得平衡，建议完善投资体制以化解代内矛盾、分类分步骤做实职业年金单位缴费以缓和代际矛盾及遵循精算公平原则来改进管理模式[6]。蒲晓红和王雅（2021）指出职业年金个人账户累计储存额按 139 个月发放完毕后，机关事业单位退休职工中"新人"养老金待遇跌幅达 34.34%~43.01%，下降幅度明显但目前关注度较低。为了发挥职业年金的补充保障作用，建议增加个人账户计发月数、宣传政府在计发完毕后无发放责任和提高职业年金投资收益率三点建议[7]。

第三支柱方面，围绕税收优惠政策和投资管理方式的研究较为集中。税收优惠政策是第三支柱重要的激励方式，目前在探索和优化中。朱小玉和施文凯（2022）从第一支柱发展情况、第二和第三支柱养老金需求、税收制度和资本市场成熟度等角度分析，认为第三支柱养老金的建设不能急于求成，不宜过分夸大或苛责税收优惠政策的激励效用；建议构建多维度的限额设置政策，考虑以年度总收入为标准及以家庭为单位设置限额，并根据经济增速、工资水平、物价水平等指标动态调整限额；第三支柱的税收优惠应更多向中低收入人群倾斜，提出引入分档累进税率、将 TEE（税后缴费）和 EET（税前缴费）模式相结合、统筹第二和第三支柱养老金税收优惠政策等建议[8]。郑秉文（2016）认为目前个人养老金采用的 EET（税前缴费）模式适合正规部门就业群体，但由于我国纳税人规模较小及非正规部门群体较大，非纳税正规部门职工、灵活就业人员、服务型行业雇员和流动性较大的季节工人四个群体无法享受 EET（税前缴费）模式账户的福利，建议制定 TEE（税后缴费）和 EET（税前缴费）并行的双向政策[9]。投资管理方面，何文炯（2022）认为第三支柱个人养老金是特殊的养老金融产品，社会成员对其风险更为敏感，金融监管部门应该寻求有效的管理体制、监管方式和工作机制，金融机构需要培育与此相关的服务能力，如优化产品

① 杨良初、史静远：《养老金个人账户：从"做实"到"名义"的探讨》，《中国财政》，2015 年第 20 期，第 39–41 页。
② 王增文、李晓琳：《预期寿命增长、个人账户支付缺口与养老金替代率》，《财政研究》，2022 年第 3 期，第 113–128 页。
③ 张翔、郑阳雨璐、杨一心：《职工基本养老保险个人账户利差损研究》，《公共管理学报》，2021 年第 2 期，第 115–127 页。
④ 郑秉文：《从做实账户到名义账户——可持续性与激励性》，《开发研究》，2015 年第 3 期，第 1–6 页。
⑤ 薛惠元、曹思远：《财政全额供款单位职业年金个人账户的"虚实"思考》，《中国社会保障》，2019 年第 12 期，第 40–41 页。
⑥ 张盈华、卢昱昕：《我国职业年金"混合账户式"管理的特性、问题与建议》，《华中科技大学学报》，2021 年第 3 期，第 57–65 页。
⑦ 蒲晓红、王雅：《职业年金计发完毕后的机关事业单位养老待遇测算研究》，《社会保障研究》，2021 年第 4 期，第 11–21 页。
⑧ 朱小玉、施文凯：《人口老龄化背景下完善我国第三支柱养老保险税收政策的建议》，《国际税收》，2022 年第 6 期，第 25–36 页。
⑨ 郑秉文：《第三支柱商业养老保险顶层设计：税收的作用及其深远意义》，《中国人民大学学报》，2016 年第 1 期，第 2–11 页。

设计、设计普通百姓能够理解和接受的个人养老金、提高投资回报率、重视管理服务工作等[①]。

三、总结

本报告提出"多层次"和"多支柱"分别侧重于从需求侧和供给侧看待养老金体系，并在此分析框架下对账户养老金在我国养老金体系中的功能定位进行分析。账户养老金在"多层次"角度看是我国构建多层次养老金体系的载体，在"多支柱"角度看是我国养老金体系探索的试验田。账户养老金从养老金支付结构、覆盖人群、需求差异等各层次进行延伸，满足多样化的养老金需求，促进多层次养老金体系逐步形成，主要体现在对现收现付制公共养老金形成补充、满足不同群体的养老金需求和满足居民不同层次的养老金需求。各类账户养老金不断在养老金品种、政策、运行方式等方面进行创新和优化，为养老金体系的发展积累了丰富经验。本报告统计的代表性"实验"主要包括名义账户模式改革、计发月数完善、激励机制设计、市场化投资、养老金定位、养老金产品开发等。不同账户养老金侧重的"实验"有所差异，所形成的经验为其他养老金提供了借鉴意义。

账户养老金的功能定位随着经济发展、人口结构变化、居民养老储备需求、资本市场发展等而调整，学界围绕账户养老金功能定位相关问题持续进行研究。逻辑完善、基于现状和具备前瞻性的功能定位有助于养老金体系稳健发展。学界关于账户养老金功能定位细节的讨论中部分仍存在分歧，例如基本养老保险个人账户的大小、第三支柱的定位等；部分观点较为一致的细节问题值得关注，诸如多类账户的计发月数调整、不同群体账户养老金分化较大、提高账户养老金市场化投资程度、职业年金计发完毕后待遇下降显著、职业年金"虚账"存在隐忧等。

经过近 30 年探索，账户养老金已成为我国养老金体系的重要构成，未来将继续在覆盖人数、积累资产规模和退休后支付金额等方面持续增长，也将在运行模式、产品形式、参数设置等环节不断优化。账户养老金在我国养老金体系中将日趋重要，在"多层次"角度促进养老金体系沿多个方向深化发展，满足居民多样化需求；在"多支柱"角度发挥探索和试点的协同作用，为居民提供多样化的养老金选择，从而在养老金的需求和供给层面推动多层次和多支柱养老金体系稳健发展。

---

① 何文炯：《个人养老金：明晰定位，稳步推进》，《经济研究参考》，2022 年第 7 期，第 9-12 页。

分报告九

我国账户养老金与资本市场良性互动发展的路径

——基于国际比较的经验

2020 年 10 月,《中共中央关于制定国民经济和社会发展第十四个五年规划和二〇三五年远景目标的建议》明确提出,发展多层次、多支柱养老保险体系,实施积极应对人口老龄化国家战略。2019 年底,中共中央、国务院印发的《国家积极应对人口老龄化中长期规划》中提出要"夯实应对人口老龄化的社会财富储备"。中共中央政治局 2021 年第二十八次集体学习完善覆盖全民的社会保障体系,习近平总书记提出"要加快发展多层次、多支柱养老保险体系"……近两年来,此类政策文件频频出现,为未来养老保险的发展指明了方向。与此同时,我国多层次资本市场发展到了关键阶段,北交所成立并和科创板、创业板之间形成流动机制,注册制改革不断深化,专业机构

投资力量持续壮大。养老金是由机构投资者管理的长期资金,对促进资本市场健康发展有重要作用。从国内外实践看,养老金适度参与资本市场,不仅有利于养老财富的积累、保值和增值,也可以通过增加长期资金改善资本市场资金结构进而平抑市场非理性波动。目前建立基金积累制养老金体系、改革现收现付制养老金计划已成为世界各国养老制度的主流,居民养老金不再依靠下一代的缴费,而是个人账户养老基金的积累,这也使养老金资产规模迅速膨胀,与 GDP 占比较高,且呈现不断增长趋势(见图 9-1)。养老金投资绩效直接影响到退休时养老金水平,许多国家强调利用资本市场进行多元化投资,这也进一步促进了本国资本市场的发育和成熟。

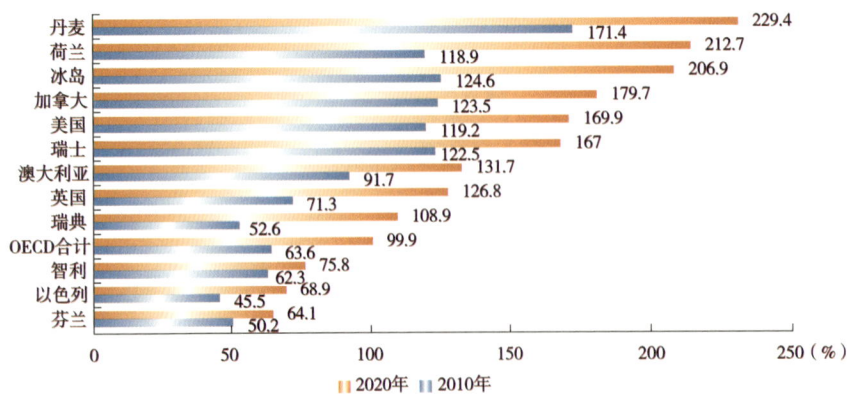

图 9-1 2010 年、2020 年各国养老金资产与 GDP 比重变化

资料来源:OECD Global Pension Statistics.

一、养老金与资本市场互动关系的相关理论分析

养老金与资本市场的强关联性，与养老制度的发展历程有直接联系；养老金投资与资本市场实现良性互动，是养老体制成功改革的内在要求。在发达国家，养老金资产占 GDP 的比重已经达到很高程度，是资本市场举足轻重的机构投资者；在拉美、东欧等地，改革原有的现收现付制 PAYG 模式，代之以基金积累制的养老金体系，养老金来源于个人账户养老金的积累，而不是下一代人的缴费，这使养老金资产快速膨胀。基金积累制模式是否成功，很大程度上取决于规模庞大的养老金能否获得较好的投资收益，实现资产保值增值，进而应对利率下降、预期寿命延长等压力。

（一）养老金参与资本市场具有重要的意义

1. 养老金参与资本市场有助于社会长期稳定

根据美国华盛顿大学（圣路易斯）迈克尔·谢若登（Michael Sherraden）"资产建设理论"（Assets-building Theory），为每个社会个体建立"个人发展账户"（Individual Development Accounts，IDAs）[1]，通过个人账户资产的经营获得更多收益，将以收入为主的福利政策转向以资产为主的福利政策，减少对穷人发放补贴，防止福利的过度依赖，有助于反贫困。资产积累可改变人格并表现在诸多方面。养老金持续积累和长期投资，对个人人格、家庭、社会等产生多方面积极影响；社会保障制度作为"社会安全网""社会稳定器"，养老金更是其中的重要基石，账户制养老金占比越高的国家，社会稳定度越高。例如新加坡的中央公积金制度，1993 年，时任新加坡总理李光耀对谢若登说，新加坡建立中央公积金制的目的"主要是基于社会和政局稳定的考虑"，有了个人账户制度，"人们就会对这个国家更忠诚"[2]；新加坡总理李

显龙给予极高评价，认为"中央公积金制度是新加坡社会保障体系的主体，是目前世界上运作最成功的养老保障制度"；新加坡劳工部长也称赞中央公积金局 50 年来的工作培养了国民的自助意识，帮助国家提高了经济增长水平和人民生活水平，保证了国民能够分享到国家经济繁荣的成果。"二战"以来，美国国内之所以几乎没有发生过全国范围的社会行动和不稳定现象，美国家庭财富结构以及个人养老金的占比较高等这些因素被认为是其主要原因之一[3]。

2. 养老金参与能够有效改善资本市场发展

第一，为资本市场提供了长期、机构资金来源。基金积累制下账户养老金的增长为资本市场提供大量资金来源，它们由专业化机构运作，有利于优化资源配置，促进经济增长。研究数据表明，智利养老基金的发展使本国全要素生产率（Total Factor Productivity，TFP）每年提高 1 个百分点，对全要素生产率提高的贡献度为 50%[4]。世界银行研究认为，养老保险基金不仅有利于保障退休者的权益，而且有利于增加储蓄、促进资本形成和经济增长[5]。

第二，可以充分促进金融市场的良性竞争和金融深化。养老金的积累和崛起，对以商业银行为主导地位的金融市场而言是巨大的挑战，也是金融深化的催化剂，有助于金融市场向纵深方向发展，提高流动性和效率。例如 1984 年智利股、债市场近乎空白，到 1997 年两个市场市值分别为 70 亿美元和 800 亿美元。2004 年，智利养老金持有 10% 的股市市值（约 28% 的自由流通股市值）、60% 的未偿还国内公共部门债券以及 30% 的公司债券[6]。盎格鲁圈国家以及世界其他诸国都经历了类似的情形。例如盎格鲁圈四国养老金总资产占股市市值比重从 1997 年的 50.1% 提高到 2004 年的 66.3%，伴随养老金规模增长，股市市值也逐年增长（见表 9-1）。

① Sherraden M, Rethinking Social Welfare: Toward Assets, Social Policy，1988，18（3）：37-430.

② 迈克尔·谢若登：《资产与穷人——一项新的美国福利政策》，高鉴国译，商务印书馆 2005 年版，第 15-32 页。

③ 郑秉文：《面向 2035 和 2050：从负债型向资产型养老金转变的意义与路径》，《华中科技大学学报（社会科学版）》，2021 年第 7 期，第 19-37 页。

④ Aiyer S-R, Pension Reform in Latin America: Quick Fixes or Sustainable Reform, World Bank,Policy Research Working Paper, 1997.

⑤ World Bank, Handbook on Economic Analysis of Investment Operations, World Bank Operations Policy Department Learning and Leadership Center, 1996（2）：1-54.

⑥ Raddatz C，Schmukler S L，Pension Funds and Capital Market Development:How Much Bang for the Buck?, Policy Research Working Paper Series, 2008.

表 9-1　1997 年、2004 年股票市值与养老金资产的规模及增长　　　　　　单位：十亿美元，%

国别	股票总市值 A		年增长率（%）	养老金资产 B		年增长率（%）	B/A	
	1997 年	2004 年		1997 年	2004 年		1997 年	2004 年
盎格鲁圈四国	14119	20980	6.9	7076	13919	13.8	50.1	66.3
OECD	22701	38214	9.8	8291	16496	14.1	36.5	43.2

注：盎格鲁圈四国分别是美国、英国、加拿大、澳大利亚。

资料来源：OECD, Pension Markets in Focus, Newsletter, 2005.

第三，养老金在公司治理中发挥更大作用。许多养老基金进行长期投资，作为股东比较关心所投资企业的经营管理。例如美国加州公务员养老基金（California Public Employees' Retirement System，CalPERS）曾提出改善公司治理结构的"一揽子"建议；养老基金还经常联合起来，撤换不称职的管理人员，或在收购兼并等重大事件中维护股东的权益。养老金也非常重视 ESG 投资，将其作为政策制定的基准，为内部和外部资产管理人提供有关可持续性问题的指引，从而降低监管风险。养老基金在公司治理结构中发挥更大的作用，有助于改善上市公司的质量和推动证券市场的健康发展。

3. 养老金作为生产要素推动创新发展

养老金是一种长期资本，既是民生制度的安排，同时也是一个生产要素，是经济制度的一部分[1]。一方面，养老金可以发挥长期资本优势，发挥资本市场推动技术创新的作用，强化企业创新主体地位创造外部条件。从我国上市公司 2020 年年报信息看，约有 71 只个股出现养老基金的身影，主要涉及制造业以及信息传输、软件和信息技术服务业等领域。由此可见，养老金积极服务国家发展战略，加大对科技创新类企业的投资力度，为我国经济转型升级和高质量发展发挥着重要作用[2]。另一方面，能够加快金融创新步伐。如智利、阿根廷等国的养老体制改革推动了抵押和公司债券、公共部门债券的发展；这些国家鼓励建立创业基金和基础设施基金，吸引越来越多的养老金投资。养老基金还促进了对金融衍生工具的发展：德国规定养老基金可出于避险的目的投资于金融衍生工具，中国香港则规定 10% 的投资上限，美国对衍生工具的投资更为普遍；养老金融产品供给也更为丰富，在提高养老资金整体长期收益的同时，为资本市场引入长线稳定型、配置型资金，有助于资本市场形成长牛慢牛格局，让更多养老金发挥风险投资和创业投资的作用，促进新经济和新技术的发展。此外，养老金大规模投资证券市场，对市场基础设施提出了更高的要求，促进了中央托管机构、清算和结算系统、簿记系统的建立和完善，大大降低了市场交易成本，提高了市场的流动性和透明度。

（二）养老金与资本市场互动的条件约束

1. 养老金制度的设计

从全球看，由于老龄化不断加重，加上新冠肺炎疫情带来的经济下行，各国养老保障体系都面临不同程度的压力，而不同的养老金制度设计及未来趋势对资本市场有不同的作用。制度设计主要体现在以下几个方面：第一，制度是以现收现付制还是以基金积累制为主导。如果是以前者为主，当期收入支付当期支出，养老金积累有限，对资本市场的影响就有限。基金积累制度一般对应着缴费确定型 DC 模式。第二，补充养老保障是强制缴费还是自愿缴费。强制缴费养老金总量迅速增加，对应的可投资总额增加，对资本市场的发展有促进作用。很多国家在发展企业年金之初，设计了"自动加入"式机制，新西兰在 2007 年推出 "KiwiSaver" 计划，默认员工自动加入计划，并允许员工选择退出，经验表明这种方案可以显著提高参保率，但员工的持续缴费率更多取决于计划本身的收益性。但也要注意到，在强制缴费的情况下，养老基金的投资限制更为严格，可能不利于资本市场快速发展。

2. 国内资本市场发展基础状况

养老金体制对资本市场显然是有明显的依存性关系。随着老龄化加剧，要想使养老金体制能够得到满意的结果，必然要促进经济增长，经济的增长首先就需要有足够的投资，这些投资带来的效率能够促进 GDP 的增长，这样才能满足人口结构的变化，也为未来创造更多的就业机会，使未来养老金有周旋的空间[3]。资本市场也是为养老金提

---

[1] 郑秉文教授于 2022 年 4 月 17 日在清华五道口全球金融论坛上分享老龄化、储蓄率、养老金问题等观点时的论述。

[2] 《基本养老金权益投资收益率稳步提升 加大科技创新类企业支持力度是新看点》，证券日报之声，https://baijiahao.baidu.com/s?id=1697721774346340901&wfr=spider&for=pc，2021 年 4 月 22 日。

[3] 《周小川：养老金体制对资本市场存在明显的依存性关系》，周小川在第十届中国社科院社会保障论坛暨《中国养老金发展报告 2020》发布式——"养老基金与资本市场"研讨会上的讲话，https://baijiahao.baidu.com/s?id=1686473388008170117&wfr=spider&for=pc。

供投资运营渠道、多样化的投资和风险管理工具，有助于养老基金优化资产配置，改善投资组合的有效边界，进而提高基金收益率，进而更好地保障退休者的收入待遇。但如果本国资本市场已达到较高规模，或者资本市场结构不合理，对养老金投资收益的作用也会有限。例如在股票市场相对不发达的欧洲大陆国家，养老基金的投资主要集中于债券和其他债务工具，它们对本国股市的发展影响甚微。另外，如果国内股市过于集中，也显然不利于国内养老金的资产配置，只能倒逼养老金布局国外市场，例如2001年诺基亚在芬兰股市市值占比达到70%，荷兰的壳牌石油占比为31%，瑞典的爱立信占比为29%[①]。另外资本市场主体的发育程度对养老金投资也有直接影响。

3. 国家养老金投资监管政策

第一，政府对养老金定位不同直接影响养老金的投资决策。例如美国、智利等国家追求养老金在可接受风险的基础上收益最大化，鼓励养老金通过资本市场运作实现长期收益；但有些国家养老金是为本国政府实现某种政策目标的工具来看待，例如2020年阿尔巴尼亚持有债券总额中100%为公共部门债券，克罗地亚为96.9%，捷克为88.9%[②]。这其中虽有国内资本市场不发达的因素，但也与政府将养老金视为政府低成本资金来源的定位有关，这将难以促进国内资本市场发展。第二，国家对养老金投资的具体政策要求。投资收益与风险密切相关，各国为权衡收益和风险通常寻求平衡，并对投资工具给予限制。尽管养老金投资运营原则大体相同，也普遍遵循安全性原则、收益性原则、流动性原则，各国养老金具体实施中有一定的差距，例如哥伦比亚、哥斯达黎加、日本等国禁止直接投资房地产；部分国家和地区近年来放松了在基础设施、长期项目方面的投资比例，例如2020年中国香港强积金（Mandatory Provident Fund Schemes，MPF）放宽投资在不动产投资信托基金（Real Estate Investment Trust，REIT）的10%限制。

二、养老金与投资管理的国别实践

养老金与资本市场互动关系具有普遍性，借鉴海外代表性国家养老金投资策略和投资管理模式，对进一步完善我国养老金和资本市场的良性发展有重要意义。

（一）不同养老金类型决定了与资本市场互动关系的程度

从全球范围看，公共养老金是由国家财政兜底，政府作为最终责任人的制度安排。因此，公共养老金权力责任单一，资金一般也集中管理投资运营。从实践层面看，政府一般直接参与资金投资环节，并承担投资结果。因此，在公共养老金投资运营中，政府一般深度参与，包括收益目标的确定，直接或委托机构投资，并对公共养老金投资的资产组合配置进行较为严格的约束，除资产的风险特征外，是否有较好的流动性、市场容量是否够大也是需要考虑的问题。

各国公共养老金普遍无法承担养老金收支压力，因此发展私人养老金投资是大势所趋，有利于分担养老金支出压力，增强养老金体系韧性，为个人提供更多元、个性化保障。2017年，在35个OECD国家中，至少有24个国家建立了私人养老金体系（包括企业年金、职业年金和个人养老金）[③]。根据OECD私人养老金监管核心原则，私人养老金的成功运营离不开运作良好的资本市场和金融机构。私人养老金由于实行基金积累制，对资本市场基础条件、依赖程度和互动方式要比公共养老金更高。

（二）投资理念与目标

由于政府是最终责任人，公共养老金一般在风险和收益平衡时更为谨慎，但都以可接受安全基础上的收益最大化为目标。例如加拿大目标是在不过度承担风险的前提下实现收益最大化，日本同样要求其公共养老金能够在最低限度的风险确保养老金财政上必要的收益率，等等。尽管公共养老金本质上需要在长周期内投资获得理想的收益回报，但从目前情况看，尤其是2008年全球经济危机之后，长期资金和机构投资者成为重要的政策抓手，甚至是作为政府资产负债表的重要资金来源看待。事实上全球大多数国家的公共养老金仍然以银行存款、政府债券的形式存在，对需要长期资金的生产性投资和经济增长贡献甚少，这也导致公共养老金的潜在回报率低于预期目标。政府对养老金定位之外，本国的人口结构、养老金筹资给付方式等也会对资产配置产生影响，进而对投资目标的实现带来波动。

而缴费确定、基金积累制的私人养老金，由于其目标更为单一（相较于公共养老金的政策工具意义），即为参与人提供养老金保障，自担风险，各负其责是其重要特点。这也决定了私人养老金一般采取分散投资的专业化运营，

① Dimson E, Marsh P, Staunton M, Triumph of the Optimists: 101 Years of Global Investment Returns, Princeton: Princeton University Press, 2002.

② OECD, Pension Markets in Focus 2021, p.32.

③ OECD, Anuual Survey of Investment Regulation of Pension Funds, 2017.

由企业和个人对投资结果负责，追求更高、更长期的投资收益率。投资选择权和投资风险一般由企业和个人承担。

（三）管理机构与运营

从国际经验看，公共养老金主要由特定的机构进行管理，这些机构主要有以下几种类型：一是政府部门，如英国为国家保险基金（National Insurance Fund）设立了专门的国家保险基金投资账户（NIFIA），由国家债务减免委员会（Commission for the Reduction of the National Debt, CRND）对其进行投资管理。CRND 则作为国家保险基金的投资机构，与税务及海关总署签订谅解备忘录，以确定实现投资目标的方式，并按照财政部的指示对国家保险基金的投资账户进行投资。二是政府指导下的投资机构。如日本成立了具有独立行政法人资格的日本政府养老投资基金（Government Pension Investment Fund, GPIF）来统一进行运营管理公共养老金。三是完全独立于政府部门的投资机构，如加拿大养老基金投资公司（CPPIB）。无论采取哪类管理机构形式，在具体投资管理中都涉及以下主要事项或流程，即公司治理结构、投资策略、投资管理、风险管理、业绩评估以及财务会计报告等。同时，大多数国家也将公共养老金的管理与其他类型养老金设置不同机构分别管理。

私人养老金一般采取分散投资的专业化运营模式。一般由各类金融机构进行市场化、专业化运营。此外，也有国家政府在市场化投资的同时，通过引入中央平台的形式参与私人养老金的运营。例如，日本和新西兰政府都建立了个人养老金平台，对缴费、投资、领取等环节进行统一管理。英国政府设立的国家职业储蓄信托公司（National Employment Savings Trust, NEST）与其他私人养老金计划运营商共同参与市场竞争，提供低费用的养老金服务，对私人部门提供的服务进行调节和补充。

（四）投资范围的限定

在公共养老金投资范围方面，有的国家限定保守、单一的投资品类，例如美国和比利时的公共养老基金受法律限制只能投资于政府债券。更多国家将多元化的资产类别纳入了投资范围。从投资限制来看，其重点一是防止公共养老金直接控制私人企业，二是防止投资太过集中。而私人养老金计划投资范围较广，既包括现金和储蓄、债券、股票、公募投资基金，也包括私募投资基金和未上市股权，甚至在一些国家包括房地产和贷款等。而且个人选择权也较为广泛，例如，在智利、哥伦比亚和秘鲁，个人可以加入具有不同风险水平的不同类型的基金。在某些国家，特定资产类别的投资也有下限。例如，在以色列，养老基金必须将至少 30% 的组合资产投资于专用债券。在新西兰，KiwiSaver 的默认投资基金必须将至少 15% 的组合资产投资于成长型资产（Growth Assets）。当然，各国内部对不同类型养老金投资也有不同的规定，这也是与养老金性质、本国资本市场成熟情况，以及政府对资金定位有直接关系（见表 9-2）。

表 9-2　不同类型养老金及其他基金在管理和支付义务等的差异

类别	养老储备基金	公共养老金	私人养老金	主权财富基金
管理机构	一般为政府部门	一般为政府部门或政府管理的投资机构	一般为市场化、专业化的金融机构	政府部门或政府管理的投资机构
所有权归属	养老金计划管理人或政府	参保人	参保人	政府
支付义务	对参保个体没有支出义务	对参保个体有支付义务	对参保个体有支付义务	对参保个体没有支出义务
目标	支持养老金制度的运行	为符合条件的参保人员提供退休收入	为符合条件的参保人员提供退休收入	服务宏观经济目标
对资本市场的要求	长期投资，要求较高	注重安全性，以此追求收益	更加注重投资收益，要求较高	追求长期投资收益，要求较高

资料来源：笔者依据 OECD 发布的 Pension Markets in Focus 2021 整理。

三、中国账户养老金投资的现实与问题

（一）中国账户养老金基本情况分析

账户养老金是以个人账户为载体的养老金计划或制度，本质上完全等于 DC 型计划或制度，包括中央公积金制，迄今为止还没有发现例外。中国也有大量的账户养老金，比如第一支柱下的城镇职工基本养老保险个人账户和城乡居民基本养老保险个人账户；第二支柱下的企业年金个人账户和职业年金个人账户；第三支柱下推出的个人养老金。

我国账户养老金主要有以下几个特点：一是我国账户养老金分布较为广泛，属于多账户管理，我国账户养老金在养老金三支柱中都有体现；二是从投资管理机构看参与主体较多，公共养老金主要集中在全国社保基金理事会，基本养老保险基金投资管理机构有 21 家，第二支柱企业年金和职业年金基金投资管理机构有 23 家（一二支柱投资管理机构中重复 15 家，合计有 29 家机构参与养老金投资管理）[1]；三是投资范围不断扩展。基本养老金由社保基金理事会采取直接投资与委托投资相结合的方式开展投资

运作。直接投资由社保基金理事会直接管理运作，主要包括银行存款和股权投资。委托投资由社保基金理事会委托投资管理人管理运作，主要包括境内股票、债券、养老金产品、上市流通的证券投资基金，以及股指期货、国债期货等，委托投资资产由社保基金理事会选择的托管人托管。年金方面，投资范围不断扩大，权益类资产投资比例上限为 40%，允许年金基金通过股票型养老金产品或公开募集证券投资基金，投资港股通标的的股票，新增国债期货、资产支持证券、同业存单等品种等[2]。

表 9-3　我国养老保险体系及账户养老金分布

项目	公共养老金		私人养老金（账户养老金）	
	第一支柱 – 补充	第一支柱	第二支柱	第三支柱
	全国社保基金	基本养老保险金（个人账户部分）	企业年金	职业年金	个人养老金
发起者	中央政府及地方	地方政府	建立年金计划的企业	中央及地方政府	居民
投资/受托机构	全国社保基金理事会	全国社保基金理事会	企业年金理事会或者法人受托机构	法人受托机构	居民
资金来源	财政拨款、国有资本划转、基金投资收益及国务院批准的其他方式筹集的资金	单位和个人缴费，国家补贴职工养老险统筹账户、居民养老险基础养老金为 DB 型；个人账户部分为 DC 型制度	企业与员工缴费	全国机关事业单位及员工缴费	居民税后收入
资金用途	应对未来养老金缺口	现收现付制的基本养老保险结余	补充基本养老金，提高退休企业员工收入水平	补充基本养老金，提高公务人员退休收入水平	个人养老金积累
投资方式	主动投资、被动投资	主动投资	主动投资	主动投资	主动投资、被动投资
对应规模	2020 年权益总额总额 2.68 万亿元[1]	2021 年底，基金委托资金权益 1.46 万亿元[2]	2021 年运作资产金额 2.61 万亿元[3]	2021 年累计资金 1.79 万亿元[4]	

注：①全国社会保障基金理事会：《2020 年全国社会保障基金理事会社保基金年度报告》；②全国社会保障基金理事会：《2021 年四季度基本养老保险基金受托管理工作情况》；③人社部：《全国企业年金基金业务数据摘要（2021 年度）》；④人社部：《2021 年全国职业年金基金市场化投资运营情况》。

资料来源：笔者整理。

（二）我国账户养老金投资存在的主要问题分析

第一，基本养老保险个人账户长期空账运行且投资收益较低，企业年金投资收益波动较大。我国由于养老转制成本或历史债务的原因，以及过去统账混合管理的财务机制，我国个人账户长期"空账"运行。2001 年中央政府决定由辽宁省实施做实个人账户试点，到 2008 年试点扩大到了辽宁、吉林、黑龙江、湖南、湖北、山西、河南、

新疆、天津、山东、上海、江苏、浙江 13 个省份。此外，广东也根据本地实际情况，依靠自身能力做实个人账户。截至目前，做实个人账户试点工作已经进行了 21 年，但进展情况不容乐观，近年来更是几乎陷入停滞。这既表现在没有后续省份加入开展做实个人账户试点，也在于试点省份的工作成效甚微。以辽宁省为例，在做实个人账户三年之后，由于个人账户资金不能再被借用，辽宁出现了社

---

① 资料来源：中国证券投资基金业协会。

② 《人力资源社会保障部关于调整年金基金投资范围的通知》（人社部发〔2020〕95 号）。

会统筹部分资金不足以发放养老金的情况[1]。2015年以前，我国基本养老金结余保值增值无门，只可存入银行或购买国债，10年平均投资收益率为2%左右，低于同期年均通胀率，在物价水平快速上涨的背景下，实际上处于缩水和贬值的状态。2015年8月国务院颁布《基本养老保险基金投资管理办法》后，全部基本养老保险基金尚未完全投入市场化投资运营；而已经投入运营的部分投资收益率相对而言也不高，截至2020年，基本养老保险基金自2016年12月受托运营以来，年均投资收益率为6.89%[2]。企业年金方面，连续多年获得正收益。作为市场上稳健长期投资的资金之一，2021年全国企业年金投资加权平均收益率为5.33%，连续10年实现正收益（见图9-2）。亮眼的投资收益成绩单背后，是我国资本市场相关政策的完善及年金投资范围的不断扩大，为年金投资收益率提升创造了有利条件；但从长周期看，企业年金投资收益波动较大。

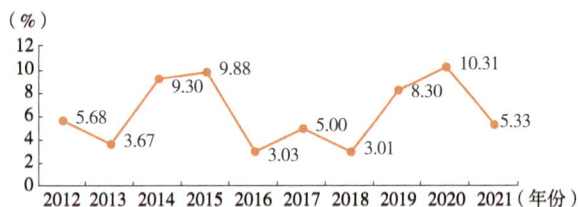

图 9-2 近 10 年我国企业年金投资收益率折线图

资料来源：人社部：《全国企业年金基金业务数据摘要（2021年度）》。

第二，我国养老金多账户管理导致高成本和制度间的不公平。全国社保基金理事会是我国最大的养老金管理机构，从其管理的基金看，同时分账管理全国社会保障基金（国家社会保障储备基金）、做实个人账户中央补助资金、部分企业职工基本养老保险资金、基本养老保险基金和划转的部分国有资本等，虽然分账管理可以使各类资金账目清晰，也确保了各类资产的安全，但也使养老金多账户管理的成本更高，各类账户投资管理经验和模式相互隔离，也使投资管理效果出现较大差异。截至2020年末，基本养老保险基金自2016年12月受托运营以来，年均投资收益率为6.89%；而社保基金自成立以来的年均投资收益率为8.51%[3]。这固然有成立时间、所处资本市场情况的差

异，但或许也与社保基金理事会在投资基本养老保险基金的过程中相对谨慎、已有投资经验转化不充分有关。

第三，养老金委托代理模式导致长钱短用。目前，中国建立了以"受托"为核心的第一、第二支柱养老金管理模式。第一支柱方面，各省份收缴的养老金先纳入社会保障账户，然后统一委托给全国社保基金理事会进行管理，全国社保基金理事会作为受托人负责制定社保基金的投资经营策略并组织实施，选择并委托社保基金投资管理人，并对投资运作和托管情况进行检查。第二支柱则以签订合同的方式确认受托人，受托人可以选择、监督、更换年金投资管理人，制定战略资产配置策略，提出大类资产投资比例和风险控制要求。养老金作为长期资本，需要长期投资长期收益，价值投资创造价值，审慎投资合理回报，这也是稳定资本市场、促进资本市场发展的重要因素。然而根据社保基金理事会披露的基本养老金2020年受托运营报告，基本养老金几乎没有长期股权投资，这与养老金的长期性相违背。与之相对应的是，社保基金具有6.9%的长期股权投资[4]，也在一定程度上说明基本养老金没有长期股权投资，不是因为优质资产缺失或投资风格使然。这与基本养老金是委托投资，各省份与全国社保基金理事会签署的投资委托合同均为委托期五年的承诺保底模式，较短的委托期限制了资产选择的长期性。另外由于各省份委托资金到账时间及结算时间不统一，也是限制基本养老金长期投资的一个影响因素。

第四，养老金和资本市场还未很好地形成双向促进机制。有研究表明，美国股市做大做强的唯一"法宝"，就是美国私人养老金的做大做强：1981年美国股市首次突破1万亿美元，美国私人养老金也是首次突破1万亿美元；1993年美国私人养老金储备首次突破5万亿美元，美股总市值也是首次突破5万亿美元；2013年美国私人养老金储备首次突破20万亿美元，美股总市值也是第一次突破20万亿美元；2019年美国私人养老金储备首次突破30万亿美元，美股总市值也是首次突破30万亿美元。美国私人养老金的做大做强，有力支撑了美国资本市场的做大做强。不仅如此，养老金的做大做强，还给美国股市带来了最关键而重要的长期资金来源，这就是美国私人养老金与资本市场的高度相关性[5]。反观我国养老金投资管理的再平衡

① 李志明：《完善基本养老保险个人账户制度亟须关键决断》，《中国经济时报》，2015年12月15日。
② 央视网：《2020年基本养老保险基金投资收益超1100亿 投资收益率达10.95%》，2021年9月14日。
③ 全国社会保障基金理事会：《2020年全国社会保障基金理事会社保基金年度报告》。
④ 全国社会保障基金理事会：《全国社会保障基金理事会基本养老保险基金受托运营年度报告（2020年度）》。
⑤ 武汉科技大学教授董登新在第十届中国社会科学院社会保障论坛暨《中国养老金发展报告2020》发布式——"养老基金与资本市场"研讨会的发言，https://xueqiu.com/8768075688/166485091，2020年12月19日。

机制可能存在不足，2022年股市波动剧烈也有机构投资者资金抽逃的因素助长，加剧了股价的波动。

四、我国账户养老金与资本市场关系良性互动的路径建议

近年来，随着基本养老金、职业年金等也进入市场化投资运营，在为养老金保值增值的同时，也为我国资本市场的健康运行起到了积极推动作用。与海外欧美等国家相比，我国账户养老金与资本市场的互动关系仍有进一步提升的空间。

（一）扩大基本养老金个人账户缴费比例，提高养老金资产在资本市场占比

以资产型养老金模式为导向建立我国养老保障体系，能够进一步提高养老金资产，尤其是账户养老金资产在资本市场占比的重要方向。目前我国全国社保基金随着在经济下行、中央财政拨款力度有限以及国有资本划转已成定局的背景下，规模增长的空间有限；企业年金只有部分具有较高经济负担能力的垄断或者高效益企业才有能力建立，职业年金也仅覆盖机关事业单位及其工作人员，年金制度参与群体有限。目前我国基本养老金是社会统筹和个人账户相结合的思路，但个人账户至今空账运行，需要在探索做实个人账户的基础上，考虑将企业缴费的一部分划入个人账户，例如可以将目前的"个人账户比例＋社会统筹比例"的"8%+16%"改革为"16%+8%"[1]。通过扩大第一支柱基本养老金个人账户的缴费比例，将基本养老金从负债型转到资产型养老金制度，既有利于养老金制度的完善，同时也进一步增加了账户养老金资产，为资本市场提供了更多的长期资本。

（二）优化多账户管理模式，提升第一支柱养老金投资公平性

为防止多账户管理时完全分账管理造成的高昂成本，减少不同制度养老金之间投资收益上的不均衡，可以借鉴加拿大养老基金投资公司（CPPIB）管理基本养老金和补充养老金时的"双资金池"投资模式，将基本养老金的一部分（如50%）用于核心资产池的投资，可以在债券、股票、基金、股权等领域组合投资，其余部分则进行债券类等固收类投资，通过每周计算现金流，对基本养老金计入"核心池"的部分比例进行动态调整，以满足风险需求。保障不同养老金投资效果最大化，使主动投资和被动投资能够互补，在同一框架下进行投资也可以保障投资公平性，通过合并管理减少了管理成本。当然，多账户管理及投资公平性，也仰仗于整个养老金制度的顶层设计，是养老金制度、资本市场投资环境共同影响的结果。尽管如此，我国多层次、板块分割的养老金体系，需要对基本养老个人账户等第一支柱尽可能优化投资策略，以实现合理的投资收益率，获得保值增值的目标，才有可能在年老领养老金时缩小与有企业年金、职业年金补充群体的差距。

（三）加大委托投资比例，进一步完善委托投资关系

从我国目前养老金投资现状看，养老金投资面临的最大风险并非短期收益波动的风险，而是长期贬值的风险。前文提及，全国社保基金规模扩大的空间有限，企业个人缴费水平也难以提高，延迟退休年龄需要逐步推进且影响有限，因此应对人口老龄化以及养老金支出，需要在提高养老金投资收益水平上进一步做文章，这也是实现养老保障制度可持续发展的重要因素。2021年我国基本养老保险基金累计结存63970亿元，委托全国社保基金理事会投资运营的为1.46万亿元，占比为22.82%[2]，其中绝大多数为个人账户资金。其余绝大多数基本养老金分散于各省份，保值无忧，但增值很难。需要进一步加大基本养老个人账户基金（城镇职工、城乡居民个人账户）的委托投资比例，提高基本养老金个人账户投资权益类资产比重，对委托投资的养老金进行长期考核，或是通过分散投资，降低组合的波动性。

（四）形成养老金与资本市场尤其是股市慢牛的共振效应

2022年4月，个人养老金制度出台，第一支柱即国家基本养老金，第二支柱即企业养老金和职业养老金，第三支柱即个人养老金的三支柱养老体系完善，资本市场对个人养老金也抱有非常大的期待。对于资本市场来说，个人养老金是真正的"长钱"，将吸引更多居民储蓄投资于股市、债券市场、保险产品，有利于中国资本市场发展和中国股市长期牛市的形成，美国私人养老金发展的历程已经表明养老金可以改变股市、改变美国的资本市场，支撑了美国股市稳健、长远、慢牛的增长。我国个人养老金刚刚起步，随着政策落地实施，我国个人养老金会积累起规模庞大的资产，为资本市场提供长期资本支撑，改善资本市场投资主体结构，降低股市散户比例，提高长期机构投资者群体，进而助力我国资本市场高质量发展，形成慢牛、长牛的格局；反过来养老金通过参与资本市场投资，也获得了良好的长期回报，形成互促共振的良性生态。

---

① 郑秉文：《面向2035和2050：从负债型向资产型养老金转变的意义与路径》，《华中科技大学学报（社会科学版）》，2021年第3期，第19-37页。

② 《2021年度人力资源和社会保障事业发展统计公报》。

分报告十
个人养老金与灵活就业人员退休收入保障

随着人口老龄化、企业竞争加剧和信息技术发展，劳动力市场供需结构出现显著变化，催生了兼职、外包、众包等用工形式和以在线劳动力平台为支撑的新型就业形态。以"全日制、无固定期限、构成雇员雇主双方从属雇佣关系"为主要特征的标准就业形式不断减少，非标准就业和自雇者比例呈现上升趋势。在 OECD 国家，2019 年非标准工作形式占总就业人数的 1/3 以上[①]。在我国，灵活就业人员包括从事非全日制、新型就业形态和个体经营就业人员。2021 年灵活就业人员已经达到 2 亿左右。一些平台外卖骑手达 400 多万人，平台上从事主播及相关岗位的从业人员达 160 多万人，比上年增加近三倍[②]。

灵活就业是对灵活用工需求的适应性改变，但对基于标准就业特征构建的养老金体系提出新的改革要求。各支柱养老金最初是为了迎合占主导地位的标准就业雇员的养老保障需求而设计保障制度，对灵活就业人员保障不足。公共养老金制度存在灵活就业人员参保率、缴费密度和缴费强度低问题。企业年金和个人养老金制度存在参加困难和激励性问题，灵活就业人员养老储备不足，待遇水平低等问题已经日益显现。一项对 14 个 OECD 国家的调查显示，退休自雇者的可支配收入中位数平均比雇员低 16%，其中，芬兰、法国、波兰和西班牙低 20% 以上[③]。在我国养老体系中，适合灵活就业人员参加的养老储备制度长期缺失。养老财富储备不足可能成为影响灵活就业人员老年收入保障、制约共同富裕目标实现的重要因素。

为适应劳动力市场变化，在多支柱养老金体系中引入与灵活就业人员养老储备需求匹配，参保缴费更具包容性和激励性的个人账户养老金，成为多个国家养老金体系改革的重要方向。典型案例有英国的国家职业储蓄信托计划（NEST），在德国称为"个体劳动者的养老金"的吕路普养老金（Rürup-Rente）等。2022 年 4 月 21 日，国务院办公厅印发《关于推动个人养老金发展的意见》（国办发〔2022〕7 号，以下简称"7 号文"），提出探索建立个人自愿参加、市场化运营、政府政策支持的个人养老金，进一步明确了个人养老金是多支柱养老保险体系重要制度安排的地位。参加个人养老金的资格条件只有一条，即参加了基本养老保险。较低的参加资格条件对灵活就业人员参保具有较大的制度张力。由于参加个人养老金是自愿的，基于灵活就业人员行为特征设计激励机制和实现路径具有重要的理论和现实意义。

一、灵活就业人员及其养老储备不足的原因

（一）灵活就业人员概念界定与类型

"灵活就业"是我国的一个特有名词，覆盖的劳动者范围十分广泛，学界尚无统一的界定。实践中，国务院办公厅发布的《关于支持多渠道灵活就业的意见》（国办发〔2020〕27 号，以下简称"27 号文"）采取列举的形式将

---

① OECD, OECD Pensions Outlook 2020, OECD Publishing, 2020, pp.78-80.
② 国家统计局：《国家统计局局长就 2021 年国民经济运行情况答记者问》，http://www.stats.gov.cn/xxgk/jd/sjjd2020/202202/t20220209_1827283.html。
③ OECD, OECD Pensions Outlook 2020, OECD Publishing, 2020, p.74.

灵活就业人员分为非全日制、新型就业形态和个体经营就业。"27号文"列举的灵活就业人员大致相当于国际劳工组织、OECD和欧盟的非标准就业和自雇者[①]。主要差别是我国将国际上视为非标准就业的固定期限合同用工排除在灵活就业范畴。从养老保障和养老储蓄视角看，这一排除是合理的，因为我国签订固定劳动合同和无固定期限合同在参加养老保险上的权益差别较小。基于研究目标，本报告从获得账户养老金（企业年金和个人养老金）难度差异视角对灵活就业人员进行分类。分类的维度是用工主体关系、就业者所属的业态（见表10-1）。

表 10-1　灵活就业人员类型划分

主体形式	劳动者形式	用工形式	业态形式
单方主体	依附性自雇劳动者	依托平台自雇，如直播	新业态
	独立性自雇劳动者	个体经营	传统业态
两方主体	用人单位—劳动者	非全日制用工、短期用工、零工	传统业态
	互联网平台—劳动者	新业态用工，如在线、按工作成果计酬、外卖、平台司机等	新业态
三方主体	用人单位—人力资源服务公司—劳动者	劳务派遣、业务外包和人力资源外包等	传统业态
	用人单位—互联网平台—劳动者	在线节接单、离线工作	新业态

资料来源：杨伟国、吴清军、张建国：《中国灵活用工发展报告（2021）》，社会科学文献出版社2020年版。

（二）灵活就业人员的养老储备不足的原因

灵活就业人员养老储备意愿低，养老储备不足是一个全球普遍问题。第一，灵活就业人员总体收入偏低且不稳定是降低其个人养老储备倾向的重要因素。OECD对19个成员国工资统计显示，非正规就业者的年收入比正规就业者低约50%，其中，12%可归因于小时工资低，其他缺口则因为非全日制和工作不稳定；自雇者收入的中位数也比正规就业者的平均收入低16%（见图10-1）。在我国，以灵活就业中收入相对较高的外卖骑手为例，2018年，美团外卖骑手月收入2000元以下者占20%；2000～5000元者比例为51%；5000～10000元者比例为28%；仅有1%的骑手收入能够达到10000元及以上。虽然部分平台就业者收入水平较高，但往往以从业者长时间的工作和较低的社会保护为代价。大部分数字平台从业者都采用了无底薪计件的薪酬结构，收入水平易受平台交易规则调整、需求淡旺季、平台抽成等因素影响，收入缺乏稳定性与可预见性。根据中华全国总工会的调查数据，2017年有56.95%的平台从业者认为收入不稳定是其最关心的问题[②]。

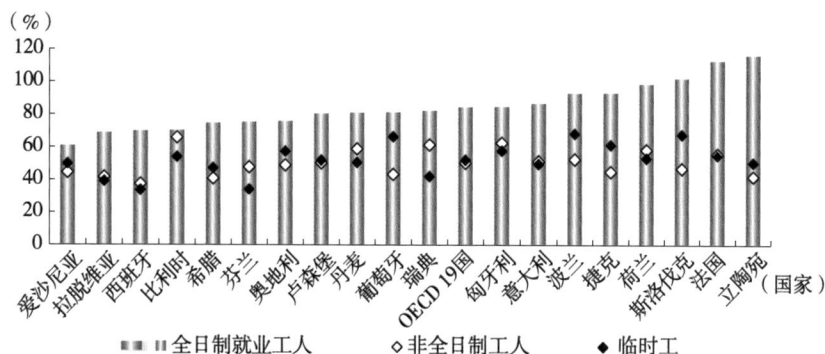

图 10-1　部分 OECD 国家非标准就业工人中位工资占标准就业工人的百分比

资料来源：OECD, Pensions at a Glance 2019: OECD and G20 Indicators, OECD Publishing, 2019, p.71.

---

①　国际劳工组织：《世界非标准就业》，2017年，第7页。

②　周畅：《中国数字劳工平台和工人权益保障》，国际劳工组织在线出版物，2020年11月，第16-18页，https://www.ilo.org/beijing/information-resources/WCMS_761763/lang--zh/index.htm。

第二，灵活就业人员主动或被动不重视养老储备。灵活就业人员中养老储蓄意愿或能力较低的青年人、老年人和女性占比相对较高。对 OECD 国家的统计显示，从事非全日制工作人员的年龄特征呈"U"形特征，15~24 岁和 65~74 岁从事兼职工作的比例是 25~64 岁的两倍；女性从事非全日制工作的比例高达 25%，而男性仅为 8%[1]。其他因素还有，灵活就业人员受教育水平相对偏低，许多人难以理解养老金体系和养老储备相关问题，或者受家庭和经济因素影响更优先考虑偿还教育贷款或为教育或房产储蓄等。

第三，雇佣关系、就业形态是制约灵活就业养老准备的重要影响因素。灵活就业人员直接和雇主签订劳动合同比例较低，雇主通过第三方与劳动者签订合同的重要目的就是降低人工成本和规避社保责任。尤其是基于互联网平台的新业态工作，雇主是平台还是用工企业在法律上尚不明确，雇员签订的一般是民事合同，而非劳动合同。企业年金、职业年金和企业团险型养老金往往以签订劳动合同和集体谈判为前提，灵活就业人员很难满足参加这些养老储备计划的条件。

第四，经办服务体系存在的问题也是降低灵活就业养老储备意愿，并导致缴费中断的诱因。灵活就业人员收入波动较大，但经办往往要求定期规则缴费，缺乏弹性。灵活就业人员工作转换、跨地区流动较频繁，原有积累转移接续不畅可能降低其养老储备的意愿，甚至中断缴费。

第五，养老储备激励和约束政策对自雇者作用受限。自雇者没有雇主分摊其养老储蓄缴费，这意味着对正规就业者雇主的税收和金融激励政策对自雇者无效。此外，诸如自动加入等约束政策也很难适用于自雇者。

二、三支柱体系下的账户养老金制度及其提高养老储备的机制

（一）三支柱体系下的账户养老金

养老金制度可以从融资维度的现收现付（Pay-As-You-Go，PAYG）对比积累制（Fund）、待遇给付维度的待遇确定（DB）对比缴费确定（DC）组合进行分类。账户制养老金表现为以个人账户为载体，但其本质特征是 DC 型计划的个人精算平衡。账户制养老金大致可以分为基金 DC 积累制（FDC）、PAYG + DC（如名义账户制或积分制）和混合制（例如，我国基本养老金的个人账户、部分试点的职业年金计划）。

账户制养老金广泛存在于养老金体系的第一、第二和第三支柱。账户制养老金源于 20 世纪 70 年代美国第二支柱的企业养老金由 DB 型向 DC 型的转型，以及随后推出的面向个体自雇人员的基奥计划（Keogh Plans）和面向全体居民的个人养老金计划（Individual Retirement Accounts，IRAs）等第三支柱计划[2]。20 世纪八九十年代，拉美国家以私有化方式实现了由 PAYG + DB 型养老金向 FDC 的改革。瑞典在第一支柱中引入了名义账户制。21 世纪开始，一些国家开启了账户制养老金分担公共养老金负担的改革，典型的是英国的国家职业储蓄信托计划（NEST）、德国的里斯特养老金（Riester Rente）和吕路普养老金（Rürup-Rente）。经过多年改革，我国养老保险体系的三个支柱中都存在账户制养老金，包括第一支柱下的城镇职工基本养老保险个人账户和城乡居民基本养老保险个人账户；第二支柱下的企业年金个人账户和职业年金个人账户；2022 年4 月推出的第三支柱下的个人养老金制度。

（二）账户养老金提高养老储备的机制

账户制养老金兴起的诱因是应对人口老龄化对 PAYG+DB 型养老金的冲击，但被广泛引入三个支柱的关键原因是，DC 型养老金微观激励机制可以矫正 PAYG+DB 型养老金制度对养老储蓄和劳动供给的扭曲。第一，账户制养老金可以降低缴费阶段的当期消费诱惑，强化自我控制，矫正个人的养老储蓄短视。第二，产权明晰、责任明确和可继承特征，降低早逝损失风险。第三，账户制养老金制度有利于促进劳动供给和劳动力流动，实账积累下还可以提供优质资金，从而为经济发展提供动力。

此外，依托账户实现全生命周期联合核算，实现时间一致。个人的边际养老储蓄倾向会随着年龄的变化而调整。在 PAYG+DB 型养老金制度下，缴费与待遇没有明确的联系，存在缴费待遇行为的时间不一致问题，如果个人发现未来待遇不足也没有中间调整机会。在账户养老金制度下，无论是实账积累 FDC 还是名义账户 NDC 模式，缴费积累及其收益与待遇之间精算关系明确，个人可以对缴费和待遇进行心理账户联合评价，并随时采取补救行动。随着年龄的增长，边际储蓄倾向的提高就可能转化为缴费的增加；如果受到低收入约束，则可以通过自主延迟退休延长积累期方式提高养老金待遇[3]。

---

① OECD, Pensions at a Glance 2019: OECD and G20 Indicators, OECD Publishing, 2019, pp.65-70.
② 彼得·F. 德鲁克：《养老金革命》，刘伟译，东方出版社 2009 年版，第 12-13 页。
③ 李亚军：《个人账户制改革对公共养老金制度财务可持续的影响研究》，经济科学出版社 2018 年版，第 6 页。

三、助推灵活就业人员参加个人养老金的理论基础和实践创新

（一）为何要推动灵活就业人员参加个人养老金

个人养老金在现代养老保险体系出现以前已经存在，但将个人养老金纳入政府支持的多支柱养老保险体系则是最近20多年来改革的结果。驱动改革的重要原因是第一、第二支柱的账户养老金制度与灵活就业人员的就业特征不匹配，导致其难以参加企业年金以补充退休收入，进而大概率陷入老年贫困。各国个人养老金改革在不同程度上都将灵活就业人员作为重要吸引的目标群体。给予个人养老金制度与企业年金类似的政策支持则体现了政府为灵活就业人员提供与正规就业平等的养老储备制度安排，进而通过增加个人养老储备向第一支柱养老金进行补充的战略导向。

（二）为何要采取助推政策推动灵活就业人员参加个人养老金

灵活就业人员的工作和收入特征决定了强制性个人养老储备制度不具备可行性，必须采取自愿参加模式。个人养老金制度体现国家战略导向特征决定了其发展离不开政府"父爱主义式"干预，以矫正个人短视和非理性决策。

在这种背景下，行为经济学的"助推"（Nudge）理念进入养老金制度设计视野。"助推"一词及其基本理念最早由控制论专家詹姆斯·威尔克（James Wilk）在1995年提出。Thaler和Sunstein（2008）界定了助推的概念，并将其用于养老金分析[①]。助推干预的哲学基础是"自由父爱主义"（Libertarian Paternalism）。之所以"自由"是因为助推政策不对个人决策进行强制干预，保留个人选择次优甚至最坏选择的权利。之所以"父爱主义式"是因为助推政策通过精巧设计个人行为选择架构，改变个人决策环境，降低个人决策行为的非理性，提供便利和激励措施"轻推"个人选择逐步接近对个人和社会都更好的最优决策。因此，助推政策是个人养老金制度发展的关键。

（三）灵活就业人员参加个人养老金助推政策

行为和实验经济学很早就注意到个人在养老储蓄中的有限理性特征，并通过准自然实验研究了助推政策对提高个人养老金覆盖率、缴费密度、缴费强度，优化投资行为及退休待遇领取方式方面的作用。表10-2总结了不同类型灵活就业人员参加个人养老金面临的与正规就业不同的约束因素及其相应的助推政策。

表10-2　灵活就业人员参加账户制养老金计划的约束因素与助推政策

灵活就业	约束因素	助推政策
兼职就业	不优先考虑退休储蓄	在强制性和自动计划中降低收入或工作时间的资格标准
	不符合年金计划的资格条件	激励雇主为所有雇员提供加入计划渠道
	行为经济因素导致的储蓄能力不足	基于框架效应（Framing）设计低频率缴费方案
临时工	短视或经济约束不会考虑退休储蓄	在强制性和自动计划中避免合同期限或类型的资格标准；提供混合产品，并强化缴费信息提醒
	需要更高便携性	鼓励多雇主集合养老金计划；改革职业计划与集体协议的关系；为雇主向个人养老金计划缴费提供便利
	需要更高灵活性	提供混合养老金计划，并强化缴费提醒
	行为经济因素导致的储蓄能力不足	基于框架效应设计低频率缴费方案
自雇者	没有雇主建立年金计划，并帮助缴费	提供专用养老金计划；鼓励平台提供商向其承包商（依附性自雇者）提供个人计划
	不优先考虑退休储蓄	提供混合产品，并强化缴费积累信息提醒
	需要更高便携性	允许自雇者继续向标准雇佣时建立职业年金计划缴费
	需要更高灵活性	提高缴费灵活性，并强化缴费提醒
	不能获得雇员的雇主匹配缴费收益	利用数字化技术和平台设计自动储蓄机制
	行为经济因素导致的储蓄能力不足	基于框架效应设计低频率缴费方案
非正规就业	不再强制性年金覆盖范围	提供专用养老金计划

[①]　Thaler R H, Sunstein C, Nudge: Improving Decisions about Health, Wealth, and Happiness, New Haven, CT: Yale University Press, 2008.

续表

灵活就业	约束因素	助推政策
非正规就业	需要更高便携性	为雇主向个人养老金计划缴费提供便利
	需要更高灵活性	提高缴费灵活性，并强化缴费提醒
	不优先考虑退休储蓄	通过消费设置自动储蓄机制；提供多样化且便利的缴费渠道
	行为经济因素导致的储蓄能力不足	基于框架效应设计低频率缴费方案

资料来源：OECD, OECD Pensions Outlook 2020, OECD Publishing, Paris, p.94.

（四）国外助推灵活就业人员参加个人养老金实践

第一种模式是在原有面向全民的个人养老金制度中优化税收优惠助推政策。美国是实践典型。1974 年美国通过《雇员退休收入保障法案》（Employee Retirement Income Security Act，ERISA），允许不被雇主养老金计划所覆盖的群体建立个人退休账户（IRAs）进行养老积累，并通过 EET 税收优惠和投资政策助推个人养老储备。因此，个人退休账户的依据是个人收入而非工作关联，更适合小企业职工和灵活就业人员参保。1998 年，根据《1997 年纳税人免税法》设立了罗斯个人退休金计划（Roth IRAs）。该计划实行 TEE 税收优惠模式，考虑灵活就业人员个人收入较低，缴费阶段税率较低或无须缴税，而经过长期积累和投资后的待遇领取免税，对低收入者实际是 EEE 税收优惠[1]，因此更有利于吸引收入较低的灵活就业人员参加。另外，对个体自雇者、自由职业者等灵活就业者还可以参加基奥计划（Keogh Plans）。该计划缴费在限额范围内全部抵税，而且并不要求每年一定存入，参加者可以根据具体收入情况决定缴费，对较高收入的灵活就业人员参保就有更大的助推作用。

第二种模式是在企业年金制度中引入灵活就业人员参保助推措施。2012 年，英国推出一项新的包含雇员和自雇者在内的个人养老金计划——国家职业储蓄信托计划（NEST）。该计划最大的创新是引入了"自动加入"（Auto-Enrolment）机制，年满 22 岁至退休年龄的雇员，年收入超过 10000 英镑者满足自动加入条件，并且享受雇主缴费；年收入在 5824~10000 英镑者，在雇主同意情况下可以加入计划，并且享受雇主缴费；年收入不足 5824 英镑者，在雇主同意情况下可以加入计划，但不享受雇主缴费[2]。自动加入将参加个人养老金计划的默认选项由"非"改为"是"，是一个充分考虑了个人的拖延和惰性

行为特征的精致助推参保机制。考虑到个人所处的社会经济环境可能影响个人决策，给予个人自愿退出这一"非"选项，但每隔三年必须重复一次自动加入程序（Re-Enrolment）强化参保助推效果。此外，NEST 在集合经办、低成本管理、生命周期投资选择等方面也融入了助推理念。NEST 的自动加入机制有利于助推青年劳动者、刚入职毕业生、小微企业雇员、平台就业者和自雇人员参加个人养老金储蓄。

第三种模式是建立群体定位的灵活就业人员个人养老金计划，并将其纳入基本养老金制度。2004 年，德国将三支柱养老保障体系改为三层次体系。表面上看三支柱和三层次并无实质变化，实际上体现了德国政府基于被保障对象的生活保障程度和公平享受税收优惠目标，重构养老金体系理念。典型措施是引入被称为"个体劳动者的养老金"的吕路普养老金（Rürup-Rente）。按照规定所有在德国居住者和纳税者都可以参加吕路普养老金计划。对大多数既不能参加以标准就业特征设计的法定养老保险，又不属于特定职业养老金保障范围的自雇者和灵活就业人员，吕路普养老金实际起到基础保障作用。吕路普养老金与商业养老保险相比的突出特点是：其缴费与法定养老保险享受同样的税收优惠政策；较长的就业中断不作为计算养老金待遇的因素；缴费方式灵活，参保人可视自己的收入情况选择缴费额[3]。

四、助推我国灵活就业人员参加个人养老金制度是公平与效率的统一

（一）个人养老金与灵活就业人员养老储备需求高度匹配

根据世界银行的多支柱养老保险体系框架，退休收入保障取决于多支柱养老金提供的总替率。第一支柱作为基

---

[1] 在养老金缴费、投资和领取三个环节，如果需要缴税用"T"，表示免税用"E"表示。

[2] Nest, An Independent Review of the National Employment Savings Trust（Nest），https://assets.publishing.service.gov.uk/government/uploads/system/uploads/attachment_data/file/1050215/nest-independent-review-2021.pdf.

[3] 郑秉文：《中国养老金发展报告 2015》，经济管理出版社 2015 年版，第 212 页。

本养老金的目标是全覆盖，并且是参加政府税收优惠型第二、第三支柱养老金的前提条件。世界银行设计多支柱养老金体系中，第二、第三支柱并没有先后或互为条件关系，而是根据目标群体及其主要挑战，建立的补充退休收入制度。实际上，世界银行提出第三支柱养老金时，就特别考虑其对满足非正规就业者补充养老保险需求[①]。根据我国多支柱养老保险体系的发展的实际，第三支柱个人养老金与灵活就业人员养老储备需求高度匹配，具有很强的制度覆盖张力。

一方面，灵活就业人员基本养老金水平较低，存在参加个人养老金制度的潜在需求。我国灵活就业人员更多参加的是缴费和待遇都更低的城乡居民养老保险。2018 年，一项对北京市外卖骑手的社会研究显示，参加城镇企业职工养老保险仅为 12.7%[②]。众包平台从业人员参加城镇企业职工养老保险比例更低，仅为 5.6%[③]。从制度上看，灵活就业人员可以个人身份参加城镇企业职工养老保险，费基为上一年度社会平均工资的 60%~300%，但实际多数会选择低于 100%，这意味着未来较低的基本待遇。我国第二支柱的企业（职业）是以标准就业为基础的自愿性雇主计划，灵活就业人员缺乏参加的渠道。因此，参加第三支柱养老金成为灵活就业人员养老储备的可行路径。

另一方面，从个人账户养老金缴费负担能力看，相当比例灵活就业人员工资高于全国平均工资和缴纳个人所得税门槛。调查显示，2017 年中国数字平台从业人员的收入不仅高于全国同龄职工平均水平，而且普遍高于制造业一线工人，部分省份从业者的收入甚至高出传统制造业 30% 左右。2018 年"滴滴出行"网约车司机的平均月收入为 2522 元。一线城市网约车司机的收入平均为 5176 元。如果选择网约车司机平均收入前十名的城市[④]，将司机的收入与这些城市的最低工资、当地交通运输业私营企业工人的平均工资进行比较，网约车司机的平均收入普遍高于当地的最低工资标准，部分人的收入甚至高于当地私营企业工人的工资。为有潜在需求有负担能力的灵活就业人员

提供养老储备工具，并给予和企业年金对等的优惠政策是提升养老保险体系公平性的必然要求。个人养老金是对灵活就业人员参加养老储备最便利的工具。

（二）个人养老金制度是保障灵活就业人员退休收入的有效路径

除收入低外，在现有养老金体系下灵活就业人员大概率会面临退休收入不足问题的另一重要原因是缺乏资产积累工具，尤其是退休养老金计划，使多数灵活就业人员难以获得资产性收益，从而在老年阶段更可能陷入贫困。迈克尔·谢若登（2005）在《资产与穷人》一书中提出了一个以养老资产储备为核心的个人发展账户制度。个人发展账户不仅可以保障亲代的退休收入，还可以通过优质资产积累克服信贷限制，降低贷款成本，降低贫困发生概率[⑤]。

个人养老金是"实账积累＋缴费确定"（FDC）的运行模式。FDC 个人养老金采取个人缴费融资，实账积累市场化运营方式，其实质就是谢若登式的"资产型"制度。与之对应的是"现收现付＋待遇确定"（PAYG+DB）模式养老金，其实质是"负债型"制度。Aaron（1966）证明，如果人口增长率加经济增长率大于资本回报率，采取 PAYG+DB 模式更有利于提高养老金待遇，反之，采取 FDC 模式更有利[⑥]。我国的工资增长率在"十四五"收官时预计将为 6%~7%，人口出生率和自然增长率进一步下降，生物收益率将从"十三五"时期的 10% 降至"十四五"时期的 6.7% 左右，"十五五"时期继续降至 5.4%，"十六五"时期甚至下滑至 4.6%。这意味着我国养老保险需由"负债型"转向"资产型"[⑦]。推动灵活就业人员参加个人养老金是加快这一进程的重要动力。

从发达国家实践看，FDC 个人养老金还有利于矫正个人养老储蓄非理性行为。例如，在人口老龄化条件下，面对 PAYG+DB 模式的风险，个人的最优行为只有提前退休。在 FDC 模式下，账户积累一目了然，个人可以在职业生涯内基于实际情况，自主选择在中年后提高缴费率、延迟退休或两类方法组合策略[⑧]。因此，有利于提高养老

---

① 罗伯特·霍尔茨曼、理查德·欣茨等：《21 世纪的老年收入保障——养老金制度改革国际比较》，郑秉文等译，中国劳动保障出版社 2006 年版，第 88–89 页。

② 张成刚：《共享经济平台劳动者就业及劳动关系现状——基于北京市多平台的调查研究》，中国劳动关系学院学报，2018 年第 3 期，第 61–70 页。

③ 周畅：《中国数字劳工平台和工人权益保障》，国际劳工组织在线出版，2020 年，第 78 页，https://www.ilo.org/beijing/information-resources/WCMS_761763/lang--zh/index.htm。

④ 十个城市为上海、深圳、北京、杭州、厦门、广州、南京、海口、三亚和福州。

⑤ 迈克尔·谢若登：《资产与穷人——一项新的美国福利政策》，高鉴国译，商务印书馆 2005 年版，第 153–155 页。

⑥ Aaron H, The Social Insurance Paradox, Canadian Journal of Economics and Political Science, 1966（3）:371–374.

⑦ 郑秉文：《财富储备与"资产型"养老金体系转型研究》，《中国人口科学》，2021 年第 1 期，第 23–37 页。

⑧ 李亚军：《个人账户制改革对公共养老金制度财务可持续的影响研究》，经济科学出版社 2018 年版，第 64 页。

金体系的替代率，尤其公共收入相对偏低的灵活就业人员效果更显著。参加自愿性养老金对退休收入替代率的影响如图 10-2 所示。

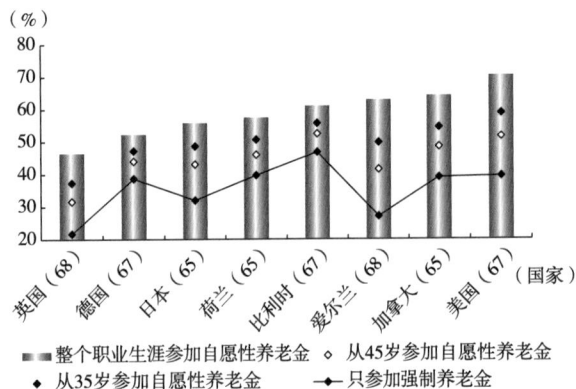

图 10-2 参加自愿性养老金对退休收入替代率的影响

注：测算时假设 22 岁就业，国家名称后括号内数字为法定退休年龄。

资料来源：OECD, Pensions at a Glance 2019: OECD and G20 Indicators, OECD Publishing, 2019, p.150. https://statlinks.oecdcode.org/ELS-2019-5292-EN-G046.XLSX.

（三）个人养老金是生产力发展和经济转型的助力器

个人账户参加越多越有利于国家经济发展，养老金的物质基础越坚实。养老基金是资本市场的"压舱石"，养老资金规模大且期限长的优质资金进入市场，意味着企业

可以以较低利率获得长期资金，从而为业务扩张、设备改造、技术升级获得资金支持。而且，利率越低，这些战略性领域创造的岗位越多，效率越高，工资越增长。这样就形成了个人养老金资金支持—生产提升—工资增长—个人养老金缴费增加的良性循环，从而形成以劳动生产率和产业升级红利抵消人口老龄化不利冲击的机制。

上述机制可以用养老基金当期收支公式解释。养老基金当期收支平衡条件为：$sWL=pN$（公式 1），其中，s 为缴费率、W 为人均实际缴费工资、L 为缴费人数、p 为实际平均养老金待遇水平、N 为领取人数。人口老龄化意味着赡养率上升，即 L 下降、N 上升。如果其他参数不变，基金当期收支必然赤字，累积结果就是长期财务不可持续。调高或维持实际待遇上升或保持不变，也会导致缴费负担加重，或者当期收支赤字、累计盈余下降或长期财务不可持续。

如果将企业年金和个人养老金（储备养老金）纳入养老金体系整体财务收支框架，养老金体系收支平衡公式变为（s_1+s_2）$WL=p_1N+p_2N$（公式 2）。s_1 和 s_2 分别为基本养老金和储备养老金的缴费率，p_1 和 p_2 分别为两类养老金的待遇水平，其他符号含义同公式 1。即使控制养老金体系总缴费率不变（$s=s_1+s_2$），将基本养老金制度的部分缴费完全替换到储备养老金制度当中，也可以通过生产促进机制实现基本养老金制度的基本目标（见图 10-3）。

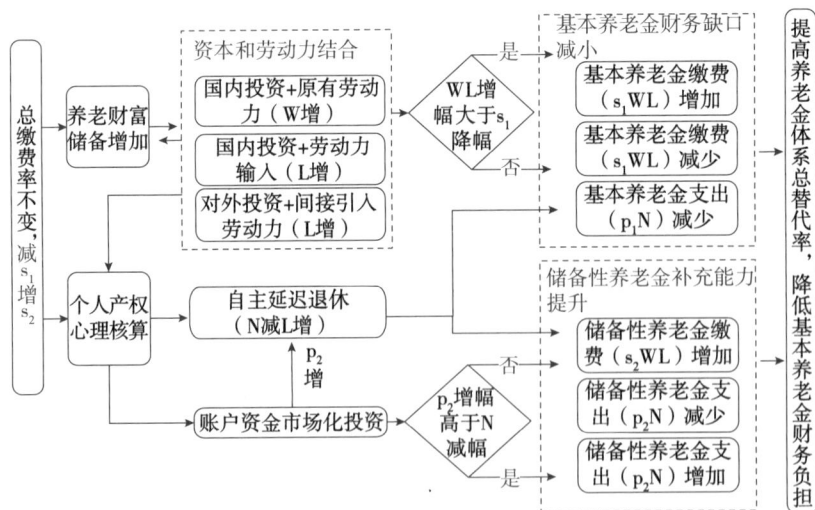

图 10-3 账户养老金的生产促进和提高养老金体系财务可持续性机制

资料来源：笔者绘制。

五、我国个人养老金制度解读及助推灵活就业人员参加政策分析

（一）《关于推动个人养老金发展的意见》与灵活就业人员退休收入保障

世界银行在提出多支柱养老金体系设计时就考虑对目标群体的需求及其主要挑战。其中，第三支柱设计就考虑了非正规就业者和正规就业者中工作记录不全、不符合参加第二支柱职业年金工人的特征和参加补充养老保险应对老年贫困风险的需求①。尽管我国的第二支柱企业年金发展也严重滞后，但有全国统一的制度安排。第三支柱个人养老金长期缺乏全国统一的制度安排，这是制约灵活就业人员自愿增加养老储备的重要原因。

2022年4月，个人养老金制度的推出为养老保障体系补齐短板创造了条件。从"7号文"中看出我国正在试点的个人养老金对灵活就业人员具有潜在覆盖张力。第一，门槛低。全民参保计划完成后，灵活就业人员基本养老保险总体实现了全覆盖，而"7号文"规定的参加条件只有一条："在中国境内参加城镇职工基本养老保险或者参加城乡居民养老保险"。第二，对比产品制的"先定向购买产品，后退税"模式，个人账户制采取"先存基金，后专业机构代买"模式。个人账户制更符合灵活就业人员的心理核算规律和灵活就业人员弹性缴费的需求，通过市场化专业机构投资，克服金融素养不高的缺陷，因此吸引力更强。第三，提出了税收优惠助推政策。在我国自愿性企业年金制度具有的税收优惠政策，第三支柱养老金无法享受。虽然目前"7号文"没有明确税收优惠的模式，但如果采取 TEE 模式，对收入相对偏低的灵活就业人员而言就可能是事实上的 EEE 模式，有利于吸引其参加个人养老金制度。第四，供款采取完全个人缴费方式。这似乎并不能激励个人缴费，但考虑到制度化的税收优惠和积累的投资收益，可能会强化灵活就业人员在谈判中将缴费转嫁给平台或实际服务企业的动力。第五，个人自主选择投资，并将投资范围从商业养老保险扩展到银行理财、储蓄存款、公募基金等产品。从国际经验看，多种金融产品参与个人养老金，既有利于满足不同群体的需求，也有利于市场充分竞争，促使金融机构开发更好更多样化的金融产品参与个人养老金。第六，建立统一信息平台，强化政府信息公布、协调经办管理职能，这有利于吸引工作流动性

人、组织化程度偏低的灵活就业人员参加。第七，缴费设置了12000元的上限，但没有设置下限，有利于灵活就业人员根据自身经济情况和收入波动情况灵活缴费。

（二）助推灵活就业人员参加个人养老金政策建议

1. 个人养老金制度的助推政策

第一，选择有效税收优惠模式，助推灵活就业人员参加。"7号文"并未明确个人养老金的税收优惠模式。目前，我国的个税覆盖人群明显小于个人养老金制度潜在的覆盖人群，因而需要统筹研究低于起征点的缴费者及领取者的税收优惠，否则可能导致对高收入者的事实补贴。灵活就业人员收入相对较低，采取 TEE 模式（对达到起征点的人实际上是 EEE）或者直接采取"EEE+较低封顶缴费额"模式，甚至对有缴费意愿的特定低收入群体提供适当财政补贴，以进一步助推个人缴费，实现养老储备的显著增长，进而提高整个养老保险体系待遇的充足性和财务可持续性。

第二，基于心理账户核算特征，精细化信息推送。养老储备信息推送可以对抗个人拖延心理、控制力不足问题，增加自愿储蓄，特别是对具有养老储蓄意愿或已经进行养老储蓄者更有效。行为经济研究显示，个人养老金账户的唯一性，使个人可以一目了然地了解自己的养老储备情况，有利于扩大信息推送的助推效果。信息推送应包括以下几个方面：一是按照收入和参加基本养老保险情况划分不同群体，向参保人定向推送其缴费情况及与平均或中位个体同侪比较的差异，便于个人设定和调整养老储蓄目标；二是推送个人账户长期投资收益，以及在实现保障退休收入方面作用；三是推送参加个人养老金后获得的潜在税收优惠和财政补贴信息，及时强化激励缴费效应；四是推送个人缴费时间轨迹图，培养其缴费习惯。此外，还要合理设计推送频率。对肯尼亚的准自然实验研究显示，每周收到两次信息提醒的非正规就业者养老储蓄比对照组增加一倍多②。

第三，引进自动加入机制和弹性缴费规则。自愿性养老金制度参保率普遍较低。理论和英国 NEST 的实践都表明，将制度的"参加自愿"转变为"退出自愿"可以有效提高养老金收入相对较低的灵活就业人员的参保率③。目前，尽管灵活就业人员总体收入水平不高，但仍有相当比例的员工收入较高，具有参加个人养老金的缴费负担能力。《中国灵活用工发展报告（2021）》显示，39.15%的受

①　罗伯特·霍尔茨曼、理查德·欣茨等：《21世纪的老年收入保障——养老金制度改革国际比较》，郑秉文等译，中国劳动保障出版社2006年版，第88–89页。

②　OECD, OECD Pensions Outlook 2020, OECD Publishing, Paris, p.92.

③　OECD, OECD Pensions Outlook 2020, OECD Publishing, Paris, pp.90–91.

调查者收入在 6000 元以上①。全国总工会的调查显示，约 25% 左右的外卖骑手、快递员、网约车司机、社区服务者、家政服务员平均月收入超过 5000 元，具有参加个人养老金负担能力的比例较高。同时在收入超过 5000 元的对象中，参加待遇相对较低的城乡居民养老保险的比率在 17%~29%，具有潜在的参加个人养老金意愿②。因此，可以在收入较高的新业态灵活就业人员中试点自动加入机制。同时，考虑到灵活就业人员收入不稳定和工作变换较为频繁的特征，个人养老金制度需要探索弹性缴费方式，降低中断缴费率。

第四，基于不同的养老储蓄动机，提供多样化投资组合。灵活就业人员内部差异很大，参与运营的公司既需要提供丰富的资产产品，又要考虑到不同生命周期养老储蓄和投资需求差异，提供生命周期投资组合，还要考虑灵活就业人员金融素养不高的实际提供默认投资选项。

2. 个人养老金制度的宏观配套政策

第一，理清灵活用工状态，为分类助推灵活就业人员参加个人养老金创造条件。灵活就业人员的增加有技术驱动、企业生产要求和个人自愿选择等因素，但相当部分是企业和平台主要出于用工灵活性和降低成本考虑，有绕开劳动关系，进而规避养老金义务的倾向。在存在两类基本养老保险情况下，用工企业或平台可能以个人养老金为诱饵，引诱非核心员工参加缴费和待遇水平较低的城乡居民养老保险制度。如果不对这类扭曲行为进行规范，个人养老金制度可能诱发正规就业非正规化，导致养老保险责任从第一支柱转向第三支柱，而养老保险体系保障水平可能下降的情形。因此，需要明确灵活用工的实际工作状态，然后分类提出相应措施助推其参加个人养老金政策。

第二，从与第一支柱统筹视角看，优化个人养老金参加条件。现行政策下，灵活就业人员更倾向于参加城乡居民养老保险。按"7 号文"规定，参加城乡居民养老保险并不影响参加个人养老金，但可能降低灵活就业人员参加保障程度更高的城镇职工养老保险制度的积极性。因此，需要从优先激励灵活就业人员参加城镇职工养老保险制度视角探索完善个人养老金的参加条件。例如超过一定收入、一定工作年限后必须参加或转向城镇职工养老保险才能加入个人养老金制度。

第三，从与第二支柱统筹视角看，需要建立企业年金和个人养老金的转化链接通道。近年来，青年人，尤其是高校毕业生灵活就业和自主创业比例不断上升，但考虑到个人职业生涯的变动，未来转向正规就业的可能性很大。如果个人养老金转移到企业年金的通道不畅，可能制约青年灵活就业者参加个人养老金的积极性，也可能阻断正规就业转向灵活就业者的储备渠道。

第四，为个人养老金投资运营创造良好的宏观经济条件。个人养老金采取市场化运营，要实现积累资金的保值增值离不开政府宏观政策的支持。包括促进持续的经济增长、维护金融市场健康发展、引导和支持个人养老基金投向新兴产业和绿色低碳产业、监督个人养老基金管理和投资、提供全国统一的管理平台和信息平台等。

---

① 杨伟国、吴清军、张建国：《中国灵活用工发展报告（2021）》，社会科学文献出版社 2020 年版，第 33 页。
② 参考全国总工会权益保障部"十四五期间深化养老保险改革与职工权益保障专题研究"课题组的调研数据。

分报告十一
城镇职工基本养老保险个人账户制度的发展、潜在风险及完善对策

　　从 20 世纪 90 年代开始，我国逐步建立并完善了城镇职工基本养老保险制度，创设了社会统筹和个人账户相结合的部分积累制模式，具有鲜明的时代特征。然而，因制度转轨成本责任分担机制的缺乏和制度设计存在的缺陷，导致个人账户制度运行逐渐背离制度设计的初衷，中长期内蕴含着效率损失风险、长寿风险和制度偿付能力风险。如何完善个人账户制度始终是推动我国多层次、多支柱养老保障体系建设的重要一环，需要在制度保障性与财务可持续性之间寻求平衡。

一、城镇职工基本养老保险个人账户制度的缘起与发展

　　我国城镇职工基本养老保险个人账户制度的引入有着深刻的国内外社会经济背景，经历了曲折的发展过程，中国统账结合基本养老保险制度的建立是在经历了大量政策试点、国内外专家论证和政策竞争基础上作出的慎重决策。基本养老保险个人账户制度经历了个人账户引入期、统一规范期、账户做实艰难探索期和完善期四个阶段。

（一）个人账户制度的缘起（1984~1994 年）

　　20 世纪 80 年代以来，我国处于建立社会主义市场经济体制阶段，实现从粗放经营到集约经营的转变，核心是寻求经济效益最大化，在分配和再分配领域体现"效率优先、兼顾公平"的原则[①]。计划经济时期形成的现收现付筹资的劳动保险制度已经难以适应新经济体制的要求，也

难以抵御未来退休高峰时期养老金支付的危机，客观上要求职工基本养老保险制度进行深化改革。从 1984 年开始，政府部门组织多次国内外专家进行广泛调研和论证，改革的重点在于实行个人缴费。该时期探讨引入个人账户制具有深刻的国内背景：一是基本养老金计发方式与企业劳动工资制度改革不配套的矛盾日益突出。传统的劳动保险制度覆盖对象以国有企业或全民所有制企业劳动者为主，养老金待遇计发沿用 1978 年国务院颁布的《关于工人退休、退职的暂行办法》（国发〔1978〕104 号）的规定，根据工龄和退休时点的标准工资基数计发养老金。随着企业内部分配自主权的确立，结构工资制或等级工资制逐渐取代标准工资为主的工资分配方式，标准工资占工资总收入的比重不断下降，并且三资企业或私营企业没有标准工资和档案工资，依托标准工资的待遇计发方式面临改革压力[②]。二是国民收入分配方式的变化。市场经济体制改革带来收入分配方式的变化，一方面是个人收入的大幅增加；另一方面是中央财政收入占全国财政收入的比重逐年下降，国家面临严重的财政困难。基本养老保险制度设计上需要重新调整国家、企业和个人三者的关系。三是人口年龄结构老化趋势渐显。20 世纪 70 年代末期，我国开始严格实行计划生育政策，加快了人口结构老化的趋势，决策部门已经意识到单一的现收现付筹资模式难以承受较大的支付压力，需要采取多元筹资方式以满足未来待遇给付的需要。四是劳动就业市场的多元化。改革开放以来，多种经济成分并行发展，职工就业形式趋于多元化，劳动者跨地区、

[①]　宋晓梧、张中俊、郑定铨：《中国社会保障制度建设 20 年》，中州古籍出版社 1998 年版。
[②]　何平：《养老保险基金平衡及对策研究》，《经济研究参考》，1998 年第 9 期，第 20-44 页。

跨行业的流动日益频繁，现收现付制度的便携性差，抑制了职工和企业参保的积极性，阻碍了劳动力市场的合理流动。多重因素叠加影响下，迫切需要改革基本养老保险制度。

与此同时，全球社会保障制度正经历着重大变革，随着福利国家财务危机的出现，现收现付制的公共养老金制度的财务可持续性面临较大挑战。在强调推崇市场竞争、反对国家干预的新自由主义理论思潮的影响下，20世纪80年代，以智利为代表的拉美国家相继进行养老金私有化改革，实现制度融资方式的创新，建立起缴费确定型的完全积累制，基金制全部或部分取代现收现付制，世界银行开始在发展中国家大力推荐智利模式。当时国内也掀起是否引入个人账户制度的激烈争论，国际劳工组织和世界银行对中国养老保险制度改革产生重要影响，两者改革意见并不一致，国际劳工组织强调社会保障制度的公平性和共济性，不建议建立个人账户制度，而世界银行强调社会保障制度的效率性和促进经济增长功能，积极主张建立个人账户制度[①]。经过国内外专家的多次论证，大多数专家认为中国既不能实行单一的现收现付筹资模式，也因人口规模大、人口老龄化速度快和经济底子薄等基本国情，无法一步到位走向完全积累制，采取部分积累制是比较合适的选择。1989年，统账结合模式在福建省开始试点，1990年深圳市（实施时为11%个人账户+5%共济基金）和海南省（实施时为14%个人账户+2%社会统筹）拟定统账结合模式改革的试点方案[②]。1991年，国务院在总结各地改革实践经验的基础上发布了《关于企业职工养老保险制度改革的决定》（国发〔1991〕33号），要求个人按照不超过本人标准工资的3%进行缴费存入个人账户，逐步建立起国家、企业和个人三方缴费的多层次养老保险体系。1993年，上海试点统账结合养老保险制度改革方案，对全国统账结合制度的建立起到很好的示范效应。同年11月，党的十四届三中全会《中共中央关于建立社会主义市场经济体制若干问题的决定》提出社会保障体制改革的目标，正式确定基本养老保险实行社会统筹与个人账户相结合的原则。

我国基本养老保险个人账户制度的建立扭转了计划经济时期国家包揽太多、企业负担过重和自我保护意识薄弱的现状。个人账户制度具有的强调个人责任、增强参保激励和应对人口老龄化风险等功能对处于社会保障制度改革初期的中国产生重要影响。

（二）个人账户制度的统一规范期（1995~1999年）

1995年，国务院下发的《关于深化企业职工养老保险制度改革的通知》（国发〔1995〕6号）正式拉开"统账结合"养老保险制度改革的序幕，这一决定是基于中国社会经济发展现实需要做出的重大决策部署。实践中因政府相关部门对社会统筹和个人账户制度结合的方式和比例并未达成共识，结合前期各地试点情况提出了两个不同的实施方案（见表11-1），并允许各地区自主选择任意一个方案试点。两个实施办法的主要差异在于个人账户规模的大小。实施办法一是国家经济体制改革委员会在总结上海养老保险改革办法的基础上拟定的"小统筹+大账户"模式，个人账户按照职工工资的16%计入，由个人全部缴费和单位部分缴费划入形成。实施办法二是原劳动部在结构式养老金计发办法改革经验的基础上，采取"大统筹+小账户"模式，账户比例和社会统筹比例均由地方政府根据实际需要确定。因对"统账结合"原则把握的不同，各地方形成多种方案并存的局面。部分地区还结合自身实际制定了介于办法一和办法二之间的中间方案[③]，即使选择同一方案，统账结合内部构成比例也存在很大不同。比如，选择办法一是个人账户规模为16%的方案，上海市为"3%+8%+5%"的结构，武汉则是"3%+7%+6%"的结构。各地不同的统账结合构成形式体现了公平和效率理念的差异，实践中多套实施方案并行阻碍了参保者跨地区流动。

表 11-1　国发〔1995〕6号文和国发〔1997〕26号文的比较

基本内容	国发〔1995〕6号文		国发〔1997〕26号文
	实施办法一	实施办法二	
账户规模	16%	2%，随着个人缴费比例增加而提高	11%
账户资金构成	3%（个人缴费）+8%（企业按个人缴费工资基数划入）+5%（企业按当地职工月平均工资基数划入）	个人缴费	个人缴费4%，每两年提高1%，最终达到8%，剩余部分由企业缴费划入，随着个人缴费比例提高将逐步降低至3%

① 宋晓梧等：《"共同富裕与社会保障治理"笔谈》，《社会保障评论》，2022年第3期，第3–20页。
② 宋晓梧、张中俊、郑定铨：《中国社会保障制度建设20年》，中州古籍出版社1998年版。
③ 胡晓义：《新中国社会保障发展史》，中国人力资源和社会保障出版集团2019年版。

续表

基本内容	国发〔1995〕6号文		国发〔1997〕26号文
	实施办法一	实施办法二	
制度结构	逐步过渡成 "大个人账户＋小社会统筹"	维持"大统筹基金＋小个人账户"	"社会统筹（17%左右）＋个人账户 （11%）"
计发办法	新人个人账户总存储额除以120个月	新人个人账户总存储额除以120个月	个人账户总存储额除以120个月
计息方式	根据银行定期存款利率，并参考当地 上一年职工平均工资增长率确定	按照养老保险基金运营的 实际收益计算	每年参考银行同期存款利率计算利息
个人账户制度 目标替代率	60%	60%	38.5%

注：①办法一中60%目标替代率的实现前提为：假定养老金保值率等于工资增长率，平均缴费年限为37.5年。②办法二中60%目标替代率是以个人缴费年限为35年计算，10%的个人账户规模可实现替代率为35%，加上按照社会平均工资25%计发的部分。③计发月数120个月是假定退休职工平均余命为16年，其中有6年可以由退休后个人账户积累额利息提供支付。④1997年"26号文"38.5%目标替代率是假设缴费35年、工资收入相当于社会平均工资水平的劳动者，在11%的个人账户规模下，假定记账利率等同于社会平均工资增长率计算而来。

资料来源：根据《关于深化企业职工养老保险制度改革的通知》和《关于建立统一的企业职工基本养老保险制度的决定》的政策文件整理。

1997年国务院在认真总结各地统账结合方案利弊的基础上，颁布《关于建立统一的企业职工基本养老保险制度的决定》（国发〔1997〕26号文），要求各地尽快向统一方案过渡，对个人账户制度的规模、资金来源、计息方式、计发办法进行统一规范。文件中明确提出个人账户制度的规模统一为本人缴费工资的11%，由个人全部缴费和部分单位缴费划入构成，随着个人缴费比例的提高，企业缴费划入部分要逐步降至3%。

（三）个人账户制度艰难探索期（2000~2013年）

我国"统账结合"制度模式设计之初回避了关键的问题：已经退休和临近退休者在传统现收现付制度下没有养老金的缴费积累，他们无法从个人账户中领取养老金，政府也未对这一制度转轨成本进行明确补偿，而是通过企业社会统筹基金予以解决的制度内部消化方式。为保障当期社会统筹的待遇支付不得不挪用已经积累的个人账户储存额，导致个人账户自建立以来一直空账运行。20世纪90年代中后期开始，政府部门和学术界围绕着是否取消基本养老保险个人账户展开了激烈争论，形成两种不同的观点，有学者建议从"统账结合"制度回到现收现付，部分学者建议保留个人账户。总体上，大多数学者不赞成取消个人账户，倾向于将个人账户尽快做实。然而，围绕着扩大还是缩小做实个人账户规模也讨论激烈。针对以上实践困境和日渐显性的人口老龄化的影响，为保证实现真正的预筹

基金储备应对人口老龄化风险和促进"统账结合"制度的真正转型，经过前期酝酿准备过程，从2000年开始，我国开始长达十几年做实个人账户制度的试点，并辅之以相应的养老金计发办法改革。

2000年，国务院发布了《关于完善城镇社会保障体系的试点方案》，围绕着做实资金如何筹集和做实后基金如何保值增值两大困境先后开展三轮做实个人账户的试点改革（见表11-2）。2001年中央政府决定辽宁省作为全国社会保障制度改革的先行探路者，正式开始以"统账"分开管理、做实个人账户和改革计发办法为特征的试点改革，做实试点的主要内容是将个人账户规模从11%降到8%，全部由个人缴费形成，一步做实。2004年在总结辽宁试点经验的基础上，将做实试点范围扩大到吉林、黑龙江两省，为降低做实难度，将做实个人账户的规模调整为按照职工工资的5%分步做实，同时探索个人账户养老金计发办法改革，不再按照固定除数计发个人账户初始养老金，而是根据不同退休年龄分别确定计发除数，退休越迟、除数越小，养老金待遇水平越高。为了实现与做实个人账户试点改革相衔接，适应人口年龄结构加速老化、就业方式多样化和城市化发展的需要，在充分调研和总结已有试点地区经验的基础上，2005年12月，国务院发布了《关于完善企业职工基本养老保险制度的决定》（国发〔2005〕38号文），该文件是我国企业职工养老保险制度改革的里

程碑文件，聚焦于构建基本养老保险核心制度的实现方式、建立激励约束机制以及改革养老金计发办法，个人账户领域的重点改革内容包括：一是降低个人账户规模和统一账户资金来源。个人账户的规模由本人缴费工资的 11% 统一调整为 8%，全部由个人缴费形成。二是个人账户养老金由之前根据固定的 120 个月计发改革为根据城镇人口平均预期寿命、退休年龄和利息等因素确定，实行计发月数与退休年龄挂钩，计发方式上突出效率，初步建立起多缴多得的激励约束机制。

表 11-2　三轮做实个人账户试点改革方案的比较分析

基本内容	第一轮试点	第二轮试点	第三轮试点
试点开始年份	2001 年	2004 年	2006 年和 2007 年
试点城市	辽宁	吉林、黑龙江	**2006 年试点**：天津、山西、上海、山东、河南、河北、湖南、新疆 **2007 年试点**：江苏和浙江
个人账户规模及资金来源	8%，个人全部缴费形成	8%，个人全部缴费形成	8%，个人全部缴费形成
做实方式	一步到位	分步做实，先按 5% 起步	**2006 年试点**：分步做实，3% 起步做实 **2007 年试点**：5% 起步
财政补助	社会统筹基金出现缺口，由中央财政补贴	中央财政补助 3.75 个百分点，地方财政补助 1.25 个百分点	**基本原则**：发达省份由地方财政补助，中央财政不补助； **补助方式**：中央财政对已经做实部分实行定额包干补助，新增做实部分以当年缴费工资总额为基数计算补助数额
待遇计发	个人账户累计存储额 /120	个人账户累计存储额 / 计发月数（不同退休年龄对应不同的除数）	个人账户累计存储额 / 计发月数（不同退休年龄对应不同的除数）
基金投资运营方式	全部由省级统一投资运营；按规定存入银行，全部用于购买国债	做实个人账户基金由省级统一管理； **中央财政补助部分**：由省级政府委托全国社会保障基金理事会投资运营并承诺一定的收益率； **地方财政补助部分**：省级政府根据国家规定投资运营	做实个人账户基金由省级统一管理； **中央财政补助部分**：由省级政府委托全国社会保障基金理事会投资运营并承诺一定的收益率； **地方财政补助部分**：省级政府根据国家规定投资运营

资料来源：笔者根据以下资料整理：①胡晓义：《新中国社会保障发展史》，中国人力资源和社会保障出版集团 2019 年版，第 299-306 页；②《各地区做实企业职工基本养老保险个人账户试点实施方案文件》。

2006 年，国务院将做实个人账户试点改革扩大到天津市、山西省、上海市、山东省、河南省、河北省、湖南省和新疆维吾尔自治区八个省份，起步按照 3% 的比例做实。2007 年试点进一步扩大到江苏省和浙江省，做实试点省份总量达到 13 个，其中部分省份与全国社保基金理事会签订委托代理协议，努力解决做实基金的保值增值问题。截至 2014 年底，做实账户规模为 5001 亿元，而空账规模为 35973 亿元，做实比例仅为 13.9%（见图 11-1）。

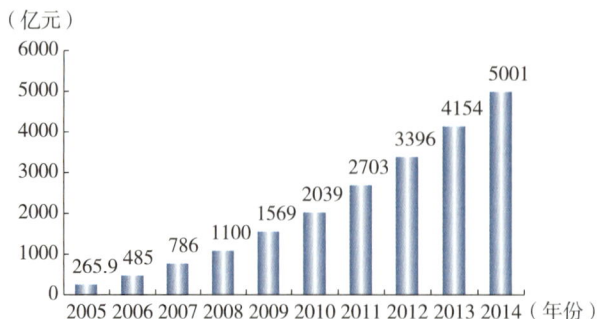

图 11-1　2005~2014 年做实个人账户的规模

资料来源：中华人民共和国人力资源和社会保障部：《2005~2015 年度人力资源和社会保障事业发展统计公报》，http://www.mohrss.gov.cn/SYrlzyhshbzb/zwgk/szrs/tjgb/。

综合归纳分析国务院批复的各地做实个人账户的试点方案主要有三个特征：一是做实过程的渐进性。考虑到做实个人账户的难度大，三轮试点改革将做实步骤从一步到位转为低水平分步推进。二是根据人群分类推进做实。采取新老划断方式，对于已经退休的老人，个人账户不再做实，已经参保、尚未退休的中人，以做实试点时间为分界线，之前未做实的部分不再做实，之后的缴费逐步做实；对于新参加工作的参保者，从参保缴费之日起逐步做实。三是做实资金财政补助方式的区域差异。辽宁省做实试点方案中财政对制度缺口进行补贴，第二轮和第三轮试点中央财政补助实行债务锁定型方式，即中央财政对已经做实部分实行定额包干补助，每做实 1 个百分点，中央财政补助 0.75 个百分点，最多不超过 3.75 个百分点，剩余由地方财政补助[①]。做实个人账户试点的中西部地区和老工业基地将获得倾斜性补助，东部沿海经济发达地区主要依靠地方财政做实。

该时期以做实做小个人账户为切入点，逐步确立起社会统筹和个人账户独立运行的板块式结构，标志着"统账结合"的制度结构正逐渐走向定型。做实个人账户试点工作十五年以来，进展不容乐观，不仅体现在做实方式上从一步到位到低水平分步做实的调整，而且后续没有更多的省份继续加入做实试点改革，正在试点的省份也面临新的困难，以辽宁为例，做实试点三年后，因社会统筹基金出现缺口，在财政面临巨大压力的情况下，2008 年中央政府特批辽宁向已经做实的个人账户借支资金发放养老金待遇，这意味着我国个人账户制度还是未能做实，最终不得不放弃实账积累的制度设计初衷，转而实行记账式管理并运行至今。

（四）个人账户制度完善期（2014 年至今）

2013 年党的十八届三中全会首次提出"坚持社会统筹和个人账户相结合的基本养老保险制度，完善个人账户"，随后"十三五"规划纲要以及 2017 年党的十九大报告对新时期我国全面深化养老保险制度改革提出了具体思路，均不再提逐步做实基本养老保险个人账户，明确要求"完善个人账户制度、健全多缴多得激励机制……坚持精算平衡原则"。新时期政府对个人账户制度的发展有了新的认识。围绕这一新提法，在坚持"统账结合"制度结构不变的前提下，理论界聚焦如何完善个人账户制度依旧分歧很大，形成了不同的优化思路，其中比较典型的观点有两种：一是秉承制度改革之初设计的目标主张继续做实做小个人

账户，部分学者建议将个人账户规模缩小至个人缴费工资的 3%~5%[②]，同时实现基金的保值增值，真正发挥出部分积累制的优势，有效应对人口老龄化风险；二是主张向名义账户制转型，同时扩大账户规模。鉴于个人账户做实的困境、新时期公平内涵的变化和有效发挥制度的激励效应，建议强化制度精算公平，实行名义账户制，增强制度的财务可持续性[③]。可见，完善个人账户制度的内涵丰富，不再局限于账户空与实、规模大与小的简单探讨上，更重要的是需要明晰制度定位、运行条件和效能发挥。

该时期制度发生的一个重要变化是个人账户记账利率政策的调整。2015 年，国务院印发《关于机关事业单位工作人员养老保险制度改革的决定》（国发〔2015〕2 号），以此为契机，为促进机关事业单位、企业职工制度并轨改革的真正落地和增强制度缴费激励约束作用的发挥，随后人力资源社会保障部、财政部印发《统一和规范职工养老保险个人账户记账利率办法》（人社部发〔2017〕31 号），明确职工基本养老保险个人账户记账利率每年 6 月由国家统一公布，正式宣告之前运行 20 多年的由各省参照不低于当地银行存款利率计息政策的结束。从 2016 年开始，城镇职工基本养老保险个人账户制度的记账利率水平实现从之前 2%~3% 的平均水平到 6%~8% 的跨越。记账利率水平的统一有助于消除个人账户权益分配的地区差异，较高的记账利率有助于提高参保者的养老金水平。

综合个人账户制度 30 年的发展历程，不难发现，我国"统账结合"基本养老保险制度设计之初政治考量因素较多，个人账户制度的引入具有特殊的历史背景。20 世纪 80 年代中后期，中国正处于从计划经济向市场经济转轨的关键时期，探索建立与社会主义市场经济体制相适应的社会保障制度，成为助推国有企业改革和维护社会稳定的重要举措之一。个人账户制度的引入和发展契合当时国内外社会经济环境，同时也对当时的社会经济环境产生反作用，比如为经济体制转型保驾护航和促进社会经济可持续发展等。不同时期中国基本养老保险制度的改革有着不同的制度目标，肩负着不同的使命，既要呼应时代发展需要，又要立足制度发展的现实。

二、城镇职工基本养老保险个人账户制度的基本特征及成因

一般而言，强制性完全积累的个人账户制度要求雇主

---

①　杨洋、崔少敏：《新阶段对企业职工基本养老保险个人账户制的思考与探讨》，《社会保障研究》，2022 年第 4 期，第 3–11 页。
②　郑功成：《深化中国养老保险制度改革顶层设计》，《教学与研究》，2013 年第 12 期，第 12–22 页。
③　郑秉文、周晓波、谭洪荣：《坚持统账结合与扩大个人账户：养老保险改革的十字路口》，《财政研究》，2018 年第 10 期，第 55–58 页。

或雇员按照一定的缴费率将缴费额纳入以个人名义建立的个人账户，账户基金进行市场化投资，未来养老金待遇水平取决于账户缴费积累额和投资收益。缴费额和投资收益越高，未来养老金待遇水平越高，其主要特征可简单归纳为实际缴费、实账管理、市场化投资运营、实际投资收益和缴费确定。当前我国基本养老保险个人账户制度由雇员按照 8% 缴费率纳，基金实际上被用于当期社会统筹养老金待遇给付，并非全部实账积累，具有记账式混合管理的独特特征，具体含义包括：一是以空账为主的运行方式。我国个人账户做实部分不到 1/5，占比很低，大部分基金用于当期社会统筹养老金的发放，个人账户制度仅发挥着记账和待遇计发的功能。二是账户收益分配的虚记。因我国个人账户制度长期空账运行，并未进行市场化投资，政府专门为个人账户基金规定计息办法。三是个人账户制度兼具缴费确定型和待遇确定型的混合特征。积累期雇员根据事先确定的缴费率将基金存入以个人名义开设的个人账户，具有缴费确定的特征，而在待遇领取阶段具有待遇确定特征，主要体现在个人账户初始养老金水平根据账户总积累额（包括利息收入）和制度预设的计发月数计算出初始养老金固定值，第二年及以后在初始养老金水平上根据待遇增长率定期调整，待遇发放至参保个体死亡。中国个人账户制度的具体特征包括以下三个方面：

（一）"统账"互通式结合和混账管理为制度"空账"运行提供体制条件

我国企业职工基本养老保险制度经过多轮地方试点和缜密调研，创造性地将现收现付制和完全积累制置于统一制度框架内，以期发挥不同制度模式的优势。1995 年统账结合制度正式确立以来，个人账户规模和资金来源构成处于不断调整中。制度建立初期，个人账户资金来源于个人全部缴费和企业部分缴费的划分，社会统筹基金和个人账户基金的边界并不清晰，个人账户基金的产权不明晰，基金互通式结合为挪用个人账户基金留下制度空间。此外，从现收现付制向部分积累制转轨意味着部分缴费用于个人积累，新制度实施之前参加工作的老人和中人，因没有个人账户基金的积累，产生了养老金隐性债务，这是制度转型必须付出的成本。我国长期以来通过代际转移的形式支付，政策文件明确已退休老人和部分"中人"的过渡性养老金所需资金由养老保险基金内部解决，但没有明确具体资金的来源渠道。同时，随着国有企业改革的深化，部分过剩产能企业被迫关停，企业逃避或拖延缴费现象较突出，

基本养老保险缴费收入连年下降，加上提前退休现象的普遍，退休人员数量不断增加，社会统筹基金面临较大的支付压力，为满足当期待遇的足额发放，只能挪用个人账户基金。混账管理和历史转轨成本责任分担机制的缺乏使个人账户制度自建立以来一直"空账"运行，部分积累制改革的初衷基本落空，制度实际上蜕变成养老金的一种计发办法。

（二）政策计息、账户收益虚记是个人账户基金保值增值的权宜之计

记账利率是个人账户制度的核心要素，记账利率水平的高低关系到制度替代率目标的实现和财务的可持续性。我国个人账户计息政策的发展大体分为"分散偏低型"计息阶段（1993~2014 年）和"统一虚高型"计息阶段（2015 年至今）。20 世纪 90 年代个人账户制度建立初期，因没有配套设计相应的基金投资运营体制，加上个人账户基金并未实账积累和金融市场机制不发达，缺乏有效的投资工具，同时由于地区分割统筹管理，为保证基金的安全性和地方利益驱使，基金难以归集进行市场化投资，基本养老保险基金除满足两个月待遇支付外，只能投资于国债和银行存款。在此背景下，相关政策文件多次明确个人账户储存额每年根据不低于统筹地区银行同期定期存款利率计息也是无奈之举。

为推动机关事业单位和企业职工养老保险制度并轨改革的顺利推进，人力资源和社会保障部、财政部于 2017 年首次统一和规范了职工养老保险个人账户记账利率，这里的"统一"包括两层含义：一是宣告全国各统筹地区各自计息办法的结束，每年 6 月由国家统一公布；二是统一机关事业单位和企业职工基本养老保险个人账户记账利率，有助于促进养老保险制度的实质公平。据介绍，记账利率的确定主要考虑职工工资增长和基金平衡状况等因素（约为工资增长率的 80%~90%）[1]，并通过合理系数进行调整，同时不得低于银行定期存款利率。2016~2020 年个人账户记账利率分别是 8.31%、7.12%、8.29%、7.61%、6.04%，是前一阶段记账利率的 2~3 倍。近年来，虽然部分省份基本养老保险基金结余资金开始委托全国社会保障基金理事会投资，但总体规模还比较有限，实际到账额占全国养老保险基金结存额的 10% 左右[2]。需要注意的是，该时期较高的记账利率水平并不等同于养老基金投资管理获得的实际收益率，因此，本报告将其称为虚高型。统一记账利率有助于消除账户收益分配的地区差异性，较高的记账

---

① 2016 年 11 月 26 日，人社部养老保险司原副司长张建明透露，新的养老金个人账户记账利率水平以上一年度工资增长率为参考系数，大约为工资增长率的 80%~90%。网址：https://www.163.com/money/article/C6OO4AU7002580S6.html。

② 郑功成：《中国养老金：制度变革、问题清单与高质量发展》，《社会保障评论》，2020 年第 1 期，第 3–17 页。

利率水平有助于提高参保者未来的养老金待遇，增强缴费激励。

（三）制度收支不平衡是制度运行的必然结果

较之现收现付制度，典型的完全积累个人账户制度具有自我保障（国家利用强制手段激励个人为退休积累储蓄）、完全私有产权、以收定支的缴费确定型和基金长期收支平衡（即每个参保人在职期间的总缴费积累额与终身养老金待遇领取额相等）等特征。我国城镇职工基本养老保险个人账户制度缴费和待遇给付不存在明显的精算关系，制度难以实现收支平衡，具体体现在：一是社会统筹和个人账户的筹资和待遇给付方式不同，但实际运行中对两个制度采取类似的管理方式，基金混合使用，模糊了两者的制度边界，筹资方式上仍是现收现付制。在待遇计发阶段，个人账户与社会统筹一起采取外在干预式的待遇调整方式，连续多年以较高比例（2008~2015年调整比例为10%）进行调整，长时期较高的待遇调整比例远高于制度的记账利率，甚至有些年份超出职工的平均工资增长率，事实上形成对退休者个人账户养老金的额外补贴，个人账户制度强调自我收支平衡的制度属性被稀释，不仅弱化了缴费确定型制度的内在激励性，而且还固化了统账结合制度的蜕变。二是制度内静态计发系数的设定与实际预期寿命延长之间不匹配，使制度天然存在收支缺口，政府对账户养老金待遇支付承担着兜底责任。

三、基本养老保险个人账户制度的潜在风险

基本养老保险个人账户制度的设立既是历史选择，也是形势使然。随着制度中的深入发展，制度中一些始料未及的弊端逐渐暴露，有些问题是制度设计本身的局限，有些问题是政策不配套、管理工作不到位造成的，不能将所有问题都归咎于个人账户。

（一）制度"空账"运行和统筹层次低带来的效率损失风险

我国基本养老保险制度转轨引发的政府、企业和个人责任边界的模糊带来了诸多问题。个人账户制度未形成有效的实账基金积累，加上制度统筹层次低，整体运行低效，潜藏着较大的宏微观效率损失风险。宏微观效率损失体现在：第一，投资管理体制低效带来的基金贬值风险。因基金统筹层次低，由地方政府统一归集资金，存入省级财政专户管理，可投资基金规模有限，加上投资渠道狭窄，影响基金的保值增值能力。第二，因我国基本养老保险制度在实施过程中未能有效解决历史转轨成本问题，个人账户制度在推进过程中出现制度定位和功能异化，为保证制度的财务可持续性，政府采取暗补的方式实现制度财务平衡，但对财政补贴的比例没有明确的界定，不利于财政资金的有效使用，而且也导致社会成员过于依赖基本养老保险制度，抑制第二、第三支柱养老金制度的发展。

制度运行的微观效率损失体现在：一是个人账户制度长期"空账"运行，无法进行市场化投资，部分积累制具有的多缴多得的激励作用和有效应对人口老龄化风险的制度优势未能充分发挥，各方主体做实账户的积极性严重不足，长期"空账"运行容易削弱和动摇人们对养老金制度的信心；二是代际之间财务负担不均衡，记账式个人账户积攒的是权益，需要在未来给付，随着"空账"规模的变大，后代人承担的兑付压力较大[①]，制度支付风险将转移给后代人或增加未来的财政压力。制度的低效运行不仅影响制度的长期财务可持续性，而且会影响政府的公信力。

（二）个人账户制度参数僵化和缺乏自平衡机制放大了长寿风险

计发办法是基本养老保险制度的核心要素。个人账户制度经历了两次重要的计发办法改革，但因相关政策设计的内在缺陷和重要关键参数缺乏动态调整，我国个人账户制度无法实现基金收支平衡[②]，制度蕴含着较大的长寿风险，具体体现在以下三个方面：

首先，个人账户基金的返还性、可继承性和终身支付特征有悖于保险的基本原理，制度天然存在收支缺口。国发〔2005〕38号文明确规定："到达退休年龄但缴费年限累计不满15年的人员，不发给基础养老金，个人账户储存额一次性支付给本人，终止基本养老保险关系。"《中华人民共和国社会保险法》也明确参保个人账户基金余额的可继承。一般而言，具有完全私有产权性质的完全积累制意味着个人能够领取多少养老金取决于在职期间的全部存储额，领完后将停止待遇支付。然而，我国个人账户制度并不遵循这一原则，长寿参保者基本养老保险个人账户储存额领取完毕，将由社会统筹基金按照规定标准继续发放直至死亡，具有终身支付的特征，无法在不同寿命的参保者之间分散风险。

其次，个人账户计发月数缺乏动态调整机制。我国个人账户制度一直沿用国发〔2005〕38号文规定的计发办法，初始养老金水平根据账户存储额除以不同年龄对应的

---

① 李珍：《养老个人账户计息政策及影响》，《中国社会保障》，2019年第8期，第27页。
② 杨俊：《精算平衡的个人账户制度与内部债务机制研究》，《社会保障研究》，2016年第2期，第91-100页。

计发月数计算得出，以 60 岁为例，其计发月数为 139 个月（约 11.58 年），在不考虑基金收益率的情况下，这意味着个人账户累计存储额将保证养老金待遇大约支付 12 年。2005 年计发月数的确定主要依据 2000 年第五次人口普查数据得出的人口平均预期寿命计算而来，计发方式的确定至少有两个缺陷：一是滞后性。国家卫生健康委员会最新公布的数据显示，2022 年我国居民的人均预期寿命已经达到 77.93 岁 [1]，预计到 2030 年我国人均预期寿命将增长到 79 岁，按照现行计发系数意味着政府财政至少需要承担长寿者 6.35 年个人账户养老金的超额支出。二是我国现行计发月数根据零岁人口平均预期寿命计算，其与退休时点平均余命的概念不同。退休者的退休余命通常高于零岁人口的预期寿命，大部分参保者能够获得制度给予的额外补贴，需要制度外资金进行兜底支付。

最后，缺乏自平衡机制进一步放大了长寿风险。我国个人账户实行记账式管理，应根据账户资产和负债的平衡率，调节记账利率和养老金待遇调整率，从而实现长期资产负债平衡。我国个人账户记账利率的确定具有外生性和不确定性，与实际投资收益率、养老金待遇调整率脱钩，不利于制度的财务收支平衡，而且在一定程度上放大了制度未来面临的长寿风险。记账利率反映的是账户权益的积累速度，待遇调整率反映个人账户养老金水平的增长速度，2016 年之前个人账户制度记账利率长期低于待遇调整率，意味着个人账户养老金待遇将提前支取完毕，政府承担长寿风险，加重政府的财政负担。此后记账利率的提高有助于缩小其与养老金待遇调整率之间的差距，但缺乏与制度偿付能力和人口老龄化相挂钩的指数化调整机制，制度长期可持续发展面临严峻挑战。2016~2020 年职工养老金增幅及相关指标对比如表 11-3 所示。

表 11-3 2016～2020 年职工养老金增幅及相关指标对比　　　　单位：%

年份	职工养老金增幅	城镇单位在岗职工平均实际工资增幅	城市居民消费价格指数增幅	记账利率
2016	5.45	6.90	2.10	8.31
2017	5.42	8.50	1.7	7.12
2018	4.30	9.0	2.1	8.29
2019	4.70	7.2	2.8	7.61
2020	4.82	5.20	2.3	6.04

资料来源：根据国家统计局网站公布的数据整理而来。

（三）政策计息带来的待遇充足性风险

根据制度运行方式的不同，个人账户制度大体可分为实账积累型和名义账户型两类，实账积累型个人账户的利率水平取决于账户基金的实际投资回报率，而投资回报率的高低取决于个人账户基金的管理运营方式。名义个人账户制度的利率由政府根据宏观经济运行指标精算设定（比如瑞典）或参照一定标准确定。纵观我国个人账户记账利率从分散到统一、水平由低到高的发展过程，2016 年以前大部分省份由社保经办机构参照银行 1 年期定期存款储蓄利率确定，数据显示，2000~2015 年一年期银行定期存款利率平均水平为 2.75% [2]，低于同期的通货膨胀率，难以实现基金的保值，实际购买力在下降，而且省际之间记账利率水平的差异带来参保者权益分配的不公，容易形成地区间攀比。长期低水平记账利率导致参保个人实际平均替代率低于制度目标替代率。国发〔2005〕38 号文规定 8% 的个人账户缴费率能够实现的目标替代率水平为 24.2%

（8%×12×35÷139），其基本假定是：个人缴费满 35 年，60 岁退休，个人账户养老金的投资收益率（或记账利率）与工资增长率相等。本报告选择一个典型男性劳动者为参照，其工资收入等同于社会平均工资收入，初始缴费工资为 10000 元，工资平均增长率为 8%，累计缴费年限为 35 年，在 60 岁退休时使用 139 个月计算个人账户养老金，记账利率假定为 3%，其个人账户养老金占退休前一年工资收入的比重为 17.97%，低于目标替代率水平。需要注意的是，实践运行中因大多数参保者缴费年限低于 35 年，实际替代率水平会更低。实际替代率水平低于目标替代率的原因在于实际参数与实现目标替代率所需假设条件的不匹配，即记账利率远低于工资增长率。偏低的替代率水平使制度激励作用难以发挥。

近年来，记账利率水平的提高有利于提高参保者的养老金待遇水平，提振参保者的制度信心。仍以前文假定的典型男性劳动者为例，其他参数保持不变，现将记账利

---

① 数据来源于国家卫生健康委员会于 2022 年 7 月 5 日新闻发布会上公布的数据，网址：http://news.sohu.com/a/564512200_570536。
② 根据中国人民银行官方网站公布的一年期银行定期存款利率计算而来。

率调整为 7%，个人账户养老金的平均替代率水平提高到 32.8%。我国记账利率的确定具有一定的外生性，与制度重要参数缺乏挂钩，会对待遇充足性带来两难困境：记账利率偏低使参保者未能有效分享经济发展成果，不利于基金的保值增值，参保者面临替代率不足的风险。较高的记账利率虽然能够提高参保者的替代率水平和强化制度的吸引力，但由于当前我国记账利率与实际投资回报率脱钩，加上基本养老保险金的缴费和待遇领取的管理权目前仍留在地方政府，会给基金收不抵支的省份增加未来的赤字压力，未来可能面临较高的基金偿付风险。

四、我国基本养老保险个人账户制度未来发展的完善对策

"统账结合"基本养老保险制度的建立具有鲜明的时代特征，是具有中国特色的制度安排，在促进社会公平、防范老年贫困和提高制度效率方面发挥着积极促进作用。"统账结合"模式的建立和发展具有明显的优势：一是较短时间内实现了我国社会保险制度的改革创新；二是通过全面和渐进改革的方式实现从传统保障向社会化责任共担机制的转变，扭转了完全依靠政府和单位的传统保障理念，尤其是通过引入个人账户制度，逐步强化自我保障意识，建立起国家、单位和个人多元责任主体共担的社会化保障机制，促进保障方式多层次、权利和义务相结合的多元改革目标的实现。但是，任何一项改革并不总是一帆风顺的，难免会遇到各种困境。我国个人账户制度自建立以来一直争论不断，制度运行不尽如人意。新时期为了更好地促进个人账户制度的发展，需要立足全国统筹和建立多层次、多支柱养老保险制度体系的宏观背景，通过完善制度结构和优化制度参数促进制度可持续发展。

（一）坚持统账结合制度模式，完善制度结构

养老保险制度的改革与完善需要主动适应人口老龄化和社会经济发展的新常态。新时期对个人账户制度的完善，既是具体的制度问题、技术设计问题，也是关乎改革大局和社会稳定的社会政治问题。现阶段我国发展正处于重要战略期，面临的不确定风险较大，需要基本养老保险制度给予民众提供相对稳定的预期，因此，要坚持"统账结合"制度模式的方向不动摇。事实上，部分积累制的实现形式有很多种，中国"统账结合"模式或是瑞典建立的小规模积累性个人账户均是不同的实现形式[1]，不论哪一种类型，重点在于明确如何建立个人账户、个人账户制度

的规模多大才是合适的。当前阶段完全实账化积累不具备现实条件，名义账户制可为当前改革的一个理性过渡选择。因社会经济条件总是处于动态发展中，养老金财务的长期可持续性在积累制和现收现付制下并没有明显的不同[2]，选择哪种财务模式取决于养老金制度的实施条件。理论上，完全积累型个人账户制度的发展需要以制度转轨成本的解决为先决条件，以较好的制度回报率为存在基础，以科学的精算机制为制度实施的载体。随着制度运行宏微观条件的成熟，最终渐次向适度规模的部分积累方向发展。

（二）多管齐下优化制度重要参数设计，强化缴费激励

个人账户制度应以个人生命周期内收入再分配为目标，坚持缴费和待遇给付之间的精算平衡，根据保险自求平衡的要求而不是慷慨的承诺确定给付标准。个人账户待遇水平与缴费年限、记账利率和计发月数等制度参数密切相关，因此，需要尽快对制度的关键参数进行调整，具体包括：一是完善个人账户养老金计发办法。延长最低缴费年限，使缴费年限与待遇领取年限之间形成科学合理的个人账户缴费负担，完善制度缴费激励机制。同时，编制参保人口动态生命表，及时修正 2005 年个人账户计发月数，建立计发月数与退休年龄、预期寿命变化挂钩的动态调整机制，考虑每 10 年调整一次。二是合理确定记账利率，建立科学的利益分配共享机制。个人账户制度记账管理的最大难点在于记账利率的确定，虽然我国自 2016 年以来按照国家统一公布的记账利率计息，但记账利率的确定依据并不清晰，为实现制度资产负债的长期平衡，考虑利用精算技术，实行记账利率与制度偿付能力、实际投资收益率和预期寿命变化挂钩，合理规范个人账户计息办法，确保在制度内部有效分散长寿风险。三是协同推进个人账户养老金待遇调整和计发方式统一改革。实行社会统筹和个人账户养老金分开调整，个人账户养老金待遇根据物价指数进行调整，确保待遇购买力水平的不下降，通过预先设定的科学待遇指数化调整规则提供稳定的安全预期。

（三）以全国统筹为契机，完善基本养老保险基金的投资管理体制

实现基本养老保险全国统筹是中国"十四五"时期完善基本养老保险制度的重要任务之一，不仅有助于提高基本养老保险基金的使用效率、平衡地区间的待遇支付压力，而且客观上要求实现制度的统一，对我国基本养老保险制度的改革和完善提供了新机遇和挑战。对于个人账户

① 郑秉文、张峰：《中国基本养老保险个人账户基金研究报告》，中国劳动社会保障出版社 2012 年版，第 20-21 页。
② 高山宪之：《如何使公共养老金的财政可持续？》，王新梅译，《中国劳动》，2019 年第 5 期，第 70-78 页。

制度而言，政府应积极拓宽资金来源，明晰责任和有计划加大力度补贴养老保险个人账户缺口。同时，应以全国统筹为契机，尽快实现养老保险基金的归集并完善基本养老金投资管理体制，建立专门机构对做实个人账户中央补助资金和基本养老保险基金结余资金进行集中有效投资，通过专业化投资和合理的风险控制，扩大投资范围和丰富投资工具，提升基金保值增值能力，不仅有利于提高财政资金的使用效率，而且可为参保者提供合理的利益分享分配机制。

分报告十二
数字经济时代城乡居民个人账户养老金
适应性改革的逻辑与路径

一、问题提出与文献综述

数字经济是继农业经济、工业经济之后的又一种经济形态。《中国数字经济发展报告（2022 年）》的数据显示，2021 年我国数字经济规模达到 45.5 万亿元，占 GDP 的比重为 39.8%，同比名义增长 16.2%，高于同期 GDP 名义增速 3.4 个百分点。数字经济带来的不仅是经济体量的增加，还有就业结构和形态的变革。近年来，随着数字经济的蓬勃发展，就业方式发生重大变动，以灵活就业为主体的新业态从业人员规模快速增长，已形成一个庞大的就业群体。相比于传统的就业方式，这种新业态从业方式使企业用工更加灵活，但也呈现出劳动关系不够明确、人员流动性大、就业不稳定、收入水平存在较大差异等问题。

由于社会养老保险主要针对集体化、正规而固定的就业人员设计，使新业态从业人员面临巨大的参保困境。如果参加城镇职工基本养老保险，则面临缴费压力过大的问题，逼迫多数新业态从业人员只能返回原籍参加城乡居民养老保险。如果参加城乡居民养老保险，则会面临未来养老待遇偏低的窘境。事实确实如此，虽然我国城乡居民养老保险基本实现了制度全面覆盖，但是存在着保障待遇过低的问题，难以满足该类人群退休之后的正常生活开支。根据《2021 年度人力资源和社会保障事业发展统计公报》有关数据测算，城乡居民基本养老保险金每月平均仅为 191 元，而城镇职工基本养老保险金平均已达 3577 元，两相比较，居民养老金仅相当于职工养老金的 5.34%。其

实，"191 元"是全国的平均数字，在大多数中西部地区，人均养老金不足百元。鉴于在数字经济时代，越来越多的劳动者成为灵活就业人员，这种就业的特性要求我国的社会养老保险制度必须做出相应的调整，而在其中，城乡居民养老保险制度调整可能更为迫切。再次援引《2021 年度人力资源和社会保障事业发展统计公报》的数据，2021 年末我国城镇就业人员 46773 万人，而养老保险的参保职工为 34917 万人，显而易见，其中的 11856 万人没有参加城镇职工基本养老保险，我们完全有理由假定将近 1.2 亿的城镇就业人口参加了城乡居民养老保险制度，如果再加上接近 2.93 亿的农民工，参加城乡居民养老保险制度的就业人员的数量非常巨大，这个问题值得深思和研究，其中尤为值得关注的应该是与参保缴费有关的个人账户养老金，因为个人账户养老金的缴费与积累是事关未来养老保障待遇的关键。

（一）数字经济时代新业态从业人员面临巨大参保困境

在数字经济、"互联网＋"、共享经济蓬勃发展的背景下，新经济、新技术和新业态促进我国就业模式发生了巨大变革（陈国海，2021）[①]，除了在稳定和扩大就业方面，它们不仅改变着传统的就业模式，还创造了很多灵活就业的机会，比如在新冠肺炎疫情暴发期间保障了很多企业的生存和员工的工作（涂永前等，2021）[②]。新业态从业者被定义为基于新业态企业的网络平台获取订单、取得工作收

[①] 陈国海：《新业态从业人员参加社会养老保险存在的问题及对策》，《西部财会》，2021 年第 10 期，第 68-70 页。
[②] 涂永前、谢文曦、熊赟：《平台经济下劳动者职业安全探究——基于对北京 X 站点外卖骑手的劳动社会学调查》，《温州大学学报（社会科学版）》，2021 年第 2 期，第 26-38 页。

入，代表职业有外卖骑手、快递配送员、网约车司机等（王增文等，2022）①，主要特点有吸收就业能力强化、劳动关系的非标准化和劳动就业的非正规化（汪敏，2021）②。

我国社会养老保险制度是为正规就业人群设计的，有标准的劳动关系和稳定的工资收入，而以灵活就业为主体的新业态从业人员一般没有专门的劳动合同，劳动关系松散，工资收入不稳定。当前劳动法律的核心仍然是标准劳动关系，因此，新业态从业人员与企业之间的非标准劳动关系被排除在劳动法和社会保险法规制之外（王全兴、赵庆功，2018）③，致使参加社会养老保险面临一定的困境，众多研究也有力地旁证了这一现象。宋丹等（2019）④在对辽宁阜新市的调查中，发现新业态从业人员存在参保率低、断保现象严重、养老保障责任无法明确等。陈国海（2021）的研究也发现新业态从业人员存在参保意识不强、转接续接困难以及个人缴费基数及缴费比例过高等问题。北京大学中国国情研究中心在 2019 年的调研表明，新业态从业者参保的比例因收入下滑而下降，年收入 2 万元以下的从业者，未参保比例高达到 56%。中国劳动学会于 2020 年对 2000 余份抽样调查数据的分析显示，灵活就业人员整体参保率仅为 52%，并且大部分选择的是城乡居民基本养老保险。

（二）城乡居民养老保险改革的逻辑与建议

根据蒂特马斯的理论，社会政策的研究决不能独立于社会整体之外。事实也是如此，在数字时代，人们的生活和生产有了根本性的变化，这时就需要新的范式、方法与思路（王天夫，2021）⑤。所以，徐晓新和张秀兰（2021）⑥认为进入数字经济时代，人类的生产方式和生活方式正在逐步摆脱工业社会的标准化模式，呈现出多元化的趋势，对现有的社会政策提出了新挑战，需要对社会政策进行改革。因此，针对新业态下的社会保险制度变革的问题，张浩淼（2019）⑦认为新业态的发展带来了新的社会风险，需要社会保障制度作出适应性的改革和调整。何文炯（2020）⑧更是认为不能要求社会去适应原有的制度，而是要让制度去适应社会的变化，让社会保障制度适应数字化时代，推动社会保障体制创新。

为此，学界纷纷提出新业态下社会养老保险的改革方案或优化建议。贾坷霈（2020）⑨认为应探索常态化养老保险机制，根据实际情况实时调整，在缴费模式上可以选择"个人 – 国家 – 社会"三方负担的形式，个人缴费占绝大部分，国家给予一定的补贴，同时积极倡导行业工会或者从业人员所在社区进行一定费用分担。在此背景下，学界对更加适合新业态从业人员参保的城乡居民养老保险制度改革进行了研究。国玉香（2021）⑩认为城乡居民养老保险制度的完善，有利于改善民生，提升幸福感，减轻养老压力，因此应协调城乡共同发展，加大政府扶持力度，健全养老保险相关制度。薛惠元和方诗雨（2022）⑪发现灵活就业人群参加基本养老保险的比例并不高，自身也有很多参保困境，认为这一制度类似于兜底保障，适合灵活就业人群参加，应当弥补灵活就业人群参保制度漏洞，建立多层次兜底保障机制，并加大政策宣传力度，提高参保率。

（三）城乡居民个人账户养老金改革的研究

由于城乡居民个人账户养老金存在缴费档次偏低、激励机制不足等问题，董克用（2019）⑫认为应将城乡居民基础养老金与个人账户养老金进行分离，以加强制度设计和增加缴费激励的形式将个人账户养老金完善为第三支柱个人养老金。杜连顺（2020）⑬也是鉴于个人账户的缺陷、个人账户养老金总量严重不足的情况，认为应当优化个人账户设计，规范缴费档次，优化补贴机制，提高统筹层次，从而不断提高个人账户替代率水平。

与此同时，为推动第三支柱养老金的发展和应对新业

① 王增文、杨蕾：《数字经济下新业态从业人员职业伤害保障的构建逻辑与路径》，《山西师大学报（社会科学版）》，2022 年第 3 期，第 73–78 页。

② 汪敏：《新业态下劳动与社会保险政策的检视与选择》，《社会保障评论》，2021 年第 3 期，第 23–28 页。

③ 王全兴、赵庆功：《我国社会保险制度深化改革的基本思路选择》，《江淮论坛》，2018 年第 3 期，第 115–121 页。

④ 宋丹、王婷、王曦平：《阜新市新业态从业人员社会养老保险问题研究》，《劳动保障世界》，2019 年第 9 期，第 23 页。

⑤ 王天夫：《数字时代的社会变迁与社会研究》，《中国社会科学》，2021 年第 12 期，第 73–88 页，第 200–201 页。

⑥ 徐晓新、张秀兰：《数字经济时代与发展型社会政策的 2.0》，《江苏社会科学》，2021 年第 1 期，第 11–23 页，第 241 页。

⑦ 张浩淼：《新业态、新风险与社会保障的适应性改革》，《改革和战略》，2019 年第 9 期，第 35–40 页。

⑧ 何文炯：《数字化、非正规就业与社会保障制度改革》，《社会保障评论》，2020 年第 3 期，第 15–27 页。

⑨ 贾坷霈：《体面劳动理论下新业态对养老保险提出新的需求》，《劳动保障世界》，2020 年第 12 期，第 45 页。

⑩ 国玉香：《新时期城乡居民养老保险的优化路径刍议》，《中国市场》，2021 年第 20 期，第 32–33 页。

⑪ 薛惠元、万诗雨：《灵活就业人员参加城乡居民基本养老保险兜底措施研究》，《保险研究》，2022 年第 2 期，第 79–98 页。

⑫ 董克用：《建立中国特色第三支柱个人养老金制度研究》，《养老金融评论》，2019 年第一辑，第 18–26 页。

⑬ 杜连顺：《新时期城乡居民养老保险的不足及优化建议》，《环渤海经济瞭望》，2020 年第 8 期，第 133–134 页。

态等灵活就业人员的参保难题，银保监会在《关于扩大专属商业养老保险试点范围的通知》（银保监办发〔2022〕13号）中，明确提出专属商业养老保险"要服务民生大局，积极探索满足新产业、新业态从业人员和灵活就业人员多样化需求"。其后，国务院办公厅发布的《关于推动个人养老金发展的意见》（国办发〔2022〕7号），也要求"贯彻新发展理念"，"推动发展适合中国国情"的个人养老金，"健全多层次、多支柱养老保险体系"。事实胜于雄辩，我国的养老保险制度已经陷入老龄化和新业态的"前后夹击"，亟须建立适合新业态等就业人员参保的养老保险制度。

二、城乡居民个人账户养老金的发展现状与问题

城乡居民基本养老保险是一项保障城镇和农村居民老年基本生活的制度，采取的是社会统筹与个人账户相结合的模式，基金收入由个人缴费、集体补助、政府补贴构成。养老待遇由基础养老金和个人账户养老金构成。其中，基础养老金由财政全额支付，个人账户养老金发放以个人账户储存额为准，以个人缴费为主，政府财政补贴等为辅。

城乡居民养老保险制度自实施以来，迅速扩大覆盖面，参保人数逐年上升，2021年达到5.48亿人，成为覆盖人数最多的基本养老保险制度，实现了制度全覆盖。在基金累计结存方面，也在逐年增加，在2021年接近1.14万亿元（见图12-1），为全民享有养老保险打下了坚实的基础。因其主要参保对象是未参加城镇职工基本养老保险的城乡居民，是具有兜底性质的一种社会保险制度，可以涵盖各种类型的参保人群，因此在面对参加城镇职工基本养老保险出现障碍之时，新业态从业人员参加城乡养老保险成为必然选择。

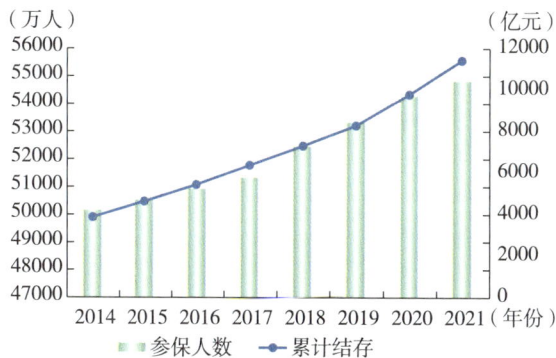

图12-1 城乡居民养老保险参保人数和累计结余

资料来源：《2021年度人力资源和社会保障事业发展统计公报》。

然而，城乡居民养老保险虽然在扩大制度覆盖面方面取得了显著成效，但是在发展质量方面却不尽如人意。2021年城乡居民养老保险基金收入为5339亿元，与城镇职工基本养老保险基金总收入60455亿元相比，显然不可同日而语，最严重的是人均待遇水平仅为191元，仅相当于城镇职工的约1/19和最低生活保障标准的约1/3（见表12-1）。再者，随着数字经济的发展，灵活就业人员的数量也在急剧增长，从2005年是1亿人到2021年超过2亿人，这部分人群亟须找到参加社会养老保险的突破口和出路，但是由于数字经济及其新业态从业人员劳动关系不明确，流动性大、不稳定的就业特点导致其参加城镇职工养老保险面临巨大障碍，多数从业人员只能参加城乡居民养老保险，但是如此低的城乡居民养老待遇显然难以匹配新业态从业人员的参保需求，也阻碍了城乡居民养老保险制度的可持续发展。仔细分析其中的原因，除居民缴费能力偏低和参保意识淡薄之外，本报告认为在制度层面也存在一些亟须改革的因素。

表12-1 城居保和城职保的基金收入对比

年份	城乡居民基本养老保险基金收入（亿元）	城镇职工基本养老保险基金收入（亿元）
2014	2310	25310
2015	2855	29341
2016	2933	35058
2017	3304	43310
2018	3838	51168
2019	4107	52919
2020	4853	44376
2021	5339	60455

资料来源：历年《人力资源和社会保障事业发展统计公报》。

（一）个人账户缴费档次偏低

居民选择的缴费档次越高，表明个人账户的缴费水平越高。我国目前规定的城乡居民养老保险的缴费标准设为每年100元、200元、300元、400元、500元、600元、700元、800元、900元、1000元、1500元、2000元12个档次，各地可以进行不同程度的调整，对于不同的缴费档次也可以进行不同的补贴。

由于个人账户养老金采取的是以个人缴费为主、政府补贴为辅的政策，并且随着缴费数额越多，相应的补贴金额也会提高。从理论上讲是个人缴得越多，政府补贴越

多，将来领取的待遇也会越高。但在实际缴费中，绝大多数参保人员会选择最低的缴费档次，2014 年全国有 80.9%的参保人员选择了 100 元的最低缴费档次，选择 200~500元的有 15.7%，选择 500 元以上的仅为 3.4%，2016 年有 95% 以上缴费参保人选择最低缴费档次①。与之类似，各地的调查也支持了绝大多数参保者选择的是低缴费档次，比如山东、浙江等省份选择最低档次的占 93% 以上②，山西省沁水县 89% 的参保人选择了 200 元的缴费档次③。再以经济较为发达的江苏常熟为例，城乡居民养老保险共设计了三个缴费档次，分别为 720 元 / 年、1200 元 / 年和 1800 元 / 年，令人意外的是，经济如此发达的地区多数城乡居民依然选择最低的缴费档次，在 2013~2019 年每年的占比都超过 98%④。可见，缴费档次过低已是全国的普遍现象和不可回避的制度现实。

（二）个人账户记账利率较低

由于城乡居民个人账户养老金尚未参与市场化投资，其收益率当前只能以记账利率来反映，而且各个省份的记账利率并不相同，多数地区的记账利率偏低。比如，黑龙江在 2020 年的记账利率仅为 1.5%，浙江的记账利率是参考国有大型商业银行定期存款利率（三年期）的上限来确定的。尽管青海省 2021 年的记账利率为 5.35%，超过其他大部分地区，但在 2022 年的记账利率有所下降，降为3.83%，并且 2018 年的记账利率也仅为 1.5%，只是近两年才有所上涨，涨幅并不太高。

如此低下的记账利率相较于每年的 CPI 指数而言，直接后果是个人账户养老金实际价值的贬值。以 2020 年为例，金融机构人民币存款基准利率 1 年期为 1.5%，3 年期为 2.75%，然而当年的 CPI 指数为 2.5%，国债 3 年期收益率 3.85%，5 年期为 3.97%，城镇职工养老保险的个人记账利率能达到 6%~8%。显而易见，多数省份以一年期银行存款利率为记账利率的城乡居民个人账户养老金不是在增值，而是在不断地贬值。况且，城乡居民个人账户养老金是典型的积累型账户，而且缴费和存储时间较长，有的参保人从 16 岁开始缴费，假定 60 岁退休，将有 44 年的缴费期，这里还没有考虑未来铁定延迟退休年龄的因素。所以，如果不改变现行的记账方式，或增加投资收益的手段，在

一个如此长的时间内，会持续面临货币贬值、通货膨胀等压力，相比于国债的收益率，居民应该更愿意投资国债或者其他理财产品，而不是提高个人账户养老金的缴费档次。

（三）个人账户缴费补贴激励机制不足

有关政策规定，根据不同的缴费档次，应当给予不同程度的财政补贴，对于低缴费档次，补贴应不低于每人每年 30 元；对于 500 元以上缴费档次，补贴应不低于每人每年 60 元，具体标准由各省份自行确定。有的省份直接按照国家制定的最低标准补贴，例如河北、山西、安徽、江西、河南等，有的将较高缴费档次的补贴提高一些，例如青海为每人每年 70 元，浙江为每人每年 80 元。有的地区每一档的缴费档次都有相应的补贴，上海市缴费标准设为每年 500 元、700 元、900 元、1100 元、1300 元、1700元、2300 元、3300 元、4300 元、5300 元 10 个档次，对应的补贴标准为 200 元、250 元、300 元、350 元、400 元、450 元、525 元、575 元、625 元、675 元。上海是对于个人账户补贴力度最大的地区，大多数省份最高缴费档次的补贴都在 100 元以下，缴费补贴较少。

但是，综观各省份的补贴标准，得出的结论却是缴费越高，补贴其实相对越少，这显然不利于参保人群对于缴费档次的提高。例如北京实行的是在 1000~9000 元自行选择缴费金额，相应的补贴标准为：1000~2000 元，补贴60 元；2000~4000 元，补贴 90 元；4000~6000 元，补贴120 元；6000~9000 元，补贴 150 元。简单计算可知，选择最低缴费档次的，补贴比例为 6%，选择最高缴费档次的，补贴比例下降为 1.7%。财政补贴秉承的原则为少缴少补、多缴多补，这样的补贴方式虽然在数量上看是增加了，但在补贴比例上却是在逐步下降（见表 12-2），可能带来的直接后果是，居民选择较高缴费档次的激励严重不足。

表 12-2　北京市城乡居民养老保险补贴比例变化

缴费档次	补贴比例
1000~2000 元	由 6% 下降到 3%
2000~4000 元	由 4.5% 下降到 2.25%
4000~6000 元	由 3% 下降到 2%
6000~9000 元	由 2.5% 下降到 1.7%

资料来源：北京市人力资源和社会保障局。

① 董克用、施文凯：《从个人账户到个人养老金：城乡居民基本养老保险结构性改革再思考》，《社会保障研究》，2019 年第 1 期，第 3-12 页。

② 马九杰、唐溧、黄建、胡晓霁：《农村人口老龄化、家庭资源限制与养老保险参与》，《保险研究》，2021 年第 3 期，第 84-98 页。

③ 李文武：《城乡居民养老保险缴费和领取待遇方面存在的问题与对策——以沁水县为例》，《黑龙江人力资源和社会保障》，2021 年第 18 期，第 40-42 页。

④ 肖馨怡、陈双慧、吴海波：《常熟市城乡居民养老保险参保缴费档次逆向选择影响因素研究》，《保险职业学院学报》，2022 年第 3 期，第 85-92 页。

（四）个人账户替代率低

养老保险替代率是用来反映退休人员基本生活保障水平的重要指标，它的计算公式是劳动者退休领取的养老金与退休前工资收入之比。替代率越高，说明该项制度对于老年人的保障程度越高。2021 年全国城乡居民每人每月平均领取 191 元，减去基础养老金 93 元，个人账户养老金为 98 元，即使退休前的月收入为每月 1000 元，城乡居民养老保险的替代率也仅为 9.8%。替代率较低的原因，最主要还是缴费档次不高。有研究表明[①]，如果参保人每年按 100 元档次缴费，财政补贴 30 元，按照金融机构人民币存款基准利率 1 年期 1.5% 累计生息，缴费 15 年后开始领取养老金，个人账户每月获得的养老金约为 15.6 元，对比 2020 年的农村居民月人均可支配收入 1427.6 元，替代率为 1.1%，即使缴费水平为每年 200 元，缴费年数提高到 30 年，个人账户的替代率也不足 5%。

个人账户替代率低也体现了个人账户待遇低。城乡居民养老保险待遇由个人账户养老金和基础养老金构成，其中基础养老金全国最低标准最开始为 55 元／月，到 2015 年上调为 70 元／月，到 2018 年上调为 88 元／月，再到 2021 年上调为 93 元，除去基础养老金，个人账户养老金的待遇水平在 2017 年以前仅为 40 元／月，在 2018 年达到 64 元／月，之后虽然一直上涨，但仍然没有达到百元／月的水平。如图 12-2 所示，虽然整体待遇每年都在上涨，但上涨的原因都是在提高基础养老金的基础之上，个人账户养老金在其中所做的贡献一直很小，就目前而言，单纯依靠个人账户养老金的上涨并不能明显提高城乡居民的养老待遇。同时，相比于每月人均 191 元的城乡居民养老保险待遇，2021 年企业退休人员每月平均养老金可以领取 3577 元，足足相差 18 倍之多。

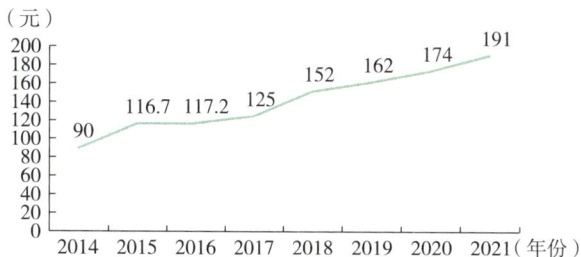

图 12-2　城乡居民养老保险全国月平均领取额

资料来源：根据历年《人力资源与社会保障事业统计公报》整理。

三、个人账户养老金改革的制度逻辑

（一）新业态的发展趋势不可逆转

根据中国就业协会的定义，新业态是指与建立在工业化和现代工厂制度基础上的传统就业方式相区别的就业形态，主要特征是去雇主化和灵活就业。2020 年，国家发展和改革委员会等 13 个部门联合发布的《关于支持新业态新模式健康发展 激活消费市场带动扩大就业的意见》显示，当前各种类型新业态达到 15 种之多。随着信息技术的发展，新的就业形态还会不断涌现。这种新业态的"新"，一是催生出了新的就业领域，使新业态从业人员大量涌现；二是利用新型技术手段，互联网、大数据等技术被广泛应用；三是就业形式灵活多样，就业人员没有用人单位与有多个用人单位的情形并存。具体而言，其发展趋势主要表现在以下几个方面：

第一，线上服务蓬勃发展。由于大数据、互联网等新兴技术应用于生产生活的各个领域，极大地便利了人们的工作、生活，在线教育，人们拿着手机听课，不必坐在教室；互联网医疗，人们在家看病，不必到医院；远程办公，人们不必忍受交通的拥堵，坐在家里就可办公；直播带货，人们足不出户，即可购买心仪的商品。2020 年春节后开工的第一周，也是新冠肺炎疫情突然暴发之后的第一个工作周，实行在线办公的企业规模超过 1800 万家，超过 3 亿人使用在线办公软件[②]。不仅如此，网络平台交易的规模也在不断增长，2021 年全国电子商务服务平台交易额已达 42.3 万亿元，同比增长 19.6%，两年平均增长 10.2%[③]。

第二，大数据、互联网、人工智能与实体经济的深度融合。《中华人民共和国国民经济和社会发展第十四个五年规划和 2035 年远景目标纲要》提出"打造数字经济新优势"，强调"充分发挥海量数据和丰富应用场景优势，促进数字技术与实体经济深度融合，赋能传统产业转型升级，催生新产业新业态新模式"，接下来数字产业化和产业数字化将会快速发展，面对新一轮的技术创新，企业必须进行数字化转型，才能更好地适应未来的数字经济大潮。

第三，新业态对经济的贡献越来越大。根据《中国数字经济发展报告（2022）》的研究，2021 年，我国数字经济规模达到 45 万亿元，占国内生产总值的 39.80%（见图 12-3）。其中 2021 年有 16 个省份数字经济突破 1 万亿元，

---

①　周凤珍、王新月：《城乡居民养老保险个人缴费问题研究》，《山东农业工程学院学报》，2022 年第 1 期，第 62-67 页。
②　资料来源：艾媒咨询的统计数据。
③　资料来源：国家统计局电子商务交易平台。

北京、上海数字经济 GDP 的占比超过 50%，贵州、重庆的数字经济同比增速超过了 20%。预计到 2025 年，数字经济总体规模将会达到 60 万亿左右。这么巨大的经济体量，显然会吸纳大量的就业人口，并创造更多新的就业岗位。早在 2020 年，数字经济在第三产业岗位中的占比就已经高达 60.2%，展现出了较强的就业吸纳能力[1]。可见，随着数字经济的不断发展，新的就业岗位必将不断涌现，就业岗位占比也将不断增加。

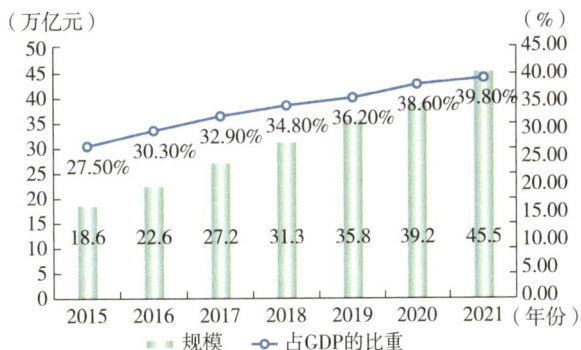

图 12-3　2015～2021 年数字经济发展情况

资料来源：中国信息通信研究院。

（二）经济形态决定社会政策的制度逻辑

经济基础决定上层建筑，经济形态也决定社会政策。社会保障制度是社会经济政治发展到一定阶段的产物，是社会化生产、市场经济正常运行的客观需要。在市场经济运行中，存在着多种风险，比如人的生、老、病、死、失业、伤残等，这些风险集中起来会成为社会问题，整个社会因此可能发生动荡和冲突。建立相应的社会保障制度，显然会对人们遇到的风险、困难以及由此引起的社会矛盾起到某种化解作用。工业化的大生产方式使工人有固定的劳动时间、稳定的工资收入以及雇佣关系，针对社会上年老、疾病、失业、工伤等风险的加剧，现代保险制度的应运而生自然是水到渠成。

而随着数字技术、人工智能、物联网、区块链的蓬勃发展，新的经济形态随之产生。新业态从业者的大量出现打破了以往相对稳定的雇佣关系，部分人没有雇主或没有固定雇主，工作时间和工资收入也不很确定，这与传统的就业形式存在很大的差别，面临的风险也与传统的就业形式不同，这必将迫使针对传统就业模式所产生的社会保险制度做出相应的调整。

在现实经济活动中，数字经济的发展，催生出了网约车司机、外卖人员等新兴职业，推动就业模式由"雇主+

员工"的稳定就业方式向"平台+个人"的灵活就业方式转变。在养老保险方面，职工缴纳的基本养老保险需要用人单位的参与并承担绝大部分的缴费责任，然而灵活就业者用人单位不确定或者没有用人单位，没有固定的劳动关系，不符合城镇职工养老保险的投保条件，也没有雇主承担相应的缴费，使他们要么以自己承担全部缴费的代价参加城镇职工基本养老保险，要么只能选择投保方式更加灵活的城乡居民基本养老保险。根据相关数据，更多的灵活就业人员选择后者进行参保。但是，正如前文所述，城乡居民养老保险的一个主要缺陷是保障水平较低，制度存在的价值和意义更多仅体现在制度层面。

面对如此窘境，正如学者之前的研究，不能要求社会去适应原有的制度，而是要让制度去适应社会的变化，同时在面对新的经济形态对现有社会政策提出新的挑战之时，需要对社会政策进行相应的改革。所以，原来适合于固定就业、固定雇主和固定劳动关系的社会保险制度需要做出应有的调整，以更加灵活的参保形式和缴费方式，来吸纳和激励新业态从业人员进行参保，而城乡居民养老保险制度的兜底性和缴费灵活性恰好适应于这种形式的改革，关键是如何改革才能最大限度地增加制度的吸引力和激励性。

（三）"推动个人养老金发展意见"的政策机遇

2022 年 4 月 21 日，国务院办公厅发布《关于推动个人养老金发展的意见》的通知，提出推动发展适合中国国情、政府政策支持、个人自愿参加、市场化运营的个人养老金。从其出台的背景来看，既有社会经济环境的因素，又有制度自身的问题。社会经济的原因主要是人口老龄化。众所周知，人口结构的老龄化必然导致缴费人口少，领取待遇人口多，这样的一增一减，势必造成养老金的支出压力，国家必须未雨绸缪，寻求更多的养老资源支持未来的养老待遇。制度自身的原因主要是我国养老金结构的失衡。由于受计划经济体制的影响，我国长期以来过于倚重第一支柱的社会基本养老保险，第二支柱的企业年金和第三支柱的私人养老金一直发展不畅，致使养老的负担过于集中在政府的财政支持，长期来看，这种模式绝对不可持续，当然在这其中，也是既有人口的因素，也有经济的原因。因此，在这种背景之下，2020 年 12 月召开的中央经济工作会议第一次明确提出"要规范发展第三支柱养老保险"。而在其后的十九届六中全会和"十四五"规划纲要中都继续提倡大力发展第三支柱养老金。可见，个人养老金发展意见的出台，既是对时代发展的回应，也是对第三支柱养

---

[1]　资料来源：《2021 年中国数字经济就业发展研究报告》。

老金政策的实践探索。

通过对城乡居民个人账户养老金和个人养老金的比较分析，可以明显地看出两者具有诸多共通之处，甚至可以说在性质上是一致的，只不过在名义上城乡居民个人账户养老金属于社会保险，而个人养老金则完全是由市场化运作的私人养老金。其实，无论从产权性质还是从激励机制上，两者具有相似性和共通性是毫无疑问的。在产权性质上，两者都属于私人养老金。《关于建立统一的城乡居民基本养老保险制度的意见》中提到，个人账户养老金有不同的档次，可由参保人自行选择，由个人缴纳形成，属于个人的私有财产。《关于推动个人养老金发展的意见》指出，个人养老金实行个人账户制度，缴费完全由参保人个人承担，实行完全积累，并且购买的产品由自己决定，要承担相应的风险，投资收益归参保人所有，达到领取条件时，参加人可以选择不同的领取方式领取养老金。而在激励机制上，城乡居民养老保险个人账户与个人养老金都不具有强制性，是否缴纳和缴纳多少皆由参保人自行决定，而这主要取决于缴费激励的程度。只不过城乡居民个人账户养老金在缴纳时采取财政补贴的方式，而个人养老金采取税收优惠的方式。

鉴于个人账户养老金自身存在诸多问题，比如缴费档次低、收益率不高、补贴机制不尽合理等，已经阻碍了城乡居民养老保险的发展，并且十分不利于新业态从业人员的参保。因此，城乡居民个人账户养老金应该借助国家大力推动和发展第三支柱养老金的政策机遇，借鉴国内外个人账户养老金的发展经验，大胆进行改革与创新，使之更好地适应数字经济的需求和新业态的发展趋势。

四、个人账户养老金改革的路径选择

（一）分离基础养老金和个人账户养老金

城乡居民基本养老保险是仿照城镇职工基本养老保险的制度模式，实行"社会统筹与个人账户相结合"，初衷是兼顾两者的优势，既能维护社会公平，又要发挥个人自我保障的作用。可是在实施过程中，这种良好的初衷并没有得到有效落实。固然具有"社会统筹"性质的基础养老金有效维护了社会的公平，但是个人账户养老金因其缴费档次普遍偏低，难以形成有效的基金积累，致使个人自我保障的效能没能得到发挥。再者，基础养老金和个人账户养老金是两种性质完全不同的基金，基础养老金完全由政府财政负担，是一种公共年金，而个人账户养老金则主要由

个人缴费积累，完全属于私人性质，将两者硬性捆绑在一起，既没有实质意义，也可能阻碍个人账户养老金的发展。

因此，面对城乡居民基础养老金待遇水平有待提高与个人账户养老金缴费档次偏低的问题，很多学者建议将基础养老金与个人账户分离，尽管其具体思路有所不同。比如有学者主张将个人账户与企业年金合并，构成多支柱养老保障体系第二支柱[①]。也有学者主张将个人账户转化为部分积累制的记账式缴费确定型账户，基金由专业公司进行管理[②]。还有学者认为"统账"分离应该彻底，分离后的个人账户应该建成自愿性的养老储蓄，这样可以根除产权不清、平衡各个制度、推动多支柱养老保障体系发展。

基于这种情况，本报告赞同将"社会统筹"与"个人账户"相分离的政策建议，但是认为应该将分离之后的制度分别建立具有普惠性质的非缴费型养老金和较强激励功能的个人账户养老金。非缴费型养老金的基本功能是保障政策覆盖人群的基本老年生活，具有生活保障的兜底功能。而个人账户养老金应该着力向个人养老金方向发展，使个人账户真正拥有私有产权，通过制定有效的激励机制，吸纳和鼓励居民和灵活就业人员参保，让个人为自己的未来形成有效的资金积累，进而打造中国版的个人退休账户。

（二）完善缴费激励机制

城乡居民个人账户养老金存在问题的主要原因之一是缴费激励机制的不足或无效。其实，缴费激励既包括激励机制本身，即如何激励的问题，也包含为何激励的问题。如何激励是技术层面的问题，而为何激励是政策价值的考虑。在此，需要明确为何激励的原因，才能确立如何激励的问题。正如前文所述，城乡居民养老保险制度的参加者，在收入和就业上多数属于相对弱势群体，在此具有明显的身份特征。国家对待这部分群体，既要在道义和责任上保障他们的老年基本生活，这是基础养老金所要解决的问题，又要想方设法激发他们为自己未来的养老做出一定的贡献或责任，而这个"想方设法"就是参保激励的问题。与此同时，考虑到城乡居民养老保险制度参与者的身份特征，这个激励又不能完全是市场化的行为，必须由政府这只"看得见的手"去支持或推动，因此城乡居民个人账户养老金没有采纳完全市场化机制的税优激励，而是选择了财政补贴的激励方式。

而关于如何激励的问题，学界早有相关研究。比如曾强（2022）鉴于缴费档次的偏低，认为在实际工作中应加强宣传，帮助居民了解这项制度，真正意识到缴费的重要

①　董克用、孙博：《从多层次到多支柱：养老保障体系改革再思考》，《公共管理学报》，2011 年第 1 期，第 1–9 页，第 122 页。

②　中国社会科学院经济研究所社会保障课题组、朱玲：《多轨制社会养老保障体系的转型路径》，《经济研究》，2013 年第 12 期，第 4–16 页。

性，提高缴费积极性[①]。但是，张彩云（2022）认为，现行的补贴政策是越高的缴费档次，补贴率反而越少，为了促进参保人选择更高的缴费档次，补贴率不应低于个人缴费的12%，达到15%更为合适[②]。而对于灵活就业者的补贴激励机制，庞亚聪（2021）认为可以加强待遇水平和缴费年限的联系，对已经缴满15年仍继续缴费的灵活就业人员有一定的补贴或优惠政策[③]，甚至王翠琴和薛惠元（2017）认为可以根据"超额累进"的方法设计个人账户积累额的记账利率和养老金的计发水平，从而鼓励参保者坚持缴费[④]。

上述学者关于缴费激励的建议对本报告具有一定的启发意义，但是本报告认为，鉴于城乡居民养老保险制度要面临数字经济及其带来新业态的冲击，加上国家大力推动个人养老金的政策机遇，城乡居民个人账户养老金的制度建设不能再囿于参保群体缴费能力的低下，而把缴费档次设定在较低的标准。本报告认为可以不再设定缴费档次，仅设定缴费的起点，比如每年缴费最低1000元，然后政府财政给予这个缴费相对优厚的补贴激励，比如按照50%的比例进行补贴500元。如果这样，不出意外可以立即提高个人账户养老金的积累额度，还可以尽到政府的道德责任和政策义务。对于没有缴费能力的城乡居民，政府可以经过一定的经济状况审查，给予全额或部分缴费补贴。而对于具有较强缴费能力的居民，在最低缴费标准以上缴费，可以采用类似于个人养老金的税收优惠。如能这样，缴费档次较低和缴费动力不足的问题将会得到有效解决。

（三）个人账户养老金与个人养老金进行衔接

根据前文所述，个人账户养老金与个人养老金有许多相似之处，在改革推进的过程中，可以将个人账户养老金与个人养老金平台进行对接，在缴费、投资管理、账户转移等方面进行衔接。之所以进行衔接而不是直接将两者融合，或者直接将个人账户养老金直接并入个人养老金，本报告认为两者的参保群体具有不同的身份属性。城乡居民个人账户养老金面向的群体主要是未能参加城镇职工基本养老保险的城乡居民，包括新业态从业人员，从名称或参保对象的范围来看，尽管范围很广，但是具有明显的身份属性，即不包括具有正规劳动关系的城镇职工。而个人养老金的参保群体则没有身份的限制，《关于推动个人养老金发展的意见》明确指出参加范围是："在中国境内参加城镇职工基本养老保险或者城乡居民基本养老保险的劳动者，可以参加个人养老金制度。"也就是说，个人养老金的参保范围覆盖所有劳动者，身份属于"全民所有"。再者，个人养老金明显是第三层次或第三支柱养老金，是对基本养老保险制度的补充。而个人账户养老金尽管其制度属性不甚明确，但从政策意图上看，更类似于第一层次或第一支柱，即便未来通过制度改革，使之成为完全意义上的第三支柱。如果简单地将其并入个人养老金或者将两者融合，在短时间内还不符合国家建立城乡居民养老保险制度的政策初衷。

显然，作为政策的过渡，或者说适应新业态从业人员的参保和顺应国家推动建立个人养老金的潮流，将两者进行衔接并打通，是当前对个人账户养老金改革的明智之举。这里可供借鉴的是美国企业年金与个人退休账户的账户互通和资金互转。相较于企业年金的参加者，美国个人退休账户参加者的收入相对较低或更加不稳定，所以个人退休账户在发展之初效果并不理想，但是随着允许企业年金的账户资金转入个人退休账户，个人退休账户的资金规模才开始逐渐超过企业年金的规模，成为美国资金规模最大的一种养老基金。从资金来源上看，美国的企业年金资金来源于雇主与个人的共同缴费，而个人退休账户则是完全由个人缴费组成。与之类似，从文件内容来看，我国个人养老金的资金完全来源于个人和投资收益，而城乡居民个人账户养老金又包含财政补贴的来源，这样就类似于企业年金或社会养老保险。所以，虽然难以完全将两者进行融合，但将两者进行衔接则是完全有必要的，而且也是个人账户养老金改革优化的政策突破口。

具体到衔接的路径或方式，也是可以借鉴美国企业年金资金转入个人退休账户的经验，个人退休账户里积累的资金完全可以自由地转入个人养老金，然后再通过个人养老金的信息平台，进行账户管理、基金投资和未来的待遇领取。即便随着时代的发展，城乡居民个人账户养老金退出历史的舞台，或者说居民和灵活就业人员根据理性选择放弃参加城乡居民养老保险制度，也可以无障碍地参加个人养老金账户，既有利于个人养老金的资金积累和保值增值，也可以规避灵活就业人员参加城乡居民养老保险制度的户籍限制，促进就业的流动性。

① 曾强：《新时代完善我国城乡居民养老保险制度的思考与探索》，《中国集体经济》，2022年第4期，第7-8页。

② 张彩云：《城乡居民养老保险的优化策略》，《黑龙江人力资源和社会保障》，2022年第7期，第40-42页。

③ 庞亚聪：《城镇灵活就业人员养老保险参保之"困"》，《生产力研究》，2021年第8期，第128-131页。

④ 王翠琴、薛惠元：《城镇职工基本养老保险缴费激励机制的设计、评估与选择》，《江西财经大学学报》，2017年第1期，第69-80页。

五、结论与建议

随着数字时代的到来，新型就业形态已经不可逆转，灵活就业人员也会越来越多。这些新的变化已经给社会保险带来了新的挑战和问题，致使新业态从业人员参加社会保险存在诸多障碍。经济形态决定社会政策。正如工业化大生产催生了现代社会保险制度，未来的数字经济也必然促使社会保险制度随之进行制度调整，以适应新业态的发展。作为一项兜底型制度安排，城乡居民养老保险制度以其承载和吸纳能力成为中国覆盖面最广的养老金制度，又因其缴费的灵活性和自愿性，使其可以成为最为易于转型的养老金制度。所以，本报告从数字经济及其新业态带来的灵活就业人员参加社会养老保险面临诸多困境出发，论证了城乡居民个人账户养老金存在着改革优化的必要性和逻辑性，并结合城乡居民养老保险制度本身存在的问题和国家推动大力个人账户养老金的政策机遇，探索了个人账户养老金改革优化的可能路径。

个人账户养老金的改革是一个系统工程，既有城乡居民养老保险制度本身的问题，也有与个人养老金的关系问题，更有账户资金的管理和投资，以及参保缴费的激励问题，甚至还涉及国家的税收制度和财政资金的供给能力，同时又是国家致力于建设多层次、多支柱养老保障体系的重要组成部分。因此，改革可能会"牵一发而动全身"。尽管如此，面对新经济、新业态带来的种种挑战，养老保险制度不能抱残守缺固守原来的价值理念和制度模式，而是要勇于探索可能的改革路径或方案。

第一，改革城乡居民养老保险制度，分离基础养老金和个人账户养老金。城乡居民养老保险制度的本质是承接未能参加城镇职工基本养老保险的无就业或灵活就业人员，其本质功能是兜住老年生活的底线，同时发挥个人的潜在缴费积累能力。这两个功能之间完全可以进行分割，

基础养老金回归保基本的本能，将其逐步打造为普惠性的非缴费型养老金，而个人账户养老金则是发挥汇集和积累未来养老资产的功能，逐步转型为第三支柱养老金的重要组成部分。按照世界银行的分类标准，基础养老金属于零支柱，个人账户养老金属于第三支柱，将两者进行分类，具有必要性和科学性。

第二，加大财政补贴力度，完善缴费激励机制。对于个人账户养老金积累额度不高和替代率偏低问题的主要原因，学界普遍认为是缴费激励机制的不尽合理和力度不够充足。正如前文所述，城乡居民个人账户养老金不同于完全市场化的个人养老金，其具有很强的身份属性，所以政府提供财政支持具有一定的道德价值和法理属性。所以，在财政补贴力度和缴费激励的制度设计上，应该具有更大的力度。本报告因此建议废除缴费档次的设置，仅设置一个最低的缴费标准，然后对缴费的参保人员进行一定比例的缴费补贴，对于超过最低标准的缴费再借鉴其他个人账户养老金的发展经验，给予一定的税收优惠。

第三，创新个人账户养老金与个人养老金的衔接路径，打通两个账户的制度壁垒。个人账户养老金未来的基金积累，不仅取决于个人的缴费和政府财政补贴，还有赖于账户资金的投资收益。由于当前个人账户养老金尚无合适的投资策略和渠道，本报告建议可以将个人账户养老金与新近出台的个人养老金进行衔接，打通两个账户的壁垒，使个人账户资金可以无障碍地转入个人养老金，然后利用国家为个人养老金建立的信息平台对账户资金进行管理和投资运营。这样既解决了个人账户养老金投资收益率偏低的问题，也有助于增加个人养老金的投资数量，进而形成规模优势，增加投资收益，为个人账户养老金形成一个新的资金来源。

分报告十三
企业年金个人账户发展历程及改进建议

一、概述

1993 年 11 月,党的十四届三中全会《关于建立社会主义市场经济体制若干问题的决定》提出了实行"统账结合"的基本养老保障制度,确定了现收现付的社会统筹基金和完全积累的个人账户基金的基本养老保障模式,即第一支柱基本养老保险账户模式的确立,同时也首度明确提出了建立多层次的养老保险体系。1995 年《关于深化企业职工养老保险制度改革的通知》(国发〔1995〕6 号)提出,可由企业和个人自主选择企业补充性养老保险和个人储蓄性养老保险的经办机构,即鼓励建立第二和第三支柱。同年 12 月,原劳动部下发的《关于建立企业补充养老保险制度的改革意见》(国发〔1995〕464 号)明确提出补充养老保险采用"个人账户"的方式进行管理,确立了企业补充养老保险的基本政策框架。2000 年,国务院颁布的《关于完善城镇社会保障体系的试点方案》(国发〔2000〕42 号)中,将企业补充养老保险正式更名为"企业年金"。2004 年的《企业年金试行办法》(劳社部发〔2004〕20 号)规定企业年金基金实行完全积累并采用个人账户方式进行管理,再次明确了我国企业年金个人账户的基本模式。从 1993 年至今历经 29 年的发展,第一支柱基本养老保险中的个人账户和第二支柱的企业年金个人账户搭建起了我国养老保障体系中的最基本构架。截至 2022 年第二季度末,全国共有 123325 家企业建立了经规范备案的企业年金制度,合计管理企业年金个人账户 2954.23 万个,涉及 1847 个企业年金计划,对应积累企业年金基金资产 27567.67 亿元[①]。

本报告分别从我国企业年金个人账户建立过程、企业年金个人账户基本结构发展过程、从 2001 年起历年企业年金个人账户数量增长情况、企业年金基金账户管理人资质机构管理规模情况、企业年金基金账户存在的问题及对第三支柱养老金个人账户的启示和建议这五个方面进行呈现。

二、企业年金个人账户建立过程

(一)企业年金制度建立探索期(1991~1995 年)

改革开放以来,国企改革的步伐从未停止过。随着形势的发展和改革的深入,国务院适时出台了《关于企业职工养老保险制度改革的决定》(国发〔1991〕33 号),文件首次指出,要逐步建立起国家基本养老保险、企业补充养老保险与职工个人储蓄型人寿保险相结合的三支柱养老保障体系,确立了企业年金的社会保障地位。国务院又于 1995 年出台了《关于深化企业职工养老保险制度改革的通知》(国发〔1995〕6 号),文件进一步指出,在国家政策指引下,企业及其员工依法参加基本养老保险后,可以根据本企业实际运营状况,为职员建立补充养老保险计划,该计划由企业及其职员自主选择经办机构。该文件明确了我国建立补充养老保险的必要前提是按规定缴纳基本养老保险,但其计划的建立非强制性。同年,原劳动和社会保障部出台《关于建立企业补充养老保险制度的意见》(劳社部发〔1995〕464 号),该文件指出企业年金计划的建立条件、资金筹集、实施主体、计发办法、监督管理和

决策机制等相关指导性意见，指明了我国企业补充养老保险实行完全积累并采用个人账户方式进行管理，属于"缴费确定型"（DC 型）的完全积累式分账管理制度。

（二）企业年金试点时期（1995~2004 年）

国务院于 2000 年出台《关于完善城镇社会保障体系的试点方案》（国发〔2000〕42 号），首次正式使用"企业年金"称谓，税收政策方面规定了企业建立企业年金时，企业缴费部分在职员工资总额 4% 以内的，可以从成本中列支，并且要求企业年金基金实行市场化运营管理的基本原则和政策。辽宁省于 2002 年印发了《辽宁省城镇企业职工企业年金试行办法》，这一试点办法的有效实施，有力地推动了我国企业年金制度的发展。通过此次试点，国务院发布《国务院批转劳动保障部等部门关于辽宁省完善城镇社会保障体系试点情况报告的通知》（国发〔2003〕6 号文），充分肯定辽宁省试点中的成绩和效果，进一步在吉林、黑龙江两省扩大试点范围，并要求其他有条件的省市借鉴推广。

其中，1995～1999 年，中央及地方经济效益较好的企业纷纷根据自身情况建立了不同层次的企业补充养老保险业务，社会劳动保障部门、商业保险公司及部分有实力的企业机构利用自保机制涉足补充养老保险业务领域。这一期间，国家允许地方根据自身财力状况，给予补充养老保险不超过上年工资总额 4%~15% 企业所得税税前扣除优惠，使补充养老保险业务获得了有力的政策支持，形成了我国补充养老保险发展历程中的小高峰。而这期间的企业员工补充养老个人账户多由制度建立企业通过自行建立内部台账的形式得以记录，没有对应行业规范和标准，涉及的 IT 系统也多以自建为主。但由于补充养老保险业务属于新生事物，经验不足，业务发展中出现了多头经营、监管真空及部分职工权益难以得到保障等诸多问题。1999 年底，国务院对补充养老保险市场进行了清理整顿，将包括石油、煤炭等 11 个部门和单位经办的企业补充养老保险纳入社会养老保险，由原劳动和社会保障部管理。其他行业的企业补充养老保险归属商业保险，由中国保监会监管。这一期间，社会保障部门受托管理的 11 个部门和单位的企业补充养老保险业务均在 2004 年之后转为企业年金，超百亿元的托管资金规模使企业年金成为补充养老保险业务的绝对主体。

（三）企业年金制度的确立与推进时期（2004~2013 年）

2004 年 1 月 6 日，原劳动和社会保障部（现为人力资源和社会保障部）颁布《企业年金试行办法》（劳社部发〔2004〕20 号）（以下简称《办法》），是对国发〔2000〕第 42 号文中制定的企业年金制度的进一步明确。该《办法》规定，企业年金方案需由企业与工会或职工代表集体协商制定，国有及国有控股企业则需提交职工代表大会讨论通过；企业缴费每年不超过本企业上年度职工工资总额的 1/12，企业和职工个人缴费合计一般不超过本企业上年度职工工资总额的 1/6。

同年 2 月 23 日，原劳动和社会保障部与银监会、证监会、保监会联合颁布《企业年金基金管理试行办法》（劳社部发〔2004〕23 号），对企业年金基金的受托、托管、投资管理和账户管理进行规范明确。此外，相继出台了《关于企业年金基金证券投资有关问题的通知》《企业年金基金证券投资登记结算业务指南》《企业年金基金管理运作流程》《企业年金基金管理运营机构资格认定暂行办法》等一系列配套文件。至此，两个《试行办法》和一系列配套措施的颁布，形成了以两"法"为主线，以基金投资、登记结算、运作管理、资格认定等细则为配套补充的我国当前企业年金制度基本框架，标志着我国全面开始推进企业年金制度发展。

2005 年 8 月，11 家商业机构成为首批原劳动和社会保障部核准的企业年金基金账户管理人，开始为规范化建立企业年金制度的企业提供企业年金个人账户记录的商业化、市场化服务，并按照所记录账户的数量在监管部门规定的价格上限（每个人账户每月最高收取 5 元账户管理费）以下收取账户管理费。

（四）企业年金税收优惠政策 EET 模式得以最终确立（2013 年末至今）

2013 年 12 月 6 日，财政部、人力资源和社会保障部、国家税务总局联合发布《关于企业年金 职业年金个人所得税有关问题的通知》（财税〔2013〕103 号）（以下简称"103 号文"），确立了我国企业年金税收政策的 EET 模式，开启了企业年金发展的新时代。在"103 号文"实施后，我国的企业年金已进入 EET 时代。以 2014 年 1 月 1 日为界，企业年金分为 TTE 和 EET 的两个不同阶段，两个阶段年金的缴费与领取时的税收处理规则均不相同，为清晰管理，避免后续领取时税收处理问题，需要对"103 号文"实施前后的年金资产实行分阶段单独账户管理。这就直接影响到了各个账户管理人对企业年金个人账户的记录方式，重新对 2013 年底之前的历史缴费做账户处理和标注。

但由于配套政策的缺失，以及对企业年金缴费与领取税收处理的理解差异，监管部门与年金管理机构难以协调一致，导致已经建立年金的企业，缴费与领取遇到无法正常进行的困难，甚至计划即期建立年金的企业也暂缓了实施进程。2014 年 9 月 5 日，深圳市地方税务局发布了《深圳市地方税务局企业年金个人所得税申报纳税操作指引》（以下简称《指引》），这是自"103 号文"发布以来，全国地税系统第一个操作指引。据悉，《指引》得到了国家税务总局的认可。这一"指引"在相当程度上代表了目前地方税务部门对"103 号文"执行的细则与要求。随后，各企业年金账户管理人机构依据深圳做法，对企业年金个人账户记录形式做出了相应调整。2018 年 12 月 27 日，财政部、国家税务总局印发《关于个人所得税法修改后有关优惠政策衔接问题的通知》（财税〔2018〕164 号）（以下简称"164 号文"）对"103 号文"的第三条第 1 项和第 3 项进行了废止，"164 号文"自 2019 年 1 月 1 日起执行。于是，各企业年金基金账户管理人根据"164 号文"要求，调整领取阶段的"按年分期""出境定居一次性""死亡后继承者一次性"的计税计算形式（见表 13-1）。

表 13-1 "164 号文"前后支付方式变化

支付方式	"164 号文"发布前	"164 号文"发布后
按月分期	按月度所得税税率表计算	按月度所得税税率表计算
按季度分期	分摊按月度所得税税率表计算	按月度所得税税率表计算
按年分期	分摊按月度所得税税率表计算	按综合所得税税率表计算
出境定居一次性	分摊按月度所得税税率表计算	按综合所得税税率表计算
死亡后继承者一次性	分摊按月度所得税税率表计算	按综合所得税税率表计算

注：月度税率表和综合所得税率表参见表 13-2 和表 13-3。
资料来源：笔者整理。

表 13-2 月度所得税税率

级数	全年应纳税所得额	税率（%）	速算扣除数（元）
1	不超过 3000 元的	3	0
2	超过 3000 元至 12000 元的部分	10	210
3	超过 12000 元至 25000 元的部分	20	1410
4	超过 25000 元至 35000 元的部分	25	2660
5	超过 35000 元至 55000 元的部分	30	4410
6	超过 55000 元至 80000 元的部分	35	7160
7	超过 80000 元的部分	45	15160

资料来源：笔者整理。

表 13-3 综合所得税税率

级数	全年应纳税所得额	税率（%）
1	不超过 36000 元的	3
2	超过 36000 元至 144000 元的部分	10
3	超过 144000 元至 300000 元的部分	20
4	超过 300000 元至 420000 元的部分	25
5	超过 420000 元至 660000 元的部分	30
6	超过 660000 元至 960000 元的部分	35
7	超过 960000 元的部分	45

资料来源：笔者整理。

三、企业年金个人账户基本结构发展过程

企业年金账户体系建设是企业年金业务发展中的一个重要组成部分。截至 2022 年，企业年金账户体系伴随企业年金业务的发展已经走过了 20 多个年头，在这 20 多年中，随着企业年金业务发展的不断完善和进步，企业年金账户体系大体经历了四个发展阶段，以下对四个发展阶段的发展历程进行说明。

（一）固定账户阶段

2004 年 1 月 6 日，随着劳社部发〔2004〕"20 号文"的出台，即《企业年金试行办法》的发布，以银行行业为首的大型金融机构纷纷启动建设企业年金账户管理系统。一方面积极准备申请企业年金账户管理人资格，另一方面积极为业务运营做准备。当时系统建设中由于缺少明确的法规指导及运营场景指导，因此普遍采用固定账户方式，即在资金账户和投资账户的基础上将账户固定设置为六个账户，分别为个人税前账户（由个人税前缴费形成）、个人税优账户（由个人税优缴费形成）、个人税后账户（由个人税后缴费形成）、企业税前账户（由企业税前缴费形成）、企业税优账户（由企业税优缴费形成）、企业税后账户（由企业税后缴费形成），分别存放对应性质的缴费信息及缴费投资信息。在此阶段中，因没有明确的企业年金税收法规指导，企业普遍对账户和税收划分概念性不强，各企业缴费账户存放相对比较混乱，经常出现税前金额存放在税后账户或税优账户的情况。固定账户阶段的账户逻辑关系如表 13-4 所示。

表 13-4　固定账户阶段的账户逻辑关系

	个人税前账户	个人税优账户	个人税后账户	企业税前账户	企业税优账户	企业税后账户
资金账户	资金余额	资金余额	资金余额	资金余额	资金余额	资金余额
投资账户 A	投资组合份额	投资组合份额	投资组合份额	投资组合份额	投资组合份额	投资组合份额
投资账户 B	投资组合份额	投资组合份额	投资组合份额	投资组合份额	投资组合份额	投资组合份额

资料来源：笔者整理。

（二）自定义账户阶段

2005 年之后企业年金经历了一段快速发展期，企业的年金业务需求也在逐步发生变化，尤其是参加年金计划的大型企业，对账户设置要求越来越高，原有的固定账户模式已不能很好地满足企业的需求。2007～2009 年，各金融机构对企业年金账户管理系统进行了较大的改革调整，基本推翻了原有的固定账户模式，普遍开始采用自定义账户模式，自定义账户的出现大大提高了业务处理的灵活性，同时对于大型企业的年金计划运营做到了很好的满足，自定义账户的先进之处在于账户管理系统对账户管理进行了单独抽取，将原有的六个固定账户作为初始化账户，同时可在初始化账户的基础上进行自定义无限扩展，以此满足企业个性化缴费存储要求。自定义账户阶段的账户逻辑如图 13-1 所示。

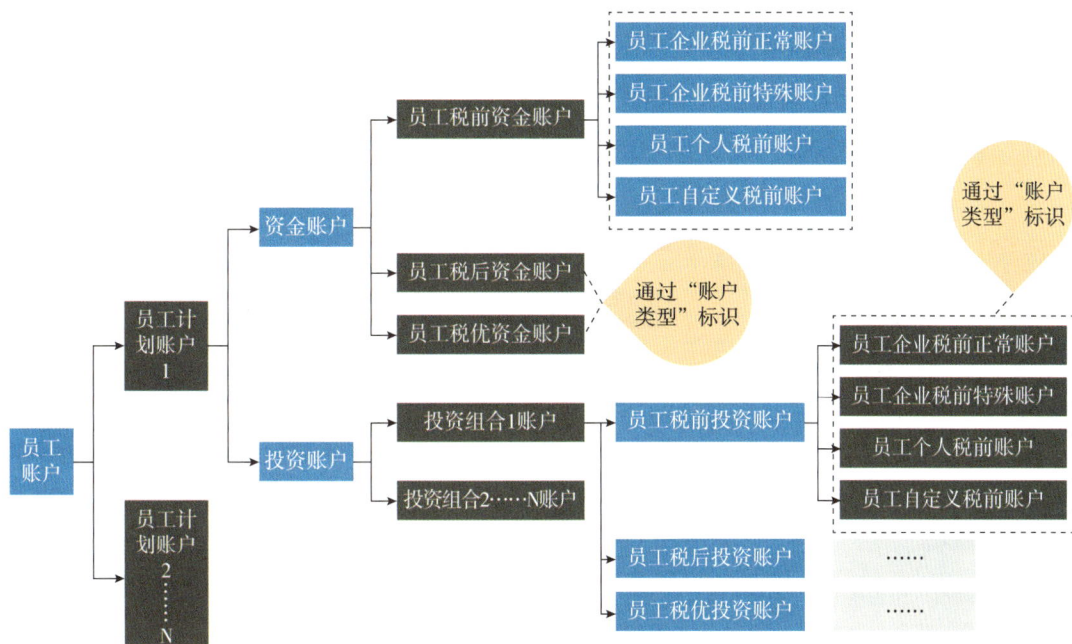

图 13-1　自定义账户阶段的账户逻辑

资料来源：笔者整理。

（三）税收确定账户阶段

2013 年 12 月财政部、国家税务总局、人力资源和社会保障部联合发布《关于企业年金 职业年金个人所得税有关问题的通知》（财税〔2013〕103 号），以下简称"103号文"，"103号文"明确了个人年金缴费延税缴费部分和非延税缴费的划分，并对支付时个人税收的计算做了说明，同时也对年金账户有了明确的划分，各账户管理人为方便管理及税收计算，将整体账户划分为"103号文"实施前账户和"103号文"实施后账户，"103号文"实施后账户是在原账户基础上新设定了员工个人延税缴费账户（由"103号文"实施后个人未纳税部分缴费形成）、员工个人税后缴费账户（由"103号文"实施后个人已纳税部分缴费形成）、员工企业延税缴费账户（由"103号文"实施后企业未纳税部分缴费形成）、员工企业税后缴费账户（由

"103号文"实施后企业已纳税部分缴费形成）四个账户。"103号文"的发布，是中国企业年金发展历史上一个重要里程碑，明确了账户结构建设的同时弥补了企业年金业务全生命周期中未有纳税环节的不足。税收确定阶段账户逻辑如图13-2所示。

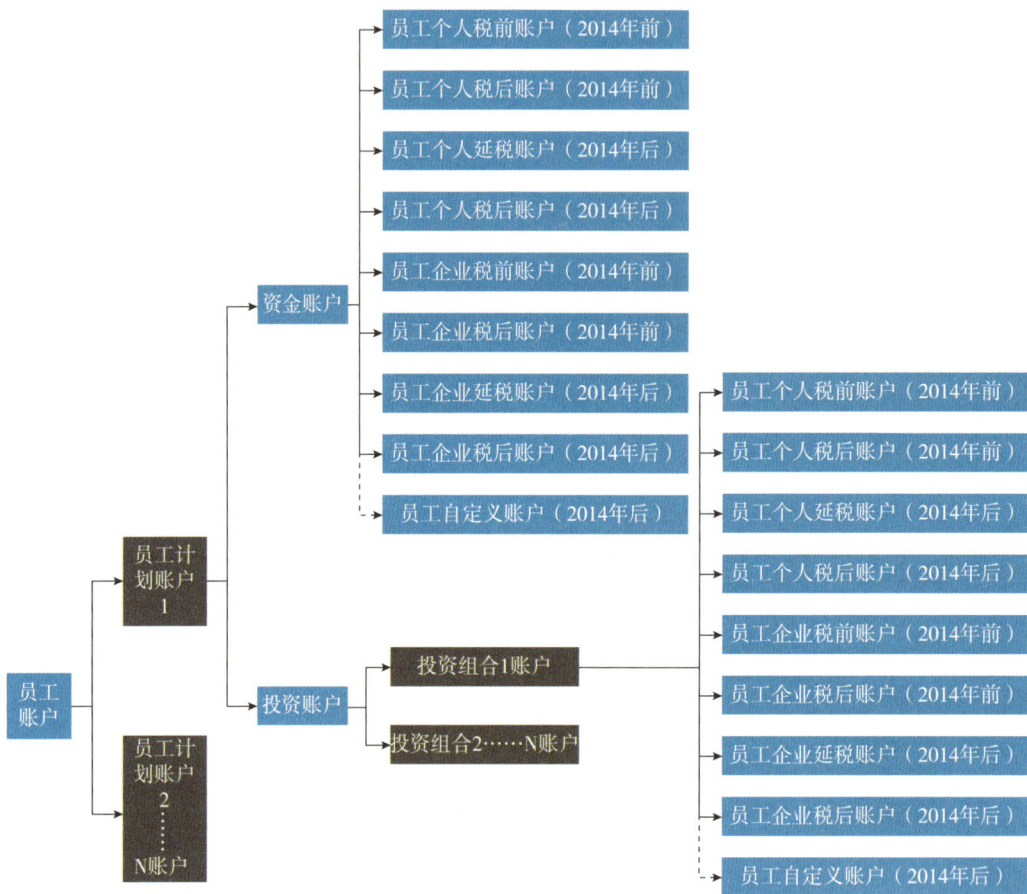

图 13-2　税收确定阶段的账户逻辑

资料来源：笔者整理。

（四）企业年金职业年金账户互转阶段

2015年3月国务院办公厅印发《机关事业单位职业年金办法的通知》（国办发〔2015〕18号），以下简称"18号文"。"18号文"的发布，明确了职业年金的缴费来源、缴费限额及资金组成，因考虑参加职业年金事业单位的不同性质（财政非全额拨款单位和财政全额拨款单位）以及政策实施前后缴费方式不同，整体上职业年金账户分为改革前账户及改革后账户，同时在每类账户基础上又划分为实账部分和虚账部分，员工职业年金账户管理体系如图13-3所示。

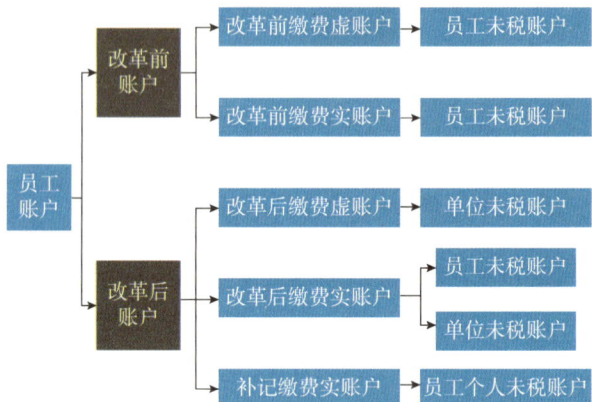

图 13-3　员工职业年金账户管理体系

资料来源：笔者整理。

进一步地，考虑到人员跨体制跨部门流动，比如个人从机关事业单位流动到建立年金计划的企业时，又对企业年金和职业年金分别建立对应账户进行记录，整体账户逻辑如图 13-4 所示。

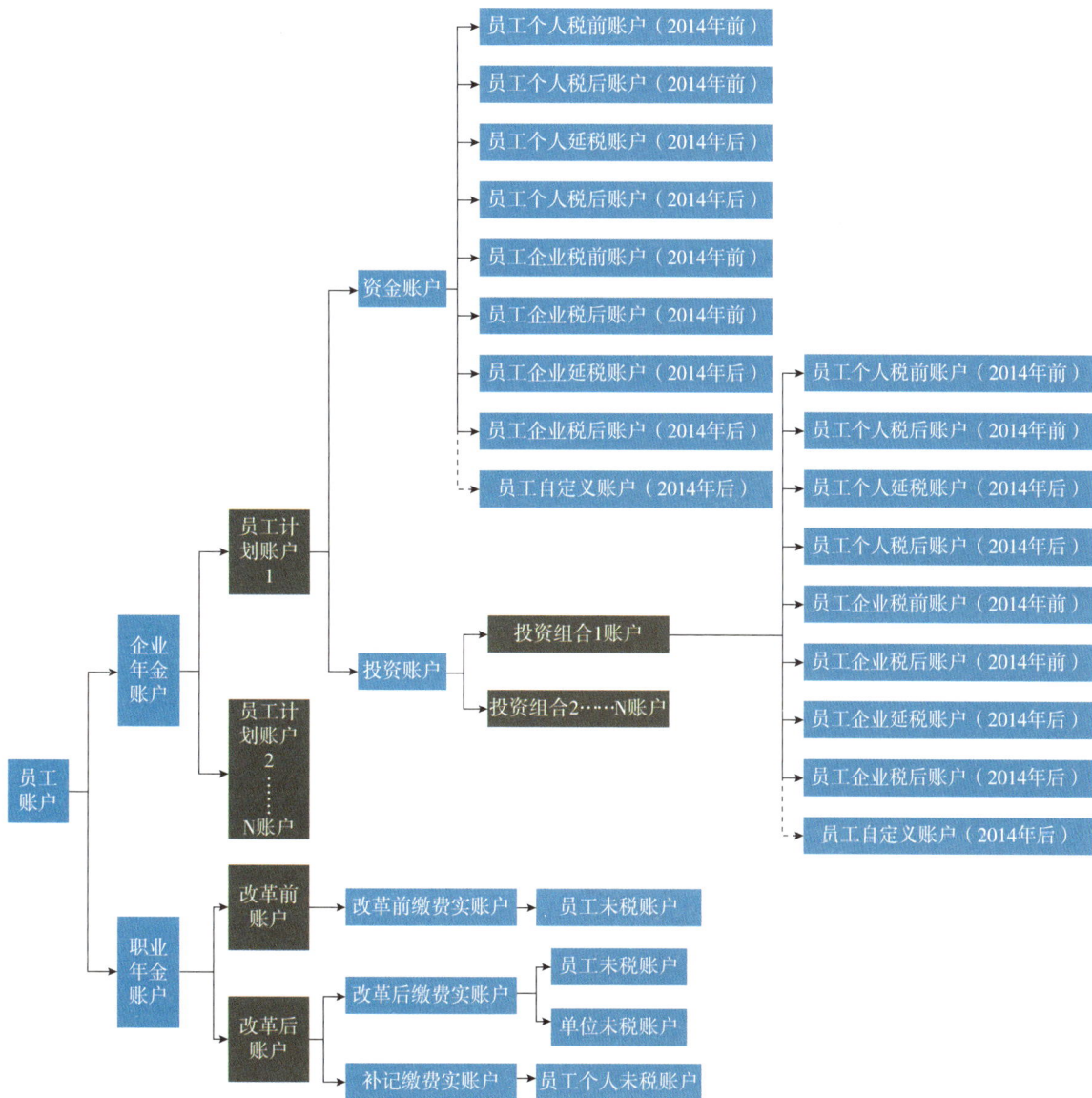

员工账户

企业年金账户
- 员工计划账户1
- 员工计划账户2……N账户

职业年金账户
- 改革前账户
- 改革后账户

员工计划账户1：
- 资金账户
  - 员工个人税前账户（2014年前）
  - 员工个人税后账户（2014年前）
  - 员工个人延税账户（2014年后）
  - 员工个人税后账户（2014年后）
  - 员工企业税前账户（2014年前）
  - 员工企业税后账户（2014年前）
  - 员工企业延税账户（2014年后）
  - 员工企业税后账户（2014年后）
  - 员工自定义账户（2014年后）
- 投资账户
  - 投资组合1账户
    - 员工个人税前账户（2014年前）
    - 员工个人税后账户（2014年前）
    - 员工个人延税账户（2014年后）
    - 员工个人税后账户（2014年后）
    - 员工企业税前账户（2014年前）
    - 员工企业税后账户（2014年前）
    - 员工企业延税账户（2014年后）
    - 员工企业税后账户（2014年后）
    - 员工自定义账户（2014年后）
  - 投资组合2……N账户

职业年金账户：
- 改革前账户
  - 改革前缴费实账户 → 员工未税账户
- 改革后账户
  - 改革后缴费实账户 → 员工未税账户、单位未税账户
  - 补记缴费实账户 → 员工个人未税账户

图 13-4 企业年金职业年金账户互转阶段的账户逻辑

资料来源：笔者整理。

企业年金账户体系作为对个人年金权益类账户的记录载体，在伴随企业年金、职业年金业务的发展中不断进行扩展完善，已经形成一套较为灵活的账户结构体系，这对于满足中国的年金业务发展起到了积极作用。企业年金账户体系的不断发展完善归结于行业内先驱资质运营机构及账户管理系统开发商共同创造的结果。在固定账户阶段，以中国工商银行、光大银行、招商银行为首的一系列有创新性及前瞻性运营机构在不断对政策及业务研究的同时，积极探索企业年金账户体系设置的合理性和前瞻性。同时，还有部分资质机构，积极引入国外企业年金账户管理系统，以期快速借鉴国外账户管理经验，这都为企业年金账户体系的进一步发展奠定了良好基础。2007 年，某知名 IT 技

术企业结合国内先进运营机构对企业年金账户记录服务业务的先进经验，提出建设自定义账户体系并将其融入最新的企业年金账户管理系统建设中，这个模式在市场快速获得响应，此 IT 技术企业随后获得了多数企业年金账户管理资质机构的拥趸。至此，企业年金账户体系建设顺利过渡到了自定义账户阶段，对企业年金账户体系发展具有里程碑意义。2013 年之后，该企业年金账户系统开发商产品在企业年金账户管理资质机构中占有 75% 的市场份额（其他为机构自建系统）。在此基础上，该企业年金账户系统开发商与各大主流企业年金账户管理机构共同研讨"103 号文"内容，进而提出了"103 号文"实施后企业年金账户建设体系，顺利将企业年金账户体系建设推向了税收确定账户阶段，之后的企业年金职业年金账户互转阶段作为年金发展的新阶段，并未对原有的账户体系形成较大的冲击，这与前面三个阶段的成熟发展密不可分。

四、历年企业年金个人账户数量增长情况

根据人力资源和社会保障部公布的企业年金数据等相关资料，参与企业年金的企业数量（2001 年开始公开相关资料）由 2001 年的 1.75 万个增长至 2021 年末的 11.75 万个，20 年间增长到 6.7 倍。其中，2011 年修订了《企业年

金基金管理办法》，明确了企业年金的法律原则，为其提供了基本的法律保障，企业数量在 2012 年末突破 5 万个。2013 年颁布的《关于扩大企业年金基金投资范围的通知》和《关于企业年金养老金产品有关问题的通知》，进一步扩大了企业年金的投资范围，促进了企业年金覆盖面的扩大，到 2020 年企业数量突破 10 万个。

参与年金的职工人数由建立初期的 655.8 万人增长至 2021 年末的 2875 万人，发展的 20 年间增长到 4.38 倍。2000 年 12 月，国务院颁布《关于完善城镇社会保障体系的试点方案》，第一次正式将企业补充养老保险更名为企业年金，同时在试点方案中明确了企业年金的缴费方式、市场化运营管理的原则性规定。2004 年《企业年金试行办法》的出台确定了中国企业年金未来的发展框架，对于企业年金治理结构、管理和运作等做出了细则规定。至此，企业年金的人数呈现出直线增长的态势。2008 年末参与企业年金的职工人数为 1038 万人，首次突破千万量级。随后仅过了 5 年时间，第二次突破第二个千万量级即 2013 年末参与企业年金职工人数为 2056 万人。但在 2014~2017 年，呈现出平稳的增长态势。2018 年开始呈现出有规律的线性增长，每年平均增长 150 万人（见图 13-5）。

图 13-5　2001~2021 年全国企业年金参加企业数和职工人数

资料来源：笔者绘制。

需要强调的是，之所以企业年金基金个人账户的数量在 2014~2017 年没能有实质增长，主要包含了三方面原因：一是"103 号文"的配套地税文件迟迟没能大范围的落地，给部分有即期计划建立企业年金制度企业造成了困扰，延缓了其建立企业年金制度的进程；二是自 2005 年末企业年金开始规范化、市场化运作后，各类国有企业，

尤其是合计占年金资产规模比例超过 80% 的国务院国资委统辖的央企、中央金融企业（大型国有行、国股行、国有保险集团等）基本在 2013 年之前其自身企业年金计划均已建立且已经运行一段时间了，相关企业人员增长放缓，而后续逐步建立企业年金计划的企业也多是地方国企，要么早就建立制度，要么其人员规模有限；三是个别

企业年金账户管理资质机构利用其企业年金基金账户管理系统记录非规范化（非正式报备备案的企业年金计划）、非标准化的"类年金计划""员工储蓄养老计划""员工福利计划"，将其中对应的个人权益账户数有意无意地统计在"企业年金基金个人账户"项下，造成了 2014 年之前企业年金个人账户总数出现了部分虚增，人社部在发现这一问题后，综合考虑多方面因素，通过时间交换空间，将后续个人账户真实新增替换了之前的虚增部分，也经过了三年时间得以"消化"。

2001 年企业年金个人账户对应的企业年金基金资产规模为 191 亿元，经过 20 年的发展至 2021 年末增加到 138 倍，积累基金 26406 亿元。2007 年企业年金积累基金 1519 亿元，首次突破千亿元大关，耗时八年。2007 年后，累积基金走势呈现出直线增长的态势，2016 年企业年金积累基金达 11075 亿元，首次突破第一个万亿元大关，耗时 17 年。此后，由于工作水平提升、缴费自然增长和投资收益的不断积累，仅过了四年时间，2020 年末企业年金累积基金达 22497 亿元，突破两万亿元大关。按照趋势预测，2023 年就会突破 3 万亿元（见图 13-6）。

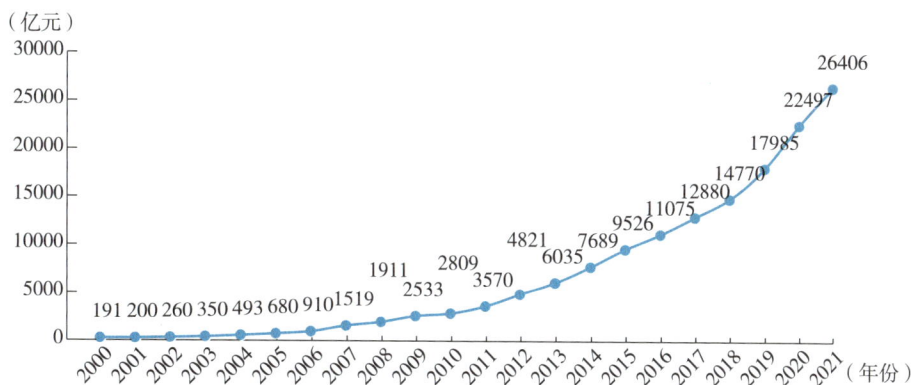

图 13-6　2000~2021 年全国企业年金积累基金

资料来源：笔者绘制。

五、企业年金基金账户管理人资质机构管理规模情况

2005 年 8 月，原劳动和社会保障部公布了第一批企业年金基金管理机构（2005 年劳动和社会保障部通告第 5 号），共有 11 家金融机构取得了企业年金基金账户管理人资格，分别是：中国工商银行、交通银行股份有限公司、上海浦东发展银行、招商银行股份有限公司、中国光大银行、中信信托投资有限责任公司、华宝信托投资有限责任公司、新华人寿保险股份有限公司、中国人寿保险股份有限公司、中国太平洋人寿保险股份有限公司、泰康人寿保险股份有限公司。可以看出，银行系 5 家、保险系 4 家、信托系 2 家。

2013 年 11 月，人社部函〔2013〕"222 号文"将原有的企业年金基金账户管理人资格增加，并整合 3 个账户管理机构资格，即太平养老保险股份有限公司和中国农业银行股份有限公司增加账户管理机构资格，而中信信托有限责任公司将账户管理机构资格转移给中信银行股份有限公司。

2016 年 2 月，人社部发〔2016〕"8 号文"认定建信养老金管理公司企业年金基金受托管理、账户管理、投资管理资格，自通告发布之日起生效。建设银行企业年金基金受托管理、账户管理资格，自 2017 年 1 月 1 日起失效。

2018 年 6 月，人社部函〔2018〕"64 号文"公布增加 1 个企业年金基金账户管理机构资格，即中国人民养老保险有限责任公司取得账户管理人资格。同时，新华人寿保险股份有限公司的企业年金基金账户管理机构资格的有效期至 2019 年 6 月 30 日止。新华人寿保险股份有限公司将企业年金基金账户管理机构资格转移给新华养老保险股份有限公司。

2021 年 10 月，人社部网站更新企业年金基金账户管理人资格 18 家。其中，银行系 10 家，分别为中国光大银行股份有限公司、交通银行股份有限公司、建信养老金管理有限责任公司、上海浦东发展银行股份有限公司、中国工商银行股份有限公司、中国民生银行股份有限公司、中国农业银行股份有限公司、中国银行股份有限公司、招商银行股份有限公司、中信银行股份有限公司；保险系 7 家，分别为长江养老保险股份有限公司、平安养老保险股份有限公司、泰康养老保险股份有限公司、太平养老保险股份有限公司、新华养老保险股份有限公司、中国人民养老保险有限责任公司、中国人寿养老保险股份有限公司；信托系 1 家，为华宝信托有限责任公司。就企业账户数量而言，

截至 2021 年末，银行系为 94455 个，占比 80.36%；保险系为 9075 个，占比 19.29%；信托系为 396 个，占比 0.35%。再来看个人账户数量的分布，银行系为 24348780 个，占比 84.68%；保险系为 4142669 个，占比 14.41%；信托系为 260969 个，占比 0.91%。截至 2022 年第二季度，企业账户数和个人账户数的分布如表 13-5 所示。

表 13-5　企业账户数和个人账户数的分布　　　　　　　　　　　　　　　单位：个

企业年金基金账户管理机构	2022 年第二季度	
	企业账户数量	个人账户数量
中国光大银行股份有限公司	3966	814319
中国工商银行股份有限公司	45789	12276418
交通银行股份有限公司	7645	1248710
上海浦东发展银行股份有限公司	2224	257796
招商银行股份有限公司	7533	2097892
中信银行股份有限公司	985	318632
华宝信托有限责任公司	404	268759
新华养老保险股份有限公司	311	32091
建信养老金管理有限责任公司	11840	3738363
中国民生银行股份有限公司	639	169237
中国银行股份有限公司	14037	3775748
中国人寿养老保险股份有限公司	14259	2400385
泰康养老保险股份有限公司	1138	263646
平安养老保险股份有限公司	1269	475249
长江养老保险股份有限公司	6156	1029506
太平养老保险股份有限公司	425	86825
中国农业银行股份有限公司	4688	285618
中国人民养老保险有限责任公司	17	3137
合计	123325	29542331

资料来源：人力资源和社会保障部网站。

六、存在的主要问题及启示和建议

（一）主要问题

1. 至今还未能形成统一的企业年金个人账户设立规范

从本报告前两部分的叙述中可以看出，我国企业年金个人账户建立的过程复杂，建立之初并没有充分考虑到缴

费所属、税收优惠政策演变等诸多相关问题，致使企业年金基金个人账户没有统一的账户设立标准，从而导致账户结构复杂，尤其是早期建立的企业年金计划（这也是存量企业年金计划规模高占比的部分），部分早期建立企业年金制度的企业受限于其历史原因还设立了不少个性化账户。

2. 数据缺乏政府层面的强制备份机制

企业年金基金个人账户数据没有对资质账户管理人机构的政府层面的强制备份机制，一旦账户管理人系统运维失控、角色更迭等造成数据传送有误，外部灾难等造成数据泄露或丢失，其对应的账户信息损失可能无法挽回。

《企业年金基金管理办法》于 2011 年 2 月由人力资源社会保障部、银监会、证监会、保监会令第 11 号公布，后根据 2015 年 4 月《人力资源社会保障部关于修改部分规章的决定》（修订）明确了账户管理人管理的企业年金个人账户信息要"按照国家规定保存企业年金基金账户管理档案自合同终止之日起至少 15 年"。显然，这一规定是否全面还值得商榷。比如，如果某企业更换企业年金账户管理人，原管理人就会把数据转给新管理人，而随着时间的推移，原管理人可能就不再保留该企业的年金个人账户信息。问题是新企业年金账户管理人日后一旦发现来自原管理人的相关信息有误或遗漏，可能就无法补救。

3. 账户管理人的失职失责风险

企业员工退休后一旦进入个人账户基金领取阶段，将涉及企业年金待遇领取的个人所得税处理问题。就目前而言，所有的缴税依据仅仅来自其账户管理人机构。如果机构有记录错误、数据遗漏等，那么可能导致个人企业年金权益受损，或者造成领取阶段的国家税收损失。

（二）对策建议

基于前文分析，企业年金基金账户体系需要进一步规范，特别是在账户转换上由国家制定统一的标准。另外，员工离职导致原单位停缴其企业年金，其原单位会从"免责"角度出发，可能会对离职员工的"保留账户"年金资产余额进行较为安全但却保守的投资，甚至是以银行存款方式保留操作。这就造成离职员工的年金资产在没有转出时，无法取得原单位年金投资的平均收益。

此外，将第二、第三支柱打通，当员工离职时，如果新入职企业已经建立年金计划，可以选择将原单位年金直接转入；而新入职企业没有建立企业年金制度，可将其原企业年金个人账户积累额，直接转入其第三支柱个人账户。当然这要有配套的税收处理规则，建议这部分资金的转入不受其个人当年第三支柱个人缴费免税额度限制。

分报告十四
从供给侧角度探索企业年金个人投资选择权实现路径

我国第二支柱企业年金计划普遍采用企业投资选择代替个人投资选择权的管理模式，其模式有制度设计谨慎稳妥的考量和特殊的历史成因。随着第二支柱年金规模不断累积、职业年金制度并轨运行，在政策氛围、社会环境、企业意识、个人诉求、机构服务能力等方面助推放开"个人投资选择权"渐具条件。实现个人投资选择权，是打通企业年金保障的"最后一公里"，是面向个人并满足其生命周期和财富储备的有效路径，也是培养个人账户权益和风险意识，确认个人养老责任的重要过程。本报告从政府政策支持和企业、管理机构服务支持的供给角度，分析了海外尤其是美国第二支柱个人投资选择权的优秀实践，结合中国自身发展现状、企业年金账户特点，提出我国实现企业年金个人投资选择权的可行路径，希望通过发挥政府、企业、市场机构三方优势，进一步完善第二支柱养老金管理模式，为构建多层次、多支柱的养老保险体系增加新的引擎。

一、第二支柱账户制养老金与投资选择权紧密关联

我国第二支柱企业年金普遍采用积累制的缴费确定型（Defined Contribution，DC）模式，这也是世界主流国家第二支柱养老金采取的惯行制度。缴费确定型计划以个人账户积累为基础，强调账户资产的独立性和投资者权益，在这样的制度下，如何实现个人账户积累的利益最大化，派生出投资选择权和个人投资选择权如何实现的问题。

目前，投资选择权的实现主要分为集中管理模式和分散管理模式。集中管理模式是企业雇主或者管理机构进行集中投资决策，个人共享所在集体的统一收益率。分散管理模式是雇员个人进行投资选择，承担个人账户的收益和风险，一个账户一个投资收益率[①]。海外第二支柱养老金一般采用分散管理模式，而我国主要采用集体管理模式的企业选择权。

（一）海外第二支柱养老金普遍实现个人投资选择权

海外第二支柱养老金分散管理模式下，个人投资选择权的实现路径主要有以下三种（见表 14-1）：管理机构选择权、投资基金／策略选择权和投资产品选择权。

表 14-1　个人投资选择权的实现路径

模式	模式介绍	采用国家
管理机构选择权	个人选择管理机构，或者在该机构提供的投资组合中进行选择	智利、波兰
投资基金／策略选择权	个人对于养老金融产品的选择有很大自主权。受托人在市场中挑选符合企业要求的基金形成基金池，个人在基金池中选择产品，如股票基金、债券基金、生命周期基金等	美国、英国、瑞典、澳大利亚
投资产品选择权	个人可以直接自由选择公开发行的债券和个股	美国

资料来源：房连泉：《企业年金投资管理改革：放开个人选择权的重要性》，《开发研究》，2017 年第 5 期，第 9-15 页。

---

①　熊军：《养老基金投资管理》，经济科学出版社 2014 年版。

三种模式各有特点。第一种"管理机构选择权"模式以智利为代表，个人可以自主选择养老金管理机构，或在该机构提供的投资组合中进行选择，但该模式易造成投资选择向部分机构集中，影响市场竞争。以智利为例，在启动养老金市场之初，共有24家养老金公司，随着一些公司被兼并或破产，数量迅速缩减到6家，其中，两家外国资本控股公司市场份额高达50%以上[1]，反而可能放大养老金投资风险。

第二种"投资基金选择权"模式是当前海外主流的个人投资选择权实现方式，其中以美国的401(k)计划最为典型。以401(k)为代表的第二支柱账户通常只能投资基金，账户一般会有多种不同的基金类别供个人选择。例如从2010年到2018年的九年间，随着401(k)规模不断增加，不同规模的年金计划可供选择的产品数均呈上升趋势[2]。2018年，所有401(k)计划平均可选择产品数量为28个，如果把生命周期基金组合当作一种选择的话，超过100个雇员参与的较大的401(k)计划平均提供21个可投基金产品，产品种类涉及权益、固收、混合、货币、衍生品等。虽然个别公司允许401(k)投资本公司的股票，但截至2021年末，401(k)计划主要资产仍投资于共同基金（约占64%），其中包含60%的权益基金、28%的混合型基金、10%的债券基金、2%的货币基金。

此外，美国401(k)计划也允许第三种模式——投资产品选择权，即个人也可通过账户自主投资市场中的股票、债券和其他证券等。不过，如同硬币的两面，美国养老金制度虽然赋予个人更大的产品选择权，但在个人非理性的投资行为下可能会放大账户风险。因为在美国个人养老账户中，积累多少很大程度上取决于个人投资能力。

（二）我国企业年金主要以企业选择权为实现方式

目前我国企业年金投资选择主要采取集中决策方式。企业委托法人受托机构或者按照国家有关规定成立企业年金理事会，集中管理个人账户基金，代替个人制定投资决策。截至2022年第二季度末，我国建立企业年金制度的企业达到12.3万个，共建立1847个计划，涉及职工2954万人[3]。其中，企业年金单一计划1770个（104个理事会受托计划、1666个法人受托计划），通常由委托人/受托人选择投资管理人、设置投资组合，并进行计划层投资决策，只有少数的金融、外资和IT行业公司企业年金计划开放个人选择投资组合。

此外，市场中12家法人受托机构另建立58只企业年金集合计划，中小微企业可立足简化企业年金办理程序、节约成本、提升投资成效的需要，选择加入某个集合计划。目前绝大部分集合计划投资策略相对灵活，可面向委托人提供不同类型、风格的投资组合选项和投资转换支持，满足不同风险收益偏好的委托人需求，但仍限于企业投资选择，仅有个别集合计划面向企业职工试行个人投资选择。

（三）以企业选择权为实现方式的历史成因

与海外相比，我国个人选择权目前大部分让渡给企业选择，有其特殊时代背景和原因。

我国较早建立企业年金计划的主要是国有大中型企业，源于国有经济传统劳动人事管理体制下的补充保险计划。在转向市场化运营的过程中，管理模式并没有彻底转变[4]，延续了企业包揽的传统理念。另外，在年金设计过程中，针对过渡期的"中人"待遇支付，企业一般"不患寡而患不均"，兼顾待遇领取的公平性，尽量平滑因个体选择造成的待遇差异、规避个人不理性选择引发的账户损失风险[5]。同时绝大部分公众投资基础较为薄弱，由于职工个体缺乏养老金融素养，对于企业的依赖程度也偏高。此外，在企业年金制度发展初期，受托人部分职能也存在缺位或弱化，战略资产配置、个性化养老投资服务经验尚浅的问题。虽然各法人受托机构相继推出具有灵活组合选择权的集合计划，但产品或多或少仍有同质化特点，对满足个性化投资服务需求有限。因此我国暂时未大面积实践个人投资选择权，而采用了企业投资选择的管理模式。这是历史背景下的必要阶段，这种账户投资选择模式具有其稳妥性，一定程度上保障了年金基金的安全、操作统一和简便性，对过往十余年企业年金发展行稳致远发挥了积极作用。但随着"第二支柱"年金规模不断累积、职业年金制度并轨运行，在政策氛围、社会环境、企业意识、个人诉求、机构服务能力方面渐具条件，有序推行企业年金个人投资选择权是大势所趋。

① 袁中美、郭金龙：《后金融危机时代智利养老金制度改革创新及其效果评价》，《兰州学刊》，2019年第12期，第198-208页。
② ICI: Defined Contribution Plan Profile: A Close Look at 401(k) Plans, 2018.
③ 中华人民共和国人力资源和社会保障部：《2022年2季度全国企业年金基金业务数据摘要》。
④ 房连泉：《企业年金投资管理改革：放开个人选择权的重要性》，《开发研究》，2017年第5期，第9-15页。
⑤ 郑秉文：《扩大参与率：企业年金改革的抉择》，《中国人口科学》，2017年第1期，第2-20页，第126页。

二、我国推进企业年金个人投资选择权渐具条件

（一）政策氛围：三支柱政策多剑齐发，为推进个人投资选择权奠定良好基础

一是 2020 年 10 月，党的十九届五中全会提出"实施积极应对人口老龄化国家战略"，首次把积极应对人口老龄化上升为国家战略，为"十四五"时期乃至今后更长时期应对人口老龄化提供了基本遵循。随着《中共中央 国务院关于加强新时代老龄工作的意见》《国务院关于印发"十四五"国家老龄事业发展和养老服务体系规划的通知》相继出台，鼓励"大力发展企业年金、职业年金"，顶层设计的护航及中国资管行业的蓬勃发展，将让养老金融发展迈上快车道。

二是个人账户归属界定更加清晰。十几年来，《企业年金试行办法》（劳社部令 20 号）没有对企业年金企业缴费归属原则做出明确规定，在企业缴费的归属问题上一直存在着不利于职工的问题。2017 年《企业年金办法》（人社部、财政部第 36 号）出台，对企业缴费归属行为、归属期限做出明确规定。其中第十九条规定"职工企业年金个人账户中个人缴费及其投资收益自始归属于职工个人。职工企业年金个人账户中企业缴费及其投资收益，企业可以与职工一方约定其自始归属于职工个人，也可以约定随着职工在本企业工作年限的增加逐步归属于职工个人，完全归属于职工个人的期限最长不超过 8 年"。相比于 2004 年《企业年金试行办法》，进一步确认个人账户的资金归属，同时意味着可以设"零归属期"，最大限度地保护职工的切身利益，为有序推行个人投资选择预留了政策空间。

三是企业年金自动加入实质性推进。虽然我国企业年金性质仍为"自主建立"，与发达国家纷纷引入的"自动加入机制"相去甚远，但政策层面持续探索推进。根据人社部发布的 2021 年版《企业年金方案（实施细则）》，默认符合条件的职工自动加入企业年金方案（不再填写加入申请表，但享受退出和不参加的权益），从"表达参与制度才纳入制度"改为"不表达否定意向就纳入制度"，这是一项重要进步。此外，人社主管部门正在指导海南布局试点企业年金自动加入机制，推进海南自贸港、雄安新区、上海临港新片区人才年金计划等创新发展形态，畅通高层次高技能人才企业年金机制。

（二）社会环境：第三支柱方兴未艾，个人投资选择逐步进入大众视野

2022 年 4 月《国务院办公厅关于推动个人养老金发展的意见》（国办发〔2022〕7 号）出台，提出推动个人自愿参加、市场化运营的个人养老金，与基本养老保险、企业（职业）年金相衔接，参加人可以自主选择金融产品。这标志着我国第三支柱个人养老金顶层设计出台。一时间，银行理财、养老储蓄、商业养老保险、公募基金等养老金融产品相继推出和试点，账户制的个人养老金真正体现自主投资选择，为强化个人养老规划意识、提升个人参与感营造了良好的社会氛围。参考美国经验，第二支柱与第三支柱具备打通的可能性，第二支柱与第三支柱同步探索个人投资选择，可能具有事半功倍的效果。

（三）企业意识：试水共担年金投资风险，增强人才吸引力

在当前的企业统一决策、企业投资选择模式下，企业雇主一定程度上承担了职工参与投资运营的风险责任，为避免养老基金出现损失风险，保证企业全体职工的养老基金正收益，一般会更多地考虑中年和临近退休职工等风险承受能力较低人群的投资要求，"不同口味的人围着一口锅吃饭"导致年金基金的保守化投资趋向，反映在投资行为上就是对投资管理人的约束较多及偏向短期考核，导致投资管理机构被迫着眼于短期投资业绩，长期资金被短期化运作，也间接牺牲了年轻职工的利益。此外，相对保守的收益率和投资积累对高能力、有较强投资意识的人才吸引力有限。目前部分企业逐步意识到上述问题，针对性地在原有企业投资选择基础上，对个人参与年金账户投资、支持个人选择不同策略组合进行试水，推动实现企业雇主和个人雇员之间的义务和风险的划分。

（四）个人诉求：投资意愿提升，不同人群的利益取向呈性化

一是个人的主动管理意愿、能力逐渐提高。具体可参考个人投资者投资公募基金的相关市场调研数据。根据中基协《全国公募基金市场投资者状况调查报告（2020 年度）》，在投资决策方面"自己分析决定"是个人投资者的首选，占比 71.6%，超过网络媒体推介、朋友推介、机构辅导等方式。在投资能力方面，超过七成的受访者有三年以上的投资经验，75.2% 的受访者表示自己有金融相关知识，其中 30.5% 的投资者自学过经济金融相关知识，并且相较 2019 年（25.2%）仍有所增加。另外，针对风险资产，2021 年我国 A 股市场新增自然人投资者数量达到 1958 万人，较 2020 年提升 9%，说明个人对于权益资产的关注和参与逐渐增强[1]。所以，个人的投资意愿、能力逐渐提高，为开放个人选择权奠定基础。

---

[1] 申万宏源：《A 股持股结构加速社会化和分散化》，2022 年。

二是我国资本市场逐渐发展成熟，不同人群的投资利益取向逐渐显性化。按照基金类型分，74.1%的投资者倾向股票型基金，其次是混合型基金（54.8%）、债券型基金（43.9%）、指数基金（40.6%），另外还有倾向投资ETF（22.6%）、货币市场基金（22.9%）、FOF基金（7.2%）等[①]，足见个人投资者偏好范围之广。除此之外，不同年龄投资者的偏好也具有较明显规律。中基协的调查显示，个人受教育程度越高，对风险的容忍程度越高；年龄越大，往往倾向于投资无风险资产。例如储蓄国债的投资者主要分布于中老年阶层，45岁以上的投资者占比为82.91%。另外，从投资方式角度上看，45岁以下的投资者更认可基金定投，45岁以上的投资者不认可比例更高。产品多样化选择角度，年龄越大、收入越高，则持有基金只数越多，对管理机构的选择需求越大。因此对于不同人群投资利益取向的保护和实现，成为开放个人投资选择权的充分条件。

（五）管理机构：服务能力不断深化，信息披露和系统建设日趋完善

目前，我国企业年金法人受托机构12家，账户管理机构18家，托管机构10家，投资管理机构22家，这些机构在企业年金发展的过程中逐渐成熟，管理更加规范化。一是机构对委托人诉求理解更为深刻。我国企业年金自2004年起发展18年，管理机构长时间多维度接触并服务企业与个人，对年金委托人需求认知更加全面。另外，受托人针对不同企业设计年金方案、支付方式、资产配置方案，投资管理人推出不同风格、策略的基金组合，满足不同偏好的个性化服务能力不断提升。二是信息披露更加规范，在监管部门、各管理机构相关制度要求下，目前年金基金的信息披露内容清晰透明，在时效性和可获得性上均满足个人投资选择要求。三是受托和账户管理系统支持。经过多年的技术迭代，大部分机构已经做好个人投资选择权的系统搭建和技术储备，在基础设施上满足条件。

三、海外企业年金个人投资选择权的经验借鉴

海外企业年金个人投资选择践行多年，运作体系较为成熟，可以提供经验借鉴。总结部分典型做法和案例，主要应从政策支撑、服务支持方面做好供给和保障。

（一）政府政策保障了个人选择权实现

1. 政策因时更新，突出个人账户权益保护导向

以美国401(k)为例，1974年《雇员退休收入保障法案》出台，明确了第三支柱IRAs模式下的个人权益。1987年《国内税收法》新增第401条k项条款，规定缴费确定型养老金架构和个人投资选择权模式。但在制度试行之初，大多数人不愿花费时间了解产品信息或缺乏专业化投资管理能力，甚至将全部资产投资于高风险的股票，存在着较大投资风险[②]。因此，2006年联邦政府颁布《养老金保护法案》，引入一系列配套措施为401(k)计划的投资运营提供保护，包括合格默认投资组合和生命周期基金，满足尚缺乏投资能力或者没有投资意愿的个人需求，进一步激发了计划参与率。该《法案》还放宽了投资顾问推荐自己公司旗下产品的限制，同时投资顾问费用不得因为个人选择而调整，投资顾问推荐的投资组合，必须是基于一定模型科学考虑投资品种的历史业绩和个人的退休年限等情况，有力地保护了401(k)计划中个人投资者的投资选择权益。

同时，受新冠肺炎疫情影响，2020年3月又出台了新《退休金提高法案》（SECURE Act），允许企业雇主在计划中加入有终生收入保证的年金产品供个人选择，个人在退休时可以将该年金产品转到IRAs，丰富了可选产品池范围，同时也进一步促进二三支柱互动连接。这些举措因时而新，在个人投资行为产生偏离，或者经济因疫情承压的环境下，不断完善个人投资选择的投资范围、投资费用、投资产品设置等，进一步加强对个人账户权益的保护。

2. 引入合格默认投资选择，促进生命周期基金发展

美国劳工部在Final Rule of QDIA中明确，当雇员对账户资产未明确做出投资决定时，雇主可以免责将资产自动投资于合格默认投资组合选择（Qualified Default Investment Alternatives，QDIA）。从投入之日起90天之内个人可自由转账或者撤资，不会产生10%附加税费或其他支出。通过这样的制度创新和公共政策优化，简化群体选择，弥补个人投资者在投资决策能力方面的不足，在一定程度上平衡了风险和收益，促进养老金保值增值。

默认投资组合选择由企业年金计划的受托人提供，包含生命周期基金、平衡基金、货币基金等产品。通过立法层面的免责性以及自身对风险的适应性，生命周期基金逐渐成为了合格默认投资工具大部分选择[③]。生命周期基金在美国的诞生、发展和成功，吸引了很多国家和地区效仿。英国的国家储蓄信托、澳大利亚超级年金的默认投资工具均采用生命周期基金。中国香港强制性公积金计划管

① 中国证券投资基金业协会：《全国公募基金市场投资者状况调查报告（2020年度）》，2021年。
② 刘桂莲：《中国企业年金市场化投资的特征、困境及优化措施——基于资产配置的分析》，《华中科技大学学报》，2021年第3期，第48—56页，第65页。
③ 马齐旖旎、朱海扬、祁世超、米红：《养老目标基金默认选择策略研究》，《价值理论与实践》，2021年第5期，第28—33页。

理局 2016 年启动立法，要求受托人提供类生命周期基金的预设投资策略作为默认投资组合。生命周期基金（Life Cycle Fund），也称目标日期基金 (Target Date Fund)，是根据持有人年龄增长而不断自动降低股票资产配置比例的投资基金，并动态进行资产配置。生命周期基金将个人的可承受风险和收益预期合理进行配置，提高 DC 模式下养老金的投资效率，减少了个人非理性行为。

（二）企业雇主加固了个人选择权落实

在企业协同受托人设计企业年金计划过程中，考虑个人账户缴费的归属规则（Vesting），对个人选择权划定行权范围。美国国税局规定了企业缴费归属期限，一次性归属（Cliff Vesting）不得晚于 3 年或者 2～6 年完成阶段式归属（Graded Vesting）。在未归属期间，企业缴费部分理论上不属于职工个人，但是如果个人出现离职等情况，雇主也不能立即收回，这笔钱会继续存在 401(k) 中，直到满足国税局提出的放弃条件。之后雇主可将其收回，抵消 401(k) 费用，或作为企业缴费发给其他职工。虽然企业缴费的管理方式与个人缴费不同，归属期限不一，但 401(k) 计划中雇员可以对尚未归属的企业缴费、已归属的企业缴费以及个人缴费做投资选择权。同时，大部分的年金计划选择企业缴费立刻归属个人 [1]，其中安全港 401(k) 计划不设置缴费高贫差 [2]，同时利用默认投资选择保证资金的平稳运营。这样较宽松的归属限制和行权范围划分，进一步落实了个人投资选择权的实现。

（三）受托机构激发了个人投资选择的积极性

第二支柱年金计划的管理机构一般提供投资管理服务（资产配置和产品设计、雇员投资服务）和行政管理服务（运营事项、法律合规事项），发挥不同市场主体竞争优势，不断提高服务质量。以美国 401（k）计划的管理人为例，表 14-2 是其提供的主要服务项。

表 14-2　401（k）的主要服务项

	主要服务项		内容
投资管理服务	资产配置和产品设计	受托服务	满足个人退休财富积累规划，保证资产安全
		资产配置	基于雇员特征和需求科学提供不同种类专业化投资选择
		投资政策咨询	雇员挑选投资产品的辅助服务
		自选经纪账户	在允许投资个股的计划中建立交易账户
		雇主股票基金持仓	在允许投资公司自身发行的个股的计划中提供便利
		保险和年金服务	提供年金产品作为个人投资选择的选项
	雇员投资服务	雇员沟通	雇员大会、维权和响应机制、网络软件支持、计划书和材料准备
		雇员投资者教育和建议	包含线上投顾支持和面对面投资建议
		养老金贷款服务	在允许进行养老金贷款的计划中提供贷款
行政管理服务	运营事项	账户记录	加入计划、支持投资选择、资金划转、出具信息披露报告
		交易程序	在个人账户中执行指令交易资产
		计划建立 / 转换 / 终止	准确系统操作和账户信息安全
		待遇领取	支持一次性领取和分期领取
	法律合规事项	计划合同咨询	母版合同比照和签约建议
		账户审计服务	包含年度信息报告
		法律建议	计划内容解释、修订，合法权益申诉
		税务咨询	合理利用国内税收优惠政策
		家庭关系证明程序	离婚情况下的财产划分

资料来源：Investment Company Institute, US Department of Labor, and Internal Revenue Service.

---

[1]　XperHR: Employee Benefits Survey 2021.
[2]　美国劳工部：401 (K) PLANS FOR SMALL BUSINESSES。

从海外经验看，赋予个人投资者选择的灵活性，引导居民做出符合自身需求的养老规划至关重要，因此多元化的养老产品供给和服务供给是重要前提。

1. 产品：提供满足多种风险偏好和生命周期的产品

个人投资选择的实现效果一定程度上取决于管理机构提供产品的业绩、风险水平、与投资者的适配程度等因素。引入合格默认投资组合选择（QDIA）后，在简化个人配置局限的同时，也对管理机构提供的产品提出了更高的要求，以满足多种风险偏好需求和生命周期属性。

一是满足多种风险偏好的产品。英国劳工部在产品选择指引中提示雇员个人关注资产久期、市场风险、信用风险、通货膨胀、费用等[①]。产品提供方需要考虑雇员个人的风险容忍程度，提供多样投资选择。美国401(k)计划平均会提供12.8个权益型基金、9.6个平衡型基金、3.4个债券基金以及其他基金供投资者选择（见表14-3）。权益类基金中，包含大市值、中小市值、价值、成长等不同风格选择。近年来，雇员个人对权益类基金的换手率呈现下降趋势[②]，这更体现出其风险偏好的稳定性，突出了优质产品设计的重要性。

表 14-3　不同规模美国 401(k) 计划提供的产品种类与数量

计划规模（万美元）	权益类基金	平衡类基金（含目标日期基金）	债券基金	货币基金	指数基金
<100	10.4	8.3	2.7	0.4	6.3
100~1000	13.2	9.3	3.4	0.4	7.2
1000~5000	13.3	9.8	3.6	0.5	7.6
5000~10000	12.3	10.0	3.3	0.6	8.0
10000~25000	11.6	10.3	3.1	0.6	8.4
25000~50000	11.2	10.7	3.1	0.7	9.4
50000~100000	10.5	11.2	3.0	0.8	10.3
>100000	9.6	9.8	3.2	1.1	11.2
所有计划	12.8	9.6	3.4	0.5	7.5

资料来源：Investment Company Institute.

二是满足生命周期的产品与生命周期基金。根据生命周期人力资本转换理论，个体随着年龄增长将人力资本逐渐转变成金融资本，并假定在退休时点耗尽人力资本。在资产管理中，通过在人力资本积累期储蓄，退休期储蓄减持，以达到一生效用最大化。这符合养老金平滑个人生命周期内的消费、储蓄的目的。生命周期基金，是随着投资者年龄的增长主动调整固定收益、权益以及另类资产之间的配置，满足投资者由财富积累期过渡到消耗期的需求。美国的生命周期基金随着合格默认投资工具的制度设计发展壮大，其产品供给和投资者配置上都呈现上升的趋势，2019年末，87%的401(k)计划都提供目标日期基金，60%的计划参与者都持有目标日期基金[③]。

在产品设计上，需要考虑"下滑航道"和FOF管理模式。根据先锋领航集团的生命周期基金产品设计案例，一般需要进行如下四个步骤：第一，调研和分析投资者的生命周期属性，比如其退休年龄、风险厌恶水平、收入、收入与金融资产相关性、储蓄情况、其他养老计划收入。第二，了解各项金融资产的风险收益特征，比如预期收益率、波动率、最大回撤、夏普比率、各产品之间的相关性。第三，选择下滑航道设计理论，基于投资者效用函数最大化，选择人力资本与金融资产的市场均衡，设计满足不同年龄层次的资产配置结构。例如富达投资（Fidelity Investment）的下滑航道，从45岁起其逐渐降低权益资产配置比例，增加固定收益类资产和流动性资产，平稳经过65~67岁平均退休年龄，为退休的投资者提供稳定的现金流（见图14-1）。第四，结合下滑航道和战略资产配置模型，构建FOF产品。利用马克维茨均值方差模型、风险平价模型或者Black-Litterman等模型进行收益风险的搭配与平衡。这种生命周期基金可为雇员提供一站式服务，雇员个人选择一个临近自己退休日期的生命周期基金即可，剩下的可以交给管理人和投资经理，随着接近目标日期，基金自动实现资产配置再平衡。

① 资料来源：英国劳工部。
② ICI: The Economics of Providing 401(k) Plans: Services, Fees, and Expenses, 2021.
③ ICI: 401(k) Plan Asset Allocation, Account Balances, and Loan Activity in 2019，2022.

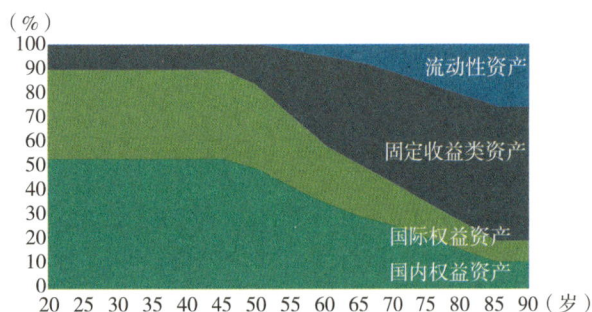

图 14-1 富达投资生命周期基金下滑航道

资料来源：Fidelity Investment.

2. 服务：提供受托投资顾问和投资者教育

为帮助个人更好做出投资决策，很多管理机构向雇员个人提供投资顾问支持，并长期进行投资者教育。一是优质的投资顾问服务辅助个人投资选择。先锋领航集团（Vanguard Group）是美国著名的养老金管理巨头，依靠低价的管理费和优质的服务占据市场。其投资顾问平台可以为养老金客户提供全套投资管理建议，包括资产配置、税收优惠政策咨询以及个人投资指导。平台为客户制定中长期计划，系统中设置资产配置推荐、跟踪资产组合表现等功能，利用算法和人工智能，投资者可以更便捷地进行投资组合再平衡、计算有效投资税费，或是获取最佳的现金头寸比例等。操作自动化代替了部分人工费用，降低了服务准入门槛，也进一步降低了公司总成本。二是长期投资者教育是个人投资选择权可持续的基础。为规避个人投资行为中存在难以避免的非理性成分，例如富达机构（Fidelity Institute）为个人提供线上视频课程，分为八大主题，包含投资经理观点、债券和固收投资、全球投资市场、赛道投资、市场分析框架、宏观经济观点、衍生品、资产配置方法。同时，会在企业定期召开市场观点分享会等，线上线下进行投资者引导，培养投资者风险意识，倡导其理性投资。

3. 系统：账户管理系统支持与信息披露保障

系统支持、线上操作是实现养老金个人投资选择的重要保障。401(k)账户的资金流转、记账由第三方机构进行管理。一般而言，以下两个方面对个人投资选择的实现十分重要。一是选择、转移、记账灵活简便。1973年富达投资开始进行垂直整合，接管后台账户处理功能。时至今日，富达机构（Fidelity Institute）和富达结算与托管解决方案（Fidelity Clearing & Custody Solutions）已经可以提供全面的运营、结算平台，同时包括投资报告服务咨询和

养老规划等。其系统可以通过手机 APP、网页进行投资选择操作、个人账户运营和查询。二是及时披露信息助于个人查询。管理人需要为职工提供"每日估值"服务，职工可以通过上网或者电话查询等方式了解到个人账户的积累规模和投资表现，在必要时可以调整投资品种。摩根大通的 EasyLink 系统，优化前台网页展示页面，根据信息重要程度和个性化需求合理排布信息，包含账户余额、养老目标实现情况、风险状况评估、成本收益计算、现金流数据、金融投资工具等信息[①]。多维度展示账户目前状况，为个人进行投资选择提供依据。

四、从供给侧探索我国企业年金个人投资选择权实现路径

从国外补充养老发展历程来看，个人选择权非常重要，也是推动养老金长期投资、合理投资的重要机制。我国放开企业年金个人投资选择是大势所趋，但国内推行个人投资选择不能一蹴而就，还要依托法制健全的投资环境，个人投资理念的提高和可供选择的成熟长期的多元化产品，三个要素缺一不可。在对国际经验包容和接纳的同时，要结合现行国情选择适宜的实现路径。

（一）采取分步走的实现路径，在区域、企业、个人行权范围三个层面试点推进

1. 渐进式推进，企业选择与个人选择混合

我国大部分企业年金计划内设置不同风格和策略的投资组合，可先向参与计划的个人开放在计划内选择组合的权利。待时机成熟，借鉴国际使用率较高的"投资基金/策略选择"的模式，再引入生命周期基金（或生命周期策略的养老金产品）。目前我国养老金产品面对个人信息披露较少，养老目标基金仍然处于发展初期，需要市场进一步培育，各项制度要求和市场规范形成、认可度更高后，有望成为企业年金个人投资选择的选项之一。

2. 选择区域、企业和人群试点推进

个人投资选择权对于雇员个人的金融知识储备和投资能力都有一定要求，本着成熟先行的原则，未来可借鉴海南自贸港、雄安新区、上海临港新片区人才年金计划推广情况，在现有区域内，或考虑先向部分金融、高科技、外资等企业试点推行企业年金个人投资选择权，可按照先单一计划、后集合计划分步实施。

3. 渐进式划定可行权的资金范围

我国企业年金个人投资选择尚处起步，养老投资意识仍需培养。贸然开放投资选择，放大行权范围，可能对年

[①] J.P. Morgan: Building Stronger Retirement Plans at Lower Costs，2022.

金基金收益稳定性造成影响。结合企业年金个人账户的特点（个人缴费部分、企业缴费计入个人账户部分），可渐进式开放行权范围，先开放账户的个人缴费部分和已归属个人的企业缴费部分，待时机再全面推开。过渡期内，未实质性归属个人的企业缴费部分可由企业统一进行投资决策。

（二）树立以受益人需求为导向解决方案思路，推进投资服务支持和个人权益保障

海外资管机构服务养老金的经验表明，在匹配养老金产品和服务之前，首先需要唤起国民养老意识，帮助大众建立长期养老规划。同时考虑到个人投资选择可能会出现种种非理性行为，例如投资选择和信息的"超载"、过分自信、"羊群效应"、行为惰性和拖延症等[①]。这就要求各方在做好企业年金服务和产品供应的基础上，悉心做好个人投资者（企业年金账户受益人）的陪伴和引导，提供"一站式"养老服务。

1. 做好年龄结构和风险偏好的调研和划分

对需求的了解是产品和服务供给的先决条件。企业对职工整体情况进行调研和了解，包括年龄、收入、供职期限等，同时调研个人的投资能力、投资意愿、风险偏好等因素，精准把握需求。根据个人诉求，审慎探索开放个人投资选择权的可行性。如果开放个人投资选择，应参考调研出的需求结果建立投资选项，提供不同类型、风格、策略的投资产品。

2. 完善操作系统和信息披露支持

运营系统支持是实现个人投资选择权的基础和前提。企业年金的受托人、账户管理人等服务渠道应该满足职工个性化投资需要，支持对个人账户资产进行投资转换，包括投资配置变更发起、资产转换申请、缴费投资、指令生成、安全性。同时，要完善信息披露和个人账户展示服务，

包成交汇总、入账，生成投资转换报告，保证每一步过程的含可投资资产的情况、已投资资产的风险收益信息等，探索职工个人的投资画像，以便个人更了解自身偏好，更好作出投资决策。

3. 构建符合生命周期的组合，设置默认投资选项

受托人在设计企业年金计划和组合过程中，可以基于对雇员个人特征、需求的了解，将生命周期理念纳入投资政策和战略资产配置中。我国企业年金基金投资范围对于权益资产上限有明确要求，不能完全复制海外的下滑航道经验，需要针对我国规定的各类资产投资范围，科学设计符合国情的下滑航道，更好满足各年龄段人员的远期养老投资需求，同时也要兼顾其他群体的"默认"习惯。对于职工个人自动放弃选择的情况，设置默认投资选项，根据年龄阶段自动加入符合其生命周期的组合，进一步满足个人的投资需求特征。

4. 提供企业年金投资顾问和投资者培训

为了进一步减少个人投资中的非理性行为，辅助个人进行投资决策，企业与受托人需要承担起投资顾问和投资者培训的角色。在投教生态建设上，一是投资顾问方面，主动拓展服务边界，进行投资者风险承受能力测试、资产配置推荐、投资策略分析、再平衡调整、资本市场展望等；探索算法和人工智能方式，为个人投资决策提供帮助，推动养老业务和投顾服务有机融合。二是投资者培训方面，培养养老金长期投资理念，普及金融知识，同时进行投资决策教育（打破刚兑）、风险认知教育、权益保护教育（投诉处理）等，更好地触达和满足企业年金受益人个性化地投资需求。相比于个人投资者财富管理或者养老金第三支柱，企业年金"受托"模式可以充分发挥企业和受托人的机构优势，为个人投资选择保驾护航。

① 房连泉：《企业年金投资管理改革：放开个人选择权的重要性》，《开发研究》，2017年第5期，第9—15页。

分报告十五
职业年金目标实现困境、现状与建议

一、我国职业年金制度演进

我国职业年金制度采取个人账户"虚账"与"实账"积累相结合模式。其发展与机关事业单位养老保险改革密不可分。20世纪90年代至21世纪初，企业基本养老保险从"劳动保险"向"社会保险"转型，而机关事业单位依旧采取财政供养机制，形成基本养老保险制度双轨制。2006年工资改革后，机关事业单位与企业退休人员的退休收入差距拉大，双轨制备受质疑。为了平衡不同人群养老保险制度的公平性、效率性和流动性，2015年我国全面推进机关事业单位养老保险制度改革，职业年金作为重要的配套措施，承担着保持改革前后机关事业单位职工退休待遇平稳过渡的功能。下文通过介绍职业年金制度发展演进过程识别职业年金制度目标及结构。

（一）职业年金制度探索

20世纪90年代后，企业职工和机关事业单位工作人员养老保险制度实行双轨制，两类单位之间的社会保险缴费和待遇不对等，退休收入差距较大，引发社会反响较大。随着事业单位分类改革推进，与之配套，国务院通过机关事业单位养老保险制度改革试点，探索机关事业单位和企业养老保险制度的衔接机制。2008年3月，国务院发布《事业单位工作人员养老保险制度改革试点方案》（国发〔2008〕10号），决定在山西省、上海市、浙江省、广东省、重庆市先期开展事业单位工作人员养老保险改革试点，提出要在参加基本养老保险的基础上建立职业年金制度，但并未出台具体的职业年金制度方案。此后，各地进行了职

业年金制度实践探索。2008年上海率先对本市社会团体基金会和民办非企业单位探索建立年金制度。2008年7月，深圳市政府下发《深圳市行政机关聘任制公务员职业年金计划总体方案》，率先在全国实施聘任制公务员职业年金制度。在地方实践探索基础上，2011年国务院办公厅发布《关于印发分类推进事业单位改革配套文件的通知》（国办发〔2011〕37号），其中第9份文件《事业单位职业年金试行办法》对职业年金的具体事项进行了规定。该办法基本沿袭《企业年金试行办法》的相关规定，采取自愿参加的个人账户完全积累模式，后受制于事业单位分类改革工作进展缓慢，该制度在实践中未能落实。

（二）职业年金制度形成

党的十八大以后，以全面深化改革为契机，机关事业单位养老保险改革步伐进一步加快，作为配套改革措施，在借鉴企业年金发展经验基础上，职业年金制度逐步建立。

2015年1月发布的《国务院关于机关事业单位工作人员养老保险制度改革的决定》（国发〔2015〕2号）要求机关事业单位在参加基本养老保险的基础上，为其工作人员建立职业年金，并对职业年金制度框架进行了明确界定，确定改革的基本原则是公平与效率相结合、权利与义务相对应、保障水平与经济发展水平相适应、改革前后待遇水平相衔接以及解决突出矛盾与保证可持续发展相促进。同年3月，《国务院办公厅关于印发机关事业单位职业年金办法的通知》（国办发〔2015〕18号）发布，明确了职业年金制度参加范围、缴费比例及资金来源、待遇支付方式、税收政策

等问题。按照规定，职业年金适用于所有按照公务员法管理的单位、参照公务员法管理的机关（单位）、事业单位及其编制内的工作人员，适用主体范围与机关事业单位基本养老保险的主体范围一致。职业年金缴费由单位和工作人员个人共同承担。单位缴纳工资总额的8%，个人缴纳缴费工资的4%，基金采用个人账户管理，单位和个人缴费全额计入个人账户。其中，个人缴费全部实账积累，单位缴费中，财政全额拨款单位采取虚账积累，非财政全额供款单位实行实账积累，实账部分的积累基金实行市场化投资运营。这些规定确定了职业年金"虚账"与"实账"相结合的账户积累模式和前端强制性参与、后端市场化运作的运营管理方式。

2016年9月，人社部又发布《关于印发职业年金基金管理暂行办法的通知》（人社部发〔2016〕92号），对职业年金管理职责、基金投资、收益分配及费用、计划管理及信息披露、监督检查等进一步做了明确规定。随后，人社部办公厅又发布了一系列通知、办法和规程，对职业年金计划备案、合同指引、运营流程、转移接续、基金归集、经办规程、运营管理、投资范围等方面做了具体规范（具体政策法规详见表15-1）。全国各省份也陆续颁发本地职业年金运营管理工作相关政策文件。至2021年7月各地区职业年金基金全面进入市场化运营管理阶段。

表15-1　职业年金政策法规及配套政策一览表

年份及文号	发文部门	政策/文件名称	核心内容
〔2008〕10号	国务院	《事业单位工作人员养老保险制度改革试点方案》	开展五省市试点，提出建立职业年金制度
〔2013〕103号	财税	《企业年金职业年金个人所得税有关问题的通知》	缴纳环节企业进入个账部分免个税，个人4%以内免个税；领取环节全额缴个税
〔2015〕2号	国务院	《国务院关于机关事业单位工作人员养老保险制度改革的决定》	明确职业年金的制度框架
〔2015〕18号	国办	《机关事业单位职业年金办法》	明确职业年金制度参加范围、缴费比例及来源、待遇支付方式、税收政策
〔2015〕28号	人社部	关于贯彻落实《国务院关于机关事业单位工作人员养老保险制度改革的决定》	对"2号文"进行解读，明晰管理服务政策
〔2016〕92号	人社部、财政部	《关于印发职业年金基金管理暂行办法的通知》	规定了职业年金的基金管理办法、管理机构职责、基金投资范围、收益分配、计划管理、信息披露和监督检查
〔2016〕169号	人社厅	《职业年金管理合同指引》	规范管理合同框架
〔2016〕170号	人社厅	《职业年金基金管理运营流程规范》	规范运营流程
〔2016〕171号	人社厅	《职业年金基金数据交换规范》	规范数据交换
〔2017〕7号	人社厅	《机关事业单位基本养老保险关系和职业年金转移接续经办规程（暂行）》	规范机关事业单位基本养老保险关系和职业年金转移接续业务经办流程
〔2017〕110号	人社厅	《关于职业年金基金归集账户管理暂行办法的通知》	规范职业年金基金归集账户的设立和管理
〔2017〕1号	人社部规	《关于机关事业单位基本养老保险关系和职业年金转移接续有关问题的通知》	机关事业单位基本养老保险和职业年金转移接续的账户管理和待遇计发规定
〔2018〕32号	人社厅	《关于规范职业年金基金管理运营有关问题的通知》	强化职业年金归集账户托管、规范基金管理人和代理人管理运营行为，对部分地区的职业年金基金管理规定进行纠偏
〔2020〕95号	人社部	《人力资源社会保障部关于调整年金基金投资范围的通知》	调整年金基金投资范围
〔2020〕112号	人社厅	《关于印发调整年金基金投资范围有关问题政策释义的通知》	规范年金基金投资概念及流程

资料来源：笔者根据人力资源和社会保障部网站公布的相关政策法规整理。

二、职业年金制度目标及实施困境

（一）职业年金制度目标及替代率影响因素

1. 制度目标

由职业年金制度演进过程可以看出，职业年金承担着协同推进机关事业单位养老金制度改革，保持改革前后机关事业单位职工退休待遇水平不下降并实现可持续发展的功能。因其建立之初即采取强制参与方案，基本无须关注扩面问题，其功能实现的核心在于如何达到替代率目标，并保障财政供款的可持续性，充分发挥职业年金的收入补充保障职能。

2. 替代率影响因素

职业年金采取账户制积累模式，实账积累账户按照实际缴费和投资收益率计入个人账户进行实账积累，虚账积累账户按照记账缴费和实账积累基金的投资收益率纳入个人账户的账务处理中，到个人退休或离职时按记账情况做实。若财政全额供款单位的单位虚账积累部分全部由政府财政背书，虚账积累账户到个人退休时均能按记账金额做实，那么，实账积累和虚账积累就是无差异的。此时，无论职工是来自全额供款单位还是差额供款单位，无论是实账积累还是虚账积累，由于计入个人账户的投资收益率一样，只要工资相当、年龄相当、缴费（或记账缴费）年度相同，则其职业年金账户积累额基本一致。若虚账积累在需要记实时财政无力支付，则会影响到账户积累性质及制度的财务可持续性。后期再分析虚账可能产生的问题并提出相关改进建议，在此先假定虚账积累能够全额做实，即虚账和实账无差异。此时，职业年金参加人员在退休时的年金待遇与个人账户积累额及领取方式有关。

假定个人退休时按年金方式领取职业年金，则职业年金替代率 s 将受以下因素影响：缴费率 c、工资增长率 k、积累期投资收益率 i、积累期限 n、领取期投资收益率 j 及退休后预期余命 m，从而形成如下替代率函数：$s=f(c, k, i, j, n, m)$。

推导过程如下：

设初始缴费工资为 W_1，职业年金个人账户积累额 S_F 为每个年度缴费及其产生的投资收益的总和，公式如下：

$$S_F = W_1 \cdot c(1+i)^n + W_1(1+k)c(1+i)^{n-1} + W_1(1+k)^2 c(1+i)^{n-2} + \cdots + W_1(1+k)^{n-1}c(1+i)^1$$

进一步转化为如下财务表达式：

$$S_F = W_1 \cdot c(1+i)^n \left[\mathrm{F/A}, \left(\frac{1+k}{1+i} - 1 \right), n \right]$$

若待遇按年金领取，则每年的年金待遇 A 可表示为：

$$A = S_F \cdot (A/P, j, m)$$

职业年金替代率 s 用职业年金待遇 A 与个人退休时年工资 W_n 的比值表示，公式如下：

$$s = A/W_n = S_F \cdot (A/P, j, m)/W_n$$
$$= \left[c(1+i)^n / (1+k)^{n-1} \right] \cdot$$
$$\left[\mathrm{F/A}, \left(\frac{1+k}{1+i} - 1 \right), n \right] \cdot (A/P, j, m)$$

可见，职业年金缴费率 c、积累期投资收益率 i、积累期限 n 及领取期投资收益率 j 越大，职业年金替代率 s 越高；相反，工资增长率 k 和退休后预期余命 m 越大，则替代率 s 越小。其中，尽管工资增长率及预期余命会反向影响职业年金的替代率，但因其与职业年金制度本身没有直接联系，难以通过年金制度的改进实现相应调整。而对职业年金替代率有正向影响的缴费率、投资收益率（含积累期和领取期）和积累年限变量恰恰与职业年金制度本身直接关联，可以通过改进部分制度元素或对运营管理方式实现相应变量的良性调整，提升职业年金替代率。

从目前职业年金制度本身来看，存在如下会影响投资收益率和实际积累年限的几大困境，可能会影响职业年金补充保障目标的有效实现。

（二）职业年金目标实现困境

1. "虚账"积累与"实账"积累选择困境

目前，多数地区的财政全额供款单位的单位缴费仍旧采取虚账积累，这是改革之初规避转型成本的无奈之选。在机关事业单位养老保险制度改革之初，财政在承担"老人"养老金基础上，还需承担退休"中人"的过渡性养老金及在职"中人"和"新人"的养老保险和职业年金单位缴费部分，短期转型成本巨大。选择将财政全额供款单位的职业年金单位缴费通过"虚账"运行，可以将这部分转型成本延期分解，一定程度上缓解当期财政压力。

但是"虚账"积累会增加政府的财政负担。基于上述账户积累公式，考察某 25 岁就职于某财政全额供款单位年薪 8 万的典型员工，在其 60 岁退休时职业年金单位缴费财政负担情况。假设工资增长率 5%（考虑到经济新常态经济增速放缓），职业年金积累期投资收益率 7%（参考企业年金年均投资收益率），若为实账积累，单位缴费总支出为 57.8 万元，且可在多年度分散承担；若为虚账积累，则退休时财政需一次性补足的金额为 176.7 万元。虚账积累产生的财政负担是实账积累的 3 倍左右。随着 20 世纪六七十年代"婴儿潮"临近退休，将大量产生需要一次性补足的人群，财政压力会进一步加大。张盈华（2021）经测算也显示，虚账使财政负担递延，"记账运行"初期政府仅需拿出应计支出的1%，但35年后需要拿出应计支出的60%甚至更多，"记账运行"财政负担超过"实账运行"①。

缓解当期财政负担之举将导致未来巨大的财政负担，引发代际不公。若地方政府难以承担未来财政压力，职业年金单位缴费部分就难以转化为实际积累，最终可能成为政府承诺兑付的权益，DC型将退化为DB型。届时财政全额供款单位的职业年金制度将成为由单位缴费形成的DB型计划与个人缴费形成的DC型计划的混合体，蜕变为类似于基本养老保险制度的"小统账结合"制度②。此外，"虚账"与"实账"并存，财政全额供款单位员工得到的是权益承诺而非实际积累，非全额供款单位感觉需要实际缴纳更多费用，导致财政全额供款单位和非财政全额供款单位员工均产生不公感，并对"虚账"积累员工产生流动障碍③。因此，在财政可能情况下，应尽早将"虚账"积累转化为"实账"积累。

2. 风险偏好差异与统一收益率之间的矛盾

《职业年金基金管理暂行办法》（人社部发〔2016〕92号）规定，代理人可以建立一个或多个职业年金计划，按计划估值和计算收益率，建立多个职业年金计划的，也可以实行统一收益率。设置多计划的政策初衷原为分散风险和建立竞争机制④，差异化收益率应为应有之义。但实践过程中，所有省份均采取了多计划统一收益率模式。这是因为各省份在划分计划时只是单纯地进行资金份额分割，没有明确的划分依据，每一个计划也没有差异化的资产配置和风险特征要求，每一个受托人管理的资产均来自代理人的份额配给（有省份平均分配，有省份根据绩效差异化分配）。由于个人没有参与某个计划的选择权，同一计划中成员的年龄结构和风险偏好差异较大，不同计划之间的人员结构特征相似。在此情况下，若不同计划计入的收益率不同，可能引发同一群体内部出现待遇差距，而此差距

又非个人选择结果，群体必然难以接受。在此情境下，多计划统一收益率就成了回避矛盾的自然选择。

但是，计划成员的风险偏好和投资需求差异的客观性与多计划统一收益率之间存在矛盾。同一计划内，年轻的、风险偏好程度较高的个体的风险溢价被低风险偏好的个体及求稳投资组合拉平，年金计划参与人的收益和风险诉求被"同质化"⑤。不同计划间，投资收益率较高的计划被低收益率的计划平衡。计划成员没有选择计划、受托人及符合其风险偏好的投资组合的权利，受托人缺乏差异化运营的动力，最终导致高风险偏好成员的风险溢价被拉平，长期投资收益率被拉低，对未来职业年金账户积累及替代率目标实现不利。因此，应将年龄等反映风险偏好差异的指标纳入职业年金计划划分依据，基于不同风险偏好特征建立不同计划，采取差异化资产配置战略。

3. 实现规模经济与平衡机构需求之间的矛盾

研究显示，基金市场存在边际规模报酬递减效应，基金的投资业绩与管理规模之间存在显著的倒"U"形关系，20亿~50亿元的适中基金规模能产生最佳投资收益⑥。从目前公开提供职业年金投资信息披露的地区信息看，多数地区的职业年金数量确定在11~12个，该数量与市场中取得受托人资质的年金运营管理机构数量（2021年为12个）基本一致。该现象显示各地社保经办机构会受到年金运营管理机构影响，设定计划数量不是从规模经济角度考虑，而是以让年金运营管理机构"全入围"为目标⑦。该思路可以平衡各方利益，满足年金运营管理机构诉求，但忽略了职业年金本身提升替代率以发挥养老保险补充保障功能的初衷，替代率的提升需要通过规模经济获取较高的长期投资收益率来实现。2021年底职业年金积累基金17900亿元，建立的职业年金计划投资组合1400多个⑧，单位组合的平均资产规模为12.8亿元，远低于能产生最佳投资收益的适度基金规模。建议各地社保经办机构调整方案设计思路，从职业年金制度初衷和基金管理实际需要出发，以产生规模经济效应为目标设计职业年金计划数量。

①　张盈华、卢昱昕：《我国职业年金"混合账户式"管理的特性、问题与建议》，《华中科技大学学报（社会科学版）》，2021年第3期，第57-65页。

②　郑秉文：《职业年金制度的主要特征及其三个隐患》，《中国保险》，2021年第12期，第20-22页。

③　薛惠元、曹思远：《财政全额供款单位职业年金个人账户的"虚实"思考》，《中国社会保障》，2019年第12期，第40-41页。

④⑦　刘鹏：《对职业年金"多计划统一收益率模式"计划建立实施方案的思考》，《北京保险学会2019专题文集（上）》，2019年，第165-169页。

⑤　张盈华、卢昱昕：《我国职业年金投资体制的特征和潜在风险》，《保险研究》，2020年第7期，第16-30页。

⑥　张琳琳、沈红波、范剑青：《证券投资基金规模适度性研究——基于中国市场的证据》，《金融研究》，2022年第3期，第189-206页。

⑧　人力资源和社会保障部：《2021年全国职业年金基金市场化投资运营情况》，http://www.mohrss.gov.cn/shbxjjjds/SHBXJDSgongzuodongtai/202204/t20220429_445890.html。

三、职业年金运行现状

（一）虚账做实

由于"虚账"积累只是将当期财政负担递延至未来承担，但会增加总体财政负担，存在给未来财政带来巨额负担的风险，可能引发代内和代际不公。为了降低未来财政风险，提高实际市场化运营资产规模，各地根据实际财政状况进行了职业年金虚账做实的实践探索，总体表现为如下三种情况：①全面做实；②部分单位做实；③部分地区做实。

（1）全面做实。表现为所在省份的所有机关事业单位的单位缴费和个人缴费均实账积累，目前采取该做法的省份为上海、浙江和广东。多为先实现当期缴费实账积累，然后再将历史记账缴费部分逐步做实。上海[①]和浙江[②]均于 2016 年要求全面做实。广东自 2019 年开始先实现当期全面实账积累，2020 年起用三年时间全额做实历史记账缴费，至 2021 年底已做实历史记账缴费 223.5 亿元，占总历史记账缴费的 64.4%[③]。

（2）部分单位做实。表现为要求某类单位将记账方式变更为实账缴费方式。如山东要求自 2017 年起省直驻济机关事业单位职业年金当期缴费做实，历史记账部分逐步做实[④]。天津自 2021 年起要求市属机关参公单位的职业年金单位缴费由记账方式改为实账缴费[⑤]。河南规定中央驻豫机关事业单位职业年金单位缴费部分当期统一实行实账积累[⑥]。

（3）部分地区做实。表现为各地区根据财政情况自行选择实账还是虚账积累。2021 年 3 月，江苏全省 120 个统筹区中有 104 个实行实账征缴，历史记账部分已记实59.18%，且已有多地全部记实[⑦]。江西省 2021 年 122 个统筹区中有 6 个统筹区职业年金全部记实、5 个统筹区实现

当期记实[⑧]。

（二）基金积累总额

职业年金的强制性参与机制，使其自制度建立伊始就基本实现机关事业单位工作人员全覆盖，至 2019 年 5 月参与人数达到 2970 万人[⑨]，已超企业年金参与人数，2021 年末企业年金参与人数为 2875 万人[⑩]。从基金积累金额来看，2021 年底，职业年金为 1.79 万亿元，六年积累规模相当于企业年金 15 年积累规模 2.61 万亿元的 69%。从目前已进行职业年金投资信息披露的 17 个省份来看，仅四省的企业年金积累额高于职业年金，其他省份的职业年金资产规模均超过企业年金，相较 2020 年，2021 年超出规模均有较大增加（见图 15-1）。

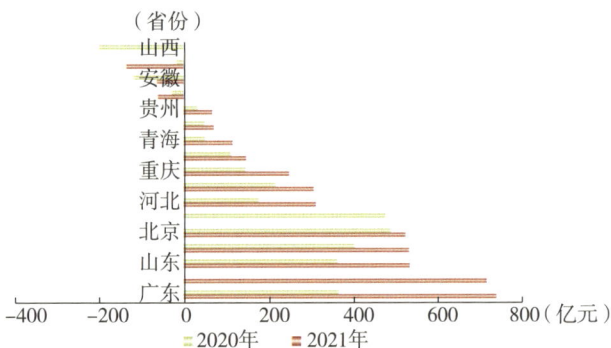

图 15-1　各地区职业年金超过企业年金资产规模情况

资料来源：基于各省份人社厅公布的职业年金投资运营数据和人社部公布的《全国企业年金基金业务数据摘要》相关数据比较整理而成。

（三）投资组合平均资产规模

研究显示，适度规模的基金无论在业绩还是业绩稳健性方面均为市场表现最好。目前我国职业年金基金投资组

---

①　上海市人力资源和社会保障局：《市人力资源社会保障局等关于本市事业单位缴纳职业年金实行实账积累的通知》，https://rsj.sh.gov.cn/tylbx_17283/20200617/t0035_1389733.html。

②　浙江省人民政府：《浙江省人力资源和社会保障厅浙江省财政厅关于机关事业单位养老保险制度改革若干问题的处理意见》，http://www.zj.gov.cn/art/2016/6/12/art_13013_277284.html，2016 年 6 月 12 日。

③　由广东省社会保险基金管理局调研资料提供。

④⑤　天津市人力资源和社会保障局：《市人社局市财政局关于市属机关参公单位变更职业年金缴费方式的通知》，https://hrss.tj.gov.cn/zhengwugongkai/zhengcezhinan/zxwjnew/202012/t20201206_4492873.html。

⑥　河南省社会保险中心：《关于做好机关事业单位养老保险职业年金记实补记工作有关问题的通知》，https://www.hnylbx.com/hnsi/zhuanti/jiguan/zhengce/webinfo/2018/10/1587488916098939.htm。

⑦　江苏省机关事业单位社会保险基金管理中心：《对省十三届人大四次会议第 1111 号建议的答复》，http://jshrss.jiangsu.gov.cn/art/2021/6/28/art_77353_9862268.html。

⑧　由江西省社会保险管理中心调研资料提供。

⑨　中国证券投资基金业协会：《职业年金数据概要》，https://www.amac.org.cn/researchstatistics/datastatistics/pensiondata/occupationalannuity/201912/t20191227_3963.html。

⑩　人力资源和社会保障部：《2021 年度人力资源和社会保障事业发展统计公报》，http://www.mohrss.gov.cn/SYrlzyhshbzb/zwgk/szrs/tjgb/202206/W020220607572932236389.pdf。

合的平均资产规模为 12.8 亿元,规模相对偏小。《职业年金基金管理暂行办法》规定一个职业年金计划应当只有一个受托人、一个托管人,可以根据资产规模大小选择适量的投资管理人。各省份在此基础上基本都明确规定每个职业年金计划设置投资管理人不少于 3 名,即一个职业年金计划将分解出至少 3 个投资组合。在此假定所有职业年金计划均设置 3 个投资组合,所有资产均通过投资管理人进行投资,根据各省份职业年金积累数据可以形成各省份单位投资组合的平均资产规模情况(见表 15-2)。从表 15-2

中可以看出,部分省份的职业年金单位计划的平均规模不超过 30 亿元,分解到投资组合产生的单位组合平均资产规模小于 10 亿元,甚至不到 5 亿元。考虑到部分资产通过受托直投进行投资,且多数省份设置的单位计划组合超过 3 个,现实中的单位组合的平均资产规模小于表中显示规模。过多计划和组合数量的设置,使职业年金基金投资难以实现规模经济性,不利于提高实际投资收益率,各地区应根据自身职业年金资产积累情况动态选择年金计划和投资组合数量。

表 15-2　2020～2021 年我国部分省份职业年金计划数量、资产规模及单位组合平均规模

地区	计划数量(个)		单位计划平均规模(亿元)		单位组合平均规模(亿元)	
	2020 年	2021 年	2020 年	2021 年	2020 年	2021 年
广东	12	12	107.7	152.4	35.9	50.8
北京	11	11	119.7	136.0	39.9	45.3
浙江	12	12	—	105.3	—	35.1
江苏	11	11	96.9	—	32.3	—
山东	11	11	79.1	105.1	26.4	35.0
四川	11	11	70.0	89.6	23.3	29.9
湖南	7	7	64.2	83.6	21.4	27.9
河北	11	11	39.2	55.4	13.1	18.5
福建	11	11	29.2	38.5	9.7	12.8
安徽	11	11	27.0	37.6	9.0	12.5
重庆	11	11	25.4	37.3	8.5	12.4
江西	11	11	26.5	33.4	8.8	11.1
山西	10	10	25.9	—	8.6	—
海南	6	6	12.6	16.6	4.2	5.5
青海	7	11	13.8	15.1	4.6	5.0
吉林	11	11	9.1	—	3.0	—

注:单位组合平均规模是通过假定 1 个计划设置 3 个组合计算均值形成,实际上平均 1 个计划对应的组合数要远大于 3 个,即现实中的单位组合平均规模要小于表中数据。

资料来源:根据各省份人社厅公布职业年金相关数据整理而成。

(四)投资收益

"分钱不分人"的职业年金计划设置模式难以使资产配置反映计划成员的风险偏好和投资需求差异,"多计划统一收益率"进一步强化了年金管理机构运营职业年金的趋中和求稳取向,年金基金投资组合规模偏小不利于实现投资的规模经济,多重因素叠加一定程度上影响了职业年金投资收益率的有效提升,进一步将影响职业年金替代率目标的实现。因职业年金投资时间不长,在此仅将其与企

业年金、基本养老保险基金及全国社保基金做两个年度比较。2020 年职业年金投资收益率为 7.83%,同年企业年金、基本养老保险基金及全国社保基金的投资收益率分别为 10.31%、10.95% 和 15.84%,职业年金收益率远低于其他三类养老基金;2021 年资本市场收益率下行,职业年金收益率为 5.21%,趋稳投资取向抑制了其收益下降幅度,与企业年金收益率(5.33%)差距减小。

从职业年金地区收益率来看,首先,2020 年和 2021

年职业年金收益率总体低于企业年金；其次，各地区收益率总体低于企业年金平均收益率；最后，2021 年收益率总体较 2020 年低（见图 15-2），但贵州除外，贵州因 2020 年收益率低于其他所有公布信息的省份，地方经办机构可能出于地区比较和排名压力，调整了风险性资产配置比例，使 2021 年收益率出现大幅提升。由此也可看出，当前职业年金各省份分散监管模式也可能会带来各省份之间的收益攀比，使职业年金投资除面临市场风险外还需面对可能产生的行政干预风险。

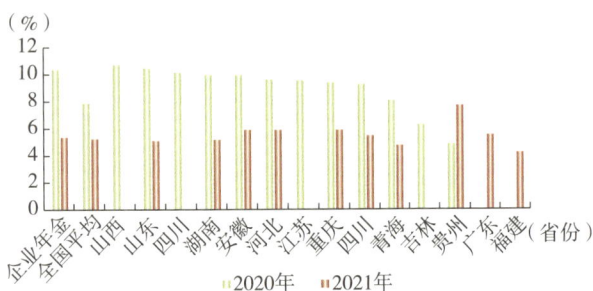

图 15-2　2020 年和 2021 年全国企业年金和职业年金全国及地方投资收益率比较

资料来源：企业年金数据来自人社部公布的两个年度的《全国企业年金基金业务数据摘要》；职业年金全国平均收益率来自人社部公布的两个年度的《人力资源和社会保障事业发展统计公报》；各地职业年金数据来自各地的职业年金信息披露数据。

四、职业年金制度管理优化建议

（一）分步骤分群体做实虚账

全额财政供款单位职业年金单位缴费虚账运行，短期看，可以缓解短期财政压力，便于推进机关事业单位养老保险制度改革。但从长期看，虚账运营不能真正进行市场化投资，会削弱制度的自我积累能力。随着 20 世纪六七十年代"婴儿潮"进入退休年龄，政府在一次性记实个人账户时将产生巨额财政压力。在职业年金制度建立初期，多数参加人员尚未进入退休阶段之前，尽早做实单位缴费，通过市场化运营提升职业年金制度的自我积累能力，有助于缓解总体财政负担，提升制度的财务可持续性。

目前已有一些省份全面做实，部分省份按单位类型或地市财政能力差异部分做实。可参考做实地区实践，有财政余力地区推动全面做实，但可以分步骤进行。比如广东省，先做实当期缴费，然后分多年度逐步做实历史虚账缴费，通过多个年度稀释财政压力。对于财政压力较大的地

区，可以根据资金来源充裕情况分单位类型逐步推进，如山东和天津；也可以分群体进行，比如先做实"新人"账户，然后做实"中人"账户。财政全额供款单位的职业年金单位缴费本身属于财政支出，为了确保职业年金 DC 型积累属性，尽早实现职业年金市场化运营收益，提高其制度外收入能力，国家可在财政预算中提前规划相关项目，对无余力做实虚账的省份按照做实单位缴费所需金额的一定比例提供匹配做实补贴，助推地方政府尽早做实职业年金单位缴费。

（二）将职业年金纳入个人养老金信息服务平台实行全国统一投资运营

职业年金本质上属于私人养老金范畴，计划成员享受个人账户积累权益并承担投资风险，理应有根据个人风险偏好和收益预期进行投资产品选择的权利。但是目前职业年金各省份内部采取多计划统一收益率，抹杀了参保人员的投资选择权和个人风险偏好。同时，各省份代理人分散监管与机构总部统一投资之间的矛盾，会导致信息传递和信息匹配不对称情况，对市场投资效率可能产生不利影响。

建议将职业年金纳入人社部组织的个人养老金信息平台实行全国统一投资运营，统一享受个人信息管理服务和金融行业服务。通过信息平台打造全国职业年金投资产品池，提供满足不同风险偏好的养老金产品和其他投资产品，允许计划成员通过统一信息平台根据自身偏好进行选择，尽可能发挥职业年金投资的市场属性，实现投资效率最大化。对于不愿意或无能力进行选择的个人，委托全国社保基金理事会或建立一个全国统一运营的职业年金运营管理理事会，根据职业年金参与成员所处年龄阶段提供默认投资组合。可以参考瑞典的做法，该国对实账积累型养老基金建立统一交易平台，允许有资质的基金管理机构进入平台进行基金交易，个人根据自己的风险偏好在该平台选择相应产品进行投资。并建立专门的国民基金管理机构（AP7）对没有作出任何投资选择的个人提供默认投资，默认投资产品设计吸收了生命周期基金投资理念，根据个人年龄不同选择权益类基金和固定收益类基金的不同组合，随着成员年龄增长逐渐增加固定收益类产品投资比重①。

（三）将多计划统一收益率改为多计划差别收益率

若短期内无法建成统一平台和统一产品池，各省份社保经办机构（代理人）还可考虑根据本省份职业年金参加人的年龄结构划分职业年金计划，设定不同收益率目标。

---

① 吴孝芹：《公共养老基金投资体制与资本市场发展——以瑞典经验为例》，《辽宁大学学报（哲学社会科学版）》，2021 年第 3 期，第 54-66 页。

根据不同年龄阶段成员所属的职业年金计划与受托人商定不同的战略资产配置方案，并随着计划主体成员的年龄变化（增加 5 岁或 10 岁）动态调整权益性资产配置比例，尽可能让不同年龄群体均能满足各自的风险投资需求，实现各自应当获得的风险溢价，提升总体收益率水平。

允许多计划之间的收益率差异化，也可推动年金受托人和投资管理人积极开发符合其所管理计划成员风险偏好特征的投资战略和策略，引导年金运营管理机构积极推进养老金产品开发，丰富养老金产品类型。引导职业年金计划的竞争由"竞争基金配额"转为"竞争产品质量"[①]，推动形成丰富多元的年金投资产品池。为多元特征人群获得多元投资收益提供保障，使年金参与人在不同年龄阶段可以获得不同风险溢价，实现较高长期投资收益率，提升职业年金替代率。此外，多计划差别收益率也可一定程度缓解各省份社保经办机构之间进行单一收益率的简单攀比，使其将经办聚焦于计划分配和账户管理的精细化方面，保

障职业年金计划参与人的账户精确性和安全性。

（四）按实际基金规模需要确定职业年金计划数量

适度规模的基金可以产生最佳投资效率。职业年金计划数量设置不应以让有资质的年金管理机构全入围为目标，应根据自身资金规模情况动态确定。部分省份的职业年金基金积累额不到 100 亿元，却设置了 10 个以上的计划数量，再进一步分解到投资组合，每个组合的平均资产规模甚至可能不足 4 亿元，难以达到适度规模，无法产生规模经济，影响投资收益。这种情况下这些省份可以少设置一些计划数量，随着后期积累额的提升再动态渐进调整。对于积累额较高的省份可以多设置一些计划，比如超过 12 个，未必一定要以现有具备受托人资质的年金管理机构数量为限，在可能情况下，可以允许同一年金管理机构同时受托管理多个计划。也可以单个计划多分解一些投资组合，以免基金规模超过适度规模，导致投资效率下降。至于适度规模为多少，还需市场进行进一步研究。

---

① 闫化海：《职业养老金：进入产品化投资时代》，《金融市场研究》，2020 年第 4 期，第 63–70 页。

分报告十六
个人养老金账户的构思与展望

一、引言

2020 年，《中共中央关于制定国民经济和社会发展第十四个五年规划和二〇三五年远景目标的建议》提出发展多层次、多支柱养老保险体系。2021 年和 2022 年政府工作报告均提出要规范发展第三支柱养老保险。为推动包括个人养老金在内的第三支柱养老保险的发展，2022 年 4 月，国务院办公厅印发了《国务院办公厅关于推动个人养老金发展的意见》(国办发〔2022〕7 号)(以下简称《意见》)，该《意见》指出个人养老金实行个人账户制度，缴费完全由参加人个人承担，实行完全积累。个人养老金资金账户可用于个人养老金缴费、归集收益、支付和缴纳个人所得税。参加人每年最多缴纳 12000 元，根据经济社会发展水平和多层次、多支柱养老保险体系发展情况等因素适时调整缴费上限[1]。

个人养老金制度的实施以及个人养老金账户的建立，是适应我国社会主要矛盾变化，满足人民群众多层次多样化养老保障需求的必然要求，也是实现共同富裕背景下缩小不同群体收入差距的有效手段。个人养老金制度的实施，也是社会保障事业高质量发展、可持续发展的重要举措，有利于积极应对人口老龄化，构建功能更加完备的多层次、多支柱养老保险制度体系，还有助于参保人在第一支柱、第二支柱养老保险之上增加养老收入积累，让老年生活更

有保障。我国养老保险体系建设的目标是多层次的养老金体系[2][3]，但从目前发展现状来看，由第二层次和第三层次构成的补充性养老保险发展缓慢，第一层次的基本养老保险的占比和规模较其他层次而言占有绝对优势，整个养老保险体系结构失衡[4]。这成为化解养老风险、提升养老金水平的主要障碍，并且难以满足城镇职工和城乡居民的多层次养老需求。个人养老金制度在背景下应运而生，对于发展多支柱养老保险体系，提高居民养老金水平和退休后的生活水平，促进经济社会发展等具有十分积极的社会意义。

不过，从目前来看，个人养老金账户的发展仍然面临一些风险，从以往第三支柱养老金的发展经验来看，社会参与热情不高，个人养老金账户也可能面临这一问题；一旦税优政策失效，参保群体限于高收入群体，个人养老金账户存在造成二次不公平的社会风险；除此之外，个人养老金账户还面临信托基金本身的产品特征所附加的互济性较弱的挑战，以及监管任务更重的挑战。有必要对这些风险和挑战进行研判，明确个人养老金账户的发展方向，完善税收优惠等制度安排，细化产品设计并创新投资管理方式，构建配套性的制度体系。

因此，本报告将对个人养老金账户的制度设计进行构思，梳理个人养老金账户的建立背景，总结其对社会经济发展的重要意义，对个人养老金账户的未来发展进行风险

---

① 《国务院办公厅关于推动个人养老金发展的意见》，http://www.gov.cn/zhengce/content/2022-04/21/content_5686402.htm。
② 郑功成：《中国养老金：制度变革、问题清单与高质量发展》，《社会保障评论》，2020 年第 1 期，第 3-18 页。
③ 房连泉：《全面建成多层次养老保障体系的路径探讨——基于公共、私人养老金混合发展的国际经验借鉴》，《经济纵横》，2018 年第 3 期，第 75-85 页。
④ 朱俊生：《促进养老保险第三支柱发展》，《中国金融》，2020 年第 16 期，第 60-62 页。

研判，在此基础上，对美、德、英三国的个人养老金账户发展经验进行总结，并据此提出对应的制度完善建议。

二、个人养老金账户的建立背景与意义

（一）个人养老金账户的建立背景

多年以来，我国养老保险体系发展呈现出第一支柱基本养老保险"一只独大"的特征。2021年末，全国参加基本养老保险人数为10.29亿，其中职工基本养老保险人数为4.81亿，而企业年金参保职工仅为2875万人[①]，即使加上参加职业年金的约为3800万的公务员和事业编制人员，第二支柱较第一支柱而言，发展仍较为薄弱。第三支柱的补充性养老保险的发展更为缓慢，以2018年5月开始在上海、福建和苏州三地开启试点的个人税收递延型商业养老保险为例，截至2020年4月，参保人数仅为4.76万人[②]。这种失衡结构不仅不利于分担化解养老风险，还在一定程度上固化了不同群体之间的养老收入差距，退休职工的基本养老金远超城乡居民的基本养老金水平。在此背景下，为建立多层次的养老金体系，个人养老金账户制度应运而生。

同时，我国养老保险体系发展还面临如下问题：一方面，基本养老保险均为属地化管理，统筹层次低，各统筹区之间的缴费和待遇未实现互通，跨统筹区的养老保险转移接续成为人口流动的一大障碍。另一方面，与新业态就业人员匹配的保险形式未建立，如以灵活就业人员身份参保，负担太重，快递员等群体不愿缴纳；如以城乡居民身份参保，则享受的待遇又太低，灵活就业人员中存在大量漏保和断保人员[③]。迫切需要建立补充性质的养老保险制度，一是打破地域和户籍限制，保障参保人的养老保险权益；二是建立与新就业形态相匹配的养老保险模式，缩小不同群体之间的参保权利和权益差距。此时，迫切需要一项养老保险制度打破地域、户籍、劳动关系等方面的限制，个人养老金账户恰恰承担了这一重要功能。

（二）个人养老金账户的积极意义

1. 有利于完善多层次、多支柱养老保险体系，应对人口老龄化的挑战

个人养老金制度的建立，能够从制度层面补齐第三支柱养老保险的短板，有利于进一步健全多层次、多支柱养老保险体系。个人养老金制度的实施，有利于优化我国养老保险体系的内部结构，促进三个支柱更好地协调、平衡发展，提升养老金的可持续发展能力[④]。就较单一的养老保险制度而言，个人养老金的加入能够分担整个养老保险体系的风险。账户制积累将短期储蓄向长期养老资产转化，可以应对人口老龄化背景下储蓄率和投资率下降带来的潜在不利影响。无论是从宏观层面的全社会，还是微观层面的个人来看，个人养老金是增加养老资金储备的制度性安排，有利于应对人口老龄化及其财务负担的挑战。另外，个人养老金制度将倒逼第三支柱的金融产品销售机构范围扩大，有助于促进个人养老金市场的竞争，丰富产品形态，提高个人养老金市场的运行效率。个人养老金账户基金还能为金融市场注入一笔长期稳定的资金，能够起到促进金融市场的繁荣乃至促进经济发展的积极作用。

2. 有利于满足人民群众多样化的养老保险需求，提高养老收入水平

个人养老金等补充性养老保险制度的建立，能够满足不同收入水平人群对养老保险的多样化需求。基本养老保险的功能是保障老年人的基本生活资料购买，但随着社会经济的发展，中高收入阶层对更高保障水平的养老保险的需求愈加凸显，第二支柱企业（职业）年金一定程度上满足了溢出需求，个人养老金在此基础上能够更好地满足这一群体的提高老年生活水平的需要，通过增加养老金的资产规模进一步提升保障能力。对于未能参加第二支柱企业（职业）年金的人员来说，个人养老金为其提供了可选项，替代性地起到了分担养老风险的作用。个人养老金能够保证参保人达到退休年龄后，除基本养老保险和企业（职业）年金收入外，还能再领取一份养老金，直接提高了养老收入水平。

3. 有利于缩小不同群体的养老收入水平差距，促进社会公平

从参保权利上来看，个人养老金制度实行普惠制，不因劳动关系和行业等因素设置参保门槛，甚至还消除了基本养老保险的地域和户籍限制。尤其是将基本养老保险和企业（职业）年金都难以覆盖的2亿多灵活就业人员[⑤]覆

① 中华人民共和国人力资源和社会保障部：《2021年度人力资源和社会保障事业发展统计公报》，http://www.mohrss.gov.cn/SYrlzyhshbzb/zwgk/szrs/tjgb/202206/W020220607572932236389.pdf。

② 凤凰新闻：《税延养老险为何叫好不叫座》，https://ishare.ifeng.com/c/s/7y1O7LFcfBR，2020年7月11日。

③ 赵耀辉：《个人养老金制度的推出意味着什么？》，《商学院》，2022年第6期，第13页。

④ 何文炯：《个人养老金：明晰定位，稳步推进》，《经济研究参考》，2022年第7期，第9～12页。

⑤ 清华大学社会科学学院经济学研究所、北京字节跳动公共政策研究院：《互联网时代零工经济的发展现状、社会影响及其政策建议》，https://www.tioe.tsinghua.edu.cn/__local/1/DA/40/32B29C65A5E630FEC38A1853619_570B5EF1_45D3EB.pdf。

盖在内，这是个人养老金制度的独特优势。个人养老金制度强调账户的个人财产属性，强化了个人主体责任，可提高个人的参保积极性。从经办管理上看，参保人通过个人养老金信息管理服务平台建立个人养老金账户，该平台是在国家层面由人社部直接建立的，与金融产品销售机构对接，与各省份平台无交集，不存在户籍和属地的差距，还消除了账户基金和待遇的转移接续壁垒。因此，个人养老金制度确保了不同群体参保的同等权利，并且在一定程度上解决了区域间、城乡间的养老收入差距问题，有利于促进社会公平。

4. 有利于完成从第三支柱由产品型向账户制的转型，提高投资效率和参与度

当前我国养老金第三支柱仍然采用产品制形式，一是个人的保险参与意识与激励不足；二是参与第三支柱的金融机构包括银行、保险、证券、基金、信托等，在产品设计上五花八门，重复和冗余的矛盾并存；三是不同行业金融产品的平台系统是割裂的，这些系统分别与税务系统、商业保险机构和商业银行对接，难以均衡地为不同产品分配税延比例。个人养老金实现了向账户制的转型，在占有权上，权益归参加人所有。账户实行封闭运行，除规定不得提前支取的规定外，个人养老金已经具有私有财产属性。个人养老金账户采用托管的投资方式，面向的是整个金融产品市场，可投资产品更加多元化。而且个人养老金以参保人个体为单位，税延的计算更易操作。因此，向账户制的转型，不仅能够提高个人养老金账户的投资效率，还能对潜在参保人产生更多的吸引力。

三、我国发展个人养老金账户面临的风险与挑战

（一）社会参与积极性有待激发

对于一项保险制度而言，参保人群规模不仅能够影响互助共济的程度，还影响着投资收益规模和可持续性，保险制度的基金积累越多，其投资收益率将会越高。从近些年我国补充性养老保险制度的发展来看，由于收益低、社会信任和宣传不足等因素，社会参与积极性不强成为制度发展的首要问题。截至 2021 年底，2018 年推出的个人税收递延型商业养老保险的保费规模仅为 6 亿元，相对于基本养老保险的参保规模来看，仍然较为有限[1]。作为第三

支柱补充性养老保险中的一类，个人养老金账户同样面临上述参保率低的风险。

除第三支柱的共性问题之外，个人养老金还因账户完全积累和缴费限制等，存在挤出一部分参保群体的风险。个人养老金账户实行完全积累制，封闭运行的规定意味着账户资金不能随意支取，流动性欠缺，让本就对该制度的收益预期和风险缺少了解的潜在参保群体的参保积极性大大降低。《意见》中还规定，每人每年缴纳个人养老金的上限为 12000 元，基金规模小，因而投资渠道十分有限。投资收益率是否能跑赢现有市场上的储蓄和理财产品这一问题尚未确定，如果可预见达到领取基本养老金年龄后领取的养老金待遇水平不会很高，对职工或居民的总体养老金水平的贡献度不高，那么"没必要"将成为各群体放弃参保的主要原因。

（二）有可能造成二次不公平的风险

补充性养老保险制度要求参保人具有一定的支付能力，因而自然地进行了参保对象的筛选，通常参与意愿最强的是中高收入群体，也就进一步提高了这一群体的养老金水平。同时，也只有参保的中高收入群体能够享有保险配套的税收优惠等政策性福利。此前我国推出的第三支柱养老保险就陷入了"补贴富人"的困境中，截至 2022 年 4 月底，2021 年开始在重庆、浙江等试点地区销售的专属商业养老保险的参保人大部分为中高收入群体，快递员、网约车司机等新业态从业人员仅占 12.5%[2]。

个人养老金也将面临因参保群体限于中高收入群体而造成二次不公平的风险。2021 年，我国人均可支配收入为 3.51 万元[3]，也就是说，能够达到每年缴纳个人养老金上限的 12000 元仅为少数高收入群体。个人养老金的缴费越多，享受的税收优惠也就越多，通过个人养老金制度领取的养老金也就更高。一旦个人养老金成为中高收入群体的专享，那么中高收入群体就又多了一项保险制度可以享受由国家财政买单的税收优惠，并由此实现更多的财富积累，高收入群体和低收入群体的收入差距进一步加大，陷入起点不公平和结果不公平的双重不公平的困境。

（三）完全积累制带来的风险和挑战

尽管完全积累制对参保人个人的激励性较强，但通过互助共济实现风险分担的机制缺失，并且大量资金积累容易受通货膨胀影响，保险基金保值增值压力大，投资和基金管理的任务重，对经济发展水平和稳定性的要求较高。

① 刘欣琦、谢雨晟：《个人养老金破冰，金融行业共享红利——个人养老金专题报告》，《上海保险》，2022 年第 5 期，第 11–17 页。

② 涂颖浩：《专属商业养老保险试点 1 周年：参与主体扩容，专家建议纳入个人养老金制度框架》，《每日经济新闻》，2022 年 6 月 10 日第 2 版。

③ 中国政府网：《中华人民共和国 2021 年国民经济和社会发展统计公报》，http://www.gov.cn/shuju/2022–02/28/content_5676015.htm。

根据《意见》中"实行完全积累"的要求，个人养老金运行可能面临两类风险：其一是"以收定支"模式下，如果实际寿命超过预期寿命，个人养老金账户的积累在参保人死亡前发放完；其二是实际寿命短于预期寿命，账户基金积累剩余，未能在参保人个人层面上实现纵向平衡。不过根据"个人养老金资金账户中的资产可以继承"的原则，参保人主要面临第一类风险。

基于个人养老金完全积累的特征，首先，参保人不能过分依赖个人养老金制度，需承担个人养老金账户基金发放完导致的养老金总体水平下降的风险。其次，完全积累对个人养老金产品设计的保值增值提出了更高要求，尽管个人养老金资金账户资金用于购买符合规定的银行理财、商业养老保险等，但由个人承担是否能够跑赢通胀的风险。目前，我国的投资中介机构发展并不及欧美国家成熟，没有投资经营的个人如选择委托中介机构，也将面临一定的收益率风险。最后，完全积累制还意味着，无法实现转移支付和收入再分配，这就带来了有损社会公平的风险。

（四）监管任务更多更复杂

一方面，个人养老金的参保门槛低、限制少，可能涌入大规模的参保对象，并且对新业态就业人员的包容度较高，参保对象的构成较为多元化，因而监管任务重且更为复杂。另一方面，个人养老金账户一旦发展，基金规模数额迅速增加，并且与高风险的金融市场产品相关联，市场准入和资格审查的监管任务重。个人养老金最终流向的金融机构包括银行、保险、证券、基金、信托公司等，其监管涉及财政、税务、人社、银保监会、证监会等部门，多部门交叉重叠让监管内容和方式变得更加复杂多样，还可能出现监管真空或重复监管等问题。

目前，尽管《意见》为发展个人养老金确定了基本方向，指导性意义较强，但具体的实施细则，如税惠政策、账户和投资产品标准、投资机构的准入、信息披露、违规处罚等问题均未进行明确，这就又加深了监管工作的难度。不同于基本养老金，个人养老金的投资涉及金融产品市场，金融市场中的产品复杂，风险性较强，要求通过一定的信息手段和技术创新识别风险，通过部门间的信息共享实现信息披露，这对监管的技术专业性、监管平台运行效率提出了更高要求。

四、他山之石：个人养老金账户发展的风险化解与挑战应对

（一）美国：个人退休账户（Individual Retirement Arrangement，IRA）

1974年，美国颁布《雇员退休收入保障法案》，创立个人退休账户。此后，为简化账户管理，政府还设立"简化个人退休账户"（SEP IRA），为雇员人数在100人以下的小企业设立了"薪资抵扣简化个人退休账户"（SAR-SEP IRA），为取消缴费年龄70.5岁的限制而设立了"罗斯个人退休账户"（Roth IRA）。随着社会经济发展，IRA不断提高缴费上限，从1974年的1500美元提高到2020年的6000美元，50岁以上的参保人可在此基础上追加缴费1000美元[①]，能够较好地满足临近退休人员意识到养老保障重要性因而多缴费的需求。2020年，美国有4790万家庭（占37.3%）参加了IRA，IRA资产占家庭资产的比例平均为11%[②]，这得益于美国政府通过提高个人养老金的缴费上限来满足不同养老保障水平的参保人需求，提高了制度吸引力。对于超额缴费部分，需按照每年6%的比例缴纳罚款，有效防止该账户成为富人避税的工具。传统IRA采取EET税收优惠方式[③]，在领取时对缴费额和投资收益一并纳税，参保人可享受到延迟纳税的福利。这与美国的累进税率制相契合，退休前参保人的收入高因而赋税高，退休后收入低因而赋税低，因而这一方式有效减轻了参保人在退休前的税费负担。IRA的资金投资方式十分灵活，并且配置方式多元化。以60岁的IRA账户持有者为例，2019年，有50.9%的资产配置于股票及股票基金、18.8%的资产配置于债券及债券基金、11.4%的资产配置于均衡性基金[④]。

（二）德国：里斯特养老金计划（Riester Rente）

2001年，德国政府决定在基本养老保险之外单独建立里斯特养老金。该计划实行基金积累制，参保人的缴费上限为上年度工资总额的4%。为吸引农民等基本养老金替代率不断下降的群体参保，该计划设置了直接补贴和税收优惠。直接补贴分为基础补贴和子女补贴，其中基础补

---

①　Internal Revenue Service，https://www.irs.gov/retirement-plans/individual-retirement-arrangements-iras.

②　ICI Research Perspective，The Role of IRAs in US Households' Saving for Retirement，2020，https://www.ici.org/system/files/attachments/per27-01.pdf.

③　三个字母分别代表养老金缴费期、养老金资金运用收益期和养老金领取期三个时期，E代表免税（Exemption），T代表征税（Taxation），即从税前收入中扣除养老金缴费额，并减免养老金投资收益所得税，只对养老金领取额征收个人所得税。

④　袁吉伟：《全球养老第三支柱经验及启示》，《国际金融》，2021年第9期，第11-14页。

贴 175 欧元 / 年, 2008 年前出生的子女补贴为 185 欧元 / 人, 2008 年后为 300 欧元 / 人[①]。税收采取 EET 模式, 缴费阶段的税收减免最高扣除额与缴费上限相同。缴费达到上限的, 可获得全额直接补贴, 未达到上限的, 补贴将按比例相应减少, 并成立了中央养老金管理局进行保险经办和各类补贴的发放。养老金领取方式较为灵活, 可选择按月领取, 也可一次性领取 30%, 剩余部分按月领取。里斯特养老金计划的投资包括银行储蓄合同、养老保险合同、基金储蓄合同和住房里斯特合同, 分别由银行、保险公司、基金公司和建房互助储蓄金信贷社四类金融机构提供。

（三）英国: 个人养老金计划（Private Pensions）

20 世纪 80 年代以来, 英国开始在传统的养老金第一支柱国家基本养老金（The Basic State Pension Scheme, BSPE）、第二支柱国家收入关联养老金计划（The State Earning-Related Pension Scheme, SERPS）以外[②], 引入个人养老金制度。1986 年的社保法案通过修改第二支柱中政府办养老金计算公式[③]和减少遗属养老金两种方式来降低国家公共养老金待遇水平, 这些改革措施引入个人养老金释放了一定空间[④]。参保人拥有个人养老金的单独账户, 能够对由商业保险公司等金融中介机构发售的产品进行自由选择。为鼓励雇员参加个人养老金计划, 英国政府从基本养老金缴费中的个人缴费、单位缴费分别剥离缴费基数的 2%、3.8%, 共计 5.8% 转移到个人养老金账户中, 并对从 SERPS 退出的雇员予以 2% 的特别奖励金[⑤]。在个人养老金计划中, 英国采取部分 EET 税收优惠, 参保人在缴税后可获得 20% 的收入税返还, 对按 40% 及以上边际税率缴纳所得税的个人还可申请更高税收返还比率[⑥]。针对个人养老金投资产品的销售费用较高的问题, 为吸引低收入人群参保, 英国政府还设立了管理成本较低的存托养

老金计划（Stakeholder Pensions Schemes）, 委托给存托经理进行管理即可, 年管理费由 25% 降到了 1%[⑦]。

（四）个人养老金账户发展的国际经验总结

第一, 从国际经验来看, 各国在养老金体系构建中, 十分注重各支柱保险的均衡发展, 结构合理且各支柱保险账户相通。例如在英国, 政府与市场承担的养老金待遇发放的比例是 60:40, 随着个人养老金的发展, 这一比例预计在 2025 年达到 40:60[⑧]。同时, 还将基本养老金中的一部分退回到个人养老金中, 进行自主投资。在美国, 参保人可从雇主退休计划向 IRA 转账, IRA 内部各账户之间大多数也能进行互通。养老金各支柱账户之间的互通, 不仅能够平衡养老金构成, 还有助于增加个人养老金的投资规模, 提升参保人投资金融产品的积极性。

第二, 各国在确保社会公平的前提下, 扩大个人养老金覆盖面, 提升各群体的参保率。各国的一致做法是对不同收入水平的人群设置不同的税收优惠, 德国还对不同群体设置了不同的政府补贴标准, 以激发参保热情。美国对 IRA 不同参保群体设置了不同的减税办法: 一是收入越高, 可减税缴费额越少; 二是未参加雇主退休计划的参保人比参加雇主退休计划的可减税缴费额要大; 三是单身、鳏寡等情形的参保人可享受一定的减税额[⑨], 从而最大限度地吸引低收入群体参保。各国还对超额缴费进行高税率征税, 以此来规避富人超额缴费甚至避税的行为, 以保障社会公平。

第三, 各国致力于扩大个人养老金的基金规模, 进行市场化投资, 以提高投资收益率。例如, 2020 年, 美国的 IRA 资产规模达 10.8 万亿美元, 占美国养老金市场资产的 34%[⑩]。英国的个人养老金累计规模达到了 3.24 万亿美元, 为当年 GDP 的 1.19 倍。庞大的基金规模保证了投

---

① 刘涛:《德国养老保险制度的改革: 重构福利国家的边界》,《公共行政评论》, 2014 年第 6 期, 第 7-27 页。

② 2016 年, 第一、第二支柱分别演变为新国家养老金（New State Pension）和国家雇员信托储蓄计划（National Employment Savings Trust, NEST）, 详见李亚军:《英国养老金金融化改革的经验和启示》,《社会保障研究》, 2017 年第 1 期, 第 84-94 页。

③ 改革前, 政府办养老金的计算基数是雇员工作期间收入最高的 20 年的平均工资; 改革后, 政府办养老金的计算基数变为工作期间所有年限的平均工资, 因而改革大大削弱了政府办养老金的待遇水平。

④ 郑秉文、胡云超:《英国养老制度改革"市场化"取向的经验与教训》,《辽宁大学学报 (哲学社会科学版)》, 2003 年第 4 期, 第 93-101 页。

⑤ OECD, The Tax Treatment of Funded Private Pension Plans: OECD and EU Countries Profiles, http://www.oecd.org/daf/fin/private — pensions/tax-treatment-pension-plans-country-profiles.pdf.

⑥ OECD, Pension Markets in Focus 2016, www.oecd.org/daf/pensions/pensionmarkets.

⑦ Blake D, Two Decades of Pension Reform in the UK: What Are the Implications for Occupational Pension Schemes?. Employee Relations, 2000, 22(3): 223-245.

⑧ World Bank/IIASA Conference, "The UK pension System and Reform" in Vienna Austria, p.14.

⑨ Internal Revenue Service, https://www.irs.gov/retirement-plans/individual-retirement-arrangements-ira.

⑩ ICI Research Perspective, The Role of IRAs in US Households' Saving for Retirement, 2020, https://www.ici.org/system/files/attachments/per27-01.pdf.

资的抗风险能力，从而提高了资产的安全性和收益率[①]。并且，投资费用比率通常与投资资产额成反比，费用中的审计费等均是定额，不受资产总量的影响，投资额越大，投资费用越少。发达成熟的金融市场为各国进行多元的市场化投资提供了市场条件，例如，英国的个人养老金投资在专业养老基金公司、保险公司和信托投资三类金融机构中竞争，为分散养老基金投资风险，货币市场还提供了短期存款和国库券。2020年，个人养老金的投资分布在股票、债券、存款和其他方式的比例分别为25.9%、44.8%、2.0%、27.3%[②]。因此，各国的个人养老金取得了较好的投资收益，以美国为例，全部私人养老金的平均投资收益率为5.9%[③]。

第四，各国建立了正式的监管部门和制度规范，对个人养老金投资进行监管。在德国，银行、金融产品公司、保险公司等金融机构的产品必须获得德国联邦金融监管局的认可，凭借监察局开具的被认可的养老金产品的证明，参保人才能获得来自政府的补贴[④]。英国在2005年成立了养老金监管局，对私人部门提供的个人养老金账户进行监管，要求养老金自主投资的规模不能超过养老金总体的50%，养老基金受托人中须有1/3由养老金计划成员推选产生，对养老金投资做到信息公开，养老基金投资的受托人内部管理应确保规范化等，并且，政府启动了严格的个人养老金产品营销违法行为的监管和惩处行动。

五、个人养老金账户发展的相关建议

（一）明确制度定位，做好制度衔接

作为多支柱养老体系中的重要组成部分，个人养老金制度应与其他养老保险制度分工明确、界限清晰，并建立对接机制。首先，个人养老金制度是补充性质的养老保险制度，目的是提高养老金水平，既不能取代保障基本生活资料购买的基本养老保险制度，也不能与针对老年贫困风险的最低生活保障制度等的功能混淆。其次，应综合考虑多支柱养老保险体系的内部结构，制度设计上应平衡好各养老金制度的待遇水平。如果第一支柱的基本养老金替代率水平过高，那么参加个人养老金等补充性养老保险的热情和积极性将受到一定影响，还会给财政带来更多的支出压力。最后，按照《意见》中"与基本养老保险、企业（职业）年金相衔接"的要求，应建立各保险制度账户之间的资金流动通道，并解决对应的缴费和待遇的转移接续等现实问题。一是打通企业（职业）年金等第二支柱与个人养老金的税收优惠比例和额度，如果参加企业年金或职业年

金的个人缴费未达到税收优惠上限的比例或额度，或未参加第二支柱保险的，可将允许个人养老金缴费享受这一差额部分或全部的税收优惠。二是缴费和个人账户积累的转移接续。在退休或离职等情形下，允许参保人将第一支柱基本养老保险、第二支柱中的企业（职业）年金的个人账户积累转移至个人养老金账户，并实现对投资风险包容度更高的市场化投资中。三是投资管理上的对接。个人养老金和第二支柱的企业（职业）年金均采用委托人投资运营模式，由市场上专业性金融机构，例如专营养老保险、基金和信托业务的公司等进行投资运营，建立一个统一的投资市场，以便于各账户间投资管理的互通。

（二）建立与共同富裕目标相适应的税收制度

与个人养老金制度配套的税收制度设计不仅在一定程度上影响着个人养老金的待遇水平和社会参与热情，还将通过受益范围间接对社会公平产生深刻影响。参考2018年六部委在部分城市试点个人税收递延型商业养老保险产品的发展经验来看，如税收优惠力度不足，则无法形成吸引力。同时，税惠力度也不能过大，一旦对个人养老金给予较高的税收优惠，会吸引大批有支付能力的中高收入群体参保，他们的养老金水平进一步提升，而低收入者由于无力购买而无法得到税收优惠，最终"补贴富人"的实质导致全社会收入差距扩大，这与当前共同富裕的大背景相悖。在养老金体系中，基本养老保险是普惠性质的，不会因支付能力对参保群体产生筛选，并且是最基本的，其功能是保障老年基本生活资料，但个人养老金是补充性质的，其功能是提升养老金水平。因而从对三个层次的税收优惠进行统筹考虑的角度出发，应将税收优惠应用于基本养老保险制度，但个人养老金的税收优惠水平应当低于对基本养老保险的税收优惠。

为最大限度地吸引鼓励参保，国际上大多采用TEE模式（在缴费期征税，在投资期和领取期免税的模式）进行税延[⑤]。我国采用EET模式（在缴费期和投资期免税，在领取期征税的模式），由于设置了较高的个税起征点，未来应适当提高税延养老保险税前抵扣标准，并建立抵扣额度与社会平均工资增长指数化挂钩的动态调整机制。而且，税收优惠政策对低收入群体的激励作用受限，因而根据扩大覆盖面和保证社会公平的目标，还需设计对低收入群体采取其他税收补贴措施做好配套保障。如果采取EET模式，从此前补充性养老保险的发展经验来看，还应合理设置领取阶段的税率。如果按照其他补充性养老保险的7.5%

---

①②③　OECD，Funded and Private Pensions，https://www.oecd.org/daf/fin/private-pensions/pensionmarketsinfocus.htm.

④　于秀伟：《德国社会保险制度中家庭友好政策的经验与启示》，《社会保障研究》，2018年第4期，第89-97页。

⑤　郑秉文：《第三支柱商业养老保险顶层设计：税收的作用及其深远意义》，《中国人民大学学报》，2016年第1期，第2-11页。

的实际税率设计，那么中低收入人群不仅不能享受到税收递延的减税福利，还因参保增加了税收负担。因此，为鼓励中低收入群体参与并促进公平，应降低领取阶段的实际税率。

（三）产品设计与投资管理的相关建议

为提升个人养老金的社会吸引力，扩大覆盖面，应从产品设计和投资管理两方面入手。一方面，从制度本身完善制度设计以提升吸引力。从纵向的生命周期角度来看，应根据投资者风险承受能力设计不同风险和收益等级的金融产品。随着参保人的年龄增大，应逐渐降低高风险产品的比例。从横向的参保范围来看，应合理设计缴费负担层次，确保各群体的收入水平能够在缴纳基本养老保险费之后，还有余力参加个人养老金。另外，为更好地推广个人养老金，扩大参保范围，应做好个人养老金相关产品的宣传，尽可能消除社会对金融产品风险大的片面认识，提高对个人养老金账户了解且信任的普及度。

另一方面，提高个人养老金的投资回报率以提升吸引力。从国际经验来看，个人养老金的可持续性和投资收益取决于账户的规模。但按照《意见》中"参加人每年缴纳个人养老金的上限为12000元"的规定，每个人的账户积累可购买的当前市场中的金融产品十分有限，收益率也很难达到预期的水平甚至无法跑赢通胀。鉴于个人养老金资金具有期限长的优势，今后可将其投资在需要长期资金支持的实体经济之上，因此建议逐步放开养老金投资范围，适当放宽投资风险限制，鼓励各类金融机构根据个人养老金账户的特征设计投资产品和运营方式。

（四）配套性的制度安排

第一，不同于基本养老保险等制度，个人养老金制度的参保对象不受户籍身份限制，且将灵活就业人员纳入，因而流动性的需求更大，这就要求在经办服务中的参保、待遇领取、投资等诸多环节在全国范围内统一标准，在地区之间建立联通机制。第二，根据《意见》中"参加人死亡后，其个人养老金资金账户中的资产可以继承"的规定，应以民法典和继承法等相关法律规范作为依据，制定养老账户终结情况下的政策细则。第三，当前相对偏低的缴费上限限制了有能力缴费人群，影响个人养老金整体规模发展。为实现制度的充分激励，吸引更多人参与，应明确个人养老金缴费上限调整办法，建立缴费标准的动态调整机制，参考基本养老保险的缴费办法确定原则，个人养老金的设计可与社会平均工资、距离退休时点的时间等因素相联系。第四，完善税收抵扣等配套服务。此前补充性养老保险的税收抵扣和个人所得税分割，税收抵扣操作不便，烦琐的抵扣流程大大降低了企业职工的参保积极性，对居民等群体来说更是成为参保障碍。为避免在个人养老金扩面中这一问题的再次出现，可将税前抵扣纳入个人所得税专项扣除项目，让职工和居民参保更加方便可及。

分报告十七
我国个人养老金账户的探索、借鉴与展望

一、我国个人养老金账户相关制度及解读

（一）我国个人养老金制度的发展与演变过程

我国个人养老金制度在政策层面有较长时间的讨论。20 世纪 90 年代，国务院发布《关于深化企业职工养老保险制度改革的决定》，提出"在建立基本养老保险保障离退休人员基本生活的同时，鼓励建立企业补充养老保险和个人储蓄性养老保险"。2014 年，国务院在《关于加快发展现代保险服务业的若干意见》中指出："完善健康保险有关税收政策。适时开展个人税收递延型商业养老保险试点"，提出个人税收递延型商业养老保险的概念。2016 年，"十三五"规划纲要提出"分清政府、企业、个人等的责任。适当降低社会保险费率。完善统账结合的城镇职工基本养老保险制度，构建包括职业年金、企业年金和商业保险的多层次养老保险体系……完善职工养老保险个人账户制度，健全参保缴费激励约束机制，建立基本养老金合理调整机制。推出税收递延型养老保险"。

2018 年，五部门联合发布《关于开展个人税收递延型商业养老保险试点的通知》，在上海、福建省（含厦门市）和苏州工业园区实施个人税收递延型商业养老保险试点，开启了第三支柱产品制下税延政策下的业务探索。为丰富个人养老金账户金融产品供给，满足个人多层次、多元化的养老投资需求，银行、保险和基金业进行了实践探索，先后于 2018 年 3 月、2021 年 5 月、2021 年 9 月、2022 年 7 月推出养老目标基金、专属商业养老保险、养老理财产品、养老储蓄产品的试行或试点。

（二）我国个人养老金明确实行个人账户制度

2022 年 4 月，国务院办公厅发布《关于推动个人养老金发展的意见》（以下简称《意见》），要求建立政府政策支持、个人自愿参加、市场化运营的补充养老保险制度，我国的个人养老金从试点开始迈向常规发展。《意见》明确了个人养老金实行个人账户制度，其中，参加人每年缴纳个人养老金的上限为 12000 元，参加人可使用账户资金自主选择购买符合规定的银行理财、储蓄存款、商业养老保险、公募基金等金融产品。账户制，体现了个人养老金"以个人为中心"的基本定位，作为个人养老金制度的基础设计，是推动个人养老金发展的关键因素。

《意见》还明确了个人账户制的建立平台、开通渠道、变更操作等。其中，参加个人养老金需要开设两个账户：一是在信息平台建立个人养老金账户，用于信息记录、查询和服务等；二是在银行开立或者指定的个人养老金资金账户，用于缴费、购买产品、归集收益等。两个账户相互唯一对应，参加人可以在国家社会保险公共服务平台、全国人社政务服务平台、电子社保卡、"掌上 12333"、商业银行等多个渠道开设，参加人可以根据自己的喜好来确定开户方式和开户银行。

2022 年 6 月，证监会发布了《个人养老金投资公开募集证券投资基金业务管理暂行规定（征求意见稿）》，作为《意见》的配套细则，向社会公开征求意见，以规范个人养老金账户下投资公募基金的业务要求。

二、境外个人养老金账户制度发展情况与经验借鉴

（一）美国个人退休账户

美国个人退休账户（Individual Retirement Account，IRA）起源于 1974 年颁布的《雇员退休收入保障法案》。该法案确立了个人退休账户作为重要储蓄工具之一的地位，开创了第一类 IRA——传统 IRA，并提出了传统 IRA 的两个作用，一是为没有被退休计划覆盖的人群提供税收优惠储蓄计划；二是为使雇员退休存款易保存易转移，当雇员退休或工作发生变动时，允许雇员将雇主发起的退休计划资产转入 IRA。

1. 账户的开立

个人可以通过银行、保险、共同基金、股票经纪商等多种渠道来设立自己的 IRA 账户，不同金融机构间市场良性竞争激发了更完善的服务。以富达基金的 IRA 账户开立为例（见表 17-1）：如果投资者想自行管理账户，可以选择开立富达传统 IRA 账户，账户开立后投资者可选择直接投资各类金融产品，或将资金放入注册时选定的现金管理工具。当投资者赎回或转换金融产品时，资金将回到最初选定的现金管理工具上，直至其再次选择新的投资产品或进行待遇领取操作。如果投资者不想自行管理账户，也可以直接选择开立 Fidelity GO 传统 IRA 或 Fidelity Personalized Planning & Advice 传统 IRA 账户，由富达基金进行投资管理。

表 17-1　富达各类 IRA 账户的基本情况

类型	富达传统 IRA	Fidelity GO 传统 IRA	Fidelity Personalized Planning & Advice 传统 IRA 账户
投资管理	自主投资	富达根据账户中的投资目标和风险承受能力来选择和投资	富达根据账户中的投资目标和风险承受能力来选择和投资
规划与指导	拥有规划工具，并且根据需要可获得富达代表的支持	拥有规划工具，并且根据需要可获得富达顾问的支持	拥有规划工具，以及来自富达专业顾问团队一对一的辅导
最低要求	无最低要求	无最低要求	25000 美元
咨询费	—	小于 10000 美元：无 10000~49999 美元：3 美元／月 大于 50000 美元：0.35%/ 年	0.5%/ 年

资料来源：https://www.fidelity.com/retirement-ira/traditional-ira.

2. IRA 账户类型

根据 ICI 的分类，美国的个人退休账户主要包括三大类，传统 IRA、罗斯 IRA 和雇主发起式 IRA。其中，雇主发起式 IRA 又包括 SEP IRA、SAR-SEP IRA 和 Simple IRA 三种（见表 17-2）。传统 IRA、罗斯 IRA 是覆盖面最广的两类 IRA 账户。下文也将主要介绍传统 IRA、罗斯 IRA 的基本情况。

表 17-2　IRA 的细分种类

类型		起始时间	特点	税收优惠
传统 IRA（Traditional IRA）		1974 年	个人缴费，在金融机构建立个人退休账户，开设账户的年龄不超 70.5 岁，达到规定年龄后必须开始领取资金，提前领取将补扣税款，由个人委托符合条件的第三方金融机构管理	EET 模式，缴纳和投资过程免税，领取时纳税
罗斯 IRA（Roth IRA）		1997 年	个人缴费，在金融机构建立个人退休账户，无开设年龄限制	TEE 模式，纳税额为税后金额，领取时无须纳税
雇主发起式 IRA	SEP IRA	1978 年	成立与运营简单、成本低、缴费灵活、雇主为所有雇员等缴费	可以通过免税递延薪资缴纳，期间收益不纳税，领取时才纳税
	SAR-SEP IRA	1986 年	参与者选择性工资延期缴费，雇主为雇员缴费	可以通过免税递延薪资缴纳，期间收益不纳税，领取时才纳税
	Simple IRA	1996 年	适用于 100 人以下的公司，且无其他养老计划，雇主每年必须缴费	缴纳额全部或部分税前扣除，期间投资收益不纳税，领取时才纳税

资料来源：ICI，天弘基金。

3. IRA 账户的缴费与转滚存

IRA 账户的资金流入可以分为缴费和滚存（见图 17-1）。缴费方面，员工每年向传统 IRA 和罗斯 IRA 的最大缴费限额是下面两者中最小的数：6000 美元（如果纳税人在年末超过 50 岁则额度为 7000 美元）或者当年的应纳税薪酬的上限。同时《税收法》允许享受税收优惠的 DC 计划、DB 计划参与者，在满足特定提款条件时，如转换工作、退休、经济困难、死亡、伤残、失事等，可以从计划中提款，并将其可享受免税部分提款转滚存至其他 DC 计划或 IRA 账户中。目前传统 IRA 的资金流入主要来源于转滚存且远超缴费金额。

（十亿美元）

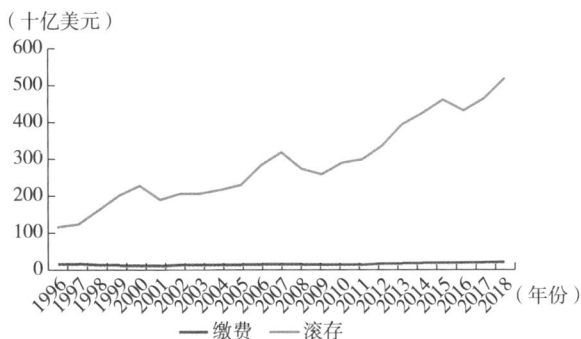

图 17-1　传统 IRA 账户的资金流入

资料来源：ICI，天弘基金。

另外，在 2021 年初 ICI 发布的调查研究中，60% 拥有传统 IRA 的家庭表示，他们曾向 IRA 转滚存雇主发起退休金计划资产；在曾向传统 IRA 转滚存的家庭中，81% 的家庭表示他们在最近一次转滚存时转滚存了全部退休账户余额。

4. 领取

IRA 账户的最低提取年龄是 59.5 岁，如果提前支取需要加收 10% 的附加税，其中传统 IRA 账户还要求个人在 72 岁当年的 4 月 1 日至第二年的 12 月 31 日之前必须开始领取。

5. 税收优惠

传统 IRA 账户采用 EET 模式，即账户缴费环节免税、投资环节免税、给付环节征税；罗斯 IRA 账户采用 TEE 模式，即账户缴费环节征税，投资环节免税，给付环节免税。个人可以根据自身情况，选择开立不同类型的个人退休账户。

（二）中国香港的强积金账户

中国香港构建的是世界银行倡议的多支柱退休保障制度。其中，广为人知的强积金制度，主要肩负第二支柱功能，但同时为鼓励强积金计划成员提高个人退休储蓄、增加退休保障，强积金允许成员进行额外的自愿性缴费，该部分缴费则属于第三支柱。

自愿性缴费有三种方式，分别为：①自愿性缴费，即在现雇主所选的强积金计划的缴费账户作自愿性缴费；②可扣税自愿性缴费，即参加提供可扣税的自愿性缴费的强积金计划；③特别自愿性缴费，即参加有提供特别自愿性缴费的强积金计划。这样，中国香港强积金制度下的第二、第三支柱部分共同建立在一套账户体系下。

1. 强积金账户种类

中国香港强积金计划采取的是完全储备积累的个人账户制，在这套账户体系下包含三种账户，分别为缴费账户、个人账户及可扣税自愿性缴费账户，符合规定的前提下可以在强积金账户之间转移权益。

缴费账户，是强积金计划成员在现职期间积累强积金的账户，现职期间的缴费将进入此账户。个人账户，则用以保存雇员以往受雇或自雇时所积累的强积金权益，以及通过雇员自选安排从缴费账户转入的强积金，如有多个个人账户可进行整合。可扣税自愿性缴费账户，则用以承接强积金计划成员的超额自愿缴费。

2. 账户的开立机构

根据强积金制度规定，强积金计划由私营信托机构等作为受托人进行征集和管理，核准受托人可为雇员或自雇人士开立账户，目前有 15 家受托人（均为信托公司，暂无自然人），分布在银行业及保险业，具体情况如表 17-3 所示。

表 17-3　强积金计划核准受托人的行业分布

序号	银行业	保险业
1	银联信托有限公司	友邦（信托）有限公司
2	交通银行信托有限公司	中国人寿信托有限公司
3	东亚银行（信托）有限公司	宏利公积金信托有限公司
4	中银国际英国保诚信托有限公司	信安信托（亚洲）有限公司
5	花旗信托有限公司*	永明退休金信托有限公司
6	汇丰机构信托服务（亚洲）有限公司*	永明信托有限公司
7	HSBC Provident Fund Trustee (Hong Kong) Limited	万通信托有限公司
8	加皇信托香港有限公司	—

注：* 表示两家核准受托人未提供强积金计划。

资料来源：笔者根据积金局官网信息整理。

3. 强积金的缴费规则

（1）强制性缴费部分。这套账户体系下，强制性缴费部分需满足法定缴费额要求，即雇主和雇员根据雇员入息各自缴费 5%。18~64 岁的雇员强制加入强积金计划，雇主没有准时为雇员登记参加强积金计划，可被检控。

（2）自愿性额外缴费。强积金计划鼓励成员多进行个人储备，账户体系下的三种额外缴费对应不同的方式：自愿性缴费的金额须与收入挂钩，定期定额作缴费，通过雇主向强积金支付缴费；可扣税自愿性缴费及特别自愿性缴费的金额无须与收入挂钩，可不定期不定额灵活缴费，因此可自行向强积金计划支付缴费。

4. 强积金的投资

在这套账户体系下，无论是强制性缴费还是自愿性缴费，雇员均不会直接投资于股票或债券，而是投资于该强积金计划下的成分基金。成分基金的投资范围非常广，鼓励全球化投资以分散投资风险。积金局为使强积金都获得更佳的经风险调整回报，不断持续拓宽投资范围及比例。

同时强积金计划内成员拥有很大的投资自由度，可以自主进行大类资产配置和投资品种的选择，也可以选择受托人提供的默认投资选项，即预设投资策略。预设投资是一个现成的投资方案，由核心累积基金 (Core Accumulation Fund ,CAF) 及 65 岁后基金 (Age 65 Plus Fund, A65F) 两个混合资产基金组成，采用了生命周期策略，随着成员接近退休年龄自动降低投资风险，权益中枢由 60% 逐渐下滑至 20%。预设投资的推出在一定程度上解决了计划内成员对强积金收费高、选择难的问题。

5. 强积金的转移

在以下情况，计划成员可以将强积金从一个计划转移至另一个计划：雇员离职；雇员自选安排；现职缴费账户内来自旧账户的资产；个人账户转移；可扣税自愿性缴费账户转移；自雇人士。

因各受托人的强积金计划内的成分基金不同，在转移计划时，原受托人必须先卖出原计划内的基金，再由新受托人购入计划成员选定的基金，此过程中一般会出现 1~2 周的投资空档。

6. 强积金的领取规则

强积金的各类缴费对应不同的领取规则：①强制性缴费及可扣税自愿性缴费，雇员 65 岁之后方能提取，提取强制性缴费无须课税；②自愿性缴费，雇员离职后方能提取或转移；③特别自愿性缴费可随时提取或转移。

7. 强积金的税收优惠

（1）强制性缴费。雇员及自雇人士均可就支付给强积金计划的雇员强制性缴费申请扣税，现每个课税年度最高扣除额为 18000 港元；雇主可为雇员做出的强制性及自愿性缴费申请扣税，但扣除额不得逾越雇员总薪酬的 15%。

（2）可扣税自愿性缴费。账户持有人可在薪俸税或个人入息课税享受税务上限，在 2019~2020 课税年度和随后的每个课税年度，扣税上限为每年 60000 港元。

（3）自愿性缴费及特别自愿性缴费。自愿性缴费及特别自愿性缴费不可扣税。

（三）英国个人储蓄账户（ISA）

英国是世界上最早建立现代化社会保障制度的国家之一，也是全球范围内人口老龄化程度较高的国家之一。经过数次重大的改革调整，英国逐步形成了由国家养老金计划、职业养老金计划和个人养老金计划共同组成的典型三支柱模式。

英国从 2012 年开始建立国家职业储蓄信托公司（NEST），并引入了全国统一的账户管理平台，个人通过个人储蓄账户（Individual Savings Accounts, ISA）参与个人养老金计划。

目前，英国的个人养老金计划主要包括面向中低收入群体且具有低费率特征的存托养老金计划（Stakeholder Pension Schemes，SHPs）和面向高收入群体且更为灵活的自主投资型个人养老金计划（Self-invested Personal Pensions,SIPPs）。根据相关法律规定,对于 5 个以上（含）雇员的雇主，如果不能为雇员提供职业养老金计划或为雇员向个人养老金计划提供特定水平的缴费，那么就必须为雇员提供存托养老金计划（SHPs）。

1. 账户开立

ISA 主要由商业银行、资产管理公司和在线投资平台提供，投资者开设账户后可自由选择投资产品，几个较大的投资平台包括 Vanguard、Fidelity、Hargreaves Lansdown、Nutmeg、MoneyFarm 等公司。ISA 属于第三支柱范畴，通常分为现金存款 ISA 和证券投资 ISA 两类，每人在同一个财政年度只能拥有一个现金存款 ISA 和一个证券投资 ISA，开户申请过程中需要提供国民保险号码。其中，现金存款 ISA 类似于银行储蓄账户，投资人每年可以获取 0.3%~1.6% 的储蓄利息，而证券投资 ISA 可以投资股票、开放式基金、信托、债券、ETF 等。目前，ISA 中选择投资公募基金并长期持有的人相对较多。

根据规定，每个 16 岁以上的英国公民享有现金 ISA

额度，而证券投资 ISA 额度需要 18 岁以上才有。

2. 缴费

目前，在每个纳税年度中，每个投资者最多可以存入 20000 英镑至 ISA，并自由分配这些额度至现金账户或证券投资账户，同时投资者每年可自由转换一次 ISA 的供应商。到下一个纳税年度，投资者可以获得新的 ISA 额度，没有用尽的 ISA 额度无法带入下一年度。

3. 领取

无论是否退休，ISA 允许参与者在年龄达到 55 岁之后、75 岁之前随时领取养老金。但是，在身患重病或从事特殊职业等情况下，可以提前领取。年龄超过 75 岁，一般不允许继续推迟领取养老金。

另外，从 55 岁起，25% 的 DC 模式（个人养老金基本都为 DC 模式）的养老金可以免税一次性领取。剩余的部分可以按照个人意愿灵活领取，或者将其全部或部分用于购买养老产品，如年金产品、再投资产品或者其他提供收入的金融产品。这部分退休金收入需按照领取时的边际税率纳税。

4. 税收优惠制度

英国对储蓄和投资都征收投资收益税，但 ISA 提供了税收优惠。目前，ISA 实行 EET 模式的税收优惠政策，在储蓄环节、投资阶段的基金收益免税，在领取时征税。目前 ISA 享受税收优惠的上限为每人每年 20000 英镑。

此外，如果雇主向个人养老金计划提供补充缴费，则将全部雇员的工资总额作为缴费基数。如果被英国税务与海关总署认定合格，这部分缴费将全额免除企业所得税。雇主以雇员的名义进行缴费将得到额外的税收优惠。

（四）马来西亚 EPF 雇员公积金个人账户

不同于部分国家的多支柱型或多层次型养老金体系，马来西亚针对公务员、军人、私营雇员等不同人群，建立了由中央政府集中管理的公积金公共养老计划。其中，下面就以规模最大、影响力最广的雇员公积金（EPF）计划为例，介绍其账户情况。

EPF 是一个强制缴费的缴费确定型（DC）计划，雇员和雇主每月缴费，并计入会员公积金个人账户上，会员退休后可提取积累的资金。EPF 的个人账户，在账户类型和功能、缴费、支付和领取设计上均具特色。

1. EPF 账户的开立机构

个人在注册成为 EPF 的会员后，可以在 EPF 开立个人账户。

2. 传统账户和伊斯兰教账户

EPF 个人账户包括传统账户（Conventional）和伊斯兰教账户（Shariah）两种。其中，依照伊斯兰教法律，伊斯兰教账户仅投资于伊斯兰教义资产；而传统账户既可投资于伊斯兰教义资产，又可投资于非伊斯兰教义资产。

一般情况下，伊斯兰教账户的投资收益低于传统账户。雇员可以申请从传统账户转换为伊斯兰教账户，但转换后无法再转回传统账户。

3. 55 岁之前 /55 岁 /60 岁之后的账户

（1）55 岁之前的账户。雇员 55 岁之前的个人账户，包括传统账户和伊斯兰教账户，均可细分为账户 1 和账户 2。其中，雇员和雇主缴费金额的 70% 进入账户 1，余下的 30% 进入账户 2。

账户 1 类似于养老金个人账户，除非超过最低储蓄要求（见表 17-4），一般不可提取；账户 2 类似于我国医保、公积金账户，雇员可以在一定年龄（50 岁或 55 岁）之前，因养老、置业、教育、健康等需求申请部分或全部提取该账户中的资金。

当账户 1 的资金余额高于 EPF 规定的最低储蓄要求时，雇员可以通过雇员投资计划（MIS），将账户 1 中的部分超额储蓄转移出来[①]，并选择指定的基金管理机构（FMI）进行投资[②]，以提高收益。但是提取后，该部分投资金额无法获取 EPF 年度红利分配。雇员每三个月可以对投资金额进行一次调整。

表 17-4 账户 1 的最低储蓄要求

年龄	基本储蓄（林吉特）	年龄	基本储蓄（林吉特）	年龄	基本储蓄（林吉特）	年龄	基本储蓄（林吉特）
18	2000	24	15000	30	35000	36	62000
19	4000	25	18000	31	39000	37	68000
20	6000	26	21000	32	43000	38	74000
21	8000	27	24000	33	47000	39	80000
22	10000	28	27000	34	52000	40	86000

① 部分超额储蓄 =（账户 1 余额 – 账户 1 最低储蓄标准）×30%，最小投资金额为 1000 林吉特。

② FMI 包括单位信托管理公司和资产管理公司，具体以 EPF 公示为准。

续表

年龄	基本储蓄（林吉特）	年龄	基本储蓄（林吉特）	年龄	基本储蓄（林吉特）	年龄	基本储蓄（林吉特）
23	13000	29	31000	35	57000	41	93000
42	101000	46	134000	50	175000	53	212000
43	108000	47	144000	51	187000	54	226000
44	116000	48	154000	52	199000	55	240000
45	125000	49	164000				

资料来源：EPF 官网。

（2）年满 55~60 岁的账户。当雇员年龄满 55 岁时，雇员的个人账户变为 Akaun 55 和 Akaun Emas。其中，Akaun 55 合并了账户 1 和账户 2 的资金，雇员可随时从该账户中提取全部或部分储蓄。而 Akaun Emas 则是雇员 55 岁后继续工作进行后续缴费的账户。

（3）年满 60 岁后的账户。当雇员年满 60 岁时，Akaun 55 和 Akaun Emas 两账户合并，此后所有储蓄才可被全部取出，以保障雇员养老所需。

4. EPF 账户的缴费要求

EPF 的缴费包括强制缴费和自愿缴费两种。由于 EPF 属于覆盖的私营部门雇员和自雇人员的国家强制储蓄型社会保险，其雇员和雇主均需向 EPF 强制缴费。但是，EPF 的强制缴费仅规定了最低缴费金额，雇员和雇主还可以自愿缴费，申请提高缴费金额、家庭成员间互相缴费、或者未受雇员工自行缴费。

（1）强制缴费。强制缴费下，雇员和雇主以雇员工资为基础，向 EPF 各自缴纳一定比例的金额。不同身份的雇员，其雇主的缴费比例不同，马来西亚人、永久居民的雇主缴费比例远高于非马来西亚人。不同年龄阶段的雇员，缴费比例不同，60 岁以下的合计缴费比例（最高可达 22%），远高于 60 岁以上的缴费比例（最高达 11%）。月薪越高的雇员，雇主缴费比例越低。

（2）自愿缴纳。ETF 仅规定最低缴费金额，雇员和雇主可以申请提高缴费金额。同时，家庭成员间（父母给子女、子女给父母、丈夫给妻子、妻子给丈夫）可以进行个人养老账户的相互充值（被充值人年龄小于 55 岁），每年上限 6 万林吉特。未受雇员工在注册成为 EPF 雇员后也可以选择自己给养老账户进行缴费，每年上限 6 万林吉特。

（3）缴费比例调整沿革。由于外部市场、经济形势等变化因素，EPF 的雇主与雇员的缴费率历史上曾经历过多次调整。1952~1975 年，雇主和雇员的缴费率均为 5%，后来逐步提高，自 2004 年开始，缴费率一直保持在 23%，

其中雇员负担 11%，雇主负担 12%。后由于美国次贷危机带来的全球经济下滑，马来西亚本国经济也受到一定影响，于是 EPF 决定从 2009 年 1 月起，雇员的缴费率由 11% 下降到 8%，提高其可支配收入，拉动国内消费促进经济发展。新缴费率有效期 2 年，实行到 2010 年底。若雇员愿意，亦可继续按 11% 的费率缴费。雇主的缴费率不变。EPF 的历史上，曾几次降低雇员缴费率，其作为经济刺激方案的一部分，如应对新冠肺炎疫情带来的冲击 2020 年 4 月再次调低缴费率（见表 17-5）。

表 17-5 EPF 历年缴费情况 单位：%

时间段	雇员缴费率	雇主缴费率	总缴费率
1952 年至 1975 年 6 月	5	5	10
1975 年 7 月至 1980 年 11 月	6	7	13
1980 年 12 月至 1992 年 12 月	9	11	20
1993 年 1 月至 1995 年 12 月	10	12	22
1996 年 1 月至 2001 年 3 月	11	12	23
2001 年 4 月至 2002 年 3 月	9	12	21
2002 年 4 月至 2003 年 5 月	11	12	23
2003 年 6 月至 2004 年 5 月	9	12	21
2004 年 6 月至 2008 年 12 月	11	12	23
2009 年 1 月至 2010 年 12 月	8	12	20
2011 年 1 月至 2016 年 2 月	11	12	23
2016 年 3 月至 2017 年 12 月	8	12	20
2018 年 1 月至 2020 年 3 月	11	12	23
2020 年 4 月至 2020 年 12 月	7	12	19
2021 年 1 月至 2021 年 12 月	9	12	21

注：数据均以收入 5000 林吉特以上、60 岁以下的马来西亚雇员为例。

资料来源：EPF 官网。

5. EPF 账户的领取要求

与大多数国家不同，马来西亚 EPF 的领取并不以退休为唯一判断条件，成员可以根据各种需求自行支取。支取需求主要包括退休提款、住房提款、医疗提款、教育提款、投资提款、残疾和死亡提款、离开国家提款等，另外政府还会给予残疾或死亡雇员的家属以津贴残疾和死亡津贴。

EPF 的提款可分为部分提款和全额提款两种。

（1）部分提款。部分提款，主要是在 55 岁之前提取账户 2 中的储蓄，或者整个账户中的超额储蓄（见表 17-6），包括：EPF 雇员年满 50 岁时，可以全部或部分提取账户 2 中的储蓄，以满足养老需求；55 岁之前，因置业、教育、健康等需求而提取账户 2 中的储蓄。其中超额储蓄，来源于 2008 年 EPF 颁布的基本储蓄结构（Basic Savings Structure）计划，即账户 1 超过基本储蓄额的部分，雇员可用来投资，提升储蓄投资的灵活性。

表 17-6 EPF 部分提款计划

提款情况	具体说明
50 岁提款	当雇员年满 50 岁时，如果账户 2 有余额，雇员有一次选择机会，提取部分或全部账户 2 中的存款，来规划退休后的养老生活
购买房产的提取计划	雇员在 55 岁之前，如果账户 2 有余额，可以申请提取，用于以个人或者合伙的方式购买房产
减少房屋贷款、房屋贷款每月分期付款的提取计划	55 岁以下雇员可以申请从账户 2 中提款以减少住房贷款，或帮助配偶还清他们的债务。同时也可以申请住房贷款每月分期付款，在财务上处于困境时，可以申请从账户 2 提款，帮助偿还至少六个月的住房贷款，直到恢复财务
灵活住房的提取计划	54 岁以下雇员可以申请从账户 2 中的部分储蓄转到灵活住房提取账户，通过灵活住房提取计划来帮助提高从金融机构获得住房贷款的额度
教育提取计划	雇员在 55 岁以下，雇员每学期可以提取账户 2 的余额用于个人或子女的高等教育开支，提取金额为学费总额、账户 2 余额的较小值。其中学费包含高校收取的学杂费、住宿费、第一年外出读书的单程机票
健康提取计划	55 岁以下雇员可以申请从账户 2 中提款，用于支付自己或者家人在已批准疾病 *、生育治疗中的医疗费用，上限为实际医疗金额和账户 2 余额的较低值
账户金额超 100 万林吉特灵活提取计划	在雇员个人账户余额超过 100 万林吉特时，雇员可以灵活地自行提取和管理超额储蓄

注：详见 KWSP，https://www.kwsp.gov.my/member/withdrawals/partial/health#Critical_Illness。
资料来源：EPF 官网。

（2）全额提款。全额提款，包括雇员年满 55 岁或 60 岁后的退休提取计划，或者因失能、死亡，或者放弃马来西亚国籍等事项，全部或部分提取账户余额（见表 17-7）。

表 17-7 EPF 全额提款计划

情形	具体说明
55 岁和 60 岁退休提取计划	为满足退休生活，年龄满 55 岁的雇员可随时从账户 Akaun 55 中提取全部或部分储蓄；年满 60 岁的雇员可提取全部或部分储蓄
失能提取计划	如果因病情剥夺了雇员的工作能力，60 岁以下雇员可以申请提取所有的 EPF 储蓄。此外，雇员还将获得 5000 林吉特的伤残津贴，以减轻生活负担
死亡提取计划	雇员可以在公积金管理局确认指定收益人，当雇员去世后，指定收益人可以全额提取雇员 EPF 储蓄；若未指定受益人，则由法定近亲亲属默认继承，但提取手续较为复杂。同时若雇员去世时未满 60 岁，亲属可以获得 2500 林吉特的身故赔偿
离开马来西亚提取计划	若雇员放弃马来西亚国籍，离开马来西亚，雇员可以选择一次性提取全部 EPF 账户余额

资料来源：EPF 官网。

6. EPF 账户的税收优惠

EPF 会员的缴费和提款均可享受税收优惠。缴费方面，会员每年可享受最高 4000 林吉特的税收抵扣；提款方面，从 EPF 账户提取的款项，无须缴纳个人所得税，投资回报也可免税。

7. EPF 的投资管理

投资管理方面，EPF 是在马来西亚财政部监督下的长期资金管理机构，主要投资于货币市场工具、固定收益、权益类资产以及房地产，涉及 40 个国家 / 地区以及 28 种货币，通过全球资产的多元化来实现可观的收益。EPF 的投资资产采用马来西亚财务报告准则（Malaysia Financial Reporting Standards，MFRS）进行财务记账，过去十年的投资收益基本在 5%～8%。

三、国内个人养老金账户的实践

（一）个人养老金产品制试点：个人税收递延型商业养老保险

1. 产品设立背景与基本情况

2018 年 4 月 12 日，财政部、税务总局、银保监会等部门联合发布了《关于开展个人税收递延型商业养老保险试点的通知》，决定自 2018 年 5 月 1 日起，在上海、福建（含厦门市）和苏州工业园区试点税延型养老险，试点期限暂定 1 年。试点主要采取缴费支出税前扣除，收益积累暂不征税，参保人领取保金时再缴税款的税收优惠模式，并根据积累期收益类型不同规定了三类产品，分别为 A 类收益确定型、B 类收益保底型和 C 类收益浮动型。

2. 账户为依附于产品的账户

该产品虽然在积累期，保险公司需要为参保人建立账户，但是该账户仅为记录参保人所交保费和资金收益等信息所设立，仅是附着在保险产品上的账户；相比之下，个人养老金账户则是凌驾于具体产品之上的账户，可以容纳各类符合政策要求的养老金产品。这类附着于产品的账户，与个人养老金账户的作用和地位有着本质的区别。

3. 产品发展规模

由于仅为单一保险产品，参保者可选类型较少，再加上预期收益较低、操作流程较为复杂、税收优惠吸引力不足等多方面原因，税收递延型商业养老保险业务总体规模不大。截至 2020 年末，税延商业养老保险参保人数仅 4.88 万人，保费收入仅 4.26 亿元。

4. 产品制试点下的问题

虽然税收递延型商业养老保险是对个人养老金的一次

有益探索，但是从试点结果来看，该次试点是基于产品制而非个人养老金账户制的探索，也暴露出了产品制下的问题：一方面，由于我国个人所得税以单位代扣代缴为主，购买税延养老保险需要，由人力部门代为提交抵扣，这一操作流程相对复杂；另一方面，税收递延是当期免税，领取时依然要缴税，故而业务延续时间长，这就影响了个人对产品本身的购买意愿。

比较而言，如果是在账户制下，上述两个问题则可以得到解决，一方面，在账户层面直接代扣代缴，免去了人力的复杂操作；另一方面，缴费、领取时的税收都是在账户层面解决，不影响产品本身的吸引力。

（二）个人养老金账户制度下的产品试点或试行

由于我国个人养老金账户尚处于建设与探索初期，目前大部分个人养老金产品，比如专属商业养老保险、养老目标基金、银行养老理财、银行养老储蓄还是作为单一产品开展销售，无法从账户整体配置的角度、结合养老场景为投资者提供全套的养老产品配置与服务。

1. 专属商业养老保险试点

（1）产品设立背景与基本情况。2021 年 5 月 8 日银保监办公厅发布《关于开展专属商业养老保险试点的通知》，明确自 2021 年 6 月 1 日起，在浙江省（含宁波市）和重庆市开展专属商业养老保险试点。试点期限暂定一年，参与试点的保险公司包括六家保险公司。2022 年 2 月，银保监进一步扩大参与试点的保险公司主体，并将试点范围拓展至全国。

专属商业养老保险是以养老保障为目的的个人养老年金保险产品，尤其针对新产业、新业态从业人员和各种灵活就业人员，允许相关企事业单位以适当方式，依法合规为上述从业人员投保专属商业养老保险提供缴费支持。

产品设计上，分为积累期和领取期两个阶段，其中，在积累期采取"保证＋浮动"的收益模式，保险公司结合自身的投资能力，为参保者提供风险偏好不同的一个以上的投资组合，并向参保者提供投资组合转换功能；参保者年满 60 周岁方进入领取期，保险公司可提供定期领取（领取期限不短于 10 年）、终身领取等多种方式。此外，专属商业养老保险还可附加身故责任、年金领取责任、重疾、护理、意外等其他保险责任。

（2）产品的账户式管理。与个人税收递延型商业养老保险相似，专属商业养老保险同样在产品层面采取账户式管理，这样账户价值计算和费用收取更加公开透明。而且，企事业单位相关缴费在扣除初始费用后可以全部进入该产品的个人账户，权益全部归属个人。这种账户同样是附着于产品的账户，与凌驾于具体产品之上的个人养老金账户在功能和地位上还是有很大不同的。

（3）产品发展规模。相较于个人税收递延型商业养老保险复杂的缴费流程，专属商业养老保险投保更加简便、缴费更加灵活、收益更加稳健，从而也增加了产品的吸引力。截至 2022 年 4 月底，专属商业养老保险承保保单合计 12 万件，累计保费近 9 亿元。其中，快递员、网约车司机等新产业、新业态从业人员投保超过 1.5 万人。

2. 养老目标基金

（1）产品设立背景与基本情况。2018 年 3 月 2 日，中国证监会正式发布了《养老目标证券投资基金指引（试行）》，推动公募行业发行真正意义上服务于养老的基金。养老目标基金包括目标日期基金和目标风险基金，前者在明确目标退休年份后，注重投资者生命周期下的资产配置比例变化，通过设置下滑曲线，权益资产占比随着退休年份的临近而不断下降，从而不断降低组合的投资风险；后者则是在确定预期风险收益水平后，确定产品的权益资产比例或波动水平，适配给不同风险偏好的投资者。养老目标基金通过采用成熟的资产配置策略、分散化的投资组合、专业化的投资管理来合理控制组合波动风险，并通过鼓励投资者长期持有，帮助投资者实现养老资产的长期稳健增值。

（2）标准化的产品。养老目标基金具有标准的公募基金产品化特点，不涉及账户缴费、领取和账户权益归属等。

（3）产品的发展规模。自 2018 年 9 月第 1 批养老目标基金发行以来，养老目标基金取得了快速发展。截至 2022 年 6 月，全市场共计 179 只养老目标基金，合计规模 1057 亿元。其中目标日期基金 79 只，规模 187.8 亿元；目标风险基金 100 只，规模合计 869.2 亿元。

（4）产品面临的问题。从市场反馈来看，养老目标基金的开发设计、销售宣传上依然存有一些不足，产品发展依然面临一些挑战，具体包括：

1）产品设计较为复杂，对渠道客户经理和投资者理解并宣传产品造成一些困难与挑战。由于养老目标基金采用基金中基金（Fund of Funds，FOF）的投资结构和目标日期、目标风险投资策略，具体投资上涉及资产配置、基金选择等多种策略，相对普通的权益型、固收型基金更为复杂；在宣传推广时，需要客户经理与投资者对公募基金及其投资管理有较深的认知才能较为充分理解该类产品的优势与好处。故而，较为复杂的产品设计，给产品的宣传

与销售带来了一定困难。

2）从各类型产品市场占有率来看，低风险的稳健型养老目标基金无论是产品数量还是留存规模均占比较高，是养老目标基金中最主流的产品；然而，长期预期收益较高的积极型养老目标基金却占比较低。现存的市场格局，虽然满足了居民较低风险承受能力的偏好，但不利于提升个人养老金长期投资回报和资金利用效率。另外，在产品类型上，目前养老目标基金不包括为居民养老金提供长期更高权益投资比例的主动权益型基金和被动指数基金，这在一定程度上限制了养老金的投资产品选择。

3）养老目标基金产品销售过程中，依然存在部分销售机构将其作为中短期理财的替代产品，而非按长期配置产品的定位进行销售，这就对养老目标基金的理解与宣传造成了偏差，也在一定程度上造成了养老目标基金申赎频繁、规模大进大出的现象。

4）养老目标基金均为净值型产品，不具备收益平滑的功能，也不能投资采用摊余成本法估值的非标产品，当产品净值因市场情况出现一定波动时，依然会让投资者感受到不安。

3. 银行养老理财试点

（1）产品设立背景与基本情况。2021 年 9 月 10 日，银保监会正式发布《关于开展养老理财产品试点的通知》，明确工银理财、建信理财、招银理财和光大理财在武汉、成都、深圳、青岛（"四地四机构"）开展养老理财产品试点。2022 年 2 月 11 日，银保监会发布《关于贝莱德建信理财有限责任公司开展养老理财产品试点的通知》，明确贝莱德建信理财在广州和成都开展养老理财产品试点。2022 年 2 月 25 日，银保监会宣布养老理财产品试点范围由"四地四机构"扩展为"十地十机构"，并且，对单一机构养老理财产品募集资金总规模上限进行了扩容调整：第一批试点的四家理财公司上限提高至 500 亿元人民币；第二批新增的六家理财公司上限设为 100 亿元人民币。加上之前已获得试点资格的贝莱德建信理财，养老理财产品试点形成"十加一"的机构格局。

首批养老理财体现出普惠和养老属性。养老理财产品投资起点为 1 元，较传统理财产品养老理财费率更低；封闭式运作，期限较长，最短封闭期限为 5 年期，体现了其作为养老金融产品的长期属性，同时也预留了特定条件下的提前赎回空间（如重大疾病、购房等情形下允许提前赎回）。投资上，为减少产品收益波动，养老理财引入收益

平滑基金机制，即在一定条件下可提前将一定比例收益引入平滑基金，对产品本身的收益削峰平谷，以更加符合产品长期稳健增值的目标定位。

（2）标准化的产品。相较专属商业养老保险具备的账户式管理的特征，养老理财具有标准的产品化特点，不涉及账户缴费、领取和账户权益归属等。

（3）产品发展规模。截至 2022 年 7 月底，首批四家养老理财试点机构已经发行养老理财产品共计 30 只，养老理财认购金额超 600 亿元。

4. 银行养老储蓄试点

2022 年 7 月 15 日，中国银保监会办公厅、中国人民银行办公厅联合发布《关于开展特定养老储蓄试点工作的通知》称，明确自 2022 年 11 月 20 日起，由中国工商银行、中国农业银行、中国银行和中国建设银行在合肥、广州、成都、西安和青岛市开展特定养老储蓄试点，试点期限暂定一年。

单家试点银行养老储蓄业务总规模限制在 100 亿元人民币以内，产品期限覆盖 5 年期、10 年期、15 年期和 20 年期，存取方式包括整存整取、零存整取、整存零取，产品利率略高于大型银行 5 年期定期存款的挂牌利率。参与人在单家试点银行养老储蓄存款本金上限是 50 万元人民币。养老储蓄产品期限长、利率高，属于银行表内业务，风险较低，适合风险厌恶度高、对资金流动性需求低的中老年人群。

（三）金融机构在个人养老金账户上的实践

1. 金融机构目前尚未有成熟的个人养老金账户建立及运作经验

据与同业机构的走访调研，目前在银行、保险和基金行业，尚未有成熟的个人养老金账户建立及运作经验。一方面，我国个人养老金发展起步较晚，政策未落地前各家机构在开展个人养老金业务时常处于相互观望状态；另一方面，机构在建立个人养老金账户时，需要从市场容量预判、公司战略规划（投入意愿）、机构客户存量、产品布局、IT 资源禀赋及线上运营能力六个方面判断开展业务的时机。一般认为，当六个方面达到行业平均水平以上时，构建个人养老金账户体系的能力与动力才条件成熟。

2. "一站式"养老专区可看作个人养老金账户的雏形和初期阶段

一些金融机构已意识到，个人养老金投资自带场景，仅靠上架、陈列产品不仅难以在产品池中脱颖而出被投资者关注，投资者也无法体会到准备个人养老金的必要性与急迫性。综合考虑个人养老金市场的发展前景，较多金融机构会通过搭建"一站式"养老专区代替个人养老金账户，以快速、高效地积累运营经验。

养老专区可看作个人养老金账户的雏形和初期阶段。例如，不少机构在自有直销平台建设养老专区：投前，由生动、有趣的投资者教育内容吸引投资者进入专区；投中，为投资者提供科学、严谨的养老计算器展示其养老金缺口，结合投资者年龄及风险偏好给予合理的投资产品建议及定投金额测算；投后，及时更新产品动向、政策信息，做好及时、贴心的投资陪伴。

目前在银行中，兴业银行、招商银行先行一步，兴业银行安愉人生养老专区不仅成功运作多年且品牌已深入人心；在基金行业，天弘基金、汇添富基金、华夏基金等均已开设养老专区，天弘基金更率先开设税延养老专区，配合政策落地进度提前投教，以专属页面塑造投资者对个人养老金账户的认知；保险行业在 2018 年税延养老保险试点后，为符合税延标准的保险产品普遍建设相关页面，但从内容的丰富度和运营的成熟度上较银行、基金行业简单，主要作用是陈列产品并讲清产品设计规则。

四、我国个人养老金账户发展建议

从国内外的实践来看，无论是采取多支柱体系的美国、英国、中国香港，还是采用公积金账户的马来西亚，对个人养老金的积累均采用账户制，而不是以产品为中心，是这些国家的共性，也是我国个人养老金制度的明智选择。然而，我国的个人养老金账户制度仍然处于制度初建时期，此前主要试点的以产品为中心的税延养老保险试点并不理想，个人养老金账户制度下的各类产品仍处于初建或试运行状态。结合境外的个人养老金发展经验，本报告认为有以下几个方面的发展建议：

（一）逐步支持基金公司等资产管理机构开设个人养老金账户

美国的 IRA 账户、中国香港的强基金账户（包括自愿性缴费账户）、英国的第三支柱 ISA 账户，以及马来西亚的 EPF 账户，都是在受托人或者资产管理人处开立，这更加便利资产管理人提供多元化的服务。

在我国，根据《国务院办公厅关于推动个人养老金发展的意见》以及相关官方介绍，建立于人社部个人养老金信息管理服务平台的个人养老金账户，由符合规定的商业银行以及相关金融行业平台对接，为参加人提供个人养老金账户管理、缴费管理、信息查询等服务；具体账户开立机构包括国家社会保险公共服务平台、全国人社政务服务平台、电子社保卡、掌上 12333 以及商业银行等多个渠道。

随着未来账户开设渠道不断扩面，我国可择机增加基金管理人等资产管理机构为个人参与者提供更为丰富的选择和服务。从投资者需求与投资便利性来看，基金管理人通过多年的客户经营，积累了大量的直销客户；这些客户也通过基金管理人的"养老专区"等阵地受到了形式丰富的投资者教育与陪伴服务，对资本市场与投资产品的理解也不断成熟。

直接在基金公司等资产管理机构开立个人养老金账户，可以为基金管理人直销投资者提供更为便利的开户服务，也可以更好地发挥基金管理人在资产配置与产品选择上的优势，为直销个人投资者提供养老场景下更为专业、及时的资产配置服务与长期陪伴，帮助其有效实现养老账户的投资管理。

（二）结合差异化的需求不断丰富账户种类与功能

从美国主要管理公司的实践来看，这些公司都建立起了丰富的账户体系，以满足不同的需求。比如从客户性质上区分了个人和企业账户；从交易策略上区分了一般交易账户和投资策略账户；从场景上区分了退休场景、子女储蓄场景和健康、慈善、遗产等场景；在退休储蓄账户上，结合缴税方式、分为传统 IRA 和罗斯 IRA，结合不同的工作方式，又增加了自雇 IRA、简单 IRA 以及小型企业纯投资计划等；另外，结合不同的个人客群的投资咨询服务，还分别设置了针对高净值、普通以及长尾客户的不同账户。

从马来西亚的实践来看，其也具有丰富的账户适应不同的需要，比如针对不同年龄的账户，以满足不同的积累、缴费、提取场景；另外，为提高缴费率，还设计了家庭成员间相互充值的情形。

在我国，目前仅设立了单一的个人养老金账户，无论在缴费、领取还是税收上都相对单一，因此未来可结合境外的养老金账户经验，不断挖掘适用于国内的个人养老金账户开立场景与需求，从而创新开发设立新的个人养老金账户种类。

（三）推动一二三支柱个人账户衔接

从美国、中国香港以及马来西亚的实践来看，第三支柱和第二支柱之间是打通的，第二支柱的积累资金可以转向第三支柱。在美国，雇员可以将其一个合格的退休金计划（包括 IRA）中的资产转移到另一个退休金计划中，并且资产在转移过程中免受税收处罚。根据美国国家税务局官网发布的转滚存表（Rollover Chart），各细分种类雇主发起式退休金计划可以转入各类 IRA 账户中。在中国香港，强积金制度下的第二、第三支柱部分共同建立在一套强基金账户体系下，即缴费账户、个人账户及可扣税自愿性缴费账户三种账户下，符合规定的前提下参保人可以在强积金账户之间转移权益，这也意味着强基金二三支柱账户之间是打通的。在马来西亚，它建立的是由中央政府集中管理的公积金公共养老计划，这类公积金计划不分一二三支柱，直接为员工提供覆盖生命周期的纵向共济。

在我国，一二三支柱均存在个人账户部分，未来当时机成熟时可以考虑将一二三支柱个人账户部分合并，统一管理。一方面，取消第一支柱基本养老保险中的个人账户部分，合并至二三支柱个人账户统一管理。我国第一支柱采用统账结合制度，即企业缴纳部分实行现收现付制，用以统筹支付给退休一代养老，是代际互助的概念，因为人口老龄化的影响，现收现付制养老金天然内含养老金代际分配不公的基因；而个人缴纳部分实行基金累积制，用于未来个人养老，可调节代际负担的公平性。但在实际操作中，个人账户是空账运行状态，这部分钱与统筹账户中资金一起横向共济给正在领取养老金的人群。因此，目前的基本养老保险制度实际上是完全现收现付制的，本用以体现公平性的个人账户却造成了更不公平的现象。公平是社会保险的基本原则和目标。取消第一支柱基本养老保险中的个人账户部分，仅保留企业缴纳部分，国家统筹进行管理，可提高政府信誉、使得第一支柱更加公平；改革后的个人账户可并入第二、第三支柱，提高国民对于养老的积极性。另一方面，将企业年金个人部分或企业缴费部分确权给个人的部分，开放转存功能，转换至三支柱个人账户统一管理，以提高个人养老金账户管理效率。

分报告十八
商业银行在账户制模式下
个人养老金业务的功能定位及经营思路

2022 年 4 月 21 日，国务院办公厅发布《国务院办公厅关于推动个人养老金发展的意见》（以下简称《意见》），《意见》明确个人养老金实行个人账户制度，缴费完全由参加人个人承担，实行完全累积。个人养老金资金账户是参加个人养老金制度、享受税收优惠政策的基础。参加人应当指定或者开立一个本人唯一的个人养老金资金账户，用于个人养老金缴费、归集收益、支付和缴纳个人所得税。

个人养老金账户制的明确，是商业银行参与养老金融业务的重要机遇。作为账户管理的专业金融机构，凭借丰富的网点资源、扎实的渠道推广能力、深厚的用户基础，银行以账户行的角色参与个人养老金业务将"近水楼台先得月"，也将成为制度推广后的最直接受益者。

本报告将从账户制的制度优势、个人养老金业务实行账户制的整体架构、实施路径等方面介绍目前个人养老金业务账户制的整体情况，同时分析个人养老金账户制模式下商业银行的优势、定位及经营思路。

一、账户制的概述及优势

（一）账户制的基本概念

账户制是指个人参加个人养老金业务，必须开立专门的个人养老金资金账户，以此账户作为个人参加个人养老金的载体，个人通过该账户进行缴费充值、购买纳入个人养老金投资范畴的金融产品、享受税收优惠、领取养老待遇等。

账户制下，个人养老金的税收优惠政策赋予到账户层面，税收优惠根据本人缴存入资金账户金额来生成对应抵税凭证。

账户制下，个人养老金资金账户汇集了个人参加个人养老金业务的资金信息、产品权益信息，同时资金账户所在的账户行需定期向人社部信息平台报送个人参加个人养老金的全量信息，为国家实施对个人养老金业务的整体运行情况的监控和宏观监管提供数据支撑。

（二）账户制与产品制的比对分析

2018 年 4 月 12 日，财政部、国家税务总局、人力资源和社会保障部、银保监会、证监会联合印发了《关于开展个人税收递延型商业养老保险试点的通知》（财税〔2018〕22 号）（以下简称"22 号文"），开启了我国个人养老金的破冰之旅，采用产品制，仅有保险产品享受国家税收优惠。产品制的特征是国家税收优惠政策指向具体的产品类型，各类形态金融产品的产品管理人直接面向个人提供税收代扣缴、待遇发放等服务。从个人层面来看，个人在购买各种类型的合格金融产品时，需要计算税收优惠额度在其所投资的产品上的分配比例，产品的选择受限；个人是否可以进行产品转换取决于不同类型金融产品间是否已经建立转换机制，产品的流动性受限；个人在领取待遇时，需要分别向不同的产品管理人提出领取申请，手续繁多流程复杂。从国家宏观管理和监管层面来看，税收的征管要依赖于各金融产品管理人，统筹管理难度很大；国家要实现对业务运行情况的宏观管理，需要从各产品管理人收集个人参保的资金和产品投资信息，进行汇总整理，时效很低且技术难度很大。因此，长远来看，产品制对个人养老金业务的发展是不利的。

而账户制模式的特征是由个人养老金资金账户承载各个环节的运转，产品制下分散的资金、产品、信息服务得以在账户层面集中，有利于业务的长远健康发展。从个人层面来看，由于税收优惠政策赋予到账户层面，个人可以通过账户自由进行产品申赎、转换等，真正实现产品自由选择权；在领取待遇时，个人仅需要在账户管理机构办理一次领取申请即可，手续简便。从国家宏观监管层面来看，个人养老金账户对税延情况进行登记，为国家的税收优惠政策的落地监管提供了便利。个人参加个人养老金所有相关的资金、税务、产品等信息由个人养老金资金账户有效汇集并向人社部门报送，便于人社部门与金融监管部门及时高效地对业务运行整体情况进行把控和监督管理；个人养老金资金账户实现了资金流与信息流的统一，有助于今后第二、第三支柱的转移、打通，有助于三大支柱的协调发展。

（三）账户制的优势

从国际经验来看，个人养老金更多地采用账户制，其中就有相对来说建立时间比较长、制度比较完善的美国个人退休账户制度，也就是我们俗称的IRAs。对于具有缴费时间长，个人收入水平存在变化特征的个人养老金而言，账户制相较于产品制而言，拥有明显优势。

首先，账户制能够为个人养老金的监管提供支撑。参加人在参与个人养老金业务过程中，仅开立唯一的一个个人养老金资金账户，能够将个人养老金相关的所有缴费、投资、待遇领取、凭证打印等各个环节控制在一个账户下。商业银行定期报送账户、交易信息至各商业银行，能够有助于监督和管理，提升监管效率。

其次，有助于税收优惠政策的实现，在账户制下，产品交易与税务处理无关。在长达数十年的缴费期内，参加人使用账户内的资金，购买、赎回、定投纳入个人养老金投资范畴的金融产品，自主办理撤销、冲正等交易，甚至包括账户转换均不涉及税务处理。从而解决了"产品制"模式下税收规则与金融产品规则相绑定的问题，可以大大简化税务处理流程。产品交易与涉税事务相隔离，涉税处理得以简化。税务机构只要面对一个行业监管对象（商业银行），通过掌握账户的资金变化，就能够有效监督第三支柱整体涉税政策的执行情况。从而解决在"产品制"模式下出现多个行业主体（银行、保险、基金）、多种金融产品规则（保险、理财、储蓄、基金等）、多个扣缴义务人（百余家保险、基金、银行等金融机构并行）的复杂问题。

最后，个人养老金账户制能够赋予参加人自由缴存及灵活投资的权限，有助于个人权益的保障。在试点阶段产品制下，商业养老保险公司推出商业养老保险产品后，参加人需要每年按照规定的金额进行缴费，同时在这个过程中参加人几乎不参与产品的具体投资，无法体现不同投资人不同的风险承受能力及产品需求。而在账户制下，依托于个人养老金资金账户，客户可以在政策规定的缴存额度范围内，自由选择缴存的时间及缴存的金额，更可以选择不同的产品类型，包括公募基金、保险、理财、储蓄等。

二、个人养老金架构体系及账户特征

（一）账户的构成

个人养老金账户制模式下，参加人通过个人养老金资金账户享受国家税收优惠政策、进行缴费、购买产品、领取待遇等，个人养老金资金账户是个人参加第三支柱个人养老金的载体，该账户既能让参加人自由选择投资产品，同时也能够根据缴费情况生成对应的税收抵扣凭证；既是享受税收优惠政策的载体，也是国民基本权利的象征；同时，该账户与人社部门为个人开立的个人养老金账户以及金融行业平台账户一一对应和绑定，为个人养老金业务的总体运行情况的监督管理提供信息数据支撑和保障。

因此，个人养老金账户制是一个基于我国多层次社会保障体系视角下的居民个人养老账户体系的概念，包括人社部个人养老金账户、商业银行个人养老金资金账户、金融行业平台投资账户。顶层为人社部个人养老金信息管理服务平台为参加人开立的个人养老金账户，个人养老金账户是参加个人养老金、享受税收优惠政策的依据；第二层为养老专户开户行为参加人开立的个人养老专用资金账户，账户用于个人养老缴费、收益归集、支付和缴纳个人所得税；第三层为金融行业平台为参加人开立的金融行业平台账户，该账户用于记录参加人在各销售机构使用金融产品的交易及份额持有情况。

1. 个人养老金账户

个人参加第三支柱养老金，人社部信息平台会为个人开立一个个人养老金账户，这是人社部端登记和管理个人参加第三支柱养老金有关信息的专用账户。该账户具有唯一性，账户一旦开立，就终身不变，账户下登记和管理的个人参加第三支柱养老金的信息种类包括个人信息、产品投资信息、资金信息、税务信息等。

2. 个人养老金资金账户

个人参加第三支柱养老金，需要在商业银行开立一个用于归集缴费、收益以及资金领取等的专用资金账户——个人养老金资金账户。个人养老金资金账户提供缴存资金、登记税收优惠额度、投资税延养老金融产品、领取养老金待遇、查询资金与权益信息等服务功能，是个人参加第三支柱养老金、享受税收优惠政策的载体。

从账户功能来看，个人养老金资金账户具有"产品权益账户"与"资金账户"的双重功能，不仅兼容权益账户的主要功能，支持"全视角"权益信息管理，而且还能提供资金管理服务。

3. 金融行业平台投资账户

个人参加个人养老金业务，需要在基金、保险、理财等产品的金融行业平台账户开立唯一的行业平台投资账户，用于销售机构和账户行之间的信息流转及交换。

（二）账户规则

个人养老金资金账户具有唯一性，并封闭运行，并且只能投资纳入个人养老金投资范畴的金融范畴。

1. 唯一性

个人在同一时段只能选择一家商业银行开立一个个人养老金资金账户，一家商业银行只能为同一个客户开立一个个人养老金资金账户，但个人可以选择进行账户变更、注销等操作。

2. 封闭性

参加人员通过个人养老金资金账户缴存参保资金，除死亡、重疾、出国定居等特殊情况下，只能在退休时才能领取资金。参加人员通过个人养老金资金账户投资个人养老金产品的，在遇账户变更、投资计划变更、产品赎回等业务场景下，需通过个人养老金资金账户完成相应的资金进出处理。

3. 专属性

个人养老金资金账户内的资金，只能用于购买纳入个人养老金投资范畴的金融产品，包括公募基金、保险、理财、储蓄等产品。产品监管部门对产品是否纳入个人养老金投资范畴进行审批后经金融行业平台报送至人社部，商业银行根据人社部推送的产品名单判断账户内资金是否能够购买对应产品。

三、个人养老金账户制实施路径

在个人养老金账户制的实施路径上，个人养老金资金账户直接面向个人提供资金缴存、产品投资、待遇领取等

金融服务，具备产品交易、资金结算、信息报送等功能；人社信息平台与税务等系统对接，提供账户唯一性校验服务，并承担信息管理、业务监控、数据披露等社保和金融监管功能；两者通过前后端服务的对接，共同完成个人养老金业务流程全生命周期的运营。鉴于此，再加上税收优惠政策、专属金融产品的加入，我国第三支柱养老金账户制模式的实施架构得到明确——包括"社保平台、银行账户、金融产品、税收优惠政策"四项核心内容，这与发达国家的通行做法相一致，结合我国的实际情况，以上四层架构具体为：

1. 社保平台，也即人社信息平台

"7号文"中明确提出信息平台由人力资源和社会保障部组织建设，与符合规定的商业银行以及相关金融行业平台对接，归集相关信息，与财政、税务等部门共享相关信息，为参加人提供个人养老金账户管理、缴费管理、信息查询等服务，支持参加人享受税收优惠政策，为个人养老金运行提供信息核验和综合监管支撑，为相关金融监管部门、参与个人养老金运行的金融机构提供相关信息服务。社保平台是个人养老金实现对参与个人终生跟踪、防止税源流失的重要基础设施。

2. 银行账户，也即个人养老金资金账户

在市场层面，个人参加个人养老金，自主选择在商业银行开立个人养老金账户，该账户保持与人社信息平台为个人开立的个人权益信息账户的信息交互和一一绑定。所有养老资金的存入、交割、交易、领取均通过该账户进行，并由该账户向个人信息账户报送；在达到法定退休年龄或其他符合领取条件之前，该账户里的资产不得变现领取。开户银行依托线下网点和线上渠道，负责提供账户管理、产品交易、资金结算等服务以及税收、投资、法律等各方面的咨询服务。

3. 金融产品，也即合格税延金融产品

在产品层面，国家金融监管部门与人社部门联合建立"合格投资产品"制度，最大限度地规避市场风险、投资风险和道德风险，个人养老金资金账户内进行交易和投资的只能是合格产品；所有可交易的产品需在相关金融监管部门进行审批（或备案）；通过审批的产品将列入"产品目录清单"予以公布，列入"清单"的产品为"合格投资产品"。银行业金融机构负责投资顾问等服务。

4. 税延政策，税收优惠政策激励是第三支柱养老金发展的根本动力

在政策层面，国家通过采取"EET"（前端缴费、投

资阶段不征税，领取阶段征税）等模式，加大税收优惠力度，提高居民参与的积极性；同时，通过实施固定税收优惠额度、完善税收征管工作流程等措施，提高养老金第三支柱的政策吸引力，提高税收优惠的制度可得性和公平性。

四、商业银行参与账户制个人养老金的优势

（一）商业银行具备雄厚的客户基础

客户是商业银行经营的根基，商业银行拥有最广泛、最深厚的客户基础。这不仅能够助力银行养老金融业务迅速推进、健康发展，还为商业银行开展个人养老金业务提供了竞争优势，更可在国民教育方面起到关键作用。

一是商业银行拥有我国金融行业最为庞大的销售渠道和服务网络。商业银行特别是国有大型商业银行的网点几乎覆盖了 100% 的县级以上区域，并与地方政府、企业的关系更加密切，具有保险、基金、证券等行业无可比拟的优势。个人养老金业务的客户特征是区域分散，行业众多，而且以个人为服务对象，要求养老金账户管理机构必须有丰富的渠道和人员与之匹配。商业银行凭借庞大的服务网络和众多的业务人员，能够实现个人养老金业务的属地化服务，快速响应客户需求，为客户提供"一揽子"养老金业务解决方案，必将对个人养老金的市场推广做出有力贡献。

二是商业银行拥有我国金融行业最为丰富的客户资源。无论是计划经济时期的垄断经营还是市场经济时期的业务竞争，商业银行凭借在客户方面拥有的较高信誉，始终拥有金融行业最广泛的企业客户和个人客户群体。商业银行在与客户的金融业务往来中，与客户联系紧密，建立了相互信任的情感依赖，具有快速了解客户各种现实需求和潜在需求的条件，具备向客户提供个人养老金产品的机会，有利于快速启动个人养老金市场。

三是拥有雄厚的个人养老金客户储备。通过企业代发工资及企业年金业务，商业银行已经与全国绝大部分的优质企业单位及其职工建立紧密的业务联系。这为我国个人养老金业务的发展做好了优质客户储备。通过代发工资、企业年金、职业年金、代扣代缴等业务的营销和客户服务，商业银行逐步建立起雄厚的个人养老金客户储备。

（二）商业银行具备丰富养老金业务管理经验

商业银行是我国最早涉足养老金业务领域的金融机构之一，深入参与我国基本养老保险、企业年金、职业年金、全国社保基金的制度设计、流程规划和业务运营，始终走在我国各类金融机构的前列，具有丰富的养老金业务管理经验。

一是在基本养老保险领域。当前，我国基本养老保险基金已经启动市场化运作，委托全国社保基金理事会负责投资运营。商业银行积极参与基本养老保险基金的市场运作，2016 年，中国工商银行、中国银行、交通银行和招商银行成功中标，成为基本养老保险基金的托管机构，为基本养老保险基金安全运作保驾护航。

二是企业年金领域。目前，全国已有工、农、中、建、交等 13 家商业银行（含银行系养老金管理公司、基金管理公司）获得企业年金基金受托、账户管理、托管和投资管理 24 个业务资格，是金融行业中唯一身兼四项职能的机构。其中，托管人角色只有商业银行可以担当，凸显商业银行在养老金业务领域的重要地位。

三是职业年金领域。目前，我国职业年金市场已正式启动。具备企业年金受托人资格的四家商业银行 / 银行系养老金管理公司，具备企业年金托管人资格 10 家商业银行、具备企业年金投资管理人资格三家银行系养老金管理公司 / 基金管理公司已积极拓展市场，必将为我国职业年金市场发展做出突出贡献。

四是全国社保基金领域。交通银行、中国银行、中国工商银行、中国农业银行、中国建设银行先后获得全国社保基金托管业务资格，资产托管范围涵盖证券投资、直接股权投资、信托贷款、产业基金等多项投资产品，托管规模超过万亿元。此外，商业银行通过多种业务合作，广泛参与全国社保基金的投资运营，成为全国社保基金管理的重要一员。

五是多年深耕养老金市场。经过 10 余年的发展，商业银行在养老金业务领域，与保险机构、基金管理公司、证券公司和信托公司等各类金融机构均建立了广泛的养老金业务合作。商业银行之间、商业银行与其他养老金管理机构之间均可通过业务系统直联实现数据对接，并根据客户个性化需求提供个性化服务，能为客户提供"一揽子"养老金业务解决方案，并实现对客户需求的快速响应。

（三）商业银行具备强大的业务系统建设能力

商业银行信息化建设始终着眼战略、服务客户、与时俱进，致力于以科技引领创新，以创新助力发展。经过近 30 年砥砺前行和跨越迈进，我国商业银行信息化建设和应用处于金融行业领先地位，可为个人养老金业务的顺利推进提供强有力的技术支撑。

一是上线业务数据大集中。当前，我国商业银行已普遍实现将生产运行集中到现代化数据中心，将独立发生的各类业务系统统一到新一代综合业务系统或全功能银行系

统中，将多种服务渠道集成至整合应用前置平台，构建新一代渠道应用支撑环境，基本构成以综合业务系统、前置系统为核心的基础技术平台。

二是信息化管理体制改革步伐不断加快。商业银行沿着精细化、科学化和集约化方向不断前进，各商业银行信息管理的制度、标准、体系建设和执行力度有了空前的提高，信息系统建设逐步成为商业银行业务发展、业务转型的重要抓手。

三是信息技术应用从业务操作向管理决策迈进。以集中信贷管理系统、数据仓库技术顺利推进和广泛应用为标志，商业银行已逐步实现信息技术为管理决策提供数据支持，信息技术日益成为管理决策的关键因素。

四是信息技术成为金融创新的助推器。商业银行日益依赖信息技术进行持续的技术创新，如建立覆盖全国的实时清算网络，大力发展自助银行、电话银行、客户服务中心、网上银行和手机银行等虚拟服务渠道，加速推进互联网金融发展等。

五是信息安全体系日益完善。商业银行逐步建立起较为完善的信息安全体系，形成了组织可操作性信息安全制度体系，制定了注重信息安全的系统保障策略，实行了信息安全等级管理，构建了安全技术防范系统，有力保障了商业银行信息系统安全运行。

（四）商业银行具备全面的风险管理体系

商业银行始终致力于建立健全全面风险管理体系，经过数十年持续建设，我国商业银行逐步建立并完善全面风险管理体系，强化全面风险管理制度建设。

一是实施资本管理高级方法。自 2014 年起，商业银行陆续开始在法人和集团两个层面实施资本管理高级方法，依据巴塞尔新资本协议管理商业银行资本，这标志着我国商业银行风险管理水平已经得到国内外监管当局的高度认可，迈向国际风险管理先进银行之列，风险管理能力在国内金融行业居于前列。

二是逐步建立集中式、垂直化风险管理体系。商业银行大力推进全面风险管理框架体系建设，加强了前瞻性风险管理和集团并表风险管理，强化内控内审体系，制定了业务运营与风险并重的发展战略，建立了以风险资产管理为核心的事前、事中、事后风险控制系统，健全各项业务的风险管理制度和操作规范，确保商业银行全面风险管理的适应性和前瞻性，全面风险管理水平持续加强和完善，为商业银行开展养老金第三支柱业务夯实坚实业务基础。

三是持续深化操作风险管理体系建设。商业银行运用操作风险与控制评估（RACA）、风险关键指标监控（Key Risk Indicator，KRI）和损失数据收集（Loss Data Collection，LDC）三大工具，持续开展操作风险的识别、评估和监控，对三大工具实施情况进行重检，进一步优化工具方法论及组织实施方式，开展操作风险管理评价与资本计量，提升精细化管理水平，可有效管控未来养老金第三支柱业务各类操作风险，助力养老金第三支柱稳健发展。

（五）商业银行具备良好的社会信誉

商业银行拥有良好的社会信誉，是开展个人养老金业务的最佳选择。

一是商业银行有着悠久的历史。商业银行是我国最早成立的金融机构，在我国国民经济发展中起到重要的作用，早已融入城乡居民的生产生活之中，是我国城乡居民最为熟悉、联系最为紧密的金融机构。

二是商业银行具有良好的信用。在我国，大部分商业银行为国有企业或者国有控股，商业银行的信用仅次于政府，其安全可靠、信誉优良的市场形象早已深入人心，在社会公众中拥有良好的品牌形象，是我国城乡居民最为信赖的金融机构。

（六）商业银行具备卓越的资产管理能力

商业银行具备卓越的资产管理能力，足以为养老金第三支柱投资管理业务提供强有力的支撑。

一是商业银行已持有银行、保险、信托、基金、证券、金融租赁等金融牌照。当前，我国商业银行已形成集团化经营模式，以设立子公司的形式，进军保险、信托、基金、证券、金融租赁等非银金融行业，在风险隔离的基础上，形成跨界、跨业、跨市场的资产管理能力，可更好地全方位满足个人养老金客户个性化的资产管理需求。

二是拥有跨市场财富管理能力的专业人才储备。商业银行拥有一批具有商业银行、投资银行、保险、基金、证券、信托、资产管理等资深从业背景的专业化人才队伍，可以根据客户的年龄、资产状况和风险偏好，提供跨市场、多领域、跨地区的财富管理、项目融资等专业化资产管理服务，可全方面满足个人养老金客户在不同寿命周期的资产管理需求。

五、商业银行参与账户制个人养老金的定位

（一）账户管理平台

和企业年金、职业年金相比，个人养老金直接面向自然人，从覆盖规模来看理论上远大于其职业年金。商业银行具有庞大的客户群以及专业的账户管理能力，具备天然

优势，可以为个人养老金业务提供账管支持。商业银行作为客户个人养老金资金账户的管理机构，能够为客户提供优质的账户服务。

一是缴费/税便利。个人养老金资金账户封闭管理，专款专用，参与人在缴存阶段可通过多个渠道向该账户转账或缴存现金。在办理税延手续时，税收优惠落实到账户层面，参与人只需向账户缴存资金即可享受税收优惠。在待遇领取时，商业银行作为唯一代扣代缴义务人，参与人可实现便利领取。

二是流程高效。参与人开立个人养老金资金账户后，支持跨行业的产品购买以及产品转换。与此同时，还可以通过个人养老金资金账户进行跨银行间的转换，支持在一个资金账户下展示不同行业产品的统一视图，高效实现多元化的投资偏好。

三是账户灵活。个人税延账户生命周期长达数十年，伴随参保人终身。参保人在其职业生涯过程中，可以灵活变更账户行。为此，个人养老金资金账户必须考虑账户的灵活性，可以跨机构办理转移。个人养老金资金账户的便携需要体现在账户内的养老金融产品与资金应随同账户迁移，账户行对于持续缴费（投资）的金融产品需要提供延续的服务。

（二）产品管理集市

《意见》明确规定，个人养老金资金账户资金用于购买符合规定的银行理财、储蓄存款、商业养老保险、公募基金等运作安全、成熟稳定、标的规范、侧重长期保值的满足不同投资者偏好的金融产品，参加人可自主选择。就目前来看，商业银行仍然是唯一能够同时为客户提供四类金融产品的金融机构。一方面，就公募基金及养老保险产品而言，金融市场上相关产品正不断涌现。在个人养老金业务落地后，对应产品的监管机构会设置响应的产品白名单，商业银行作为代销机构角色，会积极引入纳入个人养老金投资范畴的优质产品，为客户提供更大的选择空间。另一方面，商业银行协同其理财子公司，不断创新养老理财及储蓄产品。理财产品一直是居民除储蓄存款外最为主流的投资产品，市场对于养老理财产品的需求十分旺盛，养老理财产品相对于基础类与综合类理财业务而言，具备期限更长、追求长期收益等明显的特征。理财子公司正不断对养老理财产品进行优化，提升产品的便利性、降低产品的准入门槛及费用并提升理财产品的收益，实现保值增值。养老储蓄存款作为一款居民养老资产储备的储蓄产品，其除具备零存整取产品的按月缴存、到期支取等基本

特征外，更加注重培养居民进行长期养老资产储备的意识，比如在产品期限上，支持客户长期缴存；在资金缴存上，支持自动划款；在支取时，按约定利率计结息等。通过安全性、流动性、收益性、便捷性的产品设计吸引个人参与个人养老金业务。

（三）投资顾问专家

个人养老金是长线投资，商业银行作为客户的账户管理机构，凭借其本身的投资管理能力，可以为客户提供全流程、全生命周期的养老投资顾问，引导客户作出更加符合其本身投资特点的理性选择。个人养老金资金账户内资金是作为客户退休后基本养老保险的有效补充，所以实现账户内资金的保值增值是最终目的，通过商业银行的投顾服务，能够避免客户本身短期的追涨、单一的储蓄选择等决策，通过整体的资产配置，在风险可控的情况下追求收益，帮助客户实现保值增值。

同时通过投资顾问服务，培养居民长期自主的养老金投资习惯，并且为客户提供优质服务与业务便利。通过各参与方的共同努力，以期形成多方参与、互助互利的共赢局面。

（四）客户教育机构

基于商业银行良好的社会信誉、庞大的分支机构以及广泛的客户基础，其在推广个人养老金业务、提高国民养老储备意识上责无旁贷。个人养老金在国内是新生事物，政策推行的成效很大程度上取决于公众教育的覆盖面以及居民的养老金融意识。为此，除在国家层面要加大政策宣传力度、动员居民广泛参与外，商业银行要承担起业务推广与公众教育的主体责任，让居民了解政策红利，积极引导与培育居民的养老金融意识。

六、商业银行参与第三支柱个人养老金的意义

（一）践行社会责任

我国人口老龄化进程的发展及人口寿命的提升，意味着养老金融储备将更为迫切，居民将提前对养老生活做好规划，做好长期投资。商业银行参与第三支柱建设，是服务民生、寓义于利的经营举措，也是发挥专业特长、响应国家号召、履行社会责任的具体实践。

（二）获得优质客户

一是优质客户明确。根据测算，居民参与个人养老金，月均收入超过8000元方能达到少缴税款的目的，该部分

人群是第三支柱的受益者。特别是对于中高收入人群，其参与的积极性较高，是商业银行争取的优质客户。

二是长期锁定客户。居民只能在一家商业银行开立唯一的养老金账户，按月定投，符合退休等条件后方能支取。养老金账户的投资期限长达数十年，可有效锁定客户，有利于商业银行通过交叉销售挖掘客户价值。

三是实现批量获客。目前我国仍以单位代扣代缴个人所得税为主，第三支柱从便利居民的角度出发，允许单位统一代理。从而为商业银行巩固代发工资客户、批量获客提供了新的抓手。

（三）获得综合收益

纳入个人养老金投资范畴的产品除养老商业保险外，还将支持养老储蓄、养老理财、养老目标基金等多项产品。商业银行一方面可通过销售储蓄、理财、基金等税延产品获得中间收入；另一方面可增加客户黏性，深度挖掘客户价值，提供投资顾问等多种金融服务。

（四）获得长期资金

居民参与个人养老金业务，资金在养老金资金账户中的沉淀时间长达数十年，是商业银行业获取长期资金的优质路径，可在一定程度上满足商业银行对于长期资金的需求，为银行的资产项目提供低成本资金。与此同时，个人养老金资产的长期属性能够优化商业银行资产负债结构，对于改善资金期限错配、缓解流动性压力均能发挥积极作用。

七、商业银行开办个人养老金业务的经营思路

（一）提高政治站位

首先，个人养老金制度的推出，预计将对中国经济和社会带来深远意义，将会在未来数十年维度上产生深刻影响。开办个人养老金业务是商业银行发挥金融专长服务于社会治理的一次重要契机，需要深刻领会国家相关制度安排，把推广个人养老金作为银行寓义于利、积极践行企业社会责任的一次重要机遇，通过专业化金融服务助力社会保障事业的发展。其次，提供个人养老金服务是商业银行普惠金融业务的一项重要内容。个人养老金借助个人所得税税优政策将惠及更多的普通民众，通过网点及线上渠道，扎实做好资金缴存、交易结算、税延额度抵扣、个税代扣

代缴等配套金融服务，更好地满足人民群众多样化的养老需求，提高未来养老服务支付能力。

（二）做好政策推广

个人养老金制度要"让老百姓看得明白、搞得懂、好操作"，为此，商业银行需全力做好政策的宣教工作，积极引导民众了解国家、单位和个人不同的养老责任，掌握办理个人养老金的基本流程，提高养老金融知识素养，掌握根据自身年龄与风险偏好，差异化进行资产配置的能力。同时，从保护消费者权益出发，根据不同客群的风险承受能力提供差异化的销售服务，切实履行"卖者尽责"适当性义务，将保护金融消费者权益贯穿始终。

（三）提供账户服务

在个人养老金业务推广过程中，商业银行应严格遵循相关政策法规，把个人养老金资金账户作为专属账户，与现有金融制度实现有效衔接，在客户身份识别、开户行尽职调查、反恐融资筛查、反洗钱管控、资金封闭管理等环节实行有效管控，确保平稳运营；在业务存续期间，对客户身份进行持续识别，发现异常的能够采取有效的管控措施，防止风险事件发生。在便利性方面，鉴于账户具备金融与社保双重属性，把账户开立、资金缴存、产品交易、待遇领取等金融业务与社保业务实现有效对接，从商业银行提供社保公共服务的角度不断优化业务流程，在严把"合规"关的前提下，为民众提供更多的便利。

（四）销售合格产品

商业银行依托自身产品代销系统、账户管理系统，通过中银保信平台、中登平台、理财登平台以及人社信息平台开展产品销售工作。高效履行账户行职责，严格按照监管部门颁布的机构与产品目录，为保险公司、基金公司与第三方销售机构提供资金清算与交易支持，承担相应产品信息报送责任；同时承担销售机构职能，将销售个人养老金融产品纳入现有代理销售保险、基金业务框架内，遵照现行产品代销管理办法，合规开办业务。

（五）参与产品创新

商业银行及其理财子公司根据个人养老金政策要求，就养老储蓄、养老理财创新做好业务与技术准备，待监管机构明确相关政策要求，把产品纳入个人养老金投资范围后，在获得个人养老金业务资质后按要求有序开展销售工作。

分报告十九
保险公司及保险产品在账户养老金制度中的功能定位

从世界范围来看，各国根据自身国情，发展出各具特色的养老金制度。要从不同的养老金制度中归纳提炼共性、探究发展规律，并探寻保险在其中的功能定位，首先需要将不同的养老金制度进行类别划分。国际上有多种通用的养老金分类方式，例如，按财务机制不同，可分为现收现付制和积累制；按缴费和给付方式不同，可分为缴费确定型（DC）和待遇确定型（DB）[1]；按发起人不同，可分为第一支柱（由政府建立）、第二支柱（由企业建立）、第三支柱（由个人自愿建立）[2]。

当前我国正加速发展养老第三支柱，根据国务院办公厅于2022年4月发布的《关于推动个人养老金发展的意见》，我国养老第三支柱实行个人账户制。为探究保险业如何更好地参与我国养老第三支柱建设问题，本报告将养老金制度分为账户制、非账户制。

账户制是指设立个人账户的养老金制度，该个人账户用于记载个人缴费及投资运营收益等信息，且账户权益完全归属于个人。采取积累制的养老金制度通常也为账户制，

国际上大部分国家的第二支柱DC计划以及第三支柱采取账户制，我国的基本养老保险个人账户部分、企业（职业）年金，以及即将落地的养老第三支柱，均为账户制；其余制度则归为非账户制。国际上大部分国家的第一支柱采取现收现付制，均为非账户制；德国的第三支柱并没有专门的个人养老金账户，而是通过购买里斯特产品时建立的银行账户实现合同转换、接收补贴和退税等功能，属于产品制，因此也归类为非账户制[3]。

而无论账户制还是非账户制，均属于现代养老保障体系的一部分。因此，本报告首先从发展历史入手，梳理保险与现代养老保障体系的关系；其次从国内外的实践经验，分析保险公司、保险产品在账户养老金制度中的功能定位；再次结合我国保险业自身发展特点，总结出保险业在我国养老第三支柱个人账户养老金中的优势所在；最后提出相关的政策建议，以期助力保险业更好地推动我国第三支柱建设。报告结构如图19-1所示。

---

① 鲁全：《养老金制度模式选择论——兼论名义账户改革在中国的不可行性》，《中国人民大学学报》，2015年第3期，第19-25页。

② 郑秉文：《养老金三支柱理论嬗变与第三支柱模式选择》，《华中科技大学学报》，2022年第3期，第20-37页。

③ 罗艳君：《德国养老金体系改革的启示与思考》，https://finance.sina.com.cn/zl/china/2021-09-17/zl-iktzscyx4859216.shtml，2019年7月30日。

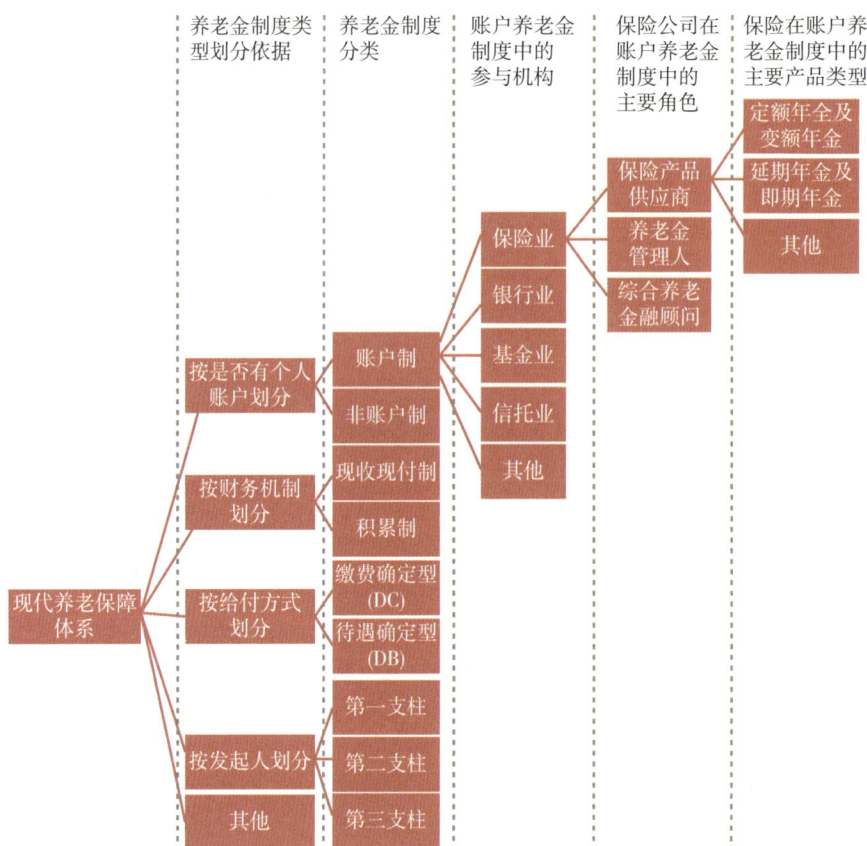

图 19-1　报告结构

资料来源：笔者绘制。

一、保险与现代养老保障体系的关系

账户养老金制度是养老保障体系中的一种形式，研究保险在账户养老金制度中的功能定位，首先需要厘清保险与现代养老保险体系的关系。

（一）现代养老保障体系起源于保险

养老保障体系是社会保障体系的一部分，而现代社会保障的起源就是保险。人类社会自古就有关于社会保障的思想观念和行为，其中处处暗含着保险"人人为我、我为人人"的互助共济的精神，并一直延续和发展。早在公元前，中国儒家著作《礼记》就已存在"人不独亲其亲，不独子其子，使老有所终，壮有所用，幼有所长，鳏寡孤独废疾者，皆有所养"的思想。随着人类社会的发展，这种精神从种族中自发的互助互济行为逐渐体系化，形成宗教等组织中的慈善救济事业。随着工业革命的发展，工会组织的互助共济基金会开始形成。1601 年，英国颁布《济

贫法》，将"保护弱者"的救助行为纳入法治。1883~1889年，德国相继颁布了《疾病保险法》《工伤保险法》《老年和残障保险法》等一系列法令，标志着以社会保险为核心的现代社会保障制度的产生。此后，许多欧洲国家、加拿大、日本等均逐步仿效德国，建立起社会保险制度。

从德国于 1889 年颁布的《老年和残障保险法》来看，其已完全具备了现代养老保障体系中第一支柱养老保险的框架和要素。根据该法案，其主要参保人群是工业工人、农业工人、手工业雇佣者和公务员；保费由雇主和雇工各负担一半；年满 70 岁并缴纳 30 年以上养老保险费者可以领取老年保险津贴；由国家对此项保险给予了补贴并为保险的运行兜底。

（二）现代养老保障体系不仅限于保险

随着经济发展速度、人口结构等变化，养老保障体系的内涵随之不断扩展和丰富，其运行目标也逐渐从互助共

济，扩展至个人金融资产的积累和管理。

第二次世界大战后，世界经济进入高速发展时期，多国社会保障制度不断提高保障范围和标准。1948 年，英国宣布建成"福利国家"，通过加大财政补贴等方式，将社会保障制度从社会保险延伸扩展至较完善的社会救助制度，使不论是否参与社会保险缴费的公民，都可获得相对较好的保障福利。在英国之后，西欧、北美、大洋洲、亚洲等诸多发达国家陆续宣布实施"普遍福利"政策或建成"福利国家"[①]。

但随着世界经济发展速度放缓和人口老龄化问题出现，主要依靠国家高保障水平的社会保障制度的可持续性逐步受到挑战，20 世纪 80 年代后，许多国家开始探索社会保障制度改革。以英国的养老保障制度改革为例，1979 年，撒切尔政府执政后，开始改变原来政府大包大揽的做法，把以前国家承担的部分养老责任向社会的私人部门（即企业和个人）转移，逐步建立以企业和个人责任为主的私人养老金制度。

1994 年，世界银行在《防止老龄危机——保护老年人及促进增长的政策》报告中，通过总结各国养老保障体系的发展、改革历程，首先提出三支柱的养老保障体系概念：第一支柱是政府管理的强制性 DB 型现收现付制公共养老金计划，在提供最低收入的基础上防止老年贫困的发生；第二支柱是由私人管理的强制性 DC 型职业养老金计划，这是由企业或个人建立的积累型储蓄账户，以减少对第一支柱的依赖；第三支柱由自愿性职业养老金或个人储蓄计划构成[②]。此后，三支柱内涵经过不断演变，逐渐成为世界主流的养老保障体系架构。

可见，在社会保障体系之下的养老保障体系的发展，是从强化国家责任逐步转变为强化个人责任的过程。而在个人责任中，强调个人为自己的养老做资金储备和积累。因此，养老保障制度的根本功能，也从保险的互助共济逐步扩展至金融资产积累和管理。

为了实现金融资产积累和管理功能，参与养老保障体系的金融机构，也不再局限于保险，而是扩展至银行、基金、信托等。

二、保险公司在账户养老金中的功能定位

由于养老保障体系的内涵已经不仅限于保险，账户养老金制度作为养老保障体系的一个部分，同样有除了保险之外的各类金融机构、金融产品共同参与。厘清保险公司以及保险产品在其中的功能定位，有利于保险行业扬长避短，发挥比较优势，更好地参与养老保障体系建设。

从多国经验来看，在一个国家的养老保障体系中，在账户养老金制度下，保险公司主要可扮演三种角色。

（一）保险产品供应商

保险公司可以承担的最基础功能即为消费者提供保险产品，通过保险产品的给付功能提供养老保障。从国际经验来看，账户养老金制度中的保险产品以年金保险为主。

所谓年金保险，是指保险公司承诺在一个约定时期内以被保险人生存为条件，定期给付保险金的一种保险。按照不同的维度，账户养老金制度中的年金保险产品主要可分为以下两大类。

根据年金给付金额是否变动，可分为定额年金保险、变额年金保险。定额年金保险即按照保险合同中约定的金额进行给付，保单受益人获得的收益在订立保险合同时便已确定；变额年金保险即给付金额随实际投资收益率的变动而变化，实际投资收益率通常与股票市场指数、债券市场利率或外汇市场汇率等挂钩，保险公司通常会提供一个保证收益率，或者承诺本金安全。

根据年金开始给付的日期，可分为即期年金保险和延期年金保险。即期年金保险即从投保人缴费当年即可开始领取年金，保费通常为趸交；延期年金保险则需在投保人缴纳保费后，按合同条款等待一段时间，达到合同约定的条件后，才开始领取年金。

由于经济发展水平、资本市场成熟度、历史文化背景等因素不同，不同国家主流年金保险种类也存在显著的区别。例如，美国的变额年金保险市场较发达，产品形态较丰富，投资属性较强；英国市场以即期年金保险为主，侧重产品长期的领取功能；日本市场以定额年金保险为主，受长期低利率甚至负利率的金融市场环境影响，其产品的保证收益率也较低，此外，由于日本企业多实行终身雇佣制，更倾向于为员工提供补充养老保障，因此，日本的团体年金保险的市场份额相对较高。

相较而言，中国的年金保险产品形态还比较单一，市场主流产品为定额延期年金保险，而变额年金险、投资连结型年金险等新型年金产品的数量较少。根据对中国保险行业协会官网信息进行梳理，截至 2022 年 8 月，市场在售的个人年金保险合计 1307 款，其中，793 款均为普通型定额年金保险，占比达 61%，仅 1 款产品为变额年金保险（见表 19-1）。

---

①　贾晔：《社会保障 ABC（二）：社会保障制度的起源和发展》，《人口与计划生育》，2002 年第 2 期，第 46-47 页。
②　郑秉文：《养老金三支柱理论嬗变与第三支柱模式选择》，《华中科技大学学报》，2022 年第 2 期，第 20-37 页。

表 19-1 中国在售个人年金保险产品类型

	变额年金保险	分红型定额年金保险	万能型定额年金保险	投资连结型年金保险	普通定额年金保险
产品数量（款）	1	330	160	23	793

资料来源：根据中国保险行业协会公示的产品信息整理所得。

（二）养老金管理人

除提供保险产品供个人消费者选择之外，在账户养老金中，尤其是第二支柱中，保险公司还可承担养老金管理人的职能，具体包括养老金账户的建立、记录缴费、计算待遇支付、资金保管、资金投资、资金监督、办理清算等。

以我国为例，现有的第二支柱账户养老金（企业年金）是以受托人为核心的信托型管理模式。在该模式下，养老金管理人细化为四个角色：受托管理人、账户管理人、投资管理人、托管人。其中，受托管理人处于核心位置，它接受企业年金计划参与者委托，并对计划参与者和受益人负责，在接受监管机构监督管理的同时，行使对账户管理人、投资管理人和基金托管人的选择、更换和监督的职责，是企业年金的第一责任人。

我国保险公司凭借其对长期资金的专业管理能力、投资监督能力，已经成为受托人市场的核心组成部分。根据人社部公布数据，截至2022年第一季度，合格的企业年金基金法人受托机构共12家，其中养老保险公司占据7席（含建信养老金管理公司），受托管理资金规模1.5万亿元，占总受托规模比例超80%。

此外，在投资管理人、账户管理人方面，保险公司也积累了丰富的经验。根据人社部公布的数据，截至2022年第一季度，在22个企业年金投资管理人中，保险公司占6席，管理企业年金资产规模合计6465亿元，市场份额占比达25%；在18个企业年金账户管理人中，保险公司占8席，所管理的账户数量在全市场占比超27%。

从投资收益来看，在以受托人为核心的信托型管理模式下，我国企业年金基金已经实现了长期、稳定、较高的收益，实现了养老资金的保值增值功能。根据人社部公布的数据，2007~2021年，企业年金的几何平均年化收益率达7.2%，其中，当年加权平均收益率有九年均超5%，仅两年为负，分别为2008年的-1.83%、2011年的-0.78%。

在中国香港规模最大的账户养老金——强积金运营模式中，多家保险公司同样担任行政管理人角色。根据中国香港强积金计划管理局公布的信息，截至2022年2月，共有15个经核准的受托人，其中，中国人寿、友邦保险、宏利人寿、永明人寿、万通保险等均成立了专门的信托机构做强积金计划的受托人，同时，保险公司本身在其中也承担行政管理人的职能。

（三）综合养老金融顾问

在第二支柱DC型账户养老金以及第三支柱个人账户养老金制度中，个人消费者可根据自身风险偏好及养老规划，在多种类金融产品中自行选择配置，基于消费者资产配置的需求，保险公司除提供保险产品之外，也逐步发展出综合养老金融顾问的功能。

美国的金融市场较为发达，混业经营时间较久，其保险公司的综合金融服务能力较为显著。美国的个人第三支柱IRAs账户，可以由消费者自主选择到银行、保险公司、基金公司或证券公司开立，账户开立后，消费者在账户中选择可投范围内的各类金融产品。保险公司要想和银行、基金公司等其他金融机构竞争、吸引客户，一方面需要能够提供满足不同消费者偏好的金融产品，另一方面需要能够提供养老金融顾问等增值服务。

因此，美国诸多人身保险公司除提供寿险、年金险等人身保险产品之外，还提供共同基金、交易所交易基金（ETF）等金融产品，同时提供退休规划、个人资产管理等综合金融服务。

在中国，随着消费者资产配置和规划的意识和需求不断提升，逐渐有保险公司开始探索综合养老金融顾问服务，根据消费者的不同风险偏好、不同养老规划、不同人生阶段的不同资金需求，为其提供多样化的产品和服务。例如，泰康保险集团自2018年开始探索打造健康财富规划师团队（Health & Wealth Planner，HWP），希望针对人群全生命周期，提供一站式养老、健康、财富管理解决方案。泰康保险集团旗下拥有泰康人寿、泰康资产、泰康养老、泰康健投、泰康在线等子公司，业务范围全面涵盖人身保险、互联网财险、企业年金、资产管理、医疗养老、健康管理、商业不动产等多个领域，通过整合各产业、各领域资源，其HWP团队可为客户提供从保险产品到财富规划、健康管理、家庭医生、养老社区照护等综合服务。

三、保险产品在账户养老金中的功能定位

在各国的养老保障体系中，保险产品主要是第三支柱个人账户养老金的组成部分，产品类型以年金保险为主。而各国经济发展水平、资本市场发达程度、保险市场成熟度、文化传统等均有所不同，在此背景下，年金保险在其第三支柱账户养老金中的功能定位、发展历程及特点也各有不同。

（一）美国：主要通过变额年金保险发挥投资理财功能

从保费规模来看，年金保险是当前美国寿险行业的第一大险种。自 20 世纪 80 年代起，美国年金险市场进入快速发展期，保费规模一举超过传统寿险，成为寿险公司主要保费收入来源。分析其主要原因，一方面，美国在 20 世纪七八十年代颁布的一系列法案中，对企业年金、年金保险等实施了减税、免税、延迟税收等激励政策，包括 1974 年的《雇员退休收入保障法案》、1978 年的《国内税收收入法案》、1986 年的《税收修正案》等；另一方面，美国股市在 1982 年起开始快速、长期上涨，为变额年金险等新型险种的创新提供了土壤 [1]。

根据美国寿险业协会公布数据，2020 年年金险保费 3013 亿美元，占当年寿险总保费收入的 47%，远超占比 28.1% 的健康险及占比 29% 的传统寿险（见图 19-2）。

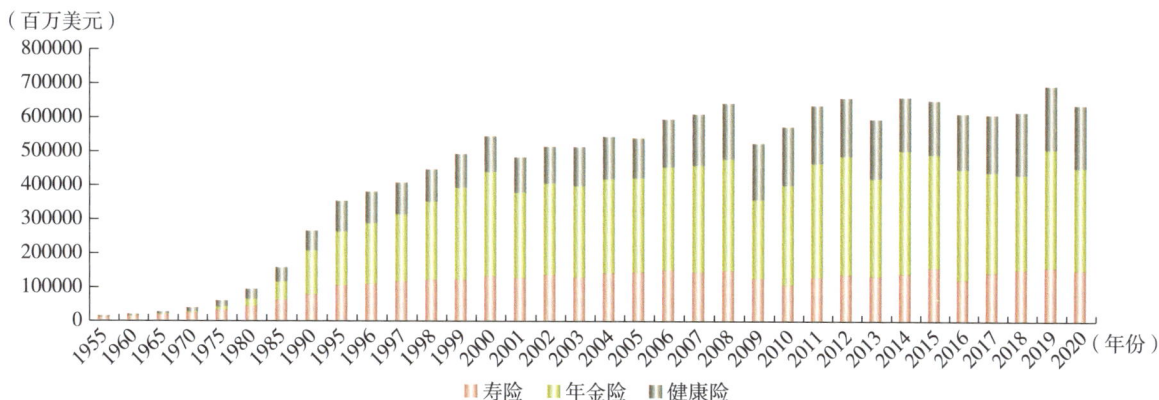

图 19-2　美国寿险公司保费收入结构

资料来源：ACLI，Life Insurance Fact Book 2021.

但即便如此，从年金保险产品在美国第三支柱账户养老金中的规模占比来看，其仍处于补充保障的功能。根据美国投资公司协会（ICI）公布的数据，1980～2012 年，年金险产品的规模占 IRAs 总资产规模的比例在 6%～10%；2013～2021 年，该比例略有下降，保持在 4%~5%（见图 19-3）。

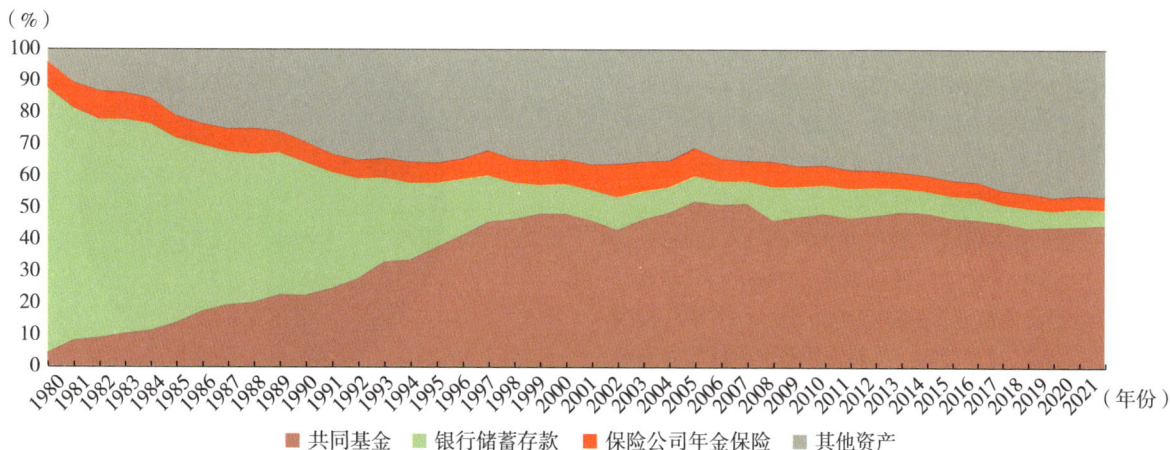

图 19-3　IRAs 账户的资产构成及占比

资料来源：ICI，The US Retirement Market Fourth Quarter 2021.

---

[1]　孙玉淳：《从美国经验谈发展养老年金保险对寿险业的意义》，《商业时代》，2014 年第 7 期，第 78-80 页。

基于美国发达的资本市场及消费者相对较高的风险偏好，变额年金保险发展较好。从保费规模来看，变额年金险在各类年金保险中的占比最高。根据美国寿险行销调研协会（Life Insurance Marketing and Research Association,

LIMRA）数据，2020 年，变额年金保险规模在年金险市场占比达 45%，指数年金、固定年金占比分别为 25%、30%（见图 19-4）。

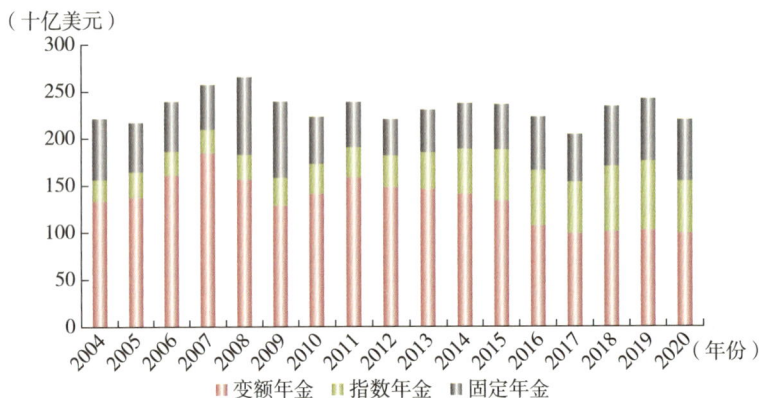

（十亿美元）

图 19-4　美国年金险保费收入结构

资料来源：由美国寿险行销调研协会（LIMRA）公布数据整理而得。

与此同时，变额年金险的细分产品形态也非常丰富。例如，在保证收益率方面，有附加保证收益和不附加保证收益两类，可由投保人自行选择是否要附加；在保证收益的方式上，分为最低身故利益保证、最低账户价值保证、最低年金领取金额保证等；在收益率设置策略方面也非常灵活，包括设置产品的损失下限（Buffer Rate）、收益上限（Cap Rate）、不同的追踪标的（如标普 500、纳斯达克 100、罗素 2000 等）、变动收益参与率（Participation Rate）等。

（二）英国：通过即期年金保险在退休时对接第二、第三支柱个人账户

与美国相似，英国也具备发达的资本市场，无论是其规模还是深度，在欧洲都居于首位。但英国年金保险市场却走出了与美国截然不同的路径，着重发挥保险的长期乃至终身保障的特有优势，而非通过创新变额年金保险产品形态，与银行、基金等机构的金融产品进行竞争。

从养老保障体系的结构来看，英国具备较发达的第一、第二支柱。英国作为全球"福利国家"的鼻祖，其养老保障体系具备坚实的第一支柱基础。此外，2012 年，英国对第二支柱实施"自动加入"机制，即符合条件的雇主强制为雇员建立企业年金计划，但雇员可以自愿选择退出计划，该半强制的机制迅速提升第二支柱职业年金计划的覆盖面和规模，2013 年 1 月仅有 33 家企业和 95.8 万名雇员自动加入企业年金计划，但到 2016 年 12 月，参与该计划

的多达 8.75 万家企业和 2380 万名雇员[1]。

在较发达的养老第一、第二支柱之下，第三支柱的客观需求和发展空间都相对较小。根据 OECD 公布的数据，在英国退休人群的收入来源中，第一、第二支柱占比分别超 50%、35%，而仅不到 14% 来自第三支柱个人养老金和储蓄。从累积资产规模来看，第三支柱占比也较小，2018 年英国私人养老金总资产规模约 3 万亿英镑，其中第三支柱个人养老金占比仅约 10%[2]。2019 年英国 65 岁以上人群平均收入结构如图 19-5 所示。

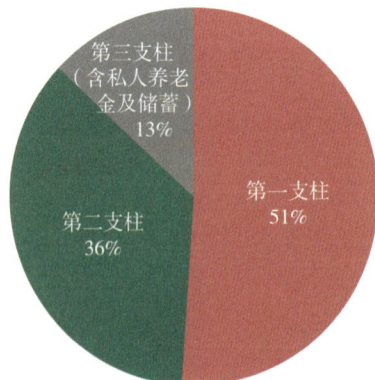

图 19-5　2019 年英国 65 岁以上人群平均收入结构（不含工资收入）

资料来源：由 OECD 公布数据整理而得。

---

[1]　郑秉文：《美国和英国扩大年金参与率的经验与启示》，《中国证券报》，2017 年 4 月 14 日。

[2]　The Investment Association：INVESTMENT MANAGEMENT IN THE UK 2018–2019.

在退休前，英国第三支柱的个人账户以资金积累为目标，其投资标的以股票、债券、信托计划、ETF 等各类金融产品为主。英国第三支柱个人养老金账户主要有三类：普通个人养老金（Personal Pension）、利益相关者养老金（Stakeholder Pension）、自主投资养老金（Self-invested Personal Pension）。其中，普通个人养老金和利益相关者养老金都是由运营商提供投资组合供消费者选择，而自主投资养老金可由消费者自行选择投资标的，做具体的投资决策，可选标的包括股权、股票、债券、ETF 指数基金、商业地产、农业用地等。

在积累期之外，英国的监管部门尤其注重领取期（即退休后）的养老金规划问题，而年金保险正是解决这个问题的重要金融工具。在 2015 年之前，退休人群几乎是被强制性地要求在 75 岁前，将其养老金个人账户中积累的资金转换为终身领取的年金保险[①]。在 2015 年名为"自由与选择"（Freedom & Choice）的养老金改革实施之后，退休人群能更加灵活地安排养老金个人账户中的积累资金，包括一次性领取、继续投资、分批提取、转化为年金保险等，但政府及监管部门在为退休人群提供养老金规划建议时，仍然把年金保险作为一个重要的养老金规划方式[②]。

可见，英国的年金保险定位于为退休人群提供长期、终身的资金安排功能，以衔接第二、第三支柱中其他金融产品在积累期积累下来的资产。有数据显示，2009 年，英国年金保险新单保费约 120 亿英镑，其中缴费绝大部分来自账户养老金[③]。

从产品形态来看，由于主要针对刚退休人群，英国的年金保险产品基本为即期年金保险，不同产品类型也主要是在领取金额的设置上存在区别，从而为退休人群根据自身需求和偏好提供多样化的选择。主要包括以下几类：每年领取固定金额的平准型年金（Level Annuity）、每年领取的金额以固定比率增长的变额年金（Escalating Annuity）、每年领取金额随通胀水平变化的通胀挂钩型年金（Inflation-linked Annuity）、领取金额与被保险人的身体状况或生活方式挂钩的增强型年金（Impaired or Enhanced Annuity）、终身领取的终身型年金（Lifetime Annuity）、领取年限固定的短期或定期年金（Short-term or Fixed-term Annuity）、被保险人身故后其配偶可继续领取的联合生存年金（Joint Life Annuity）等。

（三）日本：通过定期年金保险为第一支柱养老金延迟领取期间提供收入

由于日本养老第一支柱的"挤出效应"、长期低利率的金融市场环境等原因，日本的年金保险发展受到严重限制。日本的养老保障体系中，根据厚生劳动省公布数据，第一支柱资产规模占比最高，2019 年达 65%，而第三支柱账户养老金（主要包括 iDeCo 计划、NISA 计划）规模很小，占比 1% 左右，仅覆盖日本 1% 的人口。而在第三支柱 iDeCo 计划中，保险产品的规模占比也比较低。根据 iDeCo 官网公布的数据，2021 年，保险在 iDeCo 计划账户中的占比仅 13%，其余为投资信托（55.3%）、储蓄存款（31.2%）（见图 19-6）。

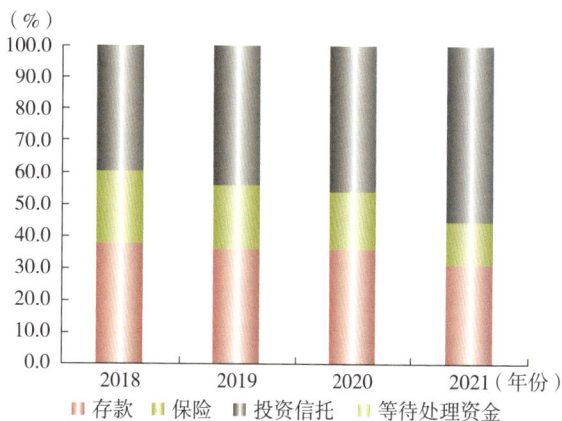

图 19-6　第三支柱 iDeCo 计划的资产构成及占比

资料来源：iDeCo 官网：《确定拠出年金统计资料》。

日本金融市场基准利率长期处于较低水平，甚至为负利率，而无风险和低风险债券正是保险产品的主要投资标的之一，因此日本的年金保险乃至所有长期人身保险难以提供对消费者有吸引力的收益率。根据日本信托协会公布数据，日本十年期国债利率在 1992 年曾接近 6%，随后不断下滑，自 1997 年起便长期处于 2% 以下，2016 年起更是进入负利率时代，而保险产品的预订利率也随之从 1992 年 5.5% 左右不断下调至 2002 年的 1%，并于 2017 年再度大幅下调至 0.25%。

2017 年，年金保险规模显著收缩，诸多人身险公司逐渐停售长期年金保险。根据寿险业协会数据，2017 年个人年金保险新单件数由 2016 年的 207 万件下滑至 87 万件，随后持续下滑至 2020 年的 66 万件（见图 19-7）。

---

①　HM Treasury: Removing the Requirement to Annuitise by Age 75, 2010.

②　HM Treasury: Freedom and Choice in Pensions，2014.

③　Telford P G, et al., Developments in the Management of Annuity Business—Abstract of the London Discussion, British Actuarial Journal, 2011(3):577-599..

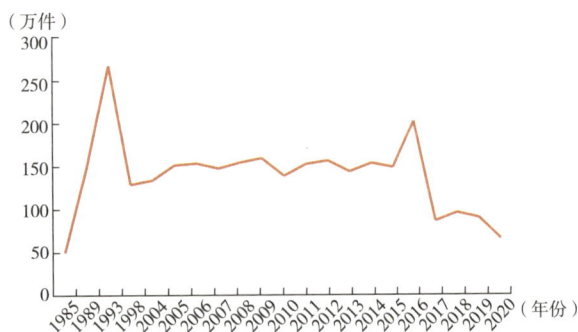

图 19-7 日本个人年金保险新单件数

资料来源：日本生命保险协会：《生命保険の動向》。

为了应对长期低利率环境，规避保险公司的利差损风险，日本的年金保险产品形态也逐渐发展出区别于其他国家的特点。一是保障期限较短，年金领取期间多为 3~20 年，较少提供终身领取保障；二是部分产品收益率与缴费及保障期限负相关，例如第一生命保险公司某款锚定外汇利率的变额年金保险，缴费 30 年内保证利率为 1.2%，超过 30 年为 0.5%；三是产品的收益率多与外汇市场、国外的股市挂钩，在海外市场寻找较高收益率的可能性；四是保证收益率较低，以日本第一生命人寿的在售年金保险为例，与日本国内的债券股市等挂钩的变额年金保险，收益率大致在 0.1%~0.5%。

可见，日本年金保险产品的主要功能定位，已经不再是传统的提供长期至终身的养老资金积累及领取功能。根据日本厚生劳动省的规定，第一支柱养老金开始领取时间越晚，则每年能够领取的金额越多。因此，对于老龄人口而言，年金保险更重要的作用，是在退休后的一段年限内提供收入，从而推迟第一支柱养老金开始领取时间。

此外，在日本第二支柱的 DC 账户养老金中，团体年金保险是也组成部分之一。有数据显示，截至 2021 年 3 月末，DC 计划资产中，团体年金保险产品占 13.3%，信托产品、存款分别占 54.8%、31.7%[①]。

四、保险产品在我国第三支柱个人养老金制度中的特有优势

目前，中国的账户养老金主要有第一支柱职工基本养老保险中的个人账户，第二支柱企业年金及职业年金个人账户，以及正在建设的第三支柱个人养老金账户。其中，第一、第二支柱的账户养老金均采取信托模式运营，资金的投资运营由受托人负责，个人参与者无法自主选择购买具体的金融产品，仅第三支柱个人养老金账户可由个人参与者自主选择购买符合监管规定的金融产品。因此，本报告在此主要探讨保险产品在第三支柱个人养老金制度中的定位问题。

根据国务院办公厅于 2022 年 4 月发布的《关于推动个人养老金发展的意见》，个人养老金资金账户资金可用于购买符合规定的银行理财、储蓄存款、商业养老保险、公募基金等各类金融产品，由参加人自主选择。因此，在各类金融产品同台竞技的过程中，保险需要尽快找到市场定位，发挥比较优势，满足消费者的差异化需求。

本部分通过参考国际经验，再结合我国当前的金融市场环境、保险业发展阶段，总结出保险产品可以发挥三方面的比较优势。

（一）长期性：可提供长期乃至终身的年金领取保障

相比银行理财、基金等金融产品，年金保险天然具备长期养老属性，在个人资产配置中是长期养老资产规划的首选工具。年金保险的缴费积累期普遍可长达 20~30 年，而在领取阶段，年金险可保障分批、终身的年金领取，完全契合老龄人退休后的收入需求。

相较而言，其他类型的金融产品均无法实现这样的长期保障功能，其中，养老目标基金的封闭期多为 1~5 年；养老理财试点产品的期限多为 5 年，最长为 10 年；即将开始试点的养老储蓄最长期限为 20 年，均无法提供覆盖全生命周期的保障功能。

除在养老金积累期帮助参与人进行长期资产配置之外，年金保险还可在养老金领取期为参与者进行退休后的终身资金安排。

从英国的经验来看，即期年金保险对接第二、第三支柱的账户养老金，帮助退休人将积累期积攒下来的养老金做长期乃至终身的领取安排，是保险的一大优势，也是一个可行的差异化发展方向。

（二）安全性：可以提供保证收益率

在安全性方面，保险产品相较其他金融产品也具备绝对的优势。普通定额型年金保险产品通过合同条款约定固定的给付金额，专属商业养老保险、万能型年金保险等产品也在合同条款中设置了最低保证利率或预定利率，而自 2022 年 1 月《关于规范金融机构资产管理业务的指导意见》（"资管新规"）正式实施后，资管产品已打破刚性兑付，保本型银行理财产品也已退出市场。目前能够保证收益率的只有银行存款、国债等，但其收益率又普遍低于保险产品。

[①] 资料来源：日本运营管理机构联络协议会，https://www.pfa.or.jp/activity/tokei/dc_unkan/index.html。

一方面，对于风险偏好相对较低的消费者而言，年金保险同时兼顾收益和安全。尤其在当前国际地缘政治摩擦加剧、新冠肺炎疫情持续反复、经济增速放缓等时代背景下，消费者普遍提高了对金融资产安全稳定性的关注。从美国经验来看，其各类变额年金保险的创新，也是在提供保证收益或损失下限的基础之上，对收益方式进行创新，从而和基金、信托等金融产品差异化竞争。

另一方面，在长期利率下行的趋势下，年金保险能够帮助消费者锁定长期乃至终身的收益率。从日本的发展历程来看，10 年期国债利率从 1990 年的 7% 逐步下降至 2020 年的 0%，2017 年，保险预定利率从 1.0% 降至 0.25%，当利率不断下行，金融市场长期处于低利率及负利率环境下时，个人消费者获得金融资产无风险增值的机会将越来越少。

当然，在为客户提供长期保证收益的同时，保险公司也需借鉴日本经验，防范利率下行带来的利差损风险。

（三）增值服务：可附加提供医养服务

要提升退休人群的养老保障水平，除需解决支付问题外，还需落实到医疗健康、护理康复等养康服务的供给上，除产品本身之外，保险的增值医养服务也是相较其他金融行业的一项特点和优势。

在机构养老方面，保险行业已经成为我国民办养老机构运营的核心组成部分。在市场主体参与数量上，据笔者通过公开资料不完全统计，截至 2022 年第一季度，已有 17 家保险公司入局，通过自建、收购、第三方合作、租赁物业、委托管理等形式运营养老社区，在全国各地布局合计超 80 个项目。在养老机构的规模上，民办的机构养老已布局床位数排名前 10 的企业中，保险公司占据 5 席。

在长期照护方面，自 2016 年首批长护险制度试点在我国实施以来，商业保险公司作为经办机构，积极参与失能人员资格与失能服务关系认定、费用审核、结算服务等管理工作，积累了丰富的经验。据笔者通过同业交流数据不完全统计，截至 2022 年 4 月底，有超 35 家保险公司承接了社会长护险的经办项目，覆盖人群超 1 亿人。

虽然目前我国个人养老金制度中尚未对医养服务做相关的规定，但我国商业保险公司创新探索出的"保险产品＋养老社区"模式，经过 10 余年的发展，用实践证实了消费者对于养老服务的客观需求和主观认可。如何让医养服务与个人养老金账户相结合，从支付和服务两方面同时满足消费者的养老需求，值得监管部门和保险行业共同探索。

五、我国保险业推动第三支柱个人养老金制度建设的政策建议

为使保险业更好地推动第三支柱个人养老金制度建设，做大我国养老资产规模，为越来越多的老龄人口提供充足的养老保障，本报告基于保险公司及保险产品在账户养老金制度中的功能定位，以及在中国市场环境下保险产品的特有优势，提出以下三点政策建议。

（一）大力推动养老年金保险的创新和发展

目前，我国市场上的年金保险产品形态较为单一，结合国际经验来看，可从两个方向推动产品创新。

1. 推动即期年金保险的发展，引导、鼓励养老金个人账户在领取期对接终身年金保险

目前，我国第三支柱账户养老金的制度设计着重关注退休前的养老金积累问题，但退休后账户养老金的终身领取规划尚缺乏明确的制度安排。在国务院办公厅于 2022 年 4 月发布的《关于推动个人养老金发展的意见》中，仅规定"可以按月、分次或者一次性领取个人养老金"。

同时，市场上也缺乏针对退休后资金规划和安排的金融产品。根据中国保险行业协会公布数据，截至 2022 年 8 月，在售的个人年金保险合计 1307 款，其中仅 3 款专门针对退休后人群的即期年金保险。

在这种情形下，对于年轻时积累起来的资产，退休人群缺乏终身规划的意识和工具。在长寿时代，人口平均预期寿命不断延长，退休后还有 20 年甚至更长的生存期，将年轻时积累起来的养老金进行再次规划是退休人群的潜在需求。

因此，建议一是可效仿英国，推动税收优惠制度的出台，鼓励在领取期，将第三支柱养老金账户（也可扩展至第二支柱企业年金和职业年金）积累资金转换为年金保险，终身领取；二是在公共信息平台上对终身年金保险的功能、优势加大宣传力度，唤醒广大退休人群做长期资金规划的意识；三是鼓励保险公司创新研发符合退休人群需求和偏好的各类即期年金保险产品。

2. 鼓励变额年金保险产品的创新探索，满足消费者对积累期的收益预期

我国目前年金保险的产品形态还较为单一，但消费者对于风险、收益、期限的偏好和需求是多样化的。同时，我国资本市场日渐成熟，普通百姓对于投资理财的认识和参与意愿不断提升。因此，应当在风险可控的前提下，鼓励保险公司进行变额年金产品的创新。

美国多样化的年金产品形态可供我国参考借鉴。例如，指数型年金保险的结算利率与指定的股票指数相挂钩，设置比传统定额年金更低的保底收益率，但也有获得更高收益的可能性，适合对收益率有较高偏好的人群购买；注册指数挂钩型年金保险（Registered Index-Linked Annuity）与固定指数年金相同，其结算利率与指定的股票指数相挂钩，但其没有设置保底收益率，而是设置损失下限和收益上限，消费者需要承担一定的损失风险，从而换取更高收益的可能性。

（二）在第三支柱中探索信托模式，继续发挥保险公司的养老金管理优势

从国内外经验来看，保险公司有能力承担养老资金管理人的角色，而中国第二支柱的实践证明，在信托模式下，保险公司有能力做好受托人的职能，实现养老金的长期保值增值。

但我国第三支柱个人养老金账户的资金运营模式，目前尚未完全明确。根据国务院办公厅于 2022 年 4 月发布的《关于推动个人养老金发展的意见》，参与者可自主选择购买符合规定的各类金融产品。

结合国内外经验，笔者建议，在我国第三支柱个人养老金制度中，除符合监管条件的银行理财、储蓄存款、商业养老保险、公募基金等产品之外，还可在账户中增加"默认计划"，借鉴第二支柱，该默认计划采用以受托人为核心的信托模式，提供一个兼顾收益性和安全性的合格计划，以便那些不熟悉各类金融产品或没有时间精力自己挑选产品的参与者选择。

具体而言，可从目前已具备企业、职业年金受托管理经验的保险机构中，遴选试点机构，根据监管要求，研发具备长期养老属性的"默认计划"。同时，引导试点保险公司建设专业的投顾团队，基于保险公司的广阔的网点布局，对各地的个人投资者开展投资者教育，为其提供投顾服务、投后服务，提高投资者对于新型业务的理解。

（三）在第三支柱中强化"产品＋服务"模式，开创中国特色账户养老金制度

养老金积累的根本目的，是让老年人可以在需要的时候能获得其所需的医养服务。而"保险产品＋养老社区"模式已在国内市场成功运行 10 余年，"保险＋健康医疗"的模式近年来也有诸多保险机构积极探索。因此，建议在我国的第三支柱个人养老金制度中，探索"产品＋服务"的模式，开创中国特色账户养老金制度。

具体而言，一是允许第三支柱个人养老金账户中的保险产品与合格的康养服务有序对接，可从现有的税延养老保险、专属商业养老保险产品进行试点，提供合格的康养服务供消费者选择；二是逐步建立"保险产品＋康养服务"模式下的标准和规范，在公共信息平台上，展示合格康养服务的名单和评级情况，以便消费者自主选择。

同时，由于养老社区等服务的购买和使用之间间隔时期较长，可能长达 20~30 年，因此监管部门需针对"保险产品＋养老社区"模式建立长期监管体系，以确保未来服务可兑现。具体措施包括：研究并设置养老机构床位与保单数量配比的最低标准；要求保险公司定期报备公司资本金、养老机构入住率、未来床位扩充规划等事宜，由监管部门进行审核、纠偏；制定针对"保险产品＋机构养老服务"模式的评价体系，评价维度包括营销宣传与服务质量的匹配度、服务的长期可持续性等；制定专门的"产品＋服务"模式的销售管理制度，包括明确各项产品、服务的提供方及价格，通过合同条款确保客户的知情权、选择权等。

此外，可考虑创新研发护理型年金保险，将长期照护服务与年金保险相结合，探索"保险＋长护服务"的业务模式，甚至与养老社区服务相结合，形成"保险＋养老社区＋长护服务"的业务模式，为养老社区中的老年人"一站式"解决其对于支付、居住、照护、健康管理的需求。

分报告二十
保险业在账户养老金制度中的功能定位

　　账户养老金是以个人账户为载体的养老金计划或制度，我国三支柱养老保险体系基本参照账户制进行设计和运行，开展账户养老金的系统研究，可以加深对养老金制度的理解认识，同时也有助于推动个人养老金制度及配套体系的建立发展。本报告立足于探究保险业在账户养老金制度中的功能定位，全面梳理了保险业参与账户制养老金制度建设的相关实践，从理论探寻、国际比较入手，总结分析了保险业在我国账户养老金制度建设中可以发挥的功能特色，并提出了相关建议。

一、保险业参与账户养老金制度建设的市场实践

　　改革开放以来，我国逐渐建立起多层次、多支柱的养老保险体系。第一支柱为社会基本养老保险，由国家强制建立，企业和个人共同缴费，以公平为主，保障基本生活，实现了由政府主导的对于社会基本养老的保障。第二支柱的企业年金和职业年金是由机关企事业单位主导，单位和职工共同出资建立的补充养老保险制度，可以实现对城镇职工的差异化养老补充，以效率为主，提高退休后的养老金替代率。作为第三支柱的个人养老金是由个人负责、自愿参加的个人储蓄养老保险制度，其目的是由个人主导实现个人差异化养老补充，主要由不同金融子行业提供的保险、理财、储蓄及公募基金等产品组成。其中，第一支柱下的城镇职工基本养老保险和城乡居民基本养老保险、第二支柱下的企业年金和职业年金，以及第三支柱中的个人养老金制度下的商业养老保险、银行理财和储蓄、公募基金等都属于账户制养老金。总的来看，我国目前多层次、多支柱养老保险体系仍以第一支柱为主、第二支柱为辅，第三支柱仍处于初期阶段（见图20-1）。

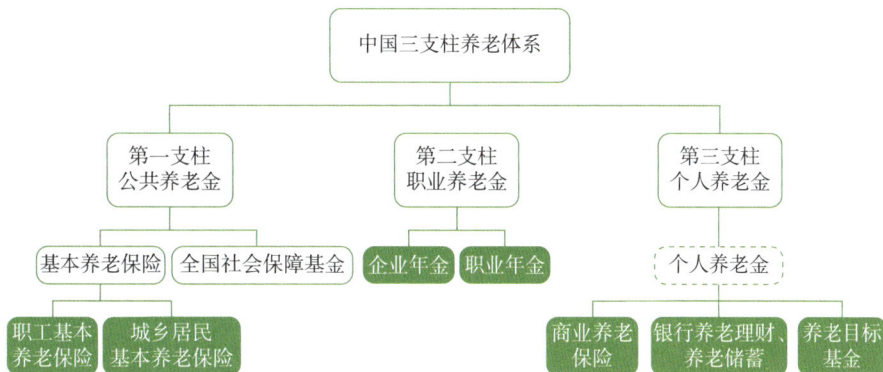

图 20-1　我国三支柱养老金体系情况

资料来源：笔者绘制。

截至目前,我国保险业已跃升为世界第二大保险市场,为国家经济社会发展提供了全面风险保障,凭借与养老金行业的天然联系和独特优势,保险机构深度参与国家三支柱养老保险体系建设,目前已经在第一支柱基本养老保险基金市场化投资、第二支柱企业/职业年金基金管理、第三支柱个人养老金等领域取得了一定成效,在我国养老保险体系建设中发挥了重要作用。

(一)参与第一支柱基本养老保险委托投资

2021 年底,全国参加基本养老保险人数为 10.29 亿人,基本养老保险基金累计结存 6.40 万亿元,其中基金投资运营规模 1.46 万亿元,当年投资收益额 632 亿。基本养老保险采取社会统筹和个人账户相结合的形式。其中,社会统筹部分仍然是现收现付制,通过基金在社会成员之间的调剂使用来实现社会的再分配制度,而个人账户部分则完全采用基金积累制的模式。根据《基本养老保险基金投资管理办法》(国发〔2015〕48 号)相关内容,各省、自治区、直辖市基本养老基金结余额,可以委托给国务院授权的机构进行投资运营。2016 年,全国社保基金理事会首次公开招标基本养老保险基金托管机构和投资管理机构,在 21 家中选投资管理机构中,长江养老、平安养老、国寿养老三家养老保险机构,以及华泰资产、泰康资产、人保资产三家保险资产管理机构成功入围,代表保险业参与基本养老保险基金的投资运作,成为公募基金之后的第二大参与金融行业类别。

保险机构在长期资产负债匹配方面有丰富经验,投资风格偏向于风险规避和绝对收益导向的价值投资和长期投资,大类资产配置能力较为突出,投资理念和投资模式符合养老保险基金的特点。同时,保险机构在非标产品的发行和投资方面实践经验丰富,有很强的项目开发能力和配置经验,可为养老金投资提供收益和安全兼顾的非标产品。保险机构参与基本养老保险基金投资管理,有利于发挥其在企业年金市场积累的管理和投资经验,实现基本养老保险基金保值增值,提升基金的积累效率。随着国家基本养老保险基金市场化投资运营不断深化,将为保险机构提供更广阔的发展空间。

(二)参与第二支柱企业(职业)年金基金管理

2021 年底,全国有 11.75 万户企业建立企业年金,参加职工 2875 万人,年底企业年金投资运营规模 2.61 万亿元,当年投资收益额 1242 亿元。近年来,我国职业年金市场化投资运营工作稳步推进,2021 年底职业年金基金投资运营规模 1.79 万亿元,参加人员超过 4000 多万人,

当年投资收益额 932 亿元。

我国保险业在企业年金试点阶段就已参与有关工作,积极探索市场化运作制度。2004 年 8 月,在企业年金制度试行之际,太平养老保险股份有限公司(以下简称太平养老)就与辽宁省社会保险事业管理局签署了《辽宁省直属企业企业年金委托管理协议》,诞生了中国标准企业年金"第一单"。总的来看,保险机构特别是养老保险机构依托企业、职业年金基金管理资格,在年金市场担当了受托管理人、账户管理人和投资管理人的角色,是企业、职业年金市场的主要参与者。

一是成为企业年金制度市场推广的重要参与者。作为中国养老金市场化运作的先行先试,企业年金市场化运行机制日趋成形,制度体系不断完善。保险业发挥在方案咨询与设计、客户服务、稳健投资等方面的优势,为企业年金计划的发起、运营、给付提供全程服务,并在企业年金受托管理和投资管理市场占据了主导地位。从数据看,截至 2021 年底,企业年金基金中近 1.9 万亿元为法人受托机构管理资产,保险机构市场份额达 81%;保险机构作为投资人投资管理的企业年金基金 1.40 万亿元,占全部年金基金存量 2.56 亿元的 55%。在这其中,受托人的角色不可或缺并处于核心地位,一方面,需要协助委托人制定年金方案、管理政策、数据测算、执行评估等各类方案,还要在其他管理人选择、年金基金战略资产配置、策略执行、投资监督与风险监督等方面建立一体化年金基金资产管理体系;另一方面,要做好受托运营管理,在对年金运营有着深度理解和了解的基础之上,与不同类型的各管理人建立起统一且完整的运营规范及流程细则。

二是积极参与职业年金制度建设和运营管理。2015 年 3 月,国务院办公厅发布《机关事业单位职业年金办法》,标志着我国职业年金制度正式建立。2017 年,《国务院办公厅关于加快发展商业养老保险的若干意见》出台,提出"推动商业保险机构提供企业(职业)年金计划等产品和服务。鼓励商业保险机构发展与企业(职业)年金领取相衔接的商业保险业务,强化基金养老功能"。目前,商业保险机构在职业年金基金运营中提供受托管理、投资管理等服务。以太平养老为例,在支持职业年金制度建设方面,自 2008 年起,为支持国家在五省市进行事业单位养老保险制度改革试点,太平养老多次组织人员进行职业年金工作情况调研,协助部分省市推进了前期政策咨询、数据测算等服务工作。此后,积极参与了有关部委组织的职业年金制度研究和相关课题研究工作。2018 年职业年

金正式启动后，太平养老努力打造具有太平特色的一流职业年金服务品牌，不断提升运营服务管理水平，截至目前在全国 33 个统筹区职业年金受托、投资管理资格评选中全部入围。

（三）参与第三支柱账户养老金制度探索

2020 年初，银保监会等 13 部门联合发布《关于促进社会服务领域商业保险发展的意见》，进一步强化商业养老保险保障功能，强调积极发展多样化商业养老年金保险、个人账户式商业养老保险，明确提出了"个人账户式商业养老保险"这一概念。

近年来，在监管部门的充分论证和各界力量的积极推动下，建立"以账户制为基础、个人自愿参加、国家财政从税收上给予支持，资金形成市场化投资运营的个人养老金制度"已经形成社会共识。2021 年 12 月 17 日，习近平总书记主持召开中央全面深化改革委员会第二十三次会议，审议并通过了《关于推动个人养老金发展的意见》，强调要推动发展适合中国国情、政府政策支持、个人自愿参加、市场化运营的个人养老金，与基本养老保险、企业

（职业）年金相衔接，实现养老保险补充功能。根据深改委会议意见，经过修订完善，2022 年 4 月 21 日，《关于推动个人养老金发展的意见》（国办发〔2022〕7 号，以下简称《意见》）由国务院办公厅正式发布。2022 年 9 月 27 日，国务院常务会议进一步决定对政策支持、商业化运营的个人养老金实行个人所得税优惠：对缴费者按每年 12000 元的限额予以税前扣除，投资收益暂不征税，领取收入实际税负由 7.5% 降为 3%。

上述《意见》提出，个人养老金资金账户资金用于购买符合规定的银行理财、储蓄存款、商业养老保险，以及公募基金等运作安全、成熟稳定、标的规范、侧重长期保值的满足不同投资者偏好的金融产品，参加人可自主选择。

与此同时，个人养老金的市场化运营，需要鼓励更多金融机构参与，开发多样化的个人养老金产品。近年来，保险、银行、基金等各类金融机构都不同程度地开发了相应养老金融产品，可以为个人养老金提供丰富多样的产品选择，满足不同人群的个性化配置需求（见表 20-1）。

表 20-1　近年来我国第三支柱养老金产品情况

金融机构	产品类型	推出时间	支持政策	产品规模
保险	商业养老保险	2007 年 11 月	《保险公司养老保险业务管理办法》	约 620 亿元
	个人税收递延型商业养老保险	2018 年 4 月	《开展个人税收递延型商业养老保险试点的通知》	约 6 亿元
	专属商业养老保险	2021 年 5 月	《中国银保监会办公厅关于开展专属商业养老保险试点的通知》	约 4 亿元
银行	商业银行养老理财产品	2021 年 9 月	《关于开展养老理财产品试点的通知》	约 420 亿元
	商业银行养老储蓄	2022 年 7 月	《关于开展特定养老储蓄试点工作的通知》	—
基金	养老目标基金	2018 年 2 月	《养老目标证券投资基金指引（试行）》	约 1322 亿元

资料来源：中国银行保险监督管理委员会、中国保险行业协会、清华五道口全球金融论坛。

一直以来，保险业在第三支柱的实践方面发挥着独特的作用，成为该领域的先行探索者，并充分依托负债端在产品设计、精算定价等风险防范方面的数据积累和经验优势，资产端在积累期和领取期保值增值、风险偏好等方面的鲜明特色，开展了大量丰富的具体实践。

1. 个人税收递延型商业养老保险

个人税收递延型商业养老保险采用 EET 税收优惠模式，即缴费阶段和累积阶段免税，领取阶段交税。2018 年 4 月 2 日，财政部、税务总局、人社部、银保监会、证监会五部门正式印发《关于开展个人税收递延型商业养老保险试点的通知》（财税〔2018〕22 号），决定自 2018 年

5 月 1 日起，在上海市、福建省（含厦门市）和苏州工业园区实施个人税收递延型商业养老保险试点，标志着我国个人税收递延型商业养老保险进入正式实施阶段。试点以来，银保监会共批准 23 家保险公司经营税延养老保险，合计推出了 66 款税延养老保险产品。截至 2021 年末，全国所有试点地区累计实现保费收入 6.3 亿元。

太平养老作为首批获得税延养老业务经营资质的公司之一，第一时间推出多款税延养老险产品，截至 2022 年 6 月底，公司税延养老险累计实收保费约 4545 万元，保单件数达 1523 件。

2. 专属商业养老保险

专属商业养老保险是以养老保障为目的，针对新产业、新业态从业人员和各种灵活就业人员的专属商业养老保险产品。2021 年 5 月 8 日，银保监会印发《中国银保监会办公厅关于开展专属商业养老保险试点的通知》（银保监办发〔2021〕57 号），决定自 2021 年 6 月 1 日起，在浙江省（含宁波市）和重庆市开展专属商业养老保险试点，首批共有六家保险机构参与。截至 2022 年 5 月底，保单件数已达 15.7 万件，保费规模 15.7 亿元。

为使更多消费者接触到具有较强养老功能的专属商业养老保险产品，进一步引导和培育养老金融消费观念，中国银保监会于 2022 年 3 月起，将专属商业养老保险试点区域扩大到全国范围，并在原有六家试点保险公司基础上，允许养老保险公司参加试点。太平养老积极响应试点扩大政策，成为全行业首家获批专属商业养老保险的养老保险公司，推出了试点扩容后市场上首款获批产品"福享金生"，自 2022 年 5 月 13 日开售，截至 6 月底保费规模近 5000 万元，其中新业态人员保费占比约 1/4。

3. 养老保障管理业务

养老保障管理业务包括团体养老保障管理产品和个人养老保障管理产品（以下简称个养）两种类型。其中，个养产品主要面向个人消费者，提供满足其养老财富投资增值需求的产品。养老保障管理业务始于 2009 年，从 2013 年开始逐渐发展了个人类产品。2021 年底，银保监会印发《中国银保监会办公厅关于规范和促进养老保险机构发展的通知》（银保监办发〔2021〕134 号），支持符合条件的养老保险机构开展个人养老保障管理业务转型与产品创新。

此外，保险业还在传统商业年金保险、住房反向抵押养老保险等领域积极开展创新探索，取得了一定的成效与经验。2020 年商业养老年金保险保费收入为 712 亿元，积累了超过 5800 亿元的保险责任准备金。

总的来看，保险业在上述具体产品领域积极参与第三支柱养老金探索，取得了一定成效。未来，随着政策制度体系的不断健全发展，保险业可以根据群众养老需求，开发多样化专业化个人养老类产品及服务，针对性推出养老金融知识普及、风险偏好识别、个人状况分析等知识传授活动，促进消费者选择合适的产品管理好养老风险。

二、保险业在账户养老金制度建设中可以发挥的功能特色

保险是市场经济条件下风险管理的基本手段，是经济金融体系和社会保障体系的重要组成部分，发挥着社会"稳定器"、经济"助推器"和风险"减震器"的积极作用，是服务经济社会发展的重要力量，在账户养老金制度建设过程中可以发挥独特的功能。

（一）创新社会治理作用

2014 年 8 月，《国务院关于加快发展现代保险服务业的若干意见》（国发〔2014〕29 号）指出，"保险是现代经济的重要产业和风险管理的基本手段，是社会文明水平、经济发达程度、社会治理能力的重要标志"，要求保险业要"立足于服务国家治理体系和治理能力现代化"。2019 年 10 月，党的十九届四中全会就"坚持和完善中国特色社会主义制度、推进国家治理体系和治理能力现代化若干重大问题"做出了决定，提出"坚持和完善共建共治共享的社会治理制度"，要求"加强和创新社会治理，完善党委领导、政府负责、民主协商、社会协同、公众参与、法治保障、科技支撑的社会治理体系"。其中，在民生保障项下特别提到"发展商业保险"。这表明，在国家政策层面，保险业已上升为社会治理能力的重要组成部分，发展商业保险是国家治理体系和治理能力现代化建设中的一项重要内容。保险业是社会治理的实施者，在创新社会治理方面有其内在的理论逻辑，并积累了大量实践经验。

1. 保险业服务社会治理的理论逻辑

一是发挥保险经济补偿和风险管理的基本功能，防范和化解社会风险。保险的基本功能就是对风险损失提供经济补偿，作为"经济型"治理工具，保险可以把复杂的多元化风险矛盾转变为经济关系，降低社会治理的难度，切实保障各方利益，减少对各方造成的经济损失，进而实现快速恢复生产和保障社会稳定运行的作用。同时，保险可以有效实现对风险的识别、分析和干预，参与风险管理的全流程，努力降低风险发生的概率，有效地减少社会风险的总量，以达到有效控制和管理风险的目的。

二是发挥保险市场化机制和社会职能，丰富多元化的社会治理结构。传统社会治理方式以政府为绝对中心，主要采用行政手段管理，资源配置效率较低，也无法满足人民群众的多样化需求。现代社会治理是政府、市场与社会的"多元共治"，可以有效整合社会治理资源，促进提升社会治理水平。保险既是市场化主体，又有社会职能，保

险业参与社会治理，一方面对切实转变政府职能、建设服务型政府具有积极的推动作用；另一方面有利于充分运用保险机制创新社会治理提供方式，促进健全现代治理体系。

三是兼具工具理性和价值理性，回应社会治理的价值诉求。马克斯·韦伯将社会行为分为工具理性和价值理性，社会治理的内在价值诉求包含工具理性与价值理性的融合统一。吕端（2021）认为，"保险作为一种特殊的金融产品，兼具工具理性和价值理性的平衡统一"。[①] 工具理性是通过精确计算功利的方法最有效达至目的的理性，强调效率和收益的最大化。在经济活动中，市场主体可以通过保险来降低风险、合理预估损失，从而实现商业盈利的目的，以满足功利最大化、效率最大化。价值理性则强调以人为本，要求社会治理以人的全面发展为终极价值。"无论是社会保险，还是政策性保险、商业保险，都更加注重服务实体经济、服务民生，通过不断拓展保障范围和保障对象，为人的发展提供公平的环境，保障人民的生存发展等基本权利，承载了以人为本的终极关怀。"

2. 保险业创新社会治理的实践经验

近年来，保险业不断创新产品和服务，以此来设计和完善体现保险社会责任的矛盾调解、风险治理防范、社会保障等机制，有效保证了经济社会的稳定发展和运行，有力推动了社会治理机制的创新。在民生保障领域，保险业广泛参与多层次养老及医疗保障体系建设，在企业年金、职业年金、税优健康保险、税延养老保险、长期护理保险、大病保险、惠民保业务等方面进行了卓有成效的探索，积累了丰富的实践经验。

一是保险业积累了丰富的养老金管理经验。保险业全程参与了企业年金的制度设计和试点运作工作，并深度参与了职业年金的政策制度研究，助力各省份推进了前期政策咨询、数据测算等服务工作。经过多年运作，保险业积累了丰富的养老金管理经验，特别是已经形成了一批成熟专业的商业养老保险机构。作为年金市场上的受托人、投管人、账管人，养老保险机构在资产配置、投资运营、产品设计、客户服务、账户管理、系统建设、人才培养方面取得了较多经验，得到了市场充分的认可。此外，保险业充分发挥精算技术、专业人才等优势，积极参与了税延养老政策研究、制度设计和试点运作等工作，已建立起一整套现成的运营流程，并完成了信息平台、税务平台对接等基础工作。

二是保险业积累了丰富的准公共特征保险业务的经办

管理经验。近年来，保险业积极响应国家号召，通过政府购买公共服务等方式，积极参与大病保险、长期护理保险等业务的经办工作，在待遇申请、稽核控费、系统建设、风险承担等方面提供"一揽子"服务。在运作前期，保险机构协助政府开展政策研究和服务市场摸底调研，发挥自身精算能力，为制度的基金筹集、待遇给付、经办成本等提供精算测算，以保证长期精算平衡，确保方案的公平性、可及性和长期有效运行。在实际运作中，保险机构充分发挥保单管理、理赔勘察、资金结算、系统建设、风险管控等优势，提供专业的运营管理服务；同时，借鉴保险理赔、稽核审查等经验以及机构网点和信息系统，保险机构探索建立动态的控费管理机制，不断尝试创新的费控方式和手段。此外，保险机构依托在经营商业保险业务过程中已经搭建起的线上、线下客户服务体系，通过电话、网络、现场等方式提供全方位的咨询投诉服务。部分大中型保险机构已经建立全国性客户服务网络，可以为客户提供异地结算、一站式理赔服务。

随着我国人口老龄化趋势逐渐加深，为缓解养老体系面临的压力，保险业应积极创新社会治理，全面参与账户养老金制度建设，充分发挥养老保险的功能，防止因病因灾因老返贫致贫，建立全生命周期的养老财务管理，调节代际之间和代际内的收入再分配，不断增加个人及社会的养老金财富储备。

（二）长期资金管理能力

一是牌照齐全具备天然先发优势。企业年金基金管理方面，目前共有太平养老、国寿养老、平安养老、长江养老、人保养老五家商业养老保险机构拥有受托管理、账户管理和投资管理的年金"全牌照"，取得法人受托、账户管理人、投资管理人资质的保险机构分别有六家、七家、九家。在基本养老保险基金投资管理上，共有六家保险机构取得基本养老保险基金证券投资管理资格，并已长期开展运营管理。同时，保险资管机构在税延养老保险资金、养老保障计划等个人保险产品中广泛提供投资管理服务。

二是具备出色的资产负债管理和大类资产配置核心能力。养老资金具有长期负债属性，且期限长、体量大，以绝对收益为导向来对应满足未来的养老需求。保险资金同样具有长期负债属性，期限长、规模大，来源稳定以对应满足未来的保单兑付需求，两者管理模式相似。保险业在长期的大体量资金管理过程中，积累了先进的养老金和保险资金投资管理能力和实践经验，能够在不同的经济周期和周期的不同阶段平滑资产收益，降低市场波动带给资产

① 吕端：《保险服务社会治理路径》，《中国金融》，2021年第20期，第78-79页。

收益的不利影响，获得可持续的复利增长。保险资金负债刚性和资产负债匹配等特点，决定了资金运用要坚持稳健、审慎的投资理念。因此以固收为主、权益为辅的均衡配置模式有利于统筹好长期收益和短期收益、相对收益和绝对收益之间的平衡。此外，2021 年 12 月银保监会发布《关于修改保险资金运用领域部分规范性文件的通知》，进一步增强了保险主体投资自主权，拓宽了长期资金运用范围，提升了保险资金运用的市场化水平。

三是成熟的绝对收益策略和产品管理能力。养老资金运作要兼顾收益、风险和流动性等多重目标，最终以较高的概率实现既定的绝对收益水平，可以说是管理难度较高的一类资金。对于管理机构的投资理念、投研方法、投资纪律、考核机制、信评风控体系等都提出较高要求。保险机构在大类资产配置、品种投资等方面特色鲜明，投资风格长期稳健，投资收益表现优异，是大资管行业中专注长期投资、价值投资、绝对收益投资的代表。账户制养老金制度的建设，更多地依赖市场化方式推进，产品研发和设计作为投资端与资金端的桥梁，将会起到至关重要的作用。保险机构能够通过产品设计研发，把投资管理能力与资金属性进行匹配，为养老资金提供深度定制化的产品方案，并实施全周期的养老产品投资管理，更好助力投资目标实现。

四是全面的风险管理能力。保险机构的精算技术及风险管控能力强，通过加强风险的持续性监测和预警，利用信息披露、内部控制、偿付能力监管等，可以更科学地进行风险防控，符合养老金投资运作的风险管理需求。

（三）保险综合保障功能

近年来，国家致力于完善多层次、多支柱养老保险体系建设，取得举世瞩目的成就。与此同时，尽管三支柱养老保险体系每个支柱都有其不同的作用及定位，已经尽可能满足个人差异化的养老资金储蓄需求，但要真正全面满足差异化养老需求，还应充分考虑个人风险对养老金积累和养老金使用的重大影响，通过市场化途径和发挥市场主体的创新社会治理功能，建立健全相应的综合保障。

1. 个人风险对于养老金使用的影响

一是医疗健康风险。以新加坡为例，John Bryant、Audrey Sonerson 等在 2005 年的研究中发现，新加坡 65 岁及以上人口的人均医疗支出是 65 岁以下人口的 5 倍。医疗支出在退休人群的总支出中占有很大的比例。同时，在 65 岁以上人群中，每个人的医疗支出也存在巨大差异。如何避免因病返贫，是我国一直在研究的课题，而这个课题在养老问题上尤为突出。目前，我国积极开展各地的城市定制型商业医疗保险（"惠民保"），作为医疗保险的补充。"惠民保"通过大数法则、精算平衡，较好地达到了供需双赢，实现了代际共济，为老年群体提供了"物美价廉"的商业补充医疗保险解决方案。从中可以看出，保险在降低个人医疗健康风险尤其老年群体医疗健康风险中的积极作用，能够更加科学安排养老金的积累和使用；同时，商业保险机构通过健康管理的干预，还有助于促进中青年群体健康赴老、老年群体健康养老，可以有效降低医疗健康风险对养老金积累和使用的冲击。

二是长寿风险。根据中国社会科学院世界社保研究中心等联合发布的《居民养老规划与风险管理白皮书》数据，1950～1955 年，中国人均预期寿命为 43.83 岁，1981 年，这一数据上升为 67.77 岁，并在 2000 年达到 71.40 岁。21 世纪以来，人均预期寿命仍以接近 3 年 1 岁的速度继续增长。2015 年，中国平均预期寿命已经增长到 76.34 岁，男女两性平均预期寿命分别为 73.64 岁和 79.43 岁。可以预见的是，随着医疗、科技的发展，中国的平均预期寿命在未来一段时间内依然会持续上升。而长寿风险对养老金可持续带来了压力。如何避免因老人的长寿超出预期，而造成养老金账户的资金过早消耗殆尽，也是值得关注的问题。

三是失能风险。2020 年 7 月 20 日，中国保险行业协会、中国社会科学院集中调查了 23 个长护险试点城市，并联合发布了《2018-2019 中国长期护理调研报告》（以下简称《报告》）。据《报告》调研显示，在 60 岁以上的老人中，有 4.8% 的老年人处于日常活动能力重度失能；7% 的老年人处于中度失能状态，总失能率为 11.8%。也就相当于，每 10 位老人中，至少有一位老人将要或正在面临"失能"威胁，而这个概率还在不断增加。《报告》显示，中度及重度失能老人均面临较大服务缺口和保障缺口。在配合政府积极推动和发展长护险的同时，市场也亟待商业补充长期护理保险在应对失能风险上发挥更大作用。

四是道德风险。老年人群因为警惕性较低、有一定储蓄，已成为网络诈骗的主要目标人群，保健养生、投资项目、看病消灾等新的诈骗手段层出不穷。我国现阶段老年人群的养老金除来自第一支柱基本养老保险按月度领取外，大多以存款形式呈现，这就造成在遭遇诈骗时，老年人群往往会在极短时间内被骗去巨大数额的钱财且难以追回。因此，如何改进养老金"现金存款"的形式，增加养老金变现难度，为老年人手里的养老金多加一道锁，也是未来账户养老金制度发展需要思考的问题之一。

2. 个人风险对于养老金积累的影响

账户养老金制度依靠每年存进养老金账户一定的资金，不断积累，以保证在退休时账户中有足够的资金应对养老生活。因其账户积累制的形式，积累过程中如果发生资金中断、可支配收入下降，对账户积累将会产生影响。一是疾病导致的健康风险和重大资金支出问题。我国大病及慢性病人群年龄正在逐渐降低，越来越多的年轻人开始受到重疾及慢性疾病的威胁。比如癌症的高发期以前大多集中在45~65岁的年龄阶段中，现在却有年轻化的趋向。二是意外或疾病造成的失能或残疾。一旦出现重疾或因意外导致暂时失能或残疾，与之相关的必然是高昂的医疗支出和短期收入的急剧减少。在可以领取养老金前，如何保证稳定的收入来源、如何保障与之相关的医疗和护理支出也是重要问题。

3. 抵抗个人风险以及保险的综合保障功能

综合保障功能是保险的三大基本功能之一，能最大限度地体现保险的特色。以美国、德国、澳大利亚等拥有较成熟养老体系的国家为例，养老金和人身保险都被紧密地结合在了一起，以降低个人风险对个人养老的影响和冲击。在人身保险中，保险的保障功能主要体现在两个方面，对老年人群降低个人风险有着至关重要的作用。

一是人身保险的投资保值、定期给付及终身领取功能。在满足养老金领取条件时，无论是一次性领取还是分期领取，总额都是账户中积累的资金。从业务创新的角度看，人身保险机构可以为客户提供一种创新选择，用养老金购买一份终身领取的年金保险。这样不仅可以避免长寿风险，并且在一定程度上也可以防范道德风险，因为若一次性领取必然要终止保险合同，在这个过程中保险机构可以通过问询、终止流程等措施，及时发现识别可能存在的针对老年群体的金融诈骗风险，成为保护养老金财产安全的一道安全锁。

二是对于不可预知风险的费用补偿。依托意外保险和健康保险，通过费用补偿的方式，可以尽可能减少不可预知风险对于被保险人养老金积累和使用的影响，既可以对老年人的退休生活提供风险保障，又可以作为退休前积累期的风险保障，降低健康、残疾以及失能等风险带来的影响。例如，重疾保险可以抵御罹患重大疾病后的医疗支出和收入下降等影响；在保障失能人群及其家人生活品质的问题上，商业养老保险中可以包含的失能护理责任或商业补充长期护理保险亦体现了显著的积极作用。

（四）配套服务衔接优势

在配套服务方面，保险机构相较其他金融行业，具备独特优势，重点体现在以下几个方面：

一是提供综合服务。在保险条约中，保险机构为了提高市场竞争力，会提供一些额外的增值服务。例如长护险和健康险中与医疗机构的合作，这些增值服务可以让被保险人有机会接受更好的治疗、享受更好的诊疗环境。在美国，保险机构可以与医疗机构达成协议，为被保险人争取更便宜的诊疗价格。

二是遍布网点机构。保险机构不仅普遍建立了遍布全国的机构网点，也拥有直达客户的销售和服务团队，能够及时响应客户需求，满足个性化、差异化的养老需要。

三是促进产业融合。保险资金和养老金基金作为资金供给方，具有长期性、稳定性要求，与养老产业特点较为匹配，能够较好地连接长期资金与养老服务、养老产业，探索将长期照护、医疗健康、养老社区等养老服务与养老金有效衔接，实现投融一体，加大养老产业投资力度广度深度，实现产业链协同。例如，保险资金投资养老社区已形成初步规模，据统计，截至2021年6月，市场上已有13家保险机构通过重资产模式、轻重结合或轻资产模式投资了近60个养老社区项目，为全国20余省份提供床位数超8万张。此外，针对居家护理、紧急救援、关怀慰问等居家养老需求，部分保险机构利用自身医疗服务团队资源，搭建出覆盖全生命周期的居家养老一站式服务平台，提前布局居家养老服务业态。

此外，在支持医疗健康与养老融合方面也取得重要进展。部分大中型保险机构正在积极运用各种投资工具，包括股权、债权、产业投资基金等方式，参与公立医院和医疗健康设施的建设，不断创新医疗健康及养老产业的发展模式。

四是促进科技应用。保险机构可以依托保险产品，积极应用物联网、智能护理、可穿戴等技术和设备，不断丰富产品生态及互联互通程度，提供高附加值的护理、康复等养老服务。此外，还可以整合行业力量，依托线上化方式，推动建设养老金融服务平台，优化老年人群服务流程，提高老年人群金融服务的可得性和便利性，将与老年人群密切相关的生活服务与金融产品结合，推进金融教育和权益保护，提高老年人群生活便利性。

三、保险业参与账户养老金制度建设的前景展望

综上所述，保险业拥有独特的精算测算、长寿风险、长期资金等专业能力，具有综合保障、配套服务等经营特色，具备遍布全国的分支机构及科技应用能力，在账户养老金制度建设中具有广阔的发展空间。

（一）制度建设的有力促进者

在账户养老金制度建设过程中，保险业应强化第二支柱企业（职业）年金基金管理中的受托职能和优势，充分发挥"大管家"作用，做好方案设计、咨询顾问、运营统筹等支撑工作，推动三支柱的政策打通、信息打通和资金打通。

一是推动三支柱政策打通，促进公平性和灵活性。保险业应充分发挥前期企业年金、职业年金政策研究及制度设计经验，协助政府做好账户养老金制度的政策咨询、方案设计、数据测算、执行评估等工作。具体而言，其一是探索建立针对中小微企业的养老金计划，为中小微企业职工在三支柱间转移衔接提供有效途径。可以借鉴美国雇主发起式 IRA 的模式，设计针对中小微企业职工的个人养老金账户，可以仅由企业缴费，也可以由企业及职工共同缴费。此外，还可以借鉴美国雇员股权退休金计划（Employee Stock Ownership Plan，ESOP）的模式，企业可以通过股票进行缴费，从而满足中小微企业特别是科技企业在股权设计方面的特别需求，将长期激励与养老需求相结合，兼顾企业和职工的利益。其二是推动第二、第三支柱税优政策的衔接，比如对于参与企业年金计划缴费未达到税优上限额度的个人，可以把差额部分追加至个人养老金账户的缴费上限；对于没有条件或能力建立年金计划但有参与积极性的小微企业及其职工，又或灵活就业人员，可以进行一定的额度"打折"，通过个人养老金账户享受第二、第三支柱的累计税收优惠。

二是推动三支柱信息打通，提升整体性和连通性。保险机构可以充分发挥在企业年金试点方面的工作经验，以及年金受托运营和账户管理的专业优势，推动基本养老保险、企业年金/职业年金、个人养老金账户的对接，建立三支柱统一的信息平台，将基本养老账户、第二支柱的年金账户以及第三支柱个人养老金账户打通，进行信息管理、账户管理等的统一归集。具体而言：其一是支持转移携带，包括企业之间、职业之间、地区之间的养老金权益记录的保存与继续。其二是养老金教育，包括人口教育和投资风险教育等。其三是定期公布信息，披露报告及进行解读。其四是税务处理等。

三是推动三支柱资金打通，提高可及性和便捷性。保险业可以充分发挥受托运营及账户管理专业优势，推动三支柱间的资金自由流动。具体而言：其一是推动第二支柱与第三支柱的资金转移。借鉴美国 Rollover IRA 模式，允许离职后新单位没有建立年金或退休的职工，其第二支柱中的资金积累可以转移到第三支柱个人养老金账户继续运营，并且第二支柱养老金部分享受的税优一同延续，以避免养老保障投资的断层。在提升账户便利性的同时有望提升个体参与第三支柱的积极性，并将推动第二支柱成为第三支柱的重要资金来源。其二是在此基础上，探索建立三支柱个人账户之间的养老金转移和流动机制。例如，允许符合一定条件的特殊参保群体将基本养老保险的个人账户转移至第二支柱或第三支柱。

（二）资金管理的重要参与者

目前我国"三支柱"养老保险体系均呈现出账户制的特点，保险机构在提供基本养老保险基金、企业年金、职业年金基金投资管理服务的基础上，凭借多年来积累的长期资金管理经验，可以成为账户制养老资金管理的重要参与者。

一是进一步参与基本养老保险基金市场化委托投资管理。2021 年末，社保基金理事会受托基本养老保险基金权益总额超过 1.46 万亿元，受托以来每年都平稳实现正收益，连续多年战胜投资基准，累计投资收益额 2619.77 亿元，年均投资收益率约 6.49%。随着基本养老保险基金全国统筹进程加快，预计第一支柱市场化委托投资运营将不断深化，预计未来将有更多符合条件的保险机构加入基本养老保险基金证券投资管理机构的行列中来。保险机构可以依托长期投资、价值投资和责任投资的理念，提高多元化资产配置，进一步夯实应对人口老龄化的社会财富储备，推动实现基本养老保险基金长期平衡。

二是做好二支柱企业年金推广和职业年金管理。严格贯彻落实《人力资源社会保障部关于调整年金基金投资范围的通知》（人社部发〔2020〕95 号）有关内容，按照新的投资范围、投资比例以及投资要求，保险机构可以充分利用过往年金基金投资管理的实践经验，优化战略资产配置，充分发挥专业能力，推动投资组合及养老金产品长期保值增值，全力维护好年金基金委托人和受益人的利益。

三是积极探索三支柱账户制养老金制度建设与市场推广。有效落实逐步落地出台的个人养老金相关政策，针对

各类客群不同的偏好，开发覆盖各类风险、期限、需求的账户制养老金产品，按照全生命周期保障的管理思路，把握好安全性、收益性与流动性的平衡，充分体现与其他金融机构产品的差异化，不断满足客户进行多元化产品配置的需求。

（三）综合保障的主要承担者

保险业可以通过个性化保险产品定制，降低各类个人风险对于养老的影响，成为退休前积累期以及退休后领取期综合保障的主要承担者。

一是可以考虑打通养老金账户直接购买保险产品。在积累期时，养老金账户持有者可以使用养老金账户中的一定比例或一定额度资金，为自己购买医疗健康险、意外险、寿险等，在给自己增加一份额外保障的同时，也不会增加额外的现金支出，影响到自己当前的生活水平。退休后，可以将账户中的资金通过购买年金保险的方式将其转为终身领取制，避免长寿风险、道德风险等带来的影响。同时，医疗保险等也依然可以为养老金账户持有者提供持续乃至终身的综合保障，为其提供高品质的无忧养老生活。

二是可以积极开发与企业/职业年金对接的（变额）养老年金型产品。2015年4月，国务院发布的《国务院办公厅关于印发机关事业单位职业年金办法的通知》中明确指出："工作人员在达到国家规定的退休条件并依法办理退休手续后，由本人选择按月领取职业年金待遇的方式。可一次性用于购买商业养老保险产品，依据保险契约领取待遇并享受相应的继承权。"从政策支持的角度来看，职业年金在领取时可以与商业保险"无缝"接轨。在设计与企业/职业年金计划对接的年金产品时，一方面要突出终身性的功能，解决对长寿风险的保障。对于职工来说，如果将企业/职业年金分期领取，当个人账户余额消耗完时，将无钱可领，也就是说长寿的职工可能在高龄时面临无钱可领的窘境。而养老年金保险相比企业/职业年金计划的最大优势就是，可以保证职工拥有长期稳定的退休收入，只要生存，保险公司就会向其给付年金，直至身故。另一方面要增加变额性的选项，抵御通胀的影响。变额年金能将累积的现金价值投资于各种投资工具，且价值增长长期来看会高于CPI（物价指数）的增长。保险公司在设计与企业/职业年金对接的产品时，考虑引入变额年金的设计，帮助实现养老金收入的保值增值。

三是可以创新设计嵌入长期护理保障的养老年金保险产品。根据中共中央、国务院发布的《关于加强新时代老龄工作的意见》，对于长期护理保险要持续健全多元筹资机制，积极探索建立适合我国国情的长期护理保险制度。在我国，由于商业补充性长期护理保险价格较高，而且许多人容易低估未来因失能而需要长期护理的风险，因此主动购买此类保险产品的意愿不强。有鉴于此，可以将长期护理保险与人寿保险或年金保险等结合起来进行设计和销售，比如在一份养老年金保险合同中加上一个附加约定，如果未来被保险人进入需要护理的状态，则可以使用其当期及未来的年金给付来支付护理费用。

四是创新设计养老年金保险产品增值服务。《"十四五"国家老龄事业发展和养老服务体系规划》中明确提出要加强老年健康教育和预防保健。保险公司在其业务范围中，往往与医疗机构有较多的合作。在养老年金保险产品的设计中，可以加入相应增值服务，为购买养老年金保险产品的客户提供定期医疗知识讲座及体检筛查等，做到重教育、早发现、早干预，在老年病、慢性病防治方面发挥优势和作用。

（四）服务配套的创新供给者

《"十四五"国家老龄事业发展和养老服务体系规划》明确提出扩大普惠型养老服务覆盖面，引导各类主体提供普惠养老服务，扩大供给，提高质量，提升可持续发展能力。2022年5月，银保监会发布《关于规范和促进商业养老金融业务发展的通知》（银保监规〔2022〕8号），明确支持和鼓励银行保险机构向客户提供长期直至终身的养老金领取服务，探索将商业养老金融产品与养老、健康、长期照护等服务相衔接，丰富养老金领取形式。保险业可以积极利用综合经营优势，推进养老金与配套服务相融合，加快建设医养结合、社区养老的基础设施，打通养老保险领域上下游产业链，构建起养老保险的资金管理、待遇领取和养老服务一体化的产业发展格局。

一是探索提供养老财富管理解决方案及配套产品。探索为客户提供覆盖全生命周期的养老财富管理服务，着力构建集养老资金储备、养老风险保障和养老配套服务于一体的全生命周期综合化服务，实现养老财富的全链条闭环管理，确保养老资产的有效增值。同时，积极探索建立专业化养老服务顾问模式，通过加强内外部培训，打造拥有资质认证的专业化养老规划顾问团队，让销售队伍能够更好地提供养老财务规划、长期资金管理、综合保障服务等销售推介，为客户提供专业化养老顾问服务和金融解决方案。

二是针对不同细分群体，围绕多元化的养老保障需求，提供差异化、综合化的"一揽子"保险解决方案。通过养老保险产品与养老服务的有机融合，将支付端与服务端连通、相互协同，打造"产品＋服务"的一站式供给，推进"保险＋养老社区""保险＋居家养老"等多种模式建设。例如，针对居家老人，可以探索"保险机构＋居民社区／居民社区街道＋健康管理机构＋护理服务机构＋护理设备提供机构"模式，把护理设备、护理床、氧气瓶等护理设备配送至客户家中，按设备租赁使用，由保险机构付费，满足个性化养老需求。

三是积极应用金融科技手段，加强养老金服务模式创新。一方面，加速行业数字化基础设施建设，对底层数据进行清洗、优化、建模及分析，协助提升投研、风控和运营等环节的效率和管理水平，为客户提供更加多元化的产品和服务。另一方面，借助新兴人工智能技术，加大养老生态圈建设力度，协助政府开展智能化社会养老监管体系建设，探索提供社会养老的公共服务方式。

总的来看，保险机构可以针对保障对象的差异化养老需求，针对性地设计保险产品功能。针对普通居民，突出产品的长期养老金积累功能；针对无子女家庭、"空巢"家庭等特殊群体，突出风险保障功能，发展涵盖多种产品和服务的综合养老保障计划；针对退休老年群体，突出意外失能、长期护理保障等个性化功能。通过上述针对性设计，推动保险机构延伸业务和服务链条，深度融入国家积极应对人口老龄化国家战略和医养结合等要求，积极参与各地养老产业布局、护理服务标准的完善，进一步增强养老产业和养老市场的参与度和服务能力。

分报告二十一
基金公司在个人养老金业务中的主要职责与优化路径

2022年4月，《国务院办公厅关于推动个人养老金发展的意见》（国办发〔2022〕7号，以下简称"7号文"），标志着我国个人养老金业务试点转常规的正式启动。财富管理作为个人养老资产保值增值过程中不可或缺的重要环节，也将迎来蓬勃发展的机遇。

个人养老金财富管理是关乎投资者全生命周期的资产配置和投资陪伴服务，需要各类金融机构的积极参与，基金公司在其中将主要承担产品和投顾服务供应商的职责，确保个人养老金能够有合适的公募基金可选、有匹配的服务可以提供。

一、基金公司在个人养老金业务中的主要职责

（一）产品供给及资产配置方案提供

基金公司在个人养老金业务中的首要职责即保障产品供给：一方面基金公司通过布局养老目标基金并提供策略清晰运作合规稳健的普通公募基金向个人养老金直接输出产品；此外基金公司也可以通过为养老理财、养老保险提供委托投资服务，间接为个人养老金业务提供产品。具体来看：

1. 布局养老目标基金

在证监会于2022年6月24日颁布的《个人养老金投资公开募集证券投资基金业务管理暂行规定（征求意见

稿）》（以下简称"征求意见稿"）及其《起草说明》中可以看到，养老目标基金将是最先纳入个人养老金账户的基金品种，因此基金公司首先需要完善养老目标基金的产品布局。

养老目标基金分为目标日期策略和目标风险策略两大类产品，这两类产品的定位是不一样的：目标日期策略产品定位于为客户提供一站式的资产配置服务，是一生一款的养老基金，客户只要按照退休日期购买就可以实现有效的养老资产配置，适合对基金投资不了解或者无暇顾及的客户；目标风险策略产品主要定位于清晰、明确的风险等级，适合对投资、基金、风险有一定认知的客户自行配置。

从当前的产品布局来看，在没有明确养老账户和养老场景的前提下，截至2022年6月30日，养老目标基金的整体规模已达1057亿元[①]，产品基本已实现对各年龄段和各风险偏好的全覆盖。细分来看，对目标风险基金，当前平衡和稳健类产品布局已比较充分，但是在积极类风险产品的布局仍有待提高；对目标日期基金来说，"2035~2045年龄段"的目标日期策略基金布局较多，"2035前"和"2045后"的目标日期产品布局较少，特别关注到诸如2025年、2030年等日期的目标客户，其实已临近退休，养老需求明确，但已布局产品数还较少，有待进一步覆盖（见图21-1）。

---

① 资料来源：Wind，中欧基金整理。

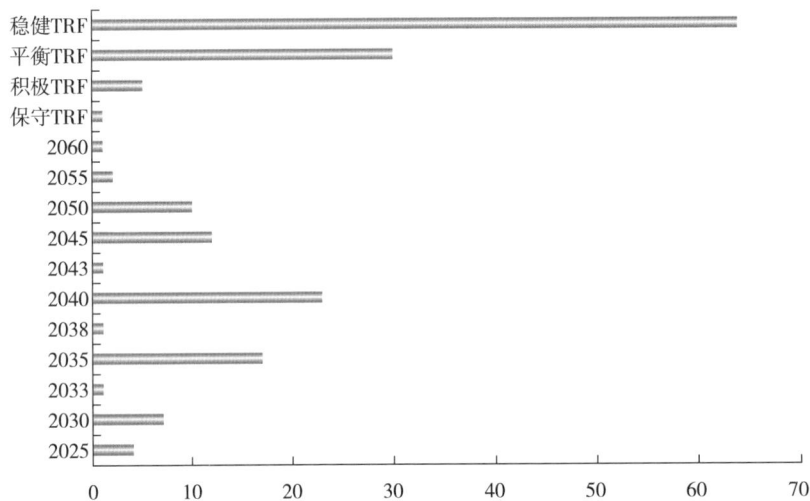

图 21-1 各类养老目标基金数量情况

资料来源：Wind，中欧基金整理，数据截至 2022 年 6 月 30 日。

2. 构建清晰优质的产品图谱，为个人养老金业务提供其他优质公募基金

根据《征求意见稿》和其《起草说明》的规定，在个人养老金业务试行期纳入养老目标基金后，未来投资风格稳定、投资策略清晰、长期业绩良好、运作合规稳健的普通股票、混合、债券基金均有机会纳入个人养老金账户。

基金行业经过 20 多年的发展，截至 2021 年 6 月 30 日公募基金数量已经达到 9801 只（见图 21-2），数量虽多，但质量却仍参差不齐，一方面，仍有一些产品的名称和业绩比较基准同质化较强，风格漂移现象明显；另一方面，产品无法保证长期、稳定地战胜业绩比较基准。

上述都是公募基金在服务个人养老金前需要解决的问题。对基金公司来说，一方面需要优化其产品线，形成风格清晰稳定的产品图谱；另一方面则需要提高产品质量，保证基金业绩相对业绩比较基准的胜率，降低次品率。

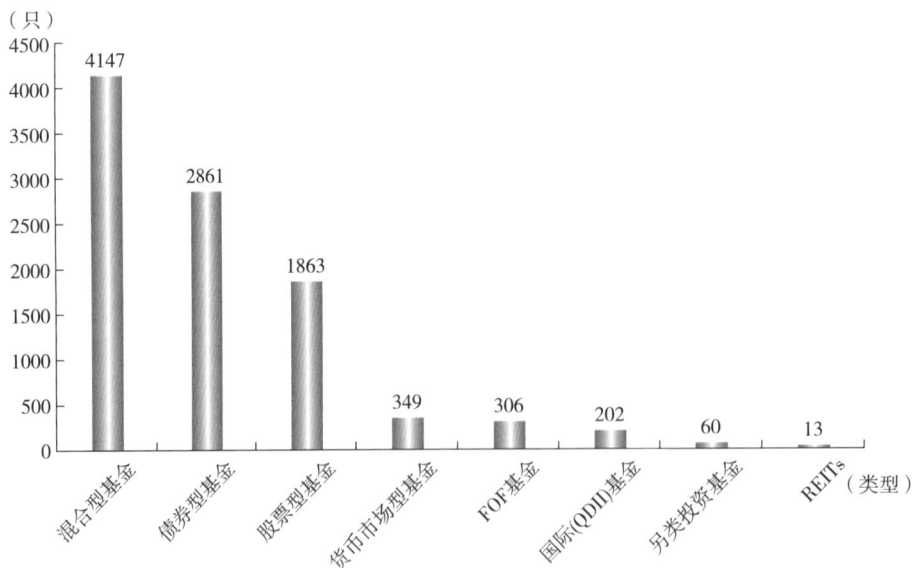

图 21-2 各类公募基金数量情况

资料来源：Wind，中欧基金整理，数据截至 2022 年 6 月 30 日。

3. 为养老理财、养老保险等提供委托投资服务

除直接服务个人养老金客户外，公募基金行业还可以通过为养老理财和养老保险提供委托权益投资，间接服务个人养老金业务。

虽然目前养老理财和养老保险并没有主要投向权益资产，但从长期来看，权益投资是理财和保险无法规避的。穿透提供产品形式间的差异，理财、保险和基金在服务个人养老金中的核心功能基本一致，即提供一个长期收益率，从而让养老资产的长期购买力不贬值甚至增值。在宏观视角下，由于只有利润高于债务利息，借贷行为才会发生，因此只进行期限匹配的债权投资一定无法实现前述目标。虽然在中短期内，非标资产、期限错配在一定程度上可以为养老金投资提供一个比较高的收益率，但随着管理资金规模提高，期限拉长，这样的收益不可持续，只有权益投资才是提供长期持续和足够收益的方法。

对银行和保险公司来说，权益投资并非其禀赋，如果重新建立权益投资团队，需要花费大量的资金和时间成本，对其开展个人养老金业务来说性价比不高，因此将这部分权益投资外包才是更经济的做法。放眼目前国内资管行业，基金公司无疑是最专业、透明、低费的权益投资提供商，因此在个人养老金业务中，基金公司还将承担起为养老理财和养老保险提供委托权益投资的职责。

（二）发挥专业，做好投资顾问服务

除了提供产品，按照证监会《关于加快推进公募基金行业高质量发展的意见》，在个人养老金业务中基金公司还应当更多发挥其在为客户进行财富管理方面的职能。

虽然当前个人养老金账户尚未落地，但国内基金公司已经率先在投顾方面进行了许多积极尝试和探索。

以中欧基金为例，公司旗下的销售子公司中欧财富是首批获准开展基金投资顾问业务试点工作的五家机构之一，并于2019年12月24日开始为客户提供基金投资顾问服务。在养老投顾服务方面，中欧属于行业中起步较早的机构，早在2017年，中欧财富就开始以组合投资的形式推出自己的养老投顾策略品牌——"水滴养老"，并在获得基金投顾牌照后将"水滴养老"升级为全委托型投顾组合。"水滴养老"会根据用户退休时间、基础收入、薪资成长水平、风险承受能力等量身定制专属养老计划，满足"65后"至"90后"养老需求（见表21-1）。

其特点是能覆盖全生命周期，动态调整资产配置。随着客户年龄增长、风险偏好下降，逐年下调权益资产占比，并预留动态配置空间，动态匹配客户风险偏好及市场行情，提供个性化的养老投资方案。

表 21-1　中欧财富养老投顾：个性化养老投资方案

客户年龄	配置结构	配置比例
"65后"水滴养老	固收为主，少量股基	股票27%，固收71%，现金2%
"70后"水滴养老	债基为守，股基助攻	股票43%，固收55%，现金2%
"75后"水滴养老	固收防御，权益增强	股票56%，固收42%，现金2%
"80后"水滴养老	股基为主，精选债基	股票73%，固收25%，现金2%
"85后"水滴养老	股基为主，货基打底	股票98%，现金2%
"90后"水滴养老	精选股基，多元配置	股票98%，现金2%

资料来源：中欧财富，中欧基金整理。

从实现路径来看，"水滴养老"为客户构建养老投资组合主要分为以下三步（见图21-3）。

第一步：提供个人信息。客户提供基本信息，包括年龄、工作年限与居住城市、收入水平以及工资预期增长率等。

第二步：养老金测算。在上述信息基础之上，系统将估算当前的基本养老金和退休舒适度，并给出若未来要达到基本/舒适的退休生活，当前每月养老金的金额差距。

第三步：定制养老方案。养老方案将包含以下几个关键要素：风险等级、预估退休总收入（/月）、生活舒适度、定期/单次投入金额、新增退休收入金额（/月）、资产配比、配置明细。其中，新增退休收入金额是指按持续投资年限投资至退休或当下一次性投入，假设以模拟测算的收益率，通过计算得到退休时的投资总资产，假设从退休开始逐月等额领取这笔资产至85岁，则每月领取的金额即为新增退休收入。

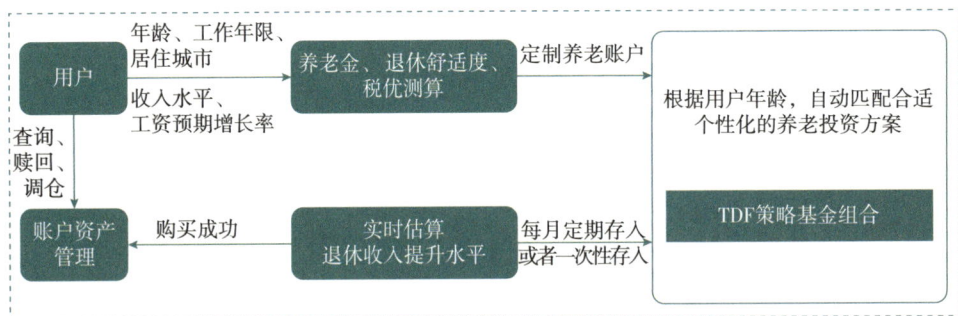

图 21-3　中欧财富养老投顾组合方案构建思路

资料来源：中欧财富，中欧基金整理。

除中欧之外，其他各家投顾机构也推出了风格各异的养老投顾策略。以首批养老投顾策略的管理人中欧、华夏、南方三家机构为例。

从策略类型上看，南方基金的养老投顾以目标日期策略为主，推出的三款产品（司南悦享人生 2040/2045/2050）有相同的业绩比较基准和费率，针对不同的退休目标日期采取不同的配置策略。

华夏基金和中欧基金的养老投顾则以目标风险策略为主，针对不同年龄群体的客户推出不同系列的养老投顾组合，满足客户对养老金储备的需求，并且基于生命周期理论，随着年龄的增长（风险偏好的下降），组合中权益资产的配置比例逐渐下降。

二、基金公司在服务个人养老金中的不足与反思

（一）公募权益类产品波动较大

当前纳入个人养老金账户中的产品包括养老理财、养老储蓄、养老保险和公募基金（当前主要是养老目标基金）。大部分产品均强调养老资金的保值，例如养老理财设置了预期收益型的业绩比较基准和收益平滑机制，投资类型以固收类为主；而养老储蓄则是保本保息的投资品种；养老保险也属于中低风险的产品，并且更侧重保障功能，投资属性较弱。当前，仅公募基金（养老目标基金）是中高风险的投资品种，能够通过承受一定波动，获取资产的长期增值。个人养老金账户定位补充养老，即改善投资者退休后的生活水平，在此情况下，个人养老账户在关注稳健性、确保资产安全的前提下，应当充分发挥其投资期限长的特征，避免出现过度强调安全保本，而导致收益不足的问题，从而让投资者承担过多的长寿风险。

但是，权益类产品如果波动过大，既不符合养老金的稳健投资需求，也会导致投资者频繁申赎，进一步阻碍其盈利体验的提升。我们认为基金公司在提供权益类产品并服务个人养老金时，可以借鉴养老理财的收益平滑金机制，熨平权益类产品的短期波动，从而使产品的长期业绩更加稳健，有利于养老金客户长期稳定地持有产品，从而获得更高收益。养老理财的收益平滑金主要用于合理平滑产品收益、平抑产品净值波动，不同机构的产品在收益平滑基金的提取机制上有差异，体现在计提标准和计提比例上（见表 21-2）。另外，养老理财也会设置风险准备金，用于弥补因管理人违法违规、操作错误或者技术故障等给产品财产或者投资者造成的损失，计提比例一般为管理费收入的 20%，当累计余额达到产品余额的 5% 时不再提取。

表 21-2　养老理财发行机构收益平滑基金提取方式对比

发行机构	收益平滑基金的提取方式
工银理财	超过业绩比较基准或区间上限 0~5%（含 5%），按照超过部分的 30% 进行计提；超过业绩比较基准或区间上限 5%（不含）以上，按照超过部分的 50% 进行计提
光大理财	超过业绩比较基准下限的 50% 纳入平滑基金
建信理财	超过业绩比较基准下限的 50% 纳入平滑基金
招银理财	超过业绩比较基准下限的部分不低于 10% 纳入平滑基金，超过业绩比较基准中枢的部分不低于 30% 纳入平滑基金
贝莱德建信理财	成立以来累计年化收益率高于 10% 时，提取 50% 的超额收益

资料来源：养老理财产品说明书，中欧基金整理。

（二）投资专业度仍有待提升

虽然基金公司已经是国内最专业的投资者之一，但由于我国资本市场和公募基金行业都还在发展中，因此对比海外成熟资管机构，在服务个人养老金领域的专业度是有

待进一步提高的，这里主要存在两方面问题：一是管理规模边界小；二是仍然存在风格漂移问题。

管理规模边界小的问题源于投资方法和投资行为。市场上主流的投资理念包含基本面投资、短期博弈等。其中，长线基本面投资理念，其投资收益来自上市公司所创造的价值；中短线博弈获得收益，其收益来源主要是通过对量价趋势的判断，对其他投资者情绪和行为的分析，从其他投资者手中获利等。不同理念下持股周期不同，短期博弈的换手率要远高于基本面投资，对个股的流动性要求也更为苛刻，容量相较基本面投资要小得多。一般来说，对冲基金多采用高频交易的策略，对比国际最大的基本面投资的基金管理人（Capital Group）以及最大的对冲基金（AQR Capital Management），规模差距近九倍（见图21-4）。

（亿美元）

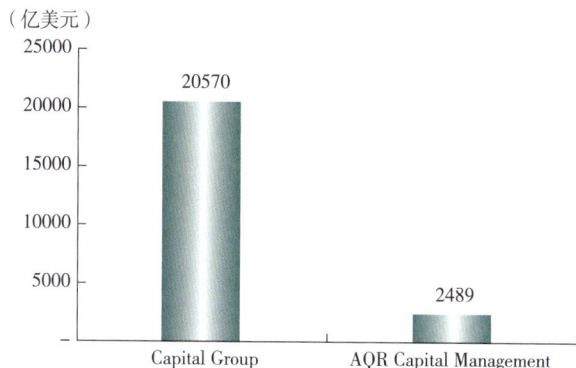

图 21-4　不同投资策略管理人 2020 年规模对比

资料来源：Morningstar，中欧基金整理，数据截至 2020 年 12 月 31 日。

从流动性管理能力来看，目前基金市场以开放式运作基金为主，持有人以个人为主，且近年来非货基金，尤其是主动权益基金个人客户持有规模占比显著上升（见图21-5），综合来看，负债端呈现较高的换手率，持基时间较短，这要求基金经理除了具备个券投资能力，还要能够应对每日的申赎。尤其对于大规模、每日申赎较大的基金，基金经理的流动性管理能力要求更高，也对管理增长的限制更严格。

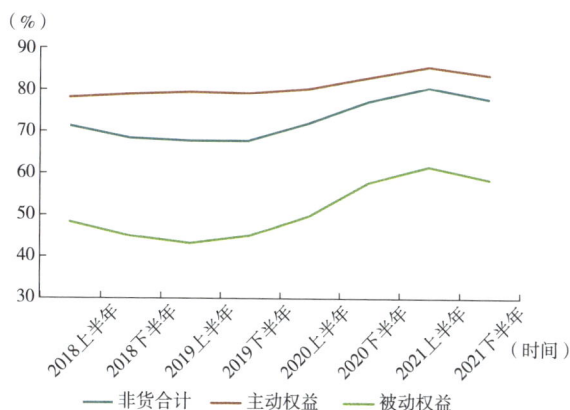

图 21-5　公募基金个人客户持有规模占比
（被动权益、主动权益、非货基金）

资料来源：Wind，中欧基金整理，数据截至 2021 年 12 月 31 日。

风格漂移也是长期困扰我国公募基金行业高质量发展的重要问题之一（见图21-6）。虽然说风格漂移的出发点可能都是源自更好地为投资者创造超额收益，但由于每个基金经理有自己擅长管理的领域，有自己的能力圈，因此风格漂移的结果可能一方面会损害基金创造超额收益的能力，更重要的是让投资者感到困惑，出现诸如"为什么我买的一只'互联网'主题基金却配置了很多大蓝筹股？"一类的问题，避免出现这类问题，让投资者更清楚地能通过基金的名字和运作历史知道自己买到了什么，无疑让投资者的权益基金投资更加放心。

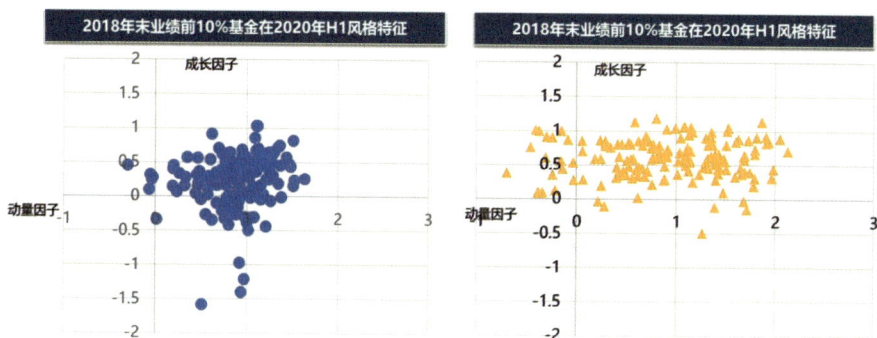

图 21-6　同样一组公募基金风格漂移情况（2018~2020 年）

资料来源：Wind，中欧基金整理。

（三）投入和领取模式单一

养老资金和一般的理财资金在投入和领取模式上有一定差异，养老资金的投入往往是固定周期和频率、固定金额、长期多笔投入，而在领取方式上则会因人而异，包括领取的方式、年龄、频率、金额等，往往跟个人实际情况和偏好密切相关。因此个人养老金账户中的产品，需要设置灵活的投入和领取方式，才能满足大众需求。

当前公募基金的投入和领取模式相对单一。以养老保险为例，其具备灵活的缴费方式（一次性缴纳或年缴，年缴又可以分为多个周期如 3 年、5 年、10 年等）和灵活的领取方式，包括领取的年龄、领取的频率等。以养老理财为例，建信理财于 2022 年 1 月发行的"安享固收类按月定开式（最低持有 5 年）"首次在运作模式上进行创新，投资者可以在每月固定开放日的指定时间段内，进行申购赎回与定投，从而满足投资者更灵活的申赎需求，对于长期限的养老资金，可以避免资金在封闭型产品到期后闲置、无法及时续接其他产品的问题，提升养老资金的使用效率。

三、基金公司服务个人养老金的优化路径

（一）积极开展产品机制的创新，解决权益基金波动大的问题

解决权益基金波动大的问题，一方面有赖于基础市场的改善，即让更多优质的股票和中长期资金进入市场，降低股市的整体波动率；另一方面则可以通过产品机制的创新实现。

参照当前养老理财产品的收益平滑基金和风险准备金，我们考虑在个人养老金投资公募基金产品中引入相关的创新设置，以此满足养老资金的稳健增值需求，进而鼓励长期持有。该方案可以总结为"引入养老理财收益平滑机制下的新高削峰填谷方案"，具体来看：

第一步，若产品净值创新高，则对所有投资者收取创新高部分收益的一定比例（比如 20%）作为业绩报酬。第二步，设置风险准备金账户，将上述业绩报酬计入该账户，但不确认管理人收入。第三步，回补。若过去一段时间（可按照基金持有期确定）基金的年化回报率低于一定水平（R2%），则将基金的风险准备金账户回补基金资产净值（不满最低持有期不补），回补以风险准备金账户金额为限，同时以回补至 R2% 为限。第四步，确认业绩

报酬。若风险准备金账户规模达到基金资产净值的 R2%，则不再增加规模，超过 R2% 部分的风险准备金计入管理人收入。

这个方案的优势在于能对净值起到"削峰填谷"的作用，以尽力平滑净值的波动；但是在对待不同客户的公允性上有一定缺陷，例如可能存在客户实际亏损但被提取到业绩报酬的情形。

除了产品本身的创新之后，也可以考虑针对养老目标基金开通认购绑定定投业务，帮助投资人规划养老资金并形成良好的定投习惯，鼓励长期持有。

（二）提升专业投资能力，解决管理规模边界和风格漂移问题

在个人养老金发展的过程中，更多的居民财富将纳入养老金体系中来，从而给整个财富管理市场带来增量，基金公司也必须提升自身的专业投资能力，以应对更大规模的养老资金，解决自身的管理规模边界问题；同时养老资金与普通的理财资金在持有期限、投资目标等方面存在一定差异，基金公司在产品，尤其是主动权益产品的设计和投资管理过程中，应当为投资者提供清晰的投资目标，使投资人能通过拉长持有时间，承受一定的市场波动，从而获得更高的投资回报率。

按照《个人养老金投资公开募集证券投资基金业务管理暂行规定（征求意见稿）》的要求，基金管理人应当坚持长期投资、价值投资，加强对个人养老金基金资产配置、投资标的、估值方法、风险状况、产品业绩等方面的研究分析；应严格遵守基金合同约定的投资目标、投资策略和投资限制，保持清晰、稳定的投资风格，合理控制投资组合与业绩比较基准的偏离。

1. 长期基本面投资、低换手才能管理大规模的养老资金

从投资理念、策略及风格来看，服务个人养老金是万亿元乃至十万亿元级别的大命题，只有从基本面入手的低换手策略才能更好地适应。我们统计了过去三年（2019~2021 年）全市场主动权益宽基（非行业主题基金）的平均年化单边换手率情况，并将这些基金划分为低换手（200% 及以下）、中换手（200%~350%）、高换手（350% 及以上）三组。从不同换手率基金的规模来看，2019 年以来低换手基金的规模远大于中换手和高换手基金的规模（见图 21-7）。

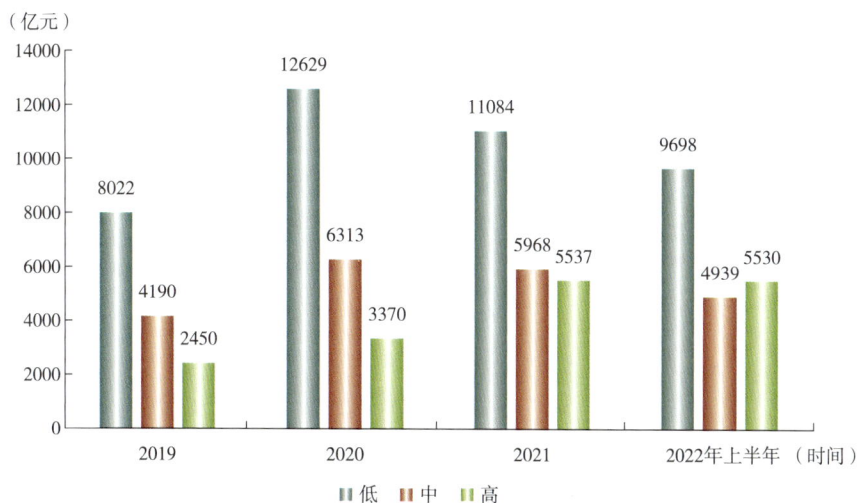

（亿元）

图 21-7 不同换手率分组下的基金规模

资料来源：中欧基金整理，换手率（单边）数据为 2019~2021 年的平均值。

中欧基金在过去几年也从聚焦深度研究和加强专业协作两方面进行了一些有益的探索。我们认为：一方面，只有建立在长线基本面理念基础上的深度研究才能最大化投资策略容量，并且能在大规模资金的情况下依然争取到良好的长期投资回报。中国优秀企业上市的数量越来越多，但投资者也越来越专业，每一位投研人员只有找到自己的能力圈，找到自己的特点和专长聚焦，并不断精进，在专业领域形成自己的洞见，才有可能在未来找到真正长期优质的标的，分享中国经济高质量发展的红利。另一方面，还需要加强专业协作，深度和协作是互为因果的关系。如果没有团队协作，个人看的范围窄，深度就往往只能流于表面，但一个人是无法完成这些研究的，只能靠团队其他的投资伙伴把相关领域研究清楚，互相高效率的分享才能实现。

2. 风格不漂移才能更好地管理大规模资金

基金管理人应从两个方面来解决风格漂移的问题：首先，从产品设计上，选取合理的业绩比较基准，准确、客观地反映基金的投资风格和方向；其次，从投资管理上，严格按照合同约定进行投资运作，避免实际投资方向与合同约定不符的情况。

（1）管理人应当为产品设置合理的业绩比较基准。近几年随着股市结构性行情到来，行业主题基金得到广大投资者的青睐，行业主题基金聚焦某个或者某几个行业和领域，而主动型的行业主题基金，在投资目标上更强调取得超越所在行业指数的收益，体现基金管理人专业化的主动投资能力。我们统计了基金全称中包含行业或者主题关键字的主动权益型基金[①]，若行业主题基金的业绩比较基准中不包含相对应的行业指数，则可以认为该业绩比较基准设置不合理，无法准确反映基金的投资方向（见表 21-3）。

表 21-3 行业主题基金分类与基金全称关键字

行业主题	基金全称关键字
消费	农业、生活、食品饮料、消费、休闲
医药	医药、医疗、健康
科技	半导体、传媒、大数据、高新技术、互联网、科技、人工智能、数字、物联网、信息、传媒、智能制造
制造	汽车、先进制造、制造、装备制造
新能源	低碳经济、环保、新能源、生态、碳中和、新材料新能源、新能源汽车、智能汽车
资源能源	资源
金融地产	金融、金融地产、银行
军工	安全、国防军工

资料来源：中欧基金整理。

统计数据显示，668 只行业主题基金中，共有 483 只基金设置了合理的业绩比较基准，占比 72%；有 185 只基金业绩比较基准设置不合理，占比 28%。从具体的行业主题来看，医药和新能源基金业绩基准设置合理的产品数量

① 指股票型基金、偏股混合型基金、灵活配置型基金。

占比较高，而在军工和资源能源基金的业绩比较基准的选取上，不合理的产品数量占比较高（见图 21-8）。不合理的主要情形是，以宽基指数（例如沪深 300、中证 800 等）作为行业主题基金的业绩比较基准。

（只）

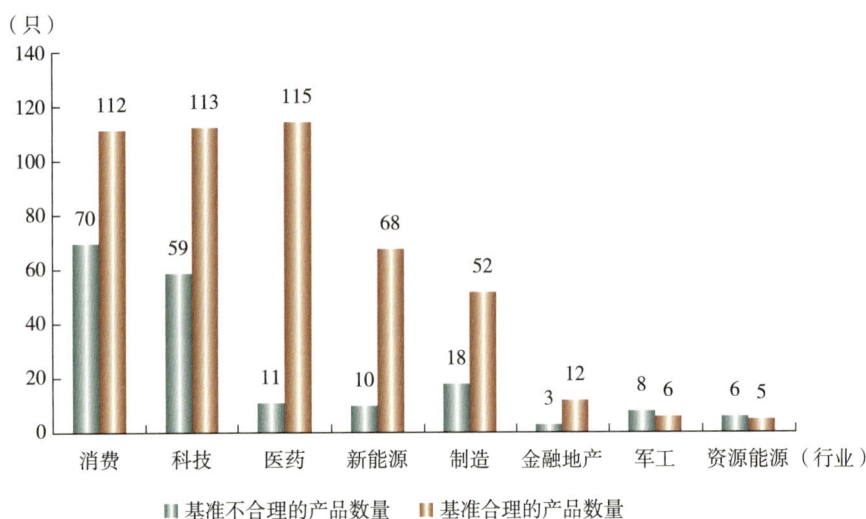

图 21-8　行业主题基金业绩比较基准设置合理性统计（产品数量）

资料来源：中欧基金整理。

行业主题基金业绩比较基准设置不合理，不利于投资人辨认产品定位和树立合理的风险收益预期，也不利于进行基金业绩评价，例如一只消费基金以宽基指数作为业绩比较基准，那么基金所实现的超额收益并不能反映该基金经理在消费行业上真实的投资能力，这种超额收益更多来自行业贝塔的收益，而非个股阿尔法的获取。

关于风格类基金，常见的为市值风格，例如大、中、小盘基金，我们统计了全市场 60 只市值风格类的主动权益基金，发现其在业绩比较基准的设置上均未出现不合理的情况（见表 21-4）。

表 21-4　市值风格类基金的业绩比较基准设置情况

市值风格	业绩比较基准
大盘	沪深 300、上证 50、富时中国 A200
中盘	中证 500、中证 700
中小盘	中证 500、中证 700、天相小盘成长、天相中盘成长、天相中盘
小盘	中证 1000、中证 500、国证 2000、天相小市值、天相小盘股

资料来源：中欧基金整理。

（2）管理人应当在投资中避免风格漂移，才能管理好大规模资金。除了合理的业绩比较基准，管理人还需在实际投资管理中避免风格漂移。典型的风格漂移现象表现为，作为行业主题基金，其实际投资行业与主题不符合。以消费主题基金为例，某些产品披露的第一大重仓行业为电力设备，并不属于消费方向[①]，大概率该基金受短期市场行情影响，漂移到新能源板块。表 21-5 的数据显示，2020年以来各报告期规模在前五大的基金，均从未发生行业上的风格漂移，第一大行业以食品饮料、农林牧渔、家用电器、公用事业为主，均属于消费主题。这些大规模的产品在投资风格、策略、行业上保持了相对的稳定性，遵守合同契约要求，同时也给投资者树立了清晰的投资目标和方向，在产品进行市场营销时也能起到一定正面作用。

---

① 消费涉及的申万一级行业包括：食品饮料、农林牧渔、家用电器、美容护理、商贸零售、社会服务、纺织服饰、轻工制造、汽车、公用事业。

表 21-5　大规模的主动权益消费基金历史第一大行业

2020 年 6 月 30 日			2020 年 12 月 31 日		
基金简称	规模（亿）	第一大行业	基金简称	规模（亿）	第一大行业
易方达消费行业	206	食品饮料	易方达消费行业	347	食品饮料
汇添富消费行业	116	食品饮料	汇添富消费行业	177	食品饮料
易方达消费精选	87	食品饮料	易方达消费精选	103	食品饮料
中欧消费主题 A	39	农林牧渔	中欧消费主题 A	52	家用电器
华安优质生活	36	食品饮料	汇添富消费升级 A	37	食品饮料
2021 年 6 月 30 日			2021 年 12 月 31 日		
基金简称	规模（亿）	第一大行业	基金简称	规模（亿）	第一大行业
易方达消费行业	321	食品饮料	易方达消费行业	311	食品饮料
汇添富消费行业	212	食品饮料	汇添富消费行业	219	食品饮料
易方达消费精选	86	食品饮料	华安安信消费服务	73	公用事业
汇添富消费升级	61	食品饮料	汇添富消费升级	69	食品饮料
永赢消费主题	47	食品饮料	易方达消费精选	69	食品饮料

资料来源：Wind，中欧基金整理。

3. 构建权益类基金"风格 + 主题"图谱，提供清晰的投资目标

当前基金投资者频繁申赎的重要原因之一，是其并不了解某只基金背后真实的投资目标、投资理念、投资范围和风险收益特征，因此在市场或者基金波动的时候，往往容易出现追涨杀跌等不理性的行为，造成"基金赚钱基民不赚钱"的现象。

以风格类的主动权益基金为例，长期来看无论是大盘、小盘、中盘，还是成长、价值、均衡，各类风格基金只要长期持有都能实现不错的超额收益，但是不同风格的持有体验有差异，例如价值风格在投资时强调向下的安全边际，注重估值合理甚至低估，相对来说在市场剧烈调整时波动较小，但上涨的弹性相应也较小；而成长风格更看重未来的成长性，对于估值的容忍度较高，相对来说波动会更大，弹性也更大。若客户不了解产品的风格，就容易因为自身的交易行为给基金的持有收益造成负向影响（见表 21-6）。

表 21-6　不同风格和市值类指数的累计回报、最大回撤和最大上涨情况　　　　单位：%

指数分类	指数简称	最大回撤			最大上涨		
		近 3 年	近 5 年	近 10 年	近 3 年	近 5 年	近 10 年
风格指数	300 成长	−45	−45	−45	98	163	269
	300 价值	−25	−29	−41	36	40	171
市值指数	沪深 300	−35	−35	−47	65	96	178
	中证 500	−32	−40	−65	66	90	320
	中证 1000	−35	−48	−72	65	94	426

资料来源：Wind，中欧基金整理，截至 2022 年 7 月 25 日。

被动权益类基金（例如指数基金、指数增强基金等）跟踪特定指数，投资目标和策略相对主动权益类基金更清晰，而主动权益类基金受基金经理自身投资理念、能力圈和基础市场的影响，其策略的主观性会更强。因此对基金

公司来说，应该构建并完善主动权益基金风格与主题的产品谱系，从产品设计、投资管理、市场营销中的各个环节都将清晰的产品谱系贯穿始终，给客户提供清晰的投资目标，让投资者选择适合自己的主动权益基金并鼓励其长期持有。

（三）建立用户友好的个人养老金直销账户，提升基金公司直销平台在个人养老金业务中的竞争力

在个人养老金业务的账户体系中，基金公司除作为产品供应商之外，还可以作为销售机构通过直销渠道直接服务个人养老金客户，虽然直销渠道在客户覆盖数和可销售产品上相比银行和互联网渠道有天然劣势，但仍然可以通过提升账户友好度从而增强自身的竞争力。

首先，提升友好度首要在于提高便捷度。一方面，直销账户在与个人养老金资金户联通的过程中，应当充分考虑未来投资者首次开户和后续缴费的操作，尽量减少需要客户亲自填写、验证的内容，优化开户步骤，提高开户速度，方便投资者在平台开户后即能立刻参与投资。另一方面，直销账户也应当优化客户投资流程，举例而言，直销账户可以在投资者首次申购养老基金时默认让投资者签署定期投资协议，这样既能使投资者的养老基金投资与其实际的养老资金流更加匹配，免除其后续再次签署定投协议

的操作，给投资者带来便利；也相当于递延销售了部分基金规模，增强了直销机构客户的黏性，提高了一次销售行为的性价比。

其次，提升友好度还应当提升投资者养老投资过程中的舒适感。养老是长期持续的事情，而投资是重复枯燥的事情，如希望将两者兼容，就需要利用缴费的概念替换投资的概念，让投资者意识到为养老缴费可能是比让投资者坚持养老投资更容易的事情，因此基金公司的养老直销账户在设计时的页面和场景可以向缴费去设置，而避免和普通的基金投资页面高度一致。此外，降低焦虑度、提升陪伴感也必不可少，增加在市场震荡时市场解读的内容和频率、降低公布收益率的频率、更多展示资产总量而非增量等，都是基金公司在个人养老直销账户设置中可以考虑的一些方案。

最后，基金公司还可以考虑提高可代销产品的数量来提高友好度。虽然按照当前规则基金直销平台仅可销售本基金公司管理的基金，但在不打破现有法律框架的前提下，直销平台可以考虑争取代销养老理财、养老保险等产品；或优先于外部代销平台纳入一些本公司优质的普通公募基金，这些都可以显著增强直销平台在个人养老金业务中的吸引力。

分报告二十二
基金行业在账户养老金中的功能与定位

一、基金行业在账户养老金中的功能

国内公募基金行业经历 20 多年规范发展，形成了组合投资、独立托管、公开透明、严格监管的行业生态。公募基金行业从 2003 年开始参与养老金市场化运营管理，已经成为账户养老金投资管理的主力军，助力各类养老金实现保值增值。

（一）对账户养老金的浅显理解

账户养老金是以个人账户为载体的养老金计划或制度，本质上是个人缴费积累型养老金计划或制度。

1. 第一支柱基本养老保险个人养老金账户

第一支柱基本养老保险个人养老金账户，可以分为城镇职工、机关事业单位职工基本养老保险的个人养老金账户和城乡居民基本养老保险的个人养老金账户。

基本养老保险是按国家统一政策规定强制实施的，为保障广大离退休人员基本生活需要的一种养老保险制度。我国基本养老保险建立于 20 世纪 50 年代初期，90 年代进行改革，建立了"社会统筹和个人账户相结合"的基本养老保险制度，规定基本养老保险费用由国家、集体和个人三方承担。

目前城镇职工基本养老保险采取社会统筹与个人账户相结合的模式，其中社会统筹部分采取现收现付制，即由在职人员缴纳的养老保险来给付当期的退休职工，在实现代际转移支付的同时促进社会再分配。而个人账户部分实行基金积累制，在发挥激励机制作用的同时一定程度减轻现收现付制在人口老龄化背景下的不足之处。

2015 年 1 月，国务院发布《关于机关事业单位工作人员养老保险制度改革的决定》，开始启动机关事业单位工作人员养老保险制度的改革。改革后，机关事业单位工作人员养老保险实行单位缴费与个人缴费，计费方式与城镇职工基本养老保险相同，即单位按照工资总额 20%、个人按照工资总额 8% 缴费，并以当地上年度在岗职工平均工资的 300% 与 60% 为限。即机关事业单位工作人员基本养老保险同样建立了个人账户。

城乡居民基本养老保险是由新型农村社会养老保险和城镇居民社会养老保险合并而来。根据 2014 年国务院发布的《关于建立统一的城乡居民基本养老保险制度的意见》，采用社会统筹与个人账户相结合的制度模式，资金来源由个人缴费、集体补助、政府补贴构成。国家为每个参保人员建立终身记录的养老保险个人账户，个人缴费、地方人民政府对参保人的缴费补贴、集体补助及其他社会经济组织、公益慈善组织、个人对参保人的缴费资助，全部计入个人账户。

2. 第二支柱企业年金和职业年金个人账户

我国第二支柱是补充养老保险制度，包含企业年金和职业年金两大部分，两者均为个人账户方式管理，实行完全积累。

根据《企业年金办法》，企业年金所需费用由企业和职工个人共同缴纳。企业年金基金实行完全积累，为每个参加企业年金的职工建立个人账户，按照国家有关规定投资运营。企业年金基金投资运营收益并入企业年金基金。

根据《机关事业单位职业年金办法》，职业年金所需费用由单位和工作人员个人共同承担。职业年金基金采用个人账户方式管理。个人缴费实行实账积累。对财政全额供款的单位，单位缴费根据单位提供的信息采取记账方式，每年按照国家统一公布的记账利率计算利息，工作人员退休前，本人职业年金账户的累计储存额由同级财政拨付资金记实；对非财政全额供款的单位，单位缴费实行实账积累。实账积累形成的职业年金基金，实行市场化投资运营，按实际收益计息。

3. 第三支柱个人养老金账户

我国第三支柱是个人养老金制度，是完全的账户养老金管理模式。2022 年 4 月，《国务院办公厅关于推动个人养老金发展的意见》发布，明确个人养老金实行个人账户制度，缴费完全由参加人个人承担，实行完全积累。参加人通过个人养老金信息管理服务平台（以下简称信息平台）建立个人养老金账户，个人养老金账户是参加个人养老金制度、享受税收优惠政策的基础。

个人养老金账户是完全的实账积累，给予个人投资的自由选择权，便于个人携带和转移，也为未来与第二支柱企业年金和职业年金账户的衔接奠定基础。

4. 我国账户养老金的特点

从目前我国养老金制度体系来看，可以视作账户养老金的主要有如下三个部分：第一支柱下的城镇职工基本养老保险个人账户和城乡居民基本养老保险个人账户；第二支柱下的企业年金个人账户、职业年金个人账户（包括实账积累的单位缴费部分）；第三支柱下的个人养老金账户。

从制度层面来看，账户养老金有如下相同点：一是以个人信息为基础建立个人养老金账户；二是积累阶段个人参与缴费，积累利息、投资收益，领取阶段发放给个人，并且可以继承；三是账户养老金具有长期性、封闭性、享受税收优惠等特征。

在实际投资管理中，不同账户养老金呈现不同的特点：第一支柱下的个人养老金账户积累的资产，投资管理由国家按照市场化、多元化、专业化的原则，集中委托给国务院授权的机构进行投资运营，个人不参与具体的投资管理。第二支柱下的企业年金、职业年金账户养老金，投资管理方面，由企业年金理事会或者法人受托机构集中受托管理，主要委托给投资管理人进行投资。企业年金、职业年金投资管理采用专户管理模式，同一个组合的资金采取同样的资产配置策略，在个人缺少投资选择权的情况下，投资组合并未考虑个人的年龄、风险承受能力、风险偏好等因素。

第三支柱下的个人养老金制度，虽然刚刚起步，但从制度设计上来说，由个人自主选择银行理财、储蓄存款、商业养老保险、公募基金等运作稳健、成熟稳定、标的规范、侧重追求长期保值增值以满足不同投资者偏好的金融产品进行投资，个人有充分的投资选择权利，承担投资风险并争取收益。

（二）基金行业在账户养老金管理中的功能

1. 基金行业参与账户养老金管理的独特优势

公募基金行业是账户养老金投资管理重要的参与者，具有五方面独特的优势。

一是公募基金具备优秀的长期主动管理能力，力争为养老金创造长期稳健回报。账户养老金一般是长期资金，而权益投资是争取长期回报的核心来源，公募基金在权益主动投资方面具有核心竞争力。截至 2021 年底，偏股型基金年化收益率平均为 16.60%，超过同期上证综指平均涨幅 10.19 个百分点；在债券投资方面，债券型基金年化收益率平均为 6.85%，超出现行三年定期存款利率 4.10 个百分点①。

二是公募基金具备制度设计优势。公募基金行业从成立之初就充分借鉴国际经验，搭建科学的制度框架，包括独立托管、每日估值、信息披露、组合投资等设计，保障公募基金行业稳健发展。

三是公募基金具有丰富的产品布局。公募基金行业创新能力突出，产品范围覆盖股票基金、混合基金、债券基金、货币市场基金、商品期货基金、ETF 基金、FOF 基金、MOM 基金、指数基金、REITs 基金等多种类型，有利于满足不同类型养老金投资者的需求。同时，公募基金产品高度净值化、标准化，具有严格监管和运作规范、第三方独立托管、开放期净值每日且披露透明度高、申赎便利流动性好、投资门槛低适合大众等特点，已经成为个人投资者重要的理财工具。

四是公募基金具备严格的合规风控体系。目前公募基金建立了完善的监管、自律和合规风控体系，整体上能有效防范市场风险、合规风险等各类风险。特别是公募基金公司在投研内控建设方面，普遍建立了证券出入库的规范管理制度，对基金投资交易进行监测分析与跟踪检查，严格规范投研人员通信工具、证券及股权投资等从业行为管理等。

五是基金行业具备投资顾问实践经验，契合账户养老金长期性、封闭性等特征。基金行业自 2019 年开始参与基金投资顾问服务试点，借助互联网、智能投顾等新技术、

① 银河证券统计。

新形式，初步形成了多元化、多层次的投资顾问体系。

2.基金行业在账户养老金管理中的作用

（1）基金行业是账户养老金投资管理的主力军。公募基金行业一直是我国养老金市场投资管理的主力军，服务于全国社保基金、基本养老保险基金、企业年金、职业年金、养老目标基金等养老金资产的投资管理。

在账户养老金方面，比如在第一支柱基本养老保险基金、第二支柱企业年金和职业年金、第三支柱个人养老金的投资管理中，基金行业一直是专业养老金投资管理人，助力账户养老金的保值增值。

根据中国基金业协会资产管理业务统计数据，截至2021年底，公募基金管理的养老金规模达3.96万亿元，管理产品或组合数量2297只。2022年第二季度公募基金公司养老金管理规模排名如表22-1所示。

表 22-1　2022 年第二季度公募基金公司养老金管理规模排名

排名	公司名称	排名	公司名称
1	易方达基金管理有限公司	9	招商基金管理有限公司
2	工银瑞信基金管理有限公司	10	海富通基金管理有限公司
3	南方基金管理股份有限公司	11	广发基金管理有限公司
4	华夏基金管理有限公司	12	鹏华基金管理有限公司
5	嘉实基金管理有限公司	13	汇添富基金管理股份有限公司
6	博时基金管理有限公司	14	国泰基金管理有限公司
7	富国基金管理有限公司	15	大成基金管理有限公司
8	银华基金管理股份有限公司	16	长盛基金管理有限公司

注：含基金管理公司管理的社保基金（包括社保基金境外投资部分）、基本养老金、企业年金和职业年金，不含境外机构委托管理的养老金。

资料来源：中国证券投资基金业协会官网。

（2）基金行业是账户养老金投资产品的创新者和供应者。基金行业从两个层面为账户养老金投资管理提供丰富的投资品种。

第一，基金行业积极参与养老金产品创新和供给。此处的养老金产品特指"由企业年金基金投资管理人发行的、面向企业年金基金定向销售的企业年金基金标准投资组合"[1]，"投资管理人可以面向企业年金基金、职业年金基金，以及其他经人力资源和社会保障部认可的合格投资者定向销售养老金产品"[2]。养老金产品类型丰富，包括股票型、混合型、固定收益型、货币型，其中固定收益型又可以细分为普通型、存款型、债券型、债券基金型、信托产品型、基础设施债权投资计划型等。养老金产品为企业年金基金、职业年金基金、基本养老保险基金提供了丰富的选择，有利于完善养老金治理结构，并且提升了投资效率。截至2022年第二季度，市场上实际运作的养老金产品合计601个，已备案的养老产品合计649个。其中实际运作的权益类产品196个、固定收益类产品369个、货币型产品36个[3]。公募基金行业一直是重要的年金养老金产品提供和管理机构。

第二，基金行业是个人养老金账户投资产品的提供者。相比第一、第二支柱的账户养老金，第三支柱个人养老金引导个人自主选择产品进行投资，公募基金可以提供具有长期养老属性的各类产品。2018年，证监会发布《养老目标证券投资基金指引（试行）》，提出养老目标基金应采用FOF形式运作，是以追求养老资产的长期稳健增值为目的，鼓励投资人长期持有，采用成熟的资产配置策略，合理控制投资组合波动风险的公开募集证券投资基金。

2022年6月，证监会起草了《个人养老金投资公开募集证券投资基金业务管理暂行规定（征求意见稿）》，其中明确：个人养老金可以投资的基金产品应当具备运作安全、成熟稳定、标的规范、侧重长期保值等特征，并符合法律法规和中国证监会规定，包括：最近四个季度末规模不低于5000万元的养老目标基金；投资风格稳定、投资策略清晰、长期业绩良好、运作合规稳健，适合个人养老金长期

① 《关于企业年金养老金产品有关问题的通知》（人社部发〔2013〕24号）。
② 《关于加强养老金产品管理有关问题的通知》（人社厅发〔2019〕85号）。
③ 人力资源和社会保障部官网：《2022年第二季度养老金产品业务数据摘要》。

投资的股票基金、混合基金、债券基金、基金中基金等。

目前，养老目标基金整体上已经积累了良好投资业绩和广泛客户基础。截至2022年6月底，共有51家基金公司发行的179只养老目标基金成立运作，总规模1078.19亿元，持有人户数达到302.40万户[1]。

（3）基金行业是账户养老金的投顾服务者。账户养老金，特别是第三支柱个人养老金可以自主选择的产品丰富，产品属性相对复杂，并且贯穿个人整个生命周期。账户养老金的核心是账户，以个人为中心：一方面，个人养老金账户具有长期性、封闭性、单次购买金额小、购买频次高等特点；另一方面，个人需要根据年龄、退休日期、收入水平、风险偏好确定合适的投资产品。因而，账户养老金的管理需要专业投顾服务，通过科学、专业的方法提供投资建议，提供长期投资陪伴，进而协助个人完成全生命周期的养老规划。

境外成熟养老金资产管理机构的实践表明，完善的销售服务和投资顾问体系在促进账户养老金制度发展方面发挥了重要作用，而养老金体系的发展同样带动了养老投顾的兴起。以美国传统IRAs账户为例，根据ICI 2021年的统计，70%的持有者有明确的养老金储蓄计划，其中78%将咨询专业投资顾问作为信息来源之一[2]。

从国内实践来看，2019年证监会下发《关于做好公开募集证券投资基金投资顾问业务试点工作的通知》，推出面向个人投资者的基金投资顾问试点。基金行业在投资顾问方面已经先行一步，截至2021年12月底，已有60家机构通过基金投资顾问业务试点评审，其中24家已展业，合计服务客户367万户，服务资产980亿元[3]。借助基金投资顾问的实践经验，基金行业可以基于账户养老金为个人养老提供专业投资顾问服务，从投资者适当性到投资者教育，从个人养老产品匹配到引导个人长期投资养老，提供"一揽子"养老投资方案。

3. 账户养老金与基金行业的互相促进

（1）基金行业助力账户养老金保值增值。从国内来看，基金行业过往为账户养老金实现了保值增值。在基本养老保险基金21家投资管理人、年金基金22家投资管理人中，基金公司分别占14席、11席，另外在全国社保基金18家境内投资管理人中，基金公司有16席。再以企业年金为例，截至2021年底，企业年金公布投资业绩以来，

取得了7.17%的年均收益率，基金公司管理企业年金基金规模9395.46亿元，占比36.69%[4]。

全国社保基金虽然不是账户养老金，但其是国家社会保障储备基金，用于人口老龄化高峰时期的养老保险等社会保障支出的补充、调剂，属于养老基金。截至2021年底，社保基金自2002年成立以来的年均投资收益率8.30%，累计投资收益额17958.25亿元，基金公司管理境内委托投资资产比例超过70%，为社保基金长期持续的优秀业绩做出了贡献[5]。

（2）账户养老金推动基金行业的壮大，成为资本市场压舱石。账户养老金的持续增长，为公募基金行业持续带来增量管理资金，基金行业管理的养老金资产规模迅速增长。截至2021年底，基金行业管理的养老金规模达3.96万亿元，相当于2016年底基金行业管理的养老金规模1.28万亿元的3.09倍[6]。

公募基金已成为账户养老金和资本市场的重要桥梁，充分发挥长期投资和价值投资优势，优化投资者结构，增强市场稳定性，促进资本市场的健康有序发展，成为资本市场的压舱石。账户养老金通过公募基金行业参与资本市场长期投资，可以帮助个人更好地分享经济高质量发展和科技创新的红利，充分发挥支持实体经济的作用，实现经济发展和养老储备的双赢。海外养老金发展历史表明，账户养老金的快速发展不仅推动了基金公司业务发展，也促进了资本市场的平稳发展。

1990年以来，美国共同基金规模从1万亿美元发展至2020年的23.9万亿美元，以IRAs和DC型计划为代表的养老金所持共同基金规模占比从不足14%提高至目前的46%左右，逐渐发展成为美国共同基金市场的主要投资者。美国养老金持有近一半的共同基金，而养老金和共同基金又持有40%左右美股，养老金不仅具备长期资金属性，而且规模持续增长，对于过去几十年美国资本市场平稳发展发挥了至关重要的作用。

二、基金行业服务账户养老金管理的现状

（一）服务账户养老金的机构情况

1. 基本养老保险基金

2015年8月23日，国务院发布《基本养老保险基金

---

① Wind，2022年6月底数据。
② 美国ICI协会，Investment Company Fact Book 2022。
③ 中国证券投资基金业协会。
④ 人力资源和社会保障部：《全国企业年金基金业务数据摘要2021年度》。
⑤ 全国社保基金理事会官网：《全国社会保障基金理事会社保基金年度报告（2021年度）》。
⑥ 中国证券基金业协会：资产管理业务统计数据。

投资管理办法》（国发〔2015〕48 号），明确基本养老保险基金实行中央集中运营、市场化投资运作。各省（自治区、直辖市）人民政府委托全国社会保障基金理事会管理的基本养老保险部分结余基金及其投资收益。

全国社会保障基金理事会采取直接投资与委托投资相结合的方式开展投资运作。直接投资由全国社会保障基金理事会直接管理运作，委托投资由全国社会保障基金理事会委托投资管理人管理运作。2016 年 12 月，全国社保基金理事会评选了 21 家基本养老保险基金证券投资管理机构，其中公募基金 14 家、证券公司 1 家、保险公司 6 家（见表 22-2）。

表 22-2　基本养老保险基金证券投资管理机构名单

所属行业	公司名称	所属行业	公司名称
公募基金	博时基金管理有限公司	公募基金	易方达基金管理有限公司
公募基金	大成基金管理有限公司	公募基金	银华基金管理股份有限公司
公募基金	富国基金管理有限公司	公募基金	招商基金管理有限公司
公募基金	工银瑞信基金管理有限公司	证券公司	中信证券股份有限公司
公募基金	广发基金管理有限公司	保险	长江养老保险股份有限公司
公募基金	海富通基金管理有限公司	保险	华泰资产管理有限公司
公募基金	华夏基金管理有限公司	保险	平安养老保险股份有限公司
公募基金	汇添富基金管理股份有限公司	保险	泰康资产管理有限责任公司
公募基金	嘉实基金管理有限公司	保险	中国人保资产管理有限公司
公募基金	南方基金管理有限公司	保险	中国人寿养老保险股份有限公司
公募基金	鹏华基金管理有限公司	—	—

资料来源：全国社保基金理事会官网。

2. 企业年金和职业年金

企业年金管理采用了信托管理机制，引入了受托人、账户管理人、托管人和投资管理人共四个角色。首先由委托人（企业及其职工）将其资产交给受托人管理，形成信托关系；其次是受托人与账户管理人、托管人以及投资管理人之间建立委托代理关系。

职业年金与企业年金类似，同样采用信托管理模式。委托人（参加职业年金计划的机关事业单位及其工作人员）将职业年金资产委托给代理人（中央国家机关养老保险管理中心及省级社会保险经办机构），代理人同时负责账户管理业务；代理人将资产委托给受托人，形成信托关系；受托人与托管人、投资管理人建立委托代理关系。

在企业年金和职业年金管理中，基金行业主要承担了投资管理人的角色。根据人社部公布名单，22 家投资管理人中，公募基金 11 家，证券公司 2 家，保险公司 8 家，养老金公司 1 家（见表 22-3）。

表 22-3　年金基金投资管理人名单

所属行业	公司名称	所属行业	公司名称
公募基金	博时基金管理有限公司	证券公司	中信证券股份有限公司
公募基金	国泰基金管理有限公司	证券公司	中国国际金融股份有限公司
公募基金	富国基金管理有限公司	保险	长江养老保险股份有限公司
公募基金	工银瑞信基金管理有限公司	保险	华泰资产管理有限公司
公募基金	海富通基金管理有限公司	保险	平安养老保险股份有限公司
公募基金	华夏基金管理有限公司	保险	泰康资产管理有限责任公司
公募基金	嘉实基金管理有限公司	保险	中国人民养老保险有限责任
公募基金	南方基金管理有限公司	保险	中国人寿养老保险股份有限公司
公募基金	易方达基金管理有限公司	保险	新华养老保险股份有限公司
公募基金	银华基金管理股份有限公司	保险	太平养老保险股份有限公司
公募基金	招商基金管理有限公司	养老金公司	建信养老金管理有限责任公司

资料来源：中华人民共和国人力资源和社会保障部官网。

3. 个人养老金

《关于推动个人养老金发展的意见》明确个人养老金实行个人账户制度，个人可以自主选择金融产品。为做好第三支柱投资公募基金业务的准备工作，2018 年证监会指导基金行业推出养老目标基金，通过采用基金中基金（FOF）形式、目标日期或目标风险的投资策略、设置封闭期或最短持有期的运营方式等，提供个人养老投资的"一站式"解决方案。

根据《养老目标证券投资基金指引（试行）》，鼓励具备以下条件的基金管理人申请募集养老目标基金：①公司成立满 2 年；②公司治理健全、稳定；③公司具有较强的资产管理能力，旗下基金风格清晰、业绩稳定，最近三年平均公募基金管理规模（不含货币市场基金）在 200 亿元以上或者管理的基金中基金业绩波动性较低、规模较大；④公司具有较强的投资、研究能力，投资、研究团队不少于 20 人，其中符合养老目标基金基金经理条件的不少于 3 人；⑤公司运作合规稳健，成立以来或最近三年没有重大违法违规行为；⑥中国证监会规定的其他条件。

截至 2022 年 6 月底，共有 51 家基金公司参与发行养老目标基金。

（二）基金行业服务账户养老金的投资情况

1. 基本养老保险基金

截至 2021 年底，全国 31 个省（自治区、直辖市）都与全国社会保障基金理事会签署了《基本养老保险基金委托投资合同》，基本养老保险基金累计结存 63970 亿元，其中基金投资运营规模 1.46 万亿元①。

截至 2021 年底，社保基金理事会受托运营的基本养老保险基金权益总额为 14604.73 亿元。2021 年，基本养老保险基金权益投资收益额为 631.80 亿元，投资收益率 4.88%。基本养老保险基金自 2016 年 12 月受托运营以来，累计投资收益额 2619.77 亿元，年均投资收益率 6.49%②。公募基金在 21 家基本养老保险基金投资管理机构中占比为 67%，为基本养老保险基金的保值增值发挥了重要作用。

2. 企业年金

截至 2021 年底，公募基金公司管理企业年金组合 1342 个，占比 28.44%；管理企业年金基金规模 9395.46 亿元，占比 36.69%（见图 22-4）。

表 22-4 公募基金管理年金组合及规模（2021 年底）

公司名称	管理年金组合个数	管理组合资产规模（亿元）
海富通基金管理有限公司	87	645.59
华夏基金管理有限公司	177	1413.14
南方基金管理股份有限公司	176	1108.34
易方达基金管理有限公司	233	1563.86
嘉实基金管理有限公司	93	604.82
招商基金管理有限公司	57	471.43
富国基金管理有限公司	95	744.68
博时基金管理有限公司	104	623.08
银华基金管理股份有限公司	39	120.10
国泰基金管理有限公司	47	199.13
工银瑞信基金管理有限公司	234	1901.28

资料来源：人力资源和社会保障部：《2021 年度全国企业年金基金业务数据摘要》。

截至 2021 年底，企业年金公布投资业绩以来，15 年间取得了 7.17% 的年均收益率。公募基金在 22 家年金投资管理机构中占比 50%，为第二支柱弥补基本养老保障不足、提高职工养老保障水平提供了有力支撑。

3. 个人养老金（养老目标基金）

当前基金行业主要有目标风险基金及目标日期基金两种养老目标基金产品。从定义上看，目标风险基金旨在将基金的风险水平维持在某一恒定水平，主要通过改变权益、债券等资产配置比例实现。以风险等级为依据，基金可分为进取型、稳健型、保守型等风格；目标日期基金则以不同投资者的退休年龄为时间节点动态调整组合资产配置，随着退休日期临近，呈现权益类资产占比下降、固收类资产占比增加、基金风险等级降低趋势。目标日期策略旨在对应投资者生命周期及目标日期，通过调整大类资产比例，实现风格由"进取"向"稳健"再向"保守"转变的优化平衡。该基金系列均以日期命名，多以五年为一阶段，如 2030 年、2035 年分别指为 2030 年、2035 年退休的投资者设立的基金。

截至 2022 年 6 月底，共有 51 家基金公司发行的 179 只养老目标基金成立运作；总规模 1078.19 亿元，持有人户数为 302.40 万户。基本情况详见表 22-5 至表 22-7。

---

① 资料来源：中华人民共和国人力资源和社会保障部：《2021 年度人力资源和社会保障事业发展统计公报》。
② 资料来源：全国社保基金理事会官网：《全国社会保障基金理事会基本养老保险基金受托运营年度报告（2021 年度）》。

表 22-5　养老目标基金按基金类型划分

按基金类型划分	数量（只）	规模（亿元）
养老目标日期 FOF	79	175.24
养老目标风险 FOF	100	902.95
合计	179	1078.19

表 22-6　养老目标基金按持有期划分

按持有期划分	数量（只）	规模（亿元）
1 年	66	822.62
2 年	1	2.32
3 年	84	213.96
5 年	27	37.29
合计	178	1076.19

表 22-7　养老目标基金持有人户数

持有人	户数
养老目标日期 FOF	1247027
养老目标风险 FOF	1776964
总计	3023991

资料来源：Wind，规模截至 2022 年 6 月。

（1）采用目标日期策略的养老目标基金。截至 2022 年 6 月，有 35 家公司布局 79 只采用目标日期策略的养老目标基金产品，规模合计 175.24 亿元。从数量来看，华夏基金、工银瑞信基金布局 6 只养老目标基金，南方基金布局 5 只（见表 22-8）。

表 22-8　目标日期策略的养老目标基金在不同机构的分布情况

序号	管理人	数量（只）	规模（亿元）
1	华夏基金	6	41.96
2	工银瑞信	6	8.55
3	南方基金	5	12.41
4	嘉实基金	4	8.54
5	平安基金	4	14.39
6	银华基金	4	3.64
7	博时基金	4	0.50
8	汇添富	3	13.06

续表

序号	管理人	数量（只）	规模（亿元）
9	广发基金	3	2.15
10	中欧基金	3	14.47
11	易方达	3	7.04
12	景顺长城	3	0.81
13	华安基金	2	4.06
14	富国基金	2	2.81
15	建信基金	2	2.43
16	泰达宏利	2	3.21
17	鹏华基金	2	4.25
18	中银基金	2	0.47
19	农银汇理	2	2.62
20	中信保诚	2	0.95
21	交银施罗德	1	9.54
22	浦银安盛	1	0.14
23	民生加银	1	2.22
24	招商基金	1	2.39
25	华商基金	1	1.57
26	天弘基金	1	1.33
27	万家基金	1	0.96
28	大成基金	1	3.32
29	兴业基金	1	3.14
30	海富通基金	1	0.45
31	国泰基金	1	1.28
32	长城基金	1	0.25
33	国寿安保基金	1	0.10
34	华鑫基金	1	0.11
35	永赢基金	1	0.11

资料来源：Wind，规模截至 2022 年 6 月。

其中，布局数量前四的目标日期为 2040 年、2035 年、2045 年、2050 年，分别有 23 只 /17 只 /12 只 /10 只产品布局（见表 22-9）。

表 22-9　目标日期策略的养老目标基金不同期限的分布情况

目标日期（年）	2025	2030	2033	2035	2038	2040	2043	2045	2050	2055	2060	总计
产品数量（只）	4	7	1	17	1	23	1	12	10	2	1	79

资料来源：Wind，截至 2022 年 6 月。

（2）采用目标风险策略的养老目标基金。截至目前，有 45 家公司布局 100 只采用目标风险策略的养老目标基金产品，规模合计 902.95 亿元。其中，汇添富基金、华夏基金布局 5 只产品。从规模来看，交银施罗德基金、兴全基金、浦银安盛基金位居前三，规模分别为 215.94 亿元、114.04 亿元、68.74 亿元（见表 22-10）。

表 22-10　目标风险策略的养老目标基金在不同机构的分布情况

序号	管理人	数量（只）	规模（亿元）
1	汇添富	5	71.57
2	华夏基金	5	7.13
3	兴全基金	4	114.04
4	嘉实基金	4	46.23
5	南方基金	4	59.21
6	华安基金	4	45.94
7	广发基金	4	32.58
8	泰康资管	3	21.62
9	银华基金	3	7.48
10	长信基金	3	8.61
11	东方红资管	3	7.81
12	天弘基金	3	4.84
13	万家基金	3	9.29
14	中银基金	3	4.74
15	上投摩根	3	3.94
16	浦银安盛	2	68.74
17	民生加银	2	43.88
18	招商基金	2	38.73
19	富国基金	2	18.01
20	建信基金	2	19.01
21	华商基金	2	12.85
22	工银瑞信	2	2.90
23	易方达	2	3.59
24	泰达宏利	2	4.71
25	鹏华基金	2	2.27
26	银河基金	2	5.91
27	博时基金	2	3.44

续表

序号	管理人	数量（只）	规模（亿元）
28	海富通基金	2	2.55
29	国投瑞银基金	2	1.61
30	中加基金	2	0.86
31	上银基金	2	0.72
32	交银施罗德	1	215.94
33	平安基金	1	4.88
34	大成基金	1	0.44
35	申万菱信	1	1.40
36	国泰基金	1	0.50
37	景顺长城	1	0.90
38	长城基金	1	0.90
39	前海开源	1	0.65
40	国海富兰克林	1	0.61
41	安信基金	1	0.50
42	国寿安保基金	1	0.33
43	华宝基金	1	0.96
44	创金合信	1	0.10
45	国联安基金	1	0.00

资料来源：Wind，规模截至 2022 年 6 月。

（3）公募基金参与个人养老金的规定。2022 年 6 月 24 日，证监会下发《个人养老金投资公开募集证券投资基金业务管理暂行规定（征求意见稿）》（以下简称《暂行规定》），进一步明确了公募基金参与个人养老第三支柱的整体要求、产品管理、销售管理和监督管理等内容。

《暂行规定》对个人养老金可以投资的基金产品做出了规定，在运作安全、成熟稳定、标的规范、侧重长期保值等特征下，主要包括：最近四个季度末规模不低于 5000 万元的养老目标基金；投资风格稳定、投资策略清晰、长期业绩良好、运作合规稳健，适合个人养老金长期投资的股票基金、混合基金、债券基金、基金中基金和中国证监会规定的其他基金。

三、国外基金行业在账户养老金中的作用

从国际经验来看，基金行业已成为账户制养老金的基石。通过投资一系列证券，基金公司可以帮助账户资产争

取实现保值增值，提升未来养老金收入，且投资回报有可能远高于银行存款和债券。美国、加拿大、奥地利、卢森堡、挪威等国公募基金占账户养老金的比例均超过50%，其中，奥地利投资公募基金占其第二支柱账户养老金资产的比例高达98%[①]。

（一）美国共同基金行业与养老金

美国拥有完善的养老体系三大支柱，分别是：以养老及遗嘱保险（OASI）、残障保险（DI）为主的第一支柱；以401（k）、TSP计划、联邦及州政府DB计划为主的第二支柱；以IRAs为主的第三支柱。我们以典型的账户养老401（k）、IRAs为例，简要说明基金行业发挥的作用。

1. 美国401（k）与共同基金发展

401（k）计划是指美国1978年《国内税收法》新增的第401条k项条款的规定，1979年得到法律认可，1981年又追加了实施规则。401（k）计划主要面向私营企业部门，企业为职工建立个人账户，雇主承担大部分缴费，雇员可以选择自愿附加缴费，但账户每年缴费有上限。养老计划管理机构可提供多种投资方案，方案选择由职工自己决定。

2006年《养老金保护法案》公布，确定了默认投资选择机制（Qualified Default Investment Alternative，QDIA），规定如果养老金账户拥有者并未对投资策略做出选择，系统自动默认将资金投入规定的基金当中，同时满足一定条件的雇主为未选择投资计划的雇员选择QDIA，可以免除受托责任。QDIA并未规定具体投资产品，规定了四类投资参与机制，包括生命周期基金、专业管理账户、平衡基金、资本托管产品，由此带动401（k）计划养老金投资共同

基金比例的提升。目前，美国超过一半的401（k）计划参与者持有目标日期基金（最常见的默认投资策略选项），超过1/4的401（k）计划资产投资于目标日期基金。

2021年，美国第二支柱DC计划规模为10.98万亿美元，持有共同基金6.4万亿美元，比例高达58%。其中美国401（k）计划有7.7万亿美元，持有共同基金5万亿美元。其中，股票型基金占比60%，混合型基金（含养老目标基金）占比28%，债券型基金占比10%。

2. 美国IRAs与共同基金发展

美国于1974年通过了《雇员退休收入保障法案》，首次提出IRAs的概念，面向所有纳税人，特别是中等收入群体及个体经营者建立个人退休账户。投资管理方面，IRAs账户所有人具有完全的投资自由度并承担投资风险，可委托金融机构投资于银行存款、共同基金、人寿年金以及股票、债券等各类产品。

从IRAs投资情况来看，经过40多年的发展，共同基金成为IRAs投资的最主要方向之一。1980年左右，IRAs持有银行存款超过80%，参与者多数在银行开设账户。随着存款利率下行，共同基金优势凸显，2000年IRAs持有共同基金占比达到48%，之后基本保持在45%~50%，2021年底IRAs总规模13.9万亿元，其中持有共同基金6.2万亿美元[②]。与拥有默认投资选择机制的401（k）不同，IRAs持有人拥有完全投资选择权并由个人承担全部投资风险，因此投资偏好较401（k）保守，混合型基金（含养老目标基金）和债券型基金占比分别低于和高于401（k）计划（见图22-1）。

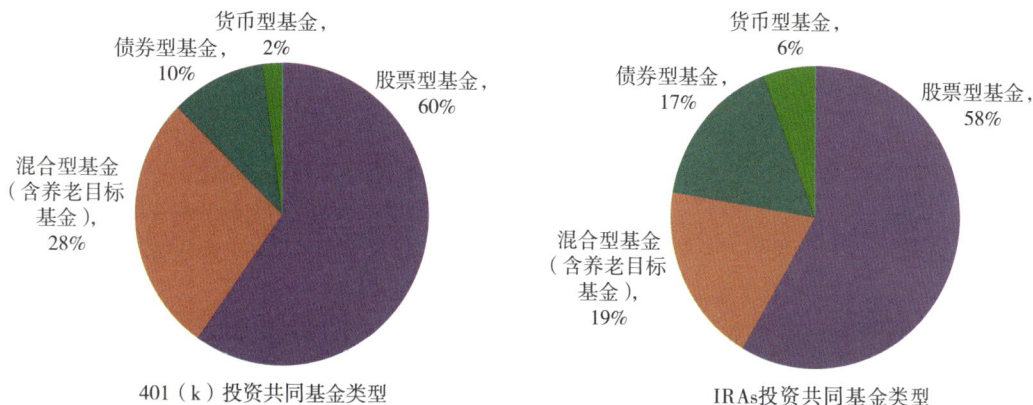

图22-1　美国401（k）、IRAs投资的共同基金类型及比例

资料来源：ICI美国退休市场2021年4季度末数据摘要。

---

① IIFA：《更充足的养老金，更美好的生活：基金助力个人养老储备、减轻政府财政压力》报告。
② 美国ICI协会，Investment Company Fact Book 2022。

（二）日本基金行业与账户养老金

日本养老保障制度由三个层次组成。第一层是国民年金（基础年金），日本法律规定凡处于法定年龄段的国民均须加入国民年金；第二层是与收入关联的厚生年金，在参加国民年金的基础上，企业雇员和公务员需要加入厚生年金；第三层则是不同类型的企业年金和个人养老计划，企业与个人可自由选择加入。第一层和第二层由政府运营且有强制色彩，合称为公共养老金；第三层称为企业、私人养老金。

随着少子老龄化的不断加深，为了保证国民退休后更舒适的生活，2001年日本政府颁布的《缴费确定型年金法案》设立了个人缴费确定型养老金计划（iDeCo），主要特点是居民自愿加入、向特定运营管理机构缴纳保险金、自主选择产品。

iDeCo的个人账户采用的是信托管理结构，纳入核准名单的金融机构负责个人账户的管理与投资产品引入，同时有四家信息服务机构负责个人账户的信息记录保存与通知、交易指令的汇总与投资产品管理机构的信息交互及支付金额的核定等工作。

个人账户下的投资产品分为存款、保险和投资基金三大类型。针对投资基金，国民年金基金协会定义不同的基金大类并在每一类型下设置相对应的细分基金产品，针对每一只细分基金产品，国民年金基金协会通过委托投资的模式将产品交由专业的基金公司进行管理，个人账户的管理机构根据基金分类进行对应的基金产品引入。

从国民年金基金协会公布的2015~2017年的统计数据来看，在iDeCo总资产规模中，基金在三年间的占比分别为35%、34%和35%。同时，日本个人养老金投资者对权益投资认可度高，境内股票型、境外股票型和混合型基金在投资基金规模中合计占比超70%，且在iDeCo总资产中平均占比达到25%以上，是iDeCo参与者进行基金投资的主要配置品种。

四、招商基金服务账户养老金的实践案例

招商基金是为数不多的同时具有全国社会保障基金、基本养老保险基金、企业年金基金、职业年金基金等投资管理人资格的基金公司之一。招商基金始终以"为投资者创造更多价值"作为存在与发展的使命，打造专业养老金投资能力，积累了丰富的账户养老金投资管理经验，展现了优秀的养老金投资管理能力。下文简单介绍招商基金在账户养老金中的投资管理实践。

（一）养老金投资理念

招商基金自2006年首个企业年金投资组合市场化运作以来，围绕稳健投资理念，依靠多元化的投资能力，确定投资目标。通过合理的投资策略进行资产配置，坚持基本面投资，定性和定量相结合，价值和成长相结合，自上而下与自下而上相结合。在市场大幅波动的环境下，力争获得超额收益，追求实现安全性和收益性的更好结合。

以权益类资产为例，招商基金投资理念是基于基本面的研究，通过对企业未来盈利的成长性分析和现金流的分析，发现价值暂时被市场低估，具有良好长期成长前景的股票，通过投研互动、策略转换，从而争取为资产委托人带来持续稳定的超额收益。

（二）投研体系及决策流程

招商基金投资体系通过研究驱动投资，强化投资纪律，同时通过长效的考核机制来保障投资经理风格稳定，使投资风格和投资理念能够有效的传承和发展，为管理好企业年金资产打下良好的基础。

公司采用由投资决策委员会领导下的团队投资的决策机制。投资决策和执行的基本原理是分级管理、明确授权、规范操作、严格监控。纵向条线，在公司投资决策委员会下设单一核心资产投资决策委员会（包括权益投决会、固定收益投决会、另类资产投决会和多资产投决会），投决会投资风险管理委员会，以及投决会产品策略委员会。横向条线，单一核心资产投决会根据业务类型设立公募投资管理委员会、养老金投资管理委员会、国际业务投资管理委员会，以及专户投资管理委员会，根据专业资产投决会的决策和要求，负责相关策略的执行和监督。

1. 制定资产配置策略

公司投资决策委员会每月召开一次定期会议并根据市场或突发状况召开临时会议。会议根据投资团队提供的投资策略报告、上期投资绩效检讨报告及投资风险管理团队提供的风险评价与绩效评估报告等资料，在充分讨论的基础上，制定未来1~3个月内的投资策略及重大事项报告。

在定期或临时召开的公司投资决策委员会基础上，由随后召开的养老金投资决策委员会确定养老金投资的大类资产配置比例、不同行业配置比例等。

2. 构建投资组合

投资经理在运行实际组合前，将通过模拟组合的方式进行验证和评估。模拟组合分为股票模拟组合和债券模拟组合，投资经理在模拟组合的基础上会根据其个人的投资特征，对研究员的研究提出一些个性化需求及建议，进而

逐步构建个性化的模拟组合。模拟组合、个性化组合在接受事前、事中、事后风险检验的过程中逐步完善，为后期可能进入实盘操作做铺垫。实际投资组合运作中也会被实时监控。

3. 定期检讨投资绩效

投资方案执行完成后由数量分析人员定期对基金或委托资产投资组合进行风险监控和事后绩效评估；各投资经理在数量分析人员分析结果的基础上对当期基金或委托资产投资情况进行总结和检讨；相关投资部门定期根据宏观经济情况、资本市场走势、组合风险监控、业绩评估、排名情况、绩效检讨等内容进行汇总和分析，形成下一阶段投资策略建议，并以投资策略报告的形式向投资决策委员会提交，以供投资决策委员会使用。

（三）投资风控体系

招商基金执行的是全流程风险管理体系，根据公司风险管理相关制度，公司建立了以风险指标为主、组合为纲、流程管理为依托的风险管理体系，对风险的管理能够更好实现最终的事前、事中、事后的有效控制，基于完善的内部控制治理结构、全面的风险管理制度和严格的风险执行手段实现自上而下控制和自下而上的反馈。

在制度层面，公司建立了内控制度、投资风险管理制度以及各类业务风险管理细则等不同层级风险管理制度，并根据市场和业务的变化，不断更新和补充，构建起全面的风险管理制度体系。

在治理结构层面，风险管理委员会是公司总经理办公会下设的专业委员会，是公司风控合规管理的议事决策机构，履行公司全面风险管理职能。风险管理部和法律合规部作为风险管理的专职职能部门，负责对投资运作过程进行独立制约和监督。此外，各部门都设置了合规专员，负责所在部门将各项业务风险的管理工作落到实处。

在执行层面，公司风险管理委员会及风控合规部门定期跟踪法律法规、监管政策的变化，根据公司风险管理总体策略，制定相关风险管控措施，推动公司战略落实；识别、评估公司各业务所涉及的各类风险，制定风险化解方案；识别和评估新产品、新业务的新增风险，制定风险控制措施；指导、协调和监督各部门开展风险管理工作及风险自查。此外，监察审计部负责开展稽核、审计工作，监督公司内部管理制度的健全性和有效性，督促公司内部管理制度的有效执行。

（四）丰富的养老金产品及养老目标基金

招商基金在养老金产品线研发方面实现全类型覆盖，

截至 2022 年 6 月 30 日，设立 27 只养老金产品，已运作 26 只，固收、货币、股票、非标型产品特色鲜明，为资产配置提供强有力支持，可以满足企业年金、职业年金客户投资管理、资产配置、流动性管理需要。在养老目标基金方面，截至 2022 年 6 月 30 日，已发行养老 FOF 基金产品 3 只，合计规模超 40 亿元，涵盖目标日期基金、目标风险基金类型。

五、基金行业在账户养老金管理中的挑战与前景

虽然基金行业在账户养老金管理中已经取得了良好的成绩，但目前仍面临一些制度和业务发展层面的挑战。同时，结合前文的梳理和分析，对基金行业在账户养老金管理的前景进行展望，提出参考建议。

（一）基金行业在账户养老金管理中面临的挑战

1. 第二支柱企业年金和职业年金，仍有发展空间

经过多年发展，我国第二支柱企业年金、职业年金发展迅速。截至 2021 年底，全国有 11.75 万户企业建立企业年金，参加职工 2875 万人，企业年金投资运营规模 2.61 万亿元，当年投资收益额 1242 亿元。除西藏外，全国 30 个省（区、市）、新疆生产建设兵团和中央单位职业年金基金累计投资运营规模约 1.79 万亿元，当年投资收益额 932.24 亿元[①]。建立企业年金的企业数为 11.75 万个，与全国数以千万计的企业总量相比仍较少。企业年金的覆盖人数仅为 2875 万人，在城镇职工参保人数 4.89 亿人中仅占 5.9%。从美国经验来看，2021 年底第二支柱规模达到 20.6 万亿美元，约为中国第二支柱（企业年金、职业年金基金累积 4.4 万亿元人民币）的 30 倍。从 GDP 占比来看，中国企业年金、职业年金占 2021 年 GDP 比例约 4.34%，美国第二支柱占 GDP 比例约为 89.8%。第二支柱作为完全积累的账户养老金，在扩大覆盖企业和人群、税收优惠等方面，仍需政策的支持。

2. 第二支柱年金基金尚未放宽个人投资选择权

目前企业年金和职业年金基金采取集中决策模式，个性化需求无法满足。在投资方式上，采用专户管理模式，同一个组合采取同样的资产配置策略。投资风格上，更多考虑中年和临近退休职工等风险承受能力较低人群，投资风格趋向保守。年金计划的参与职工目前多数没有个人投资选择权，因而无法最大化不同年龄人群投资效用，例如年轻人配置较高比例权益资产，老年人配置较高比例固定收益类稳健资产，且投资范围仅限境内资产、港股，尚不

---

① 资料来源：中华人民共和国人力资源和社会保障部官网。

能投向境外市场和股权基金。投资行为上，年金基金面临短期考核导致投资周期偏短的问题。基金公司作为投资管理人既要追求绝对收益又要兼顾短期相对排名，实践长期投资理念面临考验。

3. 第二、第三支柱尚未衔接，难以带动个人养老金增量

第二、第三支柱均为完全积累的账户养老金，在属性上非常接近。企业年金、职业年金发展迅速，但是职工在更换工作时，企业年金或职业年金的转移接续仍然有一定难度。在《国务院办公厅关于推动个人养老金发展的意见》（国办发〔2022〕7号）中已经提出，推动发展适合中国国情、政府政策支持、个人自愿参加、市场化运营的个人养老金，与基本养老保险、企业（职业）年金相衔接，实现养老保险补充功能，协调发展其他个人商业养老金融业务，健全多层次、多支柱养老保险体系。目前，第二和第三支柱的衔接问题，主要是制度设计、税收优惠、业务系统等方面的衔接，未来需要着重解决。

根据美国IRAs发展经验，规模的增长很大程度上得益于美国完善的第二支柱体系，以及账户执行灵活的转移制度。根据ICI 2019年数据，传统IRAs净流入共5558亿美元，其中5357亿美元来自雇主支持计划转入，占比96.4%。

若是可以允许职工在转换工作时，从具有年金计划的单位更换至没有年金计划的单位，可以将第二支柱积累的养老金转存至第三支柱个人养老金，将快速扩大个人养老金账户的资金来源，并提高养老金管理的效率和个人参与养老财富积累的积极性，也能够提高个人投资公募基金的规模，进而推动基金行业的发展。

4. 第三支柱个人养老金账户刚刚起步，发展尚需时日

第三支柱个人养老金处于起步阶段，商业模式、制度设计尚在探索。投资者个人养老投资理念尚未形成，金融素养有待提高。我国居民大部分仍有待提升和树立合理资产配置和长期投资的理念，缺乏对自身的风险承受能力的了解判断，对跨周期资产配置的认识不足，在养老规划方面的认知水平整体较低。依托长期投资来进行养老的理念仍相对薄弱，居民对于养老目标基金等公募基金产品在养老保障方面助力长期增值的作用了解不多。

（二）基金行业在账户养老金管理中的前景及建议

1. 发挥专业优势，助力账户养老金资产长期保值增值

公募基金公司作为专业的资产管理机构，具备成熟的投研理念、严格的风控体系、完善的投资决策机制，形成了行业特色的资源禀赋，特别是在账户养老金投资管理中承担了主力军作用。基金行业需要秉承"价值投资、长期投资、稳健投资"理念，与保险、银行等专业金融机构深入合作，发挥专业优势，共同推动中国账户养老金资产保值增值。比如基金行业可以发挥主动管理核心优势，把握大类资产配置机会，为账户养老金创造长期收益来源；基金行业加强对境内外市场研究，拓宽对全球大类资产研究深度和覆盖广度，为未来账户养老金开展境外投资做好准备等。

2. 加快产品创新，开发针对账户养老金投资需求的产品

结合账户养老金长期性、封闭性、投资频次高等特点，基金行业更应该加大创新力度，推出符合账户养老金投资需求的机制和产品。《个人养老金投资公开募集证券投资基金业务管理暂行规定（征求意见稿）》从多个方面引导基金行业开展机制和产品创新：产品投资管理方面，强调基金管理人要"结合个人养老金投资基金业务特点，坚持长期投资、价值投资""保持清晰、稳定的投资风格，合理控制投资组合与业绩比较基准的偏离"；产品运作方面，提出通过"定期分红、定期支付、定额赎回等，鼓励投资人长期领取行为"，以及通过"红利再投资、豁免申购限制、豁免销售费用等鼓励长期投资行为"；业绩考核方面，要求"建立长周期考核机制，对个人养老金投资基金业务、产品业绩、人员绩效的考核周期不得短于5年"。

3. 打造养老专业投顾，服务账户养老金业务蓝海

账户养老金，特别是个人养老金账户制度刚刚起步，国内投资者对其比较陌生，面对复杂的金融产品和贯穿生命周期的特点，需要专业投顾的支持。基金行业可针对账户养老金投资参与客户体量大、单次购买金额小、购买频次高、长期投资等特点，细分不同客户养老需求，形成多元化、多层次的投顾服务体系。

基金行业可依托现有投顾业务建立专门的"养老投顾业务"体系。目前，基金投顾业务刚刚起步，多家机构参与试点，需要根据投资者的个人信息、画像，组建专门的养老投顾团队，借助智能投顾等新技术，创新提供专门的个性化投顾组合或产品，提高个人的参与感、获得感，满足多元化、差异化的养老投资需求。

4. 加强养老投资教育，提高个人养老金融素养

我国虽然已经初步建立多层次的养老保险体系，但是公众对于账户养老金的认知基础仍然相对薄弱。特别是在个人养老金上，我国居民对养老目标日期基金、养老日标风险基金等缺乏认知，个人自主投资养老的意识更加匮乏。

基金行业需积极主动作为,在监管部门及行业协会指导下,借助营销渠道、APP、基金销售平台等线上线下宣传渠道,持续开展养老金融知识宣传教育,提高公众对账户养老金机制及养老金融产品的认知。

通过金融科技驱动作用,加大养老金融投教力度。在数据和技术的驱动作用下,互联网和金融科技更加快速融合与发展。金融科技推动金融机构业务融合,提高了大众获取金融服务的便利性,在养老金融投资者教育方面具有天然优势。基金行业应当结合新型媒体手段,打破传统思维,普及养老金融理财知识,降低养老金融投教的成本,有效提高金融教育效果。公募基金行业需要通过长期、不懈的投教工作,引导个人投资者建立定期储备、价值投资、合理配置的长期养老投资理念,助力账户养老金的健康发展。

分报告二十三

发挥基金公司专业优势，助力个人养老金健康发展

一、海外个人养老金投资产品发展概况

世界银行于 1994 年首次提出养老金三支柱体系的思想和建议。随后，在世界范围内，多支柱的养老金制度体系受到研究者和政策制定者的普遍重视，由社会基本养老保险、雇主养老金和个人养老金为基本核心构成的三支柱模式得到广泛发展，成为全球范围应对老龄化危机的普遍选择。

个人养老金通常分为个人养老金账户模式和延税型金融产品模式，美国、加拿大、韩国、澳大利亚、新西兰、法国、日本等绝大多数国家和地区都是采取的个人养老金账户模式，只有少数国家、地区采取延税型金融产品模式。加拿大于 1957 年实施注册退休储蓄计划（RRSP），是世界上首个实施个人养老金账户制度的国家。1974 年，美国国会颁布福特总统签署的《雇员退休收入保障法案》，该法案提出建立个人养老金账户制度（IRAs），该制度很快成为个人养老金账户制度的典范，美国也成为个人养老金规模最大、发展得最好的国家。

美国拥有全球规模最大的个人养老金，2021 年其养老金资产规模高达 13.9 万亿美元。各国个人养老基金投资规模占 GDP 比重差异较大，头部国家占比可达 30% 以上。

目前，我国个人养老金尚处于起步阶段。截至 2021 年底，个人税收递延型商业养老保险试点保费收入约为 6.3 亿元，仅覆盖 5 万多参保人。即使算上养老目标证券投资基金（该产品当时尚不能享受税收优惠）1000 亿元左右的规模，占 GDP 的比重不到 0.1%，未来发展空间巨大。

（一）海外个人养老金账户制下投资产品的发展现状

1. 美国个人养老金账户投资产品的发展现状

截至 2021 年底，美国个人养老金账户总规模 13.9 万亿美元，最近十年的年均复合增速达到 10.44%（见表 23-1）。

表 23-1 2000~2021 年美国个人养老金账户规模

年份	美国个人养老金账户规模（十亿美元）
2000	2629
2001	2619
2002	2532
2003	2993
2004	3299
2005	3425
2006	4207
2007	4748
2008	3681
2009	4488
2010	5029
2011	5153
2012	5785
2013	6819
2014	7292
2015	7477
2016	8015
2017	9439
2018	9135

续表

年份	美国个人养老金账户规模（十亿美元）
2019	10949
2020	12333
2021	13913

资料来源：美国投资公司协会（ICI）官方网站。

从结构上来看，传统型 IRAs 是美国个人养老金账户的主要组成部分，2021 年底规模达 11.8 万亿美元，占比达到 85%；其次是罗斯型 IRAs，规模 1.3 万亿美元，占比 10%；SEP&SAR-SEP 及 SIMPLE 等雇主发起型 IRAs 规模合计 0.79 万亿美元，占比 5%（见图 23-1 和图 23-2）。

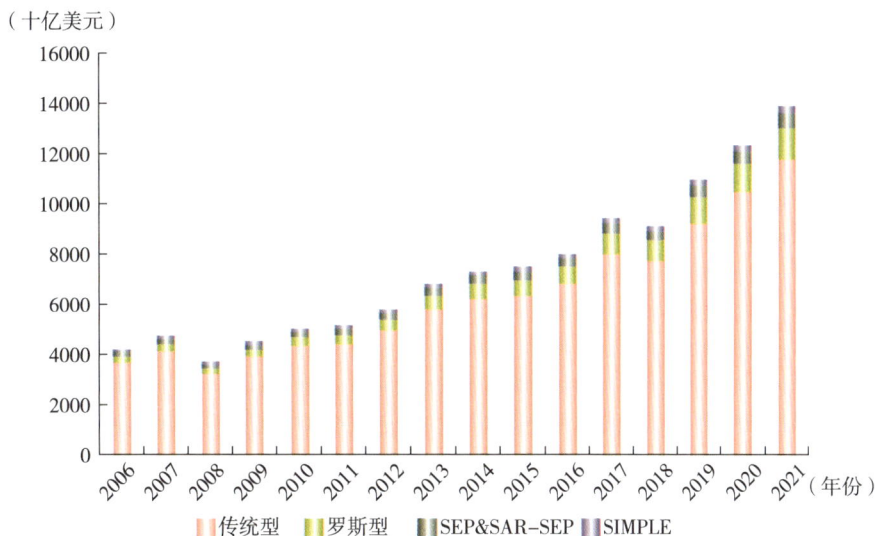

图 23-1　美国个人养老金账户发展情况

资料来源：美国投资公司协会（ICI）官方网站。

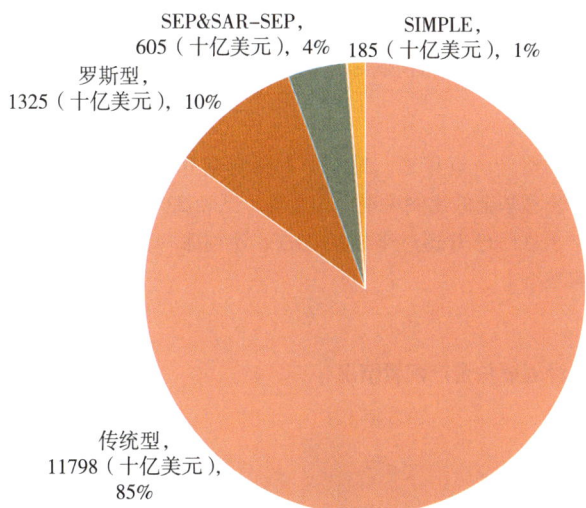

图 23-2　2021 年美国个人养老金账户结构分布

资料来源：美国投资公司协会（ICI）官方网站。

美国个人养老金账户制度是一个由政府通过税收优惠政策发起、个人自愿建立的养老金计划，其目的是方便个人储备退休金，个人缴费进入个人养老金账户后，可以用来购买托管机构允许买卖的金融产品，包括银行存款、银行理财产品、基金、股票、债券、常规衍生品、寿险公司的年金产品等。

从美国个人养老金账户投资情况来看，经过 40 多年的发展，共同基金、证券及其他资产成为个人养老金账户投资的主要方向（见表 23-2 和图 23-3）。① 1975 年以来，共同基金逐渐成为个人养老金账户投资的主要产品类型，2000 年个人养老金账户持有共同基金占比达到 48%，之后基本保持在 45%~50%，在个人养老金账户资产中占据半壁江山，2021 年底个人养老金账户持有共同基金 6.2 万亿美元。② IRAs 投资存款和寿险资产的比例自 20 世纪 80 年代以来持续下降。两者占比合计从 80 年代初的九成左右下降至 2021 年底仅不到 9% 的比例，规模合计 1.24 万亿美元。③个人养老金账户投资证券及其他资产的比例持续扩大。

1980 年以来，个人养老金账户持有的证券及其他资产的规模和占比持续扩大，从 1981 年的占比仅 10% 已经提升至 2021 年底的 46.43%，对应规模 6.46 万亿美元。

表 23-2　美国个人养老金账户的资产分布占比　　　　　　　　单位：%

年份	公募基金	银行存款及银行理财产品	寿险公司的年金产品	其他资产（包括股票、债券等）
1975	1	72	24	2
1980	3	82	10	5
1990	22	42	6	29
2000	48	10	8	35
2010	48	9	6	37
2020	44	6	4	46
2022 年第一季度	44	5	4	47

资料来源：美国投资公司协会（ICI）官方网站。

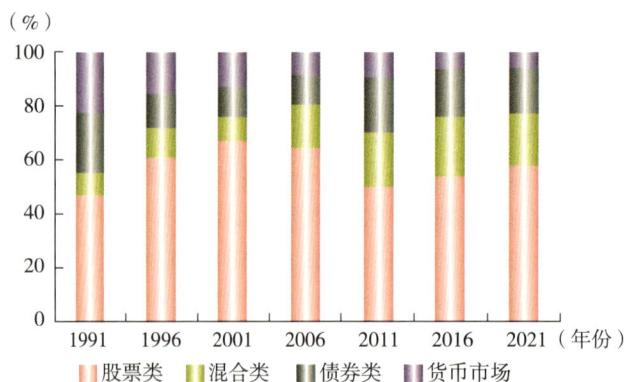

图 23-3　美国个人养老金账户投资共同基金结构偏好

资料来源：美国投资公司协会（ICI）官方网站。

2. 日本个人养老金投资产品的发展现状

日本第三支柱养老金主要由两大部分组成，分别是 iDeCo 计划（个人 DC 型计划）和 NISA 计划（个人储蓄账户计划）。日本的 iDeCo 计划允许资金投资于保险、公募基金和存款等，投资者能以股票类公募基金的方式投资权益类资产。近年来，日本个人养老金 iDeCo 计划账户配置公募基金的比例呈现上升之势（见表 23-3），截至 2021 年 3 月底已有超过半数的 iDeCo 计划账户资金配置到公募基金上。

表 23-3　日本个人养老金 iDeCo 计划账户资产配置情况　　　　　　　　单位：%

类型	2018 年 3 月	2019 年 3 月	2020 年 3 月	2021 年 3 月
存款	37	36	36	31
保险	23	20	18	13
公募基金	40	44	46	55
现金	0.3	0.4	0.5	0.5

资料来源：日本养老金运营管理机关联络协议会官方网站。

日本养老金第三支柱的另一组成部分——NISA 计划账户只能投资于被允许购买的海内外的股票、投资信托、ETF 和 REITS。截至 2020 年 3 月底，NISA 计划账户中投资比例股票为 41.53%、投资信托为 55.74%、ETF 为 1.91%、REITS 为 0.98%，权益投资比例较高。NISA 计划的权益投资比例比 iDeCo 计划的权益投资比例更高的一个主要原因是 iDeCo 计划账户中有接近 46% 的现金存款，而 NISA 账户主要用于购买金融投资产品；另一个原因是 iDeCo 计划账户中保险所占投资比例大约为 20%，然而 NISA 账户不可用于购买保险类资产。

（二）海外个人养老金投资产品发展小结

1. 个人养老金发展推动基金公司产品创新

从海外情况看，随着个人养老金账户和基金行业的发展，市场上涌现出越来越多的公募基金产品，提高了个人配置养老金的难度。美国富达基金于 1996 年 10 月推出第一只目标日期基金——富达自由基金（Fidelity Freedom Fund），目标日期基金的诞生解决了投资者选不对、不好选、选择困难、配置积极性低等"痛点"。目前，目标日期基金已成为美国最受欢迎的个人养老金投资品种之一。可以说，个人养老金不仅推动了基金公司业务发展，基金公司也通过金融创新解决了个人在养老金投资选择上的痛点。

2. 权益类资产逐渐受到个人养老金青睐

美国个人养老金账户制度刚实施时，大部分民众选择在银行开设个人养老金账户，绝大多数资金投入到了银行存款及银行理财产品中，在 1981 年近 80% 的资金投资于银行存款及银行理财产品中，投资共同基金与证券等其他资产的部分仅有 10%。随着美国资本市场的发展和投资者理财技能的成熟，个人养老金账户投资呈现多样化趋势，投资与权益类资产的比例大幅提升。到 1990 年，投资于共同基金与证券等其他资产的部分超过 50%，而到 2021 年底这一比例已经上升至 90%。日本第三支柱的发展也呈现了类似的趋势，投资于公募基金的比例不断提升。

资产类别偏好上，在美国个人养老金账户持有的共同基金中，股票类占主导。可以看到，股票型基金一直是个人养老金账户所持基金中占比最高的一类，基本保持在六成左右，尽管 2008 年金融危机前后股票类占比有所下降，不过近十年来股票类占比继续回升。截至 2021 年底，美国个人养老金账户所持共同基金中，股票型、混合型、债券型、货币市场基金分别占比 58.3%、19.3%、16.5%、5.89%。

另外，指数型基金及养老目标基金也是养老金配置的重要方向。截至 2021 年底，美国个人养老金账户所持共同基金中，目标日期基金、目标风险基金、指数型基金分别占比 5.41%、1.88% 和 15.06%，合计占比 22.35%（见图 23-4）。

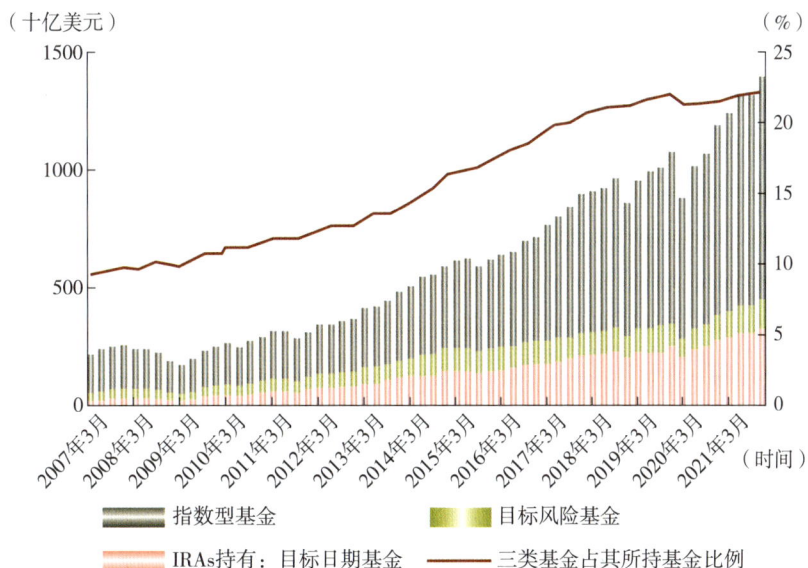

图 23-4　美国个人养老金账户持有的指数型基金及养老目标基金占比不断提升

资料来源：美国投资公司协会（ICI）官方网站。

这些趋势证明在长期维度下，投资权益资产能够有效抵御通胀，助力实现养老资产保值增值的投资目标。

3. 管理规模效应下公募基金费率水平不断下降

个人养老金的普惠性需要以及不断发展的规模效应都为相关投资产品的管理费率带来下行空间。2000 年以来，美国个人养老金账户规模的快速扩大驱动共同基金的费率在 20 年间从 1% 下降至 0.4% 左右，下降幅度超过一半。这一方面是美国公募基金产品费率的不断下降，另一方面是被动指数型公募基金产品越来越受到投资者的欢迎。而对比当前中国市场，以公募基金为例，股票型与偏股混合型公募基金的管理费率主要在 0.7%~2.0%，债券型与偏债混合型公募基金的管理费率主要在 0.15%~1.2%，指数型公募基金的管理费率主要在 0.15%~1.5%，加权整体费率在 1% 以上，与美国共同基金相比，整体费率水平明显较高。随着我国个人养老金规模的不断发展以及市场竞争的不断增强，也有望驱动我国公募基金产品费率的不断下行。

二、我国个人养老金投资产品发展概况

我国一直在积极探索建立符合国情的多层次、多支柱养老保险体系。早在 1991 年就提出个人养老金概念，《国务院关于企业职工养老保险制度改革的决定》（国发〔1991〕33 号）指出："逐步建立起基本养老保险与企业补充养老保险和职工个人储蓄性养老保险相结合的制度。"2018 年 4 月 12 日，财政部、税务总局、人力资源和社会保障部、中国银行保险监督管理委员会、证监会联合发布《关于开展个人税收递延型商业养老保险试点的通知》（财税〔2018〕22 号），规定在上海市、福建省（含厦门市）和苏州工业园区试点个人税收递延型商业养老保险。

2022 年 4 月 21 日，国务院办公厅发布《关于推动个人养老金发展的意见》（国办发〔2022〕7 号）（以下简称《意见》），由此标志着我国个人养老金正式启航。《意见》规定"个人养老金资金账户资金用于购买符合规定的银行理财、储蓄存款、商业养老保险、公募基金等运作安全、成熟稳定、标的规范、侧重长期保值的满足不同投资者偏好的金融产品，参加人可自主选择"。

（一）个人税收递延型商业养老保险发展情况

根据《个人税收递延型商业养老保险产品开发指引》（银保监发〔2018〕20 号）规定，税延养老保险产品积累期养老资金的收益类型，分为收益确定型、收益保底型、收益浮动型，分别对应 A、B、C 三类产品。

A 类产品，即收益确定型产品，是指在积累期提供确定收益率（年复利）的产品，每月结算一次收益。B 类产品，即收益保底型产品，是指在积累期提供保底收益率（年复利），同时可根据投资情况提供额外收益的产品，每月或每季度结算一次收益。根据结算频率不同，分为 B1 类产品（每月结算）和 B2 类产品（每季度结算）。C 类产品，即收益浮动型产品，是指在积累期按照实际投资情况进行结算的产品，至少每周结算一次。

从发展情况来看，个人税收递延型商业养老保险自 2018 年 5 月 1 日开展试点以来，效果欠佳。2018~2021 年税延型养老保险试点产品累计保费分别为 0.7 亿元、2.5 亿元、4.3 亿元和 6.3 亿元，截至 2021 年底仅覆盖 5 万多参保人。

（二）养老理财产品发展情况

2021 年 8 月 31 日，银保监会发布《关于开展养老理财产品试点的通知》，允许工银理财、建信理财、招银理财、光大理财四家银行理财公司分别在武汉、成都、深圳、青岛四地开展养老理财试点。2022 年 2 月 25 日，银保监会发布《关于扩大养老理财产品试点范围的通知》，将试点地区扩大至北京、沈阳、长春、上海、武汉、广州、重庆、成都、青岛、深圳十地，试点机构扩大至十家理财公司。根据普益标准金融数据平台的数据显示，截至 2022 年 6 月底，养老理财共发行 25 只产品，规模合计 574.37 亿元，主要以固收类产品为主，具体产品情况如表 23-4 所示。

表 23-4　银行养老理财产品情况

项目	固定收益类（不投权益）	固定收益类（固收＋）	混合类	合计
规模（亿元）	21.07	476.97	76.33	574.37
成立以来加权平均年化收益率（%）	5.24	3.69	5.93	4.41

资料来源：普益标准金融数据平台。

（三）养老目标证券投资基金发展情况

相对来说，养老目标证券投资基金发展得更好。2018年3月2日，证监会发布《养老目标证券投资基金指引（试行）》（中国证券监督管理委员会公告〔2018〕2号），从产品类型、投资策略、投资比例及运作方式、基金管理人及基金经理要求、适当性安排等方面对养老目标证券投资基金的推出进行了详细安排。根据Wind统计数据，截至2022年6月底，养老目标证券投资基金规模合计1103.90亿元，目标风险型养老目标证券投资基金规模为921.13亿元，占比达83%；目标日期型养老目标证券投资基金规模为182.77亿元，占比17%（见图23-5）。

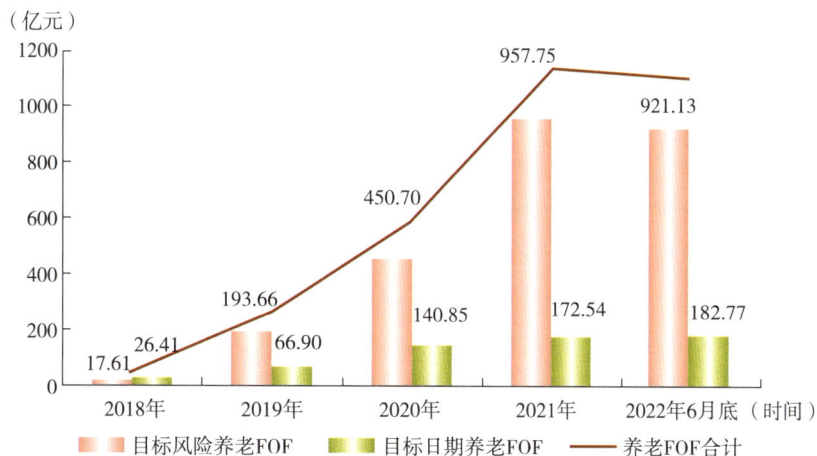

图23-5　我国养老目标证券投资基金发展情况（数据截至2022年6月底）

资料来源：Wind。

养老目标证券投资基金的发展呈现如下方面的特征。

第一，养老目标证券投资基金2019年发展最为迅速。主要是基金公司为满足产品线布局，发行养老目标证券投资基金较多（见图23-6）。

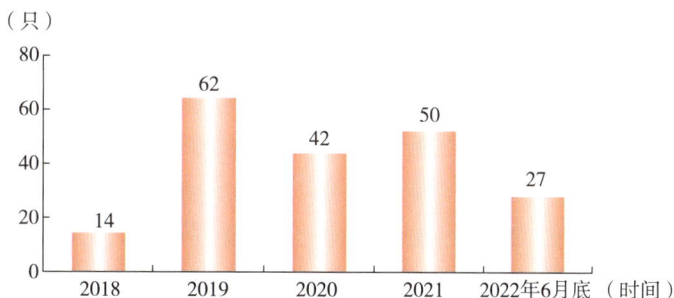

图23-6　养老目标证券投资基金发行节奏

资料来源：Wind。

第二，从产品类型看，目标日期型养老目标证券投资基金过往一年年化收益率出现负值，由此导致养老目标基金过往一年收益率出现负值，但其成立以来、过往三年年化收益率均显著好于目标风险型养老目标证券投资基金，养老目标证券投资基金成立以来、过往三年也取得了较好的投资收益率。养老目标证券投资基金成立以来年化收益率为4.59%，小幅跑赢银行养老理财产品成立以来平均水平（4.41%）（见表23-5）。

表 23-5 不同类型养老目标基金的投资收益率（截至 2022 年 6 月底） 单位：%

基金类型	最近一年年化收益率	最近三年年化收益率	成立以来年化收益率
目标日期型养老目标证券投资基金	-4.46	13.68	9.85
目标风险型养老目标证券投资基金	0.50	6.40	3.54
养老目标证券投资基金	-0.52	8.15	4.59

资料来源：Wind。

第三，我们选择 2019 年发行的 62 只养老目标证券投资基金（不同份额分开计算），这些基金大多运作已满三年，来看看这些基金的长期投资收益率。

从表 23-6 中可以看出，由于锁定期拉长，而不用担心短期资金赎回的压力，这样就给投资经理更大发挥空间，可按照一贯的理念进行投资管理操作，能更好地贯彻长期投资的理念，从投资结果来看，持有期限较长的养老目标证券投资基金规模长期收益率则更高，五年持有期的养老

目标证券投资基金过往三年平均年化收益率比一年持有期的养老目标证券投资基金高出 8.31 个百分点，不过其规模占比仅为 4.20%，而一年持有期的养老目标证券投资基金投资收益率不太理想，但规模占比高达 78.71%。从以上结果来看，个人投资者对持有期限短的中低风险产品接受度更高，但不利于充分发挥养老金长期资金的属性提高收益。

表 23-6 2019 年发行的 62 只养老目标证券投资基金的加权平均年化收益率

锁定期	截至 2022 年 6 月底规模（亿元）	成立以来加权平均年化收益率（%）	过往三年平均年化收益率（%）
一年持有期	406.67	5.71	6.14
三年持有期	87.88	11.76	12.96
五年持有期	21.60	13.91	14.45

资料来源：Wind。

第四，养老目标证券投资基金已出现头部集中效应。全市场共 50 家基金公司发行养老目标证券投资基金，截至 2022 年 6 月底，市场排名前五的基金公司共管理养老

目标证券投资基金 576.03 亿元，市场占有率为 52.18%，市场排名前十的基金公司共管理养老目标证券投资基金 823.74 亿元，市场占有率为 74.62%。

表 23-7 养老目标证券投资基金分布情况（截至 2022 年 6 月底）

排名	机构名称	养老目标证券投资基金（亿元）	目标日期型产品规模（亿元）	目标风险型产品规模（亿元）
1	交银施罗德基金	230.55	10.06	220.49
2	兴证全球基金	115.97	0.00	115.97
3	汇添富基金	86.63	13.70	72.93
4	南方基金	72.53	12.82	59.71
5	浦银安盛基金	70.35	0.15	70.20
6	嘉实基金	56.24	9.00	47.24
7	华夏基金	51.26	43.97	7.29
8	华安基金	50.70	4.19	46.51
9	民生加银基金	47.61	2.33	45.28
10	招商基金	41.91	2.48	39.43

续表

排名	机构名称	养老目标证券投资基金（亿元）	目标日期型产品规模（亿元）	目标风险型产品规模（亿元）
11	广发基金	35.53	2.21	33.32
12	泰康资产	22.00	0.00	22.00
13	建信基金	21.54	2.47	19.07
14	富国基金	21.15	2.81	18.34
15	平安基金	19.71	14.73	4.98
16	中欧基金	15.18	15.18	0.00
17	华商基金	14.59	1.60	12.99
18	工银瑞信基金	12.02	9.02	3.00
19	银华基金	11.36	3.78	7.59
20	易方达基金	11.03	7.32	3.71

资料来源：Wind。

值得关注的是，养老目标证券投资基金总管理规模与成立以来业绩并未呈现出强正相关关系。规模较大的交银施罗德基金、兴证全球基金、汇添富基金、南方基金、浦银安盛基金、嘉实基金等总体成立以来加权平均收益率表现均不突出，表23-8列示了按养老目标证券投资基金规模排序的基金公司的业绩情况。

表23-8 按养老目标证券投资基金规模排序的基金公司的业绩情况（截至2022年6月底） 单位：%

加权平均年化收益率	养老目标证券投资基金			目标日期型			目标风险型		
基金公司	成立以来	过往1年	过往3年	成立以来	过往1年	过往3年	成立以来	过往1年	过往3年
交银施罗德基金	5.93	1.54	5.69	12.44	-2.05	—	5.64	1.71	5.69
兴证全球基金	3.14	-1.03	12.24	—	—	—	3.14	-1.03	12.24
汇添富基金	1.01	-13.47	12.81	12.57	-13.47	12.81	-1.16	—	—
南方基金	1.97	-3.76	12.10	11.63	-4.59	14.82	-0.10	-1.10	5.41
浦银安盛基金	3.19	0.88	—	-1.42	-5.43	—	3.20	0.90	—
嘉实基金	3.22	1.25	17.02	14.60	1.88	17.02	1.06	1.09	—
华夏基金	10.39	-2.19	16.78	11.48	-2.37	16.78	3.81	0.41	—
华安基金	2.50	-1.80	5.74	3.72	-6.32	5.74	2.39	-0.82	—
民生加银基金	5.07	-2.28	6.14	-8.17	—	—	5.75	-2.28	6.14
招商基金	7.59	3.15	8.36	-0.46	—	—	8.10	3.15	8.36
广发基金	6.70	-2.30	7.26	6.86	-6.24	8.89	6.69	-1.18	6.59
泰康资产	-2.86	-6.67	—				-2.86	-6.67	—
建信基金	5.02	0.19	6.63	-4.40	—	—	6.25	0.19	6.63
富国基金	4.63	1.35	5.08	1.67	—	—	5.08	1.35	5.08
平安基金	9.48	0.32	13.50	11.45	-0.12	13.50	3.65	1.44	—

续表

加权平均年化收益率	养老目标证券投资基金			目标日期型			目标风险型		
基金公司	成立以来	过往1年	过往3年	成立以来	过往1年	过往3年	成立以来	过往1年	过往3年
中欧基金	13.73	-1.67	14.76	13.73	-1.67	14.76	—	—	—
华商基金	1.74	4.77	—	-0.91	—	—	2.07	4.77	—
工银瑞信基金	8.44	-7.19	12.93	10.50	-9.29	12.93	2.23	-0.36	—
银华基金	5.19	-8.09	12.44	11.34	-8.39	12.44	2.12	-2.53	—
易方达基金	6.05	-3.48	9.67	9.20	-4.05	9.67	-0.14	-0.27	—
万家基金	7.17	-1.30	6.16	3.51	-6.79	—	7.55	-0.39	6.16
长信基金	1.14	0.03	—	—	—	—	1.14	0.03	—
上海东方证券资产	5.64	-2.11	—	—	—	—	5.64	-2.11	—
泰达宏利基金	4.26	-1.53	10.04	1.69	-5.39	—	6.01	-1.39	10.04
鹏华基金	7.08	-4.68	9.56	9.25	-4.86	9.69	2.97	1.70	5.09
天弘基金	-0.27	-4.43	—	5.18	-7.31	—	-1.77	-2.81	—
银河基金	0.83	—	—	—	—	—	0.83	—	—
中银基金	4.05	0.97	6.79	2.49	-1.26	—	4.21	1.20	6.79
博时基金	3.83	-4.05	5.66	-9.04	—	—	5.73	-4.05	5.66

资料来源：Wind。

（四）我国个人养老金投资产品发展小结

当前我国个人养老金投资产品发展情况不理想存在多方面的原因，其中重要原因之一是试点政策仅允许购买单一产品类型，参保者对于个人养老金投资产品的选择相对受限，产品设计缺乏灵活性，不利于参保人根据自身不同的偏好进行自由选择。

《意见》的颁布实施从根本上解决了上述问题，其中规定个人养老金实行个人账户制度，缴费完全由参加人个人承担，实行完全积累，同时个人养老金资金账户实行封闭运行，其权益归参加人所有，除另有规定外不得提前支取。

《意见》扩展到符合规定的银行理财、储蓄存款、商业养老保险、公募基金等运作安全、成熟稳定、标的规范、侧重长期保值的满足不同投资者偏好的金融产品，个人养老金制度在扩大金融产品覆盖范围的同时，补充了第三支柱的个人投资选择权，能够满足不同层次和偏好的需求，每个参加人员可以根据自身情况选择合适的个人养老金投资产品。同时，可供选择的个人养老金投资产品经过统一筛选，相对更加安全稳健，更有助于实现个人养老金保值、增值的投资目标。

三、基金管理公司助力个人养老金健康发展

《意见》的颁布实施，标志着我国个人养老金制度和国际上的通行做法接轨。从国际经验来看，公募基金是海外个人参与养老金投资的重要产品，且投资人通常在比较年轻的阶段就开始通过养老金进行长期投资，从而为资本市场引入了相对稳定的长期资金，助力实体经济的科技创新和长足发展，投资者也分享经济发展的红利。我们认为基金管理公司可从四方面发力，助力个人养老金健康有序发展。

（一）发挥投研能力，提升养老产品的绝对收益水平

公募基金行业自1998年诞生以来，秉承着专业管理、价值投资的投资理念，严格履行着制度健全、公开透明的管理架构，得到了广大投资者的充分信任。根据中国证券投资基金业协会公布的最新数据，截至2022年6月底，我国境内共有基金管理公司139家，管理的公募基金资产净值合计26.79万亿元，是资本市场的主要资产管理机构之一。通过多年来的发展与实践，公募基金行业建立了完善的投研体系，储备了经验丰富的投研人才队伍，在个人

养老金投资这一长期投资领域，基金管理公司可以充分发挥投研方面积累的专业经验，为投资者更好地保值增值。

从美国个人养老金市场的投资经验看，为实现养老金保值增值的收益目标，随着时间推移，投资于权益资产的比例将越来越高。截至 2021 年，个人养老金账户资产的 45% 约 6.2 万亿美元投资于公募基金，其中 3.6 万亿美元为股票基金，另有 1.2 万亿美元的混合基金，这意味着美国个人养老金配置于权益资产的比例不低于 30%。1990~2021 年美国 IRAs 账户资产配置风险偏好如图 23-7 所示。

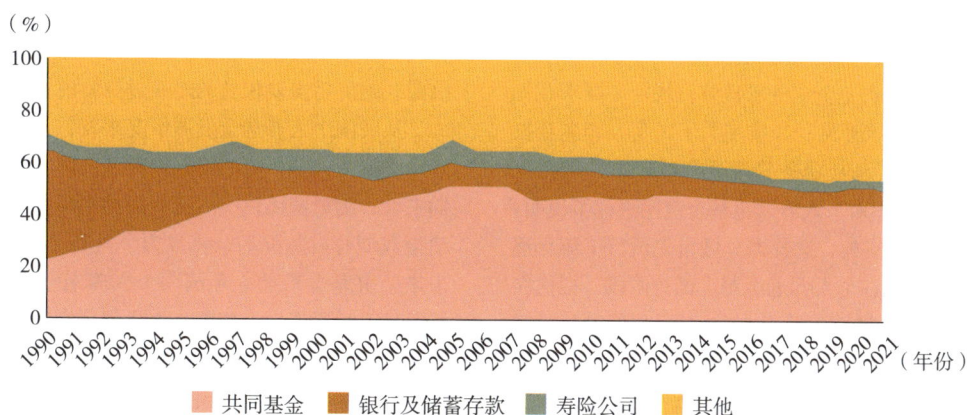

图 23-7　1990~2021 年美国 IRAs 账户资产配置风险偏好

资料来源：美国投资公司协会（ICI）官方网站。

在长期投资的维度下，我国偏股型基金已能取得较好的收益表现（见表 23-9）。未来伴随我国民众对个人养老金投资理解的逐步深入，养老金的权益资产比例也将逐步调整至相对偏中高的水平。公募基金也将顺应时代大潮，充分发挥投研方面积累的专业经验，用权益资产的投资优势不断提升个人养老金资产的收益水平。

表 23-9　偏股型基金指数滚动长期持有的年化收益分布

单位：%

分位	滚动 5 年	滚动 7 年	滚动 10 年
0	−9	−3	2
5	−2	0	4
10	1	5	5
15	3	6	6
20	5	6	6
25	6	7	7
30	8	7	8
35	9	8	8
40	10	9	9

续表

分位	滚动 5 年	滚动 7 年	滚动 10 年
45	10	10	10
50	11	11	11
55	11	12	12
60	12	13	13
65	14	14	13
70	15	16	14
75	16	17	14
80	18	18	15
85	24	19	17
90	30	20	18
95	31	21	20
100	36	24	25

注：使用偏股型基金指数全时段数据统计（2003 年 12 月 31 日至 2022 年 5 月 27 日）。

资料来源：Wind，博时基金多元资产管理部。

（二）多元化产品设计，提升个人养老金投资需求匹配度

从试点情况看，公募基金行业可参与的个人养老金融产品仅有养老目标基金，存在产品谱系单一、产品设计较弱的特点。2022年6月24日，证监会发布《关于就〈个人养老金投资公开募集证券投资基金业务管理暂行规定（征求意见稿）〉公开征求意见的通知》，就《个人养老金投资公开募集证券投资基金业务管理暂行规定（征求意见稿）》向社会公开征求意见。其中《关于〈个人养老金投资公开募集证券投资基金业务管理暂行规定（征求意见稿）〉的起草说明》中对个人养老金基金范围进行了说明："根据《意见》分步实施、选择部分城市先试行1年再逐步推开的实施安排，在个人养老金制度试行阶段，拟优先纳入最近4个季度末规模不低于5000万元的养老目标基金；在个人养老金制度全面推开后，拟逐步纳入投资风格稳定、投资策略清晰、长期业绩良好、运作合规稳健，适合个人养老金长期投资的股票基金、混合基金、债券基金、基金中基金和中国证监会规定的其他基金。"也就是说，在个人养老金制度试行阶段，拟优先纳入最近四个季度末规模不低于5000万元的养老目标基金，之后再纳入适合个人养老金长期投资的其他类型基金。

就目前来看，我国现有养老目标基金"只具其形，不具其神"，以养老目标日期基金为例，养老目标日期基金的下滑曲线设计至关重要，是目标日期基金的风险管理和资产配置方案。下滑曲线的设计需要综合国家资本市场的资产特点、退休年龄、缴费率、开始进行赎回年龄、实际工资增长率等诸多因素。优秀的下滑曲线设计能使目标日期基金的风险收益特征与投资者生命周期相匹配，是目标日期基金的核心竞争力。但由于我国个人养老金发展时间较短，相关数据资料也较为欠缺，产品下滑曲线的设计往往只能生搬硬套学习海外经验，导致出现水土不服的情况。下滑曲线的设计需要更多的数据积累和分析，更好地适应我国资本市场的特点投资群体行为特征和风险偏好等，下滑曲线的优劣需要较长的时间进行验证。

从我国个人养老金发展情况来看，短期内国民普遍风险承受能力较低，更为偏好债券型及固收＋型基金；中长期来看，随着国民风险承受能力的不断提升，股票型、被动指数型等权益类基金将成为个人养老投资的主流产品。未来公募基金需要立足国内个人养老金投资者的投资目标、风险承受能力、年龄、文化程度等特征，充分发挥自身投研能力和产品开发优势，全面布局以养老为目标的公募基金产品谱系，设计出费用合理、结构明晰、服务便捷的多样化养老产品，满足不同层次、不同需求个人养老金投资者的个性化、多元化投资需求。

（三）做好风险管理，提升个人养老金投资体验

个人养老金投资保值是基础，投资中的风险管理，尤其是回撤控制，成为影响投资者体验的重要组成部分。我们观察中美股票市场的表现，可以发现其重大的区别在于A股的波动率和估值波动范围都显著高于美股市场，这在一定程度上进一步降低了长期投资者的持有体验，助长了市场短期交易的偏好（见图23-8和图23-9）。

图23-8　A股和美股滚动波动率走势比较

资料来源：Wind。

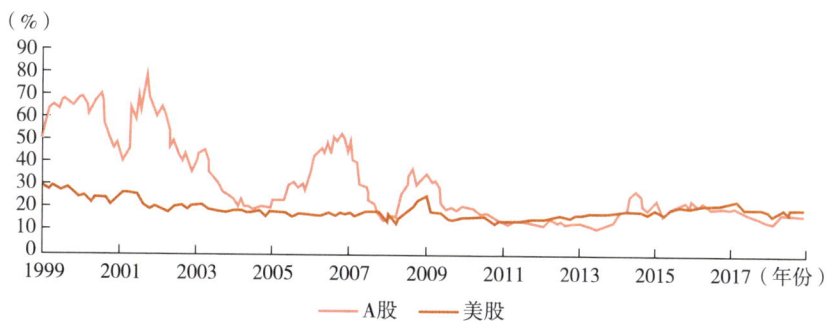

图 23-9　A 股和美股估值波动范围比较

资料来源：Wind。

《意见》中指出个人养老金的领取需要达到基本养老金年龄后，这就意味着个人养老金投资是一项长期投资，需要关注个人投资者的长期体验。从这个角度出发，我们认为一方面需要强化 beta 的管理，优化静态收益水平及短期波动表现；另一方面要构建完善的投资风控制度与风险监控系统，避免各类风险事件发生，最终降低组合波动或回撤，提升持有体验，促进持有体验和产品规模的正向循环（见图 23-10）。

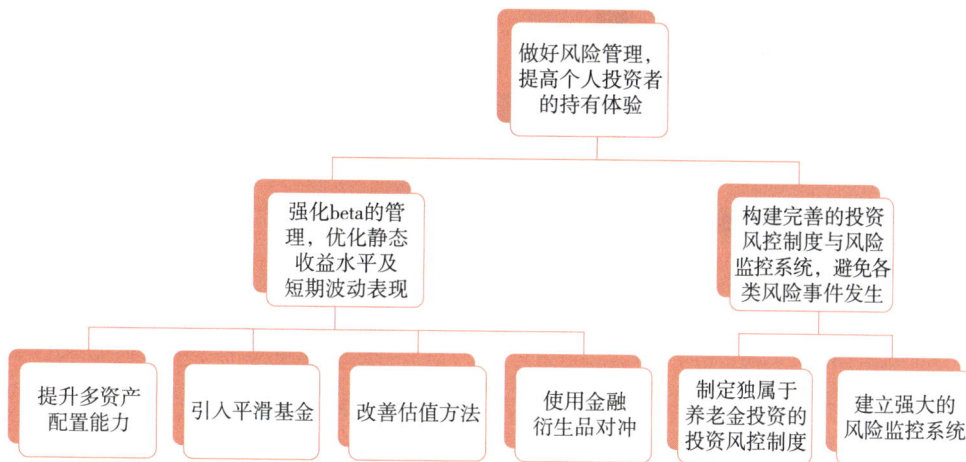

图 23-10　提高个人投资者持有体验的做法

资料来源：博时基金。

（四）充分发挥智能投顾，提升养老金投教和销售服务

我国养老金第一、第二支柱市场化投资均采取机构委托模式，个人养老金首次给予个人自主选择权。但多数个人投资者对养老金的投资缺乏认知，不懂得如何挑选适宜自己的投资品种与投资周期，这就需要行业提供高质量的投顾服务。

从目前基金管理公司已运行的投顾服务来看，通过系统化的大类资产配置结合定量和定性的基金优选方案，从市场所有公募基金中，精挑细选为客户搭配出一个投资组合，精细化管理。能够优化客户的交易行为，避免客户日常大量错误行为导致亏损，可为客户带来 300~400 个 BP 的额外收益贡献，也带来了 65% 的投顾服务复购率。

从海外经验来看，专业投资顾问在投资者制定养老资产管理策略中发挥重要作用。美国传统个人养老金账户持有人中，七成投资者表示，他们在制定退休收入和资产管理策略时，通常会向专业投资顾问咨询。在我国个人养老金投资的场景下，公募基金可以借助投顾服务尤其是智能投资顾问服务，运用金融科技手段针对不同的家庭状况、职业背景、年龄层段的人群的风险偏好、养老需求进行测算与分析，设计出风险资产下滑曲线，使各类资产配置比例更适宜不同人群的风险承受能力。同时，投顾服务也可帮助个人养老金投资者树立长期投资、分散化投资意识，培养良好投资习惯，正确看待市场波动，改善盈利体验（见图 23-11）。

最后，个人养老资金通过公募基金专业化的资产管理和市场化运作，使更多相对稳定的长期资金流入资本市场，在满足市场融资需求的同时增加养老金投资的收益率，形成良性循环。基金管理公司将继续发挥专业优势，做好产品设计与客户服务、提升投研能力、深化养老金融投教、探索金融科技在销售领域的应用，承担起夯实个人养老金发展基础的社会责任。

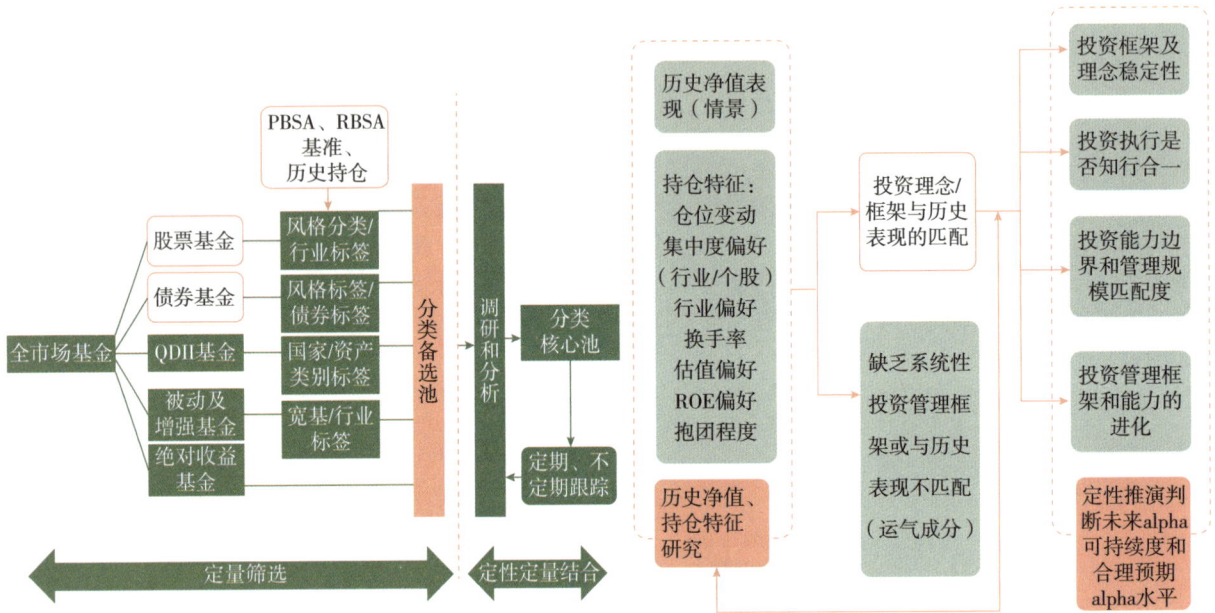

图 23-11　智能投顾产品优选框架

资料来源：博时基金。

下 篇

国 际 篇

分报告二十四
美国账户养老金制度的建设与实践

　　账户养老金制度是指以个人账户为核心的养老金运行制度，其外延包含了实账积累的个人账户养老金制度与名义账户养老金制度。前者属于缴费确定型（DC型）的基金积累制，个人账户存在资金积累，并需对积累的资金进行投资运营以获取投资收益；后者是缴费确定型的现收现付制，名义个人账户仅充当记账的工具，而无实际资金积累，因此，并不存在对个人账户资金投资运营的状况[①]。与强调代际团结、维护代际之间公平的现收现付制度不同，以个人账户为核心的DC型养老金强调个人激励，将个人缴费水平和养老金收益水平挂钩，以实现提高养老金替代水平的目的。虽然目前现收现付制度的待遇确定型（DB型）养老金计划仍然占据主流，但从20世纪70年代开始，世界主要经济体陆续开启探索养老金改革的道路，以防止越来越庞大的养老金支出，拖垮养老金计划，导致福利体系瓦解。美国作为世界最主要的经济体，在对养老金改革的探索特别是对个人账户的应用上值得研究。

一、美国账户养老金制度的历史与发展脉络

　　在大规模引入个人账户、形成账户养老金制度之前，美国与其他大多数国家一样，采用的是现收现付制的DB型养老金计划，并且政府雇员和企业雇员的养老金是双轨运行的。美国政府雇员的养老保险最早开始于1850年，一些大城市为教师和警察提供养老金。1911年马萨诸塞州建立了美国第一个政府雇员养老保险计划，随后发展成为一种基于雇员服务年限和退休前工资水平的待遇确定型养老保险。1920年美国公务员退休法案（Civil Service Retirement System，CSRS）实施，该法案将美国联邦政府雇员纳入一个统一的养老保险计划中[②]。企业职工养老保险经历了从企业独立出资到由企业与职工共同出资为主、政府财政补贴为辅的发展过程。第一次世界大战后到20世纪20年代，由美国工会组织的养老保障运动得到了工人的广泛支持，美国许多企业为了分化工人力量、限制工会运动的发展开始设立企业养老保险，美国联邦政府也通过调节税收对企业提供支持。但到了20世纪30年代，大萧条的发生使很多企业入不敷出，不得不压缩开支，减少对职工养老金的投入或者制定更为严格的领取养老金资格标准，甚至有些企业决定停止为企业职工支付养老金。这引起了美国各州和联邦政府对私营企业员工社会保障问题的关注和担忧。1934年，罗斯福总统成立了经济安全委员会（Committee on Economic Security，CES）开始起草社会保障法案，1935年《社会保障法案》（Social Security Act of 1935）获得美国国会通过，确立了雇主与工人共同缴费，养老金将基于个人退休前累计工资收入的全国统一的养老保险制度。该法案于1940年开始按月支付退休工人养老金，同时政府对养老金支付给予一定的补贴。至此，DB型养老金计划在美国正式实施。由于美国在"二战"后经济迅速腾飞，产业工人规模和收入水平也稳步提升，虽然美国政府曾一度在"二战"期间限制工人工资水平，但对其他福利制度并没有过多限制，美国企业为了吸引位于欧洲的大批有经验的产业工

---

　　① 郭林：《公共养老金个人账户制度研究：理性审视与未来指向》，《保险研究》，2014年第2期，第93-103页。
　　② 马凯旋、侯风云：《美国养老保险制度演进及其启示》，《山东大学学报（哲学社会科学版）》，2014年第3期，第88-95页。

人，开出了优渥的福利，丰厚的养老金就是其中之一，再加上 1949 年美国最高法院裁定养老金属于工资范畴，并支持工会在与企业谈判时，将养老纳入谈判范围。这一系列的因素使美国养老金资金池不断扩大，并为美国的参保人提供了良好的养老保障。但随着时代发展，新的危机出现，美国养老金制度也走到了需要改革的十字路口。

美国账户养老金制度改革的起源有着独特历史背景。20 世纪 70 年代，第四次中东战争爆发，为了打击以色列的支持者，以阿拉伯国家为主要成员的石油输出国组织欧佩克决定收回石油定价权，减少石油产量，并对支持以色列的西方国家实施石油禁运。这导致严重依赖石油的世界主要发达经济体发生了自第二次世界大战以来最严重的经济危机，美国作为第一经济体首当其冲（见图 24-1）。与此同时，与黄金挂钩的美元也发生了重大改变，美元的持续贬值使布雷顿森林体系难以为继，最终在美国宣布持续贬值美元，西欧各国宣布对美元采用浮动汇率政策后，维系美元霸权地位的布雷顿森林体系瓦解。

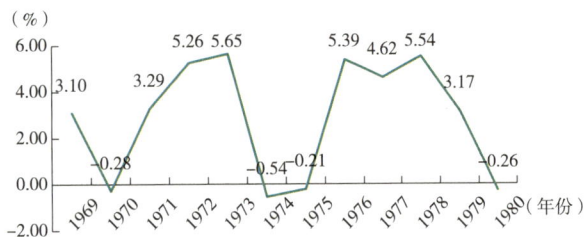

图 24-1　20 世纪 70 年代美国 GDP 增长率

资料来源：世界银行数据库，https://data.worldbank.org.cn/indicator/NY.GDP.MKTP.KD.ZG?locations=US。

在美国经济增长持续走低，财政赤字持续扩大，失业率居高不下的时代背景下，美国养老金收入大减，1975 年美国社保支出首次超过收入，社保基金由增量状态转入存量状态。为了应对危机，美国政府相继出台了多项政策，1974 年，《雇员退休收入保障法案》（Employee Retirement Income Security Act，ERISA）颁布，引入了个人退休账户（Individual Retirement Account，IRA）制度，学术界一般称为传统 IRA，该项制度的特点是参与人在缴纳与投资阶段免税，递延至领取时再缴税（EET 模式）。随着美国总统里根的上台和连任，凯恩斯经济学理念被抛弃，新自由主义思潮开始席卷美国的各个领域，养老金领域也不例外。1981 年，美国通过了《经济复苏税法法案》（Economic Recovery Tax Act of 1981，ERTA），该法案允许所有在职

的纳税人都能够建立个人账户。1983 年时任美国总统里根任命格林斯潘担任全国社会保险改革委员会主席，成立了一个由两党成员组成的格林斯潘委员会来解决社保基金短缺问题。在这个时期，美国社会各界开始讨论养老金私人化的理论和可行性方案，认为现收现付制度不具有可持续性，在养老金领域进行改革迫在眉睫。

进入 20 世纪 90 年代，美国经济迎来新一次的腾飞，新自由主义的理念深入人心，许多美国人已经接受具有投资风险的个人养老金计划。与此同时，美国政府也出台新的法案来助推个人账户在养老金领域的发展。1997 年，时任美国总统克林顿签署了《纳税人救济法案》（Taxpayer Relief Act of 1997），该法案引入一种新的个人账户制度进入养老金领域——罗斯个人账户（罗斯 IRA）。罗斯 IRA 与传统 IRA 最大的不同就在于缴纳资金存入账户前已经缴纳过税款，并不再对之后该账户的收益征收资本利得税（TEE 模式），但是罗斯个人账户限制高收入群体加入，如果申请人的年收入超过了美国国税局公布的限额，会按比例减少该申请人的申请额度，如果申请人到达美国国税局限额的顶部，那么将不能参加罗斯个人账户的申请，只能申请传统个人账户。至此，以个人账户为核心的账户养老金制度在美国社会保障领域基本成型并运行至今。

二、美国账户养老金制度的优点与缺点

（一）账户养老金制度的优点

美国账户养老金制度是嵌入在第二、第三支柱中发展的，OCED 的资料显示，截至 2020 年，美国第二、第三支柱养老金规模达到了 35.5 万亿美元，相当于同期美国 GDP 的 170%，而第一支柱养老金资金规模仅有 2.8 万亿美元，相当于同期美国 GDP 的 14%[①]。这表明账户养老金有着非比寻常的优点，经分析归纳为以下三点：

1. 账户养老金是可自由投资的长期资金

相比美国 DB 型养老金，美国以个人账户为核心的账户养老金，其投资和增值更加契合市场经济。虽然两类养老金计划都属于长期资金，但各自投资的范围和规模是不同的。根据《社会保障法案》而建立的"联邦老年、遗属和伤残人保险信托基金"（Federal Old-Age and Survivors Insurance and Disability Insurance Trust Funds，OASDI）是美国规模最大的 DB 型养老金，其管理和投资都严格遵守《社会保障法案》第 201（d）条，该条款规定 OASDI 的投资只能是"美国政府对于本金和利息均予以担保的、孳

息型证券"①,实际上就是美国政府专门为社保基金发行的特种国债。这导致OASDI的投资收益率一直保持在较低的水准上(见图24-2)。而以个人账户为核心的账户养老金则不同,根据美国法律的规定,受托人应该以参保人员和相关受益人员的利益为出发点,遵守以下四点要求:首先,每一次的投资决策都应该以参保人员的利益最大化为出发点并以此收取管理费用;其次,受托人在复杂投资环境下,应当专业、谨慎、带有技巧地进行投资;再次,要最大限度地做好风险管理,进行分散投资;最后,受托人投资的大方向一定要符合各个养老金管理者的要求②,并且设置了一份投资"黑名单",除不允许投资寿险、艺术品、古董、宝石等其他收藏品之外,其他资产均可投资。这就有利于进一步发挥专业金融机构的优势,通过市场化竞争,最大限度满足不同类型人群的养老需求,使参与人可以取得合理的市场平均收益率,获得在复利效应下的巨大收益。因此在流动性长期锁死的情况下,账户养老金的积累和回报更能促进养老金规模的扩大。

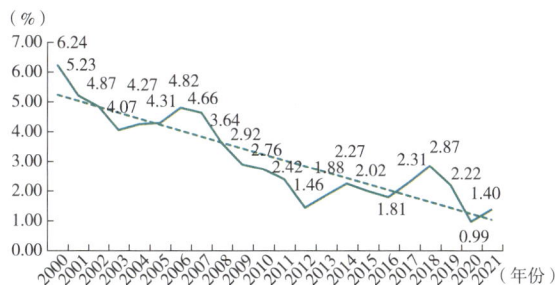

图 24-2　美国 OASDI 增长率

资料来源:美国社保局,https://www.ssa.gov/oact/ProgData/newIssueRates.html。

2. 税收优惠政策提高参与人的缴费积极性

养老金规模的扩大需要从两个方面入手——费基和费率。针对 DB 型养老金来说,由于其大多数具有强制性,一般采用提高费率的方法。提高费率确实能够扩大养老金规模,例如 OASDI,该养老金计划的缴费率从最开始的 2%一路增加到 12.4%(个人 6.2%、企业 6.2%),资金规模也逐渐扩大,资金池规模从 1988 年的 1029 亿美元逐渐提高到 2019 年的 28970 亿美元;基金率逐渐从 1985 年的

24% 提高到 1993 年的 107%、2001 年的 239%、2007 年的 345%③,但是费率的提高会加重参与人和企业的负担,进而导致道德风险的发生,因此不可能无限制提高;在扩大费基方面,美国政府也做了许多尝试。从 1939 年开始,几次修改《社会保障法案》,扩大缴费群体:1950 年,将OASDI 的缴费范围扩大到农场工人、家庭佣工以及非农场自雇人员,1954 年扩大到农场自雇人员;1983 年将完全退休年龄延后到 67 岁,并规定在完全退休年龄后继续工作(最高到 70 岁),可提高领取养老金金额,最高可比完全退休年龄领取的养老金多 24%④。但这些方式在人口逐渐老龄化的美国,已经收效甚微了。根据美国社保局于 2020 年 4 月发布的年度报告来看,OASDI 预计在 2035 年耗尽⑤。从上述美国政府的政策可以看出,DB 型养老金只能通过单纯的参量改革来增加规模,对参与人是缺乏激励机制的。而账户制养老金的税收递延政策能大大提高参与人的缴费积极性。当账户养老金制度推行伊始,规模还很小,1980 年仅为 1.1 万亿美元,此后呈快速发展趋势,1998 年账户养老基金资产超过 10 万亿美元,2013 年超过20 万亿美元,2020 年超过 30 万亿美元,达 35.5 万亿美元,40 年间增长了 30 多倍,超过了全球所有其他国家第二、第三支柱养老金资产的总和(见图 24-3)。

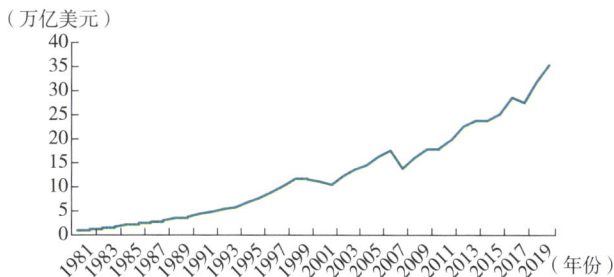

图 24-3　美国私人养老金规模

资料来源:OECD,https://data.oecd.org/pension/private-pension-assets.htm#indicator-chart。

3. 促进资本市场发展,降低优质企业融资压力

根据美国法律,账户养老金除少数领域外,参与人可进行充分自主的投资。由于账户养老金属于完全积累制,个人拥有退休账户的全部权益,养老金收入取决于最终个

① U.S., Government Printing Office, Title II: Federal Old-Age, Survivors, and Disability Insurance Benefits, Compilation of the Social Security Laws, pp. 8-21. Printed for the use of committee on ways and means by its staff, Washington: 2009.

② 29 U.S.Code § 1104 (a), https://www.law.cornell.edu/uscode/text/29/1104.

③ 郑秉文:《面向 2035 和 2050:从负债型向资产型养老金转变的意义与路径》,《华中科技大学学报(社会科学版)》,2021 年第 3 期,第 20-37 页。

④ 美国社保局官网,https://www.ssa.gov/benefits/retirement/planner/1960-delay.html。

⑤ 美国 OSADI 2020 年度报告,https://www.ssa.gov/oact/TR/2020/tr2020.pdf。

人退休账户的基金积累额，因此大多数参与人都会选择把养老金投资到优质企业。很多美国大公司雇员将自己养老基金中的大量资金投入到本公司股票中，如可口可乐、通用电气、麦当劳等公司，超过 3/4 的员工养老基金被用于购买本公司股票，而宝洁公司甚至高达 95%[①]。针对这种过于集中投资本公司股票的现象，《美国税法》也做出了相应规定，第 401（a）（28）节规定，当一个职工入股计划参加者达到 55 岁并已经参加该计划 10 年，就必须给予其分散投资风险的选择机会，必须把其个人账户中其雇主的股票 25%~50% 分散投资到雇主股票之外的其他投资组合中[②]。这种良性循环使许多美国优质企业避免依赖各种形式的债务融资，从而进入债务驱动型经济增长模式。当账户养老金作为长期资金，直接融资进入优质企业后，可降低企业的杠杆率，减轻企业扩大再生产的压力，避免企业累计债务风险，并且降低银行管控金融风险的压力，扩大银行贷款的范围。账户养老金作为优质的长期资金进入资本市场，可促进资本市场的发展，提高企业直接融资比重，培育和壮大股权资本，推动股权驱动型增长模式，这是降低企业杠杆率的根本措施。

（二）账户养老金制度的缺点

虽然账户养老金有很多优点，但这并不表明发展账户养老金没有风险，其实从其他各国账户养老金的发展规模也能看出，要形成美国那样规模的账户养老金需要规避很多风险和克服账户养老金自身存在的一些缺点，主要有以下三方面：

1. 参与门槛过高，导致覆盖范围有所不足

根据美国国家退休保障研究所（National Institute on Retirement Security）2015 年的一份名为"持续的退休储蓄危机"（The Continuing Retirement Savings Crisis）的研究报告显示，在 25~64 岁年龄段的美国私营部门职工中，有约 45% 没有参与到任何由雇主提供的养老金计划之中（见图 24-4）。在规模较小的公司，员工往往无法获得雇主资助从而参与缴费到养老金计划之中，而且这些员工的收入也很低，属于这些小企业中的中低层[③]。规模较大的公司往往能提供福利水平更好的养老金计划。例如，2014 年，在员工规模 500 名及其以上的公司中，46% 的企业员工可

以参与缴费 DB 型养老金计划[④]。而企业规模较小的公司发现建立任何类型的养老金退休计划都过于昂贵和复杂了，在这些规模较小的公司中，约有 2/3 的员工无法参与养老金退休计划。此外，收入水平的高低，也会导致员工参与养老金计划的态度不同。选择通过提供高薪来吸引劳动力的公司倾向于向高薪员工提供账户养老金，并将缴纳相应的养老金计划作为福利，写入招聘广告中，这一行为常常出现在一些规模较小的企业之中。而员工收入普遍偏低行业的企业不太可能为员工提供养老金计划。从 2001 年开始，在吸纳大多数就业人员的私营部门之中，参与到企业的提供养老金计划之中的工作年龄家庭数正在逐年下降，到 2013 年，仅有 51.3%（见图 24-5）。

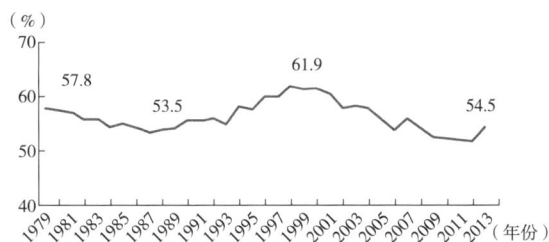

图 24-4 1979～2013 年 25～64 岁参与到企业提供的养老金计划（包含 DB 型和 DC 型）的人数比率

资料来源：The Continuing Retirement Savings Crisis，https://web.archive.org/web/20161204071123/http://www.nirsonline.org/storage/nirs/documents/RSC%202015/final_rsc_2015.pdf.

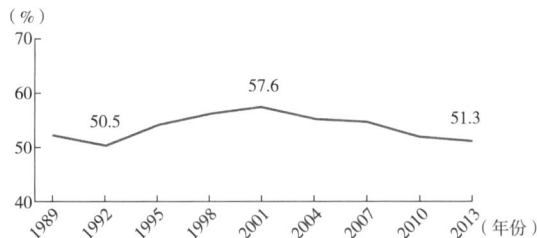

图 24-5 1989～2013 年养老金计划覆盖工作年龄（25～64 岁）家庭的比率

资料来源：The Continuing Retirement Savings Crisis，https://web.archive.org/web/20161204071123/http://www.nirsonline.org/storage/nirs/documents/RSC%202015/final_rsc_2015.pdf.

---

① 胡继晔：《美国养老金保值增值的法律保障及其经验借鉴》，《保险研究》，2012 年第 5 期，第 119-127 页。

② 26 U.S. Code § 401（a）（28），https://www.law.cornell.edu/uscode/text/26/401.

③ Allegretto S, Rhee N, Saad-Lessler J, Schmitz L, California Worker's Retirement Prospects, 2011, pp. 22- 41, in Rhee N(ed.), Meeting California's Retirement Security Challenge, UC Berkeley Center for Labor Research and Education, Berkeley, CA.

④ U.S. Bureau of Labor Statistics（BLS）, National Compensation Survey: Employee Benefits in the United States, 2014, U.S. BLS, Washington, DC. See also Towers Watson, Pension Freezes Among the Fortune 1000 in 2011, Insider, Towers Watson; Pension Benefit Guaranty Corporation（PBGC）, "Data Tables 2011," Table S-30, Schmitz PBGC, Washington, DC.

2. 可能面临个人保障不足的情形

账户养老金在投资选择上，没有太多金融知识的参与人具有很高的自主选择权，这意味着可能部分参与人的投资选择都不是最优甚至可能会亏损，进而导致参与人未来养老福利减少。根据上述研究报告，2013 年，参与养老金计划的工作年龄（24~64 岁）家庭，其养老金账户资产的中位数仅为 50000 美元，而全美所有工作年龄段家庭，其养老金资产的中位数仅为 2500 美元。这个数据在 2010 年时分别为 40000 美元和 3000 美元（未调整通胀）。更重要的是，在即将退休（55~64 岁）的工作家庭中，拥有养老金资产的家庭，其资产中位数余额为 104000 美元，

而该年龄组的所有工作家庭，其资产中位数只有 14500 美元（见图 24-6）。对比 2010 年时的数据：100000 美元和 12000 美元来说，仅仅是略有改善。可以说，美国平均工作龄家庭几乎没有退休储蓄。即使在参与了养老金计划的工作年龄家庭中，账户余额也不足。例如，2013 年拥有 401（k）型账户或 IRA 的接近退休家庭的余额中位数为 104000 美元。如果全额账户余额被年金化，或者如果家庭遵循每年提取 4% 的策略，这一数额的养老金资产每月只能为这个家庭提供几百美元的收入，在当前的低利率环境下，对个人是保障不足的。

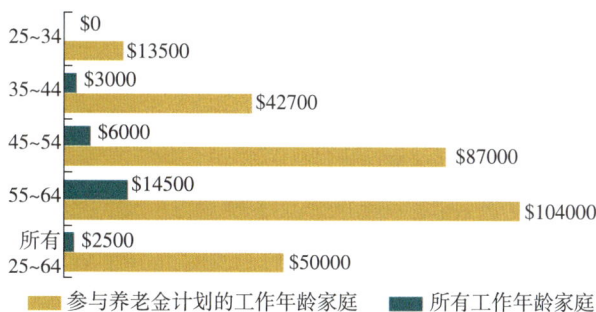

图 24-6　2013 年参与养老金计划的工作年龄家庭养老金资产中位数与所有工作年龄家庭养老金资产中位数对比

资料来源：The Continuing Retirement Savings Crisis，https://web.archive.org/web/20161204071123/http://www.nirsonline.org/storage/nirs/documents/RSC%202015/final_rsc_2015.pdf.

3. 可能成为避税和敛财工具，进一步拉大收入差距

账户养老金之所以在美国能迅速发展起来，和联邦政府给予的税收支持政策是分不开的。但税收政策也存在一定漏洞，而且正在慢慢扭曲账户养老金的基本功能，成为避税和敛财的工具。美国政府问责局（Government Accountability Office，GAO）2014 年的一份报告显示，在 2011 年纳税年度中，美国国税局统计全美国大约有 4300 万纳税人拥有个人账户，预估市场公平价格（Fair Market Value）5.2 万亿美元（见表 24-1）。GAO 问询美国国税局，认为联邦政府免除纳税义务是为了扩大养老金基金池，而

不是为了成为富人群体的避税工具。美国国税局回复称，造成这样的原因有很多，比如有人继承了多个其他纳税人的个人账户；有人在选择投资对象时，找到了低估值的高潜力股票；一些公司创始人通过个人账户投资未上市的自己的公司，在拉高估值后再套现，获得高额的不征税的资本收益等。GAO 要求美国国税局尽快确立相应的规定来限制税收政策的滥用，并建议国会通过立法增加个人账户允许投资的限制范围，或者设定个人账户投资的最高额度，或者限制个人账户的投资收益。截至 2022 年 3 月，国会没有采纳相关建议[①]。

表 24-1　美国个人账户资产状况

IRA 账户金额	交税人数			全美 IRA 总的市场公平价格（十亿美元）		
	估值	95% 置信区间		估值	95% 置信区间	
小于 100 万美元	42382192	42094009	42670375	4092	4038	4147
100 万~200 万美元	502392	470897	533997	674	632	717
200 万~300 万美元	83529	72632	94426	198	173	224

① 美国 GAO，GAO-15-16，https://www.gao.gov/assets/gao-15-16.pdf。

续表

IRA 账户金额	交税人数			全美 IRA 总的市场公平价格（十亿美元）		
	估值	95% 置信区间		估值	95% 置信区间	
300 万～500 万美元	36171	30811	41531	133	114	153
500 万～1000 万美元	7952	6120	9783	52	40	64
1000 万～2500 万美元	791	596	985	11	8	13
2500 万美元以上	314	115	650	81	8	225

资料来源：美国政府问责局，https://www.gao.gov/products/gao-15-16。

三、美国账户养老金制度的现状和发展趋势

2020 年，新冠肺炎疫情袭来，在前期为了应对疫情大规模扩散，美国政府也实施了较为严厉的封闭隔离政策，经济发展停滞。2020 年 3 月 13 日，美国政府宣布进入国家紧急状态，但是疫情仍然进展迅速，3 月 27 日确诊数量达到 10 万人。而随之而来的经济下滑和失业率急速上升，让美国的社会保障体系面临巨大压力，资料显示，相比 2020 年 2 月 3.5% 的失业率，3 月的失业率快速增长到 4.4%[1]。而且申请领取失业救济金的人数也创新高，根据美国劳工部的数据，2020 年 3 月，已经有 328 万人申请了失业保障金[2]。美国政府 3 月 27 日宣布出台《冠状病毒扶助、救济和经济安全法案》（Coronavirus Aid, Relief, and Economic Security Act，CARES）。法案规定，因新冠肺炎疫情遭遇困难的家庭，可以从养老金个人账户中提取最高 10 万美元，用于缓解生活压力，并且规定提前领取养老金不再受到金额限制，能够全额提取[3]。根据美国社会安全统计局提供的数据，在新冠肺炎疫情上升期间的 2020 年 2 月到 3 月，申请领取社会安全保障金的 65 岁以下人群数量有明显的增加趋势。而随着疫情逐渐平缓，自 4 月以来，65 岁以下申请社会安全保障金的人数逐渐回归到疫情前的平均数量（见图 24-7）。另外，从整体补充社会安全保障金对 65 岁以下人群的发放额度来看，规模从 2 月到 3 月有一个明显的提升，而整体发放规模自 4 月以来则慢慢回落（见图 24-8）。

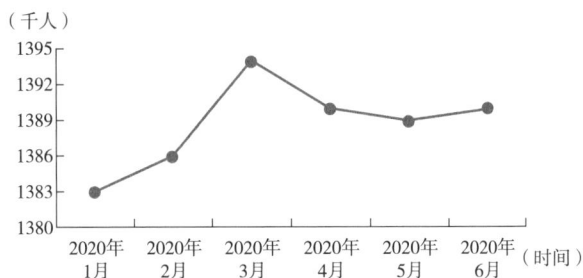

图 24-7　65 岁以下申请社会安全保障金的人数

资料来源：美国社保局，https://www.ssa.gov/oact/STATS/OASDIbenies.html。

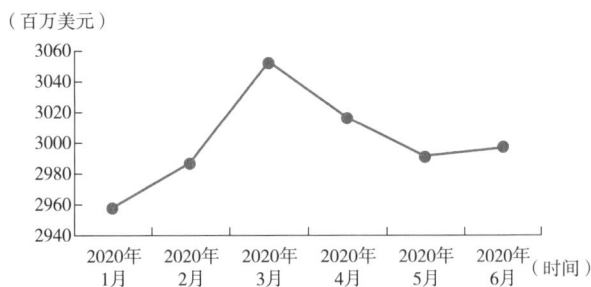

图 24-8　65 岁以下人群补充社会安全保障金的发放额度

资料来源：美国社保局，https://www.ssa.gov/oact/ProgData/benefitlevel.html?type=ra。

账户养老金在疫情发生初期，也产生了剧烈的波动。根据美国投资公司协会（ICI）公布的数据，2020 年第一季度 IRA 的资金规模为 9.5 万亿美元[4]，相比 2019 年第四季度的 11 万亿美元[5]下降了 13.6%，与同期美国股市的跌

---

① OECD Date-United States，https://data.oecd.org/unemp/unemployment-rate.htm.
② 美国劳工部，https://www.dol.gov/sites/dolgov/files/OPA/newsreleases/ui-claims/20200510.pdf.
③ 美国参议院，H. R. 748，https://www.majorityleader.gov/sites/democraticwhip.house.gov/files/Senate.
④ ICI，https://www.ici.org/research/stats/weekly-mfflows.
⑤ 美国税务局，https://www.irs.gov/statistics/soi-tax-stats-accumulation-and-distribution-of-individual-retirement-arrangements.

幅相差不大。IRA 市场规模变化几乎与美国股市的跌幅是同比例的，这就说明不考虑市场规模的变化，IRA 退休金账户中资金流的进出大体平稳，未退休投资者的定投与已退休投资者的资金提取都没有发生大规模的变动。造成这样的原因主要有以下几点：

（一）账户养老金的设计机制

账户养老金对于参与人的缴费机制采用的是合格的默认投资（Qualified Default Investment Alternatives，即自动加入），在参与人未明确表示拒绝缴费参加养老金计划之前，会自动从参与人的工资中划走规定份额进入个人账户，委托给受托人进行投资。在疫情发生之初，美国政府也下令，要求企业不得以居家办公为由，暂停对职工发放工资，并通过发放现金津贴、事业保障金等形式来补贴美国民众，这些补贴也使一部分美国职工能继续缴纳养老金[1]。除此之外，美国政府还通过法律规定了以自动加入方式参保养老金计划的参保人员不得以受托人投资造成收益损失对其提起民事诉讼[2]。在这双重机制的框架下，账户养老金的规模并未发生剧烈变化，账户养老金规模的变化波动更多是美国股市波动造成的。

（二）2008 年金融危机后美国股市迅速恢复

2008 年，美国发生次贷危机，美国股市迅速下跌。2008 年 10 月 6 日至 10 日，道琼斯工业平均指数（Dow Jones Industrial Average，DJIA）五个交易日均以下跌收盘，总共下跌 1874.19 点，跌幅超过 18.2%，标准普尔 500 指数下跌超过 20%。2009 年 2 月 27 日，道琼斯工业平均指数创历史新低，触及历史低点 6469.95，和 2007 年 10 月 9 日的峰值相比，跌幅达到了 54%。与美国股市密切相连的账户养老金规模也受到很大冲击。2007 年，美国私人 DB 型养老金和 DC 型养老金之和达到 6.2 万亿美元，但在 2008 年的金融危机中两者因大量投资股票而缩水在 27% 以上。这使很多参与人纷纷选择停止个人账户进行投资，并对将养老金投入股市的决定产生了动摇。但在此之后，美国股市开始了一段 "黄金时代"，三大股指纷纷上涨，道琼斯工业平均指数在疫情扩大前达到 29398.08 点（2020 年 2 月 14 日），标准普尔 500 指数达到 3327.71 点（2020 年 2 月 7 日），纳斯达克指数达到 9731.18 点（2020 年 2 月 14 日），涨幅为 353%、332%、652%。这使当时很多选择

"割肉" 离场并转向保守投资策略的个人账户拥有者没能赶上这一波 "牛市"，使自己的养老金资产缩水。因此，当此次疫情发生后，即使美国股市发生多次熔断，但数据显示 IRA 退休金账户中资金流的进出大体平稳。

四、总结

从 1935 年《社会保障法案》实施以来，美国养老保险制度建立、发展以及不断完善的整个过程对美国社会产生了巨大影响。美国养老保险制度已经为 2.13 亿人支付了约 11 万亿美元的养老金，90% 以上的老年人养老收入主要来自美国养老保险制度，可见，美国养老保险制度已经成为美国民众社会生活的核心，账户养老金在其中有着举足轻重的作用。账户养老金最吸引人之处不在于它能解决社会保障的筹资，激发参与人缴费积极性，资本市场形成长期资金反哺企业等难题，而在于它为职工提供了一个专属于自己的，个人具有所有权的养老金资产账户。它允许职工根据自己的风险偏好来进行投资，并且该资产账户也不因离异或者提前死亡而受到任何影响。一些职工将会因为有了投资于股票从而获得更高期望回报的机会而境况好转，并且这份收益是通过立法、修法而得以确保的，有着完备的体系对其进行监管。

但也不可否认，美国账户养老金自身存在的局限性仍然会带来新的问题。首先，投资是有风险的。一旦投资失误或者经济发生衰退，个人的养老金资产将会缩水，账户养老金的保障功能也会随之被削弱。其次，个人成为风险的承担主体导致抗风险能力下降。传统的 DB 型养老金计划由企业负责长期筹资和待遇发放，抗风险能力较强的企业承担了主要风险。但账户养老金筹资和待遇发放是由个人缴纳积累和市场投资决定的，风险转移到了抗风险能力较弱的个人。最后，美国资本市场的优势地位对美国账户养老金的保护起着举足轻重的作用。美国资本市场的强大决定其国内大部分养老金投资不必脱离其监管范围，即使有一小部分投资流入了海外，美国也能运用 "长臂管辖"（Long Arm Jurisdiction）原则进行保护。一旦美国资本市场的优势不在，或者有新兴资本市场崛起，美国账户养老金的发展可能就会受阻。

①　美国国会，https://www.congress.gov/bill/116th-congress/house-bill/6201/text.

②　29 CFR § 2550.404c-5（b）（1），https://www.law.cornell.edu/cfr/text/29/2550.404c-5#e_3_i.

分报告二十五
美国年金保险对我国个人养老保险产品的启示

一、美国养老金体系的发展历程及运行模式

（一）美国养老"三支柱"体系：百年发展，多支柱体系健全

美国的养老金制度从建立到成熟有 80 余年的历史。社会保障（Social Security）、雇主发起式养老金计划（Employer-Sponsored Pension Plan）和私人养老储蓄计划（Individual Retirement Accounts，IRAs，也称为个人养老金账户）构成了美国的养老金"三支柱"体系。此外，为进一步细分养老金资产，美国投资公司协会（The Investment Company Institute，ICI）将房屋所有权和其他资产也纳入养老金范围，并与养老"三支柱"一起，构成了美国养老金体五层金字塔体系（见图 25-1 和图 25-2）。

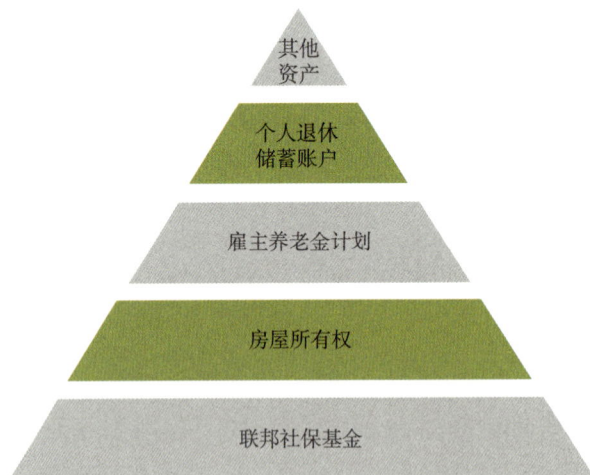

其他
资产

个人退休
储蓄账户

雇主养老金计划

房屋所有权

联邦社保基金

图 25-1　美国五层金字塔养老体系

资料来源：根据 ICI 及公开资料整理。

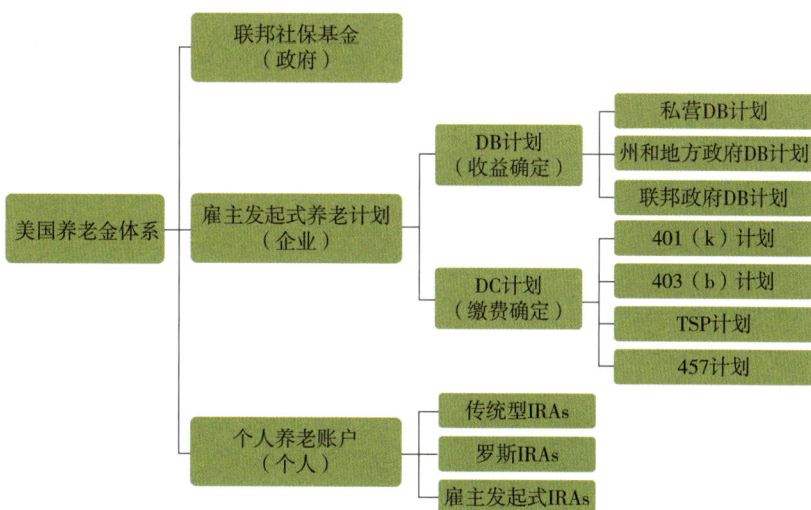

图 25-2　美国养老金体系

资料来源：笔者绘制。

1974 年以来，美国养老金规模呈波动上升趋势，2011～2021 年年均复合增长率为 8.1%。截至 2021 年底，美国补充养老金规模达到 39.4 万亿美元①，同比增长 11.6%，是美国 2021 年 GDP 的 1.7 倍，创历史新高（见图 25-3）。

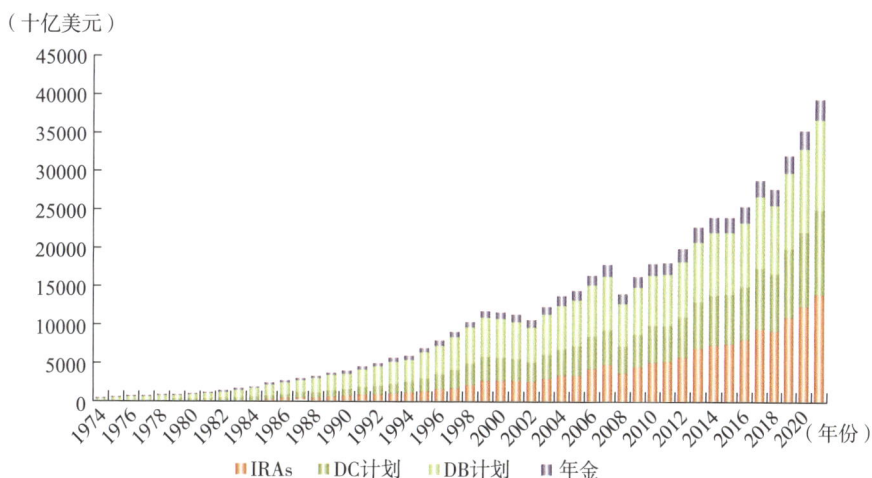

图 25-3　美国补充养老金规模历年发展情况

资料来源：ICI，The US Retirement Market（2021）.

养老金逐渐成为美国家庭进行投资理财的重要途径之一，在美国家庭金融资产中的占比逐渐提高。自 1995 年起，补充养老金在美国家庭金融资产中的占比稳定在 30%～35%。截至 2021 年底，美国家庭金融资产达 118.2 万亿美元，其中补充养老金占比为 33%。

（二）美国养老金制度的发展与完善：立足长远，未雨绸缪

与中国三支柱发展情况不同，美国第二支柱的概念和兴起早于第一支柱。早在工业革命时，美国一些大型重工业企业为了吸引人才，已经引入企业年金的概念，美国运通公司于 1875 年正式建立了第一家企业养老金，也为美国第二支柱的发展奠定了基础。

美国养老金规模之庞大，体系之完善，国家和政府给予的立法保护和税收优惠起到了决定性作用。1935 年《社会保障法案》的颁布标志着美国社会保障制度正式确立；1974 年《雇员退休收入保障法案》的出台标志着美国

---

① 资料来源：ICI，The US Retirement Market（2021）.

第二支柱在立法层面受到保护。个人退休金计划同样始建于 1974 年。1978 年，美国《国内税收法》新增第 401 条 k 项条款，成功将美国二支柱的发展推向新高峰（见图 25-4）。

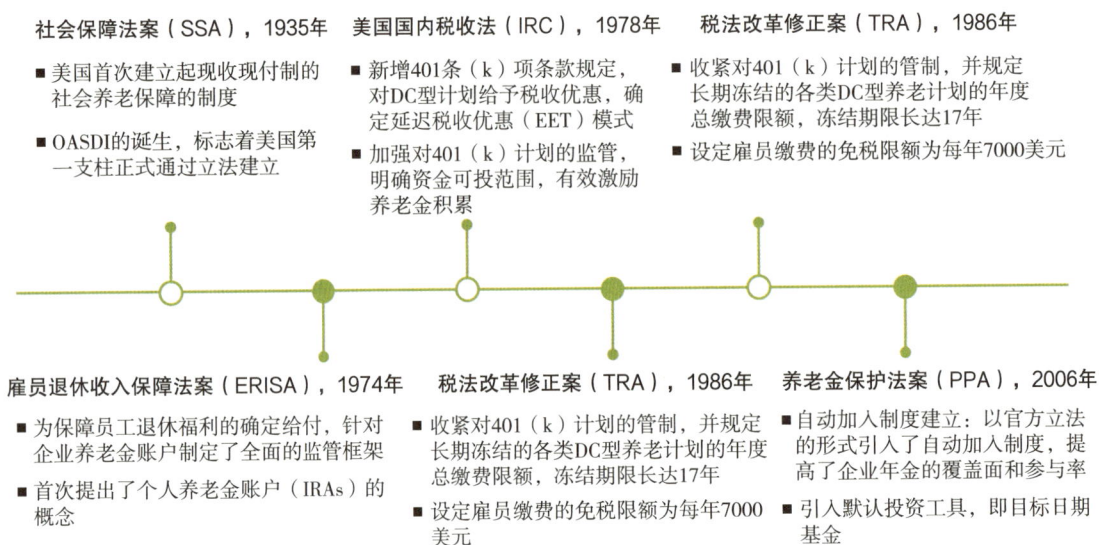

社会保障法案（SSA），1935年
- 美国首次建立起现收现付制的社会养老保障的制度
- OASDI的诞生，标志着美国第一支柱正式通过立法建立

美国国内税收法（IRC），1978年
- 新增401条（k）项条款规定，对DC型计划给予税收优惠，确定延迟税收优惠（EET）模式
- 加强对401（k）计划的监管，明确资金可投范围，有效激励养老金积累

税法改革修正案（TRA），1986年
- 收紧对401（k）计划的管制，并规定长期冻结的各类DC型养老计划的年度总缴费限额，冻结期限长达17年
- 设定雇员缴费的免税限额为每年7000美元

雇员退休收入保障法案（ERISA），1974年
- 为保障员工退休福利的确定给付，针对企业养老金账户制定了全面的监管框架
- 首次提出了个人养老金账户（IRAs）的概念

税法改革修正案（TRA），1986年
- 收紧对401（k）计划的管制，并规定长期冻结的各类DC型养老计划的年度总缴费限额，冻结期限长达17年
- 设定雇员缴费的免税限额为每年7000美元

养老金保护法案（PPA），2006年
- 自动加入制度建立：以官方立法的形式引入了自动加入制度，提高了企业年金的覆盖面和参与率
- 引入默认投资工具，即目标日期基金

图 25-4　美国养老金体系发展的重要历史时间节点

资料来源：根据公开资料整理。

（三）美国养老金第一支柱：联邦社保基金（OASDI）

美国联邦政府发起的联邦老年、遗属和伤残人保险信托基金（OASDI，以下简称联邦社保基金）属于强制性养老金计划，为人民提供最基础的养老保障资金来源。OASDI 采用现收现付制，主要靠不断上升的缴费率来支撑。自 1935 年设立以来，边际规模效益逐年递减。2019 年资产储备总额超 2.9 万亿美元，为 1.78 亿人口提供待遇支付[1]。

OASDI 采取专项税收保障模式，资金来源为参保人及雇主缴纳的社会保障税，税收资金由 OASDI 信托基金统一管理，用于发放参保人员的基本养老金、遗属补贴和残障补贴。雇主和雇员的社会保障税率均为 6.2%，2021 年最高可征税收入额为 14.7 万美元[2]。

为控制资金风险，《社会保障法案》规定 OASDI 信托基金采取相对保守的投资策略，主要以购买国家发行的特殊债券为主。该类型债券不在市场流通，收益率相对稳定，通常取决于美国国债利率，因此联邦社会保基金的整体收益率维持较低水平并持续下行。

由于美国第一支柱广覆盖、保基本的特殊性，当资金收不抵支时，政府需承担兜底责任。近年来，由于人口老龄化问题不断深化，利率持续下行，美国养老基金收支结余几乎为零，美国信托基金理事会预计 2034 年 OASDI 信托基金储备将耗尽，届时只能按照 76% 支付福利计划。

（四）美国养老金第二支柱：雇主发起式养老金计划

美国养老金第二支柱，也称雇主发起式养老金计划，是美国养老保障体系的基石，包括由联邦、州政府和地方政府为雇员提供的公共部门雇主养老金计划和企业雇主养老金计划。计划按照缴费和收益方式的不同，分为缴费确定计划（DC 计划）和收益确定计划（DB 计划）。截至 2021 年底，美国雇主养老金计划总规模约为 22.8 万亿美元，占整体养老资产的 54%[3]，处于绝对主导地位（见图 25-5）。

---

[1]　资料来源：THE 2020 ANNUAL REPORT OF THE BOARD OF TRUSTEES OF THE FEDERAL OASDI TRUST FUNDS。
[2]　OASDI 最高可征税额来源于 SSA 官网：https://www.ssa.gov/oact/cola/cbb.html。
[3]　资料来源：美国投资公司协会（ICI）。

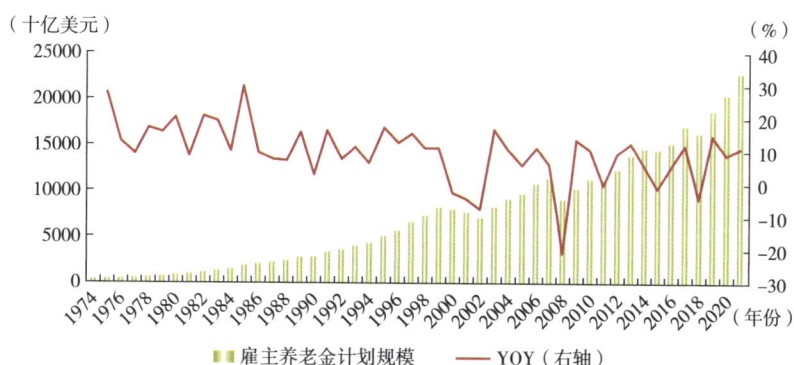

图 25-5　雇主养老金计划在美国养老金市场中占比

资料来源：ICI, The US Retirement Market（2021）.

1. 养老体系中的 DB 型计划和 DC 型计划

美国的雇主养老金计划从缴费和受益方式上可以分为DB 型计划和 DC 型计划。

DB 型计划为现收现付制，即雇员在退休后所领取的待遇是固定的，雇主承担基金运作过程中的风险。根据雇主不同，DB 型计划可细分为私营部门 DB 型计划、州和地方政府 DB 型计划。DB 型计划发展历史悠久，其中加州公务员退休基金（CalPERS）是美国规模最大的公共养老金，是美国州级养老金制度典范。

DC 型计划为基金累制制，雇主为雇员建立个人账户，雇主与员工共同缴费，雇员对账户的资金配置有决定权，也直接决定了退休后可领取的待遇额度，领取金额不固定。雇主不承担账户的投资风险和长寿风险等。根据针对群体不同，DC 型计划包括 401（k）、403（b）、457 计划等，其中 401（k）为主要类型。

2. 401（k）计划

401（k）计划是指美国 1978 年《国内税收法》第401 条 k 项条款的规定，创立的一种递延退休金计划。401（k）计划是由雇主、雇员共同出资的一种企业补充养老保险制度，采用完全积累制，现已成为美国私人企业最主要的员工退休计划。按照计划规定，企业为员工设立401（k）账户，并和员工一起按照一定比例存入相应资金，企业同时向员工提供一系列投资组合计划，由雇员从中选择，决定养老计划资产的投资方向和比例。

由于 DC 型计划模式更加灵活，员工自主操作性强，同时可以叠加美国股市上涨带来的红利。因此，在 20 世纪 80 年代以来美国长期利率下行的背景下，以 401（k）计划为代表的 DC 型计划得到了大发展，规模与占比不断攀升。截至 2021 年底，401（k）计划的总资产规模超 7.7万亿美元，占 DC 型计划的 70%（见图 25-6 和图 25-7）。

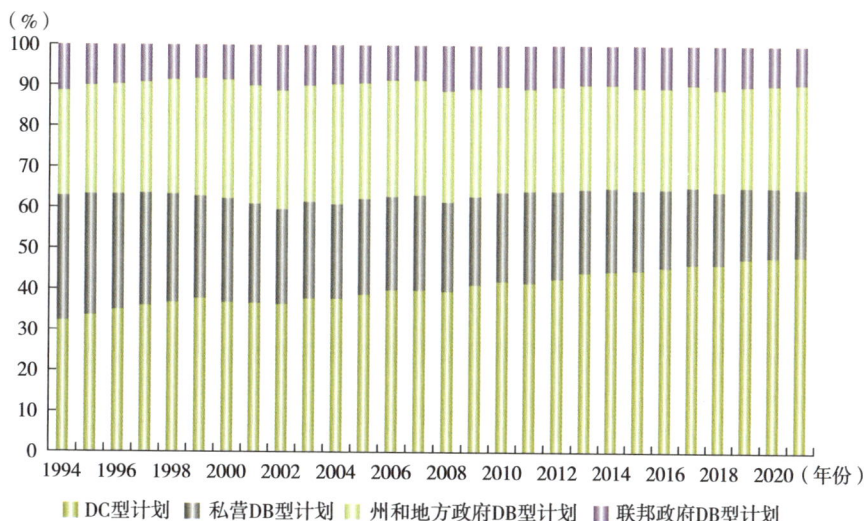

图 25-6　DC 型计划占比

资料来源：ICI, The US Retirement Market（2021）.

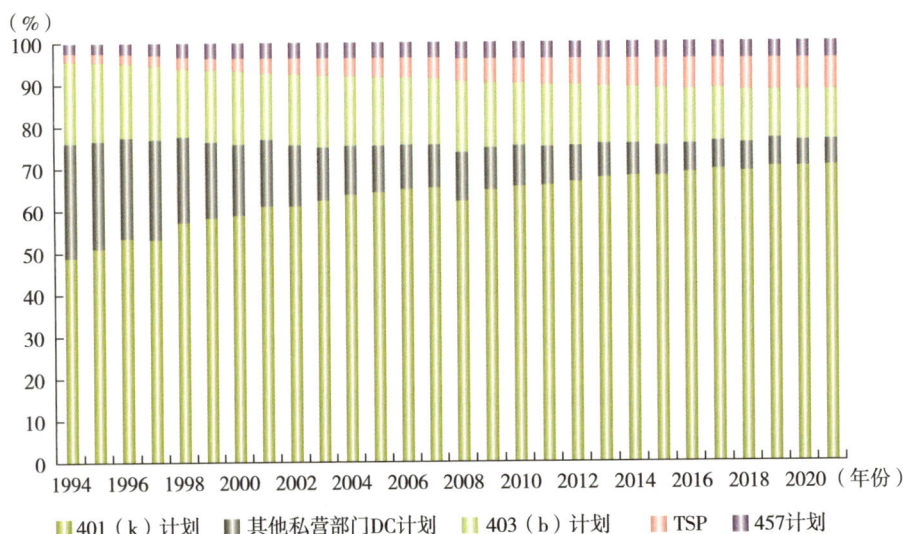

图 25-7　401（k）计划在 DC 型计划中占比

资料来源：ICI，The US Retirement Market（2021）.

（五）美国养老金第三支柱：个人养老金计划

美国的第三支柱个人养老金计划主要包括个人储蓄账户（IRAs）和保险模式。IRAs 是一种为美国居民退休储蓄提供税收优惠的退休账户。作为美国养老体系重要的组成部分，其运营管理经过几十年发展已经非常成熟。

IRAs 的确立可以追溯到 1974 年颁布的《雇员退休收入保障法案》（ERISA），其旨在通过税收优惠，鼓励没有参加公共养老计划的个人进行退休储蓄。IRAs 账户最主要包括传统 IRAs、罗斯 IRAs（见表 25-1），以及雇主发起式 IRAs。

表 25-1　IRAs 主要账户的分类及特点

类型	起始时间	特点	缴税优惠模式
传统 IRAs	1974 年美国国会颁布《雇员退休收入保障法案》	70.5 岁以后需要强制领取	EET
罗斯 IRAs	1997 年《纳税人减免法案》	无强制领取	TEE

资料来源：公开资料整理。

据美国投资公司协会（ICI）统计，2021 年美国养老金计划的总规模达到 39 万亿美元，其中，IRAs 规模最大，为 13.9 万亿美元，占比达 36%。2020 年有近 4800 万家庭参与到至少一个 IRAs 计划中。

IRAs 在美国的发展已经非常成熟，根据美国税收法规定，符合要求的第三方金融机构（银行、投资公司、保险公司、证券经纪公司、共同基金等）均可为客户开设 IRAs 计划。IRAs 的可投范围非常广泛，主要受账户管理机构投资范围的限制。IRAs 早期主要投向银行及储蓄存款，20 世纪 90 年代后，共同基金、其他资产（通过经纪账户持有的股票、债券、ETF 等）持续提升，共同基金逐

渐成为主要资产投向。IRAs 设有投资负面清单，不允许投资于寿险和艺术品、古董、宝石等收藏品。

二、美国年金产品分类和规模

（一）美国年金产品：成熟保险市场下的发展与创新

1. 美国年金产品的发展历程

与国内市场偏好银行产品不同，海外市场尤其是欧美国家，保险和基金等机构在养老筹资方面发挥了更重要的作用。美国年金市场的发展可以追溯到 20 世纪 30 年代的"大萧条时期"。首先，对金融体系稳定性的担忧促使投资者转向保险公司提供的年金产品，灵活支付的递延型

年金可以满足投资者储蓄和积累资产以及提取本金的需求，这也被认为是资产稳健、安全、保值的重要方式之一。其次，在此期间，企业年金计划中的团体年金市场开始发展。在"二战"后的几十年里，团体年金市场的增长速度一度超过了个人年金市场。

在人口老龄化程度不断加剧以及利率持续下行的市场环境下，年金作为兼贝养老保障及财富管理的双重属性的保险产品，通过提前锁定资金并对现金流进行规划来平滑整个生命阶段的收入，逐步进入发展的快车道。美国年金保险的保费收入在1986年首次高于寿险保费，截至2020年，美国年金保费收入超3000亿美元，规模是寿险保费的2倍（见图25-8）。

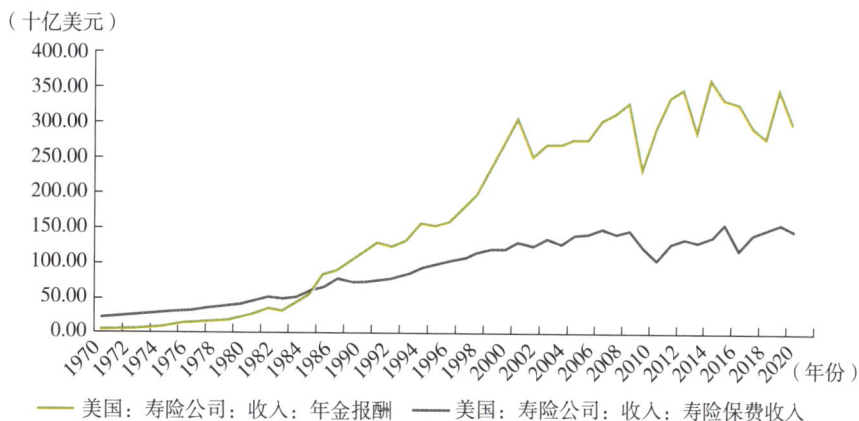

图25-8　美国年金保险保费收入与寿险保费收入规模

资料来源：Wind。

年金资产作为美国补充养老金的一部分，规模占比在10%左右，2021年美国年金资产规模约为2.6万亿美元，20年年均复合增长率5%，规模发展较为稳定。

年金的发展与市场波动和监管政策有着密不可分的关系。在近20年的发展历程中，年金经历了两次比较显著的下降（见图25-9）。第一次发生在2008年金融危机期间，市场的全面崩盘影响了年金的整体销售。第二次下降始于2016年，这主要受到监管方面的挑战：美国劳工部在2016年发布新信托法规（Fiduciary Rule），该规则对一切有关

退休产品的销售机构提出更严格的规范。法规要求理财机构在为退休账户理财时必须以客户的利益为先，从事佣金工作的机构和顾问需要向客户披露佣金情况。受托人条款的颁布直接影响到了可变年金的运营商和退休资金咨询机构的收入结构，从而影响到年金销售水平。该法案原计划2019年生效，因此年金规模开始进入了为期三年的萎缩期，直到2018年该法案被撤销，年金的销售才开始有所回暖，进入了平稳发展期。

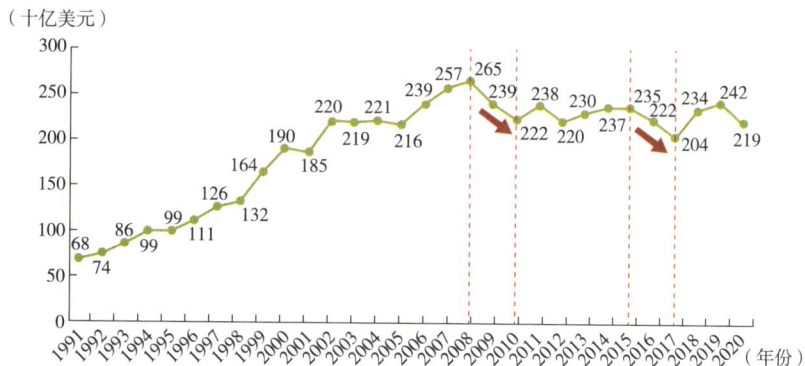

图25-9　美国年金销售规模

资料来源：Wind。

2. 美国年金产品的分类及特点

年金的分类方法非常多，但本质都是用现在的现金流交换未来的现金流。根据未来的现金流特征，美国的主流年金产品可以分为四种：固定年金（Fixed Annuity）、可变年金（Variable Annuity）、指数型年金（Indexed Annuity）、即期年金（Immediate Annuity）。

固定年金在 18 世纪初在美国开始出现，也被称为储蓄型年金，是市场上主流的年金产品之一，也是衍生各类其他年金保险类型的基础。固定年金的收益率相对固定，也会受到美联储基准利率的影响，具有延迟纳税和锁定长期收益的特点。

多年保证收益年金（Multi-Year Guaranteed Annuity，MYGA）是固定年金延伸出来的一个主要类别。它可以看作固定年金和定期存款的结合体，即在一定的期限内，保证一个固定收益，从而解决了固定年金收益利率可能会发生变化的这一问题。截至 2022 年 8 月 19 日，根据保证期限的不同，MYGA 年金保险的收益率最高可以到 4.3% 左右，对比十年期的美国国债收益率来看，具备一定的利率优势（见表 25-2）。

表 25-2　MYGA 与国债收益率的比较

单位：%

类型	1 年	2 年	5 年	7 年	10 年
国债收益率①	3.24	3.22	3.02	2.97	2.88
MYGA 年金利率	3.5	3.9	4.4	4.6	4.3

资料来源：根据 Wind 和公开资料整理。

可变年金也称为证券年金/基金型年金，伴随 1952 年前后美国股市的高涨而出现。相对于固定收益年金，投保人可以在可变年金账户中自行选择不同的子账户，如共同基金、ETF 或者指数进行投资。传统可变年金的特点是投保人承担投资风险，账户收益随市场表现而波动。可变年金的

另一个主要特点是本金不保证，即本金有可能损失，因此，比较适合有一定风险承担能力且追求高潜在收益的投资者。

由于股市波动带来的极度不确定性，既能保本又能享受股市上涨红利的指数型年金在 20 世纪 80 年代后期应运而生，1995 年美国的一些保险公司陆续推出指数型年金产品，并在 2008 年后爆红。相对于固定和可变年金，指数型年金最大的特点是，资金不直接参与市场，只与指数表现挂钩，收益有上限封顶，并且提供"保本"保障。为了增加产品竞争能力，一些指数年金产品允许投保人自行承担部分风险，而换取更高的指数市场收益封顶（如 RILA 年金）。

前三类年金主要适合距离退休还有一定年限内，并且考虑资金稳定保值增值的投资人。而即期年金更适合马上就要退休的人群。投保人在保险公司开立账户后，可以一次性存入一笔钱［这笔钱通常来自雇主养老金支付计划如 401（k）、403（b）和个人养老储蓄计划 IRAs、现金存款等］，保险公司按月或按年支付退休金，可以享受终身领取。

由于年金产品类别丰富，美国寿险行销调研协会（LIMRA）将年金进行了更细致的分类：固定年金细分为固定利率税延年金（Fixed-rate Deferred Annuity，FRD）、固定指数型年金（Fixed rate Index Annuity，FIA）、收入递延型年金（Deferred Income Annuity，DIA）、即期年金（Immediate Annuity，SPIA）和结构化和解年金（Structured settlement，SS）五种；可变年金分为传统可变年金（Traditional VA）和指数挂钩型年金（Registered Index-Linked Annuity，RILA）两种。

固定年金和可变年金的规模呈此消彼长的态势。在 2016 年以前，可变年金规模份额较大，但由于利率下行、价值股票市场持续震荡，固定年金以其"保本"特性，更受投资者的青睐，固定收益年金规模稳步提升，并占据主导地位。1991~2016 年个人年金销售额变化趋势如图 25-10 所示。

图 25-10　1991~2016 年个人年金销售额变化趋势

资料来源：LIMRA，US Individual Annuity Yearbook -2020.

---

① 国债收益率资料来源：Wind，数据截止日期：2022 年 8 月 19 日。

（二）美国年金产品销售渠道及客群分析

1. 年金产品的分销渠道

就年金的分销渠道来看,美国存在七种主流分销渠道:①专属代理人;②独立代理人;③全能经纪自营商;④独立经纪自营商;⑤多业务线专属代理人;⑥直销;⑦银行(见表 25-3 和图 25-11)。

表 25-3　美国年金产品的主流分销渠道及定义

序号	渠道类别	英文名称	定义
1	专属代理人	Career Agent	仅代理一家人身险公司的保险产品
2	独立代理人	Independent Agent	不签订排他性代理合同,可代理多家人身险公司的产品
3	全能经纪自营商	Full-Service Broker-Dealer	可为自己和客户买卖证券的企业,提供一系列的金融产品和服务,拥有庞大的分支网络
4	独立经纪自营商	Independent Broker-Dealer	与经纪自营商签订非雇员式的代理合同
5	多业务线专属代理人	Multiple-Line Exclusive Agent	仅代理一家人身险公司,但母公司是财产险企业,所以同时销售人身险和财产险
6	直销	Direct Response	直接销售
7	银行	Banks	银行或者储蓄机构的人员提供金融产品的代理服务

资料来源:根据 LIMRA 及公开资料整理。

年金产品,尤其是变额年金由于涉及将传统的储蓄功能过渡到投资功能(单独设立账户),因此被美国监管部门认定为证券产品,需要由持有证券销售牌照的专业人士或机构销售,从而使自营经纪商和专属代理人主导了相关产品的销售。独立经纪自营商是年金最大的分销商,占比超 27%,独立代理人位居第二。

	2017年	2021年
■ 独立经纪自营商	22%	27%
■ 独立代理人	19%	19%
■ 专属代理人	19%	17%
■ 银行	17%	17%
■ 全能经纪自营商	12%	14%
■ 直销	8%	4%
■ 其他	3%	2%

图 25-11　美国年金产品销售渠道及比重

资料来源:LIMRA。

2. 美国年金的购买者偏好

LIMRA 基于 2019 年美国个人年金销售数据,对年金购买者进行抽样调查,调查结果显示绝大部分年金购买者的平均年龄分布在 61~65 岁。风险偏好和年龄的关系也可以在数据中得到验证:传统变额年金的平均购买年龄为 60.5 岁,低于指数型年金(63.8 岁)和固定收益年金(66.1 岁)的平均购买年龄,即期年金的平均购买年龄为 70.3 岁。这也就证明,随着年龄的增长,人们越来越倾向无风险或低风险产品。

在对购买年金产品目的的分析中指出,55% 的购买者是以保护本金为目的,30% 的购买者看重年金的收益,15% 的购买者是为了强制储蓄。

通过抽样调查数据可以得出以下结论:首先,虽然美国年金产品种类多样,且指数年金的收益率与股市挂钩,但购买者大部分来自即将退休或已经退休的人群,对年轻群体的吸引力较弱;其次,大部分群体购买年金的原因以保护本金为主,退休后提供稳定的收入也是购买者选择年金的重要原因之一。

三、美国指数型年金产品解析

美国的指数型年金结合了固定年金和变额年金的特点,是年金的创新形式,既可以保证本金的安全,又可以享受股市上涨时带来的红利。2022 年指数型基金一直处于发展的快车道,特别是 2010 年创新的指数挂钩型年金产品,极大提升了指数型年金产品的市场占有率,下面具体阐述固定指数年金产品和指数挂钩型年金产品。

（一）固定指数型年金产品（FIA）

固定指数型年金是一种延税退休储蓄工具,可以有效规避市场下行风险,同时提供参与市场上行、获得更高回报的机会(见表 25-4)。FIA 与国内产品中的万能型年金产品类似,保险公司会定期公布账户的结算利率,但两种产品的结算利率决定机制不同。FIA 的结算利率与投保人所选定跟踪的指数表现直接挂钩，而万能账户的结算利率决定机制对投保人不公开。随着美国长期利率不断下行，传统年金带来的收益也随之下降，投资者更需要兼顾安全和收益的年金产品。

表 25-4　固定指数型年金产品规定核心因素

指标	解释说明
最低收益	投保人在购买 FIA 时可以设置最低保障收益，为资金提供充分的风险下行保护，所投入的本金不会损失，并且有最低保障收益
跟踪指数	年金收益与投保人所选的股票指数表现挂钩，但资金并不直接作用于股票市场。投保人可以同时跟踪一个或多个股票指数，并且可以自行决定所投入的资金在各指数间的分配比例
指数策略	主要包括两种，一种是以指数变动区间的起止两个时点的平均指数水平来计算，另一种是择时取某个区间的平均值来计算
参与率	用于计算指数变动幅度中结算给投保人的结算利率。参与率通常不高于100%，但也有产品设计参与率可以超过100%，这意味着股市处于上行趋势中，投保人可以获得超额收益（例如参与率分别设置为80%和120%时，指数上涨10%时，账户的结算利率则为8%和12%）
收益率上限	指可以提供的结算利率上限。收益率上限与参与率都是对实际结算利率的一种约束

资料来源：根据公开资料整理。

指数化的利率结算机制适用于产品的积累期，在积累期结束时，投保人可以选择一次性领取账户的累计价值，或者转化为年金，定期领取年金收入。

（二）指数挂钩型年金产品（RILA）

RILA 诞生于 2010 年，自 2014 年开始规模大幅增长。2021 年，RILA 销售额为 390 亿美元，比上年增长 62%。RILA 的销售规模受益于当前的经济情况以及新运营商的进入使市场竞争加剧。投资者寻求能够提供保护和增长平衡的解决方案。与固定指数年金类似，RILA 的产品设计方案中包括设置跟踪指数、参与率、收益上限、指数策略等。利率结算结构主要包括以下三种：

一是"点对点策略"（Point-to-point）：设置收益率上限，在实际结算中，超过收益率上限的部分将被放弃（见图 25-12）。（例如，假设收益率上限为10%，在指数回报低于10%时，按照指数收益结算；当指数回报高于10%时，按照 10% 进行结算）。

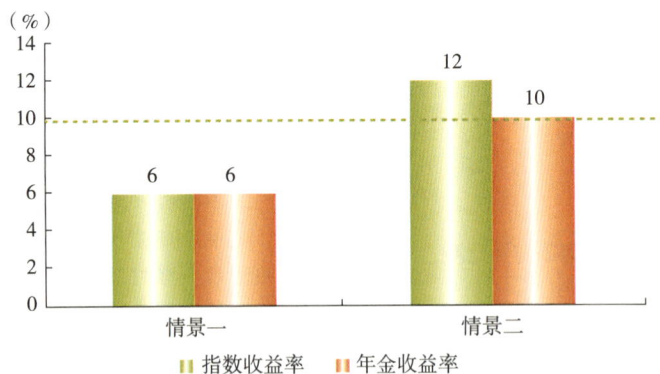

（%）

	情景一	情景二
指数收益率	6	12
年金收益率	6	10

图 25-12　点对点策略

资料来源：笔者绘制。

二是"阶梯策略"（Step Rate Plus）：设置阶梯收益率和参与率，如果指数回报率低于阶梯收益率，则实际结算利率等于指数回报率；如果指数回报率大于阶梯收益率，则实际结算利率等于指数回报率乘以参与率或阶梯收益率中的较大值（见图 25-13）。（例如，假设阶梯收益率为6%，参与率为90%，当指数回报为20%时，实际结算利率取较大值，即为90%×20%=18%）。

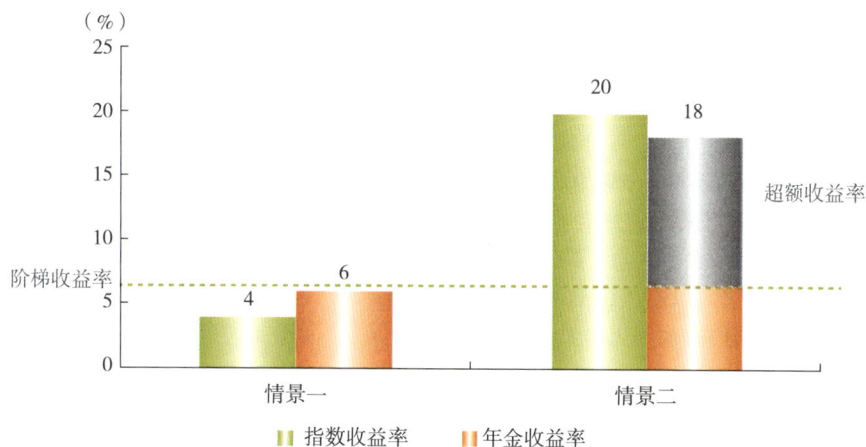

图 25-13　阶梯策略

资料来源：笔者绘制。

三是"分级参与率策略"（Tiered Participation Rate）：通过设计分层参与率，放大收益系数。由于可以获取超额收益，这种产品策略目前只适用于某些特定产品（见图 25-14）。（例如，假设分级回报率为 20%，超额参与率为 130%，当指数回报率低于 20% 时，实际收益率与股市回报率一致；当指数回报率高于 20% 时，实际收益率会 100% 确认分级回报率的部分，即 20%，第二层级则会取得超额收益，即 130%×（68%-20%）=62.4%，在指数回报为 68% 时，该产品的实际回报率为 82.4%）。

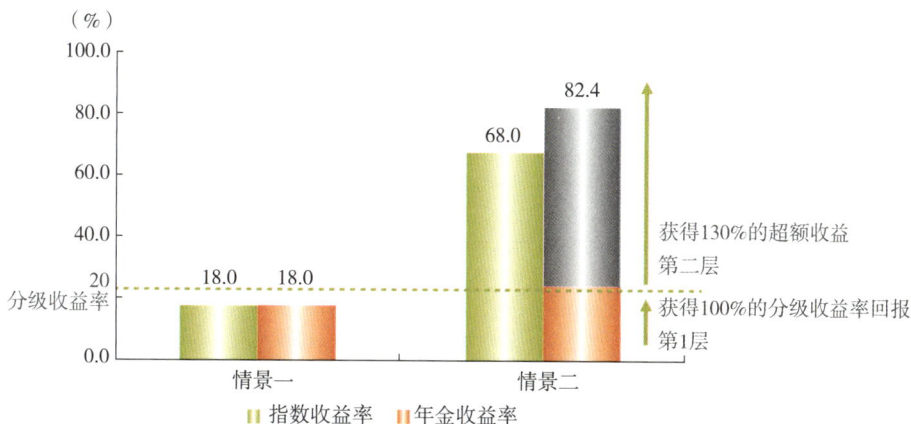

图 25-14　分级参与率策略

资料来源：笔者绘制。

四、对中国商业养老产品的启示

（一）美国养老金市场发展特点

通过对美国养老保险体制以及第三支柱的研究，本报告总结归纳出以下几点要素：

一是社会保障体系的设计对年金市场的需求产生强烈的影响。从广义上讲，社会保障制度支付的福利越全面，商业养老产品的发展空间就越小。这是因为健全的国家福利减少了民众将补充累积储蓄转化为可靠收入的需要。美国的第一支柱替代率较低，为第二、第三支柱发展提供了必要的空间。

二是强制性储蓄的制度和强度对年金的发展也有很大的影响。强制储蓄可能会降低提供替代准备金的边际倾向，从而缩小年金市场的规模。如果将强制累计的资金进行全部或部分年金化处理，将会大大刺激年金市场的发展。

三是第二支柱的规模，即职业年金和企业年金的发展，会影响相应年金市场的规模和类型。这些计划是由 DB 型和 DC 型主导，很大程度上决定了年金市场的发展规模，也为后期为转化成年金提供了资金来源。美国是养老第二、第三支柱衔接的优质案例，IRAs 账户中的大部分资金来自第二支柱的滚存，账户持有者可以通过 IRAs 账户购买年金产品，这为年金产品乃至第三支柱个人养老保险产品的推广提供了资金来源。

四是税收激励措施对年金的潜在发展有很大影响。税收激励措施可能会影响公民为退休储蓄的方式，税收制度会在很大程度上影响支付阶段的产品选择。年金产品的最大竞争优势就是来源于税收优惠。

（二）美国的年金保险对我国个人养老产品的借鉴和启示

美国的年金产品市场历经接近半个世纪的发展和创新，已经衍生出丰富的产品体系和完善的产品机制。中国的年金产品市场尚处于初步探索阶段。由于中美两国从治理结构、人口结构、经济环境等都有所差距，因此借鉴意义有限，但本报告从发展的基本特点入手，总结归纳以下特点，供我国发展年金产品时借鉴参考：

一是灵活持有期期限：美国的年金产品锁定期选择多样化，并设有赎回机制，产品策略较为灵活；而中国的年金产品锁定期限较长，并且赎回条件较为苛刻，产品设置不灵活，长期而言可能会影响年金产品的销售。

二是调整产品投资结构，提升收益水平：美国年金产品，尤其是指数型年金产品投资风格偏激进，权益占比较高，因此长期收益率显著高于国债利率，满足了投资者对资产保值、抗通胀、获取收益的要求。反观中国的年金产品，资产配置比较保守，以固定收益类产品为主，投资收益受到资产配置的影响，竞争力较弱，也是影响年轻人购买的因素之一。

分报告二十六
英国账户养老金制度研究
——以职业养老金为视角

一、英国账户养老金制度概览

账户养老金制度是英国养老金体系中的重要组成部分。从英国养老金各个支柱的情况来看，除了第一支柱的国家养老金（State Pensions）是现收现付制以外，第二支柱的职业养老金（Workplace Pensions）中，既包含非账户制的 DB 型计划，也包含账户制的 DC 型计划，而第三支柱的个人养老金（Personal Pensions）则全部为账户制。一般而言，英国的职业养老金需要通过雇主参加，个人养老金则是个人自行参加。

英国的账户养老金主要层次结构如图 26-1 所示。可以看到，英国的账户养老金既覆盖了第二、第三支柱，也可以分为信托型（Trust-based Schemes）和契约型（Contract-based Schemes）两种不同方式的计划。具体而言，信托型养老金计划一般是由雇主设立、由受托人基于信托责任代表参保人进行养老金的投资管理，存在雇员、雇主与受托人的三方关系；而契约型养老金计划则通常没有受托人，是由保险公司或投资公司等养老金提供者基于合同直接为雇员（参保人）进行养老金的投资管理。在英国的制度实践中，职业养老金一般以信托型计划为主，其中又可以进一步分为由单一雇主运营的单一信托计划和由养老金提供者运营、面向多个雇主的集合信托计划（Master Trust Schemes）两种模式。但同时，职业养老金也存在契约型计划，通常以团体个人养老金计划（Group Personal Pension Schemes）为主要模式，该计划往往由一个养老金提供者基于其与雇主之间的合同来进行养老金的运营管理。个人养老金则一般以契约型为主，其模式主要是单人个人养老金计划（Individual Personal Pension Schemes），即由养老金提供者为单个个人设计的基于合同的养老金计划。

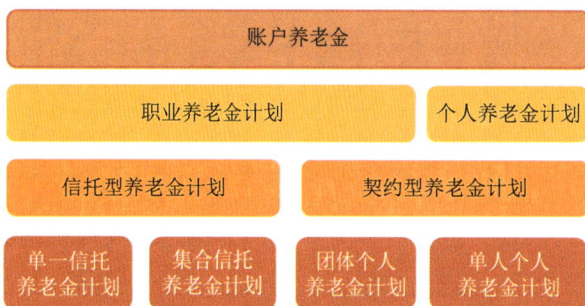

图 26-1　英国账户养老金层次结构

资料来源：The Pensions Primer: A Guide to The UK Pensions System, https://www.pensionspolicyinstitute.org.uk/media/3844/20210629-ppi-pensions-primer.pdf.

随着人口老龄化程度的不断加深，账户养老金愈加成为英国养老金的重要组成部分。从英国账户养老金的资产规模来看，据统计，2018 年英国养老金资产总额约为 9.7 万亿英镑，相当于 GDP 的 436%。除 6 万亿英镑左右的国家养老金相关资产以外，其余 3.7 万亿英镑则是职业养老金与个人养老金的相关资产。而在这 3.7 万亿英镑中，账户制的 DC 型计划资产占据 1.1 万亿英镑，其中包括约 4000 亿英镑的 DC 型职业养老金以及约 7000 亿英镑的

DC 型个人养老金的资产[①]。尽管目前账户制的 DC 型职业养老金的资产规模小于个人养老金的资产规模，但随着许多 DB 型计划逐步关闭或走向转型，加之自动加入（Auto-enrolment）机制的实施，账户制的 DC 型养老金将会覆盖越来越多的人群，资产规模也将不断增大。截至 2021 年 6 月，英国有 1050 万人参与 DC 型养老金计划[②]。由于 DC 型职业养老金具有半强制性，且涉及人员较广，需要予以更多的关注，因此，下文将重点以 DC 型职业养老金计划为视角，对英国账户养老金制度进行研究分析。

二、英国 DC 型职业养老金的基本现状

在英国，所有雇主都必须将符合条件的雇员加入职业养老金并支付相关缴费，而雇员则有权选择退出，不参加任何职业养老金计划。一般而言，DC 型职业养老金计划的缴费为固定费率，根据工龄或收入水平进行分级，但并不保证未来退休时的福利待遇水平。退休时账户中养老金的多少则综合取决于参保人的缴费水平、缴费年限、账户养老金投资业绩、管理费用以及最后选择何种退休产品。总的来说，英国所规定的职业养老金的最低缴费率为雇员总收入的 8%，由雇主、雇员、政府三方分担。其基本规定为，雇主最低缴纳 3%，相应地，雇员最高缴纳 5%，而养老金提取时政府会予以 25% 的税收减免。所以，实际上，这意味着在雇主缴纳 3% 的情况下，雇员实际缴纳 4%，而剩余 1% 则是政府予以的税收减免。2021 年，英国职业养老金的缴费基数范围从年收入 6240 英镑到 50270 英镑不等。

从参保情况来看，随着自动加入机制的大力推行与实施，职业养老金的整体参保率逐年上升，从 2012 年的 47% 增长到 2021 年的 79%[③]。由图 26-2 可以看到，近年来，DB 型计划的参保率稳步下降，而 DC 型计划基本保持逐年上升的态势，尤其是 2012 年以来的上升趋势非常明显。

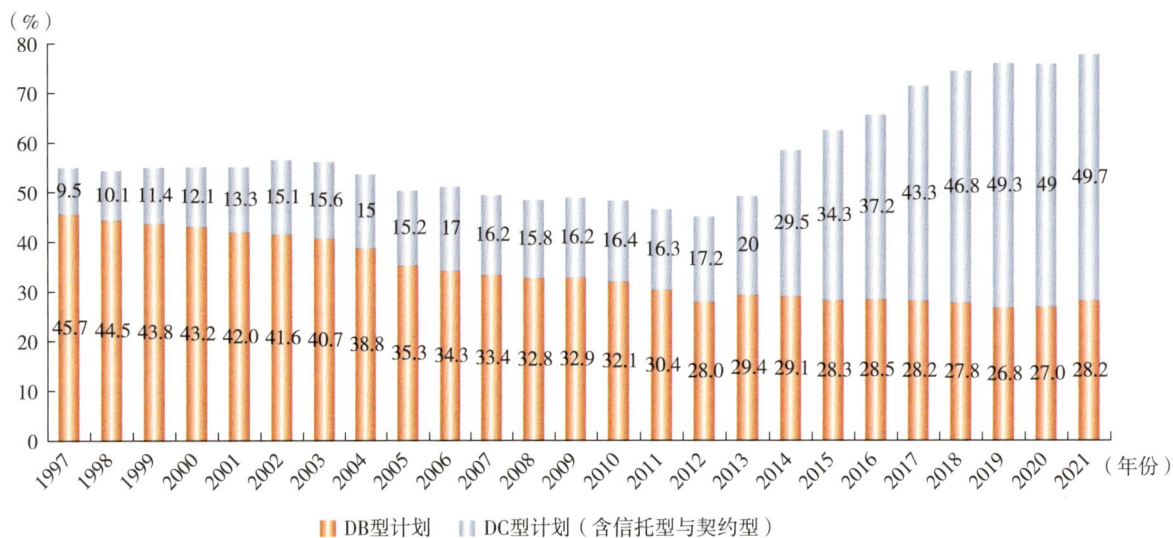

图 26-2 1997~2021 年英国职业养老金 DB 型与 DC 型计划参保率

注：这里的参保率是指参加养老金计划的雇员数量与所有雇员数量的占比。该数据基于英国工作时间和收入年度调查（ASHE），样本信息为英国 1% 的雇员，来自英国税务及海关总署的 PAYE 系统，样本量每年约为 18 万（新冠肺炎疫情影响导致 2020 年、2021 年样本量为 14 万左右）。但该系统数据可能存在人员重复计算，因为个人可能拥有不止一份工作。由于存在权重计算、人员重复等问题，因而该 DB 型与 DC 型计划参保率相加的结果与整体参保率数据不一致。

资料来源：Employee Workplace Pensions in the UK: 2021 Provisional and 2020 Final Results, https://www.ons.gov.uk/employmentandlabourmarket/peopleinwork/workplacepensions/bulletins/annualsurveyofhoursandearningspensiontables/2021provisionaland2020finalresults.

①② Pensions Policy Institute, UK Pensions Framework, https://www.pensionspolicyinstitute.org.uk/the-uk-pensions-framework/.

③ Employee Workplace Pensions in the UK: 2021 provisional and 2020 final results, https://www.ons.gov.uk/employmentandlabourmarket/peopleinwork/workplacepensions/bulletins/annualsurveyofhoursandearningspensiontables/2021provisionaland2020finalresults.

尽管雇主为员工缴纳职业养老金是强制性的义务，但是在员工具体参保哪一个计划上，雇主则才具有选择权。在计划类型上，过去职业养老金往往以 DB 型计划为主，但是在目前的经济社会背景下，人口老龄化、低利率与低投资回报等因素对养老金计划产生了较为深远的影响，使传统的 DB 型计划难以为继，而 DC 型计划则成为更多雇主的选择。尤其是在私营部门，越来越多的 DB 型养老金计划对新成员关闭，并想方设法通过保险买断或年金购买等方式进行转型。随着自动加入机制的逐步实施，截至2019 年 3 月，有高达 98% 的雇主选择让员工加入 DC 型养老金计划（见图 26-3）。其中，选择集合信托计划的雇主占到了 84%，这可能是因为集合信托具有规模经济性，管理费率相对较低（中低风险策略的平均费率为 0.4%）。总之，如此大规模的人员加入 DC 型计划，给予了账户养老金广阔的成长空间。

从职业养老金账户的资金规模来看，在 2018 年前，随着自动加入的覆盖范围逐步扩大，大量新成员加入账户养老金计划，由于他们刚开始累积养老金，账户资金较少，

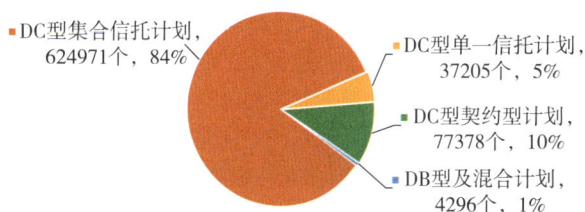

图 26-3　2019 年 3 月英国加入不同类型职业养老金计划的雇主数量

资料来源：The DC Future Book: 2021 Edition, https://www.pensionspolicyinstitute.org.uk/the-dc-future-book/.

因此，这使职业养老金账户资金规模的中位数从15000英镑降至9300英镑。但后来，随着缴费最低标准的提高，加上账户资金经投资管理不断增值，账户资金的中位数开始逐步增长，在2020年达到了11400英镑（见图26-4）。从总资产规模来看，自动加入机制的改革使DC型职业养老金计划增长较快，2015年至2020年间，DC型职业养老金账户的总资产规模从3240亿英镑增长至4710亿英镑[①]。

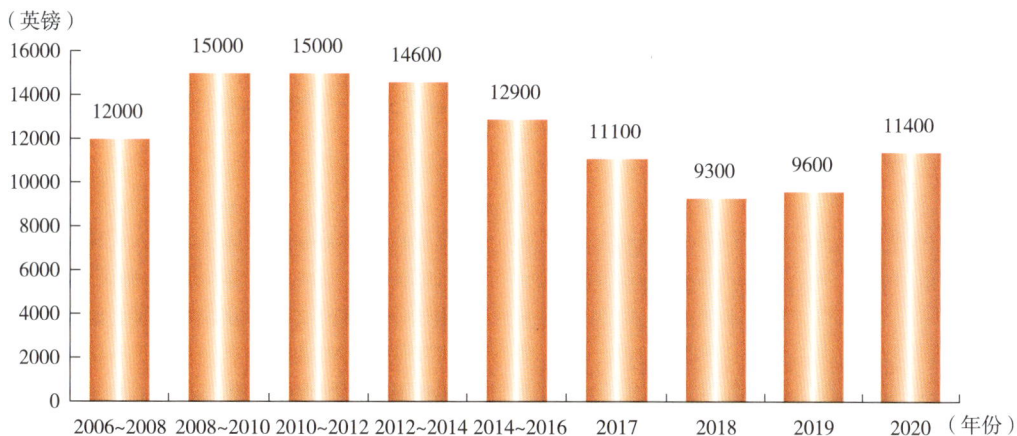

图 26-4　2006～2020 年英国 DC 型职业养老金账户资产中位数

资料来源：The DC Future Book: 2021 Edition, https://www.pensionspolicyinstitute.org.uk/the-dc-future-book/.

从职业养老金的资产配置情况来看，DC 型职业养老金计划通常存在"高风险""低风险""生活方式""有利润""退休日期"等不同策略，参保人员可以根据自己的风险偏好等情况来自行选择资产组合。但总体而言，由于惯性的存在，大多数人都不会多做额外的策略选择，而是选择默认策略。据调查，2021 年，集合信托计划中有 90% 的保人都保留在默认策略中，其平均资产总值为19 亿英镑[②]。因此，介于默认策略会影响到大多数参保人的账户养老金的投资收益，养老金产品提供者对如何设计

配置默认投资策略予以了更多关注。一般来说，投资策略需要综合考虑参保人的缴费水平、退休目标、风险偏好等多方面的因素来进行设计，而默认投资策略由于覆盖人群较广，无法因人而异，这就要求产品设计需要找到最适合大众需求的方案，在低风险和高回报之间寻找适当的平衡。比如，在设计默认策略时，资产配置部门会适当增加另类投资，以提高资产的投资回报，同时促进资产组合多元化，降低单一化投资所带来的风险。再如，产品设计部门会利用人工智能、大数据分析等技术，加强养老金产品的设计

①② Pensions Policy Institute, The DC Future Book: 2021 Edition, https://www.pensionspolicyinstitute.org.uk/the-dc-future-book/.

创新，如为计划成员提供选择个性化非默认投资策略的提示信息，或者提供依人群分类甚至是定制化的默认投资策略。就当前平均的资产配置情况而言，默认策略在参保人距离退休 20 年时往往会采取相对注重回报的投资渠道，将大部分账户资产配置给相对高收益的股票（68%），而在临近退休时，则会更加注重资金安全与低风险，资产配置更偏重于较为稳健的现金和债券（66%），一般情况下，任何计划都不会将股票比例配置超过 45%，平均的配置股票比例为 26%（见图 26-5）。

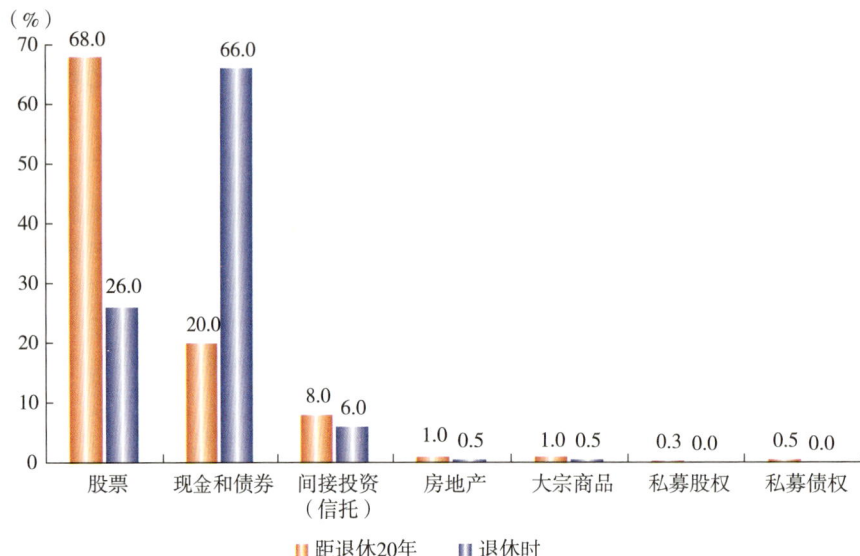

图 26-5　英国集合信托计划默认策略的平均资产配置比例

资料来源：The DC Future Book: 2021 Edition, https://www.pensionspolicyinstitute.org.uk/the-dc-future-book/.

三、英国 DC 型职业养老金的改革措施

自 20 世纪 60 年代以来，英国政府对养老金制度不断进行改革。而对于职业养老金而言，近年来，最为重要的几项改革分别是自动加入机制改革、自动与选择改革以及监管制度改革。下面就对这三项重大改革进行介绍与分析。

（一）自动加入机制改革

简单而言，自动加入机制是指，雇主必须将所有符合资格的员工加入职业养老金计划，而员工在加入后可以选择退出的制度。为了扩大职业养老金计划的覆盖面，在养老金委员会的建议下，英国政府于 2008 年颁布了《养老金法案》（Pensions Act 2008），对原有的职业养老金加入方法进行了改革，将自动加入机制纳入其中。目前，能够被自动加入机制纳入的资格条件为最低年龄 22 岁、年收入最低门槛 10000 英镑，即雇主必须为符合上述资格条件的员工缴纳职业养老金，而小于 22 岁或者年收入不足 10000 英镑的员工则不在自动加入范围内。自动加入的员工则有权选择不参保，具体而言，参保员工若在执行自动加入后的一个月内自行选择退出，则能收回所有个人缴费，若超过一个月退出，部分计划则不会退还之前的缴费，而是将其保留在养老金账户直至员工退休。对于自行选择退出或因其他原因停止缴费的员工，雇主还必须每三年对其再次实行自动加入，给予未参保的员工再一次的选择权，该过程又叫"重新加入"（Re-enrolment）。

自动加入机制自 2012 年 10 月起开始分阶段实施推广，其日程安排为：雇用至少 250 名员工的大型雇主被要求在 2012 年 10 月至 2014 年 2 月开始实行自动加入，雇用至少 50 名员工的中型雇主被要求在 2014 年 4 月至 2015 年 4 月开始实行自动加入，雇用少于 50 名员工的小型雇主被要求在 2015 年 6 月至 2017 年 4 月开始实行自动加入，2012 年 4 月至 2017 年 9 月开业的新雇主被要求在 2017 年 5 月至 2018 年 2 月开始实行自动加入，最后，所有雇主都必须在 2018 年 2 月前对其符合资格的员工实行自动加入。也就是说，当前所有雇主都应当为其符合资格的员

工缴纳职业养老金。

自动加入机制的实施，就是利用人的"惯性"，让员工无须主动操作与选择就能够参加职业养老金计划，而对不参加的行为则设置额外的操作步骤。这一机制的成功设计使更多的劳动者能够加入职业养老金计划之中，大大拓展了职业养老金的覆盖面。据统计，截至2021年6月，有1050万名员工被自动加入，选择退出率约为9%。此外，英国还实行每三年再次自动加入的措施，这也能够在一定程度上进一步扩展参保人数。截至2021年6月，有94.4万名劳动者被重新加入职业养老金[1]。

与此同时，自动加入机制的实施，还大大缩小了英国公共部门与私营部门在参与职业养老金方面的差距，在一定程度上提高了私营企业员工的退休保障水平。就职业养老金的整体参保率来看，2012年，公共部门的参保率为83%，以DB型计划为主（76%），而私营部门参保率仅为32%，以DC型计划为主（22%）；而到了2021年，公共部门参保率升至91%，仍以DB型计划为主（82%），而私营部门则由于自动加入机制的全面推行，参保率飞跃至75%，仍以DC型计划为主（66%）[2]。虽然公共部门与私营部门的参保率目前仍存在一定差距，但是这一差距已处于历史最低水平。

尽管自动加入机制提升了职业养老金的覆盖人数，缩小了公共部门与私营部门之间的差距，但是，仍有一部分人群被排除在制度之外。具体而言，自动加入机制设置了一定的门槛，小于22岁的青年劳动者以及年收入低于10000英镑的低收入劳动者不符合自动加入的条件。也就是说，有相当一部分劳动者无法自动加入职业养老金计划，因而，这一部分群体很可能不会主动去选择参加职业养老金计划，导致其参保率水平较低。据统计，截至2021年6月，无自动加入资格的劳动者人数达到了1010万，已经逼近符合资格的人数。此外，440万的自雇或个体经营者由于没有雇主，也被排除在自动加入机制之外。因此可以说，低收入群体和收入不稳定的群体在退休时所拥有的积蓄往往就不及其他就业者，而职业养老金的缺乏更是会不利于其退休后的收入保障，加剧了陷入老年贫困的风险。

因此，有专家建议，英国政府应当降低自动加入机制在年龄与收入方面所设置的门槛，以便推动更多劳动者参加职业养老金计划。据测算，如果将自动加入的资格年龄从22岁降至18岁，可能会使职业养老金计划的覆盖人数提高约2.8%（约70万人），而如果取消年收入1万英镑的门槛，可能会使职业养老金计划的覆盖人数提高约14%（约350万人）[3]。此外，有数据表明，降低年龄与收入上的门槛还有利于增加养老金账户资产，能够使低收入者的储蓄增加80%以上，使中等收入者的储蓄增加40%，总体而言，每年可以额外带来38亿英镑的储蓄，这将有助于进一步提高职业养老金制度覆盖的公平性与资金的充足性[4]。但与此同时，这一改革建议也需要相应的配套措施的进一步完善。比如，若要纳入更多的低收入劳动者，需要考虑其税收减免与缴费负担的冲突问题，因为职业养老金的部分缴费为政府给予的税收减免，而部分低收入劳动者由于其收入水平比较低，并无资格获得政府的税收减免，这会导致其职业养老金的实际缴费负担是重于其他高收入者的，对于低收入人群并不公平。再如，自动加入机制可能会给企业与政府同时带来更大的财务负担。对于企业而言，对员工的职业养老金计划的缴费具有一定强制性，再加上英国近期在提高最低工资方面进行的制度改革，这些成本可能会给部分雇主带来较大的财务压力。而对于政府而言，随着账户资产规模的不断扩大，为养老金提供的税收减免总额也将随之增大，这会给未来的公共支出带来额外的财政负担。

（二）自由与选择改革

英国于2014年进行了名为"自由与选择"（Freedom & Choice）的养老金改革，在领取养老金方式上赋予员工更多的自由选择权。在改革之前，退休员工大多用其账户资金来购买年金，比如，2012年有超过90%的DC型账户养老金计划的资产被用于购买年金[5]。

具体而言，改革后，职业养老金计划成员在退休时领取养老金的方式包括以下几种：第一，一次性提现。计划成员可以一次性提取账户中的全部或部分养老金资产，所提取资金的25%是免税的，其余部分则需作为收入依法缴纳所得税。第二，购买年金。计划成员可以利用账户中的资产购买保险公司的年金产品，作为未来每年可以的领取养老金。第三，转为收入提取（Income Drawdown）。收入提取意味着账户中的资产仍用于投资，计划成员可以选择不同的股票、现金和债券组合的产品进行投资，需要资金时也可以灵活进行提取。如果投资收益高，则账户资

①③　Pensions Policy Institute, The DC Future Book: 2021 Edition, https://www.pensionspolicyinstitute.org.uk/the-dc-future-book/.

②　Office for National Statistics, Employee workplace pensions in the UK: 2021 provisional and 2020 final results, https://www.ons.gov.uk/employmentandlabourmarket/peopleinwork/workplacepensions/bulletins/annualsurveyofhoursandearningspensiontables/2021provisionaland2020finalresults.

④⑤　Pensions Policy Institute, UK Pensions Framework, https://www.pensionspolicyinstitute.org.uk/the-uk-pensions-framework/.

产可以进一步增值，但同时，也存在着投资表现不好导致养老金资产缩水的风险。计划成员在提取该账户收入时，仍会被予以 25% 的资金免税，其余资金则需依法缴纳所得税。第四，混合方式，即计划成员可以综合以上几种方式，选择一部分资金进行提现，一部分资金购买年金，一部分资金转为收入提取。

在实践中，据统计，从人员规模来看，越来越多的退休人员选择一次性提现这种方式。2019 年，约有 25.2 万人选择了一次性全部提现，而购买年金的有 6.5 万人，转为收入提取的则有 11.6 万人。但是，从资产规模来看，购买年金和转为收入提取的平均金额更大，一次性提现的平均金额约为 15000 英镑，购买年金的平均金额约为 71200 英镑，转为收入提取的平均金额约为 77400 英镑[①]。

这项改革的引入，意味着一些原本会购买年金的退休人员可能会选择通过其他方式获得养老金储蓄，在增加了个人选择自由度的同时，也可能会引发非理性行为，导致所做出的领取养老金的决策不能满足其未来长久的退休收入需求，提升了退休生活的财务风险。因此，在这一风险下，英国政府也配合推出了名为 "Pension Wise" 的咨询服务，为退休人员在养老金安排方面提供免费的指导，提供养老金计划指南，帮助了解退休后的整体财务状况安排，以便降低退休人员不理性选择所引发的收入风险。此外，一些付费的咨询与顾问服务也应运而生，为退休人员养老金的财务规划提供更多支持。英国养老金监管局由此对指导建议进行了系统性的分类，不同类型的权利义务有所不同。比如，独立建议（Independent Advice）需要将市场上所有符合资格的任何公司的任何投资产品纳入考量，以提供公正且不受限制的建议；限制性建议（Restricted Advice）则仅推荐部分供应商的产品或部分类型的产品，且必须解释限制推荐的性质与原因；指导或信息（Guidance or Information）则是只提供投资产品的一般信息或相关术语的解释，而非建议类咨询服务。总体而言，提供独立或限制性的建议类咨询服务成本较高，因此，也会受到政府一定的监管，甚至有可能需要对根据建议采取行动的结果承担部分责任。而指导类或信息类服务则不同，一般情况下，将由消费者自行承担其做出错误决策的风险。

但是，据统计，在选择账户养老金领取方式时，有使用过建议的人数并不多。2020 年，有 42% 的成员在进行退休产品决策时使用了独立建议，22% 的成员使用了限制性建议，而其余 36% 的退休人员没有接受过任何投资建议和咨询服务[②]。事实上，对于普通公众而言，在不使用建议或指导的情况下就购买退休收入产品，容易对自己的退休收入需求以及不同类型的退休收入产品产生不正确、不全面的理解，这会增加未来退休收入难以满足个人需求的风险。比如，据英国金融行为监管局（FCA）研究发现，约有 32% 的没有接受过建议的成员会投资于完全现金策略（Wholly Cash Strategies），而非其他具有更高回报潜力的策略，而接受建议的成员中全部投资于现金的人数比例仅为 6%。该机构进一步的测算显示，对于把养老金资产全部投资于现金的账户而言，如果将其改为投资混合资产[③]，则 20 年后其账户资产将会比投资现金高出 37%[④]。因此，尤其是对那些养老金账户资产数额较大且年龄较小的计划成员而言，完全持有现金则意味着失去获得较高投资回报的机会。

（三）监管制度改革

早在 2004 年，英国政府就出台了《养老金法案（Pensions Act 2004）》，对职业养老金计划的监管制度进行了修改与完善，设立了专门的养老金监管机构（The Pensions Regulator）。目前其主要职责包括：第一，落实自动加入机制，确保各雇主能够将符合资格条件的员工纳入职业养老金计划，并向其支付资金；第二，保证养老金计划成员的账户资产安全；第三，改善养老金计划的运营管理方式；第四，降低养老金计划进入养老金保护基金（Pension Protection Fund）的风险；第五，确保雇主平衡其待遇确定型（DB 型）养老金计划需求和业务增长。

对于雇主而言，养老金监管机构有责任敦促雇主履行自动加入机制的相关义务并遵守有关的就业保障规定，保障职业养老金计划成员的福利待遇。养老金监管机构有权从各个部门或组织收集信息，以识别并监控相关风险，考察雇主是否遵守养老金的有关责任义务，并有权代表某项养老金计划向雇主追讨迟付或未付的款项，对雇主的违法行为处以一定罚款。据统计，养老金监管机构发布的处罚通知数量已从 2014 年的 1493 份增加到 2020 年 3 月底的 367314 份[⑤]。

对于养老金计划而言，养老金监管机构旨在保护职业养老金计划的成员权益，促进养老金计划能够得到良好的

---

①②⑤　Pensions Policy Institute, The DC Future Book: 2021 Edition, https://www.pensionspolicyinstitute.org.uk/the-dc-future-book/.

③　测算所假设的投资组合为 50% 股票、20% 政府债券、20% 企业债券、7% 房地产和 3% 现金。详见：Financial Conduct Authority, Annex 4: Data collection and analysis, https://www.fca.org.uk/publications/market-studies/retirement-outcomes-review.

④　Financial Conduct Authority, Retirement Outcomes Review, https://www.fca.org.uk/publications/market-studies/retirement-outcomes-review.

运营管理，减少计划成员向养老保障基金索赔的风险。一方面，养老金监管机构指导受托人对养老金计划的运行管理与职责履行，有权处理养老金计划资金不足的问题，并有权调查存在欺诈或管理不善风险的计划，禁止违法违规或其他不适合的受托人开展业务。另一方面，养老金监管机构也有责任减轻监管对养老金计划带来的运行成本与负担，并提高计划的主动性与灵活性。

2004 年的《养老金法案》还进一步完善了养老金计划相关利益方的权利义务。一方面，法案为计划成员提供更全面的保护，比如，在雇主对养老金计划安排进行修改之前，要求雇主有义务向计划成员进行咨询协商，包括对新员工关闭计划以及雇主缴费调整等情况变化。同时，加强计划成员的参与度，比如，每个计划中至少有 1/3 的受托人需要由计划成员提名和选择。另一方面，法案赋予受托人更大的灵活性，让他们能够根据外部环境变化及时调整计划。比如，在与计划成员协商的基础上，受托人有权调整成员已经累积的福利，或者用精算上等价的价值来替换部分福利。另外，养老金监管机构有义务解决受托人和雇主之间发生的争议问题。

此外，英国政府随后也出台或修订了一系列相关的法律法规与条例，不断完善对养老金计划的管理和治理。比如，2014 年的《养老金法案》（Pensions Act 2014）规定，针对契约型养老金计划不受董事会管辖的情况，设立独立治理委员会，能在一定程度上代表会员担任受托人的责任，并对向会员提供的服务进行评估。再如，2015 年的《职业养老金计划（费用和管理）条例》（The Occupational Pension Schemes（Charges and Governance）Regulations 2015）引入了新的最低治理标准，要求受托人确保默认策略符合成员的最佳利益，保证金融交易及时准确，并根据会员的账户资产与其他情况综合评估相关费用。

四、英国账户养老金制度评价

账户养老金是对现收现付制公共养老金的重要补充，能够有效提高退休人员的生活水平。一般来说，非账户制养老金的主要目标是降低老年贫困风险，在一定程度上实现不同收入水平人群和不同代际之间的收入再分配，而账户养老金则更多致力于平滑个人退休前后的收入与消费，在一定程度上实现个人生命周期的不同阶段的收入再分配。就英国的账户养老金制度而言，其优势还在于，养老金的缴费与投资能够获得一定的税收减免，并且其中的职业养老金同时可以获得雇主的部分缴费，账户资产可以

随着时间的推移产生复利，有可能实现资产规模的大幅度增长。

值得注意的是，账户养老金也面临着不小的风险。第一，通货膨胀风险。如果账户资产价值的增长低于物价水平的上涨，则会导致账户资产实际价值减小，可能会导致退休后的收入水平有所降低。第二，投资风险。账户养老金需要通过市场投资来实现资产增值，但假若由于投资策略或市场波动导致投资业绩不佳，则会降低退休后的养老金收入。第三，长寿风险。个人实际寿命比预期长或者因长寿出现额外医疗和护理需求，则可能会使账户养老金不足以支撑个人生命后期所需要的消费。第四，决策风险。由于财务金融相关知识不足、对未来收入需求的判断不准等问题，个人可能会做出不适宜的账户养老金投资策略和领取方式，错误的决策可能会使个人退休后的收入并不能达到最优水平。

近些年，英国养老金制度产生了一些变化，人口因素、经济趋势、行业发展和政策改革都在重塑养老金制度的格局。最为显著的改变就是，DB 型养老金计划逐渐退出市场，而 DC 型账户制养老金所占份额越加庞大。而这一改变会加大养老金制度对个人的影响作用，因为相比于 DB 型计划，DC 型计划是个人账户制的养老金资产积累，其成员个人所承担的风险有所提高，包括上述所提及的各类风险。特别是对养老金领取方式进行的灵活性改革，标志着强制性年金制度的结束，在促进选择产品多样化的同时，也使普通个人承担了更多风险，可能会出现做出错误决策、继续投资于表现不佳的基金或面临养老金欺诈等情形。虽然英国政府已经出台了一系列法律法规来维护账户制养老金计划成员的基本权益，将监管重点转向消费者保护，但随着预期寿命的不断增长以及账户资产的领取方式愈加灵活，养老金计划成员仍将在退休时和退休期间面临较大的风险以及决策上较强的复杂性。

从未来发展来看，英国的账户养老金将会得到蓬勃发展，这也同时要求英国政府应当不断完善相关制度的设计与实施。据预测，20 年后，私营部门 DB 型养老金计划的活跃成员数量可能会从 2020 年的 110 万减少到 2041 年的 40 万，而 DC 型账户制养老金计划的活跃成员大约将达到 1500 万，其中集合信托计划成员可能会超过 1000 万。而就资产规模而言，20 年后，账户养老金的账户资产中位数可能会增长到 63000 英镑左右，总资产规模将增长到 9950 亿英镑左右[①]。随着规模的不断扩大，账户养老金的运营管理不仅会影响到计划成员个人退休后的收入

---

① Pensions Policy Institute, The DC Future Book: 2021 Edition, https://www.pensionspolicyinstitute.org.uk/the-dc-future-book/.

水平，也会对整个金融市场以及金融安全产生较为深刻的影响。因此，政府的养老金监管机构有必要进一步完善相关监管政策，加强执行落实，保证养老金账户资产的安全稳定、保值增值以及相关责任履行，保护养老金计划成员免受信息不对称、错误决策、低投资回报、欺诈等不良后果的影响。政府还需要结合新冠肺炎疫情蔓延、金融危机爆发、老龄化程度加深、劳动力市场变化等"黑天鹅""灰犀牛"事件做好应对方案，减小这些事件对养老金领取者退休生活的收入水平所带来的负面影响。此外，政府还应当推动养老金领域的负责任的投资，将环境、社会和治理（ESG）因素整合到投资的全流程之中，使养老金的投资管理更加重视长期性，关注其对社会产生的积极影响，防止短视的投资行为所带来的金融风险，以获得可持续的财务回报，使账户养老金能够真正成为推动老年人退休收入保障水平不断提高的关键途径。

分报告二十七
加拿大注册退休储蓄计划基本情况与特点分析

加拿大养老保障体系由三支柱构成，第一支柱普惠型养老金计划主要包括老年保障计划（Old-Age Security, OAS）和收入保障补贴计划（Guaranteed Income Security, GIS），第二支柱是由加拿大养老金计划（Canada Pension Plan, CPP）和魁北克养老金计划（Quebec Pension Plan, QPP）组成的强制性收入关联型养老金计划，第三支柱是自愿性积累制的个人养老金计划。

加拿大第三支柱个人养老金计划种类多样，包括注册养老金计划（Registered Pension Plan, RPP）、注册退休储蓄计划（Registered Retirement Savings Plan, RRSP）、免税储蓄账户（Tax-Free Savings Account, TFSA）、注册退休收入基金（Registered Retirement Income Fund, RRIF）、合并注册养老金计划（Pooled Registered Pension Plan, PRPP）等，其中最普遍的当属雇主自愿为雇员建立的注册养老金计划（RPP）和个人自愿供款的注册退休储蓄计划（RRSP）。

接下来，首先简单地对加拿大第三支柱养老金计划中的注册养老金计划、注册退休储蓄计划、免税储蓄账户、注册退休收入基金和合并注册养老金计划的基本情况逐一介绍，然后重点介绍加拿大"令全世界人民羡慕的、充满智慧的一项政策"[1]，即作为加拿大账户养老金典型代表的注册退休储蓄计划。

一、加拿大第三支柱养老金计划的构成

（一）注册养老金计划

注册养老金计划始于1917年，是雇主自愿为雇员提供的一项养老金计划，由雇主和雇员协商缴费，雇主选择投保的金融机构、政府给予税收优惠。加拿大《个人所得税法案》规定注册养老金计划的缴费可以从应税收入中扣除，从而实现减税的目的；投资所得享受免税待遇，但领取待遇时需要交税。为了避免雇主借由注册养老金计划逃税，加拿大税务局规定总缴费额不得超过雇员工资的18%，并设置了年度缴费上限。有些注册养老金计划的资金完全来源于雇主缴费（约占12%），有些注册养老金计划由雇主和雇员共担缴费责任（约占88%）；注册养老金计划既有待遇确定型（DB），也有缴费确定型（DC）和混合型[2]。

1998~2015年，注册养老金计划的参保人数增加了，但覆盖率（参保人数占雇员总数的比例）有所降低，从40.6%下降至37.8%。2016年，注册养老金计划共有16911个，参与人数为626.18万，覆盖率进一步降至32%。在计划参与者中，公共部门雇员有52%（2013年接近87%），其中48%受雇于私人部门；67%参加的是DB计划，其中18%参与了DC计划，其余15%属于混合型计划。数据显示，注册养老金计划2015年的缴费收入有672亿加元，全部注册养老金计划资产的市值为1.71万亿加元，占2015年GDP的90%；资产分布主要有债券（33.6%）、股

---

① Maich S, RRSP, Canadian Business, 2010 (3): 46-48.

② 王雯、黄万丁：《加拿大多支柱老年收入保障体系的评价及启示》，《中州学刊》，2017年第12期，第77-83页。

票（28.9%）、不动产（9%）以及住房抵押和短期资产（28.5%）等①。

（二）注册退休储蓄计划

注册退休储蓄计划始于 1957 年，是加拿大政府通过税收优惠等激励手段帮助个体积累养老金而设计的一项储蓄计划。政府授权金融机构提供开设注册退休储蓄账户的服务，个人可以通过政府批准的金融机构开设任意数量的 RRSP 账户，各个账户相互独立。金融机构可能向账户持有人收取三类费用，分别是账户管理费、投资费（购买、出售或转换投资产品的费用）和账户更改费（注销账户、更改取款时间表的费用等）。根据账户持有人所选投资方式的不同，RRSP 账户可以分为托管账户、自主账户和完全授权管理账户三种，托管账户通常只能投资担保投资证书（Guaranteed Investment Certificate，GIC）、共同基金和分离基金；自主账户的投资选择更多，除了托管账户的所有投资项目，还可选择股票、债券、交易所买卖基金（ETF）等其他产品；完全授权管理账户是授权职业经理人创建并管理定制的投资组合。为了避免 RRSP 成为富人的"避税天堂"，政府规定了每年的供款限额（上年挣得收入的18%），每年未使用的供款额度可以累积结转到未来年份。RRSP 供款采取税前扣除的方式，投资所得（在退休前）无须纳税，但从 RRSP 的取款记为当年收入，需要纳税。RRSP 账户持有人年满 71 周岁时账户到期，此时必须把账户资金转移到注册退休收入基金（RRIF）账户，或者选择购买年金或兑现账户余额等方式（需缴纳相应税款）。

2009~2019 年，RRSP 供款人有所减少，从 2009 年的 600 万减少至 2019 年的 590 万；同一时期，RRSP 供款人占纳税人的比例从 25% 下降至 22%。但是，这十年间 RRSP 账户持有人的年度供款额平均每年增加了 3.1%，从 5530 加元增至 7488 加元。②

（三）免税储蓄账户

免税储蓄账户始于 2009 年，作为一种享受税收优惠的储蓄和投资工具，并非专为退休收入储蓄设计，而是适用于更广泛的目标，年满 18 周岁且有社会保险号的加拿大居民都可以开设一个或多个免税储蓄账户③。免税储蓄账户类似于美国的罗斯 IRA，向账户的供款来源于税后收入，即供款不享受免税优惠，但账户资产投资收益以及支取资金环节享受免税待遇。换句话说，免税储蓄账户的税

优模式属于 TEE 模式。免税储蓄账户存在最高供款限额（也称为"缴费空间"，Contribution Room），每年的供款限额会有所调整，2009 年的供款限额是 5000 加元，2019 年提高至 6000 加元，2022 年的供款限额也是 6000 加元；账户持有人每年的实际供款如果超出供款限额，超额部分要交 1% 的罚款，而当年未使用的供款额度可结转至以后年度使用。账户持有人可以随时从账户中提取资金，不受时间限制，并且配偶或合法同居伴侣可被指定为账户继承人，每年从账户中提取多少钱，下一年的供款额度会相应增加多少钱。

尽管存续时间不长，但免税储蓄账户备受加拿大纳税人的喜爱，账户持有人数量增长较快：2014 年，免税储蓄账户持有人达到 1170 万，占纳税人总数的 45%；2018 年的一项调查显示，32% 的加拿大人持有免税储蓄账户。截至 2022 年，免税储蓄账户的累计供款额度为 8.15 万加元，其中 2009~2012 年的供款限额均是 5000 加元，2013 年和 2014 年分别是 5500 加元，2015 年是 1 万加元，2016~2018 年的供款限额均为 5500 加元，2019~2022 年分别是 6000 加元。

（四）注册退休收入基金

注册退休收入基金是类似于年金合约（Annuity Contract）的一种退休基金，在加拿大政府登记注册，由保险公司、银行、信托公司或其他获准的金融机构作为"载体"（Carrier）向受益人发放待遇。个体可以开设不止一个注册退休收入基金账户，也可以有自主型 RRIF（即完全根据个人偏好进行个性化投资）。RRIF 账户资金收益无须纳税，但支取的资金被视为当年收入的一部分，需要纳税。注册退休收入基金的一种类型是终身收入基金（Life Income Funds, LIFs），是金融机构提供给个体的一种投资工具，借助锁定收益型退休账户（Locked-in Retirement Accounts, LIRAs）或其他资产来管理支出。注册退休收入基金有每年的最低提取额，个体开设 RRIF 的第二年即可领取一笔至少达到年度最低额度的待遇，待遇领取期持续账户持有人的整个生命周期；账户持有人去世时，账户余额可以直接或间接转移到合格受益人的退休储蓄账户，或者由合格受益人用来购买年金。

受新冠肺炎疫情的影响，2020 年注册退休收入基金的最低提取额减少了 25%：如果 2020 年之前的年度最低

---

① 郑秉文：《加拿大养老金"DB 型部分积累制"新范式 20 年回望与评估——降低养老保险费率的一个创举》，《经济社会体制比较》，2017 年第 6 期，第 87~117 页。

② 资料来源：加拿大统计局收入、养老金和财富部门（Statistics Canada, the Income, Pensions and Wealth Division）和加拿大税务局（Canada Revenue Agency），http://www.osfi-bsif.gc.ca/Eng/oca-bac/fs-fr/Pages/rrp_rpa_2022.aspx。

③ 董雪：《加快构建我国个人储蓄性养老保险制度——基于各国经验的比较分析》，《上海保险》，2016 年第 10 期，第 52~55 页。

提取额是 1.2 万加元（每月最低 1000 加元），那 2020 年减少 25% 之后的年度最低提取额是 9000 加元（每月最低 750 加元）。从注册退休收入基金支取资金需要以边际税率纳税，如果每月支取 1000 加元并且这 1000 加元是唯一收入来源，那么适用的边际税率是 15%，这样每月能获得的税后收入是 850 加元。

（五）合并注册养老金计划

合并注册养老金计划是加拿大联邦政府为了鼓励第三支柱私人养老金计划的发展于 2012 年推行的一项缴费确定型养老金计划，旨在提供一个低成本、可携带的储蓄工具，主要受益对象是中小型企业雇员和自雇者，以自动注册方式加入，雇员和自雇者有权"选择退出"（opt-out）[1]。该计划由联邦政府推出，地方政府通过后才可实施，目前魁北克省政府要求雇员人数在 5 个以上的企业必须为雇员购买合并注册养老金计划[2]。合并注册养老金计划不存在强制要求的最低缴费比率，但缴费上限是上一年收入的 18%。雇主可选择经金融机构监管办公室（Office of the Superintendent of Financial Institutions, OSFI）和加拿大税务局（Canada Revenue Agency, CRA）审核通过并取得执照的金融机构作为该计划的经营管理机构，目前经核准授权的经营管理机构有宏利金融公司（Manulife Financial Corporation, MFC）、加拿大太阳人寿保险公司（Sun Life Assurance Company of Canada）、伦敦人寿保险公司（London Life Insurance Company）以及工业联盟、保险和服务金融公司（Industrielle Alliance, Assurance et Services Financiers Inc.），这四家金融机构有各自的服务平台，直接面向雇员或自雇者提供个性化服务。为了鼓励人们持续参保，合并注册养老金计划允许一些人在特定情况下（比如伤残、移民等）提前领取养老金。

二、加拿大注册退休储蓄计划

注册退休储蓄计划（RRSP）于 1957 年开始实施，是加拿大《收入所得税法案》的一部分，是政府通过税收优惠鼓励雇员和自雇者提前为退休储蓄的一种有效手段。注册退休储蓄计划最初是提供给自雇者的储蓄和投资工具，当时的覆盖面较窄，后来目标人群逐渐扩大到所有有收入的加拿大居民[3]。1993~2001 年，加拿大 20~59 岁纳税

人中 64.7% 向 RRSP 供款过至少　　次[4]。2013 年，加拿大 23% 的纳税人向 RRSP 供款，供款者主要是年收入超过 8 万加元的 35~64 岁人群[5]。2015 年，RRSP 供款者约为 599 万，占加拿大纳税人总数的 23%，当年的 RRSP 供款收入为 392 亿加元。总的来看，RRSP 覆盖率稳定在 30% 左右，到 2018 年底，计划参与者为 600 万人[6]。

注册退休储蓄计划在加拿大政府注册，目前由加拿大税务局（CRA）监管并制定有关年度供款上限、供款期限和资产投资组合的规则。原则上，开设 RRSP 账户没有最低年龄要求，赚取收入且报税的加拿大居民都可以基于自愿原则在年满 71 周岁当年的 12 月 31 日之前开设账户并供款，但有些受理开户的金融机构（银行、信托公司、保险公司等）要求客户必须达到法定成年年龄。通常来说，越早开设 RRSP 账户越好，因为及早投资能帮助账户持有人获得更大的延税复利收益。有观点指出，RRSP 更适合高收入者，尤其是边际税率超过 40% 的高收入者；而低收入者可以策略性地向 RRSP 供款，以此提高儿童福利金、儿童托育补贴、联邦退税等其他福利水平。

作为一种特殊的储蓄和投资工具，注册退休储蓄计划可以发挥延税和节税的作用，满足账户持有人减轻纳税负担的需求。就税优模式而言，注册退休储蓄计划属于 EET 模式，即向账户供款的环节和资产投资环节无须纳税、支取资金环节需要纳税。具体而言，向 RRSP 的供款实行税前扣除，不会被征税，比如当年赚了 60000 加元，其中的 10000 加元存到了 RRSP 账户，从收入中扣除 RRSP 供款后，当年的实际应纳税收入为 50000 加元；只要资金保留在 RRSP 账户中，那 RRSP 资产投资赚到的任何收益都可在账户中延税增长，不作为当年收入所得缴纳税款；从账户提取的资金通常被视为当年的收入，应在取款当年以边际税率的形式纳税。

注册退休储蓄计划类型多样，有个体 RRSP、配偶 RRSP、团体 RRSP 等形式，个体 RRSP 由个体同时作为账户持有人、供款人和受益人；配偶 RRSP 是伴侣双方中收入较高者作为供款人，以其配偶或合法同居伴侣（账户持有人）的名义开立，鉴于 2007 年开始允许伴侣两人平分退休收入，这种情况下配偶双方都能受益；团体 RRSP 是雇主为其雇员开设的，资金来源于工资扣减，由投资

① 王雯、黄万丁：《加拿大多支柱老年收入保障体系的评价及启示》，《中州学刊》，2017 年第 12 期，第 77-83 页。

②⑤ 柳玉臻：《中国多支柱养老保险体系构建初探——基于加拿大的经验分析与启示》，《社会建设》，2016 年第 2 期，第 56-65 页。

③ 王倩、刘利鸽、王兵：《加拿大注册退休储蓄计划对提高中国养老保障水平的启示》，《世界农业》，2016 年第 10 期，第 39-43 页，第 259 页。

④ 资料来源：Canada Revenue Agency, PA/RRSP File, 1993-2001。

⑥ 郑秉文：《养老金三支柱理论嬗变与第三支柱模式选择》，《华中科技大学学报（社会科学版）》，2022 年第 2 期，第 20-37 页。

经理人负责执行管理。如果倾向于自我管理投资，可以开设自主型 RRSP，这样能完全根据个人意愿和偏好来配置和管理自己的投资组合。此外，RRSP 账户还有收益锁定型（Locked-in）和未锁定收益型（Unlocked-in）的区分，前者不允许退休前从账户提取资金，退休后定期获得待遇（类似于年金），但一些省份规定了允许退休前提取资金的特殊情形；后者允许账户持有人随时支取资金，但当年应为所支取资金纳税。

那么，向 RRSP 供款具体能带来哪些好处？关于供款额度和供款期限是否存在某些限制性规定？从 RRSP 提取资金要符合哪些要求？RRSP 账户能否在整个生命周期内存续（还是存在终止期）？RRSP 和其他养老金计划有着怎样的区别和联系？接下来，将逐一回答上述问题：

（一）开设 RRSP 账户的好处

注册退休储蓄计划主要可以达到延税和节税的目的，向 RRSP 账户供款能带来的好处具体如下：

1. 延税储蓄

只要资金保留在 RRSP 账户中，那该计划持有的投资赚取的任何投资收益（分红、利息、资本增值等）都可享受延税待遇，可以选择的投资产品包括共同基金、股票、债券、储蓄账户、收入信托、外汇、抵押贷款、担保投资证书（GIC）、交易所交易基金（Exchange-Traded Funds）、劳动赞助投资基金（Labor-Sponsored Funds）等，具体投资组合取决于注册退休储蓄计划的类型。此外，尽管从 RRSP 提取资金时需要纳税，但大多数人退休后提取资金时的收入远低于工作期间供款时的收入，也就是说提取 RRSP 资金时处于较低的税收等级，这样也能达到延税、节税的目的。

2. 减税

每年的 RRSP 供款从应纳税收入中扣除，这样能帮助减少当年需支付的个人所得税总额。如果供款者的个人所得税税率是 40%，那供款者向 RRSP 存入的每 100 加元都能为其节省 40 加元的税。为了更有效地利用 RRSP 减税、延税，在收入不是很高的年份，可以把当年的供款额度留作未来年份使用，因为当年的 RRSP 供款不一定全部用来抵减当年的收入。

3. 优化抵税

收入较低年份未使用的 RRSP 供款额度（Unused Contribution Room/Unused Deduction Limit）可以结转至将来收入较高年份使用，这样在处于较高税收等级的收入较高年份，可以通过向 RRSP 供款更多而实现节税的目的。

4. 收入分配

如果你的收入高于配偶或合法同居伴侣的收入，那么向配偶 RRSP 供款将有助于减少你应支付的税款总额，这也是在夫妻／配偶间进行收入分配的一种方式。另外，如果配偶更年轻，那账户持有人在年满 71 周岁、无法向自己的 RRSP 供款时，仍可以继续向配偶 RRSP 供款，实现减轻税务负担和进行收入分配的目的。通常认为，对伴侣最有利的选择是收入较高的一方向收入较低一方的 RRSP 供款，这样供款人（收入较高者）可以即时享受税收优惠，而账户持有人（收入较低者）获得收入。

5. 为首次购房或教育提供资金

前文提到过从 RRSP 提取资金时需要纳税，但两种情况除外，即根据购房者计划（Home Buyer's Plan, HBP）和终身学习计划（Lifelong Learning Plan, LLP），可以免税从 RRSP 提取资金为购买首套住房或参加培训／教育提供资金。

（二）RRSP 供款

为了降低税收优惠的成本，尤其是为了防止高收入者有过高的免税额、避免在政策上加剧贫富差距，加拿大税务局（CRA）设置了 RRSP 供款／扣减限额（Deduction Limit, Contribution Room），即可以从当年应税收入中扣减的最高额度，通常是上一年所得收入（Earned Income）总额的 18% 或退税证明信上显示的年度最大供款限额（以较低者为准），计算供款限额时考虑的所得收入包括上班族的工资收入、自雇者的净收入、房租收入、离婚后的赡养费、版权收入以及伤残者领取的 CPP/QPP 津贴等类别。

需要注意的是，每年 3 月到次年前 60 天这期间的 RRSP 供款都可以算作当年的 RRSP 供款，用来抵减当年的应税收入。比如，如果想通过 RRSP 供款来抵减 2022 年的应税收入，那 2022 年 3 月 2 日以后、直到 2023 年 3 月 1 日的 RRSP 供款都能用于 2022 年度的税收抵免。换句话说，2022 年度 RRSP 供款的截止日期是 2023 年 3 月 1 日。

每年的 RRSP 供款限额都会有所变化，基本呈现出逐年提高的趋势，2022 年的供款限额是 29210 加元，2023 年的供款限额将是 30780 加元（见表 27-1）（1991~2000 年这十年的供款限额分别是：11500 加元、12500 加元、12500 加元、13500 加元、14500 加元、13500 加元、13500 加元、13500 加元、13500 加元、13500 加元；2001~2010 年这十年的供款限额分别是：13500 加元、13500 加元、14500 加元、15500 加元、16500 加元、18000 加元、19000

加元、20000 加元、21000 加元、22000 加元）。纳税人无须自行计算每年的供款限额，可以通过以下方式查看扣款限额/供款空间：①从加拿大税务局官网"我的账户"（my account）查看；② MyCRA 手机 APP；③纳税信息手机服务（Tax Information Phone Services, TIPS）；④最新的估税单（Notice of Assessment）；⑤ T1028 表。

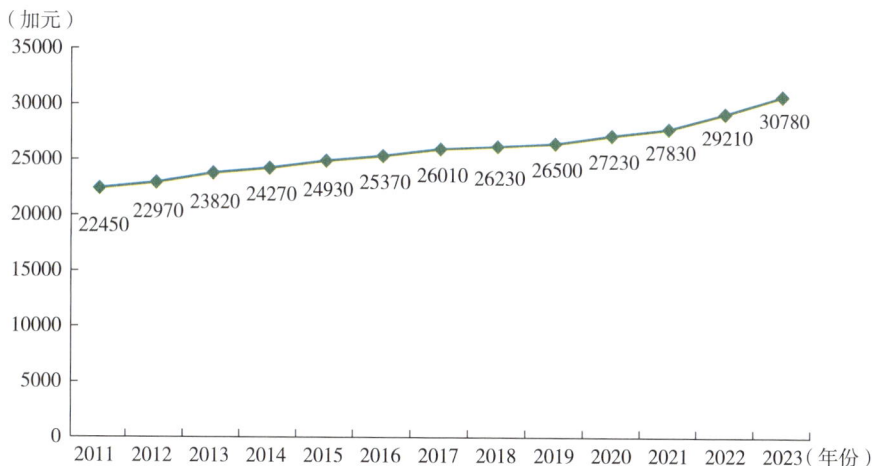

（加元）

图 27-1　2011～2023 年每年的 RRSP 供款限额

资料来源：https://www.canada.ca/en/revenue-agency/services/tax/individuals/topics/rrsps-related-plans.html。

纳税人的实际供款额可以低于最高供款限额，而（从 1991 年开始）当年未用完的供款额度或未使用的供款空间可以结转到以后年份使用，不过对纳税人最有利、能最大限度利用税收优惠的方式是实际供款额达到年度供款限额，因为这样才能使当年的应税收入最小化。

如果实际供款额超过供款限额，则视超出数额的多少来处理：①如果超出的数额不到 2000 加元，供款者不会受到处罚，但超出部分不能从应税收入中扣减；②如果超出的数额多于 2000 加元，供款者必须承担每月支付 1% 税款的处罚。在发生超额供款的情况下，供款者必须在相应纳税年度 12 月 31 日之后的 90 天内向加拿大税务局申报；如若在截止日期之后才提交报告，可能需要缴纳相当于所欠税款 5% 的附加罚款。

（二）RRSP 资金提取

只要资金不是在锁定收益型 RRSP（Locked-in）中，账户持有人随时可以从 RRSP 提取资金，但取款通常计入当年应税收入，需要缴纳预扣税（Withdrawing Tax），税率取决于提取金额和居住地，提取金额越高、预扣税的税率越高，魁北克省的税率高于其他省份：①提取金额在 5000 加元以下：魁北克省的应扣税率是 21%，其他地区是 10%；②提取金额为 5001～15000 加元：魁北克省的税率是 30%，其他地区是 20%；③提取金额超过 15000 加元：魁北克省的税率是 35%，其他地区是 30%。[①]

但是，加拿大政府规定了可以免税提取 RRSP 资金的两种情况，分别是通过购房者计划（Home Buyers' Plan, HBP）和终身学习计划（Lifelong Learning Plan, LLP）：

1. 购房者计划（HBP）

购房者计划是加拿大政府允许居民将 RRSP 账户资产用作购房贷款的一项计划，是帮助首次购房者使用退休储蓄的一项激励计划。通过购房者计划免税从 RRSP 提取资金需要满足的条件有：①购房者是加拿大居民；②必须是首次购房者，即提取 RRSP 资金时过去 4 年没有住房的那些人，如果计划在 2022 年 6 月提取资金，那从 2018 年 1 月 1 日到 2022 年 6 月这期间购房的即为首次购房者；③提取 RRSP 资金时必须提供购房的书面合同或协议；④从 RRSP 的取款不能超过上限，2019 年 3 月 19 日之前的上限是 2.5 万加元（伴侣双方最多可免税取款 5 万加元），2019 年 3 月 19 日之后上限提高至 3.5 万加元（配偶双方的免税取款上限是 7 万加元）；⑤必须在买好房子的 30 天内开始提取 RRSP 资金，不能在买好房子 30 天之后才开始取款；从第一次取款当年的 1 月 1 日开始算起，全部免税取款额必须在 13 个月内（即第二年的 1 月 31 日之前）完成，如果 2021 年 8 月 12 日首次取款，则必须在 2022 年 1 月 31 日前取完 3.5 万或 7 万加元的免税取款，2022 年 1 月 31 日之后的取款不符合免税的条件，需要纳税。

从 RRSP 取款买房的纳税人必须在完成全部取款的第

---

① 霍尔曼、诺森布鲁门：《个人理财计划》，何自云等译，中国财政经济出版社 2003 年版。

二年以后用 15 年的时间偿还完免税取款，加拿大政府根据每个人的取款情况设置了每年的最低还款额（待还款额 ÷ 剩余还款年限），每年必须向 RRSP 账户存入不低于最低还款额的资金作为补偿，当年的实际还款额如果低于最低还款额，差额部分需要缴纳所得税。当然，借款购房者的实际还款额可以超过当年的最低还款额，这样以后每年的最低还款额会相应减少。

2. 终身学习计划（LLP）

终身学习计划于 1999 年开始实施，是除首次购房者计划之外、另一个免税从 RRSP 提取资金的机会，该计划允许 RRSP 账户持有者暂时免税支取最多 2 万加元，用来支付账户持有人或其配偶/同居伴侣接受教育或参加培训的费用，但是这笔免税取款不能用于支付孩子的教育费用。这项计划规定了一些限制性条件，比如每年的免税提取额上限是 1 万加元（总共不超过 2 万加元，伴侣双方如果都接受教育或参加培训则两人最多有 4 万加元的免息 RRSP 借款）、偿还期不能超过 10 年等。

通过终身学习计划从 RRSP 支取免息贷款的要求是必须进入有资格享受教育税收抵免的学校读书，已经获得书面入学通知并且将于下一年的 3 月之前入学，教育或培训项目必须持续至少连续 3 个月，每周学业时间不低于 10 个小时。终身学习计划的使用不限次数，但再次从 RRSP 免税取款之前必须已经还清上一笔借款。可以说，终身学习计划既是教育储蓄的有效手段，也是提高赚钱能力的有效方式，是通过教育或培训持续提升技能的绝佳机会。

（四）RRSP 计划的终止

注册退休储蓄计划不会存续在账户持有人整个生命周期，到特定时期会自行终止，或者在某些情况下会被强制终止。

一般而言，在账户持有人年满 71 周岁那年的 12 月 31 日，RRSP 将自行终止，此时对账户资金的处置方式有三种：①资金转到注册退休收入基金（RRIF），每年开始从 RRIF 支取最低额度的款项；②购买年金，定期从保险公司获得一定数额的年金收入；③取出全部资金，取款记为当年应税收入，应缴纳相应的个人所得税。

如果账户持有人未满 71 周岁就去世了，RRSP 将被强制终止，此时账户资金被看作收入，需要缴纳高额税收。但是，如果指定受益人是账户持有人的配偶，其配偶有权将账户余额（免税）转入自己的 RRSP 账户（配偶若年满 71 周岁则转入其 RRIF 账户）；如果指定受益人是账户持有人抚养的子女或孙子女，子女或孙子女可以一次性支取全部资金（缴纳高额税款），也可用于购买年金。

（五）RRSP 与其他养老金计划的关系

1. RRSP 与免税储蓄账户（TFSA）

两者都是储蓄和投资工具，可投资的产品类型多样，既有低风险、低回报的担保投资证书（GIC），也有高风险、高回报的股票，具体如何选择则取决于每个人的风险承受能力。

RRSP 和 TFSA 的区别之一在于，RRSP 是专为提供退休收入设计的，TFSA 并非专为退休设计，而是服务于更广泛的目标。两者最核心的区别是其税优模式，RRSP 属于 EET 模式、TFSA 属于 TEE 模式。向 RRSP 的供款可从当年应税收入中扣除，享受免税优惠；RRSP 投资收益延税增长，免于缴纳资本利得税、股息税或收入所得税；从 RRSP 提取资金需要缴纳所得税。向 TFSA 的供款不能免税，假设年收入是 50000 加元，当年向 TFSA 供款 5000 加元，那么应纳税收入仍是 50000 加元（若是向 RRSP 供款 5000 加元，当年应纳税收入减少为 45000 加元）；TFSA 投资所得享受免税积累，任何时候从 TFSA 提取的资金都无须缴纳税款。

2. RRSP 与美国的 401（k）计划

RRSP 和美国的 401（k）计划有些相似之处，但也存在一些关键区别：①RRSP 计划是通过金融机构开立账户，而 401（k）计划是雇主设立的；②RRSP 当年未使用的供款限额可以结转到以后年份，401（k）计划没有这种灵活性；③RRSP 供款可以直接从工资中扣除，也可以采取现金存入的方式，而 401（k）的资金来源只能是工资扣除；④提前从 RRSP 支取资金除了缴纳相应税款之外，没有处罚规定，而提前从 401（k）计划中支取资金需要接受相应处罚（特殊情况除外）。

三、结论与启示

作为一种储蓄和投资工具，加拿大注册退休储蓄计划在资格要求、供款额度、税优模式、投资产品等方面都有值得参考的借鉴之处，本质上是一项属于多数人的普惠型计划。

首先，从资格要求来看，注册退休储蓄计划没有最低年龄要求，凡是有收入并且纳税的加拿大居民都可参与，无论是正规就业者还是非正规就业者，不管是否达到法定劳动年龄，也无论是否达到法定退休年龄，这就决定了注册退休储蓄计划是"多数人的制度"，覆盖范围涵盖正规就业者、灵活就业者、退休人员，甚至未就业者。如果从收入水平来看，无论是高收入者还是低收入者均可受益于注册退休储蓄计划，高收入者可借此大幅减轻纳税负担，低收入者可通过策略性供款来提高儿童福利金、儿童托育补贴等其他福利水平。关于第三支柱养老金一直存在着"普惠型 vs. 精英型"的争论，反观我国的现实情况，无论是鉴于推动共同富裕的考虑，还是从推进普惠性、基础性和兜底性的民生建设出发，第三支柱个人养老金都应该以满足大多数人利益需求的普惠型制度为定位，发展成"全面参加"的储蓄和投资工具。[1]

其次，就供款额度而言，加拿大政府规定了供款额度上限，以此避免注册退休储蓄计划成为高收入者的"避税天堂"，但没有设置供款额度下限，从而确保低收入者能享受到节税和延税的好处。每年的实际供款额度达到供款限额能最大限度地实现减轻税负的目的，但低于或高于供款限额是被允许的：如果低于供款限额，当年未使用的供款额度可以累积结转到未来年份，从而使账户持有人实现生命周期内收入较高和较低年份的收入调节；如果高于供款限额，供款者需要承担相应的税收惩罚，这样避免高收入者借此拉大与其他收入群体的收入差距，防止造成制度上的不公平。

再次，在税优模式上，加拿大注册退休储蓄计划属于EET模式，即供款环节和投资环节无须纳税，但领取阶段需要纳税。然而，注册退休储蓄计划并不是完全EET模式，因为账户持有人可以通过首次购房者计划和终身学习计划来免税提取RRSP资金。这样一来，注册退休储蓄计划的税优模式可以适用不同收入群体，让账户持有人各取所需，这种"部分EET"的税优模式或同时实施两种税优模式正是我国建立第三支柱个人养老金所需要的[2]。

最后，从投资产品来看，注册退休储蓄计划可选择的投资产品类型多样，从低风险、低回报的产品到高风险、高回报的产品，账户持有人可根据自己的风险偏好和风险承受能力作出选择。而且，基于账户类型的不同，投资主体既可以是账户持有人，也可以是受委托的职业经理人。多元化的投资主体和投资产品有助于满足账户持有人的多样化、个性化需求，也再次印证了注册退休储蓄计划是普惠型制度的本质。

综上所述，尽管相比免税储蓄账户等其他私人养老计划，注册退休储蓄账户的发展略显式微，但作为加拿大第三支柱养老金计划中最普遍的账户养老金计划，注册退休储蓄账户借由其减税和延税的吸引力，有效发挥了激励人们提前为退休储蓄的作用，是对第一支柱普惠性养老金和第二支柱收入关联型养老金的切实补充[3]。一方面，年度供款限额的设置降低了政府税收优惠的成本；另一方面，EET模式又被证实是国际实践中第三支柱养老金计划的最佳税优模式。鉴于此，不难理解为什么学者Steve Maich在2010年称其为"令全世界人民羡慕的、充满智慧的一项政策"[4]。

[1]《中国社科院世界社保研究中心主任郑秉文：中国的第三支柱个人养老金必须是、只能是"普惠型"》，《21世纪经济报道》，https://view.inews.qq.com/k/20220827A006L700?web_channel=wap&openApp=false，2022年8月27日。

[2]《郑秉文：推动个人养老金发展必须切实加强顶层设计，动员所有政策资源》，中国金融四十人论坛，https://view.inews.qq.com/a/20220718A0B7DO00，2022年7月18日。

[3] 文中内容及相关数据来源除特别标明外，均参考自加拿大政府官方网站的子页面：https://www.canada.ca/en/services/taxes/savings-and-pension-plans.html，以及英文报告"RRSP and Other Registered Plans for Retirement"（www.canada.ca/cra-multiple-formats）。

[4] Maich S, RRSP, Canadian Business, 2010 (3): 46-48.

分报告二十八
澳大利亚账户养老金的发展与评价

一、澳大利亚账户养老金制度建立过程

澳大利亚的养老金制度建立历史较长，是典型的三支柱养老金体系。其中第一支柱是基本养老金（Age Pension），最早建立于 1908 年，目的是针对低收入老年公民提供必要的社会保障支持，这种年金比较接近于零支柱的概念，由于资金完全来源于税收，提供的保障水平仅略高于贫困线。澳大利亚第二和第三支柱建立时间相对较晚，第二、第三支柱分别为强制性超级年金（Mandatory Superannuation）、自愿性超级年金（Voluntary Superannuation）。与第一支柱不同，第二、第三支柱资金主要来源于企业及个人缴费，缴费完全计入个人账户，养老金待遇基本取决于账户余额情况，属于典型的账户养老金制度，第二、第三支柱可以统称为超级年金。

澳大利亚超级年金制度的前身是职业年金计划，澳大利亚的政府雇员和银行职员在 19 世纪就建立了职业年金计划。职业年金计划最初并未在社会范围内广泛建立，虽然澳大利亚多次实施税收减免鼓励职业年金的发展，但是一直到 20 世纪 80 年代职业年金的覆盖率仍然不高，在私营部门仅有 30% 左右的覆盖率[①]。根据经济合作与发展组织（OECD）公布的数据，1955 年至 1970 年，在其成员国中，澳大利亚用于福利事业的经费与国民生产增长率和税收增长率是最慢的，澳大利亚作为后起的资本主义国家，养老金制度体系的完善是相对较晚的。20 世纪 80 年代以前，澳大利亚的养老保障体系仅有基本养老金和小范围的职业年金计划。曾经的社会保障制度面临着人口老龄化带来的财政负担加重，传统的低水平养老金难以满足退休人员的生活需求，退休人员之间贫富差距过大等问题，同时蓬勃发展的工会运动强烈要求建立覆盖所有工人的养老金制度，改革养老金制度成为澳大利亚政府的重要任务。当时澳大利亚有三种改革路径：一是降低给付水平，但由于政府养老金已经是与贫困线挂钩，再进行降低的空间不大；二是提高税收，增加政府养老金收入来源，但是会面临社会大众的反对；三是建立账户养老金制度，由企业、个人共同承担养老的责任，这种制度面临的阻力相对较小。

因此，1983 年澳大利亚工党执政后立即开始进行养老金制度的改革，工党的改革路径是建立一套全新的系统，在原有的基本养老金基础上建立个人养老金账户，将企业养老金的福利扩大到所有雇员，并且账户资金可以用于投资股票市场以获取更高的收益。1986 年，工党政府建立"职业年金生产率贡献计划"（Productivity Award Superannuation），要求雇主按照通货膨胀率的一半对员工进行补偿（1992 年前按工资 3% 比例补偿），补偿的资金用职业年金的形式存入员工的个人账户，通过这种方式广泛地建立起账户养老金制度。

1991 年，澳大利亚的工业法庭受理该国工业关系委员会的诉求，拒绝工会继续强制推行"职业年金生产率贡献计划"的安排。工党政府为了确保超级年金制度的存续，不得不通过《超级年金担保法》（Superannuation Guarantee Act，1992）以确保超级年金计划的继续实

[①] 丁宁宁：《为了整个社会的尊严和稳定——澳大利亚养老保障体制考察报告》，《管理世界》，2001 年第 5 期，第 64—69 页。

施，随后又通过《超级年金行业监管法》（Superannuation Industry Supervision Act，1993）进一步完善该制度。自此后，澳大利亚的超级年金制度以法律形式正式确立，这种强制雇主缴费的超级年金即为目前的第二支柱——强制性超级年金。

而在强制性超级年金基础上由雇主额外缴纳或雇员自行缴纳的超级年金则被称为自愿性超级年金，即第三支柱。事实上，自愿性超级年金的发展比强制性超级年金更早，20世纪中期就有许多澳大利亚的雇主自愿为员工建立了职业年金计划，这种年金的缴费通常是由雇主和雇员共同缴费。直到1992年《超级年金担保法》颁布后，逐步将企业自愿建立的职业年金纳入超级年金监管法规中并演变为自愿性超级年金，才形成了自愿性超级年金构成第三支柱的格局。自愿性超级年金和强制性超级年金的缴费均计入同一个雇员账户，但自愿性超级年金缴费方式更为灵活，非正规就业群体也可自由参加，澳大利亚政府为了鼓励低收入者参加自愿性超级年金还会提供一定的缴费补贴。

澳大利亚的强制性超级年金制度和自愿性超级年金均属于账户养老金范畴，这两种超级年金均以个人账户为基础进行完全积累。账户养老金制度推动了澳大利亚养老保障体系的健全，缓解了老龄化过程中政府负担过重的问题。

二、澳大利亚账户养老金制度基本情况

虽然第二支柱养老金被单独命名为超级年金，但是超级年金制度是包含了强制性超级年金及自愿性超级年金的，这两种超级年金账户都采用同一管理运营模式，都在超级年金制度体系内统一投资运行，受到统一的监管限制。每位超级年金会员理论上只有一个固定的超级年金账户，企业强制缴费以及个人或企业自愿缴费都纳入该账户，实行完全积累制，自愿性超级年金账户缴费待遇与强制型年金缴费待遇一样。

（一）强制性超级年金制度推动养老金制度发展

1. 强制缴费推动劳动人口覆盖率提升

强制性超级年金通过法律明确雇主缴费义务，使大量雇员被纳入保障范围。法律规定年龄在18~75岁且月薪高于450澳元的雇员都必须参加超级年金（低于450澳元的也可以由雇主自愿缴纳），由雇主按照雇员薪资的一定比例缴纳年金，雇员无须缴纳费用，雇主缴费全部存入雇员的个人养老金账户，账户交由专业养老金管理机构进行管理投资。

随着政府退休政策和支付水平的变化，雇主缴纳的超级年金水平也逐步提高，缴费标准从1992年的3%逐渐提高到1996年的6%，在1996年统一税率标准之前，超级年金制度在强制企业缴费的同时，允许企业根据经济效率在高低费率之间进行选择，以缓解中小企业缴费压力。2003年澳大利亚政府修订《超级年金担保法》，要求在2025年7月1日前将超级年金缴费率逐步提高至12%，2013年7月该比率增至9.25%，但2014年澳大利亚政府中断了两次提高缴费率的安排，截至2022年缴费率为10.5%。

超级年金建立后迅速取代基本养老金成为澳大利亚公民养老金收入最重要的来源，实现了改革最初的目标，即在不增加政府的财政支付压力的同时扩大养老金覆盖率。1983年雇员职业年金计划覆盖率大约为40%，而在超级年金建立后1992年就达到了72%的覆盖率[1]。截至2014年，超级年金几乎覆盖了澳大利亚92%的劳动人口，全职雇员中的96%，非全日制雇员中的80%以及自雇人员的73%都成为超级年金制度的成员，如此之高的覆盖率在全世界范围内也排名靠前[2]。强制性超级年金年度缴款额从1997年的140亿澳元迅速增加到了2019年的710亿澳元，对于大多数澳大利亚公民来说强制性超级年金成为他们工作期间养老金账户的主要资金来源，也是他们退休时领取养老金多少的决定因素[3]。

2. 激励约束机制有效避免逃费现象

强制性超级年金为了有效规避雇主逃避缴费行为，对于那些逃避缴费责任的雇主进行高额罚款，罚款远高于应为雇员缴纳的保险金额，对于那些按时按量缴费的雇主给予一定税收优惠，激励约束效果十分明显，雇主逃费现象在澳大利亚较少发生。

2007年之前，澳大利亚政府采取ttt模式对超级年金进行征税，后改革为ttE模式进行征税，即对缴费和投资阶段收税，领取环节免税[4]。超级年金分为税前缴纳部分和税后缴纳部分，税前缴纳部分中，雇主需强制缴纳员工收入的9%，公司所得税率可以从最高47%降至15%；雇员自愿缴费，适用个人所得税率可以由最高45%减至15%。上述税率优惠仅适用于雇员和雇主缴费合计不超过5万澳元部分，超过5万澳元的则仍需额外缴纳31.5%的税。税后缴纳部分因为是用税后工资交纳，因此不需重复交税，但有全年缴纳15万澳元的上限，超过部分需交46.5%的税。

---

① Clare R，Principal Researcher，Choice of Fund – myths and Realities for Members and Markets.

② ABS,6360.0 – Superannuation: Coverage and Financial Characteristics, Australia, Jun. 2014.

③ The Benefits of Australia's Compulsory Superannuation System.

④ "ttE模式"中小写t表示该环节有一定程度免税。

投资收益也按 15% 的税率征税，基金投资资产超过一年，按 10% 的资本利得税征税。到了领取年龄时，个人领取的养老金全部免税①。另外，澳大利亚政府为了防止参保人因无节制提前支取挥霍养老金导致贫困，若参保人提前支取养老金则需补缴一大笔税金，以此引导参保人放弃提前支取。

（二）自愿性超级年金是养老金制度的重要补充

1. 足够灵活的自愿缴费方式

自愿性超级年金由两部分构成：一是雇员用税后收入自愿缴费到超级年金账户中的部分；二是雇主在缴纳 9% 的强制性超级年金基础上补充缴纳的部分。雇主之所愿意为雇员多缴纳养老保险金，一方面是企业想要通过福利待遇增强对人才的吸引力，提高企业竞争能力；另一方面是为了享受雇主缴费部分的税收优惠。雇员自愿拿出部分收入补充缴纳年金是为了增加账户资产积累额，缴费上限是雇员应税收入的 50%。另外，雇员如果有意愿也可以为配偶缴纳超级年金，1997 年制度调整后允许雇员可以代表其无职业或收入低于强制性超级年金缴费条件的配偶缴纳超级年金基金费用。

尽管澳大利亚政府为了鼓励雇员自主缴费采取了诸多措施，但是在超级年金发展的过程中，仍然出现自愿性超级年金市场份额下降的情况，超级年金市场上仍以强制性超级年金占绝大多数。

2. 匹配缴费推动社会公平实现

同时，为了尽可能提高中低收入人群的养老金水平，澳大利亚政府采取"匹配缴费"（Co-contribution）激励措施鼓励中低收入人群自愿为养老增加储蓄，政府根据收入水平，对超级年金账户和个人退休账户缴费储蓄的雇员提供匹配缴费。匹配额度呈逐年下降趋势，2004~2009 年匹配率设置高达 150%，匹配上限达到 1500 澳元，意味着如果每年自己缴费 1000 澳元，政府再给个人账户交 1500 澳元，这种激励方式大大提高了中低收入者的退休收入。在鼓励到更多的雇员加入超级年金制度后，从 2012 年 7 月 1 日开始，政府开始收缩政福利，规定收入低于 42016 澳元/年的雇员可以获得 50% 的匹配缴费，且匹配缴费的上限定为 500 美元。收入处于 42016~57016 澳元的雇员按照比例逐级减少，递减方式为超过 42016 澳元的部分按照 5% 的比例减少，匹配缴费部分在进入账户和退休提取时都不需要纳税②。

三、澳大利亚超级年金基金监管体系

20 世纪 80 年代，澳大利亚政府对超级年金仅通过征税的单一手段来掌握超级年金运行情况，日常的监管由保险与养老金委员会（Insurance and Superannuation Commission, ISC）实施。21 世纪初澳大利亚政府实施金融改革并构建出更完善的监管体系，依据《超级年金行业监管法》、《公司法》（Corporations Act, 2001）、《证券投资委员会法案》（Australia Securities and Investmens Act, 2001）等法律，将超级年金的监管责任分别交由澳大利亚审慎监管局（Australia Prudential Regulation Authority, APRA）、澳大利亚证券和投资委员会（Australia Security and Investment Commission, ASIC）、澳大利亚税务局（Australia Taxation Office, ATO）三个机构共同负责，这三个机构均下挂于财政部，形成现在的超级年金监管体系（见图 28-1）。

图 28-1 澳大利亚超级年金基金监管体系架构
资料来源：笔者绘制。

审慎监管局和证券投资委员会通常被称为澳大利亚金融监管体系的"双峰"。审慎监管局是澳大利亚的金融安全监管机构，专注于对各金融机构经营稳健性进行监管，而证券投资委员会是金融行业的行为监管机构，负责监测和惩罚行业中的不当行为。

（一）审慎监管局（APRA）

审慎监管局（APRA）是澳大利亚议会根据 1998 年《澳大利亚审慎监管局法案》（APRA 法案）设立的独立法定机构，负责监督银行、保险和养老金机构，并向澳大利亚议会负责。审慎监管局前身是澳大利亚保险和私营养老金委员会以及联邦储备银行的一个司局，它的董事会成员为政府部门的高级管理人员，经费主要来自被监管单位缴纳的管理费，政府授权其对银行、保险公司和证券基金类机构进行监管，但不拨付经费。审慎监管局主要依据《超级年金行业监管法》，通过促进每个行业受监管机构的谨慎管理，以及更广泛地促进金融稳定，来保护储户、保险人和养老金基金成员。根据 2021 年报，审慎监管局的

---

① Pensions at a Glance 2021: Country Profiles—Australia.

② 详见澳大利亚税务局官网：https://www.ato.gov.au/Rates/Key-superannuation-rates-and-thresholds/?anchor=Supercocontributions#Supercocontributions。

养老金基金总资产量达到 2.3 万亿美元[①]。

审慎监管局通过三个核心职能监管养老金的实体：

一是政策。审慎监管局的政策职能设计和维护审慎框架，其中包括相关立法、审慎标准和指南。根据审慎监管局的战略优先事项，政策优先事项的重点是保持金融系统的复原力，改善养老金成员的成果，提高整个金融系统的网络复原力，以及改变所有受监管机构的治理、文化、薪酬和问责制。

二是监督。审慎监管局持续监督其监管的实体活动，以确保这些实体遵守审慎框架的要求，并鼓励各实体争取更好的效益。审慎监管局对监管采取相称的方法，这意味着对金融系统构成更大风险的实体将受到更严格的监督。这对于帮助较小的实体竞争很重要，同时不威胁到审慎监管局的审慎目标。较小的实体通常有更简单的监管要求和更低的报告负担。

三是解决。审慎监管局另一个核心职能就是解决问题，一方面要为客户解决掉那些风险大、失败率高的经济实体，引导其有序地退出行业，让客户损失很少或没有损失，对金融体系的干扰降到最小。另一方面要为企业解决发展困难。如果一个实体不太可能倒闭，澳大利亚政府将通过金融索赔计划（Financial Services Compensation Scheme，FSCS）为银行、信用社和建筑协会的储户以及普通保险公司的大多数投保人提供额外的保护。

审慎监管局的活动也受到政府和其他监管部门的约束。政府要求其定期与财务主管和相关部长召开会议，并就银行、保险和养老金等事项提供简报，会定期审查审慎监管局的年度预算。其他监管机制包括：澳大利亚国家审计署对年度财务账目和业绩的特别审核；议会颁布的审慎框架；国际货币基金组织定期根据国际守则和惯例评估审慎监管局；金融稳定委员会对包括审慎监管局在内的澳大利亚进行定期同行审查；等等。

（二）证券投资委员会（ASIC）

证券投资委员会是独立的政府机构，其前身是澳大利亚证券委员会（Australian Securities Commission, ASC）。1998年，ASC 更名为澳大利亚证券和投资委员会（The Australian Securities and Investments Commission，ASIC），开始承担养老金方面的消费者保护责任。2001 年颁布的《澳大利亚证券和投资委员会法》（ASIC 法案），将证券投资委员会的作用、职责和权力进行明确和确定。

证券投资委员会主要负责公司和金融机构的登记注册、促进投资者和消费者自信和知情地参与金融体系，对金融行为进行监管、查处违规的市场活动，以及吊销违法企业的营业执照。同时也负责对 2001 年《公司法》和2001 年《澳大利亚证券和投资委员会法》（ASIC 法）中规定的机构进行监管。这些法案对金融服务提供商的行为和披露义务进行规范，包括可注册养老金实体的养老金受托人。证券投资委员会还负责管理 1993 年《超级年金行业监管法》的部分内容。

作为养老金的行为监管机构，证券投资委员会以问题为导向，侧重于监管影响养老金基金成员的受托人行为。当发生受托人未能履责或其他严重不当行为，证券投资委员会会对退休基金的受托人采取行动。具体来讲，证券投资委员会在养老金方面的作用主要有：对受托人的行为和披露义务进行监督和监视活动、对不遵守证券投资委员会管理的法律采取执法行动、评估澳大利亚金融服务（Australian Financial Services，AFS）许可证申请、行使与 AFS 许可证和披露有关的行政权力、为行业提供指导，并向政府提供政策建议，以及从金融服务条款中提供救济。

为了提高证券投资委员会作为养老金行为监管机构的有效性，加强证券投资委员会的消费者保护权力，2021 年，澳大利亚政府进行立法改革，在不减损或重复澳大利亚审慎监管局作为审慎监管机构的作用的同时，增强证券投资委员会在养老金中作用，并期望通过推动与审慎监管局的合作，改善受托人行为。

（三）澳大利亚税务局（ATO）

澳大利亚税务局（ATO）起源于 1910 年《土地税法》，澳大利亚税务局是自我管理养老金基金（Self Managed Super Fund，SMSF）的主要监管机构，由于自我管理型的小型年金基金的委托人、受托人及受益人为同一主体，且数量繁多，容易产生个人逃税行为，因此此类年金基金的监管由澳大利亚税务局负责。

澳大利亚税务局还要负责制定超级年金的税收政策，以及同财政部联合管理澳大利亚的税收制度和养老金制度，澳大利亚税务局在其中扮演的主要角色是有效管理和塑造税收和养老金制度，管理税法和养老金法的关键要素，并向财政部提供建议，以支持税收立法措施的发展和资助澳大利亚的养老服务，而财政部则负责设计税收制度及其组成部分，以及退休收入政策，涉及经济效率、公平、收入分配、预算要求和经济可行性。

审慎监管局、证券投资委员会和澳大利亚税务局是养老金行业的共同监管机构，目前这三个机构都签署了谅解备忘录，以帮助促进监管机构之间的信息交流，实现对养

---

① Annual Superannuation Bulletin, www.apra.gov.au.

老金行业的有效监管。

超级年金体系主要涉及三大主体：一是委托人，主要包括雇主和雇员；二是受托人，主要指接受委托管理超级年金基金的受托机构；三是投资管理人，是负责超级年金基金投资的机构。监管体系主要针对这三大主体各个层面的活动进行监管，重点监管对象是受托人，受托人责任是监管重点关注的对象，为了确保委托人利益不受损，监管法律通过要求受托基金资产独立、受托人实行董事会管理等方式来确保超级年金基金的稳定运行。

四、澳大利亚超级年金基金管理特点

（一）信托化的运营模式

超级年金基金完全市场化运作，以信托模式为主，运行效率较高。从超级年金基金的管理架构上看，超级年金基金的主体需要以董事会形式进行管理，董事会由信托基金的股东任命，董事会成员通常包括会员代表、雇主代表，两者数量通常相同，基金董事会主要负责基金事务的治理、策略制定等，董事会可以任命管理层，管理层负责超级年金基金的日常管理。

澳大利亚现在的超级年金基金诞生于 2006 年，由原来的澳大利亚退休基金（The Australian Retirement Fund，ARF）及超级年金信托（The Superannuation Trust of Australia，STA）合并而来。从类型上看，超级年金基金主要分六种，分别是行业基金、公司基金、公共部门基金、零售基金、小型年金基金以及自我管理养老金基金（SMSF），前五类基金受到审慎监管局监管，自我管理养老金基金受到税务局监管。行业基金是澳大利亚规模最大的基金，最初是由工会和行业协会发起成立，无论从事何种工作均可加入；公司基金主要是指由公司为员工提供养老金所建立基金，曾经很常见，但现在占比不高；公共部门基金仅针对政府雇员设立；零售基金通常由银行和财富管理公司等金融机构运营，面向社会销售，以营利为目的，除零售基金外，其他基金均为非营利性质的；小型年金基金指参与人数均低于 5 人的基金；自我管理养老金基金由被称为受托人的个人管理，最多可容纳 6 名成员（自 2021 年 7 月 1 日起），任何人都可以运行自己的 SMSF，但必须接受审计，设置和运行成本很高。

澳大利亚政府规定每一只超级年金基金都需要有对应的受托机构，基金董事会需要负责选取基金受托人，受托人收取基金受托管理费用，费用均摊在会员的账户上。受托人负责选取托管人、账户管理人、投资管理人等服务机构，受托人对基金的运营及管理负最终责任。受托人的专业水平很大程度上决定了基金运营的成功与否。受托人必须要结合市场环境、国内外金融市场波动等情况，对投资策略不断调整，监控投资业绩，定期对投资成果进行汇报。受托人在法律范围内对于养老金基金资产、资产投资方向以及养老金收益分配有着自主权，这种管理方式有效地提高了管理效率，并保证基金的相对完整性。

（二）灵活的账户管理模式

超级年金基金为会员设置三种账户：一是一般超级年金账户（Super Account），该账户是会员未达最低领取年龄前的普通账户，仅用于缴费及投资；二是退休过渡账户（Transition To Retirement，TTR），是会员在满足最低领取年龄后未完全退休前的账户，使用该账户可以一边工作一边领取超级年金，为完全退休做充足准备；三是收入选择账户（Choice Income，CI），该账户是会员达到最低领取年龄并选择完全退休的超级年金账户。超级年金基金中规定达到最低领取年龄后，可以领取养老金的情况包括已经完全退休、已经将超级年金转入过渡账户、在 60 岁后更换工作、已经年满 65 岁四种。未达最低领取年龄可以领取养老金的情况包括财务困难、重症晚期或终身残疾、不再参与超级年金计划等。最低退休年龄（见表 28-1）是超级年金基金中一个重要概念。

表 28-1　不同出生年份对应的最低领取年龄

出生时间	最低领取年龄
1960 年 7 月 1 日前	55 岁
1960 年 7 月 1 日至 1961 年 6 月 30 日	56 岁
1961 年 7 月 1 日至 1962 年 6 月 30 日	57 岁
1962 年 7 月 1 日至 1963 年 6 月 30 日	58 岁
1963 年 7 月 1 日至 1964 年 6 月 30 日	59 岁
1964 年 7 月 1 日后	60 岁

资料来源：AustralianSuper Product Disclosure Statement.

一般年满 65 岁后，TTR 账户会自动转换为 CI 账户，TTR 账户与 CI 账户的主要区别是投资选择、支取规定及缴费上限。投资选择方面，超级年金基金还设计了四种投资方式：一是智能默认（Smart Default），该方式直接将投资决策权交由超级年金基金负责，由专业团队按照至少可以持续 20 年的定期收入进行投资管理；二是预选组合（PreMixed），给定 6 种可供选择的投资组合由会员进行选择；三是自选组合（DIYMix），由会员在超级年金基金的可投大类资产之间进行选择；四是会员直投（MemberDirect），由会员自行选择投资标的，但该方式门槛设置较高，TTR 账户不能选择其中的会员直投，而 CI 账户都可以选择；支取方面，TTR 账户有 10% 的支取上限，而 CI 则没有；缴费方面，TTR 账户的缴费没有上限，而 CI 账户上限为 160 万澳元①。

(三) 统一的数据管理平台

为了强化对超级年金计划的管理，避免过多重复账户，澳大利亚建立起统一的养老金管理平台，截至 2020 年 6 月 30 日，超过 1200 万人（约占退休人口的 74%）只有一个超级账户，拥有多个超级账户可能意味着要支付不必要的费用，账户管理上需要不断加强②。

从 2010 年开始，澳大利亚就开始尝试运用互联网技术来建立超级年金信息管理平台，通过系统化管理来统一年金数据的标准，并且实现和纳税编号的对接，实现超级年金账户的统一标识，便于进行税务管理和账户管理。澳大利亚超级年金的数据标准发布于 2012 年，成为超级年金行业的强制性标准，有效地实现了账户数据管理。

2013 年澳大利亚税务局的网站正式上线运行，超级年金参保人可以通过网站登录查询自己的超级年金账户信息，也可以在税务局的网站上获取超级年金账户缴费、转移、年度报告等各类信息，并且可以将不同的年金账户合并到同一个账户，操作简单便捷。税务局承担了数据管理的角色，雇主可以通过"超级流量"（Super Stream）系统进行缴费，年金的缴费转移等数据都由税务局管理，信息完整而统一。

(四) 严格的受托人管理机制

澳大利亚对于超级年金基金管理人有明确的准入要求，基金公司需要达到一定资质才可准入。2004 年出台的《超级年金权益保障法》规定超级年金的基金管理公司需要取得由审慎监管局所颁发的注册超级年金基金许可证（Registrable Superannuation Entity，RSE），超级年金基金许可证分为公开发售许可证、非公开发售许可证以及拓展的公开发售许可证，其中拓展的公开发售许可证大部分是以非公开形式发售，少部分以公开形式发售。申请该许可证要满足几个条件：一是需拥有至少 500 万澳元的净资产或由其他机构担保，二是建立完善的风险管理体系，三是要有专业的投资人员队伍，同时在申请前要向澳大利亚审慎监管局注册受托的基金。通过这种方式确保超级年金基金受托人均具备专业的资质。

2013 年，澳大利亚政府推出 mysuper 账户（这是会员未达到最低领取年龄前的缴费及投资账户），超级年金缴费都归入 mysuper 账户中，自 2014 年 1 月 1 日起，只有 mysuper 授权/认证的基金，才能为管理 mysuper 的受托人，进一步加强对准入资格的监管。同时按照养老金监管法律的规定，受托人应明确定期审核的程序，对于业绩公布情况及审核情况以公开形式予以披露和记录，对于该养老金实体的各种记录至少需要保存 10 年，定期提供给成员的报告也必须保留 10 年以上。

五、澳大利亚账户养老金运行情况及社会效用

(一) 超级年金基金运行情况

1. 超级年金投资回报

作为 OECD 成员，澳大利亚养老金资产规模基本一直保持在世界前五，超级年金市场运营稳定且成熟，长期保持了较高的投资收益率，除了在 2008 年遭遇金融危机的情况下陷入负增长，其他年份基本都保持正增长。截至 2022 年 6 月，澳大利亚超级年金近五年平均年化收益率为 5.8%，十年平均年收益率为 8.1%，扣除 CPI 影响后依然有 5.7%，有效地抵御了通胀（见表 28-2）。

表 28-2　澳大利亚养老金超级年金的投资回报（截至 2022 年 6 月 30 日）　单位：%

年份	平均投资收益率	扣除 CPI 后收益率
1 年期	-3.3	-8.9
5 年期	5.8	3.1
10 年期	8.1	5.7
20 年期	6.6	4.0
30 年期	7.3	4.7

资料来源：Superannuation Statistics, August, 2022v2.

从 2016 年 6 月到 2021 年 6 月的五年间，养老金行业总资产从 2.1 万亿澳元增加到 3.3 万亿澳元，增幅为 59.6%（见图 28-2），澳大利亚 2021 年度 GDP 为 2.1 万亿澳元，养老金行业资产已达到 GDP 的 1.5 倍多，增长十分迅速。根据澳大利亚审慎监管局公布的 2021 年度养老金报告，截至 2021 年 6 月 30 日，澳大利亚养老金行业总资产为 3.3 万亿澳元。其中，2.3 万亿澳元由澳大利亚审慎监管局监管的养老金实体持有，澳大利亚审慎监管局监管的资产增

①　AustralianSuper, https://www.australiansuper.com/tools-and-advice/forms-and-fact-sheets?t=4.
②　Annual Superannuation Bulletin, www.apra.gov.au.

加了 75.4% ; 0.8 万亿澳元由澳大利亚税务局监管的自我管理养老金基金（SMSF）持有。其余 2180 亿澳元包括豁

免公共部门养老金计划（1640 亿澳元）和人寿保险办公室法定基金余额（540 亿澳元）[①]。

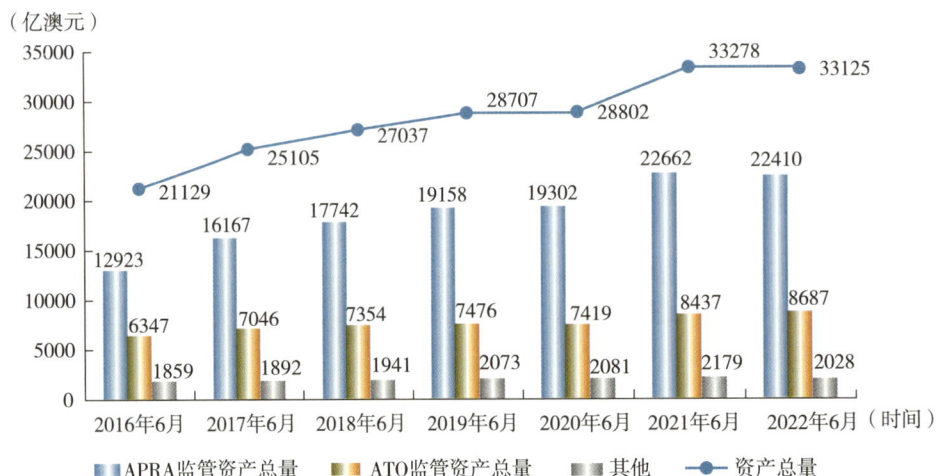

图 28-2　2016 年 6 月至 2022 年 6 月澳大利亚超级年金基金规模变动

资料来源：根据 APRA 官网 Quarterly MySuper Statistics 数据整理绘制。

2. 账户变动及性别平等情况

缴费人数上，超级年金会员账户数量下降了 4.7%，从 2330 万减少到 2220 万，这主要是由于对低余额账户的清理导致，整体覆盖率仍在 90% 以上，约有 1700 万澳大利亚人拥有超级年金账户，较好地覆盖了全体国民。平均账户余额为 106162 澳元，女性账户平均余额 93809 澳元，男性账户平均余额 117429 澳元，账户余额十分充足，足以支撑较高的替代率。整个超级年金计划 2021 财年共有 1272 亿澳元的供款，福利支出为 949 亿澳元（包括 564 亿澳元的一次性福利付款和 385 亿澳元的养老金付款），整体财务可持续性状况良好[②]。

（二）超级年金基金的社会效用

1. 有效培养起公民养老金储蓄习惯

根据麻省理工学院教授弗兰科·莫迪利安尼（Franco Modigliani）提出的生命周期消费理论，个人应当放弃部分消费积累一定的财富为退休时的消费提供资金，但是很多实证研究表明人们在生命周期中的收入与消费很不平稳，往往会储蓄不足，这种储蓄不足是一种市场失灵，而强制性超级年金有效地改善了这种情况。如果没有超级年金制度，澳大利亚人的养老金储蓄会更少，尤其是那些低收入的群体没有培养起储蓄习惯。

超级年金制度建立后有效地帮助澳大利亚的家庭积累养老金财富，据澳大利亚超级年金基金协会（Association

of Superannuation Funds of Australia, ASFA）估计，超级年金为澳大利亚家庭增加了 5000 亿澳元的额外储蓄。超级年金帮助澳大利亚家庭成为发达经济体中平均财富量较高的之一，并帮助澳大利亚的财富不平等性降至最低。

2. 实现澳大利亚家庭资产组合的多样化

超级年金对于改善澳大利亚家庭资产多样化起到了积极的作用，特别是对中低收入家庭，使大部分家庭能获得可观的长期回报。在超级年金制度建立之前，绝大多数的澳大利亚家庭财富都投资于房地产，高收入家庭的投资渠道尚且较为多元，低收入家庭基本上除不动产资产外就以银行储蓄为主，这对于低收入家庭财富的增值保值比较不利。目前，超级年金基金已经成为澳大利亚家庭在住房之后最重要的资产，并且随着制度的越来越成熟，未来超级年金可能占据更大的家庭财富值份额。超级年金基金投资渠道多元，部分资产也会投向海外，有助于减少个人投资的"国内偏好"，使大部分澳大利亚家庭投资组合更为多元。

3. 提升养老金制度的财务可持续性

超级年金制度的建立减轻了基本养老金（AP）的支付压力，使澳大利亚政府隐性的财政负担得以降低。澳大利亚目前的人口老龄化问题十分严重，未来老龄化程度将日渐加深，预计在 2055 年时，将会出现三个劳动人口供养一个退休人员的情况，如果没有超级年金制度，那么政

[①]　Annual Superannuation Bulletin, Highlights–June 2021.

[②]　Annual Superannuation Bulletin, www. apra.gov.au.

府的财政支付压力将十分巨大。根据澳大利亚超级年金基金协会的测算，如果超级年金缴费率提高到12%，那么在2055年时，基本养老金的支出占GDP比重将从2.9%下降至2.6%，目前超级年金制度为基本养老金每年节约了约90亿澳元的支出，可见超级年金制度可以有效地改善澳大利亚养老金体系的财务可持续性问题[①]。

4. 超级年金带来社会总效用增长

根据凯恩斯理论，储蓄等于投资，那么高储蓄则可以带来高投资。超级年金制度有效提升了国民储蓄率，经过多年发展积累了巨大的资金池，而澳大利亚的法律允许超级年金基金多元化的投资。超级年金基金事实上已成为澳大利亚国内基础设施投资、股权投资等领域重要的投资者。巨量的超级年金基金被用于投资到澳大利亚的资本市场以及企业固定资产投资领域，反过来提升了澳大利亚国内生产力的提升和资本市场的快速发展，最终推动澳大利亚国内生产总值的提高以及更广泛的人民生活水平的提高，形成积极的正向循环效应。根据CSIRO-Monash超级年金建模的结果可以证明这一点，其研究指出通过投资国内企业，超级年金缴费率提高1%，将在中期内推动实际GDP水平提高0.2%。

六、澳大利亚账户养老金制度的评价

（一）账户养老金制度的优势

澳大利亚账户养老金的制度优势主要体现在基金积累阶段，强制型缴费方式稳定了基金来源，形成庞大的资金规模。市场化运作模式摆脱了政治因素的干扰，展示出强大的基金增值保值能力。成熟的受托人机制保证了基金受托人专注于对养老金成员负责，政府的作用仅是建立监管制度和担任监管者角色。

1. 广覆盖、高积累

澳大利亚账户养老金制度能在短时间内实现广覆盖、高积累，离不开超级年金制度的顶层设计。首先，澳大利亚将第一支柱基本养老金设计成为一种低覆盖率、低替代率的现收现付制度，只为低收入者提供老年养老金，是一种最低水平的养老保障。这种有限福利制度为第二、第三支柱创造了发展空间，决定了必须发展第二、第三支柱作为补充。其次，澳大利亚为第二、第三支柱设计了较低的准入门槛，只要符合规定的年龄和工作时数标准都可以参加，这样一来，不同劳动者、不论行业、地域、全职或兼职都尽可能地被纳入保障范围。对于企业而言，强制性缴费是其应尽的义务，被写入了国家法律之中。未来随着雇

主缴费率逐年上涨，账户养老金的资金积累量将不断扩大。同时，政府出台税收优惠制度，使企业愿意积极加入超级年金制度。最后，第二、第三支柱年金积累额由缴费积累和投资收益构成，超级年金基金投资收益率一直保持在较高的水平，形成了可观的年金积累增量。

澳大利亚的账户养老金制度提高了国民储蓄水平，促进资本更合理有效地配置，在一定程度上缓解了雇员的养老负担和基本养老金的支出负担，使政府有更多资源和能力应对老龄化危机。

2. 较低的运营成本

澳大利亚账户养老金依靠完全充分的市场竞争机制极大地降低了运营成本。首先，澳大利亚年金投资经理人资格比较容易获得，只要符合标准就可以颁发从业资格，所以年金市场存在大量的持证经理，经理人之间的竞争异常激烈。激烈竞争的市场环境促使经理人尽可能通过压缩运营成本提高投资业绩，以获得更多的投资代理资格。目前看来，通过市场竞争澳大利亚的账户年金运营成本得到了有效控制，基金运营效率也得到提升。运营成本决定了运营效率，反观拉美大多数国家，由于基金管理人和年金运营公司过少，形成行业垄断，导致基金运营成本非常高，投资表现一度令人失望。其次，澳大利亚赋予超级年金基金会员自由的基金选择权，为了帮助会员做出理性选择，政府要求基金公司将基金规模、投资分布、运营成本、投资收益率以及经理人投资业绩等信息放在公开信息平台供成员参考。为了增强竞争力和吸引力，基金公司也会致力于打造多样化的基金产品供客户选择，尽可能提供更为优质的产品及服务以被市场发现和选择。此外，澳大利亚政府也一直在加强对基金机构的动态监管，以维护良性竞争的市场环境，在良性的完全竞争市场中，超级年金基金得以低成本高效率的运转，最大限度维护了参保人的利益。

3. 健全的监管体系

为了保障基金投资的安全性和收益性，澳大利亚采取的是受托人制度，政府主要起监督作用，这样就将政府与基金受托人角色分离，保证了账户基金的用途不能随意改变，监管的关注焦点为受托人责任。为了尽职地扮演好监管者角色，政府以风险管理为核心，出台多项法律，建立起完善的监管体系，将监管部门和监管职能进一步明确，在降低监管成本的同时提高监管效率。澳大利亚政府通过这套监管体系，对超级年金的缴费、基金运营、信息披露、市场准入、待遇给付等各个环节的工作实现了全面管控，各监管部门通过设立金融监管者委员会、工作层委员会、

---

① ASFA, The Benefits of Australia's Compulsory Superannuation System, June 2020.

监管备忘录、联合行业指导机制等方式共同配合实现监管。

从监管成效来看，30年来，澳大利亚超级年金制度一直保持了稳定运行，没有发生大规模系统性风险，保证了基金的安全运行。

4.基金保值增值能力强

超级年金的投资目标通常会超过CPI指数的一定百分比，结合会员对于风险的承受度以及投资期限的长短来具体区分目标设置，按照不同的投资目标进行资产配置以及投资风格的确定。澳大利亚超级年金的投资以权益类资产为主，长期占据投资总量的一半以上，符合养老基金投资的长期性和权益性的特点。同时超级年金基金还持有不少的非标资产，包括上市土地、非上市土地以及基础设施建设等资产，对于海外投资也十分积极主动，基本上对海外的股权投资与国内上市公司股权投资比例相当。超级年金基金在投资时主要遵循的原则有安全性原则、盈利性原则、长期性和流动性兼顾原则以及多元化的原则，采取这些原则的出发点是在最大限度保障雇员养老金的安全性前提下，实现养老金的长期性的保值增值，同时尽可能降低和分散投资风险、保持基金的流动性。截至2021年底，澳大利亚超级年金基金总额已经占到GDP的200%，充裕的资金不仅能为澳大利亚退休者提供坚实的资金保障，也将在稳定金融市场方面起到强大的作用。

（二）账户养老金制度的不足

澳大利亚账户养老金制度从建立之初便是一个充满试验性的尝试，经过30年的发展，虽然成绩斐然，但由于路径依赖问题也存在一些不足之处。

1.税收制度扭曲养老金市场

尽管超级年金税收优惠制度具有很强的激励性质，但是其公平性依然较弱。首先，澳大利亚超级年金的税收优惠政策的激励性更多体现在高收入人群。由于政策为了鼓励高收入人群多缴费和持续缴费，颁布的税收优惠政策更有利于这部分群体，税优制度对高收入群体的激励效应更为明显，高收入者的年金账户财富积累量也更多。再加上，由于没有严格设置缴费端的征税封顶线，使高收入群体更容易套取国家税收优惠机会，加重滥用税优政策的概率，加剧制度不平等。其次，虽然政府针对低收入人群出台税收减免和配比缴费等优惠政策，但是优惠力度逐年在降低，再加上长期实施TTE税收模式，使这些优惠政策对低收入群体的帮扶力度进一步削弱。最后，目前超级年金制度与基本养老金制度之间的领取时间差可能会产生制度漏洞，超级年金参保人在满足退休条件或者其他提取条

件的基础上提取使用年金，领取额度取决于个人账户的养老金资产积累额。领取的方式既可以一次性全部支取，也可以年金方式逐年支取。目前超级年金的领取年龄最低是55岁，为了缩减与第一支柱政府养老金的待遇差距，最低领取年龄在2025年将延长至60岁。而基本养老金领取年龄为67岁，对于低收入群体而言一种可能的套利方式是一次性领取超级年金后用于67岁前的消费，到67岁后再申请基本养老金，目前的税收政策及超级年金提取政策并不能有效规避这一行为。

2.超级年金基金投资模式缺乏避险机制

完全市场化的投资模式存在收益不稳定的问题，超级年金市场化投资也难以避免市场波动带来的收益风险。首先，市场具有不确定性，会出现周期性波动甚至市场失灵情况，短期来看，养老保险基金并不能一直保持稳定的投资收益。再加上澳大利亚政府在基金投资管理方面只有事前和事后监督，风险化解能力有待检验。其次，基金投资公司只是提供的投资产品和投资组合，并根据提供的理财建议和政策咨询收取佣金，并不会分担投资者的投资风险。即使是投资公司本身也具有生命周期，由于信息不对称，基金容易出现错置情况，集中到风险比较集中的公司或投资产品，造成难以估量的投资损失。最后，并非所有基金持有人都有足够的经验和能力对宏观经济做出准确判断，存在对基金持有人素质高估的情况。即使投资业绩表现突出的投资公司，面对规模巨大的养老基金，其承担风险的能力都略显不足，这可能加剧市场波动。从实际运行情况看，超级年金基金在应对2001年"9·11"事件冲击、2008年次贷危机以及2020年新冠肺炎疫情影响的表现并不算太好，最高的回撤幅度达到了12%，说明其整体分散风险的能力不足，仍然需要改革投资机制[①]。

3.参保人承担过多风险问题

强制缴费与投资完全市场化的制度设计存在内在矛盾。一方面政府强制要求缴纳超级年金，意味着政府应当对超级年金基金运行承担更多的责任。另一方面，澳大利亚主张政府不要干预经济周期和市场，对基金投资也较少限制，使养老金在完全市场化的运营中缺少政府有效保护，缺乏应对金融危机的能力，容易陷入收益风险困境。政府不会对投资损失提供帮助，投资损失将全部由参保人承担，这就导致参保人承担了过多的风险。例如2001年全球经济衰退严重冲击澳大利亚超级年金的投资收益，导致基金投资首次出现亏损。2008年全球金融危机期间，超级年金所有基金都处于亏损状态，年金投资损失空前，甚至达

---

① 郑秉文、李亚军：《澳大利亚超级年金20年改革及应对危机的经验教训》，《经济社会体制比较》，2012年第1期，第78-88页。

到不能保障正常退休收入水平的程度。在两次经济和金融危机中，政府既没有尽到有效保护投资的责任，也没有补贴年金账户亏损额度，导致投资者损失超过 50%，养老金账户严重缩水，养老成为难题。

同时，年金基金公司众多，设计的基金品种更多，不同类型的年金基金收费和表现都不同，而参保人在加入年金制度时便被要求做出决定，选择年金投资基金、投资方案、退休待遇等，但实际上大多数参保人缺乏金融专业知识，也没有足够能力获取和理解投资信息，更多的是选择了默认的投资方案，由于信息不对称被动地承担了投资风险。

分报告二十九
新西兰 KiwiSaver 计划的制度框架与运行分析

新西兰属大洋洲国家，位于太平洋西南部，西部隔海与澳大利亚毗邻。全国由北岛、南岛两个大岛及一些小岛构成，国土面积约 27 万平方千米。截至 2022 年 3 月，新西兰总人口为 512.7 万。全国设有 11 个大区，5 个单一辖区，67 个地区行政机构。经济以农牧业为主，农牧产品出口约占出口总量的 50%[1]。新西兰的养老金体系包括零支柱的国家超级年金（1898 年建立）和第三支柱的 DC 型补充养老金计划 KiwiSaver（2007 年建立）。从第三支柱覆盖率看，也即一国加入第三支柱的人数与 15~64 岁人口数量的比值，美国的第三支柱覆盖率是 19.8%，加拿大是 67%，新西兰是 98%[2]。

一、新西兰国家超级年金

国家超级年金制度在新西兰是一种普惠型的公共养老金制度[3]，制度参保人无须缴费，资金来源于政府财政。制度建立初期，规定年满 65 岁且在新西兰居住年满 25 年的老年居民可以领取老年养老金，但需要对老年居民进行收入或资产调查。1977 年，新西兰政府对公共养老金制度进行改革，取消了原来的收入调查，并将制度更名为"新西兰超级年金"（New Zealand Superannuation），该制度成为完全普惠的非缴费型养老金制度。从收入调查式到普惠式的改革，推动了超级年金制度的发展，自此，新西兰国家超级年金制度基本定型，成为新西兰最主要的养老保障支柱[4]。

新西兰作为构建非缴费型养老金制度历史最为悠久的国家之一，也是迄今为止坚持以非缴费型养老金制度作为养老保障主体的唯一一发达国家，主要原因在于该国以农牧业为主，缴费能力天然不足，在保障老年人口的现实压力下，政府选择非缴费型养老金制度显然要比强行构建缴费型养老金制度更为理性[5]。

总体来看，新西兰的超级年金制度，相对于其他 OECD 国家的公共养老金支出规模和替代水平，是物美价廉的。2016 年，新西兰国家超级年金制度的平均工资替代率为 40%，这在当年公布替代率数据的 OECD 国家中是最高的；新西兰超级年金制度的支出额占 GDP 的比重由 1980 年的 7% 降至 2015 年的 4.9%[6]。

随着新西兰老龄化水平的加剧，新西兰超级年金制度的财务可持续性和代际公平性面临巨大挑战。为此，

---

[1] 新西兰国家概况，中华人民共和国外交部网站，https://www.mfa.gov.cn/web/gjhdq_676201/gj_676203/dyz_681240/1206_681940/1206x0_681942/。

[2] 郑秉文：《推动个人养老金发展必须切实加强顶层设计，动员所有政策资源》，http://finance.sina.cn/zl/2022-07-19/zl-imizirav4299555.d.html，2022 年 7 月 19 日。

[3] 新西兰国家超级年金与澳大利亚超级年金制度名称相同，但澳大利亚超级年金制度是企业年金制度，两者不同。

[4] 中国证券投资基金业协会：《新西兰超级年金基金运作与借鉴——全球公共养老金经验研究系列报告之二》，《声音》，2021 年第 6 期，2021 年 8 月 31 日，第 6 页，https://www.amac.org.cn/researchstatistics/publication/cbwxhsy/202109/P020210928622813852918.pdf。

[5] 高庆波：《非缴费型养老金制度选择：起源、发展与展望》，《华中科技大学学报》，2020 年第 34 卷第 3 期，第 48 页，第 51 页。

[6] 高庆波：《非缴费型养老金制度选择：起源、发展与展望》，《华中科技大学学报》，2020 年第 34 卷第 3 期，第 49 页。

新西兰政府于 2001 年建立了新西兰超级年金基金（The New Zealand Superannuation Fund），由政府每年投入一定的财政盈余进行养老储备。超级年金基金由新西兰财政部制定有关政策并进行监督，由新西兰超级年金监管人（Guardians of New Zealand Superannuation）负责统一管理，基金于 2003 年开始市场化投资运作。据新西兰财政部预测，新西兰超级年金基金积累规模始终能提供较好的支付保障，预测基金净值规模是年度养老金支出金额的三倍以上。根据新西兰财政部的数据，到 2100 年超级年金净支出金额将达到 4429.30 亿新西兰元[1]，与此同时，基金积累规模将达 16770.82 亿新西兰元，保障倍数为 3.79[2]。

二、KiwiSaver 制度框架

虽然近年来，新西兰人口总体呈稳步上升趋势，但人口结构变化不容乐观。工作年龄人口数量增加，但占比持续下降，2019 年工作年龄人口比重降至 64.44%[3]。退休人口占比高，养老负担重。截至 2020 年，新西兰 65 岁及以上人口占总人口比重为 15.6%，男性预期寿命 80.2 岁，女性预期寿命 83.6 岁[4]。

为了缓解公共养老金制度带来的财政压力，同时也为了向老年居民提供更多收入保障，新西兰政府于 2006 年 9 月通过了《KiwiSaver 法案 2006》（KiwiSaver Act 2006），并于 2007 年实施[5]。KiwiSaver 计划是一项自愿参加的储蓄和投资计划，旨在提高新西兰老年人的收入水平。

（一）覆盖对象

KiwiSaver 是一项自愿参与且基于工作的退休储蓄计划。计划由独立的计划提供商运营，计划参加人可以选择任何一家计划提供商管理自己的储蓄账户。KiwiSaver 计划覆盖对象为新西兰公民及新西兰常住居民，拥有临时访问签证、工作签证和学生签证者不能加入该计划。计划参

加人在年满 65 岁时可同时领取国家超级年金养老金。

KiwiSaver 计划实行自动加入和自愿退出机制。自动加入机制使 KiwiSaver 计划的覆盖人数迅速增加。自动加入包括以下几种情况：① 符合计划加入条件者；② 开始一份新的工作；③ 年龄在 18~65 周岁的新西兰公民及新西兰常住居民。如果个人有资格加入 KiwiSaver 计划，但未自动加入，可以通过雇主加入计划，也可以由个人自行选择计划提供商加入[6]。

对于 18 周岁以下的计划申请者，加入 KiwiSaver 计划有特殊要求：① 18 周岁以下的计划申请者只能通过联系计划提供商加入 KiwiSaver 计划，而不能通过雇主参加。② 如果年龄为 16 或 17 周岁，则至少需要一位法定监护人与其共同签署计划申请书；个人没有法定监护人的，可以联系个人选择的计划提供商与其共同签署。③ 如果年龄低于 16 周岁，加入计划则需要所有法定监护人的同意，个人不能自行申请加入[7]。

自愿退出机制是有适用条件的，当计划参加人在从事一份新工作时雇主自动将其加入 KiwiSaver 计划，个人可以选择留在该计划中，也可以选择退出该计划。也就是说，个人在自动加入 KiwiSaver 计划后，有权选择退出，但有时间限制。通常情况下，个人在开始工作 2~8 周之内可以选择退出 KiwiSaver 计划，也就是开始工作后的第 14~56 天之内可选择退出；但如果非因参加人原因造成在 2~8 周之内未能提出退出申请（例如，因意外发生导致参加人不能按时寄出计划退出申请，或者计划参加人本不应当自动加入 KiwiSaver 计划等），则申请退出期限可宽限至参加人开始工作后三个月内提出[8]。如果雇员在参加工作后未自动加入 KiwiSaver 计划，而是通过向雇主提出申请或者通过自行联系计划提供商的方式加入，则不能选择退出计划，但可暂停缴费。

① 新西兰元（货币代码：NZD，货币符号：NZ$），由新西兰中央银行——新西兰储备银行发行，是新西兰、库克群岛和纽埃的法定货币，于 1967 年起使用。通常简称为 $、NZ$ 或纽币。

② 中国证券投资基金业协会：《新西兰超级年金基金运作与借鉴——全球公共养老金经验研究系列报告之二》，《声音》，2021 年第 6 期，2021 年 8 月 31 日，第 8、9、14、15 页，参见网页：https://www.amac.org.cn/researchstatistics/publication/cbwxhsy/202109/P020210928622813852918.pdf。

③ 中国证券投资基金业协会：《新西兰超级年金基金运作与借鉴——全球公共养老金经验研究系列报告之二》，《声音》，2021 年第 6 期，2021 年 8 月 31 日，第 3 页，参见网页：https://www.amac.org.cn/researchstatistics/publication/cbwxhsy/202109/P020210928622813852918.pdf。

④ Demographic and socio-economic indicators | International Social Security Association (ISSA)。

⑤ Kiwi 的原意是奇异鸟，这是一种翅膀极短不会飞的鸟，在新西兰非常珍贵，只有在僻静的丛林里才能看到，是新西兰的国鸟，也是新西兰国家的标志。Kiwi 鸟是新西兰人的骄傲，因此，新西兰人也自称为 Kiwi。

⑥ 新西兰政府官网，How KiwiSaver works (ird.govt.nz)，Last Updated: 28 Apr. 2021。

⑦ 新西兰政府官网，Joining KiwiSaver (ird.govt.nz)，Last Updated: 24 Jun. 2021。

⑧ 新西兰政府官网，Opting out of KiwiSaver (ird.govt.nz)，Last Updated: 02 Jul. 2021。

19 周岁以下的计划参加人，当满足以下情况之一时可申请退出 KiwiSaver 计划：①计划参加人 18 岁之前加入计划时未按规定通过联系计划提供商加入，而是通过雇主提供错误信息加入；②参加人未按照规定加入 KiwiSaver 计划，且未征得监护人的同意；③当参加人低于 16 周岁，征得监护人的同意可以退出 KiwiSaver 计划。与雇员类似，19 周岁以下的参加人如果是通过联系计划提供商加入 KiwiSaver 计划且自主选择投资方案，或者经过监护人的同意加入计划也不能申请退出该计划。自雇者或无业者，可以通过联系 KiwiSaver 计划提供商加入。

（二）筹资来源

KiwiSaver 计划的资金来源包括个人缴费、雇主缴费以及政府补贴三部分。对于个人缴费而言，缴费率有 3%、4%、6%、8% 或 10% 几档可选，缴费基数为税前工资。如果计划参加人个人未自行选择缴费率，雇主会为雇员选择 3% 的默认费率[①]。

当计划参加人为雇员时，按照规定，雇主必须进行配套缴费。雇主配套缴费额最低为雇员税前工资的 3%。当存在以下几种情况时，雇主可不进行配套缴费：①计划参加人年龄不足 18 岁；②计划参加人暂停或中断缴费；③雇主已为雇员参加的其他计划付费。

KiwiSaver 的政府补贴额为个人缴费额的 50%，但有补贴上限要求，每年的补贴上限为 521.43 新西兰元。例如，当个人年缴费额为 500 新西兰元时，政府补贴额为 250 新西兰元。当个人年缴费额达到或高于 1042.86 新西兰元时，政府补贴额达到补贴上限 521.43 新西兰元。KiwiSaver 计划的年缴费周期为每年的 7 月 1 日至下一年的 6 月 30 日。KiwiSaver 计划的政府补贴是有适用条件的，需要参加者年满 18 周岁，且符合下列条件之一：①新西兰常住居民；②政府驻外职员；③符合条件的海外志愿者[②]。政府补贴无须个人向政府提出申请，计划提供商负责为个人申请补贴。政府补贴将于申请当月打入个人储蓄账户。

（三）资金提取

1. 退休提取

一般情况下，当计划参加人达到退休年龄（当前新西兰公共养老金制度的退休年龄为 65 周岁）时可以一次性提取 KiwiSaver 账户中的资产。

但如果计划参加人在 60~64 时才加入 KiwiSaver 计划，且加入时点在 2019 年 7 月 1 日之前，一般情况下，需要满足五年的等待期才可领取账户资产。在等待期间，计划

参加人也可选择到达 65 岁退休年龄时即退出 KiwiSaver 计划，并一次性领取账户资产，但这意味着参加人不能再继续享受政府以及雇主的缴费补贴。

也就是说，当计划参加人于 2019 年 7 月 1 日之前加入 KiwiSaver 计划且缴费不满五年，在其年满 65 岁时仍继续工作，可继续向 KiwiSaver 账户进行缴费，并同时获得政府和雇主的缴费补贴[③]。

2. 购买首套房

KiwiSaver 账户中的资金可用于购买首套房产，但前提条件是计划参加人加入 KiwiSaver 计划已满三年，而且在提取资金时，至少要在账户中保留 1000 新西兰元[④]。如果计划参加人在参加 KiwiSaver 计划时名下已经拥有一套住房，那么他也可以将账户中的资金用于购买其他不动产。此时，计划参加人只需联系新西兰公房署（Housing New Zealand），让其确认个人拥有与首套购房者同样的资金提取资格即可。

除提取账户资金外，购买首套房的计划参加人还可以申请首套房津贴（First Home Grant），前提同样是在 KiwiSaver 计划中缴费满三年。首套房津贴最高可达 10000 新西兰元[⑤]。

3. 移居海外

如果计划参加人移居澳大利亚，可以将 KiwiSaver 账户中的资产转移至澳大利亚的超级年金计划账户。如果计划参加人不是去往澳大利亚，而是在其他国家居住满一年，则可以将 KiwiSaver 账户中的大部分资产取出。

4. 其他情况

当计划参加人面临重大经济困难或身患重病无法继续工作甚至死亡等情况发生时，也可以提取部分或者全部 KiwiSaver 账户资产[⑥]。

（四）税收政策

根据政策规定，政府对 KiwiSaver 计划的投资收益部分进行征税，但对资金提取不征税。结合在资金筹集阶段 KiwiSaver 的缴费基数按税前工资算，因此，KiwiSaver 计划的税收模式为 ETE。

不同类型的 KiwiSaver 计划税收方式不同。KiwiSaver 计划大致分为两种：一种是比较常见的超级年金计划（Widely-held Superannuation Schemes），该类计划对投资收益征收的税率统一为 28%。另一种是组合投资实体（Portfolio Investment Entities，PIEs）计划，这是 KiwiSaver 默认的计划种类。组合投资实体投资多种基金，适用的规

---

① 新西兰政府官网，How KiwiSaver works (ird.govt.nz)，Last Updated: 28 Apr. 2021。
②④⑤ 新西兰政府官网，KiwiSaver benefits (ird.govt.nz)，Last Updated: 28 Apr. 2021。
③⑥ 新西兰政府官网，Getting My KiwiSaver Funds When I Retire (ird.govt.nz)，Last Updated: 02 Jul. 2021。

定投资税率（Prescribed Investor Rate，PIR）根据个人过去两年的应纳税收入确定（以两年中应纳税收入低的年份为准确定 PIR），应纳税收入包含工资和其他收入[①]。按照应纳税收入水平由低到高，个人应当选择的规定投资税率分别为 10.5%、17.5% 和 28% 三个档次。如果个人不清楚自己应当选择哪档税率，可以咨询新西兰税务局。由于投资税率由个人收入决定，且随收入变化而调整，因此对大多数人来说应当每年检查税率是否合适。一般情况下，无收入或低收入者，税率变化不大，比如学生。对于中等收入者，其税率变化比较频繁，需要注意调整[②]。

（五）计划调整

KiwiSaver 计划调整也很方便，计划参加人可以根据自身情况的变化调整计划缴费率、中断缴费或者改变计划提供商。计划参加人在停止工作、换工作或者同时做几份工作时都可以对自己的 KiwiSaver 计划进行调整。参加人中断缴费需要根据其加入 KiwiSaver 计划的时长来定，中断缴费后，计划参加人只要还在 KiwiSaver 计划中则可随时恢复缴费，只要个人填写缴费申请表并向雇主提出申请即可[③]。参加人调整缴费率则比较简单，可以在 3%、4%、6%、8%、10% 这几档费率间转换。计划参加人可以随时更换计划提供商，但在同一时点只可有一家计划提供商，不可同时选择两家及以上计划提供商[④]。

三、制度运行状况

新西兰金融市场管理局发布的 2021 年报数据显示，截至 2021 年 3 月 31 日，KiwiSaver 计划的参加人数为 309 万人，比上年同期增长 2.1%；平均账户余额为 2.64 万新西兰元，比上年同期增长 29%；基金规模为 816 亿新西兰元，比上年同期增长 31.7%；投资收益为 132 亿新西兰元，比上年同期增长 1708.4%；账户资金提取 30.5 亿新西兰元，比上年同期增长 7%；总管理费 6.5 亿新西兰元，比上年同期增长 20.7%[⑤]。

（一）参加人数

当 KiwiSaver 计划参加人在开始从事一份新工作时会自动加入一种 KiwiSaver 计划（也称"默认计划"，Default Scheme），参加人可以选择继续留在默认计划中，也可以选择参加其他种类的 KiwiSaver 计划。选择继续留在默认计划中的参加人被称为"默认参加人"。截至 2021 年 3 月底，KiwiSaver 计划的默认参加人为 35.6 万人，比上年同期下降 6.6%[⑥]。

与默认参加人相对应的是积极参加人（Active Members），积极参加人是指自主选择 KiwiSaver 计划类型的参加人。截至 2021 年 3 月底，KiwiSaver 计划的积极参加人数量为 273.5 万人[⑦]，两者合计 KiwiSaver 计划的参加人数为 309.1 万人，占当年全国人口总数的 60.4%。

分年龄结构看，首先，18~25 岁、26~30 岁、31~35 岁、36~40 岁是参加人数中年龄占比排前四位的年龄组，占比分别为 14.47%、11.21%、11.08%、9.58%，合计 18~40 岁年龄段人口占参加人数的 46.35%。其次，在默认参加人中，41~45 岁人口是排名前五的年龄组；在积极参加人中，17 岁及以下人口是排名前五的年龄组；在总参加人数中，46~50 岁是排名前五的年龄组。因此，综合来看，18~40 岁是新西兰参加 KiwiSaver 计划最为活跃的年龄段；最后，46~50 岁人口、41~45 岁人口、17 岁及以下人口也都是参加 KiwiSaver 计划比较积极的年龄段（见表 29-1）。

表 29-1　2021 年 3 月底 KiwiSaver 计划参加人数

年龄	默认参加人数（人）	占比 1（%）	积极参加人数（人）	占比 2（%）	总参加人数（人）	占比 3（%）
17 岁及以下	6016	1.69	255595	9.35	261611	8.46
18~25	68340	19.20	378927	13.86	447267	14.47
26~30	41682	11.71	304846	11.15	346528	11.21
31~35	48485	13.62	294020	10.75	342505	11.08

① 新西兰政府官网，How Your KiwiSaver Is Taxed (ird.govt.nz)，Last Updated: 02 Jul. 2021。
② 《PIE 税率》,《先驱报》, http://www.chnet.co.nz/Html/2014-5-13/News_78949.html，2014 年 5 月 13 日。
③ 新西兰政府官网，Getting My KiwiSaver Funds When I Retire (ird.govt.nz)，Last Updated: 02 Jul. 2021。
④ 新西兰政府官网，Making Changes to My KiwiSaver Scheme (ird.govt.nz)，Last Updated: 25 Jun. 2021。
⑤ KiwiSaver Annual Report 2021 (PDF), Financial Markets Authority (NZ), 28 September 2021, Retrieved 23 November 2021, p.2.
⑥ 同⑤，第 4 页。
⑦ 同⑤，第 20 页。

续表

年龄	默认参加人数（人）	占比1（%）	积极参加人数（人）	占比2（%）	总参加人数（人）	占比3（%）
36~40	40598	11.40	255477	9.34	296075	9.58
41~45	33233	9.33	227883	8.33	261116	8.45
46~50	32505	9.13	240166	8.78	272671	8.82
51~55	28728	8.07	231748	8.47	260476	8.43
56~60	25484	7.16	225073	8.23	250557	8.11
61~65	18700	5.25	185299	6.78	203999	6.60
66~70	8125	2.28	87793	3.21	95918	3.10
71~75	3149	0.88	38833	1.42	41982	1.36
76~80	527	0.15	8289	0.30	8816	0.29
81~85	12	0.00	375	0.01	387	0.01
86岁及以上	38	0.01	190	0.01	228	0.01
年龄未知	399	0.11	96	0.00	495	0.02
小计	356021	100.00	2734610	100.00	3090631	100.00

注：占比1表示各年龄段默认参加人数占总默认参加人数的比重；占比2表示各年龄段积极参加人数占总积极参加人数的比重；占比3表示各年龄段参加人数占总参加人数的比重。

资料来源：笔者根据以下相关资料绘制，KiwiSaver Annual Report 2021 (PDF)，Financial Markets Authority (NZ)，28 September 2021，Retrieved 23 November 2021,pp.20–21。

（二）缴费收入及投资收益

截至2021年3月31日，KiwiSaver计划管理下的基金规模高达816亿新西兰元，比2020年3月底的620亿新西兰元高出31.7%，同样高于2019年3月底的570亿新西兰元[①]，基金规模呈稳定增长趋势（见图29-1）。

（亿新西兰元）

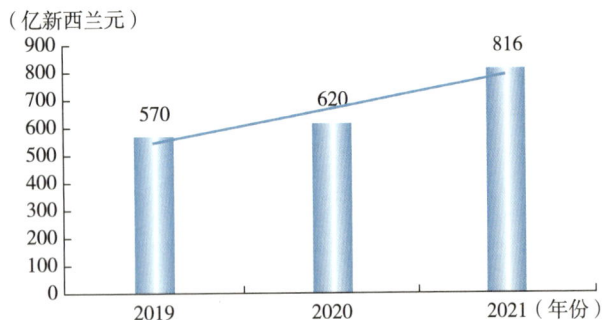

图 29-1 2019~2021年 KiwiSaver 基金规模

资料来源：笔者根据以下相关资料绘制，KiwiSaver Annual Report 2021，Financial Markets Authority (NZ)，28 September 2021. Retrieved 23 November 2021, p.3。

总体来看，虽然受新冠肺炎疫情带来的负面影响，但是KiwiSaver计划向新西兰国民证明该计划仍然是一种简单有效的储蓄方式。新西兰金融市场管理局2021年报统计期间（2020年7月至2021年6月），全球股票市场已经基本恢复至新冠肺炎疫情流行前的水平，且此后股市行情好于新冠肺炎疫情之前。原因是，投资者尚未发现比股票更好的投资产品，相比股票而言，定期存款和固定收益资产的利润都比较低，因此在新冠肺炎疫情封控期间股票的线上投资额大增。

1. 缴费收入

2020~2021年度[②]，KiwiSaver计划总参加人数309万人中有188万人进行缴费，缴费人数占总参加人数的60.84%。2020~2021年度，KiwiSaver基金收入为274.15亿新西兰元，其中缴费收入为102.77亿新西兰元，占当年基金收入的37.5%；投资收益131.97亿新西兰元，占基金收入的48.1%[③]。

在缴费收入中，2020~2021年度，个人通过工资缴费48亿新西兰元，比上年同期增长16.3%；个人一次性缴费

[①] KiwiSaver Annual Report 2021 (PDF)，Financial Markets Authority (NZ)，28 September 2021，Retrieved 23 November 2021, p.3.

[②] 文中数据提到的2020~2021年度是指自2020年4月1日至2021年3月31日。

[③] 同①，p.18.

收入 18.5 亿新西兰元，比上年同期增长 14.5%；雇主缴费 27 亿新西兰元，比上年同期增长 19.5%；政府补贴 8.9 亿新西兰元，比上年同期增长 6.1%[①]（具体缴费收入结构参见图 29-2）。

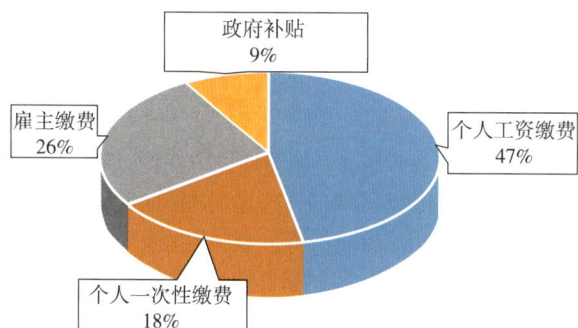

图 29-2 2020~2021 年度 KiwiSaver 基金缴费收入结构

资料来源：笔者根据以下相关资料绘制，KiwiSaver Annual Report 2021 (PDF)，Financial Markets Authority (NZ)，28 September 2021，Retrieved 23 November 2021, p.6。

2. 投资收益

从投资收益来看，2021 年 3 月底数据显示，一年来 KiwiSaver 基金投资收益总额为 132 亿新西兰元，与 2020 年 3 月底投资损失 8.2 亿新西兰元形成鲜明反差，2019 年 3 月底的基金投资收益为 38 亿新西兰元（见图 29-3）[②]。但是投资者们不能对 2021 年的投资收益数据过于乐观，因为 2020 年 3 月底的数据是在经济受到新冠肺炎疫情影响的特殊环境下统计产生的，并非经济常态。

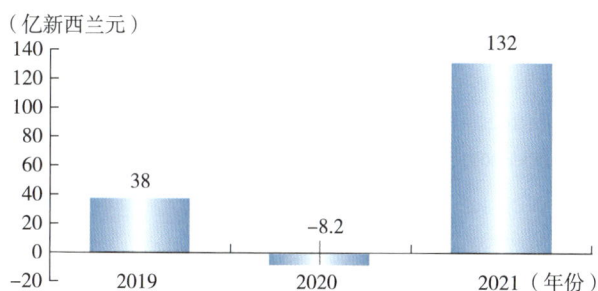

图 29-3 2019~2021 年 KiwiSaver 基金投资收益

资料来源：笔者根据以下相关资料绘制，KiwiSaver Annual Report 2021 (PDF). Financial Markets Authority (NZ). 28 September 2021. Retrieved 23 November 2021, p.3。

（三）基金提取

2020~2021 年度，KiwiSaver 基金支出共计 77.4 亿新西兰元，其中 KiwiSaver 基金提取支出 30.5 亿新西兰元。在提取支出中，65 岁以上人口提取 12.2 亿新西兰元，占基金提取额的 40%，提取额比上年同期下降 8.3%；购买首套住房者提取 14 亿新西兰元，占比 46%，比上年同期增长 18.8%；陷入经济困难者提取 1.59 亿新西兰元，占比 5%，比上年同期增长 42%[③]，其他提取支出 2.71 亿新西兰元，占比 9%（具体基金提取结构参见图 29-4）。

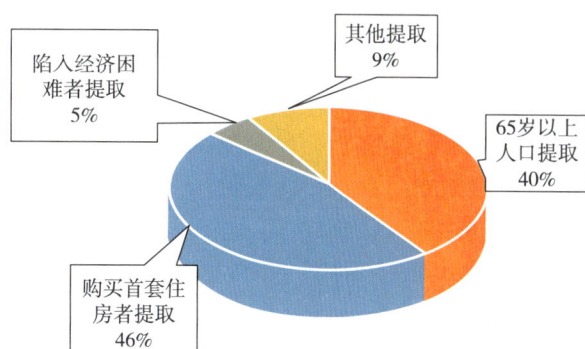

图 29-4 2020~2021 年度 KiwiSaver 基金提取结构

注：其他提取包括死亡、重大疾病、移民等情况提取基金。

资料来源：笔者根据以下相关资料绘制，KiwiSaver Annual Report 2021 (PDF)，Financial Markets Authority (NZ)，28 September 2021，Retrieved 23 November 2021, p.7。

从历年基金提取额看，陷入经济困难者的基金领取额涨幅明显。2021 年 3 月底数据显示，陷入经济困难者的基金领取额高达 1.59 亿新西兰元，比上年同期的 1.12 亿新西兰元增长 42%；该数据同样高于 2019 年的领取额 1.08 亿新西兰元。从平均领取金额看，2021 年 3 月底，2.1 万陷入经济困难的参加人平均领取基金 7584 新西兰元，高于 2020 年 3 月底 1.75 万陷入经济困难参保者的平均领取额 6359 新西兰元[④]。原因是虽然自 2020 年下半年以来经济快速升温，但期间失业率仍呈上升趋势，从而导致陷入经济困难者人数大幅增加。虽然新西兰政府采取了一系列措施帮助民众度过经济困难，但是仍然有很多 KiwiSaver 计划参加人申请领取 KiwiSaver 账户基金。

但向陷入经济困难的参保者提供资金支持只占 KiwiSaver 基金提取额的一小部分，基金提取的主要部分

---

① KiwiSaver Annual Report 2021 (PDF), Financial Markets Authority (NZ), 28 September 2021, Retrieved 23 November 2021, p.6.
② 同①, p.18.
③ 同①, p.7.
④ 同①, p.3.

仍然是 65 岁以上参加人和购买首套住房者。2021 年 3 月底数据显示，KiwiSaver 基金提取额的 40% 为 65 岁以上参加人提取。但与 2020 年 3 月底数据相比，65 岁以上参加人的基金提取额下降了 8.3%，原因是自 2019 年 7 月以来，制度规定，65 岁以上的参加人可继续留在 KiwiSaver 计划中，而且数据显示，越来越多的参加人在达到 65 岁退休年龄后仍然选择将基金留在 KiwiSaver 账户中。

相对而言，购买首套住房者的基金提取额呈稳定增长趋势。2021 年 3 月底，购买首套住房者提取 KiwiSaver 基金 14 亿新西兰元，相比 2020 年 3 月底的基金提取额 12 亿新西兰元增长 18.8%，2019 年该基金提取额为 9.53 亿新西兰元（见图 29-5）。

（亿新西兰元）

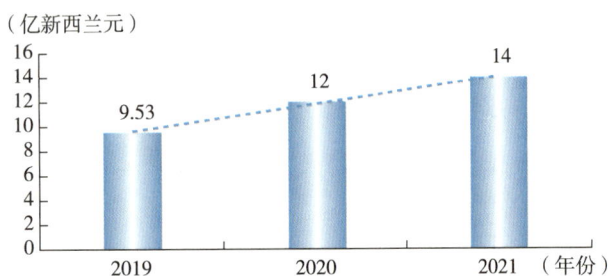

图 29-5　2019~2021 年购买首套房者提取 KiwiSaver 基金额

资料来源：笔者根据以下相关资料绘制，KiwiSaver Annual Report 2021 (PDF)，Financial Markets Authority (NZ)，28 September 2021，Retrieved 23 November 2021，p.4。

（四）管理成本

管理成本支出是 KiwiSaver 基金支出的另一主要部分。KiwiSaver 计划的总管理费用包括行政管理费、投资管理费以及监管费和信托费等。

2021 年 3 月底数据显示，2020 ~ 2021 年度 KiwiSaver 计划的总管理费为 6.5 亿新西兰元，比上年同期增长 20.7%。相较而言，2018 ~ 2019 年度的总管理费用为 4.8 亿新西兰元[1]。从基金总管理费用占当年基金规模的比重看，2020 ~ 2021 年度的比重为 0.797%，2018 ~ 2019 年度为 0.842%，基本持平，且呈小幅下降趋势。

值得肯定的是，KiwiSaver 基金的行政管理费用 2020 ~ 2021 年度与上年同期相比降低了 4.8%，原因是有若干 KiwiSaver 计划提供商下调或者改变了行政管理费结构。相比而言，2018 ~ 2019 年度的行政管理费为 0.92 亿新西兰元，2020 ~ 2021 年度的行政管理费用为 0.81 亿新西兰元，两者相比 2020 ~ 2021 年度的费用也确实降低了。在基金规模和平均账户余额都上涨的情况下，计划提供商能够降低行政管理费用是非常难能可贵的。

（五）基金转换

KiwiSaver 可投资品种覆盖现金、股票、债券和不动产多个领域，涉及国内外投资市场。其根据权益类资产风险敞口大小划分为货币型、保守型、平衡性、成长型和激进型五类基金，参加人可根据自身的风险和收益偏好进行自主选择[2]，并可在不同基金之间进行转换。

2020 ~ 2021 年度，KiwiSaver 计划参加人在同一服务提供商内将账户资产在不同风险基金间转换 37.8 万次，比 2019 ~ 2020 年度降低 9.3%。原因是，2020 年 2 ~ 3 月市场波动巨大，基金转换频繁。但与 2018 ~ 2019 年度相比，2020 ~ 2021 年度的基金转换次数仍然较高（见图 29-6）。2020 ~ 2021 年度的基金转换额为 67 亿新西兰元，其中 26 亿新西兰元转换至成长型基金。

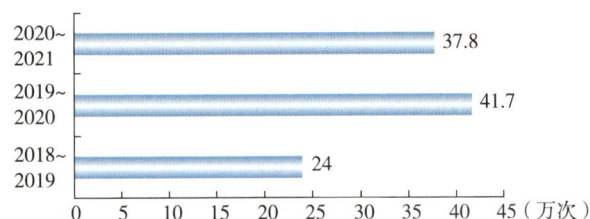

图 29-6　2018~2021 年度基金转换次数

资料来源：笔者根据以下相关资料绘制，KiwiSaver Annual Report 2021 (PDF)，Financial Markets Authority (NZ)，28 September 2021，Retrieved 23 November 2021，p.4。

四、制度评价

KiwiSaver 计划被看作缓解新西兰人民对政府提供的公共养老金制度——国家超级年金的过渡依赖，转而依靠私人养老金制度增加退休储蓄的一种重要方式[3]；同时也被认为是对世界银行等国际组织提出的养老金私有化全球

---

[1]　KiwiSaver Annual Report 2021 (PDF)，Financial Markets Authority (NZ)，28 September 2021，Retrieved 23 November 2021，p.3.

[2]　中国证券投资基金业协会：《新西兰超级年金基金运作与借鉴——全球公共养老金经验研究系列报告之二》，《声音》2021 年第 6 期，2021 年 8 月 31 日，第 11 页，参见网页：https://www.amac.org.cn/researchstatistics/publication/cbwxhsy/202109/P020210928622813852918.pdf。

[3]　Perinpanayagam U KiwiSaver，Foreign Control Watchdog，Campaign Against Foreign Control of Aotearoa (137)，2014，Retrieved 3 November 2016.

战略的积极实践①。

（一）增加国民储蓄、增强国民安全感

从总体制度设计看，KiwiSaver 计划有助于增加新西兰人的国民储蓄并增加国民的安全感。2007 年 6 月，时任新西兰副总理兼财政部长的 Michael Cullen 对当年 7 月 1 日即将实行的 KiwiSaver 计划评论道："KiwiSaver 计划在新西兰的经济社会发展历史中具有里程碑意义，该计划将有助于新西兰国民更快地积累金融资产，同时也能让更多的新西兰人感觉更富有，更有安全感。高储蓄率伴随着对创新和生产领域的高投资，将有助于增强经济活力和国家长远发展"②。这一点也从 2021 年 3 月底的数据得到了证实，越来越多的参保者在达到 65 岁退休年龄后仍然选择将基金留在 KiwiSaver 计划账户中，并未将基金提取出来。

（二）努力降低基金管理成本

个人养老基金的投资与管理，一直备受关注。KiwiSaver 基金在运行初期也有专家学者提出批评质疑。Winston Peters 认为，KiwiSaver 计划是金融业制造的一个"十亿美元的骗局"，私人计划提供商收取高昂的管理费用，并建议 KiwiSaver 计划基金应当投资于政府资产和基础设施建设③。

2011 年，新西兰金融市场管理局的数据显示，KiwiSaver 的六家默认计划提供商对投资收益提取的管理费用总额为4300万新西兰元，占当年投资收益1.04亿新西兰元的42%。而其他计划提供商对基金投资收益提取的管理费用占比也高达28%④。鉴于此，绿党领导人之一Russel Norma曾提出，应当将KiwiSaver基金交由新西兰超级年金基金管理，从而避免向金融业支付高额管理费用⑤。

此后，KiwiSaver 计划开始着重解决管理成本高的问题。解决措施包括对默认计划提供商实行动态调整，2021 年 5 月，KiwiSaver 计划宣布将原来的九家默认计划提供商调整为六家，其中有四家默认提供商连任，五家被取消默认提供商资格，两家新当选。而 2007 年最初选定的六家默认提供商均未获得连任⑥。除此之外，新西兰金融市场管理局及其他相关政府部门加强对计划提供商的数据披露，督促各计划提供商降低管理成本。2021 年 3 月底，基金的总管理费用占基金收益的比重仅为 4.9%。

（三）灵活的制度设计

KiwiSaver 基金可用于除养老外的多种提取途径，包括购买首套住房、遇到重大经济困难、遭遇重大疾病、移民等多种情况，符合参加人的实际生活需求，有助于增加制度吸引力。从 2020～2021 年数据看，购买首套住房的基金提取额高于 65 岁以上退休人口的基金提取额。

① Orenstein M A，Privatizing Pensions: The Transnational Campaign for Social Security Reform，Princeton: Princeton University Press，2008.

② KiwiSaver Annual Report 2021 (PDF)，Financial Markets Authority (NZ)，28 September 2021，Retrieved 23 November 2021，p.16.

③ Stop the Billion Dollar KiwiSaver Rort, Introduce Kiwifund，Business Scoop，Press Release–New Zealand First Party，30 June 2016，Retrieved 3 November 2016.

④ Key Concedes Value in Slicing KiwiSaver Fees，Otago Daily Times，8 November 2011，Retrieved 7 October 2017，Cheng, Derek (8 November 2011).

⑤ PM Concedes Value in Slicing KiwiSaver Fees，The New Zealand Herald, Retrieved 3 November 2016.

⑥ KiwiSaver Annual Report 2021 (PDF)，Financial Markets Authority (NZ)，28 September 2021, Retrieved 23 November 2021, p.15.

分报告三十
德国第三支柱个人养老金制度的分析研究

一、制度建立的背景

人口老龄化和低生育率等形式的人口结构变化，对以现收现付制（PAYG）为主要特征的公共养老金制度产生了严重的长期财政压力，原有公共养老金制度不可能像过去几十年那样继续为人们提供可以信赖的晚年收入保障。那些更早进入老龄化社会的西方国家在几十年前就已经进行了养老金改革。养老金改革主要有两大趋势：一是采用参数式改革，主要措施包括削减养老金待遇、提高退休年龄、增加养老金缴费，将养老金福利与养老金缴费更紧密地联系起来；二是实行结构式改革，在强制性、普遍性的公共养老金制度的基础上，引入职业养老金计划和第三支柱个人养老金计划，建成多支柱的养老金制度体系。第三支柱个人养老金制度被视为公共养老金或强制性职业养老金的补充，用于缓解公共养老金的支付压力，还可以通过市场的自发调节机制使养老保障的个体责任与市场制度要素相匹配，部分解决公共养老金的历史投资收益率较低的问题，一定程度上解决由人口结构变迁等因素所引致的社会风险问题。

第三支柱养老金制度源自世界银行公开出版的两个报告，两个报告提出要建立"多支柱"的养老保险体系。第一个报告是 1994 年出版的《防止老龄危机——保护老年人及促进增长的政策》[1]，该报告首次提出三支柱养老保

险体系构想，提出建立第三支柱养老保险制度，即个人自愿参加的养老储蓄计划。另一个报告是 2005 年发布的《二十一世纪的老年收入保障——国际养老保险制度及其改革》[2]，该报告进一步提出建立五支柱的养老保险体系。多支柱养老保险体系的提出是世界银行在指导和借鉴个别发展中国家实践的基础上，希望通过引入积累制养老金来解决国民储蓄不足的问题，并通过增加支柱填补公共养老金的覆盖空白。自养老金多支柱体系被提出以来，以运行主导支柱体系为重的国家都分别向多支柱养老金体系迈进，职业养老金和个人养老金计划在养老金制度体系中逐渐占据重要比例。在过去 30 年中，大部分国家按照世界银行于 1994 年提出的三支柱传统分类法进行养老金制度的改革，根据所遵循的制度，已经形成了不同的类型[3]。对于建立现收现付制但无积累型养老保险制度的德国，也实行了养老金多支柱体系的改革，开始建立起完全私人的养老金计划。

德国是世界上第一个建立正式社会保险制度的国家，1889 年由"铁血首相"俾斯麦主导颁布了《伤残和老年保险法》，开始为其公民提供充足可靠的退休收入，成为世界各地许多社会保障制度的典范。虽然德国公共养老金制度被认为是一项巨大的社会成就，但 20 世纪七八十年代的制度改革带来了负激励效应，并随着人口老龄化的加

---

① World Bank，Averting the Old Age Crisis: Policies to Protect the Old and Promote Growth R. Washington, D.C.:World Bank, 1994, pp.10–18.

② Holzmann R、Hinz R，华迎放译：《世界银行：二十一世纪的老年收入保障——国际养老保险制度及其改革》，《社会保险研究》，2005 年第 7 期，第 28–41 页。

③ Private Pension Plans，An Important Component of the Financial Market.

剧，现收现付制在代际公平方面存在的问题逐渐加重，养老金财政支出问题也在逐渐恶化，极大影响了德国公共养老金制度的稳定发展。在这种情况下，德国于1992年起试图对养老金制度进行参数式改革，通过政府补贴、减税、提高退休年龄等措施，不断调整公共养老金缴费率的上限和替代率的下限。但是改革效果十分有限，为应对严峻的财政压力，德国养老金体系的制度格局开始进行根本性变化，出台了降低法定养老金福利水平的相关法律措施，以及新的职业养老金计划条例，并开始采取更为重大的改革措施，创建了由国家进行财政激励的私人养老金计划。自2001年起，先后建立了里斯特养老金和吕鲁普养老金的自愿性个人储蓄养老金计划，来减轻养老金财政负担，以帮助维持个人的养老保障水平。通过税收优惠和直接补贴的方式激发个人参与意愿，将一直被称为典范的单一社会保险型养老金制度转变成多支柱的养老保险体系。

对德国来说，第二支柱养老金这种强制性私人保险覆盖人群有限，发挥的作用不大。该支柱的主要计划是由雇主提供资金的公司养老金计划（betriebliche Altersvorsorge, bAV），大约占老年收入的10%，且该计划存在于公司或集体协议之中，如果没有达成协议，雇员有权将其部分收入用于购买人寿保险单（Direktversicherung），而传统的人寿保险金也仅占老年收入的5%左右[①]。第三支柱个人养老金计划尽管是自愿参与型，但其不再被视为对公共养老金制度的简单补充，开始充当替代品以补偿不断被削弱的公共养老金的赤字。通过公共养老金计划中的强制性养老保险与第三支柱计划的自愿性养老保险相互作用，以对保障德国未来老年人的生活水平发挥起到重要的作用。

二、里斯特养老金计划

（一）改革发展历程

2001年5月11日，德国批准了一项新的养老金改革法案《德国退休储蓄法》（Altersvermögensgesetz），改革的主要目的是稳定养老金的缴费率，规定了公共养老金制度的缴费率在2020年之前必须保持在20%以下，在2030年之前必须保持在22%以下。对养老金制度进行参数化调整，通过相对复杂的新指数化公式逐步减少养老金待遇水平。而公共养老金待遇的下降需要职业和个人养老金进行补充，德国政府开始通过实施税收递延和税收减免的政策，对私人养老金计划进行补贴，激励个人参与额外的养老金计划来保障未来养老收入。因此，德国政府同时引入

了自愿参与的个人储蓄型养老保障计划——里斯特养老金计划（Riester-Rente）。该计划根据联邦劳工和社会事务部（Bundesministerium für Arbeit und Soziales，BMAS）部长瓦尔特·里斯特（Walter Riester）命名，其主要目标群体是有子女的家庭和低收入的个人。任何符合要求的个人只要购买了经政府认可的商业性养老保险项目，就可以获得政府直接提供的财政补贴或者获得额外的税收减免。个人可以选择购买的项目主要有：银行储蓄计划、私人养老保险、投资基金储蓄计划、储蓄和贷款相结合的计划和购买合作社的额外股份[②]。此外，由于在2001年里斯特改革的背景下未来公共养老金水平被削减，因此德国为老年人以及收入能力下降的人引入了一项最低养老金计划——最低社会保障项目（Grundsicherung），用以保护收入水平最低1/10的人免受未来公共养老金待遇削减的影响。这是一个需要经过经济状况调查的计划，比德国社会救助水平高出15%左右。

德国在进行养老金制度改革前，实行的是现收现付制的筹资模式，是典型的"俾斯麦型"，它被称为"社会保险"。社会保险式的公共养老保险从一开始就被设计成与个人整体生命过程中的平均劳动收入相关，很少具备再分配的性质，因此私人储蓄型养老金在该国一直没有得到有效发展[③]。而里斯特养老金计划的引入改变了以往德国养老保险的筹资模式，基金积累制的形式使个人年金在养老收入保障中的比重逐渐增加，并且随着法定养老金的不断减少，其养老保险制度中积累制私人养老金计划的规模将得到进一步的完善和扩充。德国2001年养老保险改革被普遍认为是"德国历史上自1957年改革后，最重要、最全面、最具创新精神的改革"。由于从以前的单一体系向多支柱体系的转变，随着风险更好地被分散，德国养老金体系的稳健性有所提高。自2004年起，德国开始积极采取多项措施来降低公共养老金制度的风险，包括引入可持续性因素、实行自动平衡机制以及进行养老金待遇的调整。但是随后受金融危机的影响，在2008年和2009年里斯特养老金计划被阶段性暂停，可见补充性私人养老金易受资本市场回报率风险的影响。

（二）制度结构概况

在资格条件方面，里斯特养老金计划在创立之初设定的资格标准很复杂，其意图是使所有受到公共养老金待遇削减影响的个人能够有资格获得私人养老金补贴。因此，其主要目标群体是那些因公共养老金水平下降影响最大的

---

①②　BMAS: SOCIAL SECURITY AT A GLANCE 2020(SOZIALE SICHERUNG IM UBERBLICK 2020), https://www.bmas.de/SharedDocs/Downloads/DE/Publikationen/a998-social-security-at-a-glance-total-summary.pdf?__blob=publicationFile&v=1，p.151.

③　Wilke C B，German Pension Reform: On Road towards a Sustainable Multi-Pillar System，2008.

群体，主要包括参与强制性社会保险的雇员；领取如失业津贴、育儿津贴等工资补偿待遇的人；属于强制性公共养老金制度的自营者、农民和公务员，不适用于自由职业者和其他没有参与强制性养老保险计划的人[①]。尽管所有参保人都能享受税收优惠，但为低收入群体和有子女的家庭提供了额外的补贴，那些参加单独养老金计划且符合条件的个人也有权获得补贴，但这属于一种"间接权利"。

在参保缴费方面，里斯特养老金计划的资金来源于个人缴费和获得的政府补贴，积累的资金还可以获得税收减免。个人进行定期缴费，每年至少需要将 60 欧元作为基本缴费。为了获得相应的政府补贴，个人的最低缴费须为上一年收入的 4%，最高缴费自 2008 年起规定为 2100 欧元。此外，最低个人缴费还取决于其子女的数量和参与里斯特计划的年龄。个人账户中积累的储蓄必须保证在每个日历年名义收益率严格为正。2017~2020 年不同资金来源占总缴费的比例如表 30-1 所示。

表 30-1　2017~2020 年不同资金来源占总缴费的比例

单位：%

资金来源	2017 年	2018 年	2019 年	2020 年
政府补贴	23.2	24.2	23.2	23.3
税收减免	10.3	9.6	9.1	—
个人缴费	33.5	33.8	32.3	—

资料来源：Bundesministerium der Finanzen: Statistische Auswertungen zur Riester-Förderung, https://bundesfinanzministerium.de/Content/DE/Standardartikel/Themen/Steuern/Steuerliche_Themengebiete/Altersvorsorge/2022-01-03-Statistische-Auswertungen-Riester-Foerderung-bis-2020.html#Inhaltsverzeichniseb7dd6a3-6ee8-4186-ab1d-f018e15a8bb9.

在待遇领取方面，里斯特养老金的领取年龄通常依据法定养老金计划的退休年龄，最早可领取年龄为 62 岁，而对于 2012 年之前参与计划的人最早可领取年龄为 60 岁。个人可领取的账户资金来源于个人缴费以及可领取的国家津贴，加上积累资本的投资收益并减去管理成本。个人可选择按月或者一次性领取养老金，按月领取是根据 2006 年的《退休收入法》（Alterseinkünftegesetz）引入的男女通用的养老金计算方式，男女能够以相同的缴费额获得相

同数额的每月养老金。在此之前，养老金是按性别预期寿命计算的，由于在统计上女性的预期寿命更长，女性必须支付更高的缴费额才能获得与男性相同的待遇水平。一次性领取的最高养老金额度按 2005 年的规定为累积资本的 30%。如果个人每月可获得养老金低于规定额度，那么可选择一次性支付账户中所有资金，或者按年领取规定的数额。由于是递延型税收优惠制度，个人领取养老金时需缴纳所得税，而税率取决于个人总收入水平。

在激励措施方面，里斯特养老金补贴以提供直接补贴或税收减免的形式发放。补贴措施计划从 2002 年开始分阶段实施，到 2008 年结束，每一步的适用参数增加一倍，补贴采用逐步增加的措施是考虑到政府预算支出的问题，以及在实施过程中能够有效确定补贴对参与率的影响（见表 30-2）。起初，相关的认证监管和补贴机制的设置相当复杂，但自 2005 年改革后则被大大简化。有资格享受政府补贴的个人每年需要将其储蓄存入经认证的养老金计划，并提交补贴申请表。补充养老金津贴（Altersvorsorgezulage）是主要的补贴激励措施，它由基本补贴（Grundzulage）和在适用情况下的儿童补贴（Kinderzulage）组成。自 2018 年起，基本补贴从每年 154 欧元增加到 175 欧元。符合条件的儿童能够领取额外的 185 欧元的额外补贴，而对于在 2008 年 1 月 1 日之后出生的儿童则可领取的额外补贴为 300 欧元。对于年龄低于 25 岁并新加入里斯特计划的个人还可以获得 200 欧元的一次性补助[②]。此外，要求里斯特合同持有人每年必须至少缴纳 60 欧元才有资格获得补贴，如果参与者的配偶每年也向计划中至少支付了 60 欧元，那么他们也有权获得相应的补贴。由于里斯特养老金是在递延的基础上征税的，缴费和津贴可作为特别费用在所得税申报表中扣除。

在投资政策方面，里斯特养老金可以采取多种投资形式，主要有里斯特储蓄计划、银行储蓄计划、里斯特住宅计划或里斯特家庭储蓄合同，所有提供服务的金融机构都必须在监督委员会进行注册。里斯特基金储蓄计划（Riester-Fondssparplan）将里斯特养老金与基金储蓄计划结合起来，个人可以将储蓄基金按不同比例投资于主动型投资基金，或者具有成本效益的 ETF 和指数基金，基金和 ETF 保证了投资增值和备抵[③]。里斯特银行储

---

① BMAS: ZUSÄTZLICHE ALTERSVORSORGE Betriebsrente und Riester-Rente, https://www.bmas.de/SharedDocs/Downloads/DE/Publikationen/a817-zusaetzliche-altersvorsorge.pdf?__blob=publicationFile&v=2.

② Bundesministerium für Arbeit und Soziales: Staatliche Förderung der privaten Altersvorsorge: Riester-Rente, https://www.bmas.de/DE/Soziales/Rente-und-Altersvorsorge/Zusaetzliche-Altersvorsorge/private-altersvorsorge-staatliche-foerderung.html.

③ Weltsparen: Riester-Rente mit Fondssparplan und ETFs / Indexfonds, https://www.weltsparen.de/altersvorsorge/riester-rente/riester-fondssparplan/.

蓄计划（Banksparplan）是银行有息储蓄账户形式的里斯特养老金，该计划易于使用，几乎没有任何成本，且与利率相关，具备一定的透明度和安全性。里斯特住宅计划（Wohn-Riester）创建于 2008 年，与房地产贷款挂钩，该计划是对 2005 年废除的房屋所有权补助金的补充。作为一项政府补贴计划，旨在鼓励更多人购买自有住房，使个人可以获得固定利率的里斯特贷款，并用缴费和津贴来偿还贷款，并享受免租金的生活。个人有权定期暂停账户，并能够将养老金全部缴费转入该计划中。里斯特家庭储蓄计划（Riester-Bausparvertrag）是里斯特住宅计划的一个子形式，用于为自由房屋进行融资，个人每月向合同缴纳固定的金额，以确保获得低息贷款的选择权[①]。

表 30-2　里斯特养老金计划的补贴额度

类型	额度
可扣税金额（除养老金外）	最高 2100 欧元
基本补贴	175 欧元
	200 欧元[①]
每个孩子可领取的儿童补贴	185 欧元
	300 欧元[②]
扣除补贴后的最低个人缴费	税前年收入的 4%[③]
最高缴费	2100 欧元减去补贴额

注：①是对于 25 岁以下开始工作的人发放的一次性奖金；②是对于 2008 年 1 月 1 日以后出生的儿童；③是基于上一年缴纳法定养老保险的收入，但不低于 60 欧元（最低缴费）。

资料来源：BMAS: SOCIAL SECURITY AT A GLANCE 2020 (SOZIALE SICHERUNG IM ÜBERBLICK 2020)，https://www.bmas.de/SharedDocs/Downloads/DE/Publikationen/a998-social-security-at-a-glance-total-summary.pdf?__blob=publicationFile&v=1，p.153.

（三）实施效果分析

1. 参与率快速增加后停滞不前

里斯特养老金在推出的最初几年内，账户数量得到快速增长，并在 2005 年制度进行简化后进一步扩大，到 2009 年底，大约 40% 的符合条件的家庭至少拥有一项里斯特养老金计划，超过了拥有职业养老金的家庭份额。自 2011 年以来里斯特养老金计划的参与率停滞不前，参与者数量保持在工作年龄人口的 25% 左右，这意味着大多数新家庭没有选择参加里斯特养老金。根据德国联邦劳动和社会事务部的最新数据，截至 2022 年 6 月底，共签订了

1621.2 万件里斯特合同，比年初减少了 15.8 万份保单。根据表 30-3 的数据，自 2014 年以来，参与该计划并已签订的里斯特合同数量一直停滞在 1600 万左右，据估计约有 1/5 的计划没有获得稳定的资金投入[②]。此外，该计划的参与率也体现了不平等现象，根据 2020 年最新数据（见图 30-1），在收入最低的 1/5 人口中，只有约 13% 的人参加了里斯特养老金，而收入最高的 1/5 人口中，这一比例为 32%。显然，即使是高额补贴似乎也不能充分有力地激励收入极低的家庭积极参与里斯特养老金计划。德国政府自 2018 年起就承诺对里斯特养老金计划进行根本性的改革，然而相关立法程序至今还没有实现[③]。造成参与人数不足的情况也可能是因为制度刚创立不久，从长期来看，随着储蓄积累的时长增加，里斯特养老金计划对未来养老金领取者的重要性也许会增加[④]。

表 30-3　2001 年至 2022 年上半年里斯特计划签订的合同数量　单位：万件

年份	总计
2001	140.0
2002	332.2
2003	388.9
2004	408.6
2005	535.8
2006	797.0
2007	1059.6
2008	1224.7
2009	1345.5
2010	1446.2
2011	1543.1
2012	1574.6
2013	1599.9
2014	1629.2
2015	1648.9
2016	1657.0
2017	1660.7
2018	1660.1
2019	1653.1
2020	1636.9
2021	1621.1
2022 年上半年	1615.7

资料来源：BMAS: Entwicklung der Riester-Verträge，https://www.bmas.de/SharedDocs/Downloads/DE/Rente/entwicklung-riester-vertraege.pdf?__blob=publicationFile&v=11.

[①]　Wohn-Riester: Vor-und Nachteile der Eigenheimrente，https://www.weltsparen.de/altersvorsorge/riester-rente/wohn-riester/.

[②]　Bundestag G, Response of the Federal Government, Bundestagsdrucksache no. 19, 25586 (2020).

[③]　DIW Weekly Report: 20 Years of the Riester Pension: Personal Retirement Provision Requires Reform.

[④]　Börsch-Supan A, Bucher-Koenen T, Gasche M, Wilke C B, Ein Einheitliches Rentensystem Für Ost-und Westdeutschland: Simulationsrechnungen Zum Reformvorschlag des Sachverstndigenrates: Perspektiven der Wirtschaftspolitik. , 2010, 11(1): 16–46.

图 30-1 按收入五分位划分的参与里斯特养老金计划的比例

注：统计对象年龄在 65 岁以下，使用 OECD 修正规模的等值收入进行统计。

资料来源：SOEP Core v36 as well as preliminary data from 2020。

2. 补贴的受益人群分布不均

个人的最低缴费取决于子女人数及个人参与计划的年份，获得的补贴额度也因家庭情况而不同，补贴占缴费的比例在 24% 左右，具体取决于家庭收入和子女数量。制度设计的复杂性分散了家庭对大量补贴的注意力，包含税收政策在内的里斯特储蓄激励政策对不同的家庭会产生不同的效果，每增加 1 欧元的政府储蓄激励补贴大概可以促进个人对里斯特养老金计划进行 1.9 欧元的储蓄缴费，对于孩子较多的家庭会产生 2.4 欧元的缴费增长[1]。由于 2008 年以后出生的儿童可以获得额外的补贴，因此里斯特养老金计划会在新生父母群体中更受欢迎，但是额外的补贴是否会增加家庭参与里斯特养老金计划的积极性，以及是否会刺激额外的储蓄，目前还有无具体的证据说明。统一利率补贴的制度设计使低收入参与者获得了相对较大的补贴，同时由于所得税税率的累进性质，高收入参与者也从税收减免中获得了额外收益。此外，低收入多子女家庭的计划储蓄几乎全部来自于补贴，个人只做象征性的缴费，即使高收入家庭的储蓄也有将近 50% 来自补贴[2]，该计划的缴费有效性显然不足。2018 年享受儿童补贴家庭的数量及比例、2018 年不同年收入水平群体获得政府补贴的比例如表 30-4 和表 30-5 所示。

表 30-4 2018 年享受儿童补贴家庭的数量及比例

家庭类型	家庭数量（万户）	比例（%）
无子女家庭	678.4	63.4
有子女家庭总计	391.0	36.6
·有一个孩子的家庭	168.3	15.7
·有两个孩子的家庭	169.1	15.8
·有三个孩子的家庭	42.9	4.0
·有四个及以上孩子的家庭	10.8	1.0

资料来源：Bundesministerium der Finanzen: Statistische Auswertungen zur Riester-Förderung，https://bundesfinanzministerium.de/Content/DE/Standardartikel/Themen/Steuern/Steuerliche_Themengebiete/Altersvorsorge/2022-01-03-Statistische-Auswertungen-Riester-Foerderung-bis-2020.html#Inhaltsverzeichniseb7dd6a3-6ee8-4186-ab1d-f018e15a8bb9。

表 30-5 2018 年不同年收入水平群体获得政府补贴的比例

单位：%

年收入	总计	男	女
1 万欧元以下	15.1	6.5	21.6
1 万~2 万欧元	16.2	6.7	23.3
2 万~3 万欧元	18.0	14.0	21.1
3 万~4 万欧元	17.3	20.0	15.4
4 万~5 万欧元	12.4	16.6	9.3
5 万~6 万欧元	7.6	11.6	4.7

① Gerber U, Zwick M, Daten zur kapitalgedeckten Altersvorsorge: Die Riesterrente, Deutsche Rentenversicherung, Heft 2/2010, S. 2010, pp.197-207.

② Boersch-Supan A，Wilke C B, The German Public Pension System: How it Was，How it Will Be, NBER Working Papers No. 10525，2004.

年收入	总计	男	女
6万~7万欧元	5.3	9.0	2.5
7万欧元及以上	8.0	15.7	2.2

续表

资料来源：Bundesministerium der Finanzen: Statistische Auswertungen zur Riester-Förderung, https://bundesfinanzministerium.de/Content/DE/Standardartikel/Themen/Steuern/Steuerliche_Themengebiete/Altersvorsorge/2022-01-03-Statistische-Auswertungen-Riester-Foerderung-bis-2020.html#Inhaltsverzeichniseb7dd6a3-6ee8-4186-ab1d-f018e15a8bb9.

3. 未实现补充公共养老金计划的目标

从以前的单一体系向多支柱体系的转变，随着风险的更好分散，德国养老金体系作为一个整体变得更加稳健。而引入第三支柱个人养老金计划，是为了与降低法定养老金计划替代率的措施相结合。德国在公共养老金计算公式中引入了调节因子（Ausgleichsfaktor），以确保替代率从2001年之前的70%逐步降低到2020年的67%，并在2030年至少降低至64%。2020年约有30万人从里斯特计划中领取养老金，平均每月领取的养老金为83欧元，养老金水平较低，仅占退休者个人总退休收入的5%左右，并没有起到提高退休后生活水平的作用。可见，里斯特养老金的使用率远低于最初的预期，只占工作年龄人口的1/4，因此无法保障大部分因公共体系待遇水平下降而受影响的群体，其待遇水平也难以填补公共养老保险制度出现的空缺。此外，在养老金领取者群体中，不同收入群体间的差异也较明显，收入最高五分位的群体领取的里斯特养老金超过100欧元，而低收入者领取的养老金仅在50欧元左右[1]。在政府补贴和税收激励方案等政策诱导下，里斯特养老保险计划中的储蓄额在逐年上升，但养老金缺口的弥补显然还是一个渐进的漫长过程。里斯特养老金的政府补贴（包括税收减免）导致了政府直接支出的增加，因此可能会减少德国的国民储蓄总额，而且第三支柱个人养老金计划的有效性一直备受质疑，其账户储蓄的增加是否只是取代了其他类型的私人储蓄。因此，里斯特养老金计划对宏观经济效应存在的影响也亟待进一步的实践检验。

4. 里斯特养老金计划的投资效益不足

里斯特合同的相关投资计划因高昂的管理和购置成本以及合同的不透明性一直备受批评（见图30-2）。在2015年之前，所有里斯特计划投资或多或少都能够得到收益，但自此一直在走下坡路，尤其是在保险公司和银行储蓄计划方面。由于预计保险单的最高精算利率的不断下降，财务将面临破产风险，里斯特养老金储蓄资金将无法全额返还，因此各种供应商逐渐停止了相关业务。德国资产管理公司DWS宣布，自2021年7月1日起将不再签订任何新的里斯特合同[2]。考虑到资金的安全性，在低息环境下里斯特储蓄计划的投资相对保守，一般只能将养老储蓄金保守地投资于基金，这极大影响了投资收益率。因此，只有少数里斯特养老金与基金储蓄计划签订了合同，许多产品供应商已停止为新客户提供此类服务。里斯特银行储蓄计划的收益率也非常低，且随着时间的推移，通货膨胀会降低储蓄的价值，而且自金融危机以来欧洲中央银行的利率一直很低。里斯特储蓄计划通常只在传统银行出售，产品效率低下，目前只有少数银行和供应商仍在出售银行储蓄计划[3]。里斯特住宅计划实施效果不佳，自2018年起，许多人申请了替代方案（Baukindergeld）。

三、吕鲁普养老金计划

（一）制度建立背景

欧盟的相关报告表示，在德国有将近20%的里斯特个人账户处于休眠状态，而且不同雇员群体和不同经济部门之间存在着巨大的差异，特别是在中小型企业、服务部门和东德的一些地区[4]。在里斯特改革措施显然不足以达到缴费率和养老金水平目标时，德国开始实施一项新的改革任务。2002年11月，德国成立了吕鲁普委员会（Rürup Commission），其改革目标与里斯特改革一样，即稳定养老金缴费率，同时确保未来适当的养老金水平。尽管改革目标一致，但是改革背景截然不同。吕鲁普改革面临着高失业率、极低的经济增长率，以及引发的德国养老金体系的短期金融危机。自2003年开始提高正常退休年龄，并且进一步修改养老金待遇计算的指数公式，将养老金与抚养比联系起来。吕鲁普委员会在2004年养老金改革中提

---

① SOEP Core v36 as well as preliminary data from 2020.

② DWS, DWS stellt Riester-Neugeschäft ein und setzt auf garantiefreie Produktlösungen, press release, June 17, 2021.

③ Weltsparen: Riester-Banksparplan: Altersvorsorge mit staatlicher Förderung, https://www.weltsparen.de/altersvorsorge/riester-rente/riester-banksparplan/.

④ European Commission, The 2015 Pension Adequacy Report: Current and Future Income Adequacy in Old Age in the EU (R)，2015.

（合同数量）

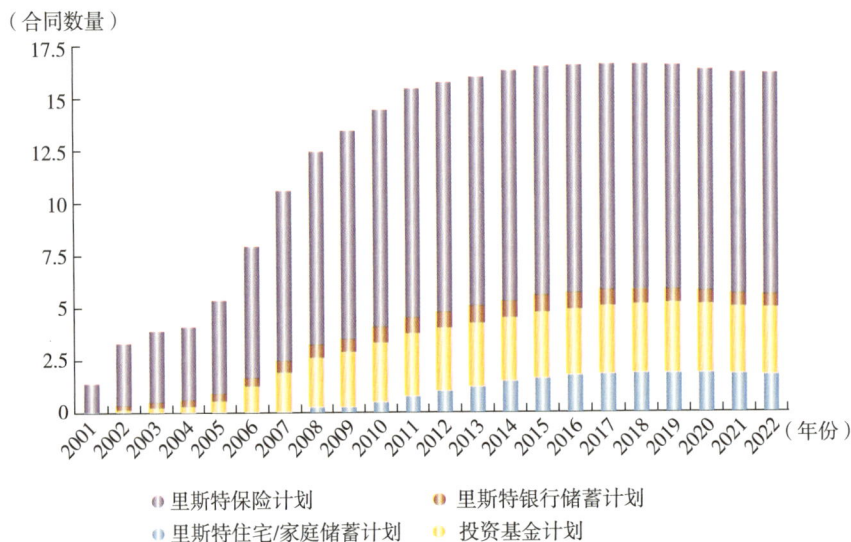

图 30-2　2001 年至 2022 年上半年不同里斯特投资计划签订的合同数量

资料来源：BMAS: Statistik zur privaten Altersvorsorge (Riester-Rente), https://www.bmas.de/DE/Service/Statistiken-Open-Data/Statistik-zu-Riester-Vertraegen/statistik-zu-riester-vertraegen.html.

出引入了一种自我稳定的调节机制，该机制响应人口和劳动力市场发展的变化。

2005 年吕鲁普养老金计划正式推出，适用于那些因没有强制性参与公共养老金计划，而无法获得里斯特养老金的人。该计划由经济学家贝尔特·吕鲁普（Bert Rürup）制定，也被称为基本养老金（Basis-Rente）。计划主要对象是自由职业者和企业雇主，高收入雇员、公务员、律师、建筑师和医生等特殊领域的工作者，但是所有居住在德国有应税收入的个人都可以参加该计划。德国政府通过对经批准的养老金计划实行税收减免政策来支持个人的积极参与[1]。

（二）制度结构概况

德国通过税收优惠政策来推动吕鲁普计划的发展，个人缴费可以按年利率从税收中扣除，2022 年个人缴费的 94% 可以获得免税，比率以每年 2% 的速度递增，到 2025 年，在限额范围内个人可享受免税金额达 100%[2]。其中，免税金额的最高限额对于单身人士为 25639 欧元，对于已婚夫妇为 51278 欧元。个人开始领取养老金的年龄为 62 岁，而 2012 年之前参与该计划的人领取年龄为 60

岁[3]。由于在缴费阶段享受了税收优惠，个人在领取养老金时必须对部分养老金缴纳个人所得税。根据退休年份，有一个固定的税率，在领取养老金时不会进一步增加。2015 年，领取养老金的应税比例为 70%，2022 年的新养老金领取者的应税比例为 82%，到 2040 年为 100%，比率以每年 1% 的速度递增。与里斯特养老金计划不同的是，领取吕鲁普养老金时不需要根据男女通用的死亡率表计算养老金值，积累的养老基金也不需要保证投资资本的名义价值，但其受到类似于法定养老金计划的特殊保障措施，其养老金不可被扣押、转让或以其他方式进行处置[4]。

与里斯特投资计划受到严格限制的情况不同，吕鲁普养老金并未有官方提供的可选择的产品供应商范围，个人可以自由选择有或没有担保的吕鲁普养老金投资产品。个人可将在扣除成本后的全部缴费资金存入投资基金账户中，可选择的投资产品主要有经典吕鲁普养老金、与单位挂钩的吕鲁普养老金、指数基金 ETF、混合产品和基金储蓄计划等。经典吕鲁普养老金保守地进行固定利率的投资，提供 1.25% 的最低利率保证，目前的总利率约为 3.4%[5]。

---

① Max Planck Institute: Pension Maps-Visualising the Institutional Structure of Old Age Security in Europe and Beyond.

② RÜRUP-RENTEN-VERGLEICH.DE: Rürup Rente Steuervorteil, https://rürup-renten-vergleich.de/steuervorteile-ruerup-rente.

③ RÜRUP-RENTE – FÜRS ALTER SPAREN UND STEUERVORTEILE KASSIEREN, https://www.ruerup-rente.net.

④ Max-Planck-Gesellschaft, München: Private Pension Scheme: Rürup Pension Basisrente, https://www.mpisoc.mpg.de/sozialrecht/forschung/forschungsprojekte/pension-maps/projektseite/deutschland/private-pension-scheme-rurup-pension/.

⑤ RÜRUP-RENTEN-VERGLEICH.DE: Rürup Produktarten Welches Rürup Renten Produkt ist für mich das Richtige?, https://rürup-renten-vergleich.de/ruerup-produktarten.

（三）主要特征分析

吕鲁普养老金计划的国家支持政策与里斯特计划不同，它没有政府津贴的支持，而是给予个人缴费免税优惠，是典型的税收递延型政策（EET 模式），且到 2025 年时个人可享受全额免税。个人可以将缴纳的资金预先存入账户，享受税收递延资金积累的好处，在领取时再进行纳税，因此账户起初积累的资本金额会显著增加。此外，在里斯特养老金计划中，吕鲁普计划允许的单身者个人的每年缴费限额也高于里斯特养老金计划。可以看出，作为公共养老金的补充计划，该计划对那些未在公共计划中获得福利倾斜的高收入者更为有利。由于在领取阶段进行征税，但是养老金征税部分取决于退休年份，直到 2040 年才进行全额征税，但是里斯特养老金计划一直是全额征税，因此该计划对目前的中老年群体税收优惠力度更大。

尽管吕鲁普养老金计划主要针对的是无法参加里斯特计划的人，但是面向的是所有拥有应税收入的群体。因此，除自雇者和自由职业者可以通过参加该计划来补充个人未来养老金水平，高收入者、已参加里斯特计划但个人资金较为灵活的雇员，以及预期寿命高于平均水平的人也可在该计划中受益。

吕鲁普养老金计划缺乏一定的灵活性。个人必须按月领取养老金直至死亡，无法选择以一次性或按年领取的养老金支付方式，也不能像里斯特养老金计划一样，将资金用作给付房屋贷款。而且其与法定养老金一样，养老金继承仅限于配偶和 25 岁以下的子女。一方面，个人不能随意退出计划，只能中止缴费并获得退还的所有个人缴费。因此，该计划在账户资金的使用方面缺乏灵活性，可能会限制部分群体的参与意愿。另一方面，中止缴费的方式使个人可以根据自己财务状况的变动随时改变缴费的金额，因此，特别适合收入不规律的个体经营者和自由职业者。

四、结论

养老支出的不断上升对中长期财政可持续性产生了严重的负面影响，这是世界老龄化国家共同面临的财政风险问题。为了保证现有养老金制度的可持续性和充分性，各国普遍意识到不能仅依赖现收现付制计划，开始普遍实施养老金制度的改革政策，通过引入第三支柱个人养老金计划以增加养老金待遇的来源。

就遵循俾斯麦制度的德国而言，引入第三支柱个人养老金制度比遵循贝弗里奇国家福利制度的其他欧洲国家更加困难。德国的养老保险融资模式是基于劳资关系的社会缴费，资金来源于三方，而个人养老金计划纯粹是个人层面的账户储蓄，强调的是个人责任，没有与雇主缴费进行捆绑，因此德国推行第三支柱养老金计划所实施的激励措施也较不同。里斯特养老金计划是由政府直接提供定额补贴或实行免缴个人所得税，政府补贴与家庭子女个数密切相关，但是考虑到多子女家庭的储蓄消费行为，这一补贴的实际效果存疑，并且这对年轻人无法产生有效的激励效果。而与个人所得税有关的税收激励政策，对低收入者并没有产生切实的激励效应，反而使高收入者获得更多的收益，这导致真正需要依赖第三支柱作为个人老年收入补充的群体难以从中获益。德国国内对于养老金制度改革调整的相关讨论也表明了，里斯特养老金还需要进一步的干预改革。此外，吕鲁普养老金计划面向的是自由职业者等特殊工作群体，这与德国和工作有关的强制性养老保险计划相对应。但该计划实施的时间较短，目前还未有官方数据表明其制度效果，相关研究分析也十分不足。研究德国第三支柱个人养老金制度对我国来说非常适用，尤其是研究第三支柱如何提高城乡居民社会养老保险覆盖群体的老年退休收入有重要意义，以及对如何激励我国新就业形态下的灵活就业人员积极参与第三支柱个人养老金制度有重要的借鉴作用。

分报告三十一
丹麦账户制养老金的发展与运营管理

一、丹麦养老保障体系概况

丹麦的养老金体系始建于 1891 年，是世界上第二个建立法定养老金制度的国家，经过 100 多年的发展，形成相对稳定的"四支柱"的养老保障体系。其中，第一支柱是国家养老金（Folkepension）；第二支柱是劳动力市场补充养老金（Labor-market Supplementary Pension，ATP）；第三支柱是职业养老金（Labor-market Pension/Company Pension）；第四支柱是自愿性的个人储蓄养老金[①]，如表 31-1 所示。

表 31-1 丹麦"四支柱"的养老保障体系

类型	第一支柱	第二支柱	第三支柱	第四支柱
	国家养老金	ATP 养老金	职业养老金	个人储蓄养老金
制度基础	立法	立法	集体协议	私人协议
融资	财政	统一缴费	收入关联缴费	灵活缴费
权益积累	居住年限	缴费	缴费	缴费
养老金待遇	基础养老金 + 补充养老金	与缴费时间相关	与收入和就业相关	与缴费相关
公私属性	公共养老金		私人养老金	

资料来源：笔者根据相关材料整理。

在丹麦四支柱养老保障体系中，第一支柱的国家养老金制度建立于 1891 年，是国家立法建立的非缴费型制度，覆盖全体丹麦居民，资金来源为财政，在待遇方面，国家养老金正常领取年龄是 66 岁，随着人口预期寿命的延长，领取年龄将渐进式提高，2021~2022 年将提高到 67 岁，2030 年将提高到 68 岁。领取全额国家养老金需要 15~65 岁在丹麦居住 40 年（40 年的规定将截止到 2025 年 7 月 1 日），养老金水平随居住年限的减少而降低，同时，居民在领取国家养老金之前，将要接受收入检验，如果居民领取的 ATP 养老金和职业养老金超过一定水平，国家养老金将相应减少。国家养老金通常包括基础部分和补充部分，2020 年全额基础国家养老金的替代率约为社会平均工资

---

① 有学者将丹麦养老保障视为"三支柱"体系，但划分标准有所区别。如 Jensen 等（2019）认为丹麦养老保障体系中的第一支柱为国家养老金，第二支柱为 ATP 养老金和职业养老金，第三支柱为自愿性的个人储蓄养老金。这一分类方法将 ATP 养老金和职业养老金同时视为职业养老金范畴。丹麦财政部认为丹麦养老保障体系中的第一支柱为国家养老金和 ATP 养老金，第二支柱为职业养老金，第三支柱为自愿性的个人储蓄养老金。这一分类方法认为国家养老金和 ATP 养老金都属于公共养老金制度，所以将他们视为第一支柱。本报告出于研究方便的目的，将丹麦养老保障体系视为四支柱体系。

的 18%，全额补充国家养老金的替代率约为社会平均工资的 19%[①]。第二支柱的 ATP 养老金建立于 1964 年，为缴费型制度，资金来源主要是雇主和雇员缴费，其中，雇主缴纳 2/3，雇员缴纳 1/3。值得注意的是，ATP 养老金不是按照收入的一定比例缴费，而是按照工作时间的长短定额缴费，工作时间越长，缴费金额越高。在待遇方面，ATP 养老金水平取决于缴费时间，大约为全额基础国家养老金的 41%[②]。第三支柱为职业养老金，是通过协议谈判建立的养老金计划，缴费与收入相关，待遇与缴费相关。第四支柱为个人储蓄养老金，通过私人协议的方式建立，缴费相对灵活，退休待遇与缴费相关，多缴多得，少缴少得。

在四支柱养老保障体系中，第一支柱和第二支柱通过国家立法建立，属于公共养老金制度。其中，第一支柱为非账户制度，不属于本报告研究范畴，第二支柱虽然也是某种意义上的职业养老金，但养老金待遇与缴费额无关，是对低水平国家养老金制度的补充，属于待遇确定型制度，因此也不属于本报告所研究的账户制养老金的概念，第三支柱和第四支柱通过各类谈判和协议建立，属于私人养老金制度，养老金待遇与个人缴费密切相关，是本报告重点研究的账户制养老金制度。值得注意的是，由于第一支柱和第二支柱的替代率水平较低[③]，第三支柱和第四支柱有了较大的发展空间，并且经过多年的发展，第三支柱和第四支柱发挥了越来越重要的养老功能，2020 年，第三支柱职业养老金的覆盖率高达 90%，所有公共部门雇员都加入到某个职业养老金计划中，私人部门雇员的参与率略有降低，自雇者不加入该计划，缴费率从 10%~18% 不等[④]。

二、丹麦个人账户制养老金制度的发展与重要作用

丹麦账户制养老金制度主要包括两大类：第三支柱的职业养老金计划和第四支柱的个人自愿储蓄养老金计划，两者均为私人养老金计划。在职业养老金计划方面，20 世纪 50 年代，丹麦已经建立起面向白领工人和公共部门

雇员的职业养老金计划。1987 年，职业养老金计划扩展到蓝领工人。与其他国家通过立法建立职业养老金的做法不同，丹麦职业养老金是工会与雇主协会集体谈判的结果，并且通常与工资谈判同时进行，这种情况下，由于职业养老金的存在，工人更容易接受相对较低的工资，雇主亦认为这是确保企业竞争力的重要途径。也正是因为职业养老金谈判与工资谈判的"捆绑"特征，职业养老金的覆盖范围逐渐扩大，并发展成"半强制性"的养老金安排。第四支柱的个人储蓄养老金属于相对灵活的计划，计划类型和待遇模式更为多样化，从整体上看，丹麦个人储蓄养老金主要分为三种类型，即年龄养老金（Alderspension）、分期养老金（Ratepension）和终身养老金（Livsvarig Livrente）。其中，年龄养老金属于一次性支付养老金，参保人退休后，将由银行或养老金公司向其一次性支付。分期养老金由银行或养老金公司定期向退休参保人支付，通常是按月支付，领取期限从 10 年到 25 年不等。终身养老金属于固定金额养老金，与分期养老金类似，参保人可以每月领取固定的养老金，但不同的是，终身养老金将一直发放至参保人去世。个人可以自由选择参与不同的储蓄养老金计划。

由于公共养老金的替代率水平较低，丹麦私人养老金，即账户制养老金有了较大的发展。1998 年，丹麦账户制养老金总资产为 1260 亿欧元，2019 年提高到 5400 亿欧元，20 年间增加了三倍多；对比账户制养老金与其他养老金制度的规模，账户制养老金占全部养老金资产的比重接近 80%；在 GDP 占比方面，1998 年账户制养老金的 GDP 占比为 79.8%，到 2019 年则提高到 172.3%，由此不难看出账户制养老金在丹麦养老保障体系中的重要作用，如表 31-2 所示。在账户管理方面，账户养老金首先由寿险公司、银行等机构管理运营，其中，寿险公司（Life Insurance Company）管理运营绝大部分的养老基金，1998 年这一比重为 54%，到 2019 年提高到 67.5%；其次是多雇主养老基金（Multi-employer Pension Funds），该类机构管理运营的养老基金所占比重维持在 21%~22%；再次

---

① OECD，Pensions at a Glance 2021: Country Profiles- Denmark, https://www.oecd.org/els/public-pensions/PAG2021-country-profile-Denmark.pdf。这里提到的养老金待遇是单独生活的老年人可领取的待遇额。

② Pension Fund Online，Pension System in Denmark，https://www.pensionfundsonline.co.uk/content/country-profiles/denmark.

③ 第一支柱养老金制度为非缴费型制度，其替代率水平整体较低。第二支柱 ATP 养老金虽为缴费型制度，但其待遇水平甚至低于第一支柱，这与 ATP 制度的建立理念相关。在制度建立之前，丹麦的社会民主党试图建立一个瑞典式的收入关联 ATP 养老金制度，但遭到严重反对，一方面，农业自由党（Agrarian Liberals）和保守党（Conservatives）反对建立由政府控制的、大规模的缴费型养老金；另一方面，工会惧怕收入关联养老金制度会将工作时的收入不平等延续到退休，同时雇主组织也反对建立养老金自动调整机制，主张实行固定水平的养老金制度。在经历了几年的协商和妥协后，丹麦只建立了较小规模的 ATP 制度。

④ OECD，Pensions at a Glance 2021: Country Profiles- Denmark, https://www.oecd.org/els/public-pensions/PAG2021-country-profile-Denmark.pdf.

是银行机构，银行管理运营的养老基金比重从 1998 年的 19.8% 降至 2019 年的 9.8%；最后是一些小的养老基金和 公司，其运营的账户制养老基金的规模相对较小[①]。

表 31-2　丹麦个人账户养老金资产的规模及其占比

年份	1998	2003	2008	2013	2019
总资产（百亿欧元）	12.6	17.2	24.9	37.8	54.0
占全部养老金资产的比重（%）	78.2	78.2	70.5	79.2	79.1
GDP 占比（%）	79.8	89.9	103.7	147.4	172.3

资料来源：Jensen S E H, Increasing Longevity-Experiences from Denmark, Icelandic Pension Funds Association, Reykjavik, 6 September, 2021, https://www.lifeyrismal.is/static/files/images/Frettabref/ipfa_shj_a21_ver2b.pdf.

为了发挥账户制养老金在整个养老保障体系中的作用，丹麦选择一定的税收政策来鼓励制度发展。长期以来，丹麦绝大多数账户制养老金计划通常选择 ETT 的递延税优模式，即缴费收入可以免税，基金投资收益和养老金支付时需要缴税，这种 ETT 递延税收模式具备一定的优势：一方面，在其他条件不变的情况下，通过向养老金计划缴费，个人纳税额减少，从而在一定程度上鼓励民众为实现养老保障而储蓄；另一方面，在人口老龄化不断加深的背景下，政府在老年人医疗保障和养老方面的支出不断增加，通过对基金投资收益和养老金支付征收税款，各国的税收收入将实现一定的增加。同时，随着账户制养老金制度的不断成熟，政府以递延税收形式的隐性资产逐渐增加，这将有助于政府应对老龄化给财政带来的不利影响。自 2018 年起，丹麦推出新的私人养老金计划——"为老年储蓄"（Saving for Old-age），该计划采取了 TTE 的递延税优模式，这使丹麦个人账户养老金计划从原来单一的 ETT 税优模式向混合的税优模式转变。相关研究显示，该类 TTE 税优模式的养老金计划将会影响 25%~35% 蓝领工人的养老金收入[②]。

本报告在研究账户制养老金制度时，将重点研究丹麦第三支柱的职业养老金计划。一方面，第四支柱的个人储蓄养老金计划较为分散且规模较小，收集数据时受到一定的限制；另一方面，经过多年发展，丹麦已经形成几只规模较大的职业养老基金，在投资管理等方面都展现出较为成熟的经验。本报告将以丹麦的职业养老金——Pension Denmark（以下简称 PD 养老金）为例说明丹麦账户养老金在投资、管理运营等方面的经验。

三、丹麦 PD 养老金的发展与运营管理

（一）丹麦 PD 养老金的基本情况

丹麦 PD 养老金是欧洲排名前 50 位的养老基金之一，始建于 1987 年，是由各行业工会和雇主组织联合建立并管理养老金协议的非营利性组织，其目标是使所有的蓝领工人都能够加入到职业养老金协议中来。在发展变迁过程中，各行业的职业养老金计划不断整合，最终形成当前的 PD 养老金。1992 年，PKS 养老金、B&A 养老金、HTS 养老金和 B&T 养老金整合成 PensionSelskaberne 养老金。2002 年，PensionSelskaberne 养老金和 APK 养老金等再次进行整合，共同改名为 PD 养老金。

从整体上看，PD 养老金主要包括三种类型：一是标准养老金（Standard Cover），大多数成员都选择该类养老金；二是基础养老金（Basic Cover），该类养老金主要面向缴费额度较小的成员或兼职工作人员；三是个人养老金（Individual Cover），该类养老金主要面向收入较高的雇员。PD 养老金在设计其养老产品时，强调对公共养老金的补充而非替代，并实现与公共养老金的良性互动。首先，PD 养老金待遇水平是对国家养老金和 ATP 养老金的补充；其次，PD 养老金在确定保险范围时，将会以成员其他的养老金待遇为前提，以此为基础确定 PD 养老金的水平；最后，PD 养老金待遇水平要体现对成员的工作激励性，在设定保险条款时，要确保不对成员的工作激励带来负面效应。

在组织结构方面，PD 养老金强调集体协议方的重要性和广泛性，其董事会由 17 名成员组成，以保证充分的所有权和组织的影响力。在组织治理方面，PD 养老金以现行立法以及关于有效公司治理的建议为前提，在充分反映成员利益的基础上，合理监控和管理组织的活动和风

①　Jensen S E H, Increasing Longevity-Experiences from Denmark, Icelandic Pension Funds Association, Reykjavik, 6 September, https://www.lifeyrismal.is/static/files/images/Frettabref/ipfa_shj_a21_ver2b.pdf, 2021.

②　Jensen S E H, Pedersen T M, Foxman T B, Experiences with Occupational Pensions in Denmark, Vierteljahrshefte zur Wirtschaftsforschung, ISSN 1861-1559, Duncker & Humblot, Berlin, 2019, 88(1):17.

险：一是提高管理的透明度，PD 养老金充分重视在信息交流、成员对话以及董事会和执行层组织管理活动方面的透明性，出台相关政策，以确保组织活动的高效进行。二是加强内部评估，董事会持续关注 PD 养老金所面临的风险，以确保其活动和职责持续服务于养老金的投资管理运营，董事会每年将根据 PD 养老金的业务模式，至少一次对其战略和能力水平进行评估，并不断加强与管理层和执行层之间的合作。

（二）PD 养老金计划运行的基本情况

1. PD 养老金的参保情况

早在 1990 年，PKS 养老金（PD 养老金的前身）开始为 3 万名市政工作人员提供职业养老金计划，随着制度的不断发展，越来越多的协议养老金计划被整合进来，除公共部门外，私人部门也开始加入到类似的职业养老金计划中。如图 31-1 所示，在缴费人数方面，自 1993 年起，由于 PD 养老金开始覆盖私人部门雇员，由此使 1993 年的缴费人数有了较大的提升，从 1992 年的 4.1 万人增加到 1993 年的 20 万人。从 1994 年开始，PD 养老金的缴费人数呈现稳定的上升态势。2021 年，PD 养老金的缴费人数大约为 79.9 万。

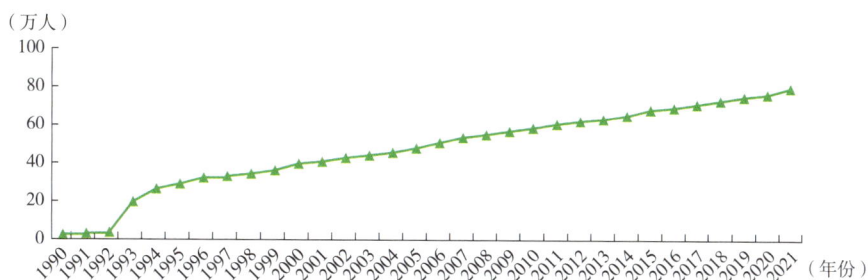

图 31-1　1990~2021 年丹麦 PD 养老金缴费人数的变化

资料来源：PD 养老金官方网站，https://www.pensiondanmark.com/en/about-us/historical-development/。

2. PD 养老金的收支情况

自 PD 养老金建立以来，其缴费收入整体呈现上升态势，尤其是在 20 世纪 90 年代和 21 世纪初，其缴费收入增长较为稳定。但是在 2008~2013 年，缴费收入增长相对缓慢，仅从 102.95 亿丹麦克朗增加到 107.73 亿丹麦克朗。从 2014 年开始，每年的缴费收入在波动中增加，2021 年的缴费收入大约为 147 亿丹麦克朗（见图 31-2）。

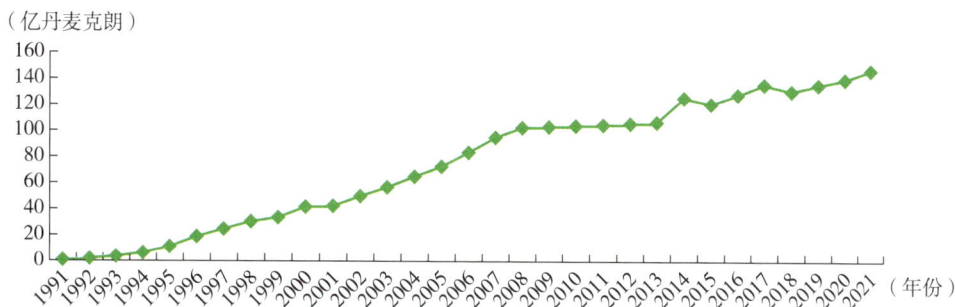

图 31-2　1991~2021 年丹麦 PD 养老金缴费收入的变化

资料来源：PD 养老金官方网站，https://www.pensiondanmark.com/en/about-us/historical-development/。

除缴费收入外，投资收益是 PD 养老金的重要收入来源，2012~2021 年，多数年份 PD 养老金的投资收入均超过缴费收入，如表 31-3 所示。

表 31-3　2012~2021 年丹麦 PD 养老金的缴费收入和投资收益　　单位：亿丹麦克朗

年份	2012	2013	2014	2015	2016	2017	2018	2019	2020	2021
缴费收入	106	107	125	121	128	136	130	135	140	147
投资收益（税前）	120	91	161	71	130	166	-3.2	288	161	365

资料来源：PD 养老金官方年度报告。

在支出方面，PD 养老金的首要目标是使其成员退休前保证充分的劳动能力，并在退休后可获得充分的养老储蓄。其养老金计划包括一系列的养老保险、伤残保险、死亡保险、重大疾病保障等，值得注意的是，所有的工会、雇主协会等集体协议部门都认同将重大疾病保障纳入 PD 养老金的做法，并通过一系列的疾病预防保健等举措综合提升劳动力的素质。同时，PD 养老金还管理运营多数集体协议部门建立的教育基金，并通过该基金提升劳动者的综合技能。综合以上各方面的支出，2012~2021 年 PD 养老金的支出规模如表 31-4 所示。从整体上看，PD 养老金的支出水平是不断上升的，从 2012 年的 40 亿丹麦克朗增加到 2021 年的 95 亿丹麦克朗。

表 31-4　2012~2021 年丹麦 PD 养老金的待遇支付情况　　单位：亿丹麦克朗

年份	2012	2013	2014	2015	2016	2017	2018	2019	2020	2021
待遇支付	40	47	81	59	69	78	82	75	72	95

资料来源：PD 养老金官方年度报告。

（三）丹麦 PD 养老金的总资产情况

如图 31-3 所示，自 20 世纪 80 年代末以来，丹麦 PD 养老金资产整体呈现稳定上升态势，1995 年 PD 养老金总资产大约为 40 亿丹麦克朗，到 2021 年，PD 养老金总资产升至 3300 亿丹麦克朗。

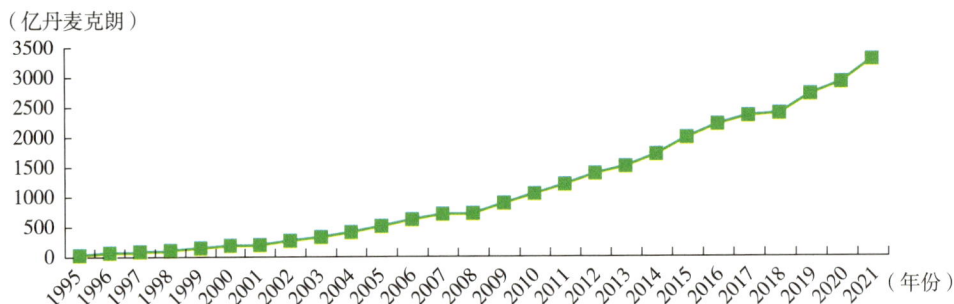

图 31-3　1995~2021 年丹麦 PD 养老金总资产的变化

资料来源：PD 养老金官方网站，https://www.pensiondanmark.com/en/about-us/historical-development/。

（四）PD 养老金计划的投资管理

如前文所述，第三支柱的职业养老金计划是弥补国家养老金和 ATP 养老金不足的重要举措，因此，第三支柱的职业养老金计划是丹麦老年人获取保障的重要来源。PD 养老金的主要目标是通过建立多元化的投资组合模式来实现具有吸引力的收益回报，同时避免经济下行对养老金的冲击。因此，PD 养老金不断创新投资管理方式，以多样化的投资渠道保障养老金待遇按时足额发放。PD 养老金在关注市场的传统投资外还关注创新性投资，从而分散风险并收获流动性溢价。值得注意的是，PD 养老金计划不断强调投资质量，持续关注具有稳定现金流的投资领域，并将大约 30% 的资产投资于基础设施、可再生资源、房地产和直接贷款。在选择投资管理主体时，大多数资产将由 PD 养老金进行内部管理，但是根据不同类别资产的性质以及复杂性，会将少部分资产外包给外部投资主体。

1. 根据成员年龄确定不同的投资方案

成员的养老储蓄收益直接反映 PD 养老金在投资市场上的回报率，年龄是 PD 养老金配置投资资产的重要考虑因素。也就是说，PD 养老金在进行投资时将会考虑成员的年龄，随着成员年龄的增长，将会更倾向于低风险的投资。当成员年龄为 55 岁以下时，PD 养老金将会把大部分储蓄投资于股票、非投资级固定收益类产品和另类投资产品。当成员年龄为 55 岁及以上时，特别是接近成员退休年龄时，PD 养老金将会把其资产转为更加保守和流动性

更小的投资，这些投资产品通常是欧洲国家的政府债券或抵押债券、投资级公司债券、房地产和基础设施建设等，如图 31-4 所示。当成员退休后，他们可以自由选择领取养老金的时间和方式。

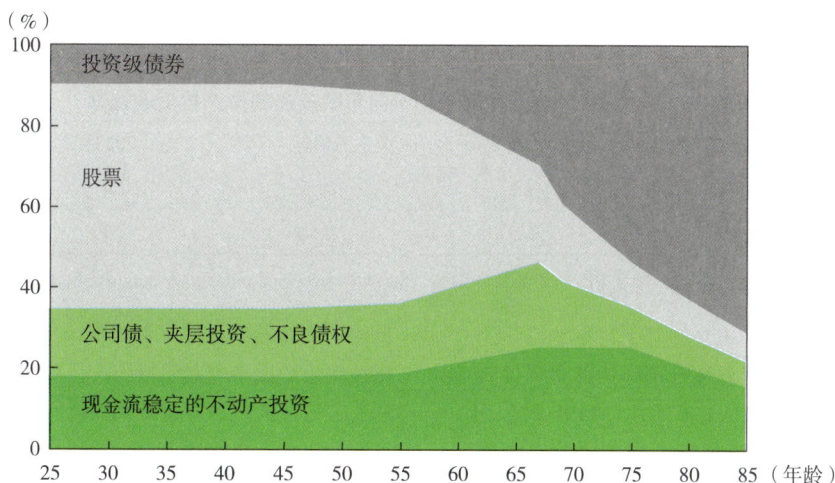

图 31-4　PD 养老金根据年龄确定的投资策略

资料来源：PD 养老金官方网站，https://www.pensiondanmark.com/en/investments/asset-allocation/。

2. 多元化的投资组合模式

在投资运营方面，PD 养老金遵循多样化投资模式，投资范围包括股权投资、共同投资基金、债券、其他贷款、衍生金融工具等。同时，鉴于近年来市场利率的低迷情况，PD 养老金不断增加在基础设施、信贷和房地产等方面的投资，这一投资策略使 PD 养老金的投资回报率更少依赖于世界经济和股票市场的发展。2019 年，PD 养老金与 ATP 养老金、KLP 基金等共同组成一只新基金，主要用于投资亚洲和拉丁美洲的绿地可再生能源基础设施，同

时，该基金还重点关注东欧和非洲某些国家的基础设施建设。2022 年，PD 养老金、PFA 养老金与丹麦最大的公用事业公司 Andel 组成哥本哈根基础设施合作伙伴（CIP），并计划在丹麦建造一座人工岛，该岛致力于利用海上风能大规模生产绿色氢气，进而成为海上能源基础设施的中心枢纽等。

多元化投资管理模式带来较为稳定的投资收益。1991~2021 年，PD 养老金的平均收益率可达 8.2%，其中 1993 年和 1999 年的投资收益率更是超过 20%。2021 年的投资收益率为 16.1%（见图 31-5）。

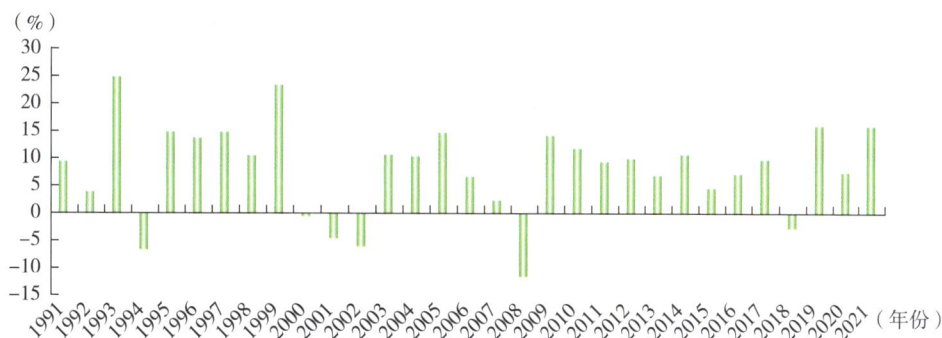

图 31-5　1991~2021 年年龄较小成员的 PD 养老金资产的投资收益率

注：这里的年龄较小是指小于等于退休年龄减去 15 年的年龄。

资料来源：PD 养老金官方网站，https://www.pensiondanmark.com/en/about-us/historical-development/。

值得注意的是，不同年龄成员的资产投资收益率是不同的，通常来讲，年龄较小成员的资产投资收益率是要大于年龄较大成员的，但是在经济低迷的情况下，年龄较大成员的资产投资收益率反而要大于年龄较小成员，如表 31-5 所示。2018 年，年龄较小成员的资产投资收益率为 -2.6%，年龄较大成员的资产投资收益率为 0.2%。这与 PD 养老金资产分年龄投资模式相关，由于年龄较大成员资产投资面临的风险较低，因此，即使在面临经济下行的状态下，依然能够取得正的投资收益，但相应地，由于风险低，其收益率相对较低，因此，在其他年份，其收益率要低于年龄较小成员资产的投资收益。

表 31-5　2017~2021 年 PD 养老金不同年龄成员的资产投资收益率　　　　　单位：%

年份	2017	2018	2019	2020	2021
年龄较小成员	9.9	-2.6	16.1	7.6	16
年龄较大成员	6.9	0.2	9.5	3.9	10.3

资料来源：历年 PD 养老金官方报告，参见 PD 养老金官方网站，https://www.pensiondanmark.com/en/about-us/annual-reports/。

3. 较低的投资管理成本

PD 养老金通过数字化管理运营来降低计划运行成本并提高成员的满意度。如图 31-6 所示，1991~2021 年，丹麦 PD 养老金计划下每个成员的管理费用维持在相对稳定的水平，1991 年的人均管理费用为 268 丹麦克朗，2021 年的人均管理费用为 310 丹麦克朗。较低的管理费用是与 PD 养老金的数字化管理密不可分的：PD 养老金在投资管理运营中建立起以成员为导向的数字化管理系统，通过数字化方案充分利用资源，提高运营管理效率，为成员提供更好的服务并降低成本，从而帮助 PD 养老金成为行业内最具成本效益的机构。在数字化操作过程中，成员和公司可以通过数字化方式执行所有流程和产品调整，引入智能机器人执行以前由公司顾问、护士、社会工作者等处理的各种资讯和处理服务，养老金计划的所有消息都能够基于人工智能进行个性化，从而保证成员和公司都能获得最新的建议和培训。2021 年，PD 养老金引入新的云端管理平台，这使 PD 养老金成为丹麦最高效的养老金计划。

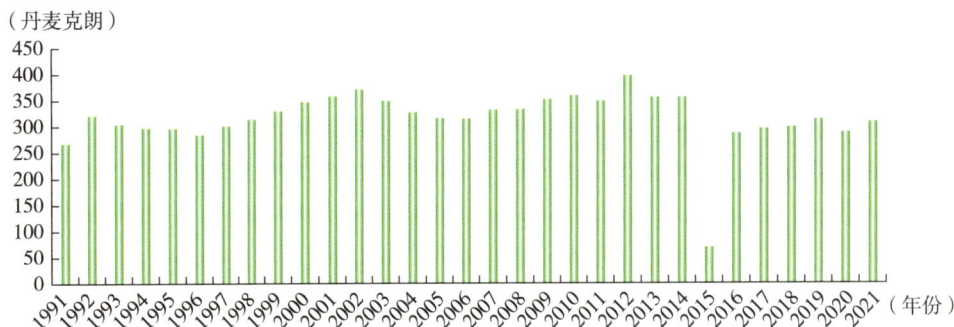

图 31-6　1991~2021 年 PD 养老金计划下每个成员的管理费用

资料来源：PD 养老金官方网站，https://www.pensiondanmark.com/en/about-us/historical-development/。

四、小结

有研究指出，一个理想的养老金体系应当服务于以下几方面的目标：将社会财富合理公平地分配给老年人、通过保险的形式实现代际分担风险、平滑生命周期收入以有效实现养老保障、通过有效的制度管理减轻养老金对财政造成的压力。而丹麦养老金体系正是在实现上述目标方面体现了强大的能力，包括有效的制度覆盖面、充足的养老金待遇，以及较轻的财政负担等。有机构连续六年对世界上 34 个国家的养老金体系进行评估排名，其中，丹麦均排名世界第一位或第二位[①]。

我们反思总结丹麦养老金体系良好运行的原因时，不难发现账户养老金（或者说私人养老金）发挥的重大作用。首先，国家养老金和 ATP 养老金替代率水平比较低，

---

① Mercer, Melbourne Mercer Global Pension Index 2018, Australian Center for Financial Studies, 2018.

账户养老金在维持老年人收入和提升替代率方面必不可少，并且随着公共养老金制度的改革，私人养老金计划有效弥补了公共养老金制度降低造成的老年人收入缺口，提高了个人退休后的替代率水平，平滑生命周期消费，从某种意义上说，私人养老金计划弥补了"贝弗里奇模式"普遍存在的缺陷，即高收入人群的养老金替代率比较低的问题。其次，在具体制度运行中，职业养老金协议与工资协议密不可分，如此"巧妙"的制度安排使职业养老金覆盖面快速扩大，也使职业养老金成为"半强制性"制度。再次，在具体的运作管理过程中，丹麦第三支柱职业养老金计划的发展与繁荣离不开稳定的投资管理，多元化的投资模式、以年龄为标准划分衡量投资风险和确定投资收益、通过数字化管理降低养老金计划的管理费用等，这些都为丹麦职业养老金计划的成长保驾护航。最后，从宏观角度看，丹麦的私人养老金计划对于宏观经济的有序运行起到了重要作用，该计划对于维持财政的可持续做出了重大贡献，进而避免了财政对公共养老金计划的大规模补贴。

分报告三十二
瑞典多支柱账户养老金的实践及启示

瑞典被誉为"福利国家的橱窗"，以高税收、高福利著称。2020 年瑞典老年人口占总人口的比重为 20.06%[①]，出生率为 1.64%[②]，老年抚养比为 35.9%[③]。此外，据瑞典中央统计局于 2020 年公布的最新统计数据，截至 2019 年，瑞典男性平均预期寿命达到 81 岁，女性平均预期寿命接近 85 岁。在低生育率和超级老龄化的社会背景下，瑞典多支柱互为补充的养老金体系不仅化解了养老保险制度的可持续性危机，而且保持着较高的待遇水平，其中，国民养老金的替代率达到 53.3%[④]。

瑞典养老金体系由三大支柱构成：第一支柱是由最低保障养老金、国民养老金构成；第二支柱是由各行业职业年金和部分公司独立的职业年金构成；第三支柱是由个人养老储蓄和商业养老保险构成。据 2020 年瑞典养老基金橙色年报统计，截至 2019 年 12 月 31 日，瑞典国民养老金、职业年金和个人养老储蓄的保费总额约为 5490 亿瑞典克朗，其中国民养老金总额为 3340 亿瑞典克朗，约占 61%[⑤]。在人口老龄化和经济下行的背景下，瑞典三支柱养老金账户相互辅助、互为补充的模式值得我国借鉴。

一、瑞典新养老金制度的改革历程与现状

（一）瑞典新养老金制度的改革历程

随着人口老龄化、就业危机和家庭结构变化等风险出现，瑞典政府于 20 世纪 80 年代尝试对原有的养老金体系进行改革，并成立养老保险改革委员会负责具体改革事宜。改革前的瑞典养老金体系主要以公共养老金为主，其中包括两部分：一是二战后建立面向全体国民的现收现付型国民养老金制度；二是 1960 年建立的收入关联型养老金制度（ATP），旨在补充保障国民养老金制度，其待遇水平的参考标准为退休前 30 年中工资最高的 15 年的平均水平。由于改革前公共养老金制度储蓄效应弱、激励性不足等弊端逐渐显现，为走出经济困境，1994 年瑞典议会养老金工作小组提出新养老金制度的指导方针和原则。1998 年正式通过国民年金改革法案，引入新体制，并于 1999 年开始运行。改革后的瑞典公共养老金制度形成了由最低保障养老金、名义账户制养老金（Inkomst Pension）与实账积累制养老金（Premium Pension）构成的公共养老金计划。改革新建立的自动平衡机制则是在 2001 年通过了立法，明确规定如果资产（缓冲基金加上保费的估计价值）低于负债，就会触发平衡机制。该系统在 2000~2010 年运行平稳，但由于金融危机的爆发，2010 年、2011 年

① OECD, Elderly Population (indicator), doi: 10.1787/8d805ea1-en (Accessed on 29 June 2022).

② OECD, Fertility Rates (indicator), doi: 10.1787/8272fb01-en (Accessed on 29 June 2022).

③ OECD, Old-age Dependency Ratio (indicator), doi: 10.1787/e0255c98-en (Accessed on 29 June 2022).

④ OECD, Gross Pension Replacement Rates (indicator), doi: 10.1787/3d1afeb1-en (Accessed on 29 June 2022).

⑤ Orange Report 2020: Annual Report of the Swedish Pension System, https://www.pensionsmyndigheten.se/statistik/publikationer/orange-report-2020/orange-report-2020.pdf.

和2014年自动平衡机制被触发，使养老金支付水平下降。面对福利削减，瑞典政府决定降低养老金收入税，以弥补养老金总额的削减。2020年瑞典议会达成了一项协议，旨在为低收入和延迟退休的劳动者引入新的补充养老金福利，进而提高国民养老金的待遇水平。

1999年改革后的国民养老金制度与1960年的制度相比，发生了较大改变，主要表现在以下方面：一是改革后的国民养老金分为三个层次：最低保障养老金替代了90年代前覆盖全体国民的定额待遇型养老金，由人人享有转变为仅覆盖低收入人群，这不仅减轻了瑞典养老金支付的财政压力，而且提高了最低保障养老金的待遇水平，进而更好地为低收入人群提高保障。雇主、雇员和财政补贴共同构成名义账户养老金和实账积累制养老金。二是将待遇确定型养老金模式转变为缴费确定型模式。三是利用年金指数，让养老金待遇与市场波动挂钩以减轻财政压力。

瑞典职业年金计划最早起源于18世纪，主要面向国家政府雇员。直到19世纪，地方政府和私营部门也逐渐效仿，但仅重点针对管理人员设立。19世纪50年代，大多数白领工人也开始享有职业年金，但该阶段未能覆盖蓝领工人。1957年的ATP改革旨在通过按照"30年中最好的15年"公式为所有员工引入与收入相关的养老金来解决长期存在的不平等问题。于是，大多数现有的职业年金计划转变为补充法定福利的一部分。直至1973年瑞典工会联合会（LO）与雇主联合会（SAF）进行协商为蓝领工人设立了职业年金计划。至此，瑞典四大职业年金计划正式建立。与此同时，20世纪90年代后期随着国民养老金制度的改革，大多数职业年金计划也从DB模式转向DC模式。当前，一些年长的私营部门白领，其参与的职业年金计划仍包含DB元素。

瑞典个人养老金储蓄IPS计划于1994年推出，旨在为个人提供基金、股票或银行账户中面向养老金储蓄进行可扣除投资的机会。但瑞典政府于2016年取消了IPS的扣除优惠。

（二）瑞典养老金体系的现状

瑞典当前的养老金体系由国民养老金（一支柱）、职业年金（二支柱）、个人养老金（三支柱）构成，重点关注养老金缴款税率、加强缴费和福利水平之间的联系、改善延长工作时间的激励措施等（见表32-1）。

表32-1　瑞典现行养老金体系构成

	年金名称	加入	保障风险	资金来源	缴款比例	给付
一支柱	最低保障养老金	强制	老年、遗属、残疾	税收；现收现付	无须缴纳	定额；家计调查型
	名义账户制养老金（NDC）	强制	老年、遗属、残疾	雇主雇员共同缴纳；现收现付	16%	DC
	实账积累制养老金（FDC）	强制	老年、遗属、残疾	雇主雇员共同缴纳；完全积累	2.5%	DC
二支柱	职业年金	准强制	老年	雇主雇员共同缴纳；完全积累	4%~5%	DB/DC
三支柱	个人养老金	自愿	老年	个人缴纳；完全积累	自主决定	DC

资料来源：笔者整理。

1. 第一支柱——国民养老金

瑞典国民养老金覆盖所有瑞典公民，分为三个层次。第一层次为最低保障养老金（Guaranteed Pension），又称为担保养老金，即当个人无法缴纳强制性的账户养老金时由国家发挥兜底功能以保障贫困老年人的基本生活。最低保障养老金的资金来源于税收收入，保障对象无须缴费，采用现收现付制，且未涉及账户管理。具体来看，其覆盖人群为在瑞典居住40年以上且年满65岁的低收入人群，待遇水平通常为定额或由家计调查情况决定，并且与年度价格指数相关联。

第二层次和第三层次共同构成"收入关联"养老金（Income-Based Pension），包括名义账户养老金（Income Pension）与实账积累制账户养老金（Premium Pension）。整体来看，"收入关联"养老金由雇主和雇员共同缴纳，两者合计缴费总额为养老金缴费基数的18.5%，雇员缴纳比例为税前工资收入的 7%，雇主以雇员工资的 93% 作为养老金缴费基数。在 18.5% 的养老金缴费额中，其中 16% 进入个人名义账户（NDC），剩余 2.5% 进入个人实账积累制账户。

第二层次名义账户制养老金是瑞典国民养老金制度的核心，融合了现收现付制的融资结构和完全积累的支付结构。为克服名义账户在现收现付制下可能面临的支付高峰问题，雇主和雇员的缴费并不存入名义账户，而是直接纳入由瑞典政府设立的国民养老缓冲基金——AP1、AP2、AP3、AP4、AP6 进行投资运营。其中，AP1~4 国民养老基金负责日常投资运营与管理，每只基金可平均获得缴款的 1/4，并且相应承担 1/4 的支付责任；AP6 则作为名义账户下的储备型主权养老基金进行资产储备积累。

第三层次为实账积累制账户养老金，由瑞典养老金管理局（Premium Pension Authority，PPM）管理，采取以默认账户为特色的清算所集中管理模式。个人对实账积累制账户的养老金投资具有自主选择权，首先可从 PPM 提供的 500 余只基金名录中最多自主选择 5 只进行投资，同时对交易的次数并不予以限制，强调盈亏自负。但若不自主选择则会被默认进入国家设立的第七国民养老基金（AP7）进行投资。AP7 虽由政府机构设置，且资金来源为基本养老保险缴费，但由于其是针对实账积累制账户，且投资收益为个人财产，因此区别于国民养老金 AP1~4、AP6。实账积累制账户养老金的待遇给付取决于退休前的缴费金额和账户基金的累积收益。

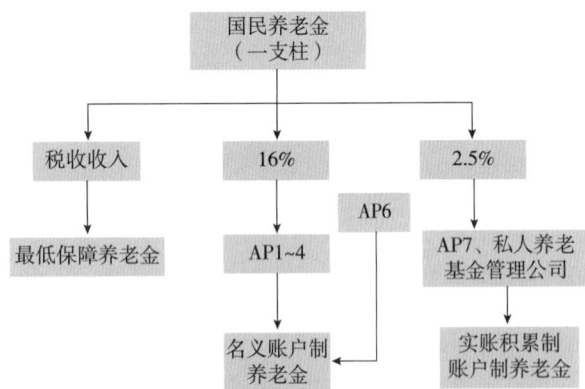

图 32-1 瑞典国民养老金（一支柱）结构设置情况

资料来源：笔者整理制作。

2. 二支柱——职业年金

在 20 世纪 90 年代养老金体系改革中，瑞典职业年金从 DB 计划转向 DC 计划，实施完全积累制。就缴费水平

来看，尽管雇员所处行业、参与工会的类型有所不同，但大部分雇主通常按照雇员工资的 4%~5% 缴纳职业年金。雇员同一时期只能参加一个职业年金计划，但在其工作变动时可以在不同集体协议之间转换。不同的集体协议，约定职工的起缴年龄也不尽相同，一般是 21~25 岁开始缴费，满 30 年后可以领取。瑞典自由职业者没有职业年金账户，通常通过自己的养老金储蓄来弥补职业年金的缺失。

瑞典职业年金由企业自愿设立，基于雇主组织和劳动者之间的谈判协议建立，又被称为"集体协议养老金"（Collective Agreement Pension）。瑞典的社会保障水平和劳动保护条件不仅由政府和法律单方面规定，很大程度上是由劳动力市场的各方，包括雇员代表（工会）和雇主代表（雇主组织）经过集体谈判形成。集体协议对雇佣条件、工资、工作时间、假期和职业年金等事项进行规范，并对签署这些协议的公司构成具有约束力的协议。签订集体协议的优势在于雇员有权享受已经协商好的福利。就覆盖范围来看，政府并不强制雇主和雇员参与，但由于瑞典的工会组织较为健全，2001~2014 年通过工会和雇主联合会之间的集体协议，职业年金计划覆盖了大约 94% 的雇员（公共部门和私营部门）。

集体谈判协议主要有四种类型，包括覆盖中央政府雇员的 PA16 计划、覆盖地方政府雇员的 KAP-KL/AKAP-KL 基金、覆盖私营部门蓝领工人的 SAF-LO 计划，以及面向私营部门白领工人而设立的 ITP 计划。

第一，针对政府部门雇员的职业年金计划。PA16 涵盖 23 岁及以上的中央政府雇员，由瑞典国家政府雇员养老金委员会（SPV）负责监管。根据养老金协议 PA16 规定，参与者不仅可以获得职业年金，也有权申请残疾抚恤金和遗属抚恤金。针对地方市政雇员的职业年金计划分为两种。KAP-KL 计划正式成立于 2006 年，源于 1922 年成立的 SKP 计划。KAP-KL 覆盖 21 岁及以上且出生于 1986 年之前的地方市政雇员。雇主需支付 4.5% 的工资，最高允许达到个人养老金账户的法定上限。参与者将其供款分配给固定收益年金产品或"单位挂钩年金"产品，可选择的产品数量范围通常为 4~14 个，具体数量取决于选择的基金管理机构提供的产品种类，而未自主选择者将加入默认基金选项，投资产品通常为固定收益年金产品[①]。参与者也可选择还款保护或遗属抚恤金选项，但这会降低最终领取的养老金待遇。KAP-KL 计划中的 DC 养老金部分由 DB 计划补充。从 2015 年开始，AKAP-KL 计划覆盖 1986 年以后出生的人，该计划完全是 DC 模式，其余

---

① Anderson K M, Occupational Pensions in Sweden,2015, p.4, https://library.fes.de/pdf-files/id/12113.pdf.

投资选择与 KAP-KL 计划一致。

第二，针对私营部门雇员的职业年金计划。ITP 计划主要覆盖私营部门的白领工人。ITP 正在从 DB 模式逐渐过渡到 DC 模式，因此包含两个部分：ITP-1（适用于 1979 年及之后出生的参保者）和 ITP-2（其他参保者）。ITP-1 于 2007 年推出，完全是 DC 模式，雇主需支付低于法定上限收入的 4.5%，以及按照高于法定上限收入的 30% 为员工缴纳职业年金。其中一半的养老金缴款分配给固定年金产品，参与者可在所提供的基金中进行自主选择，而另一半缴款，会员可从提供固定或与单位挂钩的年金产品的五家供应商中进行选择。ITP-2 覆盖 1978 年或更早出生的人群，并在缴纳满 30 年后提供基于退休时最终工资的一定百分比计算的养老金。SAF-LO 计划主要覆盖蓝领工人，其计划细节与 ITP 的设置基本类似。参与者可自主在六家传统养老保险公司和五家提供"单位挂钩年金"的公司之间进行投资选择。而对于非自主选择者，则自动加入默认基金选项，默认基金选项对包含基金可能承担的风险金额有严格的限制。

3. 三支柱——个人养老储蓄

各种形式的个人养老储蓄和保险计划作为对第一和第二支柱的补充，在瑞典居住的人都可以自愿加入。个人养老储蓄是由雇员自主管理的养老金计划，主要通过银行或保险公司进行管理和投资运营。个人养老金储蓄的投资产品组合以权益类资产为主，投资收益率相对于固定收益类年金产品而言较高。

瑞典第三支柱形成的个人储蓄养老基金约占三支柱养老金累计总资产的 1%，规模较小。当前瑞典银行或保险公司进行个人养老储蓄投资的主要有以下几种形式：一是将钱存入投资储蓄账户（Investeringssparkonto，ISK），二是存入传统养老保险，三是摊销抵押贷款。

二、瑞典各支柱账户养老金的特点

（一）国民养老金中的个人账户

1. 名义账户

第一，终生收入原则与指数化调整。瑞典账户制养老金强调待遇收益与个人缴费水平之间的关系，最终领取金额严格按照缴费确定模式计算，注重激励性。个人账户的资产与工资总额增长率挂钩，当年个人账户的资产等于该年的缴费额加上前一年的年末账户价值，而前一年的年末账户价值则是经过指数化调整，即根据工资和物价变动情况、通货膨胀情况与经济增长情况，在账户中计入一定的

增值额，纳入对个人收入增长的考量。

第二，财务自动平衡机制（Automatic Balancing Mechanism，ABM）具有较强的灵活性。瑞典为应对名义账户可能存在的财务不稳定问题，对参保人缴费与给付情况进行中长期精算的基础上引入财务自动平衡机制，即在制度设计过程中考虑价格指数、人均 GDP 和人口结构等因素变动带来的影响。其设置的原理是根据制度资产与负债的"平衡率"对账户的记账利率（收入指数）进行调节以实现财务收支平衡的目标。"平衡率"的计算则是根据缴费的资本化值（Capitalized Value of Contributions）与缓冲基金的现值之和除以负债额计算而得。其中，缴费的资本化值由每年的账户缴费额乘以周转期；周转期则是缴费和基于此缴费的待遇给付之间的预期平均时间，包括缴费周期（Pay in Duration）——参保者的平均缴费年龄距平均退休年龄的年份，支付周期（Pay out Duration）——平均退休年龄与预期寿命之间的年份。若"平衡率"为 1，表明名义账户制度处于财务收支平衡的状态，若"平衡率"水平低于 1，则表明制度的负债额高于资产积累额，财务自动平衡机制在该情境下将被激活。具体来看，若未来资产积累额高于负债额时，其记账利率是社会平均工资的增长率；当负债额高于资产积累额时，将按照制度的收支缺口比例对记账利率进行下调，下调水平取决于平衡指数 [1]。

第三，自动调整预期寿命与设置弹性领取年龄。首先，名义账户的待遇领取根据预期寿命的变化进行自动调整，而预期寿命则根据不同的年金除数（Annuity Divisors）进行估算，其中名义账户的预期寿命根据历史数据予以确定。自动调整预期寿命是将长寿风险转移给个人、降低账户财务可持续风险的有效手段。其次，退休年龄是弹性的——劳动者可选择在 61~67 岁退休，养老金待遇随着退休年龄降低而减少。2020 年，瑞典已将有资格领取 NDC 账户养老金的最早年龄从 61 岁提高到 62 岁，为防范长寿风险，瑞典政府计划在 2023 年将最低领取年龄进一步提高到 63 岁。

2. 实账积累制账户

第一，搭建公共清算所平台。"公共清算所"（即瑞典养老金管理局，PPM）作为实账积累账户养老金投资与运营管理的平台，专职负责从金融市场选择基金管理公司和开展养老基金投资服务。具体来看，PPM 负责清算各类形式的基金交易，每个工作日最多操作一笔交易。根据 PPM 合同规定，各基金需要履行以下职责：向 PPM 报告

---

[1] 平衡指数——收入指数 × 平衡率。

基金的单位市值（每个工作日结束时）、更新个人账户余额。参保者对于具体投资的基金具有选择权，但最多只能选择五只基金。实账积累制账户的资金可以在五大类基金之间进行转换，同时需要支付一定的管理费用。

第二，设立默认基金选项。具有生命周期基础的默认账户基金投资选择是国际上实账积累制养老金个人账户投资管理的一种新兴方式。尽管个人能够较为便利地从 PPM 平台上获取关于基金选择的信息，但年轻的新员工通常缺乏主动挑选基金的积极性。因此，瑞典养老金管理局在针对实账积累制账户制定了自主选择投资规则的同时，通过设立个人账户默认基金将不愿意自主选择的参保者的基金资产自动配置到默认基金中。瑞典政府规定，自 2009 年起，参保者可在"委托者"和"自主者"之间转换，且无须支付任何费用。在此之前，系统仅允许"委托者"免费转换为"自主者"，而不允许反向转换。据统计，1995~2018 年，默认基金的平均资本加权回报率为 6.3%，普遍高于 PPM 平台基金的平均水平。默认基金将 55 岁及以下参与者的账户养老金均配置股票基金，并根据收益表现和投资费用来挑选 100 只投资相连基金。同时，将 56 岁以上参与者的账户资产从原先的股票基金转移到利息基金。

（二）职业年金账户——以 ITP 计划为例

瑞典约有 94% 的雇员拥有职业年金账户，具有准强制性的特征。瑞典的职业年金计划由雇主发起设立，一旦雇主和工会针对为雇员开设养老金账户达成一致，所有雇员都需参与其中。职业年金个人账户由雇主和雇员共同缴费，其具体缴费率取决于参保人年龄、所处行业等因素，平均缴费水平约为工资总额的 3%~5%，具体投资管理则由基金管理或保险公司负责。

覆盖私营部门雇员的 ITP 职业年金是瑞典劳动力市场集体协议的一部分，适用于在有集体协议公司工作的私营部门雇员。ITP 是代表雇员的谈判与合作委员会（PTK）与代表雇主的瑞典企业联合会（Svenskt Näringsliv）达成协议的结果，是瑞典四类职业年金计划中最具代表性的年金计划，其本质是一种保险组合，保障内容不仅包含职业年金，而且还可在患有长期疾病、死亡时获得福利保障，主要具有以下特点：

一是具有极强的灵活性。不同的工作部门拥有不同集体协议的职业年金。其中，ITP 职业年金的覆盖范围是签订集体协议的私营部门的雇员。当雇员不自主选择职业年

金的投资基金时，将会加入默认选项。由于存在变更工作的情况，职业年金账户的资金可能投资于多家基金或保险公司，且雇员每年都可从一个或多个管理机构收到年度报表。职业年金账户的缴款和投资根据就业状态而定，可实现跨行业转移接续，但无法跨国转移该账户的资金。

二是具有较高的激励性。职业年金账户实施完全积累制，其金额取决于雇主所选择的职业年金方案、雇员的工作年限与收入金额等因素。与国民养老金设有每月 44375 克朗的收入门槛不同，职业年金账户允许高于阈值的工资部分计入缴款基数。这意味着雇员工资收入水平越高，缴款基数越高，最终养老金待遇领取总额中职业年金账户贡献的比例越大。

三是竞争性招标有助于高质量管理。ITP 的管理中心 Collectum 大约每五年进行一次竞争性招标以选择和任命 ITP 的投资经理。自 2007 年以来，管理中心的竞争性招标流程使 ITP 基金费用降低多达 78%[1]。一方面，管理中心统一组织竞争性招标能够显著降低向受托基金或保险公司支付的费用，这意味着雇主用于职业年金方面的金额能够更多地投入到雇员个人账户。另一方面，竞争性招标过程设定较多的质量要求，以确保所有选定的基金或保险公司都可提供获得高额养老金的方式。同时，招标指定竞标的所有公司必须签署《联合国全球契约》（UNGC）可持续发展原则和《联合国负责任投资原则》（UNPRI）。

（三）个人养老储蓄账户

2016 年之前，瑞典政府允许对个人养老储蓄进行税收减免，最高的年度减免额为 12000 瑞典克朗。然而，2016 年瑞典取消了工薪阶层个人养老金储蓄的税收减免，因此许多参与者停止了在该账户的储蓄，现仅有自雇人士的储蓄可以免税。

据瑞典政府 2018 年发布的一份报告称，2011 年大约 38% 的 20~64 岁的劳动者为个人养老储蓄申请了税收减免，每人平均减免额约为 5600 瑞典克朗。当前，瑞典个人养老金储蓄主要在投资储蓄账户（ISK）中运行，并且政府此后两次提高了 ISK 的税负，这说明瑞典政府在个人养老储蓄税收优惠方面的政策较为消极。

三、瑞典国民养老金账户的投资管理

2020 年瑞典名义账户养老金与上年年初相比增加了 3950 亿瑞典克朗，目前账户盈余达 12000 亿瑞典克朗。总体而言，账户资产比负债约高 12%。瑞典养老金管理局

---

① Collectum, https://collectum.se/en/startpage/private/your-occupational-pension-itp/a-guide-to-the-swedish-pension-system/the-itp-occupational-pension.

发布的橙色报告称，2020 年账户能保持良好财务状况的主要原因在于 AP 基金实现了良好的投资收益。与此同时，2021 年底，实账积累制账户的管理资本首次超过 20000 亿瑞典克朗[①]。

（一）分散化的投资策略

瑞典政府针对国民养老基金（包括名义账户和实账积累制账户），将其分散到六个基金独自投资运营[②]。其中，AP1~AP4 的资金来源主要有国民养老金的收支结余及往年的投资收益积累。16% 的名义账户资金均等地划分为四份，分别由 AP1、AP2、AP3、AP4 负责具体投资、管理和支付。AP1~AP4 的主要投资管理理念为长期化投资、多元化配置、追求风险溢价、强调 ESG 投资等多个方面。此外，AP1~AP4 基金规模相当的特征使管理费用始终保持在较低水平并使各基金形成了互相牵制的良好竞争关系，进而有利于名义账户保持着较高的投资收益。瑞典政府于 2000 年正式颁布 AP 基金法的具体实施规则，并分别于 2018 年和 2019 年对具体投资细则进行完善，其改革趋势是增加对非上市资产投资的限制比例、降低对固定收益工具的投资比例、强化分散投资的特征等。主要规定有：每类基金投资于非上市证券的比例不得超过 40%；对于低风险固定收益证券的投资比例不得低于 20%；对单独每家上市公司的投资额不得超过其股票发行总量的 10%，对非上市公司的权益类股票投资额度不能超过 30%；对与外汇相关的资产投资占比不得超过 40%；可以投资于衍生金融产品，但不可以投资于期货。

瑞典养老金管理局在 AP1~4 之外设置 AP6，AP6 既不收取缴款也不支付养老金，旨在获得超额投资回报以及避免传统产业投资的弊端，从而夯实国民养老基金储备。AP6 作为私募股权基金，是瑞典国内私募股权市场的积极参与者，具有高风险、高收益、封闭、非缴费的特征，因此始终保持着较为稳定的占比——低于 AP1~4 的 10%，仅占国民养老基金总资产规模中的 2%。AP6 的年均投资收益率高达 14.5%（1997~2019 年），远高于 AP1~AP4 的年均投资收益率。AP6 的具体投资规则由每年发布的《管理程序规则指南》进行明确，要求关注长期的价值创造和可持续问题，并在投资评估标准中纳入 ESG，要求基金投资不能干扰国内企业和资本市场的正常运行。

此外，实账积累账户的 AP7 则是根据参与人的年龄设置简易的生命周期投资策略——将年龄在 55 岁及以下参与人的个人账户养老金全部投入权益类基金产品中，将 56~75 岁参与人的 2/3 的累积资金投入固定收益类基金产品，1/3 投入权益类基金产品。瑞典国民养老金账户的投资管理情况如表 32-2 所示。

表 32-2 瑞典国民养老金账户的投资管理情况

管理机构	一支柱		
	AP1~AP4	AP6	AP7
投资范围及特点	全球范围权益类、高收益	境内非上市公司长期持有低风险	全球范围长期持有高风险

资料来源：笔者整理。

（二）多元化的资产配置结构

瑞典国民养老基金不仅具有多元化的资产配置结构，还具有高度的独立性和主动性，在长期性的投资理念和负责任的投资战略指导下开展养老基金资产配置。瑞典国民养老基金资产管理系统在 2001 年进行了更新。随着国民养老基金投资规模增加，AP1~AP4 和 AP6 所管理的基金资产总和由 2000 年底的 5651 亿瑞典克朗增加至 2019 年底的 15963 亿瑞典克朗[③]。从资产配置结构来看，AP1~AP4 国民养老基金主要投资的资产有股票、固定资产投资收益以及另类投资等（见表 32-3）。

表 32-3 AP1~AP4 基金资产配置结构

大类资产	细分资产
股票	瑞典、发达国家（欧洲和美国）资本市场股票 亚洲及新兴市场的股票
固定收益资产投资	国内：高信用和高流动性的政府债券、公司债券、通胀债券 海外：发达国家的征服和信贷债券、新兴市场债券、绿色债券、中国政府债券、另类信贷

---

① Swedish Pension Agency, Orange Report——The Annual Report of Swedish National Pension System, 2021.

② 2000 年瑞典在对基金组织进行改革时，将 AP5 调整为 AP3，故瑞典国民养老基金由 AP1~AP4、AP6 组成。

③ Swedish Pension Agency, The Swedish Pension System Annual Report 2001, https://www.pensionsmyndigheten.se/statistik-och-rapporter/Rapporter/arsredovisningar, 2002-06-01.

续表

大类资产	细分资产
另类投资	房地产和基础设施	瑞典与海外市场
	私募股权	瑞典与海外市场
	对冲基金	基于宏观经济、信贷和新兴市场战略的 CTA 基金流动性与绝对回报策略
	保险	灾难债券与巨灾保险

资料来源：笔者根据 AP1～AP4 年报整理。

（三）现代化的基金治理结构

瑞典《国民养老基金法案（2000:192；2000:193）》规定 AP1～AP4 和 AP6 保持独立的投资决策，具体投资活动只受相关法律约束，不需要服从于政府经济政策，以最大化收益为首要目标。瑞典国民养老基金形成了系统的内部治理与外部治理相结合的基金治理结构，并且具有较为成熟的监管机制。

具体来看，内部治理机制建立了一套以董事会为核心的具有独立法人意义上的现代化公司治理体制。虽然国民养老基金隶属于政府机构，但瑞典政府以法律的形式明确规定，将董事会作为各国民养老基金最高的权力机构，并明确指出其决策制定需保持独立性，且对基金投资的最终表现和风险管理负有最终责任，需要接受瑞典国会和政府聘请的独立外部审计机构对其年度运营状况进行评估和监督。同时，由兼具专业性和实践性的复合型投资管理人才组建的执行管理团队负责日常投资管理。

外部治理措施则包括完善的法律规范、标准的信息披露、参与国际合作组织和合作倡议、独立的审计机构以及舆论监督等。法律规范方面，瑞典政府针对 AP1～AP4 基金和 AP6 制定《国民养老基金法案（2000:192）》和《第六国民养老基金法案（2000:193）》，对国民养老基金的资金来源、基金运营模式、基金使命、治理结构、投资规则、会计准则以及信息披露等给出了具体的法律规定和解释。信息披露方面，国民养老基金的信息披露制度主要以主题报告的形式予以呈现，主要有各基金董事会发布的基金年度报告、财政部和瑞典国民养老金管理局发布的资产管理评估报告、瑞典国民养老基金道德委员会发布的关于养老基金投资在环境和道德方面的情况报告。除此之外，瑞典国民养老基金还积极参与多个国际组织以及多项合作倡议，并按照相关条约规定开展基金运营管理活动。

四、结论与启示

瑞典养老金体系自 1998 年实施改革以来，现已形成包括名义账户养老金、实账积累制账户养老金、职业年金、个人养老储蓄在内的养老金体系，且各支柱养老金均以个人账户为基础。本报告通过对瑞典养老金的体系设置、管理方式与投资运营经验进行梳理与总结，结合我国现行养老制度设计的现状得出以下启示与借鉴：

（一）考虑建立非缴费型最低保障养老金

瑞典第一支柱养老金可区分为最低保障养老金和"收入关联型"养老金，其中"收入关联型"养老金设有名义账户和实账积累制账户，旨在最大限度激励个人参保和获取高额的投资收益。与此同时，瑞典考虑到部分参保者在工作期间的缴费金额较低，难以满足退休后的正常生活开支，规定当名义账户养老金低于一定限额时可获得国家提供的最低保障养老金，最大限度保障低收入群体的权益。我国城乡居民基本养老保险的缴费水平明显偏低，难以满足低收入、无收入来源老年人口的基本生活，应当适时考虑建立非缴费型最低保障养老金，向城乡低收入居民发放基于国民待遇的养老补贴。

（二）建立各支柱账户的衔接机制

瑞典各支柱养老金计划均设有个人账户，采取完全市场化的运营模式。当前，我国基本养老金的个人账户、年金账户和第三支柱中的个人账户尚处于独立状态，在未来的政策设计中，应考虑建立各账户之间的衔接机制，构建统一的账户管理信息系统，进而实现缴费、税收优惠和基金转移接续等方面的衔接，满足参保人在不同性质的单位间转移工作及跨地域流动时养老金不间断缴纳和可携带的需求。

（三）设置缓冲基金

缓冲基金作为储备基金可以在养老金缴款不能满足支付需求时，平滑财务危机，应对系统冲击。瑞典设有五个缓冲基金为养老金资产和负债之间的缺口提供缓冲资产。我国在养老金运作机制与产品的设计过程中也可考虑引入"缓冲基金"或"缓冲账户"概念，以平滑资产端或负债端带来的收益波动。

（四）账户投资方式兼具自主选择与默认选项

实账积累制账户的最终领取待遇取决于实际缴纳额与投资收益，为尽可能提高账户的投资收益，瑞典政府对其投资方式设置了两种选项。一方面，瑞典养老金管理局提供多种投资组合供参保者选择进行市场化投资。另一方面，设置默认基金选项，避免参保者选择困难。当前，我国的基本养老保险基金的投资管理由全国社会保障基金理事会参照《基本养老保险基金投资管理办法》对地方政府的委托资金进行统一投资与管理，参保者并未参与到具体投资决策中。为进一步激发参保者缴纳的积极性和对个人账户的关注，可以考虑借鉴瑞典实账积累制账户的做法将自主选择与默认选项相结合，更好地满足不同参保者的需求。此外，我国正在推动建立以账户制为基础、个人自愿参加、国家财政从税收上给予支持、资金形成市场化投资运营的第三支柱个人养老金制度。在个人养老金储蓄的投资管理中也可借鉴瑞典做法，尝试设置默认投资产品以降低投资者的产品决策难度。

分报告三十三
瑞士账户养老金与制度改革

瑞士作为世界最发达的国家之一，凭借富足的经济条件和健全的政策支撑，建立了一套精细的社会保障体系，养老金制度是这个体系中的核心制度设计。瑞士养老金制度发展历史悠久，其中账户养老金制度凭借充足的基金积累、稳健高效的管理模式和可观的替代率水平享有广泛的民意拥护和国际声誉。

账户养老金一般是以缴费确定（DC）的完全积累制为主要形式、以个人账户为运行载体的养老金计划或制度，在养老金体系中分布广泛。瑞士的账户养老金制度主要包括职业养老金中占绝大多数的 DC 型计划以及全部的个人养老储蓄计划，本报告中的职业养老金、个人养老储蓄均为账户养老金制度的一部分。

下文将在瑞士的养老金体系内对账户养老金的具体制度设计和发展历史进行介绍，并重点分析账户养老金的投资管理、面临的挑战和发展情况，最后总结和归纳瑞士账户养老金制度的发展经验和启示。

一、瑞士账户养老金概况

（一）瑞士养老金三支柱体系

瑞士养老金体系由三部分组成，三个部分的资金来源不同，覆盖不同群体，提供不同层次保障，被形象地称为瑞士养老金体系的"黄金三支柱"（见图 33-1）。其中，第一支柱是老年和遗属保险（Alters- und Hinterlassenen-Versicherung, AHV）及其补充津贴（Ergänzungs Leistungen, EL）。第二支柱是职业养老金（Berufliche Vorsorge,

BV），包括强制性计划和自愿性计划。第三支柱是个人养老储蓄计划，包括受限养老金计划（Säule 3a, 3a）和无限制养老金计划（Säule 3b, 3b）。

账户养老金与三支柱体系密切相关：第一支柱中的公共养老金为账户养老金提供了兜底和支撑，第二支柱中的职业养老金和第三支柱中的个人养老储蓄均以个人账户为载体，属于账户养老金的一部分。

1. 第一支柱公共养老金：账户养老金的坚实支撑

（1）制度设计。第一支柱养老金包括老年和遗属保险及其补充津贴。

老年和遗属保险为 DB 型现收现付制度，资金来源为雇主和雇员缴费（约占 75%）、联邦财政补贴（约占 20%）、全部博彩税和部分增值税的税收（约占 5%）。该制度覆盖瑞士全体人口，就业人员在年满 17 岁后开始缴费，缴费比例为工资收入的 8.7%，雇主和雇员各支付一半；自雇人员的缴费率根据收入确定，为 4.35%~8.1%；未就业人员在年满 20 岁后开始缴费，就其资产及获得的津补贴收入为基数缴费，每年的缴费最低为 503 瑞士法郎，最多为 25150 瑞士法郎。瑞士的普通退休年龄为男性 65 岁、女性 64 岁，参保者可在正常退休年龄 1~2 年前开始领取养老金，如果提前一年领取养老金，将减少 6.8%，如果提前两年领取，将减少 13.6%。同样，养老金也可以最多推迟五年领取，如果延期一年，养老金将增加 5.2%；延期五年，养老金将增加 31.5%。2021 年，老年和遗属保险支出

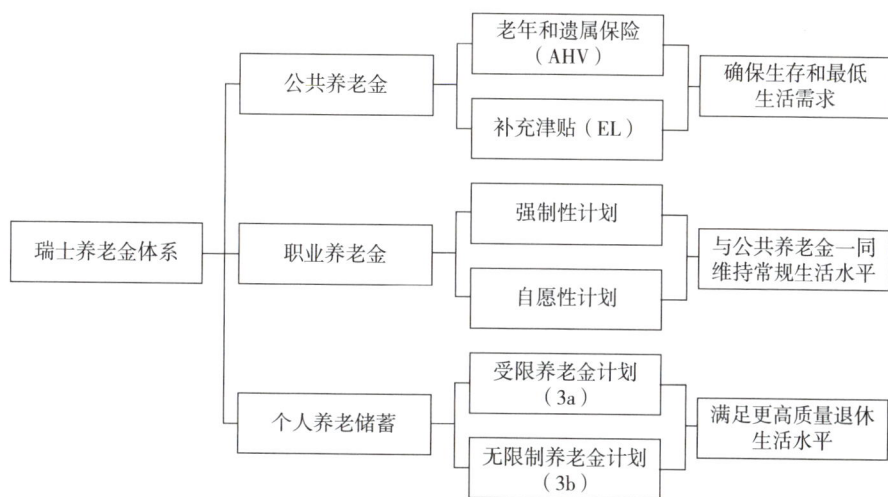

图 33-1　瑞士的养老金制度体系设计

资料来源：笔者根据联邦社会保险局（FSIO）年度报告整理绘制，Swiss social insurance system（Pocket statistics 2022），https://www.bsv.admin.ch/bsv/en/home/social-insurance/ueberblick/grsv/statistik.html。

约470.27亿瑞士法郎，为瑞士第二大社会保险支出项目①。

补充津贴用于弥补养老金及其他收入与最低生活成本的差距，为非缴费型家计调查制度，资金全部来自税收，主要对象为瑞士公民和永久居住公民。2021年约34.5万人领取补充津贴，支出54.43亿瑞士法郎，约为基本养老金领取人数的13.9%②。

（2）制度特点。第一支柱养老金为第二、第三支柱的账户养老金提供了基础性的制度兜底和稳定的发展空间。首先，第一支柱有明显的共济性特点和再分配功能，在计算缴费基数时，老年和遗属保险纳入了平均工资和物价指数等指标，以凸显平均水平；额外增加父母和照料贷款的平均额度，额度相当于申领时年最低养老金的三倍；设置了养老金领取的上限和下限，最低养老金为每年14340瑞士法郎，最高养老金为每年28680瑞士法郎（2021年数据），平均年收入在此区间外的按对应上下限金额领取。其次，第一支柱的待遇水平适度，在面对经济放缓和人口老龄化的挑战中表现了高度的稳定性，从1975年到2005年，老年和遗属保险支出占GDP的比重从5.6%增加到6.6%，增幅不到20%③。

2. 第二支柱职业养老金：当前账户养老金的主体

（1）制度设计。第二支柱职业养老金计划，包括强制性和自愿性计划，其中大多数是DC型计划，即个人账户完全积累制，剩余的DB型计划也正向DC型计划转变，该计划由雇主和雇员共同缴费，雇主必须支付至少一半的供款金额。年满24岁且年收入超过21510瑞士法郎（以下均为2021年数据）的单一雇主职员必须参加强制性计划，这个数额也是强制性计划的下限，缴费上限为86040瑞士法郎。其他多雇主兼职人员、自雇人员、低收入者可以选择是否加入自愿性计划，超出强制性计划缴费上限额的部分也可以加入自愿性计划。职业养老金计划可以由企业雇主或行业自行建立，也可以由保险公司、银行和信托机构等第三方机构建立集合计划，雇主可以根据需要同时建立强制性计划和自愿性计划。职业养老金账户随雇员一同转移，若其没有立即工作，必须指定一个基金运营机构，直到再次就业或退休④。

强制性计划缴费率随年龄增加而增加（见表33-1），缴费基数根据"协调收入"（Coordinated Income）确定，"协调收入"为个人收入减去"协调扣除额"，"协调扣除额"为强制性计划参保收入下限与最低缴费基数之和。

---

① Federal Social Insurance Office(FSIO), Resultate der AHV- und IV-Statistik 2021 (BSV), https://www.bfs.admin.ch/bfs/de/home/statistiken/soziale-sicherheit.html, 2022.

② FSIO, Supplementary Benefits statistics, https://www.bfs.admin.ch/bfs/en/home/statistics/social-security/social-assistance/recipients-social-benefits/social-benefits-before-social-assistance/supplementary-benefits.html, 2022.

③ FSIO, Switzerland's Old-age Insurance System: A tried-and-tested System—in Simple Terms, https://www.bsv.admin.ch/dam/bsv/en/Altersvorsorge_Basis, 2021.

④ FSIO, Overview of Swiss Social Security - as of 1. 1. 2021, pp.34-35.

2021 年强制性计划设定的缴费下限为 21510 瑞士法郎，最低缴费基数为每年 3585 瑞士法郎，因此"协调扣除额"为 25095 瑞士法郎。自愿性计划则设定适应个人就业程度的较低"协调扣除额"，或者不添加该额度。

表 33-1　强制性计划缴费率

年龄	缴费比例（缴费额/协调收入，%）
25~34	7
35~44	10
45~54	15
55~65	18

资料来源：FSIO, Switzerland's Old-age Insurance System: A Tried-and-tested System – in Simple Terms, https://www.bsv.admin.ch/bsv/en/home/social-insurance/ahv.html, 2021.

强制性计划的待遇领取年龄为男性 65 岁、女性 64 岁，也可以按管理机构规定提前或延迟领取，领取时可以选择年度支付或一次性支付。若采用年度支付，每年需按照特定转换率领取，转换率为年度支付额与账户积累总额的比例，最低转换率由法律规定，2021 年的最低转换率为 6.8%。因此，每 10 万法郎的退休资产，养老基金每年必须支付至少 6800 法郎的养老金。在自愿性计划中，养老基金可以自由设定自己的转换率，转换率通常高于强制性计划。

参加职业养老金计划可以享受税收优惠，优惠采用 EET 模式，对缴费和投资收益免税，领取待遇时缴税。此外，法律允许个人在购买自住房产时提取强制性计划内资金，在提款时不按一次性金额征税，而是首先转换成同等的年金收入，并相应地征税。

采用 DC 型计划的职业养老金具有完全的私人属性，如果被保险人死亡，账户的资产可以由以下几类受益人继承：第一类是其配偶；第二类是参保人的子女，包括领养的子女；第三类是在符合条件下参保人委托的其他受益人。

（2）制度特点。第一，职业养老金建立在基本养老金的基础上，参数设计与基本养老金密切相关。强制性职业养老金的上下限与基本养老金的上下限衔接，参加强制性计划的准入门槛额是最高全额基本养老金的 3/4，约为社会平均工资的 30%，参加强制性计划的缴费上限是最高全额基本养老金的三倍，约为社会平均工资的 120%，既保证了职业养老金始终处于较基本养老金更高的保障层次，又确保了保障水平的适度性。两者的总计替代率达到退休前收入的 60% 左右，使退休者得以保持与退休前一致的常规生活水平。

第二，具有一定的公共产品属性。首先，在强制性计划中，联邦政府为养老基金设定了最低收益率，根据经济表现和资本市场情况每年调整，计入账户的收益率都不得低于该值，2021 年的最低收益率规定为 1%。其次，联邦政府在最低转化率中纳入了技术收益率[①]、平均预期寿命[②]等指标，由于预期寿命上升和低利率持续，近年来许多养老基金降低了自愿性计划的转换率，实现了强制性计划和自愿性计划之间的再分配，减少了职业养老金内部各计划间发展的不平衡性。

第三，覆盖率高，规模可观。2020 年，职业养老金覆盖人数超过 440 万人，同期瑞士劳动力人数为 495.9 万人，有 1434 个养老基金和 10630 亿瑞士法郎的资产，相当于 GDP 的 141%[③]。2021 年，职业养老金计划支出总额约为 912.63 亿瑞士法郎，在各项养老金支出中位列第一[④]。

3. 第三支柱个人养老储蓄：账户养老金的新趋势

（1）制度设计。个人养老储蓄采取自愿储蓄形式，由商业保险公司、银行和基金公司负责管理运营，面向全体瑞士居住者，其目标是增加瑞士居民的退休储蓄，由受限养老金计划和无限制养老金计划两部分组成。

受限养老金计划通过提供税收优惠来实现增加居民退休储蓄的目标，具体税收优惠为 EET 模式，在缴费和投资阶段免税，只在账户资金领取阶段征税。建立 3a 账户后，账户内资金将被锁定，只有在达到法定退休年龄之前不早于五年内可以从账户内提取资金。不过，以下几种情况可以提前提现：一是永久移居海外；二是偿还房屋贷款，在这种情况下允许部分提款；三是成为自由职业者，在这种情况下只能全部提款。无限制养老金计划更加灵活，没有年度存款额的限制，可以自由指定 3b 账户受益人，自

---

① 技术收益率由联邦政府根据资本市场收益率等指标确定，用于反映养老基金总缴费所产生收益的收益率水平。

② 由于资金必须覆盖个人的整个生命周期，因此被保险人的预期寿命越高，转换率就越低；转换率也取决于养老基金期望从剩余资本中获得的回报，如果回报率越低，转换率越低。

③ Kantonalbank Z, The Most Important Points from the Second Pillar and the Pension Funds Study, https://www.zkb.ch/en/home/asset-management/pensions/pension-funds-study/review.html, 2022.

④ FSIO, Bilanz und Betriebsrechnung, https://www.bfs.admin.ch/bfs/de/home/statistiken/soziale-sicherheit/berufliche-vorsorge/bilanz-betriebsrechnung.html, 2022.

由选择何时缴费，自由选择投资组合。但相比于3a账户，不能享受税收优惠。

有收入就业的人可以自由地建立第三支柱，就业人员每年拥有6883瑞士法郎的最高免税额度，自由职业者和个体经营者每年拥有34416瑞士法郎的最高免税额(2022年数据)。3a账户的最高免税额额度通常每1~2年更新一次。

（2）制度特点。养老金账户形式灵活多样。相较于第一支柱和第二支柱的强制性规定和限制条件，第三支柱个人养老储蓄受限很少，而且在投资选择上更加开放，以3b账户为例，其投资形式包括个人储蓄的全部范畴，如储蓄账户、债券、货币市场投资、股票、证券基金、住宅房产或人寿保险等。丰富的产品和多样的组合客观上也促进了资本市场的繁荣和稳定。

规模较小但发展空间巨大。个人养老储蓄是个体的单独投资，虽然拥有更高投资收益率，但也要承担更多风险，现阶段主要覆盖资金较为充足群体，像第二支柱一样全面普及尚需时间。但是个人可以拥有多个3a账户，建立多个账户将有利于分散投资风险和规避累进税收，而且根据政府规定，3a账户的养老储蓄利率高于市场利率，因此个人养老储蓄具有很大的吸引力和发展空间。

（二）瑞士账户养老金制度的发展历史

账户养老金在瑞士的发展具备先天的优势。作为一个联邦制的国家，瑞士宪法规定"未明文将职权划归联邦政府者，即由地方政府管辖"，因而全国性政策需先修改宪法后才能推动[1]，这导致瑞士的公共养老金经常受阻于政治斗争，其建立时间在23个主要OECD国家[2]中排名第21位[3]，仅比美国与加拿大早。相比之下，私人领域的账户养老金远离"政治聚光灯"，获得了巨大的发展空间，特别是其中的职业养老金计划，对瑞士养老金三支柱体系的构建产生了重要影响。

1. 早期不平衡发展的公共和职业养老金

第一批职业养老金成立于19世纪下半叶，主要为公共行政部门和银行、保险、运输、机械行业大型公司的职业养老金计划以及部分州政府为其员工设立的自愿性

老年储蓄计划，基本上以DB型计划为主。大多数私营部门没有养老金制度，普通老年劳动者需要继续工作到几乎生命的尽头。面对这种情况，建立养老金制度支持老年人成为社会共识，但养老金的具体实施方案引发了巨大争论，联邦政府的养老金法案都被民众以公民复决的方式否决。直到1925年，瑞士各州以压倒性多数投票通过在宪法中增加一项条款，在法律上引入强制性的老年和遗属保险（AHS/AHV），奠定了公共养老金制度的基石。但各利益团体对于养老金的争议并未就此停止，直到20年后，选民投票批准了相应的法律后老年和遗属保险（AHS/AHV）才开始发放第一批养老金[4]。截至1945年，瑞士实际执行的强制性社会保险制度只有健康保险（1914年）、意外保险（1918年）和失业保险（1925年）[5]。

公共养老金的提案未能如期实行带来的真空为职业养老金市场留下了发展空间，第一次世界大战期间，职业养老金迎来了第一次繁荣。1916年，联邦政府宣布对企业向职业养老金计划中的缴款免征战争利润税，免税措施催生了大量私人养老基金，尤其是在当时劳动力密集的制造业。除税收优惠外，彼时轰轰烈烈的工会和工人运动，促使企业通过职业养老金计划缓和劳资矛盾、加强员工对公司的忠诚度。在此背景下，大量专业的养老基金管理公司成立，1911~1930年，养老基金的数量增加了十倍，私人养老金团体成为日后养老金三支柱构建的重要参与者。不过，私人养老金在各部门之间的不均衡发展仍然存在：1930年，2/3的公共部门工人是养老金计划的成员，而私营部门工人的这一数字仅为90%[6]。

"二战"后，西方各国纷纷扩大福利支出、完善福利制度、建设福利国家，瑞士开始追赶周边国家的步伐，公共养老金制度基本成型。老年和遗属保险于1948年开始为退休者发放养老金。受益于战后经济的快速发展和公共服务的扩张的刺激，绝大多数瑞士人能够通过参与劳动力市场创造收入，只有相对较少的人依靠福利生活，商业保险公司也在养老金市场中推出更多针对中小型企业的养老金方案，参加职业养老金计划的人数稳步增加。

在充分就业的福利模式下，老年和遗属保险的待遇水

① 黄全庆：《瑞士社会福利发展与体制分析》，《朝阳学报》，2010年第15期，第141-157页。

② 指澳大利亚、比利时、德国、丹麦、芬兰、法国、希腊、英国、爱尔兰、冰岛、意大利、日本、加拿大、卢森堡、新西兰、荷兰、挪威、奥地利、葡萄牙、瑞典、瑞士、西班牙、美国共23国。

③ Schmidt M G, Sozialpolitik in Deutschland: Historische Entwicklung Und Internationaler Vergleich. 2., vollst. überarb. und erw. Aufl. Opladen: Leske + Budrich, 1998.

④ FSIO, A Tried-and-tested System – in Simple Terms Switzerland's Old-age Insurance System. https://www.bsv.admin.ch/bsv/de/home/sozialversicherungen/ueberblick/dreisaeulensystem.html, 2022-07-02.

⑤ Obinger H, Federalism, Direct Democracy, and Welfare State Development in Switzerland, Journal of Public Policy, 1998, 18(3):241-263.

⑥ Matthieu L, Solidarity without the State? Business and the Shaping of the Swiss Welfare State, 1890–2000, Cambridge, 2008.

平仅相当于同期产业工人工资的 10% 左右，难以撼动职业养老金计划在企业中占据的重要位置。直到 20 世纪 70 年代中期，瑞士的福利模式都与自由主义的福利国家模式相似，扩张幅度远不及周围的大陆国家，成为在周围的大陆国家建立的保守福利世界中的一个自由岛[①]。

2. 三支柱原则确立而繁荣的账户养老金

20 世纪 70 年代中期，受"滞胀"影响，西方的福利国家大都开始削减福利，养老金的待遇调整和私有化成为发展主轴。这一时期的瑞士虽然伴随福利提供方面的一些限制，但总体效果是从自由福利模式向大陆福利模式转变，公共养老金的替代率不断上升[②]。公共养老金扩张趋势引起了人们对公共养老金和账户养老金计划之间目标定位和相互关系的争论。左翼政党主张大规模扩张公共养老金的福利水平，兼并或取消职业养老金，保守政党和保险公司则提倡三支柱原则，力求将公共养老金的发展保持在有限的范围内，同时加强职业养老金计划和个人养老储蓄。这一争论在 1972 年有了结果，瑞士选民通过投票明确否决了瑞士工党"人民养老金"的议案[③]，同时决定在联邦宪法中明确养老保险的三支柱原则，并将职业养老金强制化。这次公投确认并巩固了公共养老金和职业养老金之间的任务分工，也被看作对第一支柱公共养老金计划大力扩张的一次防御行为[④]。1982 年，历经多年争论和政治角力，联邦议会通过《联邦职业老年、遗属和残疾福利法》（Berufliche Alters-, Hinterlassenen- und Invalidenvorsorge, BVG），该法令于 1985 年生效，瑞士开始实行强制性职业年金制度，职业养老金的地位得到法律认定，职业养老金的定位开始从特定企业福利转变为补充基本养老金的公共制度。

在 BVG 出台之前，有许多类型的养老基金在活动：自治基金（Autonomous Funds）为单一雇主（主要是大型私营公司、公共部门）的雇员投保、人寿保险公司则涵盖来自多个雇主尤其是私营部门的工人、职业相关基金（Occupation-related Funds）以及与工会相关基金（Union-related Funds）覆盖特定职业群体（如医生、火车司机等）。就待遇形式而言，这些供应机构中大部分是 DB 型计划，只有人寿保险公司等少数基金实行 DC 型计划。

1985 年后，在 BVG 的规范和整合下，涵盖了大多数私营部门的人寿保险公司得到快速发展，一些自治基金也开始向 DC 型计划转变，采用明确的条例和精算原则收取缴款和支付福利，部分职业相关基金和工会相关基金也选择人寿保险公司托管，集体保险市场发展到了包括约 200 家大型公共基金和 6 家大型人寿保险公司的规模[⑤]。许多 DB 型计划向根据明确的条例和精算原则收取缴款和支付福利的 DC 型计划转变，到 2018 年，DB 型计划占总计划的比重已不足 3%[⑥]。

1987 年，瑞士又建立了个人养老储蓄计划，增强了对第三支柱的制度规范和政策支持，进一步丰富了账户养老金的制度内容，为其在养老金体系中的发展指明了方向。到 1987 年，瑞士拥有的养老基金超过了 15000 只，而同期的荷兰只有十几只[⑦]。

3. 不断改革完善的账户养老金

20 世纪 90 年代，欧洲人口老龄化加剧，经济增长趋缓，自由市场理论对福利国家制度的批评产生了广泛的影响，瑞士对包括账户养老金在内的养老金制度也进行了广泛的改革。公共养老金在增强财务可持续性的改革上遭遇了极强的阻力，2004 年，对老年和遗属保险计划第十一次修订中包含的成本削减措施遭到了严厉的反对，这一修订被选民投票拒绝，2010 年再次被议会否决[⑧]。联邦政府又提出《2020 年联邦老年条款改革法》，寻求逐步降低老年和遗属保险待遇以及延迟退休的可能性，但在 2017 年，选民以 52.7% 的微弱优势否决了这项拟议的改革。2005 年，职业养老金支出占 GDP 比重增加到 7.7%，超过了老年和

① 考斯塔·艾斯平 - 安德森：《福利资本主义的三个世界》，法律出版社 2003 年版。

② Myles J, Pierson P, Friedman's Revenge: The Reform of "Liberal" Welfare States in Canada and the United States, Politics & Society, 1997, 25(4):443-472.

③ 该议案是扩大公共养老金福利规模的集中体现，它主张提高老年和遗属保险（AHS/AHV）的待遇，使其在未来至少涵盖收入的 60%，保证每年 6000 瑞士法郎的养老金。而在当时，单身人士的最低养老金为 2640 瑞士法郎，工人的平均工资约为每年 23000 瑞士法郎。通过该法案将意味着公共养老金的"一只独大"和私人养老金的终结。

④ Queisser M, Vittas D, The Swiss Multi-Pillar Pension System: Triumph of Common Sense?, 2000-8.

⑤ FSIO, History of Social Security in Switzerland, https://www.historyofsocialsecurity.ch/institutions/insurance-funds/pension-funds, 2020.

⑥ Swisscanto, Swiss Pension Fund Study 2022, https://pensionstudy.swisscanto.com/22/app/uploads/Swiss-Pension-Fund-Study-2022.pdf.

⑦ FSIO, History of Social Security in Switzerland, https://www.historyofsocialsecurity.ch/risk-history/old-age-provision, 2020.

⑧ Matthieu L, La Doctrine des Trois Piliers: Entre Endiguement de la Sécurité Sociale et Financiarisation des Retraites, 1972-2010, Yverdon, 2010.

遗属保险的支出[1]，职业养老金的地位越来越重要，对账户养老金的监管和待遇改革也逐渐进入政治议题。《联邦职业老年、遗属和残疾福利法》在 2003 年进行了第一次修订，提出降低准入门槛和用于计算职业养老金的转换率，该修正案在没有引发全民投票的情况下得以生效，但在 2010 年，降低职业养老金转换率的修订在公民投票中遭到否决，面对未来越来越强的不确定性，瑞士养老金改革努力一直没有停止。

二、瑞士账户养老金的投资管理

账户养老金的特点决定了大量资金的积累，2020 年，瑞士账户养老基金规模达 11889 亿美元，占本国 GDP 的 149.1%，在 OECD 国家中位列第三[2]。面对如此大规模的资金积累，如何对其进行投资管理，保障其安全有效运行，并对社会和经济稳定提供支持，对于账户养老金资产管理的制度设计成为重中之重。下面将分别介绍职业养老金和个人养老储蓄的投资管理制度设计和发展现状。

（一）职业养老金的投资管理

1. 职业养老金资产规模

得益于悠久的制度发展历史和较高的经济发展水平，职业养老金的收入远高于支出，积累了庞大的资产规模。1978 年，职业养老金积累额约占瑞士 GDP 的一半，21 世纪初已经超过 GDP。截至 2020 年底，职业养老金的资本达到 10.646 亿瑞士法郎，占 GDP 比重达 167%，仅次于丹麦（229.4%）、荷兰（212.7%）、冰岛（206.9%）、加拿大（179.7%）和美国（169.9%），位列世界第六[3]。

瑞士的职业养老基金主要采用基金会的管理形式，在共同管理的基础上建立独立的治理结构，在具体管理中实施等比例代表规则，实施财产分离，建立内控机制，选择安全的托管人并且任命独立的审计师和养老金专家。根据管理对象的不同，又可以分为如表 33-2 所示的不同类别。

表 33-2　基金管理机构分类

基金类别	管理对象
保险公司、银行或信托机构组织的集体基金	在对雇主设立的职业养老金计划保持单独的账户以及单独的运营规则和条件下实行集体统一管理
公共部门的多雇主基金	运营和管理公共部门各个机构的雇员的职业养老金
行业协会基金	通常运行一个计划，具有类似的规则和条件，只对特定行业协会内部成员开放，并管理运营所有参与的雇主设立账户
企业集团基金	专门管理特定集团公司或大型企业的职业养老金

资料来源：Queisser M, Vittas D, The Swiss Multi-Pillar Pension System: Triumph of Common Sense? Policy Research Working Paper:No. 2416, World Bank, Washington, DC, 2000.

在这些基金中，公共部门、企业和行业的基金资金规模较大，运营相对稳定，而中小型企业则面临许多选择。针对中小企业的集体基金是目前的主流选择，大多是由人寿保险公司建立的，涉及在老年、残疾和遗属抚恤金的全额保险范围外订立合同，保费对所有公司都是统一的，通过会员基金的分红水平进行竞争。相较于这些富有吸引力的集体计划，一些中小企业自发建立了职业养老基金，这类自建基金一般只是提供福利的慈善实体或是企业融资工具，缺乏专业性，这些基金的规模小、缺乏规模效益，抵御风险能力也较差。在 1985 年《联邦职业老年、遗属和残疾福利法》通过后，职业养老基金成为强制性制度，越来越多的雇主决定停止接受新的缴款，选择加入集体基金。1978 年，有 14000 只基金，这一数字在 1987 年减少到 6000 只，1996 年仅剩 3000 只左右[4]。经过长期整合，基金会的数量逐渐专业化、精简化，但同时投保人数和覆盖范围一直持续增加，到 2020 年基金会的数量下降到 1434 个，在职投保人数却达到 440 万，领取待遇人数达 120 万[5]。2019 年，管理机构规模前 20 名管理了基金总资产的 38.8%，前 50 名管理了基金总资产的 58% 左右[6]，管理机

① FSIO, History of Social Security in Switzerland, https://www.historyofsocialsecurity.ch/risk-history/old-age-provision,2020.

② OECD, Pension Market in Focus 2021, https://www.oecd.org/daf/fin/private-pensions/Pension-Funds-in-Figures-2021.pdf, p.2.

③ OECD, Pensions at a Glance 2021: OECD and G20 Indicators, OECD Publishing, Paris, https://doi.org/10.1787/ca401ebd-en, 2021.

④ Queisser M, Vittas D, The Swiss Multi-Pillar Pension System: Triumph of Common Sense? Policy Research Working Paper:No. 2416, World Bank, Washington, D. C., https://openknowledge.worldbank.org/handle/10986/21372, 2000.

⑤ Swisscanto, Swiss Pension Fund Study 2022, https://pensionstudy.swisscanto.com/22/app/uploads/Swiss-Pension-Fund-Study-2022.pdf.

⑥ Swisscanto, Swiss Pension Fund Study 2020, https://www.zkb.ch/media/swc/dokumente/pensionskassenstudien/Swisscanto_PK-Studie 2020_en.pdf.

构的规模和专业化程度有所提升，职业养老基金已经成为非常重要的机构投资者。表33-3展示了2021年瑞士主要职业养老金运营机构。

表33-3　2021年瑞士主要职业养老金运营机构

养老基金资产管理机构名称	资产规模（百万瑞士法郎）
Pensionskasse des Bundes PUBLICA	42500
BVK Personalvorsorge des Kantons Zürich	38100
Compenswiss – Fonds de compensation AVS	33452
MPK Migros–Pensionskasse	27753
Pensionskasse der UBS	23000*
Fonds de Pensions Nestlé	22000*
ASGA Pensionskasse	21727
CPEG Caisse de prévoyance de l'Etat de Genève	20542
Pensionskasse Stadt Zürich (PKZH)	19632
Pensionskasse SBB	18938

注：* 为估计值。

资料来源：Investment Office, https://www.investmentoffice.com/Pension_Funds/Pension_Funds_Switzerland/.2020-12.

2. 职业养老金的监管

瑞士对职业养老金的监管在制度上较为分散，而且以被动监管为主。法律把养老基金的大部分条款和条件以及操作要素留给了职业养老金计划，法律及其执行条例一方面规定了一系列最低要求，包括最低收益率、特定群体的账户积分等。另一方面，法律特别规定了管理机构通知的义务，职业养老基金必须每年通知其成员他们在福利方面的权利、协调工资、缴款率、老年资产、组织和筹资以及联合管理机构的成员，机构必须告知提出申请的被保险人资本回报率、精算风险的演变、行政费用、计算保险资本的原则、附加条款以及保险范围。除此之外，养老基金的创建人在决定福利和缴款水平、投资政策、保险的使用以及透明度和与附属机构的沟通水平方面享有相当大的自由。

监管机构上，第二支柱机构由多个部门监管，如表33-4所示，所有提供强制性职业养老金的计划都必须向各自的监管部门登记，各州当局指定监督人来控制各州境内的资金。养老基金的监管框架涵盖了广泛而复杂的问题。

对系统制度结构的许可标准、有关基金治理、覆盖范围、缴费和利益水平、资产配置和估值、审计和监督以及信息披露和公开标准的规则有详细的规定。

表33-4　瑞士职业养老金的监管机构设置

监管机构	监管内容
联邦私人保险局（Federal Office for Private Insurance）	监管集体保险合同承担养老基金管理的人寿保险公司
联邦社会保险局（Federal Office of Social Insurance）	监管在国家或国际一级运作的职业养老基金和机构
瑞士财政部（Federal Department of Finance）	监督所有实体的保险机构
瑞士联邦统计局（Federal Statistical Office）	每两年进行一次对职业养老基金进行审计调查，公布详细汇总数据
联邦社会保险局、瑞士联邦委员会（Federal Council of Switzerland）	负责全面监督
联邦职业（专业）养老金委员会〔Federal Commission on Occupational (Professional) Pensions〕	由来自联邦和州政府、雇主、雇员和养老基金的代表组成，为职业养老金监管提供咨询

资料来源：Investment Office, https://www.investmentoffice.com/Pension_Funds/Pension_Funds_Switzerland/.2020-12.

法律严格规定基金理事会的独立性。计划的收益和资金、资产的投资决策、对基金会所有活动的监督均由职业养老金理事会负责。以企业为例，内部雇主和雇员代表人数比例必须相等，雇主除在基金会董事会拥有50%的代表权外，对基金会没有直接的权力，不能随意干预基金的运营和决策。有关基金的章程、福利水平和缴款率以及投资政策必须共同决定，基金会的资产不能由雇主或其任何债权人提取。加入集合养老基金会的中小企业，可以委托保险公司、银行、养老金咨询公司或雇主协会建立和管理理事会。在集中管理中，各只基金有自己独立的章程、缴款和福利规定以及投资委员会。

此外，为了加强对养老基金运营风险的管控，法律规定了多个保障基金。为保障法律规定的最低福利设立一个补充基金，为自营职业者提供职业养老金、为暂时离职雇员的职业养老金的人提供托管。此外，它还为失业补偿金的接受者提供死亡或残疾风险保险。它由所有有关各方提供资金，也被称为"集体基金"。为发挥对职业养老金的再保险功能建立了一个担保基金（Guarantee Fund），该基金由私人运营，由所有职业养老金的缴款供资。担保基金对那些年龄结构不利、运营出现重大损失无法保证最低收益率的职业养老金提供补贴，同时对那些破产的职业养老金计划提供担保，保障其所欠的法定福利[①]。但是，在破产的情况下担保只涵盖不超过上限 1.5 倍的福利，这一金额在 2021 年为 129060 瑞士法郎。

3. 投资策略与投资组合

在具体的投资政策方面，瑞士职业养老金的投资范围受到严格的数量限制，特别是对股票、海外资产等风险相对高的投资的限制较为严格，因此基金管理机构对资产安全的关注胜过对回报率的关注，投资策略普遍偏向保守。不过，养老基金运营管理机构仍然在投资策略的总体方向上有很大自主权，投资组合的调整也很灵活，并且随着时间的推移和管理经验的积累，对较高风险投资规定的限额也逐步放宽。在 1985 年《联邦职业老年、遗属和残疾福利法》生效以前，对外国股票的投资最多只能占到基金的 10%，而且只能投资在瑞士证券交易所上市的外国股票。1985 年之后取消了对外国股票的限制，并在 1989 年将外国股票投资限额提高到 25%。此后，瑞士又通过了《养老基金投资条例》，进一步放宽投资比例限制，增强了养老基金的选择权。

近年来，对投资回报率的强调更加突出，投资策略的变化更加明显。如图 33-2 所示，对比覆盖约 380 万人的 475 只养老基金近十年的投资策略，可以看出债券和股票之间的比率几乎逆转，股票投资从 27.6% 上升至 33.7%，债券投资从 35.8% 下降到 27.5%。在此期间，房地产份额增长了约 4.2%，达到 24.6%，但增幅已经放缓，在过去四年基本保持稳定。其他领域的变动浮动相对较小，流动资产下降了 2.8%，而基础设施投资和另类投资分别上升了 1% 和 0.5%。

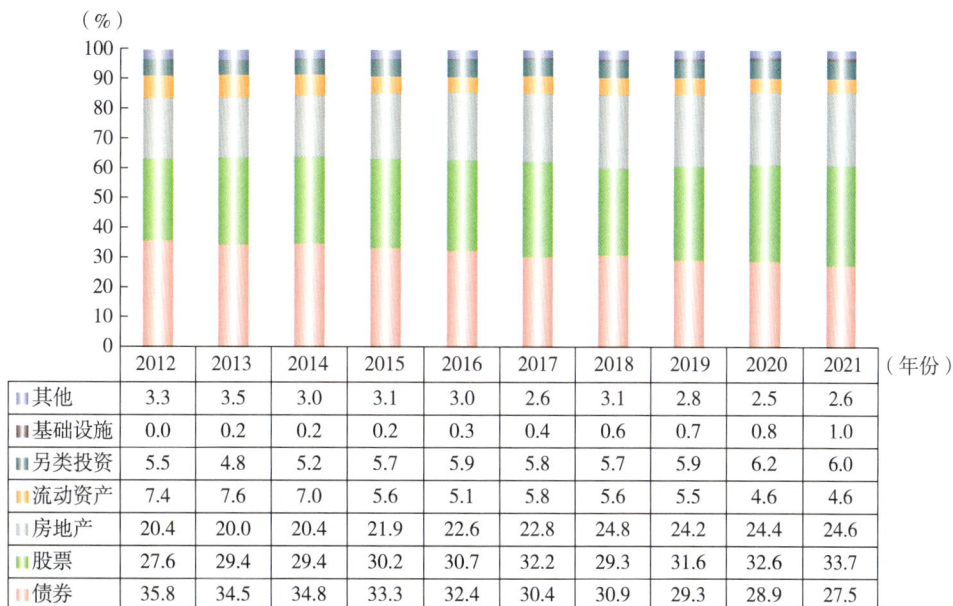

（%）	2012	2013	2014	2015	2016	2017	2018	2019	2020	2021	（年份）
其他	3.3	3.5	3.0	3.1	3.0	2.6	3.1	2.8	2.5	2.6	
基础设施	0.0	0.2	0.2	0.2	0.3	0.4	0.6	0.7	0.8	1.0	
另类投资	5.5	4.8	5.2	5.7	5.9	5.8	5.7	5.9	6.2	6.0	
流动资产	7.4	7.6	7.0	5.6	5.1	5.8	5.6	5.5	4.6	4.6	
房地产	20.4	20.0	20.4	21.9	22.6	22.8	24.8	24.2	24.4	24.6	
股票	27.6	29.4	29.4	30.2	30.7	32.2	29.3	31.6	32.6	33.7	
债券	35.8	34.5	34.8	33.3	32.4	30.4	30.9	29.3	28.9	27.5	

图 33-2　2012~2021 年瑞士职业养老金投资组合情况

资料来源：根据 "Swiss Pension Fund Study 2022，https://pensionstudy.swisscanto.com/22/app/uploads/Swiss-Pension-Fund-Study-2022.pdf" 整理绘制。

为进一步寻求更高收益，不少基金更加注重从国际市场获益，如图 33-3 所示，职业养老金投资于海外资产的比例逐年增加。虽然国际化的投资也使职业养老金更容易受国际市场的波动影响，如 2018 年全球金融市场的动荡造成了境外投资的回落，但瑞士养老基金总体上扩大境外投资比例的趋势并未改变。

[①] Queisser M, Vittas D, The Swiss Multi-Pillar Pension System: Triumph of Common Sense? Policy Research Working Paper:No. 2416. World Bank, Washington, D. C., https://openknowledge.worldbank.org/handle/10986/21372, 2020.

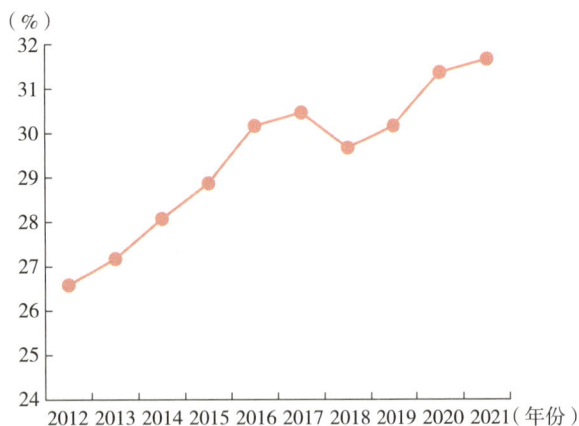

图 33-3 瑞士职业养老金境外投资占比变化情况

资料来源：根据"Swiss Pension Fund Study 2022, https://pension-study.swisscanto.com/22/app/uploads/Swiss-Pension-Fund-Study-2022.pdf"整理绘制。

4. 投资收益

据估计，瑞士养老基金在 1967~1990 年每年的平均名义回报率为 5.6%，剔除通货膨胀的影响后，实际回报率仅为 1.5% 左右。进入 21 世纪后，随着投资策略的逐步调整，瑞士养老基金的年平均收益有一定程度的回升，在主要 OECD 国家中处于中等水平（见表 33-5），但依旧不如加拿大、荷兰等养老基金资产大国的投资收益表现。

除保守的投资政策外，还有以下多方面因素导致瑞士职业养老基金的低投资回报。

养老基金保守的资产评估方法也是影响收益的重要原因。瑞士的养老基金最常用的估值方法以固定收益证券的账面价值或名义价值中较低的部分与股票和其他实物资产的账面价值或市场价值中较低的部分为参考。在这种方法下，投资收益不包括未实现的资本收益，这往往会低估股票和其他实际资产（如房地产）在养老基金投资组合中的真实份额[1]。再加上法律规定的最低投资回报率要求，使管理者倾向于投资能产生固定收入、价值更稳定的债券，配置股票等更高收益资产的积极性不足。

雇员对职业养老基金管理的参与感不强、养老基金管理不透明、信息披露不充分，养老基金缺乏受托人"用脚投票"的压力。首先，职业养老金的账户一般在企业的集中管理之下，除非离职，否则雇员无法自行更换养老基金管理机构。其次，对于低收入工人而言，企业年金计划提供的替代率比较低，因此就缺乏对企业年金的关注；对于

中高收入工人而言，要么他们参加的是 DB 型计划，要么是因为雇主匹配的缴费率比较高，因此也不关心企业年金的投资绩效[2]。

表 33-5 部分 OECD 国家"退休储蓄计划"平均实际净投资收益情况

国家	2020 年	5 年平均值	10 年平均值	15 年平均值
加拿大	5.6	4.7	5.3	4.7
荷兰	6.5	5.7	5.9	4.4
丹麦	8.7	5.4	5.3	4.0
澳大利亚	−0.1	4.7	5.6	3.9
挪威	6.0	3.7	3.9	3.5
智利	2.7	4.0	3.2	3.4
比利时	3.7	3.5	4.1	3.3
瑞士	5.1	4.3	4.5	3.1
德国	3.2	2.3	2.5	2.5
意大利	3.0	1.9	2.2	1.7
美国	6.7	3.9	3.1	1.2
奥地利	1.4	1.8	1.8	1.0

注：① OECD 的"退休储蓄计划"指的是私人养老金安排（有资金和账面储备）和有资金的公共安排（如丹麦的 ATP），与账户养老金的范围基本一致。②平均实际净投资收益为平均名义净投资收益扣除平均通货膨胀率所得，平均名义净投资收益为年底的净投资收益与该年平均资产水平之间的比率。

资料来源：OECD, Pensions at a Glance 2021: OECD and G20 Indicators, OECD Publishing, Paris, https://doi.org/10.1787/ca401ebd-en, 2021.

（二）个人养老储蓄的投资管理

1. 个人养老储蓄的资产规模

截至 2020 年，瑞士第三支柱养老金账户内资金已经高达 1352.22 亿瑞士法郎，其中银行账户资产金额为 857.38 亿瑞士法郎，保险账户为 494.84 亿瑞士法郎，较 2019 年的资产规模分别增长了 4.80% 和 2.30%，如表 33-6 所示。

在国际比较方面，瑞士与个人养老储蓄发达的美国（43%）、加拿大（36.2%）、智利（100%）等国家相比，个人养老储蓄资产比重较低，仅为 9.7% 左右（见图 33-4）。部分原因是智利为代表的部分拉美国家将私人养老金制度作为本国主要养老金制度设计。此外，由于瑞士养老金体系较高的替代率与强制性职业养老金计划的高覆盖面，第

---

① Hepp S, The Swiss Pension Funds: An Emerging New Investment Force, Bern: Haupt, 1990.

② 郑秉文、孙守纪：《强制性企业年金制度及其对金融发展的影响——澳大利亚、冰岛和瑞士三国案例分析》，《公共管理学报》，2008 年第 2 期，第 1-13 页，第 121 页。

三支柱的参与人群主要以中高收入人群为主，资产与庞大的养老金总资产相对而言占比不高。

表 33-6　3a 账户养老金资产积累情况

单位：百万瑞士法郎，%

年份	2016	2017	2018	2019	2020	2019~2020 年资产增长率
账户总额	115329	120632	123253	130155	135222	3.90
银行资产	71865	75546	77521	81791	85738	4.80
保险资产	43464	45086	45732	48363	49484	2.30

资料来源：Statistiken der beruflichen Vorsorge und 3. Säule, https://www.bsv.admin.ch/bsv/de/home/sozialversicherungen/bv/statistik.html.2021.

2. 个人养老储蓄的投资监管

第三支柱养老金在政策机构、日常监管机构和监管法律方面的设置较为完善，有利于降低账户养老金所在机构的违规风险，保障账户所有者权益。

作为瑞士第三支柱养老金最高监管机构的联邦委员会，是各项相关法规条款的最终解释机构，但一般并不干预金融机构的日常运作。如果金融机构一再严重违反法定条款，联邦委员会有权下令采取必要的措施来直接干预该金融机构的运营。瑞士社会保险管理办公室对金融机构提供的产品和相关政策具有管辖权[①]。

第三支柱的日常运营受瑞士金融市场监督管理局（FINMA）的监督，FINMA 是瑞士独立的金融市场监管机构，其任务是监督银行、保险公司、金融机构、投资计划及其资产管理公司和基金管理公司、监管保险中介机构、保护债权人、投资者和保单持有人，确保瑞士金融市场的有效运作[②]。

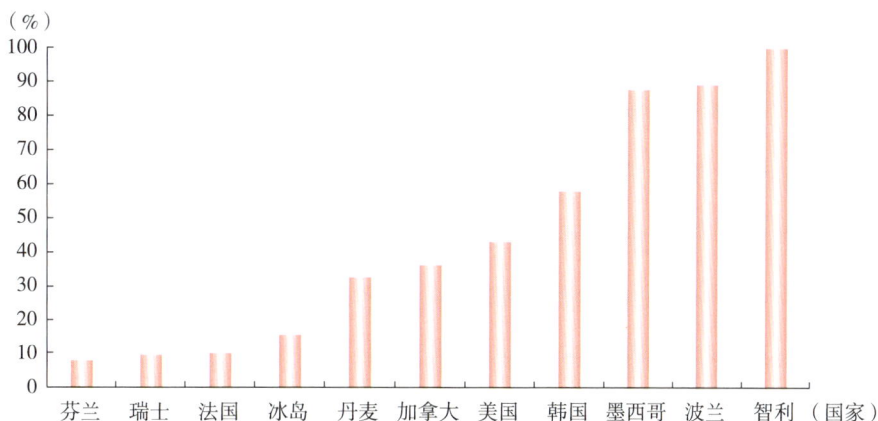

图 33-4　部分 OECD 国家 2020 年个人养老储蓄占养老金总资产的比重

资料来源：OECD, Pensions at a Glance 2021: OECD and G20 Indicators, OECD Publishing, Paris, https://doi.org/10.1787/ca401ebd-en, 2021.

此外，《金融市场监督法》《金融市场基础设施法》对金融市场进行规制，保证第三支柱运行的市场环境。

3. 投资策略和投资收益

个人养老储蓄的投资策略十分灵活，养老金管理机构可以任意组合股票、债券、另类投资、房地产等项目。表 33-7 列举了部分 3a 养老金计划投资策略，可以看到，股票比例最高可达 97%，能够满足高风险偏好投资者的投资需求。

[①]　孙健夫、张泽华：《瑞士养老金体系及其资产管理经验对中国的启示》，《河北大学学报（哲学社会科学版）》，2020 年第 6 期，第 112-121 页。

[②]　FINMA, Supervisory Objectives, https://www.finma.ch/en/finma/auditing/, 2022.

表 33-7　部分 3a 养老金计划投资策略

养老金计划名称	VermögensZentrum	Sparen 3，Zürcher Kantonalbank	Terzo, WIR Bank
投资策略	除股票外，其策略还包括房地产、贵金属、商品和特种产品	纳入 ESG 标准的投资	不投资债券，将未投资于股票的部分保留为储蓄，此部分不收取管理费。全球、瑞士、可持续、专有
股票比例	15%、25%、35%、45%、75%、97%	10%、25%、45%、75%、95%	0%、5%、20%、40%、60%、80%、97%
费用	0.47%~0.68% 加上产品平均花费 0.22%	0.46%（加上指数化产品的发行和赎回费用）	0.00~0.59%
投资日期	每周	订单在每个工作日凌晨 4 点收集并发送以进行处理	每月第一个交易日
其他服务	智能投资顾问机器人	—	既得利益转让

资料来源：Pillar 3a Comparison: Which Is Best for Me?, https://www.neon-free.ch/en/blog/money-guide/pillar-3a-comparison/.

如果支柱 3a 账户的资金未进行投资，则将存入 3a 储蓄账户进行托管，账户的工作方式与普通储蓄账户一样：将钱存入个人账户，银行支付账户余额的利息。3a 储蓄账户的利率略高于银行储蓄利率（见图 33-5），瑞士主要银行所提供的账户利率在 0.05%~0.35%，2021 年算术平均年利率为每年 0.14% 左右。由于可以享受税收优惠，且许多银行为吸引储户投资免收账户管理费用，因此 3a 储蓄账户较普通银行储蓄更具吸引力。

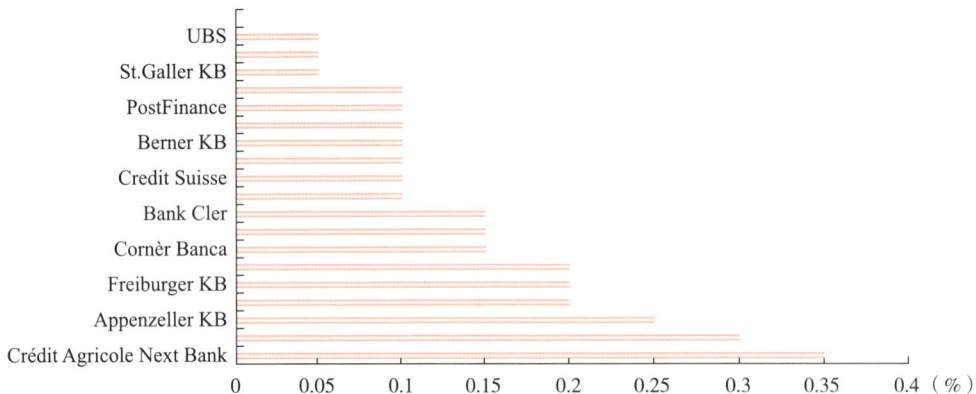

图 33-5　瑞士主要银行 3a 账户储蓄利率

资料来源：Swiss Pillar 3a Account Comparison 2022，https://www.moneyland.ch/en/pillar-3a-comparison.

投资收益主要来自对养老基金的投资，通过购买基金份额，基金根据其投资业绩支付股息，基金份额和股息由退休基金会托管。投资退休基金的风险与基金的存量部分直接相关。股票成分越高，潜在回报就越高，但资本损失的可能性就越大。投资期限越长，股票成分股贬值的风险就越低，尽管过去股票价值出现重大损失，但到目前为止，股市一直在复苏并带来资本收益。

三、当前瑞士账户养老金的挑战与发展

（一）账户养老金面临的挑战

目前，账户养老金制度面临着许多挑战。一方面，人口老龄化使现收现付的公共养老金替代率逐年下降，增加了对职业养老金在提高替代率、增强普及性、增加收益率方面的要求。另一方面，国内国际现状使职业养老金运营管理面临持续的低利率环境，基金保值增值难度增加。

瑞士的第一、第二支柱结合十分完整，对于以现收先付的方式来运作的公共养老金来说，一方面，老年领取

者不断增加，到 2020 年底，每 100 名工作年龄的人中就有 32 名达到可领养老金年龄，到 2030 年底将达到 39%，2045 年底将达到 46%。另一方面，预期寿命也在不断上升，从 1985 年到 2021 年，65 岁的瑞士人的剩余预期寿命增加了大约 5 岁，而同期的退休年龄却基本保持不变 [1]。虽然账户养老金的强制性 DC 型计划不会直接受到老龄化影响，但同属职业养老金制度的 DB 型计划却会因老年领取者的增加而面临严峻的财务可持续性问题。从世代对比来看，如果现有政策不做改变，未来的职业养老金的状况将会大幅恶化。即使在修正了购买力的情况下，支付给后代的养老金也极有可能要低得多：假设未来的通胀持续处于 0.5% 的极低水平，中高收入阶层相对于 2010 年退休的工人所享有的养老金将下降 15%~29% [2]。因此，第一和第二支柱替代率下降十分显著，如图 33-6 所示，第一支柱和第二支柱养老金的综合替代率在这 11 年里下降了整整 10 个百分点。具体而言，中等收入人群的替代率（即第一和第二支柱与过去收入相关的养老金福利）将从 2010 年的估计 57% 降至 2025 年的约 45%。低收入阶层的替代率将下降 5~8 个百分点，虽然名义下降幅度不高，但这只是因为低收入阶层的第二支柱的收益占比与第一支柱相比较小以及最低转换率的稳定作用，实际上的影响会更大。在高收入阶层，职业养老金的收益占老年收入的大部分，也将造成很大影响。

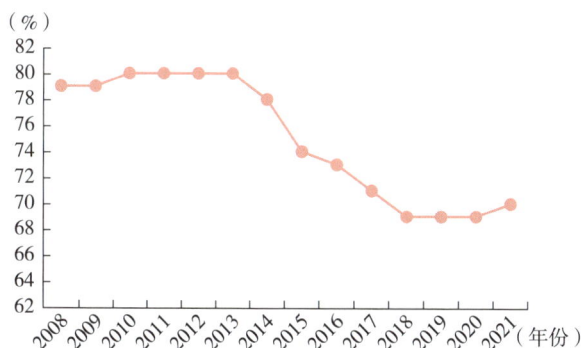

图 33-6　年收入 80000 瑞士法郎的个人第一、第二支柱总替代率变化

资料来源：笔者根据 "Swisscanto, Swiss Pension Fund Study 2022" 整理。

为了实现维持退休前正常生活的目标，职业养老金需要更好的收益表现来弥补公共养老金未来的替代率缺口。然而，持续的低利率环境使养老基金投资的回报率受限。1987~2000 年，投资回报率平均占养老金基金资产的 46%，而雇员和雇主的缴费占剩下的 54%。但在 2000 年后，市场利率下降趋势愈发明显，特别是 2008 年全球金融危机至 2018 年，公共和私人养老基金都被迫将技术利率下调了 1.5 个百分点以上，并将有效平均转换率从 6.79% 降至 5.87%，以保持资金的稳定性。面对困局，基金管理机构往往通过增加股票比例以维持收益率。如图 33-7 所示，该策略部分帮助瑞士在 2021 年取得了 8.4% 的高收益，但难以掩盖回报率波动的总体趋势。在当前新冠肺炎疫情流行和地缘政治不确定性上升的大环境下，收益率的波动将更加明显。根据 2022 年 7 月瑞士职业养老金监督委员会的报告，瑞士养老基金的财务状况在 2022 年上半年大幅恶化。俄乌冲突和多国新冠肺炎疫情的反复引发的通货膨胀压力、供应链中断和能源危机导致上半年全球经济剧烈变化，几乎所有资产类别都出现了下滑，2022 年上半年的平均回报率为 -12.3%。具体投资类别方面，股票下跌 17.4%、债券下跌 10.1%、房地产下跌 9.5%、另类投资下跌 15.4%，相比之下只有基础设施投资增加 1.2%，能够大致维持其水平。

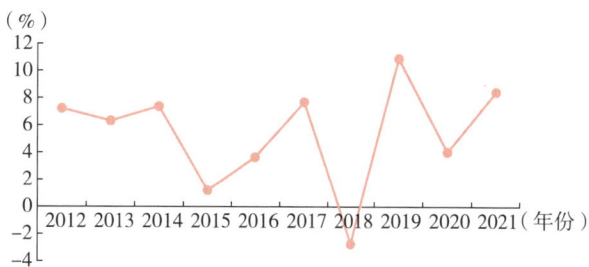

图 33-7　近十年职业养老基金资产的投资回报率

资料来源：笔者根据 "Swisscanto, Swiss Pension Fund Study 2022" 整理。

对职业养老金制度的普及性诉求也在凸显。2010 年，只有略多于一半的公共养老金领取者获得了职业养老金，这种差异可能表明许多群体缺乏职业养老金的可及性。在 20 世纪保守主义福利模式下，男性就业比例远高于女性，是家庭内部的主要福利提供者，因此职业养老基金中的男性比例是女性的两倍，即使在《联邦职业老年、遗属和残疾福利法》推出强制性计划后，仍然有近 1/5 的工薪阶层没有参与职业养老金计划，其中工资低于准入门槛的女性

---

[1]　UBS, Pillar 3 at a glance, https://www.ubs.com/ch/en/private/pension/pillar-3.html, 2022.

[2]　Credit Suisse AG, Second Pillar: A Growing Gap between Generations, https://www.credit-suisse.com/media/assets/private-banking/docs/ch/privatkunden/finanzplanung/pensionfundstudy-2019.pdf.

劳动者占受影响者的 90%[①]。新冠肺炎疫情全球流行严重打击了瑞士的旅游业和个人服务业，这些行业的许多人都是自由职业者和个体经营者。瑞士允许缓缴养老金，暂时降低或取消了对延迟缴纳会费的处罚，但是仍然要求养老金必要的积累，这使自由职业者和个体经营者的经历相对收入贫困的可能性更大。

为确保各个群体都能够在未来领取养老金，并继续享受他们已经习惯的生活水平，更进一步的养老金改革已经迫在眉睫。

（二）账户养老金的改革与发展

尽管瑞士的账户养老金制度面临诸多挑战，但考虑到可观的自愿养老金储蓄、相对较高的可支配收入和较高的家庭财富，瑞士的账户养老金制度比许多其他国家更有能力通过改革应对这些挑战。一方面，目前关于账户养老金的改革建议集中在职业养老金的参量式改革上，另一方面是降低最低转换率上，还有一方面是提高缴款率或减少协调扣除额，增加养老金缴款。然而，对个别措施的分析表明，确保长期提供职业养老金也意味着解决退休年龄问题，这也将减少从年轻人到老年人的再分配，同时加强代际契约。

1. 职业养老金制度的参量式改革

2020 年 11 月 25 日，瑞士联邦委员会通过了关于职业养老金改革的议案，改革旨在维持养老金水平，增强融资，改善自由职业者和个体经营者及女性就业者的待遇水平。改革包括以下的制度参数变化和调整，以期建立一个更加稳定和公平的职业养老金制度。

（1）降低转换率。强制性职业年金计划中普通退休年龄的最低转换率将由 6.8% 降至 6%。较低的转换率会减少养老金待遇，但在职业养老金的精算属性得到了增强，将更有利于后续的参数调整。此外，降低转化率会使参保人选择更长的缴费期和更高的终身缴费来弥补资金的减少，客观上有利于维持职业养老金的资金充足性。改革的最终目标是强化职业养老金的账户属性，使职业养老金完全基于个人积累的资本和预期的账户收益。

（2）减少协调扣除。协调扣除额从当前的 25095 瑞士法郎减少一半至 12548 瑞士法郎，这将增加强制性计划的缴费额度，扩大中低收入群体的养老金积累。

（3）降低准入门槛。将法定准入门槛从 21510 瑞士法郎减至 12548 瑞士法郎，并且养老基金在申请后可以自由设定低于法律规定的门槛[②]。

（4）引入养老金补助金。为了缓冲因转换率降低而可能造成的短期养老金不足，降低改革阻力，政府引入了养老金补偿机制。该机制覆盖有权领取老年和遗属保险的所有人，资金来自公共养老金年收入的 0.5%，最高可达 860400 瑞士法郎（2021 年数据）。在规定的 15 年过渡期内，职业养老金领取者将获得终身的按月养老金补助，具体规则为：转换率生效后最新五年的养老金领取者群体的附加费为每月 200 瑞士法郎，此后五年为每月 150 瑞士法郎，随后五年为每月 100 瑞士法郎，超出期限的补助金额将由联邦委员会根据实际情况重新确定。补助金的数额与支付的养老金数额无关，这将特别有利于中低收入人群、自由职业者和个体经营者以及女性劳动者。

（5）退休金的调整。规定减少年轻和老年投保人之间的缴款差额，具体替代方案有两种（见表 33-8），目前仍然在讨论之中，等待最后的确定。

表 33-8　改革对强制性计划缴费率的设定

年龄	改革前缴费比例（缴费额/协调收入）（%）	联邦委员会所拟模式缴费比例（%）	瑞士养老基金会所拟模式缴费比例（%）
20~24	0	0	9
25~34	7	9	9
35~44	10	9	12
45~54	15	14	14
55~65	18	14	16

资料来源：Fiche d'information "LPP 21 : comparaison entre le message et le modèle alternatif", https://www.bsv.admin.ch/bsv/de/home/sozialversicherungen/bv/reformen-und-revisionen.html.

2. 扩大个人养老储蓄计划的发展空间

相比于容易陷入政治斗争的职业养老金制度改革，瑞士政府更加重视进一步拓展 3a 和 3b 等不涉及再分配的个人养老储蓄计划。出台政策鼓励个人养老储蓄机构数字化发展，将软硬件技术嵌入个人养老储蓄产品，满足参保人多层次、个性化的投资需求的一站式管理，提供高效快捷智能化的服务。鼓励雇主允许员工缴纳更高的自愿储蓄金，鼓励多雇主兼职人员或自雇人员参与个人养老储蓄。

3. 多元化投资与适时改变投资策略相结合

近年来，对提高基金回报率、给予工人选择基金的权利和工人直接投资的呼声也越来越高，很多大型养老基金正在考虑探索国际市场或实行更加积极的投资组合，建立更加具有弹性的投资管理制度。此外，政府也积极顺应国

---

① FSIO, History of Social Security in Switzerland, https://www.historyofsocialsecurity.ch/risk-history/old-age-provision, 2020.

② Reform der beruflichen Vorsorge (BVG 21), https://www.bsv.admin.ch/bsv/de/home/sozialversicherungen/bv/reformen-und-revisionen.html.

际投资新趋势，出台多项措施促进可持续投资和绿色金融科技的发展。瑞士联邦委员会于 2020 年 6 月通过关于可持续金融的报告指南，旨在将瑞士转变为可持续金融服务的领先地区。随后又于当年 11 月启动了绿色金融科技网络项目，以加快瑞士在环保型金融科技创新的发展。这将有利于养老基金获得更加稳定、长期、可持续的收益。

4. 延迟退休，加强代际再分配

加强代际间团结一直是瑞士养老金制度的重要目标，在 2017 年前后，瑞士政府便开始计划提高退休年龄，寻求新的代际间再平衡，但这一改革提案在议会公投中被否决。最新的法案计划提高女性退休年龄到 65 岁，该措施最早从 2023 年起开始实施，每年提高三个月，在 2027 年左右实现男女退休年龄相等，作为政策缓冲措施，58 岁或以上的女性在法律生效后将在新的退休年龄退休时获得养老金补助[①]。

四、瑞士账户养老金与制度改革的启示

（一）顶层设计，保证政策的统一性

回顾瑞士养老金体系的设计，可以看到其对顶层设计的重视，无论是三支柱之间的协调还是账户养老金的运营，都保证了政策和管理的统一性。

首先，对养老金体系的顶层设计保证了三支柱的协调一致。三支柱层次分明，第一支柱只保证最低生活要求，严格限制福利化倾向；第二支柱与第一支柱公共养老金挂钩，强制性计划的准入门槛、缴费上限和最低缴费基数都与最高全额基本养老金有关，保证了第一支柱与第二支柱之间的联动性，确保第一、第二支柱合计替代率能让被保险人维持其退休前的生活水平的目标。第三支柱有更加积极的投资政策，满足个人更高的养老需求。其次，对法律规定和监督机构的顶层设计保证了账户养老金的可靠运行。法律规定清晰，通过《联邦职业老年、遗属和残疾福利法》不仅确立了强制性职业养老金制度，而且对基金的投资策略与投资组合进行了限制，降低了制度初设时期的风险，后期放宽对投资策略与投资组合的要求也只需对该法律进行修订即可完成。监督机构的分工明确，无论保险行业还是基金行业都被纳入联邦社会保险局和瑞士联邦委员会的监管之下。最后，对养老金账户管理的顶层设计形成了一体化的账户信息平台。无论是强制性计划账户还是 3a 账户和 3b 账户，都始终在统一的平台上运作，个人的缴费、交易和投资信息实时记录。3a 账户和 3b 账户的转移方便快捷，为所有具备第三支柱产品提供资质的金融机构提供了公平的竞争环境。

因此，建立高层的协调机制，统一调配三支柱和制度内部的资源十分必要。另外，各监管等部门应联合起来，共同研究出台制度规范，整合已有平台，形成一体化管理体系。

（二）放水养鱼，优化私人养老金的营商环境

回顾瑞士养老金制度的历史可以看到瑞士福利制度的滞后性，公共养老金制度的建立一波三折。不过，这种福利的延迟性的影响并不一定是完全消极的，公共养老金制度面临的政治障碍使商业保险公司、基金公司、非营利组织等私人养老金成为先行者，形成了规模可观的养老金资产和发达的金融市场。在公共养老金制度建立后，政府仍然对私人养老金给予政策支持，并注意限制公共养老金的开支和福利化倾向。先前存在的私人养老金机构的发展空间不但没有被挤压，而且进一步发展，为公共政策的创新试点提供了载体，特别是强制性职业养老金计划的确立，打破了养老金制度建设的政治僵局，这使瑞士在 20 世纪 70 年代饱受"滞胀"和"福利病"困扰的发达国家中脱颖而出，保持了经济的繁荣和人民生活水平的提升。此外，在账户养老金的资产管理方面，法律给予了养老基金管理机构极大的独立性和自主权，雇主和政府都不能直接干涉基金的投资管理，建立了良好治理结构。这不仅维持了资金的市场化运作，也保证了计划成员的利益。

作为对先前个人税收递延型商业养老保险试点的升级版，个人养老金扩大了覆盖的金融产品范围，可满足更多不同层次和偏好的需求选择，相应的政策文件也已出台，各地政府应尽快组织专家评审、积极申报，将按照国家有关部署和要求，做好启动实施个人养老金的先行工作。一些城市已经蓄势而动，截至 2022 年 7 月 22 日，四川省人社厅会同财政厅、国家税务总局四川省税务局，面向全省 21 个市（州）开展了个人养老金先行城市申报工作，并确定成都为"四川省个人养老金先行城市"。相关部门也应尽快会同相关部门制定配套政策，将制度推开，让更多地区先行先试，享受政策红利，依靠市场机制积累账户养老金的管理、监管和运营经验。

（三）面向个人，制定简单便捷的个性化设计

通过制度设计可以发现，瑞士的账户制养老金始终以个体为核心。首先，账户养老金的操作快捷便利。已经实现与互联网金融平台的深度融合对接，通过面向个人方便快捷的投保、缴费、查询和投资服务终端，参保人足不出户就可以了解投资储蓄产品、查询账户收益、进行线上交

---

① OECD, Pensions at a Glance 2021: OECD and G20 Indicators, OECD Publishing, Paris, https://doi.org/10.1787/ca401ebd-en, 2021.

易。其次，账户养老金的制度设计多样互补。以 3a 账户和 3b 账户为例，3a 账户带有明显的市场进取性，适合投资高风险高收益资产（如股票），获得的高收益还可以享受税收优惠；3b 账户限制较少更加灵活，适合投资其他传统资产或保险产品，收益低但稳定。两者同时购买并持有，资产配置比例完全由个人根据自己的风险偏好和经济条件自主决策。

相比之下，国内账户养老金一直处于"叫好不叫座"的状态，一部分原因是养老保险机构将关注重心放在了产品而非目标人群的设计上，仅依靠有限的税收优惠无法吸引中高收入人群参与。还有一部分原因是纳税抵免的行政审批流程和抵扣凭证手续仍以"单位"为主体，个人不好办，单位也不愿办。因此，发展第三支柱养老保险必须以个人账户制为核心，保证参保者成为养老金的受益主体和纳税主体，而非产品。

（四）弹性调整，重视制度普惠性

瑞士的账户养老金制度也并非完美，制度的普及性问题日益突出，特别是对新业态就业者和女性劳动者的养老需求的不足。显然瑞士并不想让第三支柱成为扩大收入差距的"富人俱乐部"，力图通过协调扣除、准入门槛等制度参数的弹性调整，扩大中低收入群体的参与率和相应的养老金积累额度，同时建立临时的补贴鼓励该群体参保。这些方法已取得了一定成效，值得其他国家借鉴和参考。

在国内，扩大覆盖面是第三支柱养老保险目前发展面临的关键任务。从现实条件看，规模庞大的灵活就业群体正缺少养老金制度的覆盖，应该通过个人养老金的制度设计吸引该群体参保，使该制度成为普及率较高、普及性兜底性较好、促进共同富裕的制度，实现第三支柱的突破发展。

分报告三十四
波兰账户养老金制度的发展、运行与改革评析

一、波兰账户养老金制度的演变与发展历程

（一）名义账户制范式转换

自 20 世纪 50 年代以来，波兰已建成的普享型现收现付养老金制度一直处于平稳的运行状态[①]。进入 90 年代后，波兰逐渐向市场经济体制转型。鉴于当时不断攀升甚至高达两位数的失业率，政府鼓励提前退休以促进企业和行业的重组，同时减轻劳动力市场的就业压力。一方面年轻养老金领取者人数增多，另一方面，为了补偿某些津贴的取消，养老金待遇水平被提高，因此养老金成本大幅增加。伴随波兰人口老龄化程度的加深，包括矿业、重工业等职业分支团体在内的利益集团介入施压，要求准予不同的职业团体额外的养老保险特权。政府出台提前退休的政策来应对失业问题，并向老年群体做出成本高昂的养老金待遇承诺。再加上频繁的养老金立法调整等因素的影响，波兰待遇确定型现收现付养老金制度缺乏可持续性这一弊端日渐凸显。民众对于养老金制度的信心被严重削弱，传统养老金制度面临着沉重的待遇支付负担和巨大的财务危机。

早在 20 世纪 90 年代初，波兰国内曾经展开了关于养老金制度改革的讨论，但首届民主政府未能成功实施必要的养老保险改革。1997 年，波兰由党派联盟主政，开始着手进行养老金制度改革，成为中东欧地区最早进行养老金改革的国家。政府当时面临三种改革方案，第一种选择是不从根本上重组养老金制度，仅做轻微调整，剥夺一定社会团体的特有养老金权利。第二种选择是采取名义缴费确定型计划，即名义账户制（NDC）。第三种是根据智利经验，基于私有化模式，引入全新的养老金制度。尽管仍然无法解决民众退休年龄偏低这一重大问题，政府最终于 1998 年 12 月通过波兰老年养老金法案（Old-Age Pension Act），决定实施范式转换型改革，从三种方案中选定了更加符合波兰国情的名义账户制改革模式。自 1999 年 1 月，波兰开始实施新的名义账户制养老金制度，这也是当时欧洲最为激进的养老金改革之一[②]。

波兰公民养老金的权利取决于参保者的年龄，如表 34-1 所示，不同群体根据出生时间的不同，可以选择加入对应的养老金制度。第一，1949 年 1 月 1 日以前出生的参保人（老人）留由旧养老金制度覆盖，波兰社会保险局（Social Insurance Institution, ZUS）根据 1999 年以前的规则计算其养老金待遇。第二，1948 年 12 月 31 日以后出生的参保人（新人）只能加入新养老金制度，社会保险局根据新规则计算养老金待遇。第三，1949 年 1 月 1 日至 1968 年 12 月 31 日出生的参保人（中人）可以有两种选择，一是继续留在 1999 年之前的养老金制度中，即现收现付模式，在职一代的缴费被指定用于养老金的支付，社会保险局将缴费的价值贷记个人账户。二是选择加入新的养老金计划，将现收现付制和积累制模式相结合，通过社会保险基金或开放养老金基金来征收缴费。

[①] 波兰养老金待遇除了为满足退休生活需要的老年养老金，还包括残疾养老金和遗属养老金，本报告主要侧重研究分析其中的老年养老金。

[②] Polakowski M, Hagemeje K, Reversing Pension Privatization: The Case of Polish Pension Reform and Re-Reforms, ILO Working Paper No. 68, 2018.

表 34-1　波兰新养老金制度的引入（年龄组）

新制度（1948 年 12 月 31 日之后出生的参保人）		旧制度（1949 年 1 月 1 日前出生的参保人）
1968 年 12 月 31 日后出生	1969 年 1 月 1 日前出生	
自动参保新制度； 养老金缴费自动在两种账户间进行划分〔名义账户（NDC）+实账积累制（FDC）〕	自动参保新制度； 养老金缴费或在两种账户间划分（名义账户制+实账积累制），或直接进入一种账户（名义账户）	留在旧制度中（没有参与新制度的可能性）； 没有账户

资料来源：Holzmann R, Palmer E, Pension Reform: Issues and Prospects for Non-financial Defined Contribution (NDC) Schemes, Washington, D.C.: The World Bank, 2005, p.428.

依照新制度，每位雇员都拥有名义账户和积累型账户，这两类个人账户发挥相同的社会功能，在生命周期内进行收入分配。养老保险缴费进入两类账户都可以创造出账户价值，但是账户管理的方式各异，因此会产生不同的正外部性和负外部性。就财政可持续性而言，这一重大的政策调整将大幅减少公共部门养老金债务。波兰养老金债务占 GDP 比例的估计值在改革前达 462%，名义账户制养老金改革实施后，公共部门的债务到 2050 年所减少的规模相当于 GDP 的 268%，从而为长期的财政状况稳定打下基础。经济正外部性方面，新制度有利于资本市场的良好运行和就业形势的好转，波兰资本市场和就业环境得到一定改善，同时也增强了养老金缴费和待遇领取之间的精算关联机制[①]。

在波兰，养老金制度覆盖的目标人群不同，相应的管理部门也不同。农业社会保险基金（Agricultural Social Insurance Fund, KRUS）覆盖了农民群体，农民养老金制度由农业和农村发展部管理；雇员、自由职业者、承包商等养老金制度由家庭和社会政策部管理，具体行政管理事务由社会保险局负责；职业士兵养老金制度由国防部负责；军官与警察养老金制度由内务和管理部负责；退休法官的养老金待遇由司法部负责。如表 34-2 所示，由社会保险局管理的非特殊职业的普通雇员养老金制度覆盖面最广，养老金领取者人数最多。

表 34-2　养老金领取者的管理机构与规模（2020 年底）

管理机构	领取者的规模
社会保险局	5913205
农业社会保险基金	823238
国防部	71823
内务和管理部	89328
司法部	13926

资料来源：Statistics Poland, The Situation of Older People in Poland in 2020, https://stat.gov.pl/en/topics/older-people/older-people/the-situation-of-older-people-in-poland-in-2020,1,3.html, p.34.

（二）账户养老金制度的三支柱模式

目前，波兰多层次的账户养老金制度由三大支柱构成，实质上均完全转向了缴费确定型的个人账户制。如表 34-3 所示，第一支柱是强制型现收现付制计划；第二支柱是强制型现收现付制计划，以及部分可选择退出的开放养老金基金（Open Pension Funds, OFEs）；第三支柱是自愿型职业养老金计划和个人养老金计划。

表 34-3　波兰三支柱型账户养老金制度

分类标准	第一支柱	第二支柱	第三支柱
管理方式 与管理主体	公共管理 ·社会保险局管理	公共管理/私营管理 ·社会保险局管理 ·开放养老金基金管理	私营管理 ·根据产品形式，雇主或个人来组织，由不同的金融机构管理养老金储蓄
参与的性质	强制型	强制型+自愿型	自愿型
财务制度	现收现付制	现收现付制/积累制（可退出）	积累制
待遇计算	NDC	NDC/DC（可退出）	DC
待遇目标	基本待遇水平	基本待遇水平	更高的待遇水平

资料来源：Andersen T M, et al., Pension Savings: The Real Return (2021 Edition), https://ssl-uczelnia.sgh.waw.pl/pl/uczelnia/badania/grupy_badawcze/ppg/Documents/Publikacje/Rutecka/The-Real-Return-Long-Term-Pension-Savings-Report-2021-Edition.pdf, p.346.

---

① Duszczyk M, Wiśniewski J, The Polish Pension System in Comparative Perspective, February 2006, http://eng.newwelfare.org/2006/02/18/the-polish-pension-system-in-comparative-perspective/#.Yt_tW99MRdg, 2022-07-15.

尽管强制型、公共管理的第一支柱是通过吸收现付制计划筹资，但养老金待遇的计算方式是按照缴费确定型计划的规则，因此属于名义账户模式，而不是实账积累模式。第一支柱由社会保险局管理，待遇与缴费严格挂钩，强调缴费与养老金申领之间的关联。也就是说，如果不持续进行缴费，参保者就无法拥有充足的养老金待遇。

养老金第二支柱最初的设计是强制性实账积累模式，开放养老金基金是独立的法律实体，由私营合资公司和养老金基金协会这一股份制公司共同管理和运营。2011年，波兰政府立法将转入开放养老金基金的缴费率从7.3%下调至2.3%，这使第二支柱养老金基金的收益状况面临不确定性，也减少了用于波兰经济发展和投资的潜在资金流[①]。同年，强制性私营开放养老金基金已将51.5%的资产（大部分的持有形式是政府债券）转移至社会保险局，转移的总规模高达1460亿兹罗提[②]。2014年，第二支柱调整为自愿性质，并提供默认退出的新选择。2014年1月31日以前，1969年或更晚出生的雇员被强制要求参与开放养老金基金。雇员开始从事第一份工作时可以选择是否加入这一基金。已经成为开放养老金基金成员的雇员在2016年4月1日至7月31日，可以选择是否继续保留基金成员的身份。在接近法定退休年龄的10年内，选择继续留下的成员在开放养老金基金中积累的资产将逐步被转移至社会保险局管理的子账户中，按照名义账户模式进行管理。在波兰，雇主和雇员都无法决定建立开放养老金基金计划，因此开放养老金基金不属于私营养老金计划，而是在金融市场上临时投资公共养老金的一种机制，属于积累期的一种金融工具。截至2020年底，开放养老金基金的注册成员为1540万，开放养老金基金管理的成员账户数量达到1580万[③]。

养老金第三支柱作为对强制型基本养老金的补充，代表自愿性的附加养老金储蓄，目的在于为未来提供更高水平的养老金待遇。第三支柱主要包括雇员（职业）养老金计划〔Employee (occupational) Pension Programmes, PPE〕，个人退休账户（Individual Retirement Accounts, IKE），个人退休储蓄账户（Individual Retirement Savings Accounts, IKZE）和雇员资本计划（Employee Capital Plans, PPK）。其中，雇员（职业）养老金计划和雇员资本计划是基于团体的储蓄计划，个人退休账户和个人退休储蓄账户可以归为个人退休和储蓄计划的类别[④]。

雇员（职业）养老金计划在1999年被引入，由雇主为其员工举办，每个公司至少需要25%的雇员同意加入计划，这是该项计划得以注册的前提条件。雇主与员工代表需要先就计划的运营条件达成一致，与金融机构签署资产管理合同（或决定自行管理资产），再向波兰金融监管委员会（Polish Financial Supervision Authority, UKNF）注册计划。个人退休账户自2004年开始运行，它向人们提供了为退休进行储蓄的可能，许多金融机构，例如资产管理公司、人寿保险公司、经纪人事务所、银行和养老金协会等都提供这类账户。账户持有者只能在单个退休账户中积累资金，但在资金积累阶段可以自由改变对金融机构的选择。个人退休储蓄账户于2012年被引入，它的提供形式与个人退休账户相同，但是规定了其他的缴费限制和不同的税收优惠政策。个人退休账户和个人退休储蓄账户属于个人形式的私人养老金储蓄，民众可以建立养老金储蓄的个人账户，并交由保险公司、投资基金、经纪人事务所、银行以及自愿型养老金基金管理账户。雇员资本计划也是由雇主举办，计划按照自动加入机制和配套的缴费确定型机制运行。这类计划从2019年开始实施，公司根据雇员的人数规模，决定全面实施计划的时间安排。如表34-4所示，雇员人数越多，雇员资本计划全面启动的时间越早；相反，如果雇员人数相对较少，则全面启动计划有一定的延迟。截至2021年4月23日，所有设在波兰、雇员人数不足20人的公司被要求强制建立雇员资本计划，未能履行此项义务的公司将面临1000~1000000兹罗提的罚款[⑤]。对于雇员而言，是否加入计划属于自愿行为。如果雇员不愿参加该计划，则需在规定时间内进行专门的声明，且每隔4年还需更新该声明。若无特别声明，雇员按照规定自动加入雇员资本计划。

① Jachowicz A , Individual Savings Accounts in Poland—Why Governments Didn't Nudge People to Make Savings Enough Strong?, In Procházka D (eds.), Global Versus Local Perspectives on Finance and Accounting, Springer Proceedings in Business and Economics, Cham: Springer, 2019, p.97.

② European Trade Union Institute, Poland: Voluntary Pension Scheme Announced by the Government, June 2020, https://www.etui.org/covid-social-impact/poland/poland-voluntary-pension-scheme-announced-by-the-government, 2022-07-10.

③ Statistics Poland, Financial Results of Open Pension Funds and General Pension Societies in 2020, https://stat.gov.pl/en/topics/economic-activities-finances/financial-results/financial-results-of-open-pension-funds-and-general-pension-societies-in-2020,6,23.html, p.2, 2022-07-15.

④ 与我国国内的养老金第三支柱缴费模式不同，波兰基于团体的储蓄计划是由雇主发起，雇主也需承担缴费的责任。

⑤ Lockton Global Compliance, Poland Changing the Occupational Pension Landscape, March 2021, https://globalnews.lockton.com/poland-changing-the-occupational-pension-landscape/, 2022-07-15.

表 34-4　雇员资本计划全面实施的时间

全面实施的时间	雇员规模
自 2019 年 7 月 1 日起	雇员超过 250 人
自 2020 年 1 月 1 日起	雇员超过 50 人
自 2020 年 7 月 1 日起	雇员超过 20 人
自 2021 年 1 月 1 日起	余下的公司，包括由国家预算提供经费的机构

资料来源：Andersen T M, et al., Pension Savings: The Real Return (2021 Edition), https://ssl-uczelnia.sgh.waw.pl/pl/uczelnia/badania/grupy_badawcze/ppg/Documents/Publikacje/Rutecka/The-Real-Return-Long-Term-Pension-Savings-Report-2021-Edition.pdf, p.349.

波兰加入欧盟后，为了满足《马斯特里赫特条约》，面临着更多来自欧盟委员会的压力。因此 2011 年政府减少了私营管理养老金层次的规模，随后又国有化一部分以政府债券形式持有的资产，并将养老金第二支柱转为自愿性质。另外，巨大的养老金制度转型成本、高额的私营养老金基金管理成本和偏低的投资回报、预计较低的替代率水平、养老金行业市场的过于集中等问题，最终导致波兰在 2011 年和 2013 年再次进行养老金改革。这两次改革不仅促使 1530 亿兹罗提的资金从开放养老金基金转向社会保险局，还造成养老金第二支柱覆盖的成员人数急剧减少。在总计 1400 万符合加入第二支柱的成员中，仅有 250 万人选择继续留在开放养老金基金，占比仅为 18.3%[①]。2021 年 3 月，波兰政府批准了一项法律草案，将第二支柱开放养老金基金价值总计 1490 亿兹罗提的资产转移至第三支柱的个人退休账户[②]。

二、波兰账户养老金制度的运行

（一）账户养老金制度的筹资

波兰公共养老金制度的筹资政策是由雇主和雇员共担强制性的缴费责任，但雇主的承担比例高于雇员所承担的比例。第一支柱和第二支柱都是基于名义账户模式的缴费型养老金制度，两支柱的总缴费率为工资总额的 19.52%，由雇主和雇员各承担一半的缴费责任。其中，12.22% 的缴费进入第一支柱，计入计划参与者的个人账户；另外 7.3% 进入第二支柱。如果计划参与者不选择退出积累制，所有 7.3% 的缴费将被记录在社会保险局管理的子账户中。如果选择退出积累制，则 4.38% 的缴费将被记录在社会保险局管理的子账户中，2.92% 的缴费将被转入所选的开放养老金基金。2020 年，社会保险局向开放养老金基金转入的缴费和利息规模分别达到 34 亿兹罗提和 430 万兹罗提。

第三支柱的雇主和雇员的缴费比例要求各不相同，具体来看，雇员养老金计划中雇主承担基本缴费，最低的缴费率是雇员工资总额的 3.5%，最高可达 7%。雇员的缴费属于自愿行为，雇员的额外缴费可以从其净（税后）工资中扣除，额外缴费的年度配额限制为平均工资的 4.5 倍，2021 年的限额为 23665 兹罗提。雇员资本计划规定雇主承担的最低缴费率为雇员工资总额的 1.5%，最高可达 4%。基于自愿基础，雇员缴费比例为工资总额的 2%~4%。收入水平为平均收入的 120% 或者收入更低的雇员可以减少缴费，即按照工资总额 0.5% 的标准缴费。为了鼓励人们向雇员资本计划缴费、储蓄资金，国家预算可以提供 250 兹罗提作为启动缴费资金，常规的年度国家补贴金额为 240 兹罗提。个人退休账户的缴费从净工资中扣除，缴费上限为平均工资的 3 倍，2021 年标准为 15777 兹罗提。最后，向个人退休储蓄账户支付的缴费可从个人所得税基数中扣除，缴费上限是平均收入的 1.2 倍，2021 年标准为 6310 兹罗提[③]。

2020 年 4 月和 5 月，由于受到全球范围内新冠肺炎疫情的影响，波兰政府修订了反危机保护计划，扩大了临时性社保缴费减免的覆盖群体。根据修定后的规则，雇员人数如果在 10~49 人的区间，则雇主可以减免一半 3~5 月的缴费。社会合作社和独资公司可免交 3~5 月的缴费，收入水平符合一定条件的自雇者可免交 4 月和 5 月的缴费[④]。

---

　①　European Trade Union Institute, Poland: Voluntary Pension Scheme Announced by the Government, June 2020, https://www.etui.org/covid-social-impact/poland/poland-voluntary-pension-scheme-announced-by-the-government, 2022-07-10.

　②　Kosc W, Poland Approves Plan to Overhaul Pension System, March 2021, https://intellinews.com/poland-approves-plan-to-overhaul-pension-system-204346/, 2022-07-10.

　③　Andersen T M, et al., Pension Savings: The Real Return (2021 Edition), https://ssl-uczelnia.sgh.waw.pl/pl/uczelnia/badania/grupy_badawcze/ppg/Documents/Publikacje/Rutecka/The-Real-Return-Long-Term-Pension-Savings-Report-2021-Edition.pdf, pp.348-350, 2022-07-15.

　④　Social Security Administration, International Update Recent Developments in Foreign, Public and Private Pensions, Sep. 2020, https://www.ssa.gov/policy/docs/progdesc/intl_update/2020-09/2020-09.pdf, 2022-07-15.

（二）养老金基金的投资

截至 2021 年底，波兰养老金基金资产共计 464.85 亿美元，占 GDP 比重为 7.2%。与 2020 年相比，资产规模增长了 26.2%。2020~2021 年，波兰养老金基金名义投资回报率为 25.2%。考虑到通货膨胀因素的影响，实际回报率仍有两位数，高达 15.2%[①]。

第二支柱方面，2019 年政府统计数据显示，开放养老金基金的总资产包括华沙股票交易市场挂牌上市的资产 1269 亿兹罗提和境外公司股票 108 亿兹罗提等。上届波兰政府在投资组合中去除主权债券后，自 2014 年起开放养老金基金的股权投资权重被调高，结果导致投资回报出现较大的波动。根据新的制度规定，开放养老金基金将会逐渐减少 85% 的股权投资限制，以此增强制度的稳定性[②]。2020 年底，波兰共有 10 只开放养老金基金，其中 80% 的资金投资于华沙股票交易市场上市公司股票，规模达到 1265 亿兹罗提，此外还包括银行存款、债券以及其他资产类别。2020 年开放养老金基金投资组合

价值总计 1475 亿兹罗提，较 2019 年 1533 亿的规模略有下降[③]。

第三支柱方面，从资产规模的角度看，雇员养老金计划管理的资产最多；从计划覆盖率的角度看，雇员资本计划的劳动人口覆盖率最高，如表 34-5 所示。总体上，自愿型养老金基金的投资工具类型较多。其中，雇员（职业）养老金计划最主流的投资工具是投资基金，约 69.4% 的资金是由投资基金管理。雇员资本计划主要是选择目标日期基金（也称生命周期基金），从设立目标日期到计划成员临近 60 岁的这段时期内，股票投资限制比例从 60%~80% 下降到 0~15%，而债券投资的限制比例则从 20%~40% 上升至 85%~100%。个人退休账户最主流的投资工具是投资基金和寿险合约，约 80% 的个人退休账户选择了这两类工具。个人退休储蓄账户的市场主要被提供投资基金的资产管理公司占据，47% 个人退休储蓄账户选择了投资基金[④]。

表 34-5　波兰自愿型养老金投资管理与规模（截至 2020 年）

制度类型	雇员（职业）养老金计划（PPE）	雇员资本计划（PPK）	个人退休账户（IKE）	个人退休储蓄账户（IKZE）
养老金工具的类型	·投资连结型寿险 ·投资基金 ·雇员养老金基金	·投资连结型寿险 ·投资基金 ·养老金基金	·投资连结型寿险 ·投资基金 ·在经纪人事务所中的账户 ·银行账户 ·自愿型养老金基金	·投资连结型寿险 ·投资基金 ·在经纪人事务所中的账户 ·银行账户 ·自愿型养老金基金
管理资产的规模（亿兹罗提）	17.2	2.82	11.92	4.58
劳动人口覆盖率（%）	3.7	8.68	4.34	2.39

资料来源：Andersen T M, et al., Pension Savings: The Real Return (2021 Edition), https://ssl-uczelnia.sgh.waw.pl/pl/uczelnia/badania/grupy_badawcze/ppg/Documents/Publikacje/Rutecka/The-Real-Return-Long-Term-Pension-Savings-Report-2021-Edition.pdf, pp.349-350.

由于波兰金融机构较少公布养老金第三支柱详细的投资统计数据，有关养老金产品投资绩效评估仅限于雇员（职业）养老金计划、个人退休账户和个人退休储蓄账户

特有的投资工具，即雇员养老金基金（Employee Pension Funds, PFE）和自愿型养老金基金（Voluntary Pension Funds, DFE）[⑤]。总体来看，自第三支柱养老金制度成立以

---

①　OECD, Pension Market in Focus 2021, https://www.oecd.org/daf/fin/private-pensions/Pension-Markets-in-Focus-Preliminary-2021-Data-on-Pension-Funds.pdf, pp.2-4, 2022-07-10.

②　Krzyzak K, Poland Finalises Abolition of €38bn Second-pillar System, 2019, https://www.ipe.com/poland-finalises-abolition-of-38bn-second-pillar-system/10030674.article, 2022-07-10.

③　Statistics Poland, Financial Results of Open Pension Funds and General Pension Societies in 2020, https://stat.gov.pl/en/topics/economic-activities-finances/financial-results/financial-results-of-open-pension-funds-and-general-pension-societies-in-2020,6,23.html, p.3, 2022-07-15.

④　Andersen T M, et al., Pension Savings: The Real Return (2021 Edition), https://ssl-uczelnia.sgh.waw.pl/pl/uczelnia/badania/grupy_badawcze/ppg/Documents/Publikacje/Rutecka/The-Real-Return-Long-Term-Pension-Savings-Report-2021-Edition.pdf, pp.352-357, 2022-07-15.

⑤　Andersen T M, et al., Pension Savings: The Real Return (2021 Edition), https://ssl-uczelnia.sgh.waw.pl/pl/uczelnia/badania/grupy_badawcze/ppg/Documents/Publikacje/Rutecka/The-Real-Return-Long-Term-Pension-Savings-Report-2021-Edition.pdf, p.365, 2022-07-15.

来，这两种养老金投资工具投资回报率表现尚佳。如表 34-6 所示，雇员养老金基金和自愿型养老金基金的年度

名义净回报率分别为 5.88% 和 5.04%，年度实际净回报率分别为 3.74% 和 4.11%。

表 34-6　部分第三支柱养老金投资工具的回报率　　　　单位：%

回报率	雇员养老金基金		自愿型养老金基金	
	名义净回报率	实际净回报率	名义净回报率	实际净回报率
1 年期	7.07	3.55	6.09	2.6
3 年期	3.38	0.93	−1.8	−4
5 年期	4.39	2.37	1.19	−0.34
7 年期	3.30	2.03	1.13	0.2
自成立以来	5.88	3.74	5.04	4.11

资料来源：Andersen T M, et al., Pension Savings: The Real Return (2021 Edition), https://ssl-uczelnia.sgh.waw.pl/pl/uczelnia/badania/grupy_badawcze/ppg/Documents/Publikacje/Rutecka/The-Real-Return-Long-Term-Pension-Savings-Report-2021-Edition.pdf, p.347.

（三）养老金待遇的计算与发放

自 1999 年以来，波兰公共养老金制度的待遇发放一直遵循名义账户的原则。养老保险的缴费贷计入个人的名义账户，名义利率按工资增长的一定比例计算，但不能低于消费者物价水平。养老金待遇的计算与名义资本的积累率以及退休时的预期寿命相关，待遇金额每年根据消费者物价指数进行指数化调整。每年 3 月 1 日，社会保险局按惯例实施养老金指数化调整。指数化调整后的养老金金额等于参保人的待遇金额、养老金评估基础与指数化率的乘积。指数化率是指前一年的消费品和劳务平均年度指数，至少应比前一年的平均月工资实际增长率上调 20%。2021 年，波兰的养老金指数化率设定为 104.24%[①]。第一支柱养老金的指数化调整取决于前一年所谓的承保保费（即工资的增长以及参保人的数量），但不能低于通胀率或是出现负值。第二支柱养老金账户的指数化调整与过去五年 GDP 增长率相关。政府养老金待遇水平最终取决于两方面，一是被保人在整个职业生涯中积累的应得养老金金额（名义账户和子账户中的积累），二是临近退休时的平均预期寿命。计算公式如下所示，

$$养老金_k = \frac{第一支柱资金 + 第二支柱资金}{预期寿命_k}$$

其中k是指退休年龄。按照传统，波兰每年6月退休的群体会按照名义账户制的年度指数化而不是季度指数化调整方案计算养老金待遇，这种方式可能导致退休人员获得的待遇偏低。2021年9月，政府调整了同年6月已获通过的养老金计算方案，确保提供比此前5月通过的方案更高的待遇金额。

波兰政府原计划到2020年将男性退休年龄提高至67岁、到2040年也将女性退休年龄提高至67岁。2017年，政府废除了提高退休年龄的提议，退休年龄被重新设定为男性65岁、女性60岁。波兰政府为了获得选民的支持，决定降低退休年龄，但会产生大量民众只能获得极为有限养老金的后果。另外，在所有OECD国家中，波兰男性和女性退休年龄的差距最为明显[②]。基本养老金制度（第一和第二支柱）的养老金待遇计算是基于缴费确定型计划的规定，由社会保险局进行支付。如图34-1所示，2010~2020年，波兰领取老年养老金人数呈现缓慢增长的趋势，目前已达到600万人的规模。2020年，社会保险局每月平均向780万人支付各类养老金待遇，支出规模总计2248亿兹罗提。波兰中央统计局的数据显示，截至2020年底，波兰养老金领取者年龄基本在60岁以上，不足60岁的领取者占比约3%，75岁以上领取者仍有相当比例，占比达到了26.8%，详情如图34-2所示。

---

① Social Insurance Institution, Social Security in Poland, 2021, https://lang.zus.pl/documents/493369/574088/Social_security_in_Poland.pdf/8e1a8cad-f6ad-467a-8e81-1fedd2692082?t=1647007537772 , p.45, 2022-07-15.

② Siemieńska R, Poland, In Á. Ní Léime, et al. (eds.), Extended Working Life Policies, Cham: Springer, 2020, p.364.

（千人）

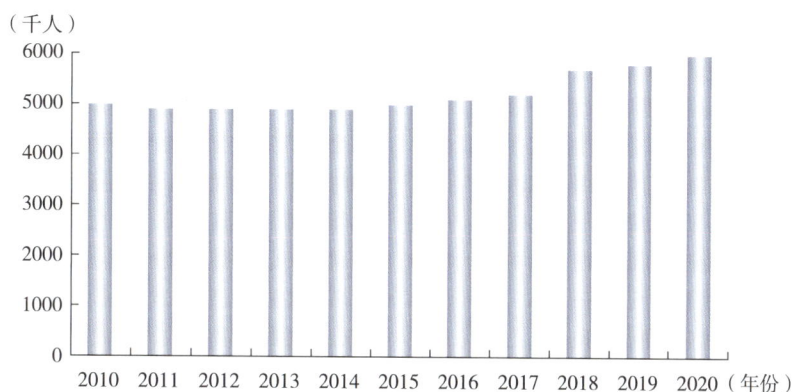

图 34-1　2010~2020 年波兰养老金领取者人数

资料来源：Social Insurance Institution, Social Security in Poland , 2021, https://lang.zus.pl/documents/493369/574088/Social_security_in_ Poland.pdf/8e1a8cad-f6ad-467a-8e81-1fedd2692082?t=1647007537772, p.44.

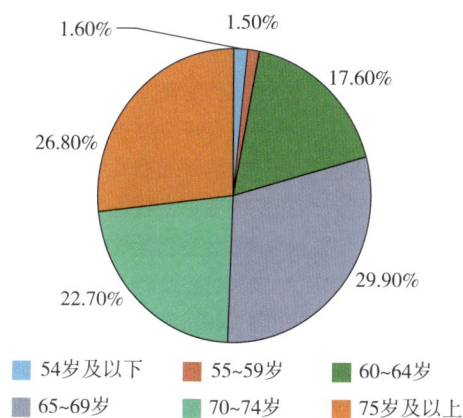

图 34-2　2020 年底波兰养老金领取者的年龄分布

资料来源：Statistics Poland, Retirement and other pensions in 2020, https://stat.gov.pl/en/topics/older-people/older-people/, p.17.

在第三支柱养老金中，不同的养老金计划针对缴费、投资、待遇领取三阶段的税收优惠，以及待遇领取年龄都有不同的政策规定。除了个人退休储蓄账户实行 EET 税收优惠模式，并规定待遇领取年龄为 65 岁以外，雇员养老金计划、雇员资本计划以及个人退休账户均实行 TEE 税收优惠模式，待遇领取年龄均设定为 60 岁。所有第三支柱养老金计划对于待遇领取方式有一致的规定，既允许计划参与者或账户持有者一次性将待遇或账户中积累的储蓄提取完毕，也可以按计划分期提取。具体来看，雇员养老金计划的投资收益可以免除资本所得税，最后领取的待遇也免税。雇员资本计划中雇员和雇主的缴费不免税，但国家补贴的资金（包括启动缴费资金和常规的年度补贴）

在积累和领取阶段都可免税，计划的投资收益也可以免除资本所得税。个人退休账户的投资收益可以免除资本所得税，待遇支付也享受免税。个人退休储蓄账户的缴费和投资回报免税，但领取待遇阶段须按较低税率征税。

（四）波兰账户养老金制度的监管

1. 波兰社会保险局

根据 1934 年总统法令，五家不同的保险机构通过合并，于当年组建了波兰社会保险局。1998 年社会保险制度法案重新界定了社会保险局的使命，并对其组织结构、日常运作以及财务工作进行监管。目前，社会保险局不仅是波兰最大规模的公共机构，也是波兰社会保障制度最重要的管理机构。

社会保险局的监管架构主要包括主席、管理委员会以及监管委员会。社会保险局主席直接负责社会保险局的活动，应主管社会保障领域部长的要求，部长理事会的主席有权任命或罢免社会保险局主席。在申请任命以前，部长必须与社会保险局监管委员会展开咨询。社会保险局管理委员会共由 2~4 名成员组成，接受社会保险局主席的领导。在社会保险局主席的要求下，社会保险局监管委员会可以任命和罢免社会保险局管理委员会的成员。社会保险局管理委员会是执行主体，主要负责管理社会保险局的资金，执行社会保险局的财务管理工作，起草社会保险基金、人口储备基金以及社会保险局自身的计划。另外，还负责监管社会保险局下设机构工作任务的执行情况，并为社会保险未来的发展制定新的方向，这些也会在社会保险局的战略文件中标明。社会保险局监管委员会是一个决策制定咨询机构，成员由波兰总理任命，任期为五年。社会保险局监管委员会成员由社会对话伙伴委派产生，成员一般是来自政府、贸易工会、雇主组织、养老金领取者组织的代表。委员会的成员数量取决于特定时间内全国范围雇主和雇员组织的代表人数，当前任期（2017 年 10 月至 2022 年 10 月）社会保险局监管委员会的成员数量是 11 人。

社会保险局的总体机构设置有总部和地方机构两大层次。总部共设有 33 个不同的组织单元和五大部门，即收入处、待遇处、行政管理处、信息技术处和战略处。总部是社会保险局的最高管理机构，负责协调所有社会保险制度法案中包含的任务活动。总部的工作人员需要起草内部法律条例（包含行动指南以及完成工作任务的步骤等）、顾客服务标准、标准化表格模板。总部还向地方机构提供完成法定工作任务过程中所需的组织、技术和财务支持，并制定社会保险局活动的计划，对整个机构的活动准备进行分析和预测。总部下设的每个部门需负责监管与地方机构相关的特定领域，这种监管非常重要、难度也较高，因为社会保险局属于大型机构，任务范围较广。此外，每一下设部门还需要发挥咨询功能，即对法律监管进行恰当和统一的解释，从而向下一级机构提供重要协助。社会保险局的地方机构被划分为 43 个分支部门，209 个检查团，70 个地方办公室。地方机构的工作主要围绕与社会保险事务相关的直接客户服务展开，一些分支机构还会执行因某些特定服务区域化或集中化而产生的任务。

2. 波兰金融监管局

波兰金融监管局和金融监管局委员会目前主要根据 2020 年最新修订的金融市场监管法案开展监管工作。监管金融市场目的在于确保市场正常运行，使市场具有稳定性、安全性、透明度，维护市场参与者的信心和利益。金融监管局的法定任务就是为金融监管局委员会和委员会主席提供帮助和支持。2019 年 1 月，金融监管局获得了国家法人的身份，从而确保其拥有更多的金融独立性。作为国家法人，金融监管局的活动都要接受部长理事会主席的监督。金融监管局进行的独立金融管理活动是基于金融监管局委员会采纳和部长理事会主席批准的年度金融计划。金融监管局的年度财务报表由部长理事会主席挑选的审计公司审核，并要得到部长理事会主席的批准。

波兰金融监管局下设七个大的部门，即银行监管部、保险监管部、资本市场监管部、战略和国际合作部、管理和组织部、创新和技术部以及监管和法务部。波兰金融监管局委员会属于合议型机构，设有主席 1 人，副主席 3 人，

董事长 1 人，还包括 9 名其他成员。3 名副主席分别负责银行监管、保险监管和资本市场监管工作，董事长负责领导人力资源、预算行政、信息技术等部门。在 9 名其他委员会成员中，有 6 名拥有投票权，他们分别是主管金融机构的部长或其代表、主管经济的部长或其代表、主管社会保障的部长或其代表、波兰国家银行主席或由主席任命的国家银行管理委员会成员、波兰共和国总统代表以及部长理事会主席代表。另外 3 名成员具有咨询顾问的身份，他们分别是担保基金银行的代表、竞争和消费者保护办公室主席代表、部长理事会成员或特别事务协调员。金融监管局委员会在其职权范围内采纳决议，颁布最终和临时性行政决定。2020 年，金融监管局委员会共计采纳 407 项决议，颁布 314 项最终行政决定和 3 项临时性行政决定。金融监管局委员采纳决议是通过记名投票的方式，投票表决至少需要包括金融监管局委员会的主席和副主席在内的 5 名委员，最后统计多数票的表决结果。如果出现票数相等的情况，金融监管局委员会的主席拥有决定性投票权。如果主席无法出席，副主席将被授权管理金融监管局委员会的活动。具有咨询顾问身份的金融监管局委员会成员不参与投票，因此也不会被计入投票的法定人数。

2020 年，波兰金融监管局负责监管的养老基金及机构的类型与数量如表 34-7 所示，所涉及的相关法案包括 2004 年 4 月通过的雇员（职业）养老金计划法案（PPE Act）和个人退休账户与个人退休储蓄账户法案（IKE and IKZE Act），以及 2018 年 10 月通过的雇员资本计划法案（PPK Act）。

表 34-7　2020 年被监管的养老金基金及机构的类型与数量

机构类型	机构数量
开放养老金基金	10
一般养老金协会	10
职业养老金基金	2
职业养老金协会	2
养老基金受托人	6
养老金基金过户代理人	7
自愿型养老金基金	7
自愿型目标日期养老金基金	32

资料来源：KNF, Report on the Activities of the UKNF and the KNF Board in 2020 , https://www.knf.gov.pl/knf/en/komponenty/img/REPORT_ON_THE_ACTIVITIES_OF_THE_UKNF_AND_THE_KNF_BOARD_IN_2020_75606.pdf, p.20.

目前，波兰针对第三支柱补充养老金计划的监管最主要的不足是养老金产品信息披露不充分。由于波兰金融机构无须承担向养老金账户所有者披露投资回报率等信息的职责，养老金监管机构一般不公布养老金产品或计划的绩效与成本的概括性信息。一般而言，养老金储蓄账户的所有者在报告期结束时会被告知已支付的缴费金额、投资单元的价值以及账户余额等信息，但不会被告知养老金账户实际的投资绩效以及总成本的扣除。金融监管局不要求金融机构提交补充型养老金产品投资绩效的详尽数据，也不公布投资绩效的官方统计数据。每一家金融机构就回报率和收取的费用、佣金等情况与储蓄者单独进行沟通。目前，除投资基金和雇员资本计划以外，波兰法律没有对养老金计划管理费用的类型和水平加以限定。养老金产品或计划提供商所需承担的信息公开责任非常有限，主要包括向监管机关定期提交报告，报告内容涉及投资组合、管理的资产，计划数量，储蓄者的年龄和性别以及缴费金额等。由于缺乏对养老金产品的登记注册和官方排名信息，对补充养老金计划有兴趣的民众只能自行获取相关信息再进行产品比较。关于个人养老金产品，虽然有监管规定清楚表明向个人储蓄者提供的信息应该具有易懂性，但是在实践中，监管机构均未对大部分储蓄者面临的养老金产品文件缺乏易懂性这一问题采取任何措施。另外，监管缺陷体现在缺乏对市场上养老金产品的管控上。养老金产品被引入市场前缺乏对合约的监管，或是当产品进入运营阶段缺乏后期监管。对养老金产品提供充足养老收入的有效性评估不足，无法确保仅允许合适的养老金产品进入市场，这将对补充养老金计划基本保障目标的实现带来一定风险。

三、波兰账户养老金制度的新近改革动向

近年来，波兰账户养老金制度最显著的改革和调整主要表现为连续两年发放特别的养老金待遇以及出台养老金第二支柱的债务清偿方案。养老金待遇发放方面，2020年1月，政府引入面向所有养老金领取者的额外年度现金养老金待遇（即所谓的第13个月养老金）。2019年最初引入时是作为一次性的待遇支付，后转变为面向所有养老金领取者的永久性的年度待遇支付。政府所提供的待遇水平相当于月平均工资的24%[①]，具体金额相当于当年3月

1日的最低养老金。2020年，波兰最低养老金为1200兹罗提。2021年，第13个月养老金的金额为1250.88兹罗提。2021年3月，政府又引入了金额相当于最低养老金的第14个月养老金，这同样也是一次性养老金待遇，发放对象主要是养老金收入偏低的领取者。波兰议会曾提议额外的第14个月养老金支付应该针对所有退休人员，而不仅局限于养老金收入低于一定标准的老年群体。正是因为这种源于支付预算的新型养老金待遇的发放，2021年波兰政府养老金支出直接增长了9.5%。2021年11月，第14个月养老金正式向910万退休人员进行了支付。政府向养老金收入不足2900兹罗提的710万养老金领取者支付了1250.88兹罗提的养老金，养老金收入高于2900兹罗提的120万养老金领取者会被削减待遇金额，常规养老金收入较高的50万养老金领取者则不能领取第14个月养老金[②]。

2021年4月，波兰总理宣布了养老金第二支柱的债务清偿细节，结束了自2016年政府首次宣布取消第二支柱后持续多年的猜测。按照政府公布的方案，1580万开放养老金基金成员将面临两种选择：一是将所有的资金转入新建立的第三支柱个人退休账户，二是转入第一支柱，由社会保险局管理，这两种选择所享受的税收优惠各不相同。第一种情形的默认选择是成员在两年内向社会保险局支付占资产价值15%的资产兑换税，但在之后的待遇领取阶段，无论是一次性领取或是分期领取都将免税。账户持有者只能在临近退休年龄时才能获得自己的养老资金。不同于社会保险局账户，第三支柱个人退休账户中积累的资金具有个人所有且可继承的特点。选择第二种方案的成员可以免交资产兑换税，但是退休待遇领取阶段要缴纳个人所得税，目前基本税率是18%，边际税率是32%[③]。

四、相关述评

（一）对波兰账户养老金制度的评价

根据2021年美世CFA全球养老金指数报告，波兰养老金制度在全球43个国家（占全球人口的65%）的排名是第27位。2021年的总体得分是55.2，比2020年54.7的得分略有提升。波兰养老金制度在公正性、充足性以及可持续性三个方面的全球排名分别为第31位、第26位和第34位，具体得分均低于报告的平均指数，如表34-8所示。

---

①　OECD, Pensions at a Glance 2021: OECD and G20 Indicators, OECD Publishing, https://www.oecd.org/publications/oecd-pensions-at-a-glance-19991363.htm, p.43, 2022-07-10.

②　Poland to Offer Extra Pensions Despite Pandemic, March 2021, https://www.thefirstnews.com/article/poland-to-offer-extra-pensions-despite-pandemic-20372, 2022-07-10.

③　Krzyzak K, Poland Finalises Abolition of €38bn Second-pillar System, 2019, https://www.ipe.com/poland-finalises-abolition-of-38bn-second-pillar-system/10030674.article, 2022-07-10.

尽管波兰账户养老金制度将强制型和自愿型制度相结合，公共管理和私营管理相结合，三支柱模式在保障基本养老待遇的同时还提供了获得更高待遇水平的可能。但是，在替代率水平、财务可持续性以及计划参与者的金融素养三方面，波兰账户养老金制度仍存在较大的改进空间。

表 34-8　2021 年波兰养老金制度指数得分与排名

评价指标	公正性	充足性	可持续性
波兰	65.6	60.9	41.3
全球排名	31	26	34
全球平均指数	72.1	62.2	51.7

资料来源：Mercer & CFA Institute, Mercer CFA Institute Global Pension Index 2021, https://www.mercer.com/content/dam/mercer/attachments/private/gl-2021-global-pension-index-mercer.pdf, p.6.

自 1989 年，波兰进入社会政治和经济的转轨时期，福利制度也经历了重大的地方分权和重组改革。1991 年至 1992 年初，政府出台一系列法令，养老金待遇水平与退休前 10 年的收入而不是最后三年的收入水平挂钩，因此被极大降低。2000 年以后的社保改革也旨在限定制度的覆盖面和待遇金额。现实中，政府虽然有大量社保支出，但个人待遇的实际价值并不高，民众不满逐渐增多。一方面，波兰民众非常倾向于偏低的退休年龄。根据欧洲统计局 (Eurostat) 的数据，平均来看波兰女性和男性的工作时间分别为 30.7 和 36.3 年。如图 34-3 所示，波兰退休人员数量在 20 年内不断攀升，从 2000 年的 463 万增长到 2020 年的 708.9 万。

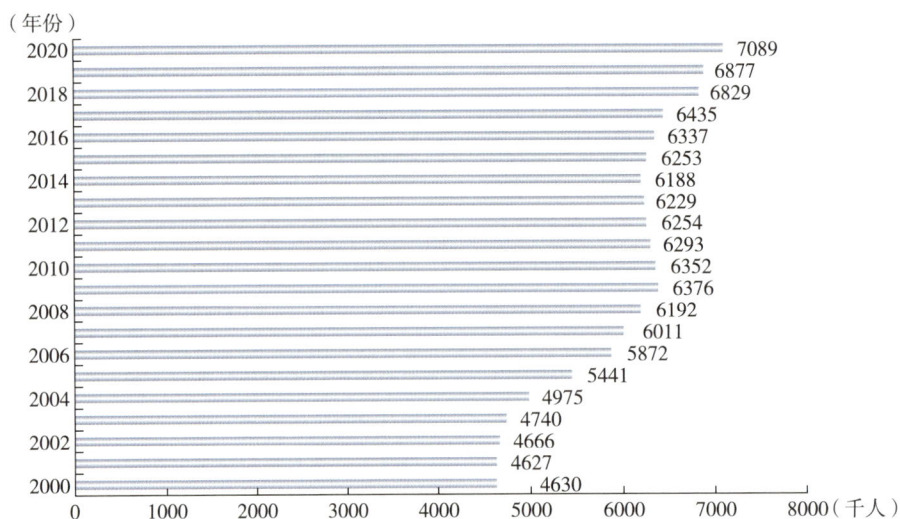

图 34-3　2000~2020 年波兰退休人员数量变化

资料来源：Statistics Poland, Retirement and other pensions in 2020, https://stat.gov.pl/en/topics/older-people/older-people/, p.17.

另一方面，波兰人口的储蓄率也非常低。2016 年的调查研究表明，仅有 21.5% 的在职波兰人口进行养老储蓄，且这类人群属于高收入群体，而低收入群体一般没有多余资金用于未来的养老安排[①]。2017~2019 年的平均波兰家庭储蓄率仅为 2.7%。养老金储蓄对于大部分波兰民众（尤其是年轻群体）而言并不常见。目前，波兰的自愿

型补充养老金计划还处于发展初期，覆盖率也比较有限。因此，波兰成为养老金替代率预计降低幅度最大的欧洲国家。根据测算，2019 年波兰普通工薪阶层公共养老金制度的总替代率水平为 54.1%[②]。如果早于法定退休年龄退休将损失养老金待遇收入，每年减少的养老金收入比例约为 6%[③]。如果选择在最低的退休年龄退出劳动力市

[①]　Barbara B, The Story of the Open Pension Funds and Theemployee Capital Plans in Poland: Will It Succeed This Time?, CASE Working Papers, No. 13, 2020, p.40.

[②]　Andersen T M, et al., Pension Savings: The Real Return (2021 Edition), https://ssl-uczelnia.sgh.waw.pl/pl/uczelnia/badania/grupy_badawcze/ppg/Documents/Publikacje/Rutecka/The-Real-Return-Long-Term-Pension-Savings-Report-2021-Edition.pdf, p.348.

[③]　Siemieńska R, Poland, In Á. Ní Léime, et al, Extended Working Life Policies, Cham: Springer, 2020, p.365.

场，预计 2040 年波兰公共养老金计划所能提供的替代率仅为 27.6%[①]。欧盟的数据表明，2020 年波兰养老金替代率为 57.8%，2030 年将降至 40%，到 2045 年将进一步降至 25% 以下[②]。据波兰相关学者测算，波兰养老金制度实际替代率和预期替代率之间的差距将造成一定的养老金缺口，预计缺口规模为普通雇员工资的 15%~25%[③]。

在波兰，对老年人的财务保护主要是通过现收现付制的公共养老金制度完成。但是，劳动力市场上年轻人口的减少会直接导致预算资源难以集中，同时也威胁到公共养老金制度的财务可持续性。如图 34-4 所示，自 2011 年，

波兰老年人口赡养率从较为稳定的 19% 的水平不断上升。截至 2020 年，老年人口赡养率已经高达 28.2%。预计到 2060 年，年龄为 15~64 岁的波兰人口规模将从 2015 年的 2700 万减少至 1600 万。与此同时，65 岁以上的人口则从 2015 年的 600 万增加到 1100 万。因此，据测算 2060 年波兰老年人口赡养率约为 70%[④]。波兰养老金待遇水平偏低，一定程度上会扩大领取者的覆盖面，尤其是依靠最低养老金生活的女性人数增加，这将最后削弱公共养老金计划的财务平衡能力。

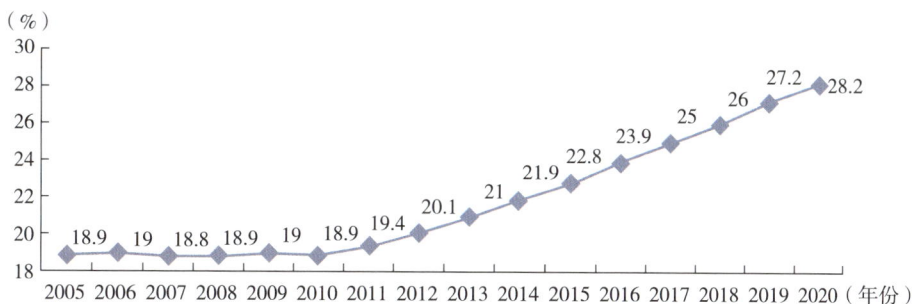

图 34-4　波兰老年人口赡养率（2005~2020 年）

资料来源：Statistics Poland, The situation of older people in Poland in 2020, https://stat.gov.pl/en/topics/older-people/older-people/the-situation-of-older-people-in-poland-in-2020,1,3.htm, p.15l.

波兰强制型养老金计划正在经历深入改革，公共养老金替代率大幅下降，家庭储蓄率处于较低水平。在此背景之下，更多的关注投向了合理发展第三支柱补充型养老金制度，以弥补养老金缺口。尽管波兰金融机构非常乐见扩大第三支柱养老金的覆盖面，尤其是附加税收优惠的提议。但是对于补充养老金公平和可持续性运作，以及补充养老金市场发展等问题的关注过少。在波兰，无论是法定还是补充型养老金制度都是通过多次改革来确立，制度内容在许多方面非常复杂。波兰市场上提供的大量退休产品合同内容令人难以理解，含义不清晰，不同提供商所提供的退休产品在效率和成本方面差异极大。另外，波兰民众一般养老意识非常薄弱，金融知识的素养普遍偏低，对第三支柱养老金产品的认识不够深入和充分，从而加大了进行合理退休规划的难度。

（二）对我国的启示

随着我国人口生育率下降和预期寿命的逐年提高，人口老龄化程度不断加深，老年人口数量在总人口中的占比将持续增长。截至 2021 年底，全国 60 岁老年人口达 2 亿以上，占总人口的 18.9%。预计到 2035 年左右，60 岁及以上老年人口将突破 4 亿，占总人口的比将超过 30%，这也预示着我国将进入重度老龄化阶段[⑤]。因此，积极应对人口老龄化，建立健全可持续的多层次养老保障体系尤为关键。只有政府、企业和个人三方共同努力，才有可能实现老年群体养老待遇的充足性和可持续性。波兰政府遵照国际劳工组织的建议，基于"多样性保障安全"理念，建立由三大支柱组成的名义账户制养老金制度，增强养老金缴费和待遇之间的精算关联是值得我国学习借鉴的。但与此同时，还需关注不同层次养老金制度的衔接和协调发展，维持合理的养老金替代率水平，才能保障退休者的更好老

---

①　Pieńkowska-Kamieniecka S, Rutecka-Góra J, Kowalczyk-Rólczyńska P, Hadryan M, Readability, Efficiency and Costliness of Individual Retirement Products in Poland Equilibrium, Quarterly Journal of Economics and Economic Policy, 2021, 16(1): 45-74.

②　Buchholtz S, Gasja J, Góra M, Myopic Savings Behaviour of Future Polish Pensioners, Risks MDPI, 2021, 9(2):1-19.

③　Jedynak T, The Role of Supplementary Retirement Savings in Reducing the Pension Gap in Poland，Economic and Environmental Studies, 2017, 17(1): 95-113.

④　Sawulski J, Magda I, Lewandowski P, Will the Polish Pension System Go Bankrupt?, IBS Policy Paper, No. 2, 2019, p.17.

⑤　李纯：《2035 年左右中国将进入重度老龄化阶段》，http://hz.m.chinanews.com/wapapp/toutiao/gn/2022-09-20/9856433.shtml。

年生活质量。

我国城乡居民养老保险待遇尽管各地标准不一，但全国平均的数据显示待遇水平非常有限，城镇职工养老保险平均替代率也呈现逐年下降，因此养老保险第一支柱只能发挥基础性的保障作用。养老保险第二支柱目前主要覆盖机关、事业单位、大型国有企业以及少数大型私营企业，发展相对缓慢。2022 年 4 月，国务院办公厅发布《关于推动个人养老金发展的意见》，明确推行个人养老金制度，同时制定税收优惠政策，鼓励符合条件的个人参与。这一里程碑事件顺应了民众对养老保险多样化的需求，十分有利于进一步健全我国现有的养老保险体系，以及三大养老支柱的协调和可持续发展。

许多中东欧国家的金融知识普及率不高，国民的金融素养普遍偏低，波兰也不例外。由于金融素养的缺乏，金融知识水平不足，加之养老金产品或计划提供商的信息公开责任承担不到位，增加了民众在众多的养老金融产品中进行最佳选择的难度，甚至会做出不恰当的选择①。这一定程度上也造成了波兰养老金第三支柱的资金积累规模有限、覆盖面较为狭窄的局面。我国在大力推进养老金第二支柱和第三支柱发展的过程之中，需要以此为鉴。清华大学等机构于 2018 年展开的国人养老准备调研数据显示，和其他 14 个国家的居民相比，中国居民的金融素养处于世界平均水平，并没有呈现出明显的优势，并且存在较大的群体差异。目前我国民众对国家相关养老金政策利好了解不够，缺乏主动参与意识，因此实施有效的养老金融教育刻不容缓。加强投资者教育，普及相关养老金融产品知识，提升居民金融素养水平，培养良好的退休规划意识等，需要早日提上议事日程。

截至 2021 年，针对波兰养老金制度的定期审查基本是围绕公共养老金展开，补充养老金制度的监管主要关注参与程度以及积累资产的规模。缺少从个体储蓄者的利益和需求的角度，对养老金产品的绩效、成本以及金融市场上的补充养老金计划的功效等重要内容做出评估，这非常不利于波兰补充养老金制度的进一步发展。我国相关监管部门在推行补充养老金制度，健全多支柱养老保障体系的过程中，需要吸取波兰的教训，避免重蹈覆辙。由人保部组织建设专门的信息平台，与符合规定的商业银行以及相关金融行业平台对接，归集相关信息，与财政、税务等部门共享相关信息，为投资者和监管部门提供信息服务。《关于推动个人养老金发展的意见》这一规定的出台非常必要和及时。只有加强对养老金金融业务的监管力度，重视养老金融产品的信息披露工作，维护投资者正当、合法的权益，为保障投资者的养老投资需求保驾护航，有利于更好地构建公平、可持续的养老体系。

---

① Rutecka-Góra J, Deficiencies in the Supplementary Pension Market in Poland from the Perspective of Regulatory Policy, Acta Sci. Pol. Oeconomia, 2020, 19(2):51-59.

分报告三十五
日本养老金制度概况与账户养老金演进历程

目前，日本人口已连续 13 年呈现负增长态势，是全球人口结构最老的国家。截止到 2022 年初，日本人口数量为 1.23 亿，较 2021 年减少 62 万人[①]。总结来看，导致日本人口结构出现负增长的原因有两个：一是老龄化状况在逐年加剧，2015 年 65 岁及以上的人口已有 3100 万人，占总人口的比例已接近 1/4。预计到 2025 年，75 岁及以上人口将达到 800 万人，意味着将有 7% 的人口丧失劳动能力。二是少子化问题也在逐年凸显，新生儿数量首次跌破 40 万人，成为自 2000 年以来的最低值，截止到 2022 年上半年，日本新生儿数量仅有 38.49 万人，较 2021 年同期减少超 2 万人。面对如此严峻的老龄化人口结构，日

本政府不断改革探索养老金体系，优化完善三支柱制度架构，从而提高老年人的生活水平，来保障晚年生活质量。

一、日本养老金制度概况

日本养老金制度与我国十分相似，包含三大支柱，分别是公共养老金、企业年金和个人养老金。其中公共养老金包括国民年金和厚生年金，企业年金包括待遇确定型和缴费确定型。公共养老金制度要求强制加入，企业年金和个人养老金是自愿加入[②]。具体架构如表 35-1 所示。

表 35-1　日本养老金制度架构

第三层次	个人养老金	个人型 DC			
第二层次	企业年金	契约型 DB	公司型 DB	企业型 DC	
第一层次	公共养老金		厚生年金		
		国民年金（基础年金）			
参保人		第 1 保险人	第 2 保险人		第 3 保险人
		20~60 岁，自雇者、农民、无业人员及其配偶、学生等	企业职工、中央和地方公务员	私立学校职工	第二类参保人的无工作或低收入配偶

资料来源：日本厚生劳动省官网：《公的年金制度一览》，https://www.mhlw.go.jp/stf/seisakunitsuite/bunya/0000128073.html。

（一）日本公共养老金制度

日本公共养老金制度包括国民年金和厚生年金，两者均要求强制加入。其中，国民年金（National Pension）又称基础年金（Basic Pension），该制度最早可追溯到 1942 年实施的劳动者年金保险制度。正式实施是在 1961 年，

在日本全国实施"国民皆年金"的政策背景下推出该制度，是养老金体系中最基本的制度。厚生年金是与收入挂钩的养老金制度。

公共养老金之所以成为养老金体系中最为基本且最为重要的制度，主要是有以下几个特点：第一，公共养老金

[①]　第一财经新闻：https://baijiahao.baidu.com/s?id=1742841894495909150&wfr=spider&for=pc。

[②]　日本厚生劳动省官网：https://www.mhlw.go.jp/stf/seisakunitsuite/bunya/nenkin/nenkin/kyoshutsu/taishousha.html。

制度为老年人提供了最基本的生活保障，要求领取的条件必须达到 65 岁及以上，具有较强的目标性；第二，缴费金额和领取金额是固定的，具有较强的确定性，并不会随市场情况发生改变；第三，缴纳的保费可以享受免税优惠政策，能够帮助参保人在一定程度上改善经济收入结构；第四，参保人若不幸意外过世，受益人可以一次性获得资金赔偿，保障家属的生活水平；第五，参保人可以自行设定每月领取的养老金金额和领取时限，为参保人提供了更为便捷灵活的提取方式。

1. 参保条件

日本养老金制度将参保人分为三类，第一类参保人是 20~60 岁的自雇者、农民、无业人员及其配偶、学生等，需要在日本境内有固定住所。第二类参保人是指企业的职工、中央或地方政府公务员、私立学校职工等。第三类参保人是指第二类参保人的无工作或者低收入配偶。国民年金的覆盖范围包括全国的 20~60 岁的人口，即包含第一、第二、第三类参保人[①]。厚生年金是仅包含第二类参保人，即企业的职工、中央或地方政府公务员、私立学校职工等。

2. 缴费标准

国民年金覆盖全部人口，因此，采用的是定额缴费标准。从 2005 年开始每年增加 280 日元的缴费，直到 2017 年固定缴费为每月 16900 日元，如果参保人收入水平低于一定标准，则无须缴费。

厚生年金是针对有工作的职员的养老金制度，因此，其缴费标准是与收入挂钩，从 2005 年开始，每年增加 0.354% 的缴费比例，直到 2017 年固定缴费比例为每月收入的 18.3%，该比例是雇主与雇员平均分担，也就是

说，两者缴费标准均为 9.15%。但私立学校职员除外，该类参保人是采用固定缴费制度，每月缴费金额是 16478 日元。

3. 领取标准

国民年金的领取条件是年龄要达到 65 岁及以上。厚生年金领取条件是按照具体职业要求进行划分，比如船员职业是 62 岁。养老金金额根据具体缴费情况来进行调整，根据厚生劳动省官网的信息披露，2020 年国民年金和厚生年金平均每月领取的金额分别是 5.6 万日元和 15.7 万日元（包括基本养老金福利）[②]。具体计算公式如下：

$$国民年金每月领取金额 = 64400元 \times \frac{缴费的月数}{480个月}$$

$$厚生年金每月领取金额 = 平均月薪(包含奖金) \times \frac{5481}{1000} \times \frac{缴费的月数}{12}$$

4. 参保现状

（1）国民年金。从近 10 年的数据来看，国民年金的参保人数略有下降，而领取人数却有所上升，这与日本人口结构密切相关，同时，抚养比问题也逐年严峻。具体来看，2011 年的参保人数约 6672 万人，此后逐年下降，到 2020 年参保人数约 6478 万人，下降约 2.9%。从降幅来看，2011~2015 年降幅较大，其中 2012 年最多，是 55 万人，2015 年之后人数变化较为平稳，维持在 20 万人以内。2011 年领取人数是 2864 万人，逐年增长到 2020 年是 3457 万人，从增幅来看，2012 年最大，为 106 万人。抚养比从 2011 年的 2.33 下降到 2020 年的 1.87（见图 35-1）。

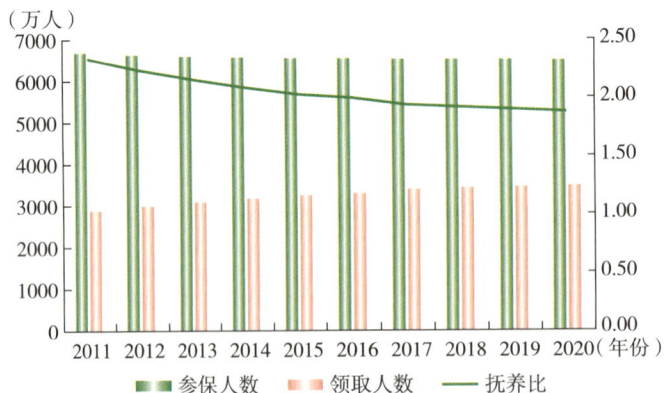

图 35-1　日本国民年金历年参保人数、领取人数与抚养比变化

资料来源：日本厚生劳动省官网：《公的年金制度一览》，https://www.mhlw.go.jp/stf/seisakunitsuite/bunya/0000128073.html。

[①] 日本厚生劳动省官网：《公的年金制度一览》，https://www.mhlw.go.jp/stf/seisakunitsuite/bunya/0000128073.html。
[②] 日本厚生劳动省官网：Overview of Japanese Public Pension System，https://www.mhlw.go.jp/english/org/policy/dl/150407-01.pdf。

从参保人结构来看，主要是以第二类参保人为主，且比例逐年增长，第一、第三类参保人比例相应下降。这反映出参加工作的人数是逐年增长，自雇者或无工作人数是逐年下降。具体来看，2011年第一类和第三类参保人分别有1904万人和978万人，到2020年分别下滑至1449万人和793万人，降幅分别是23.9%（455万人）和18.9%（185万人），占总参保人的比例分别是22.4%和12.2%。而第二类参保人在2011年人数约3790万人，到2020年增长到4236万人，增加11.8%，占总参保人数比例约65.4%，较2011年增长8.6%[①]（见图35-2）。

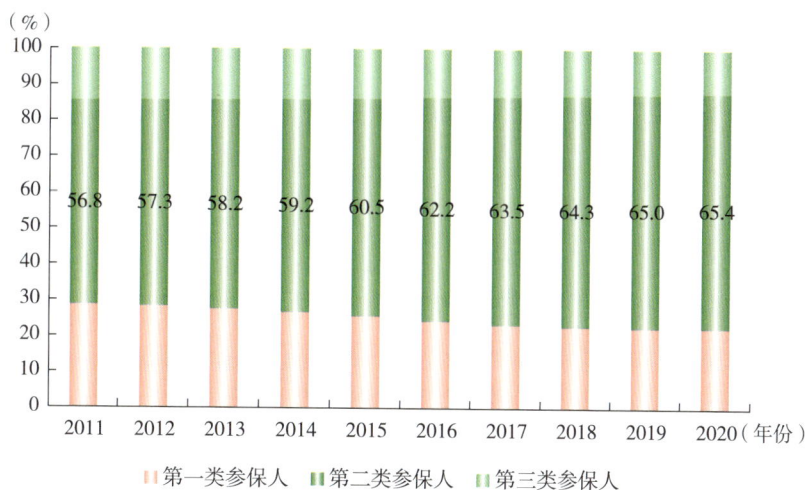

图35-2　日本国民年金历年参保人结构变化

资料来源：日本厚生劳动省官网：《公的年金制度一览》，https://www.mhlw.go.jp/stf/seisakunitsuite/bunya/0000128073.html。

国民年金的平均每月领取金额在2015年最低，是5.5万日元，最高是2011年和2012年的5.8万日元，到2017年开始稳定在5.6万日元（见图35-3）。

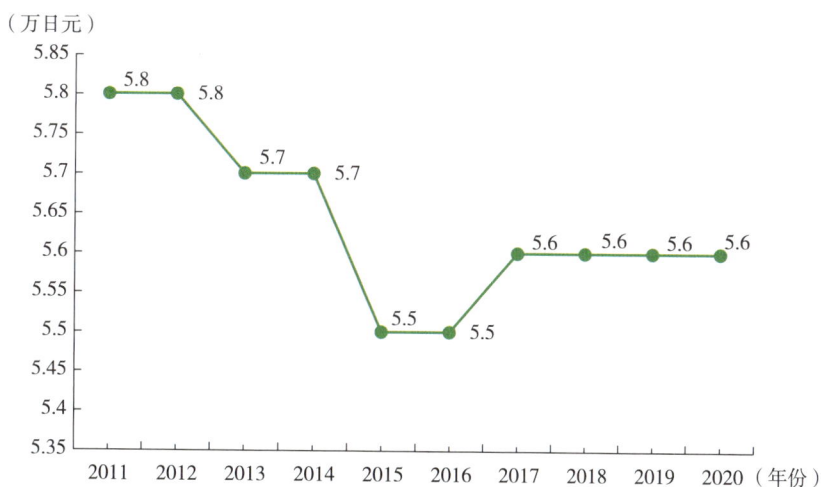

图35-3　日本国民年金历年平均每月领取养老金金额变化

资料来源：日本厚生劳动省官网：《公的年金制度一览》，https://www.mhlw.go.jp/stf/seisakunitsuite/bunya/0000128073.html。

（2）厚生年金。从近10年的数据来看，厚生年金的参保人数和领取人数均有所增长，抚养比有所缓解。具体来看，2011年参保人数约3891万人，随后逐年增长到2020年的4513万人，涨幅为16.0%，领取人数也从1760万人增长到1894万人，增长134万人，涨幅为7.6%。但是在2013年、2016年和2019年略有下降，其余年份均

---

① 日本厚生劳动省官网：《公的年金制度一览》，https://www.mhlw.go.jp/stf/seisakunitsuite/bunya/0000128073.html。

为正增长，2016 年涨幅最大，有 139 万人。对应的抚养 比从 2.21 增长到 2.38（见图 35-4）。

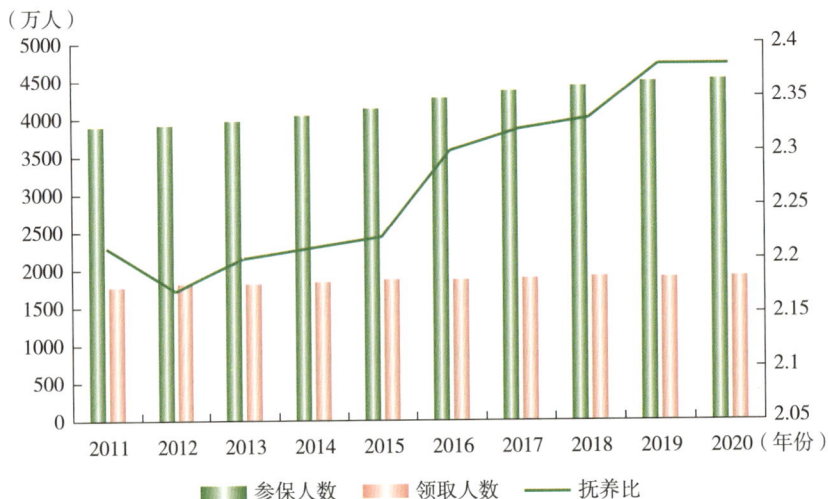

图 35-4　日本厚生年金历年参保人数、领取人数与抚养比变化

资料来源：日本厚生劳动省官网：《公的年金制度一览》，https://www.mhlw.go.jp/stf/seisakunitsuite/bunya/0000128073.html。

从参保人结构来看，主要是以企业职工为主，占比基本九成左右，其次是地方公务员，占比约 7%，国家公务员比例在 2.4%~2.7%，私立学校职工占比最少且一直稳定在 1.3%（见图 35-5）。

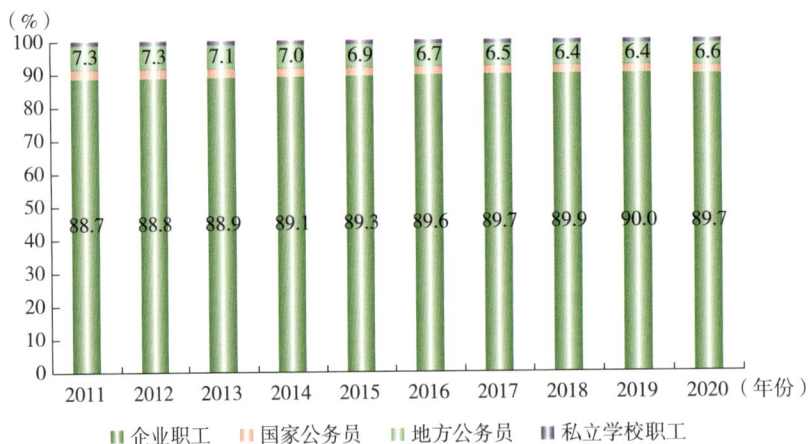

图 35-5　日本厚生年金历年参保人结构变化

资料来源：日本厚生劳动省官网：《公的年金制度一览》2011-2020 年，https://www.mhlw.go.jp/stf/seisakunitsuite/bunya/0000128073.html。

厚生年金的平均每月领取金额在 2018 年最低是 9.2 万日元，最高是 2012 年的 11 万日元，到 2017 年开始稳定在 9.2 万到 9.3 万日元之间（见图 35-6）。

（万日元）

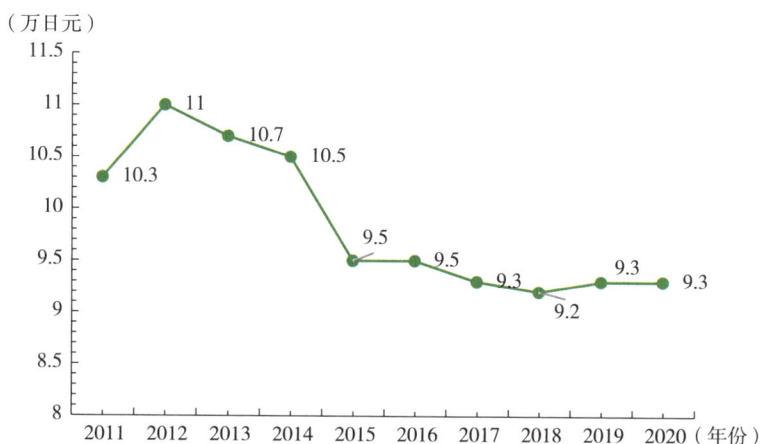

图 35-6 日本厚生年金历年平均每月领取养老金金额变化

资料来源：日本厚生劳动省官网：《公的年金制度一览》，https://www.mhlw.go.jp/stf/seisakunitsuite/bunya/0000128073.html。

（二）日本企业年金制度

日本的第二支柱是企业年金，可划分为待遇确定型（Defined-Benefit Type Corporate Pensions，DB 型企业年金）和企业型缴费确定型（Defined-Contribution Type Corporate Pension，DC 型企业年金）企业年金。其中，DB 型企业年金又细分为基金型待遇确定型企业年金（Fund-Type Defined Benefit Plan，基金型 DB 计划）和契约型待遇确定型企业年金（Contract-Type Defined Benefit Plan，契约型 DB 计划）①。DC 型企业年金也细分为两种，分别是企业型缴费确定型企业年金（Corporate-Type Defined Contribution Plan，企业型 DC 计划）和个人型缴费确定型企业年金（Individual- Type Defined Contribution Plan，个人型 DC 计划或 iDeCo）。

企业年金于 1966 年《企业年金法案》通过后正式实施。DB 型企业年金的优势在于制度涉及相对灵活，劳资双方可以协商计划中的具体内容。DC 型企业年金是参保人可以自行设定缴费金额和投资计划，制度设计更加便于参保人工作变动。近些年 DC 型企业年金的规模逐渐扩大。

1. DB 型企业年金

由于日本经济长期处于衰退状态，此前的 DB 型企业年金制度也随之暴露出各种问题，比如，在基金申请破产时，职工的养老金资产无法得到充分保障，导致一些职工无法领取应得的养老金。因此，在 2002 年 4 月 1 日对此前的制度进行了修订，推出了新 DB 型企业年金计划，同时增加了资产保护制度。

契约型 DB 计划（Contract-Type Corporate Pension Scheme）包括两个层次内容，一方面，公司工会根据职

工的工作年限、工资和职位情况与职工确定未来将要支付的养老金水平，与职工签订养老金协议。另一方面，公司与信托公司、保险公司等签订资产委托管理协议，将公司与雇员缴纳的保费进行投资管理（见图 35-7）。该计划中的养老金资产管理事宜均是由独立于公司之外的资产管理公司负责管理，具体包括保费支付、投资管理以及养老金发放等事项。

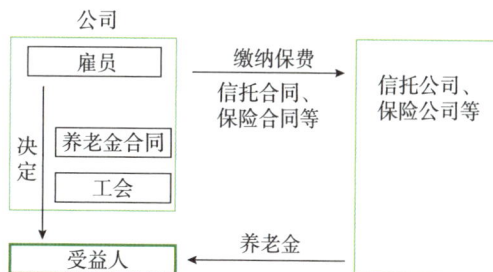

图 35-7 日本契约型 DB 型企业年金运营管理

资料来源：日本厚生劳动省官网：Overview of the Corporate Pension，https://www.mhlw.go.jp/stf/seisakunitsuite/bunya/0000062851.html。

基金型 DB 计划（Fund-Type Corporate Pension Scheme）是企业与职工通过签订合约建立一只基金，该基金是独立于企业之外的法律实体，并设有决议机构、执行机构以及监督机构。随后该基金的执行机构再与信托公司、保险公司等签订资产管理协议（见图 35-8）。与契约型 DB 计划不同的是，养老金的管理以及支付等事宜均是由该基金负责管理。

领取起始年龄规定为 60 ~ 65 岁，领取方式可选择年

---

① 日本厚生劳动省官网：CORPORATE PENSION SYSTEM，https://www.mhlw.go.jp/english/org/policy/dl/150407-05.pdf。

金模式，时限为 5~20 年，或者选取一次性提取。从 2005 年 10 月开始，该计划设置了资金转移便利制度，参保人若更换工作，则可以申请资金随工作关系转移到新的企业。同时，也增加了对于公司破产的资金保护规定，若公司破产导致无法续缴，经参保人申请，可将账户剩余资产转至雇员退休金协会进行管理。

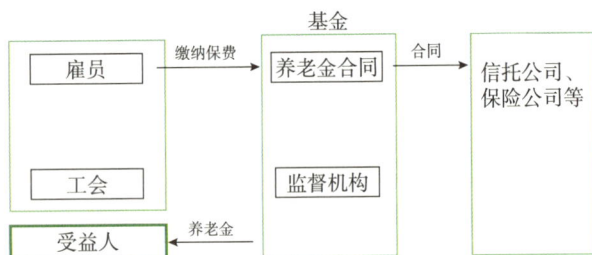

图 35-8　日本基金型 DB 型企业年金运营管理

资料来源：日本厚生劳动省官网：Overview of the Corporate Pension, https://www.mhlw.go.jp/stf/seisakunitsuite/bunya/0000062851.html。

DB 型企业年金计划规定企业应设立资金积累计划，目的是保障未来的养老金能够如期支付。具体分为以下四步（见表 35-2）：第一步：建立长期资金积累计划。企业根据当前的就业、退休、工资支付和资产管理情况制定长期资金积累计划，并且每五年进行一次调整。第二步：企业年金管理。企业对保费缴纳、年金投资管理以及福利支付等事项进行管理。第三步：年度计划检查。包括资金积累的实际情况是否遵循长期积累计划？以及如果企业破产或进行清算，是否有足够资金来支付未来的养老金？第四步：结论及补救计划。如果第三步结果为有足够资金可支付未来养老金，则为合格；如果有收入缺口，则需立即采取补救措施来弥补收入缺口，如提高缴费比例。

表 35-2　日本 DB 型企业年金资金积累计划步骤

步骤	内容
第一步：建立长期资金积累计划	公司根据当前情况制定长期资金积累计划
第二步：企业年金管理	负责管理保费缴纳、投资管理以及福利支付等
第三步：年度计划检查	每年对资金积累计划进行检查，确认资金是否充足
第四步：结论及补救计划	若存在资金缺口，应立即采取补救措施

资料来源：日本厚生劳动省官网：Overview of the Corporate Pension, https://www.mhlw.go.jp/stf/seisakunitsuite/bunya/0000062851.html。

从 DB 型企业年金计划的参保企业来看，2015~2019 年数量逐年增长，参保人数也随之增长，但是缴费收入却略有下降。具体来看，参保企业数量从 2015 年的 2.6 万家增长到 2019 年的 5.3 万家，实现翻倍增长；参保人数从 2015 年的 774.4 万人增长到 2019 年的 929.1 万人，增幅超 20%；缴费收入在 2015 年是 29861 亿日元，但 2019 年却下降至 28842 亿日元，下降 3.4%（见表 35-3）。

表 35-3　日本 DB 型企业年金历年参保及收入情况

指标	2015年	2016年	2017年	2018年	2019年
参加企业数量（万）	2.6	3.5	4.6	5.2	5.3
参保人数（万人）	774.4	820.6	883.4	929.7	929.1
缴费收入（亿日元）	29861	28263	27882	28124	28842

资料来源：日本厚生劳动省官网：《企业养老金业务状况》，https://www.mhlw.go.jp/stf/seisakunitsuite/bunya/0000062851.html。

2. DC 型企业年金

DC 型企业年金推出的最初目的是对 DB 型企业年金的补充，主要是因为中小企业和个体户的 DB 型企业年金的参与度较低，以及旧版的 DB 型企业年金提供的保障也较少，因此于 2001 年 10 月 1 日推出了 DC 型企业年金计划。

DC 型企业年金分为两类，分别是企业型 DC 计划（见图 35-9）和个人型 DC 计划（也称为"iDeCo"）。两者的本质区别是企业型 DC 计划是由企业和职工共同缴费，属于第二支柱企业年金，而 iDeCo 是由个人自行进行缴费，属于第三支柱个人养老金，可自愿参加。

企业型 DC 计划的参保人是第二类参保人，即企业职工。2021 年企业型 DC 计划覆盖 749.7 万人[①]。

企业型 DC 计划是以养老金运营管理机构和资产管理机构为主要载体，委托金融机构对账户资金进行投资运营管理，并最终发放养老金的计划。具体运作流程如下：第一步，参保人以及企业将保费转入资产管理机构账户，该组织负责 DC 型企业年金资产管理事宜，并从金融机构购买金融工具；第二步，资产管理机构向养老金运营管理机构提供金融工具，并接收资金；第三步，企业职工根据自己风险偏好选择投资工具；第四步，受益人按照自身养老金需求对养老金运营管理机构提出领取申请，养老金运营管理机构再根据缴费情况确定发放计划，最终由资产管理机构对受益人发放养老金。资产管理机构为参保者提供至少三种理财产品，且每三个月更换一次。参保者对于养老金的提取，可以选择按年金形式，也可申请一次性提取。

---

① 日本厚生劳动省官网：《企业型 DC 计划》，https://www.mhlw.go.jp/stf/seisakunitsuite/bunya/nenkin/nenkin/kyoshutsu/gaiyou.html#101。

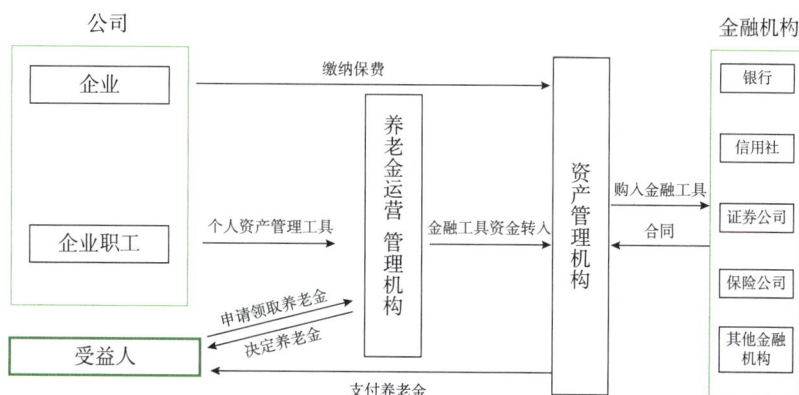

图 35-9　日本企业型 DC 计划运营管理

资料来源：日本厚生劳动省官网：Overview of the Corporate Pension，https://www.mhlw.go.jp/stf/seisakunitsuite/bunya/0000062851.html.

日本政府为缩小各类缴费群体的养老金差距，根据参保人的不同情况设置了不同的最高缴费标准。针对企业型 DC 计划，且没有参加 DB 型企业年金的企业，最高缴费金额是每月 55000 日元，但是同时参与企业型 DC 计划和个人型 DC 计划的最高缴费标准是 35000 日元。而仅参加 DB 型企业年金的企业，最高缴费金额是每月 27500 日元，同时参加 DB 型企业年金，也参加个人型 DC 计划的标准是每月 15500 日元（见表 35-4）。

表 35-4　日本企业型 DC 计划各类参保人最高缴费标准

参保人情况	最高缴费标准
未参加 DB 计划	每月 55000 日元
未参加 DB 计划但加入个人型 DC 计划	每月 35000 日元
已参加 DB 计划	每月 27500 日元
已参加 DB 计划和个人型 DC 计划	每月 15500 日元

资料来源：日本厚生劳动省官网：Overview of the Corporate Pension，https://www.mhlw.go.jp/stf/seisakunitsuite/bunya/nenkin/nenkin/kyoshutsu/gaiyou.html.

（三）日本个人养老金制度

iDeCo 素有 "日本 401k 计划" 之称，是面向所有人的个人养老金计划，包括自雇者，以及不能参加 DB 型企业年金和企业型 DC 企业年金的公司职工。

iDeCo 是以日本国家养老基金联合会（National Pension Fund Association）为主要载体，委托金融事务委托机构以及金融机构对账户资金进行投资运营管理，并最终发放养老金的计划[①]。转入账户的养老金和投资收益均可以享受免税政策。具体运作流程如下：第一步，参保人将保费转入日本国家养老基金联合会账户，该组织负责制定委托管理合同、管理最高缴费金额、制定账户资金运作方式等事宜。第二步，日本国家养老基金联合会将资金委托给金融事务委托机构进行管理，该机构的主要职责是起到连接养老金运营管理机构和金融机构桥梁的作用，一方面负责向金融机构购买金融产品，另一方面向养老金运营管理机构提供金融产品以及接收资金的转入。第三步，养老金运营管理机构向企业职工提供投资工具、投资建议以及投资教育等，企业职工根据自己投资偏好进行投资。第四步，受益人按照自身养老金需求对养老金运营管理机构提出领取申请，养老金运营管理机构再根据缴费情况确定发放计划，最终由金融事务委托机构对受益人发放养老金（见图 35-10）。

iDeCo 同样也设有最高缴费标准，共分为四个等级，具体如下：第一等级是每月缴费 68000 日元，是自雇者缴费金额；第二等级是每月缴费 23000 日元，包括参加厚生年金但未参加 DB 型和企业型 DC 计划以及家庭主妇（主夫）；第三等级是每月缴费 20000 日元，是指参加厚生年金和企业型 DC 计划；第四等级是每月缴费 12000 日元，包括参加厚生年金和 DB 型计划或企业型 DC 计划以及公务员（见表 35-5）。

---

① 日本厚生劳动省官网：Overview of the Corporate Pension，https://www.mhlw.go.jp/stf/seisakunitsuite/bunya/0000062851.html.

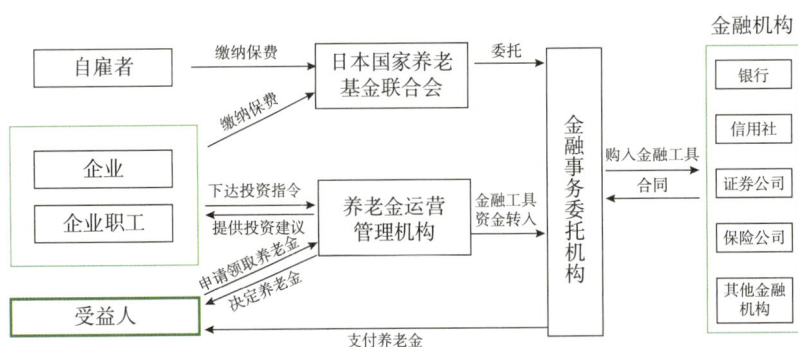

图 35-10　日本个人型 DC 计划运营管理

资料来源：日本厚生劳动省官网：Overview of the Corporate Pension，https://www.mhlw.go.jp/stf/seisakunitsuite/bunya/0000062851.html。

表 35-5　日本个人型 DC 计划各类参保人最高缴费标准

参保人情况	最高缴费标准
自雇者	每月 68000 日元
参加厚生年金但未参加 DB 型和企业型 DC 计划	每月 23000 日元
参加厚生年金和企业型 DC 计划	每月 20000 日元
参加厚生年金和 DB 型计划或企业型 DC 计划	每月 12000 日元
公务员	每月 12000 日元
家庭主妇（主夫）	每月 23000 日元

资料来源：日本厚生劳动省官网：Overview of the Corporate Pension，https://www.mhlw.go.jp/stf/seisakunitsuite/bunya/nenkin/nenkin/kyoshutsu/gaiyou.html。

截止到 2021 年 3 月，个人型 DC 计划参保人约 193.9 万人，其中第一、二、三类参保人数分别是 21.7 万、164.8 万、7.5 万，占比分别是 11.2%、85.0%、3.8%[①]。

二、日本账户养老金制度改革梳理

日本从 1970 年开始进入老龄化社会，当时日本已基本建立起养老金制度架构。但随着日本的老龄化、长寿化、少子化等问题的日益严峻，养老金体系面临巨大的未来支付压力，于是日本政府也随之不断优化改革相关制度。从发展阶段来看，可划分为三个阶段，分别是初建时期、发展时期和改革时期。

（一）初建时期：整合年金制度，实现国民皆年金

日本的年金制度最早是从明治维新时期的"恩给制度"发展而来，该制度是政府对符合条件的军人和官吏实施的恩赏制度。随后在 1942 年颁布了具有历史意义的一

部法律——《劳动者年金保险法》。在 1944 年，该法律与《退职积累金及退职津贴法》合编修订为《厚生年金保险法》，把覆盖对象由男性扩大到女性，规定领取年龄是 55 岁。1955 年，日本经济进入高速增长阶段，人们的生活水平也随之提高，这导致贫富差距也随之增大。年金制度也随之由保障基本生活水平转变为防止贫困。直到 1961 年，政府成立了国民年金，覆盖 20 岁到 60 岁的全体国民，并且保障程度也有所改善。与此同时，社会上出现了一些以职业类型为划分标准的互助共济制度，每个职业设立了自己独立的养老金制度。但随着社会的发展，人们发现以职业类型建立的独立养老金制度，会随着产业的结构变化而变化，导致人们的养老金待遇差异较大，产生了极大的不公平问题。于是日本政府在 20 世纪 80 年代进一步对其进行改革，将独立的各个职业养老金制度进行了统一管理，统称为年金制度。其中，最有意义的当数 1985 年通过的《国民年金法》《厚生年金法》《共济年金法》的修正案，对国民年金进行了统一整合，同时也建立了覆盖全体国民的基础年金制度，实现了"国民皆年金"的愿景。

（二）发展时期：提高支付金额和领取年龄、增加 DB 计划和 DC 计划

在确立了基础年金制度之后，日本国民的晚年生活保障虽然有些许改善，但随着社会生活水平的日益增长以及生病成本的增加，仅依靠基础年金来安度晚年是难以实现的。因此，日本政府于 1965 年和 1969 年两次对《国民年金法》进行修订，提高了每月支付的养老金金额。1973 年对厚生年金制度进行了改革，制定了与收入挂钩的给付制度。这将养老金给付金额与生活成本相结合，从而

[①]　日本厚生劳动省官网：《确定缴费型养老金实行状况》，https://www.mhlw.go.jp/stf/seisakunitsuite/bunya/nenkin/nenkin/kyoshutsu/index.html。

避免随着物价上升而影响生活质量[①]。随后在 1985 年再次对《国民年金法》进行修订，将厚生年金和共济年金参保者的配偶也纳入进来，使基本养老金制度覆盖面再次得以扩大。

从 1970 年开始，日本社会正式进入老龄化社会，人们的预期寿命逐年延长，领取人数也逐年增加，但劳动人口和出生率却不断下降，这给养老金体系带来了较大的支付压力。1989 年日本政府再次修订《国民年金法》，将领取年龄由 60 岁提高到 65 岁。日本人口结构不仅老龄化逐年加深，少子化也愈加严重。1989 年的出生率仅有 1.57，因此，日本政府一方面实施 65 岁退休的制度，另一方面提高领取年龄。

2002 年，日本政府增加了 DB 和 DC 养老金计划。推出的背景主要是因为公共养老金制度一支独大且支付体系不堪重负，亟须其他年金予以补充。2002 年，国民年金的领取人数已高达 3200 万人，也就是说 4 人中就有 1 人领取养老金，可见，公共养老金已成为国民养老金的重要组成部分。根据 2004 年数据，公共年金支付总额高达 41.6 万亿日元，占当年 GDP 的 11.5%。同时随着人口结构的老龄化加深，这一支付占比将继续增加。如果不提高缴费率或者下调领取水平，养老金支付体系将入不敷出。于是政府增加了 DB 和 DC 养老金计划，且为维持养老金收支平衡，对缴费金额和比例进行了上调[②]。

（三）改革时期：不断完善、强化年金福利

日本养老金制度自此已基本确立了三层次架构模式，且形成了较为稳健的缴费和给付机制，但随着人口结构的不断变化，使养老负担逐渐加大。日本政府再次实施了一系列改革优化措施。2012 年，日本政府废除了共济年金制度。2016 年，日本政府为缓解未来养老金支付负担，在 2017 年扩大了个人 DC 计划的覆盖范围。

最具有历史意义的改革是 2020 年 5 月颁布的《强化年金制度机能国民年金修正法》，于 2020 年 6 月 2 日正式实施。修订背景是为没有固定收入或收入不稳定的参保人提供较为稳定的老年生活保障。此次改革的内容包括以下四部分内容：第一，扩大覆盖范围，将临时工纳入参保人范围中，将参保单位条件从 500 人放宽至 100 人或 50 人，从而有效提高制度覆盖范围。第二，每年定期调整在职高

龄职工的给付标准，从 28 万日元提高到 47 万日元，改革后的制度更加能激励有工作能力但已年老的参保人继续参加工作。第三，延长养老金提取时限，由此前的 60 岁至 70 岁，延长到 60 岁至 75 岁，为长寿人群提供较为全面的晚年生活保障。第四，调整 DC 计划的参保人加入条件，将参保年龄延长 5 岁，即企业型 DC 计划和个人型 DC 计划的参保人年龄限制分别调整为 70 岁和 65 岁[③]，这项改革更加贴合目前日本的人口结构特点。

三、结论与启示

日本养老金制度从 1961 年实施至今，已有超 60 年的发展历史。日本政府根据人们的养老需求变化，不断改革优化养老金制度，为国民提供更加完善合理的养老金给付水平。结合本报告上述分析内容，总结有以下三点成功经验值得我国借鉴与学习：

第一，日本养老金体制建立了以公共养老金为基础，企业年金和个人养老金为补充的三支柱架构。公共养老金制度包括国民年金和厚生年金，为晚年生活提供最基础的生活保障，企业年金作为公共养老金制度的第二补充，但参保资格有所限制，因此，推出的个人养老金成为了第三补充，覆盖全部国民。多层次的制度架构为各类国民提供不同程度的养老金给付，从而满足不同的养老需求。

我国养老金体系与日本十分相似，也是三支柱模式，但是结构性失衡一直是我国养老金体系最大的痛点。政府主导的基本养老金存在"一支独大"的现象，而第二支柱的企业年金和职业年金也未形成有效补充，第三支柱的规模最小且发展缓慢。目前，我国应尽快出台促进二、三支柱发展的顶层设计政策，促进相关制度的迅速发展，提高覆盖度，以改善体系的结构性问题。

第二，日本养老金制度制定了高效的投资运营管理机构机制，为参保者提供不同的投资产品，满足不同风险偏好的参保人需求。具体来看，公共养老金是由日本政府养老投资基金（GPIF）进行统一运营管理，该机构是独立的资产管理机构，同时也具有完整的运行机构和内控系统[④]。企业年金和个人养老金是根据账户类型委托给资产管理机构进行投资管理，厚生劳动省按照筛选条件选出合格的银行、信托公司、保险公司等机构，同时这些机构

[①]　马健、虞昊、邱德荣：《日本年金制度的设计体系及改革措施研究》，《金融教育研究》，2021 年第 9 期，第 56-63 页。

[②]　日本厚生劳动省官网：Outline Of National Pension Law，https://www.mhlw.go.jp/english/org/policy/dl/p36-37e.pdf。

[③]　日本厚生劳动省官网：2020 年修正概要，https://www.mhlw.go.jp/stf/seisakunitsuite/bunya/nenkin/nenkin/kyoshutsu/2020kaisei.html#300。

[④]　日本厚生劳动省官网：THE PENSION RESERVE FUND，https://www.mhlw.go.jp/english/org/policy/dl/150407-04.pdf。

也受日本金融厅（Financial Services Agency，FSA）的监管[1]。市场化的委托管理机制为参保人提供了多种多样的投资工具，满足不同风险偏好的参保人的投资需求。比如，DC 型企业年金可提供存款、保险、信托和基金的选项，如果参保人没有发出投资指令，则系统默认投资定期存款。

当前我国养老金投资模式较为单一，投资限制过多，且市场化程度较低，信息披露也不完善，对获取投资收益产生了一定阻碍。我国应提高市场化管理程度以及信息披露度，同时，也应借鉴日本养老金制度，为参保人提供多种投资工具以供选择，从而可满足不同投资偏好的资金积累需求，使参保人更有参与感，这也将进一步提高覆盖率[2]。

第三，日本养老金制度嵌入定期调整机制，可根据人口结构变化而进行优化，更具有灵活性。目前日本的人口结构的老龄化程度仍然在不断加深，有许多已达到退休年龄的高龄国民仍然继续参加工作。因此，日本政府在 2020 年 5 月颁布了《强化年金制度机能国民年金修正法》，提出每年将定期调整高龄在职职工的给付标准，同时，也延长了参保人员的年龄条件。灵活性的嵌入机制使养老金制度与现实的人口结构特点更加匹配，提高了适用性。

我国的人口结构也在逐年趋于老龄化，但是当前实施的制度并未嵌入该类灵活机制，因此，应借鉴日本的养老金制度加入与实际人口特点相挂钩的制度，提高制度的灵活性，更加便于优化和调整。

---

[1] 宋凤轩、张泽华：《日本第三支柱养老金资产管理：运营模式、投资监管及经验借鉴》，《现代日本经济》，2020 年第 4 期，第 85-94 页。

[2] 张伊丽：《日本公共养老基金的投资运营研究》，《现代日本经济》，2017 年第 4 期，第 10-20 页。

分报告三十六
韩国个人养老金发展及改革

一、韩国个人养老金计划的制度规范

（一）韩国多层次养老金计划的构成

在世界人口老龄化的巨大压力下，世界银行于 1994 年发表报告《为了避免老龄化危机》（The Averting Old-age Crisis），正式提出三支柱养老金体系。此后，包括韩国在内的多个国家积极探索多层次养老保障体系。韩国的人口老龄化速度快、进程急，即将进入超高速老龄化社会，对养老保障体系形成冲击。基于此，韩国进行了养老保障体系多层次改革，将单一的现收现付制养老金拓展为多责任主体的养老金综合体系，包括零支柱即基础老年年金制度、第一支柱特殊职业年金和国民年金制度、第二支柱企业年金制度，以及第三支柱商业养老保险制度。其中，第二支柱和第三支柱都引入了个人账户养老金的要素。

韩国的第一支柱养老金是为全体国民提供基本养老保障的公共年金，包括国民年金和特殊职业年金等。国民年金由在职劳动者缴纳一定金额的养老保险费，当其因年老、突发疾病、疾病、残疾或死亡导致收入中断时，为保险人及其家属支付年金，使其能够维持稳定生活收入的保障制度。国民年金的保障对象自 1999 年起覆盖 18~60 岁的全部劳动者（包括拥有合法韩国居留身份的外籍劳动者），缴费由单位、个人与国家三方共同负担，总费率为月收入的 9%，其中企业和个人各缴纳 4.5%，私营业者等其他居民独自承担 9% 的缴费金额。参保人连续缴费 120 个月以上、年龄达到 60 岁获得年金领取资格，按月领取养老金。受制于养老金支付压力，韩国实行延迟退休政策。

自 2013 年起，公共年金领取年龄每隔五年增加一岁，到 2033 年增加至 65 岁。韩国国民年金的收益率较好，当前的收入替代率约为 40%。

韩国的第二支柱养老金是退休养老金计划（Retirement Pension Scheme，RPS）。2005 年，韩国颁布《雇员退休收入保障法案》，建立退休养老金计划，开启了韩国的第二支柱企业年金制度，监管机构主要为雇佣劳动部和金融委员会。RPS 由公司为员工建立养老保障基金并委托金融公司管理运营，员工退休时可领取。韩国的 RPS 主要包括两种类型：确定给付型（Defined Benefit，DB）和确定缴费型（Defined Contribution，DC）。一般而言，规模较大的企业以 DB 型企业年金为主，雇员的退休待遇预先确定，雇主的投入需要根据投资运作的结果而改变，收益及风险由雇主承担，不涉及投资收益及个人账户问题。中小型企业则建立 DC 模式，为员工建立企业年金个人账户并缴纳保费，个人账户的缴费金额固定，员工可以自行选择投资组合，自己承担运营风险并获取投资收益。此外参加 DC 型退休养老金计划的雇员可以结合自身意愿和雇主能力自愿追加缴费，退休后的养老金收益取决于缴费水平及运营收益。DB 和 DC 模式的缴费比例均为 8.3%，由企业承担缴费责任。退休养老金计划的领取条件为员工年满 55 岁，且投保时间满 10 年。可见，第二支柱企业年金计划中的 DC 模式虽然由企业缴费，但具有个人养老金性质。

2012 年，韩国修订《雇员退休收益保障法案》，在第二支柱养老金计划中补充了个人型养老金计划（Individual Retirement Pension，IRP），又被称为个人型退休年金或个人型退休年金制度。与 DB 或 DC 模式不同的是，IRP 不是以公司为单位建立的养老保障基金，而是员工个人直接参保的专用账户形式。已加入企业年金计划的员工或灵活就业者都可以建立 IRP 计划并缴费，10 人以下小微企业可以为员工提供 IRP 以替代企业年金计划。IRP 旨在将灵活就业者和小微企业员工纳入第二支柱的覆盖范围，同样具有个人养老金性质。

韩国的第三支柱养老金计划则是个人年金计划，个人可以根据养老需求和自身风险偏好自愿投保。个人以一次性缴纳或累计缴费的方式加入个人年金计划，缴费满五年且年满 55 岁的投保人可以领取年金。第三支柱是个人养老的长期储蓄项目，设立目标是缓解第一、第二支柱养老金收入替代率不足的状况，激励个人以自我保障的方式改善老年生活。个人年金计划分为在缴纳期间可以对缴纳额得到税额减免的年金储蓄和满足一定条件就可以对保险差额收取非课税的年金保险。第三支柱的投保门槛较低，没有收入的家务劳动者也可以投保。韩国养老保障体系如图 36-1 所示。

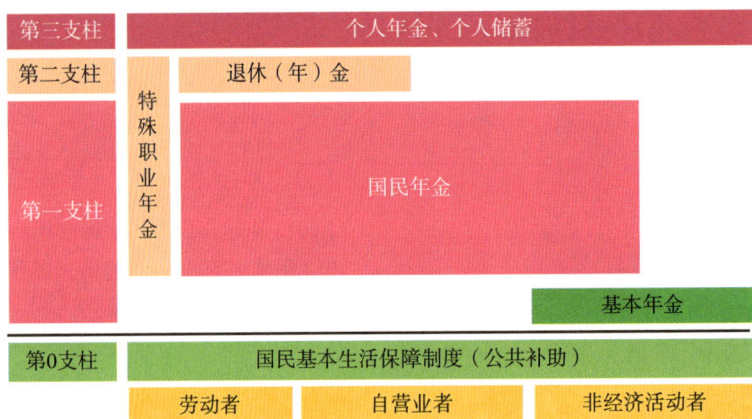

图 36-1　韩国养老保障体系

资料来源：금융감독원, 대학생을 위한 실용 금융, 2015（金融研究院：《面向大学生的实用金融》，2015 年）。

（二）韩国个人退休金计划的设立动因及演进历程

1953 年韩国建立退休金制度，这是韩国最早的养老金制度，制度设计之初采用自愿加入机制，1961 年起改为强制参保。员工在离开工作岗位后，可以从公司领取一定数额的退休金。根据法律规定，工作满 1 年的劳动者即有资格领取，每年的最低领取标准相当于 30 天的平均工资。但这一最早建立的退休金制度在运行中出现了各种问题。首先，由公司一次性支付退休金的方式造成劳动者权益的公司依存度过高，如果公司由于倒闭等原因退出市场，员工即使工作再长时间，也无法正常领取退休金。此外，一次性支付大额退休金可能导致退休员工的短视效应，甚至挥霍性消费。在实际案例中，当时的韩国中老年人将退休金投资于诈骗性项目或错误的金融衍生产品等现象屡见不鲜，甚至成为了社会问题。因此，建立持续性更强的个人账户性养老金逐渐被提上日程。

2005 年《雇员退休收益保障法案》的颁布开启了韩国企业年金的时代，建立起第二支柱的养老金计划。企业年金采用自愿加入的模式，成为强制退休计划的替代性选项，雇主雇员双方达成一致后，雇主可以将一次性退休津贴转换为企业年金计划[①]，包括 DB 和 DC 两种模式。第二支柱的养老金计划建立了个人退休账户（IRA），账户资金可以在退休时以年金或者一次性的方式领取。IRA 具有个人积累功能，是一种在劳动者退休或简易核算时暂时存入资金的储蓄账户[②]，因此更接近名义账户。IRA 制度只限于退休金领取者和企业型退休年金加入者，在个人养老金融功能和覆盖范围上仍存在一定局限性。

2012 年 7 月，韩国修订了《雇员退休收益保障法案》，引进个人退休养老金计划即 IRP 制度，要求已加入企业年金计划的雇员、自由职业者、退休人员都可以建立或加入 IRP 计划，IRA 逐渐被 IRP 所替代。IRP 是个人型退休年

---

① 徐子唯、周志凯：《韩国养老保障体系：构成、制度特点及启示》，《湖北社会科学》，2015 年第 3 期，第 47—51 页。
② 简易核算是指不独立核算的企业部门，由兼职或专职的核算员对本部门的经济指标进行简易核算，而全部交易和结算凭证则报送主管会计工作的会计部门并由其组织会计核算。

金，具有个人账户累积功能。因为采用了强制加入方式，IRP每年可以额外增加1200万韩元缴费（约6.1万元人民币）。制度设立之初，IRP的准入条件限制较多，随后逐步扩大覆盖范围，不仅是退休人员，已经参加DB型、DC型等现有退休年金制度的劳动者也可以加入IRP，涵盖了所有劳动者。IRP可以投资存款、基金、债券、股价联结证券等多种商品金融产品。另外，加入退休年金的劳动者在转换工作时一次性获得的津贴将自动转换为IRP。

1994年，韩国正式引进第三支柱个人养老金计划即个人年金计划，并在2001年通过税制改革逐渐完善了基本框架，1994~2000年的个人养老金计划又被称为旧个人年金，目标是为老年生活提供稳定收入。旧个人年金实现资金积累及投资运营，是一种长期储蓄的金融产品。旧个人年金具有商品种类少、每个账户只能选择一个基金等短板，因此2001年对个人养老金计划进行了改革，建立了新个人年金，减少了税收优惠幅度，但增加了养老收入保障方式。

与个人年金制度相比，第二支柱的IRP制度更具竞争优势[1]，其原因包括：第一，IRP的覆盖范围较广，不断扩大保障对象；第二，IRP的税收优惠更明显。2015年韩国修改所得税法，IRP的税收优惠额度达到300万韩元，个人年金的参与激励性被进一步削弱。为此，2019年韩国政府再次出台税法修订案[2]，对50岁以上私有年金投保者提供新的税收优惠，同样适用于个人年金和IRP。但与个人年金相比，IRP的税优幅度更大。

（三）韩国个人养老金计划的现行制度

1. 参保群体及费率

韩国金融监督院公布的资料显示，一位退休人员同时加入第一支柱国民年金和第三支柱个人年金计划，所领取的养老金可以达到维持老年生活最低费用（104万韩元）的59%[3]。退休人员很难再进入劳动力市场获得生活来源，因此个人养老金的保障能力仍显薄弱。

在一个缴费年度内，第三支柱养老金个人缴费总额的13.2%~16.5%可享受税收优惠。综合收入超过四千万韩元（约20.3万元人民币）时税收优惠的额度为13.2%，不超过四千万韩元时为16.5%。个人型IRP的年度缴纳额的最高限度是700万韩元（约3.6万元人民币），个人年金储蓄的年度缴纳额限度则是300万~400万韩元（约1.5万~2万元人民币）。其中，年综合收入在1亿韩元以下的缴费额度是400万韩元，1亿韩元以上缴纳额限度为300万韩元。每年个人年金和个人型IRP的免税总额为700万韩元。税收优惠政策提高了民众投保企业年金的热情，2021年韩国的年金储蓄比上一年增加了16.7%，尤其20~30岁青年员工的参保率大大提升，具体情况如表36-1所示。

表36-1 2020年、2021年参保者年龄段分布对比

单位：千名、%

区分	小于20岁	20~29岁	30~39岁	40~49岁	50~59岁	60~64岁	大于65岁	合计
2020年	29	367	1023	1623	1808	598	453	5901
2021年	44	623	1247	1791	1980	673	531	6889
增加率	51.7	70.0	21.9	10.3	9.5	12.6	17.2	16.7
比重	0.6	9.0	18.1	26.0	28.7	9.8	7.7	100

资料来源：금융감독원 보도자료，2021년 연금저축 현황 및 시사점，2022-04-12（金融监督院报道资料：《2021年年金储蓄现状》）。

2. 领取条件及待遇水平

韩国的个人养老金计划是第一支柱国民养老计划的补充方式，18岁以上的公民可自愿参加。在领取阶段，个人养老金标准与个人收入没有直接关系，投保人只需每个月按时缴纳规定的保险费，退休后领取的保险金数额与市场利率以及养老投资效益的高低有关。同时，IRP不支持因遗赠子女、筹募基金等理由提前开设账户，只为本人的养老为目的所准备的养老储蓄。在领取养老金阶段，韩国按照退休者的按年龄段征较低比率的年金所得税，55~77岁退休人员的年金个人所得税比例为5.5%，70~80岁是

---

① 이태열，강성호，개인형 퇴직연금（IRP）과 개인연금의 유사성 및 사각지대 문제，KIRI Weekly（주간포커스），2019（483）：1-8.

② 기획재정부 보도자료（2019.7.25），2019년 세법개정안 상세본［计划财政部报道资料（2019.7.25），"2019年税法修订案详本"］。

③ 금융감독원 보도자료，2017년도 퇴직연금 적립 및 운용현환 분석，2018-03-22（金融监督院报道资料：《2017年度退休年金积累及运用现状分析》）。

4.4%，80 岁以上者征收 3.3%。退休人员除年金以外的其他收入所得税则高达 16.5%[①]。

3. 税收优惠

根据所得税法和税收特例限制法中制定的税收优惠标准，个人年金可分为享受缴费税额减免的税制适合型年金储蓄基金和税制非适合型年金保险。根据附加所得税法，韩国的个人年金储蓄每年的税收优惠措施是 400 万韩币的缴费收入以内，可享受 12% 的税额减免。个人年金是一种税收递延型储蓄商品，投保人满 55 岁后领取年金时才缴纳所得税，年金收入在预扣年金所得税（3%~5%）后征收综合所得，如果年金收入在 1200 万韩元（约 6.1 万元人民币）以下，可以分开征税。

另外，公民履行缴费义务后，一次性领取个人年金时，将征收 22% 的其他所得税（包括地方所得税）。加入个人年金五年内如果想退出年金计划，除征收其他所得税外，还将征收已缴纳保险费累计额的 2% 作为加算税。另外，因年金领取者死亡等不得已原因，年金计划外的继承者在领取年金时，将征收 16.5% 的其他所得税（包括地方所得税）。年金储蓄包括银行销售的年金储蓄信托、证券公司销售的年金储蓄基金、保险公司销售的年金储蓄保险[②]。

非税收适用型的年金保险虽然不能享受税额减免优惠，但累计缴费 10 年以上时，适用年金所得税免税的商品，且只有通过人寿保险公司才能投保。一次性领取时，累计缴费 10 年以上后将适用免税条款，但 10 年内将征收 15.4% 的利息所得税（包括地方所得税）。另外，通过向人寿保险公司销售的各种保障性特约，具有强化经济活动期死亡、疾病等保障的优点。年金保险根据契约者缴纳的保险费积累的方式，分为一般年金保险和变额年金保险等[③]（见表 36-2）。

表 36-2　年金储蓄与年金保险的区别

区分		年金储蓄			年金保险	
		信托	基金	保险	一般年金	变额年金
制度概要	主旨	三层保障				
	参保对象	18 周岁以上国内居住者			20 周岁以上国内居住者	
	经办机关	银行	证券公司	人寿保险公司 财产保险公司	人寿保险公司	
	根据法	所得税法			保险业法	
商品内容	利息	业绩分红型		利率联动型	利率联动型	业绩分红型
		保障本金	非保障本金	最低保障利率		
	存款人保障	5 千万韩元（约 26 万元人民币）	—	5000 万韩元	5000 万韩元	—
	手续费负担主体	参保者（合约主体）				
税制	所得 / 税额抵扣	2013 年以前：所得抵扣 2014 年以前：12% 税额抵扣 （年度缴纳额 400 万韩元限度相同）			—	
	课税优惠	55 周岁至领取年金为止 递延课税			维持 10 年以上时 免税	
	领取年金	预扣年金所得税（3%~5%）后适用综合所得税。 年度年金所得 1200 万韩元以下可分开征税			免税	
	一次性收款	征收其他所得税 (22%)			10 年以内：利息所得税（15.4%） 10 年后：免税	

资料来源：구지연，차경욱. 가계특성에 따른 개인연금 가입여부와 가입유형 비교，소비자정책교육연구，2015,1（1）：97-120.（《家庭特性为前提个人养老金加入与否和加入类型的比较》，消费者政策教育研究）。

① 금융감독원 보도자료, [금융꿀팁 200 선] ◯ 123 개인형퇴직연금 (IRP) 과연금저축, 차이점을 알고 가입하세요, 2021-11-02。
②③ 금융감독원,연금저축 가입 활성화를 위한 홍보 강화추진,2012-12-19.（金融监督院报道资料：《为促进年金储蓄加入而加强宣传》，2012 年）。

4．基金投资

第三支柱个人年金是个人可以自行决定是否加入的金融商品，分为信托型、基金型、保险型。根据机构的不同，经办机关可分为有银行、人寿保险公司、财产保险公司、投资信托公司等（见表36-3）。

（1）信托型是自由决定缴纳金额及时间的自由缴纳方式，是根据公积金运营成果决定年金的业绩分红型，年金支付方式为确定期限型，同时保障本金，适用保障存款人。

（2）基金型分为债券型、股票型、混合型等区分，是可以自由决定缴纳额和时间的自由缴纳方式。根据投资成果决定年金金额，是不保障本金的业绩分红型。由于将基金资金投资到全世界市场的股票、债券和实物资产上，因此与银行和保险公司相比，投资对象多种多样。另外，虽然不是存款人保护法规定的保护对象，但自行积累安全基金进行保护，且年金支付方式为确定期限型。

（3）保险型是在一定时间内定期缴纳规定金额的定期缴纳方式。适用利率适用公示利率，即使公示利率下降，也适用最低保证利率，保障本息，是存款人保护对象[①]。

表36-3　不同金融机构的年金储蓄比较

区分	人寿保险公司	人身伤害保险公司	银行	财产保险公司
产品类别	年金储蓄保险	年金储蓄保险	信托养老金	养老金基金
缴纳方式	每月缴付一定额度的资金		超过1万韩元（约50元人民币）可以自由缴付	
手续费	每月缴纳资金的一定比例收取		缴纳资金总额的一定比例收取	
年金形式	终身型、定期型、连续型	定期型（5~25年）	定期型（最少5年）	
有无年金保障	有保障	有保障	有保障	无保障
是否适用存款人保护法	适用	适用	适用	不适用

资料来源：금융감독원（보도자료），연금저축 활성화를 위한 통합공시 및 관리강화，2013-04-04（金融监督院报道资料：《为了激活年金储蓄的综合公示和管理强化》）。

二、韩国个人养老金计划的发展趋势

（一）近年参保率变动

总体上看，韩国的个人年金储备水平仍然偏低，在OECD的34个国家中排在第23位，因此需要通过扩大覆盖面等方式扩大年金的资产池。由不同投保人群的人数变动趋势分析，高收入阶层的投保人数持续增加。相反，中低收入阶层的投保人数明显减少。

金融监督院的报道资料显示，2021年年金储蓄的总积蓄金为160.1万亿韩元（约8135亿元人民币），比2020年增加了7.6万亿韩元（约386亿元人民币）（见表36-4）。

表36-4　第三支柱的年金储蓄总储蓄金现状　　　　单位：万亿韩元、千件、%

区分	2019年	2020年	2021年	增加率	比重	参保件数
保险	105.6	109.7	112.0	2.1	69.9	4550
信托	17.4	17.6	17.0	-3.4	10.6	810
基金	14.5	18.9	24.3	28.6	15.2	3026
抵扣	5.9	6.4	6.8	6.3	4.3	348
合计	143.5	152.5	160.1	5.0	100	8734

资料来源：금융감독원 보도자료，2021 년 연금저축 현황 및 시사점，2022-04-12（金融监督院报道资料：《2021 年年金储蓄现状》）。

① 금융위원회，연금저축 가입자 편의성 제고방안 시행（4.1 일부터 적용），2014-02-17.（金融委员会报道资料：《实施年金储蓄加入者便利性提高方案》，2014 年）。

（二）待遇水平变动

个人年金中的信托型在银行销售，是确定期限型、本金保障型产品。基金型是银行及证券公司等销售的商品，是业绩分红型。保险型是在保险公司等地销售，存款人可以享有5000万韩元（约25万元人民币）的最低收入保障。年金信托和年金保险的收益率较低，但安全性较高；年金基金则风险性和收益率都较高。

2021年，韩国的年金储蓄总缴纳额为9.9万亿韩元（约502.7亿元人民币），比2020年增加0.2万亿韩元（约10亿元人民币），其中保险（减少13.1%）和信托（减少6.0%）的缴纳额持续减少趋势，基金缴纳额上升61.8%，缴纳额和领取额如表36-5和表36-6所示。

表36-5 个人年金的年度缴纳额

单位：亿韩元、%

区分	2019年	2020年	2021年	增加率
保险	71435	68711	59676	−13.1
信托	10455	9924	9324	−6.0
基金	14997	18395	29763	61.8
合计	96887	97030	98763	1.8

资料来源：금융감독원 보도자료, 2021 년 연금저축 현황 및 시사점, 2022-04-12（金融研究院报道资料：《20121年年金储蓄现状》）。

表36-6 个人年金的领取额

区分	年度领取额（亿韩元）			领取签约件数（千件）			签约领取额（万元）	
	2020年	2021年	增加率（%）	2020年	2021年	增加率（%）	2020年	2021年
保险	25192	29044	15.3	1039	1193	14.8	242	243
信托	5676	5956	4.9	92	101	9.7	617	591
基金	4458	5371	20.5	74	74	1.0	606	723
合计	35326	40371	14.3	1205	1368	13.5	293	295

资料来源：금융감독원 보도자료, 2021 년 연금저축 현황 및 시사점, 2022-04-12（金融研究院报道资料：《2021 年年金储蓄的现状》）。

（三）投资收益

2021年，韩国年金储蓄收益率为4.36%，比2020年提高0.18%，收益率较高的基金储蓄金比前年提高28.8%。基金的收益率最高为13.45%，且人寿保险1.83%、财产保险1.63%，信托的2021年收益率比2020年下降为1.73%。可以看出信托收益率从2019年起持续下降趋势。

表36-7 年金储蓄收益率

区分	人寿保险	财产保险	信托	基金	总体
2019年	1.84	1.50	2.34	10.50	3.05
2020年	1.77	1.65	1.72	17.25	4.18
2021年	1.83	1.63	−0.01	13.45	4.36

资料来源：금융감독원 보도자료（金融监督院报道资料）。

三、韩国个人养老金计划的评价

（一）积极作用

首先，养老金市场化投资能保证养老金的保值和增值。国家养老金接管部门国民年金基金接管中心采用了市场化多元化投资策略，获得了巨大的投资收益，确保了养老基金增值，增加了基金总收入，保障了参保人利益。

其次，可以享受税收优惠政策。韩国一直以来鼓励发展多层次得到养老保险体系，第三支柱个人年金的内容广泛。国家通过税收优惠政策鼓励建立个人年金制度，与其他市场化运营的个人商业保险相互补充、相互促进。

最后，第三支柱个人养老金除政府提供的税收优惠以外，还可以投资于资本市场，获得长期的收益回报。第一支柱保障基本养老生活，第二支柱企业退休年金起补充养老的作用，第三支柱个人年金不仅对参加第二支柱企业退休养老金的人员增加了补充的作用，还对没有参加第二支柱企业退休养老金的人员增加了一条保障养老基本生活的渠道，丰富了未来对养老多样化的需求。

（二）发展瓶颈

首先，年金收益率持续下降。在优惠政策扶持下，韩国的个人退休金发展迅速，相反个人年金市场持续萎缩趋势，瓶颈问题也逐渐深化[①]。个人年金市场因会计准则的变更与低利率带来的收益性恶化等原因而萎缩，个人退休金也因此而受到低迷的影响。税制适用年金面临着低收入层的参保率极低的问题，很难期待赋予相同形式税制优惠的个人退休金来消除此问题的可能性。企业型退休金也在消除退休金制度的死角地带，加强养老收入保障。但需要保障退休金的定型性的企业群的参保率低等问题依然存在。企业型、个人型退休金都需要努力消除死角地带，特别是个人退休年金和个人年金需要通过提供相互差别化的奖励政策，引导其持续发展。

① 이태열, 강성호, 개인형 퇴직연금 (IRP) 과 개인연금의 유사성 및 사각지대 문제, KIRI Weekly（주간포커스）, 2019（483）：1-8.

其次，年金加入者的保护功能不足。个人年金商品的商品运用及资金支付等时间比其他商品长，因此适合签约者的商品的加入、运用和到期的年金领取非常重要[①]。在限制个人年金商品的《所得税法》《银行法》《保险业法》等相关法律中，除个人年金是税制优惠和加入期限的长期外，与普通商品相比没有太大的差异。在个人年金加入阶段，适合个人的商品劝告不足，消费者保护装置只集中在加入阶段，在长期运营、领取阶段（至少15年）有很多不足之处。因此，有必要根据长期商品的特点，根据加入劝诱、合同、运用及领取等各阶段的规定，加强年金加入者的保护。

最后，对于没有经济收入来源以及非退休养老金计划的参保者来说，个人养老金计划是重要的养老保障收入，但是目前韩国的个人养老金参保率依旧很低。因此，政府需制定政策激励国民加入个人养老金计划。但是目前的所得税减免政策并未能实现很好的效果，因此有必要扩大税收优惠的范围。

---

① 금융감독원 보도자료，2017년도 퇴직연금 적립 및 운용현환 분석，2018-03-22（金融监督院报道资料：《2017年度退休年金积累及运用现状分析》）。

分报告三十七
新加坡中央公积金制度账户管理的经验与启示

一、新加坡养老金制度的建立与构成

经过 60 多年的发展演变，目前新加坡已经构建完成养老金三支柱体系，其中既包括强制型养老金制度安排，也有自愿参与性质的养老金计划。第一支柱公共养老金是指建立最早的中央公积金（CPF），属于完全积累型的强制性养老储蓄计划。中央公积金制度要求大多数公共部门的雇员以及部分自雇者强制参加，因此在养老金三支柱体系中的覆盖面最广，占据绝对支配地位。1951 年 5 月，新加坡立法会提出建立中央公积金的提议。1953 年 11 月，中央公积金法案得到了立法会的通过。随着 1953 年 12 月新加坡《中央公积金条例》正式颁布和 1954 年 1 月中央公积金局的成功组建，新加坡殖民政府于 1955 年 7 月开始运行实施中央公积金制度，这是其养老保障制度初步建立的重要标志。之后，在新加坡人民行动党的领导下，中央公积金制度平台不断并入越来越多的其他计划，中央公积金的功能从单纯的养老储蓄计划逐渐扩展至住房、健康和教育领域。1968 年，中央公积金开始承担公共住房提供的额外功能。1984 年，医疗储蓄计划开始实施，中央公积金会员可以使用部分中央公积金资金支付自己和家人的医疗开支。中央公积金局官方报告将中央公积金界定为一项综合性社会保障制度，居民可以通过该项制度留出一定资金用于退休，并解决健康保健、房产购买、家庭会员保护以及财产增值等问题。

第二支柱是强制参与型职业养老金，主要覆盖军队系统和某些公务员群体，包括雇员储蓄退休及保费基金（SAVER–Premium Fund）和内政部制服部队投资计划（Home Affairs Uniformed Services INVEST Plan）。1998 年 4 月，根据新加坡武装部队修订法案［Singapore Armed Forces (Amendment) Act］雇员储蓄退休基金（SAVER Fund）被建立起来。之后，新加坡政府于 2000 年 3 月推出保费计划（Premium Plan），雇员储蓄退休基金随之正式更名为雇员储蓄退休及保费基金，储蓄计划和保费计划的资产被合并，用于共同投资和联合管理。雇员储蓄退休及保费基金接受新加坡武装部队委员会（Armed Forces Council, AFC）的指导和管理，雇员储蓄退休及保费基金的受托人委员会由武装部队委员会任命。考虑到内政部制服部队退休年龄早于其他公务员这一特殊性，新加坡政府于 2001 年 10 月出台专门针对该群体的超级年金投资计划，以帮助他们适应退休后的职业生涯。根据内政部制服部投资计划，部队军官可以获得全额中央公积金缴费和投资计划中的额外缴费，从而建立起超级年金基金。投资计划中的额外缴费汇集起来形成专门的投资基金，可以进行多元化投资，并接受内政部任命的受托人委员会的管理。

第三支柱是可享受政府税收优惠、个人自愿参与的个人养老金，由中央公积金投资计划（CPFIS）和补充养老金计划（Supplementary Retirement Scheme, SRS）构成。中央公积金投资计划是属于中央公积金的子计划，其起源最早可以追溯至为了鼓励新加坡公共交通运输、促进公共投资事业，于 1986 年推出的新加坡巴士有限公司股票计划（Singapore Bus Service Ltd Shares Scheme）。1997

年中央公积金局合并基本投资计划（Basic Investment Scheme, BIS）和加强型投资计划（Enhanced Investment Scheme, EIS），形成了新的中央公积金投资计划，主要包括 CPFIS-OA 和 CPFIS-SA 两个组成部分。由私营部门管理的补充养老金计划于 2001 年 4 月被引入，它属于政府多支柱养老保障体系的一个组成部分。计划参与者覆盖范围从新加坡公民和永久居民逐渐扩展至外籍人士，在上限规定的范围内可自行决定缴费金额。补充养老储蓄金额上限针对不同群体有不同的规定，新加坡公民和永久居民年储蓄总额不超过 15300 美元，外籍人士的年储蓄总额不超过 29750 美元。补充养老金计划会员账户中的缴费资金可用于购买各种投资工具，例如定期存款、保险产品、股票、债券、单元信托、理财产品等，如果不购买任何投资产品，账户本身的利率仅为 0.05%。补充养老金计划实行有吸引力的 EET 型税收优惠模式，即缴费阶段有资格享受税收减免，投资回报累计免税，最后退休时所领取待遇的 50% 需要缴纳个人所得税。如果选择在达到法定退休年龄之前提取账户的储蓄金额，需要缴纳 5% 的罚金。

二、新加坡中央公积金账户分类与资金筹集

（一）账户类型

根据中央公积金会员年龄的不同，不同类型的账户被自动建立起来。55 岁以下的会员个人账户主要有三种，即普通账户（Ordinary Account, OA）、特别账户（Special Account, SA）和医疗储蓄账户（Medisave Account, MA）。会员年龄达到 55 岁以后，普通账户和特别账户的金额可以转入退休账户（Retirement Account, RA）。因此，55 岁以上的会员账户仅包括退休账户和医疗储蓄账户两种。

各类账户的用途各不相同，需遵循严格的规定。具体来看，普通账户用于购买家庭住宅、人寿保险、不动产抵押借款保险、教育以及与退休相关的金融产品投资等方面的支出。特别账户用于养老以及投资与退休相关的金融产品，账户按照 4% 的基础利率复利计息。假设 55 岁以下的会员向账户每缴费 1 新元，雇主配套缴费 0.85 新元，账户共计收入 1.85 新元。约 20 年后该账户金额累计为 3.7 新元，约 40 年后账户金额累计为 7.4 新元。医疗储蓄账户用于会员本人和家人的住院、手术及某些门诊支出以及被批准的保险计划保费支出。退休账户规定会员从 55 岁开始只要在账户中留存适合金额，就可以自由提取中央公积金储蓄。

（二）缴费筹集与分配

中央公积金法案规定，所有参与就业的人员（还包括满足一定年收入标准的自雇者）自动成为中央公积金制度的会员，但目前比例已超过新加坡劳动力 1/3 的非新加坡籍雇员仍未被制度覆盖。同时，雇主也需按照雇员的收入和规定的缴费率向中央公积金局进行缴费，缴费资金存入雇员的中央公积金账户。中央公积金模式的养老制度强调个人责任，只有通过工作才能逐渐积累起个人的养老金。账户的缴费率与会员年龄直接相关，缴费率范围一般是会员月工资的 12.5%~37%，强制性的中央公积金缴费无须纳税。2022 年初，新加坡政府针对 55~70 岁的雇员再次调高了缴费率，提高幅度约 1.5%~2%，但 55 岁以下和 70 岁以上的雇员缴费比例保持不变，详情如表 37-1 所示。多征收的缴费最后将全部划入雇员的特别账户，用于满足退休需求。

表 37-1　中央公积金雇主和雇员的缴费率调整

年龄	2022 年 1 月改革前	2022 年 1 月改革后
小于 55 岁	37% （雇主 17%，雇员 20%）	不变
56~60 岁	26% （雇主 13%，雇员 13%）	28% （雇主 14%，雇员 14%）
61~65 岁	16.5% （雇主 9%，雇员 7.5%）	18.5% （雇主 10%，雇员 8.5%）
66~70 岁	12.5% （雇主 7.5%，雇员 5%）	14% （雇主 8%，雇员 6%）
大于 70 岁	12.5% （雇主 7.5%，雇员 5%）	不变

资料来源：https://www.cpf.gov.sg/member/cpf-overview.

按照规定，55 岁以下中央公积金会员的三类账户入账比例会随着年龄增长不断变化。调整趋势是普通账户的划入比例逐渐减少；特别账户的划入比例逐渐增长，55 岁后比例呈现骤降；医疗储蓄账户的划入比例一直持续增长。例如，对于 35~45 岁的雇员，37% 的总缴费率中有 21% 划入普通账户，7% 划入特别账户，9% 划入医疗储蓄账户。45~50 岁雇员群体的总缴费率不变，但账户资金的配置有略微调整。普通账户被划入的比例减少至 19%，特别账户被划入比例增至 8%，医疗储蓄账户可以得到 10% 的缴费[1]。

如表 37-2 所示，近 10 年来，随着新加坡中央公积金制度的覆盖面不断扩大，会员支付的缴费和账户余额规模

---

[1] Fong J H, Taking Control: Active Investment Choice in Singapore's National Defined Contribution Scheme, The Journal of the Economics of Ageing, 2020(17): 100249.

呈现逐年递增的趋势。根据中央公积金局的最新统计，截至 2021 年底，中央公积金会员规模为 410 万，参与的雇主为 15.8 万，账户余额达 5060 亿新元[①]。

表 37-2　中央公积金历年会员、缴费、账户余额规模

年份	会员数量（千人）	缴费合计（百万新元）	余额合计（百万新元）
2011	3376	24628	207546
2012	3419	26048	230158
2013	3508	28530	252969
2014	3593	29722	275364
2015	3686	32049	299522
2016	3761	35852	328895
2017	3835	37285	359515
2018	3908	38369	391118
2019	3982	39848	425110
2020	4052	40902	462130

资料来源：CPF Board, CPF Board Annual Report 2020, https://www.cpf.gov.sg/content/dam/web/member/infohub/documents/CPF_AnnualReport2020_Part2.pdf, p.100, p.108.

中央公积金会员还可以参加退休储蓄填补计划（Retirement Sum Topping-Up Scheme, RSTU），通过追加现金缴费，或是以普通账户的储蓄向特别账户或退休账户转账的方式增加自身和家人的退休储蓄。会员年龄在 55 岁以下，可以向特别账户追加缴费。会员年龄达到或超过 55 岁，则向退休账户追加缴费。如果采用追加现金缴费的方式，会员最高可以享受每年 14000 新元所得税的减免。其中，7000 新元的减免是源于为自己的特别账户或退休账户追加退休储蓄，另外 7000 新元的扣税奖励是源于为家人追加退休储蓄。由于普通账户的基础利率水平是 2.5%，特别账户和退休账户的基础利率是 4%，不足 55 岁的会员将普通账户的储蓄转账至特别账户后可以获得更高的利率。年龄在 55 岁及以上的会员可以将特别账户或普通账户的储蓄转账至退休账户，从而为退休需求留存更多的资金。中央公积金账户的转账方式同样也适用于为家人填补储蓄资金。2020 年，14 万中央公积金会员参与了

退休储蓄填补计划，追加现金缴费和转账规模共计 30 亿新元。其中，超过 1/3 的会员是首次选择追加缴费[②]。2021 年，29.4 万中央公积金会员继续选择向特别账户和退休账户追加现金缴费和转账，总计规模 48 亿新元，比 2020 年增长了 60%。自 2022 年 1 月，向自己的账户进行现金缴费和转账的会员可享受最高 8000 新元的税收优惠，较 2021 年的税收优惠标准再次提高了 1000 新元[③]。

新加坡中央公积金账户资金除了源于雇员与雇主按照工资一定比例的缴费，以及家庭会员帮助追加填补储蓄之外，政府也可以参与提供相关支持。2019 年 11 月，新加坡政府曾向 30 万名中央公积金会员发放了开埠 200 周年花红（Bicentennial Bonus Benefits），作为账户的补充资金。如表 37-3 所示，部分 50~64 岁的中央公积金会员可以获得 300~1000 新元金额不等的补助。会员获得政府花红补助的资格要求包括：第一，2018 年课税年度的应税收入不超过 28000 新元；第二，截至 2018 年底，物业的年价值不超过 21000 新元；第三，不能拥有多种财产；第四，2018 年底公积金账户余额不超过 6 万新元。

表 37-3　中央公积金会员获取政府花红补助的标准

2019 年的年龄	公积金普通账户和特别账户合计余额[①]或退休账户余额[②]（截至 2018 年 12 月 31 日）	
	小于等于 3 万新元	3 万新元至 6 万新元
50~54 岁	500 新元	300 新元
55~64 岁	1000 新元	600 新元

注：①针对在 2019 年年龄处于 50~55 岁的中央公积金会员；②针对在 2019 年年龄处于 56~64 岁的中央公积金会员。

资料来源：新加坡财政部网站，https://www.gstvoucher.gov.sg/files/2019/Oct-2019.pdf, p.4.

三、新加坡中央公积金账户的提取

按照中央公积金制度最初的规定，会员年满 55 岁以后可以一次性领取所有积累的储蓄资金。除了养老保障的支出，因其他用途过度使用中央公积金储蓄也将直接影响养老金的积累。为了避免一次性支取所有储蓄资金后，出现对资金的不当管理和投资失败，最终导致年老时缺乏足够的养老储蓄这种现象的发生，新加坡政府在养老金储蓄

① CPF Board, CPF Statistics, https://www.cpf.gov.sg/member/infohub/reports-and-statistics/cpf-statistics, 2022-07-15 .

② CPF Board, CPF Board Annual Report 2020, https://www.cpf.gov.sg/content/dam/web/member/infohub/documents/CPF_AnnualReport2020_Part1.pdf, p.24, 2022-07-15 .

③ Ganesan N, CPF Top-ups Rise by 60% to S$4.8 Billion Last Year; Members' Balances Exceed Half Trillion Mark, 2022, https://www.channelnewsasia.com/topic/cpf, 2022-07-20.

计划方面实施了一系列的改革和创新。

1987 年 1 月，政府引入了最低金额计划 (Minimum Sum Scheme, MSS)。也就是说会员年满 55 岁后，只要留足最低限额的资金，保证退休后 20 年内每月都能获得一定的养老金，就可以从退休账户中提取资金。同年 4 月，政府还出台了最低金额填补计划（Minimum Sum Topping-Up Scheme），其目的在于补充计划会员或其家人的退休账户，以达到最低金额计划的标准，为未来退休生活积累更多的资金。随着人口老龄化程度加深和平均预期寿命持续提高，新加坡政府也在不断上调最低金额的标准。例如，1987 年规定的留存最低金额为 3 万新元，到 2018 年最低限额的标准被上调为 17.1 万新元。

一方面，会员所能提取的账户金额要考虑会员在 55 岁时中央公积金现金余额的积累情况。如果余额不足 5000 新元，可以提取全部的积累资金；如果余额高于 5000 新元但仍少于规定的退休金额，可以提取 5000 新元。如果积累金额高于规定留出的退休金额，可以从超出部分提取任何金额[①]。另一方面，会员最终能提取金额还取决于其出生年份和决定领取待遇时的年龄。一般来说，随着会员年龄的增长，所能提取的养老金待遇金额比例越高，

详情如表 37-4 所示。自 2019 年起，选择延迟提取中央公积金待遇的会员比例持续增长。2019 年仅 43% 的会员选择延迟提取，2020 年延迟提取待遇的会员比例达到 50%，2021 年会员的比例进一步增长至 54%[②]。如果会员延迟提取退休待遇直至 70 岁，那么每月的待遇支付标准可以上浮 30%。另外，有部分中央公积金会员倾向于一次性提取退休待遇的方式。2019~2021 年，连续三年约有 70% 的 65 岁以上会员选择一次性提取退休待遇。事实上，如果会员在 65 岁之前不选择一次性提取退休待遇，那么未来他们平均每月的养老金待遇可以上浮 15%~25%[③]。

按照传统规定，一旦中央公积金会员用尽退休账户的储蓄，必须正式提出请求，将普通账户和特别账户的储蓄资金进行转移，从而才能继续获得他们的退休待遇支付。2022 年初，中央公积金对待遇发放的手续进行了简化处理。当会员的退休账户储蓄耗尽后，会员无须申请，普通账户和特别账户的储蓄资金将被自动用于会员支付。尽管中央公积金退休账户中的资金最早被允许部分提取的年龄规定是会员达到 55 岁，但如果会员出现严重的健康问题或决定永久性离开新加坡时，提取账户资金则不受年龄的限制（见表 37-4）。

表 37-4　中央公积金会员养老金待遇领取的限制条件

出生年份	总的领取比例	55 岁后随时可领取的部分	65 岁后随时可领取的部分
1953 年及以前	50% 或更高	中央公积金储蓄的 50%	不适用
1954 年	40% 或更高	个人储蓄的 40%	不适用
1955 年	30% 或更高	个人储蓄的 30%	不适用
1956 年	20% 或更高	个人储蓄的 20%	不适用
1957 年	20% 或更高	个人储蓄的 10%	个人退休储蓄的另 10%
1958 年及以后	20% 或更高	中央公积金储蓄中的 5000 新元	个人退休储蓄的另 20%，少于 55 岁后可领取的 5000 新元

资料来源：Unconditional Withdrawals Based on Birth Year，https://www.cpf.gov.sg/content/dam/web/member/retirement/documents/Withdrawalrulestable.pdf.

根据新加坡统计局数据，2010 年，年满 55 岁的新加坡人口中有半数的预期寿命至少到 85 岁。到 2030 年，新加坡人口预期寿命将达到 88~90 岁。因此，随着国民预期寿命的提高，年轻的中央公积金会员根据最低金额计划仅能获取 20 年的养老金，这使中央公积金退休待遇的充足

性面临严重挑战。因此 2009 年，新加坡政府实施了老年人终生入息计划（CPF Lifelong Income for the Elderly, CPF Life）的试点，这是由新加坡政府背书的唯一养老金计划。该计划将成员退休账户中所有的资金作为商业年金的保费，本金部分用于 65~85 岁老人的退休收入来源，保费收

①　Koh B S, Mitchell O S, Fong J H, Trust and Retirement Preparedness: Evidence from Singapore, The Journal of the Economics of Ageing, 2021(18):1-10.

②　Lin C, Median CPF Payouts Rose about 25% from 2019 to 2021, May 2022, https://www.channelnewsasia.com/singapore/cpf-median-payout-rise-trend-report-2665691, 2022-07-15.

③　CPF Board, CPF Trends , May 2022, https://www.cpf.gov.sg/content/dam/web/member/infohub/documents/cpf-trends/CPF_trends_May2022.pdf, 2022-07-20.

入部分用于 85 岁及以上老人的退休收入来源。该计划的目的在于确保成员退休后，依靠中央公积金养老金制度可以获得满足基本生活需要的收入。

在计划试点期间，年金化处理是自愿性质。当中央公积金会员年满 55 岁以后，就可以在默认的分期领取方案和使用部分储蓄资金购买年金这一方案之间进行选择。2013 年 1 月以后，老年人终生入息计划转为强制执行。也就是说，1958 年以后出生的新加坡公民或永久居民，如果在开始领取每月养老金时退休储蓄账户至少拥有 6 万新元，则会被自动加入老年人终生入息计划。假如中央公积金会员已经拥有其他养老金收入或是私营年金计划，其待遇水平与老年人终生入息计划待遇水平相同甚至更高，那么可以选择退出老年人终生入息计划。与私营年金计划相比，老年人终生入息计划具有一定的优势。例如，能够保障待遇的终生支付，且由新加坡政府担保，可以享受无风险、最高为每年 6% 的利率，提供的年金偿付水平更高。此外，非营利性质的老年人终生入息计划是由新加坡中央公积金局管理，因而不必承担广告费用和代理佣金。由于会员数量巨大，老年人终生入息计划的长寿风险和成本能够得以更好地分散。

老年人终生入息计划最初设计了 12 种计划方案，供成员选择用于积累资金。之后经过进一步简化，2018 年形成了最终的三类计划，即标准型终生年金计划（CPF Life Standard Plan）、基本型终生年金计划（CPF Life Basic Plan）以及升级型终生年金计划（CPF Life Escalating Plan）。成员年满 65 岁以后可从上述三种计划中选择一种来满足个人的退休需求。老年人终生入息计划的保费金额和每月待遇发放金额由中央公积金局根据独立精算顾问的建议来决定。基准保费金额本质上就是最低养老金金额。计划参与者如果储蓄资金不足，可以选择比基准保费金额更低的标准进行投资；如果储蓄资金充足，可以选择比基准保费金额更高的标准进行投资。老年人终生入息计划每月的年金待遇支付主要取决于计划参与者前期缴纳的保费、性别以及计划选择，且每月支付的年金待遇都是名义性质，可以随着时间根据利率长期的变化或是预期寿命进行小幅和渐进式的调整。

老年人终生入息计划首次在新加坡将商业保险的概念引入中央公积金养老金制度，会员之间可以共担风险，养老金支付与缴费以及风险共担相结合，这进一步加强了养老金制度的可持续性，可以更好地应对长寿风险。老年人终生入息计划在一定程度上弥补了缴费确定型基金积累计划缺乏社会互助的不足，因而被认为是中央公积金养老金制度的一项重大改革与创新[1]。新加坡也成为亚太地区首个为了应对长寿风险，进行国民养老金计划强制年金化处理这一政策调整的国家[2]。截至 2020 年，新加坡老年人终生入息计划的成员数量超过 17.8 万人，共计向 7.6 万名成员支付每月待遇 23 亿新元[3]。

四、新加坡中央公积金账户的投资与监管

（一）账户资金的投资

新加坡中央公积金局将资金投资的回报与风险进行了如下分类：第一，高风险与权益投资；第二，中高风险与权益和债券组合投资；第三，中低风险与收益产品和债券投资；第四，低风险与货币市场产品投资。2020 年中央公积金局的年度报告数据显示，目前中央公积金投资类别主要涉及新加坡政府特别债券（Special Singapore Government Securities, SSGS）、新加坡政府债券（Singapore Government Securities, SGS）、法定机构债券、公司债券、优先股以及新加坡房地产信托投资基金。如表 37-5 所示，新加坡政府特别债券投资规模最大，达到 4571 亿新元，其次为债券投资，权益投资所占的比例最小。新加坡政府特别债券属于向中央公积金局特别发行的、专属投资交易工具，由政府完全担保，其待遇支付与中央公积金局向会员承诺支付的利率相挂钩。中央公积金的资金主要投资于无风险资产，由政府承担管理新加坡政府特别债券收益的投资风险。这一安排确保了中央公积金局可以向会员支付所有到期的资金，以及根据中央公积金账户实际情况承诺的利息。新加坡政府属于 3A 评级政府，这反映了新加坡强大的金融地位和实力，政府的资产规模远远高出负债规模，也意味着充足的净资产可以为抵御金融风险冲击提供较好的保护和应对。

---

① Xiao J X, Dong K Y, Research and Inspiration on the Reform and Innovation of Singapore Central Provident Fund Pension System to Cope with the Aging Population, Journal of US–China Public Administration, 2020, 17(5): 229–238.

② Fong J H, Li J, Mandatory Annuitization and Money's Worth: Evidence from Singapore, Journal of Pension Economics and Finance, 2022(21): 405–424.

③ CPF Board, CPF Board Annual Report 2020, https://www.cpf.gov.sg/content/dam/web/member/infohub/documents/CPF_AnnualReport2020_Part1.pdf, p.22.

表 37-5　2020 年中央公积金投资类别与规模

单位：千新元

资产类别	投资规模
新加坡政府特别债券^①	457105376
债权投资^②	2527468
权益投资^③	599360
合计	460232204

注：①包括用于购买新加坡政府特别债券的预交押金；②包括新加坡政府债券、法定机构债券、公司债券；③包括优先股以及新加坡房地产信托投资基金。

资料来源：Financial Statement, https://www.cpf.gov.sg/content/dam/web/member/infohub/documents/CPF_AnnualReport2020_Part2.pdf, p.32.

　　新加坡政府特别债券的收益和其他政府资金（例如可交易型的新加坡政府债券、其他形式的支付盈余以及根据宪法规定的划为历史储备资金的土地销售收益等）一并统筹管理。根据 1992 年的政府债券法案，新加坡政府特别债券的收益和其他新加坡政府债券资金不能被用于新加坡政府的支出。混合型资金首先作为政府存款交由新加坡金融管理局 (Monetary Authority of Singapore, MAS) 托管。新加坡金融管理局再将这些资金通过外汇市场转化对外资产，由于这些资产的绝大部分具有长期性质，因此被进一步移交新加坡政府投资管理公司（GIC）管理。无论新加坡政府投资管理公司在任何年份投资获得回报或是出现亏损，中央公积金局和会员都无须承担任何风险，风险完全由政府承担。因此尽管中央公积金的资金没有直接转移至新加坡政府投资管理公司进行投资，但新加坡政府投资管理公司管理的政府资产的来源之一就是新加坡政府特别债券的收益。

　　值得注意的是，新加坡政府投资管理公司未将新加坡政府特别债券的收益和政府其他资产分离开来，单独管理新加坡政府债券的收益资金。新加坡政府投资管理公司所管理的资金池既包括新加坡政府特别债券和新加坡政府债券，也包括政府无债务负担的资产，例如政府历史盈余、土地销售收入等按照宪法规定被划为历史储备的资金。正因为资金来源的多样，新加坡政府投资管理公司才可以进行长期投资，包括投资风险更高的资产，例如股票、不动产以及私募股权。新加坡政府投资管理公司是政府的资金管理者，而不是资产和负债的所有者。新加坡政府投资管理公司旨在寻求完成政府的委托，获取较好的长期回报，并不考虑投资收益是否来自新加坡政府特别债券、新加坡政府债券或是政府盈余。从长期来看，新加坡政府投资管理公司的投资可以获得值得称赞的较高回报。如表 37-6 和图 37-1 所示，新加坡政府投资管理公司投资组合的长期年化名义回报率以及年化实际展期回报率均处于较高水平。如果新加坡政府投资管理公司不对资金做统筹管理，而是单独管理应对中央公积金债务的资金，那么只能更保守地投资，避免任何短期的亏空，最后导致长期内偏低的投资回报。

表 37-6　新加坡政府投资管理公司投资组合的年化名义回报率（截至 2021 年 3 月底）

投资时期	名义回报率
20 年	6.8%
10 年	6.2%
5 年	8.8%

资料来源：Report on the Management of the Government's Portfolio for the Year 2020/2021, https://report.gic.com.sg/index.html.

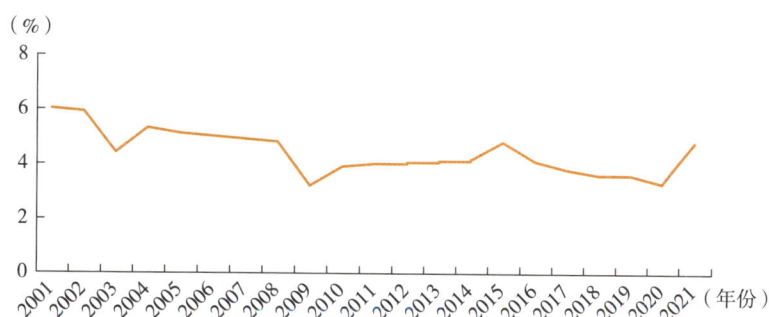

图 37-1　新加坡政府投资管理公司投资组合的年化实际展期回报率（2001 年 12 月至 2021 年 12 月）

资料来源：Report on the Management of the Government's Portfolio for the Year 2020/2021, https://report.gic.com.sg/index.html.

　　政府期望新加坡政府投资管理公司长期的投资回报能够超过新加坡政府特别债券方面的支出，但短期内无法保证投资回报超过新加坡政府特别债券的利率。当市场行情较差时，新加坡政府投资管理公司的投资回报低于新加坡政府特别债券方面的支出，政府会利用所拥有大量的净资产进行缓冲，负担亏损；在投资回报较好的年份，净资产规模则得以增长。政府作为担保人，不仅发挥长期投资者的作用，而是通过上述方式化解金融市场的波动性，最终为中央公积金会员提供保护。由政府兜底担保的中央公积金利率不会根据市场利率水平变化而下调。只要政府继续执行谨慎的预算，明智地投资储备资金，中央公积金制度才能拥有可持续性。政府也将保持良好的资产负债状况，长期的投资回报能够持续满足支出需求。

新加坡政府特别债券、新加坡政府债券、新加坡储蓄债券以及新加坡国库券属于新加坡政府证券最主要的四种类型。在过去，政府债券和国库券的发行上限分别为6900亿新元和600亿新元。2021年1月，为了满足中央公积金的和众多投资者的需求，新加坡议会投票批准了提高政府债券和国库券的发行限制。政府债券和国库券新的发行上限分别提高了2700亿新元和450亿新元，这意味着政府通过发行政府债券和国库券，借款规模可以分别增至9600亿新元和1050亿新元。此次发行限制上调规定的有效性可以一直延续至2025年。新加坡财政部高级官员表示上调政府债券和国库券的发行限制是为了配合市场发展和运营需求，而不是为了弥补政府的财政缺口，发行后所获的收益将用于进一步投资，而非政府支出。在2700亿新元的新增发行政府债券中，约有74%的额度将满足中央公积金投资新加坡政府特别债券的需求[①]。

如果新加坡中央公积金会员选择在默认的中央公积金账户中积累资金，由中央公积金局代为投资管理，会员的普通账户每年能够获得2.5%~3.5%稳定的回报率，特别和医疗账户每年最高可获得4%~5%的回报率。如果不愿选择在默认的中央公积金账户中积累资金，会员也可将部分养老金积累资金投资于非中央公积金的金融产品，包括共同基金、保险产品、定期存款、债券和股票，这种渠道也就是第三支柱中的中央公积金投资计划。中央公积金会员通过中央公积金投资计划对其养老金的积累资金进行投资的前提是普通账户中预留20000新元，且/或特别账户中预留40000新元。此外，中央公积金普通账户的储蓄投

资于股票或股份的比例上限是可供投资储蓄额的35%[②]。为了减少中央公积金投资计划会员的投资成本，中央公积金局取消了中央公积金投资计划对与投资相关的保单和单元信托基金1.5%的认购费，并且自2020年10月将金融顾问管理资产的年度包管型费用从0.7%进一步降至0.4%[③]。

（二）账户资金的监管

中央公积金局是中央公积金的受托人，根据中央公积金法案的规定，监督中央公积金的管理以及年度预算和财务报告的审批。另外，中央公积金局还负责监督组织绩效，确保风险管理政策和制度的充足性，并提出管理建议确保中央公积金能够高效运转。中央公积金局的成员共计15人，包括主席、副主席、首席执行官，政府代表、雇主、雇员团体各2位代表，以及6位其他人士。新加坡人力资源部和总统依据宪法条款共同任命所有的中央公积金局成员，所有的成员任期均为两年。在成员的构成方面，主要考虑有效制定决策所必备的相关技能、经验以及领导力，部分成员具备会计、保险和投资领域的专业技能。

另外，中央公积金局下设五个委员会，分别是审计委员会、投资委员会、保险计划委员会、风险管理委员会以及职员委员会，每一个委员会的任命需要得到中央公积金局批准。具体来看，审计委员会协助中央公积金局监督独立审计师和内部审计师开展的与内部控制、财务报告、遵守规章制度、公司政策和程序以及风险管理有关的活动。它还监督中央公积金局的举报计划。审计委员会由非执行和独立中央公积金局成员组成，这些成员是根据其在履行委员会职责方面的专业知识和经验提名。投资委员会代表中央公积金局监督与中央公积金局管理资金有关的投资事项。它为中央公积金局制定总体投资政策和战略资产配置提供咨询，并对以下领域拥有决策制定的权利，即投资管理战略和结构、投资顾问、托管人、外部基金经理和其他第三方的任命、风险管理的总体方法、再平衡指南、战术资产配置和绩效报告框架的实施。保险计划委员会监督家庭保障计划、健保双全计划、终身护保计划和老年人终生入息计划的管理，审查各种计划的年度估值和精算研究。它还根据每个基金的回报目标、风险承受水平和风险管理框架，结合制定的指导方针，管理保险基金的偿付能力和流动性。风险管理委员会协助中央公积金局监督企业风险

---

① Heng J, Issuing Limits Raised for Singapore Government Securities and Treasury, Jan 2021, https://www.businesstimes.com.sg/government-economy/issuing-limits-raised-for-singapore-government-securities-and-treasury-bills-0, 2022-07-10.

② Koh B S K, Mitchell O S, Fong J H, Trust and Retirement Preparedness: Evidence from Singapore, The Journal of the Economics of Ageing, 2021(18): 1-10.

③ CPF Board, CPF Board Annual Report 2020, https://www.cpf.gov.sg/content/dam/web/member/infohub/documents/CPF_AnnualReport2020_Part1.pdf, p.5, 2022-07-15.

管理框架。它确保管理层充分识别和评估了中央公积金局面临的关键风险，并建立了能够应对这些风险的风险管理基础设施。风险管理委员会支持中央公积金局与局内其他的委员会一起监督中央公积金局内部的风险。职员委员会是关键人力资源、薪酬政策以及高级管理人员任命和晋升

的审批机构。

中央公积金局的组织架构如图 37-2 所示，中央公积金局下设服务部、信息技术与数字服务部、政策与企业发展部以及内部审计等多个部门。首席执行官直接分管内部审计组，其他三大部门各由一位副首席执行官负责领导。

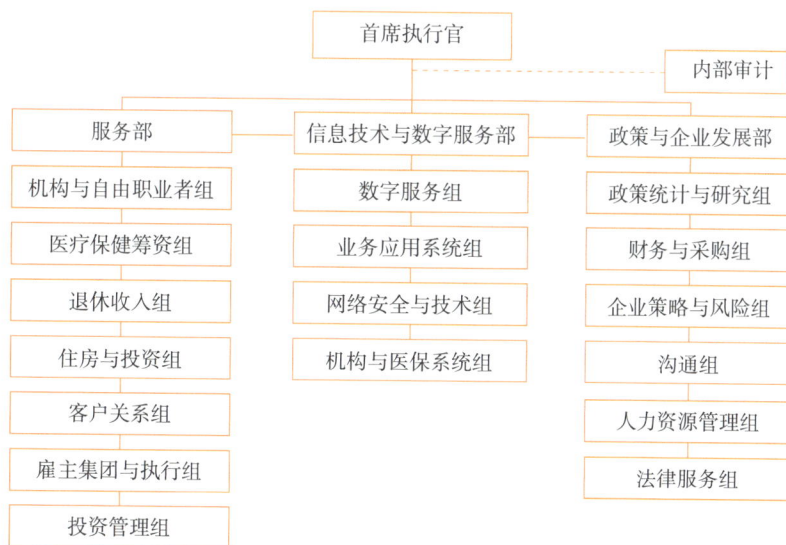

图 37-2　新加坡中央公积金局组织架构

资料来源：新加坡中央公积金局，https://www.cpf.gov.sg/member/who-we-are/core-management-and-organisation-chart.

中央公积金局的风险管理和内部控制主要包括风险管理、举报计划、内部审计和外部审计。中央公积金局在全局建立了风险管理框架。该框架是基于 ISO 31000 风险管理标准，涉及非常严格和系统的过程，风险管理委员会将进行年度风险评估。中央公积金局的举报计划鼓励报告可疑的操作，为了确保匿名举报，可以通过独立外部机构控制的安全渠道披露问题。举报计划提供的信息会受到保护，所有案件均向审计委员会报告，有关举报计划的内容也会定期向中央公积金局的所有工作人员传达。内部审计组独立于中央公积金局的其他小组，可以直接向审计委员会报告，其作用是向审计委员会提供客观的审计保证，审计内容涉及治理的充分性、风险管理以及中央公积金局内部的控制过程等。内部审计会遵守内部审计师协会制定的道德规范和内部审计专业实践的国际标准。根据 2018 年的公共部门（治理）法案，中央公积金局的账户被要求每年至少由总审计长，或是其他任何经部长和总审计长协商任命的审计师进行审计。指定的外部审计师在审计过程中可以对中央公积金局财务报表发表意见，并评估由于欺诈或错

误导致的任何重大错报风险。外部审计师报告先交由审计委员会和中央公积金局审查，然后再提交至审计长办公室。

中央公积金局的问责机制方面，新加坡宪法附表 5 的第 1 部分中明确规定中央公积金局属于法人组织。根据新加坡宪法第 22B（1）（a）和（b）款，中央公积金局必须将年度预算，包括任何补充预算，以及关于预算是否可能动用过去储备资金的声明提交总统批准。同样，根据新加坡宪法第 22B（6）款，如果中央公积金局拟议交易可能会动用过去储备资金，中央公积金局必须告知主席。新加坡宪法第 22B（1）（c）款还要求在每个财政年度结束后的六个月内，中央公积金局向主席提交经审计的财务报表和一份声明，说明是否动用了过去储备资金的情况。预算经主席批准后将在政府公报上公布。中央公积金局的全年财务状况可通过中央公积金网站向中央公积金会员和一般公众公开。

五、新加坡中央公积金制度的新近改革

目前，新加坡国内仍然存在部分老年公积金会员收入

水平较低，退休账户的积累资金不足的现象，这类群体更易受到老年贫困风险的威胁。另外，受到人口老龄化因素的影响，新加坡正面临越来越严重的劳动力短缺问题。有数据显示，近 50 多年来，新加坡的老年人口赡养比出现不断上升的趋势。1970 年每 13.5 个新加坡年轻劳动力供养 1 位老人，2010 年老年人口赡养比变为 1∶7.4，2030 年预计老年人口赡养比将升至 2.1∶1[①]。根据新加坡人力部的统计，2020 年，约有 25% 的新加坡劳动力年龄处于 55 岁及以上，而 2010 年该年龄段劳动力的占比仅为 16.5%[②]。为了帮助那些没能达到基本退休金额的老年人进行更多的储蓄，提高他们的退休收入充足性，并增加劳动力市场上老年雇员的供给数量，近年来新加坡政府对中央公积金制度实施了一系列改革和调整。

第一，2021 年 1 月，中央公积金局引入退休储蓄配套计划（Matched Retirement Savings Scheme, MRSS）。凡 55~70 岁的中央公积金会员，退休账户的余额少于基本退休存款规定（当前基本退休金额规定为 9300 新元），平均月收入不超过 4000 新元，都有权加入。任何人都可以为符合资格的中央公积金会员追加缴费，包括会员本人、会员的家人以及雇主。如果用现金方式追加缴费，政府将提供配套资金。2021~2025 年，配套资金每年最高可达 600 新元。2021 年，约有 44 万中央公积金会员有资格加入这项计划，占所有 55~70 岁会员的比例为 53%。2022 年 1 月，新加坡政府向在 2021 年进行了现金追加缴费的 11.7 万名中央公积金会员提供了配套资金，其退休账户共计拨款金额高达 6800 万新元。90% 的会员获得了最高 600 新元的年度配套拨款。退休储蓄配套计划将持续运行至 2025 年，充分利用该计划且符合参与资格的会员可以在退休账户积累资金高达 8300 新元，即每月退休待遇领取标准上浮 45 新元。符合参与资格的会员每年将被自动评估，无须再进行申请[③]。

第二，提高退休年龄和重新雇佣年龄。自 2022 年 7 月 1 日，新加坡法定退休年龄从 62 岁提高到 63 岁，重新雇佣年龄的限制将从 67 岁提升至 68 岁。在新加坡，退休年龄是指雇主能够要求雇员退休的最早年龄。一旦雇员满足退休年龄标准，只要雇员符合相关的条件，雇主必须提供一年的再就业合约，直至雇员达到重新雇佣年龄。雇主也可以选择将重新雇佣的责任转交给另一位雇主，或是提供一笔特殊的一次性支付款项。此外，新加坡人力部可以授权进一步提高退休年龄和重新雇佣年龄，直至雇员分别达到 65 岁和 70 岁。这种调整必须与老年雇员三方工作组的建议保持一致，老年雇员三方工作组主张在 2030 年前将退休年龄和重新雇佣年龄分别提高至 65 岁和 70 岁。

第三，进一步上调中央公积金缴费率。自 2023 年 1 月，55~70 岁的中央公积金会员的缴费率将在 2022 年改革的基础上将继续上调 1.5%~2%。具体要求是：56~60 岁的会员合计缴费率为 29.5%，其中雇主承担 14.5%，雇员承担 15%；61~65 岁的会员合计缴费率为 20.5%，其中雇主承担 11%，雇员承担 9.5%；66~70 岁的会员合计缴费率为 15.5%，其中雇主承担 8.5%，雇员承担 7%。

六、相关述评

（一）对新加坡中央公积金制度的评价

中央公积金制度是新加坡养老保障体系中最重要的组成部分。新加坡的养老金制度是亚洲历史最悠久、最发达的养老金制度之一。根据 2021 年美世 CFA 全球养老金指数报告，新加坡的养老金制度在全球 43 个国家（占全球人口的 65%）的排名是第 10 位，在亚洲的排名是第 1 位（连续 13 年获此殊荣）。由于新冠肺炎疫情对经济产生负面影响，新加坡养老金制度 2021 年的总体得分是 70.7，比 2020 年 71.2 的得分略有下降。新加坡养老金制度在公正性、充足性以及可持续性三个方面的全球排名分别为第 12 位、第 11 位和第 13 位，具体得分均高出报告的平均指数（见表 37-7）。

表 37-7　2021 年新加坡养老金指数得分与排名

评价指标	公正性	充足性	可持续性
新加坡	81.5	73.5	59.8
全球排名	12	11	13
全球平均指数	72.1	62.2	51.7

资料来源：Mercer & CFA Institute, Mercer CFA Institute Global Pension Index 2021, https://www.mercer.com/content/dam/mercer/attachments/private/gl-2021-global-pension-index-mercer.pdf, p.6.

---

① Waring P, Vas C, Bali A S, Recalibrating Social Protection for an Ageing Singapore, In Dhakal S, et al. (eds.), Ageing in Asia and the Pacific in Changing Times, Implications for Sustainable Development, Springer 2022, p.184.

② Social Security Administration, International Update Recent Developments in Foreign, Public and Private Pensions, Dec. 2021 , https://www.ssa.gov/policy/docs/progdesc/intl_update/2021-12/2021-12.pdf, p.2, 2022-07-20.

③ $68 Million in Matched Retirement Savings Scheme Grants Given to 117,000 Members for Top-ups Made in 2021, https://www.cpf.gov.sg/member/infohub/news/news-releases/68-million-in-matched-retirement-savings-scheme-grants-given-to-117000-members-for-top-ups-made-in-2021.

另外，新加坡中央公积金制度对失业、残疾、老人等弱势群体的保护力度存在明显不足。中央公积金待遇与账户所有者通过就业进行缴费的能力，或是利用现有资金向账户追加缴费的能力紧密相关。中央公积金制度并不支持失业者，也不支持处于工作年龄但因疾病和残疾无法就业的群体。由于缺乏政府的直接补贴，新加坡最贫困的老年民众没有足够的经济保障，只能被迫重返劳动力市场。中央公积金对于老龄群体的待遇支付水平相对偏低。如表37-8所示，2018年，新加坡65岁以上群体每月所获得的中央公积金待遇金额较低，并且随着年龄的增长，中央公积金待遇标准呈现逐渐减少的趋势。尽管中央公积金主要是一只养老保障基金，但它对老年人口社会经济保护的能力仍有待提升。2009年，新加坡政府宣布实施老年人终生入息计划试点，取代之前的最低收入计划，这一新的年金计划所产生的效果还有待进一步评估。此外，中央公积金制度还需更多关注的问题包括，鼓励民众通过就业而不是消除贫困的方式来实现财富积累，最终可能造成收入不平等制度化，加剧阶层不平等现象。中央公积金制度可以帮助中产阶层和高收入家庭建立起由保险计划、资产以及储蓄等构成的投资组合，由于制度的运行与个人的储蓄能力相关，高收入群体所获的回报和优惠政策会更多。

表37-8　65岁以上群体每月的中央公积金待遇

年龄	平均待遇金额
65~69岁	450新元
70~79岁	290新元
80~87岁	220新元

资料来源：Greener J, Yeo E, Reproduction, Discipline, Inequality: Critiquing East-Asian Developmentalism through a Strategic-relational Examination of Singapore's Central Provident Fund, Global Social Policy, March, 2022, p.12.

（二）对我国的启示

与新加坡类似，我国的多层次养老保险体系同样也包括三大支柱。目前，第一支柱基本养老保险制度覆盖面较广，截至2021年底，参加人数为10.3亿人，但待遇水平只能保障基本生活。需要面临的严峻现实是，大批"60后"和"70后"将在2022~2035年陆续步入退休阶段，我国

将迎来史上规模最大的"退休潮"，据测算，每年退休人口将超过2000万，但同期新增劳动力仅有1700万~1800万[1]。养老金领取者数量不断增加的同时，缴纳养老金的工作人口持续下降，这对基本养老金制度的待遇支付造成了巨大压力。第二支柱企业年金和职业年金制度覆盖面非常有限，全国就业人口7.46亿中共有7200多万人参与[2]。《2021年度人力资源和社会保障事业发展统计公报》的数据显示，第二支柱企业年金制度的参加职工仅为2875万人。第三支柱是指个人储蓄性养老保险和商业养老保险，但一直以来缺乏国家层面的统一制度安排。2022年4月，国务院办公厅正式印发《关于推动个人养老金发展的意见》，补齐了我国长期以来的养老保险制度短板，有利于多层次、多支柱养老保障体系的完善。

从个人角度看，民众应当清楚认识到仅靠国家基本养老金不足以支撑体面的退休生活，因此需要进一步增强养老准备意识，培养个人责任意识，利用优惠的养老政策尽早理性规划养老资金，增加养老积累。清华大学等机构于2018年展开的国人养老准备调研数据显示，尽管约48%的被调查者表示非常赞同"个人有责任保证自己的退休收入"这一观点，但年轻受访者的责任意识普遍较低，直到步入中年后，才逐渐认识到自身责任的重要性。部分年轻人没有对未来养老形势作出正确判断，更加倾向于当前消费，轻视为养老进行储蓄准备。即使是在45~55岁的受访群体中，近85%表示尚未进行过具体养老规划，这充分暴露出我国国民在自身层面退休准备存在的不足。

新加坡公民或者永久居民自工作之日起就被强制要求为自己的退休生活进行储蓄。雇主和雇员每月将部分工资收入存入中央公积金局管理的各种个人账户，雇员年龄越年轻，公积金缴存率越高。因为公积金制度的设计，新加坡成为世界上储蓄率最高的国家，储蓄规模约占GDP的48%[3]。中央公积金局还不断调整政策，严格规定每类账户的提取和使用范围，避免出现提前支取并消费完毕所有账户资金的现象，从而使中央公积金会员更好地应对长寿风险。新加坡政府运用"超级理性主义"，鼓励个人和家庭自己承担养老储蓄的基本责任，系统性地解决养老和储蓄的经验做法值得我国学习。

另外，我国现有各类养老金基金投资已逐步迈入正轨。根据《2021年度人力资源和社会保障事业发展统计

---

[1]　黄名扬：《平均每年2000万人退休，最大"退休潮"将至，中国该如何应对？》，《每日经济新闻》，http://www.nbd.com.cn/articles/2022-07-21/2372621.html。

[2]　丁立江：《循序渐进推动个人养老金可持续发展》，《学习时报》，2022年5月18日第A7版。

[3]　Akylbay A, Arzykulov A, Pension Reform and the Solution of the Housing Problem: Singapore and Kazakhstan, Journal of Oriental Studies, 2021(96):51~57.

公报》的数据，2021 年底，我国基本养老保险投资运营规模 1.46 万亿元，当年投资收益额 632 亿元；企业年金投资运营规模 2.61 万亿元，当年投资收益额 1242 亿元；职业年金基金投资运营规模 1.79 万亿元，当年投资收益额 932 亿元。基本养老保险基金、企业年金基金以及职业年金基金在保值增值方面均取得了较好的成效，有力增强了养老保险基金的保障能力。2021 年 1 月，人社部印发了《关于调整年金基金投资范围的通知》，针对第二支柱企业年金和职业年金基金投资范围的不足作出调整，包括将权益类投资的比重从 30% 提高至 40% 等。今年最新推出的第三支柱个人养老金制度关于投资也有明确规定，个人账户资金可以购买符合规定的银行理财、储蓄存款、商业养老保险以及公募基金等金融产品。

由于养老金具有超长负债这一特殊性，养老金基金需要牢固树立长期投资理念，通过合理的资产配置，对抗通货膨胀，最终实现长期收益。如前文所述，新加坡中央公积金局可以确保向会员支付所有到期的待遇，以及根据账户实际情况承诺的利息，公平、安全的投资回报的取得主要得益于新加坡政府投资管理公司的长期投资操作。除少数中央公积金会员选择自主投资，大部分会员愿意将账户资金留在中央公积金局由政府代为投资。新加坡中央公积金的资金以特别存款的形式存入新加坡金融管理局，用于购买政府完全担保的债券即新加坡政府特别债券，所获收益连同其他政府资产，一并转交给新加坡政府投资管理公司进行长期投资。新加坡政府投资管理公司作为新加坡的外汇储备管理机构，属于全球性长期投资者，能够实现高于全球通胀水平的良好长期回报。因此，在我国政府、企业和个人共同发力积累养老资产的过程，可以借鉴新加坡中央公积金的投资经验，正确处理养老金投资长期收益目标和短期市场波动之间的关系，注重通过多样化投资，适当提高权益资产的配置，更好地实现养老储备财富的保值增值，增进社会和谐稳定。

分报告三十八
智利养老金私有化改革
——兼论第一支柱账户养老金的政府责任

账户养老金是以缴费确定型为财务模式的养老金计划，其运作方式是将养老保险缴费存入个人养老储蓄专户当中，当劳动者退休或退出劳动力市场后，按照个人账户基金投资积累额领取养老金。账户养老金强调自我保障，维护的是参保者生命周期的纵向平衡，因此，账户养老金不遵循"大数法则"，且不具有收入分配和社会互济性。纵观全球养老保险制度发展史，账户养老金广泛存在于养老金体系的各支柱中，例如智利、哥斯达黎加、波兰等国将账户养老金引入第一支柱；英国、美国等国家的 DC 型养老金大量存在于第二支柱；德国的里斯特养老金是存在于第三支柱的账户养老金。我国养老金体系三支柱中均存在账户养老金，包括第一支柱下的城镇职工和城乡居民基本养老保险个人账户，第二支柱下的企业年金和职业年金个人账户以及第三支柱下的个人养老金。

自 1981 年智利开启养老金私有化改革以来，其对养老金改革发展路径的探索广为学界关注。而智利作为将账户养老金完全引入第一支柱的全球典型，在其前后两轮养老金制度改革发展进程中经历了从完全私营化到逐渐回归政府责任的过程，这一过程有助于正确把握社会养老保险本质，厘清政府在养老保险体系中的责任边界，对提高我国第一支柱下城镇职工养老保险个人账户的发展水平具有借鉴意义。

一、学理基础：账户养老金的政府责任
（一）政府在养老保险制度中的应然责任

国际劳工组织曾强调社会保险的"组织性"，即通过一定的组织对组织内成员可能面临的风险提供保障。社会保险的"组织性"在社会保险形成之前就有所体现，行会互助基金作为社会保险的雏形，其"组织"是设立互助基金的各行业协会。经过发展演变，强制性的社会保险制度成为绝大多数国家的选择，这时的"组织"是国家或政府。聚焦于养老保险领域，政府在养老金待遇上应负有两方面责任：一方面是国家的财政供款责任，主要包括转移支付、债务担保和税收优惠；另一方面是制度履行的监管责任，即充当"管理者"和"监督者"的角色。由于制度目标不同，不同国家会根据自身发展需求对养老保险中的政府责任进行权衡。例如，瑞典和英国等福利国家政府对养老保险承担完全的财政供款责任，而智利、新加坡等主张养老金私营化的国家政府则更多地承担监管责任。

1. 政府对养老保险的财政供款责任

政府对养老保险的财政供款责任主要通过转移支付、债务担保和税收优惠三种形式呈现。

首先，转移支付是政府对社会保障体系最为直接的责任表现形式。政府对养老金计划的转移支付一般分为事前拨款和事后拨款。事前拨款是指在每个财年之初政府根据编制的养老保险财政预算先行拨款，包括中央财政拨款和地方财政拨款。而事后拨款是指在法律规定范围内，政府对养老保险待遇支付出现赤字的地区给予财政补贴。

其次，债务担保是政府对养老金待遇支付的预先承诺，通常发生在制度改革和养老金市场化运营过程中。当养老金制度发生根本性变革时，国家会对旧制度中参保者以往的缴费权益予以认可，并承担制度转轨过程中发生的成本。

在养老金市场化运营过程中，若私人养老基金公司出现破产，政府应承担继续支付养老金待遇的责任。

最后，税收优惠是国家为激励人们参保缴费或养老储蓄而作出的税收让利行为，主要方式是允许参保者或养老基金投资者在缴纳所得税之前缴纳保费或购买养老基金，并对其实行免税、减税或递延纳税的政策。免税政策是指在养老保险缴费、养老金投资和待遇领取环节全过程予以税收免除；减税是在养老保险缴费环节降低税率或减少税基；递延纳税是纳税人只需在养老金待遇领取环节纳税，以减少利息支出。

2. 政府对养老保险制度履行的监管责任

政府对养老保险制度履行的监管责任着眼于养老金制度的设计与优化，以及对养老金管理者的行为约束和绩效评定，其目的在于最大限度地保障参保者的利益。首先，在制度优化与设计方面，政府是养老金计划的"管理者"。"管理者"的主要工作包括：第一，根据国家的社会经济发展需求制定长期而系统全面的养老金发展规划，并结合社会特点制定针对特定群体的具体制度安排；第二，根据养老金发展规划制定养老金基本法案并及时修订；第三，定期编制养老保险财政预算；第四，优化养老保险经办服务。其次，在规范养老金管理行为方面，政府是养老金计划的"监督者"。养老金的财务管理、养老基金投资行为的合法性以及养老基金管理机构行政成本的合理性，都是政府在养老金计划中所需承担的监督责任。

（二）账户养老金制度运行中的政府责任

从根本上讲，养老金财务模式该选择现收现付制还是完全积累制，主要取决于一个国家对其养老金计划功能的倾向性。选择现收现付制的国家更加注重养老保险稳定社会、调节收入再分配的政府性功能，而选择完全积累制的国家则更强调参与者互助的社会性功能。

账户养老金与缴费确定型（DC）完全积累制相匹配，其建立初衷在于通过国家强制性要求劳动者进行长期养老储蓄，平滑其一生的消费以保证"老有所养"。因此，账户养老金制度体现了养老保险的社会性功能。账户养老金制度本质上是"储蓄合同"，强调权利与义务的完全对等，即获得养老金待遇是参保人的特殊权利，而非普惠的一般性权利。参保人是个人账户资金的独立供给者和需求者，其养老金收支体系相对固定。在建立个人投资理财账户后，参保者按照多缴多得的原则实现生命周期内的供需自平衡。无论是筹资环节还是投资运营，账户养老金都具有高度的独立性，因而政府无须直接参与个人账户基金的投资管理。但是，出于个人账户基金是参保者老年生活的基本保障的特殊属性，政府会为参保人筛选出合适的金融产品、提供投资建议并对养老基金管理机构的投资行为进行监督，以防投资出现巨额亏损，危及参保人的养老安全和社会安定。同时，当账户养老金投资不济导致赤字或其他极特殊情况发生时，政府将予以适当的财政补贴。选择基金积累制的政府通常对养老金制度均衡贫富差距、实现社会共济的需求并不迫切，因此，在账户养老金制度运行中，政府责任主要体现为适度的制度履行监管责任和极其有限的财政供款责任，政府对仅实现社会功能的养老基金也不具有支配权。

二、智利养老金私有化改革历程概述

（一）第一轮养老金改革及成效评价

20 世纪 70 年代中后期，由于受到不同利益集团特权的持续施压，智利传统现收现付制养老金计划长期处于危机之中，正面临着难以负担的社会保障赤字，亟须进行彻底的养老金制度改革。与此同时，皮诺切特军政府正开始指导形成以市场为导向的经济和社会发展新模式，这为养老金私营化改革提供契机，成为顺应新模式的众多变化之一。1980 年智利政府颁布《养老保险法》，规定于 1981 年开始史无前例地建立一个以强制缴费、预先拨款的个人账户和私人管理基金为基础的养老金计划，开创了养老金私营化改革的先河。《养老保险法》强制新进入劳动力市场的劳动者参加 DC 型个人账户养老金计划，并将自己工资总额的 10% 存入个人养老金账户中，由私人养老基金管理公司（AFPs）代为投资管理，用于平滑其一生的消费。对于旧制度的劳动者和自雇者，可自愿参加该计划，并由政府支付旧制度产生的转制成本。此外，智利政府还为没有退休储蓄的人提供了基于家计调查的社会救助养老金（PASIS）和最低养老金（MPG）。社会救助养老金针对 65 岁及以上的贫困老人（其收入低于最低养老金的 50%），最低养老金针对缴费满 20 年（或 240 次）但未达到最低养老金领取标准的参保者。在这一轮养老金改革中，政府承担的责任包括支付新旧制度转制成本和兜底性制度的财务支出以及成立养老基金管理公司监管局（SAPF）行使监管职能。

这种将个人账户累积额的所有权、基金的私人管理和个人选择自由相结合的养老金新模式，迅速成为保护养老基金免受政治风险的有效工具。与传统养老金制度相比，养老金私营化制度成功地提高了人们获得福利和服务的质量，并大大促进了资本市场的发展。私营养老金的高回报率也充分调动了人们的养老储蓄积极性，并快速带领智利走向繁荣，成为拉丁美洲第一个走出"中等收入陷阱"的国家。同时，智利的成功实践也引发了拉丁美洲和其他新兴经济体的养老金改革浪潮，积极地将个人资本化和私人管理的元素引入自身养老金体系之中。然而，随着系统的成熟，它的局限性变得明显起来。首先，虽然改革后制度覆盖率稳步上升，但自雇佣劳动者覆盖率很低。其次，养老金待遇水平存在性别间的不平等，男性由于缴费期长且预期寿命低于女性，从而养老金待遇水平普遍高于女性。另外，AFPs提供的产品需求价格弹性很低，在养老基金管理行业中价格竞争十分有限，垄断力量使管理费用居高不下。

（二）第二轮养老金改革进程及成效评价

由于上一轮养老金改革未考虑到社会团结及性别平等问题，导致贫富差距日益加大，同时，高昂的管理费用也冲击着养老金待遇水平。因此，2008年，巴切莱特总统决定为当前养老金体系中引入非缴费型的团结支柱，主要致力于改善养老金制度的公平性和整体功能，这也标志着智利第二轮养老金改革拉开帷幕。团结养老金替代了上一轮改革中设立的社会救助养老金（PASIS）和最低养老金（MPG），并在其基础上扩大了保障范围。团结养老金包括基础性团结养老金（PBS）和老年团结养老金（APS）。其中，基础性团结养老金为无缴费能力且无收入来源的贫困老年人提供养老金，老年团结养老金为有缴费记录但未达到最低养老金水平的贫困老年人提供养老金。同时，为解决养老金管理费用过高的问题，智利政府还引入了竞标机制，以促进竞争，降低管理成本。此轮养老金改革中，非缴费性制度保障群体扩展，国家财政对收入再分配的贡献加大，政府责任被进一步强调。

2015年，总统咨询委员会对智利养老金改革成效进行评估，评估报告肯定了第二轮养老金改革的成效，但也指出了仍未解决的矛盾。在制度覆盖和缴费激励性方面，90%的65岁以上老年人都能领取养老金，其中，女性养老金待遇领取者的比例也有所提高。但与此同时，参保者的缴费密度差异悬殊，非正规就业参保者缴费密度普遍偏低。在养老金待遇方面，无论参保者的缴费密度如何，其养老金替代率水平均不容乐观。据私人养老基金管理公司测算，2007～2014年智利个人账户养老金替代率为34%，

加上团结养老金后的总和替代率为45%，与智利民众的预期相去甚远，并且预计在新旧制度交替后，剔除视同缴费之后的替代率将不足40%，而其中有将近一半的养老金需要团结养老金弥补[1]。在降低管理费用方面，虽然竞标机制的引入在一定程度上使管理成本有所下降，但养老基金管理市场竞争仍显乏力，私人养老基金管理公司依旧抢占了投资市场的大部分资源，从而管理费用并没有实质性下降。同时，养老金制度的性别不平等问题仍未改善，女性在劳动力市场的劣势地位和较短时限的缴费积累，导致女性的养老金替代率始终低于男性。

三、从"智利模式"到"用脚投票"：个人账户完全引入第一支柱养老金的弊病

自社会保障制度诞生以来，个人账户养老金一般广泛存在于养老金体系第三支柱（自愿养老金），在少数情况下，也存在于第二支柱（补充养老金）。智利养老金私有化改革是将个人账户完全引入第一支柱（公共养老金）的先驱试验，改革初期的目标是通过动员民众储蓄，来刺激国家的长期储蓄和发展资本市场。起初智利改革的成果经验吸引了拉美和中东欧发展中国家的广泛效仿，并迅速发展成"智利模式"。据统计，从1981年到2014年，有30个国家采用了设有个人账户的替代、混合或平行模式。同时，大多数国家的养老金私有化都得到了世界银行、国际货币基金组织（IMF）、经济合作与发展组织（OECD）、美国国际开发署（USAID）和亚洲或美洲开发银行的支持。

然而，智利模式并未实现改革之初的承诺，有接近一半的退休者未能获得政府的最低养老金，即使是在2008年建立完全由政府出资的社会团结养老金之后，智利民众依然对积累制账户养老金制度颇有不满，在短短几年内发起了数轮上百万人的社会抗议活动，力求废除养老金私有化。截至2018年，已有18个国家全面或部分重新改革并放弃了养老金私有化。60%的国家撤回养老金私有化的事实在一定程度上宣判了智利模式的失败。在智利两轮养老金私有化改革进程中，也暴露出账户养老金完全覆盖第一支柱的诸多弊端。

（一）制度覆盖率下滑和养老金待遇恶化

有证据表明，强制性个人账户并未扩大养老金覆盖面；相反，大多数国家的缴费计划覆盖率都有所下降。拉丁美洲九个国家的加权平均覆盖率从私有化改革前的38%下降到改革后2002年的27%，其中，智利的覆盖率从1980年

---

① 大卫·布拉沃、石玲：《智利多层次养老金的改革进程与最新动向》，《社会保障评论》，2018年第3期，第30～37页。

的 64% 降至 2007 年的 61%[1]。筹资职能的分散是覆盖率降低的一个重要诱因。在私有化改革之前，筹资工作通常是由社会保障机构控制下的中央计划完成。而许多参照智利模式引进私有化的国家都将筹资职能转移或分散给私人养老基金公司，这就产生了一个完全低效且分散的筹资系统。

此外，私有化进程从 DB 型向 DC 型的转变对养老金待遇充足性产生了极大的负面影响。养老金待遇水平往往达不到国际劳工组织规定的 1952 年《社会保障（最低标准）公约》（第 102 号）和 1967 年《伤残、老年和遗属福利公约》（第 128 号）标准。公约规定，缴费或工作满 30 年的养老金替代率应至少为工作期间平均工资的 40%（劳工组织第 102 号公约）或 45%（第 128 号公约）。智利 2015 年对私人强制性养老金制度的审查报告显示，未来的替代率中值平均为 15%（低收入工人仅为 3.8%），远低于国际劳工组织的标准[2]。养老金待遇水平的恶化加剧了老年贫困，这与养老金制度为老年人提供基本收入保障的基本原则相背离。

（二）性别和经济不平等加剧

养老金私有化打破了社会保障中的社会契约。良好的社会保障制度应具有再分配作用，一方面实现收入从雇主向劳动者的再分配；另一方面实现高收入者向低收入者或健康者向生病、残疾或无法工作者（如在生育期间）的收入再分配。同时，养老金制度的设计应考虑性别限制，如劳动力市场参与度较低、收入和资产所有权较低[3]。而随着账户养老金完全替代公共养老金，社会保障制度的再分配功能被取消，性别不平等加剧。女性常常由于生育而中断工作，导致工资和缴费密度都低于男性。同时，养老金私有化改革使领取最低养老金所需的最低缴费年限增加，进一步加剧了性别不平等。此外，因为女性的预期寿命大于男性，因此使用按性别区分的死亡率表来计算年金也是有歧视性的。

（三）高昂的转制成本加重财政压力

转制成本如此高昂的原因有两个：第一，政府必须承担参保人在以前现收现付制下的缴费和应享有的养老金权利。智利选择发行由国库资助的"认可债券"来明确承认以前现收现付制度参保者的既得权利，由此造成了新的公共债务并加剧财政压力[4]。第二，缴费者从原来的现收现付制转移到私有制当中，会造成原有现收现付制度的财政赤字，因此在短期内会增加税收负担。面对高昂的财政成本，大多数政府都要求将私人养老基金储备投资于政府债券，从而形成了一种资本循环：私人养老基金公司从中收取费用和佣金，成为唯一的受益者。即使是在智利改革 30 年后的 2010 年，转制成本仍占当年 GDP 的 4.7%[5]。

除直接的转制成本外，政府还需要采取措施弥补私有化带来的低福利水平，这也会产生额外的费用。一些国家效仿智利的做法，为养老基金投资提供最低回报率担保，以弥补经济低迷时期的经济损失。私有化本应在财务上实现可持续并提供更高的养老金福利，而现实是，纳税人不仅需要支付高昂的转制成本，还需要支付养老金的"补充"费用，以弥补私有制提供的极低的养老金福利水平，这必然会引起社会公众的强烈不满。

（四）管理费用居高不下

私有化改革寄希望于加强各基金公司间竞争，以减少行政费用，然而，实际情况并非如此。私人养老基金管理者将佣金伪装成不同类型的费用，使相关法规很难将所有佣金都纳入其中。诺贝尔奖得主彼得·戴蒙德（Peter Diamond）和尼古拉斯·巴尔（Nicholas Barr）的研究表明，平均而言，每扣除一个百分点的佣金，未来的养老金将减少 19.6%[6]。私人养老基金的管理成本远高于公共管理成本，其结果必然是回报和最终养老金水平更低。根据梅萨·拉戈（Mesa-Lago）2004 年的数据，2003 年 10 个拉美国家的非加权平均管理成本占缴费总额的 25.8%[7]。智利的行政费用总额占比从 1980 年的 8% 上升到 2002 年的 19.5%——即使在改革 20 年后，仍占累计资产的 33.8%[8]。

[1][5] Mesa-Lago C, Reversing Pension Privatization: The Experience of Argentina, Bolivia, Chile and Hungary, Extension of Social Security (ESS) Paper (Geneva, ILO), Working Paper No.44, 2014.

[2] Comisión Presidencial Pensiones Bravo, Informe Final Comisión Asesora Presidencial Sobre el Sistema de Pensiones (Santiago de Chile), 2015.

[3] UN Women, Protecting Women's Income Security in Old Age: Towards Gender-Responsive Pension Systems (New York), 2015.

[4] Riesco M, Private Pensions in Chile: A Quarter Century On, Santiago de Chile:CENDA, 2004.

[6] Barr N, Diamond P, Reforming Pensions: Principles and Policy Choices, New York: Oxford University Press, 2008.

[7] Mesa-Lago C, An Appraisal of a Quarter-century of Structural Pension Reforms in Latin America, CEPAL Review 84, December 2004, Santiago de Chile: UN ECLAC, 2004.

[8] Mesa-Lago C, Reassembling Social Security: A Survey of Pensions and Health Care Reforms in Latin America, Baltimore: John Hopkins University Press, 2012.

（五）金融市场和人口风险转移给个人

社会保障安排的主要目标是集中风险和防范生命周期风险，而私人账户养老金则将系统性风险（包括人口、金融和经济负担）转移到个人身上。在私人账户养老金制度中，参保者未来的养老金福利水平取决于投资回报率，这将面临很大的不确定性。由于中低收入国家的金融市场更不稳定，对这些国家的劳动者来说更是如此。

当风险转移到个人身上，连续发生的金融和经济危机将对工人和养老金领取者产生重大的负面社会和经济影响。在2008年金融危机期间，智利损失了1982~2008年累计的所有福利的60%[①]。金融危机还使劳动者被迫面临更不规律、更没有保障或更加非正规的工作，导致缴费记录更加混乱，这极有可能再次加大老年贫困风险，或者形成政治压力——要求（重新）引入团结元素和养老金补充计划，改变养老金待遇公式或为退休人员提供补充福利。

对于长寿风险，在允许完全提取账户资产的情况下，个人将完全暴露在长寿风险中。即使账户养老金是强制性的，私人养老基金也面临结构性矛盾，因为它们的风险池比单一的公共养老基金小得多。风险池越小，平均预期寿命的差异就越大。同时，由于账户养老金通常不会与价格挂钩，因此通胀风险也会进一步侵蚀资金充足的账户养老金价值。

（六）缺乏社会对话

国际劳工组织第102号公约强调了社会对话和受保护人在社会保障治理机构中代表性的重要性。社会对话是建立透明度和公众理解的一个关键因素，这对社会保险计划运作至关重要。在私有化改革前，大多数社会保障养老基金都是政府、雇主和个人三方共同管理。而改革后，尽管工人是唯一的缴款人和账户养老金的所有者，但私有化剥夺了工人对新制度的参与权。在智利，小型养老基金最初有这种代表性，但这种代表性最终被剥夺。国际劳工组织第102号公约第72条规定："凡管理工作不是委托给由公共当局管理的机构或对立法机构负责的政府部门，受保护者的代表都应参与管理，或以协商身份与之联系。"而在私有化改革中，有关养老金改革的决定并没有经过充分协商，也没有得到社会伙伴、公众或受改革影响最大的人的参与。这也是过去几年引发智利民众反对私人养老基金体系游行的主要动因。

四、第一支柱账户养老金的政府责任：智利案例经验

（一）智利养老金私有化改革中的政府责任

在智利两轮养老金私有化改革进程中，政府责任主要体现在三方面：第一，建立非缴费型的最低养老金；第二，提供国家债务担保，若私人养老基金管理公司破产，国家保证支付保险公司应付的全部终身年金；第三，建立养老金监督机构负责监管私人养老基金管理公司的投资行为，养老金监督机构的资金来自公共预算，并通过劳动和社会保障部与政府协调。然而，在实际运行中，政府往往处于劣势地位，其监管职能经常处于被俘获的状态。

政府监管私人养老基金的总体目标，是确保养老基金的管理行为不仅要符合保险公司的利益，而且要符合劳动者和退休者的利益。养老基金监管旨在解决一系列市场缺陷，如信息不对称、道德风险、个人短视行为和不完全竞争。监管措施还旨在防止逃税、管理不善、欺诈或腐败、行政效率低下以及风险过高的商业策略[②]。要发挥这一作用，监管部门必须具有独立性和足够的干预权力。然而，在许多情况下，私人养老基金的监管职能被私人利益所占据，政府的监管职能常常被俘获。监管职能被俘获是指在私人养老基金行业，养老体系的监管职能往往被负责管理养老基金的同一经济团体所掌握，从而造成严重的利益冲突。在金融和监管结构仍不发达的大多数发展中国家，养老金私有化为大型国外金融集团创造了一个竞争有限的准市场[③]。此外，大多数国家政府为防止被俘获，更愿意也更容易与受到监管和监督的小型专业机构合作，对这一养老金准市场进行监管和监督，而不是将监管纳入更广泛的金融监管体系。

政治家与金融部门之间的密切联系和金融监管专业人才的缺乏，促使政府监管部门只能从现有行业中作出选择，从而为私人利益提供容身之处[④]。私有化改革并没有为养老基金管理公司创造追求基金成员利益的必要激励。AFPs是智利私有化公共企业的最大股东之一，Depósito Central de Valores S.A. 作为私人公司，囊括了AFPs在内的金融行业，取代了中央银行，成为养老金资产托管人，

---

① CENDA (Centro de Estudios Nacionales de Desarrollo Alternativo), Resultados para sus afiliados de las AFP y compañías de seguros relacionadas con la Previsión 1982–2008(Santiago de Chile), 2010.

② Gillion C, Turner J, Bailey C, Latulippe D (eds.), Social Security Pensions: Development and Reform, Geneva: ILO, 2000.

③ Impavido G, Lasagabaster E, García–Huitrón M, New Policies for Mandatory Defined Contribution Pensions: Industrial Organization Models and Investment Products, Washington, D.C.: World Bank, 2010.

④ Crabtree J, Durand F, Peru: Elite Power and Political Capture,London:Zed Books, 2017.

其总体透明度和问责制很低，治理结构也并不发达^①。总之，私营化养老金制度下的养老基金管理、监督和监管一直很薄弱，为管理不善创造了空间。改革造成的漏洞使养老基金获得了行业的超额利润，也让外国投资者成为主导力量。养老保险体系私有化的范围越广、时间越长，私人养老基金和金融部门的影响就越大，这使私有化的逆转更加困难，政府职能更难发挥^②。

（二）中国第一支柱账户养老金的政府责任

与智利有所不同，我国养老金体系中的账户养老金仅是第一支柱养老金的一部分，而非全部，因此，政府在中国账户养老金中所承担的责任也不尽相同。由于当前我国养老金体系第一支柱中的账户养老金与统筹养老金实行统账管理模式，因而账户养老金政府责任的体现必然与基本养老金相关联。

1. 中国政府对第一支柱养老金的责任

在财政责任方面，中国政府对基本养老保险的财政直接供款责任体现在当养老金运行出现赤字时，中央及地方政府会予以最后的财政兜底。同时，中国也设立了全国社保基金，财政每年向其拨款。表38-1为各级财政对基本养老保险基金和全国社保基金补贴和拨款情况。在债务担保方面，我国于1997年建立了统账结合的城镇职工基本养老保险，其中，制度转轨所产生的"老人"与"中人"账户养老金的"视同缴费"部分由政府承担，这一点与智利私有化改革中的"认可债券"性质相同。此外，我国对基本养老保险采取税前列支的方式进行税收让利。

表 38-1 财政对基本养老保险基金和全国社保基金补贴及占总收入比重

年份	各级财政对基本养老保险基金的补贴额（亿元）	占当年基金总收入比重（%）	中央财政向全国社保基金拨款（亿元）	占当年基金总收入比重（%）
2011	2272	13	9581	64
2012	2648	13	9504	72
2013	3019	13	12214	98
2014	3548	14	15150	98
2015	4716	16	14550	97
2016	6511	19	12124	98
2017	8004	18	13654	98
2018	—	—	16875	98
2019	—	—	17519	85
2020	—	—	14808	88
2021	—	—	13862	83

资料来源：笔者根据《2011~2017年度人力资源和社会保障事业发展统计公报》和全国社保基金理事会官网整理并计算。

在监管责任方面，对于制度维护优化，政府在国家"五年规划"中对养老保险制度的发展方向作出详细部署，明确顶层设计并制定具体制度安排，以确保我国养老保险制度良性可持续发展。同时，政府组织制定《社会保险法》，对基本养老保险的保障对象、筹资模式、待遇计发、调整机制等内容进行明确的法律规定，以保障公民在年老时从国家和社会获得法定权利。对于养老金管理监督，国家成立全国社保基金理事会，对由中央财政预算拨款、国有资本划转、基金投资收益和国务院批准的其他方式筹集的国家社会保障储备基金进行管理运营，并定期向社会公布基金收支、管理和投资运营情况。对于各地区的养老保险结余资金，在预留一定支付费用后，委托给国家授权的养老基金管理机构进行投资运营，国家对养老基金投资实行严格监管。养老保险基金管理机构的投资行为由银保监会依法实行统一监督管理，以确保养老保险业合法、稳健运行。

2. 账户养老金"空账"中政府责任的模糊与越位

当前我国第一支柱养老金统账管理的现实，使账户养老金的功能定位与政府责任无法实现科学匹配。根据社会保险基本理论，社会统筹账户遵循DB型现收现付制，而账户养老金遵循DC型完全积累制，两种账户在功能上实

① Queisser M, The Second-Generation Pension Reforms in Latin America, Working Paper AWP 5.4 ,Paris:OECD,1998a.

② Wilson S, The Political Economy of Pension Policy Reversal in Post-Communist Countries,Cambridge:Cambridge University Press,2017.

现政府与市场相互补、公平与效率相结合，为养老金待遇水平的提高提供双重保障。然而，我国这种"统收统支"模式实质上仍然是以收现付为基础的，政府对统筹账户的管理和投资运营与账户养老金相捆绑。在养老金管理方面，具有私人属性的账户养老金与统筹账户养老金一同纳入政府财政预算。我国《预算法》规定，全部养老金基金收入纳入社会基金预算中，然而在界定养老保险费收入时，并未对统筹账户和个人账户加以区分。从账户养老金制度设计上讲，若参保者提前死亡，账户养老金可以继承；若账户养老金耗尽参保者依然在世，其账户养老金部分则由统筹账户基金支付。这意味着，对于参保者而言，参保个人账户养老金是稳赚不赔的"买卖"；而对政府而言，统筹账户填补的基金缺口最终会转嫁给政府，也就是说，政府对账户养老金承担间接财政兜底责任。在这一层面，政府的财政责任被过度强化，也势必会提高养老金管理成本。在养老金投资运营方面，自我保障是账户养老金的根本属性，参保者在获得养老金投资管理权利的同时，也必然需要承担相应的投资风险。而统账管理模式将账户养老金的投资获利责任纳入政府的职能范围内，在当前养老保险大幅"双降"的大背景下将进一步加重政府财政负担。

综上，政府在管理运营统筹养老金的同时，还要兼顾账户养老金，使本应由参保者承担的账户养老金风险完全转嫁给政府，造成政府责任的模糊和越位。同时，账户养老金归由政府管理运行也不利于参保者树立自我保障意识，将过多的养老责任寄托于政府，严重背离了账户养老金"参与人自治"的制度设计初衷。

（三）政府对第一支柱养老金发展及账户养老金定位的应然取向

结合智利养老金私营化改革发展经验以及我国账户养老金运行现实，本报告认为，政府在履行第一支柱养老金责任时，应强化政府的"管理者""监督者"责任，并适当减轻政府的财政责任，通过优化养老金制度增加养老金供给，以抵消过多的政府财政支出。

1. 政府责任对第一支柱养老金发展的应然取向

从本质上讲，政府的管理监督责任与养老保险"费"直接关联，而政府的财政供款直接关系到国家"税"收，厘清两者责任定位是未来我国养老保险制度平稳运行的必要条件。

首先，适当减轻政府的财政责任，是增强养老金抗风险能力的基础。政府对养老金的财政补助并非越多越好。中央政府虽然对养老保险承担财政兜底责任，并不能控制

其兜底上限。寄希望于依靠高额养老金财政补助来平滑经济不确定性的思路，势必会带来税收的增加或国家在其他支出上的削减。而介于提高税率或税基的可操作性有限，多数国家会选择减少其他财政预算。一旦政府某项支出预算减少而不符合民众期待，将会影响公共决策的科学性，甚至使国家背负沉重的政治压力。同时，当前我国奉行的以"社会保险型"为主的养老金制度模式，其指导思想依旧是一种基于代际契约的养老储蓄保险合同，因此，国家的养老金财政补助并非维持制度可持续所需履行的首要义务。在保障公民最低限度生存权的基础上，国家对更高层次的养老金待遇补助具有很大的自由裁量空间。政府承担养老金的财政责任超过一定限度，就会扭曲公众对政府所承担的管理监督责任重要性的认识，进而动摇养老保险作为"保险"属性之根本，威胁当前养老金制度运行的稳定性。

其次，强化政府对制度履行的管理监督责任，是维持养老保险收支平衡的根本途径。实现养老保险收支平衡，是提高养老保险财务可持续性的核心要义，这就需要政府在养老金制度体系的设计与维护上下功夫。强化政府作为"管理者"和"监督者"的责任，有助于捍卫我国基本养老金作为保险的契约平等精神，从而更好地实现权利与义务的对等。未来，强化政府对制度履行的管理监督责任可以从加强对社会保险费征缴的监管力度、寻求科学应对老龄化冲击的养老金存量改革路径、加快建立养老金财政程序性规制步伐等方面着手。

2. 关于对第一支柱账户养老金未来走向的思考

我国第一支柱养老金统账管理不仅使政府需要对两种账户承担财政兜底责任，而且不利于各方主体界定责任边界和义务。同时，在账户养老金参保者丧失管理权后，其缴费–权益关联性也被削弱，不利于强化多缴多得激励机制。

在市场经济高度发展且人口老龄化加剧的大环境下，将账户养老金引入第一支柱是一种必然选择，其存在的必要性毋庸置疑，因此，当前需关注的首要问题是账户养老金该以何种模式运营。理论上讲，统账分离是厘清第一支柱养老金政府与个人之间责任关系的基础，也有利于进一步规范政府对账户养老金的职能范围和责任边界。然而，要想实现统账分离，必须要以清偿转制成本为前提①。我国从2001年起对做实个人账户进行十余年的努力与探索，但试点工作由于多重阻力始终进展缓慢。党的十八届三中全会通过的《中共中央关于全面深化改革若干重大问题的

---

① 李珍、黄万丁：《城镇职工基本养老保险个人账户向何处去》，《国家行政学院学报》，2016年第5期，第49–54页，第142页。

决定》首次将"逐步做实个人账户"的表述更改为"完善个人账户制度",意味着中央对做实个人账户改革方案的摒弃。可见,统账分离的政策构想现实阻力过大,缺乏可操作性。那么基于现实考虑,名义账户制能否成为破解困境的理性选择呢?早在21世纪初,郑秉文就认为名义账户制是从DB型向DC型转变的较为缓和且现实的途径,并罗列出13个对中国的适用性问题[①]。实际上,我国当前个人账户运行模式可以看作是"准名义账户制"。

笔者认为,无论是当前"被迫"形成的"准名义账户制",抑或是实行真正的名义账户制,都是中国第一支柱账户养老金未来可行的发展走向,但个人账户记账利率的设计是否合理,是关系到我国公共养老金财务可持续性的重要因素。当前,我国个人账户的记账利率设定偏高。人力资源社会保障部和财政部联合印发的《统一和规范职工养老保险个人账户记账利率办法》规定,记账利率不得低于银行定期存款利率。然而,官方数据显示,2016年我国城镇职工基本养老保险(含机关事业单位和企业职工基本养老保险)个人账户记账利率为8.31%,远高于银行存款利率[②]。过高的记账利率势必会威胁我国养老保险的财务可持续性,而由此产生的基金缺口最终将由政府偿付,加重政府的财政负担。因此,完善个人账户制度应重视记账利率的科学性问题。

---

① 郑秉文:《名义账户"制:我国养老保障制度的一个理性选择》,《管理世界》,2003年第8期,第33–45页。

② 人社部网站,http://www.mohrss.gov.cn/xxgk2020/fdzdgknr/zcfg/gfxwj/shbx/201706/t20170627_273224.html。

分报告三十九
墨西哥养老金私有化改革与反思

20世纪80年代至21世纪初，全球掀起养老金制度私有化改革浪潮。在一群芝加哥大学培养的自由市场经济学家的支持下，智利首先成为第一支柱公共养老金制度私有化改革的典型代表。受智利影响，1997年墨西哥政府实施了公共养老金制度私有化改革。墨西哥作为人口和经济总量仅次于巴西的拉美国家，其养老金制度改革又与智利的改革有着诸多不同之处。本报告试图剖析墨西哥养老金制度改革及其特点，并在此基础上为中国养老金制度改革提出借鉴。

一、1997年墨西哥养老金制度私有化改革及其特点

（一）墨西哥养老金制度私有化改革

1943年1月墨西哥政府颁布了第一部社会保险法案，1944年实施，并由墨西哥社会保障局（Instituto Mexicano del Seguro Social，IMSS）管理。IMSS还管理国家医疗保健制度，并为私营部门工人提供失业保险和日托服务。但是，从一开始IMSS就受到许多问题的困扰；有些问题是所有现收现付制度普遍存在的，有些则是墨西哥特有的。1973年3月墨西哥政府对该法案进行了修订，并确立了现收现付待遇确定型（Pay-As-You-Go Defined-Benefit，PAYG-DB）的养老金制度。此后，墨西哥对社会保险法案进行了多次修订，但都没有改变其养老金制度采用传统的政府运营PAYG-DB型的制度结构①。

1984~1994年，考虑到社会保险计划的财务问题以及

保护竞争，墨西哥政府决定对养老金制度进行全面改革和私有化。但是，由于劳工团体的反对以及维持对北美自由贸易协议组织（North American Free Trade Agreement，NAFTA）支持的要求，墨西哥政府只能实施养老金制度的部分私有化改革。然而，随着现有公共养老金制度增加了私有化的个人账户，墨西哥养老金制度的私有化基础得以确立。自1989年以来，最低保障养老金（PMG）一直与最低工资挂钩，但未能体现20世纪90年代墨西哥实际平均工资的增长。工人按照最低工资1~3倍的收入向IMSS缴费，但是他们退休后只能领取PMG。这种情况在当时非常普遍。究其原因在于墨西哥当时养老金制度的缴费水平和养老金待遇水平不相关。这导致工人倾向于选择通过非正规就业或加入非正规就业部门来减少向IMSS支付的缴费。此外，雇主经常拒绝申报实际雇佣人数，以减少对IMSS的缴费。鉴于养老金制度的这些结构性问题以及政府对财务赤字和高通货膨胀率的担忧，1994~2000年的墨西哥最终被迫进行养老金制度的进一步改革。

受到智利养老金私有化改革及世界银行建议的影响，1992年墨西哥政府开始进行养老金制度的全面改革，首次引入个人账户养老金制度作为PAYG-DB型养老金制度的补充。制度覆盖私营部门和公共部门所有雇员，分别由IMSS和国家工作人员安全与社会服务局（ISSSTE）管理。到1992年为止，墨西哥为正规就业的私营部门工人和个体户发展了近50年的社会保障制度基本上包括两个部分：第一，来自"残疾、养老、解雇和寿险计划"

---

① 高庆波：《墨西哥养老金制度的发展与完善》，《拉丁美洲研究》，2014年第4期，第40-43页，第72页。

（Invalidez, Vejez, Cesantía y Muerte, IVCM）的待遇，该计划需要正规私营部门工人按照工资的 8.5% 进行缴费。第二，由专门住房基金转换来的退休收入。该基金需要私营部门雇主按照雇员工资的 5% 进行缴费，由全国工人住房基金协会（INFONAVIT）管理。但是，由于改革不彻底，并且受到公共部门工作人员的反对，1992 年的改革并没有从根本上解决墨西哥养老金制度面临的问题。1994~1995 年墨西哥爆发的金融危机凸显了墨西哥经济的脆弱性以及对国内长期储蓄的需求。为了解决私营部门工人现收现付制养老金制度日益增长的精算赤字，并确保养老金制度的财务可持续性，1995 年 12 月，墨西哥政府颁布了新的社会保障法（1997 年 7 月 1 日开始实施），启动了第二次改革[①]。对墨西哥政府而言，本国货币的严重贬值和随后的 1995 年经济危机暴露了与资本化个人账户开放相关的潜在风险，鼓励政策制定者寻找鼓励国内储蓄的新方法。与许多仿效智利模式的拉丁美洲国家一样，墨西哥也决定采取类似的方法。在世界银行的指导下，墨西哥政府通过立法将 IMSS 的养老金私有化。因此墨西哥只对私营部门工人的公共养老金制度采取了私有化改革。如表 39-1 所示，墨西哥养老金制度从机构责任、缴费、资格条件及津贴支付等多方面进行了改革。

表 39-1　1997 年墨西哥养老金制度改革前后的养老金制度比较

	旧制度（IVCM）	新制度（RCV+IV）
A. 机构责任		
养老和解雇（RCV）	IMSS	·向所选择的养老基金公司（AFOREs）缴费 ·如果退休时选择新的现收现付制度，则由 AFOREs 提供养老金；如果退休时选择旧的现收现付制，则由 IMSS 提供养老金（仅限过渡一代）
残疾和生命保险（IV）	IMSS	IMSS
B. 缴费（占工资百分比）	15.5	16.5~21.0（平均 17.5）
养老和解雇（RCV） 残疾和人寿（IV） 详情如下：	11.0 4.5 IVCM（向 IMSS 缴费）：　8.5 　老年和解雇　3.0 　残疾和死亡　3.0 　为养老金领取者的健康储备　1.5 　管理费用　0.4 SAR 养老金（向中央银行）：　2.0 SAR 住房（向 INFONAVIT）：　5.0	12.5-17.0（=11.5+ 社会配额）：13.5 普通工人 4.0 RCV 个人账户： 向 AFOREs 缴费：　6.5+ 社会配额 　养老和解雇　4.5 　退休子账户　2.0 社会配额（每天）1MW(最低工资) 的 5.5% 向 INFONAVIT 缴费：　5.0 IV 向 IMSS 缴费：　4.0 　残疾和寿险　2.5 　为养老金领取者的健康储备　1.5
C. 资格条件 养老 解雇 残疾保险 人寿保险	500 周（10 年间）并且 65 岁 500 周并且 60 岁 150 周，无法挣到工资的 50% 150 周	1250 周（25 年间）和 65 岁 1250 周和 65 岁 250 周 250 周
D. 津贴 养老：养老金数额 养老：退出	①现收现付制下累积的津贴（以过去五年名义平均工资的 1%，加上超过 10 年每年的百分数，以上述平均工资为上限；与最低工资变化挂钩） ②积累的 INFONAVIT 缴费 ③退休子账户（1992 年 5 月至 1997 年 8 月）	新入职工人：自 1997 年 9 月 1 日起个人账户的积累余额（AFOREs+INFONAVIT）； 过渡工人：退休时选择以下最高数额：①当前津贴（同左列）；②自 1997 年 9 月 1 日起个人账户的积累余额（AFOREs+INFONAVIT）+1992 年 5 月至 1997 年 8 月期间退休子账户积累余额（如果仍然在中央银行） ·从 AFOREs 的个人账户逐渐退出 ·从保险公司购买年金

---

① 李亚军：《个人账户制改革——对公共养老金制度财务可持续的影响研究》，经济科学出版社 2018 年版。

续表

	旧制度（IVCM）	新制度（RCV+IV）
残疾保险：养老金数额 人寿保险 人寿保险：养老金数额	取决于残疾程度，由 IMSS 提供： 以过去五年名义平均工资的 1%，加上超过 10 年每年的百分数，以上述平均工资为上限； 遗孀：残疾养老金的 90%； 家属：残疾养老金的 20%，或者父母已故 的为残疾养老金的 30%	·由 IMSS 决定的残疾程度 ·由私营保险公司提供养老金： 过去 500 周平均工资的 35% 和以前一样
PMG	相当于与墨西哥城市实际最低工资挂钩的 最低工资水平	相当于 1997 年 7 月 1 日与 CPI 挂钩的 1 个墨西哥最低工资

资料来源：Grandolini G, Cerda L, The 1997 Pension Reform in Mexico.Policy Resaerch Working Paper 1933, June 1998, p.13.

（二）1997 年墨西哥养老金制度私有化改革的特点

如表 39-2 所示，与拉丁美洲其他养老金私有化改革的国家相比，墨西哥 1997 年养老金制度私有化改革具有以下特点：

表 39-2　墨西哥与智利养老金制度改革的对比

国家	智利	秘鲁	阿根廷	哥伦比亚	墨西哥
改革年份	1981 年	1993 年	1994 年	1994 年	1997 年
改革特点	所有工人从公共管理的现收现付制转向私营管理的缴费确定型	公共管理的现收现付制转向在公共管理的现收现付制和私营管理的缴费确定型之间选择	公共管理分为公共管理的现收现付制和私营管理的缴费确定制	公共管理的现收现付制转向在公共管理的现收现付制和私营管理的缴费确定制之间选择	仅针对私营部门工人从公共管理的待遇确定制转向私营管理的缴费确定制
过渡安排对于旧体制的要求	逐渐停止	继续修改	继续修改	继续修改	终止
当前的劳动力是否允许保留在旧制度中？	是	是	是	是	否
新增劳动力强制性要求加入新制度吗？	是	否	否	否	是
工人可以转回公共管理的旧制度吗？	否	否 （1996 年 6 月后）	否	是，每三年	否
是否发行认可债券	是	是	是	是	否
公共支柱及其在新养老金制度的作用	PMG； 社会救助	PMG； 社会救助	统一 PMG	PMG； 社会救助	PMG； 社会配额； 社会救助
新制度的总缴费率： 老年养老金 残疾/遗属/管理 公共支柱及社会救助	10 3 一般税收	私营：8 （10，1997 年 1 月后） 公管：11（最大 13） 3 1	8 3 16	10 3.5 1	6.5+5.0+（1~5.5） 4.0 一般税收
总缴费率： 改革前 改革后	19 13	9 13.3	27 27	8（私营部门） 13.4~14.5	15.5 16.5~21.0
估计改革时现收现付制的隐性债务（占 GDP 的百分比）	126%（1980 年） （到 2030 年）	37%(终止责任)	n.a.	61.6%（到 2025 年）	141.5%（1994 年） （到 2069 年）

续表

国家	智利	秘鲁	阿根廷	哥伦比亚	墨西哥
私营管理养老基金的最低回报率	以市场平均水平作为基准	无	相对于市场平均水平的基准	相对于合成组合的基准	无
私营管理养老基金的政府保证回报率	退休时余额与PMG之间的差额	退休时余额与PMG之间的差额	无	退休时余额与PMG之间的差额	退休时余额与PMG之间的差额
允许投资组合最大投资比例（%） 国内股票 国外证券 政府证券（1994年）	30 10 45	35 5 40	50 10 50	30 15 50	0 0 100（1997年）

资料来源：Grandolini G, Cerda L, The 1997 Pension Reform in Mexico, Policy Resaerch Working Paper 1933, June 1998, p.21.

第一，覆盖对象方面。墨西哥公共养老金制度的私有化改革仅针对私营部门工人。而智利的公共养老金私有化改革则面向所有职工。

第二，资格要求方面。在墨西哥，有资格享受新制度养老金的缴款年数（25 年）比其他国家的改革要求更高。此外，墨西哥规定一周等于 7 个工作日，这实际上延长了资格期限。这一高资格要求减少了政府 PMG 下的负债。

第三，逐步取消现收现付制缴费。与智利、阿根廷、哥伦比亚和秘鲁的新养老金制度不同，墨西哥的新制度完全取消了继续向旧的现收现付养老金制度缴费的选择，甚至对过渡工人也是如此。过渡工人在退休后可以选择领取福利，但不能选择缴费。这种方式也不同于哥伦比亚的改革，哥伦比亚的改革允许新加入者在两种体制之间持续转换（每三年一次）。就像在智利一样，随着 2025 年左右最后一批过渡工人的到来，旧现收现付制的所有剩余部分将会消失。

第四，最低保障养老金。墨西哥的 PMG 比其他国家要低，目前相当于平均工资的 38%（缴费 25 年），随着实际工资的增加，到第一批新入职工人退休时（大约 2025 年），这个数字预计将下降到平均工资的 25%。这种下降源于最低工资将以低于平均工资的速度增长的假设。在退休时，政府将填补 PMG 与退休个人账户累积结余之间的差额。

第五，行政管理成本。根据相关法律，墨西哥是迄今为止唯一一对佣金和管理费用结构不设限并且允许提供折扣的国家。在墨西哥，每个 AFOREs 都自己设立了委员会，因为政府没有对设置的委员会的提出限制条件。墨西哥养老金管理人员收取的佣金目前与其他拉丁美洲国家缴费确定型计划（DC）计算的佣金相同，或略低。

第六，改革的过渡。墨西哥养老金改革的另一个不同之处在于，政府不会发行认可债券（如智利）或补偿性养老金（如阿根廷）来明确评估当前工人过去的缴费。根据规定，工人可以比较两种制度的退休福利，并选择其中较高的一种。墨西哥政府不能发行认可债券或补偿性养老金，因为既得权利受到法律对待，这使得在改革之前很难明确地为工人在旧现收现付制下的已得利益赋予价值。

第七，墨西哥养老金改革选择的时机很恰当。墨西哥养老金制度的年龄结构非常年轻，覆盖面扩大的潜力很大。此外，墨西哥养老金制度改革是在 20 世纪 80 年代的通货膨胀和金融危机之后发生的。这影响并侵蚀其旧的养老金、过渡工人获得养老金的权利以及在最低工资水平上确立的最低养老金的实际绝对价值。这意味着，如果缴费的投资回报足够高，过渡工人将更倾向于选择缴费确定型的替代方案，从而放弃旧的现收现付制的津贴。这将使政府免除因养老金隐性债务而产生的财政责任。

（三）1997 年墨西哥养老金制度私有化改革存在的问题

20 世纪 80 年代至 21 世纪初全球掀起养老金制度私有化改革浪潮后，学术界也掀起研究养老金私有化改革的热潮。那些赞成私有化和以市场为主导改革的国家将智利作为可供其他国家效仿的开创性经验[①]。但是，学术界养老金私有化改革也是有争议的。国际劳工组织和包括诺贝尔经济学奖得主世界银行首席经济学家约瑟夫·斯蒂格利茨在内的许多学者都对这场改革提出了异议[②]。结合上述 1997 年墨西哥养老金制度改革与其他拉美国家养老金制度改革的对比，可见墨西哥的养老金制度私有化改革存在

---

① WORLD BANK, Averting the Old Age Crisis, World Bank Policy Research Report, Oxford: University Press, 1994.

② Ortiz I, Durán-Valverde F, Urbans S, Wodsak V, Reversing Pension Privatizations: Rebuilding Public Pension Systems in Eastern Europe and Latin America /International Labour Office, Geneva: ILO, 2018, p.4.

以下问题：

第一，覆盖对象问题。墨西哥养老金制度改革最主要的缺陷是针对不同类型的工人存在不同的退休制度。IMSS 只覆盖私营部门正规就业的工人。这导致那些进出私营部门的工人养老金权益存在重大便携性损失。此外，与 IMSS 有联系的私营部门工人即使在私营部门内换了工作，也可能失去其过去累积的养老金待遇。最后，在 IMSS 计划下，一些工人只要参加制度 10 年就可以获得退休养老金，而其他工人（例如那些选择提前退休的人）即使已经缴费了更长的时间也可能根本得不到养老金。

第二，道德风险问题。所有强制性缴费的私营养老金制度都存在一些普遍的道德风险，而墨西哥的改革尤其如此。根据墨西哥养老金制度过渡的规定，一般年长的工人会选择在旧的养老金计划下领取待遇，不管他们存了多少钱。这就造成了道德风险的缺陷，临近退休的工人将倾向于高风险投资。这种担忧强调了有必要对养老基金制定强有力和灵活的投资管理规定。因为政府为最低养老金兜底，工人可能选择激进的投资策略。这可能会鼓励那些投资明显表现不佳的年长工人跟风进行激进投资，其代价就是政府要为这些工人的投资风险买单。由于没有最低回报要求，这种做法的影响更为严重。

第三，代际公平问题。与发行认可债券相比，终身转换选项可能会导致对过渡一代工人的不公平对待。在选择认可债券或补偿性养老金的国家，退休后的过渡工人即获得债券的价值又获得个人账户的累积余额，而在墨西哥的制度中，选择新制度的工人只能获得个人账户的累积余额。

第四，财政风险及对改革可持续性的影响问题。在财政方面，墨西哥的计划比其他拉美国家采用的方法风险更大，因为政府的养老金制度改革的隐性债务是不确定的。与过渡阶段相对应的负债所累积的公共养老金债务没有得到准确的计量，也没有完全弥补。与其他养老金改革（智利和哥伦比亚）所采用的确认债券方案不同，没有要求对精算准备金进行单独计算。政府的每日社会配额部分承认了政府对隐性债务的潜在责任。然而，单独或集体地为这一预期负债提供资金，而不是通过社会配额，可能会进一步减轻潜在的财政负担[①]。

综上，墨西哥养老金制度除上述问题之外，还存在诸如腐败、官僚管理不善和效率低下，养老保险基金被挪作他用，特别是将养老基金用于国家医疗保险制度建设等问题。

二、墨西哥现行养老金制度及其实施效果

1997 年墨西哥养老金制度改革实施后，IMSS 的财务危机日益严重。通过政府报告和 IMSS 内部文件，人们发现该机构内部员工享有慷慨的养老金计划，这是该机构财务表现较差的主要原因。在 2004 年改革前，IMSS 员工被允许提前退休，从而缴费更少，但他们获得的养老金水平远远高于其他公共部门的退休工人。为此，2004 年墨西哥政府进一步实施了改革。2004 年改革后，IMSS 员工的养老金计划被转向私有化的个人账户养老金制度。然而，总体上本次改革没有产生什么积极效果。2007 年，面对巨大的财务赤字，ISSSTE 也用私营管理的缴费确定型个人账户制养老金计划取代了公共部门工作人员的原有的 PAYG-DB 制养老金计划。因此，墨西哥成为少数几个改革其强制性养老金制度的经合组织（OECD）国家之一，从 PAYG-DB 型向强制性完全基金制缴费确定型（Fully-funded-defined-contribution, FF-DC）转变，并使其养老金制度的财务收支更加透明化。

为了应对新型冠状病毒肺炎疫情，在过去的三年中墨西哥实施了 OECD 国家中最全面的改革，提高了收入关联型养老金的缴费以及第一层次养老金的津贴水平。2020 年 12 月 9 日，墨西哥通过了一项对墨西哥养老金制度的重大改革，将于 2021 年 1 月 1 日生效。这项改革的主要内容包括：①是将应税基础收入（TBI）的缴费率，特别是雇主对个人职工退休账户的缴费率，从 6.5% 提高到 15%，从 2023 年开始逐步实施，到 2030 年结束；②现在根据年龄、工人的平均工资和缴款的周数而变化，通常高于以前固定的 PMG；③减少工人在工作期间向 IMSS 缴纳的有权领取养老金的周数；④对养老基金经理为管理工人强制性储蓄而收取的佣金设定最高限额[②]。

（一）墨西哥现行养老金制度

从上述墨西哥养老金制度改革的历程来看，墨西哥现行养老金制度由以下四个部分组成：①附带 PMG 的退休储蓄制度（Sistema de Ahorro para el Retiro, Retirement Savings System, SAR），该制度是 FF-DC 型个人账户养老金制度；②老年人养老金（Pensión para Adultos Mayores,

① Rodríguez J, In Praise and Criticism of Mexico's Pension Reform, Policy Analysis, April 14, No.340, 1999, p.10.

② Box 4, The Reform of the Mexican Pension System: Possible Effects on Pensions, the Dynamics of Mandatory Saving and Public Finances, contained on pages 53–58 of the quarterly report of Banco de México for the months of October–December 2020, available at (only in Spanish version): https://www.banxico.org.mx/publicaciones-y-prensa/informes-trimestrales/%7B81BD569D–DD6E–885A–A67F–5664A37B4148%7D.pdf.

Pension for the Elderly, PAM），该制度是需要通过家计调查检验并覆盖 65 岁以上老年人的非缴费型联邦和州养老金计划；③特定公共部门雇员和州立大学的特殊养老金计划；④自愿性职业养老金计划。

第一，SAR 是一种强制性的 FF-DC 型个人账户（FDC）制度。所有在 1997 年 7 月 1 日或之后加入劳动市场的私营部门雇员，以及大部分在 2007 年 4 月 1 日或之后加入劳动市场的公共部门雇员，均在 SAR 设有个人账户。强制性要求雇员、雇主和政府向个人账户缴款，这些账户投资于专门从事养老基金投资的养老基金（Sociedades de Inversión Especializadas en Fondos para el Retiro, SIEFORE），并由 AFOREs 管理。

SAR 是 1992 年《社会保障法》修改案通过后设立的。该法首次纳入了基金制缴费型确定个人账户，旨在作为 PAYG-DB 公共养老金制度的补充。退休储蓄制度要求雇主的缴费率为 2%。然而，改革并没有解决该制度的财务不可持续性的问题。结果，1995 年 12 月，墨西哥国会颁布了一项新的社会保障法。1996 年 4 月，颁布了 SAR 的法律和组织架构。新的 SAR 取代了旧的 PAYG-DB 养老金制度，取而代之的是覆盖私营部门雇员的强制性 FF-DC 型个人账户制度，并辅之以政府资助的 PMG。从 1997 年 7 月 1 日开始，在此之前领取养老金的人继续在原制度领养老金。此外，在该日期之前积累了养老金权利的工人允许其在退休时选择在哪种制度（1973 年法律规定的旧的 PAYG-DB 养老金制度，或者 1997 年法律规定的新的待遇确定型养老金制度）中领取其养老金。

2002 年 12 月，公共部门雇员有权根据自己的选择自愿开立个人账户。然而，自 2007 年 ISSSTE 改革以来，所有 ISSSTE 附属机构都纳入了与私营部门工人的规定不同的强制性的个人账户养老金制度。地方政府、市政当局、公立大学和国有企业（如墨西哥石油公司）都为其员工制定了自己的养老金计划。这些制度有不同的特点。一些是待遇确定型计划，而另一些则已经转向缴费确定型计划。雇员、自雇人士及非正规就业者可向个人账户进行自愿性缴费。一些公司还为雇员提供职业养老金计划。其中一些计划是部分基金制、待遇确定型、缴费确定型或者混合型养老金计划。最后，保险公司和金融集团提供各种形式的个人养老金计划。

第二，PAM 由联邦政府财政预算资助。为了减轻养老金私有化对养老金水平和覆盖率的不利影响，2007 年在联邦一级引入了一项有针对性的非缴费型养老金计划，

并于 2013 年做了进一步调整。该计划 2007 年为居住在人口不超过 3 万的城镇中的 70 岁及以上的老年人提供养老金。2012 年该养老金计划覆盖全国，在经过家计调查后未从社会保障机构领取养老金或者残疾津贴的人员全部有资格享受该项养老金，并且个人无须缴费。从 2013 年开始，该计划扩大到覆盖墨西哥所有 65 岁及以上的老年人。除了联邦政府计划，13 个墨西哥联邦州也实行了自己的非缴费型养老金计划，向 68 岁及以上的受益者支付补充养老金。因此，PAM 无疑是墨西哥最重要的全国范围内的非缴费型养老金计划。

第三，特殊养老金计划。墨西哥国有公司（例如 PEMEX 石油公司和联邦电力公司）、武装部队、IMSS、教师、法院（例如最高法院和联邦司法委员会）、中央银行和发展银行机构都有自己的雇员养老金计划。这些养老金有不同的特点，一些是 DB 型计划，而另一些养老金计划（至少为新员工）已经转向到 DC 计划。墨西哥地方政府（31 个主权州，一个联邦区和大约 2450 个直辖市）和 55 所公立大学也有自己的养老金计划，大部分是 DB 型，没有可携带性。

第四，自愿性个人账户职业养老金计划。任何工人可向自愿性个人账户制职业养老金计划进行自愿性缴费，参加该计划。该计划包括短期自愿性缴费、长期自愿性缴费、对个人退休账户的补充缴费和对特定退休储蓄账户的缴费等多种方式。此外，"团结储蓄"（Ahorro Solidario）是联邦政府的一种非常慷慨的缴费匹配机制，旨在激励参加养老金制度的公共部门员工自愿缴费。ISSSTE 的工作人员参加缴费时自愿缴纳收入的 1%～2%（上限为最低工资的 10 倍），每缴费 1 比索，政府匹配 3.25 比索[①]。

1997 年墨西哥养老金制度改革试图构建三支柱的养老保障体系：第一支柱为由专业性养老基金管理的具有私营竞争性的完全基金制并且强制性个人账户的养老金制度；第二支柱为公共管理并且具有收入再分配功能的非缴费型养老金制度——PMG，2007 年之后又建立起联邦政府资助的 PAM；第三支柱为自愿性储蓄的个人账户制职业养老金制度。然而，实际上第三支柱从来没有发展起来，因为参与自愿性个人账户职业养老金计划的人比较少，资金也有限。所以，墨西哥养老金制度改革的关键在于用完全基金制的个人账户（FDC）养老金制度取代私营部门原有的现收现付制养老金制度，促使墨西哥转向缴费确定型模式并扩大和加深国内资本市场。因此，个人账户制养老金计划成为墨西哥养老金制度的核心。总之，1997 年的

---

① OECD, OECD Reviews of Pension Systems: MEXICO, 2016, p.33.

墨西哥养老金制度改革成为第一支柱养老金私有化的典型代表国家之一。2007 年以及 2021 年的改革都是在维持个人账户养老金制度基本结构上的微调。

（二）墨西哥养老金制度实施效果

墨西哥养老金制度经历 1997 年的改革和 2021 年的微调后，显著增加了其强制型个人账户养老基金资产，促进了本国金融市场的发展，从而对宏观经济产生了积极影响。但是也带来了许多问题。例如，养老保险缴费率低、缴费密度低以及由此催生了大量非正规就业者和收入不平等，最终导致养老金覆盖面和养老金替代率也不理想[①]。其实施效果如下：

第一，墨西哥强制型养老金制度的缴费率和缴费密度较低，近期改革后将大幅提高，但由于非正规就业比例较高，所以缴费密度仍然较低。OECD 国家之间的强制型养老金缴费率差别很大。按平均工资计算，2018 年 OECD 国家的养老金有效缴费率平均为 18.1%（见图 39-1）。墨西哥强制型养老金制度的缴费率为 6.3%（雇主 5.2%，雇员 1.1%），仅次于缴费率为零的新西兰（新西兰通过税收为其基本养老金提供资金，没有强制型养老金制度）。此外，在拉丁美洲国家，墨西哥强制型养老金制度的缴费率也是最低的国家之一[②]。2020 年 12 月墨西哥通过了养老金制度改革，未来强制型养老金制度的缴费率将大幅提高。

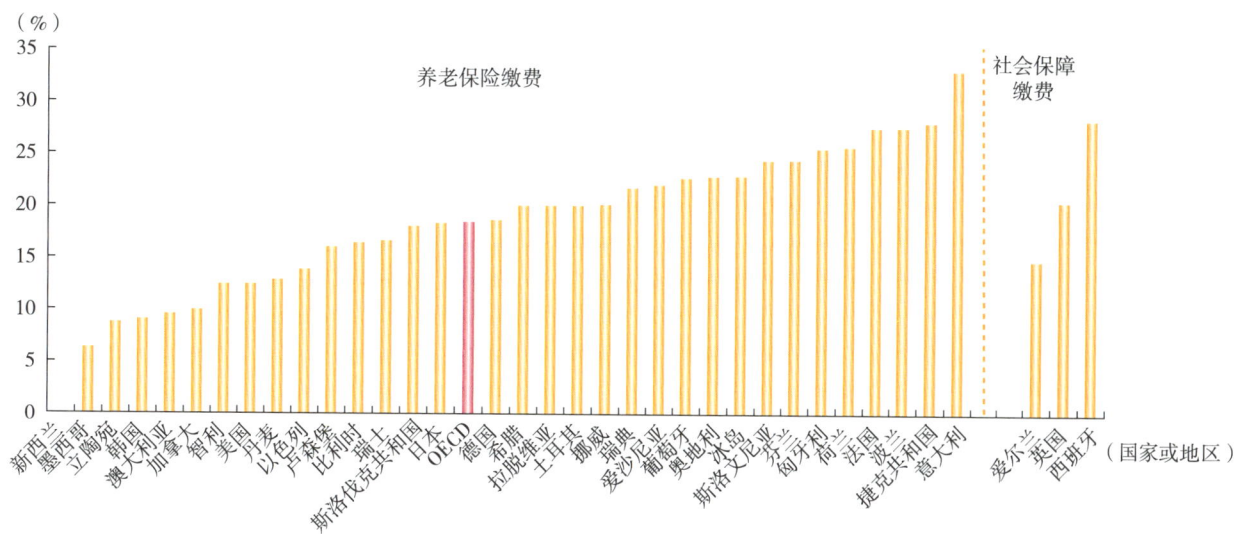

图 39-1　OECD 各国的养老保险缴费率

注：在奥地利、捷克共和国、丹麦、芬兰、德国、冰岛、意大利、卢森堡、波兰、斯洛文尼亚和美国，养老缴费也资助残疾或伤残津贴。

资料来源：OECD, Pensions at a Glance 2019: OECD and G20 Indicators, OECD Publishing, Paris, 2019, p.33.

养老金制度的缴费密度，即工人向养老金制度缴款的时间与他们在劳动力市场的总时间之比。墨西哥的缴费密度一直很低，其原因在于工人在正式和非正式部门之间切换的频率很高。根据全国退休储蓄制度委员会（Comisión Nacional del Sistema de Ahorro para el Retiro, CONSAR）的数据，墨西哥的平均缴费密度为 44.3%，这意味着平均而言工人在正式经济部门的工作时间不到其职业生涯的一半。因此，只有有限数量的工人能够满足前一制度中获得

养老金的缴费年限要求。例如，如果一个人在 22 岁开始工作，65 岁退休，他就可以获得最低缴费密度 56% 对应的养老金。然而，在 IMSS 登记的大约 75% 的工人的缴费密度较低，他们没有资格领取养老金。随着近期墨西哥养老金制度改革的实施，将领取养老金资格的缴费时间减少到 750 周将使这些工人的最低缴费密度减少到 34%，因此只有 5% 的人无法获得养老金。在过渡时期结束时，至少需要缴费 1000 周才能领取养老金，最低缴费密度将达

---

①② Alonso J, Hoyo C, Tuesta D, A Model for the Pension System in Mexico: Diagnosis and Recommendations, Working Paper No. 14/08, 2014, p.26.

到45%,而无法获得养老金的成员比例将达到55%[①]。可见,改革后墨西哥养老金制度的缴费密度仍然较低。

第二,墨西哥养老金制度的覆盖率及有效参与率大幅下降。养老金私有化的倡导者认为,强制型个人账户将获得更高的利息,从而将提高参保者的参保缴费意愿。然而,有证据表明,改革并未扩大养老金覆盖面,相反,大多数国家的缴费确定型养老金计划的覆盖率有所下降。1996~2004年,墨西哥养老金的覆盖率也从37%下降到30%[②]。从2004年至2013年的10年里,墨西哥联邦养老金制度(IMSS和ISSSTE)的缴费人数增长了17%,但有效覆盖范围(即缴费人数占经济活动人口的百分比)仍然低于37%。养老金领取者占65岁以上人口的百分比几乎一直保持在20%左右[③]。如果考虑到将要发生的人口老龄化,这种情况就更加令人担忧。

墨西哥缴费型养老金制度的覆盖率在绝对意义和相对意义上仍然很低。从绝对值上看,只有不到40%的经济活动人口缴纳了养老保险费,而比这个比例更低的是65岁及以上的老年人口中领取养老金的比例[④]。相对而言,自20世纪90年代以来,墨西哥的养老金制度覆盖率一直低于拉丁美洲地区平均水平,而且墨西哥的缴费覆盖率比阿根廷、巴西和智利还低。20多年后,这一比率一直保持在40%以下[⑤]。虽然近期改革后,墨西哥养老金制度目前的覆盖率为64%,仍然低于拉丁美洲的平均水平[⑥]。

第三,墨西哥养老金替代率和净替代率下降。养老金私有化进程从DB型向DC型的转变对养老金替代率产生了较大影响。如图39-2所示,在墨西哥、波兰和瑞典等从1940年的相对较高水平起步的国家,养老金替代率大幅下降超过了30%。墨西哥旧的DB型支付高额养老金,确保1977年以前出生、拥有完整职业生涯的人几乎完全替代过去的收入,而在低缴费率的情况下,当前的DC型计划将产生较低养老金替代率。

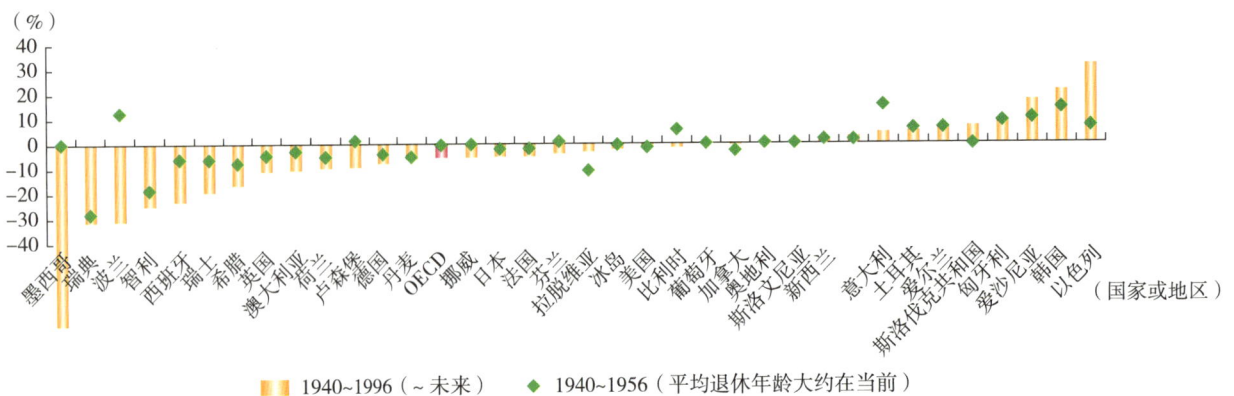

图 39-2　大多数国家的养老金替代率

资料来源: OECD, Pensions at a Glance 2019: OECD and G20 Indicators, OECD Publishing, Paris, 2019, p.44.

虽然总替代率清楚地显示养老金制度的设计,但净替代率对个人更重要,因为净替代率指标反映了他们退休时的养老金占工作时可支配收入的比值。如图39-3所示,对于拥有完整职业生涯的平均收入者来说,在正常退休年

① Box 4, The Reform of the Mexican Pension System: Possible Effects on Pensions, the Dynamics of Mandatory Saving and Public Finances, contained on pages 53–58 of the quarterly report of Banco de México for the months of October–December 2020, available at (only in Spanish version): https://www.banxico.org.mx/publicaciones–y–prensa/informes–trimestrales/%7B81BD569D-DD6E-885A-A67F-5664A37B4148%7D.pdf.

② Mesa–Lago C, An Appraisal of a Quarter–century of Structural Pension Reforms in Latin America, CEPAL Review 84, December 2004 (Santiago de Chile, UN ECLAC), p.63.

③ Alonso J, Hoyo C, Tuesta D, A Model for the Pension System in Mexico: Diagnosis and Recommendations, Working Paper No. 14/08, 2014, p.7.

④ Avila–Parra C, Escamilla–Guerrero D, What Are the Effects of Expanding a Social Pension Program on Extreme Poverty and Labor Supply?: Evidence from Mexico's Pension Program for the Elderly, Policy Research Working Paper, No. 8229, World Bank, Washington, D.C. © World Bank, 2017, p.4.

⑤ Rofman R, Apella I, Vezza E, Beyond Contributory Pensions: Fourteen Experiences with Coverage Expansion in Latin America, Human Development Unit, Washington, D.C.: World Bank, 2015.

⑥ ILO, World Social Protection Report 2017–19: Universal Social Protection to Achieve the Sustainable Development Goals, 2017.

龄强制养老金计划的净替代率在 OECD 国家平均为 59%，比平均总替代率高 10 个百分点。这反映了人们对其收入支付的有效税率和社会贡献率高于退休时对养老金支付的税率，这主要是由于税收制度的累进性、养老金的一些税收优势以及养老金的社会贡献率较低。当然，OECD 国家的净替代率差异很大，墨西哥只有 30% 左右，而奥地利、卢森堡、葡萄牙和土耳其的平均工资工人的 90% 或更高。

对于低收入者（平均工人收入的一半），OECD 国家的平均净替代率为 68%，而高收入者为 55%（工人平均收入的 150%）。如图 39-4 所示，低收入者的总替代率和净替代率之间的差距平均为 8 个百分点。高收入者的替代率最低的国家是墨西哥、爱尔兰、新西兰、瑞士、英国等，这些国家的工人收入是平均水平的 150%，领取的养老金还不到他们工作时净收入的 1/3。

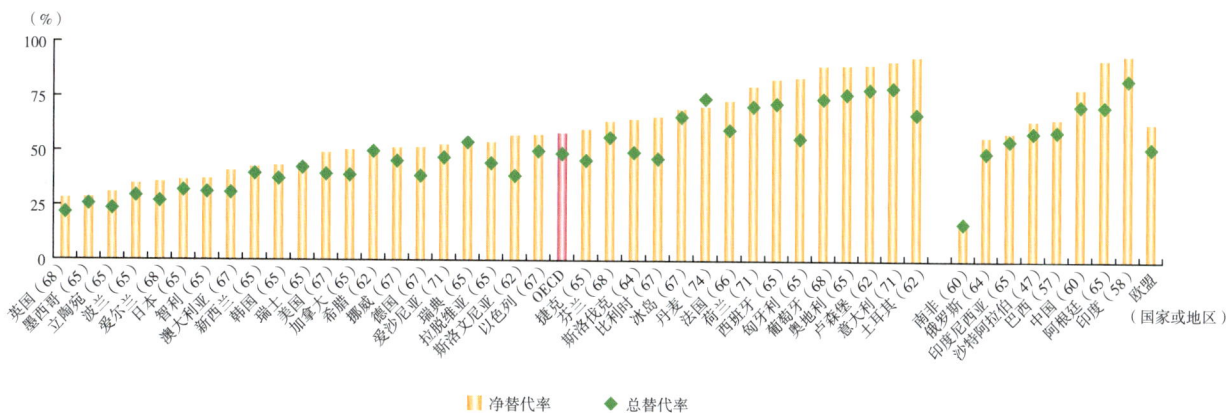

图 39-3　平均收入者的养老金净替代率

资料来源：OECD, Pensions at a Glance 2019: OECD and G20 Indicators, OECD Publishing, Paris, 2019, p.155.

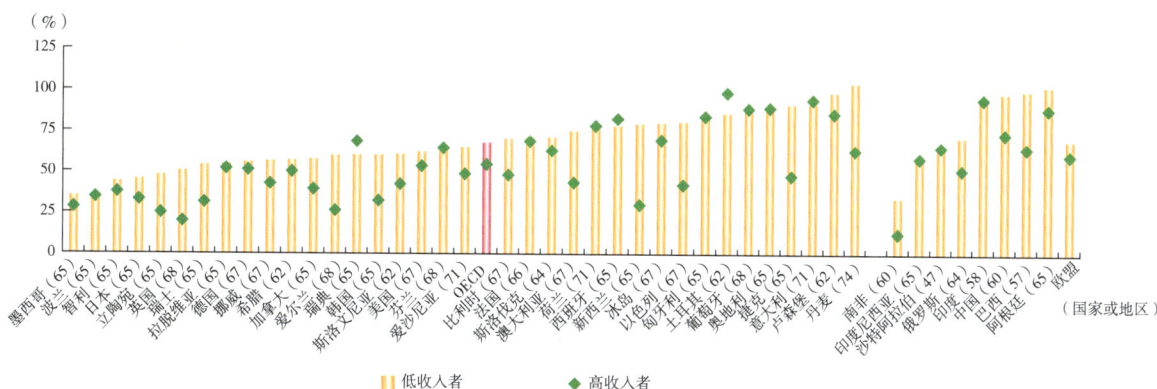

图 39-4　低收入者和高收入者的养老金净替代率

资料来源：OECD, Pensions at a Glance 2019: OECD and G20 Indicators, OECD Publishing, Paris, 2019, p.155.

第四，墨西哥有着相对较高的平均老年收入，但是老年贫困率和贫困深度较高，加之失业中断大大减少养老金，加剧收入差距。在新型冠状病毒肺炎疫情暴发之前，墨西哥退休人员的平均收入占总人口平均收入的 92%，而 OECD 国家的这个平均值为 88%。然而，66 岁以上人口的贫困率为 27%，而 OECD 国家的平均值为 13%。就全

体人口而言，墨西哥收入不平等是所有 OECD 国家中最高的国家之一。尤其是 65 岁以上人口的基尼系数，墨西哥为 0.473，仅次于最高的哥斯达黎加，而 OECD 国家基尼系数的平均值为 0.309。墨西哥老年人的相对收入贫困率非常高：75 岁及以上人口中 31% 的人口收入低于中位数收入的一半，其中大部分是女性；相比之下，OECD 国

家的该比例为 11%。在墨西哥，相对贫困的 66 岁以上老年人的平均收入非常低，大约低于相对贫困线的 40%。墨西哥是 OECD 国家中贫困深度最高的国家。此外，墨西哥平均工资工人失业五年减少 11% 的养老金。而 OECD 国家该指标的平均值 6.4%[①]。可见，在墨西哥失业导致的养老金差距比较大。失业也加剧了收入差距。

第五，墨西哥近期试图通过改革降低佣金水平，但私营管理的养老金制度的管理费用仍较高。在墨西哥私营管理的养老金制度中，参保者需要支付的管理费用相当于其五年的缴养老保险缴费。在 OECD 国家的养老金制度中墨西哥和阿根廷的管理费用是最高的，分别增加到缴费的 40% 和 45%。2003 年 10 个拉美国家的非加权平均管理费用占缴费的比例为 25.8%[②]。墨西哥的 2021 年养老金制度改革规定佣金的最高数额为美国、哥伦比亚和智利缴费确定型养老金制度中佣金的算术平均数，以减少收取的佣金。如图 39-5 所示，2021 年 AFOREs 收取的佣金为 0.807%，比 2020 年的平均水平（0.922%）下降了 11.5 个基点。佣金的减少会减少 AFOREs 的收入，并产生财政压力。收入的下降意味着未来 AFOREs 的监管机构都将面临维持服务水平的挑战。

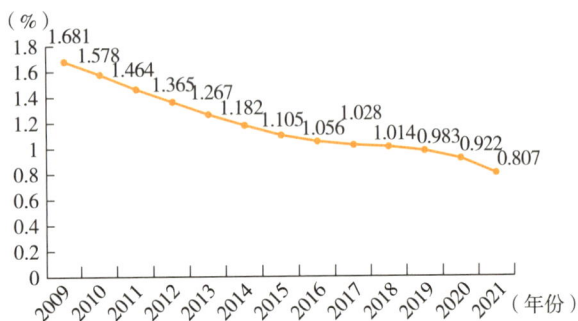

图 39-5 墨西哥养老金平均佣金

资料来源：财政和公共信贷秘书处（Secretaría de Hacienda y Crédito Público, SHCP），https://www.gob.mx/shcp/en，2020 年 12 月。

第六，墨西哥强制型个人账户养老基金资产大幅增长。1997 年墨西哥养老金制度改革后，对宏观经济产生了积极影响，因为它显著增加了金融储蓄，鼓励了本国金融市场的发展。截至 2013 年底，AFOREs 管理的资产总额为 1570 亿美元，占 GDP 的 12.7%，管理的账户数量超过 4980 万个，其中 97% 属于 IMSS 员工。2010~2013 年，AFOREs 管理的资产增长速度加快，每年增幅约为 GDP 的 1%。2004~2013 年，AFOREs 管理的资产平均每年增长 18.4%[③]。1997~2004 年，AFOREs 只有 SIEFOREs 一种类型的投资基金，2005 年 AFOREs 又创新出新类别的投资基金，并促使养老基金持续增加。2020 年退休储蓄计划的资产占 GDP 的 22.8%[④]。墨西哥养老基金投资对债券市场的发展做出了重大贡献。特别是 SIEFOREs 已经成为与国内金融市场密切相关的机构投资者。例如，这些机构的资金增加了联邦政府的融资，从而有利于用国内债券取代国外债券，并为这些证券的收益率曲线提供深度和流动性。在这方面，最近通过的改革将进一步促进金融体系的发展，不仅为政府证券市场提供更多的资源，而且为公司债券和股票市场提供更多的资源。事实上，SIEFOREs 的净资产自 1998 年以来大幅增长，在 2020 年第四季度占 GDP 的比例高达 20%。这些资产的很大一部分投资于国内固定收益金融工具。然而，这一比例逐渐下降，偏向于其他类型的工具。因此，截至 2020 年第四季度，SIEFOREs 有 44% 的净资产投资于政府证券，25.2% 投资于可变收益证券，14.8% 投资于国内私人债券，其余投资于 FIBRAS（墨西哥房地产基金）和其他投资工具[⑤]。

三、墨西哥养老金私有化改革的反思

近年来，墨西哥实施了 OECD 国家中最全面的改革，提高了收入关联型养老金的缴费以及第一层次养老金制度的养老金水平。当然，第一层次养老金水平的提高也意味着将产生更高的公共支出和更高的财政压力，并将显著削弱养老金与缴费之间的关联。墨西哥提高了在职业生涯中收入较低者的养老金。墨西哥大幅增加了其基金制缴费确定型（FDC）计划的强制性缴费，这将提高其未来养老金水平。总之，过去两年，墨西哥的一个明显趋势是增加对养老金较低者或没有养老金者的收入保障，这大大改善了

① OECD, Pensions at a Glance 2021: OECD and G20 Indicators, OECD Publishing, Paris, 2021, p.19.

② Ortiz I, Durán-Valverde F, Urban S, Wodsak V, Reversing Pension Privatizations: Rebuilding Public Pension Systems in Eastern Europe and Latin America /International Labour Office – Geneva: ILO, 2018, pp.42–43.

③ Alonso J, Hoyo C, Tuesta D, A Model for the Pension System in Mexico: Diagnosis and Recommendations, Working Paper No. 14/08, 2014, p.6.

④ OECD, Pensions at a Glance 2021: OECD and G20 Indicators, OECD Publishing, Paris, 2021, p.211.

⑤ Box 4, The Reform of the Mexican Pension System: Possible Effects on Pensions, the Dynamics of Mandatory Saving and Public Finances, contained on pages 53–58 of the quarterly report of Banco de México for the months of October–December 2020, available at (only in Spanish version): https://www.banxico.org.mx/publicaciones-y-prensa/informes-trimestrales/%7B81BD569D-DD6E-885A-A67F-5664A37B4148%7D.pdf.

老年安全网[①]。但是，还有一些问题需要反思，并希望借此为中国养老金改革提供借鉴。

第一，重新审视养老金制度的性质和定位。1981~2014年，包括墨西哥在内全球有30个国家通过养老金私有化改革将其公共管理的强制性PAGY-DB型养老金制度改革为私营管理的完全或部分的FF-DC型养老金制度。期间，世界银行等国际组织一直强调养老金制度应该促进经济增长；强调养老金私有化可以增加长期储蓄并促进投资增长和资本市场发展，从而为个人提供更高水平的养老金和更强的缴费动机；强调公共管理传统养老金制度不利于经济发展，甚至将导致不可避免的社会保障危机或财政危机。但是，养老金私有化是有争议的，国际劳工组织和包括当时世界银行首席经济学家、诺贝尔经济学奖得主约瑟夫·斯蒂格列茨等许多学者都对改革提出了异议。国际劳工组织认为，养老金制度是以为老年人提供收入保障为目标，而不应该是世界银行提出的支持经济增长和减轻财政压力。国际劳工组织尤其反对过分依赖私营管理的DC型个人账户，因为这会不可避免地将风险转移给个人。国际劳工组织强调，良好的管理质量对于公共管理和私营管理都是必要的，而私有化不一定能改善管理质量。此外，在私营化管理中养老金水平的大幅下降往往被管理成本的上升而掩盖起来。国际劳工组织一直以来反对由"人口和可持续性挑战会导致老年危机"的危言耸听的预测。虽然，从长远来看养老金制度的成熟必然导致养老金支出的增加，但这是一种正常现象。高收入国家的经验表明，通过较小的参数化改革来调整养老金制度使其在人口变化、养老金计划成熟和其他挑战中保持可持续性是可行的。事实证明，即使老龄化程度较高的欧洲国家，其传统的公共管理的PAGY-DB型养老金制度在适当的参数调整和有限的公共预算支持下也能够保持其可持续性。世界上大多数国家并没有选择养老金私有化改革。截至2018年，上述进行养老金私有化改革的30个国家中已有18个国家进行了逆转养老金私有化的改革。事实表明，养老金私有化改革的尝试已经失败。其原因是多方面的，包括财政支出和行政成本高企，覆盖率和养老金水平下降，非正规就业和性别不平等加剧等。加之在2008年国际金融危机后，变幻莫测的金融市场跌宕带来的巨大投资风险由养老基金传导给个人账户的拥有者。私营管理的养老金制度的缺陷变得日益显著并且政府不得不出面加以纠正，这也使绝大多数国家都放弃了养老金私有化。鉴于此，我们亟待重新审

视养老金制度的性质和定位。2021年2月26日习近平总书记在十九届中共中央政治局第二十八次集体学习时的讲话中强调，"社会保障是保障和改善民生、维护社会公平、增进人民福祉的基本制度保障，是促进经济社会发展、实现广大人民群众共享改革发展成果的重要制度安排，是治国安邦的大问题[②]"。因此，中国养老金制度的构建应该是以保障和改善民生、维护社会公平、促进人民福祉为根本目的，而不是一项促进经济发展的配套措施。

第二，养老金制度的参数调整和结构性改革必须考虑非正规就业增长及其带来的劳动力市场的结构性变化。在养老金制度中，大多数工人的参保行为不受养老金最大化的利益驱动，而是直接受劳动力市场结构变化的影响。一个好的养老金制度设计和改革必须要结合劳动力市场的结构性变化考虑劳动者及其在劳动力市场的参保行为。后工业社会就业结构转型导致劳动力市场的职业特征发生重大改变。随着去工业化、服务业扩张及女性劳动参与率提高，后工业化时代欧洲现代劳动力市场职业特征转变为：以男女共同从事收入差距拉大、就业不稳定的非正规就业为主。多数西欧国家养老金覆盖仍然是为全时就业者而设计。自雇职业者往往被排斥出社会保障制度，兼职就业与临时就业的非正规就业者则由于普遍性的就业中断或者收入过低无法达到社会保险待遇资格的门槛而面临福利损失[③]。

第三，养老金制度的结构性改革必须重视缴费型养老金与非缴费型最低保障养老金的匹配。收入关联的缴费型养老金能够为退休者补偿收入损失的同时保障其基本生活，也能够通过参保缴费与养老金待遇关联激励劳动者就业。此外，收入关联的缴费型养老金制度在人口和经济没有大幅度变化的情况下，通过参数调整比较容易实现养老金制度历经几代人的长期可持续发展。然而，近年来受新冠肺炎疫情等公共卫生危机事件、俄乌战争等影响，全球就业和经济低迷，失业率大增。这些对缴费型养老金制度的参保缴费和基金收益产生大量负面影响，从而导致养老金水平大幅下降。而非缴费型养老金作为最低保障性养老金可以为老年人有尊严的基本生活提供保障。因此，养老金制度的结构性改革中必须重视构建与缴费型养老金制度匹配的非缴费型最低保障养老金制度。这既是政府责任和担当的体现，也是公民权利的保证。

第四，养老金制度的制度构建与改革要重视路径依赖及其"锁定效应"，应结合本国人口、经济、劳动力市场、文化及社会发展等基本国情的基础上通过充分调研、论证

---

①　OECD, Pensions at a Glance 2021: OECD and G20 Indicators, OECD Publishing, Paris, 2021, pp.17-18.

②　习近平：《促进我国社会保障事业高质量发展、可持续发展》，《先锋》，2022年第4期，第5~8页。

③　张彦丽：《后工业时代从福利国家到社会投资转型及启示》，《现代经济探讨》，2014年第8期，第73~77页。

和试点后实施。他山之石，可以攻玉，但是也应高度重视并避免国际经验在本土的水土不服。以墨西哥为例，尽管墨西哥的生育率一直以来处于下降趋势，但是其 2020 年生育率为 2.08，仍然达到世代更替水平，明显高于 2020 年 OECD 的平均水平（即 1.59）[①]。此外，虽然墨西哥正在经历人口老龄化，但是人口老龄化的程度比 OECD 的平均水平推迟了约 70 年（2020 年墨西哥的 65 岁及以上老年人口占总人口的百分比为 7.86%，而 1953 年 OECD 国家平均值为 7.84%）[②]。可见，墨西哥的养老金私有化改革受到智利养老金私有化改革及世界银行建议的影响，并没有考虑到本国较高的生育率和较低的老龄化程度有利于原有的传统 PAGY-DB 型养老金制度的收支平衡与可持续发展，因而并不存在进行养老金私有化改革的必要。而养老金私有化改革一旦发生，随着时间的流逝，既得利益集团的形成势必将增加结构性改革的成本和阻力，导致路径依赖及其锁定效应的发生。一旦结构确定，很难突破。后期只能采取参数性改革，在原有制度结构的基础上进行参数的微调，难以取得理想的改革效果。

第五，养老金制度的管理质量和效率事关改革成效和管理与运行成本。养老金私有化改革中亟待提升管理质量和效率，尤为重要的是清晰划分管理机构的事权边界。在墨西哥，IMSS 这个政府机构管理墨西哥养老金制度、国家医疗保健制度、失业保险等社会保障事务。可见 IMSS 有着太多功能（其大部分的功能应该被取消）。具体包括：信息交换中心，收集数据和缴费，提供人寿和残疾保险，执行法规，向已经退休的工人支付养老金，向一些过渡工人支付津贴，并仍负责向所有符合条件的私营部门工人提供最低养老金。其中，实行集中缴费制度使缴费的收缴和账户的控制构成一种自然垄断。一般认为，规模经济效应可以减少行政费用。但是，该观点没有考虑到授予 IMSS 这样的机构如此广泛的权力所带来的巨大的政治风险，IMSS 可能会受到诱惑（或被迫）保留一些缴费来资助其他的政府项目。例如，养老基金有可能被挪作他用，特别是将养老基金用于国家医疗保健制度建设。此外，INFONAVIT 也是一个臃肿的政府机构。由于其低下的管理效率，INFONAVIT 的经营盈余对住房子账户的缴费回报近年来一直是负的。

第六，养老金制度建设与改革不能忽视文化的作用。如前文所述，在墨西哥，INFONAVIT 的失败，IMSS 的过度，加上过去 25 年的通货膨胀和货币贬值，在大多数墨西哥工人中间产生了一种合理的不储蓄文化。然而，墨西哥当局只是从宏观经济影响的角度来解释：养老金私有化改革将如何提高储蓄率，如何减少墨西哥对外国资本的依赖，如何改善资本和劳动力市场的运作，以及如何促进经济增长。现实情况是，这些宏观经济效应未能抓住普通工人的想象力，他们通常更关心的是改革将如何影响自己的钱包。如果劳动者认识到私有化的养老金制度可以使他们受益，他们就会更加支持改革，也会更加依赖自由市场。对墨西哥人来说，养老金私有化的概念是革命性的。它使工人对自己的钱更负责，对自己晚年的财务安全更负责，更独立于政府。因此，面对 FF-DC 型养老金制度，墨西哥政府应该重视储蓄文化的引导，通过宣传教育等手段提高工人的财务与金融知识，提升工人参加自愿储蓄的意愿，以便他们为退休做充分准备，未来可以获得足够的退休收入。

综上可见，没有一种单一的养老金制度模式可以普遍适用于所有国家。"一刀切"的养老金制度并不是最好的结构。养老金制度的构建和改革既要借鉴国际经验和教训，更要结合本国人口、经济、劳动力市场、文化及社会发展等基本国情和本土文化避免照搬照抄和路径依赖，通过充分调研、论证和试点后实施。

---

① 资料来源：OECD Data, https://data.oecd.org/pop/fertility-rates.htm#indicator-chart.
② 资料来源：OECD Data, https://data.oecd.org/pop/elderly-population.htm#indicator-chart.

附录　中国社会科学院世界社保研究中心 / 社会保障实验室年度学术活动和成果一览

《快讯》(2022)（20211209-20230317）

第 490 期：全国政协委员郑秉文：出生率建国以来最低，人口负增长或提前到来，2021 年 12 月 20 日。

第 491 期："中国社会科学院社会保障论坛暨《中国养老金发展报告 2021》发布式"在京举行，2021 年 12 月 30 日。

第 492 期："三柱"强大 利国利民，2021 年 1 月 6 日。

第 493 期：郑秉文应邀担任浙江共同富裕咨询委员会委员并在研讨会上发言，2022 年 1 月 13 日。

第 494 期：社会保障在实现共富中大有作为，2022 年 1 月 20 日。

第 495 期：发展第三支柱养老保险须制度创新——学习《中共中央 国务院关于加强新时代老龄工作的意见》体会，2022 年 1 月 28 日。

第 496 期：惠民保几个问题的思考，2022 年 2 月 10 日。

第 497 期：《中国城镇职工基本养老保险改革：经济效应、制度设计与财务可持续性》(序)，2022 年 2 月 18 日。

第 498 期：《社商融合型多层次医疗保障制度：国际经验和中国路径》(序言)，2022 年 2 月 25 日。

第 499 期：关于国资划转加大力度和提高透明度的提案，2022 年 3 月 4 日。

第 500 期：关于加快推进老旧小区适老化改造的提案，2022 年 3 月 5 日。

第 501 期：关于规范促进发展惠民保的提案，2022 年 3 月 7 日。

第 502 期：关于加快医保基金保值增值的提案，2022 年 3 月 9 日。

第 503 期：解读政府工作报告｜养老金政策和形势——专访中国社科院世界社保研究中心房连泉，2022 年 3 月 18 日。

第 504 期：养老未雨绸缪 育壮"破土新芽"——中国社科院世界社保研究中心执行研究员张盈华谈推动个人养老金发展，2022 年 3 月 18 日。

第 505 期：养老保险制度改革的重要里程碑，2022 年 4 月 1 日。

第 506 期：如何在老龄化社会实现共同富裕？2022 年 4 月 8 日。

第 507 期：养老保险制度改革的重要里程碑，2022 年 4 月 15 日。

第 508 期：郑秉文：对养老保险改革的评价和建议，2022 年 4 月 22 日。

第 509 期：郑秉文：今年可能人口负增长 现在是建立养老金最有利窗口期，2022 年 4 月 28 日。

第 510 期：郑秉文：提升个人养老金制度吸引力，这些国际经验可借鉴，2022 年 5 月 6 日。

第 511 期：个人养老制度出台！专家：将大幅度提升个人养老收入，2022 年 5 月 13 日。

第 512 期：医养结合如何补短板，2022 年 5 月 20 日。

第 513 期：对话郑秉文：我国实施渐进式退休完全可

行,应制止事业招聘中的"35 岁歧视",2022 年 5 月 26 日。

第 514 期：完善养老保险全国统筹制度势在必行,2022 年 6 月 2 日。

第 515 期：个人养老金"起航"满足多样化需求,2022 年 6 月 10 日。

第 516 期：《城乡社会保障体系协调发展研究》(书评),2022 年 6 月 16 日。

第 517 期：推进第三支柱养老保险重在扩大覆盖面,2022 年 6 月 23 日。

第 518 期：助力大学生走稳就业路,2022 年 7 月 1 日。

第 519 期：灵活就业人员社会保险的国际经验,2022 年 7 月 7 日。

第 520 期：灵活就业人员社保实践与探索,2022 年 7 月 14 日。

第 521 期：增强民众养老金融素养,2022 年 7 月 21 日。

第 522 期：积极应对人口老龄化与推动养老保险制度实施 全国政协调研组在鄂黔调研,2022 年 7 月 28 日。

第 523 期：异地医保报销和养老金存取有大动作：提高统筹层次!,2022 年 8 月 4 日。

第 524 期：1.4 亿人买的惠民保：公益与商业如何协调?,2022 年 8 月 11 日。

第 525 期：26 地上调退休人员养老金,上海、宁夏定额涨幅最高,2022 年 8 月 19 日。

第 526 期：养老保险第三支柱的"瓜熟蒂落",2022 年 8 月 25 日。

第 527 期：北京职工医保报销调整——如何理解职工门诊待遇不设"封顶线"?,2022 年 9 月 2 日。

第 528 期：郑秉文：中国的第三支柱个人养老金必须是、只能是"普惠型",2022 年 9 月 8 日。

第 529 期：把更多人纳入社会保险体系："全"字当头 扩面提质,2022 年 9 月 15 日。

第 530 期：疫情冲击下拉美农村社会保障体系面临挑战,2022 年 9 月 22 日。

第 531 期：社保制度迈向高质量可持续发展,2022 年 9 月 30 日。

第 532 期：多地今年养老金计发基数上涨,郑秉文：建议调整更加透明化科学化,2022 年 10 月 13 日。

第 533 期：社保制度在现代化建设进程中的目标任务,2022 年 10 月 20 日。

第 534 期：郑秉文：税优制度下,个人如何在"产品超市"中选养老金产品?,2022 年 10 月 26 日。

第 535 期：二十大时光 | 基本养老保险覆盖 10.4 亿人,养老金连涨 18 年,2022 年 11 月 3 日。

第 536 期：2023 北京普惠健康保 11 月 1 日起上线,2022 年 11 月 9 日。

第 537 期：我国个人养老金制度正式落地：税收优惠政策是"养老第三支柱"发展第一动力,2022 年 11 月 18 日。

第 538 期：发展个人养老金既重要也紧迫,2022 年 11 月 23 日。

第 539 期：郑秉文：提升产品收益率是第三支柱发展的关键,2022 年 12 月 14 日。

第 540 期：房连泉：平台就业在全球方兴未艾,2023 年 1 月 10 日。

第 541 期：郑秉文：养老金财富还没有藏富于民；我们已进入真正的大众养老金新阶段,2023 年 1 月 11 日。

第 542 期：郑秉文：养老金财富藏富于民应是养老金制度重要目标,2023 年 1 月 12 日。

第 543 期：郑秉文：在长寿时代,唯有保险业能体现其独有的商业价值和保险价值,2023 年 1 月 17 日。

第 544 期：中国社科院郑秉文：个人养老规划越早越好 参与个人养老金投资计划是上策,2023 年 1 月 18 日。

第 545 期：郑秉文：中国退休年龄比美国提前 12 年,延迟退休将延缓养老金枯竭,2023 年 2 月 3 日。

第 546 期：287 万颗种植牙"打半价",专家称：种植牙集采结果非常好,2023 年 2 月 9 日。

第 547 期：基本养老保险个人账户养老金投资管理的国际经验,2023 年 2 月 17 日。

第 548 期："中国社会科学院社会保障论坛暨《中国养老金发展报告 2022》发布式"在线上举行,2023 年 2 月 24 日。

第 549 期：郑秉文：医保个人账户改革底层逻辑与现实冲突,2023 年 3 月 3 日。

第 550 期：房连泉：个人养老金税收政策及投资回报备受关注,2023 年 3 月 10 日。

第 551 期：郑秉文：养老金财富管理权缺位严重挫伤工人积极性,损害工人权益,甚至造成不稳定,2023 年 3 月 17 日。

《工作论文》(2022)（20211228-20230308）

WP No.147 李树华：《探索统一养老保险制度的理论和方法》

WP No.148 张盈华：《新冠疫情下拉美地区"缺失中间层"的脆弱性——基于社会保障结构性矛盾的分析》

WP No.149 房连泉：《新冠疫情冲击下拉美国家的社会贫困和不平等：社会结构脆弱性视角》

WP No.150 郑秉文、李辰、庞茜：《养老基金 ESG 投资的理论、实践、趋势》

WP No.151 张盈华：《我国养老基金 ESG 投资的受托责任：辨析、趋势与建议》

WP No.152 李亚军：《英国大学养老金计划与 ESG 投资》

WP No.153 张盈华：《"十四五"时期推进养老服务体系建设：现状、问题与建议》

WP No.154 张盈华：《第三支柱个人养老金发展的制度要素：基于国际比较的分析》

WP No.155 房连泉、王远林：《预算软约束、转移支付与地方养老保险征收行为》

WP No.156 齐传钧：《中国第三支柱养老保险制度初衷与定位探讨》

WP No.157 郑秉文：《职工基本养老保险全国统筹的实现路径与制度目标》

WP No.158 郑秉文、李辰、庞茜：《"枫叶革命"：加拿大养老金投资管理公司 ESG 的成功实践》

WP No.159 陈功、郑秉文：《美国住房反向抵押贷款：历程、经验和挑战》

编后记

《中国养老金发展报告 2022》是中国社会科学院世界社保研究中心编制的第十二部年度养老金发展报告，今年的选题是"账户养老金与财富积累"。账户养老金是以个人账户为载体的养老金计划或制度，本质上完全等于 DC 型计划或制度，包括中央公积金制，至今还没有发现例外。它是近半个世纪才大量出现的一种制度模式（在此之前基本只有以新加坡为代表的中央公积金才算是账户养老金），不仅深深烙上了世界范围内养老金制度改革历史的印记，而且也预示着养老金制度未来改革的一个重要方面甚至发展方向。

仅近半个世纪以来，账户养老金的发展过程大致可以划分为以下三个阶段（如果继续向前追溯或者根据不同研究需要可以分为更多阶段）。第一阶段，20 世纪 70 年代后半期开始的私人养老金重构与再平衡阶段，以美国为代表。当时美国 DB 型养老金开始转向 DC 型并建立个人退休账户（IRAs）。第二阶段，20 世纪 90 年代初出现的养老金私有化或商品化改革浪潮，典型代表是智利（当然该国 1981 年就开始了私有化改革）和瑞典（名义账户制）。这次改革浪潮席卷了拉美、东欧和欧亚 20 多个国家，主要特征是将传统现收现付制养老金转向了以个人账户为载体的积累制或非积累制制度。第三阶段，21 世纪初开启的公共养老金"替代"改革，典型的国家是新西兰（KiwiSaver）。

如今，账户养老金广泛分布于世界各国的养老金三支柱体系中。既有第一支柱下的账户制养老金，比如智利、墨西哥、哥斯达黎加、瑞典、波兰等；也有第二支柱下的账户制养老金，比如美国、英国、加拿大、澳大利亚等国大量存在的 DC 型养老金计划；还有第三支柱下的账户养老金，我们最为熟悉的是美国的 IRAs。此外还应该看到，账户养老金未必是实账积累的，也可以是名义账户制。

中国也有大量的账户养老金，比如第一支柱下的城镇职工基本养老保险个人账户和城乡居民基本养老保险个人账户，第二支柱下的企业年金个人账户和职业年金个人账户，第三支柱下的个人养老金。因此，把这种建构在个人账户基础上的养老金制度或计划归为账户养老金既有理论意义也有实践意义。开展对账户养老金的系统研究，不仅可以为认识养老金制度提供一个全新视角，助力中国养老金制度改革，而且可以推动人们增加长期财富积累，应对人口老龄化的挑战。因此，作为一种尝试，本报告选取了这一主题进行专题研究。

在确认报告主题后，我们向学者和机构发出约稿函，得到积极响应，在较短时间内组织起高度敬业的报告撰写队伍。这些作者来自政府相关部门、高校科研单位和市场机构的研究部门，在经过线上讨论、中期汇报和多次沟通后，各位作者如期提交各个分报告，在此，对各位作者的辛勤付出表示衷心感谢。

本年度报告还要感谢中国人民银行原行长戴相龙先生，他为本报告撰写了"导读"，对开展账户养老金研究给予了充分肯定，同时还为解决我国养老金制度存在的问题指明了方向。中国银行业协会秘书长刘峰提供了题为《银行业积蓄力量，积极迎接和推进养老金个人账户制落地实施》的特稿，中国证券投资基金业协会秘书长陈春艳提供了题为《公募基金行业助力我国账户制个人养老金高质量发展》的特稿,长江养老保险股份有限公司党委书记、董事长陈林提供了题为《发挥受托人专业价值,助力账户养老金发展》的特稿。这些特稿从不同角度对如何推动中国账户养老金发展提供了真知灼见。我们向他们百忙之中亲自撰写特稿,一如既往地关心支持《中国养老金发展报告》表示敬意和感谢。

我们衷心感谢长江养老保险股份有限公司对本年度报告的支持,特别感谢长江养老保险股份有限公司董事长陈林先生从报告选题、撰写直至发布等全程参与和鼎力支持。

长江养老保险股份有限公司的朱炜女士、陆悦女士在协调报告撰写、协助组织撰写团队方面给予大力支持,确保了研究任务和报告撰写的有效推进,在此,我们表示由衷感谢。

感谢经济管理出版社多年来的支持,他们审稿校稿工作认真、高效,保障了报告的顺利出版和发行。我们对杨世伟社长、张永美副总编辑以及责任编辑梁植睿等同志的帮助,表示感谢。

《中国养老金发展报告 2022——账户养老金与财富积累》作者分工如下:

序号	题　目	作者及单位
导读	—	戴相龙,中国人民银行原行长、天津市原市长、全国社保基金理事会原理事长
前言	—	—
特稿一	银行业积蓄力量,积极迎接和推进养老金个人账户制落地实施	刘峰,中国银行业协会秘书长
特稿二	公募基金行业助力我国账户制个人养老金高质量发展	陈春艳,中国证券投资基金业协会秘书长
特稿三	发挥受托人专业价值,助力账户养老金发展	陈林,长江养老保险股份有限公司党委书记、董事长
主报告	账户养老金、养老基金与信托制度	郑秉文,中国社会科学院大学政府管理学院教授,中国社会科学院世界社保研究中心主任
上篇		理论篇
分报告一	基本养老保险个人账户养老金的投资管理	房连泉,中国社会科学院社会发展战略研究院研究员,中国社会科学院世界社保研究中心秘书长
分报告二	账户养老金计划运营方式:国际比较与借鉴	孙永勇,华中师范大学公共管理学院副教授
分报告三	账户养老金管理费用研究——有效市场和有为政府的视角	孙守纪,对外经济贸易大学保险学院副教授
分报告四	账户养老金的发展历程	毛冰雪,中国社会科学院大学博士研究生
分报告五	账户养老金:零工经济下生命周期收入保障的有益探索	张盈华,中国社会科学院社会发展战略研究院副研究员,中国社会科学院世界社保研究中心执行研究员
分报告六	账户养老金:第三支柱养老保险个体效用的探讨	高庆波,中国社会科学院社会发展战略研究院副研究员,中国社会科学院世界社保研究中心执行研究员
分报告七	账户养老金:我国第三支柱养老保险的初衷与定位探析	齐传钧,中国社会科学院社会发展战略研究院副研究员,中国社会科学院世界社保研究中心副秘书长
中篇		中国篇
分报告八	从"多层次"和"多支柱"角度分析账户养老金在中国养老金体系中的功能定位	李昆,中国社会科学院大学博士研究生
分报告九	我国账户养老金与资本市场良性互动发展的路径——基于国际比较的经验	张占力,中国社会科学院世界社保研究中心执行研究员

续表

序号	题　目	作者及单位
分报告十	个人养老金与灵活就业人员退休收入保障	李亚军，山东工商学院公共管理学院副教授
分报告十一	城镇职工基本养老保险个人账户制度的发展、潜在风险及完善对策	刘桂莲，首都师范大学讲师
分报告十二	数字经济时代城乡居民个人账户养老金适应性改革的逻辑与路径	杨建海，北京工商大学副教授；魏子仪，北京工商大学经济学院硕士研究生
分报告十三	企业年金个人账户发展历程及改进建议	宋纲，光大银行深圳分行副行长；陈宝山，用友金融助理总裁；张敦奎，用友金融副总裁；张罗文，光大银行深圳分行资产托管部产品经理
分报告十四	从供给侧角度探索企业年金个人投资选择权实现路径	史静欣，中国农业银行养老金融中心总裁；楚立松，中国农业银行养老金融中心受托管理部负责人；张晨，中国农业银行养老金融中心受托管理部项目经理
分报告十五	职业年金目标实现困境、现状与建议	吴孝芹，山东工商学院公共管理学院讲师
分报告十六	个人养老金账户的构思与展望	康蕊，中国社会科学院社会发展战略研究院助理研究员
分报告十七	我国个人养老金账户的探索、借鉴与展望	李洁，天弘基金养老金产品市场部负责人；徐晓晖，天弘基金养老金产品市场部高级产品经理；刘智，天弘基金养老金产品市场部产品经理
分报告十八	商业银行在账户制模式下个人养老金业务的功能定位及经营思路	徐斌斌，兴业银行零售平台部养老金融处业务经理
分报告十九	保险公司及保险产品在账户养老金制度中的功能定位	张蕊，泰康养老保险股份有限公司战略企划部研究员；刘方涛，泰康养老保险股份有限公司战略企划部副总经理；费清，泰康养老保险股份有限公司战略企划部研究员
分报告二十	保险业在账户养老金制度中的功能定位	宋湘茵，太平养老保险股份有限公司战略企划部总经理；吴阳明，太平养老保险股份有限公司战略企划部副总经理；谌明超，太平养老保险股份有限公司战略企划部战略规划处副处长；李冰，太平养老保险股份有限公司战略企划部创新研究处副处长；李荣，太平养老保险股份有限公司战略企划部战略规划处；傅沁馨，太平养老保险股份有限公司战略企划部信息统计处；王雪莹，太平养老保险股份有限公司战略企划部经营分析处
分报告二十一	基金公司在个人养老金业务中的主要职责与优化路径	刘天天，中欧基金管理有限公司业务发展部业务董事；潘思怡，中欧基金管理有限公司业务发展部产品经理
分报告二十二	基金行业在账户养老金中的功能与定位	岳磊，招商基金管理有限公司养老金业务部资深经理；崔悦悦，招商基金管理有限公司养老金业务部经理
分报告二十三	发挥基金公司专业优势，助力个人养老金健康发展	王德英，博时基金管理有限公司副总经理；王晓远，博时基金管理有限公司董事总经理兼养老金业务中心总经理；周宵，博时基金管理有限公司养老金业务中心副总经理；何伟，博时基金管理有限公司养老金业务中心高级业务总监；王宏涛，博时基金管理有限公司养老金业务中心高级业务经理
下篇		**国际篇**
分报告二十四	美国账户养老金制度的建设与实践	陈必果，中国社会科学院大学博士研究生

续表

序号	题　目	作者及单位
分报告二十五	美国年金保险对我国个人养老保险产品的启示	田梁裕，泰康养老保险股份有限公司战略企划部研究员；刘方涛，泰康养老保险股份有限公司战略企划部副总经理
分报告二十六	英国账户养老金制度研究——以职业养老金为视角	马艺方，中国社会科学院大学博士研究生
分报告二十七	加拿大注册退休储蓄计划基本情况与特点分析	张笑丽，浙江师范大学法学院讲师
分报告二十八	澳大利亚账户养老金的发展与评价	庞茜，中国社会科学院大学政府管理学院博士研究生
分报告二十九	新西兰 KiwiSaver 计划的制度框架与运行分析	赵秀斋，中国社会科学院世界社保研究中心特约研究员
分报告三十	德国第三支柱个人养老金制度的分析研究	马源，中国社会科学院大学博士研究生
分报告三十一	丹麦账户制养老金的发展与运营管理	于环，北京体育大学讲师
分报告三十二	瑞典多支柱账户养老金的实践及启示	刘珍，中国社会科学院大学博士研究生
分报告三十三	瑞士账户养老金与制度改革	李雨朋，中国社会科学院大学博士研究生
分报告三十四	波兰账户养老金制度的发展、运行与改革评析	陈星，中国地质大学（武汉）公共管理学院讲师
分报告三十五	日本养老金制度概况与账户养老金演进历程	牟瑾瑾，中国社会科学院大学博士研究生
分报告三十六	韩国个人养老金发展及改革	班润静，中央民族大学管理学院学生；沈澈，中央民族大学管理学院讲师
分报告三十七	新加坡中央公积金制度账户管理的经验与启示	陈星，中国地质大学（武汉）公共管理学院讲师
分报告三十八	智利养老金私有化改革——兼论第一支柱账户养老金的政府责任	李辰，中国社会科学院大学博士研究生
分报告三十九	墨西哥养老金私有化改革与反思	张彦丽，山东工商学院公共管理学院讲师
附录	中国社会科学院世界社保研究中心 / 社会保障实验室年度学术活动和成果一览	董玉齐，中国社会科学院世界社保研究中心秘书

中国社会科学院世界社保研究中心主任　郑秉文
中国社会科学院世界社保研究中心秘书长　房连泉
2022 年 12 月 31 日